Schreiber · Italienische Militärinternierte

Beiträge zur Militärgeschichte

Herausgegeben vom
Militärgeschichtlichen Forschungsamt

Band 28

R. Oldenbourg Verlag München 1990

...alienischen Kriegsaustritts (8. September 1943)

Die italienischen Militärinternierten im deutschen Machtbereich 1943 bis 1945

Verraten – Verachtet – Vergessen

Von
Gerhard Schreiber

R. Oldenbourg Verlag München 1990

Umschlagbild von Gian Maria Ciferri. Mit freundlicher Genehmigung entnommen aus: Lino Monchieri, Buongiorno Europa, Verlag La Scuola, Brescia 1983 (15. Aufl.)

CIP-Titelaufnahme der Deutschen Bibliothek

Schreiber, Gerhard:
Die italienischen Militärinternierten im deutschen
Machtbereich : 1943 bis 1945 ; verraten – verachtet – vergessen /
von Gerhard Schreiber. – München ; Wien : Oldenbourg, 1990
  (Beiträge zur Militärgeschichte ; Bd. 28)
  ISBN 3 - 486 - 55391 - 7
NE: GT

© 1990 R. Oldenbourg Verlag GmbH, München

Gesamtherstellung: R. Oldenbourg Graphische Betriebe GmbH, München

ISBN 3-486-55391-7

DEN ERMORDETEN
DEN VERSTORBENEN
DEN ÜBERLEBENDEN

Inhalt

Vorwort

Wer hierzulande fragt, was man unter italienischen Militärinternierten im Zweiten Welt-krieg zu verstehen habe, erhielte vermutlich recht selten eine zutreffende Antwort. Mit anderen Worten: Die Tatsache, daß nach dem Kriegsaustritt Italiens im September 1943 einige hunderttausend ehemalige Verbündete der Deutschen in den Lagern der Wehr-macht und als Zwangsarbeiter in der nationalsozialistischen Kriegswirtschaft das Dasein von Gefangenen fristeten, ist fast vergessen oder weithin unbekannt. De facto handelte es sich bei jenen Männern um Kriegsgefangene, doch de jure gestand ihnen die Reichsre-gierung diesen Status nicht zu, was sie grundsätzlich der Willkür aussetzte.

Eine solche Unwissenheit dürfte nicht zuletzt damit zu erklären sein, daß die Forschung dem Thema lange Zeit nur geringe Aufmerksamkeit widmete. Seit Mitte der achtziger Jahre bahnte sich — angeregt durch einen internationalen Kongreß in Florenz im Novem-ber 1985 — allerdings eine Wende an. Das Militärgeschichtliche Forschungsamt der Bun-deswehr gibt nunmehr mit der Untersuchung von Gerhard Schreiber über die *italieni-schen Militärinternierten im deutschen Machtbereich* die erste wissenschaftliche Monogra-phie zum Thema heraus.

Der Autor möchte mit seiner Arbeit historische Erkenntnis vermitteln. Im Rahmen der Auseinandersetzung mit der internationalen Forschung, aufgrund umfassender Studien in deutschen und italienischen Archiven, durch die Auswertung persönlicher Aufzeich-nungen und im gedanklichen Austausch mit Zeitzeugen schuf er dafür die Vorausset-zungen. Das Gros des herangezogenen archivalischen Materials wird erstmals für die Geschichtswissenschaft erschlossen.

Nach einer Einführung in den Forschungsstand erörtert Schreiber den Weg zum 8. Sep-tember 1943 und die Entwaffnung der königlichen Streitkräfte im Mutterland, in Frank-reich, auf dem Balkan sowie den Inseln des östlichen Mittelmeeres. Er betreibt in sol-chem Zusammenhang akribische Spurensuche, analysiert — unter personellen und mate-riellen Gesichtspunkten — die Folgen des Ausscheidens aus dem Kriege, spricht vom letzten Sieg der Wehrmacht und von den zahlreichen Kriegsverbrechen, die mit ihm untrennbar verbunden sind. Es fehlt nicht der Blick auf das Elend der Zivilbevölkerung. Dabei liegt dem Verfasser daran zu erhellen, wie das, was geschah, möglich werden konnte und warum es dazu kam. Die situativen Fakten lassen ihn schließlich nach den rassen-ideologischen Implikationen des Umgangs mit den Italienern fragen.

Thematisiert werden ferner die Deportation der entwaffneten Militärangehörigen in die Kriegsgefangenen- und Konzentrationslager sowie das Problem der Kollaboration. Beson-dere Aufmerksamkeit verdienen die Ausführungen zum außergewöhnlich verlustreichen Einsatz italienischer Kriegsgefangener im östlichen Operationsgebiet des deutschen Heeres, der detaillierte Nachvollzug des Seetransports der Militärinternierten von den Inseln zum griechischen Festland und die materialreiche statistische Dokumentation über den Ver-bleib der gefangenen ehemaligen Verbündeten.

Im Zentrum steht jedoch die Zeit der Kriegsgefangenschaft. Ihre prägenden Merkmale bildeten menschenunwürdige Existenzbedingungen mit verhängnisvollen Auswirkungen auf die Lagerinsassen, deren rücksichtslose Ausbeutung durch Zwangsarbeit, aber auch der Widerstand der Häftlinge als Ausdruck ihrer Selbstachtung. Die Schwierigkeiten bei der Betreuung der internierten Soldaten und die an ihnen 1945 — im Angesicht des Zusammenbruchs der Hitlerschen Herrschaft — erneut verübten Massaker stellen weitere Aspekte dar. Das Problem der Militärinternierten wird immer im Kontext der allgemeinen politischen Entwicklung betrachtet. Deshalb ist die Arbeit nicht nur eine Fallstudie, sondern darüber hinaus ein wesentlicher — neue Perspektiven der Interpretation eröffnender — Beitrag zur historischen Einordnung der deutsch-italienischen Beziehungen in der zweiten Kriegshälfte.

Jeder Autor besitzt seinen eigenen Stil und einen individuellen Zugang zum gewählten Untersuchungsgegenstand. Mancher Leser könnte sich provoziert fühlen, daß Gerhard Schreiber sein Buch mit großem Engagement, das Anteilnahme für die Opfer ausdrückt, und in einer kompromißlosen Sprache verfaßte, die Mord, Kriegsverbrechen, Inhumanität und vieles mehr ungeschminkt beim Namen nennt. Es wäre allerdings verfehlt, ihm deshalb mangelnde Distanz zu unterstellen. Bestimmte Phänomene lassen sich eben einzig dann historisch erfassen, wenn interpretatorisch auch auf die sittlichen Normen des jeweiligen Kulturkreises Bezug genommen wird und eine angemessene moralische Beurteilung erfolgt. Allein entscheidend ist, daß sich der Historiker vor unangemessenen Beurteilungskriterien bewahrt und die Tatsachen offenlegt, auf denen seine Argumentation beruht, um deren Korrektheit überprüfbar zu machen. Die genannten Voraussetzungen erfüllt die vorliegende Untersuchung in vollem Umfang. Sie urteilt, aber sie richtet nicht, sie plädiert nicht, was sich hätte ereignen sollen, sondern versucht zu erklären, warum geschah, was keineswegs geschehen mußte.

Dr. Günter Roth
Brigadegeneral
Amtschef des Militärgeschichtlichen Forschungsamtes

Dank des Autors

Freunde, Kollegen und Menschen, die aus persönlichem oder historischem Interesse an der Entstehung dieser Untersuchung Anteil nahmen, haben mich mit ihrem Rat, durch kritische Lektüre des Manuskripts, das Beschaffen von Spezialliteratur oder Quellenmaterial unterstützt. Ihnen allen gilt es Dank abzustatten, wobei ich die Hilfe, die mir zuteil wurde, so unterschiedlich sie sich im einzelnen darstellt, nicht durch Hervorhebungen gewichten will. Es mag die Feststellung genügen, daß das Buch ohne ihre Mitwirkung in der jetzt gegebenen Form nicht hätte vorgelegt werden können.

In einem derartigen Verständnis danke ich General Pier Luigi Bertinaria (Rom), Giuseppe Birardi (Florenz), Dr. Luigi Cajani (Rom), Gian Maria Ciferri (Brescia), Prof. Dr. Renzo De Felice (Rom), Prof. Dr. Wilhelm Deist (Freiburg), Senator Paolo Desana (Casale Monferrato), Prof. Dr. Jost Dülffer (Köln), Major Dr. Hans Ehlert (Freiburg), Botschafter Conte Luigi Vittorio Ferraris (Rom), Cynthia Flohr (Freiburg), Dr. Jürgen Förster (Freiburg), Fregattenkapitän Dr. Dieter Hartwig (Kiel), Prof. Dr. Klaus Hildebrand (Bonn), Lutz Klinkhammer (Trier), Prof. Dr. Dietfrid Krause-Vilmar (Kassel), Dr. Bernhard Kroener (Freiburg), Prof. Dr. Rudolf Lill (Karlsruhe), Oberstleutnant Dr. Klaus A. Maier (Freiburg), Dr. Brunello Mantelli (Turin), Pietro Maset (Kassel), Prof. Dr. Manfred Messerschmidt (Freiburg), Dr. Wolfgang Michalka (Freiburg), Prof. Dr. Hans Mommsen (Bochum), Prof. Lino Monchieri (Brescia), Dr. Rolf-Dieter Müller (Freiburg), Carl August Müller-Mangeot (Lübeck), Admiral Dr. Carlo Nardi (Siena), Major Dr. Rüdiger Overmans (Freiburg), Dr. Jens Petersen (Rom), General Giulio Primicerj (Triest), Kapitän zur See Dr. Werner Rahn (Freiburg), Prof. Dr. Giorgio Rochat (Mailand), General Giovanni Rossi (Florenz), Dr. Claudio Sommaruga (Mailand), Udo Tommasi (Innsbruck), Massimo Trevisani (Porto Recanati), Dr. Gerd R. Ueberschär (Freiburg), Dr. Hans Umbreit (Freiburg), Oberstleutnant Dr. Detlef Vogel (Freiburg), Prof. Dr. Hans-Erich Volkmann (Freiburg) und Dr. Riccardo Zaremba (Freiburg).

Darüber hinaus schließe ich die Mitarbeiterinnen und Mitarbeiter der nachfolgenden Archive, Institute und Vereinigungen in meinen Dank ein: Archivio Centrale dello Stato (Rom), Archivio Storico del Ministero degli Affari Esteri (Rom), Archivio Storico dell'Ufficio Storico dello Stato Maggiore dell'Esercito (Rom), Bundesarchiv (Koblenz), Bundesarchiv-Militärarchiv (Freiburg i.Br.), Niedersächsisches Hauptstaatsarchiv (Hannover), Politisches Archiv des Auswärtigen Amtes (Bonn), Staatsarchiv Hamburg, Staatsarchiv Nürnberg, Stadtarchiv Hildesheim, Associazione Nazionale Ex Internati in Rom, Florenz und Brescia, Fondazione »Luigi Micheletti« (Brescia), Institut für Zeitgeschichte (München), Istituto per la storia della resistenza e della Società contemporanea in provincia di Alessandria (Alessandria), Istituto storico della resistenza di Piacenza (Piacenza), Istituto storico della Resistenza in Cuneo e provincia (Cuneo), Istituto storico della Resistenza in Piemonte (Turin) und Zentrale Stelle der Landesjustizverwaltungen zur Aufklärung von NS-Verbrechen (Ludwigsburg).

Nicht zuletzt fühle ich mich in dankbarster Weise den Damen und Herren des Militärgeschichtlichen Forschungsamtes verpflichtet, die Karten anfertigten, das Manuskript für den Druck erfaßten, lektorierten und setzten. Sie taten dies nicht nur mit Geschick und Kompetenz, sondern auch mit größtem Verständnis für die Anliegen des Autors.

Gerhard Schreiber

I. Einleitung
Problemstellung, Zielsetzung und Forschungsstand

Am 8. September 1943 trat Italien aus dem Krieg aus. Hunderttausende seiner Militärangehörigen wurden in den folgenden Wochen von den Deutschen — ihren Waffengefährten bis zum Abend jenes schicksalhaften Tages — entwaffnet und gefangengenommen. Den Männern stand ein oft zwanzig Monate dauernder Leidensweg in Kriegsgefangenenlagern der Wehrmacht bevor. Aber das entsprach Soldatenlos. Nichts Ungewöhnliches schien darin angelegt gewesen zu sein, gehört doch die Gefangenschaft zum Krieg wie der Tod. Es zeigte sich jedoch sehr schnell, daß die Italiener hinter deutschem Stacheldraht Kriegsgefangene besonderer Art darstellten. Daß man sie seit dem 20. September »Militärinternierte« nannte, hatte mit ihrer Behandlung ursächlich nichts zu tun. Diese läßt sich auch nicht nur als spontane Reaktion auf die Umstände des Kriegsaustritts erklären. Vielmehr scheinen im Umgang mit den italienischen Menschen Gefühle und Ressentiments zum Ausdruck gekommen zu sein, die zum einen historisch konditioniert waren und zum anderen rassischen Wertorientierungen entstammten. Dabei soll hier zunächst lediglich auf die geschichtliche Belastung der beiderseitigen Beziehungen kurz eingegangen werden. Auf das zweite Argument wird hingegen im Verlaufe der Untersuchung von Fall zu Fall zurückzukommen sein.

Viele Deutsche konnten es den Italienern nach 1918 nicht vergessen, daß ihr Land, obwohl mit Berlin und Wien durch den Dreibund von 1882 alliiert, im Mai 1915 Österreich-Ungarn und im August 1916 dem Deutschen Reich den Krieg erklärte. Zweifellos handelte die italienische Regierung damals nach der Maxime des größtmöglichen Nutzeffektes, wobei sie sich den Schritt jedoch keineswegs leicht machte. Der Entschluß blieb innenpolitisch durchaus umstritten. Außen- und wirtschaftspolitisch mußte ihm allerdings — aus nationaler Perspektive — Folgerichtigkeit zuerkannt werden[1]. Vermutlich hätten die meisten Realpolitiker der Welt — eingedenk der territorialen Forderungen Italiens gegenüber Österreich und der diesbezüglichen Zusagen der Ententemächte — an der Stelle der italienischen Führung nicht anders entschieden. Es kam hinzu, daß der Dreibund bereits vor 1914 das Papier nicht mehr wert gewesen ist, auf dem er stand. Rom hatte dessen antibritische Ausrichtung immer abgelehnt und seine Verbindlichkeit durch den 1902 mit Paris abgeschlossenen Geheimvertrag erheblich relativiert. So gesehen war es pharisäerhaft, den Positionswechsel Italiens unter dem Kriterium moralischer Prinzipientreue zu beurteilen. Es ging ganz einfach um das Erreichen nationaler Nahziele und um machtpolitische Weichenstellungen auf lange Sicht.

Eine derartige realpolitische Sehweise vermochte jedoch in Deutschland kaum jemand zu teilen. So kam es nach dem August 1916 nicht nur zum Konflikt, sondern darüber hin-

---

[1] Vgl. dazu insgesamt Lill, Geschichte Italiens, S. 212—275; und Muhr, Die deutsch-italienischen Beziehungen, S. 13—47. In beiden Werken zahlreiche weiterführende Literaturhinweise.

aus zum Haß zwischen Deutschen und Italienern. Es entstand das schlimme Wort vom
sogenannten italienischen »Verrat«, das ein ganzes Volk brandmarkte. Im September 1943
schlugen dann die Ressentiments, die diese Phrase belebte und nach 1918 am Leben erhielt,
voll auf die Militärinternierten — allerdings nicht allein auf sie — zurück.

Darin manifestierte sich, daß der Erste Weltkrieg für die Beziehungen zwischen den beiden Nationen stets eine schwere Hypothek blieb. Wenig änderte sich daran, als Deutschland — elf Jahre nach der Regierungsübernahme der Faschisten in Italien — im Zeichen
des Nationalsozialismus lebte. Vorurteile sind langlebig. Vieles deutete jedenfalls darauf
hin, daß das nach dem Machtantritt Hitlers gegebene Zusammenrücken der beiden Staaten, das bekanntermaßen recht zögerlich und nicht ohne Widersprüche erfolgte[2], innerhalb der Bevölkerung keinen Anklang fand[3].

Resümierend bleibt festzuhalten: Die Annäherung zwischen Hitler und Mussolini in der
zweiten Hälfte der dreißiger Jahre entsprach cum grano salis sowohl den mittelfristigen
Planungen des einen wie des anderen Regierungschefs, denn ihre Lebensraumvorstellun-
gen mußten gegen einige gemeinsame Gegner verwirklicht werden[4]. Andererseits war
der Weg in ein Bündnis selbst auf oberster politischer Führungsebene nie alternativlos
vorgegeben. Die relativ große Offenheit der historischen Entwicklung resultierte unter
anderem aus der — den Führungseliten beider Länder bekannten — Tatsache, daß das
Königreich Italien und das Deutsche Reich keine idealen Partner für ein Kriegsbündnis
abgaben[5]. Ein Blick auf die damaligen Wirtschafts- und Rüstungsstrukturen sowie auf
die geographischen Gegebenheiten macht das leicht einsehbar.

Dessenungeachtet wurden die Italiener im Juni 1940 Kombattanten in dem von Hitler
begonnenen Krieg. Sie spielten ihre neue Rolle ganz gewiß wider Willen und allein deshalb, weil Mussolini es so wollte. Eine innere oder äußere Notwendigkeit für den Kriegseintritt, die das Volk überzeugen konnte, existierte nicht. Nur störte das den »Duce«
in keiner Weise. Ein baldiges Ende der Kampfhandlungen mit Frankreich und Großbritannien vor Augen, dachte er außerdem nicht im entferntesten daran, einen Koalitions-
krieg an Hitlers Seite zu führen. Das Kriegsbündnis der Diktatoren, der »Stahlpakt« vom
Mai 1939, hätte durchaus eine gemeinsame Kriegführung erwarten lassen. Mussolini jedoch
schwebte vor, sich in einem nationalen Parallelkrieg machtpolitisch — international —
gegenüber Hitler zu profilieren. Rund sechs Monate später war sein ehrgeiziger Versuch
völlig gescheitert[6].

Dennoch dauerte für die Italiener der Waffengang an. Als Folge der gegenüber dem »Dritten Reich« eingegangenen Bindungen kämpften deutsche und italienische Soldaten nach
dem Winter 1940/1941 noch circa zweieinhalb Jahre auf dem Balkan, in Nordafrika,

---

[2] Grundlegend das Werk von Petersen, Hitler-Mussolini; und Funke, Sanktionen; sowie Toscano, Pact
of Steel.

[3] Daß die »Achse« im Grunde das Bündnis zweier Männer war, erkannten bereits zeitgenössische Beobachter. Siehe dazu Betrachtungen über die politische Situation Italiens 1935—1941 (ohne Datum),
PA, Dienststelle Ribbentrop 35/1.

[4] Schreiber, Mittelmeerraum, S. 4—43 und 86—111; und ders., Revisionismus, S. 65—261.

[5] Vgl. Funke, Die deutsch-italienischen Beziehungen, S. 823—846.

[6] Schreiber, Mittelmeerraum, S. 222—249 und 368—414.

in der Sowjetunion und in Italien Schulter an Schulter. Doch gerade in dieser Zeitspanne wuchs mehr Trennendes als Verbindendes zwischen den beiden Völkern. Und im Sommer 1943 gipfelte der seit vielen Monaten zu verzeichnende Erosionsprozeß jener spannungsreichen Vereinigung im dramatischen Bruch der 1936 proklamierten »Achse« Berlin—Rom[7].

Angesichts der zahlreichen Defizite der deutsch-italienischen Koalition und der militärischen Entwicklung im Mittelmeerraum seit dem Herbst 1942 kam das Ende der Allianz — insbesondere nach dem Sturz und der Verhaftung Mussolinis am 25. Juli 1943 — nicht überraschend. Trotzdem zeitigte es für Italien verheerende Folgen. Warum?

Darauf wird im folgenden Kapitel zu antworten sein. Lediglich auf einige Fakten ist im Vorgriff hinzuweisen. Dem italienischen Kriegsaustritt hafteten — sei es hinsichtlich seiner politischen Vorbereitung, sei es in bezug auf seine praktische Durchführung — viele Mängel an. Die Aktion konnte fast schon dilettantisch genannt werden. Aber andererseits faßte die Regierung in Rom ihren Entschluß in völliger Übereinstimmung mit der nationalen Interessenlage. Italien erwies sich nach über drei Jahren Krieg als total erschöpft. Seine Menschen waren kriegsmüde. Es gab keinen einzigen überzeugenden Grund, das Sterben, Töten, Leiden und Zerstören fortzusetzen. Jener Krieg, so er denn überhaupt jemals einen Sinn gehabt haben könnte, war im Sommer 1943 ohne Wenn und Aber für die Italiener sinnlos geworden.

Aus deutscher Sicht galt es jedoch als selbstverständlich, daß sich die politische und die militärische Führung in Berlin — unter dem Eindruck der vom Juli bis zum September entstandenen strategischen Lage — auf die Besetzung Italiens und die Entwaffnung seiner Streitkräfte vorbereiteten. In den deutschen Gegenmaßnahmen mag man eine real- oder machtpolitisch unvermeidbare Reaktion erkennen. Vieles ließ sich historisch begründen. In keiner Weise zu rechtfertigen sind allerdings diejenigen Befehle gewesen, die für italienische Militärangehörige, die — getreu ihrem Eid — zum König und der rechtmäßigen Regierung hielten, eine andere Behandlung anordneten als die für militärische Gegner oder Kriegsgefangene international vereinbarte. Die Wehrmachtführung gab nämlich nach dem 8. September 1943 sowohl Sonderweisungen als auch völkerrechtswidrige Befehle für den Umgang mit den königlichen Soldaten heraus. Letztere machten die Geschichte der deutschen Antwort auf den italienischen Kriegsaustritt zur Geschichte einer Reihe von Kriegsverbrechen, die zu den schockierendsten Grausamkeiten des Zweiten Weltkrieges zählen.

All das ist noch vertieft zu erörtern. Ganz allgemein ist hier lediglich festzustellen, daß sich bei der Beschreibung dessen, was den Militärinternierten von 1943 bis 1945 widerfuhr, Kategorien wie Verrat, Verachtung und Vergessen als eine Art leitmotivische Trias geradezu aufdrängen. Denn jene Männer sahen sich zunächst von ihrer obersten Führung im Stich gelassen, das heißt verraten. Zwar läßt sich das Verhalten des Königs, der Regierung und der Spitzenmilitärs aus der Situation heraus verständlich machen, aber am Sachverhalt selbst ändert das gar nichts. Von den Deutschen wurden die entwaffneten Soldaten zutiefst verachtet. Sie erlebten kalten Haß, der zu Mißhandlungen und sogar zu Mord führte.

---

[7] Darauf ist im zweiten Teil ausführlicher einzugehen.

Sehr viele von ihnen verloren als Folge verbrecherischer Weisungen ihr Leben. Nach dem Zusammenbruch des nationalsozialistischen Deutschlands veröffentlichten einige der Überlebenden ihre Memoiren und Aufzeichnungen anderer Art über die Gefangenschaft. Doch die Geschichtswissenschaft und die breite Öffentlichkeit haben eine immerhin mehr als 600 000 Mann umfassende Gruppe von Kriegsgefangenen lange Zeit ignoriert oder schlechtweg vergessen. Das gilt in erster Linie für das Land, dessen Lager Tausende Italiener als Hölle erlebten. Ungezählte von ihnen starben, »getötet durch die Waffen ihrer Bewacher, durch Krankheiten, Unterernährung und Mißhandlungen«[8].

Diese Untersuchung über die Militärinternierten im deutschen Machtbereich versucht eine Forschungslücke zu schließen. Sie strebt im wesentlichen drei Ziele an: Integration des Schicksals der italienischen Kriegsgefangenen — in einem umfassenden Verständnis — in die Geschichte der deutsch-italienischen Beziehungen während der zweiten Kriegshälfte; historische Spurensuche, was insbesondere die Auseinandersetzung mit dem desolaten statistischen Befund meint; und Darstellung der Existenzbedingungen sowie der Behandlung in den Lagern oder beim Arbeitseinsatz.

Was nun den Forschungsstand anbelangt, so ist zunächst festzuhalten, daß sich die *Associazione Nazionale Ex Internati (A.N.E.I.)* — also der nationale Verband der ehemaligen Internierten — seit 1964 durch die Veröffentlichung der *Quaderni del Centro di Studi sulla deportazione e l'internamento*[9] bemüht, einer geschichts- und sozialwissenschaftlichen

---

[8] Resistenza senz'armi, S. V. Geht man davon aus, daß sich die Gesamtverluste Italiens von 1940 bis 1945 auf 309 453 tote und 135 070 vermißte Militärangehörige und Zivilpersonen belaufen, so machen die getöteten oder verstorbenen Militärinternierten etwa den zehnten Teil dieser 444 523 Kriegsopfer aus. Zu diesen Zahlen vgl. Repubblica Italiana, Tav. 1-1- Morti e dispersi per anno di morte o di dispersione e sesso. Allerdings ist die Gesamtzahl der während der Internierung umgekommenen Italiener nach wie vor umstritten. Die Angaben bewegen sich zwischen 20 000 und 100 000. Direkt dazu vgl. Bertinaria, L'opera dell'Ufficio Storico, S. 122 und 129, Anm. 1; sowie Klinkhammer, Leben im Lager, S. 494, Anm. 10. Die Arbeit »Militari italiani caduti«, die 1975 erstmals erschien, ist zwar in mancherlei Hinsicht beachtenswert, erscheint jedoch im Detail oft unzuverlässig. Das Material wurde offenbar recht unkritisch zusammengestellt, und insgesamt gesehen drückt dieser Band in erster Linie eine Hommage an die Opfer aus.

[9] Von den QdC erschienen bisher die Hefte 1 (1964), 2 (1965), 3 (1966), 4 (1967), 5 (1968), 6 (1969—1971), 7 (1973—1974), 8 (1974—1975), 9 (1976—1977), 10 (1978—1982), 11 (1983—1986). Thematisiert werden nicht nur die Militärinternierten, sondern auch die Entwicklung vom Sturz Mussolinis bis zum Waffenstillstand, die Frage der Deportation im weitesten Sinn, die Widerstandsbewegung, das Leben in verschiedenen Lagern, der Holocaust der Juden und Zigeuner. Verdienstvoll sind die aktuellen bibliographischen Hinweise und die Dokumentationen. Letztere können allerdings hinsichtlich ihrer wissenschaftlichen Aufbereitung nicht immer befriedigen.

Da die für das Thema Militärinternierte relevanten Beiträge in den QdC im Verlaufe der Untersuchung von Fall zu Fall heranzuziehen sind, wird hier auf eine Einzelvorstellung verzichtet. Lediglich auf die in QdC 9 (1976—1977), S. 7—27, publizierte Diskussion des Forschungsstandes bis 1976 sei schon an dieser Stelle hingewiesen: vgl. La storiografia sui lager.

Im Zusammenhang mit dem Bemühen der A.N.E.I., die Erinnerung an die Geschichte der Militärinternierten wachzuhalten, ist auch auf die von ihr herausgegebenen oder finanziell unterstützten Bilddokumentationen aufmerksam zu machen. Die Fotografie, das gemalte Bild oder die Zeichnung sind allemal mehr als lediglich Beiwerk zur Geschichtsschreibung, man hat es vielmehr mit Quellen besonderer Art zu tun. Im Verständnis einer Auswahl siehe dazu: La resistenza nei »Lager«; 1943—1945 La resistenza; Vialli, Ho scelto; und Berretti, Attenti al filo.

Aufarbeitung der Vergangenheit der Militärinternierten den Weg zu bereiten. Ferner liegt seit 1972 in italienischer, französischer, englischer und deutscher Sprache der ebenso anregende und kompetente wie engagierte Problemaufriß zum Schicksal der in den nationalsozialistischen Lagern internierten Militärangehörigen von Piasenti vor[10]. Eine umfassende, auf gründlichem und kritischem Quellenstudium beruhende Behandlung des Themas steht allerdings — wie oben angedeutet — nach wie vor noch aus.

Die Tatsache überrascht im Grunde, zumindest was die italienische Geschichtsschreibung betrifft. Denn in Italien gibt es zum einen eine intensive Diskussion über die Widerstandsbewegung, was sich auch mit der politischen Entwicklung des Landes seit 1943 erklärt, und zum anderen existiert eine ganze Reihe anspruchsvoller Untersuchungen zur Geschichte der *resistenza*[11]. Apologetische und nostalgische Momente oder Tendenzen sind dabei in der memoirenhaften Literatur und in den frühen Darstellungen nicht zu übersehen. Es war eben so, daß Emigration und Widerstand als antifaschistische Protesthaltungen die moralisch und politisch legitimierenden Säulen darstellten, auf denen die neue Demokratie ruhte.

Angesichts einer derartig herausragenden Bedeutung der Widerstandsbewegung für die politische Bewußtseinslage der italienischen Nation nach 1945 verwundert die lange Zeit zu beobachtende wissenschaftliche Vernachlässigung der Militärinternierten im Kontext der Vergangenheitsbewältigung. Dies insbesondere deshalb, weil die in den nationalsozialistischen Lagern gefangenen Soldaten dadurch, daß sie die Aufforderung zur Zusammenarbeit mit dem Staat Hitlers und jenem Mussolinis ablehnten, somit bewußt auf eine bevorzugte Behandlung verzichteten und das harte Los des Lagerlebens auf sich nahmen, de facto eine Art von unbewaffnetem Widerstand leisteten[12].

---

[10] Piasenti, I militari.

[11] Eine lesenswerte Einführung in die Geschichte der italienischen Widerstandsbewegung und in die relevanten Forschungsprobleme bietet Gasparri, La resistenza. Nach einer allgemeinen historischen Einordnung des Phänomens behandelt die Autorin problemorientiert verschiedene Einzelthemen zur Widerstandsbewegung, wobei sie nachdrücklich zu einer wissenschaftlichen Betrachtungsweise dieses schwierigen Gegenstandes der italienischen Zeitgeschichte auffordert. Dem folgen Besprechungen einiger wichtiger Untersuchungen und eine umfangreiche Bibliographie. Zahlreiche Titel sind zusammengestellt bei Schröder, Italien, S. 584—691 und 905—932. Ansonsten geben die verschiedenen Bände von »Il Movimento di Liberazione in Italia. Rassegna di Studi e Documenti«, jetzt »Italia contemporanea«, regelmäßige und wissenschaftlich qualifizierte Informationen über die Historiographie zum italienischen Widerstand. Besonders intensiv ist seit Jahren die historische Beschäftigung mit den regionalen Widerstandsorganisationen. Beispielhaft sei — unter den zahlreichen Veröffentlichungen — auf den Band »L'insurrezione in Piemonte« aufmerksam gemacht. Es handelt sich um den Tagungsband eines vom Istituto Storico della Resistenza in Piemonte im April 1985 veranstalteten Kongresses. Das piemontesische Institut erwarb sich jedoch auch Verdienste im Hinblick auf die Aufarbeitung der Geschichte von italienischen Staatsbürgern, die in die nationalsozialistischen Vernichtungslager verschleppt wurden — vgl. La deportazione — und um die wissenschaftliche Auseinandersetzung mit dem Schicksal der Kriegsgefangenen, Internierten und Deportierten im Zweiten Weltkrieg. Zum letztgenannten Thema fand im November 1987 eine Tagung in Turin statt. Die einzelnen Vorträge sind veröffentlicht, in: Una storia di tutti.

[12] Diese These erfährt unter anderen in dem Sammelband »Resistenza senz'armi« — er enthält Aussagen von mehr als 60 Zeitzeugen — eine eindrucksvolle Bestätigung. Siehe direkt dazu — mit weiteren Belegen für das Widerstandsverständnis in der Internierung — Piasenti, Il lungo inverno.

Man mag eine solche These mit einem Fragezeichen versehen[13]. Die Entscheidung darüber ist auch ein Problem der Definition von Widerstand. Aber wie auch immer, bei kritischen Vorbehalten ist auf jeden Fall zu beachten, daß die entscheidende Frage hierbei weder die nach dem Grad des politischen Bewußtseins, das dem jeweiligen Verhalten zugrunde lag, noch jene nach dem intentionalen Bruch mit der Zeit vor dem 8. September sein kann. Für die Einstellung der Militärinternierten, für ihre persönliche Entscheidung waren zweifellos sehr unterschiedliche Motive ausschlaggebend, die man rückblickend nicht an von der konkreten geschichtlichen Situation losgelösten ideologischen Normen messen sollte. Die deutsche Seite empfand die Verweigerung jedweder Kooperation jedenfalls genau als das, was sie der Sache nach war: als Widerstand gegen das nationalsozialistische und faschistische System, als Absage an den Krieg der Aggressoren. In diesem Sinne hieß es in den grundsätzlichen »Richtlinien über die Behandlung der Soldaten der ital. Wehrmacht und Miliz« vom 15. September 1943 lapidar[14]: »Wer nicht für uns ist, ist gegen uns«, und das war es dann auch. Einen Kompromiß oder Zugeständnisse, etwa an die Träger deutscher Kriegsauszeichnungen, gab es bei der Behandlung der sogenannten Verweigerer nicht.

Insgesamt ist auf der einen Seite die noch immer fehlende wissenschaftliche Aufarbeitung des Problems Militärinternierung zu verzeichnen, auf der anderen Seite ist zu sagen, daß es eine beachtliche Zahl von Büchern, Aufsätzen und Dokumentationen zu dem Thema gibt. Rochat nennt in seiner Bibliographie, die Vollständigkeit nicht beansprucht, mehr als 180 relevante Titel, Tagebücher und Memoiren inbegriffen, die von 1945 bis 1985 erschienen sind[15]. Es fällt schwer, unter den Publikationen einzelne besonders hervorzuheben. Zu denken wäre wohl an das Werk von Crescimbeni und Lucini, das einen hohen Informationsgehalt besitzt. Nach Ausführungen zu den Vorgängen um den 8. Sep-

---

[13] Insgesamt dazu Rochat, Memorialistica, S. 23—69; geringfügig verändert ders., La memoria, S. 5—30; und ders., Prigionia, S. 314—355. In Rochats Forschungen findet man den besten Überblick über die themenspezifische Memoirenliteratur und eine kenntnisreiche historische Einordnung sowie quellenkritische Erörterung der Widerstandsproblematik. Der Verfasser argumentiert abgewogen, differenziert und berücksichtigt — was unerläßlich ist — Herkunft und Status der Internierten bei seiner Analyse. Der antifaschistischen Komponente mißt er sowohl für das Verhalten der Offiziere (Memorialistica, S. 38) als auch für jenes der Unteroffiziere und Mannschaften (ebd., S. 50) geringe Bedeutung zu, was freilich nicht in Frage stellt, daß es sich bei der Verweigerung ohne jeden Zweifel um eine Widerstandsbekundung handelte. Desana, Ufficiali italiani, S. 23 ff., läßt keinen Zweifel daran aufkommen, daß die Offiziere, zu denen der Autor selbst gehörte, zumindest sehr oft aus politischen Gründen Widerstand leisteten, wobei er diese Aussage nicht verallgemeinert (S. 23): »Altri, [...], non rinunziarono ad esprimere ancora il loro dissenso ideologico. E subirono le più dure conseguenze.« Zur Beurteilung der internierten Offiziere siehe außerdem Caforio, Un approccio sociologico, der die These vertrat, daß bei der Reaktion der Offiziere deren berufsgeprägtes Selbstverständnis entscheidend gewesen sei. Verwandt argumentiert Bertinaria, L'opera dell'Ufficio Storico, S. 127 f., der sich zugleich für eine Integration der Geschichte der Militärinternierten in jene des italienischen Befreiungskampfes gegen die deutsche Besetzung ausspricht.

[14] Der Chef des Oberkommandos der Wehrmacht, Oberkommando der Wehrmacht Nr. 005282/43 g.Kdos. WFSt/Qu 2 (S), F.H.Qu., den 15.9.1943, Grundsätzliche Richtlinien über die Behandlung der Soldaten der ital. Wehrmacht und Miliz, BA-MA, RW 4/v. 508a.

[15] Rochat, Bibliografia; dabei handelt es sich um eine annotierte Bibliographie.

tember und seinen Folgen sowie zum Verhältnis der königlichen und der faschistischen Regierung zur Frage der Militärinternierten werden primär sozial- oder alltagsgeschichtliche Ansichten einzelner ausgewählter Internierungslager vorgestellt[16]. Zu nennen sind außerdem die Beiträge von Giuntella[17]. Mit Fug und Recht darf man ihn als einen der Motoren im Rahmen der Anstrengungen für eine zusammenfassende Darstellung der Geschichte der Militärinternierten bezeichnen, obwohl seine eigenen Untersuchungen im allgemeinen Einzelaspekte behandeln. Kritisch anzumerken wäre ansonsten, daß die meisten Autoren, die mit Internierungsliteratur arbeiteten, die Notwendigkeiten einer inneren und äußeren Quellenkritik mit erstaunlicher Selbstverständlichkeit außer acht zu lassen scheinen[18]. Eine Ausnahme bildet — unter anderen — Rochat.

Als wichtig erweisen sich für die Erforschung der Geschichte der Militärinternierten vor allem die Berichte über bestimmte Lager, von denen einige, etwa jener von Testa über Wietzendorf, als ausgezeichnet einzustufen sind[19]. Derartige Aufzeichnungen bilden eine nützliche Ergänzung des offiziellen Quellenmaterials, denn die Monatsberichte

---

[16] Crescimbeni, Lucini, Seicentomila.

[17] Zu Giuntella vgl. im Verständnis einer Auswahl: L'Associazione Nazionale Ex Internati, S. 70—80, mit einem Index zum Inhalt der ersten zehn Hefte der QdC; ders., Gli internati, S. 105—116, mit zahlreichen Literaturhinweisen und Anmerkungen zur Behandlung der Militärinternierten (gerade zu diesem Problem hätte man sich einige quellenkritische Reflexionen des Autors gewünscht); ders., Il nazismo, nur die Darstellung S. 107 bis 116 bezieht sich exklusiv auf die Militärinternierten; ders., Per una storia, S. 9—21 (in seiner interessanten Problemschau bietet der Verfasser eine Fülle literarischer und statistischer Hinweise, gleichzeitig mahnt er eine kritische Auseinandersetzung mit der Geschichte der Militärinternierten an, S. 16, Anm. 15); ders., La Storiografia, S. 13—24, der Aufsatz bezieht sich nicht ausschließlich auf die Militärinternierten; ders., L'8 Settembre, S. 7—11 (wobei es sich um eine allgemeine — die Frage »Wie konnte es dazu kommen?« stellende — Einführung in dieses Heft der QdC handelt, das insgesamt den Ereignissen beim italienischen Kriegsaustritt gewidmet ist); und ders., Mito e realtà, S. 60—75, eine ebenso geistreiche wie einfühlsame psychologisierende Untersuchung des Lebens im Lager und seiner Auswirkungen. Zu den Militärinternierten vor allem S. 67—75.

[18] Als beispielhaft sei das Buch von Wilczur, Le tombe dell'ARMIR, angeführt. Diese Veröffentlichung — vom Verlag publikumswirksam als genaue historische Rekonstruktion der »Tragödie der italienischen Armee in Rußland« und der angeblichen Ermordung italienischer Soldaten in Polen angepriesen — besitzt nicht nur einen irreführenden Titel, sondern stellt im Grunde nichts anderes dar als eine mit zahlreichen Fehlern und Ungenauigkeiten behaftete unkritische Kompilation von Zeugenaussagen, die durch einige Dokumente anderer Herkunft ergänzt werden. Die polnische Originalausgabe erschien 1962 unter dem Titel: Armira nie wróci do Italii, d.h.: »Die Armir [Armata Italiana in Russia] kehrt nicht nach Italien zurück«, was zum einen wenig erhellend und zum anderen als geschichtliche Aussage falsch ist. Bei der hier verwendeten Ausgabe handelt es sich um den Nachdruck der zweiten Auflage in italienischer Sprache (Mailand 1964), der 1987 erschien, als das in Lemberg angenommene Verbrechen an 2 000 italienischen Soldaten wieder einmal öffentlich und kontrovers diskutiert wurde. Darauf ist später noch kurz einzugehen.

[19] Testa, Wietzendorf. Der Verfasser war vom 9. Februar 1944 bis zum 29. Juli 1945 italienischer Lagerkommandant. Zu nennen sind außerdem, wenn auch von der dokumentarischen Aussagekraft her gesehen nicht vergleichbar: Alpini, Baracca otto, auf das Lazarettlager Fullen bezogen; oder Santalco, Stalag 307, kein Bericht, sondern Tagebuchfragmente und Bemerkungen über das Dasein im Lager. Es ist schwer zu sagen, ob alle Eintragungen tatsächlich aus der Zeit der Internierung stammen. Außerordentlich informativ sind die Tagebuchaufzeichnungen von Monchieri, Diario.

der deutschen Lagerverwaltungen, die für eine exakte sozialgeschichtliche Analyse des Lagerlebens und den Vergleich der Behandlung italienischer Militärinternierter mit derjenigen von Kriegsgefangenen anderer Nationalität unabdingbar wären, sind ja in ihrer Masse verloren[20].

Einen großen Schritt vorwärts machte die italienische Forschung über die Militärinternierten 1985. Die A.N.E.I. veranstaltete damals — aus Anlaß des 40. Jahrestages der Befreiung — in Florenz einen Kongreß über die Geschichte der von den Deutschen nach dem 8. September 1943 internierten Militärangehörigen. Im dazu erschienenen Tagungsband[21] findet der Leser eine Art Zwischenbilanz des bis dahin auf dem Wege von Einzel- oder Spezialforschungen Erarbeiteten:

Rochat thematisiert in seiner Untersuchung über die Memoirenliteratur[22] so wichtige Fragen wie jene nach den Lebensbedingungen in der Internierung. Es verwundert nicht, daß sich zu den Offizieren verhältnismäßig viel[23], über die Unteroffiziere und Mannschaften dagegen recht wenig sagen läßt[24]. Die Erinnerungsliteratur stammt eben weitgehend von Offizieren. Der Autor erörtert auch das Problem des unbewaffneten Widerstandes und die verschiedenen Zahlen, die zu den Militärinternierten existieren. Er meint, daß rund 650 000 italienische Soldaten interniert wurden[25]. Außerdem macht Rochat einige klärende Anmerkungen zum kontrovers behandelten Problem, warum Hitler die italienischen Kriegsgefangenen als Militärinternierte bezeichnen ließ. Zutreffend ist seine Annahme, daß das nationalsozialistische Regime einer formaljuristischen Begründung für die willkürliche Behandlung von Kriegsgefangenen nicht bedurfte. Dafür steht in der Tat nicht nur der Umgang mit den sowjetischen Gefangenen[26]. Ausschlaggebend für diese Entscheidung waren eine gewisse politische Rücksichtnahme auf Mussolini und deutsche wirtschaftliche Bedürfnisse.

Doch das erklärt lediglich die Motivation für die Begriffswahl. Unberührt von der terminologischen Akrobatik bleibt die Tatsache, daß sich die Lebensbedingungen für die internierten italienischen Soldaten grundsätzlich härter darstellten als jene der Kriegsgefangenen aus westlichen Ländern. Denn den Italienern fehlte der Schutz, den die Genfer Konvention diesen gewährte. So jedenfalls begründete der Leiter des *Servizio Assistenza*

---

[20] Siehe in diesem Zusammenhang die Fallstudie zum Lager Teschen (Stalag VIII B) von Konečný/ Mainuš, L'impiego.

[21] I militari italiani internati. Giuntella, L'attività dell'Anei, S. 53, spricht absolut zutreffend von einer neuen Phase der historischen Forschung über die Militärinternierten, die der zitierte Band und der ihm vorangehende Kongreß einleiteten.

[22] Rochat, Memorialistica, S. 23—69.

[23] Ebd., S. 29 f.

[24] Ebd., S. 42 f., Rochat spricht von wenigen Dutzend unterschiedlichster Aufzeichnungen. Erwähnenswert erscheint hier das Buch des zur Division »Casale« gehörenden einfachen Soldaten A. Raffaelli, Fronte senza eroi, in dem dieser episodenhaft die Geschichte seiner Odyssee erzählt, die ihn von Griechenland durch verschiedene deutsche Lager führte.

[25] Rochat, Memorialistica, S. 23—26; und zum Problem der Terminologie »Militärinternierte«: ebd., S. 34 f. und 61, Anm. 39. Vgl. dazu auch unten, S. 98, Anm. 18.

[26] Detailliert und kenntnisreich zu dieser Frage Streim, Die Behandlung, und Streit, Keine Kameraden.

Internati in Berlin das Elend seiner gefangenen Landsleute[27]. Die Militärinternierung war eine verschärfte und falsch etikettierte Kriegsgefangenschaft, die sich für Mussolinis Marionettenstaat frühzeitig zu einer schweren innenpolitischen Belastung entwickelte.

Ein anderer Beitrag des Florentiner Tagungsbandes, der von Cajani, stellt erste Arbeitsergebnisse mehrjähriger Forschungen in italienischen, deutschen und schweizerischen Archiven vor[28]. Das eigentliche Verdienst seiner Ausarbeitung besteht in der quellenmäßig dicht belegten Untersuchung der Rolle, die das Internationale Rote Kreuz im Rahmen der Unterstützung der Militärinternierten spielte oder hätte spielen können. Dabei werden deutsche und italienische Dienststellen sowie das Italienische Rote Kreuz in die Betrachtung einbezogen. Berücksichtigt sind darüber hinaus der Arbeitseinsatz der gefangenen Italiener und die Frage der Optanten für die *Repubblica Sociale Italiana* oder auch für die Kooperation mit der Wehrmacht. Letztere Frage wird in Italien mit großem Engagement behandelt, und bei einigen Historikern scheint die Neigung zu bestehen, die Prozentzahlen möglichst niedrig zu halten. Die Berechnungsergebnisse hinsichtlich der »Bündnistreuen« schwanken jedenfalls zwischen einem Prozent und zehn Prozent der Internierten. Bei den Offizieren geht man sogar von bis zu fünfzig Prozent aus[29]. Diese Annahmen lassen sich nicht ohne weiteres übernehmen. Sie müssen vielmehr mit den im erhaltenen statistischen Quellenmaterial auffindbaren Daten konfrontiert werden. Jenen ist im Zweifelsfall der Vorzug zu geben.

Besonders zu würdigen sind in dem Sammelband ferner die Arbeiten von Bertinaria[30], der zum einen die Widerstandsproblematik untersucht und zum anderen auf die Zahlenfrage eingeht (etwa 600 000 Internierte werden genannt), sowie von Devoto[31] und Caforio[32], die sich psychologischen und soziologischen Fragestellungen widmen. Juristische Aspekte der Internierung behandelt Socini Leyendecker[33]. Er definiert die Militärinternierten als — dem Völkerrecht bekannte, aber in der Genfer Konvention vom 27. Juli 1929 nicht angesprochene — Militärangehörige in einer speziellen Situation. Bei bestimm-

---

[27] All'Ambasciatore Conte Serafino Mazzolini, Sottosegretario agli Affari Esteri, Salò, 20 Dicembre 1944, f/to Vaccari, PADF. Dieser 20 Seiten umfassende Bericht über die Tätigkeit von Marcello Vaccari als Leiter der »Internierten-Betreuungs-Dienststelle« bei der Botschaft der Repubblica Sociale Italiana in Berlin war von Mazzolini angefordert worden. Vaccari (S. 17) schrieb: »Soltanto chi ha visto questo e tant'altro ancora può affermare di conoscere qualche cosa sulla tragedia dell'internamento, molto più dura di quella della prigionia, tutelata da una convenzione internazionale.«

[28] Cajani, Appunti, S. 81—119; unmittelbar zu diesem Thema: ders., Gli alleati e la mancata assistenza, S. 279—309.

[29] Eine Erörterung der verschiedenen Hypothesen findet sich bei Klinkhammer, Leben im Lager, S. 498 ff. Zu den dort herangezogenen Daten von Sommaruga, Dati, S. 164—166, ist anzumerken, daß der Autor auf der Tagung in Turin (siehe oben, Anm. 11) neues Zahlenmaterial vorlegte. Sommaruga geht demnach von 8 000—8 850 Optanten bei den Offizieren aus. Alles in allem führen seine Berechnungen zu circa 45 000 Optanten, Offiziere, Unteroffiziere und Mannschaften eingeschlossen. Diese Zahlen sind wohl, wie noch zu zeigen ist, zu niedrig.

[30] Bertinaria, L'opera dell'Ufficio Storico, S. 127 f. Im Anhang dieses Beitrages findet man Hinweise auf die einschlägigen Quellen im Archiv des italienischen Heeres.

[31] Devoto, Considerazioni psicologiche, S. 136—140.

[32] Caforio, Un approccio sociologico, S. 141—150.

[33] Socini Leyendecker, Aspetti giuridici, S. 130—135.

ten Gegebenheiten würde diesen eine spezifische Behandlung zuteil werden. Für die von den Deutschen gefangenen Italiener konnten jene — nur von neutralen Staaten gegenüber den Soldaten eines kriegführenden Landes anzuwendenden — Richtlinien nicht gelten, da Deutschland Kombattant war.

Der anspruchsvolle Tagungsband ist ein wichtiger Meilenstein im Rahmen der Forschung über die Militärinternierten. Er geht über die bis dahin vorzugsweise auf der Memoirenliteratur beruhenden Arbeiten klar hinaus. Ein gewisses Manko besteht jedoch darin, daß fast ausnahmslos nur italienische Quellen herangezogen werden[34].

Gibt es in Italien somit wenigstens wichtige Vorarbeiten und ein wissenschaftliches Interesse an der Geschichte der Militärinternierten, so fanden letztere in Deutschland höchstens am Rande Beachtung. Warum es zu einer derartigen Vernachlässigung oder auch Ausklammerung des Themas innerhalb der Geschichtsschreibung einerseits und der öffentlichen Auseinandersetzung mit der jüngsten Vergangenheit andererseits kam, das ist nicht leicht zu erklären. Möglicherweise manifestieren sich hierbei Verdrängungstendenzen. Zu berücksichtigen ist ferner die Tatsache, daß die deutsche Historiographie über den Zweiten Weltkrieg — erklärbar zwar, aber nichtsdestoweniger blickfeldverengend — nach wie vor in hohem Maße auf die ehemaligen Hauptkriegsgegner fixiert ist. Die Entwicklung im Mittelmeerraum nach dem Sommer 1943 fand und findet in ihr kaum Beachtung. So gesehen verwundert es nicht, daß jene Menschen aus Italien oder aus den Ländern des Balkans, die Opfer des NS-Terrorsystems wurden, bisher so gut wie keine Aufmerksamkeit erregten.

Bücher über den deutschen Krieg in und gegen Italien sind Mangelware, sofern von den Erinnerungen einiger Hauptakteure[35] und jenen mehr oder weniger lesenswerten Schlachtenschilderungen aus deutscher Sicht abgesehen wird. Aber selbst in wissenschaftlichen Darstellungen zum Kriegsaustritt Italiens spielen die über 600 000 italienischen Kriegsgefangenen keine Rolle[36]. Eine Ausnahme bildet lediglich die Studie von Kuby, die allerdings keine streng wissenschaftliche Untersuchung sein will. Vielmehr geht der Verfasser mit seinem Gegenstand eher reportagehaft um, nicht kritisch distanziert, sondern kritisch engagiert. Die Bedeutung des — leider mit Ungenauigkeiten behafteten — Buches ist in erster Linie darin zu sehen, daß es zum Nachdenken über Ressentiments zwingt, die auf platter Unkenntnis fußen. Kubys »Verrat auf deutsch« ist die Antithese zum »Verrat auf italienisch«[37]. Dem Thema »Militärinternierte« wird in dieser Untersuchung ein eigenes Kapitel zugestanden[38], was in Werken, die in deutscher Sprache vorliegen, allein

---

[34] Auch in dem Aufsatz von Cajani, Appunti, der eine gewisse Ausnahme darstellt, wird alles in allem nur eine Handvoll deutscher archivalischer Quellen ausgewertet. Einige dieser Unterlagen — die SD-Berichte zu Inlandsfragen — sind mittlerweile publiziert. Vgl. dazu: Meldungen aus dem Reich, 17 Bde.

[35] Als Auswahl, denn Ausführungen zum Krieg in Italien sind auch in anderen Erinnerungsbüchern enthalten, siehe: Kesselring, Soldat bis zum letzten Tag, S. 228—336; Senger und Etterlin, Krieg in Europa, S. 192—397; und Westphal, Erinnerungen, S. 219—265.

[36] Von diesem allgemeinen Befund abgesehen, dürfte das Buch von Plehwe, Schicksalsstunden, die lesenswerteste Darstellung in deutscher Sprache zum italienischen Kriegsaustritt sein. Schröder, Italiens Kriegsaustritt, behandelt das Thema vor allem unter dem Gesichtspunkt der deutschen Gegenmaßnahmen.

[37] So der deutsche Titel von: Tompkins, Verrat.

[38] Kuby, Verrat auf deutsch, S. 295—312.

noch bei Deakin der Fall ist. Dessen Interesse gilt jedoch ausschließlich den italienischen Kriegsgefangenen bei der Neuaufstellung faschistischer Streitkräfte[39].

Wenn überhaupt, dann werden die Militärinternierten in deutschen geschichtswissenschaftlichen Arbeiten im Kontext rüstungswirtschaftlicher Fragestellungen berücksichtigt. Vor allem in Werken, die dem Problem der Beschaffung und des Einsatzes von Arbeitskräften in der Kriegswirtschaft des Dritten Reiches nachgehen, ist das der Fall[40]. Eine ernsthafte Auseinandersetzung mit dem Los der gefangenen Italiener wird dabei meist vermieden.

Unter den wenigen vorhandenen Beiträgen wäre etwa eine knappe Ausarbeitung von Graml zu erwähnen[41]. Schon sehr früh machte er darauf aufmerksam, daß die Behandlung der Militärinternierten von derjenigen der zivilen italienischen Arbeiter im Reich deutlich abwich. Im Mittelpunkt seiner Ausführungen stand allerdings die Frage nach dem Umgang mit den italienischen Arbeitern im Reichsgebiet vor und nach dem Sturz Mussolinis. Der Autor meint, daß der 25. Juli 1943 die Rechtslage dieser Arbeiter veränderte. Tatsächlich scheint das aber vor dem 8. September nicht der Fall gewesen zu sein. Bis dahin ließen sich die diesbezüglichen — deutscherseits durchaus angestrebten — Maßnahmen nämlich nicht durchsetzen. Erst nach Italiens Kriegsaustritt, als es zur deutschen Besetzung kam, wurde alles möglich: Mussolinis *Repubblica Sociale Italiana* war politisch von Anfang an eine Quantité négligeable. Den Fremd- und Zwangsarbeitern in Bayern ist der Aufsatz von Grossmann zugedacht[42]. Die italienischen Militärinternierten werden dabei lediglich am Rande behandelt, wobei die zu ihnen gemachten wenigen Bemerkungen unreflektiert wirken. Jedenfalls ist es völlig falsch, wenn Grossmann schreibt, nach den »Vorgängen des Sommers 1943 galt Italien nicht mehr als befreundeter Staat, und die freiwillig nach Deutschland gekommenen Arbeitskräfte firmierten als Militärinternierte«. Zwar wurden seit dem Sommer 1944 Militärinternierte — überwiegend durch Befehl — in den Status des Zivilarbeiters überführt, doch nicht umgekehrt. Am ausführlichsten ist der Arbeitseinsatz der italienischen Kriegsgefangenen bei Herbert untersucht[43]. Auf seine Ergebnisse und Thesen ist von Fall zu Fall zurückzukommen.

Hinzuweisen ist ferner auf einen Literaturbericht von Klinkhammer. In ihm werden nicht nur Arbeiten über die Militärinternierten, sondern auch zu den verschiedenen anderen Personengruppen erfaßt, die in deutsche Lager deportiert wurden. Im Rahmen seiner Ausführungen zu den Kriegsgefangenen konzentriert sich der Verfasser argumentativ auf den schon erwähnten Tagungsband zum Kongreß in Florenz im Jahre 1985, wobei er weiterführende Literaturhinweise an die Hand gibt[44].

---

[39] Deakin, Die brutale Freundschaft, S. 666—687. Es handelt sich jedoch um keine deutsche Originalausgabe, sondern um eine Übersetzung aus dem Englischen.

[40] Zur bis 1981 erschienenen einschlägigen Literatur vgl. Volkmann, Wirtschaft, Bd 2, S. 91—99.

[41] Graml, Italienische Gastarbeiter, S. 132—136.

[42] Grossmann, Fremd- und Zwangsarbeiter, zu den Militärinternierten S. 497.

[43] Herbert, Fremdarbeiter, insgesamt; und ders., Ausländereinsatz, S. 13—54, allerdings nur mit einer resümierenden Anmerkung zu den Militärinternierten auf S. 35.

[44] Klinkhammer, Leben im Lager.

Bleibt — diesen Überblick abschließend — eine Untersuchung von Schminck-Gustavus zu würdigen[45]. Der Autor zeichnete die Erinnerungen von A. Buldini auf, die er sodann mit denjenigen der Ehefrau des ehemaligen Militärinternierten konfrontierte und mit einem Kommentar versah. Exemplarisch sollten die Lebensbedingungen, die Nöte, das Leiden und die psychologische Verfaßtheit einfacher Internierter erhellt werden. Gerade im Hinblick auf den Forschungsstand in Deutschland bezogen, ist eine solche Ausarbeitung zu begrüßen und wichtig. Das, was Buldini und seine Frau erzählen, erweitert unser Wissen über das in jenen Jahren Erlebte und Durchlittene. Aber die zwischen 1981 und 1985 — nach rund vierzig Jahren — gemachten Aussagen müssen mit der gebührenden quellenkritischen Sorgfalt ausgewertet werden. Es kann hilfreich sein, sich bei derartigen Studien an Thukydides zu erinnern. Vor rund 2 400 Jahren schrieb er seine Geschichte des Peloponnesischen Krieges — unter anderem auf der Grundlage angeblich genau überprüfter mündlicher Zeugenaussagen. Seine Erfahrungen faßte er folgendermaßen zusammen[46]: »Mühsam war diese Forschung, weil die Zeugen der einzelnen Ereignisse nicht dasselbe über dasselbe aussagten, sondern je nach Gunst oder Gedächtnis.« Schminck-Gustavus geht lediglich mit den erwähnten Texten ehemaliger Offiziere kritisch um. Ihre Berichte seien »nur mit großer Vorsicht zu verwenden, weil die Betonung der heroischen Momente der Gefangenschaft ein oft beklemmend verzerrtes Bild entstehen« lasse. Aus den »Erinnerungen von einfachen Rekruten«, meint er, »würde sich ein anderes Bild als das der Offiziere ergeben«[47]. Das mag so sein. Aber was ist damit eigentlich gegen die sachliche Richtigkeit der in den Memoiren und Aufzeichnungen von Offizieren dargelegten Situation gesagt? Es läßt sich natürlich a priori einer Berichterstattung mehr glauben als der anderen. Nur ist der Glaube keine Kategorie der Geschichtswissenschaft. Der historischen Wahrheit vermag man sich einzig und allein über kritische Fragen und im Rahmen einer umsichtigen Auswertung vielfältiger Quellen anzunähern. Was jedoch die Memoiren der italienischen Militärinternierten anbelangt, so stellte Rochat in seiner schon erwähnten Arbeit[48] fest, daß sich der Inhalt der Erinnerungsliteratur von einfachen Soldaten unter vielen Gesichtspunkten von demjenigen der Aufzeichnungen von Offizieren nicht unterscheidet[49].

Dabei ist anzumerken, daß der Kommentar von Schminck-Gustavus nicht nur großzügig verallgemeinernd, sondern mitunter auch schief ausfällt. Solche Unzulänglichkeiten sind bedauerlich[50]. Dennoch ist es ein großes Verdienst seiner Untersuchung, auf das

---

[45] Schminck-Gustavus, Herrenmenschen und Badoglioschweine, S. 55—102.

[46] Thukydides, Geschichte, 1,22.

[47] Schminck-Gustavus, Herrenmenschen und Badoglioschweine, S. 82—85, Zitat S. 84.

[48] Unmittelbar dazu vgl. die wissenschaftlich distanzierte Darstellung von Rochat, Memorialistica, S. 30—38, und die quellenkritischen Bemerkungen ebd., S. 29 f.

[49] Ebd., S. 43; ein entscheidender Unterschied zwischen den Gefangenengruppen bestand darin, daß die Offiziere in der Regel keine Zwangsarbeit verrichten mußten. Siehe zu den Gemeinsamkeiten und den Unterschieden der Internierung ebd., S. 42—46.

[50] Hinsichtlich gewisser Unabgeklärtheiten der Arbeit soll beispielhaft auf einige wenige Probleme hingewiesen werden. Auf S. 68 läßt sich der Autor auf die Rechtsfigur des Militärinternierten ein und nimmt an, daß es diese bis 1943 als Begriff nicht gegeben habe. Socini Leyendecker, Aspetti giuridici, S. 134, hat solche Vermutungen — darauf wurde bereits hingewiesen — widerlegt. Festzu-

Schicksal der italienischen Militärinternierten in Deutschland eindringlich aufmerksam gemacht zu haben.

Insgesamt zeigt der Forschungsstand, daß die Geschichtsschreibung zum Thema Militärinternierte — trotz der nicht geringen Zahl von Titeln, die dem Gegenstand gewidmet sind — noch in den Anfängen steckt. Die folgende Darstellung bemüht sich, einen auf breiter Quellenbasis aufgebauten Beitrag zur Aufarbeitung der Geschichte der italienischen Kriegsgefangenen zu leisten. Hierzu wurde Material aus den Beständen im *Archivio Centrale dello Stato* in Rom[51], im *Bundesarchiv* in Koblenz, im *Archivio Storico del Ministero degli Affari Esteri* in Rom, im *Politischen Archiv des Auswärtigen Amtes* in Bonn, im *Archivio Storico dell'Ufficio Storico dello Stato Maggiore dell'Esercito* in Rom, im *Bundesarchiv-Militärarchiv* in Freiburg, im *Staatsarchiv Hamburg*, im *Niedersächsischen Hauptstaatsarchiv Hannover* und im *Archiv des Instituts für Zeitgeschichte* in München ausgewertet. Berücksichtigt werden konnten ferner unveröffentlichte Unterlagen des Archivs von *Prof. Dr. Renzo De Felice*[52] in Rom, der *Zentralen Stelle der Landesjustizverwaltungen für die Aufklärung von NS-Verbrechen* in Ludwigsburg, des *Staatsarchivs Nürnberg* und Material aus dem *Stadtarchiv Hildesheim*.

---

halten ist, daß das Deutsche Reich im Hinblick auf die gefangenen italienischen Soldaten jenen Terminus gar nicht anwenden durfte, da es selbst Kombattant war. Schminck-Gustavus berichtet auch, Speer habe in Nürnberg zugegeben, daß die Genfer Konvention auf Italiener und Russen nicht angewendet worden sei, S. 69. Aber er geht nicht auf den gesamten Wortwechsel zwischen Speer und Dr. Servatius — den Verteidiger von Sauckel — ein. Dadurch bleibt verborgen, daß die Italiener für Servatius — ein durchsichtiges terminologisches Verwirrspiel betreibend — gar keine Kriegsgefangenen darstellten. Speer hat solchen Verdrehungen nicht widersprochen, was seine — vom Autor zitierte — Aussage (in: Der Prozeß gegen die Hauptkriegsverbrecher, Bd 16, S. 555 f.) für den Historiker verhältnismäßig wertlos macht. Ärgerlich sind andere Ungenauigkeiten. So wurde zum Beispiel beim Kriegsaustritt Italiens nicht der Plan »Alarich« (S. 57) ausgeführt, sondern der Fall »Achse« ausgelöst. Willkürlich und wegen ihrer Unvollständigkeit wenig hilfreich erscheinen die Anmerkungen zum deutsch-italienischen Kräfteverhältnis am 8. September 1943 (S. 57 f.). Derartige Einwände ließen sich fortsetzen.

[51] Übersetzungen fremdsprachlicher Texte stammen, soweit nicht anders angegeben, vom Autor.

[52] Der Verfasser fühlt sich Herrn Prof. De Felice zu besonderem Dank für seine großzügige Unterstützung der Untersuchung verpflichtet.

II. Der Preis der Freiheit
Besetzung, Bürgerkrieg und Hundertausende
kriegsgefangener Soldaten

Das italienische Volk bezahlte teuer für den am 3. September 1943 mit den Alliierten abgeschlossenen Waffenstillstand. Zwar bedeutete dieser zunächst einmal das Ende des vom faschistischen Regime zu verantwortenden Krieges. Gleichzeitig befreite er einen Teil der Italiener vom ungeliebten Bündnis mit dem »Dritten Reich«. Außerdem war der Waffenstillstand die Voraussetzung dafür, daß Italien am 13. Oktober als kriegführende Macht der Anti-Hitler-Koalition beitreten konnte.

So gesehen markierte der 3. September eine ebenso historische wie zukunftsträchtige Wende der italienischen Geschichte. Seine Bedeutung für die weitere Entwicklung des Landes ist gar nicht zu überschätzen. Aber es gab natürlich auch eine Kehrseite der Medaille. Unmittelbar nach dem Ausscheiden aus dem »Achsenbündnis« besetzten einerseits die Deutschen und andererseits die Alliierten Italien. Als Folge davon kam es in den von Deutschland beherrschten Gebieten zu drückenden wirtschaftlichen Belastungen und politischen Beschränkungen. Schwerer noch wog der Bruderkrieg, der sich im Rahmen des Befreiungskampfes entwickelte und unbeschreibliches Leid über die Bevölkerung brachte. Insbesondere der Partisanenkampf ist dabei zu nennen. Er richtete sich primär gegen die deutsche Besatzungsmacht, deren Antiguerillakriegführung eine zu erwartende Reaktion darstellte.

Keineswegs zu erwarten war dagegen die Brutalität, die Truppen der Wehrmacht, der Waffen-SS und Angehörige der deutschen Polizei bei ihren sogenannten Sühneaktionen gegen italienische Zivilisten walten ließen. Italien beklagte zahlreiche Opfer. Unter den Getöteten befanden sich Kinder, Frauen, Greise, Priester und Kriegsgefangene. Ortsnamen wie *Marzabotto* oder *Sant' Anna di Stazzema* und viele andere mehr erinnern an Unmenschlichkeiten, durch die deutsches Soldatentum im Zweiten Weltkrieg unauslöschlich stigmatisiert ist[1]. Die Tatsache, daß letzteres nicht nur und auch nicht überwiegend schlechte Seiten hatte, vermag daran absolut nichts zu ändern.

---

[1] Deutschland im zweiten Weltkrieg, Bd 6, S. 147—151; Kuby, Verrat auf deutsch, S. 477—487. Deakin, Die brutale Freundschaft, S. 740—751, untersucht das Problem des »Bandenkrieges« vor allem unter bündnispolitischen Gesichtspunkten. Eine unverhohlene Entlastung der Wehrmacht — bei gleichzeitiger Schuldzuweisung an die »Resistenza« in Italien — versucht Kesselring, Soldat bis zum letzten Tag, S. 323—336. Auf S. 335 behauptet der ehemalige Generalfeldmarschall und einer der Hauptverantwortlichen: »Die vorgekommenen Exzesse oder Greueltaten dürften sich gleichmäßig auf die Banden, die neofaschistischen Organisationen und deutsche Deserteur-Gruppen verteilen, während — wenn überhaupt — nur der geringste Bruchteil auf deutsche Verbände zurückzuführen sein dürfte. Vielleicht sind auch manche Vorkommnisse Versprengten zuzuschreiben, die das erlaubte Maß der Selbsthilfe überschritten hatten.« Daß Kesselring an der Realität des Verhaltens deutscher Soldaten vorbeiredete, das zeigten u.a. die Ermordung von vier Bürgern in Murazzano und die Zerstörungen in diesem Ort am 3.8.1944: Memoria sull'eccidio avvenuto in Murazzano-Regione Cacciadoro addì

Alle diese Aspekte sind jedoch hier nicht weiter zu erörtern. Denn im folgenden soll es erklärtermaßen vor allem um die Auseinandersetzung mit jener fatalen Konsequenz des Kriegsaustritts gehen, die sich historisch als die Gefangenschaft Hunderttausender italienischer Militärangehöriger in den Lagern der Wehrmacht manifestierte.

Dem Marsch in die Gefangenenlager ging die Entwaffnung durch den Verbündeten voraus. Betroffen waren circa 1 700 000 Italiener in Heer, Luftwaffe und Marine. Ein derartiger Vorgang dürfte in einigermaßen vergleichbarer Dimension kein zweites Mal in der Geschichte der Menschheit nachzuweisen sein. Italiens Streitkräfte waren ja nicht besiegt. Sie hatten vor den Deutschen nicht kapituliert, auch nicht am Tag der Verlautbarung des Waffenstillstandes. Nein, die Königliche italienische Armee stand äußerlich intakt, ausreichend gerüstet und kampfbereit an der Seite ihrer deutschen Kameraden: in Frankreich, in Italien und im Südostraum samt seinen Inseln. *Wie also kam es, daß es dazu kam?*

1. Zum italienischen Kriegsaustritt und seiner Vorgeschichte

Eine umfassende Analyse der Gesamtheit jener politischen, wirtschaftlichen, militärischen, ideologischen, historischen, psychologischen und personellen Faktoren, welche die Entwicklung hin zum 8. September 1943 prägten oder beeinflußten, würde den Rahmen der Untersuchung über die italienischen Militärinternierten zweifellos sprengen. Es fehlt außerdem nicht an kompetenter Literatur zum Thema[2], in der die verschiede-

---

3 agosto 1944, Murazzano, 3 settembre 1944, il parocco (sac. Giovanni Dadone); Ministero dell'Interno Dir. Gen. Pol. Repubblicana, Milano, 24 marzo 1945-XXIII [Jahreszählung »faschistische Ära«], Prot.N. 111/839, il Capo della Polizia; und D.G. Affari Generali, Ministero dell'Interno, Gabinetto, P.d.C. 721, II/4/10, P.C. 305, 6 aprile 1945, Per il Ministro, ASMAE, Busta 151, Posizione II/4/10. Siehe außerdem den Bericht über die Ermordung des Pfarrers Don Leoni von S. Simone und von 10 Kriegsgefangenen, die erschossen wurden, weil es außerhalb der Provinz, zu der S. Simone gehörte, ein Attentat gegen deutsche Soldaten gegeben hatte. Die Vorfälle ereigneten sich im September 1943: Prefettura di Mantova, Gabinetto, N. 36 di Prot., 6. gennaio 1944-XXII°, il Capo della Provincia (Giovanni Bocchio), ACS, Busta 80, F 650, SF 10, S.P.d.D. Und am 19.3.1944 protestierten etwa 60 Frauen in Cuneo vor dem Sitz des dortigen militärischen Befehlshabers gegen die — offensichtlich häufige — Erschießung von Italienern: ACS, BUSTA 80, F 650, SF 11. Soldaten der Pz.Div. »Hermann Göring« richteten ein »Blutbad« in der Gemeinde Stia an. Als 4 Soldaten von Partisanen erschossen wurden, brachten sie als »Repressalie« in den Orten Stia und Bibbiena 103 Personen um. Es handelte sich »fast ausnahmslos um Frauen und Kinder, unter diesen eines von dreieinhalb Monaten«. Anschließend brannten sie die Häuser nieder und nahmen die Tiere mit: Gesprächsnotizen für eine Unterredung Mussolinis (?) mit Albert Prinzing, Präsident des Deutschen Instituts in Venedig, am 30.5.1944. Die Aufzeichnungen selbst datieren vom 29.5.1944. Vgl. ferner zum Terror, den die Wehrmacht zum Teil verbreitete, und zu den Massakern, die Angehörige des Heeres zusammen mit der deutschen Polizei anrichteten, zwei Briefe Mussolinis an Botschafter Rahn vom 15.9. und vom 10.12.1944. Mussolini stellte darin am 15.9. fest, daß Kesselrings Befehl vom 22.8.1944, der derartige Übergriffe unterbinden sollte, nichts bewirkt habe. Die blindwütigen Racheakte hielten nämlich unvermindert an: ACS, Busta 16, F 91, SF 1, S.P.d.D.

[2] Im Verständnis einer kleinen Auswahl sei hingewiesen auf: Bartoli, L'Italia si arrende; ein informatives Werk, das in erster Linie zur Reflexion über bestimmte Gesichtspunkte bei der Betrachtung des italienischen Kriegsaustritts anregen will; so vertritt der Autor zum Beispiel nachdrücklich die Auf-

nen Elemente des komplizierten historischen Sachverhalts und ihre wechselseitigen Bezüge wissenschaftlich klargelegt werden. Das, was hier versucht werden soll, ist zum einen die Strukturierung des Gesamtprozesses, zum anderen geht es um die Bestimmung der geschichtlichen Bedeutung einzelner Planungen, Maßnahmen, Entscheidungen oder Unterlassungen und nicht zuletzt der spezifischen deutschen sowie italienischen Interessenlagen im Rahmen des 8. September 1943.

Im Hinblick auf den Kriegsaustritt Italiens wird in der Literatur oft der Eindruck vermittelt, daß die italienische politische und militärische Führung agierte, während die deutsche Seite gezwungenermaßen reagierte. In mehr oder minder subtiler Weise tradiert eine solche Sicht der Dinge in etwa den Eindruck, den die nationalsozialistische Agitation durch den plakativen Vorwurf des »Verrats« am deutsch-italienischen Bündnis zu erwecken versuchte. In Wahrheit jedoch antwortete Rom mit dem Waffenstillstand im September letzten Endes auf die Unzugänglichkeit der deutschen Führung hinsichtlich der nationalen Anliegen Italiens.

Letztere waren genau so, wie sie der Regierungschef Badoglio in seinem Schreiben an Hitler am Abend des 8. September darstellte[3]: Das Land besitze »nicht mehr die Kraft zum Widerstand«, es existiere keine berechtigte Hoffnung, sich auch nur mit Erfolg verteidigen zu können. Deshalb, um den »vollständigen Untergang zu vermeiden«, fühle sich die Führung in Rom verpflichtet, dem »Feinde einen Waffenstillstandsvorschlag zu unterbreiten«.

a) Italien im machtpolitischen Kalkül der deutschen Führung 1943

Die deutsche Intransigenz gegenüber dem italienischen Verlangen nach Kriegsbeendigung resultierte unter anderem aus folgenden Überlegungen oder Berechnungen[4]. In Berlin galt es als unverzichtbar, zumindest Norditalien in eigener Hand zu behalten, denn die dort konzentrierte Rüstungsindustrie und der landwirtschaftliche Reichtum

---

fassung, daß die Art des Ausscheidens aus dem »Achsenbündnis« vom Wesen des NS-Regimes bedingt war (S. 219). Deakin, Die brutale Freundschaft, zweifellos noch immer ein Standardwerk zur hier in Rede stehenden Problematik. Mazzetti, L'armistizio con l'Italia, der detailliert den Waffenstillstandsvorstellungen der Briten und Amerikaner sowie den Verhandlungen der Italiener mit den Alliierten nachgeht. Lussu, La difesa di Roma; der Verfasser setzt sich nicht allein mit der — nur ansatzweise gegebenen — Verteidigung Roms gegen die Deutschen auseinander, sondern vor allem auch mit den Personen, die zwischen dem 25.7. und dem 8.9.1943 in Italien die Verantwortung trugen. Otto settembre 1943, dieser von Mola und Rainero herausgegebene Sammelband vereinigt 20 Beiträge einer internationalen Tagung im September 1983; thematisch sind Italien und die Alliierten erfaßt, es fehlt jedoch die Untersuchung der deutschen Seite. Letztere wird, allerdings weitgehend auf das militärische Geschehen in Italien bezogen, dargestellt bei Schröder, Italiens Kriegsaustritt. Innerhalb der italienischen Literatur findet man eine umfassende Betrachtung der militärischen und militärpolitischen Entwicklung vor und nach dem 8.9. in der Arbeit von Torsiello, Le operazioni delle unità italiane.

[3] Zit. nach ADAP, E, Bd VI, Dok. 291, S. 501 f. Selbstverständlich entsprach das von Badoglio in seinem Telegramm gewählte Tempus nicht den historischen Gegebenheiten, was jedoch für die Bewertung der Lage Italiens belanglos war. Der Text lag Hitler noch am 8.9. nachts vor. Den Fall »Achse« hatte das Oberkommando der Wehrmacht allerdings schon vorher ausgelöst.

[4] Vgl. dazu auch Schreiber, La Linea Gotica, S. 25 f.

der Region vermochten einen außerordentlich wichtigen Beitrag zur Kriegführung des nationalsozialistischen Deutschlands zu leisten. Nach dem Kriegsaustritt Italiens preßten die Deutschen in der Tat aus dem Lande alles heraus, was ihren Zwecken dienen konnte, die Demontage ganzer Betriebe eingeschlossen. Norditalien wurde spätestens 1944 — als sich die Wehrmacht aus Osteuropa zurückziehen mußte und Südosteuropa allmählich verlorenging — unter ernährungswirtschaftlichen und rüstungsindustriellen Gesichtspunkten geradezu unersetzlich. Nicht weniger bedeutsam für die Kriegswirtschaft waren die Menschen, die man aus den besetzten Provinzen herausholte[5], wobei die Frage der Arbeitskräftebeschaffung die Militärinternierten unmittelbar betraf.

Politisch hätte der Verlust oder gar der freiwillige Verzicht Hitlers auf Italien — er war das eigentliche Ziel der italienischen Politik im Sommer 1943 — vermutlich eine enorme Prestigeeinbuße für Berlin mit sich gebracht[6]. Für das Verhalten der Noch-Verbün-

---

[5] In diesem Zusammenhang ist auf die grundlegenden Arbeiten von Collotti, L'amministrazione tedesca; und ders., Lo sfruttamento dell'economia, hinzuweisen. Recht zahlreich sind die Studien, die sich aus regionaler Perspektive mit dem deutschen Besatzungsregime befassen. »Die deutsche Besatzungspolitik in Italien 1943–1945« ist Thema der Dissertation von Lutz Klinkhammer, Doktorand bei Wolfgang Schieder an der Universität Trier. Vgl. außerdem: Institut für Europäische Landbauforschung und Ernährungswirtschaft, Tgb.Nr. 1538/43 g.Rs., Berlin, den 18.10.1943: »Die ernährungswirtschaftliche Leistungsfähigkeit Norditaliens«, BA-MA, RW 31/v. 246. Es handelt sich um die Überprüfung einer entsprechenden Untersuchung des Oberkommandos der Heeresgruppe B vom 2.9.1943; vgl. dazu: Institut für Europäische Landbauforschung und Ernährungswirtschaft, Tgb.Nr. 1544/43 g.Rs., Berlin, den 29.10.1943, BA-MA, RW 6/v. 26. Die errechneten Überschüsse sind beachtlich, wenn auch geringer als jene in der Kalkulation der Heeresgruppe B. Allein bei Getreide, Kartoffeln, Reis und Hülsenfrüchten 682 000 Tonnen. Die H.Gr. B ging sogar von 1 905 000 Tonnen aus. Die wirtschaftliche Lage Italiens nach dem Verlust von Sizilien erhellt u.a. aus dem »Bollettino mensile di statistica«, Istituto Centrale di Statistica del Regno d'Italia, Roma, 4 settembre 1943, ACS, Busta 25/9, F 29, S.P.d.D. Periodo Badoglio. In dieser sehr detaillierten statistischen Zusammenstellung werden den Daten des 1. Halbjahres 1943 (Sizilien ausgeschlossen) als Vergleichsgrößen diejenigen der ersten sechs Monate von 1939 und 1942 gegenübergestellt. Um Gold, Geld, Kunstgegenstände und Menschen, die man im Zeitraum September 1943 bis Mai 1944 aus Italien abtransportierte, geht es in folgenden Dokumenten: ADAP, E, Bd VI, Dok. 321, S. 547; Bd VII, Dok. 14, S. 23; Dok. 17, S. 30; Dok. 21, S. 38 ff.; Dok. 34, S. 65 (In dem Dokument ist von den »gewaltigen in Italien gefundenen Rohstoffmengen« die Rede. Aber Hitler hielt wenig von dem Vorschlag, daraus propagandistischen Nutzen zu ziehen. Es sei klüger, die »großen Materialmengen in Besitz zu nehmen und bei eventuellen italienischen Einsprüchen darauf hinweisen zu können, daß die Italiener nach eigenen Aussagen gar nichts gehabt hätten«.); Dok. 41, S. 75–78; Dok. 97, S. 194; Dok. 102, S. 201; Dok. 186, S. 367; Dok. 200, S. 389 ff.; Dok. 244, S. 465 f.; und Bd VIII, Dok. 25, S. 52. Zu dem zum Beispiel im Februar 1944 aus Italien abtransportierten rüstungswirtschaftlichen Material siehe: Der Generalbeauftragte für Italien des Reichsministers für Rüstung und Kriegsproduktion, Tgb.Nr. 1554/44 geh., Mailand, den 17.3.1944, BA-MA, RH 31 VI/8; und direkt dazu der Überblick über die rücksichtslose Ausbeutung Italiens und die Selbstherrlichkeit der Deutschen im Hinblick auf die Inanspruchnahme italienischen Eigentums: Ministero degli Affari Esteri, Dir. Gen. Affari Commerciali, N. 41/00080, P.C. 305, li 9 gennaio 1945 XXIII, ASMAE, Busta 204, Germania 1/23-A.

[6] Goebbels Tagebücher, S. 392, 10.9.1943. Siehe direkt dazu auch Lagevorträge, S. 537, Gespräche zwischen Dönitz und Hitler in der Zeit vom 9. bis 11.8.1943. Dabei bemerkte Hitler, daß er das »Problem Italien [...] nicht weglassen« könne, da ihm dies »außen- und innenpolitisch als Schwäche ausgelegt würde«. Seine Äußerung bezog sich zwar auf die Frage, ob er zum deutschen Volk sprechen solle oder nicht, doch sie drückte sehr klar die Sorgen aus, die man sich in Berlin wegen der Entwicklung im Süden machte.

deten konnten sich daraus verheerende Folgen ergeben. Innenpolitisch zeigte sich bereits beim Sturz Mussolinis, welche Erschütterungen von grundlegenden machtpolitischen Veränderungen im Süden ausgehen konnten. Goebbels hielt damals in seinem Tagebuch fest, daß aus dem ganzen Lande Nachrichten kämen, welche die »Beklommenheit des deutschen Volkes über die Krise in Italien« widerspiegelten. In »manchen Volkskreisen« herrsche »geradezu Entsetzen« über die Entwicklung[7].

Ansonsten hatte man durchaus erkannt, daß es sich in »Rom nicht nur um einen Rücktritt Mussolinis, sondern um eine tiefgehende organisatorische und weltanschauliche Krise des Faschismus, unter Umständen sogar um seine Liquidierung« handelte. Das führte zu der Sorge, die »Kenntnis von diesen Vorgängen könnte unter Umständen in Deutschland einige subversive Elemente auf den Plan rufen«, die glaubten, dem römischen Beispiel folgen zu sollen. Jedenfalls gab Hitler Himmler den »Auftrag, daß solche eventuell auftauchenden Gefahren mit den schärfsten Mitteln polizeilicher Art« zu beantworten seien[8].

Nicht zu vergessen ist schließlich die Hoffnung des Regimes, daß die Behauptung der Front in Italien den Widerstandswillen der deutschen Bevölkerung festigte. Ein Anhalten der alliierten Invasionsarmeen vermochte eventuell dem Glauben an den Endsieg sogar Auftrieb zu verleihen.

In solchem Kontext ist noch ein anderes Element der nationalsozialistischen Propaganda zu berücksichtigen. Hitler betonte gern, in »aller Bescheidenheit« wie er meinte, daß seine eigene Person »unersetzbar« wäre. Aber er liebte es auch, die Bedeutung Mussolinis für Deutschland herauszuheben. Beides muß man vor seiner unerschütterlichen Überzeugung lesen, daß die Geschichte von wenigen großen Männern gestaltet werde[9]. Nicht von ungefähr rühmte der »Führer« deshalb in seiner Ansprache an das deutsche Volk am 10. September 1943 den »Duce«, dessen Befreiung er damals gerade betrieb, als einen der »bedeutendsten Männer« der neueren Zeit, als den größten »Sohn des italienischen Bodens seit dem Zusammenbruch der antiken Welt«. Die bedingungslose Treue Mussolinis habe für den »gemeinsamen Bund die Voraussetzung zum erfolgreichen Bestand« dargestellt[10].

Diese Personengebundenheit der »Achse« besaß freilich den Nachteil, daß das sang- und klanglose Abtreten des italienischen Regierungschefs zugleich Zweifel an Hitlers Charisma zu provozieren vermochte. Nun war es gewiß richtig, daß die Deutschen das Bünd-

---

[7] Goebbels Tagebücher, S. 377, und ebd., S. 376, 27.7.1943, zu den »ungeheueren psychologischen Auswirkungen«, die ein Ausscheiden Italiens aus dem Bündnis mit Deutschland haben müßte. Direkt dazu ist das Schreiben des Reichsleiters Martin Bormann zu vergleichen. Dieser forderte am 26.7.1943, als es wegen der Absetzung Mussolinis zu nervösen Reaktionen kam, daß sich jetzt demaskierende »Staatsfeinde« sofort anzuzeigen seien. Außerdem müßten die »Parteigenossen den unerschütterlichen Glauben« ausstrahlen, daß der »Führer stets zur rechten Zeit das Rechte tun« werde: Der Reichsführer-SS, Persönlicher Stab, Tgb.-Nr. 48/14/43g, Feld-Kommandostelle, Juli 1943, AIfZG, MA 460, S. 2567146.

[8] Ebd., S. 375, 27.7.1943.

[9] Beispielhaft hierfür ist Hitlers Ansprache vor den Oberbefehlshabern der Wehrmacht am 23.11.1939, publiziert bei Domarus, Hitler, Bd II, 1, S. 1421—1427.

[10] Domarus, Hitler, Bd II, 2, S. 2035—2039, Zitat S. 2036.

nis mit Italien niemals »aus dem Herzen mitgemacht« hatten[11]. Hitler selbst behauptete, die deutsche Bevölkerung sei »viel zu italienfeindlich«, als daß sie die Italiener nachahmen werde[12]. Aber dennoch ist das Interesse Berlins an der *Repubblica Sociale Italiana* und an der Marionettenregierung des befreiten »Duce«, für das es selbstverständlich eine Reihe ganz pragmatischer Motive gab[13], auch aus solcher Perspektive zu interpretieren. Angesichts der Geschichte des deutsch-italienischen Bündnisses existierte aus Hitlers Sicht keine gleichwertige Alternative zu Mussolini. Das hatte mit Sentimentalität absolut nichts zu tun. Nur mit dem »Duce« an der Spitze eines faschistischen italienischen Teilstaats ließ sich die Fiktion aufrechterhalten, es habe sich nichts geändert.

Aus militärischer Sehweise band der Krieg in Italien eigene und gegnerische Truppen, daraus konnen gewisse Vorteile entstehen. Deutscherseits hoffte man, daß die Folgen der alliierten Landung auf Sizilien eine Invasion in Westeuropa deutlich verzögern oder gar ausschließen würden. Hinzu kam, daß sich die italienische Halbinsel wegen der geographischen Verhältnisse mit relativ schwachen Kräften verteidigen ließ. Aber es ist ebenfalls eine Tatsache, daß die nunmehr allein von eigenen Truppen zu haltende Front die Kampfführung des Heeres im Osten erheblich belastete[14]. Schließlich mußten ja nicht nur nach Italien, sondern auch für den Balkanraum und die Inseln des östlichen Mittelmeeres Verbände abgestellt werden. Angenehm war den deutschen Militärs die Entwicklung an der Südflanke also auf keinen Fall. Für sie brachte das Ausscheiden des »Achsenpartners« aus dem Krieg in erster Linie eben doch Nachteile. Hitler ging deshalb bis zum 17. September davon aus, daß man sich auf die von ihm damals grundsätzlich bevorzugte Verteidigungslinie im Apennin zurückziehen müsse[15].

Bei der Erörterung der deutschen Interessenlage gegenüber Italien ist noch ein weiterer Punkt anzusprechen: die Zielsetzungen des nationalsozialistischen Regimes in der Nachkriegszeit. Konkret ging es dabei um die von Deutschland im Mittelmeerraum angestrebte Machtposition. Natürlich mutete es realitätsfern an, derartige Überlegungen in einem Augenblick zu aktualisieren, als das Reich definitiv mit dem Rücken zur Wand stand und den Krieg effektiv verloren hatte. Trotzdem, was aus Anlaß des italienischen Kriegsaustritts diskutiert wurde, besaß eine lange Tradition und war alles andere als pure Phantasie. Man hat es hier nämlich mit der Offenlegung dessen zu tun, was die deutsche Führung tatsächlich mit Italien zu machen beabsichtigte.

Worum ging es? Um Gebietsansprüche! Sie betrafen zunächst einmal Südtirol, was nicht weiter überrascht. Skeptische zeitgenössische Beobachter hatten nationalsozialistische

---

[11] Goebbels Tagebücher, S. 401, 10.9.1943.

[12] Ebd., S. 375, 27.7.1943.

[13] So vermerkte Goebbels am 10.9.1943, ebd., S. 401: »Himmler legt natürlich großen Wert darauf, daß wir in Norditalien eine halbwegs aktionsfähige faschistische Regierung haben. Er besitzt nicht so viele Polizeiverbände, um dort mit Gewalt zu regieren.« Direkt dazu auch S. 396.

[14] Hitlers Lagebesprechungen, S. 369—384: »Besprechung des Führers mit Feldmarschall v. Kluge am 26. Juli 1943«. Insbesondere auf S. 374 sind Kluges Hinweise auf die schweren Konsequenzen eines Truppenabzugs für die Ostfront festgehalten.

[15] Goebbels Tagebücher, S. 395, 10.9.1943; und KTB OKW, Bd III, S. 1112. Zur Entwicklung der deutschen Verteidigungskonzeption für das italienische Festland vgl. Schreiber, La Linea Gotica, S. 26—33.

Erklärungen zur Südtirolfrage stets für unglaubwürdig gehalten. Die Entwicklung nach dem 8. September gab ihnen recht. Ansonsten aber stellte Südtirol lediglich Beiwerk dar, war nicht das wirkliche Ziel. Die Deutschen wollten viel mehr: sie dachten an die »norditalienische Ebene«. Jenes Denken war in einem solchen Maße Allgemeingut, daß der Vizebürgermeister von Prag, Dr. Joseph Pfitzner, in einer aufsehenerregenden Rede im Dezember 1939 — sozusagen repräsentativ — erklären konnte, der Besitz Norditaliens werde die »natürliche Folge der deutschen Herrschaft in den Alpen« sein. Solche Äußerungen kamen dem Auswärtigen Amt zum damaligen Zeitpunkt ungelegen. Doch Pfitzner forderte nicht als einziger, daß das »jahrhundertelange Streben Deutschlands nach dem Meer mit dem gemäßigten Klima« nunmehr erfolgreich zu beenden sei[16]. Was der Vizebürgermeister noch vor dem Kriegseintritt Italiens verlangte, formulierten andere — nicht weniger radikal — erst erheblich später.

Zu erinnern ist hierbei vor allem an die deutsche Marineführung, deren Kriegszielkatalog bereits im Ersten Weltkrieg Basen im Mittelmeer beinhaltete. Im Sommer 1942 verlangte das Oberkommando der Kriegsmarine für die Nachkriegszeit nicht mehr und nicht weniger als die uneingeschränkte eigene Seeherrschaft in dessen östlichem Teil. Strategisch wichtige Inseln sollten Stützpunkte für eine spezielle deutsche Mittelmeerflotte werden. Italien war in derartigen Planungen längst zum Satellitenstaat »Großdeutschlands« verkümmert. Und es handelte sich bei alldem mitnichten um Gedankenspielerei. Großadmiral Raeder trug seine Vorstellungen und Forderungen im August persönlich bei Hitler vor. Dieser soll sich danach etwas orakelhaft dahingehend geäußert haben, daß er hinsichtlich der Italiener gewisse Dinge überlege, »über die er noch nicht sprechen könne«[17]. In der Tat, das schien erst nach dem erwarteten Sieg oder eben in einer Situation wie derjenigen beim Kriegsaustritt Italiens möglich zu sein.

Zunächst sah es jedoch selbst im Herbst 1943 noch so aus, als ob man mit »staatspolitischen Neuerungen im italienischen Raum« weiterhin zu warten hätte. Nicht einmal Südtirol konnte nach dem 8. September sofort eingedeutscht werden[18]. Noch sahen sich die Deutschen auf die Italiener angewiesen. Ihnen fehlte im Herbst 1943 ganz einfach das Personal, um in Norditalien sofort eine Gewaltherrschaft zu errichten. Männern wie Goebbels paßte die daraus resultierende Rücksichtnahme auf den neuen faschistischen Staat zwar überhaupt nicht, aber die Angelegenheit wurde nicht überbewertet. Letztlich kam es nur darauf an, die vorbehaltlose Unterstützung Hitlers für die Verwirklichung von Zukunftsplanungen zu erhalten, die der Propagandaminister wie folgt beschrieb[19]: Deutschland müsse nicht nur Südtirol, sondern alles, was sich »jemals in österreichischem Besitz« befunden habe, erhalten. Ihm schwebte eine Grenzziehung »südlich von Venetien« vor, wobei das verbleibende Italien jedoch nicht souverän sein sollte, denn die Italiener hätten durch ihre »Treulosigkeit und ihren Verrat jedes Anrecht auf einen Nationalstaat moderner Prägung verloren«. Bestraft sehen wollte er sie, und zwar »auf das härteste«.

---

[16] Schreiber, Revisionismus, S. 68.
[17] Ebd., S. 340—345.
[18] Goebbels Tagebücher, S. 396, 10.9.1943.
[19] Ebd., S. 408, 11.9.1943.

Aus solcher Sicht beurteilten Goebbels und einige deutsche Generale die Befreiung Mussolinis als eher störendes Ereignis, weil vorerst die Chance vertan zu sein schien, in »Italien Tabula rasa zu machen«. Genau dies hatten sie nämlich vorgehabt[20]. Andererseits fiel der Aufschub — wie angedeutet — nicht zu sehr ins Gewicht, wenn Hitler seine harte politische Linie hinsichtlich der Italiener langfristig beibehalten würde — und danach sah es aus[21].

Anders als in der Vergangenheit dachte dieser im Sommer 1943 nicht mehr daran, das deutsche »Verhältnis zu Italien auf der Person des Duce aufzubauen«. Mussolini kam somit nach der Befreiung am 12. September in seinen Überlegungen »keine große politische Zukunft« mehr zu. Er taugte gerade noch als Instrument der deutschen Besatzungspolitik in Italien. Der italienische faschistische Regierungschef agierte, in Anlehnung an den bekannten Ausspruch Lenins, für Berlin als »nützlicher Idiot«. Im übrigen wollte jetzt auch Hitler von Italien »territoriale Garantien« verlangen, da einzig sie eine »gewisse Sicherheit« gegenüber dem Lande böten[22]. Dabei stellte er sich vor, daß die Deutschen bis an die »Grenze Venetiens gehen [sollten] und daß Venetien in einem losen Verband in das Reich aufgenommen« werden würde[23].

All das waren keine aus der damaligen Lage geborenen Absichten. 1943 schien lediglich das realisierbar zu werden, was man im Rahmen des deutschen Kontinentalimperiums konsequent eingeplant hatte. In manchen Kreisen wurde eine derartige Entwicklung auch als unausweichliche Konsequenz der deutschen Machtposition in Europa — nach einer siegreichen Kriegsbeendigung — einkalkuliert. Die einzige Unwägbarkeit resultierte lange Zeit aus dem Verhältnis Hitlers zu Mussolini. Doch der Herbst 1943 erledigte alle diesbezüglichen Unsicherheiten. Italien, und das hatte Mussolini bereits im Oktober 1941 befürchtet, wäre nach einem Sieg des nationalsozialistischen Deutschlands nur noch dessen »Provinz« gewesen[24].

Soviel zu einigen Aspekten der deutschen Interessenlage gegenüber Italien. Rückblickend macht der damals gegebene historische Sachverhalt deutlich, daß es für die italienische Regierung zahlreiche Gründe gab, das Bündnis mit Deutschland aufzukündigen.

---

[20] Goebbels Tagebücher, S. 413 f., 13.9.1943. Anfuso erwähnt in seinem Tagebuch der ersten Tage in Berlin unter dem 1.10.1943, daß ein Mitglied der Botschaft von einem Funktionär des Propagandaministeriums erfahren habe, die deutsche militärische Führung sei über Mussolinis Befreiung nicht froh, da sie ohne diesen Italien wie ein besetztes Land hätten behandeln können: Ministero degli Affari Esteri, Roma, 6 Ottobre 1943/XXI, Appunto per il Duce, ASMAE, Busta 31, Posizione Germania 1/1.

[21] Goebbels Tagebücher, S. 415, 14.9.1943.

[22] Ebd., S. 436 f., 23.9.1943.

[23] Ebd., S. 441, 23.9.1943; Goebbels hielt »diese Grenzziehung für die einzig gegebene und richtige«.

[24] Ciano, Diario, S. 544 f., 13.10.1941.

b) Von der Anbahnung des Ausscheidens aus dem Krieg bis zum Sturz Mussolinis

Was nun den Weg zum 8. September anbelangt, so hat sein Nachvollzug von jenem Mene-tekel auszugehen, das der Verlust der Schlacht von El-Alamein und die Landung der Alliierten in Französisch-Nordafrika Anfang November 1942 für die Kriegführung der »Achsenmächte« bedeuteten. Selbst Mussolini begann zu jenem Zeitpunkt über eine Beendigung des Krieges nachzudenken, die nicht mehr den totalen Sieg der Aggresso-ren zur Voraussetzung hatte. Ein zentrales Element innerhalb seiner Überlegungen wur-de der Gedanke, Hitler zu einem Übereinkommen mit Stalin zu motivieren. Seit Ende November 1942 kam es zu sehr vorsichtigen, im März 1943 dann zu direkteren Son-dierungen seitens der Italiener bei der deutschen Führung[25]. In seinem Brief an Hitler vom 26. März schrieb der italienische Regierungschef nach einigen umständlichen Ein-führungsbemerkungen ganz klar, wie er die Lage sah[26]: »Die Vernichtung Rußlands kann meiner Meinung nach selbst nicht durch ein sehr unwahrscheinliches Eingreifen Japans erfolgen, weil die Entfernungen doch zu riesig sind. Das Kapitel Rußland muß daher auf die eine oder die andere Weise abgeschlossen werden.« Am besten »mit einem Frieden«.

Auf diesem Ohr waren die Deutschen zwar taub, doch lauschten sie aufmerksam auf die seit Januar 1943 regelmäßig aufkommende Gerüchte über angebliche italienische Friedensverhandlungen mit den Alliierten[27]. Jedenfalls bot das Treffen zwischen Hit-ler und Mussolini einerseits sowie Ribbentrop und dem Staatssekretär im Auswärtigen Amt, Bastianini, andererseits, das vom 7. bis zum 10. April 1943 in Schloß Kleßheim stattfand, eine gute Gelegenheit, die einzelnen Standpunkte abzuklären[28].

---

[25] Grandi, 25 luglio, S. 63—67, in der Einleitung von R. De Felice. Eine detaillierte Darstellung der italienischen Versuche, die deutsche Führung 1942/1943 zu einem Einfrieren der Ostfront zu bewe-gen, findet sich bei Schröder, Eliminierung der Ostfront, S. 198—205.

[26] ADAP, E, Bd V, Dok. 252, S. 481—484. Auszugsweise publiziert in italienischer Sprache in Grandi, 25 luglio, S. 66.

[27] ADAP, E, Bd V, Dok. 205, S. 399 f., 13.3.1943, insbesondere Anm. 4; und Dok. 260, S. 498 ff., 28.3.1943.

[28] Das Protokoll der Unterredung zwischen Hitler und Mussolini ließ sich bislang in deutschen Archi-ven noch nicht ermitteln. Hinweise sind enthalten in ADAP, E, Bd V, Dok. 285, S. 542 f., 9.4.1943, betr. das Kommuniqué der Besprechung zwischen den Regierungschefs (dieses ist veröffentlicht bei Domarus, Hitler, Bd II, 2, S. 2004 f.); Dok. 286, S. 543—555, 10.4.1943, Aufzeichnung über die Unter-redung zwischen dem Reichsaußenminister und dem Staatssekretär Bastianini. Ribbentrop sagte unzweideutig (S. 546), daß das »russische Problem nur eine militärische, nicht aber plötzlich eine politische Lösung finden« könne. Folgt man dem deutschen Protokoll, so formulierte Bastianini sei-ne Vorstellungen über die russische Frage sehr zurückhaltend. Im Verlaufe ihrer zweiten Unterre-dung — Dok. 291, S. 566—571, 11.4.1943 — am 9.4. wurde das Thema nur marginal behandelt. Über-haupt nicht angesprochen hat man es bei einem weiteren Treffen der beiden am 29.4. ebenfalls in Kleßheim: Dok. 360, S. 733—740, 30.4.1943. Bastianini, Uomini, S. 92 ff., stellt das in seinen Erin-nerungen anders dar. Zur Begegnung Anfang April vgl. ferner: ADAP, E, Bd V, Dok. 294, S. 575 f., 11.4.1943, Mitteilung von Botschafter v. Mackensen, daß sich Mussolini und Bastianini mit dem Verlauf der Unterredungen zufrieden gezeigt hätten. Dieser Eindruck änderte sich jedoch sehr schnell, da die Italiener von den tatsächlichen militärischen Ergebnissen enttäuscht wurden: Dok. 320, S. 654 ff., 19.4.1943, Mackensen (Aufzeichnung). Zum gescheiterten Versuch, Hitler mit dem Gedanken eines

Der gedankliche Austausch im barocken Schloß bedeutete aus italienischer Sicht allerdings einen Mißerfolg. Von einer Schwerpunktbildung im Mittelmeerraum konnte nicht die Rede sein. Im Osten würde es keinen Frieden geben. Das einzige wirklich konkrete Resultat beruhte auf einem Vorschlag Himmlers[29]: »Mussolini sollte zur Sicherung des faschistischen Systems seine bewaffnete Miliz nach dem Vorbild der SS verstärken. Ausbilder und moderne Waffen für eine Milizdivision, einschließlich Panzerkampfwagen, könnten dafür von deutscher Seite in kurzer Zeit geliefert werden.« Der »Duce« akzeptierte die Offerte und erhielt eine faschistische Prätorianergarde nach nationalsozialistischem Geschmack. Zwar kam es noch zu verschiedenen Schwierigkeiten, aber Ende Mai trafen sechsunddreißig Kampfpanzer des Typs »Tiger«, modernste Geschütze, automatische Waffen und dreiunddreißig Mann Ausbildungspersonal in Italien ein.

Generaloberst Ambrosio, der Chef des Comando Supremo, kommentierte den Vorgang, der auch eine Aufwertung der Miliz ausdrückte, mit Sarkasmus: Die Parteiführung bereite sich nicht etwa darauf vor, den »äußeren Gegner zu schlagen, sondern den inneren Feind«[30].

Zumindest die Hintergedanken der Führung in Berlin wurden in Ambrosios Stellungnahme zutreffend charakterisiert. Diente doch die Aufstellung und Ausrüstung der Division »M« in der Tat in erster Linie dem Zweck, Mussolini mit den »nötigen Machtmitteln auszustatten«, damit er Italien auf der Seite des »Dritten Reiches« im Kriege halten könne. Diese Aufgabe, darüber herrschte in Hitlers Umgebung Klarheit, wurde nicht zuletzt wegen der innenpolitischen Konstellation für den »Duce« immer schwieriger[31]. Zugespitzt ließe sich sagen, daß die Deutschen sich anschickten, mittels des Regierungschefs das Land gegen das Volk zu beherrschen.

Als die Division »M« aufgebaut wurde, machte Mussolini gerade eine besonders schwere Belastungsprobe durch. Am 12. und 13. Mai hatten die 1. italienische Armee unter Marschall Messe und die Reste der Heeresgruppe Afrika unter Generaloberst v. Arnim in Tunesien kapituliert. Rund 250 000 italienische und deutsche Soldaten gerieten in Kriegsgefangenschaft. Nordafrika war unwiederbringlich verloren[32]. Angesichts des Desasters fragte sich Hitler Mitte Mai, ob Mussolini wirklich noch fest zum Durchhalten entschlos-

---

Friedensschlusses im Osten anzufreunden, siehe außerdem: Bottai, Diario, S. 372 ff., 10.—14.4.1943; und Schmidt, Statist, S. 551, der bestätigt, daß sich Mussolini »eindringlich« für die Verständigung mit Moskau einsetzte. Die ausführlichste Darstellung der Begegnung findet sich bei Deakin, Die brutale Freundschaft, S. 306—324.

[29] Plehwe, Schicksalsstunden, S. 28; ebd., S. 14—33, zum Treffen von Salzburg (Kleßheim) und seiner Bedeutung für die Entwicklung der deutsch-italienischen Beziehungen. Dort (S. 22) findet sich der Hinweis, daß die italienische Delegation am 7.4. im Schloß eintraf. Friedrich-Karl v. Plehwe, vom November 1940 bis zum September 1943 Erster Gehilfe des Deutschen Militärattachés bei der Botschaft in Rom und Ia des Deutschen Generals beim Hauptquartier der Italienischen Wehrmacht, dem General der Infanterie Enno v. Rintelen, nahm selbst an der Zusammenkunft in Kleßheim teil. Seine Darstellung des italienischen Kriegsaustritts zeichnet sich durch großes Einfühlungsvermögen in das Denken der italienischen Führung aus.

[30] Deakin, Die brutale Freundschaft, S. 389 f. Der Rang italienischer Generale wird mit dem jeweils entsprechenden deutschen Dienstgrad angegeben.

[31] KTB OKW, Bd III, S. 831.

[32] Greiselis, Tunesien 1942/43, S. 219—223; und Playfair/Molony, Mediterranean, Vol. IV, S. 440—462.

sen sei[33]. Im Oberkommando der Wehrmacht zeigte man sich zutiefst irritiert darüber, daß der italienische Regierungschef von fünf angebotenen deutschen Divisionen nur drei haben wollte. Statt der Soldaten forderte er am 12. Mai die schnellstmögliche Lieferung von 300 Panzern, 50 Flak-Batterien und Flugzeuge für 50 Jagdstaffeln, Forderungen, die Ambrosio am 21. Juni sogar noch erhöhte. Hinter all dem vermutete Berlin einen deutschfeindlichen Einfluß des Comando Supremo[34].

Dessen Chef, das dokumentierte die Lagebesprechung vom 15. Mai[35] erneut, war bei Hitler, der die nach dem Verlust von Nordafrika entstandene Situation analysierte, besonders verhaßt. Ansonsten erteilte der Reichskanzler dem Heer damals verschiedene »Prüfungsaufträge«, doch wurden noch keine Entscheidungen getroffen. Man schien wegen der politischen Auswirkungen des alliierten Erfolges ernsthaft besorgt zu sein. Unter den deutschen Verbündeten hielt Hitler nun die Ungarn und die Italiener für unsichere Kantonisten. Allerdings machte er eine Ausnahme: Unbeschadet der Irritation über Mussolinis Verhalten in der Frage deutscher Truppenzuführungen nach Italien meinte der »Führer«, daß der »Duce« nach wie vor »zuverlässig« sei. Aus diesem Grunde habe man seine »Beseitigung oder Ausschaltung in irgendeiner Form« zu befürchten. Zwar schare Mussolini »seine Faschistengarde um sich«, aber die eigentliche Macht sah Hitler in den Händen seiner antideutschen Gegenspieler. Zu jenen rechnete er das Königshaus, das führende Offizierkorps der traditionellen Teilstreitkräfte, den Klerus, die Juden und weite Teile der Beamtenschaft. An sich, so behauptete Hitler jedenfalls, sei ihm ein neutrales Italien in der »jetzigen Lage« gar nicht unsympathisch. Aber das Land, so seine Annahme, werde »nicht neutral sein können, sondern freiwillig oder unter Druck zum Feind übergehen. Italien in Feindeshand«, das hätte jedoch die »unbedingt zu vermeidende 2. Front in Europa und Offenlegung der Westflanke des Balkans« bedeutet.

Deshalb entschloß sich Hitler, der schon im März 1943 vorhergesagt hatte, daß der Verlust von Tunesien denjenigen Italiens zur Folge haben werde[36], die »italienischen Posi-

---

[33] Lagevorträge, S. 504, 14.5.1943. Siehe in diesem Kontext auch den besorgten Bericht von SS-Obersturmbannführer Eugen Dollmann, dem persönlichen Beauftragten Himmlers in Rom, über die innere Lage in Italien und die »kaum mehr verhüllten Staatsstreichpläne«: Der Reichsführer-SS, Persönlicher Stab, Tgb. Nr. 6/15/43g, Berlin, den 10.5.1943, an SS-Gruppenführer Kaltenbrunner, in der Anlage die Aufzeichnung Dollmanns, AIfZG, MA 460, S. 2567226–231.

[34] Lagevorträge, S. 490–506, Unterlagen über die Reise von Großadmiral Dönitz nach Rom (12.–14.5.) und Vortrag bei Hitler am 14.5.1943, hier S. 500 f.; KTB OKW, Bd III, S. 831; und Warlimont, Im Hauptquartier, S. 346, dort finden sich auch die Zahlen. Im Juni verlangte das Comando Supremo »2000 Flugzeuge und Material für 17 Panzer- und 33 mot. Artl. Abteilungen, für 18 Panzerjäger- oder Sturmgeschütz- und 37 gemischte Fla-Abteilungen«. Zur Frage der zwei Divisionen, die nach italienischen Vorstellungen gepanzert sein sollten, vgl. Comando Supremo Il Capo di Stato Maggiore Generale, P.M. 21, li 17 giugno 1943-XXI, N. 14027, al Feldmaresciallo Kesselring, F/to Ambrosio, ASUSSME, Cartella 1497, Allegato 897.

[35] Handschriftlicher Brief von Kapitän zur See Rolf Junge, OKW/WFST/L Op M, an den Oberbefehlshaber der Kriegsmarine, Großadmiral Karl Dönitz, F.H.Qu., den 15.5.1943, BA-MA, RM 7/260. Junge resümiert in seinem Schreiben die etwa zweistündigen Ausführungen Hitlers. Im Sinne der von Junge gegebenen Darstellung soll sich Hitler — zur Position Mussolinis — bereits im April geäußert haben; vgl. Below, Hitlers Adjutant, S. 333.

[36] Lagevorträge, S. 473, 18.3.1943.

tionen nötigenfalls mit deutschen Kräften zu übernehmen und zu halten«[37]. Gewiß traf es zu, daß den Deutschen nicht daran gelegen war, durch ihr Vorgehen die Aufkündigung der »gemeinsamen Verteidigung« zu provozieren. Dem »Achsenpartner« sollte kein »Vorwand zur Abkehr vom Bündnis« geliefert werden[38]. Aber ungefähr Mitte Mai, als im Oberkommando der Wehrmacht der Entwurf zur Weisung Nr. 48 für die Verteidigung des Südostraumes ohne Italien entstand, wurden deutsche Truppenkommandeure auch auf die Möglichkeit einer bewaffneten Konfrontation mit den Italienern eingestellt. So befahl Hitler damals dem Kommandeur der Sturmdivision Rhodos, Generalleutnant Kleemann, die Insel bei einem gegnerischen Angriff unbedingt zu halten, sie »notfalls auch unter Anwendung von Waffengewalt gegen die italienische Inselbesatzung« zu verteidigen[39]. Am 21. Mai lagen die ersten Entwürfe für die operativen Weisungen vor, die das Eingreifen der Wehrmacht bei einem politisch-militärischen Umschwung in Italien regeln sollten. Die Planungen der Maßnahmen unter dem Decknamen »Alarich« bezogen sich auf das Mutterland, die zu diesem gehörenden Inseln und das italienisch besetzte Südfrankreich. Für die von italienischen Truppen okkupierten Gebiete des Balkans und die dortigen Inseln galt hingegen der Plan »Konstantin«[40].

Eine Eskalation erfuhr die bedrohliche Entwicklung an der europäischen Südflanke am 10. Juli 1943, als die Alliierten an den Küsten Siziliens landeten. Das Gelingen des Unternehmens »Husky«[41] destabilisierte das faschistische Regime[42]. Hitler mußte handeln, und das nicht nur wegen der im Juli zu verzeichnenden militärischen Entwicklung. Er war darüber hinaus von den besorgniserregenden Meldungen linientreuer Faschisten aufgeschreckt. Diese berichteten, daß auf Grund der inneren Verfassung des Landes »jederzeit eine für die gemeinsame Kriegführung schwerwiegende Wendung« Italiens möglich erscheine[43]. Daraufhin beschloß Hitler ad hoc, erneut mit Mussolini zusammenzutreffen.

---

[37] KTB OKW, Bd III, S. 382. Die eigentlichen Beweggründe für die Etablierung der deutschen Herrschaft im italienischen Raum wurden bereits dargelegt. Wenn man im Oberkommando der Wehrmacht in solchem Kontext betonte, ausschlaggebend sei vor allem die Überzeugung gewesen, daß der »Krieg so weit wie möglich vom Kerne Europas und damit von den deutschen Grenzen ferngehalten werden müsse«, so war dies sicher ein Argument, das in operativer Hinsicht zählte. Aber im Rahmen der politischen Absichten der deutschen Führung gegenüber Italien erfaßte es nicht einmal die halbe Wahrheit.

[38] Warlimont, Im Hauptquartier, S. 345 f.

[39] Kriegstagebuch Nr. 1 der Sturmdivision Rhodos, zit. nach der Einführung ins KTB, BA-MA, RH 26-1007/1. Zur Weisung Nr. 48, deren Entwurf vom 19.5.1943 Hitler am 21.5. ablehnte, und die dann am 26.7.1943 in ihrer endgültigen Form vorlag, vgl. Hitlers Weisungen, S. 217—227, dort auch die Ergänzungen vom 3. und 7.8.1943.

[40] Ausführlich erörtert werden diese Planungen bei Schröder, Italiens Kriegsaustritt, S. 176—195; vgl. auch Warlimont, Im Hauptquartier, S. 335—346.

[41] Faldella, Lo sbarco, insgesamt; Garland/Smith, Sicily, S. 52—257; Molony, The Campaign in Sicily, S. 2—184; Santoni, Le operazioni, S. 26—407; und Schröder, Italiens Kriegsaustritt, S. 158—176.

[42] Bottai, Diario, S. 387 ff., 13.7.1943.

[43] ADAP, E, Bd VI, Dok. 148, S. 250 f., 14.7.1943, Anlage vom 13.7. In dieser ist die Unterredung des Sonderbeauftragten für Wirtschaftsfragen an der Deutschen Botschaft in Bukarest, Bevollmächtigter für Erdölangelegenheiten im Südosten, Sonderbeauftragter der Reichsregierung für wirtschaftliche und finanzielle Fragen in Griechenland, Gesandter I. Klasse Hermann Neubacher, mit dem ita-

Er bot sogar an, sich nach Oberitalien zu begeben[44]. Dazu war es hohe Zeit, wenn nicht schon zu spät. In jenen Tagen war nämlich in Rom einiges in Bewegung geraten. Der »Duce« schien seinen bis zur Landung der gegnerischen Truppen in Sizilien festzustellenden politischen Immobilismus endlich überwunden zu haben. Seit dem 15. Juli konnte sich Bastianini mit seiner Billigung — unter Einschaltung des Vatikans — um Kontakte zu den Briten und Amerikanern bemühen. Gegenüber Mussolini hatte der Unterstaatssekretär als Ziel einen — Deutschland einschließenden — großen Kompromißfrieden angegeben. Aber seine sieben Punkte umfassende Ausarbeitung, die er zwei Tage später dem Staatssekretär des Vatikans, Kardinal Luigi Maglione, vorlegte, war ganz aus italienischer Sicht und für Italien verfaßt[45]. Die Erfolgsaussichten des durch Mussolinis Sturz jäh beendeten Versuchs einer Fühlungnahme mit den Alliierten sind zuverlässig nicht zu beurteilen. Irgendwann hätte sich zum Beispiel die Frage nach dem Schicksal des »Duce« gestellt. Roosevelt wünschte, daß dieser als Kriegsverbrecher ausgeliefert werden sollte[46].

Ansonsten ist festzuhalten, daß die Bemühungen Bastianinis von der deutschen Haltung geradezu erzwungen wurden. Es ging schließlich um die Bewahrung der nationalen Integrität Italiens, die als Folge der Intransigenz in Berlin gefährdet war. Mit »Verrat« hatte das nichts zu tun. Bezeichnenderweise bat Mussolini noch am 25. Juli mittags den neuen japanischen Botschafter in Rom, Shirokuro Hidaka, Ministerpräsident Hideki Tojo zu einer Unterstützung der von ihm nunmehr beabsichtigten Demarche bei Hitler zu bewegen. Ziel seiner Aktion werde es sein, den »Führer« zur Beendigung des Krieges im Osten zu veranlassen. Mussolini, der davon ausgehen mußte, daß Hidaka Berlin unterrichtete, spielte also mit offenen Karten. Falls die Deutschen nicht einlenkten, fügte er hinzu, habe man zu bedenken, daß die »Umstände, unter denen Italien kämpfe« derart seien, daß es »binnen kurzem zur Fortführung des Krieges völlig außerstande und gezwungen sein werde, eine Lösung politischen Charakters ins Auge zu fassen«[47].

---

lienischen Sonderbeauftragten für wirtschaftliche und finanzielle Fragen in Griechenland, Gesandter Vincenzo Fagiuoli, vom 5.7. zusammengefaßt. Letzterer hielt es für unverzichtbar, daß Hitler sich mit Mussolini treffe, damit größerer Schaden vermieden werde. Neubacher meinte, sein Gesprächspartner wünsche »eine möglichste deutsche Einmischung [in Italien, d. Verf.], insbesondere auf organisatorischem Gebiete«. Siehe außerdem ebd., Dok. 155, S. 260 f., 18.7.1943, Aufzeichnung von Dollmann für Botschafter v. Mackensen. Dollmann berichtete, daß Mussolini am 16. und 17.7. von den »verschiedensten Seiten, insbesondere von Mitgliedern der Regierung dem schwersten Druck in Richtung einer ›ehrenvollen Kapitulation‹ ausgesetzt gewesen« sei. Siehe dazu auch das Schreiben Himmlers an Bormann, in dem er diesen über Informationen aus Italien im Hinblick auf den in »Achsenfreundlichen Kreisen« befürchteten Staatsstreich unterrichtete: Fernschreiben, An Herrn Reichsleiter Bormann, Streng Geheim! 19.7.1943, gez. H. Himmler, AIfZG, MA 460, S. 2567176 f.

[44] Deakin, Die brutale Freundschaft, S. 461.

[45] Grandi, 25 luglio, S. 70 ff., Einleitung von R. De Felice, S. 71 f. Abdruck des Exposés.

[46] Mazzetti, L'armistizio con l'Italia, S. 75.

[47] Zit. nach Deakin, Die brutale Freundschaft, S. 530 f. Offenbar hat Hidaka, als er am 27.7. mit Mackensen u.a. über seine Unterredung mit Mussolini am 25.7. sprach, dessen Erklärungen mit keinem Wort erwähnt. Er gab sogar an, der »Duce« habe sich seiner Sache absolut sicher gezeigt: ADAP, E, Bd VI, S. 328 f., 28.7.1943.

Das war nach der Begegnung mit Hitler in Feltre gesagt, die im folgenden zu erörtern ist. Jenes Treffen kam zum damaligen Zeitpunkt überraschend zustande, obwohl die »Achsenpartner« den Plan seit längerem diskutiert hatten. Hitler ging es um zwei Dinge: Zum einen wollte er die Italiener dazu bringen, mehr für die gemeinsame Kriegführung zu unternehmen, und zum anderen galt es herauszufinden, wie prekär die Lage Mussolinis tatsächlich war. Das heißt, er wollte sich vergewissern, ob die Sorge um das Durchhaltevermögen Italiens zu Recht bestand[48].

Als Mussolini zur Unterredung am 19. Juli 1943 aufbrach, begleiteten ihn große Erwartungen. So hoffte seine militärische Führung, daß er Hitler erklären würde, wie es in Wahrheit um Italien und seine Möglichkeiten zur Fortsetzung des Krieges aussah. In einer Denkschrift vom 14. Juli 1943, die das Comando Supremo ausgearbeitet hatte, auch wenn sie keine Unterschrift trägt, hieß es abschließend[49]: »Mit unseren [den italienischen, d. Verf.] Mitteln allein werden wir uns schlagen können, aber nur mit Ergebnissen, die so spärlich sein werden, daß sie der Welt gegenüber nicht einmal ausreichen, unsere Waffenehre zu retten.

Andererseits kann der Verbündete [die Deutschen, d. Verf.] uns nicht davon überzeugen, daß es noch Siegesmöglichkeiten für die Achse gibt, wenn nicht die Bildung einer zweiten Erdfront in Europa verhindert wird, solange der Krieg in Rußland andauert.

Wenn man diese genannte Frontbildung nicht verhindern kann, stände es den höchsten politischen Stellen zu, sich zu überlegen, ob es nicht ratsam und notwendig ist, dem Lande weitere Trauer und Ruinen zu ersparen und das Ende des Kampfes vorwegzunehmen, weil das Endresultat zweifellos noch schlimmer wäre [als] ein oder mehrere Jahre später.«

In solchen Überlegungen zeigten sich gravierende Unterschiede zum strategischen Denken Hitlers und seiner militärischen Umgebung. Rationalität und die Einsicht in die Grenzen des Machbaren, wohl auch Zukunftsorientiertheit, beherrschten diese Ausarbeitung des Comando Supremo. Hingegen fehlte in der deutschen Kriegführung, deren langfristige Ziele utopisch geblieben waren, Mitte 1943 eine Zielsetzung, die über den Tag hinaus gereicht hätte. Die Aktionen der Führung des »Dritten Reiches« dienten im Grunde nur noch dazu, die Agonie des nationalsozialistischen Staates zu verlängern. Ansonsten aber dokumentierte die Denkschrift vom 14. Juli, daß das Comando Supremo Mussolini Argumente an die Hand gab, mit denen er sich für die Auseinandersetzung über den Kriegsaustritt Italiens wappnen sollte[50]. Die italienische Seite setzte auf einen entschieden auftretenden »Duce«: offener Schlagabtausch, nicht heimlicher Verrat, wie deutscherseits später behauptet, stand auf der Tagesordnung.

---

[48] Plehwe, Schicksalsstunden, S. 62 f.

[49] Ebd., S. 65—68; eine weitere aufschlußreiche Denkschrift von Generaloberst Ambrosio, aus der die Lagebeurteilung des Chefs des Comando Supremo klar hervorgeht, ist abgedruckt bei Deakin, Die brutale Freundschaft, S. 475—482; sie ist ferner publiziert in: Ursachen und Folgen, Bd 20, S. 237—243.

[50] Siehe dazu Grandi, 25 luglio, S. 52, Einleitung von R. De Felice. Dieser bezieht sich auf die bei Deakin, Die brutale Freundschaft, S. 475—482, publizierte Denkschrift, von der er annimmt, daß Ambrosio sie für das Treffen erstellte. Plehwe, Schicksalsstunden, S. 64, meint, die Lagebetrachtung vom 14.7. könne nicht so verstanden werden, daß die Italiener entschlossen gewesen seien, das Bündnis zu verlassen.

Doch Mussolini, folgt man der von Hitler gebilligten Aufzeichnung über die Unterredung[51], begnügte sich einmal mehr mit der Rolle des geduldigen und widerspruchslosen Zuhörers. Er lauschte — es ist nicht anders zu qualifizieren — dem unkonzentrierten Geschwätz des »Führers«. Ambrosio, aber nicht allein er, zeigte sich entsetzt über den unerwarteten Verlauf des Gesprächs der beiden Regierungchefs. Der Generaloberst drängte den »Duce« nachhaltig, endlich das eigentliche Problem anzusprechen, forderte schließlich ultimativ von ihm, daß »Italien innerhalb von vierzehn Tagen aus dem Krieg ausscheiden« müsse[52]. Und in seiner Unterredung mit Keitel betonte der Chef des Comando Supremo unzweideutig, daß die Kapitulation Italiens unmittelbar bevorstehe, falls nicht entschiedene und schnelle Hilfe geleistet werde[53]. Das war eine kaum verhüllte Drohung, denn den italienischen Vorstellungen über die erforderliche Unterstützung vermochten die Deutschen, das verschwieg Hitler keineswegs, nicht zu entsprechen.

Nach Rom zurückgekehrt, beabsichtigte Mussolini dann plötzlich doch wieder, Hitler um sein Einverständnis zum Kriegsaustritt Italiens zu bitten. Er wollte es schriftlich versuchen. Aber nun riet Ambrosio ab, der meinte, daß dies nur in Feltre durchzusetzen gewesen wäre. Im selben Atemzug bat der General um seinen Abschied. Mussolini lehnte das Ersuchen ab, und den Brief an Hitler hat er nie geschrieben[54].

Causa finita? Nicht wirklich, denn die Angelegenheit — also die Frage eines möglichen Kriegsaustritts — wurde augenscheinlich auch auf anderer Ebene erörtert. Am 22. Juli empfing der König, Vittorio Emanuele III., den Regierungschef, der ihm über das Treffen mit Hitler in Feltre berichtete. Dabei soll Mussolini dem Monarchen versichert haben, daß sich Italien bis zum 15. September von Deutschland lösen würde. Das behauptete jedenfalls Marschall Badoglio am 18. Oktober, als er sich vor zahlreichen Offizieren gegen den Vorwurf des Verrats zur Wehr setzte, den die Propaganda der *Republica Sociale Italiana* verbreitete. Hierbei wäre an die oben erwähnte Unterredung Mussolinis mit dem japanischen Botschafter zu erinnern, denn deren Inhalt spricht für die Angaben des Marschalls. Andererseits ist bekannt, daß Darstellungen Badoglios stets mit großer Vorsicht als historisch korrekt zu akzeptieren sind. Doch in diesem Fall hat man darauf hingewiesen, daß die Äußerung vom 18. Oktober zwar — gewollt oder

---

[51] ADAP, E, Bd VI, Dok. 159, S. 264—275, 20.7.1943, »Aufzeichnungen über die Ausführungen des Führers anläßlich seines Treffens mit dem Duce in Oberitalien am 19.7.1943«. Am ausführlichsten behandelt ist die Begegnung in Feltre bei Deakin, Die brutale Freundschaft, S. 461—475; vgl. auch Montanelli e Cervi, L'Italia della disfatta, S. 310 ff.; und ebd., S. 300—432, zur Gesamtentwicklung zwischen Juli und September 1943.

[52] Grandi, 25 luglio, S. 52, Einleitung von R. De Felice; siehe außerdem Smith, Mussolini, S. 293. Dieser weist darauf hin, daß Hitler damals durchaus daran dachte, Mussolini gegen einen stärkeren Vertreter der deutschen Interessen auszutauschen. Aber er fand keinen.

[53] Bottai, Diario, S. 401, 20.7.1943.

[54] Grandi, 25 luglio, S. 53, Einleitung von R. De Felice; Deakin, Die brutale Freundschaft, S. 484. De Felice konstatiert einen auffallenden Verhaltensunterschied für Ambrosio bei den Treffen des Generalobersten mit Mussolini am 20.7. um 11.30 Uhr und um 20.10 Uhr. Diesen erklärt er damit, daß Ambrosio am Abend von der Absicht des Königs Kenntnis hatte, sich von seinem Regierungschef zu trennen.

ungewollt — der Vergessenheit anheimgefallen ist, aber ihr wurde angeblich nie widersprochen[55].

Einschränkend ist jedoch anzumerken, daß selbst dann, wenn die Dinge sich so zugetragen haben sollten wie von Badoglio berichtet, mit letzter Sicherheit nicht zu sagen ist, ob Mussolini das Versprechen, das er seinem König gab, auch ernst meinte. Der »Duce« war immer gut für Überraschungen. Wobei sich freilich über all das nur spekulieren läßt.

Hier interessiert vor allem die Frage, welchen Stellenwert der Verlauf der Unterhaltung in Feltre hinsichtlich des Sturzes von Mussolini besaß. Der König stellte dabei ja letztendlich die Zentralfigur dar. Angenommen, Badoglio hätte die Wahrheit gesagt, so ließe sich die relative Gelassenheit des italienischen Regierungschefs erklären, mit der er auf das für ihn vernichtende Votum des Faschistischen Großrats reagierte. Er war zwar nicht gleichgültig, aber die Erinnerung an den Inhalt seines Gesprächs mit Vittorio Emanuele III. verlieh ihm möglicherweise eine gewisse Sicherheit. Entlassen konnte ihn nur der Monarch. Auf der anderen Seite würde ein derartiger Sachverhalt bedeuten, daß der König seine definitive Entscheidung, Mussolini zu entmachten, tatsächlich erst im allerletzten Augenblick fällte. Das heißt, er entschloß sich unter dem Eindruck des Verlaufs der Debatte im Großrat. Verhältnismäßig unerheblich wäre dann, was immer an Kontakten und Vorbereitungen dem voranging[56].

Das Provozierende einer solchen Version der Ereignisse um den 25. Juli ist, daß damit die Faschisten selbst, zumindest einige von ihnen, im Verbund mit dem Königshaus, beanspruchen könnten, Italien vom Faschismus befreit zu haben. Liest man die Darstellung von Dino Grandi, dem zweifelsfrei entscheidenden Mann unter jenen Repräsentanten der Diktatur, die sich darüber im klaren waren, daß der »Duce« abgewirtschaftet hatte, und die zu diesem Zeitpunkt mit dessen Sturz für sich selbst einen neuen Anfang suchten, so spricht vieles für die Überlieferung Badoglios und die mit ihr verbundene These[57].

Der Verlauf der Begegnung in Feltre übte auf die Entscheidung zum Sturz Mussolinis wohl nur einen indirekten, limitierten und den Vorgang vielleicht beschleunigenden Einfluß aus. Mussolinis Schicksal hing nicht mehr davon ab, ob er die Deutschen mit massiven italienischen Forderungen zu konfrontieren wagte oder nicht. Der »Duce« wurde gestürzt, weil — salopp formuliert — der faschistische Karren unter seiner Führung schon zu tief im Dreck steckte. So gesehen wäre bei den ausschlaggebenden Akteuren eine real- oder machtpolitische Motivation und selbstverständlich die Sorge um das eigene weitere Wohlergehen zu konstatieren. Das war noch nicht ehrenrührig. Allerdings ist im Widerspruch zu apologetischen Akzentsetzungen zu betonen, daß der 25. Juli aus der Perspek-

---

[55] Den außergewöhnlich komplizierten Sachverhalt, der im Zusammenhang mit der Entscheidungsfindung des italienischen Königs, Mussolini abzusetzen und verhaften zu lassen, eine zentrale Bedeutung besitzt, beschreibt überzeugend R. De Felice in Grandi, 25 luglio, S. 73—87.

[56] Dieser — nach De Felice resümierte — Befund tangiert nicht die Tatsache, daß der italienische König sich seit Mitte Mai 1943 mit Überlegungen in bezug auf einen eventuellen Kriegsaustritt Italiens beschäftigte: Deakin, Die brutale Freundschaft, S. 390—400, insbesondere S. 394: »Notiz III vom 15. Mai 1943«.

[57] Grandi, 25 luglio, S. 269—274. Zur Diskussion des 25.7.1943 in der Forschung vgl. Petersen, Sommer 1943, S. 25—30.

tive der Handelnden mit prinzipieller Opposition gegen den Faschismus nichts, mit Opportunismus und Gesinnungsakrobatik dagegen eine ganze Menge zu tun hatte. Den im Interesse des Volkes notwendigen Schritt tat man erst 45 Tage später. Kontrovers diskutiert wird, ob er bereits früher möglich gewesen wäre. Im übrigen aber ist im Rahmen derartiger Erörterungen generell an jenes seit 1922 wahrnehmbare Bestreben der traditionellen Führungseliten zu erinnern, sich die Option für eine Beendigung des »faschistischen Experiments« offenzuhalten[58]. Im Sommer 1943 war die Zeit reif für eine Entscheidung.

c) Deutsch-italienische Reaktionen auf den 25. Juli 1943 — Öffentlichkeit, Regierung Badoglio und Hitlers Planung für den Staatsstreich in Italien

In der deutschen Öffentlichkeit bewirkten die Meldungen über die überraschende Absetzung des italienischen Regierungschefs im allgemeinen einen Schock. Bei den staatlichen Beobachtern der Stimmung im Volk entstand der Eindruck, gerade in einfachen Kreisen sei die Hoffnung aufgekommen, daß der Krieg bald zu Ende sein werde. Darüber hinaus hieß es[59]: »Die Zahl der Volksgenossen, welche auch jetzt noch optimistisch und guten Mutes bleibe, sei gering.« Gegner des NS-Regimes erwarteten, daß der »Anfang vom faschistisch-nationalsozialistischen Ende« gekommen sei[60]. Insgesamt gewinnt der Leser bei der Lektüre der geheimen Lageberichte des Sicherheitsdienstes der SS für die Wochen nach dem 25. Juli eine gute Vorstellung davon, wie stark die Ereignisse in Italien die deutsche Bevölkerung beeindruckten. Vorübergehend trat dann der Verlust von Sizilien in der Diskussion in den Vordergrund, und das Militärische dominierte wieder. Die Mehrheit der Deutschen ging dabei davon aus, daß »Italien als Bundesgenosse praktisch« abgeschrieben werden müsse[61]. Dieser Eindruck kam der Wahrheit ziemlich nahe[62], und eine derartige Stimmungslage beunruhigte die nationalsozialistische Regierung ganz offensichtlich. Es gab daher gezielte Beschwichtigungsversuche. Aber in der konkreten Situation konnte man letzten Endes wenig tun. Goebbels bemerkte zur eigenen Lage[63]: »Was wir persönlich denken, kann nicht gesagt, viel weniger geschrieben werden. Was wir schreiben könnten, gibt dem Volke keinen Aufschluß über die italienische Krise.« So hatte sich das Propagandaministerium im wesentlichen auf die Verbreitung unkommentierter Nachrichten zu beschränken.

---

[58] Vgl. dazu Rochat/Massobrio, Breve storia dell'esercito, S. 206 f.

[59] Meldungen aus dem Reich, Bd 14, S. 5540 f., 29.7.1943.

[60] Ebd., S. 5561, 2.8.1943. Die Reaktion des Volkes auf Mussolinis Fall wird ebenfalls behandelt bei Petersen, Deutschland und der Zusammenbruch des Faschismus, S. 52—57. Die italienische Übersetzung — La Germania e il crollo del fascismo — ist abgedruckt, in: La cobelligeranza italiana, S. 313—340.

[61] Meldungen aus dem Reich, Bd 14, S. 5540—5699, 29.7.—2.9.1943, zit. nach S. 5698, 2.9.1943.

[62] Vgl. die Goebbels Tagebücher, S. 375, 27.7.1943, wo die Äußerung Hitlers festgehalten ist, daß die »breiten Massen die Vorgänge, die sich jetzt in Rom abspielen, längst vorausgesehen und erwartet« hätten; und ebd., S. 401, 10.9.1943, stellt Goebbels retrospektiv fest: »Was Italien anbelangt, so ist das Volk zweifellos klüger gewesen als seine Regierung.« Vermutlich handelte es sich um Versuche, sich selbst zu beruhigen, denn die Unruhe im Volk war offenkundig.

[63] Ebd., S. 375, 27.7.1943.

Genau registriert wurden die Reaktionen der Italiener in Deutschland. Sie dienten als Indikatoren für das Ausmaß der Gefahr, die von der Absetzung Mussolinis für die nationalsozialistische Interessenwahrung in Italien ausging. Ende Juni gab es im Reichsgebiet angeblich rund 160 000[64] italienische Arbeiter. Es hieß, daß sie sich »sehr befriedigt über die Geschehnisse in ihrem Mutterland« zeigten. So herrschte offene Freude darüber, daß »Mussolini und der Faschismus verschwunden seien«. Mancher meinte bedauernd, die ganze Affäre hätte schon ein Jahr früher passieren müssen[65].
In Rom registrierte der Deutsche Botschafter am Vatikan, Ernst v. Weizsäcker, nur fröhliche, vergnügte Menschen, die davon auszugehen schienen, daß der Abgang des »Duce« gleichzeitig das Kriegsende bedeute[66]. Ganz ähnlich dachten und empfanden offensichtlich die Soldaten. Sie hofften ebenfalls, daß Badoglio das Land aus dem Krieg herausführen würde[67]. In Athen fielen sich Offiziere »gerührt um den Hals«, während »italienische Soldaten ganz offen über die bevorstehende gemeinsame Befreiung der Italiener und Griechen durch die Engländer« sprachen. Einige sollen sogar erklärt haben, sie würden »im Falle eines Ausbruchs von Kampfhandlungen in Griechenland den Griechen ihre Waffen geben«. Jedenfalls dächten sie nicht daran, gegen die Angelsachsen zu kämpfen. Wäre somit der Sturz Mussolinis doch der ideale Zeitpunkt für den Kriegsaustritt gewesen? Die Deutschen hatten damals ihre Positionen für die Machtübernahme in Italien und auf dem Balkan noch nicht bezogen. Volk und Armee schienen auf eine diesbezügliche Entscheidung zu warten.
Doch mit Gewißheit läßt sich die Frage nicht beantworten. Und mit Behauptungen von der Art, wie sie oben zitiert wurden, muß man gewiß sehr vorsichtig umgehen. Im allgemeinen stammten sie von Personen, die lediglich persönliche Eindrücke an die Deutschen weitergaben. Sie arbeiteten also einerseits mit diesen zusammen und andererseits ließen sich ihre Beobachtungen über die italienischen Truppen normalerweise nicht nachprüfen[68].
Gleichwohl war es eine Tatsache, daß die Deutschen sich im Südostraum schon Anfang August 1943 gezwungen sahen, dem Verkauf italienischer Waffen an die »Banden« entgegenzutreten. Sie ermächtigten daher die eigenen Befehlshaber, »durch geeignete Vermittler ital. Waffen aufzukaufen«. Die benötigten Geldmittel wurden durch den »Chefinten-

---

[64] Hitlers Lagebesprechungen, S. 226, Anm. 1, gemäß einer Aufstellung des Generalbevollmächtigten für den Arbeitseinsatz.

[65] Meldungen aus dem Reich, Bd 14, S. 5567 f., 2.8.1943.

[66] Weizsäcker-Papiere, S. 343 f., 26.7.1943.

[67] Sturmdivision Rhodos Abt. Ic, Br. B.Nr. 32/43, Div. Gef.St., den 1.8.43/Di, Betr.: Ic-Lagebericht, Bezug: O.B. Südost Ic/AO Nr. 1193/43, An Oberbefehlshaber Südost, Abt. Ic, BA-MA, RH 26-1007/22; und ebd., Sturmdivision Rhodos Abt. Ic, Br.B.Nr. 350/43 geh., Div.Gef.St., den 10.8.43, Betr.: Kurzmeldung über politische Lage, Bezug: 1.) O.B. Südost Ic/AO Nr. 2474/43 g.Kdos. v. 26.7.43; 2.) Ic-Lagebericht Rh. Nr. 32/43 g.Kdos. v. 1.8.43. Ausführlich ist die Lage der italienischen Streitkräfte am 25.7. dargestellt bei Torsiello, Le operazioni delle unità italiane, S. 15—48. Im Hinblick auf die ebenfalls erörterten deutschen Gegenmaßnahmen spricht der Autor unzweideutig von einer »Aggression gegen Italien« (S. 24).

[68] ADAP, E, Bd VI, Dok. 177, S. 303 f., 26.7.1943, Die Dienststelle des Bevollmächtigten des Deutschen Reiches für Griechenland (Athen) an das Auswärtige Amt.

danten O.B. Südost bereitgestellt«. Dadurch hoffte man zu verhindern, daß die Widerstandsbewegung von den Zerfallserscheinungen bei einigen Truppenteilen des Verbündeten profitierte[69]. Ein solcher Sachverhalt, sofern er zutraf, mutet unglaublich an. Aber zugleich wäre er ein weiterer überzeugender Beweis dafür, daß die »Achse« seit langem zerbrochen war.

Allen Auflösungserscheinungen und der Vorstellung, es werde zu einem schnellen Kriegsende kommen, standen allerdings die Befehle entgegen, mit denen Roatta[70] und Ambrosio[71] sich nach dem 25. Juli bemühten, die öffentliche Ordnung und die Disziplin der Truppe aufrechtzuerhalten. Mit gezielten Schüssen sollte gegen Demonstrationen aus Anlaß des Regierungswechsels vorgegangen werden. Generaloberst Ambrosio störte ganz offensichtlich in erster Linie der pazifistische Charakter dieser Manifestationen des Volksempfindens. Da er einen nachteiligen Einfluß auf den Widerstandswillen des Landes fürchtete, ist nicht anzunehmen, daß der Chef des Comando Supremo um jeden Preis ein Ende der Kampfhandlungen herbeizuführen beabsichtigte.

Vermutlich ging er davon aus, daß gerade ein um den Kriegsaustritt bemühtes Italien versuchen müsse, als relativ intakte Macht in Waffenstillstandsbesprechungen oder Friedensverhandlungen einzutreten. Das alles hatte so gesehen nichts mit Deutschfreundlichkeit zu tun, sondern entsprach einem realpolitischen Kalkül. Insbesondere für Ambrosio war ja das Tischtuch zwischen Deutschen und Italienern längst zerschnitten. Aber davon abgesehen spielte bei dem Entschluß zum rigorosen Vorgehen gegen die eigene Bevölkerung wahrscheinlich auch die Furcht der traditionellen Führungseliten vor einer kommunistisch unterwanderten Volksbewegung eine Rolle[72]. Jedenfalls hieß die Parole der neuen Regierung zunächst einmal[73]: »Disziplin, Ruhe und Mundhalten«. Für den Mann auf der Straße änderte sich somit wenig gegenüber der Zeit vor der Verhaftung Mussolinis.

An dieser Stelle ist der Blick auf die Gegenmaßnahmen der deutschen politischen und militärischen Führung zu lenken. Über deren Verunsicherung und Besorgnis waren die neuen Männer in Rom durchaus unterrichtet. Sie kannten auch das Gerede vom italieni-

---

[69] Fernschreiben Deutscher Verbindungsstab AOK 11 an Generalkommando LXVIII. A.K., am 1.8.1943, Ia 027/43 g.Kdos. Chefs., Bezug: OKW/WFST/Qu (V). Nr. 661660 g.Kdos. Chefs., BA-MA, RH 31 X/2.

[70] Stato Maggiore R. Esercito Ufficio Operazioni II, Telescritto in partenza, 27/7/1943, da Superesercito operazioni ai corpi d'armata = tutti (in Italia compreso quello di Roma), comandi difesa territoriale = tutti = N. 23978, firmato Generale Roatta, ASUSSME, Cartella 1504/A (siehe auch S. 66, Anm. 151 zur Literatur).

[71] Comando Supremo, Prot.N. 15275, P.M. 21, li 28 luglio 1943, al Ministero della Guerra — Gabinetto — e, per conoscenza: allo Stato Maggiore Regio Esercito, oggetto: Truppe impiegate per l'ordine pubblico, il Capo di Stato Maggiore Generale F.to V. Ambrosio, ASUSSME, Cartella 1504/A.

[72] Signifikant für diese bekannte Tatsache ist ein Brief, den Badoglio von einem Freund erhielt und den er — auszugsweise — an den Minister der »Corporazioni« weiterleiten ließ: Renzo an »Carissimo Pietro«, Roma, 29 luglio 1943; und Il Capo della Segreteria (Col. Giuseppe Montezemolo), Riservata, A.S.E. il Dott. Leopoldo Piccardi Ministro delle Corporazioni Roma, 30 luglio 1943, ACS, Busta 25/8, F 15.

[73] Weizsäcker-Papiere, S. 344 f., 29.7.1943.

schen »Verrat« in bestimmten Rundfunksendungen[74]. Dennoch warteten sie ab. Hingegen führte der Umschwung in Italien auf deutscher Seite zu einer veränderten operativen Lagebeurteilung. Die vorher gültige Planung, in der sowohl antialliierte als auch antiitalienische Optionen existierten, verlor jetzt ihre Doppeldeutigkeit oder Unentschiedenheit[75]. Sämtliche in der Folgezeit vom Oberkommando der Wehrmacht für den Mittelmeerraum erteilten Befehle standen jetzt eindeutig »unter dem Gedanken, für den Fall eines ital. Zusammenbruchs die rechtzeitige Übernahme aller bisher von Italien wahrgenommenen Aufgaben, die unbedingt weitergeführt« werden mußten, »sicherzustellen und die dafür erforderlichen Kräfte bereitzuhalten«. Damit ging die Absicht einher, die »willigen Italiener im Lager der Achse festzuhalten und die unwilligen auszuschalten«. Was letzteres für Tausende italienische Soldaten bedeutete, das sollte sich dann nach dem 8. September zeigen.

Ansonsten aber machte keine der Größen des »Dritten Reiches« ein Hehl daraus, daß für die Zusammenarbeit mit der neuen italienischen Regierung die Vertrauensbasis fehlte. Badoglio verlautbarte zwar, daß der Krieg fortgeführt würde, aber das glaubte man ihm in Berlin nicht[76]. Wenn sich die deutsche Seite vorerst zurückhielt und sogar mit der königlichen Regierung kooperierte, dann tat sie das nur, um den Aufmarsch der eigenen Truppen für die Machtübernahme in Italien möglichst ungestört abschließen zu können[77]. Die Vermehrung der deutschen Divisionen, die seit Ende Juli zügig voranschritt, hatte mehr mit der Bündnis- als mit der Feindlage zu tun. Das blieb auch der italienischen mili-

---

[74] Addetto Militare Berlino, Generale Marras, 1187/S/Urgente 26.7.43, al Comando Supremo, Telescrivente, ASUSSME, Cartella 1504.

[75] OKW KTB, Bd III, S. 834. Petersen, Deutschland und der Zusammenbruch des Faschismus, S. 52, meint, das Oberkommando der Wehrmacht habe die Lage nach dem Treffen in Feltre als so gefestigt angesehen, daß man die »weiteren Vorbereitungen für den Fall ›Alarich‹ einstellen ließ«. Deshalb sei auch der Schock in Berlin über Mussolinis Absetzung so groß gewesen. Genau genommen beabsichtigte das OKW nach Feltre, wo man in der Tat den Eindruck gewann, noch Zeit zu haben, allerdings lediglich die »Vorbefehle« für »Alarich« aufzuheben. Dies in erster Linie deshalb, weil die bis zum 19.7. durchgeführten Maßnahmen »bereits zunehmend die Absichten für den Fall ›Alarich‹ vorweggenommen« hätten. Die Entwicklung am 25.7. ließ jedoch die entsprechende Weisung Jodls — Aufhebung der Vorbefehle — ohnehin nicht Wirklichkeit werden; ebd., S. 834. In gewissem Widerspruch zu der Annahme, es sei nach Feltre zu einer Stabilisierung des deutsch-italienischen Verhältnisses gekommen, stehen die Aussagen von Hitlers Luftwaffenadjutanten. Er überliefert, daß Hitler in Feltre den Eindruck gewann, Mussolini hätte resigniert und sei am »Ende seiner Kraft«. Daher habe er Italien nicht nur »sehr ungnädig« verlassen, sondern die dortige Entwicklung »sehr mißtrauisch« verfolgt, »wütend über diesen Verbündeten«. So zeigt sich, daß auch auf deutscher Seite recht unterschiedliche Eindrücke über den Ausgang des Treffens existierten. Siehe dazu Below, Hitlers Adjutant, S. 342.

[76] ADAP, E, Bd VI, Dok. 172, S. 297 f., 25.7.1943, Botschafter v. Mackensen übersendet die entsprechenden Erklärungen von König Vittorio Emanuele III. und Marschall Badoglio an das Auswärtige Amt.

[77] Was Hitler von den Verlautbarungen hielt, die aus Rom kamen, zeigen die Eintragungen in den Goebbels-Tagebüchern, S. 372 f., 27.7.1943; und zur deutschen Taktik gegenüber der italienischen Regierung vergleiche Hitlers Lagebesprechungen, S. 313, 315 f., und 325, Abendlagen 25.7.1943: »Wir müssen natürlich jetzt dieses Spiel so weiterführen, als ob wir glauben würden, daß sie weitermachen!« Siehe außerdem KTB OKW, Bd III, S. 834.

tärischen und politischen Führung nicht verborgen[78]. Aber Rom sperrte den Brenner nicht. Es kam zu keiner Blockade der Brücken, Tunnels und Straßen. Der spontane und eigenständige Kriegsaustritt wurde nicht gewagt. Nach dem 25. Juli verschlechterte sich die Position der Regierung Badoglio mit jedem Tag. An sich hätte es sofort zum Schließen der Grenzen kommen müssen. Goebbels meinte, daß sich ein solcher Entschluß »verheerend« ausgewirkt haben würde[79]. Schon in der Abendlage am 25. Juli hatte es geheißen, daß es zunächst das »Entscheidendste« sei, so Hitler, die »Alpenübergänge zu sichern«. Das galt auch für die »französischen Übergänge«. Keitel hielt es für das »Schlimmste was passieren könnte«, wenn man die Pässe nicht in die eigene Hand brächte[80]. Am 28. Juli befehligte daher General Feurstein eine Kampfgruppe, die den Brennerübergang notfalls mit Gewalt öffnen sollte[81]. Solcher Entschlossenheit der deutschen Führung vermochte Rom nichts entgegenzusetzen.

In der Retrospektive nimmt es sich so aus, als ob die italienischen Politiker und Militärs, als sie Mussolini entmachteten, ihren Schritt nicht konsequent zu Ende gedacht hatten. Mit Ausnahme von Grandi scheinen sie zum einen die psychologischen Probleme der Italiener in bezug auf einen sofortigen Frontwechsel überschätzt und zum anderen den Willen Hitlers und der Wehrmachtführung, schnell und rücksichtslos zu handeln, unterschätzt zu haben. Berlin nahm selbst die Schwächung der Ostfront in Kauf, als es darum ging, die deutschen Positionen an der Südflanke abzusichern.

Andererseits reagierten die Italiener konsequent, als die Deutschen starke Truppen bei Rom versammelten. Für Hitlers damaliges Vorhaben bedeuteten die Gegenmaßnahmen des Comando Supremo das Ende, obwohl sich diese Einsicht erst Anfang August durchsetzte. Worum ging es? Der »Führer des Großdeutschen Reiches« inszenierte unmittelbar nach dem Sturz Mussolinis ein Stück, das Generalfeldmarschall Kesselring zu dem bitteren Kommentar nötigte[82]: »Da denkt man ein Leben lang, man wäre Offizier und Ehrenmann, bis sich auf einmal herausstellt, daß man ein Räuberhauptmann ist.« Die Rollenbeschreibung war präzise und bezog sich auf das Unternehmen »Schwarz«. Im

---

[78] Vergleiche dazu Rintelen, Mussolini, S. 226 f.; Rommel Papers, S. 432—442; im Hinblick auf die historischen Arbeiten siehe Schröder, Italiens Kriegsaustritt, S. 218—245, dort zum Aufmarsch der Heeresgruppe B und ihren Aufgaben; und Torsiello, Le operazioni delle unità italiane, S. 34—48, der die italienischen Gegenmaßnahmen darstellt. Von besonderem Interesse ist die italienische Denkschrift (übersetzt) zur »Überführung und Unterbringung großer deutscher Einheiten in Italien und deutsche[n] Haltung in Südtirol«, BA-MA, RH 19 X/12, Bl. 146—158. Die Ausarbeitung ist undatiert und berücksichtigt die deutschen Truppenbewegungen zwischen dem 20.7. und dem 15.8.1943. Eine eingehende Berichterstattung erfolgte durch den italienischen Generalkonsul in Innsbruck, der die Dislozierung der verschiedenen Divisionen aufmerksam beobachtete und nach dem 25.7. nach Rom meldete: R. Consolato Generale d'Italia, Innsbruck, 25 Agosto 1943, indirizzato a R. Ministero Affari Esteri, Telespresso N. 22507/774, ASMAE, Busta 74, Posizione Germania 1.

[79] Goebbels Tagebücher, S. 375, 27.7.1943.

[80] Hitlers Lagebesprechungen, S. 313 f., 25.7.1943; und ebd., S. 337 f., sowie 342 f., Mittagslage 26.7.1943.

[81] Rommel Papers, S. 433, 28.7.1943. Gauleiter Hofer drängte in einer Besprechung mit dem Generalfeldmarschall am 29.7. darauf, daß dieser seinen in Tirol versammelten Truppen sofort den Einmarsch nach Italien befehlen solle, weil er sonst Gefahr laufe, den Brenner nicht mehr passieren zu können.

[82] Westphal, Erinnerungen, S. 220, der dort Kesselring wörtlich zitiert.

Rahmen seiner Durchführung sollten Sondereinheiten des Generals der Flieger Student die des »Verrats« an Deutschland verdächtigten Personen in Rom festnehmen und darüber hinaus Vorbereitungen für die Befreiung des »Duce« treffen[83].

Der zweite Teil des Banditenstücks, die Befreiung des »Duce«, die am 12. September glückte, wurde seit dem 1. August als Unternehmen »Eiche« bezeichnet[84]. Darauf ist hier nicht weiter einzugehen, weil die Angelegenheit für die Entwicklung zwischen dem 25. Juli und dem 8. September belanglos blieb.

Bei »Schwarz« ging es im Grunde um den deutschen Staatsstreich in Italien. Es ist schwer zu entscheiden, warum der Hauptakteur, General Student, in seinen — nicht allein geschriebenen — Memoiren zu der beabsichtigten Wegelagerei von Staats wegen nichts sagt. Auch andere führende Nationalsozialisten und Militärs scheinen sich, obwohl direkt beteiligt, nach 1945 an jene Planungen nicht mehr erinnert zu haben. Ob Scham, Uneinsichtigkeit oder ein gewisser Hang zur Geschichtsverfälschung die Ursache ihrer Gedächtnislücke war, wer kann das entscheiden? Der spätere Generaloberst Student, der Ende Juli/Anfang August 1943 bei Rom rund 20 000 Fallschirmjäger zusammenzog, um den — so Goebbels[85] — »großen Coup« auszuführen, stellte die historischen Tatsachen geradezu auf den Kopf. Die Reaktion der italienischen Regierung — als Folge der deutschen Truppenmassierungen führte sie ihrerseits Divisionen zum Schutz der Hauptstadt heran — kommentierte er noch dreißig Jahre danach mit verblüffender Chuzpe so, als ob nicht die Deutschen, sondern die Italiener Übles im Schilde geführt hätten. Der Zweck des italienischen »Truppenaufmarsches« bestand angeblich darin[86], nach dem »Bruch des mit Deutschland bestehenden Bündnisses und nach Niederkämpfen der deutschen Fallschirmjäger, den Raum Rom für englisch-amerikanische Landungen offenzuhalten und so die im Süden Italiens kämpfende 10. deutsche Armee von ihren Verbindungen mit der Heimat abzuschneiden«.

Students Behauptung referierte lediglich eine zeitgenössische Unterstellung, die in anderem Zusammenhang noch einmal zu erwähnen sein wird. Falls sich der Generaloberst beim Verfassen seiner Memoiren jedoch tatsächlich nicht mehr an seine Unterredung mit Hitler am 26. Juli 1943 erinnert haben sollte, hätte er mühelos nachlesen können, um was es damals ging. In Hitlers unverwechselbarer Diktion hörte sich das

---

[83] KTB OKW, Bd III, S. 837. Man erwog außerdem, bis zu dem Zeitpunkt, zu dem man sich »in den Besitz des Duce setzen« konnte, in Berlin eine italienische »Gegenregierung« aufzustellen. Kurzzeitig wurde dabei an den aus Rom geflohenen Farinacci gedacht: Goebbels Tagebücher, S. 373 und 379, 27.7.1943.

[84] Siehe dazu Schröder, Italiens Kriegsaustritt, S. 252—258.

[85] Goebbels Tagebücher, S. 372, 27.7.1943.

[86] Student, Generaloberst, S. 392—398, Zitat S. 397. Unerwähnt bleibt das Unternehmen »Schwarz« bei Below, Hitlers Adjutant, der (S. 342) lediglich davon spricht, daß man Mussolini befreien wollte. Auch Speer, Erinnerungen, S. 320 f., beschränkt sich auf das Unternehmen »Eiche«. Insgesamt gesehen ist die Darstellung des einstigen Hitler-Intimus erstaunlich vordergründig. So meint er etwa, bei Hitlers Reaktion habe es sich um eine »Art Nibelungentreue« gegenüber Mussolini gehandelt. Dazu paßt dann in keiner Weise, wenn er — zutreffend — konstatiert, daß Hitler parallel zur Befreiung des Freundes dessen Land territorial amputierte oder verstümmelte. Speer bestätigt damit, daß die oben angesprochene Abtrennung norditalienischen Gebiets in den Augen Hitlers endgültig war.

so an[87]: Es sei alles vorzubereiten, »um sich blitzartig in den Besitz dieser ganzen Bagage zu setzen, das ganze Gelichter auszuheben«. Er beabsichtigte einen Mann nach Italien zu schicken, der dem »Kommandeur der 3. Panzergren. Div. den Befehl gibt, mit einer besonderen Gruppe kurzerhand nach Rom hereinzufahren, die ganze Regierung, den König, die ganze Blase sofort zu verhaften, vor allem den Kronprinzen sofort zu verhaften und sich dieses Gesindels zu bemächtigen, vor allem des Badoglios und der ganzen Bagage«.

Im übrigen aber blieben die Spannungen zwischen Deutschen und Italienern der internationalen Öffentlichkeit nicht verborgen. Schon Anfang August zirkulierte das Gerücht, daß die Meinungsverschiedenheiten »sogar zu einem deutschen ›Marsch auf Rom‹ führen würden«[88]. Und beim deutschen Militärattaché kam nach einem Gespräch mit Regierungschef Badoglio am 1. August das Gefühl auf, daß sich dieser ebenso wie der italienische König durch die als feindselig beurteilten Aktionen der deutschen Führung »persönlich bedroht« fühlte[89].

Ein derartiger Eindruck entstand bei General v. Rintelen unmittelbar nach einem Treffen zwischen Admiral Wilhelm Canaris, dem Chef des Amtes Ausland/Abwehr im Oberkommando der Wehrmacht, und Brigadegeneral Cesare Amè, dem Chef des italienischen

---

[87] Hitlers Lagebesprechungen, S. 316, Abendlage 25.7.1943. In diesem Zusammenhang ist darauf aufmerksam zu machen, daß die Kenntnis von den auf deutscher Seite geplanten und bald auch anlaufenden Maßnahmen (vergleiche Roatta, Otto milioni di baionette, S. 274—277) wesentlich dazu beigetragen haben dürfte, daß die nach der Absetzung Mussolinis von den Italienern angebotene Zusammenkunft Hitlers mit König Vittorio Emanuele III. nicht zustande kam: ADAP, E, Bd VI, Dok. 175, S. 301 f., 26.7.1943, Bericht des Marineattachés an der Botschaft Rom, Konteradmiral Werner Löwisch, an das Auswärtige Amt. Zunächst hat der Unterstaatssekretär im italienischen Marineministerium und Chef des Admiralstabes, Flottenadmiral Arturo nobile dei Conti Riccardi, in einer Unterredung mit Löwisch geäußert, daß der italienische König wahrscheinlich Verbindung zu Hitler aufnehmen werde, um die in Feltre begonnenen Gespräche fortzusetzen. Es ist nicht auszuschließen, daß man dabei auch den Kriegsaustritt Italiens thematisiert hätte. Darauf weist zum Beispiel Badoglio, L'Italia, S. 84 f., hin, der freilich seine eigene Person in den Mittelpunkt der Angelegenheit rückt. Der italienische Militärattaché in Berlin, Generalleutnant Luigi Efisio Marras, schlug Hitler dann am 30.7. im Auftrag von Marschall Badoglio ein Treffen mit dem König vor, das erneut in Feltre stattfinden sollte. Die deutsche Seite — vgl. ADAP, E, Bd VI, Dok. 200, S. 347 f., 31.7.1943, Ribbentrop an den Botschafter in Rom — lehnte das Angebot keineswegs rundweg ab. Man insistierte jedoch auf einer sorgfältigen Vorbereitung, spielte also etwas auf Zeit. Außerdem wurden Begegnungen auf untergeordneter Ebene in Aussicht gestellt. Aufschluß über die wahren Absichten Hitlers gibt hingegen folgende Passage in dem Telegramm an Botschafter v. Mackensen (S. 348): Hitler würde, so Ribbentrop, »natürlich Wert darauf legen, daß bei diesem Zusammentreffen die in Italien für die politische und militärische Führung verantwortlichen Faktoren, nämlich König, Kronprinz, Marschall Badoglio anwesend« seien. Das heißt, jene Personen, die er am 25.7. als »Bagage«, »Blase«, »Gelichter« und »Gesindel« bezeichnete. Was hier auf höchster Ebene vorbereitet wurde, war das »Kidnapping« der italienischen Staatsführung. Siehe hierzu auch Plehwe, Schicksalsstunden, S. 125 ff., dort u.a. zu den Versuchen, von den Italienern den Aufenthaltsort Mussolinis zu erfahren. Im übrigen gibt der Autor, ebd., S. 79—147, einen interessanten Überblick über das Verhalten, die Reaktionen und die Absichten der deutschen Führung nach dem 25.7.1943.

[88] Weizsäcker-Papiere, S. 345, 2.8.1943.

[89] Rintelen, Mussolini, S. 235.

militärischen Nachrichtendienstes (S.I.M.), in Venedig am 29. oder 30. Juli[90]. Canaris
war damals bereits über das Unternehmen »Schwarz«, auch »Student« genannt, unterrichtet und wollte die Italiener warnen. Es ist nicht auszuschließen, daß die seit Anfang
August bei der Führung in Rom zu verzeichnende Zurückhaltung gegenüber einer —
an sich gewünschten — Begegnung mit Hitler von den deutsch-italienischen Besprechungen in Venedig beeinflußt gewesen ist.

Ansonsten scheinen direkt nach dem Fall von Mussolini auch Maßnahmen gegen den
Vatikan nicht ausgeschlossen worden zu sein. Sogar von der Entführung Papst Pius' XII.
aus Rom in den deutschen Herrschaftsbereich war angeblich die Rede[91]. Nachweislich
kam das Thema Vatikan in der zweiten Abendlage am 25. Juli zur Sprache. Walter Hewel,
SS-Brigadeführer und Botschafter z.b.V., der ständige Beauftragte des Reichsaußenministers beim »Führer«, erwähnte eine Besetzung der »Vatikan-Ausgänge«. Worauf Hitler
spontan, aber nicht eigentlich auf den Gedankengang Hewels eingehend, antwortete: »Das
ist ganz egal, ich gehe in den Vatikan sofort hinein. Glauben Sie, daß mich der Vatikan
geniert? Der wird sofort gepackt. Da ist vor allen Dingen das ganze Diplomatische Korps
drin. Das ist mir Wurscht. Das Pack ist da, das ganze Schweinepack holen wir heraus.«
Hewel und Hitler hofften dabei vor allem Dokumente zu erbeuten, die den »Verrat«
beweisen würden[92].

Wenig später herrschte dann Übereinstimmung innerhalb der nationalsozialistischen Füh-
rungsgruppe, daß der Vatikan bei dem gegen die italienische Regierung geplanten Unternehmen ausgenommen bleiben sollte[93]. Folgt man jedoch dem Bericht des SS-Obergruppenführers und Generals der Waffen-SS Karl Wolff, so beabsichtigte Hitler Anfang September erneut, den Vatikan zu besetzen[94]. Die Angelegenheit ist — hinsichtlich ihrer
Ernsthaftigkeit — nicht überprüfbar. Sicher ist lediglich die Sorge des Vatikans, daß ihm
die Deutschen eine heimliche Mitwirkung beim italienischen Waffenstillstand mit den
Alliierten unterstellen könnten. Der Verdacht, daß Pius XII. im Verlaufe der Krise des
faschistischen Regimes eine entscheidende Rolle gespielt habe, war in Berlin aufgrund

---

[90] Zur Datierung des Treffens siehe das Kriegstagebuch, Bd 2, von Oberst i.G. Erwin Lahousen, Leiter
der 2. Abteilung im Amt Ausland/Abwehr im OKW, BA-MA, RW 5/v. 498. Lahousen, ebd., S. 260,
schreibt: »29.7.43 Abreise als Begleiter des Amtschefs und mit Oberst Freytag nach Venedig zu einer
Besprechung mit dem ital. General Amè Leiter der ital. Abwehr im Flugzeug.« Und S. 261: »31.7.43
Rückkehr von der Dienstreise nach Venedig.« Das Treffen wird meist irrtümlich — vermutlich aufgrund einer Verwechslung seitens des Generals Amè — auf den 2./3.8. datiert: vgl. Abshagen, Canaris, S. 339 f.; Brissaud, Canaris, S. 491—494, der sich auf ein persönliches Gespräch mit Amè bezieht.
Aus dessen Inhalt ist ersichtlich, daß es nicht, wie Deakin, Die brutale Freundschaft, S. 573, annimmt,
sowohl am 30.7. als auch Anfang August eine Begegnung der beiden Abwehrchefs gab. Falsch datieren außerdem Rintelen, Mussolini, S. 235, und Buchheit, Der deutsche Geheimdienst, S. 407. Zutreffend wird die Zusammenkunft bei Höhne, Canaris, S. 506 f., eingeordnet.

[91] Abshagen, Canaris, S. 337; und Rintelen, Mussolini, S. 235: der Militärattaché wandte sich in dieser
Angelegenheit an den deutschen Botschafter beim Vatikan.

[92] Hitlers Lagebesprechungen, S. 329, Abendlage 25.7.1943; und ebd., S. 343, Mittagslage 26.7. 1943,
wo es um die Abriegelung der Ausgänge der »Vatikanstadt« geht.

[93] Goebbels Tagebücher, S. 381, 27.7.1943.

[94] Lang, Der Adjutant Karl Wolff, S. 209—212.

nicht näher definierter Meldungen aufgekommen. Im Vatikan lebte man jedenfalls vor-übergehend mit der Angst, daß die Divisionen der Wehrmacht nicht nur Rom, sondern zugleich den Kirchenstaat okkupieren würden[95]. Tatsächlich wurde die Souveränität des Heiligen Stuhls — bei der Besetzung der italienischen Hauptstadt — im September 1943 jedoch nicht beeinträchtigt[96].

Der Verzicht auf eine militärische Unternehmung gegen den Vatikan — im Kontext der Staatsstreichplanungen Ende Juli — stellte eines der Resultate jener Lagebesprechungen dar, die Hitler zwischen dem 25. und dem 28. Juli mit seinen politischen und militärischen Spitzenfunktionären abhielt. In diesen ging es unter anderem auch um die Frage, ob man sofort oder erst nach gründlicher Vorbereitung der beabsichtigten Aktion gegen die italienische Staatsführung vorgehen sollte. Hitler und Goebbels wollten so schnell wie irgend möglich vollendete Tatsachen schaffen. Generalfeldmarschall Rommel gab sich skeptischer. Er plädierte für eine sorgfältig durchdachte und abgesicherte Operation[97].

Rommel hatte am 25. Juli gerade sein neues Kommando als Oberbefehlshaber Südost angetreten. Völlig unerwartet wurde er ins Führerhauptquartier »Wolfsschanze« zurück-gerufen, um Oberbefehlshaber der vorläufig noch getarnten Heeresgruppe B zu werden und die Führung der deutschen Truppen in Oberitalien zu übernehmen, eine Aufgabe, die ihm offensichtlich mehr zusagte als das Kommando in Saloniki[98].

Zu jenem Zeitpunkt begab sich Kapitän zur See Junge vom Wehrmachtführungsstab nach Rom, um Generalfeldmarschall Kesselring und Vizeadmiral Ruge, den Chef des Deutschen Marinekommandos Italien, über »Schwarz« zu unterrichten[99]. Am Abend desselben Tages sowie am 27. Juli mittags und abends kam es auch zu weiteren Besprechungen über das Vorgehen gegen die italienische Regierung[100].

Als Quintessenz der Erörterungen ist festzuhalten, daß Goebbels, Göring und Ribben-trop uneingeschränkt die Sehweise Hitlers teilten. Dönitz, Rommel und Generalfeldmar-

---

[95] Weizsäcker-Papiere, S. 349, 10.9.1943; und ebd., S. 350, 18.9.1943; sowie Goebbels Tagebücher, S. 375, 27.7.1943.

[96] ADAP, E, Bd VI, Dok. 336, S. 569 f., 22.9.1943, der Botschafter beim Heiligen Stuhl Freiherr von Weizsäcker an das Auswärtige Amt.

[97] Goebbels Tagebücher, S. 376, 27.7.1943.

[98] Rommel Papers, S. 430 ff.; KTB OKW, Bd III, S. 837. Es ist bemerkenswert, daß der Oberbefehls-haber der italienischen Heeresgruppe Est, Generaloberst Ezio Rosi, erhebliche Bedenken gegen die Unterstellung der italienischen 11. Armee unter deutschen Oberbefehl anmeldete, da deren Ober-befehlshaber als Folge der neuen Befehlsführung die Moral seiner Truppen gefährdet sah. Insbeson-dere beunruhigte die Vorstellung, daß der von den Italienern als feindselig angesehene Rommel den Befehl übernehmen sollte: Comando Gruppe Armate Est Stato Maggiore, N° 1456/Op. di prot. P.M. 76, li 25 luglio 1943, all'Eccellenza il Capo di S.M. Generale Comando Supremo, ASUSSME, Cartella 1504/A. Hingegen nahm Ambrosio in einer Unterredung mit Kesselring die Mitteilung über Rommels Verwendung im Südosten interessiert, aber ohne Protest zur Kenntnis: Colloquio a Palazzo Vidoni del 24 luglio 1943 XXI°, ASUSSME, Cartella 1504, Allegato 1411. Vergleiche zu diesen Vorgängen um Rommel, das heißt seiner Ernennung zum Oberbefehlshaber der Heeresgruppe B, außerdem: Hitlers Lagebesprechungen, S. 314, 319 und 344, Abendlagen 25.7.1943.

[99] Lagevorträge, S. 525, 26.7.1943, Junge reiste am Nachmittag des Tages.

[100] Ebd., S. 526 f.; Goebbels Tagebücher, S. 376 f.

schall Wolfram Freiherr von Richthofen, der Befehlshaber der Luftflotte 2, äußerten sich
zwar im Hinblick auf die Chance, den Faschismus in Italien zu neuem Leben zu erwecken,
recht zurückhaltend, aber sie sahen das deutsche Eingreifen in Italien als unausweichlich
an. Für sie stellte die Wahl des richtigen Zeitpunktes die entscheidende Frage dar. Auch
wähnten sie die deutsche Seite — anders als Hitler — nicht unter Zeitdruck. Wesentlich
klarer fiel die Stellungnahme von Jodl aus, der von einer Neubelebung des Faschismus
gar nichts hielt. Außerdem lehnte er es ab, gegen die italienische Regierung vorzugehen.
Nach seiner Auffassung genügte es, einfach mehr Divisionen nach Italien zu entsenden[101]. Letzterer Gedanke wurde von Kesselring lebhaft unterstützt; wobei der Generalfeldmarschall das Unternehmen »Schwarz« zwar für durchführbar, aber nicht für
dringlich hielt. Eher zwischen den Zeilen des Protokolls ist zu erkennen, daß er davon
auszugehen schien, die italienische Regierung werde sich — bei der Anwesenheit von
starken deutschen Kräften — doch noch zum Durchhalten an deutscher Seite bewegen
lassen[102]. Zum Teil aus rein pragmatischen Überlegungen, hierbei ähnlich wie Kesselring argumentierend, zum Teil aufgrund moralischer Vorbehalte lehnte auch Ruge die
Durchführung des Unternehmens »Schwarz« — »zu diesem Zeitpunkt« — ab. Denn, so
seine Meldung an den Oberbefehlshaber der Kriegsmarine, dadurch werde man »Deutschland vor der Geschichte belasten, ohne eine entsprechende Wendung der Lage herbei-
führen zu können«[103].
Doch Hitler dachte zunächst nicht daran, sich derartigen Bedenken zu beugen. Er hoffte, der faschistischen Partei durch seinen Coup neue Kraft einzuflößen. Weiteres Warten
hielt er für völlig falsch, da das Eingreifen der Angelsachsen und der Verlust Italiens
drohe. Aber das waren für ihn eben »Dinge die ein Soldat nicht beurteilen« konnte, dazu
bedurfte es »politischer Erfahrung«[104]. Am 28. Juli unterstrich er gegenüber Goebbels
nochmals[105], er sei »fest entschlossen, zu handeln, koste es was es wolle, und zwar lieber durch eine großzügige Improvisation als durch eine allzu systematische Arbeit, die
zu spät einsetzt und die Dinge in Italien allzu sehr sich festigen läßt«.
Trotzdem hat man den Fall »Schwarz« dann weiter hinausgeschoben, um — wie insbesondere von Jodl, Kesselring und Rommel angeregt — deutsche Truppen in möglichst
großer Zahl und bei Ausnutzung der noch gegebenen Zusammenarbeit nach Italien zu
schicken[106].

---

[101] Lagevorträge, S. 526; vergleiche auch Dönitz, Zehn Jahre, S. 355 f., wo er die von Jodl eingenomme-
ne Position unzutreffend darstellt.
[102] KTB OKW, Bd III, S. 846 f., 27.7.1943. Kesselrings ablehnende Einstellung zum Unternehmen
»Schwarz« wird bestätigt bei Rintelen, Mussolini, S. 227 f., und bei Plehwe, Schicksalsstunden, S. 156.
[103] Lagevorträge, S. 527, 27.7.1943; die Stellungnahme Ruges ist — in den Formulierungen verändert
— ebenfalls abgedruckt bei Dönitz, Zehn Tage, S. 356. Hitler, dem Dönitz die Ansichten Ruges
»vollinhaltlich zur Kenntnis« brachte, hat diese nicht gebilligt, was dem Vizeadmiral am 28.7. auch
mitgeteilt worden ist. Zu einem weiteren Vorstoß Ruges bei Dönitz vergleiche Schröder, Italiens
Kriegsaustritt, S. 248.
[104] Lagevorträge, S. 526 f., 27.7.1943; Goebbels Tagebücher, S. 381, 27.7.1943: »Der Führer hat recht,
wenn er sagt, je schneller man handelt, desto eher kommt man zum Erfolg.«
[105] Goebbels Tagebücher, S. 382.
[106] Lagevorträge, S. 528, 30.7.1943.

Am 2. August trug General v. Rintelen, der vorher das oben erwähnte ausführliche Gespräch mit Marschall Badoglio geführt hatte, im Führerhauptquartier vor. Der Militärattaché beabsichtigte, um Verständnis für Italien zu werben, das nach Badoglios Worten den »Krieg zu einem ehrenvollen Abschluß« bringen wollte. Hitler schloß daraus, daß die Italiener bei den Angelsachsen »abgeblitzt« seien und nun wieder Anlehnung an Deutschland suchten. Im Gesamteindruck betrachtete der General seine Mission erst einmal als gescheitert. Immerhin gewann er Jodl für den Plan, am 3. August seinerseits zu versuchen, Hitler zum Zuwarten oder gar Einlenken zu bewegen[107].

Nach den Erinnerungen von Rintelen blieb dem Chef des Wehrmachtführungsstabes ein Erfolg ebenfalls versagt. Doch widerspricht dem die Tatsache, daß »Schwarz« am 3. August, nach Jodls Vortrag, erneut aufgeschoben wurde. Gleichzeitig schien der »Widerstand der Italiener« gegen die deutschen Maßnahmen »völlig aufgelockert« zu sein. Das Oberkommando der Wehrmacht und Hitler zeigten sich daher verunsichert. Man wollte nun zunächst die weitere Entwicklung abwarten. In der Tat rätselten alle, was die Regierung Badoglio unternehmen würde[108].

Andererseits hatte Kesselring schon am 1. August die hohe Abwehrbereitschaft der in und um Rom versammelten italienischen Einheiten gegen einen Handstreich gemeldet[109]. Daran änderte sich in den nächsten beiden Tagen überhaupt nichts. Bemerkenswert ist ferner, was der Oberbefehlshaber der italienischen 4. Armee in Südfrankreich, General Mario Vercellino, gegenüber dem General der Infanterie Hans Gustav Felber, Führer der Armeegruppe Felber (Generalkommando LXXXIII. Armeekorps), am 2. August gesagt haben soll. Der Italiener meinte, daß man nunmehr erkenne, was die Deutschen vorhätten: »Wenn Deutschland den Krieg gegen Italien wünsche, könne es ihn haben[110].« Diese Äußerung dürfte dem Oberkommando der Wehrmacht kaum unbekannt geblieben sein. Auch eine Zusammenstellung der Wehrmachtführung über die »Anbahnung des italienischen Verrats« bietet keine Erklärung, weshalb am 3. August Unklarheit über die italienischen Absichten geherrscht haben sollte, denn die deutschen Beobachtungen besagten eindeutig, daß sich die Italiener auf eine Aggression der Wehrmacht einstellten[111].

Einen Tag später, am 4. August, traf dann in Berlin eine neue Lagebeurteilung des Oberbefehlshabers Süd ein, in der Kesselring zum Unternehmen »Schwarz« feststellte[112]: »Da die technischen Vorbereitungen noch nicht abgeschlossen werden konnten, ist es vorerst nicht durchführbar«. Gleichzeitig sei davon auszugehen, daß die Abwehrmaßnahmen der Italiener täglich Fortschritte machten. Trotzdem wollte der Generalfeldmarschall den

---

[107] Rintelen, Mussolini, S. 229—235.

[108] Lagevorträge, S. 530, 3.8.1943; auch die Fälle »Achse« und »Eiche« sollten »zunächst noch nicht ausgelöst werden«.

[109] KTB OKW, Bd III, S. 875. Kesselring teilte außerdem mit, daß das aus dem »Vatikan stammende Gerücht, die Deutschen planten einen Handstreich gegen Rom, anscheinend eine greifbare Reaktion ausgelöst habe«.

[110] KTB OKW, Bd III, S. 880.

[111] Ebd., S. 889, 3.8.1943.

[112] Ebd., S. 897 f., 5.8.1943.

»Handstreich zur Erreichung des Hauptziels« grundsätzlich versuchen. Er empfahl jedoch, das Unternehmen zurückzustellen, bis »eindeutig Zeichen des Verrats« vorlägen. Vor allem wünschte er Zeit zu gewinnen, um die Positionen der eigenen Truppen in Italien — mit Billigung des Comando Supremo — weiter zu konsolidieren. Dies galt insbesonders im Hinblick auf die Versorgung der beiden deutschen Korps in Süditalien.

Hitler und Jodl kamen daraufhin zu der Überzeugung, daß sich »Schwarz« nicht mehr realisieren ließ. Sie beabsichtigten jetzt, das Unternehmen »Eiche«, das heißt die schon angesprochene Befreiung Mussolinis, »erweitert durchzuführen und bis dahin sich gutgläubig zu stellen«[113].

Im Rückblick ist schwer zu entscheiden, welchen Anteil deutsche Offiziere wie Canaris, Kesselring, Ruge oder Rintelen[114], am Scheitern von »Schwarz« besaßen. Jedenfalls begünstigten sie das Unternehmen nicht, sondern rieten mehr oder weniger nachdrücklich davon ab. Das traf ebenso für Jodl zu. Einem aber sollte man gewiß nicht zuerkennen, das Banditenstück verhindert zu haben: dem General Student[115], denn er agierte als einer der willfährigsten »Räuberhauptmänner«, um nochmals Kesselring zu zitieren. Mit Begeisterung spielte er nicht nur das mit, was ein Angehöriger in Hitlers Hauptquartier »Räuber- und Gendarm-Spiel« nannte[116], sondern auch den Staatsstreich[117]. Immerhin beabsichtigte der Mann, dessen Verhalten andere Deutsche in Rom als ziemlich degoutant empfanden, den König, die Königin, den Kronprinzen und die Kronprinzessin sowie mindestens zwei Kinder derselben — diskreterweise »im nächtlichen Handstreich« — zu entführen. Hinzugekommen wären ungefähr 40 weitere Personen, darunter Badoglio, Guariglia, Ambrosio, etwa zwölf Generäle und Admiräle. Die Auswahlkriterien waren viel-

---

[113] KTB OKW, Bd III, S. 898. Rintelen, Mussolini, S. 249, scheint anzudeuten, daß Hitler an der Durchführung von »Schwarz« dennoch bis zum Kriegsaustritt Italiens festhielt. Dies wäre so nicht zutreffend, da die Unternehmen »Eiche« und »Achse« eigenständige Vorhaben darstellten, die wesentliche Inhalte von »Schwarz« nicht aufnahmen.

[114] Rintelen, Mussolini, S. 236, will dazu beigetragen haben, daß Hitler die für den 3.8. festgesetzte Operation aufschob, um erst noch das Ergebnis der Besprechungen in Tarvisio am 6.8. abzuwarten. Plehwe, Schicksalsstunden, S. 185 f., stützt eine solche Interpretation. Allerdings sind seine Belege nicht überzeugend. Er behauptet nämlich, in Hitlers Lagebesprechungen stehe der Satz: »Nachdem Rintelen am 2. August Hitler die Treueversicherungen Badoglios überbracht hatte, lenkte dieser zunächst ein und stoppte das ›Unternehmen Student‹, das auch später nicht mehr zur Durchführung gekommen ist.« Das ist irreführend insofern, als sich der Satz lediglich in einer Anmerkung des Herausgebers (S. 316, Anm. 1) findet. Als Quelle wird von ihm jedoch neben Rintelen selbst nur Hager, Unternehmen Bernhard, S. 129 ff., genannt. Westphal, Erinnerungen, S. 220, hebt hervor, daß er und vor allem Kesselring das Unternehmen »Schwarz« verzögerten, da sie die technische Unterstützung versagten oder dilatorisch handhabten. Kesselring, Soldat, S. 233, der an sich in bezug auf die Darstellung seiner »Großtaten« nicht zimperlich ist, erwähnt hierbei keine besonderen persönlichen Verdienste. Ansonsten aber mißtraute Hitler den Generalen vor allem wegen deren Hang zum Perfektionismus. Deshalb wollte er möglichst schnell einen Zeitpunkt für »Schwarz« bestimmen, da sonst zu befürchten sei, daß das Unternehmen »endlos hinausgezögert« werde: Hitlers Lagebesprechungen, S. 353, Mittagslage 26.7.1943.

[115] Genau das tut Kuby, Verrat auf deutsch, S. 225.

[116] Warlimont, Im Hauptquartier, S. 382; das Zitat spielte auf das Unternehmen »Eiche« an.

[117] Zum Verhalten von Student vgl. Plehwe, Schicksalsstunden, S. 154—158; und Westphal, Erinnerungen, S. 221.

fältig. So sollte und wollte Student den Grafen Leonardo Vitetti, Generaldirektor der politischen Abteilung des italienischen Außenministeriums, verhaften, weil er eine »Amerikanerin und Jüdin« zur Frau hatte[118].

Festzuhalten ist jedenfalls, daß Hitler, als er seinen Coup gegen die formal verbündete italienische Regierung befahl, eindeutige Fakten schuf. Die Deutschen besaßen anschließend nicht mehr das Recht, von Verrat zu reden, sollten die Italiener versuchen — wie heimlich auch immer — aus dem Krieg auszuscheiden. Sie durften jenes sogenannte Bündnis, das der »Führer« de facto noch vor Badoglio »verriet«, bereits deshalb aufkündigen[119].

d) Zu den Vorbereitungen der Wehrmacht auf den Bruch der »Achse« und zur Lagebeurteilung durch das Comando Supremo

Im Süden war man schon vor dem Sturz Mussolinis mißtrauisch geworden. So zeigten sich nicht nur Militärs erstaunt darüber, daß die Führung der Wehrmacht heimlich eine große Anzahl topographischer Karten für die norditalienischen Gebiete drucken ließ, obwohl dort keine deutschen Einheiten eingesetzt werden sollten. Spätestens seit Mitte Mai 1943 wußte das Comando Supremo von dem ungewöhnlichen Verhalten des »Achsenpartners«, der in der Vergangenheit — für den Bereich südlich von Genua — großzügig mit angefordertem Kartenmaterial versorgt worden war[120].

Außerdem fiel in Rom auf, daß Berlin seit dem November 1942 und verstärkt seit Anfang 1943 versuchte, sein militärisches Gewicht im Rahmen der Verteidigungsvorbereitungen im griechischen Raum zu vergrößern. Nun ließe sich die Zuführung deutscher Divisionen in den Südosten durchaus mit der sich zunächst verschlechternden und schließlich unhaltbar werdenden deutsch-italienischen Lage in Nordafrika erklären. Jene Entwicklung spielte auch eine wichtige Rolle. Doch dem Oberkommando der Wehrmacht ging es nicht nur um die Stärkung der Abwehrkraft im Südostraum, speziell in Griechenland. Es wollte dort gleichzeitig die eigentliche operative Führung übernehmen. Da sich seine Absicht formell nicht sofort realisieren ließ, schuf Berlin vollendete Tatsachen. Die deutschen Truppen wurden ganz einfach in einer Art und Weise disloziert, die es im Eventualfall möglich machte, das Kommando im griechischen Raum zu übernehmen. Als Folge solchen Vorgehens kam es zu zahlreichen mehr oder weniger schweren

---

[118] Plehwe, Schicksalsstunden, S. 154 f.; unmittelbar dazu auch Hitlers Lagebesprechungen, S. 317 und 319, Abendlage 25.7.1943, Hitler: »Wir müssen gleich eine Liste aufstellen. Dazu gehört selbstverständlich dieser Ciano, dazu gehört Badoglio, und viele andere, in erster Linie überhaupt das ganze Gesindel, Badoglio selbstverständlich, tot oder lebend!«

[119] In einem Gespräch mit dem Botschafter der Republica Sociale Italiana, Filippo Anfuso, bestätigte Hitler am 6.11.1943, daß er nicht nur den Wunsch gehegt habe, Mussolini zu befreien, sondern auch den König und Badoglio gefangennehmen wollte: Berlino, li 9 novembre 1943-XXII, Eccellenza Benito Mussolini, Capo dello Stato Nazionale Repubblicano Italiano, f.to Anfuso, ASMAE, Busta 31, Posizione Germania 1/1.

[120] Missione Militare in Germania, N. 1119/Ord., Berlino, li 10 maggio 1943 XXI, Al Comando Supremo, al Supereesercito, F.to Generale E.L. Marras; und: Comando Supremo, I Reparto, Prot. N. 14507/Op., P.M. 21, li 3 luglio 1943, Alla Missione Militare Italiana in Germania, F.to Generale di Brigata Silvio Rossi, ASUSSME, Cartella 1500.

Zusammenstößen zwischen den Verbündeten[121]. Mussolini befand sich noch in Amt und Würden, als die Beziehungen zwischen Deutschland und Italien deutlich abkühlten. Der Sachverhalt ist bei der historischen Bewertung der deutscherseits nach dem 25. Juli festzustellenden Aufgeregtheit ebenso im Blick zu behalten wie die bereits erwähnte Tatsache, daß der Regierungswechsel in Rom Friedenssondierungen des faschistischen Regimes unterbrach. Das Bündnis der Diktatoren stellte also schon damals eine Allianz auf Abruf dar.

Ende Juni und Anfang Juli begann das Oberkommando der Wehrmacht — auf der Grundlage von entsprechenden Vorschlägen des Oberbefehlshabers Südost — eine weitere Offensive hinsichtlich der Neuregelung der Befehlsführung im Südostraum[122]. General v. Rintelen übergab dem Comando Supremo am 4. Juli die diesbezüglichen Vorschläge der Wehrmachtführung. Deren wichtigster Punkt betraf die einsatzmäßige Unterstellung der italienischen 11. Armee in Griechenland unter den Oberbefehlshaber Südost[123]. General Ambrosio war dazu jedoch nicht sofort bereit. Lediglich die auf der Peloponnes stehenden Verbände wollte er deutschem Befehl unterordnen[124]. Daraufhin intervenierte Rintelen. Die Deutschen besaßen das größere Gewicht in der Allianz, und daher einigte man sich schließlich in ihrem Sinne[125]. Allerdings zeigten sich die Italiener über das Verhalten des Oberkommandos der Wehrmacht verstimmt. Es wurde als unfair empfunden, daß es die in jenen Wochen entstandene schwierige strategische Situation dazu ausnutzte, die militärische Führung Italiens zu erpressen[126]. Nur beiläufig sei erwähnt, daß die deutsche Seite all das ganz anders sah.

Das Ergebnis dieser Bemühungen der Wehrmacht um eine Neuregelung der Befehlsverhältnisse führte zu einer zum Teil grundsätzlichen Veränderung der seit dem 28. Dezember 1942 in der Weisung Nr. 47 festgeschriebenen »Befehlsführung und Verteidigung des Südostraumes«[127]. Den neuen Gegebenheiten wurde in Hitlers Weisung Nr. 48 vom 26. Juli 1943 Ausdruck verliehen[128]. Dabei ist bei der historischen Einordnung zu beden-

---

[121] Siehe dazu den Bericht des ehemaligen Oberbefehlshabers der italienischen 11. Armee: Due anni in Grecia al Comando della 11ª Armata, 23 aprile 1941/XIX — 3 maggio 1943/XXI, f.to il Generale d'Armata Carlo Geloso, hier vor allem Kapitel IX: Le relazioni con l'alleato, S. 157—178, ASUSSME, Cartella 1500.

[122] KTB OKW, Bd III, S. 766—769.

[123] Der Deutsche General beim Hauptquartier der Ital. Wehrmacht (Militär-Attaché Rom) Ia N° 0547/43, Rom den 4-7-43, Al Comando Supremo, F/to v. Rintelen, ASUSSME, Cartella 1501.

[124] Comando Supremo, I Reparto, 23303/op., P.M.21, li 7 luglio 1943. XXI, All'Ufficio del generale Germanico presso il Q.G. delle FF.AA. Italiane, F.to F. Rossi, ASUSSME, Cartella 1501.

[125] KTB OKW, Bd III, S. 767.

[126] Comando Supremo, I Reparto, Prot.N. 23325/op., P.M. 21, 8 luglio 1943, All'Ufficio del Generale Germanico presso il Q.G. delle FF.AA. Italiane, f.to F. Rossi, ASUSSME, Cartella 1501.

[127] Hitlers Weisungen, S. 209—216, mit Ergänzungen. Mit dieser — auf Abwehrvorbereitungen gegen einen alliierten Invasionsversuch ausgerichteten — Weisung wurde auch der Oberbefehlshaber Südost aufgestellt. Er entstand zunächst am 1.1.1943 durch die Umbenennung des Stabes Wehrmachtbefehlshaber Südost (AOK 12) und entsprach dem Oberkommando Heeresgruppe E. Erst am 26.8.1943 trat dann jene neue Befehlsregelung im Südostraum in Kraft, infolge derer die Bezeichnung OB Südost auf die nunmehr aufgestellte Heeresgruppe F überging. Dabei blieb es bis zum 28.3.1945.

[128] Hitlers Weisungen, S. 218—223.

ken, daß es zur Weisung Nr. 48 einen — von Hitler verworfenen — Entwurf gab, der von der Annahme ausging, Italien werde in absehbarer Zeit aus dem Krieg ausscheiden[129]. Die Anstrengungen des Oberkommandos der Wehrmacht im Juni und Juli kann man nicht losgelöst von einem solchen Verdacht interpretieren. Unbeschadet der Ablehnung des besagten Entwurfs ist festzuhalten, daß er mitnichten nur operative Details behandelte. Es ging vielmehr um die Instrumentalisierung Italiens zum Zwecke der deutschen Kriegführung einerseits und um die Schaffung günstiger Ausgangspositionen in bezug auf eine deutsch-italienische Konfrontation andererseits.

Zumindest einige italienische Generale scheinen das auch erkannt zu haben. Der Oberbefehlshaber der italienischen Heeresgruppe Est, General Ezio Rosi, kommentierte die deutschen Absichten Mitte Juli 1943 jedenfalls ganz eindeutig. Er hielt es für verhängnisvoll, falls man nicht erkennen oder wahrhaben wolle, daß die Deutschen stets ausschließlich ihre eigenen Interessen verfolgt hätten und verfolgen würden. Das Schicksal Italiens sei ihnen gleichgültig. Rosi erinnerte dabei an das aus seiner Sicht »brutale egoistische Benehmen« des Verbündeten in Nordafrika. Im Sommer 1943 galt es seiner Meinung nach zu begreifen, daß die deutsche Seite auf dem Balkan die Zügel in die Hand zu nehmen wünsche. Sie werde sich bei der Durchsetzung ihres Willens weder um Versprechen noch um formelle Verpflichtungen kümmern. Sozusagen um zu retten, was noch zu retten war, sprach sich der General dafür aus, im Rahmen der laufenden Verhandlungen eine rigorose Teilung der Aufgaben, Kompetenzen und Kräfte zwischen Deutschen und Italienern anzustreben. Auf diese Weise hoffte er, die italienische — allerdings bereits reduzierte — Interessensphäre zu bewahren[130].

Das Oberkommando der Wehrmacht hat seine Position sodann am 17. Juli nochmals präzisiert, wobei es erneut auf eine möglichst rasche Verwirklichung der neuen Befehlsführung drängte[131]. Mit geringfügigen Ergänzungen stimmte das Comando Supremo dem Abkommen nunmehr am 24. Juli endgültig zu[132].

Aufgrund der getroffenen Vereinbarungen übernahm der Oberbefehlshaber Südost in Saloniki am 27. Juli 1943 den operativen Befehl über die italienische 11. Armee. Gleichzeitig wurden dem Befehlshaber der Armee, General Carlo Vecchiarelli, nach Einsetzung des »Deutschen Generalstabs beim italienischen A.O.K. 11« (unter Generalmajor Heinz v. Gyldenfeldt) die im Bereich der 11. Armee liegenden deutschen Truppen taktisch unterstellt. Im einzelnen fiel dem Generalkommando des LXVIII. Armeekorps, unter General der Flieger Helmuth Felmy, auf der Peloponnes die Führung der hier ste-

---

[129] Ebd., S. 217 f., 19.5.1943.

[130] Comando Gruppo Armate Est, Ufficio Operazioni, N° 1133/Op. di prot., P.M. 76, li 14 luglio 1943, All'Eccellenza il Generale d'Armata Vittorio Ambrosio, ASUSSME, Cartella 1504.

[131] Der Deutsche General beim Hauptquartier der Ital. Wehrmacht (Militär-Attaché Rom), Ia N. 0617/43, Rom, den 17/7/43 = XXI, ASUSSME, Cartella 1503.

[132] Comando Supremo, I Reparto, Prot. N. 23542 (die dritte Zahl der handschriftlich eingetragenen Prot. N. ist unleserlich, d.Verf.), P.M. 21, li 24 luglio 1943, All'Ufficio del Generale Germanico presso il Q.G. delle FF.AA. Italiane, F.to F. Rossi, ASUSSME, Cartella 1504. Vgl. auch KTB OKW, Bd III, S. 841 ff., und Torsiello, Le operazioni delle unità italiane, S. 437 ff., dort zur veränderten Befehlsführung und Unterstellung.

henden deutschen und italienischen Einheiten zu. Das bis dahin dort stationierte Generalkommando des italienischen VIII. Armeekorps, unter General Mario Marghinotti, verlegte deshalb in den Raum nördlich des Kanals von Korinth: nach Agrinion. Für das in Thessalien, Attika und auf der Insel Euböa verantwortliche italienische III. Armeekorps, unter General Luigi Manzi, war die Überführung nach Albanien vorgesehen. Alles in allem wurde die italienische 11. Armee Ende Juli zu einem gemischten deutsch-italienischen Großverband umgestaltet. Hinzuzufügen ist, daß die deutschen Truppen an der kroatischen Küste, in Montenegro, in Albanien und auf den Inseln der Ägäis den jeweiligen italienischen Oberbefehlshabern unterstanden. Das bedeutete, daß die italienische Heeresgruppe Est, die italienische 2. Armee und der italienische Oberbefehlshaber Ägäis im taktischen Rahmen die Befehlsführung ausübten.

Herausragende Bedeutung kam der Einrichtung des »Deutschen Generalstabes« bei der italienischen 11. Armee zu. Der Stab nahm seine Tätigkeit nach dem politischen Umschwung in Italien auf und verstand sich von Anfang an als eine Art Vorkommando hinsichtlich der deutschen Gegenmaßnahmen beim Kriegsaustritt des Verbündeten. In diesem Sinne stellte Generalmajor v. Gyldenfeldt rückblickend am 1. Oktober 1943 zufrieden fest[133]: »Nachdem durch ›Deutschen Generalstab beim ital. A.O.K. 11‹ während seiner Zugehörigkeit zur ital. 11. Armee durch Feststellung aller Unterlagen usw. die Entwaffnung der italienischen Armee bis ins einzelne erkundet und vorbereitet war, gelang es — wie bereits an anderer Stelle gemeldet — am 8. und 9.9. die 11. Armee im Bereich der am 9.9. gebildeten Armeegruppe Südgriechenland restlos und ohne irgendwelche Reibungen zu entwaffnen.«

Jedoch war im Juli keineswegs zu erkennen, daß es zu der dramatischen Konstellation des 8. September kommen würde. Beim Gros der führenden italienischen Militärs bestand zum Beispiel unmittelbar vor dem Sturz Mussolinis der Eindruck, daß die Deutschen, deren Verhalten hinreichend Anlaß zu Irritationen bot, Italien nicht vorbehaltlos helfen wollten. Man mutmaßte sogar, daß sich die Wehrmacht zurückziehen könnte. Der Gedanke tauchte — bis hin zum 8. September — immer wieder auf. Was die Führung in Berlin schon vor Feltre vorbereitete, das scheint man in Rom erst nach dem 25. Juli erkannt zu haben.

Noch einen Tag vor dem bereits erörterten Treffen vom 19. Juli meinte zum Beispiel Generaloberst Ambrosio Feldmarschall Keitel in fast schon ironisierender Weise daran erinnern zu müssen, daß mit dem italienischen Festland auch das Deutsche Reich verteidigt werde[134]. Nur das sah das Oberkommando der Wehrmacht an sich ganz ähnlich. Dessen Zurückhaltung gegenüber einem größeren Engagement hatte also mit einer Unterschätzung der Bedeutung Italiens für die deutsche Kriegführung nichts zu tun. General Roatta kommentierte das Verhalten der Wehrmachtführung zwei Tage nach Feltre mit der Bemerkung, sie agiere wie ein Mann, der einem Ertrinkenden zurufe, daß er ihm

---

133 Armeegruppe Südgriechenland, Abt. Ia Nr. 1445/43 geheim, H.Qu., den 1.10.1943, An Oberkommando der Heeresgruppe E, gez. Der Chef des Generalstabes v. Gyldenfeldt, BA-MA, RH 31 X/2.
134 Comando Supremo, I Reparto, Prot. N. 14982/Op., P.M. 21, li 18 luglio 1943, All'O.K.W., F.to Ambrosio, ASUSSME, Cartella 1503.

helfen werde, sofern dieser ans Ufer komme[135]. Derartige Äußerungen ließen tiefe Skepsis gegenüber der Bereitschaft des Verbündeten erkennen, sich für die italienischen Interessen im erforderlichen Umfang zu engagieren. Nun wurde bereits dargestellt, daß den Deutschen zwar wenig an den nationalen Anliegen der Italiener gelegen war, aber viel am Besitz Italiens. Wenn daher das Comando Supremo die Beendigung der Kampfhandlungen — und auch das war ja ein für den 19. Juli vorgesehenes Thema — als die einzige realistische Konsequenz aus der deutschen Zurückhaltung ansah, so empfahl es im Grunde einen richtigen Schritt aufgrund zum Teil unzutreffender Annahmen. Im übrigen plante die militärische Führung, obwohl sie sich von der Notwendigkeit des Kriegsaustritts überzeugt zeigte, noch keinen Alleingang. Im Gegenteil, sie warnte die Deutschen in Feltre ganz offen vor den Folgen ihrer Gleichgültigkeit gegenüber den nationalen Belangen Italiens.

Eine schwerwiegende Veränderung des deutsch-italienischen Verhältnisses rief Berlin dadurch hervor, daß es — wie schon angedeutet — nach dem Regierungswechsel in Rom keinen Augenblick zögerte, in großer Zahl deutsche Soldaten nach Italien zu verlegen. Das war bereits verdächtig, wenn man sich die schwierigen deutsch-italienischen Verhandlungen über die Verteidigung Italiens vor dem 25. Juli ins Gedächtnis rief. Aber vor allem die Tatsache, daß die Masse dieser Truppen nicht an die Front oder auch nur nach Süditalien marschierte, sondern sich in Nord- und Mittelitalien einrichtete, mußte auf das Comando Supremo alarmierend wirken.

Es ist jedenfalls ganz allgemein festzustellen, daß die Italiener in den wenigen Tagen zwischen Ende Juli und Anfang August endgültig zu der realistischen Einsicht gelangten, den Deutschen nicht mehr vertrauen zu dürfen. Das Erkennen der deutschen Vorbereitungen für den Staatsstreich in Italien einerseits und die Invasion der für den Fall »Alarich« vorgesehenen Divisionen andererseits machten es für die Militärs in Rom notwendig, die deutsch-italienischen Beziehungen ohne Sentimentalitäten zu analysieren.

Am 4. August lag Generaloberst Ambrosio — der wie kaum ein anderer seit dem Juli 1943 auf der Kriegsbeendigung insistierte — ein von General Roatta ausgearbeitetes Promemoria vor, das klar zum Ausdruck brachte, an welchem Punkt die Verbündeten mittlerweile angelangt waren. Roatta untersuchte zunächst die Bedeutung des deutschen Truppenaufmarsches. Unter militärischen Gesichtspunkten sei aus ihm zu folgern, daß es der Wehrmacht darum gehe, von der Riviera über die Seealpen und den Apennin bis hin zur Romagna eine Verteidigungslinie aufzubauen. Damit wolle sich das »Dritte Reich« den Besitz der Poebene sichern. Den Rest Italiens betrachte das Oberkommando der Wehrmacht lediglich als vorgeschobenes Glacis. Eine derartige operative Verteidigungskonzeption entsprach den italienischen Vorstellungen in keiner Weise. Der Führung in Rom ging es nämlich nicht um das Halten der norditalienischen Tiefebene. Ihr lag vielmehr daran, die Verteidigungsfähigkeit in Kalabrien und Apulien zu heben. Darüber hinaus wollte sie die insgesamt verfügbaren Divisionen in drei großen Blöcken auf Süditalien, den Raum Kampanien—Latium und das Gebiet Toskana—Ligurien verteilen.

---

[135] Comando Supremo Ufficio Operazioni Esercito, N.prot. 15037, P.M. 9, li 21 luglio 1943, Al Comando Supremo, Telescritto a mano, F/to Generale Roatta, ASUSSME, Cartella 1503.

Der Chef des Generalstabes des Heeres stellte außerdem fest, es gebe Anzeichen dafür, daß die militärischen Maßnahmen des Oberkommandos der Wehrmacht durchaus auch anderen Absichten dienen könnten. Im einzelnen führte er hierbei als Beweise an: die Schnelligkeit der deutschen Truppenbewegungen nach der Absetzung Mussolinis; den weitgehenden Verzicht auf die Vorankündigung der nach Italien gehenden Divisionen; das Verhalten der deutschen Soldaten, die sich wie in einem besetzten Land aufführten und vereinzelt von einem »Marsch auf Rom« sprächen; und die Forderung Berlins, die Brennerübergänge durch die Wehrmacht zu sichern. Natürlich, so Roatta, dränge sich die Frage auf, gegen wen die deutschen Divisionen den Zugang nach Italien denn verteidigen sollten. Es komme hinzu, daß man ein ganzes SS-Armeekorps nach Italien schicke, also Soldaten, die gemeinhin als »extremistisch« und als »politisch eingefärbt« galten. Nicht entgangen war ihm, daß die Deutschen die italienische Hauptstadt am 4. August de facto umzingelt hatten. Von noch weit größerer Wichtigkeit als alle diese Erkenntnisse und Bemerkungen mußte jedoch seine Aussage sein, daß sich aus den Vorgängen in Athen — nach dem 25. Juli — »ganz eindeutig auf das Vorhandensein eines Plans für die Entwaffnung der italienischen Streitkräfte« schließen lasse.

In der Tat war es am 1. August in Athen zu einem schweren Zwischenfall gekommen. Einheiten der Luftwaffe hatten nämlich — aufgrund offensichtlich mißverstandener Nachrichten aus dem Oberkommando der Wehrmacht — an jenem Sommertag etwas voreilig begonnen, italienische Soldaten zu entwaffnen. Damit, das gestanden sich deutsche Beobachter sofort ein, mußten die Italiener als vorgewarnt angesehen werden. Seit dem Vorfall sollen sie »vor einer Entwaffnung sehr auf der Hut« gewesen sein[136].

Trotz derartiger Fakten versuchte Roatta in seinem Promemoria auch all das zu berücksichtigen, was das Verhalten der deutschen Führung verständlich machen konnte. Das war nobel. Allein, so sein Resümee, in ihrer Gesamtheit zeigten die einzelnen Maßnahmen der Wehrmacht, daß sich das »Reich« darauf vorbereite, in Italien unmittelbar nach Abschluß des militärischen Aufmarsches oder spätestens dann, wenn man nicht richtig »spure«, das Kommando zu übernehmen. In diesem Fall würden die Deutschen die Regierung Badoglio absetzen. An ihre Stelle werde entweder das alte faschistische Regime oder eine von Berlin gesteuerte Marionettenregierung treten. Italien wäre damit ein besetztes Land, etwa nach dem Vorbild von Norwegen oder Dänemark. Seine Streitkräfte hätten deutschen Befehlen zu gehorchen und ausschließlich den Interessen Hitlers zu dienen.

Der General verzichtete ganz bewußt darauf, politische Lösungsmöglichkeiten der deutsch-italienischen Schwierigkeiten zu erörtern, aber er forderte nachdrücklich, sich sowohl im politischen als auch im militärischen Bereich auf Gegenmaßnahmen vorzubereiten. Letztere — und das war eine aufschlußreiche Bemerkung — würden allerdings zwangsläufig zu Lasten der Verteidigungsfähigkeit gegen die Angelsachsen gehen. Das treffe bereits für die Lage Anfang August zu, müsse jedoch noch stärker in der Zukunft ins Gewicht fallen.

---

136 Oberstleutnant i.G. Klamroth GenStdH/Org.Abt., Nr. II/12600/43 g.Kdos., H.Qu. OKH, den 29. August 1943, Bericht über die Reise auf den Balkan vom 16.—24.8.43, BA-MA, RH 2/2943. Direkt dazu KTB H.Gr. E, S. 74 f., 13.8.: Aktennotiz über die Chefbesprechung am 2.8.1943, BA-MA, RH 19 VII/1. Danach handelte es sich um einen mißverstandenen Probealarm. Bei der voreiligen Entwaffnungsaktion traten »Verluste« ein.

Es hat den Anschein, daß für Roatta seine zutreffende Analyse der von Deutschland geplanten Usurpation nicht ohne weiteres die Annäherung an die Westmächte bedeutete. Angesichts der klaren Ergebnisse seiner Denkschrift überraschte auch der Hinweis auf die Notwendigkeit, sich mit den Deutschen über eine angemessene Verteidigungskonzeption für den italienischen Raum auseinanderzusetzen[137]. Mag sein, daß er dabei weitere Klarheit zu erlangen hoffte. Eventuell schloß er noch immer nicht aus, daß es doch einen politischen Ausweg aus der Krise des Bündnisses geben könnte. Auf jeden Fall wußte der Generalstabschef des italienischen Heeres beim Verfassen seines Promemoria nicht, daß sich Rom damals gerade anschickte, bei den Alliierten wegen einer Beendigung der Kampfhandlungen vorzufühlen. Hingegen war Ambrosio darüber — wenn auch nicht über alle Details — gut im Bilde.

Trotz dieses Standes der Dinge kam es am 6. August zum Treffen deutscher und italienischer Militärs und Politiker in Tarvisio. Die Begegnung stand rein formal betrachtet in der Nachfolge der Besprechungen und ungelösten Probleme von Feltre. Das heißt, in erster Linie wäre die Verteidigung Italiens zu erörtern gewesen. Aber angesichts der Entwicklung der Beziehungen zwischen Rom und Berlin im Zeitabschnitt vom 25. Juli bis zum 6. August nahm sich die Zusammenkunft in Tarvisio von Anfang an wie eine Farce aus. Wenig überraschend wurde sie zum endgültigen Abgesang auf das deutsch-italienische Bündnis, wozu die Weichen längst gestellt waren. So schärfte Hitler den deutschen Teilnehmern vor der Abreise am 5. August bezeichnenderweise ein, daß die Begegnung ausschließlich der Fühlungnahme diene. Viel deutlicher ist der Tiefpunkt kaum zu beschreiben, den das Verhältnis zu Italien erreicht hatte. Der langjährige Verbündete sollte ausgehorcht werden. Verhandlungen mit den Italienern waren nur gemeinsam zu führen, wobei man vor allem die italienischen Vertreter reden lassen wollte[138].

Als besonders freundlich ist daher das in Tarvisio herrschende Gesprächsklima nicht zu beschreiben. Ribbentrop reiste sogar mit der Furcht an, daß die Italiener beabsichtigten, ihn zu »kidnappen«, sprach gar von »Banditen«, mit denen er sich treffen müsse. Entsprechend fiel der äußere Rahmen der Zusammenkunft aus, der an einen Mafiafilm erinnern könnte. Ein Kordon von SS-Männern mit geladenen Maschinenpistolen umgab den Salonwagen des Reichsaußenministers, in dem die Verhandlungen stattfanden[139].

In der Sache selbst ging es den Deutschen in erster Linie um die Verwirklichung ihrer Truppendislozierung für den Fall »Achse«. So hießen seit dem 1. August 1943 die ursprünglich unter den Decknamen »Alarich« und »Konstantin« betriebenen Vorbereitungen für die Übernahme der Befehlsgewalt im italienischen und in dem von Italienern be-

---

[137] Stato Maggiore R. Esercito, Ufficio del Capo di Stato Maggiore, N. 26/C.S.M. di prot., P.M. 9, 4 agosto 1943, Promemoria per l'Ecc. il Capo di S.M. Generale, F/to Roatta, ASUSSME, Cartella 1504/B. Vgl. in diesem Zusammenhang auch KTB OKW, Bd III, S. 901 f., wo eine in den nach dem 8.9. erbeuteten italienischen Akten gefundene Ausarbeitung des Unterchefs des Comando Supremo, General Rossi, vom 3.8. referiert wird. Auch Rossi sprach von »verborgenen politischen Absichten« Berlins und davon, daß die Deutschen Italien als militärisches Vorfeld betrachteten. Nur Norditalien interessiere sie wirklich. Die deutschen Erklärungen, daß die Truppen im Norden versammelt werden sollten, um dann nach Süditalien zu gehen, glaubte Rossi nicht.

[138] KTB OKW, Bd III, S. 900.

[139] Vgl. Schmidt, Statist, S. 568, und Warlimont, Im Hauptquartier, S. 384 f.

setzten Gebiet. Entwaffnung und Internierung der italienischen Soldaten waren hierbei bereits vorgesehen[140]. Generaloberst Ambrosio nahm am 6. August kein Blatt vor den Mund. Beanstandet wurde das Verhalten der deutschen Militärangehörigen in Italien. Der Chef des Comando Supremo führte Klage wegen der — ohne die vereinbarten Absprachen erfolgten — Dislozierung deutscher Divisionen. Er machte auch klar, daß der Aufmarsch im Norden nicht den Erfordernissen der operativen Lage entsprach.

Darüber hinaus stellte der Generaloberst unverblümt fest, daß sich in Rom das Gefühl ausbreite, »nicht mehr Herr im eigenen Hause« zu sein. Generalfeldmarschall Keitel wies diese »Unterstellungen« zwar entschieden zurück, aber sein scharfer Protest berief sich auf eine Unschuld, die das Oberkommando der Wehrmacht längst verloren hatte. Zur Erklärung genügt es, an Inhalte und Ziele der Unternehmen »Schwarz«, »Eiche« oder »Achse« zu erinnern. Doch die eigenen perfiden Absichten kümmerten Hitlers Delegierte wenig. Sie verhielten sich in Tarvisio getreu dem Grundsatz, daß Angriff die beste Verteidigung sei. Der damalige Generalleutnant Walter Warlimont, Stellvertreter des Chefs des Wehrmachtführungsstabes, lieferte dafür ein überzeugendes Beispiel. Auf die Bitte von Ambrosio, die Deutschen sollten sich in Italien nicht wie in einem »besetzten Lande« aufführen, antwortete er zum einen mit dem Allgemeinplatz von der »anerkannte[n] Disziplin der Deutschen Wehrmacht« und zum andern mit der leeren Behauptung, es sei die »Haltung der ital. Bevölkerung, die allein Schuld an den Zwischenfällen trage«[141].

Tatsächlich verhielt es sich so, daß die italienische Führung ihre Soldaten sogar angewiesen hatte, keinerlei Zwischenfälle mit Wehrmachtangehörigen zu provozieren. Am Tag von Tarvisio befahl Roatta den Truppen Selbstbeherrschung und verbale Mäßigung, falls sich Zwischenfälle nicht vermeiden ließen. Allerdings sollte all das dort ein Ende haben, wo die deutsche Seite die Würde der italienischen Streitkräfte und des Staates verletze. Roatta bezog sich dabei auf Willkürmaßnahmen deutscher Militärs, auf Gewaltakte und unberechtigte Ansprüche. Auf entsprechende Anmaßungen sei mit allen Mitteln zu reagieren[142]. Da der General nicht in Tarvisio war, muß sein Befehl unabhängig vom Verlauf der dortigen Besprechungen entstanden sein[143]. Im Hinblick auf die Anschuldigung Warlimonts

---

[140] Das Kriegstagebuch des Oberkommandos der Wehrmacht enthält unter dem Datum des 28.7.1943 den Hinweis, daß die Oberbefehlshaber West, Süd, Südost und Heeresgruppe B über das mit Wirkung vom 1.8. geltende neue Deckwort unterrichtet wurden: KTB OKW, Bd III, S. 850; und ebd., S. 868 ff., zu den Vorbereitungen für den Fall »Achse« Anfang August.

[141] Zit. nach KTB OKW, Bd III, S. 906—909; vgl. auch ADAP, E, Bd VI, Dok. 217, S. 372—384: Aufzeichnung über die Unterredung zwischen dem RAM und dem italienischen Außenminister Guariglia in Anwesenheit des Generalfeldmarschalls Keitel und des Generalobersten Ambrosio am 6.8.1943 in Tarvis.

[142] Da Superesercito Operazioni, At Comandi 4ª - 5ª - 7ª - 8ª Armata, At Comando Gruppo Armate Sud, P.M. 107, li 6 agosto 1943, Prot. 30255/Op., F.to Generale Roatta, Allegato N. 136, ASUSSME, L-10, Carteggio N. 1.

[143] Roatta, Otto milioni di baionette, S. 277 f.; nach KTB OKW, Bd III, S. 906 f., waren in Tarvisio anwesend: Reichsaußenminister v. Ribbentrop, der italienische Außenminister Guariglia, Generalfeldmarschall Keitel, General v. Rintelen, Generalleutnant Warlimont, Generaloberst Ambrosio, General Marras und Generalmajor Rossi. Nach Rintelen, Mussolini, S. 237, nahm auch Botschafter v. Mackensen an dem Treffen teil.

ist es wichtig, daß sich der Chef des Generalstabes des italienischen Heeres noch im August veranlaßt sah, seinen Untergebenen die Grenzen der allgemein zu verzeichnenden Zurückhaltung gegenüber den Deutschen aufzuzeigen.

Was jedoch die Ergebnisse von Tarvisio anbelangt, so kamen die Besprechungsteilnehmer im Hinblick auf die Hauptfrage, das heißt die Planung einer einvernehmlichen Verteidigungskonzeption, keinen Schritt voran. Das Resultat war gleich Null, wenn man die praktischen Fortschritte betrachtet[144]. Nach dem Bericht Rintelens beruhte das Scheitern auf einer direkten Intervention Hitlers. Angeblich soll Ribbentrop zunächst den Eindruck gewonnen haben, daß die Italiener »bei der Stange bleiben« wollten. Erst nach einem Telefonat mit Hitler versteifte sich die Haltung der Deutschen, da dieser »keine Vereinbarungen auf vertraulicher Basis« wünschte. Für den Militärattaché erklärte sich daraus auch, warum die Besprechung Keitels mit Ambrosio höchst unbefriedigend verlief[145].

Erreicht wurde eine Absprache über die Verteilung der Großverbände[146]. Außerdem stimmten die Italiener der Auffassung zu, daß die »Sicherung der Alpenübergänge eine Aufgabe auch der Deutschen Wehrmacht sei«. Das für die Wehrmachtführung wichtige Zugeständnis bezog sich auf alle Pässe, insbesondere aber galt es für den Brenner[147]. Andererseits trafen — gemeinsam mit der aus Italien zurückkehrenden Verhandlungsdelegation — schon am 7. August in Berlin Meldungen ein, die besagten, daß sich die Lage im Gebiet der Brennerübergänge dramatisch zuspitzte. Im Kern ging es dabei um das Einrücken der Alpini-Divisionen »Cuneense« und »Tridentina« in den Raum nördlich von Bozen.

Beide Seiten, die italienische hinsichtlich der Verlegung der beiden Großverbände, die deutsche im Rahmen ihres Protestes gegen die Truppendislozierung, bezogen sich interessanterweise auf die Vereinbarungen in Tarvisio. Oberkommando der Wehrmacht und Comando Supremo schlossen vorübergehend Gewaltanwendung nicht mehr aus. Dazu kam es dann doch nicht[148], denn die Italiener lenkten immer wieder ein und vermieden so einen offenen Eklat. Aber insgeheim blieben die Militärs in Rom wachsam. Sie betrachteten das Ende der deutsch-italienischen Allianz nunmehr als ein Faktum[149].

---

[144] Torsiello, Le operazioni delle unità italiane, S. 36; Warlimont, Im Hauptquartier, S. 385.

[145] Rintelen, Mussolini, S. 237 f.

[146] Comando Supremo, I Reparto, Prot. N. 15682/Op., P.M. 21, li 8 agosto 1943, F/to Ambrosio, ASUSSME, Cartella 1504/B. Dort eine ausführliche Aufzeichnung zur Truppenverteilung.

[147] KTB OKW, Bd III, S. 909.

[148] Comando Supremo, I Reparto, Prot. N. 15686/Op., P.M. 21, li 8 agosto 1943, f/to Ambrosio (im Anhang der von General v. Rintelen präsentierte Protest des OKW vom 7.8., vgl. KTB OKW, Bd III, S. 916); und Comando Supremo, N. 15725/Op., P.M., li 9 agosto 1943, All'Ufficio del generale von Rintelen, f/to P. Peraldo, ASUSSME, Cartella 1504/B. Vgl. zum anhaltenden Streit über die Sicherung der Alpenübergänge: Schröder, Italiens Kriegsaustritt, S. 232—238.

[149] Torsiello, Le operazioni delle unità italiane, S. 36 f.; und Rintelen, Mussolini, S. 238. Rintelen meint, daß die Italiener aus Tarvisio mit der Überzeugung zurückkehrten, daß »Italien seinen eigenen Weg gehen müsse«. Die deutscherseits am 6. 8. demonstrierte »Ablehnung erleichterte ihnen den Absprung moralisch«.

e) Der schwierige Weg zum Waffenstillstand — Innenpolitische, militärische und internationale Aspekte

Somit läßt sich resümieren, daß Anfang August in Kreisen der italienischen Führung Klarheit über das bestand, was die deutsche Seite im Schilde führte. Trotzdem gewinnt man den Eindruck, daß die Maßnahmen der Regierung Badoglio, obwohl sie bereits wegen Waffenstillstandsverhandlungen sondierte, eine gewisse Resignation erkennen ließen. Rom stellte sich zwar auf die Gegebenheiten ein, aber all das geschah sehr zögerlich und wurde von einer extremen Geheimhaltung beeinträchtigt[150]. Vermutlich spielte hierbei das oben erwähnte Problem eine Rolle: Die Rede ist vom fehlenden Vertrauen der politischen und militärischen Führung in die eigene Truppe und in das Volk ganz allgemein. Jedenfalls sah sich die Regierung Badoglio, der die Streikbewegung vom März 1943 vor Augen gestanden haben dürfte, nach dem 25. Juli auch vor erhebliche innenpolitische Schwierigkeiten gestellt. Sie zwangen zum Beispiel dazu, Frontverbände zur Niederhaltung von eventuellen Arbeiterunruhen zurückzuhalten. Denn die in den Problemzonen Turin, Mailand und Bologna stationierten Einheiten, deren Angehörige sich überwiegend aus Bewohnern dieser Gebiete rekrutierten und somit wohl besonders bodenständig waren, galten im Hinblick auf den Einsatz gegen streikende Arbeiter als wenig zuverlässig[151]. Der Handlungsspielraum der italienischen Regierung stellte sich jedenfalls aufgrund der inneren Verhältnisse im Sommer 1943 als eingeschränkt dar. Allerdings hatte sie sich das nicht zuletzt selbst anzulasten[152].

Die harte Wirklichkeit, mit der sich die oberste Führung in Rom damals konfrontiert sah, trat unter anderem in einem Kommentar zutage, den Generaloberst Ambrosio nach Tarvisio abgab. Er schrieb[153]: »Uns bleibt nur die Hoffnung, daß die Anglo-Amerika-

---

[150] Ausgezeichnet resümiert sind die militärischen Vorbereitungen für den Tag des Kriegsaustritts bei Bertinaria, Il Comando Supremo, S. 83—102. Dieser betrachtet auch die politischen Rahmenbedingungen und analysiert die Vorgänge am 8.9. Darauf ist noch zurückzukommen.

[151] Ministero della Guerra, Gabinetto, Prot. N. 150617/130—8-1, Roma, 12 agosto 1943, Al Comando Supremo e, per conoscenza: Allo Stato Maggiore Regio Esercito, F/to Sorice (il Ministro), ASUSSME, Cartella 1504/C. Hinsichtlich des großen Streiks im März 1943 siehe: Finzi, L'unità, insgesamt. Zur Streiklage in Italien vom 25.7. bis zum 8.9. vgl. die Bilanz in L'Italia dei quarantacinque giorni, S. 408. Dort werden 105 Tote, 572 Verletzte und 2 455 Verhaftete im Zusammenhang mit den Arbeiterunruhen genannt. Im Rahmen dieser Entwicklung sind auch die Befehle und Anordnungen Roattas und Ambrosios vom 27. und 28.7. zu sehen (siehe oben, Anm. 70 und 71). Bei Roatta, mit dem Ambrosio uneingeschränkt übereinstimmte, hieß es u.a. (siehe oben, Anm. 70): »Poco sangue versato inizialmente risparmia fiumi di sangue in seguito« (wenig zu Beginn vergossenes Blut erspart später Ströme von Blut). Die »geringste« Störung der öffentlichen Ordnung galt als »Verrat«. Befohlen wurde rücksichtslose Härte, der Einsatz von Artillerie und Mörsern gegen Störer der öffentlichen Ordnung und die sofortige Erschießung der Rädelsführer. Militärangehörige, die auch nur geringste Anzeichen der Solidarität mit den Ruhestörern zeigten, waren standrechtlich zu erschießen. Der Text der Weisung Roattas ist u.a. veröffentlicht in L'Italia dei quarantacinque giorni, S. 11 f.; und bei Rochat/Massobrio, Breve storia dell'esercito, S. 297 f.

[152] Mola, Corona, S. 203 ff.

[153] Zitiert nach Deakin, Die brutale Freundschaft, S. 581; ebd., S. 578—582, zu den Besprechungen am 6.8.1943 insgesamt.

ner angesichts der Verstärkung der italienischen Front ihren nächsten Angriff gegen den Balkan oder Frankreich richten. Hat dieser Erfolg, dann werden die Deutschen ihre Truppen so gut wie sicher von der Halbinsel abziehen und an die neue Front werfen. Nur auf diese Weise könnten wir eine gewisse Handlungsfreiheit zurückgewinnen.«

Der Chef des Comando Supremo artikulierte in der pointierten Stellungnahme erneut seine — bei der politischen Führung längst bekannte — Überzeugung, daß sich Italien den Alliierten anzunähern habe. Interessant klang vor allem der diversionsstrategische Gedankengang, der in den Überlegungen von Ambrosio indirekt zum Ausdruck kam. Als entscheidend betrachtete der General nämlich eine Offensive der Alliierten außerhalb Italiens. Da er seine Sicht der Dinge dem Generaladjutanten des Königs, Divisionsgeneral Paolo Puntoni, anvertraute[154], ist jene wohl für die Weitergabe an Vittorio Emanuele III. bestimmt gewesen.

Auf der anderen Seite war die Idee, durch diversionsstrategische Operationen in Südfrankreich oder auf dem Balkan die Deutschen zum Truppenabzug aus Italien zu veranlassen, nicht völlig neu. Sie wurde schon von Alberto Berio, den man am 3. August mit der Kontaktaufnahme zu den Briten in Tanger beauftragt hatte, bei seinen Waffenstillstandssondierungen am 5. August vorgetragen. Berio, der neue Generalkonsul in Tanger, sagte im Auftrag von Badoglio auch ganz offen, daß die Deutschen Italien in der Hand hätten[155]. Das hatte der zweite italienische Emissär, der einen Tag vorher, am 4. August, mit dem britischen Botschafter in Lissabon, Sir Ronald Campbell, zusammengetroffen war, ebenfalls mitgeteilt. Der Marchese Blasco Lanza d'Ajeta, Botschaftsrat der italienischen Vertretung beim Heiligen Stuhl, betonte außerdem ebenso wie Berio, daß die Alliierten ihre Luftangriffe auf Italien einschränken sollten, um die Position Badoglios und seiner Regierung im Innern zu stabilisieren. Seine Formulierung, daß die Westmächte, falls sie nicht auf dem Balkan gegen die Deutschen vorgehen könnten, je eher, desto besser in Italien landen müßten, beschrieb offenbar die Alternative zum diversionsstrategischen Kalkül[156]. Es sei vorweggenommen, daß einzig sie den alliierten Planungen entsprach. Im Hinblick auf die spätere Entwicklung ist zudem bemerkenswert, daß Badoglio Anfang August eine frühzeitige Landung in Italien zu wünschen schien.

Geht man von den Waffenstillstandssondierungen der Regierung, über die Ambrosio unterrichtet war[157], einerseits und dem — selbst im engsten Kreise der militärischen Füh-

---

[154] Deakin, Die brutale Freundschaft, S. 581.

[155] Woodward, British Foreign Policy, S. 482 f.; Zangrandi, L'Italia tradita, S. 58; und Howard, Grand Strategy, S. 520 f. Dort der Hinweis, daß Berio auch autorisiert war, mit den Amerikanern zu verhandeln.

[156] Woodward, British Foreign Policy, S. 482; und Zangrandi, L'Italia tradita, S. 56 f. Zangrandi hebt hervor, daß d'Ajeta Campbell auch über die Möglichkeit der Besetzung Roms durch die Deutschen informierte und über die Absicht der Staatsführung, sich dann auf die Insel Maddalena zu flüchten. Im Rahmen seiner Untersuchung, die sich im Kern auf die Flucht des Königs und der Regierung aus der Hauptstadt konzentriert, besitzt dieser erste Hinweis große Bedeutung. Bartoli, L'Italia si arrende, S. 66, berichtet, daß d'Ajeta dem britischen Botschafter im Gespräch die deutsche Truppenaufstellung in Italien zur Kenntnis brachte.

[157] Zu dem Verwirrspiel, als das sich die Entsendung der vier italienischen Emissäre im August 1943 darstellt — wahrscheinlich kannten nur der König und Badoglio alle Einzelheiten —, vgl. Bartoli, L'Italia si arrende, S. 61.

rung nachweisbaren — Festhalten am Gedanken einer gemeinsamen deutsch-italienischen Verteidigung Italiens andererseits aus, so ergibt sich ein gewisser Widerspruch. Die Italiener ermunterten nämlich die Alliierten zum Angriff im großen Stil, während sie gleichzeitig die deutschen Abwehrvorbereitungen gegen eine alliierte Offensive — zumindest indirekt — förderten. Erklären läßt sich das Verhalten höchstens mit dem im oben zitierten Kommentar von Ambrosio enthaltenen Eingeständnis der militärischen Schwäche Italiens. Anders gewendet: Rom machte gute Miene zum bösen Spiel, um die Deutschen nicht vorzeitig zu beunruhigen. Badoglio hoffte vermutlich auf die militärische Überlegenheit der Westmächte. Ansonsten sah man sich durch die faktischen Gegebenheiten zu einem solchen Verhalten geradezu gezwungen.

D'Ajeta machte bei seiner Unterredung mit Campbell daraus kein Geheimnis: Aufgrund der Kräfteverhältnisse in Italien könne seine Regierung nicht anders als den Deutschen vorzutäuschen, daß der gemeinsame Kampf fortgesetzt werde. Briten und Amerikaner sollten sich deshalb nicht durch das bevorstehende Treffen zwischen Ribbentrop und Guariglia — in Tarvisio — irritieren lassen[158]. Es ist eine andere Frage, ob ein derartiger Pessimismus historisch gerechtfertigt war. Doch wie dem auch immer gewesen sein mag, dieses Gefühl prägte die subjektive Sicht der Mitglieder der italienischen Führungsspitze. Das heißt, deren Agieren im August und September 1943 wurde von der Überschätzung der Wehrmacht und der Unterschätzung der eigenen Truppen ganz wesentlich beeinflußt. Festzuhalten ist außerdem, und das erklärt sich wenigstens zum Teil aus der soeben beschriebenen Selbsteinschätzung, daß Rom eine eventuelle Initiative im Rahmen des Kriegsaustritts völlig von den Operationen der Briten und Amerikaner abhängig machte.

Hitler blieb nach dem Treffen in Tarvisio bei der Auffassung, daß die möglichst schnelle Befreiung Mussolinis das Gebot der Stunde sei, denn die amtierende Regierung hielt er für »höchst unzuverlässig«, ihr traute er »jeden Verrat« zu[159]. Das war an sich alles, was ihm seit dem 25. Juli zur Entwicklung in Italien einfiel. Dennoch genügte eine derartig unflexible Haltung, um das eine oder das andere Mitglied seiner Entourage in einen regelrechten Bewunderungstaumel zu versetzen. Mißtrauen und engstirniges Beharren auf den eigenen Überzeugungen erschien als staatsmännische Weitsicht[160].

---

[158] Howard, Grand Strategy, S. 520; Woodward, British Foreign Policy, S. 482; und Zangrandi, L'Italia tradita, S. 57.

[159] Lagevorträge, S. 533, 9.8.1943.

[160] Ebd., S. 538. Nach seinen verschiedenen Zusammenkünften mit Hitler in der Zeit vom 9. bis zum 11.8. hielt Dönitz folgende Impression in den Unterlagen über die Lagevorträge des Ob.d.M. fest: »Die ungeheure Kraft, die der Führer ausstrahlt, seine unbeirrte Zuversicht, die vorausschauende Beurteilung der Lage in Italien hat in diesen Tagen sehr deutlich gemacht, daß wir alle miteinander sehr arme Würstchen sind im Vergleich zum Führer, daß unser Wissen, unser Sehen der Dinge aus unserem beschränkten Sektor heraus Stückwerk sind. Jeder, der glaubt, es besser machen zu können als der Führer, ist dämlich!« Eine solche Geisteshaltung ist im Hinblick auf die Ermöglichung der von deutschen Soldaten — nach dem 8. 9.1943 — an Italienern begangenen Kriegsverbrechen nicht unerheblich. Sie erklärt wenigstens zum Teil, warum die Wehrmachtführung nicht protestierte, wenn das Deutsche Reich die Haager Landkriegsordnung oder die Genfer Konvention hinsichtlich der Kriegsgefangenen nach Gutdünken außer Kraft setzte. Vgl. zum rechtsgeschichtlichen Aspekt: Majer, Perversion des Völkerrechts, S. 311–332.

Was nun den sogenannten Verrat betrifft, so fehlte zwar nach wie vor jedweder Beweis, aber dafür gab es Verdächtigungen und recht unterschiedliche Fingerzeige zuhauf. Sogar der japanische Botschafter in Berlin, General Hiroshi Oshima, warnte die Deutschen. Zwei Tage vor der Zusammenkunft in Tarvisio äußerte er gegenüber dem Staatssekretär des Auswärtigen Amtes, Gustav Adolf Baron Steengracht von Moyland, daß die neue italienische Regierung »auf die Dauer« nicht durchhalten werde. Badoglio treffe bereits »heimlich Vorbereitungen für den Friedensabschluß«. Oshima ermunterte die Deutschen dazu, für den Fall des erwarteten italienischen Kriegsaustritts militärische Gegenmaßnahmen vorzubereiten. Insbesondere solle die Luftwaffe die italienischen Schlachtschiffe beschatten. Letztere seien zu versenken, sobald sich die »klare Absicht« zeige, daß sie zu den Alliierten übergehen wollten[161].

Die italienische Marineführung stellte derartige Überlegungen zum damaligen Zeitpunkt nicht einmal ansatzweise an. Sie plante noch Anfang September, die Flotte zu einer Art Entscheidungsschlacht gegen die alliierten Seestreitkräfte im südlichen Tyrrhenischen Meer aufzustellen. Erst am 7. September, also im allerletzten Augenblick, erfuhr der Chef der Hochseeflotte von der Unterzeichnung des Waffenstillstandes und der Absicht, aus dem Kriege auszuscheiden[162].

Was jedoch hatte die italienische Staatsführung hinsichtlich des bereits vor der Absetzung von Mussolini als unausweichlich angesehenen Kriegsaustritts Anfang August de facto in die Wege geleitet? Die Entsendung von d'Ajeta nach Lissabon und die Tätigkeit von Berio in Tanger wurden bereits erwähnt. Vorausgegangen war den diplomatischen Missionen eine Besprechung beim König am 31. Juli. An ihr nahmen außer Vittorio Emanuele III. noch der Regierungschef, Marschall Badoglio, Außenminister Guariglia, der Chef des Comando Supremo, Ambrosio, und der Minister des Königlichen Hauses, der Herzog Pietro Acquarone, teil. Erörtert wurde ein Promemoria des Chefs des Comando Supremo, das von dessen Mitarbeiter, Generalmajor Giuseppe Castellano, am 30. Juli dem Außenminister vorgelegt worden war. Erst jetzt reagierte die Regierung in einigermaßen konkreter Weise auf die von Ambrosio wiederholt vorgetragene Forderung, die in nuce besagte: Italien habe so schnell wie möglich aus dem Kriege auszutreten, da seine Streitkräfte diesen nicht mehr führen könnten[163]. Mit dem Entschluß zum Alleingang überschritten die führenden Männer in Rom Ende Juli den Rubikon.

Das Resultat der daraufhin Anfang August eingeleiteten Sondierungen konnte in keiner Weise befriedigen, sofern man es an den Absichten der italienischen Staatsführung mißt, denn zunächst wurde angestrebt, wie oben dargestellt, die Alliierten zu Operationen zu bewegen, die den Abzug von deutschen Divisionen aus Italien erzwingen sollten. Das schien ja die Voraussetzung für das Überleben der Regierung Badoglio bei einem Waffenstillstand zu sein. Schon bei den ersten Kontakten erwies sich jedoch, in welcher schwachen Position sich Italien befand. Da gab es keine realistische Hoffnung, wirklich verhandeln zu können.

---

[161] ADAP, E, Bd VI, Dok. 211, S. 365, 4.8.1943.
[162] Galuppini, L'Armistizio e la Marina, S. 147 f.
[163] Bartoli, L'Italia si arrende, S. 66 f.; und Bertinaria, Il Comando Supremo, S. 89.

Es ist nicht beabsichtigt, hier einmal mehr die verschiedenen Phasen der Vorbereitung und der Herbeiführung des italienischen Kriegsaustritts zu beschreiben, denn der komplizierte Vorgang wurde ja wiederholt in allen Einzelheiten dargestellt. Das heißt freilich nicht, daß er einvernehmlich interpretiert würde[164]. Nur am Rande sei erwähnt, daß sich außer den schon genannten Personen auch die Prinzessin Maria José di Savoia[165] und Dino Grandi[166] in der Angelegenheit engagierten. Beiden blieb ein Erfolg versagt. Wichtiger war, daß sich Rom — als Reaktion auf die von d'Ajeta und Berio referierten Eindrücke, wobei der Generalkonsul in Tanger de facto seine Verhandlungen noch bis zum 20. August fortsetzte[167] — entschloß, das Problem auf militärischer Ebene zu klären[168].

Am 12. August reiste Brigadegeneral Castellano nach Madrid, wo er am 15. den britischen Botschafter, Sir Samuel Hoare, traf. Dessen Berichterstattung führte dazu, daß Lon-

---

[164] Im Verständnis einer vielfach zu ergänzenden Auswahl aus der Literatur über den italienischen Waffenstillstand seien folgende Titel erwähnt: Bartoli, L'Italia si arrende, S. 7—103, für die Zeit bis zur Bekanntgabe des Waffenstillstandes; Bertinaria, Il Comando Supremo, S. 83—102; Bianchi, L'Armistizio, S. 189—196, der den 8.9. im Hinblick auf seine Bedeutung für die innenpolitische Konstellation in Italien deutet; Bocca, Storia, S. 572—583; Cornevin, L'8 Settembre, S. 315—336 (das Schwergewicht legt der Autor auf die Betrachtung der freifranzösischen Perspektive); Davis, Söhne der Wölfin, S. 238—334, bis zur Unterzeichnung des Waffenstillstandes; Ellwood, Gli inglesi, S. 289—314, sehr kritische Auseinandersetzung mit der Rolle Londons; Galuppini, L'Armistizio e la Marina, S. 147—160; Hinsley, British Intelligence, S. 104—109, thematisiert die Bedeutung, welche die von den Italienern gegebenen Informationen für die operative Planung der Alliierten hatten; Howard, Grand Strategy, S. 515—538; Lodi, L'Armistizio e l'Aeronautica, S. 103—146; Lussu, La difesa di Roma, S. 87—165, ausgeprägt personalistische Darstellung der Entwicklung vom 25.7. bis zum 3.9.1943; Mazzetti, L'armistizio con l'Italia, S. 61—168, detaillierte Untersuchung zur Haltung der Alliierten; ders., Gli avvenimenti, S. 161—187 (der Autor sieht — im Hinblick auf die Alliierten — eine Reihe versäumter Gelegenheiten, um den Krieg in Italien im Kontext des italienischen Kriegsaustritts schnell zu beenden); Melasuo, L'Armistizio, S. 337—342, untersucht den wenig beachteten Effekt des italienischen Waffenstillstandes in den skandinavischen Ländern; Miller, L'Armistizio e gli USA, S. 273—288; Mola, Corona, S. 197—237, der vor allem die innere Lage Italiens und die diesbezüglich wirksamen Faktoren analysiert; Nolfo, L'Armistizio, S. 65—82, interpretiert den Waffenstillstand als Bestandteil der internationalen Beziehungen; Pieri/Rochat, Badoglio, S. 794—809, die Figur des Marschalls und Regierungschefs würdigend; Plehwe, Schicksalsstunden, S. 219—245; Rainero, Gli Armistizi, S. 27—64, knappe Problematisierung des Waffenstillstandes mit Dokumentenanhang, darunter der Text des Waffenstillstandes vom 3.9.1943 (Cassibile) und des Waffenstillstandes vom 29.9.1943 (der sogenannte »lange Waffenstillstand« von Malta); ders., L'Armistizio ed i prigionieri, S. 397—416, unberücksichtigt bleiben die Gefangenen in Deutschland und in der Sowjetunion; Schröder, Italiens Kriegsaustritt, S. 202—210, zeigt die großen Entwicklungslinien zwischen dem 25.7. und dem 8.9. auf; Toscano, Dal 25 luglio; Trionfera, Valzer, S. 36—70; Varsori, L'Armistizio, S. 239—261, stellt die Reaktionen des italienischen politischen Exils im Rahmen der Entwicklung zum Waffenstillstand dar; Woodward, British Foreign Policy, S. 461—500, der die Entwicklung seit Dezember 1942 resümiert, als Friedenssondierungen von außerhalb Italiens lebenden Personen einsetzten; und Zangrandi, L'Italia tradita, S. 31—184.

[165] Bartoli, L'Italia si arrende, S. 61; und Zangrandi, L'Italia tradita, S. 51 f., der sich wiederum auf Toscano (siehe oben, Anm. 164) bezieht.

[166] Bertinaria, Il Comando Supremo, S. 90; und Woodward, British Foreign Policy, S. 492: »The Foreign Office instructed Sir R. Campbell not to have any dealings with him«, das heißt mit Grandi.

[167] Woodward, British Foreign Policy, S. 484 f.

[168] Bartoli, L'Italia si arrende, S. 67.

don und Washington ihre seit langem diskutierten Vorstellungen über die Art und die Bedingungen des italienischen Kriegsaustritts[169] neu überdachten. Die Ergebnisse der entsprechenden Erörterung präsentierte man Castellano, als der General am 19. August in Lissabon mit Großbritanniens Botschafter Sir R. Campbell, dem Geschäftsträger der Vereinigten Staaten Kennan, dem Stabschef Eisenhowers, Generalmajor Bedell Smith, und dem britischen Chef der Nachrichtenabteilung von General Eisenhower, Brigadegeneral William Kenneth D. Strong, zusammenkam[170]. Bei jener Begegnung wurden die entscheidenden Weichen für einen Waffenstillstand gestellt. Da sich die Reise Castellanos jedoch ungewöhnlich lange hinzog — er kehrte erst am 27. August nach Rom zurück — verbreitete sich in der italienischen Regierung Unruhe. Daher reiste am 24. August auch noch der Chef des Stabes des Generalstabes des Heeres, Generalmajor Giacomo Zanussi, in die portugiesische Hauptstadt. Zwei Tage später war er in Lissabon[171].

Es ist hinlänglich bekannt, daß sich die Verhandlungen zwischen Italienern, Briten und Amerikanern nicht einfach gestalteten. Da versuchte die Regierung eines erschöpften Landes, die innenpolitisch mit dem Rücken zur Wand stand, mit zwei auf der Siegerstraße marschierenden Großmächten, deren Haltung gegenüber Italien keineswegs einvernehmlich abgeklärt war, und die zudem noch auf mindestens einen weiteren Verbündeten, Stalin, Rücksicht nehmen mußten, so zu verhandeln, daß eine bedingungslose Unterwerfung vermieden würde[172]. Das konnte an sich nicht gutgehen, denn wie sehr die Einzelinteressen und die Zielsetzungen der verschieden politischen Gruppierungen in den USA und in Großbritannien auch voneinander abwichen, in der Grundhaltung stimmten die britische und die amerikanische Regierung weitgehend überein. In diesem Sinne hatte man Berio in Tanger bereits am 13. August mitgeteilt[173]: »Marshal Badoglio must understand that we cannot negotiate but require unconditional surrender, which means that the Italian Government should place themselves in the hands of the Allied Governments who will then state their terms. These will provide for an honourable capitulation.«

Was das im einzelnen bedeutete, das ergab sich bereits aus dem »short armistice«, der die militärischen Bedingungen für die Kapitulation enthielt. Das Papier bekam Castellano am 19. August ausgehändigt. In noch detaillierterer Form wurden die alliierten Kapitulationsbedingungen im »long armistice« festgeschrieben, über den Zanussi unterrichtet worden ist. Es handelte sich um möglicherweise nicht durchzusetzende Maximalforderungen. General Eisenhower setzte sich — unterstützt von Harold Macmillan — daher dafür ein, Italiens Kriegsaustritt zunächst ausschließlich auf der Grundlage der Bestimmun-

[169] Mazzetti, L'armistizio con l'Italia, S. 61—94; und zur Tätigkeit des Generals insgesamt: Castellano, Come firmai. Bei der Auswertung dieses frühen Erinnerungsbuches ist Zurückhaltung angebracht. Vgl. dazu Zangrandi, L'Italia tradita, S. 65—92.

[170] Howard, Grand Strategy, S. 524 f.; Woodward, British Foreign Policy, S. 485—490; und Zangrandi, L'Italia tradita, S. 70 f., mit gewissen Ungenauigkeiten.

[171] Bartoli, L'Italia si arrende, S. 70 f., und Woodward, British Foreign Policy, S. 491—495.

[172] Vgl. neben den relevanten Titeln in Anm. 164 auch Ellwood, Italy, S. 31—48; und Macmillan, War Diaries, S. 178 ff., 184—187, 196—199 und 201—205.

[173] Macmillan, War Diaries, S. 180.

gen des »short armistice« vorzubereiten. Den »long armistice«, der auch die politischen und wirtschaftlichen Bedingungen umfaßte, könne man später unterzeichnen[174]. Eisenhowers Haltung war ganz wesentlich von operativen Überlegungen beeinflußt. Die britischen und amerikanischen Frontbefehlshaber gingen nämlich in der zweiten Hälfte des August davon aus, daß die Deutschen ihre Kräfte in Süditalien täglich verstärkten. Im Hinblick auf die bei Neapel beabsichtigte Landungsoperation drängte also die Zeit. Es kam hinzu, daß die italienische Seite in der Tat nur zum Abschluß des »short armistice« bereit zu sein schien. Über die Sache war noch keineswegs entschieden, als sich Castellano, Zanussi und Bedell Smith am 31. August im Hauptquartier der Alliierten in Cassibile erneut zusammensetzten[175]. Mittlerweile hatte die Regierung in Rom die Ergebnisse der Reise Castellanos nach Lissabon beraten. Der General traf deshalb mit aktualisierten Vorstellungen in dem sizilianischen Ort ein.

Dort überraschte der Stellvertretende Chef des Comando Supremo seine Verhandlungspartner mit folgender Nachricht: Angesichts der Tatsache, daß die Wehrmacht die Lage in Italien kontrolliere, sei seine Regierung außerstande, den Waffenstillstand vor der Landung der alliierten Divisionen zu verkünden. Genau das forderten jedoch London und Washington. Rom hingegen wollte, ehe es den Kriegsaustritt bekanntmachte, sicher sein, daß die Invasion auch erfolgreich verlaufen würde. In diesem Kontext verlangte Badoglio, daß mindestens 15 Divisionen — in erster Linie im Raum nördlich der italienischen Hauptstadt — angelandet werden sollten. Die alliierten Planungen sahen dagegen vor, was die Italiener nicht wußten, daß drei Divisionen bei Salerno und zwei in Kalabrien an Land gehen würden. Der Hauptgrund für die italienischerseits geforderte Konzentration auf das Gebiet um Rom ergab sich aus der damals noch gegebenen Absicht der Regierung und des Königs, in der Stadt zu bleiben[176].

Bedell Smith lehnte es rundweg ab, über die Vorstellung, daß die Regierung Badoglio den Waffenstillstand erst nach der Landung bekanntgebe, auch nur zu diskutieren. Außerdem weigerte er sich, Castellano und Zanussi die gewünschten militärischen Informationen zu geben. Die Invasion — so der amerikanische General — werde stattfinden, und das bedeute, daß die italienische Halbinsel auf jeden Fall zum Schlachtfeld würde. Jedoch könne die Regierung das Leiden der eigenen Bevölkerung verringern, wenn sie den »short armistice« zu den alliierten Bedingungen unterzeichne. Das klang eindeutig. Smith zeigte sich lediglich bereit, den Italienern eine Verlängerung der Bedenkzeit bis Mitternacht vom 1. auf den 2. September einzuräumen. Spätestens dann habe Rom »ja« oder »nein« zu sagen[177].

Ganz so einseitig waren die Karten an jenem 31. August aber doch nicht verteilt. Deshalb lenkte General Eisenhower ein. Er hatte eingesehen, daß die Italiener nur unterschreiben wollten, falls man auch in der Nähe ihrer Hauptstadt landete. Also erklärte er sich schließlich bereit, Castellano den Einsatz eines Luftlandeverbandes bei Rom zuzusagen.

---

[174] Woodward, British Foreign Policy, S. 493 f.
[175] Macmillan, War Diaries, S. 196—199.
[176] Woodward, British Forcign Policy, S. 495.
[177] Howard, Grand Strategy, S. 528 f.

Das allerdings unter der Voraussetzung, daß der Abschluß des Waffenstillstandes in der von ihm gewünschten Form erfolgte. Die Italiener hätten darüber hinaus die Flugplätze um Rom in Besitz zu nehmen und zu halten. Sie sollten ferner die Luftabwehr ausschalten und die deutschen Truppen im Umfeld der Hauptstadt angreifen[178].

Mit diesen Nachrichten kehrte Castellano noch am 31. August nach Rom zurück. Für die Entschlußfassung verblieben wenige Stunden. Badoglio, Guariglia, Ambrosio, Acquarone und General Giacomo Carboni, zu jenem Zeitpunkt noch Chef des Nachrichtendienstes, berieten die Lage. Ambrosio und Guariglia wollten auf Eisenhowers Bedingungen eingehen, Carboni lehnte das ab. Am Abend des 1. September entschied der König, daß die Forderungen der Alliierten zu akzeptieren seien[179]. Einen Tag später billigten Churchill und Roosevelt die Vereinbarungen. Daraufhin wurde der Waffenstillstand am 3. September unterzeichnet. General Smith unterschrieb für Eisenhower, General Castellano für Badoglio[180].

Der »short armistice« zählte 12 Artikel. Insgesamt bestimmten sie, daß Italien sofort sämtliche Kampfhandlungen gegen die Alliierten einstellte. Die italienische Regierung verpflichtete sich, alles zu tun, um den Deutschen den Zugriff auf Einrichtungen oder Materialien zu verwehren, die gegen die »Vereinigten Nationen« (also die Alliierten) eingesetzt werden könnten. Die Gefangenen und Internierten waren an den alliierten Oberbefehlshaber zu überstellen, wobei die Italiener gewährleisteten, daß nach dem 3. September kein einziger Kriegsgefangener nach Deutschland geschafft würde. Das Königreich hatte ferner sowohl seine Kriegsschiffe als auch Flugzeuge auszuliefern. Bei Bedarf durfte Eisenhower die Schiffe der Handelsmarine in Anspruch nehmen. Korsika und das gesamte italienische Staatsgebiet standen den Alliierten als Operationsbasis oder zu anderen Zwecken zur Verfügung, die uneingeschränkte Nutzung der Häfen und Flugplätze eingeschlossen. Bis zum Eintreffen alliierter Verbände sollten italienische Truppen solche kriegswichtigen Objekte schützen. Das hieß, daß sie jene unter Umständen auch gegen die Deutschen verteidigen mußten. Außerdem verpflichteten sich die Italiener, ihre Einheiten — wo immer sie standen — sofort zurückzuziehen. Die Regierung Badoglio erklärte sich ferner willens, die Streitkräfte zur schnellen Verwirklichung der Waffenstillstandsbedingungen einzusetzen. Auch Verwaltungsfragen und die Einrichtung einer alliierten Militärregierung wurden thematisiert. Gleiches galt für die Entwaffnung und Demobilisierung sowie Demilitarisierung. All das lag im Belieben des alliierten Oberbefehlshabers. Darüber hinaus wies man darauf hin, daß die wirtschaftlichen, finanziellen und politischen Bedingungen der Alliierten später überreicht werden würden[181].

Nach diesem Vorgriff auf die Entwicklung der Beziehungen zwischen Italienern und Alliierten ist noch einmal der Fortgang der militärischen Besprechungen deutscher und

---

[178] Woodward, British Foreign Policy, S. 496.
[179] Bartoli, L'Italia si arrende, S. 75.
[180] Woodward, British Foreign Policy, S. 497.
[181] Der »short armistice« ist in der offiziellen englischen Fassung publiziert bei Howard, Grand Strategy, S. 672 f.; die italienische Übersetzung ist veröffentlicht in: Otto settembre 1943, S. 33 f. Anzumerken ist, daß die Bestimmungen des Waffenstillstandes von Cassibile nur mit der Einwilligung von General Eisenhower bekanntgemacht werden durften.

italienischer Offiziere in den Blick zu nehmen. Sie fanden — auf italienischen Wunsch[182] — am 15. August in Casalecchio bei Bologna statt. Dreierlei muß man bei der Interpretation des Treffens berücksichtigen: das auf beiden Seiten längst existente tiefe Mißtrauen; die damals bereits gegebenen Waffenstillstandssondierungen; und die Tatsache, daß die in Bologna anwesenden italienischen Unterhändler über die Kontakte ihrer Regierung zu den Alliierten nicht auf dem laufenden waren[183]. Jedenfalls scheinen sie die Möglichkeit einer gemeinsamen Verteidigung Italiens noch immer nicht völlig ausgeschlossen zu haben[184]. Die Vertreter des Oberkommandos der Wehrmacht und Generalfeldmarschall Rommel kamen — was für die Atmosphäre bezeichnend ist — mit der Befürchtung in der Villa Federzoni an, daß man sie vergiften wollte. Wie bei solcher Ausgangslage zu erwarten, wiederholte sich das Theater von Tarvisio. Ohne Rücksicht auf den Gastgeber marschierten Angehörige der Panzergrenadier-Division »Leibstandarte-SS-Adolf Hitler« (ab 20. Oktober 1943 als 1. Panzer-Division »Leibstandarte-SS-Adolf Hitler« geführt) auf, die zunächst auf dem Flugplatz als »Ehrenkompanie« für Rommel und anschließend als Bewachung des Besprechungsortes auftraten[185]. Der Generalfeldmarschall entschuldigte sich zwar hinterher für diese — von Hitler persönlich befohlene — Unverschämtheit, mit der man den Abbruch des Treffens riskierte[186], aber seine Behauptung, er habe davon nichts gewußt, traf nicht zu[187].

Im einzelnen strebte Berlin in Bologna die »eingehende Nachprüfung der ital. Absichten und der Zuverlässigkeit der ital. politischen und militärischen Haltung« an. Die Wehrmachtführung wünschte die »Sicherung der deutschen Einflußnahme auf die Führung (als weiterer Prüfstein)«. Ferner sollten einige strittige Fragen hinsichtlich der Truppenstationierung an den Alpenübergängen geklärt werden. Ablehnen wollten die Deutschen das Ersuchen der Italiener, »aus Südfrankreich die ital. 4. Armee und aus dem Balkan mehrere Divisionen abziehen zu können«. Außerdem sei dem Verbündeten mitzuteilen, daß Rommel als Oberbefehlshaber der Heeresgruppe B den »Befehl über die deutschen Verbände in Oberitalien übernehmen« werde[188].

Gerüchte, daß der Generalfeldmarschall ein Kommando im Süden übernehmen würde, gab es seit Anfang Juni 1943[189]. Schon am 22. Juli hatte das Comando Supremo den Militärattaché in Berlin, General Marras, darüber unterrichtet, daß man es italienischer-

---

[182] Rintelen, Mussolini, S. 241.

[183] Roatta, Otto milioni di baionette, S. 293 ff.

[184] Ebd., S. 279 f.; vgl. auch Rintelen, Mussolini, S. 241.

[185] Rintelen, Mussolini, S. 241 ff.

[186] Comando Supremo, I Reparto, Prot. N. 15975/Op., P.M. 21, 17 agosto 1943, All'Ecc. il Ministro degli Esteri, Oggetto: Riunione di Bologna del 15 corrente. F/to: V. Ambrosio. Demnach erfuhr Roatta erst nach Abschluß der Besprechung, daß die Villa von rund 100 SS-Männern bewacht wurde. Er hätte anderenfalls die Unterbrechung der Konferenz oder den Abzug der Soldaten verlangt. So aber blieb nur der Weg, nachträglich energisch zu protestieren. Für Ambrosio bewies der Vorfall in unzweideutiger Weise die »Geisteshaltung« der Deutschen gegenüber den Italienern, ASUSSME, Cartella 1504/C.

[187] Rommel Papers, S. 441 und S. 443.

[188] KTB OKW, Bd III, S. 949.

[189] Diario Storico Comando Supremo Regio Esercito, S. 6, 3.6.1943, ASUSSME, Cartella 1444.

seits nicht gerne sähe, wenn Rommel den Befehl über die deutschen Truppen in Italien erhielte[190]. Die Befürchtung wurde nun — für Norditalien — in Bologna zur Gewißheit. Roatta reagierte erstaunt[191]. Das Comando Supremo protestierte umgehend auf dem Wege über das Außenministerium. Um den bei der italienischen Führung unbeliebten Rommel nicht persönlich zu verletzen, gab Rom dessen hohen Dienstgrad als formalen Hinderungsgrund an[192]. Doch Hitlers Entscheidung, die er bereits am 26. Juli gefällt hatte, stand unumstößlich fest[193].

Im übrigen war die letzte Zusammenkunft von Angehörigen der obersten deutschen und italienischen militärischen Führung[194] gekennzeichnet von einer gewissen Aggressivität und mitunter unzweideutigen Anzeichen, daß der eine dem anderen nicht mehr über den Weg traute. Die Deutschen zeigten sich entschlossen, den Gesprächspartner zur Akzeptierung der eigenen Vorstellungen über die Verteidigung in Italien zu zwingen. Das hätte die rigorose Kontrolle und Verfügungsgewalt über den Noch-Verbündeten bedeutet. General Roatta bemühte sich seinerseits, durch Gegenvorschläge zur deutschen Auffassung die Verwirklichung einer politischen und militärischen Machtübernahme Hitlers in Italien zu verhindern.

Insgesamt lief Roattas — in Anlehnung an seine schon erörterte Ausarbeitung vom 4. August entwickelte — Konzeption darauf hinaus, daß vier deutsche und sechs italienische Divisionen in Kalabrien und Apulien aufgestellt würden. Je zwei deutsche und italienische Divisionen waren für die Sicherung der Golfe von Gaeta, Salerno und Neapel eingeplant. Im mittelitalienischen Raum — bis zur Linie Elba—San Marino — wollte der Chef des Generalstabes des italienischen Heeres ausschließlich eigene Großverbände stationieren, wobei er an acht Divisionen dachte. Eine Eingreifgruppe von drei deutschen Divisionen sollte zum Teil südlich des Apennin in der Toskana und zum Teil nördlich davon im Raum von Reggio in der Lombardei Stellung beziehen. Weitere zwei deutsche Divisionen gedachte der General im Gebiet um Genua und an der Riviera zu dislozieren. Zwischen diese fünf deutschen Großverbände beabsichtigte Roatta drei italienische Divisonen einzuschieben. Für Norditalien schlug er vor, daß zwei italienische Divisionen an der Grenze nach Frankreich, zwei an der Straße von Trient zum Brenner, drei zwischen Triest und Tarvisio an der Ostgrenze aufmarschierten. Zur Küstensicherung im Raum Venedig und Triest schien eine Division zu genügen. Fünf italienische und zwei deutsche Großverbände sah er für Sardinien vor, während für das Halten von Kor-

---

[190] Diario Storico Comando Supremo Regio Esercito, S. 9, 22.7.1943, ASUSSME, Cartella 1444.

[191] KTB OKW, Bd III, S. 950.

[192] Comando Supremo, I Reparto, Prot. N. 15976/Op., P.M. 21, 17 agosto 1943, All'Ecc. il Ministro degli Esteri, ASUSSME, Cartella 1504/D. Direkt dazu ADAP, E, Bd VI, Dok. 234, S. 412 f., Meldung des Gesandten I. Klasse Otto Christian Fürst von Bismarck (Rom) an das Auswärtige Amt vom 19.8.1943. Diese betraf die Intervention des italienischen Außenministers Guariglia wegen der Einsetzung Rommels als Oberbefehlshaber in Norditalien.

[193] KTB OKW, Bd III, S. 967 f.

[194] Deutscherseits nahmen teil: Generalfeldmarschall Rommel, General der Artillerie Jodl, General der Infanterie v. Rintelen, Oberstleutnant i.G. Kraatz, Major d.G. Waizenegger; auf italienischer Seite waren anwesend: General Roatta und General Rossi. Vgl. KTB OKW, Bd III, S. 949.

sika zwei italienische und eine deutsche Division als ausreichend galten. Roatta ging dabei von insgesamt 34 italienischen und 14 deutschen Divisionen[195] aus.

Die Deutschen gestanden schließlich doch zu, daß die italienische 4. Armee — ausgenommen zwei Küstenschutzdivisionen, eine Infanteriedivision und ein Generalkommando — aus Frankreich abgezogen würden. Jodl war außerdem damit einverstanden, daß drei Divisionen der auf dem Balkan stehenden italienischen 2. Armee ins Mutterland zurückkehren sollten. In Italien wollte die Wehrmachtführung den nationalen Oberbefehl unter der Bedingung hinnehmen, daß die Deutschen im Gegenzug das Oberkommando auf dem Balkan erhielten. Selbst hinsichtlich der Grenzsicherung im Norden zeichnete sich eine gewisse Annäherung ab. Beide Seiten beabsichtigten, die dortigen Kräfte zahlenmäßig zu beschränken. Allerdings existierte keine Einigkeit in der kritischen Frage gemeinsamer Grenzsicherungen[196]. Absolut unzugänglich zeigten sich die deutschen Teilnehmer hinsichtlich der Truppenverteilung[197].

Folgt man Rintelen[198], so meinte Rommel, daß Roatta »zweifellos vernünftige Vorschläge für eine weitere Zusammenarbeit« machte. Jodl soll sich hingegen dahingehend geäußert haben, daß er den »falschen Italienern die Maske vom Gesicht gerissen« hätte. Damit meinte der General eventuell den »Prüfstein«, also die Frage der deutschen Einflußnahme auf die Führung in Italien, denn hier reagierten die Italiener hart. Jodls oben referiertes Nachgeben — Italien den Italienern, der Balkan den Deutschen — wäre dann hinsichtlich seiner Verbindlichkeit mit einem Fragezeichen zu versehen. Gemeint war aber ganz gewiß auch die von Roatta empfohlene Truppenaufstellung, die bei Hitlers engstem militärischen Berater sofort Mißtrauen weckte. Jedenfalls meldete Jodl unmittelbar nach Abschluß des Treffens an das Oberkommando der Wehrmacht: Klarheit über die italienischen Absichten gebe es zwar noch immer nicht, doch die vorhandenen »Verdachtsmomente« blieben in »vollem Umfang bestehen«. Vor allem die von General Roatta vorgetragene »Verteilung der deutschen und italienischen Verbände erwecke den Verdacht, daß das Kommando Supremo [!] ein doppeltes Spiel vorbereite«. Berge doch der italienische Verteidigungsplan die Möglichkeit in sich, »im Falle der Kapitulation mit oder ohne Hilfe der bisherigen Feinde in Mittelitalien einen Riegel quer durch das Festland zu legen, der den 6 im Süden aufgestellten Divisionen den Rückzug unmöglich« machen würde. Eine zweite »große Falle« wäre im Norden vorbereitet. Dort könnten die nahe der Alpenpässe dislozierten italienischen Einheiten die Verbindungswege nach Frankreich, Deutschland und Kroatien sperren. Die fünf in Oberitalien versammelten deutschen Divisionen sähen sich dann von jedweder externen Unterstützung abgeschnitten. Als von Anfang

---

[195] KTB OKW, Bd III, S. 952.

[196] Ebd., S. 949—952.

[197] Torsiello, Le operazioni delle unità italiane, S. 37 f.

[198] Rintelen, Mussolini, S. 244 f. Im Tagebuch Rommels erfährt diese Bewertung der Haltung des Generalfeldmarschalls durch Rintelen allerdings keine Bestätigung, denn am 15.8.1943 findet sich die Eintragung: »The Italians are refusing to give way on certain of their demands, as for example, exclusive Italian defence of the railways and Italian command over all troops in Italy. They declare our demands to be a vote of no confidence and feel themselves touched in their honour.« Zit. nach Rommel Papers, S. 442.

an verloren müßten die auf Sardinien und Korsika befindlichen Verbände gelten, sofern man sich auf Roattas Plan einlasse[199].

Hitler zog aus der »frostig und unerfreulich« verlaufenen Besprechung die Konsequenz, daß »wie bisher weitergemacht« würde. Das bedeutete unter anderem, daß die »Heeresgruppe Rommel in den ital. Raum nach eigenen Plänen mit ital. Duldung hineingepumpt« werden sollte, was »unter rücksichtsloser Sicherstellung der eigenen Sicherheit und des Nachschubs« zu geschehen habe. Allerdings wollte man bei alldem einem Bruch mit Italien noch immer keinen Vorschub leisten. Die Unternehmen »Achse« und »Eiche« blieben deswegen vorerst weiterhin »zurückgestellt«[200].

Vor allem aber machten sich die Deutschen daran, in Italien eine neue Befehlsführung zu organisieren. In Bologna hatte es noch geheißen, daß das Oberkommando der Wehrmacht in diesem Zusammenhang neue Vorschläge zu unterbreiten beabsichtigte. Doch unmittelbar danach war davon nicht mehr die Rede. In der Praxis wirkte sich das so aus, daß bereits am 19. August nur noch eine einzige deutsche Division von einem italienischen Kommando abhing[201]. Ambrosio protestierte zwar[202], doch da ließ sich nichts mehr verändern. Die Deutschen lehnten es ab, andere als die eigenen Vorstellungen zu verwirklichen.

Das zeigte sich auch auf dem Balkan, wo sich die Wehrmacht ebenfalls gezielt auf den Fall »Achse« einstellte. Seit dem 26. August konstituierte sich die Heeresgruppe F unter Generalfeldmarschall Maximilian Freiherr von und zu Weichs an der Glon[203]. Mit der neuen Organisation traten sofort Kompetenzschwierigkeiten zwischen der deutschen und italienischen Führung auf, denn Weichs versuchte ebenfalls, möglichst viele eigene Divisionen der Befehlsgewalt italienischer Oberbefehlshaber zu entziehen[204].

Der Verlauf der Unterredung in Bologna bestätigte aus der Sicht des Comando Supremo, daß der Aufmarsch der Wehrmacht in Norditalien »mit dem offensichtlichen Zweck« erfolgte, sich den »Besitz der Po-Ebene zu sichern«. Die lebenswichtigen italienischen Belange interessierten Berlin nicht. Das südlich des Apennin gelegene Italien besaß für das Oberkommando der Wehrmacht lediglich die Funktion eines Vorfeldes. Genau das hatte Roatta bereits am 4. August geschrieben. Nicht zuletzt die Entwicklung in Südtirol erhärtete den negativen Eindruck vom Verhalten des »Achsenpartners. Dort küm-

---

[199] KTB OKW, Bd III, S. 952 f.

[200] Lagevorträge, S. 540, 19.8.1943; Rommel, der von der Befreiung Mussolinis nichts hielt, war diese Zurückstellung gewiß willkommen: Rommel Papers, S. 441.

[201] Stato Maggiore Regio Esercito, Ufficio Operazioni, Dal Superesercito Operazioni a Comando Supremo, N. 11/32934, 19/8/1943, von Roatta unterzeichnetes Fernschreiben, ASUSSME, Cartella 1504/C. Vgl. auch Roatta, Otto milioni di baionette, S. 280 f.

[202] Comando Supremo, I Reparto, Prot. N. 16092/Op., P.M. 21, li 20 agosto 1943, Al Generale Enno von Rintelen, F/to Ambrosio, ASUSSME, Cartella 1504/C.

[203] KTB OKW, Bd III, S. 969 und 1015. Der H.Gr. F in Belgrad unterstanden die H.Gr. E, Generaloberst Löhr, in Saloniki und das Panzerarmeeoberkommando 2, General der Infanterie Rendulic, in Kragujevac.

[204] Comando Supremo, I Reparto, Prot. N. 24109/Op., P.M. 21, li 1 settembre 1943, All'Ufficio del Generale Germanico presso il Comando Supremo, Oggetto: Dipendenze truppe tedesche in Albania, ASUSSME, Cartella 3050.

merten sich die Deutschen herzlich wenig um die italienische Souveränität. Das Land war im Grunde so gut wie besetzt. Die Wehrmachtführung hielt sich weder an die Absprachen von Tarvisio noch an jene von Bologna. Sie tat schlicht das, was ihr zweckmäßig zu sein schien. Gewiß, bei Protesten gab es die »mündliche Zusicherung«, Korrekturen vorzunehmen. Doch dadurch ließen sich die Italiener nicht mehr täuschen. Sie erkannten durchaus, daß man deutscherseits einen offenen Bruch noch zu vermeiden versuchte. Aber dieses Verhalten wurde als rein taktische Maßnahme eingestuft, denn im Falle einer Konfrontation sei die Wehrmacht wegen der planmäßigen Verteilung ihrer Truppen und deren quantitativer sowie qualitativer Überlegenheit in der Lage, die italienischen Einheiten in Südtirol »einzuschließen und zu erdrücken«[205].

In dem hier zitierten Überblick über die Entwicklung vom 20. Juli bis zum 15. August 1943 klingt Resignation an, sei es im Hinblick auf die eigenen Möglichkeiten, sich zur Wehr zu setzen, sei es hinsichtlich der Einstellung der Reichsführung zu Italien. Angesichts der deutschen Vorbereitungen für den Fall »Achse«[206], die ständig aktualisiert wurden, war solcher Pessimismus gerechtfertigt, selbst wenn die Italiener nur die Spitze des Eisberges sahen.

Die endgültigen »Richtlinien« für die deutschen Gegenmaßnahmen beim Ausscheiden Italiens aus dem Kriege ergingen am 30. August[207]. Zu jenem Zeitpunkt hatte die Wehrmachtführung im italienischen Raum 17 Divisionen und vier Generalkommandos zusammengezogen. Acht Divisionen waren erst von Ende Juli bis Ende August aus dem Westen und aus Dänemark zugeführt worden. Außerdem standen im norditalienischen Raum starke Heerestruppen: mehrere Flak-Batterien, die leichte Flak-Abteilung 734, die leichte Artillerie-Abteilung 733 sowie die schweren Artillerie-Abteilungen 450 und 764, Teile des Werfer-Regiments 56, ein Zug Flamm-Panzer der 14. Panzerdivision, die Landesschützenbataillone 509 und 705, ein Brücken-Kolonnen-Stab und einige Brücken-Kolonnen[208]. Die Deutschen erwiesen sich somit in Italien — aber auch auf dem Balkan und in Südfrankreich — bestens auf den Fall »Achse« vorbereitet. Und die Italiener selbst?

---

[205] Denkschrift, »Überführung und Unterbringung großer deutscher Einheiten in Italien und deutsche Haltung in Südtirol«, 13 S., ohne Datum, aber auf jeden Fall nach dem Treffen in Bologna geschrieben, BA-MA, RH 19 X/12. Der Verfasser dürfte der Unterchef des Comando Supremo gewesen sein, General Francesco Rossi. Auszugsweise wird die Denkschrift zitiert im KTB OKW, Bd III, S. 953 f.

[206] OKW/WFSt/Op. Nr. 661746/43 g.K. Chefs., F.H.Qu., den 1.8.43, Maßnahmen, die auf das Stichwort »Achse« zu treffen sind, BA-MA, RH 2/v. 636. Der Text dieses Fernschreibens an Ob.d.L. FüStab, H.Gr. B, Ob. Süd, Ob. West, OKM/Skl, Amt Ausl/Abw, WNV, Wehrm. Transp. Chef ist nicht identisch mit dem — kürzeren — Text im KTB OKW, Bd III, S. 869 f. Das Fernschreiben ist von GFM Keitel unterzeichnet. Zum Vorbefehl für »Achse« vom 2.8.1943 vgl. KTB OKW, Bd III, S. 1449 f.

[207] OKW/WFSt Nr. 662108/43 gKdos. Chefs., 30.8.43, Fernschreiben, gez. Keitel, Generalfeldmarschall, An OKM Skl. (u.a.), Zusatz: Fernschreiben geht nicht an Ob. Südost: LD, Wolfsschanze, BA-MA, RM 7/237. Dieser Originaltext weicht von der Wiedergabe des Fernschreibens im KTB OKW, Bd III, S. 1026, 29.8., ab. Vgl. außerdem ebd., S. 1038 und 1068.

[208] Nach Schröder, Italiens Kriegsaustritt, S. 218—232, dort zur Zuführung der deutschen Verbände; und Müller-Hillebrand, Heer, S. 117, zur Dislozierung.

f) Der 8. September 1943 — Ein improvisierter Kriegsaustritt

Nach Bologna gab es in bezug auf die Truppenzuführungen keine Zweifel mehr, daß es den Deutschen eher um die Einnahme von Ausgangspositionen für die Besetzung Italiens als um die Abwehr einer alliierten Invasion ging[209]. Der Generalstab des italienischen Heeres verlegte angesichts einer solchen Bedrohung durch den Verbündeten — teilweise schon vor Bologna, denn die Verdachtsmomente waren ja nicht neu — eigene Verbände in die am stärksten gefährdeten Gebiete: Südtirol, den Raum um La Spezia und die Umgebung Roms. Außerdem wurde am 17. August im Generalstab eine besondere Sektion eingerichtet, die dem Chef der Operationsabteilung direkt unterstand. Sie hatte die spezielle Aufgabe, die deutsche Kräfteentfaltung genau zu verfolgen. Vor allem interessierten Informationen über Einheiten in der Nähe der Hauptstadt. Außerdem sollte die »Sezione speciale« die Befehle für die Reaktionen der eigenen Streitkräfte ausarbeiten. Parallel dazu hatte sie offensive Operationen der italienischen Truppen zu prüfen. Man schloß also nicht aus, daß sich diese später realisieren lassen könnten[210].

Die Aufgabenstellungen für die dem Generalstab des Heeres direkt unterstehenden Großverbände regelten verschiedene Richtlinien, die in den Memoranden »44 Op.« und »45 Op.« festgeschrieben wurden. Das Comando Supremo erließ die in seine Kompetenz fallenden entsprechenden Weisungen hingegen mit den Promemorien Nr. 1 und Nr. 2. Ersteres bekamen die Chefs von Heer, Luftwaffe und Marine am 6. September zugestellt. Letzteres ging gleichzeitig an die dem Comando Supremo unmittelbar unterstellten Befehlshaber von Frontverbänden außerhalb Italiens. Allerdings kam das »Promemoria Nr. 2« weder bei der italienischen Heeresgruppe Est noch beim Befehlshaber der Streitkräfte in der Ägäis rechtzeitig an[211]. Das »Memoria 44 Op.« wurde seit der Nacht des 2. Septembers durch Offiziere des Generalstabs den Befehlshabern der italienischen Heeresgruppe Süd, der 2., 4., 5., 7. und 8. Armee, der Inseln Sardinien und Korsika sowie der Territorialverteidigung von Mailand und Bologna zugestellt. Bis zum 5. September hatten sie alle von der Weisung, die sich jedoch nicht einmal indirekt auf den Waffenstillstand, sondern einzig auf Gegenmaßnahmen bei einer Aggression deutscher Streitkräfte bezog, Kenntnis. Nach Einsichtnahme wurde das Memorandum vernichtet. Selbst das Original hat man zerstört. Für die Verteidigung von Rom und für die Aufstellung einer Kräftegruppe an der Ostküste gab es im übrigen Sonderbefehle. Inhaltlich besagte die

---

[209] Bertinaria, Il Comando Supremo, S. 88. Es ist bezeichnend, daß sich im letzten Drittel des Monats August — wie schon angedeutet — innerhalb der politischen Führung Italiens die Furcht manifestierte, die Deutschen wollten in allernächster Zeit die Regierung Badoglio stürzen. Rom trat daher die Flucht nach vorne an und konfrontierte die deutsche Seite mit diesem Verdacht, den jene natürlich als unbegründet hinstellte: ADAP, E, Bd VI, Dok. 244, 24.8.1943, und Dok. 246, 25.8.1943, S. 431—435. Es handelt sich um Meldungen Bismarcks und Rintelens über Unterredungen mit Guariglia und Badoglio. Hierbei wurde auch der Argwohn erwähnt, den die Italiener deutscherseits verzeichneten. Im Zusammenhang damit wies Ribbentrop die Botschaft Rom am 4.9.1943 an, »Badoglio mitzuteilen, es gäbe begründeten Anlaß für das deutsche Mißtrauen gegenüber der italienischen Regierung« (ebd., S. 435, Anm. 4).

[210] Torsiello, Le operazioni delle unità italiane, S. 38 ff.

[211] Bertinaria, Il Comando Supremo, S. 88 f.

Weisung vom 2. September, daß sich die italienischen Großverbände bei einem Angriff zu wehren hatten. Das schien eindeutig zu sein. Unklar war hingegen, was die Befehlshaber tun sollten, falls der Generalstab des Heeres nicht ausdrücklich mitteilte, daß der Befehl in Kraft sei. Vor allem aber fehlte der Hinweis auf das Datum des bevorstehenden Waffenstillstandes. Die Front erkannte somit nicht die Dringlichkeit der Vorbereitung auf den Eventualfall. Gleiches galt für das »Promemoria Nr. 2« des Comando Supremo, das die meisten Befehlshaber am 7. September kannten[212].

Der entscheidende Defekt dieser italienischen Befehle — und für das operative oder taktische Verhalten waren das »Memoria 44 Op.« sowie das »Promemoria Nr. 2« zentral — bestand in der Tatsache, daß sie die jeweiligen Befehlshaber hinsichtlich eigener Aktionen rigoros auf eine vorangehende deutsche Aggression festlegten, was beim Kriegsaustritt oft zu Verwirrung, Unentschiedenheit und auf jeden Fall zu verhängnisvollen Verzögerungen bei der Entscheidungsfindung führte. Vermutlich hätten sich die negativen Folgen der unklaren Befehlslage noch am 8. September durch eine eindeutige Weisung des Generalstabes beziehungsweise des Comando Supremo abschwächen lassen. Doch genau sie blieb aus. Erst am 11. September — was sich als zu spät erwies — erging der Befehl, die deutschen Truppen als Gegner zu betrachten[213]. An jenem Tag war die italienische Armee bereits im Chaos versunken. Um auf die oben gestellte Frage zu antworten: Die Italiener bereiteten sich — in unzulänglicher Weise — theoretisch auf eine Situation vor, für die sie sich allerdings am 8. September praktisch noch nicht annähernd gewappnet zeigten.

Das galt nicht allein für die Militärs. Zur Erklärung dessen, was gemeint ist, muß kurz auf die Entwicklung nach der Unterzeichnung des Waffenstillstandes in Cassibile eingegangen werden[214]. Im Anschluß an den 3. September verhandelte man über die technische

---

[212] Torsiello, Le operazioni delle unità italiane, S. 41—45; ebd., S. 63—67: Promemoria N. 1, vom 6.9.1943; S. 68 f.: Memoria N. 45, vom 6.9.1943; und S. 70 ff.: Promemoria N. 2, vom 6.9. 1943.

[213] Ebd., S. 51.

[214] Anzumerken ist, daß Eisenhower und Badoglio am 29.9.1943 an Bord von H.M.S. »Nelson« in Malta die Gesamtkapitulation Italiens unterzeichneten. Im Abschnitt 1. A hieß es (zit. nach Howard, Grand Strategy, S. 674—681, dort Abdruck des »Instrument of Surrender of Italy«): »The Italian Land, Sea and Air Forces wherever located hereby surrender unconditionally.« Der nur widerwillig unterschreibende italienische Regierungschef legte sowohl gegen den Terminus »bedingungslose Kapitulation« als auch gegen die Formulierung der Überschrift des Dokuments — »Instrument of Surrender« — Protest ein. Er hatte damit Erfolg. Noch am selben Tage schrieb Eisenhower einen Brief an Badoglio, in dem er deutlich machte, daß der Charakter der Gesamtbedingungen von den vor der Einstellung der Feindseligkeiten gegebenen Verhältnissen geprägt sei. Eisenhower stellte schon damals eine Abänderung in Aussicht (sein Brief ist u.a. veröffentlicht bei Macmillan, War Diaries, S. 243 f.).
In der Tat unterzeichneten am 9.11.1943 — Italien kämpfte bereits auf alliierter Seite — die britische und die amerikanische Regierung ein Dokument, in dem der Begriff »Instrument of Surrender« in »Additional Conditions of Armistice with Italy« geändert wurde. Auch war nunmehr nicht weiter von »unconditional surrender« die Rede, sondern davon, daß Badoglio den Inhalt der am 3. und 29.9.1943 unterschriebenen Dokumente bedingungslos anerkannt habe (Howard, Grand Strategy, S. 535). Historisch einordnend sollte man deshalb nicht — wie hin und wieder zu lesen — von einer bedingungslosen Kapitulation Italiens sprechen. Zutreffend ist in der Retrospektive vielmehr der Terminus »Waffenstillstand«.

Durchführung des italienischen Kriegsaustritts und über die diesbezüglichen militärischen Rahmenbedingungen. Zu ihnen zählten auch die Luftlandung alliierter Truppen bei Rom, das Unternehmen »Giant II«[215], sowie die Landung von See bei Salerno, die Operation »Avalanche«[216]. Die Regierung in Rom erfuhr jedoch weder den Zeitpunkt, an dem die Verlautbarung des Waffenstillstandes erfolgen sollte (aufgrund interner Überlegungen und Annahmen ging man vom 12. September aus[217]), noch wußte sie, wo genau die Alliierten landen wollten. Die Angabe, daß es südlich von Rom geschehen solle, muß in der Tat als sehr vage bezeichnet werden. Es lag durchaus nahe, bei einer derartigen Ortsbestimmung eher an einen Küstenstreifen in der Nähe von Ostia oder bei Gaeta als an den Golf von Salerno im Süden von Neapel zu denken. Doch »Avalanche« war eben schon geplant, als der Waffenstillstand in Cassibile abgeschlossen wurde[218].

Endgültige Klarheit über die Absichten der Alliierten gewannen die Italiener im Verlaufe eines Besuchs von Brigadegeneral Maxwell Davenport Taylor und Oberst William Tudor Gardiner am 7. September in Rom[219]. Im Palazzo Caprara trafen die beiden Amerikaner mit General Carboni, nunmehr Kommandeur des bei der Hauptstadt versammelten motorisierten Korps, und mit dem Regierungschef, Marschall Badoglio, zusammen. Carboni ging mittlerweile davon aus, daß die Divisionen der amerikanischen 5. Armee bei Salerno anlanden wollten. Allerdings war seine Kenntnis oder Vermutung damals nicht mehr außergewöhnlich, auch wenn sich Taylor verblüfft zeigte[220]. Nicht weniger überrascht erschienen die Italiener, als sie hörten, daß der 8. September »D-Day« sei[221]. Taylor und Gardiner sollten Details für den Einsatz der 82. Luftlandedivision bei der Bekanntgabe des Waffenstillstandes besprechen. Vermutlich ging es jedoch zugleich darum herauszufinden, ob die von General Castellano am 4. und 5. September in Cassibile — unter dem massiven Druck von General Bedell Smith — gemachten militärischen Zusagen italienischerseits gehalten werden könnten[222].

---

[215] Garland/Smyth, Sicily, S. 485—496; und Howard, Grand Strategy, S. 529—532.

[216] Molony, The Campaign in Sicily, S. 255—330; Morison, Sicily-Salerno, S. 227—314; und Morris, Salerno, insgesamt. Letzterer wertet die alliierte Landung sehr kritisch.

[217] Bartoli, L'Italia si arrende, S. 84; und Roatta, Otto milioni di baionette, S. 315.

[218] Bertinaria, Il Comando Supremo, S. 90.

[219] Zur Reise der amerikanischen Offiziere vgl. Maugeri, Ricordi, S. 139—151.

[220] Garland/Smyth, Sicily, S. 500; Bartoli, L'Italia si arrende, S. 90; Davis, Söhne der Wölfin, S. 358; Hinsley, British Intelligence, S. 109 ff., der die von den Briten entschlüsselten deutschen und italienischen Meldungen zusammenstellt, die sich auf die seit Juli 1943 geplante Landung im Golf von Salerno bezogen. Ab dem 14.8. gab es demnach dahingehende Vermutungen. Am 6.9. nahm man an, daß die Operation unmittelbar bevorstehe. Damals waren auch die Landungsverbände von der Luftflotte 2 erfaßt. Vgl. außerdem Schröder, Italiens Kriegsaustritt, S. 294 f.

[221] Davis, Söhne der Wölfin, S. 356.

[222] Zangrandi, L'Italia tradita, S. 121; vgl. aber auch Mazzetti, L'armistizio con l'Italia, S. 146—151, dort u.a. zu den Ergebnissen der internen Diskussion über die amerikanische Luftlandung. Daraus geht einmal mehr hervor, daß die italienischen und die alliierten militärischen Planungen ganz einfach zu losgelöst voneinander betrieben wurden. Das beim Eintreffen von Taylor sichtbar werdende Desaster war geradezu programmiert. Festzuhalten ist außerdem die Überzeugung Roattas, daß eine Bekanntgabe des Waffenstillstandes vor dem 12.9. die italienischen Vorbereitungen auf den Tag X, den der General auf den 15.9. zu verschieben wünschte, bloßstellen mußte.

Die Reaktionen auf die Mitteilung, daß man nicht noch weitere vier oder fünf Tage Vorbereitungszeit besitze, bewiesen, daß die Skepsis der alliierten Führung begründet gewesen ist. Carboni und Badoglio gaben sich schockiert. Sie führten eine ganze Reihe von Gründen an, um die militärische Notwendigkeit eines Verzichts auf die Luftlandung bei Rom verständlich zu machen. So hätten die Deutschen ihre Verbände in und um die italienische Hauptstadt seit dem 3. September erheblich verstärkt. Die italienischen Truppen, die bei der Landung der 82. Luftlandedivision Unterstützung gewähren sollten, seien hingegen unzureichend munitioniert, sie besäßen nicht genügend Treibstoff, es fehlte ihnen an Panzern und schwerer Artillerie.

Einmal davon abgesehen, daß es Generalen im allgemeinen stets an diesem oder jenem fehlt, ist festzuhalten, daß die Argumente Carbonis, denen sich Badoglio anschloß, in die Irre führten. Der General verfügte durchaus über genügend Truppen und Material, um die Hauptstadt bis zum Eintreffen der amerikanischen 82. Luftlandedivision zu halten. Selbst die gesamte Flugabwehr der fünf bei Rom befindlichen Flugplätze lag in italienischen Händen. Nun ist zwar bekannt, daß die militärische Führung hoffte, die Infanterie-Divisionen »Re« und »Lupi di Toscana« — aus Kroatien beziehungsweise aus Südfrankreich — bis zum 12. September an die Hauptstadt heranzuführen, aber davon konnte die Einhaltung der in Cassibile ausgehandelten Vereinbarungen nicht ernsthaft abhängig gemacht werden. Die beiden Amerikaner gewannen daher auch den Eindruck, daß ihre Gesprächspartner gemäß dem Grundsatz verfuhren[223]: »wait till they rescue us«. Schuld an dem Fiasko, das sich am 7./8. September manifestierte, waren freilich beide Seiten[224].

Es ist kaum vorstellbar, aber Badoglio, der den Kriegsaustritt seit vier Wochen betrieben und wie kein anderer von allen Details Kenntnis hatte, wurde vom 8. September überrascht. Für den von ihm vermuteten Termin, den 12. September, gab es zu keiner Zeit eine amerikanische Bestätigung. Es war also ausgesprochen leichtfertig, die militärischen Planungen auf den genannten Termin abzustellen. Die Amerikaner wiederum scheinen seit dem 3. September davon ausgegangen zu sein, daß sich die Italiener so schnell wie möglich auf die abgesprochene militärische Unterstützung einstellen würden. Ja sie durften wegen der Angaben Berios und Castellanos sogar annehmen, daß Rom ohnehin in der Lage wäre, sofort zu handeln. Schließlich hatte doch der Stellvertreter von Ambrosio dem britischen Botschafter in Madrid am 15. August im Namen Badoglios versichert, Italien würde, unbeschadet der schwierigen Lage, in der sich seine Streitkräfte befänden, an der Seite der Alliierten kämpfen, sobald diese gelandet wären. Insbesondere Badoglio soll damals, darauf wurde schon aufmerksam gemacht, wegen der deutschen Truppenzuführungen sogar auf einen möglichst frühen Zeitpunkt für die alliierte Invasion gedrängt haben[225].

---

[223] Garland/Smyth, Sicily, S. 501.

[224] Zu den Unterredungen am 7./8.9. vgl. die ausführlichen Darstellungen bei: Bartoli, L'Italia si arrende, S. 83—96; Davis, Söhne der Wölfin, S. 354—362; Garland/Smyth, Sicily, S. 497—505; Lussu, La difesa di Roma, S. 219—226; Torsiello, Le operazioni delle unità italiane, S. 83—89, der nicht auf die Gespräche selbst eingeht, aber die umfassendste Abhandlung über die militärischen Fragen gibt, die dabei verhandelt wurden; Trionfera, Valzer, S. 71—89; und Zangrandi, L'Italia tradita, S. 121—147.

[225] Howard, Grand Strategy, S. 522; vgl. außerdem Rainero, Gli Armistizi, S. 36—42, dort Abdruck des »Processo verbale di Cassibile«. Auch in dieser Aufzeichnung über die Verhandlungen von Castel-

Mitte August war das Oberkommando der italienischen Streitkräfte jedoch davon ausgegangen, daß sich die »Zahl der zugeführten [deutschen] Divisionen auf sieben — darunter 2 Panzerdivisionen — außer den Verstärkungen für die bereits in Italien befindlichen Einheiten« erhöht hätte. Das Comando Supremo wußte, wie das »Promemoria Nr.
1« vom 6. September beweist, bei der Aussprache mit Taylor, daß sich daran in der Folgezeit im Grunde nur noch wenig änderte[226], was nicht zuletzt für die bei Rom versammelten deutschen Kräfte zutraf.

Die entscheidende Frage ist somit diejenige nach den ganz konkreten Maßnahmen, mit
denen die militärische Führung Italiens die Lage zwischen dem 8. und dem 12. September noch so sehr zu verändern hoffte, daß ihre Truppen am Tag des Kriegsaustritts auf
eine Auseinandersetzung mit der Wehrmacht wirkungsvoller eingestellt gewesen wären,
als sie es de facto waren. Truppenverschiebungen hätten dabei eine gewisse Rolle spielen
können. Nur, strukturelle Probleme, und um diese handelte es sich, ließen sich mit ihnen
nicht lösen.

Gemeint ist damit zum einen die Art der italienisch-alliierten Zusammenarbeit. Es entsprach keiner wirklichkeitsnahen militärischen Planung, gerade zwischen völlig unver-
trauten Partnern, wenn der eine dem anderen mehr oder weniger aufoktroyierte, was
er zu tun hatte. Zum anderen gilt es jedoch die italienische Armee und ihre Führung
in den Blick zu nehmen. Es gab zum Beispiel einen absolut unverständlichen Verzicht
auf die eigene Initiative, das heißt auf die Wahrung des Überraschungsmoments. Ausgeprägt war außerdem die Abhängigkeit von einer zentralen Führungsinstanz. Das erwies
sich als besonders nachteilig, weil jene beim Kriegsaustritt in den entscheidenden Stunden ausfiel. Es scheint ferner so gewesen zu sein, daß die italienische Heeresführung bei
ihrer Lagebeurteilung und der Planung der eigenen Aktionen eher quantitativen als qualitativen Kriterien folgte. Schließlich zählten zu den strukturellen Faktoren unter anderem noch die Moral der Truppe und das Vertrauen der Führung in dieselbe. Sowohl Roatta
als auch Ambrosio erschienen in dieser Hinsicht Ende August 1943 außerordentlich pessimistisch, wobei sich in erster Linie die im Mutterland stationierten Divisionen[227] angesprochen sahen. Mit der Unterschätzung der eigenen Truppen ging eine — ebenfalls schon
angesprochene — lähmende Überschätzung der Wehrmacht einher. Und das bedeutete
natürlich eine fatale Kombination.

---

lano mit den Alliierten in Cassibile wird der Eindruck vermittelt, daß der General seinen Gesprächs-
partnern unzutreffende Informationen gab. Von einer Entschlossenheit, die Deutschen auf jeden
Fall anzugreifen (S. 41), konnte zum Beispiel nicht die Rede sein.

[226] BA-MA, RH 19 X/12 (wie Anm. 205); und Torsiello, Le operazioni delle unità italiane, S. 63—67.

[227] Stato Maggiore Regio Esercito, Ufficio del Capo di Stato Maggiore, N. 28 C.S.M., P.M. 9, li 25
agosto 1943, Oggetto: Morale delle truppe, A S. Ecc. il Capo di S.M. Generale, A S. Ecc. il Ministro della Guerra, f/to Roatta (7 S.); und: Comando Supremo, I Reparto, Prot. N. 16475/Op., P.M.
21, li 31 agosto 1943, A S. Eccellenza il Capo del Governo, Oggetto: Morale delle truppe, f/to
Ambrosio (3 S.), ASUSSME, Cartella 1504/D. Beide Generale konstatierten, daß die bereits keineswegs hervorragende (non eccessivamente brillante) Moral der Truppe Ende August weiter abgenommen habe, wofür sie vor allem die inneren Verhältnisse in Italien verantwortlich machten. Beim
Schreiben Ambrosios handelt es sich im wesentlichen um eine Kurzfassung der Ausarbeitung von
Roatta.

Dennoch sollen weder der Wille der italienischen Führung, mit den Alliierten zusammenzuarbeiten, noch die subjektive Überzeugung der Handelnden angezweifelt werden, daß der Kriegsaustritt unbedingt verschoben werden müßte. Vorbehalte existieren jedoch gegenüber der Annahme, daß die von den Amerikanern erzwungene Bekanntgabe des Waffenstillstandes am 8. September für das verantwortlich war, was den italienischen Streitkräften in Italien, auf dem Balkan und in Südfrankreich widerfuhr. Was aber tat Rom nach der Unterrichtung über die alliierten Planungen?

Badoglio sandte am 8. September ein Telegramm an Eisenhower, in dem er darum bat, den Waffenstillstand nicht bekanntzugeben. Der Marschall erwähnte sich überstürzende »Veränderungen der Lage«. Die Luftlandung sei »nicht mehr möglich«, weil man keine ausreichenden Kräfte besitze, um die Flugplätze zu behaupten. Bei einer militärischen Aktion könnten die Deutschen Rom besetzen und die Regierung überwältigen[228]. Diese hielt solche Argumente offenbar für überzeugend. Jedenfalls herrschte durchaus Zuversicht, daß die Alliierten dem italienischen Begehren entsprechen würden.

Weder General Eisenhower noch Präsident Roosevelt und Premierminister Churchill — letztere waren vom alliierten Oberbefehlshaber über die unerwartete Krisensituation unterrichtet worden — dachten freilich daran, auf Badoglio Rücksicht zu nehmen. Vierundzwanzig Stunden vor der Landung bei Salerno — die ersten Invasionsverbände standen seit dem 5. September in See und die amerikanische 82. Luftlandedivision wartete in Sizilien auf die Starterlaubnis — durfte das auch nicht erwartet werden. Eisenhowers Antwort, die Badoglio am späten Nachmittag erhielt, fiel eindeutig aus[229]: Bekanntgabe des Waffenstillstandes wie geplant; Erwartung, daß Italien tun werde, was es versprochen habe; Drohung, daß es andernfalls zur »Auflösung« der Regierung des Marschalls und des italienischen Volkes käme; und vorläufiger Verzicht auf die Luftlandeoperation bei Rom. Eine besondere Ohrfeige für den italienischen Regierungschef stellte der Hinweis dar, daß nach Meinung der Alliierten genügend Truppen vorhanden wären, um die Hauptstadt bis zur Durchführung der verschobenen Luftlandung zu halten. Ein Telegramm von Roosevelt und Churchill, das Eisenhower am 8. September um 17.00 Uhr empfing, bestätigte ihn in seiner Haltung, denn darin hieß es[230]: »No consideration, repeat no consideration, need be given to the embarrassment it [die Bekanntgabe des Waffenstillstandes, d. Verf.] might cause the Italian Government.« Das Beharren der Alliierten auf der Verlautbarung entsprang pragmatischen Überlegungen. Sie versprachen sich nämlich von der Meldung über den italienischen Frontwechsel eine Erleichterung der eigenen militärischen Operationen.

Keiner der damaligen Akteure ahnte wohl, daß die Italiener, sofern sich die Amerikaner und Briten auf die Vorschläge Badoglios eingelassen hätten, mit allergrößter Wahrscheinlichkeit in eine noch schwierigere Lage als jene vom 8. September geraten wären. Die Wehrmachtführung arbeitete nämlich im Auftrage Hitlers, der am 6. September entschlossen war, die »unerträgliche Situation in Italien so oder so zu been-

---

[228] Davis, Söhne der Wölfin, S. 361 f.
[229] Ebd., S. 370 f.; und Howard, Grand Strategy, S. 531 f.
[230] Howard, Grand Strategy, S. 532.

den[231], seit dem 7. September eine »ultimative Note« aus. Sie sollte bis zum 9. September fertiggestellt sein. Es liegt durchaus nahe anzunehmen, daß Berlin seine Forderungen wenig später überreichen wollte[232].

Angesichts der deutsch-italienischen Spannungen hatte sich der Verdacht, Italien beabsichtige die »Waffen zu strecken«, in einem Maße verdichtet, daß die Deutschen definitive Klarheit wünschten. Die Note diente daher dazu, die italienische Regierung »kurzfristig« zu zwingen, die der »Kriegslage entsprechenden Maßnahmen zu ergreifen«. Falls letztere sich verweigere, werde die »deutsche Führung ihre Entschlüsse ohne Rücksicht auf die politische Wendung ausschließlich nach militärischen Gesichtspunkten fassen«.

Im ersten Teil des Schriftsatzes, der, da Italien am 8. September aus dem Kriege ausschied, unvollendet blieb, formulierte der Wehrmachtführungsstab fünf schwere Vorwürfe gegen die italienische militärische Führung, der eine bündnisfeindliche Haltung unterstellt wurde. Jodl sprach von einem Verhalten des Verbündeten, das »unter dem Gesichtspunkt einer gemeinsamen und zielbewußten Kriegführung gegen die Angelsachsen nicht nur völlig unverständlich, sondern auch schädlich« erscheine[233]. Insbesondere die bei Rom versammelten italienischen Divisionen machten das Oberkommando der Wehrmacht argwöhnisch, was nicht dafür spricht, daß Berlin die seitens der Regierung Badoglio bis zum 12. September beabsichtigten Truppenkonzentrationen hingenommen hätte.

Zum Inhalt des zweiten Teils der Note, der die an das Comando Supremo gerichteten Forderungen enthalten sollte, genügt es zu bemerken, daß die Erfüllung der dort angemeldeten deutschen Ansprüche Italien zum Marionettenstaat des »Dritten Reiches« degradiert hätte. Es ist davon auszugehen, daß die NS-Führung genau das erreichen wollte. Daher klang die vorgesehene Schlußformulierung nicht nur arrogant, sondern geradezu zynisch[234]: »Falls Italien vorstehende Forderungen wider Erwarten nicht annehmen soll-

---

[231] Lang, Der Adjutant Karl Wolff, S. 210. Nach Wolff sollten der König, der Hofstaat, Badoglio und einige Generäle noch vor der damals weiterhin zurückgestellten Befreiung Mussolinis gefangengenommen werden. Davon geht auch Rintelen, Mussolini, S. 249, aus. Er meint, daß die Aktion für den 12.9. vorgesehen war. Zumindest soll dieses Datum genannt worden sein.

[232] KTB OKW, Bd III, S. 1065 ff., zur Note insgesamt.

[233] Ebd., S. 1066. Im einzelnen hieß es, das deutsche Mißtrauen sei geweckt worden, weil man statt der »zu erwartenden Verstärkung von Sizilien« festzustellen habe: »1. eine zunehmende Anhäufung italienischer Truppen in Norditalien, besonders im Alpengebiet [...], 2. die Besetzung der Höhenstellungen im Grenzgebiet, dort festgestellte Schanzarbeiten, Munitionierung der Grenzbefestigungen und die [...] Sperrung der Seitentäler, 3. die Vorbereitung von Sprengungen an Brücken [...] und die besonders ernst zu nehmenden Fälle von Kabelsabotage (9.8. bis 4.9.: 35 Fälle), 4. die feindselige Haltung italienischer Truppen, die sich [...] in solchem Ausmaß zeige, daß eine einheitliche Weisung angenommen werden müsse, 5. besonders unerwartet und völlig unverständlich erscheine vor allem das Verhalten der ital. Führung, die — statt Süditalien zu verstärken — Truppen um Rom und in Oberitalien angehäuft habe.«

[234] Ebd., S. 1067. Im Hinblick auf das politische Klima, in dem diese »Note« entstand, ist auf zwei Unterredungen hinzuweisen, die der damalige Gesandte I. Klasse Rudolf Rahn, der seit dem 30.8.1943 als Geschäftsträger die Deutsche Botschaft Rom leitete (am 5.11.1943 wurde er Deutscher Botschafter in Fasano/Gardasee), am 3.9. (anläßlich der alliierten Landung in Kalabrien) mit Marschall Badoglio und am 5.9.1943 mit Generaloberst Ambrosio führte: ADAP, E, Bd VI, Dok. 275, S. 472 f., und Dok. 279, S. 485 f. Rahn forderte von Badoglio »revolutionäre Akte«, um das deutsche Vertrauen

te, so bedauert das deutsche Oberkommando gezwungen zu sein, alle diejenigen Maßnahmen und Truppenbewegungen anzuordnen, die zur Sicherung seiner Truppen und
ihrer Kampfführung gegen den Feind auf ital. Gebiet notwendig sind. Die Verantwortung für sich etwa hieraus ergebende Folgen ruht nach Lage der Dinge einzig und
allein beim Comando Supremo.« Es ist zwar mit letzter Sicherheit nicht zu sagen, wann
Hitler sein Schreiben der italienischen Führung zustellen lassen wollte[235], aber einiges
spricht für den 9. oder 10. September.

Rückblickend ist zu konstatieren, daß Deutsche und Italiener im Sommer 1943 definitiv
am Ende des Weges angekommen waren, den sie gemeinsam zurückgelegt hatten. Die von
den aggressiven expansionistischen Zielen Hitlers und Mussolinis herbeigeführte Allianz
verlor allerdings schon lange vorher jeden Sinn. Der Verlust Nordafrikas im Mai 1943
machte das lediglich besonders augenfällig. Mit dem Schritt vom 25. Juli zog die italienische Staatsführung dann die Konsequenzen aus der außen- und innenpolitisch prekären
Lage. Die ergriffenen Maßnahmen beschleunigten die Entwicklung zum 8. September.
Trotzdem waren sie folgerichtig, das heißt, es gab keine akzeptable Alternative. Denn zwischen dem Wollen der italienischen Regierung, die mit Rücksicht auf die nationalen Interessen eine Beendigung des Krieges anstrebte, und dem die Selbstzerstörung in Kauf nehmenden politisch-militärischen Glücksspiel Hitlers konnte es keinen Ausgleich geben.

---

zurückzugewinnen (S. 472). Ambrosio beklagte sich, daß von »deutscher Seite der Verkehrston die
Form unerträglicher Schärfe angenommen« habe (S. 485), und warnte Rahn davor, die »Entscheidung
über die innere Lage in Italien an sich [zu] reißen« (S. 486). Dieser antwortete: Für das »in der Tat er-
schütterte Vertrauen« trage die »italienische Seite die Verantwortung.« Folgt man den Memoiren von
Rahn (Ruheloses Leben, S. 227 f.), so will er sowohl Guariglia als auch Badoglio gesagt haben, daß
er von ihren Verhandlungen mit den Alliierten wisse. Ein Waffenstillstand werde als »verräterischer
Bruch des Bündnisvertrages betrachtet«. Badoglio solle eine »konstruktive Lösung« suchen. Dann
werde er in Rahn einen »Verbündeten« finden. In den Dokumenten hat sich davon nichts niedergeschlagen. Der Regierungschef und der Chef des Comando Supremo dürften jedoch erkannt haben,
daß die Deutschen alle Aktionen der Italiener mit größtem Argwohn verfolgten. Eine Realisierung
der italienischen Vorstellungen über die Verteidigung Roms wäre so gesehen sehr schwierig geworden.
[235] Vgl. dazu die interessanten Überlegungen bei Bartoli, L'Italia si arrende, S. 31 ff., der die Note vom
7.9. im Zusammenhang mit der nach verschiedenen Aussagen für den 9.9. geplanten Befreiung Mussolinis und der Gefangennahme des Königs interpretiert. Bartoli hält den 9.9. für das ursprünglich
eingeplante Datum für den deutschen Staatsstreich in Italien. Vgl. dazu auch Anm. 231. Im Hinblick auf die Befreiung Mussolinis stützt sich Bartoli auf die Angabe von Rahn (Ruheloses Leben,
S. 229), daß er am 6.9. erfahren habe, das Unternehmen »Eiche« solle am 9.9.1943 durchgeführt
werden. Dazu ist jedoch zu bemerken, daß dies de facto nicht möglich gewesen wäre, da Student
erst am 8.9. brauchbare Luftaufnahmen von Mussolinis Aufenthaltsort auf dem Gran Sasso erhielt.
Die tatsächliche Durchführung der Operation hätte — den späteren Zeitbedarf (10.9. abends bis
12.9. morgens) zugrunde gelegt — wohl frühestens am 10.9. erfolgen können. Vgl. dazu Student,
Generaloberst, S. 414—418. Ribbentrop hatte Student (ebd., S. 414) angeblich Anfang September
mitteilen lassen, die »Duce-Aktion sei nunmehr dringlich«. Doch kann das nicht — wie behauptet
— bei einem Aufenthalt des RAM in Rom der Fall gewesen sein. Sofern seine Aussage inhaltlich
dennoch zutreffen sollte, würde das bedeuten, daß der Generaloberst damals jederzeit selbständig
handeln durfte. Da er es versuchte (ebd., S. 416), dürfte er eine derartige »Aufforderung« — auf welchem Wege auch immer — in der Tat erhalten haben. Er scheint nicht einmal mehr an eine direkte
Entscheidung Hitlers gebunden gewesen zu sein. Auch ist nicht anzunehmen, daß Student ohne
Erlaubnis noch vor Italiens Kriegsaustritt gehandelt hätte.

Der Bruch des Bündnisses war beiden Seiten Ende Juli bewußt. Es besteht auch nicht der geringste Zweifel daran, daß Hitler nach dem Sturz Mussolinis sofort zu handeln wünschte. Wenn der deutsche Staatsstreich in Italien trotzdem nicht stattfand, so kaum wegen der angeblich fehlenden sicheren Informationen der Geheimdienste über die tatsächlichen Absichten Badoglios[236]. Die Deutschen zeigten sich vielmehr Ende Juli und Anfang August außerstande, das Überraschungsmoment auszunutzen. Danach ging es ihnen in erster Linie darum, jenseits der Alpen ausreichende Kräfte für die große Lösung des italienischen Problems zu versammeln. Spätestens Ende August fühlte sich die Wehrmacht zur totalen Konfrontation mit Italiens Streitkräften bereit. Um den 9. September sollte diese möglicherweise provoziert werden.

Italienischerseits wiederum wurden die deutschen Intentionen seit Ende Juli zutreffend analysiert. Der Generalstab des Heeres nahm Anfang August an, daß die Wehrmacht darauf vorbereitet sei, die italienischen Streitkräfte im Falle des Kriegsaustritts zu entwaffnen. General Roatta erwähnte außerdem die geplante Besetzung Italiens. Die seit Mussolinis Sturz erfolgenden massiven deutschen Truppenzuführungen sprachen für sich. Letztere ließen im übrigen bei realistischer Betrachtungsweise keinen Raum für die Hoffnung, die gleichwohl bei einigen existierte, daß die Wehrmacht Italien im Rahmen des Kriegsaustritts räumen würde. Aber im Gegensatz zu den deutscherseits vorgesehenen Operationen kennzeichnete die italienische Planung Halbherzigkeit. Ungeachtet zahlreicher zutreffender Erkenntnisse wollte Rom lediglich reagieren.

Mit den Waffenstillstandsbestimmungen läßt sich ein derartiges Verhalten nicht befriedigend erklären, denn es ist zwar richtig, daß im »short armistice« von großangelegten Operationen des italienischen Heeres gegen die Wehrmacht nicht die Rede war, aber die dem Dokument beigefügte »Erklärung von Québec« enthielt diesbezüglich einige relativierende Passagen. Auch in ihr las man zunächst, daß die Bedingungen des Waffenstillstandes eine aktive italienische Unterstützung der Alliierten im Kampf gegen die Deutschen nicht vorsahen. Darauf folgte freilich der Satz, daß das Ausmaß, in dem jene Bestimmungen zu Italiens Vorteil abgeändert werden würden, von der Hilfe abhänge, die Italien den Alliierten während des weiteren Krieges gegen Deutschland gewähren werde. Nun muß das nicht unbedingt auf den 8. September bezogen gewesen sein. Doch im Anschluß daran hieß es[237]: »Die Vereinigten Nationen erklären dennoch ohne jede Einschränkung, daß, wo immer die italienischen Streitkräfte oder die Italiener die Deutschen bekämpfen, deutsches Eigentum zerstören oder deutsche Bewegungen behindern werden, diese jede mögliche Unterstützung seitens der Truppen der Vereinigten Nationen erhalten werden.«

Es ginge vermutlich zu weit, von einem Widerspruch zwischen den Dokumenten zu sprechen. Aber der Text des Waffenstillstandes wurde durch denjenigen der »Erklärung von Québec« — verstanden als Ermutigung zur Eigeninitiative — ergänzt. Dem entsprach der Verlauf der mündlichen Verhandlungen in Cassibile. Die alliierten Vertreter ermunterten Castellano wiederholt, möglichst schon am Tage des Kriegsaustritts gegen die

---

[236] Dies nimmt Bartoli, L'Italia si arrende, S. 81 an.
[237] Die »Dichiarazione di Québec« ist abgedruckt bei Rainero, Gli Armistizi, S. 31 f. Zur Interpretation des Dokuments vgl. ebd., S. 29.

Wehrmacht vorzugehen[238]. Selbstverständlich lag die Entscheidung darüber bei der italienischen Regierung, aber der Wunsch oder die Erwartung der Alliierten kam klar zum Ausdruck. Wie sich dann am 8. September herausstellte, meinte die Regierung Badoglio, dem nicht entsprechen zu können.

Hier soll nicht versucht werden, im Hinblick auf die unterschiedlichen Forschungspositionen, die sich bei der Deutung des Kriegsaustritts und seiner Vorgeschichte innerhalb der italienischen Zeitgeschichtsschreibung herausgebildet haben, wertend Stellung zu nehmen. Die bisherigen Ausführungen berührten ja im wesentlichen lediglich politische und militärische Teilaspekte des historischen Prozesses. Zur Charakterisierung der historiographischen Situation ist deshalb lediglich in allgemeiner Form anzumerken, daß es eine große Anzahl kontroverser Untersuchungen gibt, die mit unterschiedlichen methodischen Ansätzen der Frage nachgehen, warum die italienische Führung sich so verhielt wie sie sich verhalten hat. Thematisiert werden dabei vor allem die Bedeutung der handelnden Personen, das Klasseninteresse oder die macchiavellistische Staatsräson und das Problem des vermeintlichen oder tatsächlich noch gegebenen Handlungsspielraums.

Mittlerweile fällt die Beurteilung des Waffenstillstands und seiner Folgen keineswegs nur noch negativ aus. Italien, so heißt es, habe zwar einen hohen Preis entrichten müssen, aber dafür sei die Staatskontinuität erhalten geblieben. Die insbesondere von liberalkonservativen Historikern vorgetragene These wird selbst von deren Gegnern nicht grundsätzlich abgelehnt. Doch die der sogenannten antifaschistischen Linken in der italienischen Zunft angehörenden Historiker sehen jene »Staatskontinuität« im Kontext einer antikommunistisch ausgerichteten Machterhaltungsstrategie der herrschenden Klasse. Entsprechend abweichend fällt deshalb ihr Gesamturteil über das Agieren des Königs, die von Badoglio zu verantwortende Politik und die Maßnahmen der militärischen Führung aus.

Die Frage der historischen Einordnung der Zeitspanne vom 25. Juli bis hin zum Kriegsaustritt Italiens macht zugleich die Relevanz deutlich, die der italienischen Politik nach dem Sturz Mussolinis im Rahmen der Untersuchung zukommt. Besaß doch das Problem der Militärinternierten eine Vorgeschichte, die ziemlich genau mit dem Kollaps des faschistischen Regimes begann.

Abschließend sind die Voraussetzungen noch einmal knapp aufzuzeigen, die im Verlaufe der Entwicklung nach dem Ende des Faschismus entstanden sind und aufgrund derer der Weg zum 8. September in die größte militärische Katastrophe des neuzeitlichen Italiens mündete[239]. Inhaltlich leitet dieses Resümee zum nächsten Kapitel über, in dem es um die praktische Durchführung der Entwaffnung der italienischen Streitkräfte geht.

Eine entscheidende Vorbedingung für das erfolgreiche Vorgehen der Wehrmacht gegen die königliche Armee war die — mit Duldung der Regierung in Rom vorgenommene — Untergrabung italienischer Machtpositionen innerhalb und außerhalb des Mutterlandes.

---

[238] Eine Fassung der Besprechung publiziert Rainero, Gli Armistizi, S. 36—42. Textlich weicht davon die bei Zangrandi, L'Italia tradita, S. 375—378, veröffentlichte Version der Erörterungen am 3./4.9.1943 ab. In den Grundaussagen stimmen die beiden Protokolle jedoch überein.

[239] Rochat/Massobrio, Breve storia dell'esercito, S. 299.

Berlin bereitete sich rechtzeitig auf den Eventualfall vor, es handelte entschlossen und ohne Rücksicht auf Sentimentalitäten. Insgesamt gesehen erreichten die Deutschen ihr Ziel direkt durch den rigoros durchgeführten Truppenaufmarsch in Italien und indirekt mittels gezielter Änderungen hinsichtlich der Unterstellungsverhältnisse sowie der Befehlsführung in Italien und darüber hinaus.

Allerdings läßt sich das Problem des 8. September 1943 nicht losgelöst von der innenpolitischen Hypothek analysieren, die der Regierung des Marschalls Badoglio aus dem Zusammenbruch des faschistischen Systems — ohne gleichzeitige Beendigung des Krieges[240] — erwuchs. Die Reaktionen in der Bevölkerung und bei der Truppe auf den 25. Juli waren mitunter chaotisch. Den Regierenden ging es hingegen um die Wahrung der öffentlichen Ordnung. Die daraus resultierenden Probleme lassen sich nachvollziehen. Aber all das bedeutete nicht, daß die de facto ergriffenen Maßnahmen unbedingt kontraproduktiver Art sein mußten. So mag etwa der streng autoritäre Herrschaftsstil eine Ausweitung der Arbeiterunruhen zum Flächenbrand verhindert haben, doch er wirkte nicht integrierend, sondern verfestigte die nationale Fraktionierung. Darüber hinaus ist es ein Faktum, daß die politische und militärische Führung als Folge der Schwierigkeiten im Innern das Vertrauen in die Streitkräfte verlor. Gewiß existierten einige Ausnahmen. Cum grano salis war der Vertrauensverlust dennoch der maßgebliche Anlaß für die absolute Geheimhaltung der Vorbereitungen auf den Kriegsaustritt. Und die Geheimhaltungsstrategie brachte es wiederum mit sich, daß die italienischen Soldaten von der Bekanntgabe des Waffenstillstandes nahezu völlig überrascht wurden. Sie sahen sich weder militärisch noch psychologisch[241] auf das Ereignis eingestellt. Falls sich der

---

[240] Damit soll nicht gesagt werden, daß es ohne weiteres möglich gewesen wäre, im Juli 1943 aus dem Bündnis mit Deutschland auszuscheiden. Aufgrund der vorhersehbaren Reaktion Hitlers hätte ein solcher Schritt den Wechsel der Allianz einschließen müssen. All das mußte jedenfalls zu einem politisch und militärisch äußerst riskanten Manöver werden. Gleichwohl erwogen Dino Grandi und einige Militärs, zum Beispiel General Umberto Utili, der Chef der Operationsabteilung des Generalstabs des Heeres, und General Castellano, diese Möglichkeit. R. De Felice (vgl. Grandi, 25 luglio, S. 22 f. der Einleitung) hat auf die Probleme aufmerksam gemacht, die ein derartiges Vorgehen implizierte. Er meint, daß ein plötzlicher Frontwechsel den Soldaten psychologisch nicht zuzumuten war. Sehr wahrscheinlich würde daher ein Wechsel der Front im Juli zu einer noch viel dramatischeren militärischen Krise geführt haben, als jener vom 8.9.1943. In der Tat zeigten sich die italienischen Streitkräfte damals in keiner Weise auf den Bruch des Bündnisses mit Berlin eingestellt. Anläßlich der Absetzung Mussolinis artikulierte sich bezeichnenderweise auch in erster Linie die Hoffnung, daß der Krieg bald zu Ende sein möge.

[241] Mitunter hat man die Soldaten geradezu noch im letzten Augenblick verwirrt. Signifikant dafür ist eine Anordnung des Kriegsministeriums vom 23.8.1943. Es bat damals, im größtmöglichen Umfang einen Zeitungsaufsatz in der Truppe zu verteilen, in dem u.a. das Festhalten an der Allianz mit Deutschland — nach dem Sturz Mussolinis — zu einer Frage der Ehre Italiens erklärt wurde. Der Artikel sprach zwar auch vom »echten Frieden«, den die Regierung anstrebe, doch im Hinblick auf den 8.9. mußte seine Kenntnis die Militärangehörigen irritieren oder verunsichern. Jedenfalls hat er wohl das Gegenteil von dem bewirkt, was im Interesse einer einigermaßen vorausschauenden Vorbereitung auf den Frontwechsel angestrebt werden mußte: Ministero della Guerra, Gabinetto, N. 143240 di prot., Roma, 23 agosto 1943, d'ordine Il Capo di Gabinetto. Im Anhang findet sich eine Kopie des Auszugs aus dem Beitrag »A fil di logica« in der Zeitung »La Gazzetta del Popolo« vom 20.8.1943, ACS, Busta 25/8, F 3.

Sachverhalt tatsächlich dadurch erklären ließe, daß die eingeweihten Generale sich der bereits erwähnten — durch nichts gerechtfertigten — Illusion hingaben[242], die Wehrmacht würde sich freiwillig und kampflos zurückziehen, so wäre das ein Armutszeugnis für die oberste militärische Führung.

Schwer wogen ferner die negativen Auswirkungen der unentschlossenen, realitätsfernen und verworrenen Befehlsgebung seitens des Comando Supremo und des Generalstabes des Heeres. Die Untersuchungen über den 8. September messen dem eine zentrale Bedeutung für das Schicksal des italienischen Heeres bei[243].

Nachzutragen ist hier der in der Forschung unterschiedlich beurteilte Befehl 111 C.T. vom 10. August. In ihm war neben der Überwachung der deutschen Divisionen auch von handstreichartigen Operationen gegen lebenswichtige Einrichtungen die Rede[244]. Ansonsten stand der Befehl in der Nachfolge von einigen Ende Juli erlassenen Weisungen. Auf die am meisten diskutierten Memoranden »44 Op.« und »45 Op.« sowie auf die Promemorien Nr. 1 und Nr. 2 vom 6. September wurde schon eingegangen. Bleibt noch die Drahtnachricht Nr. 24202/Op. zu erwähnen, die das Comando Supremo kurz nach Mitternacht am 9. September herausgab, weil das »Promemoria Nr. 2« bekanntlich nicht alle betroffenen Befehlshaber erreicht hatte. Im wesentlichen übermittelte der Funkspruch die wichtigsten Bestimmungen des Promemoria, doch gab es zwei Hinzufügungen. Deren erste besagte, daß die italienische Heeresgruppe Est die ihr befohlenen Absetzbewegungen den deutschen Kommandostellen mitteilen mußte. Die zweite Ergänzung verbot es den eigenen Truppen, die bewaffnete Initiative gegen Einheiten der Wehrmacht zu ergreifen[245]. Daran hielt die militärische Führung selbst dann noch fest, als die deutsche Antwort auf die Bekanntgabe des Waffenstillstandes keinen Zweifeln mehr unterlag. Eventuell beabsichtigte die italienische Regierung auf diese Weise auszuschließen, daß sie des »Verrats« geziehen werden könnte. Möglicherweise hoffte sie auch, die Deutschen würden sich noch schneller als ohnehin angenommen zurückziehen, wenn man sie nicht zu einem offensiven Vorgehen provozierte[246]. Jedenfalls ist ohne Wenn und Aber zu konstatieren, daß die mangelhafte Befehlsgebung das Debakel des italienischen Heeres zwar nicht determinierte, aber ganz entscheidend

---

[242] Lussu, La difesa di Roma, S. 206. Er beruft sich dabei auf die Zeugenschaft von General Zanussi.

[243] Vgl. u.a. Bartoli, L'Italia si arrende, S. 122—127; Bertinaria, Il Comando Supremo, S. 98; Trionfera, Valzer, S. 115 f.; und Zangrandi, L'Italia tradita, S. 223—249.

[244] Allerdings steht im Text »truppe non nazionali«. Das konnte sich jedoch nur auf die Wehrmacht beziehen. Gleichwohl ist selbst bei diesem klaren Sachverhalt der Einfluß der oben angesprochenen Geheimhaltung zu erkennen. Bertinaria, Il Comando Supremo, S. 88, spricht bei der Erörterung des Befehls 111 C.T. von »Besatzungskräften«. Bartoli, L'Italia si arrende, S. 124 f., benennt handstreichartige Unternehmen gegen die Wehrmacht. Ausführlich referiert Torsiello, Le operazioni delle unità italiane, S. 36, den Befehl. Er geht auch auf die ungenaue Terminologie ein. Zangrandi, L'Italia tradita, S. 231, meint, es habe sich eher um eine Weisung polizeilicher Art als um einen militärischen Befehl gehandelt. Vor allem aber stellt er die Bedeutung des Dokuments im Rahmen der militärischen Vorbereitungen auf den Kriegsaustritt grundsätzlich in Frage.

[245] Die Drahtnachricht N. 24202/Op. wurde am 9.9. um 02.00 empfangen. Sie ist publiziert bei Torsiello, Le operazioni delle unità italiane, S. 75. Zur Abfolge der Befehle ebd., S. 49—52.

[246] Vgl. Bartoli, L'Italia si arrende, S. 109 f.

mitverursachte: Die ungenauen Aussagen der Befehle riefen bei den Adressaten Unsicherheit hervor; inhaltlich trugen die Weisungen der Wirklichkeit nicht Rechnung, die man mit dem Waffenstillstand von Cassibile geschaffen hatte; und die Erlasse verpflichteten die eigenen Streitkräfte nachdrücklich dazu, den Deutschen uneingeschränkte Entscheidungs- und Handlungsfreiheit zu gewähren. Nichts anderes bewirkte die strikte Anordnung, nur zu reagieren, was ja nicht ohne weiteres implizierte, daß die italienischen Verbände bei einem deutschen Angriff zur entschlossen geführten Gegenoffensive übergehen sollten[247].

Eine weitere Voraussetzung für den schnellen Zusammenbruch der italienischen Gegenwehr nach der Auslösung des Falles »Achse« bestand darin, daß Italiens Heer während der — auch nach deutscher Auffassung — entscheidenden Phase vom 9. bis zum 11. September ohne Verbindung zu seiner obersten Führung operieren mußte. Die königliche Familie, die Regierung und — außer zahlreichen weiteren Personen — die Generale Ambrosio sowie Roatta hatten gegen sechs Uhr morgens am 9. September Rom verlassen, um sich per Schiff von Pescara nach Brindisi zu begeben[248]. Erst am 11. September ergingen von dort aus verspätete Befehle, darunter jene schon zitierte Weisung, daß die Deutschen als Feinde betrachtet werden müßten[249].

Nun wurde bekanntermaßen mit gewichtigen Argumenten darauf hingewiesen, daß die Flucht des Königs nach Brindisi unter dem Gesichtspunkt der Staatskontinuität unbedingt erforderlich gewesen sei[250]. Das soll hier nicht bestritten werden. Aber eine solche Begründung kann ernsthaft nicht für die Generale gelten, die mit dem königlichen Troß aus der Hauptstadt flohen, als ihre Truppen dem Kampf mit der Wehrmacht ent-

---

[247] Vgl. Lussu, La difesa di Roma, S. 207.

[248] Zur Flucht aus Rom vgl. die ausführlichen Darstellungen von Bartoli, L'Italia si arrende, S. 106—117; Davis, Söhne der Wölfin, S. 403—412; Lussu, La difesa di Roma, S. 237—296; er lehnt (ebd., S. 295 f.) die These ab — für deren Verifizierung es in der Memoirenliteratur deutscher Generale ebenfalls keine Hinweise gibt —, daß ein Übereinkommen zwischen Kesselring und Ambrosio existiert habe, das dem König und seiner Entourage die Flucht ermöglichte. Gerade diese Annahme steht im Zentrum der Arbeit von Zangrandi, L'Italia tradita, insgesamt. Angesichts des Prozesses, der Kesselring vom Februar bis Mai 1947 in Venedig-Mestre gemacht wurde, ist nicht anzunehmen, daß er darauf verzichtet haben würde, einen ihn so stark entlastenden Punkt wie die Ermöglichung der Flucht des Königs zu erwähnen. Nun wurde oben zwar darauf aufmerksam gemacht, daß der Generalfeldmarschall das Unterehmen »Schwarz« nicht schätzte, doch das war vor dem 8.9. Nach der Bekanntgabe des Waffenstillstandes betrachtete er die Italiener als Verräter, gegen die es keinen Pardon geben konnte. Darauf ist noch zurückzukommen. Jedenfalls zählte Kesselring nicht zu denen, die für das Verhalten der italienischen Führung Verständnis aufbrachten. Alles in allem ist wohl davon auszugehen, daß die Deutschen, die am Morgen des 9.9. handfeste militärische Probleme zu lösen hatten, die Flucht nicht bemerkten.

[249] Vgl. Torsiello, Le operazioni delle unità italiane, S. 51. In seiner praktischen Konsequenz kam der Befehl einer Kriegserklärung gleich. De jure entsprach er dieser jedoch nicht, denn der Generalstab des Heeres kann nicht den Krieg erklären. Sehr heftige Kritik an der italienischen Führung übt hierbei Zangrandi, L'Italia tradita, S. 246—249.

[250] Mola, Corona, S. 218—221, der diese These uneingeschränkt vertritt. Sie wird auch von Autoren, die Mola keineswegs in der Gesamtinterpretation des 8.9. zustimmen, im wesentlichen anerkannt; vgl. Rochat/Massobrio, Breve storia dell'esercito, S. 304.

gegensahen. Es überzeugt auch nicht, wenn die konfuse Art, in der Italiens Streitkräfte in der konkreten Situation nach dem 8. September sich selbst überlassen wurden, retrospektiv als das kleinere Übel hingestellt wird[251]. Wenn es nämlich zutrifft, daß die Soldaten gegenüber den deutschen Einheiten keine reelle Chance besaßen, dann durfte von einer verantwortungsbewußten Führung erwartet werden, daß sie den eigenen Verbänden die Kapitulation befahl[252]. Diese dem vorhersehbaren, weil angesichts der dilettantischen Vorbereitungen geradezu programmierten Chaos zu überantworten, das widersprach allen guten militärischen Traditionen. Völlig unabhängig von einer optimistischen oder pessimistischen Lagebeurteilung[253] hatten die Soldaten des Königs ein Recht darauf, geführt zu werden. Sie durften klare Befehle vom Comando Supremo beziehungsweise vom Generalstab des Heeres erwarten. Genau darauf wartete die Armee vergebens. Die *italienischen* Offiziere und Soldaten wurden von ihrer obersten Führung in schwerer Not im Stich gelassen, und das gilt gemeinhin als Verrat!

---

[251] Vgl. dazu die gewagten Interpretationen von Mola, Corona, S. 218 f.

[252] Vgl. Rochat/Massobrio, Breve storia dell'esercito, S. 305 f.

[253] Hier wäre an sich noch auf eine weitere Voraussetzung für die Katastrophe der italienischen Armee einzugehen, nämlich deren strukturelle Defizite. Das heißt, es müßte von der Führungsorganisation, vom Ausbildungsstand, von der Bewaffnung oder der Motorisierung der italienischen Truppen gesprochen werden. Da diese Gegebenheiten jedoch mit den in Rede stehenden Auswirkungen der Entwicklung nach dem 25.7. einerseits nicht viel zu tun haben, denn die Ursachen ihrer Entstehung reichen weit in die italienische Geschichte zurück, und jene Faktoren andererseits im nächsten Kapitel wenigstens ansatzweise zu erörtern sind, wird hier auf eine Auseinandersetzung mit ihnen verzichtet. Vgl. direkt dazu das Resümee von Bertinaria, Il Comando Supremo, S. 99—102.

2. Die Entwaffnung der Königlichen italienischen Armee
Kriegsverbrechen und letzter »Sieg« der Deutschen Wehrmacht

Am 8. September 1943 um 18.30 Uhr Greenwich Mean Time ließ General Eisenhower über Radio Algier die Meldung ausstrahlen, daß die italienische Regierung um die bedingungslose Kapitulation ihrer Streitkräfte gebeten habe[1]. Großbritannien, die Vereinigten Staaten von Amerika und die Sowjetunion hätten daraufhin einen Waffenstillstand gewährt, dessen Bedingungen Rom vorbehaltlos akzeptiert habe. Die »Feindseligkeiten zwischen den bewaffneten Streitkräften der Vereinigten Nationen und denen Italiens« seien ab sofort beendet. Darüber hinaus hieß es[2]: »Alle Italiener, die dazu beitragen, den deutschen Angreifer vom italienischen Boden zu entfernen, werden die Hilfe der Vereinigten Nationen erhalten.« Die unzweideutige Aufforderung zum Kampf gegen die Truppen der Wehrmacht und der SS stimmte vollkommen mit der in der »Erklärung von Québec« vertretenen politischen Linie überein.

Rund zehn Minuten später, aus Rom hatte man noch nichts gehört, sendete Radio Algier die mit Badoglio abgesprochene Verlautbarung der italienischen Regierung. In ihr wurde der Abschluß des Waffenstillstandes, der wegen der aussichtslosen militärischen Lage unvermeidlich gewesen sei, bestätigt. Zwischen Italienern und Alliierten ruhten die Waffen. Die italienischen Soldaten würden sich allerdings gegen »jeden Angriff von anderer Seite« wehren[3]. Das war natürlich ein Euphemismus, denn man hätte die Deutschen in dieser Warnung, die Goebbels höhnisch kommentierte[4], auch direkt benennen können.

---

[1] Diese Angabe folgt Howard, Grand Strategy, S. 532. Im KTB OKW, Bd III, S. 1076, wird behauptet, die Information sei schon um 17.00 Uhr verbreitet worden, was mit Sicherheit unzutreffend ist. Möglicherweise bezieht sich die Eintragung im KTB OKW auf Nachrichten verschiedener Rundfunkstationen über die italienische Kapitulation. Derartige Meldungen wurden in der Tat noch vor der Mitteilung Eisenhowers gesendet. Auch in der Presse sollen sich am 8.9. bereits diesbezügliche Hinweise gefunden haben, vgl. dazu auch: Goebbels Tagebücher, S. 389, 9.9.1943. In der Literatur findet man recht uneinheitliche Zeitangaben. Zangrandi, L'Italia tradita, S. 146, bestätigt die Sendezeit 18.30 Uhr. Schröder, Italiens Kriegsaustritt, S. 281, folgt der Angabe des KTB OKW und nennt 17.00 Uhr; Lussu, La difesa di Roma, S. 233, 18.15 Uhr. Und Torsiello, Le operazioni delle unità italiane, S. 48, meint, daß Eisenhower gegen 18.00 Uhr gesprochen habe.

[2] Zit. nach 1. Skl KTB Teil C, H. VIII, Anlage 27, 8.9.1943, BA-MA, RM 7/216. Der vollständige Wortlaut ist u.a. publiziert (in italienischer Sprache) bei Zangrandi, L'Italia tradita, S. 146.

[3] Zit. nach 1. Skl KTB Teil A, S. 148, 8.9.1943, BA-MA, RM 7/52. Die Originalfassung ist in englischer Sprache veröffentlicht bei Howard, Grand Strategy, S. 532; und in italienischer Sprache bei Torsiello, Le operazioni delle unità italiane, S. 48 f., Anm 26. Im Hinblick auf die Urheberschaft des Schlußsatzes gehen die Auffassungen in der Forschung auseinander. Es gibt Anzeichen dafür, daß diese Formulierung erst auf Druck von General Eisenhower aufgenommen wurde. Davon geht Zangrandi, L'Italia tradita, S. 145 f., aus. Lussu, La difesa di Roma, S. 233, meint, daß es dafür Beweise nicht gebe. Aber auch er hält die abschließende Formulierung — im Kontext der gesamten Erklärung — für zweideutig. Offensichtlich scheuten sich Badoglio und der Generalstab, die Wehrmacht als einzig möglichen Angreifer direkt zu benennen. Der König scheint das ganz ähnlich gesehen zu haben.

[4] Goebbels Tagebücher, S. 390, 9.9.1943. Goebbels meinte, daß sich die Warnung eindeutig an die deutsche Adresse richtete, und bemerkte zu ihr: »Davor braucht uns nicht bange zu sein. Ich nehme an, wenn die Italiener auf allen Kriegsschauplätzen, sobald ihnen Waffengewalt entgegentrat, die Hände hochhoben, so werden sie dies sicherlich auch vor den deutschen Soldaten tun.«

Doch die Formulierung bedeutete mehr als die sprachliche Verhüllung eines Zustandes, den die Regierung Badoglio durchaus einkalkulierte. Der Marschall soll schließlich bereits vor dem 8. September davon ausgegangen sein, daß im Augenblick der Bekanntgabe des Waffenstillstandes eine halbe Million italienischer Soldaten in deutsche Kriegsgefangenschaft geraten würde[5]. Rom — Mussolini befand sich bis zum 12. September noch in der Gewalt der königlichen Regierung — beabsichtigte also mit der sibyllinischen Ausdrucksweise zu signalisieren, daß man die Wehrmacht nicht zu einem Vorgehen gegen den ehemaligen Verbündeten provozieren wollte. Für die eigenen Einheiten hieß das jedoch, daß ihnen im allerletzten Moment erneut jedwede Initiative, vor einer deutschen Aggression, verboten wurde.

Jene paralysierende Unterrichtung haben alle Befehlshaber empfangen. Badoglio wandte sich um 19.45 Uhr in einer Rundfunkmeldung an seine Landsleute innerhalb und außerhalb Italiens. Die Information wurde anschließend alle 15 Minuten wiederholt.

Vorausgegangen war der Ansprache des Regierungschefs ein Treffen der obersten Staatsführung. Diese hatte sich bis zum Eingang der Nachricht Eisenhowers, mit der gegen 17.30 Uhr mitgeteilt wurde, daß der Waffenstillstand wie vereinbart bekanntgemacht werde, der Illusion hingegeben, der alliierte Oberbefehlshaber würde der erbetenen Verschiebung der offiziellen Bekanntgabe des Kriegsaustritts zustimmen. Das wurde schon angesprochen. Doch die italienische Regierung glaubte offenbar so zuversichtlich an einen Terminaufschub, daß sie in der Stunde der Wahrheit völlig konsterniert reagierte. Man schlug sogar vor, sich von den Abmachungen zu distanzieren, was freilich nicht mehr als eine Art Vogel-Strauß-Politik gewesen wäre. Die Realisten erkannten auch sehr schnell, daß es für einen Rückzieher zu spät war, weil die Alliierten die Italiener mühelos kompromittieren konnten. Deshalb entschied Vittorio Emanuele III., daß der eingeschlagene Kurs beibehalten werden solle, und mit gewisser Verspätung gab Badoglio der Welt schließlich bekannt, was sie mittlerweile von Eisenhower und aus anderen Quellen erfahren hatte[6].

Außenminister Guariglia unterrichtete kurz zuvor den Gesandten Rahn[7], der ihn spontan des »Verrats« zieh und die italienische Regierung beschuldigte, ihr Volk in eine »unwürdige Lage« gebracht zu haben. Unwürdig oder nicht, jedenfalls wurde die Situation für die Italiener bald ziemlich schwierig[8]. Das Ausscheiden aus dem Bündnis mit dem Deut-

---

[5] Bartoli, L'Italia si arrende, S. 230.

[6] Howard, Grand Strategy, S. 532 f. Zur Konferenz der politischen und militärischen Spitzen bei König Vittorio Emanuele III., an der Badoglio, Guariglia, Puntoni, Acquarone, Ambrosio, De Courten, Sandalli, De Stefanis (in Vertretung des verhinderten Roatta), Sorice, Carboni und Marchesi teilnahmen, vgl. Lussu, La difesa di Roma, S. 227—232. Siehe außerdem Zangrandi, L'Italia tradita, S. 135—140, der das Verhalten der italienischen Führung schonungslos kritisiert.

[7] Rahn sah sich kurz nach 19.00 Uhr zu Guariglia gebeten: ADAP, E, Bd VI, Dok. 290, S. 501, 8.9.1943. Sein Bericht traf in Berlin um 21.00 Uhr ein. Vgl. auch Rahn, Ruheloses Leben, S. 229. Zur direkten Information Hitlers durch Badoglio: ADAP, E, Bd VI, Dok. 291, S. 501 f., 8.9.1943. Das Telegramm des italienischen Regierungschefs wurde Hitler noch vor Mitternacht vorgelegt, vgl. ebd., S. 502, Anm. 3.

[8] Vgl. dazu die Aufzeichnungen des Deutschen Botschafters beim Heiligen Stuhl: Weizsäcker-Papiere, S. 348—351, 10.9.—2.10.1943.

schen Reich erfolgte zwar in einer der »kritischsten Stunden« der deutschen Kriegführung, aber die Wehrmacht war eben seit langer Zeit auf eine solche Eventualität eingestellt[9]. Sie konnte binnen weniger Stunden — nahezu aus dem Stand — reagieren.
Seit dem 29./30. August lag endgültig fest, wie sich die einzelnen Befehlshaber im Westen, im Süden und Südosten beim Kriegsaustritt Italiens zu verhalten hatten. Die wichtigste Aufgabe bestand darin, die italienischen Streitkräfte »so schnell wie möglich zu entwaffnen«. Um das Ziel auf dem einfachsten Wege zu erreichen, sollte die Parole ausgegeben werden, daß der »Krieg für die Italiener beendet« sei. Daher könne jeder Soldat »nach Ablieferung der Waffen« entweder in sein früheres Zivilverhältnis zurückkehren oder als »Helfer in die deutsche Wehrmacht übertreten«. Nach dieser Richtlinie wurde später bei allen Befehlshabern verfahren. Hinsichtlich des taktischen Vorgehens befahl das Oberkommando der Wehrmacht[10]: »Die Entwaffnung hat sich zunächst mit größter Beschleunigung auf die schnell erreichbaren italienischen Einheiten, späterhin planmäßig nach und nach auf alle Verbände zu erstrecken.« Außer um Menschen ging es der militärischen Führung um die möglichst vollständige Erfassung des Kriegsmaterials.
Auf die besagte Aktion bezogen sich auch die »Besonderen Anordnungen Nr. 1 für den Fall ›Achse‹«, die ansonsten Verwaltungsfragen regelten. Gegenstand jener Weisung waren die Kontrolle des Transportwesens, die Kriegsgefangenenangelegenheiten und die Bestimmungen für die Warenbeschaffung. Insbesondere wurde angeordnet[11]: »Mit Stichwort ›Achse‹ sind sämtliche italienische Waffen, Kraftfahrzeuge und sonstigen Fahrzeuge, Pferde, Tragtiere, Munitions- und Betriebsstoffvorräte zu erfassen. Die Truppe hat sich hierdurch so beweglich wie möglich zu machen.« Doch von dieser speziellen Zielsetzung einmal abgesehen, sollte im Rahmen der Entwaffnungsaktion auch möglichst viel Kolonnenraum für die »Gesamtzwecke der Wehrmacht« gewonnen werden. Man wollte also wenig-

---

[9] Goebbels Tagebücher, S. 390, 9.9.1943. Insbesondere im Osten sahen sich die deutschen Truppen damals mit großen Schwierigkeiten konfrontiert. Vgl. dazu Deutschland im zweiten Weltkrieg, Bd 4, S. 34—46. Was jedoch die Vorbereitung der Wehrmacht in Italien anbelangt, so kam es beim XIV. Panzerkorps zu der kuriosen Situation, daß seine Führung der Heeresgruppe nach Auslösung des Falles »Achse« mitteilte: »Stichwort Achse nicht bekannt. Erbitten Neufassung Spruch 9.9. 02.20 Uhr.« Worauf der Ia der Heeresgruppe darüber informierte, daß »›Achse‹ kein Stichwort« sei, sondern den »Fall ›Ernte einbringen‹« bedeute. Vgl. H.G. Funkspruch Nr. 418, An XIV. Pz.K., 9.9., 14.15 Uhr, gez. Ia, BA-MA, RH 24-14/81. Beim Generalkommando Witthöft wurden die Maßnahmen, die der Fall »Achse« vorsah, unter dem Stichwort »Unternehmen Rosenmontag« durchgeführt: Der Militärbefehlshaber Oberitalien (Generalkommando Witthöft), Abt. Ic, 5.10.1943, »Tätigkeits-Bericht vom 1.—30.9.1943«, BA-MA, RH 24-73/4, Anlage 70.

[10] OKW/WFSt Nr. 662108/43 G.K. Chefs., 30.8.1943, gez. Keitel, BA-MA, RM 7/237; vgl. OKW KTB, Bd III, S. 1026 ff., 29.8.1943. Man wollte vor allem das »wertvolle Material der Pz. Div. ›Centauro‹ unter Heranziehung des deutschen Ausbildungskommandos« sicherstellen oder unbrauchbar machen. Bei der »Centauro« handelte es sich um jene Division, deren Aufstellung anläßlich der Begegnung in Schloß Kleßheim Anfang April 1943 vereinbart worden war. Im Generalstab des italienischen Heeres bestanden vor dem 8.9. berechtigte Zweifel, daß dieser Verband gegen die Wehrmacht kämpfen würde. Er tat es auch nicht. Vgl. Torsiello, Le operazioni delle unità italiane, S. 92.

[11] Oberkommando der Wehrmacht Nr. 662116/43 g.Kdos. Chefs., WFSt/Qu.2(S)/Verw., F.H.Qu., d. 31.8.1943, Besondere Anordnungen Nr. 1 für den Fall »Achse«, gez. Keitel, AIfZG, MA 240, 5518746—751. Die Anordnung galt für sämtliche Gebiete, in denen italienische Soldaten standen.

stens einige Vorteile aus einer Situation ziehen, die ansonsten eine ganze Reihe gravierender Nachteile für die deutsche Kriegführung heraufbeschwor.

Zu letzteren rechneten[12] etwa die Folgen des im Rahmen der Entwaffnung erforderlichen Abzugs von Frontverbänden aus anderen Operationsgebieten und die in Italien sowie im Südosten zu erwartende vermehrte »Bandentätigkeit«. Außerdem mußte der Schutz der langen italienischen Küste — auf unabsehbare Zeit — starke Kräfte binden. Mit dem unvermeidbaren Verzicht auf Sardinien und Korsika überließ die Wehrmacht dem Gegner günstig gelegene Absprungbasen und Flugplätze. In Südfrankreich hatte sie bewegliche Eingreifreserven zur Küstensicherung bereitzustellen. Im Südosten rechnete die Wehrmachtführung mit dem Verlust von Rhodos und Kárpathos. Bei Preisgabe der beiden Inseln hätte sich jedoch auch Kreta nicht halten lassen. Als Folge davon wären die nördlicher gelegenen Inseln zu besetzen und die Kräfte an der Ostküste Griechenlands zu verstärken gewesen. Der zunächst scheinbar kaum vermeidbare Verzicht auf die Ionischen Inseln würde den Alliierten gute Basen für Angriffe gegen Griechenland und Albanien überlassen haben. Vor allem aber rechnete man mit einer Destabilisierung der inneren Verhältnisse in den besetzten Ländern, denn der Küstenschutz, den die Deutschen nach dem Ausfall der bisher dazu eingesetzten italienischen Divisionen selbst zu übernehmen hatten, mußte eine Schwächung im Kampf gegen die Widerstandsbewegungen mit sich bringen. Wie noch zu zeigen ist, entwickelte sich die Lage aus deutscher Sicht dann doch noch günstiger als vorübergehend angenommen. Das verdankte die Wehrmacht — es sei wiederholt — nicht zuletzt ihrer zielstrebigen Vorbereitung auf den Kriegsaustritt der Regierung Badoglio.

Die ersten detaillierten Bestimmungen für den Umgang mit den Italienern im Rahmen der »befohlenen Auflösung« der Königlichen italienischen Armee datierten vom 7. September 1943[13]. Für Oberitalien, also für den Bereich der Heeresgruppe B, wo die »Entwaffnungsaktion am ehesten durchführbar« zu sein schien, hieß es: »Die Angehörigen der ital. Wehrmacht und Miliz, die zu weiterem Einsatz auf deutscher Seite bereit sind, sind bis zur Entscheidung über die weitere Verwendung unter unauffälliger Bewachung zusammenzuziehen. Die übrigen ital. Soldaten sind bis zur Entscheidung über die Entlassung zu internieren.« Jene Offiziere und Soldaten, die sich der Liquidierung der italienischen Armee widersetzten, sollten von deutschen Kräften bewacht werden. Für die »Internierung« der restlichen Entwaffneten plante die Wehrmachtführung hingegen, ehemalige italienische Militärangehörige einzusetzen, die auf deutscher Seite weiterkämpfen wollten.

---

[12] KTB OKW, Bd III, S. 1069.
[13] OKW/WFSt/Op./Qu. Nr. 662206/43 g.K. Chefs., F.H.Qu., den 7.9.1943, an H.Gr. B, Ob. Süd/F.A., Ob. West, Ob. Südost/F.A., Mil.Befh. Südost, Ob.d.L./Lw.Fü.Stab. Zwar findet sich auf dem Dokument der handschriftliche Vermerk, das Fernschreiben sei vom Chef des Wehrmachtführungsstabes abgelehnt worden, weil sich nach Jodls Auffassung nicht überall die darin enthaltenen Richtlinien befolgen ließen, aber es fand dann mit einigen Ergänzungen wörtliche Aufnahme in das Fernschreiben: OKW/WFSt/Qu Nr. 662242/43 g.Kdos. Chefs., F.H.Qu., den 8.9.1943 (Verteiler wie oben für 7.9., nachrichtlich außerdem an: Gen.St.d.H., OKM/Skl., Chef Amt Ausl./Abw. und AWA), AIfZG, MA 240, 5518735—737. Die Angaben im Text beziehen sich auf den Inhalt des FS vom 8.9.1943.

Schwieriger als im Bereich der Heeresgruppe B stellte sich die Lage in Mittel- und Süditalien dar. Die Verbände des Oberbefehlshabers Süd waren zum Teil durch Kampfaufgaben gebunden. Bereits am 2. September meldete Kesselring, daß die Italiener im Raum der 10. Armee und auf Korsika lediglich in eingeschränktem Umfang entwaffnet werden könnten[14]. Bei diesem Stand der Dinge befahl das Oberkommando der Wehrmacht[15], daß sich die Truppen im Befehlsbereich des Oberbefehlshabers Süd darauf zu konzentrieren hätten, italienisches Kriegsmaterial entweder im größtmöglichen Umfang zu vernichten oder, wo das erreichbar zu sein schien, für eigene Zwecke nutzbar zu machen. Die limitierte Zielsetzung bedeutete jedoch keinen grundsätzlichen Verzicht auf die Gefangennahme italienischer Soldaten.

Im Südosten beabsichtigte die Wehrmachtführung in etwa wie in Norditalien zu verfahren. Um eigenes Personal einzusparen, wollte man zur Bewachung der gefangenen Italiener und zur Küstensicherung in Kroatien und Albanien landeseigene Kräfte verwenden. Letztere sollten außerdem zum Einsammeln des Beutematerials herangezogen werden.

Ein Vergleich der zitierten Richtlinien mit jenen noch zu behandelnden grundsätzlichen oder verbrecherischen Befehlen, die nach dem Kriegsaustritt für den Umgang mit den italienischen Militärangehörigen ergingen, zeigt, daß es sehr bald zu einer erheblichen Verschärfung und Präzisierung der am 7. und 8. September formulierten Bestimmungen kam[16]. In der am 9. September herausgegebenen Weisung für die Behandlung der im deutschen Machtbereich befindlichen italienischen Soldaten dominierte der Gedanke des Arbeitseinsatzes[17]: »Italienische Soldaten, die sich nicht zur Fortführung des Kampfes an deutscher Seite zur Verfügung stellen, sind zu entwaffnen und gelten als Kriegsgefan-

---

[14] KTB OKW, Bd III, S. 1053, 4.9.1943.

[15] Siehe oben, Anm. 13.

[16] Der Befehl vom 8.9.1943 (siehe oben, Anm. 13) trägt den handschriftlichen Vermerk »überholt«, versehen mit der Paraphe von Generaloberst Jodl (9.9.). Es ist deshalb davon auszugehen, daß er nicht abgeschickt wurde.

[17] OKW/WFSt/Qu 2 (S), Nr. 005117/43 g.Kdos., 9.9.1943, KR-Fernschreiben, 1. Ausfertigung, An Heeresgruppe B, Ob. Südost, Ob. West, Chef HRüst und B.d.E., Genstb.d.H./Gen.Qu., Ob.d.L./Lw.Fü. Stab, O.K.M./Skl., AWA/Chef Kriegsgef., Ausw.Amt, z.H. Herrn Botschafter Ritter, Ag. Ausl./Abw., Gen.Bevollm. für den Arbeitseinsatz, Reichsführer-SS und Chef d.Dt.Polizei, Betr.: Weitere Behandlung der im eigenen Machtbereich befindlichen ital. Soldaten, BA-MA, RW 4/v.902. Es handelt sich bei diesem von Keitel unterzeichneten Befehl, den die Adressaten am 9.9.1943 um 21.15 Uhr empfingen, um die erste ausführliche Weisung in bezug auf die italienischen Kriegsgefangenen nach der Bekanntgabe des Waffenstillstandes. Handschriftlich ist auf dem Dokument vermerkt: »neuen Vorgang ital. Kgf. bilden«. Das heißt, der Befehl stellte den Anfang der OKW-Dokumentation über die gefangenen italienischen Militärangehörigen dar. Er ist im vollen Wortlaut publiziert in: ADAP, E, Dok. 300, S. 515, 9.9.1943. Vollständige Wiedergaben des Textes enthält der Bestand: Büro Staatssekretär, Akten betr. Italien, Bd 16, S. 111 f., PA; und das Kriegstagebuch der Seekriegsleitung: 1. Skl KTB Teil A, S. 177 f., 9.9.1943, BA-MA, RM 7/52. Dort findet sich außerdem der Zusatz: »Skl Qu A beabsichtigt, auch für die Marine Zuteilung von kriegsgefangenen Arbeitskräften für die notleidenden Bauvorhaben der Marine zu erwirken«. Das Begehren wurde »zunächst« abgelehnt, da die Marine nicht am Ostwallbau beteiligt war, ebd. S. 280, 14.9.1943. Auszugsweise ist Keitels Weisung wiedergegeben im KTB OKW, Bd III, S. 1085, 9.9.1943; in den GTDW (Die geheimen Tagesberichte der Deutschen Wehrmachtführung), Bd 8, S. 49, 9.9.1943; und in archivalischen Unterlagen verschiedener Kommandobehörden.

gene. Diese sind zunächst durch OKW/Chef Kriegsgef. zu übernehmen. In Zusammenarbeit mit dem Generalbevollmächtigten für den Arbeitseinsatz [SS-Obergruppenführer, Reichsstatthalter und Gauleiter von Thüringen Fritz Sauckel, d. Verf.] sind aus den übernommenen Kriegsgefangenen alle Fachkräfte für die Rüstungswirtschaft auszusondern und dem Generalbevollmächtigten für den Arbeitseinsatz zur Verfügung zu stellen.« Die unter den Kriegsgefangenen erfaßten Faschisten sollten dem Reichsführer-SS und Chef der Deutschen Polizei Heinrich Himmler übergeben werden, der gleichzeitig als Reichskommissar für die Festigung des deutschen Volkstums und seit dem 26. August 1943 als Reichsminister des Innern amtierte. Alle übrigen kriegsgefangenen Italiener waren dem Generalstab des Heeres/Generalquartiermeister und dem Oberbefehlshaber der Luftwaffe/Generalquartiermeister im »Verhältnis 7:1 als Arbeitskräfte für den Bau des Ostwalls« zu überlassen.

Der Befehl regelte auch Fragen des Abtransports der Gefangenen, der so schnell wie möglich erfolgen sollte, und Bewachungsangelegenheiten. Dem Chef des Kriegsgefangenenwesens wurde auferlegt, ab dem 15. September alle fünf Tage die Gesamtzahl und die Verteilung der gefangenen Italiener zu melden. Da dies zweifellos geschah, ist im Hinblick auf die noch zu erörternde Zahlenproblematik bereits hier festzustellen, daß die Statistiken des Chefs des Kriegsgefangenenwesens die in den Lagern befindlichen Italiener am zuverlässigsten erfassen dürften.

Die am 9. September herausgegebenen Bestimmungen wurden zwar wenig später erheblich abgeändert oder ergänzt, aber während der ersten Tage der Entwaffnung waren sie verbindlich. Bei ihrer Lektüre fällt sofort auf, daß nicht mehr von internierten, sondern ausschließlich von kriegsgefangenen italienischen Soldaten die Rede ist. Erst am 20. September befahl Hitler, wie eingangs festgestellt, daß die gefangenen Italiener als Militärinternierte zu bezeichnen waren[18]. Im Grunde genommen griff er dabei jedoch lediglich auf die ursprünglich vorgesehene Terminologie zurück.

Das Motiv für seine Maßnahme ist mit absoluter Sicherheit — unbeschadet der oben vorgestellten Hypothese, für die vieles spricht[19] — nicht zu bestimmen. Es fällt ferner

---

[18] Oberkommando der Wehrmacht Nr. 005282/43 g.Kdos/WFSt/Qu 2 (S) II. Ang., F.H.Qu., den 20.9.1943, Betr.: Grundsätzliche Richtlinien über die Behandlung der Soldaten der ital. Wehrmacht und Miliz, BA-MA, RW 4/v.508a. Im Original lautet der Text: »Auf Befehl des Führers sind die italienischen Kriegsgefangenen ab sofort nicht als Kriegsgefangene, sondern als ›italienische Militärinternierte‹ zu bezeichnen. In dem Bezugsbefehl ist demgemäß das Wort ›Kriegsgefangene‹ durch die vorstehende neue Bezeichnung zu ersetzen.« Bei dem »Bezugsbefehl« handelte es sich um das oben (S. 20, Anm. 14) zitierte Dokument. Hinweise auf die Änderung der Terminologie in KTB OKW, Bd III, S. 1124, 20.9.1943; und GTDW, Bd 8, S 109, 20.9.1943. Da diese Edition u.a. die Lageberichte des Wehrmachtführungsstabes abdruckt, enthält sie erhebliche Teile des KTB OKW. Solche Wiederholungen werden im folgenden nicht mehr berücksichtigt. Anzumerken ist, daß die Anregung für die neue — alte — Bezeichnung der gefangenen Italiener nicht von Mussolini ausging. Man wies nämlich den Gesandten Rahn an, dem »Duce in geeigneter Form mitzuteilen, daß auf Befehl des Führers die italienischen Kriegsgefangenen nicht mehr als Kriegsgefangene, sondern als Militärinternierte bezeichnet werden sollen«: 1.10.1943, Sonderzug, Nr. 1564, BRAM 420/R/43, gez. Hilger, PA, Büro Staatssekretär, Akten betr. Italien, Bd 17.

[19] Siehe oben, S. 22.

auf, daß zumindest einige Frontbefehlshaber in der Einstufung der Italiener als Militärinternierte eine positiv akzentuierte Unterscheidung von den übrigen Kriegsgefangenen
erkannten. Auf all das ist noch zurückzukommen. Mögen die Beweggründe auch im
dunkeln liegen, in bezug auf die zwangsläufigen Folgen, die jene Klassifizierung besaß,
herrscht Klarheit: Die Militärinternierten genossen nicht den Schutz der internationalen Abkommen über Kriegsgefangene. Falls sie dennoch in Übereinstimmung mit denselben behandelt worden sind, geschah dies ohne anmahnbaren Anspruch. Und den gefangenen Italienern fehlte vor allem die materielle Unterstützung des Internationalen Roten
Kreuzes. Das heißt, sie stellten für die politische und militärische Führung des »Dritten
Reiches« eine der eigenen Willkür ausgelieferte Sondergruppe im Heer der Kriegsgefangenen dar. Eine These, die im folgenden zu verifizieren ist.
Was jedoch den 8. September anbelangt, so beweist das bisher Gesagte, wie fest die deutsche Staatsführung damit rechnete, daß Badoglio die Front wechseln würde. Dafür gab
es zahlreiche Hinweise. Noch am 4. September meldete ein italienischer Verbindungs-
mann der Deutschen im Oberkommando von Italiens Luftwaffe in Rom den »Abschluß
der italienischen Verhandlungen mit dem Feind«. Der Agent hatte ein Telefongespräch
mitgehört[20]. Seit dem 7. September bereitete sich das Oberkommando der Wehrmacht
bekanntermaßen darauf vor, das nicht mehr erträgliche Verhältnis zu Italien durch ein
»politisches und militärisches Ultimatum« zu bereinigen[21]. Trotzdem wurde Berlin vom
Zeitpunkt der Bekanntgabe des Waffenstillstandes überrascht. Selbst Hitler, der in der
Tat felsenfest vom bevorstehenden »Verrat« überzeugt gewesen ist, soll sich »ziemlich
erschüttert« gezeigt haben[22].
Aber die leichte Irritation verflog schnell, denn die Gegenmaßnahmen waren bestens
vorbereitet. Schon um 20.00 Uhr ließ der Chef des Wehrmachtführungsstabes auf Weisung des Diktators allen betroffenen Kommandostellen fernmündlich das Stichwort »Achse« durchgeben. Vierzig Minuten später folgte die fernschriftliche Bestätigung[23]. Die Entwaffnung der Königlichen italienischen Armee konnte beginnen.

---

[20] KTB OKW, Bd III, S. 1076 und 1078. Die Meldung des V-Mannes lautete: »Italienischer Friedens-
vorschlag englischerseits im großen und ganzen angenommen. Von seiten der Amerikaner gemachte Schwierigkeiten werden im Zuge weiterer Verhandlungen zu beseitigen versucht.« Es handelte sich
dabei um den Wortlaut eines Anrufs vom Comando Supremo beim »Comando Generale Aeronautico«.

[21] KTB OKW, Bd IV, S. 1544.

[22] Goebbels Tagebücher, S. 392, 10.9.1943. Interessant erscheint hierbei der Erfahrungsbericht des Kommandeurs der 29. Panzergrenadierdivision über die deutsch-italienische Zusammenarbeit in Sizilien
und in Südkalabrien. Generalmajor Walter Fries wollte hinsichtlich der Ereignisse am 8.9. eine »Klarstellung« von »kriegsgeschichtlicher Bedeutung« vornehmen. Demnach bestand »für die im Süden
Kalabriens eingesetzte Truppe von Anfang an kein Zweifel über den Gang der Entwicklung«. Niemand habe sich »irgendeiner Illusion über den Kampfwert oder ernsten Abwehrwillen der italienischen Truppe hingegeben«. Die befohlene Verbindung zu den Kommandostellen der Italiener sei
rein formell gewesen. Eine wirkliche Bundesgenossenschaft existierte nicht mehr: 29. Pz.Gren.Divi-
sion Ia 930/43 geh., Div.Gef.St., den 25.10.1943, An A.O.K. 10 und Gen.Kdo. LXXVI. Pz.Korps,
gez. Fries, BA-MA, RH 20-10/55.

[23] KTB OKW, Bd III, S. 1077. Die Darstellung folgt dem Kriegstagebuch des Oberkommandos der Wehrmacht. In den Unterlagen der Seekriegsleitung findet sich das Originalschreiben Jodls, das abweichende Zeitangaben enthält. Das Fernschreiben OKW/WFST/Nr. 662236/43 Geheime Kommandosache,

a) Der italienische Raum

Was sich nach der Auslösung des Falles »Achse« entwickelte, bedeutete nicht nur eine militärische Entwaffnungsaktion, sondern oftmals auch einen Racheakt. Alte Ressentiments lebten wieder auf, Emotionen negativer Art wurden geweckt. Die Deutschen fühlten sich betrogen, obwohl sie selbst im besten Fall verhinderte Betrüger darstellten. Doch das interessierte nicht. Goebbels sprach von Wortbruch, von »Schmach und Schande«. Für »alle Zukunft« habe sich Italien damit bedeckt[24]. Die Seekriegsleitung nannte den Kriegsaustritt einen »schnöden und in seiner Durchführung in der Kriegsgeschichte einzigartigen Verrat«. Sie prophezeite dem Land schwere Zeiten[25], und zumindest damit sollte sie recht behalten. Von den beiden deutschen Befehlshabern in Italien scheint Rommel die Bekanntgabe des Waffenstillstandes ziemlich ruhig hingenommen zu haben. Für ihn war zur Tatsache geworden, was er seit langer Zeit erwartet hatte[26]. Kesselring hingegen, der noch in seinen Memoiren von der »Abrechnung mit dem bisherigen Bundesgenossen« sprach, erließ am 8. September um 23.45 Uhr einen Befehl, in dem er den ihm unterstellten Soldaten folgende gedankliche Orientierung mit auf den Weg gab[27]: »Italienische Regierung hat gemeinsten Verrat begangen, indem sie hinter unserem Rücken Waffenstillstand mit dem Feind abschloß. [...] Die italienischen Truppen sind unter Appell an ihre Ehre zur Fortsetzung des Kampfes an unserer Seite aufzufordern, sonst rücksichtslos zu entwaffnen. Im übrigen gibt es gegen Verräter keine Schonung!«

Chefsache, Nur durch Offizier, ging an den Ob.d.M., Ob. Süd, Ob. Südost, Ob. West, H.Gr. B, Ob.d.L., nachrichtlich an den Chef Genst.d.H., der Text lautete: »Marschall Badoglio hat Richtigkeit angelsächsischer Funksprüche über italienische Kapitulation bestätigt. Stichwort ›Achse‹ tritt sofort in Kraft (1950 Uhr), gez. i.A. Jodl, Gen.d.Artl.«. Die Seekriegsleitung erhielt das Fernschreiben am 8.9. um 21.38 Uhr. Im Oberkommando der Wehrmacht ging es offenbar um 20.00 Uhr ab, BA-MA, RM 7/950.

[24] Goebbels Tagebücher, S. 390, 9.9.1943.

[25] 1. Skl KTB Teil A, S. 148, 8.9.1943, BA-MA, RM 7/52.

[26] Rommel Papers, S. 445, 9.9.1943.

[27] O.B. Süd, g.Kdos. (ohne Nr. und Datum), an 10. Armee, Luftflottenkommando 2, XI. Flieger-Korps, 90. Pz.Gren.Div., Kdt. der deutschen Wehrmacht in Korsika, Dt. General beim H.Qu. der Kgl. ital. Wehrmacht, Dt. Marine-Kommando Italien, BA-MA, RH 19 X/12. Der Befehl — allerdings ohne den kompletten Verteiler — findet sich mit Datum und Uhrzeitangabe als g.Kdos. ohne Nr. in den Unterlagen der 10. Armee. Die Fernschreibstelle Neapel empfing ihn am 9.9. um 04.12 Uhr zur Weiterleitung an die 10. Armee. Die oben nicht referierten Passagen lauten: »[...] Wir Deutschen kämpfen weiterhin bis zum letzten gegen den äußeren Feind zum Heil Europas und Italiens. — Ich bin überzeugt, daß wir wie bisher alle uns vom Führer gestellten Aufgaben lösen werden, wenn wir unseren alten Kampfgeist und eiserne Ruhe bewahren. [...] Es lebe der Führer. Kesselring, Generalfeldmarschall.« Beim A.O.K. 10 wurde der Befehl am 12.9.1943 als Eing. Nr. 248/43 gKdos in der Abteilung Ia vereinnahmt, BA-MA, RH 20-10/55. Selbst in seinem Tagesbefehl zum Jahresbeginn 1944 kam Kesselring noch einmal auf den »in seiner Niedertracht einmaligen italienischen Verrat« zu sprechen: Generalkommando Witthöft, 31.12.1943, Anlage 306, BA-MA, RH 24-73/4. Vgl. außerdem Kesselring, Soldat bis zum letzten Tag, S. 255. Die recht reibungslose Entwaffnung der italienischen Streitkräfte erklärt Kesselring folgendermaßen (ebd.): »Im großen gesehen, setzte sich aber die alte Waffenbrüderschaft gegenüber der verräterischen Haltung der politischen und militärischen Spitzen durch.« Zum Urteil über das Verhalten der obersten militärischen Führung Italiens vgl. auch die stark emotionalisierten Bemerkungen bei Westphal, Erinnerungen, S. 225 ff.

Rücksichtslosigkeit und Schonungslosigkeit stellten die Prinzipien des Vorgehens bei der Entwaffnungsaktion dar. Dennoch lag es nicht nur am sogenannten deutschen Willen, dem diese Grundsätze allerdings in überzeugender Weise Ausdruck verliehen, daß die numerisch unterlegenen Verbände der Wehrmacht mit den italienischen Soldaten verhältnismäßig leichtes Spiel hatten[28]. Es wurde schon gesagt, daß die Deutschen genau wußten, was sie tun mußten, während die Italiener sehr schnell führungslos dastanden, was hinsichtlich des Geschehens nach der Bekanntgabe des Waffenstillstandes ausschlaggebend werden sollte. Eine entschlossene Führung hätte nämlich auch bei relativ schwach motivierten Streitkräften den Willen zum Widerstand wecken können. Schließlich ging es um die Verteidigung Italiens gegen die Wehrmacht, die sozusagen die Vorhut eines nationalsozialistischen Besatzungsregimes darstellte. Das Versagen der Führungsinstanzen in Rom war ohne jeden Zweifel wichtig, denn es erleichterte Hitlers Truppen den »Sieg«. Aber darüber hinaus hat eine Analyse des Desasters vom September 1943 auch zu berücksichtigen, daß die in Italien und auf dem Balkan eingesetzten deutschen Divisionen eine erheblich größere Kampfkraft besaßen als die italienischen Verbände. Insbesondere bei den Panzern, den Panzerabwehrwaffen, der Artillerie, den automatischen Waffen, der Luftabwehr und der Ausstattung mit Kraftfahrzeugen zeigten sich die Einheiten der Wehrmacht deutlich überlegen. Sie erwiesen sich als manövrierfähiger, flexibler im Einsatz und besaßen die größere Feuerkraft. Die Anzahl der uniformierten Männer spielte bei der Auseinandersetzung im September keine große Rolle, was ja für die technisierte Kriegführung schlechthin zutrifft. Es kam hinzu, daß die Luftwaffe den Einheiten des deutschen Heeres eine sehr wirkungsvolle, mitunter sogar ausschlaggebende Luftunterstützung gewährte. All das ist keine Frage. Dennoch soll ein Vergleich der sich gegenüberstehenden Großverbände vorgenommen werden, da er die Dimension der Entwaffnungsaktion besser erkennbar und deren Ablauf leichter verständlich zu machen vermag.

aa) Der Kräftevergleich im Bereich der Heeresgruppe B

Für die Durchführung der deutschen Gegenmaßnahmen beim Kriegsaustritt Italiens zeichnete in Oberitalien die Heeresgruppe B in Garda verantwortlich. Sie hatte die Aufgabe, die *Drei Venetien* (Venezia Euganea, Venezia Tridentina und Venezia Giulia), die Marken, die Toskana, Ligurien, die Emilia, die Lombardei und das Piemont unter deutsche Kontrolle zu bringen sowie die dort stehenden italienischen Truppen zu entwaffnen. Generalfeldmarschall Rommel standen dazu das Generalkommando Witthöft, General der Infanterie Joachim Witthöft, mit der 44. Infanteriedivision (»Reichsgrenadier-Division Hoch- und Deutschmeister«) und der Brigade Doehla, sowie die 71. Infanteriedivision zur Verfügung. Ferner waren ihm unterstellt: Das Generalkommando LXXXVII. Armee-

---

[28] So urteilt etwa Schröder, Italiens Kriegsaustritt, S. 285, daß die zahlenmäßig unterlegenen deutschen Kräfte in Oberitalien und Südfrankreich ihre entscheidenden Erfolge »durch bedingungslose Entschlossenheit und Einsatzbereitschaft, durch unmittelbares Reagieren, durch rücksichtsloses Handeln, durch ungewöhnliches Geschick, durch unglaubliche Täuschungsmanöver« erreichten. Für ihn scheint der »unbedingte deutsche Wille, [...] eine positive Entscheidung zu erzwingen«, ausschlaggebend gewesen zu sein.

korps, General der Infanterie Gustav-Adolf v. Zangen, mit der 76. und der 94. Infanteriedivision; das Generalkommando II. SS-Panzerkorps, SS-Obergruppenführer und General der Waffen-SS Paul Hausser, mit der Panzergrenadier-Division »Leibstandarte-SS-Adolf
Hitler«; sowie das Generalkommando LI. Gebirgs-Armeekorps, General der Gebirgstruppe Valentin Feurstein, mit der 65. und der 305. Infanteriedivision[29].
Auf italienischer Seite standen der Heeresgruppe B Teile der 4. Armee, die 5. Armee,
die 8. Armee und die Einheiten der Territorialverteidigung von Bologna sowie Mailand
gegenüber. Das schien auf den ersten Blick eine gewaltige Streitmacht zu sein, ihre Einsatzbereitschaft gab allerdings zur Sorge Anlaß.
Im Nordosten Italiens lag die 8. Armee, General Italo Gariboldi, mit dem Hauptquartier in Padua[30]. Sie glich im Grunde genommen eher einem Territorialkommando als
einem operativen Großverband. Einige Divisionen befanden sich, nach den schweren
Verlusten während des Einsatzes in der Sowjetunion, noch in der Wiederaufstellung.
Ansonsten sah sich die Armee im Partisanenkampf an der Grenze zu Jugoslawien eingesetzt. Ein entschlossenes Aufbäumen gegen den deutschen Angriff blieb aus. Bereits am
10. September existierte die 8. Armee nicht mehr. General Gariboldi begab sich in Gefangenschaft. Rommel, dabei vermutlich nicht nur auf diesen Verband anspielend, sprach
von einem »beschämenden Ende« der italienischen Armee in Norditalien[31].
Bis dahin unterstanden General Gariboldi das XXXV. Armeekorps, Hauptquartier Bozen,
unter General Alessandro Gloria. Sein Kommandobereich erstreckte sich von der Alpen-
grenze bis zum Po, die Provinzen Bozen, Trient, Verona und Mantua umfassend. Gloria
befehligte die Alpinidivisionen »Cuneense« und »Tridentina«, die beide in der Neuaufstellung waren, sowie einige kleinere Einheiten. Zur 8. Armee gehörte außerdem das XXIV.
Armeekorps, Hauptquartier Udine, unter General Licurgo Zannini. Der ihm anvertraute Sektor reichte vom Fluß Tagliamento im Westen bis Piedicolle und Caccia im Osten,
von Tarvisio im Norden bis nahe an die adriatische Küste im Süden. General Zannini
hatte die Infanteriedivision »Torino«, die Alpinidivision »Julia« und Einheiten der Grenztruppe zu seiner Verfügung. Das XXIII. Armeekorps, Hauptquartier Triest, unter General
Alberto Ferrero bildete den dritten Großverband der 8. Armee. Ferreros Befehlsbereich
verlief entlang der Adria, das heißt von Grado über Triest bis etwa Piran und von dort
— quer durch die istrische Halbinsel — bis Fiume, das nicht mehr dazugehörte. Einsatzmäßig unterstanden ihm die Infanteriedivision »Sforzesca«, die sich — dezimiert aus Rußland zurückgekehrt — noch in der Wiederaufstellung befand, und rund 30 000 Mann
verschiedener Kommandos der Grenztruppen. Letztere verteilten sich allerdings auf rund
100 weit verstreute Abteilungen.
Die 4. Armee, General Mario Vercellino, Hauptquartier Sospel, lag seit der alliierten
Landung in Nordafrika im November 1942 mit der Masse ihrer Divisionen in Südfrankreich. Dort übernahm der Großverband den Küstenschutz von Toulon bis zur italienisch-

---

[29] Tessin, Verbände, S. 74 f.; GTDW, Bd 8, S. 552—563; Müller-Hillebrand, Heer, S. 117; und Schröder,
      Italiens Kriegsaustritt, S. 284.
[30] Zur 8. Armee vgl. Torsiello, Le operazioni delle unità italiane, S. 235—266. Ein pointiertes Resümee
      über die Entwicklung bei diesem Großverband bietet Bartoli, L'Italia si arrende, S. 152.
[31] Rommel Papers, S. 445, 10.9.1943.

französischen Grenze. Seit dem 25. August wurde — wie in Bologna vereinbart — das Gros der Truppen nach Italien zurückverlegt. Diese Operation sollte an sich am 9. September abgeschlossen sein. Danach hätte sich nur noch das Generalkommando des I. Armeekorps mit der ihm unterstellten 223. und 224. Küstendivision in Südfrankreich — Raum Nizza — befunden. Tatsächlich stellte sich die Lage für die 4. Armee am Abend des 8. September ausgesprochen schwierig dar, weil man noch mitten in den Truppenverlegungen steckte. Darauf ist im Rahmen der Entwaffnungsaktion in Frankreich zurückzukommen. In Italien war am Tag des Kriegsaustritts nur das XV. Armeekorps der 4. Armee stationiert. Sein Kommandeur, General Emilio Bancale, hatte das Hauptquartier in Genua aufgeschlagen. Er befehligte die 201. Küstendivision, die den 300 km langen Abschnitt von Menton bis Punta del Mesco bei La Spezia verteidigte. Darüber hinaus unterstanden ihm die ausgezeichnete Alpinidivision »Pusteria«, die von Savoyen nach Piemont verlegte, um später im Raum von Cuneo stationiert zu werden, und die 2. schnelle Division, die dabei war, ihren Standort bei Turin zu beziehen.

Angesichts der Tatsache, daß sich die 4. Armee gerade in einer umfassenden Bewegungsphase befand, überrascht das Ausbleiben eines geschlossenen Widerstandes nicht. Es gab zwar Beispiele entschlossener Gegenwehr, aber de facto mußte die Armee spätestens am 12. September als aufgelöst gelten. Ihr Oberbefehlshaber schloß sich der Widerstandsbewegung an[32].

Wie alle übrigen Kräfte der italienischen Heeresgruppe Sud, die bis zum Waffenstillstand Prinz Umberto von Savoyen befehligte, wurde auch die 5. Armee am 8. September 1943 um 00.00 Uhr dem Generalstab des Heeres direkt unterstellt. Als Oberbefehlshaber dieses ehemals 30 Divisionen zählenden Großverbandes, der beim Kriegsaustritt freilich nur noch über wenige schlagkräftige Einheiten verfügte, fungierte ein Heros des Ersten Weltkrieges, der General Mario Caracciolo di Feroleto. Sein Hauptquartier befand sich in Viterbo. Nachdem am 16. Juli 1943 die Inseln Korsika und Sardinien sowie nach dem 5. September auch Latium aus seinem Kommandobereich ausgegliedert worden waren, erstreckte sich letzterer bei Bekanntgabe des Waffenstillstandes nur noch auf die Toskana, die Seefestung La Spezia und die Militärzone von Pescara. Außer der Verteidigung von La Spezia, vor allem der dort liegenden Seestreitkräfte, oblag der 5. Armee die Sicherung der Küsten des Adriatischen und des Tyrrhenischen Meeres gegen eventuelle Feindlandungen. Mit den bescheidenen Kräften, die dafür zur Verfügung standen, hätten sich derartige Aufgaben im Ernstfall gewiß nicht lösen lassen.

General Caracciolo kommandierte im wesentlichen zwei Armeekorps. Das XVI. Armeekorps, General Carlo Rossi, Hauptquartier La Foce bei La Spezia, besaß die Zuständigkeit für die Verteidigung der Seefestung und die Sicherheit der Flotte gegen einen deutschen Angriff. Das Problem wurde — auf indirektem Wege — gelöst, denn als die Deutschen La Spezia endlich besetzen konnten, hatten die italienischen Kriegsschiffe den Hafen bereits verlassen. Zu seiner Verfügung standen General Rossi die Infanteriedivision »Rovigo« und die

---

[32] Bartoli, L'Italia si arrende, S. 151 f.; und vor allem Torsiello, Le operazioni delle unità italiane, S. 143—169. Zur 4. italienischen Armee vgl. insgesamt den Sammelband: 8 settembre. Lo sfacelo della quarta armata.

Alpinidivision »Alpi Graie«. Beide kamen von der 4. Armee aus Piemont und wurden am 26. August 1943 dem XVI. Korps unterstellt. Der zweite Großverband, das II. Armeekorps, General Gervasio Bitossi, Hauptquartier Florenz, zeichnete für die Verteidigung der Toskana verantwortlich. Dazu dislozierte man die Infanteriedivision »Ravenna« im Gebiet um Asciano, Montefollonico, San Regolo, Pienza, Montepulciano, Torrenieri, S. Quirico d'Orcia, Montalcino, S. Giovanni d'Asso und Buonconvento. Die 215. Küstendivision schützte den Küstenstreifen von Kap San Vincenzo, südlich Cecina, bis etwa Orbetello, die Insel Elba und einige kleinere Inseln. Im Norden anschließend sicherte die 216. Küstendivision den Küstenstreifen von Campiglia Marittima bis ungefähr nach Massa. Zu den Divisionsverbänden kamen noch die Einheiten — einige Bataillone und Batterien — der lokalen Verteidigung von Florenz, Livorno, Pisa, Pistoia, Siena und der Militärzone von Pescara hinzu. Auch im Bereich der 5. Armee konnte kein geschlossener Widerstand organisiert werden. An ihrem Oberbefehlshaber hat das nicht gelegen. Zwar löste er den Großverband am 11. September durch die Liquidierung des Oberkommandos praktisch auf, denn dazu gab es aufgrund der Lage keine Alternative. Aber es sprach für die mannhafte Haltung von General Caracciolo, den man in Rom verhaftete, daß ihn die *Repubblica Sociale Italiana* zum Tode verurteilte. Wenn er trotzdem am Leben blieb, so verdankte er dies jener Bestimmung des italienischen Militärstrafrechts, die den Vollzug der Todesstrafe an hochdekorierten und kriegsversehrten Soldaten untersagte. Der General war beides. Er erhielt 15 Jahre Haft, aus der ihn Partisanen im April 1945 befreiten[33].

Den Überblick über die sich nördlich von Viterbo gegenüberstehenden deutschen und italienischen Großverbände abschließend, ist kurz auf die Territorialverteidigung Italiens einzugehen. Ihr oblagen administrative und logistische Aufgaben. Darüber hinaus erfüllte sie unter anderem Funktionen im Rahmen der Luftabwehr, der Aufrechterhaltung der öffentlichen Ordnung oder der Mobilmachung. Im allgemeinen unterstanden die Kommandos der Territorialverteidigung dem Kriegsministerium. Lediglich in operativer Hinsicht hingen sie von den jeweiligen Armeeoberkommandos ab, in deren Befehlsbereich sie sich befanden. Was die Organisation der Territorialverteidigung angeht, so gipfelte sie in den Verteidigungskommandos von Alessàndria, Bari, Bologna, Bozen, Cagliari, Florenz, Genua, Mailand, Neapel, Rom, Turin, Treviso, Triest und Udine. Solche Kommandos waren jeweils für ein größeres Gebiet zuständig, das wiederum in einzelne Militärzonen zerfiel. Die Kräfte, die dort zur Verfügung standen, wurden im Rahmen der bis jetzt vorgestellten Armeen berücksichtigt. Ausgenommen blieben einzig die jeweilige Territorialverteidigung Mailands und Bolognas. Abgesehen von der Provinz Mantua ist erstere für die gesamte Lombardei zuständig gewesen. Ihr Kommandeur befehligte die Infanteriedivision »Cosseria«, das 3. Regiment Bersaglieri der 3. schnellen Division und mehrere kleinere Einheiten. Der Befehlshaber der Territorialverteidigung von Bologna zeichnete für die ganze Emilia, allerdings ohne die Mailand direkt zugeteilte Provinz Piacenza, verantwortlich. Er verfügte über die Masse der 3. schnellen Division sowie verschiedene Regimenter und Bataillone. Zum Teil befanden sich seine Truppen jedoch noch in der Neuaufstellung[34].

---

[33] Bartoli, L'Italia si arrende, S. 149 ff.; und Torsiello, Le operazioni delle unità italiane, S. 174—200.
[34] Torsiello, Le operazioni delle unità italiane, S. 303—318.

ab) Der Kräftevergleich im Gebiet des Oberbefehlshabers Süd

Wendet man sich nach den Bemerkungen zur Kräftekonstellation im Norden dem Süden zu, so ist vorauszuschicken, daß die Trennungslinie zwischen der Heeresgruppe B und dem Oberbefehlshaber Süd — gemäß der am 16. August getroffenen Entscheidung des Oberkommandos der Wehrmacht — von Pisa über Arezzo nach Ancona verlief. Generalfeldmarschall Kesselring führte den Befehl über die südlich dieser Linie und auf den Inseln stehenden deutschen Truppen[35]. Auch für ihn besaß die Entwaffnung der italienischen Streitkräfte Vorrang. Doch nicht weniger wichtig war es, der in Süditalien fechtenden 10. Armee den Rückmarsch in den Raum um Rom offenzuhalten[36]. Unbeschadet der Tatsache, daß am 7. September daran gedacht wurde, die gesamten deutschen Verbände im Gebiet des Apennin in einer Defensivstellung zu versammeln[37], bedeutete das zunächst einmal die Inbesitznahme der italienischen Hauptstadt.

Zur Bewältigung seiner Aufgaben im Gebiet um Rom verfügte der Oberbefehlshaber Süd, Hauptquartier Frascati, am 8. September über das Generalkommando XI. Fliegerkorps, General der Flieger Kurt Student, mit der 2. Fallschirmjägerdivision und der 3. Panzergrenadierdivision. Kesselring unterstand ferner der Wehrmachtbefehlshaber Korsika, General der Panzertruppe Frido v. Senger und Etterlin. Ihm hätten für die anfangs noch beabsichtigte Verteidigung Korsikas die Sturmbrigade »Reichsführer-SS« und die von Sardinien zu überführende 90. Panzergrenadierdivision zur Verfügung gestanden. In Süditalien war dem Oberbefehlshaber Süd die 10. Armee, General der Panzertruppe Heinrich v. Vietinghoff-Scheel (am 17. September 1943 zum Generaloberst befördert), unterstellt. Die Armee besaß zwei Korps. Das XIV. Panzerkorps, General der Panzertruppe Hans Valentin Hube, mit der Luftwaffen-Panzerdivision »Hermann Göring«, der 16. Panzerdivision, der 15. Panzergrenadierdivision und Teilen der 1. Fallschirmjägerdivision, lag im Bereich der Westküste zwischen Frosinone oder Terracina und dem Golf von Salerno. Südlich davon, bis nach Catanzaro in Kalabrien, standen am 7. September die Verbände des LXXVI. Panzerkorps, General der Panzertruppe Traugott Herr. Zu seinem Korps gehörten die 26. Panzerdivision, die 29. Panzergrenadierdivision und die Masse der 1. Fallschirmjägerdivision[38].

Für die Verteidigung von Rom war vom 5. September an der Chef des Generalstabs des Heeres, General Roatta, verantwortlich gewesen. Am 9. September um 05.15 Uhr, also kurz vor seiner Flucht aus der Hauptstadt, übertrug er diese Aufgabe jedoch dem General Carboni und befahl ihm dabei nicht mehr und nicht weniger als den — unter den gegebe-

---

[35] KTB OKW, Bd III, S. 958; die genannten Orte gehörten zum Befehlsbereich der Heeresgruppe B. Am 12. 9., ebd., S. 1096, verlief die Trennungslinie zwischen den beiden Oberbefehlshabern von Elba über Piombino und Perugia nach Porto Civitanova. Diese Orte zählten zum Kommandobereich Kesselrings. Bereits am 29.8., ebd., S. 1027, hatte Rommel die Weisung erhalten, daß er nach der Sicherung der wichtigsten Pässe im Apennin zwischen Genua und Florenz auf die Linie Elba—Civitanova zu operieren habe, um sich mit den Kräften des Oberbefehlshabers Süd zu vereinigen.

[36] KTB OKW, Bd III, S. 1027, 29.8.1943.

[37] Ebd., S. 1068, 7.9.1943.

[38] GTDW, Bd 8, S. 552—564; Müller-Hillebrand, Heer, S. 117; und Schreiber, Corsica, S. 130.

nen Umständen gar nicht durchführbaren — Rückzug aus der Stadt[39]. Das bedeutete die Selbstaufgabe. Vorher, als noch Hoffnung herrschte, hatte man allerdings um Rom Divisionen zusammengezogen, die überwiegend zu den besten des italienischen Heeres zählten. Sie verteilten sich auf drei Korps.

Dem »Corpo d'Armata motocorazzato« — die deutschen Quellen sprechen von einem motorisierten Korps — unter General Giacomo Carboni gehörten die Panzerdivision »Centauro«, die Panzerdivision »Ariete«, die motorisierte Division »Piave« und die Infanteriedivision »Granatieri di Sardegna« an. Das XVII. Armeekorps, General Giovanni Zanghieri, umfaßte die motorisierte Infanteriedivision »Piacenza«, die Infanteriedivision »Re«, von der sich jedoch am 9. September erst 2 500 Mann und 16 Geschütze bei Rom befanden, die Infanteriedivision »Lupi di Toscana« — am 8. September standen lediglich 1 400 Mann dieses Verbandes ungefähr 50 km nordwestlich der Hauptstadt bei Ladispoli — sowie die 220. und die 221. Küstendivision. Da die erstere die Küste zwischen Civitavecchia und Anzio verteidigen sollte, während die letztere den Küstenstrich daran anschließend bis zur Mündung des Flusses Garigliano, das heißt bis zum Golf von Gaeta, hielt, spielten beide hinsichtlich der Verteidigung von Rom gegen einen deutschen Angriff keine Rolle. Zum dritten verfügbaren Korps, dem sogenannten Armeekorps Rom (»Corpo d'Armata di Roma«) unter General Alberto Barbieri, gehörten: die Infanteriedivision »Sassari«, die operativ kaum ins Gewicht fallende Division »Podgora« der Carabinieri Reali, ein Regiment Panzergrenadiere und verschiedene andere Einheiten, in erster Linie der Polizei und des Zolls. Nach zum Teil erbitterten Kämpfen kapitulierte Rom am 10. September[40].

Die 7. Armee, General Mario Arisio, Hauptquartier Potenza, unterstand seit dem 8. September unmittelbar dem Generalstab des Heeres. Vorher hatte sie mit der 5. Armee die schon erwähnte Heeresgruppe Süd gebildet. Der Kommandobereich von General Arisio erstreckte sich — südlich der Linie von der Mündung des Garigliano nach Campomarino — auf Kampanien, Lukanien, Apulien und Kalabrien. Um dieses Gebiet mit mehr als 60 000 Quadratkilometer Fläche und über 2 000 km Küste gegen einen Angriff zu verteidigen, standen — außer der deutschen 10. Armee unter General v. Vietinghoff-Scheel — drei Korps zur Verfügung. Das XIX. Armeekorps, General Riccardo Pentimalli, Hauptquartier Curti, übte den Küstenschutz zwischen dem Fluß Garigliano und der Mündung des Castrocucco, etwa 6 km südlich Maratea, aus. Pentimalli besaß zur Lösung seiner Aufgabe die 222. Küstendivision, die Infanteriedivision »Pasubio« und die XXXII. Küstenbrigade. Dem XXXI. Armeekorps, General Camillo Mercalli, Hauptquartier Soveria Mannelli, war — ausgenommen die Seefestung Reggio di Calabria — im wesentlichen der Schutz Kalabriens übertragen. Dazu verfügte das Korps, das seit der Landung der Alliierten am 3. September bei Reggio di Calabria und Villa San Giovanni (Unternehmen

---

[39] Bartoli, L'Italia si arrende, S. 129—133; Lussu, La difesa di Roma, S. 257—276; Torsiello, Le operazioni delle unità italiane, S. 119 f.; und Zangrandi, L'Italia tradita, S. 288—295; sowie ebd., S. 450—464, Dokumentation zur Frage der Verantwortlichkeit für die Verteidigung von Rom und zu den Anordnungen für den Rückzug nach Tivoli.

[40] Torsiello, Le operazioni delle unità italiane, S. 79—125. Insgesamt fielen bei der Verteidigung der Hauptstadt — einschließlich des Sitzes des Generalstabs des Heeres in Monterotondo — 414 Soldaten, ebd., S. 126.

»Baytown«) in Abwehrkämpfe verwickelt gewesen war, über die Infanteriedivision »Mantua«, die 211., 212., 214. und 227. Küstendivision sowie Hilfstruppen. Die Gesamtstärke des XXXI. Armeekorps belief sich auf rund 48 000 Mann. Im IX. Armeekorps, General Roberto Lerici, Hauptquartier Putignano, waren die XXXI. Küstenbrigade, die 209. und die 210. Küstendivision sowie die Infanteriedivisionen »Piceno« und »Legnano« vereint. Zum Korps zählten ferner die Seefestungen Brindisi und Tarent, die ebenso wie die Territorialverteidigung erhebliche Kräfte zur Verfügung hatten. Der Korpsbereich umfaßte Apulien und Lukanien. Die ursprünglich zu verteidigende Küste erstreckte sich über 800 Kilometer von Campomarino bis nach Nova Siri im Golf von Tarent.

Alles in allem besaß die 7. Armee ungefähr 130 000 Mann. Dabei handelte es sich allerdings um Truppen, die wegen ihrer veralteten Bewaffnung und der geringen Beweglichkeit der Divisionen über eine geringe Kampfkraft verfügten. Der qualitative Unterschied zwischen den deutschen und den italienischen Verbänden trat im Süden besonders kraß zutage. So gesehen bedeutete es für die italienischen Einheiten im Bereich des XXXI. und des IX. Armeekorps einen Glücksfall, daß sich die operativ überlegenen Truppen der 10. Armee des Generals v. Vietinghoff-Scheel aus strategischen Gründen nach Norden absetzen mußten. Zu wirklich nennenswerten Kampfhandlungen kam es nicht. Anders sah die Situation im Gebiet des italienischen XIX. Armeekorps aus. Bei diesem gab es Widerstand. Hier führte die Wehrmacht auch die verbrecherischen Befehle aus, auf die noch einzugehen sein wird. Ansonsten hörte das XIX. Armeekorps jedoch bereits am 11. September auf zu existieren[41].

Auf den Inseln Korsika und Sardinien hatte die italienische militärische Führung zahlreiche Truppen stationiert. Generalleutnant Carl-Hans Lungershausen, Befehlshaber der 90. Panzergrenadierdivision auf Sardinien, sah deshalb vernünftigerweise davon ab, auf der Entwaffnung der italienischen Truppen zu insistieren. Das italienische »Kommando Streitkräfte Sardinien«, Oberbefehlshaber Korpsgeneral Antonio Basso, Hauptquartier Bortigali, befehligte etwa 132 000 Mann. Sie verteilten sich in der Masse auf zwei Korps. Das XIII. Armeekorps, General Gustavo Reisoli-Matthieu, Hauptquartier Nuranimis, verfügte über die Infanteriedivision »Sabauda«, die 203. und 205. Küstendivision sowie die XXXIII. Küstenbrigade und die üblichen Korpstruppen. Im XXX. Armeekorps, General Giacomo Castagna, Hauptquartier Sassari, waren die Infanteriedivision »Calabria«, eine gepanzerte Abteilung, die 204. Küstendivision, die IV. Küstenbrigade, das 19. Küstenregiment und Korpstruppen zusammengefaßt. Hinzu kam die mobile Eingreifreserve, zu der bis zum 8. September auch die 90. Panzergrenadierdivision gehörte, mit der Infanteriedivision »Bari« und der unzuverlässigen, weil mit den Deutschen sympathisierenden, Fallschirmjägerdivision »Nembo«. Zu nennen wären außerdem Armeetruppen, Einheiten der Luftwaffe und der Marine.

General Basso tat bis zum 12. September nichts und danach wenig, um das Übersetzen der rund 25 800 deutschen Soldaten — darunter 19 300 Mann des Heeres, die in der Masse zur 90. Panzergrenadierdivision und zu sechs Festungsbataillonen (902, 903, 905, 906, 907 und 908) gehörten, sowie 6 500 Angehörige der Luftwaffe — von Sardinien nach Korsika

---

[41] Torsiello, Le operazioni delle unità italiane, S. 201—231.

ernsthaft zu verhindern. Es kam zwar zu Zusammenstößen, und die Wehrmachtführung nannte die Haltung der italienischen Einheiten auf Sardinien »feindselig«, aber am 18. September war die Evakuierung der Insel abgeschlossen. Die Verluste durfte man — angesichts des Umfangs der Operation und der bescheidenen Mittel, die zu ihrer Durchführung eingesetzt werden konnten — als gering bezeichnen[42].

Italiens Streitkräfte auf Korsika unterstanden General Giovanni Magli, dem Befehlshaber des VII. Armeekorps, Hauptquartier Corte. Er kommandierte rund 74 000 Mann des Heeres und etwa je 2 000 der Luftwaffe sowie der Marine. Zu seinem Korps gehörten die Infanteriedivisionen »Friuli« und »Cremona«, die einen guten Ruf besaßen, sowie die 225. und 226. Küstendivision. Hinzu kamen noch verschiedene Korpstruppen[43]. Anfangs vermochten die Deutschen diesem Großverband im wesentlichen nur die circa 4 000 Mann der Sturmbrigade »Reichsführer-SS« entgegenzusetzen[44]. Senger und Etterlin taktierte deshalb zunächst — recht geschickt — gegenüber Magli, so daß der Italiener wertvolle Zeit verstreichen ließ. Aber seit dem 10. September war der Bruch offenkundig. Am 12. September befahl der »Wehrmachtbefehlshaber« — wo immer möglich — die Entwaffnung der italienischen Truppen. Seit dem 13. September kämpften Deutsche und Italiener um Bastia. Nach Hitlers Befehl vom 12. September, Korsika zu räumen, erübrigten sich die Kämpfe eigentlich. Sie kosteten Tote und Verwundete, doch die Masse der Deutschen erreichte mit dem Großteil ihrer Ausrüstung das Festland[45].

---

[42] Unter den überführten Truppen befand sich auch ein Bataillon der Fallschirmjägerdivision »Nembo«, das auf deutscher Seite weiterkämpfen wollte. Außer den 25 800 Mann wurde an Material nach Korsika überführt: 3 850 Kraftfahrzeuge, 4 765 Tonnen Versorgungsgut, 1 130 Maschinengewehre, 281 Panzer-Büchsen, 49 Granatwerfer, 66 mittlere und 78 schwere Panzerabwehrkanonen, 12 leichte und 12 schwere Infanteriegeschütze, 62 Panzer, 37 Sturmgeschütze, 23 Mannschaftstransportwagen, 23 leichte und 8 schwere Feldhaubitzen, 4 Kanonen 10 cm, 119 Geschütze 8,8 cm, 147 Geschütze 2 cm und 30 Vierling-Fliegerabwehrkanonen 2 cm. Zahlen nach GTDW, Bd 8, S. 101, Bericht Wehrmachtführungsstab zur Entwicklung beim Ob. Süd, 18.9.1943. Sehr kritisch äußert sich zu den Vorgängen auf Sardinien Bartoli, L'Italia si arrende, S. 156—159. Zu den italienischen Streitkräften auf der Insel vgl. Torsiello, Le operazioni delle unità italiane, S. 271—275. Die Darstellung der Ereignisse, ebd., S. 275—292, ist bei Torsiello nicht frei von apologetischen Tendenzen. Eine Zusammenfassung aus deutscher Sicht, aber ohne Zahlenangaben, bietet Schröder, Italiens Kriegsaustritt, S. 313 ff.

[43] Bereits am 17.9. waren 3 000 Mann, 80 Kraftfahrzeuge und 18 Panzer von Korsika nach Italien überführt. Die Transporte setzten am 15./16.9. ein. Seit dem 11.9. befanden sich als erste Einheiten aus Sardinien die Festungsbataillone 902 und 903 auf Korsika. Vgl. GTDW, Bd 8, S. 62, 11.9.1943; S. 83, 15.9.1943; und S. 97, 17.9.1943. Siehe ansonsten zur Entwicklung auf Korsika: Le operazioni delle unità italiane in Corsica, insgesamt; Schröder, Italiens Kriegsaustritt, S. 315—320; Senger und Etterlin, Krieg in Europa, S. 196—211; und Torsiello, Le operazioni delle unità italiane, S. 589—615.

[44] Am 8.9. standen auf Korsika: Nachschubstab 289, schwere Flakabteilung 264 (mit drei Batterien) und eine Seetransportstelle, alle in Bastia; südlich Bastia sammelte sich das mit Objektschutz beauftragte Bataillon III./382; in Casamozza lagen die Heeres-Küsten-Artillerie-Abteilung 677 und die Marine-Küsten-Artillerie-Abteilung 616 mit je zwei Personalbatterien; im Gebiet von Porto Vecchio befand sich die Panzerjägerabteilung »Festland« mit zwei Kompanien; eine Heeres-Küsten-Artillerie-Abteilung war in Bonifacio stationiert. Vgl. Schreiber, Corsica, S. 130.

[45] Ebd., S. 132—138. Überführt wurden 29 486 Mann, 700 Kriegsgefangene, 3 026 Kraftfahrzeuge, 361 Geschütze, 105 Panzer und 6 032 Tonnen Material. Von diesen aus den Quellen zusammengestellten Zahlen weichen die Tagesmeldungen für die OKW-Kriegsschauplätze z.T. erheblich ab, vgl. GTDW,

Mit den Ausführungen zur Entwicklung auf Sardinien und Korsika wurde den Ereignissen etwas vorgegriffen, denn die deutschen Gegenmaßnahmen beim Kriegsaustritt Italiens setzten massiv zunächst auf dem Festland ein.

ac) Die Entwaffnung bei der Heeresgruppe B

Wenige Stunden nach Auslösung des Falles »Achse« begann das, was man seit langem vorbereitet hatte, das heißt die mit »allen Mitteln rücksichtslos durchzuführende überraschende Entwaffnung der italienischen Truppen«. Das galt überall. Nicht weniger verbindlich war der Grundsatz, daß dort, wo es nicht gelingen sollte, den italienischen Widerstand im ersten Anlauf zu brechen, dies in einem zweiten Schritt durch einen sorgfältig vorbereiteten Angriff mit starken Kräften zu geschehen hätte. Drei Phasen ließen sich im Rahmen der deutschen Operationen nach dem 8. September — im Bereich von den Alpen bis nach Kalabrien — unterscheiden: überfallartiges Vorgehen gegen Schwerpunktbildungen italienischer Truppen, Säuberung räumlich begrenzter Gebiete und schließlich Übergang zur Besatzungsherrschaft im jeweiligen Gesamtraum, den die Großverbände in Besitz nahmen. Im Detail existierten — abhängig von der Geographie, der Bevölkerungsstruktur, den Verkehrswegen und der Entwicklung der operativen Lage — zwar nicht unerhebliche Unterschiede, so etwa zwischen der Aufgabenstellung beim Kommandierenden General der Sicherungstruppen, Generalkommando Witthöft, in Südtirol und beim XIV. Panzerkorps in seinem Einsatzraum südlich von Rom. Aber im Prinzip entwickelte sich das Vorgehen der Wehrmacht nach dem oben entworfenen Muster[46].

Rommels Heeresgruppe B meldete bereits am 9. September, daß die Straßen zwischen Brenner und Verona sowie in einigen Nebentälern gesäubert seien. 40 000 Italiener mußten hier ihre Waffen abgeben. Auf erbitterten Widerstand stieß die Entwaffnung im Einsatzgebiet der 71. Infanteriedivision: Tarvisio—Gemona del Friuli—Triest—Laibach (Ljubljana). Dort wurden rund 10 500 Gefangene eingebracht. Das II. SS-Panzerkorps bereinigte die Lage im Raum von Bologna, Reggio nell'Emilia, Parma, Cremona und Mantua. In Verona war man dabei, 40 000 italienische Soldaten zu entwaffnen. Den Küstenabschnitt bei Genua besetzte das LXXXVII. Armeekorps mit Teilen der 76. Infanteriedivision, wobei die Truppe 3 000 Kriegsgefangene machte[47]. Das entsprach insgesamt über 100 000 Gefangenen am ersten Tag.

Bd 8, S. 194, 6.10.1943; demnach wurden überführt: 30 550 Mann von insgesamt 32 000, 1 200 Gefangene, rund 3 500 Kraftfahrzeuge, 11 Panzer und Sturmgeschütze (eventuell ein Schreibfehler, der in 110 verbessert werden müßte), sowie 7 430 t Nachschubgut und Gerät.

[46] Vgl. dazu: Der Kommand. General der Sicherungstruppen, Generalkommando Witthöft, Br.B.Nr. Ia Nr. 37/43 g.Kdos., O.U., den 6.9.1943, Betr.: Beabsichtigte Kampfführung im Bereich des Generalkommandos Witthöft. An Oberkommando der Heeresgruppe B, BA-MA, RH 24-73/4, Anlage 8; und ebd., Anlage 7: Besprechung des Kommandierenden Generals, Witthöft, mit Generalleutnant Dr. Franz Beyer (Kommandeur der 44. Infanteriedivision) am 6.9.1943.

[47] GTDW, Bd 8, S. 50, Lage Heeresgruppe B am 9.9.1943. Vgl. zur Berichterstattung über die Lage am 9.9.1943 auch ADAP, E, Dok. 303, S. 519 f., 10.9.1943; dort wird u.a. für Norditalien als Teilergebnis die Zahl von 90 000 entwaffneten italienischen Soldaten genannt. Es handelt sich um eine Aufzeichnung des Legationsrates in der Politischen Abteilung des Auswärtigen Amtes, Otto v. Grote.

Aber der Erfolg konnte zum Teil nur in »harten Kämpfen« errungen werden[48]. Vermutlich erließ das Oberkommando der Wehrmacht deshalb — eine derartige Annahme liegt jedenfalls nahe — am Abend des 10. September den ersten der verbrecherischen Befehle für die Behandlung der italienischen Soldaten. In ihm hieß es wörtlich[49]: »Dort, wo ital. Truppen oder sonstige Waffenträger z.Zt. noch Widerstand leisten, ist ihnen ein kurz befristetes Ultimatum zu stellen, dabei ist zum Ausdruck zu bringen, daß die für den Widerstand verantwortlichen ital. Kommandeure als Freischärler erschossen werden, wenn sie bis zur festgesetzten Zeit nicht den Befehl an ihre Truppen zur Abgabe der Waffen an die deutschen Verbände gegeben haben.«

Der Befehl wurde befolgt. Er hatte blutige Folgen. In erster Linie war das auf dem Balkan, auf den Inseln im östlichen Mittelmeer und im Befehlsbereich des Generalfeldmarschalls Kesselring der Fall. Folgt man den Quellen, so scheint es im Bereich der Heeresgruppe B weniger brutal zugegangen zu sein.

Dort erreichte zu jenem Zeitpunkt das LXXXVII. Armeekorps — an der Küste nach Westen vorstoßend — den Raum von Albenga. In Mailand, wo die italienischen Truppen, ehe sie ihre Waffen an die Wehrmacht abgeben mußten, noch 40 000 Kommunisten entwaffneten, marschierte am Abend des 10. September die »Leibstandarte-SS-Adolf Hitler« ein. Ein Teil des Großverbandes nahm Pistoia und Pisa, seine Masse stand nunmehr vor Florenz. Die Waffen hatte außerdem die Garnison von Brescia gestreckt. Das Generalkommando Witthöft war im Gebiet bereits zur zweiten Phase übergegangen, der Säuberung der Seitentäler[50].

»Säuberungen« gab es am 11. September auch in den Städten Mailand, Turin, Novara, Asti, Alba und Treviso. Dabei wurde ein »kommunistischer Aufstand in Turin blutig niedergeschlagen«. Das LXXXVII. Armeekorps stellte nach der Entwaffnung der Garnison von Casale die Verbindung zu den Truppen des Oberbefehlshabers West her. Besetzt hatten die Deutschen auch Stadt und Hafen von Monfalcone[51]. Und die 71. Infanteriedivision setzte aufgrund einer besonderen Weisung Hitlers eine Kampfgruppe auf Pola an[52].

Die italienische Garnison in Pola zählte normalerweise 18 000 Mann. In jenen Tagen soll sie jedoch auf 33 000 Militärangehörige angewachsen gewesen sein. Angeblich hatten sich rund 15 000 Soldaten der in Auflösung begriffenen italienischen 2. Armee in der Stadt eingefunden. Trotzdem beugte sich der Kommandierende Admiral, dessen Truppen durchaus Bereitschaft zeigten, die wenigen Deutschen in der Stadt zu entwaffnen, den ultimativen Forderungen des Leiters des deutschen Stützpunktes in Pola. Der drohte zwar mit Luftangriffen und Repressalien, aber de facto besaß er nicht mehr als 160

---

[48] KTB OKW, Bd III, S. 1087, 10.9.1943.

[49] Das Fernschreiben des Oberkommandos der Wehrmacht wurde am 10.9.1943 um 19.45 Uhr an den Ob. West, Ob. Süd, H.Gr. B und Ob. Südost gesandt. Nachrichtlich ging es an den Ob.d.M. und den Ob.d.L.; OKW WFSt Nr. 005186/43 gKdos., BA-MA, RM 7/950; ein weiteres Exemplar enthält BA-MA, RM 7/237. Der Befehl, mit dem Zusatz »gez. Jodl«, findet sich auch im Kriegstagebuch der Heeresgruppe E: KTB H.Gr. E, S. 143, 11.9.1943, BA-MA, RH 19 VII/1.

[50] GTDW, Bd 8, S. 55 f., Lage Heeresgruppe B am 10.9.1943.

[51] Ebd., S. 62, Lage Heeresgruppe B am 11.9.1943.

[52] KTB OKW, Bd III, S. 1089, 10.9.1943.

Mann, mit denen er seit dem 10. September die italienische Besatzung der Hafenstadt kontrollierte. Als die Kampfgruppe der 71. Infanteriedivision am 12. September ankam, konnte sie die Garnison von Pola entwaffnen. Zu Zwischenfällen kam es nicht[53]. Wieviele der Gefangenen tatsächlich in deutsche Lager gelangten, ist nicht zu sagen, denn drei Züge mit kriegsgefangenen italienischen Soldaten aus Pola, die wegen Schienensprengung nicht in Triest ankamen, blieben offenbar »verschollen[54].

Ansonsten nahm die Entwaffnungsaktion einen planmäßigen Fortgang. Allerdings sahen sich die Deutschen gezwungen, im Raum von Mailand und Turin an mehreren Stellen gegen aufsässige Italiener mit Waffengewalt vorzugehen. Nicht überall waren diese also durch den Schock der Ereignisse gelähmt. Die deutschen Befehlshaber befürchteten auch, daß es zur Bildung von Widerstandsgruppen kommen könnte, die in der Bevölkerung Rückhalt finden würden. Als Keimzellen des Widerstands betrachtete man die dem Kommunismus zuneigenden Teile der Arbeiterschaft und die italienischen Soldaten, die sich der Gefangennahme entzogen hatten. Sie bildeten aus deutscher Sicht die »aktiven und fanatisierten Elemente« der aufgelösten Armee[55]. Deshalb, aber in erster Linie wohl wegen der Entwicklung im Südostraum, dürfte Hitler einen weiteren verbrecherischen Befehl herausgegeben haben, der am 12. September nachmittags bei der Heeresgruppe B, bei den Oberbefehlshabern Südost und West, beim Chef der Heeresrüstung, beim Generalstab des Heeres, beim Oberbefehlshaber der Luftwaffe, beim Oberkommando der Kriegsmarine, beim Allgemeinen Wehrmachtsamt, beim Amt Ausland/Abwehr, beim Generalbevollmächtigten für den Arbeitseinsatz, beim Auswärtigen Amt, beim Reichsführer-SS und beim Wehrmachtführungsstab/Org. bekannt war. Überraschenderweise sah sich der Oberbefehlshaber Süd nicht in den Verteiler aufgenommen, doch Kenntnis besaß er von der Weisung. Darauf ist im Rahmen der Entwaffnung in Süditalien einzugehen. In jenem Befehl, den Generalfeldmarschall Keitel unterzeichnete, hieß es wörtlich[56]:

»Auf Befehl des Führers ist mit allen italienischen Truppenteilen, die ihre Waffen in die Hände von Aufständischen haben fallen lassen oder überhaupt mit Aufständischen gemeinsame Sache gemacht haben, nach Gefangennahme wie folgt zu verfahren:

---

[53] Schröder, Italiens Kriegsaustritt, S. 308 f. Eine etwas andere Akzentuierung der Entwicklung in Pola findet sich bei Fioravanzo, La Marina dall'8 settembre, S. 157–163.

[54] GTDW, Bd 8, S. 83, 15.9.1943, und S. 89, 16.9.1943. Um die 30 000 Kriegsgefangenen, wie zunächst erwogen, zur See abzutransportieren, fehlte Großschiffsraum: 1. Skl KTB Teil A, S. 295, 14.9.1943, BA-MA, RM 7/52.

[55] Kommand. General d. Sich. Truppen, Generalkommando Witthöft, Abt. Ic Nr. 62/43 g.Kdos., O.U., den 18.9.1943, Lagebeurteilung Nr. 2, BA-MA, RH 24-73/4, Anlage 34.

[56] Der Befehl ist vollständig publiziert in ADAP, E, Bd VI, Dok. 314, S. 537. Irrtümlich ist das Dokument dort mit der Angabe OKW/WFSt/Qu2(S) Nr. 005210/43 GKdos versehen. ADAP folgt einem Dokument in den Unterlagen PA, Büro Staatssekretär, Akten betr. Italien, Bd 16, S. 196. Tatsächlich besaß das von Keitel unterzeichnete Original die Nr. 005211/43 GKdos, vgl. dazu das Exemplar in BA-MA, RM 7/237. Daß die Nr. 005211/43 korrekt ist, das zeigt u.a. die Bezugnahme des KR-Fernschreibens OKW/WFSt/Qu2(S) Nr. 005257/43 g.Kdos., 13.9.1943, gez. Keitel, das die Verwendung italienischer Militärangehöriger betraf, in: BA-MA, RW 4/v. 508a. Auszugsweise wird der Befehl vom 12.9.1943 wiedergegeben in KTB OKW, Bd III, S. 1094.

1.) Die Offiziere sind standrechtlich zu erschießen.

2.) Uffz. [Unteroffiziere, d. Verf.] und Mannschaften sind unmittelbar, unter möglichster Umgehung des Transportweges durch das Reich nach dem Osten durch AWA/ Chef Kriegsgef. zur Verfügung Gen.St.d.H./Gen.Qu zum Arbeitseinsatz zu verbringen[57].«

Mindestens 10 000 italienischen Soldaten wurde die zitierte Weisung zum Schicksal[58]. Die verbrecherischen Befehle vom 10. und 12. September sind wörtlich in die »Grundsätzlichen Richtlinien über die Behandlung der Soldaten der ital. Wehrmacht und Miliz« vom 15. September aufgenommen worden[59]. Sie dokumentieren eindeutig, wie willkürlich die nationalsozialistische politische und militärische Führung mit Rechtsnormen umging. Man war sich dessen auch bewußt. Im Wehrmachtführungsstab und im Generalstab des Heeres herrschte zum Beispiel völlige Klarheit darüber, daß es sich bei der Weisung[60], italienische Offiziere »unter bestimmten Voraussetzungen standrechtlich bezw. als Freischärler[61] zu erschießen«, um »politische Maßnahmen« handelte. Deswegen lagen derartige Tötungen auch »außerhalb der gerichtlichen Zuständigkeit« der Wehrmachtgerichte. Letztere wurden über den ungeheuerlichen Sachverhalt — es ging immerhin

---

[57] Vgl. dazu KTB H.Gr. E, S. 57, 13.9.1943, BA-MA, RH 19 VII/10; und Oberkommando H.Gr. E Ia Nr. 2074/43 g.Kdos v. 13.9.1943, BA-MA, RH 31 X/2: Dort heißt es leicht abweichend: »Unteroffz. und Mannschaften sind im E-Transport nach Osten zum Arbeitseinsatz abzuschieben. Sie sind als Kriegsgefangene [sic] zu behandeln und in besonderen Transporten zusammenzufassen und bei den zuständigen Trsp.-Kdtren [Transportkommandanturen, d. Verf.] gesondert anzumelden.« Auf das Problem der Unterscheidung zwischen Militärinternierten und Kriegsgefangenen im Rahmen der Entwaffnung der italienischen Soldaten ist noch wiederholt einzugehen. Siehe unten, S. 170.

[58] Siehe unten, S. 579.

[59] Auf diese Richtlinien ist noch zurückzukommen. Vollständig überkommen sind sie in der 55. von 75 Ausfertigungen: BA-MA, RW 4/v. 508 (siehe oben, S. 20, Anm. 14). Inhaltlich weitgehend identisch ist ein — durch einige Details erweitertes — Rundschreiben, das SS-Obergruppenführer und Reichsleiter Martin Bormann unterzeichnete: Nationalsozialistische Deutsche Arbeiterpartei, Partei-Kanzlei, Der Leiter der Partei-Kanzlei, Führerhauptquartier, den 28.9.1943, Rundschreiben Nr. 55/43 g.Rs., Betrifft: Behandlung und Arbeitseinsatz der italienischen Militärinternierten, AIfZG, PS-657. Eine Zusammenfassung der »Richtlinien« vom 15. September enthält das KTB OKW, Bd III, S. 1107. Die wichtigsten Passagen des Dokuments referiert außerdem das Telegramm, Sonderzug, den 24.9.1943, Geheime Reichssache, Nr. 1495 vom 24.9., gez. Frohwein, PA, Büro Staatssekretär, Akten betr. Italien, Bd 17. Teile des Originals — es fehlen III. 3—7 und IV. — sind in italienischer Übersetzung publiziert bei Wilczur, Le tombe, S. 26—31; vollständig abgedruckt bei Lombardi, L'8 settembre, S. 415 ff.

[60] Oberkommando des Heeres (Chef HRüst u. BdE), Nr. 257/43 g.Kdos HR (III), Gera, den 8. Oktober 1943, Betr.: Behandlung italienischer Offiziere, BA-MA, RH 2/v. 637.

[61] Zangrandi, L'Italia tradita, S. 249, meint, die Widerstand leistenden Soldaten seien von den Deutschen bis zum 13.10.1943, als die Regierung Badoglio dem Deutschen Reich den Krieg erklärte (dazu insgesamt La Terza, 13 ottobre), in Übereinstimmung mit dem internationalen Recht als »Freischärler« erschossen worden. Die These ist unhaltbar, denn einmal ganz davon abgesehen, daß die nationalsozialistische Regierung die Kriegserklärung des königlichen Italiens einfach nicht zur Kenntnis nahm (vgl. ADAP, E, Bd VII, Dok. 42, S. 78, 14.10.1943: Runderlaß des Reichsaußenministers; einen Hinweis enthält auch KTB OKW, Bd III, S. 1197, 13.10.1943), waren die italienischen Soldaten eben keine »Freischärler«, sondern Angehörige regulärer Verbände. Vgl. direkt dazu Lombardi, L'8 settembre, S. 426, der dort aus der Anklageschrift des amerikanischen Anklägers, Brigadegeneral Telford Taylor, (S. 422—426) zitiert.

um die Ausführung von reinen Mordbefehlen — unterrichtet. Kaum ein Wehrmachtrichter dürfte also sagen können, er habe nicht davon gewußt, aber es ist nicht bekannt, daß irgendeiner dagegen protestierte. Es gab jedoch Offiziere — sie sind noch zu benennen —, die es ablehnten, im Namen des »Führers« zu morden. Zum Teil beriefen sie sich dabei auf das Völkerrecht. Und ihre Befehlsverweigerung, das sei vorweggenommen, hatte für keinen gravierende nachteilige Folgen, denn kein Angehöriger der Wehrmacht sah sich gezwungen, Verbrechen zu begehen. Er mußte nur den Mut haben, ihre Ausführung zu verweigern.

All das stellte freilich für die meisten kein Thema dar, und ganz sicher nicht für einen so fanatischen Nationalsozialisten wie den Oberbefehlshaber der Kriegsmarine, Großadmiral Dönitz. Im Zusammenhang mit der Entwaffnung der italienischen Streitkräfte im Bereich der Heeresgruppe B erließ er bereits am 10. September — somit noch vor dem vergleichbaren Befehl Hitlers — eine Weisung, die selbst bei einfühlsamer Betrachtungsweise kriminell zu nennen ist. Worum ging es? Um Rache! Man erinnert sich: Die italienische Flotte konnte La Spezia rechtzeitig verlassen, die Deutschen fühlten sich um die erwartete Beute geprellt. Aus Genua, Tarent und Pola waren die italienischen Kriegsschiffe ebenfalls ausgebrochen[62]. Die Kriegsmarine hatte mit ihren bescheidenen Mitteln immerhin einen Achtungserfolg erzielt[63]. Dennoch kam es zu einem heftigen Streit darüber, ob seitens des Deutschen Marinekommandos wirklich alle Möglichkeiten zur Verhinderung des Entkommens der italienischen Schiffe wahrgenommen worden seien[64]. Aber wie dem auch immer gewesen sein mag, seit dem 9. September hielten Truppen der 65. und 305. Infanteriedivision des LI. Gebirgs-Armeekorps La Spezia besetzt[65].

---

[62] Deutsches Marinekommando Italien op. A I gKdos 1810/43, 18.9., 24.00 (Uhr), An OKM 1 Skl, BA-MA, RM 7/950. Es handelt sich um einen zusammenfassenden Bericht über die Maßnahmen des Deutschen Marinekommandos bei Auslösung des Falles »Achse«. Die Angaben über die aus Pola entkommenen Einheiten sind in den deutschen Quellen uneinheitlich, vgl. 1. Skl KTB Teil A, S. 235, 11.9.1943, BA-MA, RM 7/52. Danach haben die italienischen Schiffe den Hafen nicht verlassen. Dem Kommandierenden Admiral hatte man angedroht, daß das »Auslaufen ital. Einheiten und Übergang zum Feind ihn den Kopf« kosten werde. Entkommen ist auf jeden Fall nicht nur das Schlachtschiff »Giulio Cesare«, sondern mindestens noch zwölf weiteren Einheiten glückte die Flucht. Vgl. Fioravanzo, La Marina dall'8 settembre, S. 159. Siehe außerdem ebd., S. 23—35, zu Tarent und La Spezia, sowie 105 f. zu Genua. Vgl. im übrigen zu diesem Thema, das hier lediglich unter dem Aspekt der Beute interessiert: Schröder, Italiens Kriegsaustritt, S. 302—312; aus italienischer Sicht: Bartoli, L'Italia si arrende, S. 161—170; und Galuppini, L'Armistizio e la Marina, S. 147—160.

[63] Vgl. dazu: B.Nr. 1. Skl. 26529/43 g/Kdos, Abschrift der »Zusammenstellung über die Erfolge der Kriegsmarine im italienischen Raum seit Beginn des Unternehmens ›Achse‹«, gez. Meendsen-Bohlken (o.D., vom Gruppenleiter Ia, Konteradmiral Gerhard Wagner, am 23.9. abgezeichnet), BA-MA, RM 7/950.

[64] 1. Skl KTB Teil Ce, BA-MA, RM 7/265. Diese Akte ist überwiegend der heftigen Auseinandersetzung mit den schweren Vorwürfen gewidmet, die Kapitän zur See Gerhard v. Kamptz hinsichtlich des Verhaltens des Deutschen Marinekommandos Italien nach dem 8.9.1943 erhob. Die Angelegenheit wurde schließlich von Dönitz gegen Kamptz entschieden. Ansonsten zeigte sich dabei, daß auch GFM Rommel mit dem Agieren der Kriegsmarine unzufrieden gewesen zu sein scheint. Ganz offensichtlich bestand deutscherseits keine völlige Klarheit darüber, wer wofür zuständig war.

[65] Torsiello, Le operazioni delle unità italiane, S. 186 f.

Nun ließ sich Vergeltung für das Auslaufen der italienischen Flotte üben. Aufgrund einer vom Chef des Stabes der Seekriegsleitung fernmündlich übermittelten Weisung des Oberbefehlshabers der Kriegsmarine vom 10. September befahl der Führer der U-Boote Mittelmeer, Konteradmiral Leo Kreisch, dem U-Stützpunkt La Spezia[66]:

»a) den ital. Kom. Adm. La Spezia sofort zu erschießen,

b) ital. Stabschef, Arsenalkommandanten sowie an Auslaufen Schlachtschiffe führend beteiligte Persönlichkeiten zu verhaften. Namen und Umfang der Schuld am Verrat sowie Vorschläge für weitere Exekutionen zu melden.«

Kreisch ergänzte seine Meldung über die befohlenen Maßnahmen mit zwei Hinweisen. Zum einen habe er dem Befehlshaber des Deutschen Marinekommandos Italien seine Erwartung mitgeteilt, daß dieser für die Verhaftung der »Schuldigen bei Supermarina sowie in Genua« Sorge tragen würde[67]. Zum anderen jedoch meinte er, daß die Erschießung der Admirale Raffaele De Courten und seines Stellvertreters Luigi Sansonetti »schon aus Gründen der Gerechtigkeit« erfolgen müsse. Kreisch hielt ein derartiges »Exempel gegen Führer« der italienischen Marine für besonders wichtig, weil danach »kaum noch befohlen und nichts mehr ausgeführt« werde[68].

Der Vorschlag war ganz nach dem Geschmack von Dönitz, der dem Deutschen Marinekommando jetzt befahl[69], daß die führenden Offiziere von Supermarina sicherzustellen seien. Falls sie für Kampfhandlungen gegen Einheiten der Kriegsmarine mitverantwortlich wären, solle man diese Offiziere »standrechtlich aburteilen«. Gleiches gelte für »führende Offiziere anderer italienischer Dienststellen«. Von ihnen hatten die Deutschen alle Bereichsadmirale in ihrer Gewalt, ausgenommen diejenigen von Tarent, La Maddalena, Livorno und La Spezia. Admiral De Courten befand sich längst in Brindisi. Sansonetti wurde in Rom überwacht[70], konnte aber am 25. September die Hauptstadt verlassen. Nach einer schwierigen Reise von 23 Tagen erreichte er den freien Süden[71].

Was jedoch den Kommandierenden Admiral von La Spezia anbelangt, so mußte Meendsen-Bohlken am 19. September melden, daß jener noch nicht erschossen worden sei, weil General Feurstein, der Oberbefehlshaber des LI. Gebirgs-Armeekorps, ihn entlassen habe. Schließlich hätte er sich nicht nur loyal verhalten, sondern auch bereitwilligst mit den Deutschen zusammengearbeitet. Der Chef des Marinekommandos teilte im übrigen Feur-

---

[66] B.Nr. 1/Skl. 25457/43 gKdos, Fernschreiben von FdU, 11.9.1943, 01.00 Uhr, an OKM/Skl. für Stabschef, BA-MA, RM 7/950; die zitierten Punkte a und b sind wörtlich wiedergegeben in 1. Skl KTB Teil A, S. 234, 11.9.1943, BA-MA, RM 7/52.

[67] 1. Skl KTB Teil A, S. 235, 11.9.1943, BA-MA, RM 7/52.

[68] Zit. nach RM 7/950, siehe oben, Anm. 66.

[69] B.Nr. 1/Skl Ia 25844/43 gKdos-Rot, Seekriegsleitung, Berlin, den 14.9.1943, Fernschreiben an: Dt. Mar.Kdo, BA-MA, RM 7/237; ein weiteres Exemplar befindet sich in BA-MA, RM 7/950. Der direkte Zusammenhang zwischen dieser Anregung von Kreisch und der Erweiterung der von Dönitz ursprünglich befohlenen Maßnahmen bleibt bei Schröder, Italiens Kriegsaustritt, S. 307, der den Vorgang in Anm. 85 erwähnt, im dunkeln, da er das obige Dokument nicht berücksichtigt. Auf der Grundlage der Ausführungen bei Schröder behandelt Bartoli, L'Italia si arrende, S. 175 f., den Befehl von Dönitz.

[70] Dt. Markdo Ital op A I gKdos 1810/43, 18.9., An OKM 1 Skl, BA-MA, RM 7/950.

[71] Galuppini, L'Armistizio e la Marina, S. 156.

steins Auffassung, daß sich eine nachträgliche »Aburteilung bei nicht erwiesener Schuld«
nachteilig auf die Bereitschaft anderer italienischer Offiziere auswirken würde, mit
Deutschland zu kooperieren. Er bat daher um eine neue »Anweisung für La Spezia«[72].
Sie traf umgehend ein. Dönitz zeigte sich bereit, von der Hinrichtung abzusehen. Sogar
die von Feurstein vorgenommene Freisetzung des italienischen Admirals akzeptierte er[73].
Der Oberbefehlshaber der Kriegsmarine beugte sich den Fakten, die ein General des Heeres geschaffen hatte, der, wenn nicht alles trügt, sich weigerte, zum Mörder gemacht zu werden. Der Kommandeur des LI. Gebirgs-Armeekorps ging dabei recht unauffällig vor. Es
gab andere Heeresoffiziere, die in solchem Kontext wesentlich deutlicher wurden.
Als der oben erörterte Befehl vom 12. September bei der Truppe eintraf, war die Entwaffnung des italienischen Heeres in Norditalien fast abgeschlossen. Allerdings fehlten
den Deutschen die Kräfte, um zu verhindern, daß Waffen in beträchtlicher Zahl in die
Hände von Widerstandsgruppen oder Partisanen fielen. Als Problemzone galt von Anfang
an Istrien. Über das Schicksal der dort stationierten Italiener wußten die Deutschen überhaupt nichts. Am 19. September entschloß sich das Oberkommando der Wehrmacht,
mit starken Kräften der Heeresgruppe B, des Oberbefehlshaber Südost und mit materieller Unterstützung des Oberbefehlshabers Süd gegen die im istrischen Raum operierenden »Banden« die Entscheidung zu suchen[74].
Da das Unternehmen mit dem Fall »Achse« höchstens indirekt etwas zu tun hatte, ist
es hier zu vernachlässigen. In Norditalien entwickelte sich die restliche Entwaffnung beim
LXXXVII. Armeekorps und beim LI. Gebirgs-Armeekorps ohne Probleme. Neue Unruhen, die in Mailand um sich griffen, schlug das II. SS-Panzerkorps unbarmherzig nieder.
Im Piemont wurden italienische Truppen am 13. September in Bra, Saluzzo, Cuneo und
Susa entwaffnet. Im Veneto war dies bei Treviso und im Friaul bei Udine der Fall. Aber
während all das geschah, kämpften noch am 12. September ostwärts Udines die deutsche 71. Infanteriedivision und die italienische Alpini-Division »Julia« gemeinsam gegen
die »Banden«[75].
Am 14. September hieß es dann, daß die Entwaffnung im oberitalienischen Raum ihrem
Abschluß entgegengehe. Bis dahin hatte die Heeresgruppe B 26 Generale, 8 790 Offiziere
und 339 100 Unteroffiziere sowie Mannschaften entwaffnet, von denen bis zum Abend insgesamt 96 500 über die Reichsgrenze abgeschoben waren. Als abgeschlossen galt die Entwaffnung in Treviso. In Venedig und Rimini dauerte sie noch an. Dabei zeigte sich, daß
nicht genügend Bewachungskräfte zur Verfügung standen, um mit den enormen Gefange-
nenmassen fertig zu werden, denn die Wehrmacht mußte ihre Truppen ja sofort nach Abschluß der Entwaffnungsaktion im Hinblick auf die Verteidigung des Landes gegen be-

---

[72] Befehlshaber Dt. Markdo. Ital 1902 Geh., 19.9., an OKM 1 Skl, BA-MA, RM 7/950. Wörtlich ist
das Fernschreiben wiedergegeben in 1. Skl KTB Teil A, S. 400, 20.9.1943, BA-MA, RM 7/52.
[73] Seekriegsleitung B.Nr. 1. Skl. I Op. 28482/43 Geheim, Berlin, den 20.9.1943, an: Befehlshaber Dtsch.
Mar.Kdo. Ital., BA-MA, RM 7/950.
[74] KTB OKW, Bd III, S. 1096, 12.9.; S. 1116, 17.9.; und S. 1121 f., 19.9.1943.
[75] GTDW, Bd 8, S. 73, Lage Heeresgruppe B am 13.9.1943. Zu dem Übereinkommen zwischen Deutschen und Italienern, das am 13.9. der Vergangenheit angehörte, vgl. Torsiello, Le operazioni delle
unità italiane, S. 256 und 261.

fürchtete Landungsunternehmen der Alliierten verteilen[76]. Ansonsten aber bereitete das, was etwa in Demonte und Vinadio im Westen, in Venedig, Rimini oder Ravenna im Osten, in den Marken und in der Toskana noch zu tun blieb, keine Mühe mehr[77]. Andererseits galten die Verhältnisse mitnichten als geordnet. Zwar sollen die Einwohner von Fiume die einmarschierenden Soldaten der 71. Infanteriedivision als »Befreier von Banditen freudig begrüßt« haben[78], doch in Mailand, Turin und Brescia nahmen die Unruhen zunehmend organisierten Charakter an[79]. Und in Villafranca di Verona erschoß die Reichs-Grenadier-Division »Hoch- und Deutschmeister« am 17. September 10 italienische Soldaten standrechtlich, weil sie angeblich eine deutsche Kolonne beschossen hatten und Sprengstoff mit sich führten[80]. Von deutschen Opfern war im übrigen nicht die Rede.

Am 21. September legte Generalfeldmarschall Rommel seinen abschließenden Bericht über die Entwaffnung der italienischen Streitkräfte in Norditalien vor[81]. Darin stellte er fest, daß der entscheidende Erfolg seiner Einheiten bereits in den ersten 24 Stunden erzielt worden sei. Man habe dabei durch »scharfes Zupacken eine einheitliche organisierte italienische Führung und einen geschlossenen Widerstand« vereitelt. Der Oberbefehlshaber der Heeresgruppe B bestätigte damit, daß der vom italienischen Oberkommando in Rom praktizierte Verzicht auf eigene Initiativen und die Verpflichtung der Truppe auf ein reaktives Verhalten katastrophale Folgen zeitigten. Rommel sprach von schwachem Widerstand, den man überall mühelos gebrochen habe. Lediglich im italienisch-kroatischen Grenzland seien Schwierigkeiten aufgetreten. Dies in erster Linie wegen der vermehrten »Bandenaktivität«, da ausreichende eigene Kräfte fehlten, um wirkungsvoll einzugreifen. Dessen unbeschadet war die Königliche italienische Armee seiner Meinung nach binnen kurzem total zusammengebrochen. Der Generalfeldmarschall fühlte sich in seinem geringschätzigen Urteil über die Kampfkraft und Moral der italienischen Soldaten voll und ganz bestätigt.

Nachdrücklich bedauerte Rommel, daß es die — gemessen an der Größe des Raumes und im Hinblick auf die vielfältigen Aufgaben — zu geringen Truppen ausschlossen, alle italienischen Militärangehörigen zu entwaffnen. Ein Teil der Kriegsgefangenen vermochte außerdem zu fliehen. Es mangelte eben an Bewachungspersonal. Einige seien zwar wiederergriffen worden, doch die Masse habe sich vermutlich nach Hause begeben. Rommel ging dabei davon aus, daß das Gros der Männer die Waffen einfach wegwerfen würde. Lediglich eine Minderheit dürfte sich bewaffnet in die Bergwelt Norditaliens zurückgezogen haben.

---

[76] GTDW, Bd 8, S. 77 f., Lage Heeresgruppe B am 14.9.1943. Zu den fehlenden Kräften vgl. KTB OKW, Bd III, S. 1112, 17.9.1943.

[77] Vgl. GTDW, Bd 8, S. 83 f., 15.9.1943; S. 89, 16.9.1943; und S. 96, 17.9.1943; sowie KTB OKW, Bd III, S. 1119, 18.9.1943.

[78] Zit. nach GTDW, Bd 8, S. 83, 15.9.1943.

[79] Ebd., S. 77, 14.9.1943.

[80] Ebd., S. 101, 18.9.1943.

[81] Oberkommando der Heeresgruppe B, Ic/AO Nr. 943/43 g.Kdos., H.Qu., den 21.9.1943, Feindnachrichtenblatt Nr. 3, Anlage 1: »Abschlußbericht der Entwaffnungsaktion in Norditalien«, BA-MA, RH 19 IX/16. Teile dieses Berichts enthält das KTB OKW, Bd III, S. 1126 f., 21.9.1943.

Hinsichtlich der ersten Gruppe erließ die Heeresgruppe B Ende September 1943 einen Aufruf, der alle ehemaligen Soldaten der italienischen Streitkräfte dazu verpflichtete, sich bei der nächstgelegenen Militär- beziehungsweise Feldkommandantur der Wehrmacht zu melden[82]. Der Erfolg dieser Aktion scheint nicht gerade überwältigend gewesen zu sein. So hatten sich bis zum 29. September in Brescia ganze 250 und in Cremona 900 Militärangehörige registrieren lassen[83]. Bis zum 21. Oktober zählten die Militärkommandanturen im norditalienischen Raum alles in allem 2 290 Offiziere und 13 953 Unteroffiziere sowie Mannschaften[84]. Eine Sonderregelung verfügte das Oberkommando der Wehrmacht im Rahmen der Wiederergreifung italienischer Soldaten in bezug auf die Volksdeutschen, die nach dem 8. September in ihre Wohnorte zurückgekehrt waren. Gemäß den »grundsätzlichen Richtlinien über die Behandlung der Soldaten der italienischen Wehrmacht und Miliz« vom 15. September hatte die Heeresgruppe B die volksdeutschen Italiener, die in ihrem eigenen Bereich, beim Oberbefehlshaber Süd und beim Oberbefehlshaber West erfaßt wurden, in einer in Südtirol einzurichtenden Sammelstelle zusammenzufassen. Die Angehörigen der besagten Personengruppe sollten später in Verbände der Wehrmacht oder der Waffen-SS aufgenommen werden[85]. So geschah es auch. Doch am 15. Dezember änderte das Oberkommando der Wehrmacht die »Richtlinien« in diesem Punkt. Jene italienischen Soldaten, die in Orte in der »Operationszone Alpenvorland« — so hießen die Provinzen Bozen, Trient und Belluno inzwischen — heimgekehrt wären und friedlich arbeiteten, könnten dort verbleiben. Zumindest vorläufig hätte man sie nicht mehr als »Militärinternierte festzunehmen und abzuschieben«. Bereits durchgeführte Abtransporte wurden freilich nicht wieder rückgängig gemacht[86]. Nicht nachprüfbar war, wieviele der volksdeutschen Militärinternierten eine deutsche Uniform anzogen und wie freiwillig sie es taten.

Was die in die Berge ausgewichenen bewaffneten italienischen Soldaten angeht, so besaßen die Deutschen über sie selten zuverlässige Zahlenangaben. Ihre Kenntnisse und Erkenntnisse scheinen eher zufälliger Art gewesen zu sein. Zum Beispiel erhielt das Generalkommando Witthöft Informationen über »sehr erhebliche Mengen nicht entwaffne-

---

[82] Der Militärbefehlshaber Oberitalien (Generalkommando Witthöft), Qu/Qu 2 Nr. 230/43 geh., 26.9.1943, Fernschreiben an Militärkommandantur 1004 Padua, 1005 Turin, 1006 Ferrara, 1007 Genua, 1008 Parma, 1009 Verona, 1010 Bozen, 1011 Brescia, 1012 Bologna, 1013 Mailand, 1014 Alessandria, 1015 Massa Carrara, und an Wehrmacht-Standort-Offizier Venedig, Susak-Fiume, Udine, San Remo, Florenz, La Spezia, BA-MA, RH 24-73/14. Bei der Meldung waren Name und Adresse anzugeben, um die sich Meldenden jederzeit erfassen zu können. Die Militärkommandanturen hatten vom 1.10. an den jeweiligen Bestand — aufgeschlüsselt nach Offizieren, Unteroffizieren und Mannschaften — dem Militärbefehlshaber zu melden.

[83] Bericht über die »Fahrt des Militärbefehlshabers am 22.9. bis 1.10.1943«, Fahrtstrecke: Kaltern, Garda, Brescia, Bergamo, Mailand, Alessandria, Turin, Bergamo, Garda, Riva, Kaltern, BA-MA, RH 24-73/4, Anlage 44a.

[84] Kriegstagebuch Nr. 1/Qu. Gen. Kdo. Witthöft, 21.10.1943, BA-MA, RH 24-73/13.

[85] Oberkommando der Wehrmacht Nr. 005282/43 g.Kdos. WFSt/Qu2(S), F.H.Qu., den 15.9.1943, hier Punkt III. 3., BA-MA, RW 4/v. 508a.

[86] Generalkommando Witthöft, Qu Nr. 920/43 geh., H.Qu., 15.12.1943: Besondere Anordnung für die Versorgung Nr. 6, hier Punkt VII. Kriegsgefangenenwesen, BA-MA, RH 24-73/14, Anlage 183.

ter Italiener« in der Gegend des Stilfser Jochs. Sie versuchten vermutlich in die Schweiz zu entkommen, doch soll ihnen diese den Grenzübertritt nicht gestattet haben. Es ist nicht sicher, aber eventuell bezieht sich eine Eintragung im Kriegstagebuch des Generalkommandos Witthöft, in der vom Abtransport der an der »Grenze Festgenommenen« die Rede ist, auf jene italienischen Militärangehörigen[87]. Etwas konkreter stellten sich Hinweise auf bewaffnete Italiener im Gebirge bei Bergamo dar. Angeblich hielten sich dort 8 000 bis 10 000 frühere Militärangehörige auf. Auch in den Bergen bei Turin vermuteten die Deutschen »eine ganze Anzahl Soldaten, die sich langsam zu Banden« formierten[88]. Insgesamt betrachtet waren das freilich recht vage Vorstellungen über den Umfang der in den Widerstand gegangenen italienischen Militärpersonen.

Ganz genau hingegen benannte der »Abschlußbericht« der Heeresgruppe B die Zahl der de facto entwaffneten Italiener. Bis zum 21. September hatten demnach 82 Generale, 13 000 Offiziere und 402 600 Unteroffiziere sowie Mannschaften im Befehlsbereich des Generalfeldmarschalls Rommel ihre Waffen gestreckt. Das waren 415 682 Mann, was wiederum bedeutet, daß die Entwaffnungsaktion in Norditalien die Masse der dort stationierten Truppen erfaßte, denn im norditalienischen und im südfranzösischen Raum wurden 20 italienische Divisionen und rund 480 000 Soldaten angenommen[89]. Aus ehemaligen italienischen Lagern übernahm die Heeresgruppe weitere 44 200 Kriegsgefangene anderer Nationalität. Lediglich einen Teil der alliierten Gefangenen vermochten die Italiener, wie bei den Waffenstillstandsverhandlungen vereinbart, vor dem Zugriff der Wehrmacht zu retten[90]. Dazu ist allerdings zu bemerken, daß viele der zunächst Entflohenen von deutschen Truppen erneut gefangen worden sind. Gewaltig fiel ansonsten die materielle Beute aus, die Rommels Divisionen einbrachten[91].

Die Entwaffnung der Königlichen italienischen Armee wäre zweifellos nur unvollständig beschrieben und einseitig erklärt, falls sie nicht in einem engen Zusammenhang mit der damals in Italien zu verzeichnenden Gesamtstimmung begriffen würde. Schließlich bildeten die Soldaten nicht mehr und nicht weniger als einen uniformierten Teil der Bevölkerung. Deren vorherrschende Erwartungen und Grundhaltungen waren auch die ihren. Deshalb ist es im Hinblick auf das Verhalten der italienischen Einheiten von großer Aus-

[87] Kriegstagebuch Nr. 1/Qu. Gen.Kdo. Witthöft, 18. und 30.9.1943, BA-MA, RH 24-73/13. Die Masse der italienischen Soldaten flüchtete im September in die Schweiz, insgesamt etwas mehr als 20 000. In der folgenden Zeit wuchs die Zahl — eingeschlossen 2 000 bis 3 000 Partisanen — auf 29 213 an. Dies war der Höchststand im Zeitraum 8.9.1943 bis Mai 1945. Ausführlich dazu: Cerutti, I rifugiati italiani, S. 208—217.

[88] BA-MA, RH 24-73/4 (siehe oben, Anm. 83), hier S. 3 und S. 5 des Berichts.

[89] KTB OKW, Bd III, S. 1474, 10.12.1943. Der Oberbefehlshaber West meldete Ende September in seinem Bereich 54 603 entwaffnete italienische Militärangehörige, ebd., S. 1153, 30.9.1943. Das heißt, in Südfrankreich und Norditalien sind nach diesen Quellen 469 685 Italienern die Waffen abgenommen worden.

[90] So gelangten aus dem bei Bergamo befindlichen Gefangenenlager 2 500 Briten, Griechen und Jugoslawen in die Freiheit. Während sich die britischen Soldaten in die Schweiz durchschlugen, schlossen sich die anderen den in den Bergen befindlichen Italienern an, BA-MA, RH 24-73/4, hier S. 3 (siehe oben, Anm. 83).

[91] Siehe unten, S. 215 f.

sagekraft, wenn etwa im Abschlußbericht über die Entwaffnungsaktionen bei der Heeresgruppe B steht, daß es »allerorts überwältigende Freudenkundgebungen« gegeben habe, als der Waffenstillstand verlautbart wurde. Einander gänzlich unbekannte Italiener seien sich in die Arme gefallen, »jubelten, sangen und tranken«. Grausam fiel die Ernüchterung aus, als sich schnell erwies, daß der Abend des 8. September nicht das Ende des Krieges bedeutete, der Friede, den das Land so innig ersehnte, vorerst ein Traum blieb. Es gab auf deutscher Seite Interpreten, die nach kurzer Zeit zu erkennen meinten, daß das eigene Auftreten in Italien »allen Schichten der Bevölkerung größte Achtung« einflöße. Möglicherweise wurden derartige Phrasen für die Propagandaabteilung geschrieben. Wenn nicht, so handelte es sich um das Geschwätz tumber Toren. Zutreffend war es dagegen, eine »gewisse Furcht vor den deutschen Waffen« zu konstatieren. Hingegen beruhte die Annahme, daß sich die mittleren Schichten des Bürgertums unter dem Schutz der Wehrmacht sogar »sicherer und wohler als vorher« fühlten, ganz bestimmt nicht auf einer Meinungsumfrage.

Realistisch klang der Befund des Militärbefehlshabers in Oberitalien. Er stellte zu den Reaktionen der italienischen Soldaten nach dem Kriegsaustritt zunächst fest[92]: »Die allgemeine Kriegsmüdigkeit und Hoffnungslosigkeit, sowie das Bewußtsein der Unterlegenheit gegenüber den deutschen Truppen waren bestimmend für das Verhalten bei der Entwaffnung. Gekämpft wurde nur dort, wo entschlossene, tatkräftige Führer ihre Truppe in der Hand hatten.« Das ist wohl ein Schlüsselsatz zur Erklärung für den schnellen Zusammenbruch des italienischen Heeres. Zu berücksichtigen sind, darauf wurde schon eingegangen, auch andere Faktoren, strukturelle, militärspezifische und situative. Doch die seelische Verfassung der Italiener spielte wahrscheinlich eine entscheidende Rolle. Letzteres dürfte für das Verhalten der Bevölkerung gegenüber den deutschen Besatzungstruppen ebenfalls gegolten haben. Mit »Achtung« hatte deren Umgang mit den Deutschen kaum etwas zu tun, mit Resignation und notgedrungener Anpassung hingegen einiges. In diesem Sinne hieß es in der Lagebeurteilung des Generalkommandos Witthöft[93]: »Kennzeichnend für die Gesamtheit des Volkes wie für den Einzelnen ist die allgemeine Kriegsmüdigkeit. Sie ist zur Zeit die einzige, erkennbar hervortretende Erscheinung. Dabei ist es gleichgültig, ob sich die Kriegsmüdigkeit bei dem einen, der seine Friedenshoffnungen durch den Einmarsch der Deutschen schwinden sieht, als Haß gegen alles Deutsche, oder bei dem anderen in einer vorgetäuschten Deutschfreundlichkeit äußert.« Das wurde Anfang Oktober 1943 geschrieben, als Ernst v. Weizsäcker in Rom zum deutsch-italienischen Verhältnis kurz und bündig bemerkte[94]: »Bei den Italienern sind wir nicht mehr gut angeschrieben, soweit es noch Deutschfreunde unter ihnen gab.«

[92] Kommand. General d. Sich.Truppen, Generalkommando Witthöft, Abt. Ic Nr. 62/43 g.Kdos., O.U., den 18.9.1943, Lagebeurteilung Nr. 2, BA-MA, RH 24-73/4, Anlage 34. Zu ergänzen ist, daß nach dem Eindruck beim Generalkommando Witthöft sich zwar 25 Prozent mehr Truppen als angenommen im Korpsbereich befanden, diese aber nicht so gut bewaffnet waren, wie man aufgrund der eigenen Aufklärungsmeldungen erwartet hatte.
[93] Der Militärbefehlshaber Oberitalien (Generalkommando Witthöft), Abt. Ic Nr. 91/43 g.Kdos., O.U., den 1.10.1943, Lagebeurteilung Nr. 3, BA-MA, RH 24-73/4, Anlage 55.
[94] Weizsäcker-Papiere, S. 351, 2.10.1943.

Sympathisanten, darüber herrschte bei allen Berichterstattern Einigkeit, fehlten in erster Linie unter der Arbeiterschaft. In ihr kam die — das Klima im ganzen Lande kennzeichnende — antifaschistische, auf keinen Fall jedoch deutschfreundliche, sondern häufig betont deutschfeindliche Stimmung besonders rein zum Ausdruck. Dennoch entwickelte sich im alltäglichen Leben eine Zusammenarbeit. Es existierten eben Sachzwänge, die eine Kollaboration unausweichlich machten, sofern man überleben wollte. Doch dies darf nicht zu dem Schluß führen, das deutsch-italienische Verhältnis hätte sich nach dem 8. September wieder normalisiert. Als Folge ihrer Gegenmaßnahmen anläßlich des Kriegsaustritts und ihres Umgangs mit den Italienern waren Deutsche in Italien endgültig nicht mehr wohlgelitten[95].

ad) Die Entwaffnung beim Oberbefehlshaber Süd

Zur Entwaffnung der italienischen Streitkräfte im Raum von Rom und in Süditalien ist zunächst festzustellen, daß sich die dort gegebene Situation in wenigstens einem Punkt grundsätzlich von der Lage in Norditalien unterschied: Kesselrings Truppen waren bei der Bekanntgabe des Waffenstillstandes bereits in Kämpfe mit den Alliierten verwickelt. Schon am 3. September führten die Briten mit zwei Divisionen die Operation »Baytown« durch, das heißt die Landung nördlich von Reggio di Calabria. In den frühen Morgenstunden des 9. September begann das Unternehmen »Avalanche«, die Landung von zwei britischen und zwei amerikanischen Divisionen sowie Spezialtruppen im Golf von Salerno. Parallel dazu gingen am 9. September in Tarent die Soldaten der britischen 1. Luftlandedivision an Land. Die Operation lief unter dem Decknamen »Slapstick«. Betroffen waren von diesen drei Landungsunternehmen vor allem die Verbände der deutschen 10. Armee. Der Verlauf der operativen Entwicklung brachte es mit sich, daß das LXXVI. und das XIV. Panzerkorps bis Ende September auf die sogenannte Verteidigungslinie »Null« auswichen, die in etwa vom Tyrrhenischen Meer bei Salerno bis zur Adria bei Manfredonia verlief[96]. All das soll hier nicht vertieft werden. Anzumerken ist lediglich, daß es der 16. Panzerdivision, bei der in den ersten Stunden der alliierten Invasion im Golf von Salerno die Hauptlast der Abwehr lag, noch am 8. September glückte, die Masse der in ihrem Bereich liegenden italienischen Truppen zu entwaffnen[97].
Eine weitere Vorbemerkung ist im Hinblick auf die Befehlslage bei der Durchführung der Entwaffnungsaktion im Süden zu machen. Haben sich doch über sie — eine Folge unvollständiger Angaben im Kriegstagebuch des Oberkommandos der Wehrmacht und

---

[95] Siehe oben, Anm. 93; und: Der Militärbefehlshaber Oberitalien, Abt. Ic Nr. 109/43 g.Kdos., O.U., den 23.10.1943, Lagebeurteilung Nr. 4, BA-MA, RH 24-73/4, Anlage 112. Sowohl in den Berichten des Generalkommandos Witthöft als auch im Abschlußbericht der Heeresgruppe B wird bereits im September eindringlich ausgeführt, daß sich die Italiener über das Schicksal der Militärinternierten, von denen sie keine Nachrichten besaßen, außerordentlich besorgt zeigten.

[96] Hillgruber/Hümmelchen, Chronik des Zweiten Weltkrieges, S. 183 f.; Baum/Weichold, Krieg der »Achsenmächte«, S. 371—374; und Schröder, Italiens Kriegsaustritt, S. 272 ff. und 293—302. Zu Salerno insbesondere Morris, Salerno, S. 67—303.

[97] Schröder, Italiens Kriegsaustritt, S. 296.

falscher Darstellung in der Memoirenliteratur — irrige Auffassungen verbreitet[98]. Kesselring hatte zwar am 2. September gemeldet, er werde die befohlene Entwaffnung der Italiener auf Sardinien und im Bereich der 10. Armee nur in »bedingtem Maße« durchführen können[99]. Es trifft ferner zu, daß die Entlassung der entwaffneten italienischen Soldaten Bestandteil der im Rahmen der Kapitulation von Rom ausgehandelten Vereinbarungen gewesen ist[100]. Aber an jenem 10. September, als Rom kapitulierte, forderte das Oberkommando der Wehrmacht den Oberbefehlshaber Süd ebenfalls auf zu melden, wie die Aussichten für den Abschub der italienischen Kriegsgefangenen aus seinem Bereich stünden, denn wegen des »Mangels an Arbeitskräften« müsse auf deren Abtransport »Wert gelegt werden«[101]. In den am 15. September erlassenen grundsätzlichen Richtlinien hieß es dann unzweideutig[102]: »Ob. Süd schiebt *sämtliche* [Hervorhebung im Original] ital. Soldaten, mit Ausnahme der eingestellten ital. Hilfswilligen, an Heeresgruppe B ab. Heeresgruppe B hat für sofortige Weiterleitung der Kriegsgefangenentransporte des Ob. Süd nach dem Reich zu sorgen.« Und am 21. September wurde Rommel angewiesen, unter anderem für den Abtransport der Militärinternierten bei Kesselring Begleitkommandos zu stellen[103]. Nicht nur 2 000 Mann ließ der Oberbefehlshaber Süd internieren[104], sondern fast 25 000[105].

Am Anfang der Entwaffnungsaktionen im Bereich Kesselrings stand ein Aufruf an die italienischen Soldaten. Er richtete sich gegen deren Regierung, verteufelte die angloamerikanischen Truppen, die weder vor Italiens »altehrwürdigen Kulturgütern« noch vor den Familien und Frauen der Italiener »haltmachen« würden, und forderte dazu auf, an deutscher Seite weiterzukämpfen. Von »Ekel und Abscheu« gegenüber der »Verräterregierung«, von der alten bewährten deutsch-italienischen Kameradschaft sprach der Generalfeldmarschall. Ihr Eid auf den König binde die Soldaten nicht mehr. Für ein »freies und schönes Italien« könnten sie, ausgerüstet mit den »besten Waffen der Welt«, gemeinsam mit den Deutschen gegen den »erbarmungslosen Feind« fechten[106]. Wie man weiß, überzeugte diese Art von Propaganda nur recht wenige Italiener. Gleichwohl scheint

---

[98] Vgl. dazu Kesselring, Soldat bis zum letzten Tag, S. 255 f., dessen Darstellung zur Befehlslage im Rahmen der Entwaffnung der italienischen Soldaten einer Geschichtsklitterung gleichkommt. Auch die unschöne Polemik gegen Generalfeldmarschall Rommel ist historisch unhaltbar und nur als später Reflex beiderseitiger Rivalität zu verstehen, die Kesselring offensichtlich nie überwand.

[99] KTB OKW, Bd III, S. 1053, 4.9.1943.

[100] O.B. Süd/F.A., Br.B.Nr. 8019/43 g.Kdos, Fernschreiben Kr, 10.9.1943, An OKW/W.F.St., nachr. Heeresgruppe B, gez. Kesselring, BA-MA, RH 20-10/55. Vgl. auch KTB OKW, Bd III, S. 1088, 10.9.1943.

[101] KTB OKW, Bd III, S. 1088, 10.9.1943.

[102] Oberkommando der Wehrmacht Nr. 005282/43 g.Kdos. WFSt/Qu 2(S), F.H.Qu., den 15.9.1943, hier Punkt III. 6., BA-MA, RW 4/v. 508a.

[103] KTB OKW, Bd III, S. 1127, 21.9.1943.

[104] Ebd., S. 1474, 10.12.1943.

[105] O.B. Süd, Führungsabteilung, Ic-Nr. 6631/43 g.Kdos., H.Qu., den 1.10.1943, Anlage 2 zum Feindnachrichtenblatt Nr. 35: »Ergebnis der Entwaffnungs-Aktion im Bereich O.B. Süd«, BA-MA, RH 19 X/12.

[106] »Aufruf an die italienische Wehrmacht«, ohne Datum, gez. »Der Oberbefehlshaber der deutschen Truppen«, BA-MA, RH 19 X/7.

manchem Befehlshaber der Frontwechsel nicht leicht gefallen zu sein. Jedenfalls soll der Oberbefehlshaber der italienischen 7. Armee, General Arisio, der 10. Armee noch in der Nacht vom 8. zum 9. September »loyale Unterstützung« zugesagt haben: etwa hinsichtlich der Versorgung mit Betriebsstoff[107]. Allein, die Art des deutschen Vorgehens erledigte schnell alle Zweifel in bezug auf das eigene Verhalten, denn die Maßnahmen des Falles »Achse« wurden kompromißlos durchgeführt. Da gab es kaum Raum für Absprachen, und so sah dies auch General Arisios deutscher Kollege, der Oberbefehlshaber der 10. Armee[108].

Der Dreh- und Angelpunkt der Entwaffnungsaktionen im Süden war Rom. Hier lag es nahe, zunächst die Kommandozentrale des Heeres in Schloß Monterotondo — nordöstlich der Hauptstadt — auszuschalten. Nach harten und für beide Seiten verlustreichen Gefechten gelang dies bis zum Nachmittag des 9. September[109].

Als noch wichtiger betrachtete man die Entwaffnung der Divisionen in und um Rom sowie die Inbesitznahme der Stadt, da die Truppen im Befehlsbereich von General Carboni, also in einem Gebiet, das sich bis zu 50 km nördlich und südlich der Hauptstadt ausdehnte, die Versorgung der 10. Armee blockieren konnten. Außerdem ließ sich nicht ausschließen, daß die Alliierten doch noch eine Luftlandung durchführen würden. Generalfeldmarschall Kesselring setzte in dieser Situation in den frühen Morgenstunden des 9. September die Masse der 2. Fallschirmjägerdivision gegen Rom an. Die italienischen Einheiten wehrten sich teilweise verbissen. Sie vermochten aber nicht zu verhindern, daß bis zum nächsten Tag zwei Regimenter ins Stadtzentrum vordrangen. Etwa gleichzeitig hatte sich die aus der Gegend des Lago di Bolsena kommende 3. Panzergrenadierdivision durch die äußeren Verteidigungslinien an die italienische Hauptstadt herangekämpft. Sie bereitete sich am 10. September auf den entscheidungssuchenden Angriff vor[110].

Dazu kam es jedoch nicht mehr. Die Deutschen, die sich nach der Bekundung von General Westphal zu schwach fühlten, um die Streitmacht von General Carboni — insbesondere das motorisierte Korps — zu schlagen, verlegten sich nämlich aufs Verhandeln. Natürlich spielte bei alldem auch die Tatsache eine Rolle, daß man Einheiten für die Schlacht

---

[107] AOK. 10-Ia, Nr. 671/43 geh., An O.B. Süd/F.A., BA-MA, RH 20-10/55, Anlage 140. Arisio bedauerte angeblich den Waffenstillstand und hatte seinen Truppen die Weisung gegeben, die Deutschen materiell zu unterstützen. Das A.O.K. 10 sandte diese Nachricht am 9.9.1943 um 00.30 Uhr ab. Die Darstellung von Torsiello, Le operazioni delle unità italiane, S. 203 und 214, vermittelt einen völlig anderen Eindruck.

[108] Aufzeichnung über ein Telefongespräch zwischen General Vietinghoff-Scheel und Generalmajor Siegfried Westphal, Chef der Führungsabteilung beim Oberbefehlshaber Süd, am 9.9.1943 um 12.50 Uhr. Der Chef der 10. Armee fragte Westphal, wie sich die Italiener bei ihm verhielten. Die Antwort lautete: »Lassen sich entwaffnen.« Daraufhin bemerkte Vietinghoff-Scheel: »Soweit möglich, machen wir hier auch.« Zit. nach: BA-MA, RH 2010/55, Anlage 144.

[109] Schröder, Italiens Kriegsaustritt, S. 288 f.; Bartoli, L'Italia si arrende, S. 139, meint, daß es sich um eine reichlich unnütze Eroberung handelte, da sich Roatta nicht mehr in seinem Hauptquartier aufhielt. Kesselring, Soldat bis zum letzten Tag, S. 255, spricht von einem »vollen taktischen Erfolg«.

[110] Bartoli, L'Italia si arrende, S. 138—142; Davis, Söhne der Wölfin, S. 436—452; und Schröder, Italiens Kriegsaustritt, S. 289 f.

bei Salerno freimachen mußte. Westphal nahm jedenfalls im Einverständnis mit Kesselring Kontakt zu einem italienischen Offizier auf, den er aus Nordafrika gut kannte. Mit ihm erörterte er das Angebot einer ehrenhaften Kapitulation. Gleiches tat er anschließend mit dem 1. Generalstabsoffizier der Panzerdivision »Centauro«, Oberstleutnant Leandro Giaccone[111].

Es ist nicht eindeutig zu klären, was sich danach abspielte. Aber alles das, was Giaccone in der Folgezeit mit den Deutschen aushandelte, geschah nicht ohne Wissen seines Kommandeurs, des Brigadegenerals Conte Giorgio Carlo Calvi di Bergolo, und des Oberbefehlshabers der Verteidigung von Rom, des Generals Carboni. Eingeschaltet hat man ferner den greisen Marschall von Italien, Enrico Caviglia[112]. Verschiedene andere Personen — etwa der Kriegsminister Antonio Sorice — wären ebenfalls zu nennen.

Giaccone begab sich am Nachmittag des 9. September nach Frascati in Kesselrings Hauptquartier, wo man bis etwa drei Uhr morgens verhandelte. Der Oberbefehlshaber Süd machte lediglich einige grundsätzliche einführende Bemerkungen. Auf der Basis dieser Ausführungen behandelten dann Westphal und Giaccone die Einzelfragen[113]. Vereinbart wurden ehrenvolle Bedingungen der Waffenniederlegung[114]. Die abgegebenen Waffen sollten unter »gemeinsame deutsch-italienische Verwaltung« genommen werden. Vor allem aber sagten die Deutschen zu, daß sich die italienischen Soldaten ungehindert in ihre Heimatorte begeben dürften. Feindselige Akte gegen Militärangehörige und Zivilisten wollte man deutscherseits unterlassen[115]. Auch sollten nur ausnahmsweise eigene Truppen nach Rom geschickt werden. Giaccone bekam eine Frist gesetzt, bis 16.00 Uhr am 10. September hatte sich General Carboni zu entscheiden. Um ihm seinen Entschluß zu erleichtern, drohte Westphal bei Ablehnung die Bombardierung der Stadt an[116].

---

[111] Westphal, Erinnerungen, S. 230 f.; abweichend davon Kesselring, Soldat bis zum letzten Tag, S. 255; und davon wiederum verschieden ist die Version, die Giaccone überliefert: vgl. Bartoli, L'Italia si arrende, S. 142 f. Zur älteren Literatur und memoirenhaften Darstellungen vgl. Schröder, Italiens Kriegsaustritt, S. 290 f., Anm. 23.

[112] Bartoli, L'Italia si arrende, S. 142—147.

[113] Protokoll der »Verhandlung über die Einzelheiten der Aufforderungen an ital. mot-Korps zur Waffenniederlegung bzw. Anschluß an deutsche Truppen«. Für die Wehrmacht verhandelte Generalmajor Westphal als Chef des Stabes des O.B. Süd. Außer ihm waren anwesend: General der Flieger Student als Kommandierender General des XI. Fliegerkorps, Oberstleutnant i.G. Ernst Zolling, der Ic des O.B. Süd, und Hauptmann Schacht vom XI. Fliegerkorps. Die italienische Seite vertrat der Ia der Panzerdivision, Oberstleutnant Giaccone. Ihn begleitete lediglich Oberleutnant Torini als Dolmetscher, BA-MA, RH 19 X/6.

[114] Darunter verstand man das »Spielen der Regimentsmusik, entfaltete Fahnen, Belassung der blanken Waffen der Offiziere«, BA-MA, RH 19 X/6, siehe oben, Anm. 113.

[115] In diesem Zusammenhang ist eine Notiz des Deutschen Botschafters beim Heiligen Stuhl bemerkenswert. Er meinte am 2.10.1943: »Im ganzen muß ich unser Militär loben. Vielleicht nicht gerade das persönliche Verhalten gegenüber der Bevölkerung — das geht mich ja nichts an — wohl aber sein Verhalten zum Vatikan.« Weizsäcker-Papiere, S. 351.

[116] Bartoli, L'Italia si arrende, S. 143—146. Was die »Ausnahmen« anging, so zählten zu ihnen etwa eine Landung alliierter Truppen bei Ostia oder Unruhen in Rom. Giaccone setzte zunächst durch, daß für letzteren Fall eine italienische Division ohne Artillerie, aber mit Panzerspähwagen in der Stadt blieb. Sie sollte allerdings dem O.B. Süd unterstellt werden, BA-MA, RH 19 X/6, siehe oben, Anm. 113.

Das Abkommen wurde am 10. September um 15.30 Uhr unterzeichnet und entsprach inhaltlich insgesamt den Vorverhandlungen[117]. Die abgegebenen Waffen verwahrten allerdings die deutschen Truppen allein. Gleiches galt für die Fahrzeuge. Der Kesselring unterstellte italienische Platzkommandant von Rom, General Calvi di Bergolo, dem ein deutscher Stadtkommandant, Generalmajor Rainer Stahel, zur Seite stand, verfügte lediglich über drei italienische Bataillone ohne schwere Waffen. Nach wie vor wollten es die Deutschen vermeiden, ohne Not eigene Verbände in die Stadt zu verlegen[118]. Kesselring lag daran, Rom den Charakter einer offenen Stadt zu erhalten: einen Status, den die Alliierten offiziell nie anerkannten. Er versprach sich von einer solchen Lösung »außerordentlich große militärische Vorteile«, etwa im Rahmen der Ausnutzung der Fernmeldeverbindungen und der Eisenbahn[119].

Aufgrund der Vereinbarungen kapitulierten die Panzerdivisionen »Centauro« und »Ariete«, die Infanteriedivision »Granatieri di Sardegna«, die motorisierte Division »Piave« sowie die Reste der Infanteriedivision »Sassari« und die Korpstruppen. Die Infanteriedivision »Piacenza«, die 211. Küstendivision und das Gros der Division »Sassari« hatten nach teilweise »sehr hartem Widerstand mit der Masse« bereits am 10. September mittags die »Waffen gestreckt«[120]. Bei der Durchführung der Entwaffnung kam es dann zu erheblichen Verzögerungen, da sich die Einheiten zum Teil nicht mehr in der Hand ihrer Offiziere befanden. Erst am 15. September galt die Aktion als abgeschlossen[121].

Nach diesem Zeitpunkt standen in Rom nur noch die drei Bataillone der motorisierten Division »Piave«, die dem italienischen Stadtkommandanten zur Aufrechterhaltung der öffentlichen Ordnung dienten. Wegen angeblicher Mißstände hat man sie am 23. September — mühelos — entwaffnet[122]. In Wahrheit lag ein ganz anderer Sachverhalt vor. Die Soldaten der »Piave« wurden die Opfer einer Willkürmaßnahme von Generalfeld-

---

[117] KTB OKW, Bd III, S. 1088, 10.9.1943.

[118] Oberbefehlshaber Süd, H.Qu., den 10.9.1943: »Abkommen zwischen dem deutschen Oberbefehlshaber Süd und dem Befehlshaber der ital. Truppen um Rom«, gez. Westphal, gez. Giaccone, BA-MA, RH 19 X/6.

[119] O.B. Süd/F.A. Br.B.Nr. 8019/43 g.Kdos, Fernschreiben An OKW/W.F.St., nachr. Heeresgruppe B, 10.9.1943, BA-MA, RH 20-10/55, Anlage 192. Übergeben wurden der Wehrmacht auch alle deutschen und italienischen Flakbatterien und »Flakgeräte mit Munition sowie sämtliche Flugzeuge und fliegerische Geräte im Raum um Rom«. Anläßlich der Kapitulation von Carboni richtete Kesselring einen weiteren Aufruf an die italienischen Truppen, in dem er sie aufforderte, auf deutscher Seite weiterzukämpfen oder zu arbeiten. Das Dokument mit der Überschrift »Italienische Offiziere und Soldaten!« ist enthalten in: BA-MA, RH 19 X/7.

[120] Siehe oben, Anm. 119, RH 20-10/55, Anlage 192. Vgl. dazu auch GTDW, Bd 8, S. 50, Lage O.B. Süd am 9.9., als die 221. Küstendivision kapitulierte; und ebd., S. 56, zur Übergabe von sechs Divisionen im Raum Rom am 10.9.1943.

[121] Vgl. GTDW, Bd 8, S. 67, 12.9.; S. 73, 13.9., danach machte die Abgabe der Waffen nunmehr gute Fortschritte; S. 77, 14.9., die Entwaffnung der Divisionen »Centauro«, »Ariete«, »Re« und »Sassari« wird als abgeschlossen gemeldet. Bei den übrigen Großverbänden verlaufe die Aktion planmäßig. Ebd., S. 83, 15.9.1943: Abschluß der Waffenabgabe bei der 220. Küstendivision, den Divisionen »Granatieri di Sardegna«, »Piacenza« und »Piave«. Siehe zur Entwaffnungsaktion im Raum von Rom auch KTB OKW, S. 1092, 11.9., und S. 1105, 15.9.1943.

[122] KTB OKW, Bd III, S. 1132, 23.9.1943.

marschall Kesselring. Am 9. September waren in einem Lazarett in Rom sechs deutsche Soldaten von marodierenden italienischen Militärangehörigen erschossen worden. Der Oberbefehlshaber Süd befahl daraufhin nicht nur die »Hinrichtung der Mörder«, sondern darüber hinaus, daß für jeden getöteten Soldaten 1 000 wehrfähige Italiener in deutsche Kriegsgefangenschaft abzuführen seien[123]. General Calvi di Bergolo erklärte sich außerstande, die als »Geiseln zu stellenden« 6 000 Landsleute auszuliefern. Das gab dem Generalfeldmarschall, der sich darin gefiel, die Italiener bei jeder Gelegenheit des schimpflichsten Verrats zu bezichtigen, Anlaß, am 23. September mittags bei »völlig geglückter Überraschung« die drei Bataillone der Division »Piave« entwaffnen und nach Norden abtransportieren zu lassen[124]. Dabei kamen zwar keine 6 000 Kriegsgefangene zusammen, aber immerhin 1 604 Mann[125]. Da Kesselring über ein für ihn vorteilhaftes selektives Erinnerungsvermögen verfügte, findet sich darüber nichts in seinen Memoiren. Unerwähnt bleibt auch, daß der italienische Stadtkommandant von Rom gleichfalls gefangengenommen und deportiert wurde[126]. All das beweist, daß es hinsichtlich der Bataillone der Division »Piave« keineswegs um »Mißstände« ging, sondern um die Beseitigung eines Schönheitsfehlers, den das Abkommen vom 10. September besaß. Mit dem Coup vom 23. des Monats war dies gelungen, in Rom gab es keine italienischen Truppen mehr. Als dann am 7. Oktober noch einmal 2 500 Carabinieri festgesetzt worden sind, handelte es sich um eine von deutschen Truppen gestützte Aktion des Marschalls Rodolfo Graziani, des Verteidigungsministers der »Repubblica Sociale Italiana«. Die Carabinieri wurden ebenfalls »nach Norden abgeschoben«[127].

In seinem bereits erwähnten Bericht vom 10. September meldete Kesselring[128], daß die Entwaffnungsaktionen auch im Bereich des XIV. Panzerkorps durchgeführt seien, mitunter erst nach »erbittertem Kampf«. Keine Informationen besaß er damals über den Stand der Dinge in Apulien und in Kalabrien. Dort führte das LXXVI. Panzerkorps die befohlene Ausweichbewegung nach Norden durch. Sein Kommandeur, General Herr, gab hierbei Richtlinien heraus, die unnötige Zwischenfälle und Übergriffe seitens der eigenen Truppe zu unterbinden versuchten[129]. Plündern wurde grundsätzlich verboten. Um die Beweglichmachung des Korps zu gewährleisten, durfte sich die Truppe jedoch mit allem »unbedingt Nötigen« aus dem Lande versorgen. Auch hatten die Soldaten dieses Korps gegenüber den Italienern auf »Racheakte« zu verzichten. Das Bemerkenswerte daran ist in erster Linie darin zu erkennen, daß ein derartiges Verbot überhaupt erteilt

---

123 GTDW, Bd 8, S. 97, 17.9.1943.
124 Ebd., S. 124, 23.9.1943.
125 Ebd., S. 130, 24.9.1943. Der Lagebericht spricht von einem vorläufigen Ergebnis. Es handelte sich um 172 Offiziere und 1 432 Unteroffiziere sowie Mannschaften. Das KTB OKW, Bd III, S. 1137, vermerkt unter dem 24.9.1943, daß jetzt im »Raum von Rom die Entwaffnung der ital. Verbände abgeschlossen« sei.
126 Bartoli, L'Italia si arrende, S. 146.
127 GTDW, Bd 8, S. 200, 7.10.1943.
128 O.B. Süd/F.A., Br. B. Nr. 8019/43 g.Kdos, Fernschreiben Kr, An OKW/W.F.St., nachr. Heeresgruppe B, BA-MA, RH 20-10/55, Anlage 192.
129 Generalkommando LXXVI. Panzerkorps, K.H.Qu., den 9. Sept.1943, »Richtlinien für das Ausweichen (in Stichworten)«, gez. Herr, BA-MA, RH 24-76/5.

werden mußte. Im Hinblick auf Kriegsgefangene hieß es, daß sie, sofern dazu irgend-eine Möglichkeit bestehe, mitzuführen seien. Vom Armeeoberkommando 10 erging gleichzeitig die Weisung, vor allem die Waffen der Italiener zu vereinnahmen[130]. Der ge-nerelle Ablauf der Rückzugsbewegung beim LXXVI. Panzerkorps wurde schon ange-sprochen. Bewaffnete Auseinandersetzungen ließen sich nicht vermeiden[131], denn die zurückgehenden Verbände versuchten, den italienischen Truppen zumindest die Waffen abzunehmen[132]. Dabei machten sie auch Gefangene[133], die jedoch in der Regel nicht ab-transportiert werden konnten.

Dramatischer als im Befehlsbereich von General Herr entwickelte sich die Entwaffnung im Gebiet des XIV. Panzerkorps. Die Einheiten des Generals der Panzertruppe Hube sahen sich ja seit den frühen Morgenstunden des 9. September mit der Invasion im Golf von Salerno konfrontiert. Zunächst trug die am linken Flügel des Panzerkorps stehende 16. Panzerdivision die Hauptlast der Abwehr. Deshalb ließ sich bei ihr die Entwaffnung der Italiener auch nicht vollständig durchführen. Die im Norden, also am rechten Flü-gel des XIV. Korps aufgestellte 15. Panzergrenadierdivision operierte hingegen relativ unbe-hindert. Am Vormittag des 9. September nahm sie Formia, um 13.30 Uhr ergab sich die noch rund 5 000 Mann zählende Garnison in Gaeta und zwei Stunden später kapitu-lierte nach kurzem Artilleriebeschuß Terracina. Anschließend begannen die Panzergre-nadiere mit der Entwaffnung der am linken Flügel der Division stehenden italienischen Infanteriedivision »Pasubio«. Zu den heftigsten Gefechten kam es bei der in der Korps-mitte befindlichen Panzerdivision »Hermann Göring«. Auf beiden Seiten gab es blutige Verluste[134].

Im Verlaufe der Aktionen wurden im Befehlsbereich von Generalfeldmarschall Kessel-ring auch zahlreiche Erschießungen italienischer Offiziere durchgeführt, so bei der Fest-nahme des Stabs der 222. Küstendivision durch die 16. Panzerdivision. Offiziell meldeten die Deutschen, der italienische Divisionskommandeur sei »gefallen«[135]. Augenzeugen bewerteten den Vorgang jedoch anders. Danach lehnte es der General don Ferrante Gon-zaga del Vodice ab, seinen Soldaten die Niederlegung der Waffen zu befehlen. Er und

---

[130] A.O.K. 10-Ia geheim, 9.9.1943, Funkspruch: KR Einsatz Geheim! An LXXVI. Pz.Korps, BA-MA, RH 20-10/55, Anlage 146.

[131] A.O.K. 10/Ia, Nr. 760/43 geh., Zwischenmeldung 13.9.1943, An O.B. Süd/F.A., Kämpfe bei 1. Fall-schirmjägerdivision am 11. und 12.9. betreffend, BA-MA, RH 20-10/56, Anlage 232.

[132] GTDW, Bd 8, S. 62, 11.9.1943, betr. die 1. Fallschirmjägerdivision.

[133] Ebd., S. 73, 13.9.1943. Danach machte die 1. Fallschirmjägerdivision bei der Einnahme von Barlet-ta — »nach hartem Kampf« — 1 500 italienische Gefangene.

[134] Fernschreiben von XIV. Panzerkorps Ia, An AOK 10/O.B. S., Tagesmeldung vom 9.9.1943, BA-MA, RH 24-14/75; und KTB XIV. Pz.Korps, S. 22, 9.9.1943, BA-MA, RH 24-14/72. In Gaeta befanden sich außer der Garnison noch 1 350 Militärstrafgefangene, 300 jugoslawische »Rebellen« und 90 Carabinieri. Außerdem fielen den Deutschen 1 Werkstattschiff, 1 Zerstörer, 1 Schnellboot und andere Batterien in die Hände. 2 000 italienische Soldaten hatten sich der Gefangennahme entzogen, sie liefen einfach weg: Akten-Notiz, Ferngespräch zwischen Oberst Baade und Oberstleutnant i.G. Birck, 9.9., 16.45 Uhr, BA-MA, RH 24-14/81.

[135] Spruch Nr. 332, von Ia 16. Panzerdivision, An XIV. Pz.Korps, 9.9.1943, 00.03 Uhr, BA-MA, RH 24-14/81.

sein Stab seien zum Widerstand entschlossen gewesen, weshalb man den General ganz einfach niedergeschossen habe[136]. Dennoch hat dieser Fall nichts mit dem verbrecherischen Befehl vom 10. September zu tun. Er war das Ergebnis des ganz allgemein befohlenen »rücksichtslosen« Vorgehens.

Nach der Landung der Alliierten bei Salerno, deren Angriff sich verschiedene italienische Einheiten anschlossen, unterstrich das XIV. Panzerkorps in einem speziellen Befehl an die unterstellten Verbände noch einmal die »Notwendigkeit«, die Italiener mit größter Rücksichtslosigkeit zu entwaffnen[137]. Die Truppe erhielt »scharfe Befehle«. Im gesamten Korpsbereich wurde daraufhin die »Entwaffnungs- und Säuberungsaktion« mit schonungsloser Waffengewalt durchgeführt[138]. Zu jenem Zeitpunkt hielten die lokalen deutschen Befehlshaber bereits den Erschießungsbefehl des Oberkommandos der Wehrmacht in den Händen, der auch sehr schnell die ersten Opfer forderte, zum Beispiel in Nola. Die italienischen Soldaten in dem ungefähr 20 km nordöstlich von Neapel gelegenen Ort setzten sich am 10. September gegen den Versuch zur Wehr, sie zu entwaffnen[139]. Am nächsten Tag bereinigten Teile der Panzerdivision »Hermann Göring« die Lage. Zehn Offiziere wurden standrechtlich erschossen, weil man sie für den Widerstand verantwortlich machte[140].

Freilich, die in den Akten nachzuweisenden Folgen der verbrecherischen Befehle Hitlers und der Wehrmachtführung bilden keine vollständige Dokumentation der tatsächlich erfolgten Morde — denn darum handelte es sich bei den Erschießungen. Auch klingt das in den Dokumenten Festgehaltene mitunter unpräzise. Was verbirgt sich etwa hinter Meldungen wie jener, daß als Vergeltungsmaßnahme für drei bei einem Sabotageakt verwundete Soldaten der 2. Fallschirmjägerdivision »Italiener erschossen« worden sind[141]? Zwei Offiziere des Heeres und zwei der Marine wurden von den Deutschen umgebracht, weil sie die Verantwortung für den Widerstand italienischer Soldaten bei Castellammare di Stabia trugen[142]. Der Unterchef des Generalstabs der 7. Armee, Oberst Giovanni Faccin, zog den Freitod der Gefangennahme durch die Deutschen vor. Im Rahmen einer Repressalie fanden in Barletta zwölf Angehörige der Gemeindepolizei sowie zwei Zivilisten den Tod[143]. Die offizielle italienische Darstellung der Ereignisse im Bereich der 7. Armee beschränkt sich im Hinblick auf diese Vorfälle auf den Hinweis, daß derartige Vergel-

---

[136] Bartoli, L'Italia si arrende, S. 152 f.; und Torsiello, Le operazioni delle unità italiane, S. 217.

[137] Kdr. XIV. Pz.Korps, Ia 1643/43 geh., 9.9.1943, 17.00 Uhr, An 16. Pz.Div., 15. Pz.Gren.Div., Pz.Div. H. Göring, Pi.Btl. 60, N.Btl. 60, BA-MA, RH 24-14/81.

[138] KTB XIV. Pz.Korps, S. 27 f., 11.9.1943, BA-MA, RH 24-14/72.

[139] Ebd., S. 26, 10.9.1943.

[140] Ebd., S. 28, 11.9.1943; unzutreffend ist die Eintragung im KTB, daß der Kommandeur des XIX. Korps, General Pentimalli, in Nola gefangengenommen wurde. Vgl. dazu Torsiello, Le operazioni delle unità italiane, S. 222 zu Nola, und S. 224 zu General Pentimalli, der sich der Gefangennahme entziehen konnte. Zu dem Vorgang in Nola siehe auch: Panzerdivision »Hermann Göring«, Ia, Div.Gef.Stand, 11.9.1943, Betr.: Tagesmeldung, Dem Generalkommando XIV. Pz.-Korps, BA-MA, RH 24-14/75.

[141] GTDW, Bd 8, S. 124, 23.9.1943.

[142] Torsiello, Le operazioni delle unità italiane, S. 220.

[143] Bartoli, L'Italia si arrende, S. 153; und Torsiello, Le operazioni delle unità italiane, S. 203 f.

tungsmaßnahmen häufig vorkamen, an verschiedenen Orten erfolgten und viele zivile Bürger als Geiseln genommen wurden[144].

Es gab allerdings eine Handvoll deutscher Offiziere, die es ablehnten, die verbrecherischen Befehle auszuführen. Einer von ihnen war der General v. Senger und Etterlin. Als »Wehrmachtbefehlshaber auf Korsika« erhielt er durch Kesselring am 14. September wiederholt die Weisung des Oberkommandos der Wehrmacht, in Bastia gefangene Offiziere als Freischärler zu erschießen. Senger und Etterlin verweigerte den Gehorsam, wobei er anführte, daß die »Erschießung von Offizieren, die rechtmäßige Befehle ihrer Regierung ausführen, gegen sein Gewissen sei«. Daß er sich dieses bewahrt hatte, zeichnete den General aus. Allerdings ist dazu aus Gründen der historischen Korrektheit zu bemerken, daß der damalige Erste Generalstabsoffizier des »Wehrmachtbefehlshabers«, der Oberstleutnant i.G. Hans Meier-Welcker, an der Rettung der zu füsilierenden 22 italienischen Offiziere wesentlichen Anteil besaß. Es ist unerfindlich, warum Senger und Etterlin das in seinen Memoiren verschwieg[145].

Was die weitere Entwicklung der Entwaffnungsaktionen im Bereich des XIV. Panzerkorps anbetrifft, so verbreitete sich Besorgnis darüber, daß sich die Stadt und der Hafen Neapel am 11. September noch weitgehend in italienischer Hand befanden. Deutscherseits befürchtete man nämlich, daß die Alliierten dort eine zweite Landung versuchen würden. Deshalb sollte die »Kampfgruppe Oberstleutnant Maucke«, die aus dem »Verstärkten Bataillon Moldenhauer« und der »Panzeraufklärungsabteilung 103«, beide von der 3. Panzergrenadierdivision, sowie der »Kampfgruppe Scholl« bestanden hätte, den Befehl erhalten, die Lage in Neapel und seinen Vororten am 12. September zu bereinigen. Maucke hätte gemäß der Weisung die italienische Wehrmacht total auszuschalten gehabt. Dem Befehlshaber der Stadt wäre ein »ganz kurz befristetes, schärfstens gehaltenes Ultimatum zu sofortiger Waffenstreckung« zu überreichen gewesen. Bei Ablehnung mußte die Kampfgruppe »unter rücksichtslosestem und brutalstem Einsatz aller Machtmittel« den Widerstand der Italiener brechen. Alle gefangenen Offiziere, so der im Entwurf fertiggestellte Befehl, insbesondere jedoch die Kommandeure, waren »sofort als Freischärler zu erschießen«. Dem folgte die unglaubliche Erklärung, daß »jedes noch so scharfe Durchgreifen unter allen Umständen gedeckt wird, auch wenn ganz Neapel in Flammen aufgeht! Auf

---

[144] Torsiello, Le operazioni delle unità italiane, S. 223.

[145] Zit. nach Senger und Etterlin, Kriegstagebuch, S. 14; vgl. auch Senger und Etterlin, Krieg in Europa, S. 203 f. Direkt dazu Meier-Welcker, Aufzeichnungen, S. 185, Anm. 291: »Beim Erwähnen des Befehls des O.K.W., die 22 auf Korsika bei Bastia in Gefangenschaft geratenen italienischen Offiziere als ›Rebellen‹ zu erschießen, sagt General v. Senger nicht, daß sein Generalstabsoffizier durch Zurückhalten des Befehls während der Abwesenheit des Generals die entscheidende Zeit gewonnen hatte, um die Offiziere mit anderen Gefangenen abschieben zu können.« Meier-Welcker wurde denunziert und von GFM Kesselring des »Dienstes enthoben«. Das heißt, er bezahlte für Senger und Etterlin, der zweifellos die Ermordung der Italiener ebenso ablehnte wie sein Ia, an dem sich Kesselring jedoch nicht rächte. Da der General wußte, daß der Vorgang Meier-Welcker die Karriere kostete, wirkt es befremdlich, wenn er in seinen Memoiren (S. 204) schreibt, er sei dem Generalfeldmarschall »zu Dank verpflichtet«, weil dieser die »Gehorsamsverweigerung gewissermaßen akzeptierte und keine Konsequenzen daraus zog«. Solches Verständnis brachte Kesselring augenscheinlich nur für den Kameraden General auf.

die Zivilbevölkerung kann keinerlei Rücksicht genommen werden.« Die Führung des Panzerkommandos wußte, was sie damit anzuordnen beabsichtigte, denn nicht umsonst hieß es abschließend, daß der Befehl »nach Kenntnisnahme zu vernichten« sei[146]. Doch am Spätnachmittag des 11. September wurde aus Neapel gemeldet, daß man die dortige Lage bis auf Castel dell'Ovo und das Hafenviertel bereinigt habe. Die Küste im Westen der Stadt befand sich fest in deutscher Hand. Dadurch erledigte sich die Herausgabe des oben zitierten »scharfen Befehls«[147]. In der Tat hatten sich die Verhältnisse in Neapel für die Deutschen seit dem 9. September schwierig gestaltet. Es war zu zahlreichen Zwischenfällen gekommen, die dann zu blutigen Gefechten zwischen Truppen der Wehrmacht und Italienern führten. Vor allem die Kaserne Garibaldi, das Castel S. Elmo oder das Victoria-Haus bildeten Zentren des Widerstands. Außerhalb Neapels operierten Teile der Division »Hermann Göring«. In der Stadt selbst befand sich — abgesehen von einigen kleineren Einheiten[148] — jedoch lediglich das Flak-Regiment 57 als schlagkräftiger Verband. Dem gelang es am 10. und 11. September, durch schonungslosen Artillerieeinsatz, Neapel unter Kontrolle zu bringen. Dabei wurde mit 8,8-cm-Geschützen auch in die Zivilbevölkerung geschossen, unter der es — so der Bericht des Regiments — »viele Tote« gab. Zwar hörten die Schießereien gegen deutsche Soldaten nach dem 13. September auf, aber sicher fühlten sie sich nicht in der Stadt am Vesuv. Die italienischen Militärangehörigen, die auf der Grundlage eines Übereinkommens zwischen General Ettore Deltetto und dem Kommandeur des Flak-Regiments 57 am 11. und 12. September in der Masse entwaffnet werden konnten, entließ man in ihre Heimatorte[149]. Rückblickend ist festzustellen, daß Neapel vermutlich die Stadt gewesen ist, in der sich die Wehrmacht dem erbittertsten Widerstand gegenübersah. Ein Sachverhalt, der nicht zuletzt aus dem mutigen Verhalten der Bevölkerung resultierte[150].

Das Generalkommando des XIV. Panzerkorps meldete dann am 18. September die bis dahin im Korpsbereich erzielten Ergebnisse der Entwaffnungsaktion[151]. Im Hinblick auf

---

[146] Generalkommando XIV. Pz.Korps, Abt. Ia Nr. 531/43 g.Kdos., Entwurf, K.Gef.Std., den 11.9.1943, An Kampfgruppe Oberstleutnant Maucke, BA-MA, RH 24-14/81.

[147] KTB XIV. Pz.Korps, S. 28, 11.9.1943, BA-MA, 24-14/72. Siehe zu Neapel auch Torsiello, Le operazioni delle unità italiane, S. 220 f.

[148] Dazu zählten die Standortkommandantur, das Bataillon Sachau und die Heeresstreife Ebinger sowie verschiedene Splittereinheiten der Wehrmacht.

[149] Flakregiment 57, Abt. Ia, Gef.Std., den 17.9.1943: »Bericht über die Gefechtshandlungen des Flakregiments 57 bei der Niederschlagung von Straßenrevolten und bei der Entwaffnung ital. Einheiten in und um Neapel vom 8.9.1943 bis zum 16.9.1943«, gez. Marold, Major und stellvertretender Regimentskommandeur, BA-MA, RH 24-14/81. In dem siebenseitigen Bericht, der im Detail mitunter erheblich von der Darstellung bei Torsiello, Le operazioni delle unità italiane, S. 217—224, abweicht, wird irrtümlich von General Deteo gesprochen.

[150] Major Marold (siehe oben, Anm. 149) fürchtete, daß die deutschen Verluste in der Stadt durch »Heckenschützen« größer ausfallen könnten als durch den Feind, denn die »Mentalität der Bevölkerung« sei »schlecht und niederträchtig, der kommunistische Einschlag groß«.

[151] Gen.Kdo. XIV. Pz.Korps Ia Nr. 1716/43 geh., 18.9.1943, An A.O.K. 10, BA-MA, RH 24-14/81. Als Beute wurden in jener unvollständigen Meldung über die »Erfolgszahlen von Aktion ›Achse‹« u.a. genannt: 21 Geschütze, 7 Flak-Batterien mit 21 Geschützen, 4 Batterien mit 10 Geschützen. Während diese Waffen in die eigene Truppe übernommen wurden, hat man 39 Geschütze und 38

die italienischen Soldaten hieß es, daß diese »meist nach Verhandlungen oder nur kurzem Widerstand entwaffnet« worden seien. Auch habe es bei den Italienern lediglich geringe Verluste gegeben. Im Anschluß an die Abgabe der Waffen hätten sich die Truppenteile aufgelöst. Da die eigenen Verbände bereits in Kämpfe mit den Alliierten verwickelt gewesen seien, habe von einer Gefangennahme abgesehen werden müssen.

So ungefähr war es wohl. Gewiß, es kam zu keiner abgestimmten oder konsequent geführten Gegenwehr italienischer Verbände. Doch die Deutschen bekamen Schwierigkeiten mit dem zivil-militärischen Gruppen- und dem Einzelwiderstand. Neben Städten wie Mailand und Turin in Norditalien lieferte dafür gerade Neapel ein überzeugendes Beispiel. Im übrigen blieb die Opposition hier lebendig. Als sich die Einheiten der Wehrmacht wegen des Abbruchs der Schlacht bei Salerno nach Norden abzusetzen begannen, kam es nämlich in Neapel erneut zum Aufstand.

Man muß diesen historisch im Kontext der Entwaffnungsmaßnahmen sehen, die sich zwar zunächst einmal auf das Militär erstreckten, die aber keineswegs nur die Soldaten berührten. Auch ist festzuhalten, daß Entwaffnungs- und Zerstörungsaktionen konzeptionell eine Einheit darstellten. Letztere sind daher zumindest kurz zu thematisieren.

Am Nachmittag des 28. September begannen in Neapel erneut »starke Schießereien«[152]. Einen Tag später befand sich die Stadt in »hellem Aufruhr«. Ihre Bürger hatten offensichtlich instinktiv begriffen, daß die deutschen Truppen die Strategie der verbrannten Erde verfolgten. Deshalb wehrten sie sich. Drei Stunden mußte die Wehrmacht kämpfen, bevor sie neben anderen Energiezentralen das Wasserwerk vernichten konnte. Weitere Zerstörungen in der Stadt ließen sich schließlich nur noch unter Panzerschutz verwirklichen[153].

Den Neapolitanern gelang es immerhin, ihren Gegner zur vorzeitigen Aufgabe der Stadt zu veranlassen. Die Verbände des XIV. Panzerkorps zogen sich außerdem wegen der Gegebenheiten in und um Neapel — die Aufstandsbewegung weitete sich trotz »schärfster Gegenmaßnahmen« aus — schneller und weiter als ursprünglich beabsichtigt zurück. Letztlich vermochten die Einwohner der tapferen Stadt aber nicht zu verhindern, daß die deutschen Soldaten die vorgesehenen Zerstörungen im vollen Umfang ausführten[154].

Hitlers Truppen realisierten in Neapel das, was das Oberkommando der Wehrmacht schon gegen Mitte September für Süd- und Mittelitalien befohlen hatte: Zerstörungen im größtmöglichen Umfang. Dieser Befehl betraf Einrichtungen der italienischen Energieversorgung, der Ernährungswirtschaft und der Luftwaffe. Er erstreckte sich auf Industriebetriebe, die Kriegsgerät produzierten, auf Hafenanlagen, auf Transportmittel aller

---

Flak-Geschütze zerstört. Außerdem erbeutete das XIV. Pz.Korps: 1 Horch-Batterie, 1 Scheinwerfer-Batterie, 8 Flugboote, 1 Kreuzer, 5 Korvetten, 1 Schnellboot, 1 Lazarettschiff, Pulverlager, Betriebsstofflager usw.

[152] KTB XIV. Pz.Korps, S. 53, 28.9.1943, BA-MA, RH 24-14/72.
[153] Ebd., S. 54, 29.9.1943; und Gen.Kdo. XIV. Pz.Korps Ia, 29.9.1943, Tagesmeldung, An A.O.K. 10, BA-MA, RH 24-14/75.
[154] KTB XIV. Pz.Korps, S. 55, 30.9.1943, BA-MA, RH 24-14/72; und Gen.Kdo. XIV. Pz.Korps Ia, 30.9.1943, Tagesmeldung, An A.O.K. 10, BA-MA, RH 24-14/75.

Art, auf Eisenbahnverbindungen und sonstige Verkehrswege. Ausgenommen waren von der Vernichtung lediglich Kunstdenkmäler, Kirchen, belegte Krankenhäuser oder Lazarette und der Vatikan-Staat. Dessen Hoheitsrechte durften nicht verletzt werden, und daran hielt sich die Wehrmacht. Ansonsten hieß es in jenem *Nero-Befehl*[155]: »Es muß erwartet werden, daß die verantwortlichen Befehlshaber aller Grade ohne jede Schonung und Rücksicht die Räumung und Zerstörung mit größter Energie durchführen, eingedenk des beispiellosen Verrates und der Opfer an deutschen Soldaten, die uns dieser Verrat kostet. Die Schädigung des Feindes muß über aller menschlichen Rücksicht stehen.«

In der Rückschau läßt sich vieles von dem, was im Krieg geschieht, nicht mehr verstehen, man kann es lediglich beschreiben oder referieren. Dazu gehört das Phänomen der Rache. Im Einklang mit dem oben zitierten Befehl des Oberkommandos der Wehrmacht, aber motiviert von einem irrationalen Rachebedürfnis, hielt das XIV. Panzerkorps einen »Vergeltungsangriff« der Luftwaffe auf das geräumte Neapel am 1. Oktober 1943 für »dringend erwünscht«. Es ging nicht um militärische Zielsetzungen, man wollte »Vergeltung«! Für das Korps des Generals Hube existierten augenscheinlich auch keine schutzwürdigen Objekte, denn die Piloten sollten über dem gesamten Stadtgebiet freien »Bombenwurf« ausführen[156].

Am 31. Oktober wurde beim Oberbefehlshaber Süd eine Teilbilanz der bis dahin im Raum südlich der Bernhard-Linie durchgeführten Zerstörungen erstellt. Die Verteidigungsstellung war, in etwa von Castel di Sangro über Venafro nach Mignano verlaufend, der Gustav-Linie auf deren westlicher Hälfte einige Kilometer vorgelagert, wobei die Gustav-Linie ungefähr von der Mündung des Garigliano am Tyrrhenischen Meer bis zum Adriatischen Meer — zunächst wenige Kilometer südlich von San Vito und später nördlich von Ortona — verlief. Seit dem 9. September hatte man dort — ohne Berücksichtigung der Gebäude — im einzelnen gesprengt[157]: 12 210 m Brücken, 1 930 m Durchlässe, 6 565 m Tunnel, 668 700 m Streckengleis, 77 Lokomotiven, 2 043 Waggons. Aufgerissen haben die Deutschen darüber hinaus 116 300 m Bahngleise.

Aufgabe des Oberbefehlshabers Süd war es ferner, die italienischen Truppen auf den Inseln zu entwaffnen. Da die Entwicklung auf Sardinien und Korsika bereits Erwähnung fand, ist hier nur noch auf Elba einzugehen. Auf der Insel lag — gemeinsam mit einem rund 80 Mann zählenden deutschen Kontingent — eine Besatzung von ungefähr 7 000 Italie-

---

[155] OKW/WFSt/Op Nr. 662299/43 gKdos. Chfs., 18.9.1943, An Ob. Süd/F.A., nachr.: H.Gr. B, OKM/Skl., OKW/Amt Ausl. Abwehr, gez. Keitel, BA-MA, RM 7/237. Direkt dazu: XIV. Pz.Korps Ia Nr. 1796/43 geheim, 26. 9. 1943, An 15. Pz.Gren.Div., 16. Pz.Div., Pz.Div. H.G., Kpfgr. Maucke, Kpfgr. Corvin, Pi.Batl. 60, K.N.A. 60 und Qu., BA-MA, RH 24-14/81. Dieser Befehl des XIV. Korps bezieht sich ergänzend auf die Weisung, »aufzugebendes Gelände dem Feind nur als ›Wüste‹« zu überlassen. Man befahl nun, daß dem Gegner auch keinerlei »Schlachtvieh« in die Hände fallen dürfe. Was die eigene Truppe nicht abtransportieren könne, müsse »rücksichtslos getötet werden«. Direkt dazu: Ministero degli Affari Esteri, Gabinetto, Appunto per il Duce, Roma, 13 novembre 1943-XXII, ACS, S.P.d.D., Busta 16, F 91, SF 4.

[156] Gen.Kdo. XIV. Pz. Korps Ia Nr. 1822/43 geh., 30.9.1943, An A.O.K. 10, BA-MA, RH 24-14/81.

[157] GTDW, Bd 8, S. 375, 9.11.1943. Direkt dazu auch ebd., S. 72, 13.9.1943, betr. die Zuweisung von »Schienenaufreißmaschinen« für den Ob. Süd.

nern[158]. Die deutsche Seite bemühte sich vom 10. bis zum 15. September vergeblich, Elba in Besitz zu nehmen. Ultimative Einschüchterungsversuche fruchteten nichts. Militärische Vorstöße konnten die Verteidiger abweisen. Erst nach einem Bombenangriff am 16. September kapitulierte die Besatzung der Insel bedingungslos[159]. Am nächsten Tag begannen Einheiten der Wehrmacht, Elba zu besetzen. Bis zum 19. September wurden 3 500[160], bis zum 22. circa 5 000 Kriegsgefangene[161] ohne Probleme abtransportiert[162].

In seinem Abschlußbericht über die am 17. September beendete Entwaffnung meldete Kesselring, daß jene Soldaten, die man gemäß dem am 10. September mit General Carboni abgeschlossenen Abkommen entwaffnete, nach Hause entlassen wurden. Einzig die Offiziere habe er in »Ehrenhaft« genommen. Alles in allem berichtete der Oberbefehlshaber Süd über 102 340 entwaffnete Italiener, von denen wiederum insgesamt 24 292 als Militärinternierte galten. Sehr beeindruckend nahm sich auch die materielle Beute aus, die Kesselrings Divisionen einbrachten[163].

Was die Beurteilung der Haltung der italienischen Bevölkerung betrifft, so unterschied sich der beim Oberbefehlshaber Süd formulierte Eindruck nicht grundsätzlich von jenem bei der Heeresgruppe B. Auch für die Menschen in Rom und in Süditalien konstatierten die deutschen Beobachter Niedergeschlagenheit und Gleichgültigkeit. Die Italiener hätten einsehen müssen, daß der Waffenstillstand keineswegs den »ersehnten Frieden« gebracht hatte.

Bei Kesselring meinte man — ähnlich wie im Stab Rommels — ferner zu erkennen, daß der eigenen Truppe »uneingeschränkte Achtung und Respekt« gezollt würden. Allerdings gab es Einschränkungen, denn in Rom selbst herrschte eine ablehnende Haltung vor. Über Neapel fand sich kein Wort in dem Bericht. Positiver als bei der Heeresgruppe B wurde die Zukunftsentwicklung des Faschismus bewertet, obwohl das Urteil letztlich widersprüchlich ausfiel. Im September machte demnach die Bevölkerung politisch einen desinteressierten Eindruck. Die Befreiung Mussolinis und die Einsetzung der neuen faschistischen Regierung habe kein besonderes Echo ausgelöst. Eine Änderung der Lage sei am ehesten von der Verbesserung der Lebensverhältnisse zu erwarten. Negativ wurde der Kampfwille der Exverbündeten eingeschätzt. Diese wollten weder auf deutscher noch auf alliierter Seite kämpfen. Damit erklärte man ferner die Tatsache, daß alle Versuche

---

[158] Vgl. zum folgenden auch Torsiello, Le operazioni delle unità italiane, S. 196 f. Elba gehörte in den Kommandobereich der italienischen 5. Armee. Nach Torsiello zählte seine Besatzung am 8.9.1943 genau 6 273 Mann.

[159] O.B. Süd/F.A. Ic Nr. 6269/43 g.Kdos, Ic-Meldung, 17.9.1943, BA-MA, RH 19 X/9. Vgl. auch GTDW, Bd 8, S. 89, 16.9.1943.

[160] O.B. Süd/F.A. Ic Nr. 6352/43 gKdos, Ic-Meldung, 20.9.1943, BA-MA, RH 19 X/9.

[161] GTDW, Bd 8, S. 118, 22.9.1943. Vgl. zur Inbesitznahme von Elba und zum Abtransport der italienischen Besatzung auch den Bericht von Attilio Buldini, abgedruckt bei Schminck-Gustavus, Herrenmenschen und Badoglioschweine, S. 59 f.; und D'Alessio, Sbarco aereo, S. 68—72.

[162] GTDW, Bd 8, S. 97, 17.9.; S. 101, 18.9.; und S. 106, 19.9.1943.

[163] Der Oberbefehlshaber Süd, Führungsabteilung, Ic Nr. 6631/43 g.Kdos., H.Qu., den 1.10.1943, Anlage 2 zum Feindnachrichtenblatt Nr. 35: »Ergebnis der Entwaffnungs-Aktion im Bereich O.B. Süd«, BA-MA, RH 19 X/12. Die Zahlen sind wiedergegeben im Feindnachrichtenblatt Nr. 3, LXXVI. Pz.Korps, 15.11.1943, BA-MA, RH 24-76/7 (KTB-Anlage 45).

zur Anwerbung von Freiwilligen höchst deprimierende Resultate erzielten. Die Italiener, so die Zusammenfassung, demonstrierten die »Haltung eines auch innerlich zusammengebrochenen Volkes«[164].

b) Ausgangslage und Durchführung des Falles »Achse« in Südfrankreich

Die in Südfrankreich dislozierte italienische 4. Armee unterstand, da es sich um besetztes Gebiet handelte, direkt dem Generalstab des Heeres in Rom[165]. Soweit sich Einheiten der Armee beim Waffenstillstand bereits in Italien befanden, wurde ihr Schicksal im Rahmen der Ausführungen über die Entwicklung bei der Heeresgruppe B und die Verteidigung der italienischen Hauptstadt behandelt[166]. Im folgenden geht es somit lediglich um jene Divisionen, die entweder aufgrund der Vereinbarungen in Bologna weiter in Südfrankreich stationiert bleiben sollten oder gerade nach Italien zurückverlegten, jedoch die Grenze noch nicht überschritten hatten.

In Sospel befand sich nach wie vor das Hauptquartier von General Mario Vercellino, dem Oberbefehlshaber der 4. Armee. Das I. Armeekorps, General Federico Romero, Hauptquartier in Grasse, verfügte über die 223. Küstendivision, die Anfang September in Richtung des Var verlegte, und die 224. Küstendivision in Nizza. Dem General waren außerdem verschiedene Grenztruppen unterstellt. Einzig dieses Korps wäre nach Beendigung der vereinbarten Rückführung italienischer Truppen im besetzten Frankreich verblieben.

Der Kommandierende General des XXII. Armeekorps in Hyères, General Alfonso Ollearo, befehligte die Infanteriedivision »Taro«, die sich auf dem Marsch zur italienisch-französischen Grenze befand, und kleine Teile der Infanteriedivision »Lupi di Toscana«, die noch darauf warteten — wie das Gros der Division — nach Latium transportiert zu werden. Von Savoyen nach dem Piemont verlegte die zum XV. Armeekorps in Genua gehörende Alpinidivision »Pusteria«. Darüber hinaus waren in Toulon rund 4 000 Mann der italienischen Marine stationiert[167].

Für die Verwirklichung der deutschen Gegenmaßnahmen beim Kriegsaustritt zeichnete das Armeeoberkommando 19, General der Artillerie Georg v. Sodenstern, verantwortlich. Die 19. Armee war der Heeresgruppe D, das heißt dem Oberbefehlshaber West, Generalfeldmarschall Gerd v. Rundstedt, unterstellt[168]. Sodensterns Verbände sollten ursprünglich den vom italienischen I. Armeekorps gehaltenen Küstenstrich westlich der italienisch-französischen Grenze besetzen[169]. Aufgrund der Tatsache, daß die Rückfüh-

---

[164] Entwurf, Ic, den 26.9.1943, Betr.: »Bericht über das Ergebnis der Entwaffnungs-Aktion und die Haltung der Italiener im Bereich O.B. Süd.« An OKW/WFSt, OKH/Fremde Heere West, BA-MA, RH 19 X/12.

[165] Torsiello, Le operazioni delle unità italiane, S. 54.

[166] Siehe oben, S. 100—133.

[167] Torsiello, Le operazioni delle unità italiane, S. 148—153. Ungenau und teilweise unzutreffend sind die Angaben zu den deutschen Kräften, ebd., S. 151.

[168] Das Armeeoberkommando 19 ging am 24.8.1943 aus dem Generalkommando LXXXIII. Armeekorps hervor, das bis zum 13.8.1943 »Armeegruppe Felber« und vom 14.8. bis 24.8.1943 »Oberkommando v. Sodenstern« hieß, BA-MA, RH 20-19/7.

[169] KTB OKW, Bd III, S. 1027, 29.8.1943.

rung der Verbände der 4. Armee noch andauerte, fielen die Aufgaben des Armeeoberkommandos 19 am 8. September allerdings wesentlich umfassender aus.

Zu ihrer Lösung wurden im Verlaufe der Durchführung der »Achse«-Maßnahmen —
unter der Befehlsführung des Generals v. Sodenstern — folgende, nicht ausnahmslos zur
19. Armee zählende, Verbände eingesetzt[170]: 356. Infanteriedivision, 715. Infanteriedivision, Panzergrenadierdivision »Feldherrnhalle«, 157. Reservedivision und Teile der
2. Fliegerdivision, die entweder zur 356. Infanteriedivision oder zur Panzergrenadierdivision »Feldherrnhalle« traten. Einheiten der Marine in Toulon, das Polizeiregiment »Todt«
sowie die Eisenbahnpanzerzüge 22 und 25 kamen noch hinzu.

Am 8. September um 20.20 Uhr erhielt die Armee vom Stab des Oberbefehlshabers
West die Mitteilung, daß mit der Auslösung des Falles »Achse« gerechnet werden müsse.
Um 21.10 Uhr erging der Befehl, das Stichwort »Achse« durchzuführen[171]. Bei Sodenstern war zwar mit einer solchen Entwicklung schon vorher gerechnet worden, aber
als der Kriegsaustritt Italiens erfolgte, herrschte dennoch Überraschung, und das nicht
nur deshalb, weil just an diesem Tage der italienische Admiral in Toulon gegenüber dem
Oberbefehlshaber der 19. Armee seine »Siegeszuversicht« besonders eindringlich formuliert hatte. Die Deutschen verwunderte vielmehr, daß die Italiener nicht versucht hatten, zumindest die Masse ihrer in Südfrankreich stehenden Truppen noch vor dem Waffenstillstand in die Heimat zurückzuführen. Die Ablösung der betroffenen italienischen
Divisionen durch die deutsche 356. und 715. Infanteriedivision war an sich beendet. Nach
Auffassung des Armeeoberkommandos 19 hatte sich der Abtransport der Truppen einzig und allein »durch die Arbeitsweise der italienischen Stäbe verzögert«.

Trotzdem erfüllte die am 8. September gegebene Lage die 19. Armee mit einer gewissen
Sorge, denn die Mehrzahl der italienischen Regimenter stand damals verladebereit im
Rücken der zur Küstensicherung eingesetzten deutschen Einheiten. Bei einer alliierten
Landung konnte sich daraus eine gefährliche Situation entwickeln. Doch dazu kam es
nicht. Im übrigen hatte die Armeeführung, längst mißtrauisch, Vorkehrungen getrof-
fen: Ein Regiment der 356. Infanteriedivision wurde als mobile Eingreifreserve für den
Eventualfall zurückbehalten, also nicht in der Küstenverteidigung eingesetzt[172].

Folgt man dem Kriegstagebuch des Armeeoberkommandos 19 in seiner jeweiligen zusammenfassenden Berichterstattung, so verlief die Entwaffnungsaktion reibungslos. Am frühen Morgen des 9. September glaubte Sodenstern bereits, daß von den italienischen Trup-

---

[170] Nach KTB A.O.K. 19, S. 14 ff., 8.9.1943,; S. 21 ff., 9.9.1943, BA-MA, RH 20-19/7. Zum Armeeoberkommando 19 gehörte ferner das IV. Luftwaffen-Feldkorps, General der Flieger Erich Petersen, dem die 326. Infanteriedivision (bodenständig) und die 338. Infanteriedivision (bodenständig)
unterstanden. Diese Verbände wurden jedoch beim Fall »Achse« nicht operativ eingesetzt. Das einzige nennenswerte Vorkommnis aus dem Bereich des IV. Luftwaffen-Feldkorps ist die Festnahme
von 11 italienischen Offizieren und 16 Mannschaften im Bahnhof von Montpellier. Die Männer
gehörten zu den italienischen Batterien im Bereich der 326. Infanteriedivision. Außerdem übernahm man problemlos die 1., 2., 3., 4., 16. und 20. Batterie des italienischen Heeres-Küstenartille-
rie-Regiments 920. Armeeoberkommando 19, Ia Nr. 6035/43 geh., A.H.Qu., den 9.9.1943, Morgenmeldung vom 9.9.1943, BA-MA, RH 20-19/13.
[171] KTB A.O.K. 19, S. 14, 8.9.1943, BA-MA, RH 20-19/7.
[172] Ebd., S. 13, 8.9.1943.

pen ernsthafter Widerstand nicht mehr zu erwarten sein würde, denn die »Demoralisie-rung« der 4. Armee habe »zur völligen Untergrabung jeder Widerstandskraft geführt«[173]. Aber das war nicht überall der Fall. Gewiß, der Hafen von Toulon befand sich an jenem Morgen in deutscher Hand. Die dortigen italienischen Schiffe wurden besetzt, die Besat-zungen der verschiedenen Batterien ebenso wie die Fußtruppen entwaffnet[174]. Nicht nur den Mitgliedern der verschiedenen italienischen Kommissionen und Delegationen in Mar-seille nahmen die Deutschen die Waffen ab[175], sondern eben auch der Masse der Divi-sionen. Am 10. September hatte die 715. Infanteriedivision insgesamt 487 italienische Offiziere und 10 400 Mann gefangengenommen. Bei der Panzergrenadierdivision »Feld-herrnhalle«, die den Abschnitt zwischen der Mündung des Var und der italienisch-fran-zösischen Grenze übernehmen sollte, waren es bis dahin 20 Offiziere und 740 Mann-schaften, während die 356. Infanteriedivision im Küstenbereich rund 23 000 italienische Kriegsgefangene einbrachte. Von der 157. Reservedivision wurden am 10. September 248 gefangene Offiziere und 5 772 Mann gezählt[176]. Das entsprach bereits 40 667 Kriegsge-fangenen[177]. Die Gesamtzahl der beim Armeeoberkommando 19 entwaffneten und zu-nächst in die Kriegsgefangenschaft abgeführten italienischen Soldaten stieg bis Ende Sep-tember sogar noch auf 58 722 an. Unter diesen befanden sich 2 733 Offiziere[178]. Doch es gab auch Widerstand und einige kleinere Probleme bei der Entwaffnungsak-tion. So wollte die 19. Armee alle aus dem Westen kommenden italienischen Truppen-transporte unbedingt noch vor dem Fluß Var ausladen. Dazu fehlten ihr jedoch die per-sonellen Kapazitäten. Man mußte sich daher zunächst mit dem Verzögern der Transport-bewegungen begnügen[179]. Bewaffneten Widerstand hatte die Wehrmacht in Nizza zu brechen. Obwohl die Situation nicht dramatisch gewesen zu sein scheint, entsandte das

---

[173] KTB A.O.K. 19, S. 27, 9.9.1943; und ebd., S. 34 f., 9.9.1943, BA-MA, RH 20-19/7, Summe der Ent-wicklung bis zum Abend dieses Tages.

[174] Ebd., S. 17 f., 8.9.1943, S. 24 und 26 f., 9.9.1943; die Übernahme Toulons wurde von Einheiten der Kriegsmarine und der 356. Infanteriedivision durchgeführt. Direkt zu Toulon auch Armeeober-kommando 19, Ia Nr. 6035/43 geh. (siehe oben, Anm. 170); und: Marinegruppenkommando West, Führungsstab, Ia Nr. 13594/43 g.Kdos., 9.9.1943, An Ob. West/1 Skl., BA-MA, RM 7/950.

[175] KTB A.O.K. 19, S. 24 und 26, 9.9.1943, BA-MA, RH 20-19/7. Diese Maßnahmen führte das Poli-zeiregiment »Todt« durch.

[176] Armeeoberkommando 19, Ia Nr. 6117/43 geh., A.H.Qu., den 10.9.1943, Tagesmeldung vom 10.9.1943, BA-MA, RH 20-19/13.

[177] Vgl. auch KTB A.O.K. 19, S. 37, 10.9.1943, BA-MA, RH 20-19/7. Dort wird für den Gesamtbereich der 19. Armee irrtümlich von 30 000 Gefangenen bei den Küstendivisionen und 6 000 bei der Alpi-nidivision »Pusteria« gesprochen. Zutreffend heißt es in GTDW, Bd 8, S. 56, 10.9.1943, daß über 40 000 Gefangene gemacht worden sind.

[178] KTB A.O.K. 19/O.Qu., Anlage 16: Italiener. Stand v. 26.9.1943, BA-MA, RH 20-19/253. Im KTB OKW, Bd III, S. 1153, 30.9.1943, werden 54 603 entwaffnete Italiener als Gesamtergebnis genannt. Doch ist hier den Zahlen des Oberquartiermeisters der 19. Armee der Vorzug zu geben, da sie genau aufgeschlüsselt sind. Die bei Wilt, Hitler's Defences, S. 76 f. und 186, Anm. 48, abgedruckten Daten repräsentieren kein Endergebnis, sondern lediglich ein Zwischenresultat. Zur genauen Verteilung der kampfwilligen und hilfswilligen Italiener beim O.B. West sowie zur Gruppe der ins Reichsge-biet deportierten Militärinternierten siehe unten, S. 232–235.

[179] KTB A.O.K. 19, S. 18 f., 8.9.1943, BA-MA, RH 20-19/7.

Armeeoberkommando 19 den Eisenbahnpanzerzug 22. Er wurde der Division »Feldherrnhalle« unterstellt, um »rücksichtslos wieder Ruhe und Ordnung« in der Stadt herzustellen[180]. Gewaltsam entwaffnet haben deutsche Soldaten den Stab des italienischen I. Armeekorps[181]. Als der Kommandeur des XXII. Armeekorps es ablehnte, auf deutscher Seite den Krieg fortzusetzen, verhaftete die 356. Infanteriedivision seinen Stab in Hyères[182]. Nicht anders erging es der Infanteriedivision »Taro«, deren Befehlshaber zunächst versucht hatte, durch Verhandlungen Zeit zu gewinnen[183]. Schwierigkeiten bereitete im Bereich der 157. Reservedivison die Alpinidivision »Pusteria«. Ihr Kommandeur[184] wollte, nachdem der Stab der Division bereits am 9. September um 00.45 Uhr festgesetzt worden war, erst noch Rücksprache mit dem Oberkommando der 4. Armee nehmen, um sich Handlungsfreiheit zusagen zu lassen. Sodenstern ließ sich auch darauf ein. Als jedoch bis 01.20 Uhr keine Verbindung zur 4. Armee hergestellt werden konnte, erging der Befehl zur Entwaffnung der »Pusteria«. Damals hatten in Grenoble bereits drei Kasernen kapituliert[185]. Die restlichen italienischen Truppen richteten sich allerdings auf Verteidigung ein. Doch das machte die 19. Armee nur noch entschlossener, die »Entwaffnung mit allen Mitteln« durchzuführen[186]. Es blieb beim Vorsatz, denn wenige Stunden später befand sich die Stadt in deutscher Hand. Die Übergabe erfolgte ohne Blutvergießen auf dem Verhandlungswege. Ungeklärt war hingegen die Lage in Gap, wo sich das 11. Regiment der »Pusteria« einige Stunden zur Wehr setzte. Aber um 08.50 Uhr streckten die Italiener hier ebenfalls die Waffen[187]. Die übrigen Standorte, in denen Teile der Division »Pusteria« lagen, folgten. Am 10. September befanden sich rund 6 000 Alpini in deutscher Kriegsgefangenschaft[188].

Den härtesten Widerstand leisteten die italienischen Truppen am Ostausgang des Mont-Cenis-Tunnels, den die Eisenbahnstrecke Lyon — Turin durchlief. Auf italienischer Seite verteidigten das Schiläuferbataillon »Moncenisio« und mehrere Batterien der Grenztruppe[189]; auf deutscher Seite war am Mont Cenis zunächst nur die »Sicherungsgruppe Münch« eingesetzt[190]. Sie entwaffnete italienische Truppen, die versuchten, über den Paß nach Italien zu gelangen. In den frühen Morgenstunden des 9. September nahm sie außerdem den Westeingang des Tunnels in Besitz[191]. Bis zum Spätnachmittag wurde die Grup-

---

[180] KTB A.O.K. 19, S. 20, 23, 25 und 28, 9.9.1943, BA-MA, RH 20-19/7.
[181] Ebd., S. 27, 9.9.1943.
[182] Ebd., S. 28, 9.9.1943.
[183] Ebd., S. 26, 9.9.1943.
[184] Torsiello, Le operazioni delle unità italiane, S. 149: Da sich der eigentliche Kommandeur der »Pusteria«, General Maurizio Lazzaro de Castiglioni, in Rom aufhielt, führte am 8.9. General Emilio Magliano den Befehl über diese Alpinidivision.
[185] KTB A.O.K. 19, S. 21 f., 9.9.1943, BA-MA, RH 20-19/7.
[186] Ebd., S. 25, 9.9.1943, 03.40 Uhr.
[187] Ebd., S. 27 f., 9.9.1943. Zu den Kampfhandlungen in Gap vgl. Torsiello, Le operazioni delle unità italiane, S. 160—163.
[188] KTB A.O.K. 19, S. 37, 10.9.1943, BA-MA, RH 20-19/7.
[189] Torsiello, Le operazioni delle unità italiane, S. 163.
[190] KTB A.O.K. 19, S. 17, 8.9.1943, BA-MA, RH 20-19/7.
[191] Ebd., S. 22 f. und S. 25 ff., 9.9.1943. Entwaffnet wurden von der »Sicherungsgruppe« u.a. die Garnison Lanslebourg und die Garnison Mondane, deren Truppen den Paß überqueren wollten.

pe Münch durch Teile der 157. Reservedivision erheblich verstärkt und anschließend, nachdem der Kommandeur des 1. Gebirgsjägerbataillons den Befehl übernommen hatte, als »Kampfgruppe Schubert« eingesetzt[192]. Am frühen Morgen des 10. September sollte der Ostausgang des Tunnels erobert werden. Das Hospiz am Mont-Cenis-Paß war schon am Abend vorher nach einem Feuergefecht genommen worden[193].

Die deutschen Truppen traten wie vorgesehen an. Aber weder über den Paß noch durch den Tunnel kam der Angriff voran, da sich die Italiener aus Bunkern und gut ausgebauten Verteidigungsstellungen sowie mit wirkungsvollem Artillerieeinsatz geschickt und effektvoll wehrten. Daraufhin befahl die Heeresgruppe D, die Angriffe einzustellen und zur Grenzsicherung überzugehen[194]. Alle anderen Pässe an der italienisch-französischen Grenze befanden sich bereits im Besitz der 157. Reservedivision[195].

Die Entwicklung am Mont Cenis ist deshalb etwas ausführlicher darzustellen gewesen, weil das Scheitern der Operation die Führung der Heeresgruppe D mit größter Brutalität reagieren ließ. Rundstedt gab eine Weisung heraus, die selbst den verbrecherischen Befehl des Oberkommandos der Wehrmacht vom 10. September noch übertraf[196]. Moralisch schienen Offiziere wie jener Generalfeldmarschall auf den Nullpunkt abgesunken. Um 22.00 Uhr am 10. September, nachdem frühere Versuche, die Italiener zur Waffenabgabe zu überreden, fehlgeschlagen waren, ließ er den Verteidigern am Mont Cenis mitteilen, sie würden ausnahmslos als »Freischärler behandelt und erschossen werden, wenn sie nicht 12 Stunden nach Bekanntgabe Tunnelausgang« freigäben. Wenig später korrigierte der Oberbefehlshaber West die gesetzte Frist. Die Italiener bekamen lediglich zwei Stunden Bedenkzeit, damit sie keine Sabotagemaßnahmen vornehmen könnten. Rundstedt hielt sein Vorgehen für »gerechtfertigt, da kein Krieg mit Italien« bestehe[197].

Eine derartige Argumentation besaß keinerlei Überzeugungskraft. Doch offensichtlich wollte der Feldmarschall nicht sehen, daß er — unter welchen Sachzwängen auch immer — objektiv betrachtet wieder einmal das Geschäft des Aggressors ausübte, während die Italiener sich schlicht verteidigten. Sie handelten geradezu in Notwehr. Das scheint ihnen die Wehrmacht auch bis zum 10. September zugestanden zu haben. Aber sobald die deutsche Seite in Schwierigkeiten geriet versuchte sie, den Gegner durch die Androhung krimineller Strafmaßnahmen einzuschüchtern. Als sich die Entwaffnung an einigen Stellen nicht ohne weiteres verwirklichen ließ, wurde daher das Tun der Italiener diskriminiert. Die Wehrmacht unterstellte diesen Freischärlertum, aber genau damit hatte das

---

[192] KTB A.O.K. 19, S. 27—33, 9.9.1943, BA-MA, RH 20-19/7.

[193] Ebd., S. 32 f., 9.9.1943.

[194] Ebd., S. 33—38, 9./10.9.1943.

[195] GTDW, Bd 8, S. 56, 10.9.1943.

[196] Dieser Befehl, siehe oben, S. 110 mit Anm. 49, war um 19.45 Uhr abgegangen. Es ist anzunehmen, daß die Heeresgruppe D von ihm Kenntnis hatte, als sie ihre Weisung an das A.O.K. 19 erteilte.

[197] KTB A.O.K. 19, S. 39, 10.9.1943, BA-MA, RH 20-19/7. Gleichzeitig sollten die italienischen Truppen erneut darauf hingewiesen werden, daß in ihrem Rücken »von Turin die ›Leibstandarte Adolf Hitler‹ im Anmarsch« sei. Dem war auch so. Die Lage der Verteidiger mußte daher in absehbarer Zeit sehr schwierig werden.

Verhalten der Angehörigen der Königlichen italienischen Armee nichts gemein. Letztgenannte taten nur eines, um noch einmal General v. Senger zu zitieren, sie führten »rechtmäßige Befehle ihrer Regierung« aus[198].

Am 11. September wurden dann der durch mehrere Sprengungen erheblich zerstörte Eisenbahntunnel und die Kraftwerke am Mont Cenis den deutschen Truppen übergeben. Vorausgegangen waren Verhandlungen mit dem italienischen Kommandierenden General in Turin. Die Verteidiger rückten nach Susa ab[199]. Als sie aufgaben, stellte sich die Situation bereits aussichtslos dar, denn durch das Vorrücken der »Leibstandarte-SS-Adolf Hitler« drohte in absehbarer Zeit ein deutscher Doppelangriff aus westlicher und östlicher Richtung. Hitlers Wehrmacht führte in den folgenden Tagen noch sogenannte »Säuberungsaktionen« durch, aber die eigentliche Entwaffnung der 4. Armee konnte mit dem 11. September als beendet gelten[200].

Wie im Hinblick auf das Verhalten der italienischen Truppen in Nord- und Süditalien, so ist auch in bezug auf die in Frankeich stehenden Divisionen eine einheitliche Charakterisierung der Reaktionen auf das deutsche Vorgehen nach Italiens Kriegsaustritt kaum möglich. Es gab eine bestimmte — dominierende — Tendenz, doch es existierten im Einzelfall bemerkenswerte Unterschiede. Aus der Sicht des Armeeoberkommandos 19 verliefen die Operationen im Zusammenhang mit der Auslösung des Stichwortes »Achse« ohne unüberwindbare Schwierigkeiten. Eventuell spielte bei dem überwiegend zu verzeichnenden geringen Widerstand die Moral der Truppe und ihrer obersten Führung eine Rolle[201]. Nur sind Verallgemeinerungen in einem derartigen Zusammenhang nie unproblematisch, da sie sich meistens an Vordergründigem oder am Endergebnis orientieren. Allerdings fällt hinsichtlich des Verhaltens der am 8. September noch in Südfrankreich befindlichen Teile der 4. Armee auf, daß bei diesen Einheiten die Zahl derer, die sich nach der Gefangennahme als Kampf- oder Hilfswillige der Wehrmacht zur Verfügung stellten, weit über dem Durchschnitt der italienischen Verbände im Mutterland oder auf dem Balkan lag[202].

---

[198] Senger und Etterlin, Kriegstagebuch, S. 14.

[199] KTB A.O.K. 19, S. 43, 11.9.1943, BA-MA, RH 20-19/7; und GTDW, Bd 8, S. 62, 11.9.1943.

[200] GTDW, Bd 8, S. 83, 15.9.1943. Lediglich am Rande ist anzumerken, daß der Kommandeur der in Aosta stationierten italienischen Division am 14.9. die Deutschen um die Entsendung von Truppen bat, damit diese »Ruhe und Ordnung in der Provinz« herstellten: Armeeoberkommando 19, Ia Nr. 6290/43 geh., A.H.Qu., den 14.9.1943, Tagesmeldung vom 14.2.1943, BA-MA, RH 20-19/13. Daraufhin marschierten Teile der 157. Reservedivision nach Aosta und besetzten sämtliche Kasernen und Munitionsdepots. Die italienischen Truppen, so wurde deutscherseits angenommen, hatten sich nach dem Verkauf von Waffen, Bekleidung und Verpflegung an die Bevölkerung in die Schweiz abgesetzt. Waffen und Gerät forderte man nun von der Zivilbevölkerung — bei Androhung der Todesstrafe — kurzfristig zurück: GTDW, Bd 8, S. 88, 16.9.1943.

[201] Collegamento G.N.R., Prot.n. 749/1, Posta Civile 305, 9.8.1944-XXII, Oggetto: Situazione della IV Armata dislocata in Francia anteriormente all'8.9.1943, Appunto per il Capo del Servizio Politico, ASMAE, Busta 148, Pos. II/1/13. Es handelt sich um den sehr kritischen Bericht eines nach Italien zurückgekehrten Angehörigen des italienischen Kommandos in Valence. Inhaltlich geht es nicht nur um die Entwaffnung, sondern auch um das Schicksal der — ausnahmslos in die Dienste der Wehrmacht getretenen — 400 Angehörigen des Kommandos in der Zeit nach dem 8.9.

[202] Siehe unten, S. 326—328.

c) Albanien, Jugoslawien, Griechenland und die Inseln

Bei der Erörterung der Truppenverteilung auf dem Balkan ist grundsätzlich zu berücksichtigen, daß es insbesondere in Griechenland zu einer engen strukturellen Verzahnung deutscher und italienischer Verbände gekommen war. Das galt auch für die Befehlsführung, wodurch sich die Situation erheblich von derjenigen in Italien unterschied. Und es versteht sich von selbst, daß solche Gegebenheiten im Rahmen der Reaktionen nach Italiens Kriegsaustritt eine Rolle spielten.

ca) Die italienischen Kräfte

Italiens Verbände im Südostraum unterstanden, soweit sie zur Heeresgruppe Est zählten, direkt dem Comando Supremo. Dem Generalstab des Heeres war nur die 2. Armee, General Mario Robotti, unterstellt. Das Armeehauptquartier befand sich in Susak. Der Kommandobereich von Robotti umfaßte Slowenien, Kroatien, das Gebiet um Fiume und Dalmatien bis auf die Höhe der Südspitze der Insel Brač. Am Abend des Waffenstillstandes befehligte der Chef der 2. Armee drei Armeekorps.

Das XI. Armeekorps unter General Gastone Gambara, Hauptquartier in Ljubljana, war für Slowenien und eine Zone bei Karlovac zuständig. Gambara kommandierte die Infanteriedivisionen »Cacciatori delle Alpi«, »Isonzo« und »Lombardia«. Die Truppen des V. Armeekorps hielten einen Teil von Kroatien besetzt. Ihrem Oberbefehlshaber in Crikvenica, General Antonio Scuero, standen zur Lösung seiner Aufgaben die Infanteriedivisionen »Macerta« und »Murge«, die XIV. Küstenbrigade sowie die 5. Grenzschutz-Abteilung zur Verfügung. General Umberto Spigo unterstand das XVIII. Armeekorps in Zadar (Zara). Er befehligte die Infanteriedivisionen »Zara« und »Bergamo«, denen die Behauptung des Raums bei Zadar, Šibenik und Split (Spalato) oblag. Bei allen drei Korps kamen noch Korpstruppen hinzu. Als Armeereserve war die 1. schnelle Division eingesetzt. Außerdem gab es im Bereich der 2. Armee schwache See- und Luftstreitkräfte.

Unter qualitativen Gesichtspunkten betrachtet stellten die Großverbände der italienischen 2. Armee lediglich wenig bewegliche Besatzungstruppen dar. Bewaffnung und Ausrüstung galten als unzulänglich. Stark angeschlagen soll darüber hinaus die Moral der Truppe gewesen sein. Dies wurde nicht zuletzt mit dem Einsatz im Partisanenkampf und zahlreichen Mängeln bei der Truppenbetreuung und Menschenführung erklärt[203].

Bleibt zu erwähnen, daß General Robotti sich im Rahmen der im »Memoria 44 Op.« erteilten Richtlinien auf die Verteidigung gegen die Deutschen vorbereitet hatte. Seine Planungen wurden jedoch gegenstandslos, weil die Führung in Rom — davon ausgehend, daß mindestens noch zehn Tage Zeit zur Verfügung stünden — General Gambara am 5. September mit der Verwirklichung einer Defensivkonzeption beauftragte, die vorsah, daß Robotti nur das XVIII. Armeekorps behielt. Gambara sollte aus Verbänden der 8. und 2. Armee eine Streitmacht von etwa zehn Divisionen bilden, die dann die Front auf der Linie Isonzo-Ljubljana zu halten gehabt hätte. Obwohl sich die Lage schon am

---

[203] Torsiello, Le operazioni delle unità italiane, S. 321—324.

frühen 9. September tiefgreifend veränderte, versuchte man noch am selben Tag um 15.00 Uhr das Vorhaben zu realisieren. Die Ergebnisse des Unterfangens fielen niederschmetternd aus, denn die ohnehin über nur geringe Schlagkraft verfügenden eigenen Verbände wurden dadurch vollkommen gelähmt[204].

Den Posten des Oberbefehlshabers der italienischen Heeresgruppe Est, deren Hauptquartier sich in Tiranë (Tirana) befand, bekleidete General Ezio Rosi. Operativ unterstanden ihm beim Kriegsaustritt die 9. Armee in Albanien, das VI. Armeekorps in der Herzegowina und Süddalmatien, das XIV. Armeekorps in Montenegro und die italienischen Streitkräfte in der Ägäis. Letztere wurden allerdings am Abend des 8. September direkt dem Comando Supremo unterstellt. Leiter des deutschen Verbindungsstabes bei der Heeresgruppe Est war Generalmajor Hans Bessel.

Nach Auffassung von General Rosi stellten sich Geist und Moral seiner Truppen im allgemeinen als recht gut dar. Doch zeigten sich die Soldaten von den Bedingungen ihres Einsatzes — teilweise — psychisch und physisch angegriffen. Für die Entwicklung nach der Bekanntgabe des Waffenstillstandes war freilich die Tatsache bedeutsamer, daß es den Einheiten des Panzerarmeeoberkommandos 2 schon vorher gelang, das Straßennetz, die wesentlichen Flugplätze und den wichtigsten Hafen Albaniens, Durrës (Durazzo), unter ihre Kontrolle zu bringen[205].

Die italienische 9. Armee, General Renzo Dalmazzo, mit Hauptquartier in Tiranë zählte insgesamt circa 111 500 Mann und gliederte sich in zwei Armeekorps, in die Truppen im Abschnitt »Z«-(Shkodër-Kosovo), in eine Abteilung schnelle Einheiten, die Territorialverteidigung und das 26. Grenzschutzkommando.

Das IV. Armeekorps, General Carlo Spatocco, hatte seinen Sitz in Durrës. Zu ihm gehörten die Infanteriedivisionen »Perugia« und »Parma«, die motorisierte Infanteriedivision »Brennero« und verschiedene kleinere Einheiten. General Uberto Mondino befehligte das XXIV. Armeekorps mit dem Hauptquartier in Elbasan. Ihm unterstanden die Infanteriedivisionen »Arezzo« und »Firenze«. Den Abschnitt »Z« kommandierte General Federico D'Arle. Er hatte seinen Sitz in Prizren aufgeschlagen. Außer der Infanteriedivision »Puglie« standen dem General nur Einheiten des Grenzschutzes, ein Jägerregiment und Verstärkungstruppen zur Verfügung. Die Abteilung schnelle Einheiten unter General Francesco Mayer lag in Tiranë. Sie umfaßte die Regimenter »Lancieri di Firenze«, »Cavalleggeri del Monferrato«, »Cavalleggeri Guide«, das 46. Bataillon Bersaglieri, die 4. gepanzerte Gruppe »Nizza Cavalleria«, das 26. Bataillon Miliz und eine autonome Abteilung. Bei der Territorialverteidigung sind das 383. Infanterieregiment »Venezia«, eine Flak-Batterie, eine Schwadron Panzer »L« und zwei weitere, nicht näher bezeichnete Bataillone zu erwähnen[206].

Die Hauptaufgabe der 9. Armee, in deren Bereich sich auch mehrere Einheiten der anderen Teilstreitkräfte befanden, bestand im Schutz der rund 350 km langen Küste. Im Sommer 1943 mußte der Zustand der Küstensicherung nach wie vor als defizitär bezeichnet wer-

---

[204] Torsiello, Le operazioni delle unità italiane, S. 325—330, und Bartoli, L'Italia si arrende, S. 197 f.
[205] Torsiello, Le operazioni delle unità italiane, S. 365 f.
[206] Ebd., S. 370 ff.

den. Außerdem wurden die Truppen im Kampf gegen die Partisanen eingesetzt. Nach Auffassung des Oberbefehlshabers der Heeresgruppe Est, der die 9. Armee im Juni besichtigte, vermochten Einstellung und Moral von Offizieren und Soldaten einigermaßen zu überzeugen. Dennoch schien der richtige Angriffsgeist zu fehlen, ein Mangel, der sich vielfältig erklären ließ, nicht zuletzt mit den Lebensbedingungen der Militärangehörigen. Ansonsten meinte General Rosi, daß die Zahl der in Albanien stationierten Truppen nicht ausreiche, um die dort gestellten Aufgaben zu bewältigen. Wenn man sich die Topographie des Landes und dessen geringe verkehrstechnische Erschließung vor Augen führt, wird seine Lagebeurteilung leicht verständlich. Dabei ist vor allem auch zu berücksichtigen, daß die italienischen Einheiten nur über eine geringe Beweglichkeit verfügten. Ihnen fehlten zudem Artillerie, Flieger- und Panzerabwehrkanonen sowie Sturmgeschütze. Rosi beabsichtigte das zu ändern[207], konnte dann jedoch im Zeitraum zwischen dem Antritt seines Kommandos Anfang Juni und dem September 1943 kaum etwas bewegen[208].

Beim VI. Armeekorps unter General Sandro Piazzoni, Hauptquartier Dubrovnik (Ragusa), standen die Infanteriedivisionen »Messina« und »Marche«, die XXVIII. Küstenbrigade sowie beachtliche Korpstruppen. Die Gesamtstärke des gut beurteilten Armeekorps betrug ungefähr 28 000 Mann. Aufgrund der Größe des anvertrauten Gebiets mußte man den Großverband allerdings in zahlreiche verhältnismäßig kleine Gruppen aufteilen. Für die Entwicklung nach dem 8. September erwies es sich ferner als nicht unerheblich, daß die Bevölkerung mit den Deutschen sympathisierte, während sie die Italiener ablehnte[209].

In Podgorica (Titograd) befand sich das Hauptquartier des in Montenegro stationierten XIV. Armeekorps. Sein Oberbefehlshaber, General Ercole Roncaglia, verfügte über die Infanteriedivisionen »Emilia« und »Ferrara«, die Alpinidivision »Taurinense« sowie die Gebirgs-Infanteriedivision »Venezia«, verschiedene Korpstruppen und Verstärkungseinheiten. Im Bereich des Armeekorps gab es Dienststellen der Marine, aber keine Einheiten der Luftwaffe. In wirklich gutem Zustand schien nur die »Taurinense« gewesen zu sein. Ansonsten herrschte bei der Truppe, die sich in kleinen Verbänden über das Land verstreute, eine gewisse Müdigkeit oder Erschöpfung. Hierin zeigten sich, ungeachtet der insgesamt als gut bezeichneten Moral, Auswirkungen des aufreibenden Einsatzes bei »Säuberungsaktionen«. General Roncaglia besaß einsatzmäßig auch die Befehlsbefugnis hinsichtlich der deutschen 118. Jägerdivision, die zum XXI. Gebirgs-Armeekorps des Panzerarmeeoberkommandos 2 gehörte[210].

Die italienischen Streitkräfte in der Ägäis unterstanden bis zum 8. September 23.00 Uhr der Heeresgruppe Est, danach dem Comando Supremo. Den Oberbefehl über die rund

---

[207] Comando Gruppo Armate Est, Ufficio Operazioni, No 510/Op. di prot., P.M. 76 li, 23 giugno 1943-XXI, Oggetto: Visita alla 9ª ed 11ª Armata, al Comando Superiore Egeo, all'O.B. sud est. All'Eccellenza il Generale d'Armata Vittorio Ambrosio, F/to Ezio Rosi, ASUSSME, Cartella 1502, Allegato 644.

[208] Torsiello, Le operazioni delle unità italiane, S. 372 f.

[209] Ebd., S. 397 ff. Auch im Bereich des VI. Korps befanden sich Truppen der Luftwaffe und Einheiten der Marine.

[210] Ebd., S. 413 ff. Torsiello schreibt irrtümlich, daß die 118. Jg.Div. zum II. Korps gehörte.

63 000 Mann — davon etwa 2 000 der Marine und 3 000 der Luftwaffe — führte Flottenadmiral Inigo Campioni, dessen Hauptquartier sich auf Rhodos befand. In Personalunion nahm er die Aufgaben des Statthalters im Dodekanes wahr. Alles in allem verteilten sich die ihm unterstellten Soldaten im wesentlichen auf 17 Inseln der Kykladen, drei Inseln der nördlichen Sporaden und neun Inseln des Dodekanes, das heißt der südlichen Sporaden. Die Dislozierung der Truppen auf mindestens 29 Inseln brachte eine Aufsplitterung der Großverbände mit sich, die es wenigstens teilweise verständlich macht, weshalb das nach dem Kriegsaustritt beginnende Inselspringen der Wehrmacht so erfolgreich verlief.

Admiral Campioni verfügte an geschlossenen Großverbänden über die Infanteriedivision »Regina«, deren Einheiten auf den neun besetzten Inseln des Dodekanes standen, und die Infanteriedivision »Cuneo«, die ihre Soldaten auf zwanzig Inseln der nördlichen Sporaden und Kykladen dislozieren mußte. Zu den genannten Verbänden kamen noch mehrere kleinere Truppenteile wie Flak-Batterien, Einheiten der Carabinieri, des Zolls und der Pioniere hinzu. Die Marine hatte einen Zerstörer, zwei U-Boot-Jäger, ein U-Boot und 15 Schnellboote sowie 27 Minensucher und verschiedene Hilfsschiffe in der Ägäis stationiert. Am bedeutendsten aber war vermutlich die auf sechs Inseln vorhandene Marine-Küstenartillerie. Von der Luftwaffe wurden am 8. September 33 Maschinen — Jäger und Bombenflugzeuge — einsatzfähig gemeldet. Außerdem gab es bei der Marine noch 12 Seeaufklärer.

Zur Schlagkraft der Truppen auf den Inselstützpunkten ist anzumerken, daß sie im wesentlichen veraltetes Material besaßen. Sie waren kaum beweglich und auf den jeweiligen Inseln relativ leicht zu isolieren. Vor allem aber hatte sich bei ihnen, obwohl die Moral an sich nicht schlecht gewesen sein soll, eine Art Friedensmentalität herausgebildet. Denn die Stationierung auf den Sporaden, den Kykladen oder im Dodekanes bedeutete im Grunde ungestörtes Leben in der Etappe[211].

Die in Griechenland eingesetzte 11. Armee unter General Carlo Vecchiarelli, Hauptquartier Athen, wurde seit den schon behandelten Abmachungen zwischen dem Comando Supremo und dem Oberkommando der Wehrmacht gegen Ende Juli 1943[212] operativ zunächst vom Oberbefehlshaber Südost geführt. Nachdem dieser Oberbefehlshaber der Heeresgruppe F geworden war, unterstand die 11. Armee einsatzmäßig der Heeresgruppe E. Insgesamt setzte sich General Vecchiarellis Streitmacht aus drei italienischen und einem deutschen Armeekorps zusammen.

Das italienische XXVI. Armeekorps, General Guido della Bona, mit dem Hauptquartier in Jannina, stand im Epirus. Sein Oberbefehlshaber verfügte über die Infanteriedivision »Modena«, das 18. Infanterieregiment »Acqui« auf Corfu, die 2. Gruppe Alpini »Valle« und die deutsche 1. Gebirgsdivision sowie Korpstruppen. In Agrínion lag der Stab des VIII. Armeekorps, General Mario Marghinotti, dessen Truppen für Aitolía, Akarnanía und die Insel Kefallēnía zuständig gewesen sind. Zum VII. Korps gehörten die Infanteriedivision »Casale«, die Infanteriedivision »Acqui« auf Kefallēnía und die deutsche

---

[211] Torsiello, Le operazioni delle unità italiane, S. 525—530.
[212] Siehe oben, S. 58—60.

104. Jägerdivision sowie Korpstruppen. General Luigi Manzi kommandierte das italienische III. Armeekorps. Seine Soldaten standen in Thessalien, Attika und auf Euböa. Das Hauptquartier befand sich in Theben. General Manzi unterstellt waren die Infanteriedivisionen »Pinerolo« und »Forli« sowie die Truppen auf Euböa und Korpstruppen.

Das deutsche LXVIII. Armeekorps, General der Flieger Helmuth Felmy, mit Hauptquartier in Vitina lag auf der Peloponnes. Felmy befehligte die italienischen Infanteriedivisionen »Piemonte« und »Cagliari« sowie die deutsche 117. Jägerdivision und die deutsche 1. Panzerdivision. Ihm unterstanden ferner die Korpstruppen sowie die italienischen autonomen Abschnitte von Korinth und Argolís.

Außerdem waren im Bereich der Armee — im September bereits direkt dem Oberbefehlshaber der Heeresgruppe E unterstellt — die 11. Luftwaffen-Felddivision, die im Gebiet des italienischen III. Korps operierte, und die Truppen auf Kreta stationiert. Dem Kommandanten der Festung Kreta standen die Festungsbrigade Kreta, die deutsche 22. Infanteriedivision, die um die Spezialbrigade »Lecce« verstärkte italienische Infanteriedivision »Siena« und verschiedene kleinere Einheiten zur Verfügung.

Zur 11. Armee gehörten ferner das Marinekommando Westgriechenland unter Divisonsadmiral Giuseppe Lombardi, das seinen Sitz in Patras hatte, und das Luftwaffenkommando Griechenland in Athen. Alles in allem umfaßten die italienischen Truppen in Griechenland rund 172 000 Mann, darunter etwa 7 000 Offiziere[213].

cb) Die deutschen Kräfte

Es wurde schon darauf hingewiesen, daß die deutschen Truppen seit Ende Juli 1943 sehr geschickt in die Dislozierung der italienischen Einheiten einsickerten, so daß sie bei der Auslösung des Stichwortes »Achse« sofort losschlagen konnten. Daraus und aus der Tatsache, daß die Divisionen der Wehrmacht unvergleichbar mobiler als diejenigen Italiens waren, sowie aus der überlegenen Bewaffnung der deutschen Verbände resultierten im Hinblick auf die nach dem 8. September 1943 gegebene Konfrontation zwischen den geschiedenen Partnern objektive Vorteile für die deutsche Seite. Natürlich spielten die Entschlossenheit der Führung und das, was man gemeinhin etwas unpräzise die »Moral der Truppe« nennt, ebenfalls eine wichtige Rolle. Was letztere angeht, so konstatierte General Rosi bei den Angehörigen der 11. Armee eine insgesamt befriedigende Gesamteinstellung, aber er erkannte auch problematische Tendenzen. Zumindest bei einigen Einheiten, insbesondere bei den Offizieren, schien eine Neigung zu »maßloser Bequemlichkeit« zu bestehen[214].

Offiziere der Wehrmacht formulierten das noch deutlicher. Zum Beispiel General v. Gyldenfeldt, der Chef des Deutschen Generalstabs bei der 11. Armee, der dem General

---

[213] Torsiello, Le operazioni delle unità italiane, S. 437—441. Nicht deutlich wird bei Torsiello, daß die 11. Armee nach dem 26.8. operativ von der Heeresgruppe E geführt worden ist. Da entsprechende Korrekturen vorgenommen wurden, weicht der Text in Einzelfällen von Torsiello ab. Vgl. in diesem Kontext auch die »Befehlsgliederung Oberkommando Heeresgruppe E«, Stand 30.8.1943, BA-MA, RH 19 VII/45.

[214] Inspektionsbericht General Rosi (siehe oben, Anm. 207).

Vecchiarelli im übrigen bei der Führung der deutschen Verbände »völlige Freiheit« ließ. Er monierte zum einen die Friedenssehnsucht und zum anderen die Kampfunwilligkeit der italienischen Soldaten in Griechenland. Und der Chef des Generalstabes des LXVIII. Armeekorps meinte apodiktisch, die Italiener auf der Peloponnes seien »unfähig, untätig und schlecht ausgerüstet«[215].

Ihrerseits hatten die Deutschen unter Ausnutzung aller Improvisationsmöglichkeiten die Neuorganisation der Kommandobehörden im Südostraum seit dem Juli soweit durchgeführt, daß der Oberbefehlshaber Südost am 26. August 1943 wenigstens behelfsmäßig den Befehl über die Heeresgruppe F übernehmen konnte[216]. Generalfeldmarschall Maximilian Freiherr von und zu Weichs an der Glon unterstanden am Abend des 8. September die Heeresgruppe E und das Panzerarmeeoberkommando 2. Die Trennungslinie zwischen beiden bildete die Nordgrenze von Griechenland. Das Hauptquartier der neuen Heeresgruppe richtete man in Belgrad ein. In seiner Funktion als Oberbefehlshaber Südost waren dem Generalfeldmarschall ferner unterstellt: der Militärbefehlshaber Südost, seit dem 15. August General der Infanterie Hans Felber, mit dem Militärbefehlshaber Griechenland, General der Flieger Wilhelm Speidel, und dem Deutschen Bevollmächtigten General in Kroatien, Generalleutnant Edmund Glaise v. Horstenau[217].

Der Heeresgruppe E in Saloniki, Oberbefehlshaber Generaloberst Alexander Löhr, unterstanden die deutschen und italienischen Verbände im griechischen Raum, auf Kreta und — truppendienstlich — die Soldaten der Wehrmacht auf Rhodos. Zu den deutschen Einheiten gehörten, wie schon erwähnt, das Generalkommando LXVIII. Armeekorps, die 1. Panzerdivision, die 1. Gebirgsdivision, die 104. und die 117. Jägerdivision, die 22. Infanteriedivision, die 11. Luftwaffen-Felddivision und die Festungsbrigade Kreta. Es kamen hinzu: das Generalkommando XXII. Gebirgs-Armeekorps, General der Gebirgstruppe Hubert Lanz, das ursprünglich das italienische III. Armeekorps in Thessalien ablösen sollte; die Sturmdivision »Rhodos«, die taktisch Admiral Campioni unterstand; der Befehlshaber Saloniki-Ägäis, Generalleutnant Kurt Pflugradt, mit der 7. bulgarischen Infanteriedivision, die ihm jedoch nur einsatzmäßig unterstellt gewesen ist. Generaloberst Löhr befehligte darüber hinaus die SS-Polizei-Panzergrenadier-Regimenter 1 und 2, das 1. und 2. Regiment »Brandenburg« sowie das SS-Polizeiregiment 18. In seinem Bereich gab es ferner die Dienststelle des Kommandierenden Admirals Ägäis in Athen. Im Rahmen der Seetransporte und der landkriegsmäßigen Küstenverteidigung unterstand letz-

---

[215] Bericht über die Reise von Oberstleutnant i.G. Klamroth auf dem Balkan vom 29.8.1943 (siehe oben, S. 127, Anm. 136). Auf der Peloponnes soll es ferner ein »maßloses Requirieren« seitens italienischer Soldaten gegeben haben. Angeblich sei dieses von »Diebstählen« oft nicht mehr zu unterscheiden gewesen. In der Tat scheinen sich die Italiener in finanziellen Schwierigkeiten befunden zu haben, darauf weist auch Rosi (siehe oben, Anm. 207) hin. Doch erwähnt er nicht einmal andeutungsweise die vom deutschen LXVIII. Korps behaupteten Lösegelderpressungen der eigenen Truppen.

[216] Reisebericht Oberstleutnant i.G. Klamroth (siehe oben, S. 62, Anm. 136).

[217] OKH GenStdH/Op. Abt. II Nr. 430559/43 G.K.Chefs. 26.8.1943, An H.Gr.Kdo. Nord, Betr.: Neugliederung im Südosten ab 26.8.1943, BA-MA, RH 19 III/12; vgl. außerdem KTB OKW, Bd III, S. 915, 7.8.1943.

terer taktisch der Heeresgruppe E, in allen anderen Belangen jedoch dem Marine-Gruppenkommando Süd in Sofia (September—November 1944 Wien)[218].
Wenige Stunden nach Auslösung des Falles »Achse« trat im griechischen Raum eine veränderte Befehlsregelung in Kraft, die — geringfügig modifiziert — einer vom Oberbefehlshaber Südost bereits am 5. August befohlenen Organisation entsprach[219]. Danach gliederte sich die Heeresgruppe E nunmehr in die Armeegruppe Südgriechenland, deren Stab nach Abschluß der Entwaffnungsaktionen am 4. Oktober 1943 wieder aufgelöst wurde, das Generalkommando XXII. Gebirgs-Armeekorps und den Befehlshaber Saloniki-Ägäis. Zur Armeegruppe Südgriechenland des Generals Felmy, zu welcher der bisherige Deutsche Generalstab beim italienischen Armeeoberkommando 11 trat, gehörten die oben aufgeführten deutschen Einheiten des LXVIII. Armeekorps und die 11. Luftwaffen-Felddivision, das SS-Polizei-Panzergrenadier-Regiment 2, das 1. Regiment »Brandenburg« einschließlich einer Küstenjäger-Kompanie, das III./Polizeiregiment 18 sowie die nicht dem Militärbefehlshaber Griechenland unterstehenden Heerestruppen im Befehlsbereich der Armeegruppe.
Das XXII. Gebirgs-Armeekorps im Epirus — den Verlauf der Trennungslinie zur Armeegruppe Südgriechenland beschrieben in etwa die Punkte Karpenésion, Artotína, Galaxidion, Nordrand des Golfes von Korinth, Mitte Golf von Patras und Südspitze von Kefallenía — verfügte über die 1. Gebirgsdivision, die 104. Jägerdivision und verschiedene Heerestruppen. Letztere gehörten entweder zu den beiden Divisionen oder waren bei der Übernahme des neuen Kommandobereichs schon in diesem stationiert gewesen. Der Befehlshaber Saloniki-Ägäis behielt die bereits bei ihm eingesetzten Truppen, bekam aber als Verstärkung noch das SS-Polizei-Panzergrenadier-Regiment 1 hinzu. Von der Armeegruppe Südgriechenland wurde sein Befehlsbereich durch eine Linie getrennt, die ungefähr von Karpenésion über Lamía nach Pelasgía verlief und dann — der Ost- sowie Nordküste Euböas folgend — die Sporaden erreichte, die noch zum Kommandogebiet von Generalleutnant Pflugradt zählten[220].
Das Panzerarmeeoberkommando 2 war neben der Heeresgruppe E der zweite Großverband des Oberbefehlshabers Südost. Sein Kommandeur, General der Infanterie Dr. Lothar

---

[218] Siehe oben, Anm. 217, RH 19 III/12; siehe oben, Anm. 213, RH 19 VII/45; GTDW, Bd 8, S. 564; und Müller-Hillebrand, Heer, S. 118 f. Zu dem beim O.B. Südost stehenden bulgarischen I. Korps gehörten die bulgarische 22., 24., 25. und 27. Division.

[219] Der Chef des Deutschen Generalstabes beim italienischen A.O.K. 11, Abt. Ia Nr. 022/43 g.Kdos. Chefsache, H.Qu., den 5.8.1943, Betr.: Befehlsführung in Griechenland im Falle »Achse«, An Gen.Kdo. z.b.V. LXVIII. A.K. Kdr.Gen. u. Bfh. Südgriechenland, BA-MA, RH 31 X/2. Nach einem hier referierten Befehl hatte der O.B. Südost befohlen, daß bei »Achse« alle deutschen Einheiten, die der 11. Armee unterstanden, in einer »Armeegruppe Griechenland« zusammengefaßt werden sollten, als deren Oberbefehlshaber der General der Flieger Felmy vorgesehen war.

[220] In verkürzter Form enthalten in: KTB Armeegruppe Südgriechenland, 9.9.1943, 07.20 Uhr, BA-MA, RH 31 X/1; vollständig wiedergegeben ist die Befehlsregelung in: Armeegruppe Südgriechenland Ia-Nr. 966/43 geh. v. 9.9.1943, An Gen.Kdo. LXVIII. A.K., 104. Jg.Div., 11. Lw.-Feld-Div., SS-Pol. Pz.Gren.Rgt. 2, 1. Geb.Div., 1. Rgt. Brandenburg, Betr.: Befehlsregelung auf dem griechischen Festland, BA-MA, RH 31 X/2. Zur Auflösung des Stabes: »Tätigkeitsbericht Monat Oktober 1943« der Quartiermeisterabteilung der Armeegruppe Südgriechenland, BA-MA, RH 31 X/7.

Rendulic, hatte sein Hauptquartier in Kragujevac aufgeschlagen. Am Abend des 8. September[221] konnte er vier Armeekorps einsetzen, von denen sich eines allerdings noch mitten in der Aufstellung befand[222].

Dem XXI. Gebirgs-Armeekorps, General der Artillerie Paul Bader, mit dem Hauptquartier in Mitrovica standen die 100. und 118. Jägerdivision, die in der Aufstellung befindliche 297. Infanteriedivision und das motorisierte Grenadierregiment 92 zur Verfügung. Das XV. Gebirgs-Armeekorps, General der Infanterie Ernst v. Leyser, dessen Stab in Banja Luka lag, operierte mit der 7. SS-Freiwilligen-Gebirgsdivision »Prinz Eugen«, der 114. Jägerdivision und dem Jäger-Ersatz-Regiment 1. Zu den deutschen Kräften kamen noch die 369. und 373. kroatische Infanteriedivision hinzu.

Beim III. Germanischen SS-Panzerkorps, SS-Obergruppenführer und General der Waffen-SS Felix Steiner, das gerade aufgestellt wurde und sein Hauptquartier in Zagreb (Agram) besaß, verfügte man über Teile der 11. SS-Freiwilligen-Panzergrenadierdivision »Nordland« und über das SS-Polizeiregiment 14.

Das LXIX. Reserve-Armeekorps, General der Infanterie Ernst Dehner, hatte sein Hauptquartier in Brod. Ihm unterstanden an operativen Verbänden die 173. und 187. Reservedivision.

Es war gewiß eine Untertreibung, wenn Generalfeldmarschall v. Weichs behauptete, er habe die Italiener mit »schwachen Kräften« entwaffnen müssen[223]. Dennoch bedeutete es keine einfache Aufgabe, die Gegenmaßnahmen im Südostraum beim italienischen Kriegsaustritt auszuführen. Die Topographie des Balkans gewährte einem Angreifer keine Vorteile. Außerdem brachte die innere Lage in den verschiedenen Ländern für die Deutschen bei der Durchführung des Falles »Achse« Risiken mit sich. Schließlich gab es noch die reale Bedrohung durch die Widerstandsbewegung sowie die zwar nur fiktive, aber den deutschen Kräfteansatz dennoch beeinflussende Gefährdung, die von der befürchteten alliierten Landung im Südosten ausging. Nicht zu vergessen ist, daß man deutscherseits mit rund 652 000 italienischen Soldaten auf dem Festland und den Inseln rechnete. Sie stellten, entschlossenen Widerstand vorausgesetzt, trotz ihrer ungenügenden Bewaffnung, unzulänglichen Ausrüstung und geringen Mobilität keine Quantité négligeable dar. Grund zur Besorgnis gab es bei den deutschen Befehlshabern somit durchaus. Allerdings entwickelte sich dann alles viel günstiger als erwartet. Wie immer, so hatte der Erfolg auch hier viele Väter. Aber davon abgesehen sind — im Vorgriff auf die folgende

---

[221] Die Angaben bei Müller-Hillebrand, Heer, S. 119, treffen für den 8. September nicht mehr zu. Der Autor bezieht sich auf einen Zeitpunkt Ende August. Auch die Beschreibung der Kräfte bei Torsiello, Le operazioni delle unità italiane, S. 324, ist ungenau, weil auf einen zu frühen Zeitpunkt bezogen. Gleiches gilt für GTDW, Bd 8, S. 564, 5.9.1943 (nächster Stand 15.9.1943). Die beabsichtigte, aber bei der Bekanntgabe des Waffenstillstandes noch nicht erreichte Zusammensetzung der 2. Panzerarmee ergibt sich aus GenStdH/OP.Abt. II Nr. 430559/43 G.K.Chefs., 26.8.1943, siehe oben, Anm. 217.

[222] Die folgenden Angaben nach KTB Pz. A.O.K. 2, S. 33—37, 9.—10.9.1943, BA-MA, RH 21-2/v. 590. Ergänzend wurden GTDW, Bd 8, S. 564, 5.9.1943; und RH 19 III/12 (siehe oben, Anm. 217) herangezogen.

[223] KTB OKW, Bd III, S. 1101, 13.9.1943; vgl. auch ebd., S. 1615 f.

Darstellung — einige wenige charakteristische Merkmale der Entwaffnungsaktion im Südostraum hervorzuheben: Auf italienischer Seite waren vor allem Führungslosigkeit, Naivität, Uneinigkeit und oftmals Chaos zu verzeichnen. Dem stand eine deutsche Führung gegenüber, die geschlossen und bestens vorbereitet agierte, die mit operativem Sachverstand, aber auch mit allen üblen Tricks — bis hin zum bewußten Wortbruch — arbeitete.

Der Hinweis darauf, daß manchem deutschen General damals das Kunststück gelang, über seinen Schatten zu springen und seine Offiziersehre zu ignorieren, hat nichts mit einer moralisierenden Betrachtungsweise zu tun. Wem daran liegt, der mag sich all das schlicht mit dem Rekurs auf die Zeitläufte erklären. Doch darum geht es nicht. Das Faktum muß erwähnt werden, weil sich die Wehrmachtführung durch ihr Verhalten Vorteile von ausschlaggebender Bedeutung verschaffte. Anders gewendet: Der Betrug war ein wesentlicher Faktor bei der Entwaffnung der italienischen Truppen im Südostraum. Und noch etwas ist bereits an dieser Stelle ins Blickfeld zu rücken. Nirgendwo sonst ist das Markenzeichen des deutschen Vorgehens nach der Bekanntgabe des Waffenstillstandes, nämlich Rücksichtslosigkeit und Schonungslosigkeit, so deutlich sichtbar geworden wie auf dem Balkan und den Inseln. Hier wurden deshalb auch wesentlich mehr italienische Soldaten ermordet als im Mutterland.

Im Hinblick auf die Durchführung der Entwaffnung im Rahmen des Falles »Achse« gab der Oberbefehlshaber Südost am 3. September eine spezielle Weisung heraus. In ihr teilte er dem Panzerarmeeoberkommando 2 und der Heeresgruppe E zum einen die allgemeinen Richtlinien für das Vorgehen gegen die Italiener und zum anderen nochmals die jeweiligen Einsatzräume für die Korps und Divisionen mit[224].

cc) Zur Entwaffnung bei der Heeresgruppe E

Am selben Tag, am 3. September, stellte man bei der Heeresgruppe E fest, daß beim Eintreten des Falles »Achse« die Verhandlungsbereitschaft des Oberbefehlshabers der 11. Armee eine entscheidende Rolle spielen würde[225]. Im übrigen aber wurde im Stab von

---

[224] Oberbefehlshaber Südost (Oberkdo. Heeresgruppe F), Ia Nr. 06/43 geh. Kdos.-Chefsache, 3.9.1943, Information über Maßnahmen bei Fall »Achse«, gez. Frhr. v. Weichs, Generalfeldmarschall, BA-MA, RH 21-2/v. 592. Die Weisung von GFM v. Weichs wiederholte zum Teil die bereits bekannten Richtlinien des OKW, insbesondere die Aufforderung, die Italiener über ihr künftiges Schicksal zu täuschen. Hinzu kam die Empfehlung, zunächst so schnell wie möglich diejenigen italienischen Einheiten zu entwaffnen, die in der Nähe deutscher Verbände standen. Später sei dann systematisch gegen die übrigen Italiener vorzugehen. Besonders wichtig war die Sicherstellung von Waffen und Ausrüstung sowie des kriegsdienlichen Materials. Angesichts der Tatsache, daß sich der operative Ansatz der deutschen Divisionen vor dem 8. September noch änderte, ist die in dem hier referierten Dokument festgeschriebene Planung an sich zu vernachlässigen. Ansonsten hat die Heeresgruppe F, da bei verschiedenen Dienststellen weiterhin Unklarheit über die Art der Durchführung der Entwaffnung herrschte, die einzelnen Schritte nochmals in einem langen Funkspruch präzisiert: O.B. Südost/Ia Nr. 169/(43) g.Kdos Chefs., 4.8.1943, An Gen.Kdo. z.b.V. LXVIII. A.K., BA-MA, RH 31 X/2.

[225] KTB F.A. H.Gr. E, S. 6, 3.9.1943, BA-MA, RH 19 VII/10.

Generaloberst Löhr damals angenommen, daß der Kriegsaustritt Italiens unmittelbar bevorstehe, denn die Italiener betrieben bereits beschleunigt und massiv die Räumung Griechenlands von eigenen Truppen[226].

Trotzdem herrschte am Abend des 8. Septembers in Saloniki, im Hauptquartier der Heeresgruppe E, und in Athen, beim Deutschen Generalstab bei der 11. Armee, eine gewisse Unsicherheit, als der Eventualfall eintrat. Gerüchte über den Kriegsaustritt Italiens kursierten seit 17.00 Uhr[227]. Aber mindestens noch eine Stunde später — die Angaben schwanken zwischen 18.00 und 18.55 Uhr — teilte das Oberkommando der Wehrmacht mit, daß die von gegnerischen Sendern ausgestrahlten Meldungen über eine bedingungslose Kapitulation der Italiener vermutlich nicht zuträfen. Da sich der Kriegsaustritt allerdings nicht gänzlich ausschließen ließ, sollten die Stäbe bis zur Korpsebene herunter eine eingeschränkte Alarmbereitschaft herstellen[228].

Der Chef des Deutschen Generalstabes beim italienischen Armeeoberkommando 11, Generalmajor v. Gyldenfeldt, wurde dann um 18.45 Uhr[229] zum Oberbefehlshaber, General Vecchiarelli, gerufen. Dieser verlas eine Erklärung, aus der unter anderem hervorging, daß er die Meldung über die Kapitulation nicht glaube. Dabei handelte es sich zweifellos um einen taktischen Vorbehalt, denn Vecchiarelli wollte mit den Deutschen ins Gespräch kommen, deren Aktionen hinauszögern. Doch selbst wenn diese Nachrichten über die Entwicklung in Italien zuträfen, meinte er, würden seine Truppen nicht die Waffen gegen den alten Verbündeten erheben. Es werde außerdem weder eine Zusammenarbeit mit den Rebellen noch mit englischen Einheiten geben, falls letztere landeten. Freilich hätten die deutschen Soldaten ihrerseits darauf zu verzichten, gegen die Italiener vorzugehen. Vecchiarelli bot sogar an, die Küstenverteidigungsstellungen besetzt zu halten, bis deutsche die italienischen Besatzungen ablösen könnten. Ganz im Sinne der aus Rom erhaltenen Weisungen unterstrich der Oberbefehlshaber abschließend, daß man Gewalt in jedem Fall mit Gewalt beantworten werde[230].

Danach ging alles Schlag auf Schlag: Um 19.30 Uhr übermittelte Gyldenfeldt das Angebot an die Heeresgruppe E. Eine halbe Stunde später bestätigte ihm der Ia der 11. Armee,

---

[226] KTB F.A. H.Gr. E, S. 9, 4.9.1943, BA-MA, RH 19 VII/10.

[227] KTB Armeegruppe Südgriechenland, 8.9.1943, BA-MA, RH 31 X/1.

[228] KTB H.Gr. E, S. 110, 8.9.1943; und: Armeegruppe Südgriechenland. Der Chef des Generalstabes, H.Qu., den 14.9.1943, Die Vorgänge des italienischen Abfalls in Athen am 8. und 9. September 1943, gez. und niedergeschrieben von Generalmajor v. Gyldenfeldt, BA-MA, RH 31 X/2. Es handelt sich um eine sehr detaillierte Darstellung mit zahlreichen wörtlichen Zitaten aus den Verhandlungen mit General Vecchiarelli. Vgl. zu den Vorgängen bei der 11. Armee auch Torsiello, Le operazioni delle unità italiane, S. 442–448. Torsiello erinnert daran, daß der Oberbefehlshaber der 11. Armee das »Promemoria n. 2« erst am Abend des 7.9. erhielt, etwa 20 Stunden vor Bekanntgabe des Waffenstillstandes. Das war zu kurzfristig, um noch angemessene Vorbereitungen treffen zu können. Vecchiarelli strebte deshalb an, sich mit den Deutschen gütlich zu einigen.

[229] Im folgenden werden die Zeitangaben übernommen, die Gyldenfeldt in seinem Bericht nennt, siehe oben, Anm. 228, RH 31 X/2. Von ihnen weichen die Uhrzeiten im KTB H.Gr. E, S. 110, 8.9.1943, BA-MA, RH 19 VII/1, und im KTB Armeegruppe Südgriechenland, 8.9.1943, BA-MA, RH 31 X/1, bis 20.00 Uhr ab. Das Gespräch zwischen Gyldenfeldt und Vecchiarelli hat nach diesen Quellen um 19.45 oder 19.50 Uhr stattgefunden.

[230] Siehe oben, Anm. 228, RH 31 X/2.

Oberstleutnant Alberto Scoti, daß Italien tatsächlich aus dem Krieg ausgetreten war. General Vecchiarelli blieb trotzdem bei seiner Offerte. Genau um 20.05 Uhr erfuhr die Heeresgruppe E, daß man das Stichwort »Achse« ausgelöst hatte[231]. Zehn Minuten danach wies sie Gyldenfeldt an, den Oberbefehlshaber der 11. Armee aufzufordern, sich entweder vorbehaltlos für die Fortsetzung des Krieges auf deutscher Seite zu erklären oder, falls dies abgelehnt würde, die Waffen und das gesamte Gerät den Deutschen zu übergeben. Anderenfalls hätten die »deutschen Truppen Befehl, Gewalt anzuwenden«[232]. General Vecchiarelli versteifte sich zunächst darauf, daß, da man die einzelnen Bedingungen der italienischen Kapitulation bisher nicht kenne, die Fragen des Oberbefehlshabers der Heeresgruppe E noch nicht vollkommen zu beantworten seien. Er habe jedoch den »Wunsch, seine Armee kampfbereit nach Italien zu bringen, um hier gegen Kommunisten und Bolschewisten kämpfen zu können«. Auch gegen die Alliierten, so gab der General wenigstens vor, wollte er im Mutterland vorgehen. Deshalb war Vecchiarelli lediglich bereit, das nicht kriegsgliederungsmäßig zu seinen Divisionen gehörende Gerät und die entsprechenden schweren Waffen, etwa Küsten- und Flak-Batterien, den deutschen Truppen zu überlassen. Allerdings versprach er, daß die 11. Armee die mitgeführten Waffen noch vor Überschreiten der italienischen Grenze niederlegen würde, sofern sie als Folge der in Italien gegebenen Verhältnisse in die Hände des Gegners fallen könnten oder ihm gar übergeben werden sollten[233].

---

[231] KTB H.Gr. E, S. 110, 8.9.1943, BA-MA, RH 19 VII/1. Eine Zusammenfassung der vom Oberbefehlshaber Südost erlassenen Weisungen für den Fall »Achse« enthält das KTB Adm. Ägäis, S. 21 f., 8.9.1943, BA-MA, M 718/PG 46198. Hervorzuheben ist dabei die Feststellung von GFM v. Weichs, daß man mit den Italienern in Südgriechenland schon aus dem einfachen Grunde verhandeln müsse, weil eine »Gewaltanwendung mangels deutscher Truppen ohne Gefahr eigener Rückschläge sich von selbst« verbiete. Aufgrund dieser Richtlinie, die Verhandlungen auf gütlichem Wege empfahl, erließ der Admiral Ägäis, Vizeadmiral Werner Lange, Mitte August für den Bereich der Kriegsmarine genaue Einzelanweisungen, ebd., S. 22 ff., 8.9.1943. Erst am 8.9. um 22.15 Uhr erhielt Lange, den die Seekriegsleitung um 20.50 Uhr über die Auslösung des Falles »Achse« informiert hatte, Kenntnis von dem Befehl des Oberkommandos der Wehrmacht vom 30.8. (siehe oben, S. 78), mit dem die deutschen Gegenmaßnahmen im Fall »Achse« endgültig geregelt wurden, und der alle bisherigen Befehle aufhob. Sie sollten deshalb vernichtet werden, ebd., S. 21 und 25 ff., 8.9.1943. Der Vorgang läßt erahnen, daß die nach dem 26.8.1943 geltende neue Befehlsführung im Südostraum, das heißt die mit der Einrichtung der Heeresgruppe F verbundene Veränderung, zu gewissen Verwirrungen führte.

[232] Siehe oben, Anm. 228, S. 3 des Berichts, RH 31 X/2.

[233] Ebd., S. 4 f. General Vecchiarelli machte auch nachdrücklich darauf aufmerksam, daß ein gewaltsames deutsches Vorgehen zu Blutvergießen führen werde. Noch am 8.9. um 23.10 Uhr setzte er im übrigen an das XXVI. A.K., an das italienische Militärkommando in Kreta und an die Division »Acqui« auf Kefallênia einen Funkspruch — im Klartext — ab, in dem für die Truppen der 11. Armee folgendes Verhalten festgelegt wurde: »Wenn die Deutschen keine militärischen Gewaltmaßnahmen ergreifen, werden die Italiener ihre Waffen nicht, ich wiederhole, werden die Italiener ihre Waffen nicht gegen sie erheben, sie werden nicht, ich wiederhole nicht gemeinsame Sache mit den Aufständischen noch mit den anglo-amerikanischen Truppen machen, die eventuell landen könnten. Sie widersetzen sich mit der Waffe gegen jede Waffengewalt. Ein jeder hat auf seinem Posten mit den bisherigen Aufgaben zu verbleiben. Auf jeden Fall muß mustergültige Disziplin aufrecht erhalten bleiben. Teilen Sie das Vorstehende den zuständigen deutschen Kommandostellen mit. Geben Sie Bestätigung. General Vecchiarelli.« Der Spruch wurde von deutscher Seite aufgenommen: Kom-

Kurz nach den über einstündigen Verhandlungen mit General Vecchiarelli, deren Ergebnis der Heeresgruppe E um 21.40 Uhr mitgeteilt wurde, übernahm Gyldenfeldt seine Funktion als Chef des Stabes der Armeegruppe Südgriechenland. Da sich deren Oberbefehlshaber, General Felmy, jedoch noch auf der Anreise befand, während General Speidel sich gerade in Belgrad aufhielt, führte vorübergehend der Kommandeur des XXII. Gebirgs-Armeekorps, General Lanz, den Befehl über die Armeegruppe. Lanz ordnete als erstes an, daß das Stichwort »Achse« nicht weitergegeben werden sollte. Er wollte zunächst gewaltlose Möglichkeiten der Entwaffnung ausloten[234].

Noch vor Mitternacht besprachen in Athen Generalmajor Gyldenfeldt, General Lanz und dessen Chef des Stabes, Oberst i.G. Dietl, die Lage. Alle drei kamen zu der Überzeugung, daß die Entwaffnungsaktion im Raum Athen wegen der starken italienischen Überlegenheit zu schweren und blutigen Auseinandersetzungen führen würde. Vielleicht käme es sogar zu Rückschlägen für die deutschen Truppen, die »gefährliche Auswirkungen auf die griechische Bevölkerung« haben könnten. Man versuchte deshalb Generaloberst Löhr dazu zu bewegen, von der Auslösung des Stichwortes »Achse« Abstand zu nehmen.

Am 9. September gegen 01.00 Uhr verhandelte Lanz erneut mit Vecchiarelli, um doch noch zu einer friedlichen Lösung zu kommen. Die beiden Generale erzielten auch ein Ergebnis, das akzeptabel erschien, zumindest aus lokaler Sicht. Inhaltlich entsprach es weitgehend dem Angebot, das der italienische Oberbefehlshaber gegenüber Gyldenfeldt gemacht hatte: Die Soldaten der 11. Armee sollten noch mindestens 14 Tage im Küstenschutz eingesetzt bleiben. Im Anschluß daran würden sie, mit den zum Selbstschutz erforderlichen Waffen ausgestattet, den Rückmarsch nach Italien antreten. Falls anzunehmen wäre, daß die Truppen ihre Waffen aufgrund der dortigen Lage nicht behalten könnten, wollte Vecchiarelli diese vor Überschreiten der Grenze der Wehrmacht überlassen.

General Lanz meldete das Resultat seiner Gespräche um 02.00 Uhr an die Heeresgruppe E. Eine Viertelstunde später wußte er, daß die ausgehandelten Bedingungen Generaloberst Löhr nicht genügten. Der zeigte sich über das mit der Einsicht in die eigene Schwä-

---

mandeur Nachrichtenaufklärung 4, Nr. 1080/43 g.Kdos., O.U., 9.9.1943, 00.30 Uhr, An Dt. Generalstab bei 11. ital. Armee z.Hd. Herrn Generalmajor Gyldenfeldt, BA-MA, RH 31 X/2. Zu diesem Zeitpunkt konnte General Vecchiarelli bereits nicht mehr telefonieren, weil die Deutschen, wie seit dem 1.8. vorbereitet, seine Nachrichtenverbindungen unterbrochen hatten: Fernschreiben Dtsch. Gen. Stab b. ital. A.O.K. 11, Ia 032/43 g.Kdos. Chefs., an Gen.Kdo. z.b.V. LXVIII. A.K., BA-MA, RH 31 X/2. Vgl. unmittelbar dazu auch: KTB H.Gr. E, S. 121, 9.9.1943, BA-MA, RH 19 VII/1. Dort wird klar gesagt, daß damit die beabsichtigte Ausschaltung der italienischen Führung gelang. Torsiello, Le operazioni delle unità italiane, S. 444, nennt 21.30 Uhr für die Herausgabe des oben zitierten Befehls. Bei ihm fehlt der Satz: »Sie widersetzen sich mit der Waffe gegen jede Waffengewalt.«

234 Siehe oben, Anm. 228, S. 5 f. des Berichts, RH 31 X/2. Jedoch hatte zum Beispiel die Wehrmacht-Nachrichten-Kommandantur Athen ebenso wie die 1. Gebirgsdivision — letzterer wurde das Stichwort »Achse« direkt von der Heeresgruppe E durchgegeben — mit den vorgesehenen Aktionen schon begonnen: KTB Armeegruppe Südgriechenland, 8.9.1943, 21.30 Uhr, BA-MA, RH 31 X/1. Vgl. zum Vorgehen von Lanz auch Burdick, Hubert Lanz, S. 185—188; und Born, Waldheim, S. 76—79.

che zu erklärende lange Verhandeln in Athen bereits ungehalten. Im übrigen standen
einer Annahme der von Lanz ausgehandelten Bedingungen sowohl die Befehle des Oberkommandos der Wehrmacht als auch jene des Oberbefehlshabers Südost entgegen. Löhr
erklärte sich lediglich bereit, Vecchiarelli nach Rom fliegen zu lassen. Angeblich hatte
der General darum gebeten. Mit einem solchen Zugeständnis hätte die Heeresgruppe E
erreicht, daß die 11. Armee nahezu führungslos geworden wäre. Doch der italienische
Oberbefehlshaber wollte nun nicht mehr fliegen.

Des Abwartens müde befahl Löhr, daß »Achse« durchzuführen sei. Um 02.45 Uhr informierte Lanz die ihm unterstellten Dienststellen, daß die deutschen Gegenmaßnahmen
um 08.00 Uhr zu beginnen hätten. Gleichzeitig bat er jedoch die in Athen erreichbaren
Leiter der verschiedenen Kommandobehörden zu einer großen Lagebesprechung[235]. Die
dabei von allen Versammelten — gegenüber der Durchführbarkeit der im Fall »Achse«
vorgesehenen Maßnahmen — geäußerten Bedenken waren so schwerwiegend, daß man
erneut an den Oberbefehlshaber der 11. Armee herantrat, um ihn zur freiwilligen Übergabe der Waffen zu veranlassen. Lanz — es war inzwischen 04.30 Uhr morgens — drohte, daß die Wehrmacht bei einer Weigerung bewaffnete Gewalt anwenden würde. Nach zä-
hem Ringen erklärten sich beide Seiten mit folgender Regelung einverstanden, die schließlich auch von der Heeresgruppe akzeptiert wurde: »Die italienischen Truppen geben
am 9.9. ihre gesamten schweren und Maschinenwaffen ab. Pistolen, Gewehre, Seitenge-
wehre verbleiben den italienischen Soldaten. Verhaftungen werden deutscherseits nur
vorgenommen werden, wenn Gewalt angewendet werden muß. Den Offizieren bleiben
die Waffen.«

Im Raum Athen begann die Entwaffnung am 9. September um 12.00 Uhr. Die Aktion
verlief problemlos. Als sich im Stadtgebiet zeigte, daß italienische Soldaten Waffen an
Griechen verkauften, verlangte die Armeegruppe Südgriechenland auch die Abgabe der
Handwaffen. General Vecchiarelli wurde durch ein »Schreiben vor die vollendete Tatsache gestellt«. Lediglich ein Bataillon Carabinieri durfte die Waffen behalten, um nach
»deutschen Weisungen« für Disziplin zu sorgen[236].

General Felmy teilte dem Oberbefehlshaber der 11. Armee aber nicht nur mit, daß man all
das bereits angeordnet habe. Er ließ in seinem Schreiben auch erkennen, daß die deutsche
Seite zu keiner Zeit daran gedacht hatte, die Abmachungen vom 9. September einzuhal-
ten. Denn am 10. September behauptete Felmy, obwohl gegenüber dem Vortag keinerlei
Änderung eingetreten war: Die »Einstellung der italienischen obersten Kommandobehörden« bringe es mit sich, daß »Rücksichten auf die bisherige Zusammenarbeit nicht
mehr genommen« werden könnten. Das war eindeutig. Dennoch bat er Vecchiarelli unver-
froren, auch seinerseits den im Bereich der Stadt Athen liegenden Truppen die Abgabe

---

[235] Anwesend waren der Admiral Ägäis, Vizeadmiral Lange, mit seinem Chef des Stabes, Kapitän zur
See v.d. Forst, der Kommandeur der 11. Luftwaffen-Felddivision, Generalleutnant Drum, mit dem
Chef des Eingreifregiments, und in Vertretung von General Speidel der Chef des Stabes des Militär-
befehlshabers Griechenland, Oberst i.G. v. Bogen.

[236] Siehe oben, Anm. 228, S. 6—10 des Berichts, RH 31 X/2; und KTB H.Gr. E, S. 136, 9.9.1943, BA-
MA, RH 19 VII/1. Sehr kritisch äußert sich zum Verhalten von General Vecchiarelli: Lombardi,
L'8 settembre, S. 91—101

der Schuß- und Seitenwaffen zu befehlen. Die Offiziere dürften diese noch behalten. Den »Schutz beim Abtransport der Italiener« werde die Wehrmacht übernehmen[237].

Erstaunlich war, daß General Vecchiarelli erneut »weitgehendstes Verständnis« zeigte und seinen Männern die geforderte Abgabe der Handwaffen befahl. Als Ergebnis eines derartigen Entgegenkommens und der rechtzeitigen eigenen Vorbereitungen stellte der Chef des Stabes der Armeegruppe Südgriechenland zufrieden fest, daß die Entwaffnung der italienischen Truppen im Bereich der Armeegruppe »ohne einen nennenswerten Zwischenfall glatt und reibungslos, jedoch restlos, vor sich gegangen« sei. Ausschlaggebend für den Erfolg waren nach Gyldenfeldt zwei Gründe: Erstens die deutsche Verhandlungstaktik, die mit »energischstem Auftreten« verbunden gewesen ist, und zweitens die »positive Einstellung des Generals Vecchiarelli zu Deutschland sowie seine anständige Gesinnung«[238].

Der Oberbefehlshaber der 11. Armee hat nach einer Mitteilung von Oberstleutnant Scoti sogar — entgegen dem Befehl aus Rom, wonach alle Schiffe versenkt werden sollten — angeordnet, »sämtliche« schwimmenden Einheiten der italienischen Marine den Deutschen zu übergeben. Und so geschah es. Der Admiral Ägäis übernahm bereits am 9. September zwei Zerstörer, vier Torpedoboote, fünf Schnellboote, ein Minenschiff, 16 Hilfsminensuchboote, 14 kleinere Hilfskriegsfahrzeuge, zwei Tankschiffe, zwei Truppentransporter und sechs Frachtschiffe. Weitere Schiffe kamen später hinzu.

Dabei stellte sich die Ausgangslage bei der Kriegsmarine für die Deutschen nicht günstig dar. Vizeadmiral Lange meinte, daß die schwachen eigenen Kräfte nicht ausgereicht hätten, um die Kriegsschiffe »völlig unbeschädigt« zu übernehmen. Dies sei nur durch die »besonders kameradschaftliche und offene Haltung« der italienischen Offiziere möglich geworden. Das deutsche Entgegenkommen — der Dank — bestand darin, daß man den Besatzungswechsel an Bord der Einheiten nicht unter den Augen der Griechen vollzog. Außerdem durften die Italiener »Scheinbeschädigungen (Schlagseite) an vorher festgelegten drei Dampfern und zwei an Motorseglern« vornehmen. Damit sollte die Tatsache verschleiert werden, daß die italienische Marine in Piräus gegenüber den Deutschen »willfährig« handelte. Immerhin bestand ja der schon zitierte Befehl von Supermarina, gemäß dem »alles zu versenken« war[239].

Der entscheidende Grund für die wiederholten Zugeständnisse von General Vecchiarelli bestand vermutlich in seiner Überzeugung, daß die Truppen der 11. Armee, im Anschluß an die Abgabe ihrer Waffen, nach Italien gebracht werden würden. Aufgrund der Zusicherungen von deutscher Seite ließ sich das annehmen, auch wenn so viel Naivität schwer

---

[237] Armeegruppe Südgriechenland, Abt. Ia Nr. 1022/43 geheim, H.Qu., den 10.9.1943, An Ital. 11. Armee, gez. Felmy, BA-MA, RH 31 X/2. General Felmy traf am 9.9. gegen 09.00 Uhr in Athen ein, wo er die Führung der Armeegruppe von General Lanz übernahm. Letzterer flog anschließend mit seinem Stab nach Jannina ins Hauptquartier des XXII. Gebirgs-Armeekorps.

[238] Siehe oben, Anm. 228, S. 10 f. des Berichts, RH 31 X/2.

[239] KTB Adm. Ägäis, S. 29 ff. und S. 47 ff., 9.9.1943, BA-MA, M 718/PG 46198; KTB M.Gr.Kdo. Süd, S. 60, 9.9.1943, BA-MA, RM 35 III/61; Bericht Gyldenfeldt, S. 10, siehe oben, Anm. 228, RH 31 X/2; und KTB Armeegruppe Südgriechenland, 15.9.1943, BA-MA, RH 31 X/1. Dort ausführlich zur Unterrichtung durch Oberstleutnant Scoti über den Versenkungsbefehl.

verständlich bleibt. Der General wäre dann ein Opfer seiner Ehrauffassung geworden, als er dem Wort deutscher Generäle vertraute. Ganz pragmatisch lügend und betrügend sandte ihm etwa der Oberbefehlshaber der Armeegruppe Südgriechenland an eben jenem Tag, an dem er Vecchiarelli mit der Bekanntgabe der Totalentwaffnung der 11. Armee vor ein Fait accompli stellte, ein Schreiben, in dem es hieß, daß der »Abtransport in die ital. Heimat« am 11. September um 07.30 Uhr beginnen werde[240].

Richtig war, daß der Abschub der italienischen Soldaten begann, doch keinesfalls nach Italien. Felmy wußte das damals, denn schon unter dem Datum des 8. September kann man im Kriegstagebuch der Führungsabteilung der Heeresgruppe E nachlesen, daß den italienischen Soldaten zwar gesagt werden solle, sie würden in ihr Mutterland gefahren, doch treffe dies »tatsächlich nicht zu«. Löhr und Felmy, die Griechenland so schnell wie möglich frei von Italienern machen wollten und sollten[241], befolgten freilich lediglich, was Weichs befohlen hatte. Unter dem Stichwort »Reise«, so der Oberbefehlshaber Südost, wären alle italienischen Soldaten im griechischen Raum — soweit sie nicht auf deutscher Seite zu verbleiben wünschten — via »Belgrad—Zagreb über die Reichsgrenze« abzuschieben. Die Männer, denen als »Reiseziel Italien anzugeben« sei, würden dann in Deutschland als »Kriegsgefangene behandelt werden«[242]. Selbstverständlich verfuhren das XXII. Gebirgs-Armeekorps[243] und der Befehlshaber Saloniki-Ägäis auf die gleiche Weise[244].

Dabei bemühten sich die Deutschen, die Wahrheit möglichst lange zu verheimlichen. Insbesondere durfte den Italienern nicht bekanntgegeben werden, daß sie als Kriegsgefangene galten[245]. Zu diesem Zeitpunkt, dem 11. September, hielten sich allerdings in der italienischen Truppe bereits Gerüchte, daß die »Einlieferung in Konzentrationslager« in Deutschland drohe[246]. Andererseits dauerten die Illusionen an. So bat der Chef des Stabes der 11. Armee, General Cesare Gandini, die Armeegruppe Südgriechenland noch am 14. September, einen General nach Italien senden zu dürfen, der unter ande-

---

[240] Armeegruppe Südgriechenland, Abt. Ia Nr. 1027/43 geheim, H.Qu., den 10.9.1943, An Ital. 11. Armee, gez. Felmy, BA-MA, RH 31 X/2; und ebd.: Armeegruppe Südgriechenland, Abt. Ia Nr. 1027/43 geheim (beide Schreiben besitzen tatsächlich eine gleichlautende Tagebuchnummer), H.Qu., den 10.9.1943, An 11. Lw.-Feld-Division, Transport-Kdtur. Athen, gez. Felmy. Der 11. Armee wurde wahrheitsgemäß gesagt, daß beim Abtransport der zur »Verfügung gestellte Transportraum über das normale Maß hinaus bis zur äußersten Verladegrenze ausgenutzt werden« müsse. Am 11.9. verließ der erste Zug mit 35 Offizieren und 1 546 Mann Athen in Richtung Agram: KTB F.A. H.Gr. E, S. 45, 11.9.1943, BA-MA, RH 19 VII/10.

[241] KTB F.A. H.Gr. E, S. 26, 8.9.1943, BA-MA, RH 19 VII/10; ähnlich KTB H.Gr. E, S. 113, 9.9.1943, BA-MA, RH 19 VII/1; und: Bevollmächtigter Transportoffizier H.Gr. E, Abt. I FS Nr. 122 geh. v. 9.9.1943, An Transportkommandantur Athen, nachr.: General des Transportwesens Südost, BA-MA, RH 19 VII/14. Die Einladebahnhöfe für die italienischen Kriegsgefangenen waren Athen, Levadia, Lamía, Larissa und Flórina.

[242] KTB M.Gr.Kdo. Süd, S. 73, 10.9.1943, BA-MA, RM 35 III/61.

[243] Anlage zu Gen.Kdo. XXII. Geb. A.K. Br.B.Nr. 235/43 geh. v. 10.9.1943, Richtlinien für die Entwaffnung sowie den Abtransport der ital. Truppen, gez. Lanz, BA-MA, RH 28-1/119.

[244] KTB H.Gr. E, S. 121, 9.9.1943, BA-MA, RH 19 VII/1.

[245] Ebd., S. 145, 11.9.1943.

[246] Armeegruppe Südgriechenland, Ic, Nr. 455/43 geh., Ic-Morgenmeldung v. 11.9.1943; und Ic, Nr. 495/43 geh., Ic-Morgenmeldung v. 14.9.1943, BA-MA, RH 31 X/6.

rem die »Aufnahme der aus Griechenland eintreffenden Italiener« regeln sollte. Gandinis Bitte wurde mit dem fadenscheinigen Hinweis abgewiesen, daß derartige Fragen nur vom Oberkommando der Wehrmacht entschieden werden könnten[247]. Der Vorgang bewies eine geradezu unglaubliche Vertrauensseligkeit der Führung der 11. Armee gegenüber der deutschen Wehrmacht.

Was nun die Durchführung der Entwaffnungsaktion anbelangt, so gab die Heeresgruppe E am 9. September um 01.00 Uhr einen Befehl heraus, in dem die Armeegruppe Südgriechenland, das XXII. Gebirgs-Armeekorps und der Befehlshaber Saloniki-Ägäis taktische und propagandistische Einzelanweisungen erhielten: Die Kampfmüdigkeit der Italiener solle gefördert werden. Alle italienischen Verpflegungslager müsse die Truppe in deutschen Besitz bringen und sperren. Wo eine »restlose Entwaffnung« nicht sofort möglich sei, habe man zunächst nur die »Abgabe der schweren Waffen zu erzwingen«. Der Abmarsch könne unter Mitnahme der Handwaffen erfolgen. Die »Restentwaffnung« werde in solchen Fällen später an »geeigneten Engen« vorgenommen: etwa am Kanal von Korinth, bei Theben, am Thermophylen-Paß, am Servia-Paß oder an der albanisch-griechischen Grenze. An diese Stellen waren unverzüglich »Truppen, Sturmgeschütze und Sperren« zu bringen. Außerdem sollte verhindert werden, daß »bewaffnete Italiener« Züge oder Schiffe benutzten. Jeden Versuch, Widerstand zu leisten, hatten die deutschen Truppen durch »rücksichtsloses Eingreifen zu brechen«[248]. Erneut dokumentiert dieser frühzeitig erlassene Befehl des Generaloberstn Löhr, wie skrupellos die Deutschen agierten. Was sie »Verhandlungen« nannten, war ein von Anfang an der Täuschung des italienischen Oberbefehlshabers dienendes Betrugsmanöver[249].

Auf deutscher Seite verbreitete sich — nach dem Übereinkommen mit der Führung der 11. Armee — der Eindruck, daß die »Übernahme der Gesamtgewalt im griechischen Raum« weitgehend reibungslos verlief. Das traf insbesondere für den Bereich der Armeegruppe Südgriechenland zu. Dort kam es lediglich auf der Peloponnes zu einem kleinen Zwischenfall, der einem eigenen Soldaten das Leben kostete. Bereits am Mittag des 9. September meinte man im Stab von Felmy, daß die Entwaffnung der italienischen Truppen bis zum Abend abgeschlossen sein könnte[250]. Es dauerte dann doch etwas länger. Gewisse Schwierigkeiten gab es auf der Insel Zákynthos, wo die Italiener anfangs Widerstand leisteten. Bis zum 22. Oktober transportierte die Wehrmacht dann 4 250 Militärinternierte von der Insel ab. Alles in allem galten die Gegenmaßnahmen beim italienischen Kriegsaustritt im Bereich der Armeegruppe Südgriechenland jedoch schon am 13. September im wesentlichen als beendet. Es blieb der Abschub der Gefangenen. Generalfeldmarschall

---

[247] KTB Armeegruppe Südgriechenland, 14.9.1943, BA-MA, RH 31 X/1.

[248] KTB H.Gr. E, S. 136, 9.9.1943, BA-MA, RH 19 VII/1.

[249] Die Totalentwaffnung war also keine Reaktion auf die in deutschen und italienischen Quellen erwähnten chaotischen Zustände bei den italienischen Truppen, die vor der versprochenen Rückkehr in die Heimat verkauften, was sich verkaufen ließ. Vgl. den Bericht über die Entwicklung bei der 11. Armee nach der Bekanntgabe des Waffenstillstandes, Q.G., li 16 dicembre 1943-XXII, versehen mit dem Stempel Ministero Affari Esteri 18 Dic 1943, ASMAE, Busta 36, Pos. Germania 1/1.

[250] KTB Armeegruppe Südgriechenland, 9.9.1943, BA-MA, RH 31 X/1; und KTB M.Gr.Kdo. Süd, S. 59, 9.9.1943.

v. Weichs konstatierte besagten Sachverhalt in seinem Tagesbefehl sogar für die gesamte Heeresgruppe F. Lediglich »kleine Teile« der italienischen Streitkräfte im Südostraum hielt er für noch nicht entwaffnet[251].

Zu jenem Zeitpunkt residierte General Vecchiarelli weiterhin in seinem eigenen Dienstgebäude. Er durfte sich sogar relativ unbehindert bewegen. Die Flucht des Kommandeurs der Division »Siena«, General Angelico Carta, nahm Generaloberst Löhr dann zum Anlaß, um die Festnahme aller Generäle im Bereich der Heeresgruppe E zu befehlen. Sie sahen sich plötzlich entwaffnet und von deutschen Offizieren bewacht[252]. Felmy schrieb dem Oberbefehlshaber der 11. Armee, daß er seine Wohnung nicht mehr verlassen dürfe[253]. Das heißt, er stand unter Hausarrest[254]. Am 19. September hat man den General mit der »anständigen« und deutschfreundlichen Einstellung nach Belgrad geflogen. Zwei Tage später traf er im Oflag Schocken ein[255].

Gemäß dem Abschlußbericht von General v. Gyldenfeldt sind im Bereich der Armeegruppe Südgriechenland 128 790 italienische Soldaten entwaffnet worden, von denen rund 20 000 an deutsche Truppenteile »übergeben« worden seien[256]. Die Masse der kriegsgefangenen Italiener hatte demnach Griechenland am 30. September bereits verlassen[257], eine Angabe, die mit den noch zu erörternden Abschubmeldungen nicht ganz übereinstimmt.

Im Kommandobereich des XXII. Gebirgs-Armeekorps übermittelte der Kommandeur der 1. Gebirgsdivision, Generalmajor Walter Stettner Ritter v. Grabenhofen, dem Oberbefehlshaber des italienischen XXVI. Armeekorps, General Guido della Bona, am 9. September um 05.00 Uhr den Befehl, daß die italienischen Truppen die Waffen niederzule-

---

[251] Meldungen über die Entwaffnungsaktion bei der Armeegruppe Südgriechenland enthält das KTB Armeegruppe Südgriechenland, 9.–19.9.1943, BA-MA, RH 31 X/1; Tagesmeldungen Ia vom 10.–13.9.1943, BA-MA, RH 31 X/3; Tagesmeldungen Ic vom 9.–14.9.1943, BA-MA, RH 31 X/6; vgl. außerdem KTB H.Gr. E, S. 152, 13.9.1943, BA-MA, RH 19 VII/1: Meldung der H.Gr. E, daß man die Lage überall kontrolliere. Die Entwaffnungsaktion sei »im großen und ganzen glatt verlaufen«. Speziell zu Zákynthos vgl. Tätigkeitsbericht der Quartiermeister-Abteilung der Armeegruppe Südgriechenland, 15.9.1943, Eintreffen der ersten Militärinternierten von der Insel, BA-MA, RH 31 X/7; und KTB M.Gr.Kdo. Süd, S. 87, 23.10.1943, BA-MA, RM 35 III/64.

[252] KTB Armeegruppe Südgriechenland, 18./19.9.1943, BA-MA, RH 31 X/1. Im Hinblick auf die Generäle im Bereich des XXII. Gebirgs-Armeekorps vgl. 1. Geb.Div.-Ia-, 20.9.1943, An Ib — Befehlsstelle Florina, BA-MA, RH 281/119.

[253] Armeegruppe Südgriechenland, H.Qu., den 18.9.1943, An Herrn General Vecchiarelli, gez. Felmy, BA-MA, RH 31 X/2.

[254] Ic Nr. 568/43 geh., Morgenmeldung 19.9.1943, BA-MA, RH 31 X/6.

[255] Torsiello, Le operazioni delle unità italiane, S. 447; Unia, Lager 64/Z, S. 264.

[256] Armeegruppe Südgriechenland, Abt. Ia Nr. 1445/43 geheim, H.Qu., den 1.10.1943, An Oberkommando der Heeresgruppe E, BA-MA, RH 31 X/2. Vgl. auch ebd., Armeegruppe Südgriechenland, Abt. Ia-01 Nr. 1282/43 geh., 22.9.1943, Aufzeichnung Oberleutnant Kurt Waldheim. Demnach gaben auf der Peloponnes 36 865 Italiener ihre Waffen ab. In Piräus hat man 2 248 Mann der italienischen Marine entwaffnet: KTB Adm. Ägäis, S. 95, 15.9.1943, BA-MA, M 718/PG 46198. Speziell zu den Vorgängen auf der Peloponnes siehe Sinopoli, Divisione di fanteria »Cagliari«, S. 40—52, und Piasenti, Il lungo inverno, S. 36 ff.

[257] Zum Schicksal der Soldaten der 11. Armee vgl. auch Piasenti, Inchiesta, S. 30—42, mit verschiedenen Berichten von Augenzeugen; und Miscoria, 8 settembre in Grecia, S. 77 ff.

gen hätten. Bei Weigerung, so Stettner, werde man Gewalt anwenden. Della Bona erklärte sich, um unnötige »Blutopfer« zu vermeiden, daraufhin »grundsätzlich mit einer ehrenvollen Waffen-Übergabe« einverstanden. Die Aktion sollte bis 18.00 Uhr abgeschlossen sein. Der endgültige Verbleib der italienischen Soldaten wurde von weiteren Befehlen des Generals Lanz abhängig gemacht. Zunächst blieben sie in ihren Kasernen[258].

Das war eine elegante Lösung, aus deutscher Sicht zumindest. Man hat den Italienern gleichzeitig, wie überall, eröffnet, daß sie nach der Entwaffnung über Albanien in die Heimat abtransportiert würden[259]. Und natürlich befahl Löhr auch dem XXII. Gebirgs-Armeekorps wenig später, am 10. September, daß die Entwaffnung nunmehr restlos und unverzüglich zu erfolgen habe. Jede Ausnahme bedürfe seiner persönlichen Genehmigung. Außerdem sei das an die Zivilbevölkerung verkaufte Material »rücksichtslos für die deutsche Wehrmacht zu beschlagnahmen«[260]. Die Irreführung der italienischen Soldaten besaß freilich einen für die Wehrmacht nachteiligen Effekt. Das heißt, nur recht wenige von ihnen reagierten positiv auf das intensive deutsche Werben um Freiwillige, insbesondere um Arbeitswillige. Der Chef des Verbindungsstabes zum italienischen XXVI. Armeekorps erklärte zum Verhalten der ehemaligen Bundesgenossen, diese zeigten sich von der »fixen Idee« beherrscht, daß sie nach »Italien und in ihre Heimatorte kommen würden«[261].

Bereits am 13. September schloß das XXII. Gebirgs-Armeekorps die Entwaffnung der auf dem griechischen Festland stehenden Einheiten des VIII. und XXVI. Armeekorps ab[262]. Insgesamt legten bei der 104. Jägerdivision 15 587[263] und bei der 1. Gebirgsdivision 21 654[264] Angehörige des italienischen Heeres die Waffen nieder. Noch nicht kapituliert hatten jedoch die zum Bereich des VIII. Armeekorps zählenden Truppen auf Kefallēnía und die dem XXVI. Armeekorps unterstellten Soldaten auf Corfu.

Bevor auf die Durchführung der Entwaffnungsaktion auf den beiden Inseln eingegangen wird, ist ein von General Lanz und Generaloberst Löhr zu verantwortendes Kriegsverbrechen zu erörtern, das bislang keine Beachtung gefunden zu haben scheint. Es geht

---

[258] 1. Gebirgs-Division Ia, Div.Gef.Std., den 9.9.1943, 07.45 Uhr, An Ital. XXVI.A.K., gez. Stettner, Generalmajor und Divisionskommandeur, BA-MA, RH 28-1/110.

[259] Fernspruch 1. Geb.Div./Ia, 10.9.1943, 10.00 Uhr, An Gruppe Salminger, Gruppe Remold, BA-MA, RH 28-1/110.

[260] XXII.Geb.A.K. Chef des Gen.Stabes Br.B.Nr. 241/43 geh., Abschrift von H.Gr. E Ia Nr. 2040/43 geh., gez. Löhr, 10.9.1943 (das FS wurde an die 104. Jägerdivision und die 1. Gebirgsdivision weitergeleitet), BA-MA, RH 24-22/3, Anlage 28.

[261] Deutscher Verb.Stab zum ital. XXVI. A.K., Florina, O.U., den 7.10.1943, An 1. Geb.Div./Ia, Abschlußmeldung über die Marschbewegung der Division »Modena« u. Korpstruppen des italienischen XXVI. A.K., BA-MA, RH 28-1/119; dort die Beobachtung, daß Offiziere auf zur Zusammenarbeit bereite Soldaten einen negativen Einfluß ausübten.

[262] GTDW, Bd 8, S. 78, 14.9.1943. Auch die Besatzung der Insel Levkás war zu diesem Zeitpunkt entwaffnet und auf das Festland überführt. Mit den Truppen auf der Insel hatte es ein kurzes Feuergefecht gegeben, bei dem der Kommandeur und zwei Offiziere fielen: Tagesmeldung OKdo. H.Gr. E, 13.9.1943, BA-MA, RH 19 VII/12.

[263] 104. Jg.Div. Ic, 30.9.1943, An Gen.Kdo. XXII. Geb.A.K. Ic, BA-MA, RH 24-22/16.

[264] Betr.: Stärke des ehem. ital. XXVI. A.K., 14.10.1943, BA-MA, RH 281/119; vgl. zur Entwaffnung auch die Erinnerungen von Zeitzeugen, publiziert in Piasenti, Il lungo inverno, S. 43 ff.

um einen Befehl, der es in letzter Konsequenz möglich machte, in Zivil aufgegriffene ehemalige italienische Soldaten wie tolle Hunde niederzuschießen. Seit dem Kriegsaustritt Italiens fahndete man beim XXII. Gebirgs-Armeekorps nach Italienern, die sich in Zivilkleidung unter der griechischen Bevölkerung versteckten[265]. General Lanz ließ zum einen Razzien anberaumen und bereitete zum anderen ein »Verfahren« vor, gemäß dem gegen italienische Soldaten in Zivil vorgegangen werden sollte[266]. Offensichtlich kam es zwischen ihm und dem Oberbefehlshaber der Heeresgruppe E sehr schnell zu einer Regelung, denn Löhr erteilte verzugslos seine »Genehmigung«, die in Zivilkleidung angetroffenen Exverbündeten zu erschießen. Dies habe »ohne alle Formalitäten zu erfolgen«[267]. Es läßt sich nicht sagen, ob viele oder nur wenige Italiener Opfer jenes Befehls geworden sind. Aber erschossen wurden sie beim XXII. Gebirgs-Armeekorps auf jeden Fall. So meldete das Korps zum Beispiel schon am 16. September an die Heeresgruppe E[268]: »In Prevesa und Smirtula 5 ital. Wehrmachtangehörige in Zivil aufgegriffen und erschossen.«

Über die Ereignisse auf der Insel Kefallēnía zu schreiben, das bedeutet über eines der unglaublichsten Kriegsverbrechen deutscher Soldaten im Zweiten Weltkrieg zu berichten. Auf der Insel standen, unter dem Befehl von Generalleutnant Antonio Gandin, Hauptquartier Argostólion, mindestens 11 525 Mann, darunter 525 Offiziere. In der Masse gehörten die Soldaten zur Infanteriedivision »Acqui«, deren 18. Regiment allerdings auf Corfu lag. General Gandin hatte, wenn auch verstümmelt, Vecchiarellis Befehl zur Niederlegung der Waffen erhalten. Aufgrund der internen Verhältnisse im Offizierkorps auf Kefallēnía wurde die Weisung jedoch — nach einiger Verwirrung — nicht ausgeführt. Gandin bemühte sich vielmehr seit dem 12. September um eine direkte Kontaktaufnahme zum Comando Supremo in Italien, die nach zwei Tagen auch gelang. Seit dem Vormittag des 14. September sah sich die Division »Acqui« von ihrer obersten militärischen Führung angewiesen, die deutschen Forderungen abzulehnen und die Kräfte der Wehrmacht auf der Insel, die Festungsgrenadierbataillone 909 und 910, anzugreifen[269]. Der

---

[265] Gen.Kdo. XXII. (Geb.) A.K., Ic, 14.9.1943, An Heeresgruppe E Ic, BA-MA, RH 24-22/17.

[266] Generalkommando XXII. (Geb.) A.K., Ia, Br.B.Nr. 420/43 geheim, K.H.Qu., den 15.9.1943, gez. Lanz, BA-MA, RH 24-22/3, Anlage 67.

[267] Notiz über Besprechung mit Komm.General 16.9.1943; der Vermerk ist gezeichnet vom Ia der 1. Gebirgsdivision Major i.G. Brandner, BA-MA, RH 281/110. Zu der Einigung zwischen Lanz und Löhr muß es noch am 15. 9. gekommen sein, weil an jenem Tag bereits — im Sinne dieses Befehls — gegen italienische Soldaten in Zivil vorgegangen wurde.

[268] Gen.Kdo. XXII. (Geb.) A.K., Ic, 15.9.1943, 23.40 Uhr, befördert am 16.9., 01.20 Uhr Ic-Morgenmeldung v. 16.9.1943, An Okdo. H.Gr. E. Ic/AO, BA-MA, RH 24-22/17. Angesichts dieses Sachverhalts und aufgrund der »Genehmigung« Löhrs, die festgenommenen Italiener formlos zu erschießen, erscheint es relativ belanglos, daß im Rahmen der Befehle, mit denen die Jagd auf italienische Soldaten in Zivil angeordnet wurde, auch von einer korrekten Behandlung der Gefangenen die Rede war. Es ist nämlich nicht überprüfbar, was mit ihnen nach der Überführung in die Gefangenensammelstelle geschah: 1. Gebirgs-Division Abt. Ic Az. 20, Nr. 627/43 geh., Div.Gef.Std., den 17.9.1943, Betr.: Razzia in Jannina, gez. Brandner, BA-MA, RH 24-22/16; und ebd., 1. Gebirgs-Division Ic, Nr. 636/43 geh., Div.Gef.Std., den 22.9.1943, An XXII. (Geb.) A.K. /Ic, mit der Meldung, bei der »Säuberungsaktion« in Jannina seien keine italienischen Soldaten in Zivil aufgegriffen worden.

[269] Torsiello, Le operazioni delle unità italiane, S. 465—477.

Befehl aus Brindisi machte die noch andauernden Gespräche zwischen Italienern und Deutschen — in ihnen ging es um die Abgabe der Waffen, das letzte Ultimatum sollte am 15. September um 14.00 Uhr ablaufen — gegenstandslos. Das Problem Kefallēnía ließ sich nun aus deutscher Sicht nur noch gewaltsam lösen[270]. Die Kampfhandlungen setzten am 15. September ein. In ihrem Verlauf landeten Einheiten der 1. Gebirgsdivision und der 104. Jägerdivision auf der Insel. Eine maßgebliche Rolle spielte auch der Einsatz der Luftwaffe. Da das militärische Geschehen wiederholt in allen Einzelheiten beschrieben wurde, sind die operativen Abläufe hier nicht zu wiederholen[271].

Am 22. September, nach blutigen Kämpfen, bot General Gandin die »bedingungslose Übergabe« an[272]. Die Deutschen zählten bei dem Unternehmen 40 Tote[273], während die Italiener im Kampf 65 Offiziere und 1 250 Unteroffiziere sowie Mannschaften verloren haben sollen. Von jenen, die sich widersetzt hatten, sind gemäß italienischen Berichten nach der Gefangennahme 155 Offiziere und 4 750 Mann niedergemetzelt worden[274]. Die Handhabe für das Massaker lieferte ein Befehl aus dem Oberkommando der Wehrmacht vom 18. September, in dem der Oberbefehlshaber Südost — über alle bis dahin erteilten Richtlinien für die Behandlung italienischer Soldaten hinaus — angewiesen wurde, »wegen des gemeinen und verräterischen Verhaltens auf Kephalonia keine ital. Gefangenen machen zu lassen«[275].

Geht man von 11 525 Italienern auf Kefallēnía aus, so mußten von ihnen zum Zeitpunkt der Kapitulation noch 5 305 am Leben sein, darunter 305 Offiziere. General Lanz fragte angesichts dieser unerwartet überlebenden Gegner bei der Heeresgruppe E an, wie er mit seinen Gefangenen, unter denen sich auch General Gandin und dessen Stab befanden, zu verfahren habe[276]. Nun hatte Löhr, der wie kaum ein anderer Oberbefehlshaber darauf bestand, daß die verbrecherischen Befehle aus Berlin rigoros durchgeführt würden, schon am 16. September befohlen, die auf Kefallēnía für den Widerstand verantwortlichen Kommandeure selbst dann nach ihrer »Gefangennahme zu erschießen«, wenn ihnen im Hinblick auf die Übergabe der Waffen kein Ultimatum gestellt worden sein

[270] Fricke, Kefalonia und Korfu, S. 40.

[271] Vgl. Torsiello, Le operazioni delle unità italiane, S. 478—487; und Fricke, Kefalonia und Korfu, S. 40—47; sowie Bartoli, L'Italia si arrende, S. 181—189. Siehe ansonsten zu Kefallēnía und Corfu die umfassende und kommentierte bibliographische Zusammenstellung von Zampetti, L'8 settembre a Cefalonia e a Corfù, S. 102—110. Eine aus persönlichem Erleben verfaßte Darstellung der Ereignisse bietet Gentilomo, Cefalonia, S. 35—80. Bei dem S. 88 geschilderten Untergang ist irrtümlich ein Schiff namens »Maria Amalia« angegeben. Es handelte sich jedoch um die »Marguerita«. In der Divisionsgeschichte der 1. Gebirgsdivision wurden die Verbrechen auf Kefallēnía mit dem banalen und zugleich zynischen Satz abgetan: »[...] nach zweitägigem erbittertem Kampf fällt die Inselstadt Argostoli und sind die italienischen Truppen überwältigt.« Zit. nach Lanz, Gebirgsjäger, S. 252. Doch nicht Lanz selbst, sondern Karl Wilhelm Thilo verfaßte den zitierten Beitrag. Siehe zu den Vorgängen auf Kefallēnía und Corfu ferner: Burdick, Hubert Lanz, S. 189—196. Dessen Rolle wird in dieser Biographie außerordentlich einfühlsam beschrieben.

[272] Gefechtsbericht des Majors Harald v. Hirschfeld, zit. bei Fricke, Kefalonia und Korfu, S. 47.

[273] Ebd., S. 49.

[274] Torsiello, Le operazioni delle unità italiane, S. 487 f.

[275] KTB OKW, Bd III, S. 1119, 18.9.1943.

[276] Fricke, Kefalonia und Korfu, S. 49.

sollte[277]. Entsprechend fiel die Antwort auf die Anfrage wegen der Überlebenden auf Kefallēnía aus. Die Heeresgruppe befahl, daß man General Gandin und die verantwortlichen Kommandeure gemäß »Führerbefehl« zu behandeln habe[278]. Unerklärlich ist, warum Lanz daraufhin erneut nachfragte. Sofern es ihm darum ging, das Leben der Unteroffiziere und Mannschaften zu bewahren, die in der Tat nach Hitlers speziellem Befehl für die Inselbesatzung zu töten gewesen wären, hätte er sich durch die limitative Antwort des Oberbefehlshabers aller Zweifel enthoben fühlen können. Doch aufgrund der zweiten Anfrage ging der Fall an das Oberkommando der Wehrmacht[279]. Keitel holte die »Entscheidung des Führers« ein, der bestimmte, daß jene 5 000 Italiener, die noch »rechtzeitig« übergelaufen seien, als »Kriegsgefangene behandelt« werden sollten[280]. Das galt aber nicht für die Offiziere. Auf den direkten Befehl von Lanz mußten sie noch am 23. September sterben. Faschisten, Südtiroler, Sanitätsoffiziere und Militärseelsorger waren von der Exekution ausgenommen[281]. Insgesamt konnten lediglich rund 40 Offiziere, was nicht zuletzt das Verdienst von Pater Romualdo Formato[282] gewesen zu sein scheint, gerettet werden[283].

Der Kommandierende General des XXII. Gebirgs-Armeekorps meldete am selben Tag den »vorläufigen Abschluß der Kämpfe« auf Kefallēnía. Er betrachtete die Insel — mit Ausnahme der Nordspitze und der Nebeninsel Ithákē — als gesäubert. Etwas ungenau hieß es[284]: »Rund 4 000 Italiener gefallen oder erschossen, rund 5 000 Italiener gefangen, da ohne Waffen meist außerhalb des Gefechtsbereichs in geschlossenen Abteilungen übergelaufen. Offiziere sämtlich erschossen.« Geht man davon aus, daß von den 525 Offizieren auf Kefallēnía 65 im Kampf fielen und 155 unmittelbar beim Strecken der Waffen niedergeschossen wurden, während 40 definitiv überlebten, so hätte Lanz mit seinem Befehl vom 23. September 265 Offiziere töten lassen. Falls der General keine Falschmeldung abgab, fand das Blutbad tatsächlich statt. Alles in allem wären auf der Insel somit mindestens 5 170 italienische Militärangehörige umgebracht worden. Zu ihnen kamen 1 315 Gefallene und wenigstens 1 264 beim Seetransport ums Leben gekommene Militärangehörige hinzu. Damit ergäbe sich, sofern die referierten Daten zutreffen, eine Gesamtzahl von 7 749 Opfern[285].

---

[277] H.Gr. E, 2094/43 geh. v. 16.9.1943, An Komm.Gen. XXII. Geb.A.K., gez. Loehr, GenObst., BA-MA, RH 24-22/3, Anlage 81; und KTB F.A. H.Gr. E, S. 71, 16.9.1943, BA-MA, RH 19 VII/10.

[278] KTB XXII. Geb.A.K., S. 41, 22.9.1943, BA-MA, RH 24-22/2.

[279] Vgl. Fricke, Kefalonia und Korfu, S. 49 f.

[280] KTB OKW, Bd III, S. 1134, 23.9.1943. Offiziell waren sie bereits »Militärinternierte«.

[281] Torsiello, Le operazioni delle unità italiane, S. 488.

[282] Vgl. dessen Darstellung: Formato, L'eccidio di Cefalonia, insgesamt.

[283] Ebd., S. 144 f. Danach waren unter den Geretteten 12 Südtiroler, 20 oder 25 Sanitätsoffiziere, Militärgeistliche oder im Lazarett befindliche Offiziere.

[284] KTB F.A. H.Gr. E, S. 101, 24.9.1943, BA-MA, RH 19 VII/10; direkt dazu auch die Meldung von Löhr an die Heeresgruppe F, Tagesmeldung Okdo. H.Gr. E, 24.9.1943, BA-MA, RH VII/12, dort wird bestätigt: »Gen. Gandin u. sämtliche Offiziere erschossen.«

[285] Vgl. dazu auch Torsiello, Le operazioni delle unità italiane, S. 587 f. und 590 f., der von 4 905 gemäß »Führerweisung« Behandelten ausgeht. Pampaloni, Resistenza e morte, S. 171, nennt 4 678 umgebrachte und 1 911 gefallene Italiener. Lombardi, L'8 settembre, S. 194 f., nennt circa 5 400 Gefallene

Auf Corfu leisteten sich die Deutschen — nach zwei vergeblichen Versuchen, die dortigen Truppen zur Abgabe der Waffen zu überreden — am 13. September im Rahmen eines dilettantischen Landeunternehmens einen operativen Fehlschlag[286]. Die italienischen Einheiten auf der Insel zählten anfangs rund 4 500 Mann[287]. In der Masse handelte es sich um das 18. Regiment der Division »Acqui«, dessen Kommandeur, Oberst Luigi Lusignani, auch Befehlshaber aller Truppen auf Corfu war. Verstärkt wurden die Heeressoldaten durch einige Einheiten der Marine, der Luftwaffe und des Zolls. Bis zum 13. September vermehrte sich die Besatzung des Stützpunkts durch — aus Albanien kommende — Teile der Divisionen »Parma« und »Brennero« auf über 8 000 Mann[288]. Wegen der Entwicklung auf Kefallēnía mußte das »Verrat« genannte Unternehmen gegen Corfu auf den 24. September verschoben werden. Um 01.30 Uhr gingen die ersten deutschen Truppen an Land. Am 25. September um 23.00 Uhr wurde Oberst Lusignani gefangengenommen. Nach kurzen Verhandlungen befahl er seinen Leuten, die Waffen niederzulegen. Für den schnellen Erfolg der relativ schwachen Kräfte der 1. Gebirgs-Division war der Einsatz der Luftwaffe von entscheidender Bedeutung[289]. Die Erfolgsmeldung lautete[290]:

---

und Ermordete. Zu den in der Literatur und in den Quellen anzutreffenden Zahlenangaben ist im übrigen festzustellen, daß sich die Anzahl der auf Kefallēnía ermordeten italienischen Militärangehörigen lediglich annähernd bestimmen läßt. Ein wichtiger Anhaltspunkt sind dabei die dem Oberkommando der Wehrmacht gemeldeten 5 000 Mann (KTB OKW, Bd III, S. 1134, 23.9.1943), die rechtzeitig übergelaufen sein sollen und deshalb überlebten. Von dieser Größenordnung ging auch Vizeadmiral Lange aus, der — aufgrund der erhaltenen Meldungen — im Hinblick auf den Abschub über See festhielt, daß von der Insel »insgesamt etwa 5 000 Italiener abzutransportieren« seien: KTB Adm. Ägäis, S. 50, 23.9.1943, BA-MA, M 718/PG 46199. Angesichts der Tatsache, daß die Kriegsmarine den Einsatz ihres sehr knappen Handelsschiffsraums genau kalkulieren mußte, kann ausgeschlossen werden, daß man dem Admiral Ägäis unzutreffende Zahlen mitteilte. Nun böte es sich zwar auf den ersten Blick an, die tatsächlich von Kefallēnía abtransportierten Italiener (bis Ende 1943 etwa 6 316, siehe auch S. 281—284, Tabelle 7—10) zu den genannten 5 000 Mann in Beziehung zu setzen, doch ist das nicht ohne weiteres möglich. Zwischen den einzelnen Inseln fanden ja bekanntermaßen ebenfalls Überführungen Gefangener statt (siehe auch S. 275), so daß nicht zu sagen ist, ob alle von einer bestimmten Insel Abgefahrenen tatsächlich Angehörige der dort stationierten Besatzung waren. Das gilt auch für Kefallēnía, Corfu, Ithákē oder Páxoi. Hingegen steht fest, daß nach den erhaltenen Verlustmeldungen der Kriegsmarine beim Abtransport nicht über 3 000 (siehe oben, Pampaloni und Torsiello), sondern rund 1 300 (siehe unten, S. 263 f.) Italiener den Tod auf See fanden. Vgl. zu Kefallēnía auch den Brief von Seganti, Mitglied des Fascio auf der Insel, an Serafino Mazzolini, Unterstaatssekretär im Außenministerium der R.S.I., Roma, 10.1.1944, S. 17. Dort heißt es, daß nur rund 40 von circa 500 Offizieren dem Massaker entkommen seien. Die Gesamtzahl der Opfer belaufe sich auf ungefähr 6 000. Vermutlich sind hierin die Verluste auf See inbegriffen, ASMAE, Busta 36, Posizione Italia 1/22.

[286] 1. Gebirgs-Division, Kommandeur, Div.Gef.Std., den 30.10.1943, Gefechtsbericht über den Angriff auf die Insel Korfu am 24. und 25.9.1943, gez. v. Stettner, BA-MA, RH 28-1/117; und Fricke, Kefalonia und Korfu, S. 36 ff.

[287] Fioravanzo, La Marina dall'8 settembre, S. 195; und Bartoli, L'Italia si arrende, S. 190.

[288] Torsiello, Le operazioni delle unità italiane, S. 501—509. Wie noch zu zeigen ist, umfaßten die Truppen nach deutschen Beobachtungen über 10 000 Mann.

[289] Siehe oben, Anm. 286, RH 28-1/117, S. 5—14 des Berichts.

[290] KTB F.A. H.Gr. E, S. 117, 29.9.1943, BA-MA, RH 19 VII/10; KTB M.Gr.Kdo. Süd, S. 152, 30.9.1943, BA-MA, RM 35 III/62; und Tagesmeldung OKdo. H.Gr. E, 29.9.1943, BA-MA, RH 19 VII/12.

»Etwa 600 Italiener gefallen oder erschossen, 10.000 ohne Waffen, meist in geschlossenen Abteilungen übergelaufen. Offiziere sonderbehandelt nach Führerweisung.« Die verklausulierte Formulierung drückte bekanntermaßen aus, daß man die italienischen Offiziere ermordete, was beschönigend und unzutreffend als »standrechtliches Erschießen« bezeichnet wurde. Mit Standrecht hatte solches Tun freilich nicht einmal ansatzweise etwas gemein, denn das verlangte selbst in seiner primitivsten Form ein gerichtliches Verfahren, gestand dem Angeklagten das Recht der Verteidigung zu. Im übrigen fehlten auch alle Voraussetzungen für eine standrechtliche Aburteilung der italienischen Militärinternierten oder Kriegsgefangenen. Dazu hätten sich diese nämlich einer schweren Verletzung völkerrechtlicher Grundsätze schuldig machen müssen. Anlasten konnte ihnen die Wehrmachtführung jedoch nur, was sie von ihren eigenen Soldaten bedingungslos verlangte, daß sie ihre vaterländische Pflicht taten und den Befehlen der rechtmäßigen Regierung gehorchten. Nein, hier ging es weder um Recht noch etwa um Sachzwänge. Vielmehr wurde mit jener konsequenten Erbarmungslosigkeit Rache geübt, die ihren Ursprung in einer Geisteshaltung besaß, die selbst ein Verbrechen, wenn es dem vermeintlichen Interesse des deutschen Volkes zu dienen schien, als gerechtfertigte Handlungsweise zu begreifen vermochte.

Immerhin kam es auf Corfu zu keinem Massaker unter der Truppe wie auf Kefallēnía. Italienischerseits ist das damit erklärt worden, daß der Major v. Hirschfeld, den man als einen der Hauptverantwortlichen für das Hinschlachten der Division »Acqui« ansah, am Unternehmen »Verrat« nicht beteiligt war[291]. Von den 280 auf der Insel befindlichen Offizieren wurden 28 unmittelbar nach der Gefangennahme niedergemacht. Unter ihnen befanden sich Oberst Lusignani und Oberst Elio Bettini, der Kommandeur des 49. Regiments der Division »Parma«. Eine Reihe von Offizieren soll nach einem Verhör durch Genickschuß getötet worden sein. Allerdings erscheint letzteres als unwahrscheinlich, wenn die Truppe die Bestimmungen des Erschießungsbefehls ernst nahm. Im übrigen steht fest, daß nicht alle Offiziere auf Corfu massakriert wurden[292].

Doch erschossen hat man auf der Insel auch noch nach der Kapitulation. Der Befehl dazu, den General Lanz am 26. September erließ, bezog sich auf die Offiziere aller Truppenteile, die gegen die Wehrmacht Widerstand geleistet hatten. Wiederum waren Faschisten, Offiziere deutschblütiger Abstammung, Sanitätsoffiziere und Militärgeistliche von der Ermordung ausgenommen. Im Wortlaut hieß es in der makabren Weisung[293]: »Durchführung der Erschießung in würdiger Form außerhalb der Stadt. Kommando unter Führung eines Offiziers von 8 Mann, Stahlhelm, keine Grunderöffnung, Stabsoffiziere einzeln, die anderen Offiziere zu zweien oder dreien. Kein Zutritt von deutschen oder fremden Soldaten, oder Zivilbevölkerung.« Und während die »Beerdigung gefallener

---

[291] Torsiello, Le operazioni delle unità italiane, S. 521.

[292] Ebd., S. 521 f.; und Bartoli, L'Italia si arrende, S. 192. Zur Erschießung von Oberst Lusignano vgl. Tagesmeldung Okdo. H.Gr. E, 27.9.1943, BA-MA, RH 19 VII/12.

[293] Befehl des Kommandierenden Generals am 26.9. an 1. Gebirgs-Division Kampfgruppe Remold, BA-MA, RH 24-22/3, Anlage 142. Das Dokument wird auszugsweise — in italienischer Übersetzung — publiziert bei Torsiello, Le operazioni delle unità italiane, S. 524. Im angeführten Zitat sind Abkürzungen des Originals ausgeschrieben.

Italiener in Einzelgräbern« erfolgen mußte — die Bestattung in Massengräbern hatte Lanz für sie ausdrücklich untersagt —, verfügte er in bezug auf die in »würdiger Form« umgebrachten Offiziere: »Nicht auf Insel beisetzen, sondern mit Schiff auf das Meer hinausfahren und beschwert an mehreren Stellen versenken.«

Es ist unbegreiflich, weshalb der Kommandierende General einem so komplizierten und barbarischen Verfahren anhing. War es schlicht der Versuch des Täters, alle Spuren zu beseitigen, oder folgte er einer geradezu alttestamentarischen Rachegesinnung? Befolgt wurde der Befehl, und das Meer trug einige der Mordopfer an den Strand zurück[294]. Dennoch überlebte eine unbekannte Zahl der Offiziere auf Corfu. Darauf verweisen sowohl die Aussagen italienischer Zeugen als auch eine Anfrage des Befehlshabers Saloniki-Ägäis. Generalleutnant Pflugradt hatte erfahren, daß sich in Florina angeblich 200 italienische Offiziere von Corfu oder Kefallēnía befanden. Aus unerfindlichen Gründen verlangte er zu wissen, warum an diesen der »Führerbefehl nicht durchgeführt wurde und wer verantwortlich dafür« sei. Offenbar war das nicht einmal bei der 1. Gebirgs-Division bekannt, deren Erster Generalstabsoffizier die Dienststelle in Florina um »Klärung und Meldung« bat[295].

Das Resultat der entsprechenden Nachforschungen ließ sich in den eingesehenen Unterlagen nicht feststellen; dabei ist nicht auszuschließen, daß es sich um diejenigen handelte, die man qua Befehl verschonte.

Nachzutragen ist, daß vor den geschilderten Ereignissen ein vom Oberbefehlshaber Südost an die unterstellten Kommandeure weitergegebener Befehl des Oberkommandos der Wehrmacht eingetroffen war, der besagte, daß die bis zum 18. September erschossenen kriegsgefangenen Offiziere namentlich zu melden seien. Bei der Heeresgruppe E hatte allerdings bis dahin lediglich der Befehlshaber Saloniki-Ägäis die Erschießung einiger italienischer Offiziere mitgeteilt. Im Stab von Generaloberst Löhr sah man am 19. September einen einzigen Weg, um das schnell zu ändern: auf Kefallēnía. Nur die dortigen Offiziere kämen für »Erschießungen [...] in Frage«[296]. Ansonsten ist nicht eindeutig zu sagen, wieviele italienische Offiziere Generalleutnant Pflugradt, der Befehlshaber Saloniki-Ägäis, in seinem Kommandogebiet umbringen ließ. Die Angaben schwanken zwischen »mehreren«[297] und drei Italienern, die »wegen Meuterei erschossen« worden sein sollen. Möglicherweise geschah dies, um die anderen Kriegsgefangenen in Korçë einzuschüchtern. Deren Haltung hatte sich nämlich ganz allgemein »versteift«[298].

Um nicht mehr vorwiegend »Leermeldungen« zu erhalten, wies das Oberkommando der Heeresgruppe E am 20. September nachdrücklich darauf hin, daß der Befehl über die »standrechtlich« zu erschießenden italienischen Offiziere »bis zu den untersten Einheiten durchzudringen« habe. Außerdem sei er »im Einzelfall mit größter Bedenkenlo-

---

[294] Torsiello, Le operazioni delle unità italiane, S. 522. Lombardi, L'8 settembre, S. 179—182, dokumentiert ein entsprechendes Vorgehen auch auf Kefallēnía. Hingegen weiß er nichts von dem Verfahren auf Corfu, wo er 17 erschossene Offiziere erwähnt, ebd., S. 251—255.

[295] 1. Geb.Div./Ia, Fernschreiben, 6.10.1943, An Ib-Befehlsstelle für Hptm. Riegele, BA-MA, RH 28-1/119.

[296] KTB H.Gr. E, S. 166, 19.9.1943, BA-MA, RH 19 VII/1.

[297] GTDW, Bd 8, S. 106, 19.9.1943.

[298] Tagesmeldung Okdo. H.Gr. E, 19.9.1943, BA-MA, RH 19 VII/12.

sigkeit durchzuführen«. Zahl, Name und Dienstgrad der getöteten Italiener sollten jeweils in den Tagesmeldungen aufgeführt werden[299].

In der Tat häuften sich in der Folgezeit die Meldungen über exekutierte Offiziere. Das traf vor allem für die Phase der noch zu behandelnden Besetzung der Inseln im östlichen Mittelmeer und für das Vorgehen im Bereich des Generalleutnants Pflugradt zu. Im Oktober wurde ein italienischer Hauptmann — auf der »Flucht« hieß es — erschossen[300]. Eine unbekannte Zahl von Italienern ließ der Befehlshaber Saloniki-Ägäis niedermachen, weil sie angeblich bei »Banden« aufgegriffen worden waren[301]. Und bei Bilisht befahl der General die Erschießung von sieben italienischen Militärangehörigen, denen er unterstellte, gemeutert zu haben[302].

Als die Truppen des Generals Lanz das italienische XXVI. Armeekorps entwaffnet hatten, wurden sie auch gegen die Verbände der 9. Armee in Albanien eingesetzt. Ende September begann die 1. Gebirgs-Division das Unternehmen »Spaghetti«, das heißt eine Aufklärungsoperation gegen Sarandë und Delvinë. Beide Orte sollten besetzt werden[303]. Auf italienischer Seite standen damals im betroffenen Raum die Infanteriedivision »Perugia«, Teile der Infanteriedivision »Parma« und eine Gruppe Artillerie der Infanteriedivision »Arezzo«[304]. Bereits am 2. Oktober nahmen die Deutschen den Kommandeur und 30 Offiziere der Division »Perugia« gefangen[305]. Von General Ernesto Chiminello erfuhr man, daß dessen Truppen im Raum von Borsh ungefähr 6 000 Mann zählten. Auch »Banditen«, die einem britischen Major gehorchten, befänden sich bei den Italienern[306]. Im Verlaufe des 3. Oktober machte die 1. Gebirgs-Division 30 km südostwärts von Tepelenë rund 3 000 italienische Gefangene. Unter ihnen war auch der nachfolgend erschossene Kommandeur des 129. Infanterieregiments, Oberst Gustavo Lan-

---

[299] KTB Adm. Ägäis, S. 54, 24.9.1943, BA-MA, M 718/PG 46199; und KTB F.A. H.Gr. E, S. 87 f., 20.9.1943. Der Befehl ging mit Fernschreiben an die Sturmdivision Rhodos, den Kommandanten der Festung Kreta, die Armeegruppe Südgriechenland, den Militärbefehlshaber Griechenland, das Generalkommando XXII. Gebirgs-Armeekorps, den Befehlshaber Saloniki-Ägäis und den Admiral Ägäis, an letzteren jedoch nicht per FS. Nachrichtlich hat man das Luftwaffenkommando Südost beteiligt, BA-MA, RH 19 VII/10.

[300] Tagesmeldung Okdo. H.Gr. E, 12.10.1943, BA-MA, RH 19 VII/12. Die Untat wurde vom SS-Polizeiregiment 1 bei Kardítsa verübt.

[301] Tagesmeldung Okdo. H.Gr. E, 16.10.1943, BA-MA, RH 19 VII/12.

[302] Ebd., Tagesmeldung vom 19.10.1943.

[303] Besprechungspunkte des Kd.Generals (Lanz) mit Kommandeur 1. Gebirgs-Division Generalmajor Stettner, 26.9.1943, BA-MA, RH 24-22/3, Anlage 142; und ebd., XXII. Geb.A.K., Ia, Nr. 992/43 geh., an Heeresgruppe E Ia, 29.9.1943, Anlage 153.

[304] Torsiello, Le operazioni delle unità italiane, S. 379, und 378—384 zur »Perugia« insgesamt.

[305] KTB XXII. Geb.A.K., 2.10.1943, BA-MA, RH 24-22/2. Torsiello, Le operazioni delle unità italiane, meint hingegen, daß der Kommandeur schon am 1.10. gefangengenommen worden sei (S. 381). Nach GTDW, Bd 8, S. 175, 3.10.1943, erfolgte die Festnahme jedoch erst später; ebenso Tagesmeldung Okdo. H.Gr. E, 3.10.1943, BA-MA, RH 19 VII/12.

[306] Generalkommando XXII. (Geb.) A.K., Ic, Fernschreiben an Heeresgruppe E/Ic, Betr.: Abendmeldung 3.10.1943. Von General Chiminello, der in den deutschen Unterlagen irrtümlich Chiembello genannt wird, erfuhren die Deutschen, daß bis zum 20.9.1943 von Sarandë 4 000 Mann nach Italien und 2 000 nach Corfu abtransportiert worden waren. Außerdem gab er ihnen die genaue Gliederung der beim Waffenstillstand im Raum von Delvinë befindlichen Kräfte, BA-MA, RH 24-22/17.

za[307]. Zwei Tage später brachten die Gebirgsjäger bei Vranishte, etwa 10 km nordwestlich von Himarë gelegen, weitere 1 000 Gefangene ein, die in der Masse zum 130. Infanterieregiment der »Perugia« gehörten[308]. Parallel dazu wurden auf der im Süden von Kefallēnía befindlichen Insel Páxoi 71 Angehörige der Division »Acqui«, darunter ein Offizier, festgenommen[309]. Selbst wenn die Soldaten des 118. Infanterieregiments der »Acqui« nicht berücksichtigt werden, ergibt sich aus den referierten Meldungen der 1. Gebirgs-Division über »Spaghetti« eine Summe von circa 4 030 Kriegsgefangenen. Die Abschlußmeldung des XXII. Gebirgs-Armeekorps führt jedoch — außer der materiellen Beute — lediglich 3 500 gefangene Italiener, 75 gezählte »tote« und 150 »verwundete Banditen« auf[310]. Damit stellt sich zwangsläufig die Frage, wie die Differenz von 530 Gefangenen zustande kam. In den deutschen Quellen ist weder von Erschießungen noch von Massakern die Rede. Doch aufgrund der oben erwähnten wiederholten Aufforderung seitens der Heeresgruppe E, schonungslos gegen die mit den Partisanen zusammenarbeitenden italienischen Offiziere vorzugehen, ist es sehr unwahrscheinlich, daß sich die 1. Gebirgs-Division nicht an diesen Befehl gehalten hat. Und in der Tat berichteten italienische Zeugen, daß es im Oktober 1943 in Sarandë und an anderen Stellen zu unvorstellbaren Scheußlichkeiten gekommen sein soll. Mindestens 131 Offiziere seien niedergemetzelt worden, doch scheint die Zahl der Ermordeten in Wirklichkeit erheblich höher gewesen zu sein[311]. Hypothetisch könnte man sogar davon ausgehen, daß bis zu 500 Mann umgebracht wurden. Allerdings existieren für eine derartige Annahme keine zwingenden Beweise.

Den Überblick über die Entwaffnungsaktion im kontinentalen Bereich der Heeresgruppe E abschließend, ist noch auf die Truppen des italienischen III. Armeekorps einzuge-

---

[307] Gen.Kdo. XXII. (Geb.) A.K., Ic, An Heeresgruppe E/Ic, Morgenmeldung vom 4.10.1943, 00.15 Uhr, BA-MA, RH 24-22/17: Demnach handelte es sich um 3 050 Gefangene; und GTDW, Bd 8, S. 181, 4.10.1943; sowie Tagesmeldung OKdo. H.Gr. E, 4.10.1943, in der zwei gefangene Regimentskommandeure genannt werden, BA-MA, RH 19 VII/12.

[308] KTB XXII. (Geb.) A.K., 5.10.1943, BA-MA, RH 24-22/2; GTDW, Bd 8, S. 194, 6.10.1943; und Tagesmeldung OKdo. H.Gr. E, 6.10.1943, darin unter anderem der Hinweis auf den gefangenen Regimentskommandeur, BA-MA, RH 19 VII/12.

[309] Generalkommando XXII. (Geb.) A.K., Ic, an Heeresgruppe E/Ic, Betr.: Abendmeldung 6.10.1943, 09.15 Uhr, BA-MA, RH 24-22/17, mit Bestätigung der Ereignisse in Vranishte.

[310] XXII. Geb. A.K., Ia, No. 1299/43 geh., 10.10.1943, an Heeresgruppe E Ia: Beuteabschlußmeldung Unternehmen »Spaghetti« vom 30.9.–7.10., BA-MA, RH 24-22/3, Anlage 177. Vgl. auch Tagesmeldung OKdo. H.Gr. E, 11.10.1943, BA-MA, RH 19 VII/12.

[311] Torsiello, Le operazioni delle unità italiane, S. 381 ff., insbesondere 382, Anm. 45. Der zur Division »Perugia« gehörende Oberst Giuseppe Adami gab im Oktober 1945 eine offizielle Erklärung ab. Demnach nahmen die Deutschen im Herbst 1943 alle Offiziere des Divisionsstabs sowie des 129. und 130. Infanterieregiments der »Perugia« gefangen. Es habe sich um 120 Offiziere gehandelt. Von ihnen seien 60, darunter General Chiminello, eingenäht in Säcke, bei Sarandë ins Meer geworfen worden. Die übrigen sollen in einem nahen Wald erschossen worden sein: Ministero della Guerra, Gabinetto, Prot.No. 221068/II, Allegati 1, Roma, P.M. 3800, Alla Presidenza del Consiglio dei Ministri, ASUSSME, Commissione Leopoli MAE, Pacco 174. Vergleicht man die Erklärung von Oberst Adami mit Schilderungen anderer Augenzeugen, zitiert bei Torsiello, Le operazioni delle unità italiane, S. 381, Anm. 42, dann widersprechen sich zwar die Aussagen zur Tötung der Offiziere und zum Umgang mit den Leichen, aber die Zahl von 120 Opfern stimmt überein. Mehr als 150 ermordete Offiziere der »Perugia« nennt Lombardi, L'8 settembre, S. 308–313.

hen. Da die Infanteriedivision »Forli« im Kontext der Vorgänge in und um Athen erfaßt worden ist, sind hier nur die Infanteriedivision »Pinerolo« und die Einheiten auf Euböa anzusprechen[312].

In Larissa, dem Hauptquartier der Division »Pinerolo«, war die Abgabe der schweren Waffen schon am 11. September beendet. Die restliche Entwaffnung sollte nach dem Eintreffen des SS-Panzergrenadierregiments 1 erfolgen[313]. Doch der Divisionskommandeur, General Adolfo Infante, war skeptisch. Er hatte sich nur auf direkte Weisung seiner vorgesetzten Dienststelle bereit gefunden, die Waffen abzugeben. Spätestens seit dem 11. September arbeitete Infante mit der griechischen Widerstandsbewegung zusammen. Dabei bemühte er sich, möglichst viele Teile der »Pinerolo« am Osthang des Pindus in einer vorteilhaften Defensivstellung zu sammeln. Mit etwa 8 000 Mann, darunter auch Truppen aus Euböa, gründete der General am 20. September das Kommando der italienischen Streitkräfte in Griechenland. Unverständlicherweise lohnten ihnen die Partisanen das Engagement für die griechische Sache nicht. Denn Mitte Oktober wurden die Italiener, unbeschadet britischer Proteste, von den neuen Verbündeten — bei schnödem Bruch aller Abmachungen — entwaffnet. Anschließend steckte man sie in Gefangenenlager, in denen sich ihr Leben in ein Martyrium verwandelte[314].

Es gab Bataillone der Division »Pinerolo«, die auf deutscher Seite weitermachen wollten[315]. Aber da waren auch jene, die zum Widerstand entschlossen gewesen sind. Dies galt zum Beispiel für das in Kastoría stationierte 13. Infanterieregiment. Im Raum Kastoría und Korçë sollte das 2. Regiment »Brandenburg« im Fall »Achse« die Entwaffnung der beiden Garnisonen durchführen. Das Regiment besaß eine Gefechtsstärke von 1 090 Mann. Bei den Italienern nahm man 3 000 Soldaten in Kastoría an. In Korçë wurden lediglich der Stab der Infanteriedivision »Arezzo« und »Pinerolo« vermutet. Da angeblich starke Partisanenverbände auf die Stadt marschierten, drängte — aus der Sicht des deutschen Regimentskommandeurs — die Zeit. Die von ihm als energisch und »offiziersmäßig« eingestellt bezeichneten italienischen Befehlshaber verweigerten jedoch zunächst jedwede Abgabe von Waffen. Sie verlangten erst einen entsprechenden Befehl vom Oberkommando der 11. Armee. Dem 2. Regiment »Brandenburg« gelang es nach einiger Mühe — über den Befehlshaber Saloniki-Ägäis, dem es unterstand —, eine Verbindung zum Hauptquartier von General Vecchiarelli herzustellen. Daraufhin zeigten sich die Einheiten der »Arezzo« und der »Pinerolo« bereit, ihre Waffen niederzulegen.

Trotz der Weisung aus Athen sollen bei der Entwaffnung »sehr erhebliche Reibungen und Spannungen« entstanden sein. Wiederholt wäre es sowohl in Korçë als auch in Kastoría »um Haaresbreite zu einer schweren bewaffneten Auseinandersetzung« gekommen.

---

[312] Vgl. dazu auch die Darstellung bei Torsiello, Le operazioni delle unità italiane, S. 449—456, die jedoch nicht unerheblich vom Befund in den deutschen Quellen abweicht.

[313] GTDW, Bd 8, S. 62, 11.9.1943.

[314] Torsiello, Le operazioni delle unità italiane, S. 451—455. Zur Tragödie der Angehörigen der Division »Pinerolo«, die auf der Seite der griechischen Widerstandsbewegung weiterkämpfen wollten, vgl. Piasenti, Divisione di fanteria »Pinerolo«, der nach einem allgemeinen Überblick das Tagebuch von Carlo Ruggeri — 11.9.1943 bis 14.1.1944 — publiziert.

[315] KTB H.Gr. E, S. 141, 10.9.1943, BA-MA, RH 19 VII/1.

Doch erwähnt der deutsche Bericht über die dortigen Ereignisse keine erschossenen italienischen Offiziere. Die offizielle italienische Darstellung spricht hingegen von der standrechtlichen Erschießung einiger Offiziere des 343. Infanterieregiments der Division »Arezzo«. Diese hätten sich der Waffenabgabe am nachdrücklichsten widersetzt. Deutsche Verluste gab es nicht. Die italienischen Gefangenen, zu denen noch 9 000 aus Jannina — also vom XXVI. Armeekorps — hinzukamen, marschierten dann in Stärke von 23 000 Mann nach Flórina[316].

Auf Euböa standen rund 200 italienische Offiziere und 6 000 Soldaten. Etwa 1 400 von ihnen schlossen sich den Partisanen an und teilten schließlich das Schicksal ihrer Kameraden von der Division »Pinerolo«[317]. Der Rest begab sich zunächst nach Chalkis, um dort die Waffen zu strecken. Dabei wurden die Marschkolonnen immer wieder von den Partisanen angegriffen, die sogar Chalkis selbst bedrohten[318]. Am 17. September hatten ungefähr 4 000 italienische Kriegsgefangene Euböa verlassen, wobei angenommen wurde, daß sich noch etwa 1 700 bewaffnete Italiener — »teilweise bei Banden« — auf der Insel befänden[319].

Am schwierigsten stellte sich die Lage für die Heeresgruppe E im Hinblick auf die von italienischen Truppen besetzten Inseln in der Ägäis dar. Hier hätte sich theoretisch für die Alliierten die Möglichkeit geboten, ihre unangefochtene Seeherrschaft und ihre Luftüberlegenheit in die Waagschale zu werfen. Da sie die Italiener aufforderten, durchzuhalten und mit den Völkern des Balkans gegen die Deutschen zu kämpfen, wäre eine entschiedene und dann vielleicht sogar entscheidende Unterstützung zu erwarten gewesen.

Deutscherseits hat man im übrigen die Halbherzigkeit der Maßnahmen, die Briten und Amerikaner ergriffen, nie richtig verstehen können, denn hier wurde — aus der Sicht der Wehrmachtführung — die Chance, durch energischen Einsatz die Ägäis in den eigenen Besitz zu bringen, kümmerlich vertan. Gewiß, die alliierten Truppen landeten unter anderem auf Kôs, Léros und Sámos. Doch als sich die Wehrmacht anschickte, die besetzten Inseln zurückzuerobern, da stieß sie lediglich vereinzelt auf hartnäckigen Widerstand. Auf Léros war das beispielsweise der Fall. Aber größere Anstrengungen der Alliierten zur Behauptung dieser Positionen wurden nicht erkannt. Die Motive für eine derartige

---

[316] Division Brandenburg Kommandeur 36/43 g.Kdos, Korca (Südalbanien), den 16.10.1943, An Heeresgruppe F, Heeresgruppe E, Betr.: Überprüfung des Einsatzes und der Tätigkeit des 2. Regt. Brandenburg auf Grund besonderer Anweisung des Wehrmachtführungsstabes und des Herrn Oberbefehlshabers der Heeresgruppe F, BA-MA, RH 19 VII/23a. Dieser Bericht ist ebenfalls enthalten in BA-MA, RH 21-2/v. 603. Vgl. direkt dazu auch Torsiello, Le operazioni delle unità italiane, S. 389 und 450.

[317] Torsiello, Le operazioni delle unità italiane, S. 455 f. Ein italienischer Offizier wurde von den Deutschen mit »Banditen« in Chalkis gefangengenommen: Tagesmeldung OKdo. H.Gr. E, 13.9.1943, BA-MA, RH 19 VII/12.

[318] GTDW, Bd 8, S. 68, 12.9.1943.

[319] KTB Adm. Ägäis, S. 9, 17.9.1943, BA-MA, M 718/PG 46199; und Tagesmeldung OKdo. H.Gr. E, 15.9.1943. Dort wird zum einen mitgeteilt, daß 4 000 Italiener von Chalkis per Schiffstransport in Saloniki eintrafen, und zum anderen heißt es für Euböa: »Entwaffnung durchgeführt«, BA-MA, RH 19 VII/12.

Zurückhaltung meinte Berlin aus Absprachen innerhalb der Anti-Hitler-Koalition ableiten zu können. Der Balkan, so die Vermutung, sei von London und Washington als Einflußsphäre Moskaus bereits akzeptiert worden[320]. Allerdings artikulierte sich hier eine Gedankenführung, die erst unter dem Eindruck der Konferenz von Teheran — 28. November bis 1. Dezember 1943 — entstanden war. Dagegen hatte im September die drängende Sorge des Oberkommandos der Wehrmacht, daß die Briten und Amerikaner im Südostraum eine Invasion beabsichtigten, zum Entschluß Hitlers geführt, die »große Sperrkette Peloponnes—Kythera—Kreta—Skarpanto—Rhodos zu verteidigen«[321]. Jene Positionen behaupteten die deutschen Truppen in der Folgezeit relativ problemlos. Erst im Spätsommer 1944 mußten sie den Südosten und seine Inseln aufgeben: Es war die operative Entwicklung an der Ostfront, die den Rückzug erzwang.

Doch daran dachte man beim Kriegsaustritt Italiens noch lange nicht. Als die deutschen Verbände in die Offensive gingen, strebte die Wehrmachtführung das Einfrieren der Fronten im Südosten und in der Ägäis an. Sie mußte dazu diejenigen Positionen übernehmen, die bis zum 8. September italienische Soldaten hielten.

Auf Kreta, jener Insel, die für die deutsche Marineführung das Herzstück der in der Nachkriegszeit im östlichen Mittelmeer zu errichtenden eigenen Hegemonie darstellte[322], hatte die Truppe leichtes Spiel. Dennoch ist es nicht korrekt, wenn das Oberkommando in Berlin behauptete, die dort liegenden italienischen Einheiten seien »widerstandslos entwaffnet« worden[323]. Eine Anzahl der damals auf Kreta anwesenden 21 700 Italiener begab sich nämlich in die Berge, um gegen die Deutschen zu kämpfen[324]. 230 von ihnen ergriffen die Soldaten Hitlers im Oktober als »Flüchtlinge«[325] im Ostteil der Insel. Dabei scheint es keine Gewaltmaßnahmen gegeben zu haben. Wenig später wurden fünf Offiziere und 19 Soldaten als italienische »Bandengruppe« festgenommen. Alle Offiziere und einen Soldaten hat man »bei Widerstand erschossen«[326]. Insgesamt entwaffnete die Wehrmacht auf Kreta über 20 000 Italiener[327]. Unge-

---

[320] KTB OKW, Bd IV, S. 604—607, Rückblick auf das Jahr 1943; und KTB M.Gr.Kdo. Süd, S. 5, 16.9.1943, BA-MA, RM 35 III/62: »Die brennendste Frage ist bei der augenblicklichen Feind- und Italien-Lage aber die Frage der noch von den Italienern besetzten Inseln, da sich im Zusammenhang mit dem noch andauernden Widerstande bedeutende Erfolgsmöglichkeiten für den Gegner zeigen, wenn er energisch zugreift«; sowie KTB Adm. Ägäis, S. 88, 14.9.1943, BA-MA, M 718/PG 46198.

[321] KTB OKW, Bd III, S. 1101, 13.9.1943. Diese Entscheidung fiel bereits am 9.9.1943 und wurde dem O.B. Südost sofort mitgeteilt. Ursprünglich hatte man beabsichtigt, Rhodos im Rahmen der deutschen Gegenmaßnahmen beim Fall »Achse« zu räumen.

[322] Schreiber, Revisionismus, S. 340—344.

[323] KTB Ia 22. Infanteriedivision, 9., 10. und 13.9.1943, BA-MA, RH 26-22/51; KTB OKW, Bd III, S. 1085, 9.9.1943; aber auch GTDW, Bd 8, S. 56, 10.9.1943.

[324] Torsiello, Le operazioni delle unità italiane, S. 457 ff. Vgl. u.a. 22. Infanteriedivision Abt. Ia Nr. 1240/43 geheim, 14.10.1943, BA-MA, RH 26-22/54.

[325] Tagesmeldung OKdo. H.Gr. E, 11.10.1943, BA-MA, RH 19 VII/12.

[326] Ebd., Tagesmeldung OKdo. H.Gr. E, 18.10.1943. Die Angaben in GTDW, Bd 8, S. 257, 18.10. 1943, wonach nur 1 Offizier und 19 Mann gefangen wurden, sind somit nicht zutreffend. Die Erschießung der 5 Offiziere wird bestätigt im KTB Ia 22. Infanteriedivision, 17.10.1943, BA-MA, RH 26-22/51.

[327] KTB F.A. H.Gr. E, S. 96, 22.9.1943, BA-MA, RH 19 VII/10.

wöhnlich viele von ihnen sollen bereit gewesen sein, auf nationalsozialistischer Seite »mit-zukämpfen«[328].

Im Gegensatz zu Kreta stellte sich die Lage auf Rhodos aus deutscher Sicht ziemlich schwierig dar. Den nach italienischen Angaben 37 500 oder gar 39 200 Italienern[329] stan-den lediglich 6 500 eigene Soldaten gegenüber[330]. Es gab Verhandlungen, aber am 9. Sep-tember gelangte man im Stab von Generalleutnant Kleemann zu der Überzeugung, daß sie nicht zum Ziel führen würden. Der Kommandeur der Sturmdivision Rhodos faßte daher den Entschluß zur »schlagartigen Durchführung einer Groß-Entwaffnungsaktion aller greif-baren« italienischen Militärangehörigen. Deren zu erwartender Widerstand sei »unter rück-sichtslosem Einsatz der Waffen zu brechen«. Bei der Sturmdivision ging das Stichwort »Ach-se« am 8. September um 22.00 Uhr ein. Am folgenden Tag um 12.30 Uhr trat Kleemanns Befehl in Kraft. Damit waren alle gegnerischen Einheiten auf Rhodos zu entwaffnen[331]. Allerdings ließ sich die Weisung nicht so einfach durchführen wie erteilen. Jedenfalls wehrten sich die Italiener, deren Offizierkorps es mehrheitlich als »entehrend« und als »untragbar empfand«, gegenüber den so eindeutig in der Minderzahl befindlichen Deut-schen zu kapitulieren, verbissen. Als der Oberbefehlshaber der italienischen Streitkräfte in der Ägäis, Admiral Campioni, nach achtundvierzigstündigen Kämpfen am 11. Sep-tember um 15.00 Uhr die deutschen Kapitulationsbedingungen annahm, hatten beide Seiten einen hohen Preis gezahlt. Bei der Wehrmacht wurden 91 Gefallene, darunter 2 Offiziere, 212 Verwundete und 2 Vermißte gezählt[332]. Die Italiener beklagten 135 ge-

---

[328] Tagesmeldung OKdo. H.Gr. E, 13.9.1943, BA-MA, RH 19 VII/12: Darin hieß es, daß auf Kreta 25 % der italienischen Truppen bei der Wehrmacht verbleiben wollten, 50 % seien gleichgültig, 25 % lehnten jede Zusammenarbeit ab. Letztere sollten vordringlich abgeschoben werden.

[329] Torsiello, Le operazioni delle unità italiane, S. 532. Nach Levi, Avvenimenti in Egeo, S. 6—15, stan-den auf Rhodos circa 34 000 Mann des Heeres, 3 000 der Luftwaffe und 2 000—2 200 der Marine, eingeschlossen die schwimmenden Verbände, also maximal 39 200 Militärangehörige. Hingegen benannten die Italiener gegenüber den Deutschen insgesamt 35 111 Soldaten, die sich bei der Kapi-tulation am 11.9. auf Rhodos befunden haben sollen, unter ihnen 1 980 Angehörige der Marine und 1 618 der Luftwaffe, 581 Carabinieri und 403 Mitglieder der Finanzwache: Sturmdivision Rho-dos Ia/Org., Div.Gef.Std., 11.3.1944, Tätigkeitsbericht der Abt. Ia/Org. und IIa/Org. vom 12.9.—31.12.1943, BA-MA, RH 26-1007/27.

[330] Sturmdivision Rhodos Ia Nr. 152/43 g.Kdos, Anlage 1, Meldung vom 4.9.1943, BA-MA, RH 26-1007/5, Anlage 155. Am 4.9.1943 waren auf der Insel 186 Offiziere, 1 165 Unteroffiziere und 5 149 Mannschaften. Levi, Avvenimenti in Egeo, S. 18, ging noch davon aus, daß die genaue Zahl der deutschen Kräfte auf Rhodos unbekannt sei. Die Schätzungen bewegten sich zwischen 6 000 und 9 500 Mann. Übertrieben ist andererseits die deutsche Behauptung, daß die Italiener, deren Stärke mit 41 935 Mann angenommen wurde (siehe oben, RH 26-1007/5), die achtfache numeri-sche Überlegenheit besessen hätten: KTB Sturmdiv. Rhodos, 8.9.1943, BA-MA, RH 26-1007/2.

[331] KTB Sturmdiv. Rhodos, 9.9.1943, BA-MA, RH 26-1007/2.

[332] Ebd., 11.9.1943; und: Verlustmeldung der Kampftage vom 9.—13. Sept. 1943, BA-MA, RH 26-1007/5, Anlage 267; sowie Sturmdivision Rhodos Abt. Ic Br.B.Nr. 546/43 geh., Div.Gef.Std., den 22.9.1943, Betr.: Ic-Lagebericht, An OKdo. Heeresgruppe E, Abt. Ic/AO, BA-MA, RH 26-1007/22, Anlage 28. Dort finden sich auch Hinweise auf jene italienischen Offiziere, die für den Widerstand in erster Linie verantwortlich gewesen sein sollen: General Arnaldo Forgiero, der Militärbefehlshaber auf Rhodos, Generalmajor Giuseppe Consoli, Generalleutnant Roberto Sequi, der Chef des Generalstabs des italie-nischen Oberkommandos »Superego«, und der Ia dieses Stabs, Oberstleutnant Ruggero Farnizza.

fallene Soldaten und Unteroffiziere sowie 8 Offiziere. Außerdem verzeichneten sie mehr als 300 Verwundete[333]. Bis Ende September entwaffneten die deutschen Truppen auf Rhodos 36 173 italienische Militärangehörige[334]. Von ihnen fanden bis zu jenem Zeitpunkt 7 durch Luftangriffe den Tod, während 21 Verletzungen erlitten[335]. In der Zeit vom 11. September bis zum 31. Dezember vermochten 1 210 Militärinternierte, darunter circa 200 Offiziere, zu fliehen. 96 Entflohene wurden von der Geheimen Feldpolizei wieder festgenommen. Weitere geflüchtete Gefangene, deren Zahl nicht feststeht, haben die Feldgendarmerie und italienische Carabinieri verhaftet[336]. Im Hinblick auf die entflohenen Militärinternierten befahl Generalleutnant Kleemann, daß deren Fluchtversuche »nach den Genfer Vereinbarungen nicht strafbar seien.« Obwohl die Fluchtbewegung zeitweise stark anschwoll, da die deutschen Bewachungskräfte für rund 37 000 Gefangene nicht ausreichten, beschränkte man sich anscheinend darauf, sie weitgehend ohne Waffengewalt zu unterbinden. Sofern ein auf der Flucht ergriffener »Militärinternierter« nicht »Widerstand leistete und dabei erschossen« wurde, war er in das besonders gesicherte Durchgangslager (Dulag) Calato zu bringen und vorzugsweise als »Kriegsgefangener« nach Griechenland abzuschieben[337].

Hier ist bei der Darstellung der Entwaffnungsaktion innezuhalten, weil die Unterscheidung zwischen »Militärinternierten« und »Kriegsgefangenen« nicht zufällig erfolgte. Sie verweist vielmehr auf eine Änderung der offiziellen Terminologie, was im Hinblick auf die schon thematisierte Frage, warum das nationalsozialistische Regime den Begriff »Militärinternierte« für die gefangenen Italiener wählte, von Belang ist. Wie oben dargelegt, hatte das Oberkommando der Wehrmacht am 15. September allgemein verbindlich festgelegt, daß sämtliche italienischen Entwaffneten, die nicht auf deutscher Seite weitermachen wollten, als Kriegsgefangene zu betrachten waren[338]. Fünf Tage später änderte sich das, denn nunmehr mußten die »italienischen Kriegsgefangenen« als »italienische Militärinternierte« bezeichnet werden. Der Bezugsbefehl vom 15. September war entsprechend zu korrigieren[339]. In einem Rundschreiben vom 28. September hob der Leiter der Partei-

---

[333] Torsiello, Le operazioni delle unità italiane, S. 542; zu den Kampfhandlungen selbst vgl. ebd., S. 535—542; Levi, Avvenimenti in Egeo, S. 22—47; die Gefechtsberichte der deutschen Einheiten über die Kämpfe vom 8.—11.9.1943 enthält: BA-MA, RH 26-1007/9.

[334] KTB Sturmdiv. Rhodos, 28.9.1943, BA-MA, RH 26-1007/2; und KTB Adm. Ägäis, S. 84, 30.9.1943, BA-MA, M 718/PG 46199. Sofern diese Angabe korrekt ist, kann die italienischerseits abgegebene Stärkemeldung (siehe oben, Anm. 329, RH 26-1007/27) nicht zutreffen.

[335] KTB Sturmdiv. Rhodos, 24.9.1943; 15 Militärinternierte fanden bei Flugzeugangriffen auf Transportmittel den Tod, ebd., 20.10. und 29.10.1943, BA-MA, RH 26-1007/2.

[336] Anlage 69 zu Sturmdivision Rhodos Abt. Ic, Tätigkeitsbericht für die Zeit vom 1.7.1943—31.12.1943, BA-MA, RH 26-1007/23.

[337] Ebd., S. 4 des Berichts.

[338] Oberkommando der Wehrmacht Nr. 005282/43 g.Kdos. WFSt/Qu 2 (S), F.H.Qu., den 15.9.1943, Grundsätzliche Richtlinien über die Behandlung der Soldaten der ital. Wehrmacht und Miliz, gez. Keitel, hier S. 3, BA-MA, RW 5/v. 508a.

[339] Oberkommando der Wehrmacht Nr. 005282/43 g.Kdos/WFSt/Qu 2 (S) II. Ang., F.H.Qu., den 20.9.1943, BA-MA, RW 5/v.508a. Die Tagebuchnummer ist tatsächlich dieselbe wie diejenige des Befehls von Keitel vom 15.9. (siehe oben, Anm. 338).

Kanzlei ganz im Sinne der obigen Verfügung ausdrücklich hervor, daß es für alle, die in keiner Weise mit Deutschland zusammenarbeiten wollten oder sogar Widerstand geleistet hätten, nur eine Bezeichnung gebe, nämlich die des Militärinternierten[340].

Hingegen wurde schon vorher sowohl beim Panzerarmeeoberkommando 2[341] als auch bei der Heeresgruppe E[342] befohlen, daß man Italiener, die bewaffneten Widerstand geleistet hatten, als »Kriegsgefangene und nicht als Militär-Internierte« zu bezeichnen und zu behandeln habe. Am 29. September erließ der Oberbefehlshaber Südost dann einen Befehl, der sämtliche bis dahin erteilten Weisungen der Heeresgruppe F aufhob. In der neuen Anordnung für die »Verwendung und Behandlung« der italienischen Soldaten stellte Weichs fest, daß diejenigen, die sich gegen die Zusammenarbeit mit den Deutschen aussprachen, »Militärinternierte« seien. Unter ihnen müsse jedoch zwischen solchen unterschieden werden, die »keinerlei Hilfe« zu leisten beabsichtigten, und anderen, die »aktiven oder passiven Widerstand geleistet oder mit dem Feind (Banden) paktiert haben«. Letztere seien als »Kriegsgefangene« zu behandeln und »zum Arbeitseinsatz nach dem Osten« abzuschieben. Für sie mußte die Truppe außerdem besondere »Fahrtnummern« anfordern. Die übrigen Verweigerer sollten als »Militärinternierte« behandelt und — wie schon vorher — über Belgrad oder Agram abtransportiert werden[343]. In der Nachfolge dieses Befehls gaben dann einige Einheiten sogar ein »Merkblatt« heraus, das die erörterten Definitionen wiederholte[344].

---

340 Nationalsozialistische Deutsche Arbeiterpartei, Partei-Kanzlei, Der Leiter der Partei-Kanzlei, Führerhauptquartier, den 28.9.1943, Rundschreiben Nr. 55/43 g.Rs., AIfZG, PS-657.

341 Pz. AOK. 2, O.Qu./Qu.2 Nr. 04402/43 geh. II. Ang., Geheim nach Eingang g.Kdos! 26.9.1943, An 1) III. (Germ) SS-Pz.K., 2) XV. Geb.A.K., 3) XXI. Geb.A.K., 4) LXIX. Res. Korps! 5) Mil.Befh. Serbien, BA-MA, RH 212/v. 797. Vgl. direkt dazu KTB H.Gr. E, 13.9., siehe oben, S. 112, Anm. 57; sowie unten, S. 199, Anm. 473, dort zum Befehl des OKH.

342 Generalkommando XXII. Geb.A.K., Der Chef des Generalstabes, 8.10.1943, Fernschreiben An 1. Geb.Div., 104. Jg.Div., Bezug wird auf Befehle der H.Gr. E O.Qu./Qu.2 vom 24.9. und 5.10.1943 genommen, BA-MA, RH 28-1/119.

343 Panzerarmeeoberkommando 2, O.Qu./Qu.2 Nr. 04584/43 g.Kdos, A.H.Qu., den 5.10.1943, gez. Oberquartiermeister, BA-MA, RH 21-2/v. 797. Befohlen wurde außerdem, daß den bis Anfang Oktober abgefahrenen — ungesichteten — italienischen Soldaten in den »Auffanglagern der Einladebahnhöfe« die Möglichkeit zu geben sei, sich für oder gegen die Kooperation mit den Deutschen zu entscheiden. Die Abgänge an Italienern mußten in den Meldungen aufgeschlüsselt werden nach: Hilfswilligen, Militärinternierten nach Belgrad oder Agram, Kriegsgefangenen nach dem Osten und »sonstigen mit Fahrtnummer und Zielbahnhof«.

344 Generalkommando XXII. Geb.A.K. Az. 12/43 Nr. 1888/43 geh. II b, K.H.Qu., den 31.10.1943, Geheim, Merkblatt über die Bezeichnung, Verwendung und Behandlung ital. Soldaten, gez. Lanz, BA-MA, RH 24-22/27. Dort hieß es, Militärinternierter sei, »wer keinerlei Dienst für uns leisten will«; als italienischer Kriegsgefangener gelte, »wer irgendwie gegen uns gekämpft hat«. Entsprechende Richtlinien formulierte auf der Grundlage eines Befehls der Heeresgruppe E auch Generalleutnant Kleemann: Sturmdivision Rhodos, Abt. Ia Nr. 734/43 geh., Div.Gef.Std., den 22.10.1943, BA-MA, RH 26-1007/6, Anlage 359. Zu den Kriegsgefangenen hieß es in diesem Schreiben, das seien jene, die »aktiven oder passiven Widerstand geleistet« hätten. Auf Rhodos wären also die meisten entwaffneten Italiener zu »Kriegsgefangenen« zu machen gewesen. Kleemann traf deshalb für die Insel eine Sonderregelung. Zu Kriegsgefangenen wurden »nur die erklärt und als solche behandelt«, die wegen »ihres Verhaltens (Widerstand, Plünderei, Sabotage, Verweigerung der Arbeit als Hiwis usw.) dazu bestimmt« waren. Ihre Unterbringung erfolgte in den »Sonderlagern« Graudura oder Campochiaro.

Grundsätzlich fällt auf, daß die Neuregelung zur Behandlung italienischer Soldaten eine Erschießung der Widerstand leistenden Offiziere nicht mehr vorsah. Vielmehr hieß es, daß sowohl Mannschaften als auch Offiziere, denen die Deutschen aktiven oder passiven Widerstand beziehungsweise Zusammenarbeit mit den Partisanen vorwarfen, als Kriegsgefangene zum Arbeitseinsatz im Osten abgeschoben werden sollten[345]. Tatsächlich hat man betroffene Offiziere im Befehlsbereich des Generalfeldmarschalls v. Weichs auch nach dem 29. September erschossen. Das heißt, die Bestimmungen der grundsätzlichen Richtlinien vom 15. September blieben diesbezüglich uneingeschränkt in Kraft.

Auf eine entsprechende Anfrage der Seekriegsleitung zum Problem der »Behandlung italienischer Offiziere« antwortete das Oberkommando der Wehrmacht selbst noch Anfang Februar 1944, daß die besagten Richtlinien »in dem von deutschen Truppen besetzten Italien, in Kroatien, Griechenland, Albanien und Montenegro« noch immer Geltung hätten. Sie seien insbesondere auf die im »Rahmen von Bandenkämpfen gefangenen ital. Offiziere weiterhin« anzuwenden[346]. Das bedeutete im Klartext, die Betroffenen mußten hingerichtet werden. Es ist nicht nachvollziehbar, wie rigoros die Weisung nach dem Ende der eigentlichen Entwaffnungsaktion befolgt wurde. Im Hinblick auf die Durchführung von Erschießungen verhielten sich die einzelnen deutschen Verbände ja von Anfang an durchaus unterschiedlich, was sich nicht ausschließlich mit den im jeweiligen Einsatzgebiet spezifischen Bedingungen erklären ließ. Sofern jene Richtlinien jedoch bis zum Rückzug aus den besetzten Gebieten konsequent angewendet worden sein sollten, würde sich die in den Akten nachweisbare Zahl der erschossenen italienischen Offiziere vermutlich um einige hundert erhöhen. Dann wäre nämlich davon auszugehen, daß man zumindest eine Reihe der zunächst im Rahmen von Partisanenkämpfen als gefangen gemeldeten Offiziere später doch noch exekutierte.

Wie auch immer, jedenfalls klassifizierten die Heeresgruppe E und das Panzerarmeeoberkommando 2 die entwaffneten Italiener seit Ende September gemäß der Weisung des Generalfeldmarschalls v. Weichs. So ließ etwa Generaloberst Löhr am 6. Dezember melden, in seinem Befehlsbereich befänden sich noch rund 20 000 italienische Hilfswillige, 9 000 Faschisten, das heißt Kampfwillige, 50 000 Militärinternierte und 15 000 Kriegsgefangene[347]. Letztere wären an sich ohne Ausnahme nach dem Osten zu verbringen gewesen.

Hierbei ist darauf hinzuweisen, daß diejenigen Italiener, die dort ankamen, beim Ostheer durchgehend als »Militärinternierte« geführt wurden[348]. Angesichts eines derartigen Sachverhalts scheint es nicht zulässig zu sein, aus der speziellen Sprachregelung bei der Heeresgruppe F verallgemeinernde Schlußfolgerungen hinsichtlich der Behandlung der entwaffneten italienischen Soldaten zu ziehen.

---

[345] Siehe oben, Anm. 343, S. 2 des Befehls, RH 21-2/v. 797.

[346] 1. Skl. KTB Teil B, H. VIII, S. 289, 17.2.1944 (Wochenbericht 6.2. bis 12.2.1944), BA-MA, RM 7/114.

[347] H.Gr. E O.Qu. Nr. 3124/43 g.Kdos, H.Qu., den 6.12.1943, Notizen zum Vortrag »Versorgungslage (einschließlich Transportlage)«, BA-MA, RH 19 VII/2.

[348] Siehe unten, S. 317.

Im übrigen provoziert in solchem Kontext auch der Begriff »Widerstand« gewisse Schwierigkeiten. Bedeutete Flucht Widerstand? Im Südostraum sah man das zumindest mitunter so. Der bereits erwähnte Befehl von Generalleutnant Kleemann erklärte zum Beispiel Militärinternierte zu Kriegsgefangenen, sofern sie nach einem Fluchtversuch erneut in Gefangenschaft gerieten. Dabei war das allein dann der Fall, wenn die Ergriffenen unbewaffnet gewesen sind und ihnen eine »Bandenzugehörigkeit« nicht nachgewiesen werden konnte. Bei unberechtigtem Waffenbesitz oder eindeutiger Zusammenarbeit mit den Partisanen wurden sie im ersteren Fall an »Ort und Stelle« und im letzteren »unter Ausschluß von Zuschauern« erschossen[349].

Insgesamt bleibt somit festzuhalten, daß die deutschen Kommandeure im Südostraum die Einstufung eines entwaffneten italienischen Soldaten in die Gruppe der Kriegsgefangenen als eine Strafmaßnahme ansahen. Ganz offensichtlich haben sie also die Militärinternierung gegenüber der Kriegsgefangenschaft mit einem positiven Vorzeichen versehen. Aber den Tatbestand der Rechtsunsicherheit[350], der aus dem undefinierten Status des Militärinternierten resultierte, vermochte die subjektive Sicht einiger Offiziere selbstverständlich nicht zu relativieren. Was bedeutete es schon, wenn verschiedene Befehlshaber persönlich davon ausgingen, daß die entwaffneten italienischen Soldaten unter dem Schutz der Genfer Konvention stünden? Nichts, denn die Befehle des Oberkommandos der Wehrmacht, die sie in der Regel ausführten, standen dieser internationalen Vereinbarung — wie sich im Verlaufe der bisherigen Darstellung wiederholt zeigte — ja oft diametral entgegen. Davon ganz abgesehen konnten die Militärinternierten im Zweifelsfall die Erfüllung von Ansprüchen, die sich aus dem Abkommen über die Kriegsgefangenen ableiteten, nicht einfordern. Das auch deshalb nicht, weil sie der Kontrolle des Internationalen Roten Kreuzes so gut wie entzogen waren[351]. Und die Betreuungsdienststelle der *Repubblica Sociale Italiana*, die seit Anfang 1944 existierte, nahm wohl Klagen und Wünsche entgegen, konnte jedoch nichts gegen den Willen der Wehrmachtführung

---

[349] Sturmdivision Rhodos, Abt.Ic Br.B.Nr. 938/43 geh., Div.Gef.Std., den 13.11.1943, Betr.: Maßnahmen zur Bandenbekämpfung, gez. Kleemann, BA-MA, RH 26-1007/22. Die Leichen der Erschossenen waren nicht zu beerdigen, sondern, von Kleemann wörtlich befohlen, zu »verscharren«. So geschah es: I. Bataillon 1./Gren.Rgt. Rhodos Nr. 485/43 geh. v. 28.11.1943, An Sturmdivision Rhodos (Meldung über ausgeführte Erschießung von acht italienischen Soldaten und vier Zivilpersonen), BA-MA, RH 26-1007/23.

[350] In einem sehr weiten Verständnis ist diese Frage das Thema der Arbeit von Conte, Prigionieri senza tutela. Dem Autor geht es nicht zuletzt darum, die Gründe für die unzureichende Unterstützung der Militärinternierten aufzuzeigen. Er veröffentlicht auch verschiedene Dokumente. Allerdings vermag die Untersuchung strengen wissenschaftlichen Ansprüchen nicht zu genügen, da ihre Aussagen im Detail nicht überprüfbar sind.

[351] In einem Schreiben an die mit Nachforschungen über die angebliche Ermordung italienischer Offiziere in Lemberg befaßte Staatsanwaltschaft Stuttgart teilte das Comité International De La Croix-Rouge am 14.4.1977 mit, daß in Deutschland die Betreuungsdienststelle der R.S.I. »theoretisch für alle die italienischen Staatsangehörigen betreffenden Angelegenheiten zuständig war«: Staatsanwaltschaft bei dem Landgericht Stuttgart, 28.4.1977, 19 Js 285/77, Anzeigensache gegen Unbekannt wegen des Verdachts des Mordes an italienischen Offizieren im Oktober 1943 in Lemberg, ZSLANS. Ausführlich setzt sich mit dem Problem, daß das Internationale Rote Kreuz für die Militärinternierten im Grunde nichts tat, Cajani auseinander: Appunti, S. 97–105.

durchsetzen[352]. Damit aber blieben die Militärinternierten letzten Endes der Willkür der Deutschen ausgeliefert. Bedeutsamer als die nicht eindeutig zu beantwortende Frage nach der Intention Hitlers, als er die italienischen Kriegsgefangenen am 20. September 1943 in Militärinternierte umbenannte, ist jedenfalls diejenige nach den existentiellen Folgen, die eine derartige Sprachregelung für die Betroffenen zeitigte. Rein theoretisch und formaljuristisch betrachtet ließe sich — angesichts der praktizierten Behandlung der Militärinternierten — eventuell annehmen, daß die als Bestrafung verstandene Umwandlung zum Kriegsgefangenen paradoxerweise zu einer Verbesserung der Gesamtsituation des Internierten führte. Das hätte freilich vorausgesetzt, daß sich die Wehrmacht wenigstens in den entsprechenden Fällen strikt an die Genfer Konvention hielt. Die Verbringung der italienischen »Kriegsgefangenen«, respektive bestraften Militärinternierten, in das Operationsgebiet des Heeres im Osten dokumentiert, daß davon nicht die Rede sein kann.

Hierbei ist auch zu fragen, wie die militärische und politische Führung in Deutschland mit italienischen Soldaten verfuhr, die in regulären Verbänden des königlichen Italien auf der Seite der Amerikaner und Briten kämpften. Eine erste vorläufige Regelung des Problems nahm Berlin am 4. Februar 1944 vor[353]. Damals verfügte das Oberkommando der Wehrmacht, daß solche Italiener, sobald sie in die Hände deutscher Truppen fielen, »wie Kriegsgefangene zu behandeln« seien. Die grundsätzlichen Richtlinien vom 15. September 1943 fänden auf sie keine Anwendung. Außerdem müsse man jene Gefangenen von »allen übrigen Kriegsgefangenen« streng trennen[354]. Vor allem dürfe »keine Berührung« mit Militärinternierten stattfinden. Im Hinblick auf die gefangenen Offiziere hieß es, daß die Truppe sie ebenfalls wie Kriegsgefangene zu behandeln habe. Ihre Namen wurden jedoch Mussolini mitgeteilt, um zu klären, »ob und welches Interesse die Soziale Italienische Republik an einer Auslieferung dieser Offiziere zwecks Aburteilung« besitze. Eher als eine Formsache ist wohl die Tatsache zu bewerten, daß sich die deutsche Seite die Entscheidung über jede beantragte Auslieferung vorbehielt[355].

In der Weisung des Oberkommandos der Wehrmacht vom 30. März 1944 scheint die Angelegenheit dann endgültig geregelt worden zu sein. Auf alliierter Seite kämpfende Italiener waren demnach bei Gefangennahme wie »westliche Kriegsgefangene zu behandeln«. Allerdings blieb es dabei, daß sie sowohl im Lager als auch beim Arbeitseinsatz oder auf Transporten von allen anderen Gefangenen abgesondert werden mußten. Zudem hieß es: »Unterbringung, Arbeitseinsatz und Verpflegung dieser Gefangenen haben sich

---

[352] Siehe unten, S. 508—542.

[353] Oberkommando der Wehrmacht Nr. 00981/44 g.K. WFSt/Qu 2 (Süd/Südost), F.H.Qu., den 4.2.1944, Betr.: Behandlung von ital. Soldaten, die in geschlossenen ital. Formationen oder im Rahmen anglo-amerikan. Verbände mit den Alliierten gekämpft haben, gez. Keitel, BA-MA, RW 4/v. 902.

[354] Interessanterweise hatte man das früher anders gehandhabt. Bei der noch zu erörternden Eroberung von Léros im November 1943 wurden die sich auf der Insel verteidigenden Italiener bereits als »Badoglio-Truppen« angesprochen. Dennoch befahl das OKW dem O.B. Südost, daß diese »jeweils zusammen mit britischen Gefangenen«, die man auf Léros ebenfalls in großer Zahl machte, als Arbeitskräfte ins Reich abzutransportieren seien. Zit. nach KTB OKW, Bd III, S. 1289, 17.11.1943.

[355] Siehe oben, Anm. 353. Darüber hinaus erklärte das OKW in seinen Richtlinien: »Die Regierung der Verräter Victor Emanuel und Badoglio stellt keine kriegführende Macht dar.« Berlin hielt an diesem Grundsatz auch in Zukunft fest.

von der Behandlung der italienischen Militärinternierten dadurch sichtbar zu unterscheiden, daß ihnen die weniger günstigen Unterkünfte und Arbeitsstellen zugewiesen werden.« Sie sollten in einem Sonderlager, im Zweiglager Schellrode des Stalag IX C, Bad Sulza, zusammengefaßt werden[356]. In den Statistiken des Chefs des Kriegsgefangenenwesens im Oberkommando der Wehrmacht traten jene Männer — neben den Militärinternierten — als besondere Gefangenengruppe auf[357].

Wendet man jetzt wieder den Vorgängen auf Rhodos im Herbst 1943 zu, so ist generell festzustellen, daß das dringlichste Problem auf der Insel der Abtransport der Militärinternierten darstellte[358]. Aber davon abgesehen bereitete den deutschen Besatzungstruppen auch der Widerstand auf Rhodos sehr bald Schwierigkeiten. So ereigneten sich vom 12. September bis zum 4. Oktober fünfundzwanzig Fälle von Kabelsabotage. Die Täter suchte die Sturmdivision »unter den zum Teil ohne Aufsicht herumstreifenden« Italienern, aber ebenso in der »englandfreundlich eingestellten griechischen Bevölkerung«[359]. Ferner häuften sich die Fluchtversuche bei den entwaffneten italienischen Soldaten[360]. Daher wurde Anfang Oktober befohlen, was die Internierten über die Verbindungsoffiziere mitgeteilt bekamen, daß in derartigen Fällen künftig »rücksichtslos von der Waffe Gebrauch« gemacht werde[361]. Kleemann modifizierte demnach seine oben erwähnte großzügige Behandlung flüchtiger Italiener. Als direkte Folge der Fluchtbewegung und der Sabotagefälle durfte seit dem 4. Oktober auf Personen, die nach Beginn der Sperrstunde »außerhalb der Hauptstraßen und in Ortschaften außerhalb der Wege angetroffen« wurden, ohne Warnung geschossen werden[362]. Um die Bandenbildung zu verhindern, hatten die deutschen Truppen außerdem den Befehl, in einem genau abgegrenzten Sperrgebiet auf jeden italienischen Soldaten ohne Anruf zu schießen. Die griechische Zivilbevölkerung konnte in der für Italiener gesperrten Zone verbleiben[363].

Aus den deutschen Unterlagen geht nicht hervor, wieviele italienische Soldaten die Wehrmacht auf Rhodos bei Straf- und Sühneaktionen tötete. Am 2. November wurden nach-

---

[356] Der Kommandeur der Sicherheitspolizei und des SD für den Distrikt Radom, IV 1 c — Nr. 317/44 gRs., Radom, den 29. April 1944 [dort teilweise Wiedergabe der Weisung des OKW vom 30.3.1944], BA, R 70 Polen/197. Direkt dazu auch: Auszug aus dem FS.- Erl. Nr. 37567 vom 21.4.1944 RSHA. Berlin IV B — (ausl. Arb.) — 330/44 gRs — 4 Kgf., 22.4.1944, BA, R 58/397.

[357] OKW/WFSt/Org. (Vb), Kriegsgefangene und Italienische Militärinternierte, März 1944, BA-MA, RW 6/v. 547.

[358] Siehe unten, S. 255 f.

[359] Sturmdivision Rhodos, Abt. Ic Br.B.Nr. 638/43 geh., Div.Gef.Std., den 5.10.1943, Betr.: Ic-Beitrag zum monatlichen Ia-Lagebericht, BA-MA, RH 26-1007/22. Der Ic der Sturmdivision meinte, daß die »Ordnungswidrigkeiten und Zersetzungserscheinungen« bei den entwaffneten italienischen Soldaten eine Folge des Abtransports vieler Offiziere seien.

[360] Levi, Avvenimenti in Egeo, S. 81, spricht von rund 1 580 Mann, denen das Verlassen der Insel gelang. Allerdings bleibt unklar, in welchem Zeitraum dies geschah.

[361] Sturmdivision Rhodos, Abt. Ia, Div.Gef.Std., 3.10.1943, An alle Einheiten, BA-MA, RH 26-1007/6, Anlage 312.

[362] Der Befehlshaber der Insel Rhodos, den 4.10.1943, BA-MA, RH 261007/6, Anlage 316.

[363] Sturmdivision Rhodos, Abt. Ia, Div.Gef.Std., den 3.11.1943, gez. Kleemann, BA-MA, RH 26-1007/7, Anlage 385; direkt dazu als Vorgang: Ic-Zwischenmeldung Nr. 860/43 geheim, 2.11.1943, BA-MA, RH 26-1007/22.

weislich vier sich bewaffnet »herumtreibende« Italiener als »Banditen« erschossen. Tags darauf war die Reihe an einem bewaffneten Leutnant in Zivil[364]. Wegen angeblicher Zugehörigkeit zu einer »Bande« hat man am 1. Dezember 1943 acht italienische Soldaten hingerichtet[365]. Als Vergeltung für ihren hartnäckigen Widerstand sind, nach Abschluß der Kampfhandlungen, zwei italienische Offiziere »niedergemetzelt« worden[366]. Im übrigen ließ sich nicht feststellen, bis wann genau die insgesamt 40 italienischen Militärangehörigen, die nach dem 12. September ohne Prozeß umgebracht wurden, und jene 50, denen man ein Gerichtsverfahren machte, ihr Leben verloren[367].

Auf Kárpathos (Scarpanto) standen über 2 500 Italiener etwa 1 000 Deutschen gegenüber. Der Inselkommandant, Oberst Francesco Imbriani, war an sich zum Widerstand entschlossen. Er kapitulierte am 12. September auf den ausdrücklichen Befehl von Admiral Campioni. Bei der Entscheidung des italienischen Oberbefehlshabers spielte, wie bereits im Rahmen der Übergabe auf Rhodos, die Drohung von Kleemann, daß er bei einer Fortsetzung des Widerstands die eigene Luftwaffe rücksichtslos einsetzen würde, die ausschlaggebende Rolle[368]. Nach dem Fall von Rhodos hätte sich Kárpathos, das dem Zugriff der Deutschen direkt ausgesetzt war, ohnehin nicht lange halten lassen.

Noch im September begann der Abtransport der Garnison via Kreta. Doch erst Anfang Februar 1944 hatten alle Italiener die Insel verlassen[369]. Es gab enorme Transportschwierigkeiten, weil ausreichende Beförderungsmittel fehlten. In der Zwischenzeit bereiteten außerdem zahlreiche in die Berge geflüchtete Militärinternierte, unterstützt von der griechischen Bevölkerung, die sich den »deutschen Truppen feindlich gesinnt« zeigte, der Wehrmacht Probleme[370].

---

[364] KTB Sturmdiv. Rhodos, 2./3.11.1943, BA-MA, RH 26-1007/2; vgl. auch GTDW, Bd 8, S. 346, 4.11.1943.

[365] Siehe oben, Anm. 349, BA-MA, RH 26-1007/23; und ebd.: Gruppe Geheime Feldpolizei 611 Außenkommando Rhodos, O.U., den 15.11.1943, Schlußbericht.

[366] Torsiello, Le operazioni delle unità italiane, S. 542.

[367] Levi, Avvenimenti in Egeo, S. 80. In den deutschen Quellen ist zwar von Festnahmen die Rede, etwa in der Altstadt von Rhodi (17 italienische Soldaten), aber das Schicksal der Gefangenen ist selten nachvollziehbar: Tagesmeldung OKdo. H.Gr. E, 3.11.1943, BA-MA, RH 19 VII/12.

[368] Levi, Avvenimenti in Egeo, S. 351 ff.; GTDW, Bd 8, S. 78, 14.9.1943, wo sich die Aussage findet, daß sich die Besatzung der Insel zu 25 % gewillt zeige, auf deutscher Seite weiterzukämpfen. Einen Hinweis auf die Entwaffnung enthält auch das KTB OKW, Bd III, S. 1103, 14.9.1943.

[369] GTDW, Bd 8, S. 140, 26.9.1943; Heeresgruppenintendant E, S I,1 Nr. 2659/43 geh., H.Qu., 31.12.1943; danach befanden sich Ende 1943 auf der Insel noch rund 1 000 Militärinternierte, BA-MA, RH 19 VII/23a; und KTB M.Gr.Kdo. Süd, S. 13, 2.2.1944, BA-MA, RM 35 III/72.

[370] Sturmdivision Rhodos, Abt. Ic, Div.Gef.Std., den 10.11.1943, Betr.: Abwehrlage Scarpanto, An Oberkommando der Heeresgruppe E, Abt. Ic., BA-MA, RH 26-1007/23; vgl. in diesem Kontext auch die Tagesmeldung OKdo. H.Gr. E, 14.11.1943, wonach im Nordteil der Insel ein italienischer Offizier und 26 Mann gefangen wurden, BA-MA, RH 19 VII/12. Hinzuzufügen ist, daß es unter den Militärinternierten bei einem britischen Luftangriff am 21.9. 15 Tote und 70 Verwundete gab: KTB Sturmdiv. Rhodos, 21.9.1943, BA-MA, RH 26-1007/2. Fünf weitere Militärinternierte verloren das Leben, als Flugzeuge den Segler »Elpis« während der Fahrt nach Kreta angriffen, ebd., 20.10.1943. Am 19.11. versenkte der Gegner die Motorsegler »Agios Antonius Kal 89« und »Constantinos SA 38«, mit Militärinternierten von Kárpathos an Bord im Golf von Mirampéllu am Nordost-Ende von Kreta. Rund 100 italienische Gefangene starben: KTB Adm. Ägäis, S. 143, 19.12.1943, BA-MA, M 720/PG 46203.

Eingeschlossen in die Kapitulation von Rhodos war ferner die rund 10 km südwestlich von Kárpathos gelegene Insel Kásos, deren kleine Besatzung man am 16. September als entwaffnet meldete[371].

Danach trat in bezug auf die Inbesitznahme des Dodekanes eine gut vierzehntägige Pause bis Anfang Oktober ein, denn die Wehrmacht konzentrierte sich in der Ägäis zunächst auf die Besetzung der Kykladen. Auf den verschiedenen Inseln existierte ein Netz von Flugmelde- und U-Bootüberwachungsstellen, das — in einem derartig eingeengten Seegebiet — für den operativen Einsatz als unverzichtbar galt. Nach Italiens Kriegsaustritt wollten und mußten die Deutschen deshalb die Kykladen in die eigene Hand bekommen, um ihre Bewegungsfreiheit in der Ägäis zu gewährleisten[372].

Der italienische Befehlshaber im Gebiet der Kykladen, Oberst Luigi Gino, der operativ Admiral Campioni und verwaltungsmäßig sowie disziplinar dem Kommandeur der Division »Cuneo« auf Sámos, General Mario Soldarelli, unterstand, residierte auf Sŷros. Auf der Insel lagen ungefähr 2 000 Mann der Marine und des Heeres[373]. Aus dem Bericht von Korvettenkapitän Weber, der am 13. und 14. September mit dem italienischen Befehlshaber der Kykladen Verhandlungen über eine Kapitulation von Sŷros führte, geht klar hervor, daß der Oberst und 90 Prozent der Inselbesatzung von Anfang an ihre Bereitschaft bekundeten, auf deutscher Seite weiterzukämpfen. Um gegenüber seinen Vorgesetzten das Gesicht zu wahren, bat Gino »um einen Scheinangriff deutscher Flugzeuge«. Der wurde ihm für den 15. September 07.00 Uhr zugesagt. Die Flugzeuge kamen, erhielten jedoch nicht das Signal zum Bombenwurf, weil mittlerweile die Vereinbarungen unterzeichnet waren. Gegenüber Soldarelli, der sich in einem Funkspruch gegen die Verhandlungen ausgesprochen hatte, sollte mit deutschem Einverständnis behauptet werden, daß seine Weisung nicht empfangen worden sei: Die Deutschen hätten sie abgefangen. So einfach ging das. Hartnäckig zeigten sich die Überläufer auf Sŷros einzig hinsichtlich der Flaggenfrage. Sie wollten nur unter der Fahne, auf die sie ihren Eid geschworen hatten, weiterkämpfen. Sollte Mussolini allerdings eine neue Flagge befehlen, würden sie ihr selbstverständlich folgen. Es gab auch etwa 140 für die »deutsche Seite unsichere [...] Elemente«. Oberst Gino lieferte sie den Truppen der Heeresgruppe E aus[374].

---

[371] GTDW, Bd 8, S. 89, 16.9.1943. Nach Levi, Avvenimenti in Egeo, S. 356, wurden die Angehörigen der Marinestation auf der Insel erst am 18.9. entwaffnet.

[372] KTB M.Gr.Kdo. Süd, S. 73, 10.9.1943, BA-MA, RM 35 III/61.

[373] Levi, Avvenimenti in Egeo, S. 428 ff.

[374] KTB Adm. Ägäis, S. 96 f., 15.9.1943, Bericht KK Weber über die »zweitägigen Kapitulationsverhandlungen«, BA-MA, M 718/PG 46198; und ebd., S. 85, 14.9.1943, Vereinbarung über den gewünschten Luftangriff. Die Deutschen nahmen zunächst an, daß sich auf Sŷros nur 250 Mann und ein Regimentsstab befänden. Tatsächlich lagen auf der Insel 1 400 Mann des Heeres und 600 der Marine. Die H.Gr. E. setzte von Anbeginn auf eine gütliche Einigung mit der italienischen Besatzung, die im übrigen bei der Ankunft der deutschen Truppen nicht einmal die Waffen besetzt hatte. Oberst Gino ging bei seinen Verhandlungen von den Zusagen aus, die den zur Zusammenarbeit bereiten Italienern deutscherseits in Rundfunkaufrufen gemacht worden waren. An der Darstellung bei Levi, Avvenimenti in Egeo, S. 431—437, sind bei Berücksichtigung der deutschen Quellen einige Korrekturen vorzunehmen.

Sŷros erhielt die Wehrmacht ohne einen einzigen Schuß. Dennoch meinte Vizeadmiral Lange in seiner Meldung an die vorgesetzten Dienststellen, daß die Italiener mit vorgetäuschter Deutschfreundlichkeit und allerlei Spitzfindigkeiten lediglich ihr Verbleiben auf den Inseln erreichen wollten. Diese beabsichtigen sie dann bei einem alliierten Angriff dem »Gegner in die Hände zu spielen«. Lange forderte deshalb, daß unter allen Umständen sämtliche italienische Soldaten die Inseln zu räumen hätten[375].

Die Intervention des Admirals Ägäis ist im Rahmen einer internen Auseinandersetzung zu sehen, die zwischen den deutschen Befehlshabern über die zweckmäßigste Sicherung der eroberten Stützpunkte entstanden war. Der Kommandeur der Sturmdivision Rhodos neigte dazu, die italienischen Offiziere und Soldaten für die Wahrung der deutschen Interessen zu gewinnen. Dazu wollte er sich in erster Linie die Mitarbeit von Admiral Campioni auf Rhodos und von General Soldarelli auf Sámos sichern. Offensichtlich glaubte Kleemann nicht daran, daß — nach Entwaffnung und Abschiebung der Italiener — die »militärische Macht auf den Inseln erhalten werden« könnte. Daß sie bewahrt werden mußte, das stand für ihn ebenfalls fest. Die Frage war nur: wie? Seine Überlegungen über eine Einbeziehung der früheren Verbündeten in die Inselsicherung teilte er am 14. September der Heeresgruppe E mit. Auf sie bezog sich Lange, den Generaloberst Löhr zur Stellungnahme aufgefordert hatte[376].

Zu dem Problem äußerte sich ferner der Oberbefehlshaber des Marinegruppenkommandos Süd, Admiral Kurt Fricke, der sich offenbar darin gefiel, vom »unheroischen« oder »kriegsmüden und haltlosen italienischen Volk« zu reden[377]. Er hielt den Vorschlag von Kleemann, der Campioni auf Rhodos die Verantwortlichkeit als Zivilgouverneur nach der Kapitulation belassen hatte, »nicht nur für abwegig und äußerst gefährlich, sondern auch mit den bestehenden Führerweisungen für unvereinbar«. Der Admiral erinnerte daran, daß nach Hitlers Weisung »alle italienischen Kommandeure, die ihre unterstellten Truppen nicht zur Übergabe« gebracht hätten, »standrechtlich erschossen« werden müßten. Eine Belassung von Admiral Campioni auf der Insel kam für ihn jedenfalls nicht in Frage, nicht einmal in ziviler Funktion. Seine Truppen hatten schließlich gegen die Wehrmacht gekämpft: Für den obersten Repräsentanten der Kriegsmarine im Südostraum — das zeigte seine Bezugnahme auf die »Führerweisung« — stellte das eine todeswürdige Handlung dar. Campioni und seine Soldaten sollten, wenn sie schon überleben durften, wenigstens in die Gefangenschaft abgeführt werden. Fricke billigte Langes Stellungnahme uneingeschränkt. Man müßte sie sogar »mit noch größerer Schärfe vertreten«[378].

Die Lage im Südosten entwickelte sich letzten Endes fast ganz im Sinne der beiden Admirale. Das zeigte sich unter anderem auf Sŷros. Am 19. September hatten — abgesehen von den »unsicheren Elementen«, die schon am 15. abtransportiert worden waren[379]

[375] KTB Adm. Ägäis, S. 97 f., Meldung von Lange an M.Gr.Kdo. Süd und H.Gr. E, BA-MA, M 718/PG 46198.

[376] KTB M.Gr.Kdo. Süd, S. 5 ff., 16.9.1943, BA-MA, RM 35 III/62.

[377] KTB M.Gr.Kdo. Süd, S. 69, 10.9.1943, BA-MA, RM 35 III/61.

[378] Siehe oben, Anm. 376, S. 7, 16.9.1943.

[379] KTB Adm. Ägäis, S. 97, 15.9.1943, BA-MA, M 718/PG 46198.

— 1 100 Italiener die Insel verlassen. Ungefähr 600 wurden vorläufig noch für Bewachungsaufgaben zurückgehalten[380].

Nach der Übergabe von Sŷros nahmen die deutschen Truppen in rascher Folge eine Reihe weiterer Inseln der Kykladen in Besitz. Dabei entwaffneten sie auf Kýthnos etwa 100 Exverbündete[381]. Die Waffenabgabe galt dort ebenso wie auf den Inseln Kéa, Sérifos und Sífnos, auf denen man mindestens 124 Gefangene machte, am 19. September als abgeschlossen[382]. Am 23. September war die Entwaffnungsaktion auf Mýkonos und Tênos angelaufen. Ergebnisse liegen dazu nicht vor[383]. Anschließend wollten die Deutschen auch Ándros haben. Zunächst versuchten sie es freilich mit zu schwachen Kräften. Die rund 400 Königstreuen leisteten nämlich Widerstand. Erst am 23. September legten sie ihre Waffen nieder[384]. Das SS-Polizei-Gebirgsjäger-Regiment 118 hat die gefangenen italienischen Offiziere jedoch nicht erschossen. Wie Vizeadmiral Lange sofort monierte, verstieß das gegen die »Führerweisung«. Trotz solcher Kommentare dachte der Admiral nicht daran, sich die eigenen Hände schmutzig zu machen. Als ihm die SS-Truppen die Gefangenen übergaben, ließ er sie keineswegs töten. Da es ihm andererseits widersprach, einen Befehl seines »Führers« zu verweigern, mußte der Schwarze Peter anderen zugeschoben werden. Die Lösung? Er reichte die Offiziere als »Gefangene des Heeres« an die Armeegruppe Südgriechenland weiter[385].

Inzwischen wurde es Oktober. Verhandlungen mit der Besatzung von Náxos waren Ende September gescheitert, und auf Páros zog sich die kleine Garnison in die Berge im Innern der Insel zurück[386]. Auf Náxos befanden sich rund 700 Italiener, auf Páros circa 100[387]. Ein zweiter Zugriff verlief erfolgreich: Man entwaffnete zwischen der Kapitulation von Náxos am 12. und dem 25. Oktober auf der Insel acht Offiziere und 494 Mann. Auf Páros brachten die Angreifer zwei Offiziere und 150 Mann als Gefangene ein. Die Wehrmacht vermutete, daß sich auf beiden Inseln noch insgesamt 100 versprengte, das heißt in die Berge geflüchtete italienische Militärangehörige befänden[388].

---

[380] KTB Adm. Ägäis, S. 24, 19.9.1943, BA-MA, M 718/PG 46199; KTB M.Gr.Kdo. Süd, S. 59, 21.9.1943; und ebd., S. 36, 19.9.1943: außer der Besatzung der Insel wurden von Sŷros »als Gefangene 1 italienischer General, 2 englische Majore und 1 griechischer Kapitän zur See« nach Piräus überführt.

[381] KTB Adm. Ägäis, S. 2, 16.9.1943, BA-MA, M 718/PG 46199; KTB F.A. H.Gr. E, S. 76, 17.9.1943, BA-MA, RH 19 VII/10; GTDW, Bd 8, S. 96, 17.9.1943; und Levi, Avvenimenti in Egeo, S. 437, der von nur 60 Mann auf der Insel ausgeht.

[382] KTB M.Gr.Kdo. Süd, S. 39, 19.9.1943, BA-MA, RM 35 III/62; und Levi, Avvenimenti in Egeo, S. 437 ff.

[383] GTDW, Bd 8, S. 125, 23.2.1943; und Levi, Avvenimenti in Egeo, S. 439 f.

[384] KTB M.Gr.Kdo. Süd, S. 36, 19.9.; S. 39, 19.9.; und S. 83, 23.9.1943, BA-MA, RM 35 III/62. Ausführlich dazu Levi, Avvenimenti in Egeo, S. 440—444, der für die Insel 350 Mann angibt.

[385] KTB Adm. Ägäis, S. 84, 30.9.1943, BA-MA, M 718/PG 46199. Zu einer »Restsäuberung« der Insel, bei der nochmals 20 Gefangene eingebracht wurden, kam es Anfang November: KTB M.Gr.Kdo. Süd, S. 53 und 66, 5.11.1943, BA-MA, RM 35 III/65.

[386] GTDW, Bd 8, S. 130, 24.9.1943; und ebd., S. 136, 25.9.1943.

[387] Levi, Avvenimenti in Egeo, S. 444 und 446. Einen ersten — vergeblichen — Versuch, die Kapitulation von Náxos zu erreichen, machte die Wehrmacht am 22.9., ebd., S. 445 f.

[388] KTB F.A. H.Gr. E, S. 207, 25.10.1943, BA-MA, RH 19 VII/10; Tagesmeldung OKdo. H.Gr. E, 25.10.1943, BAMA, RH 19 VII/12; KTB M.Gr.Kdo. Süd, S. 113, 26.10.1943, BA-MA, RM 35 III/64; KTB Adm. Ägäis, S. 53, 15.10.1943, BA-MA, M 718/PG 46200; und GTDW, Bd 8, S. 293, 25.10.1943.

Anfang November nahmen die Deutschen bei ihrer Besetzung der Kykladen Amorgós ins Visier. Ursprünglich lag dort nur eine kleine Garnison von 140 Soldaten. Am 23. Okober kamen rund 70 Mann von den Truppen auf Náxos hinzu. Wenig später verstärkten nochmals 130 Flüchtlinge, die ebenfalls von Náxos stammten, die Besatzung auf Amorgós. Viel hatten die Italiener der Wehrmacht zwar trotzdem nicht entgegenzusetzen, aber sie verteidigten sich. Vergeblich, wie sich schnell zeigte[389], denn am 6. November beherrschten die deutschen Invasionstruppen die Lage. Der Admiral Ägäis meldete die Gefangennahme von 12 Offizieren, 20 Unteroffizieren und 329 Mannschaften[390].

Bei einem Aufklärungsunternehmen auf Íos nahmen die Deutschen wenig später 20 Italiener gefangen[391]. Als dann am 27. November Santorin kapitulierte, befand sich auch die letzte Insel der Kykladen in ihrem Besitz. Einschließlich der Gefangenen auf Santorin, 19 Offiziere und 624 Mann[392], hatte die Wehrmacht somit auf dieser Inselgruppe rund 4 300 italienische Soldaten entwaffnet.

Parallel zu den Operationen gegen die Garnisonen auf den Kykladen nahm die Heeresgruppe Anfang Oktober die Eroberung des Dodekanes wieder auf. Rhodos, Kárpathos und Kásos befanden sich damals ja bereits in deutscher Hand. Alimniá, Têlos und Kandeliûssa, ein Eiland im Westen der unbesetzten Insel Nísyros, räumten die italienischen Truppen ohne Kampfhandlungen[393].

In den frühen Morgenstunden des 3. Oktober landeten die Elitesoldaten der Kampfgruppe des Generalleutnants Friedrich-Wilhelm Müller, Kommandeur der 22. Infanteriedivision (Kreta), auf Kôs. Sie stießen auf nur geringe Gegenwehr und hatten schon am selben Tag um 14.00 Uhr die wesentlichen Punkte der Insel besetzt. Am Nachmittag des 4. Oktober gab es auf Kôs keinen geordneten Widerstand mehr. Für die »Säuberung« der Insel — die Mehrzahl der Verteidiger flüchtete in die Berge — setzte man drei bis vier Tage an[394].

---

[389] Levi, Avvenimenti in Egeo, S. 447 f.

[390] KTB Adm. Ägäis, S. 19, 6.11.1943, BA-MA, M 720/PG 46202; jene 361 Gefangenen entsprechen ziemlich genau den von italienischer Seite genannten rund 340 Mann. Unvollständig sind daher wohl die deutlich niedrigeren Daten im KTB H.Gr. E, S. 220, 6.11.1943, BA-MA, RH 19 VII/1; Tagesmeldung OKdo. H.Gr. E, 8.11.1943, BA-MA, RH 19 VII/12; und GTDW, Bd 8, S. 371, 8.11.1943. Die Zahlenangaben in diesen Quellen bewegen sich zwischen 164 und 246 Soldaten, eingeschlossen etwa 80 Versprengte.

[391] KTB M.Gr.Kdo.Süd, S. 155, 13.11.1943, BA-MA, RM 35 III/65; Tagesmeldung OKdo. H.Gr. E, 13.11.1943, BA-MA, RH 19 VII/12; und GTDW, Bd 8, S. 397, 13.11.1943.

[392] KTB Adm. Ägäis, S. 186, 28.11.1943, BA-MA, M 720/PG 46203; Tagesmeldung OKdo. H.Gr. E, 29.11.1943, BA-MA, RH 19 VII/12; KTB M.Gr.Kdo. Süd, S. 1, 29.11.1943, BA-MA, RM 35 III/67. Die Angaben bei Levi, Avvenimenti in Egeo, S. 448 f., wonach sich auf der Insel nur ungefähr 500 Mann befanden, sind nach den deutschen Quellen nicht zutreffend. Vgl. auch GTDW, Bd 8, S. 483, 29.11.1943; dort die Meldung, daß die Insel am 28.11. um 10.00 Uhr von den Deutschen offiziell übernommen worden sei.

[393] Levi, Avvenimenti in Egeo, S. 356, 374 f. und 402 f.

[394] GTDW, Bd 8, S. 175, 3.10.1943; und ebd., S. 181, 4.10.1943. Ausführlich dargestellt im KTB Kampfgruppe Müller, 10.3.1944: Einsatz der »Kampfgruppe Müller« im Dodekanes vom 1.10.1943 bis 3.2.1944, hier Anlage: Gefechtsbericht über die Einnahme der Insel Coo, Unternehmen »Eisbär«, Samos, den 13.12.1943 (13 S.), BA-MA, RH 26-22/55.

Der schnelle Erfolg des Unternehmens »Eisbär« erklärte sich auch damit, daß den etwa 1 000 deutschen Angreifern, denen 4 000 italienische und 1 300 britische Verteidiger gegenüberstanden, eine perfekte Überraschung gelang[395].

Als bemerkenswert ist der unterschiedliche Umgang mit den Gefangenen nach dem Sieg festzuhalten. Briten und Italiener haben sich verteidigt und damit dasselbe getan. Dennoch wandten Generalleutnant Müller und seine Truppen in bezug auf die italienischen Offiziere die verbrecherische »Führerweisung« an, das heißt, sie brachen in besonders offenkundiger Weise das Kriegsvölkerrecht, sie veranstalteten ein Massaker an Kriegsgefangenen. Bereits am 3. Oktober erschossen die Deutschen den Inselkommandanten, Oberst Felice Leggio, und 81 seiner Offiziere[396]. Bis zum 7. Oktober erhöhte sich die Gesamtzahl der Ermordeten auf 90[397].

Unterschiedliche Angaben finden sich in der Literatur und in den Quellen über die auf Kôs insgesamt eingebrachten italienischen und britischen Gefangenen. Auf der Grundlage der deutschen amtlichen Unterlagen ist davon auszugehen, daß bis zum 22. Oktober, als die sogenannten Säuberungsaktionen auf der Insel als definitiv abgeschlossen galten, von der Wehrmacht 3 145 Italiener — einschließlich der umgebrachten Offiziere sogar 3 235 Mann — und 1 388 Briten entwaffnet worden sind[398].

Der Verlust von Kôs, wo sich wichtige Flugplätze befanden, bedeutete aus der Sicht der Italiener und Alliierten so etwas wie eine Wende im Kampf um die Inseln im östlichen Mittelmeer. Auf jeden Fall stellte er eine entscheidende Etappe bei der Eroberung der Ägäis durch die Wehrmacht dar. Letztere nahm unmittelbar danach ihre Planungen für die Inbesitznahme von Léros, Unternehmen »Leopard«, und von Sámos, Unternehmen »Poseidon«, wieder auf.

---

[395] Levi, Avvenimenti in Egeo, S. 357—368; Torsiello, Le operazioni delle unità italiane, S. 544—553; und Ehrman, Grand Strategy, S. 93 f., zur Rolle der britischen Garnisonen auf den italienischen Inseln. Anzumerken ist, daß die Zahlen für die Briten auf Kôs in der Literatur zwischen 1 300 und 2 100 schwanken.

[396] 1. Skl. KTB Teil B, H. IX, S. 182 (Lageübersicht 1.—15.10.1943), 3.10.1943, BA-MA, RM 7/116. Die Feststellung bei Levi, Avvenimenti in Egeo, S. 366, daß die italienischen Offiziere vom 4. bis 6.10. in Gruppen von 8—10 Mann erschossen worden seien, ist also nach der deutschen Quelle nicht korrekt.

[397] KTB M.Gr.Kdo. Süd, S. 63, 7.10.1943, BA-MA, RM 35 III/63; ebenso KTB Adm. Ägäis, S. 19, 7.10.1943, BA-MA, M 718/PG 46200.

[398] KTB OKW, Bd III, S. 1214, 22.10.1943. Es handelt sich um die Abschlußmeldung des O.B. Südost über das Unternehmen »Eisbär«. Bestätigt werden diese Zahlen in: Kampfgruppe Müller, Samos, den 13.12.1943, Gefechtsbericht über die Einnahme der Insel Coo, Unternehmen »Eisbär«, S. 13, BA-MA, RH 26-22/159. Die Deutschen zählten 14 Tote. Andere Daten, die auch in den Quellen auftreten, beziehen sich nur auf Zwischenergebnisse. Es ist nicht nachweisbar, daß man nach dem 7.10. weitere italienische Offiziere erschossen hat. Doch ist dies durchaus anzunehmen, falls weitere gefangen worden sein sollten. Dazu ist festzuhalten, daß am 7.10. insgesamt 3 000 Italiener und 886 Briten, unter diesen 42 oder 46 Offiziere, als gefangen galten. Die Gesamtzahl der italienischen Kriegsgefangenen erhöhte sich somit nur noch unwesentlich. Vgl. dazu: GTDW, Bd 8, S. 200, 7.10.1943; Tagesmeldung OKdo. H.Gr. E, 7.10.1943, BA-MA, RH 19 VII/12; und die bereits zitierten Quellen (siehe oben, Anm. 397).

Wegen der überraschenden Schwierigkeiten auf den großen Inseln des Ionischen Meeres hatte es — nicht zuletzt eine Folge der Knappheit an Truppen und Gerät — im Hinblick auf jene grundsätzlich beabsichtigten Landungsunternehmen gewisse Verzögerungen gegeben. Aber seit dem 23. September stand fest, daß der Bereinigung der Situation auf Kefallēnía und der Wegnahme von Corfu die Eroberung der Inseln Kôs, Léros und Sámos folgen sollte.

Generalfeldmarschall v. Weichs teilte dann unter dem Eindruck des Erfolgs auf Kôs dem Oberkommando der Wehrmacht bereits am 6. Oktober mit, daß die Kampfgruppe Müller — sofern Berlin zustimmte — spätestens am 9. des Monats Léros angreifen würde. Im Anschluß daran beabsichtigte der Oberbefehlshaber Südost, nach der vorherigen Inbesitznahme von Ikaría, gegen Sámos vorzugehen. Die jeweiligen Landungen waren durch systematische Bombardierungen vorzubereiten. Der Einsatz der Luftwaffe besaß im Rahmen der Operationen in der Ägäis in der Tat entscheidende Bedeutung. Im übrigen schlug Weichs kurz danach vor, die Insel Kálymnos als Sprungbrett für die Invasion auf Léros zu verwenden. Dabei sprach er bereits vom 10. Oktober als Termin[399]. In der Folgezeit mußten die operativen Absichten jedoch noch mehrmals überprüft und abgeändert werden. Auch kam es zu erheblichen zeitlichen Verschiebungen[400].

Für das Unternehmen gegen Kálymnos traf das allerdings nicht zu. Die Inbesitznahme der nördlich von Kôs gelegenen Insel, die über eine Besatzung von ungefähr 400 Mann verfügte[401], verlief ohne Probleme. Am 7. Oktober streckten die meisten Italiener die Waffen. Generalleutnant Müllers Kampfgruppe entwaffnete circa 350 Mann[402]. Die übrigen italienischen Soldaten zogen sich in die Berge zurück. Auf Umwegen scheinen sie später in die Türkei gelangt zu sein[403].

Einige Tage danach, am 17. Oktober, kapitulierte die kleine Besatzung der Marinestation auf Lebítha vor der 15. Fallschirmjägerkompanie des 4. Regiments der Division »Bran-

---

[399] KTB OKW, Bd III, S. 1185, 8.10.1943.

[400] Zu diesen hier nicht zu vertiefenden operativen Überlegungen auf deutscher Seite sei lediglich folgendes zusammenfassend festgestellt: Am 17. Oktober schwankte Löhr zwischen einer Landung via Chíos—Sámos und dem bisher vorgesehenen überraschenden Angriff von See. Hitler entschied sich für die letztere Variante. Am 23. Oktober wollte der Oberbefehlshaber der H.Gr. E dennoch vor Léros die Insel Sámos — Unternehmen »Zwischenspiel« — im Handstreich nehmen. Dies schien insbesondere wegen der angenommenen deutschfreundlichen Einstellung der italienischen Soldaten auf Sámos möglich zu sein. Am 28.10. sollten die Kräfte — ohne Schwächung der Truppen für Léros — zur Verfügung stehen. Wenig später, am 2.11., wurde der Plan hinfällig, weil die Seetransportmittel nicht mehr ausreichten. Folglich griffen die Deutschen auf ihre frühere Planung zurück, wobei man als Beginn des Unternehmens »Leopard« den 7.11. vorsah. Die ursprünglich für Sámos vorgesehenen Kräfte konnten jetzt ebenfalls gegen Léros angesetzt werden. Aufkommendes schlechtes Wetter erzwang schließlich die Verschiebung der Operation auf den 12.11.1943. Vgl. dazu KTB OKW, Bd III, S. 1134, 23.9.; S. 1204, 17.10.; S. 1221, 25.10.; S. 1240, 1.11.; S. 1266, 9.11.; und S. 1275, 12.11.1943.

[401] Levi, Avvenimenti in Egeo, S. 368—372. Gemäß dem Bericht der Kampfgruppe Müller vom 13.12.1943 (siehe oben, Anm. 398, RH 26-22/159), S. 13, streckten am 7.10.1943 auf der Insel 350 Mann die Waffen.

[402] KTB M.Gr.Kdo. Süd, S. 80, 7.10.1943, BA-MA, RM 35 III/63; Tagesmeldung OKdo. H.Gr. E, 8.10.1943, BA-MA, RH 19 VII/12; und GTDW, Bd 8, S. 207, 8.10.1943.

[403] Levi, Avvenimenti in Egeo, S. 372.

denburg«. Bei dem Unternehmen wurden zugleich ein Offizier und 50 deutsche Soldaten aus italienischer Gefangenschaft befreit[404].

Fünf Tage später entwaffneten eine Kompanie Fallschirmjäger und 100 Mann der Luft-
landetruppe die italienische Garnison auf Astypálaia. Dort standen rund 500 Angehörige der italienischen Marine, 300 Soldaten des Heeres und — seit dem Oktober 1943 —
maximal 15 Briten[405]. Der handstreichartigen Inbesitznahme am 22. Oktober ging ein
wirkungsvolles Luftbombardement voraus, das insbesondere die Fernmeldeverbindungen zerstörte. Damit erklärte sich manches, aber nicht alles. Nach dem Eindruck der
deutschen Truppen wollte sich das Gros der Besatzung ganz einfach nicht verteidigen.
Als Gefangene brachte man auf der Insel circa 620 Italiener, darunter 20 Offiziere, und
sieben Engländer ein[406].

Hingegen gingen die Deutschen auf Sýmē, wo sie am 1. November anlandeten, mit leeren Händen aus[407]. Dort hatte die Wehrmacht, als am 7. Oktober Einheiten der Sturmdivision Rhodos den Stützpunkt zu nehmen versuchten, nach harten Kämpfen die einzige echte Niederlage im Zuge der Inseleroberungen in der Ägäis hinnehmen müssen[408].
An sich sollte die Operation schon am 10. November wiederholt werden, doch kam
es hier ebenso wie im Hinblick auf den Angriff gegen Léros zu einer Verschiebung[409].
Ein zweites Treffen mit den Verteidigern von Sýmē wurde dadurch unmöglich. Diese
setzten sich nämlich in der Nacht vom 11. auf den 12. November ab, da das italienische
Oberkommando befohlen hatte, die auf viele kleine Garnisonen verteilten Truppen in
einigen wichtigen Basen zusammenzuziehen[410].

Das Unternehmen gegen Léros, mittlerweile mit dem Decknamen »Taifun« versehen,
mußte also, wie angedeutet, Anfang November erneut verschoben werden. Zunächst

---

[404] KTB OKW, Bd III, S. 1208, 19.10.; und S. 1237, 31.10.1943. Diese Episode wurde schon im Oktober 1943 unterschiedlich dargestellt. Durch Rückfragen hat man jedoch eindeutig geklärt, daß sich
die deutschen Gefangenen nicht selbst zu befreien vermochten. Vgl. auch Levi, Avvenimenti in Egeo,
S. 384 f.

[405] Levi, Avvenimenti in Egeo, S. 385—402, ausführlich zu den Ereignissen.

[406] KTB Adm. Ägäis, S. 29, 22.10.1943, BA-MA, M 720/PG 42601; der Admiral Ägäis spricht von 100
britischen Soldaten, von denen das Gros in die Berge geflüchtet sei. Es kann sich also um Informationen — vermutlich italienischer Gefangener — gehandelt haben, die eventuell irreführen sollten.
Levi, Avvenimenti in Egeo, S. 398, nennt die Zahl von höchstens 15 Briten. Die Deutschen nahmen
jedenfalls nur 620 Italiener und 7 Engländer gefangen: GTDW, Bd 8, S. 287, 24.10.1943. Vgl. auch
KTB OKW, Bd III, S. 1216, 23.10.1943; Tagesmeldung OKdo. H.Gr. E, 24.10.1943, BA-MA, RH
19 VII/12; und KTB M.Gr.Kdo. Süd, S. 86, 23.10.1943, BA-MA, RM 35 III/64.

[407] GTDW, Bd 8, S. 333, 2.11.1943. Auf Sýmē verblieb ein Sicherungskommando, das später durch einen »Zug Faschisten und deutsches Nachrichten-Personal verstärkt« wurde: Tagesmeldung OKdo.
H.Gr. E, 26.11.1943, BA-MA, RH 19 VII/12. Vgl. auch KTB M.Gr.Kdo. Süd, S. 27, 3.11.1943, BA-
MA, RM 35 III/65, wonach man nur 2 bündnistreue italienische Offiziere und 50 Mann auf Sýmē
beließ.

[408] GTDW, Bd 8, S. 200, 7.10.; und ebd., S. 207, 8.10.1943; sowie KTB OKW, Bd III, S. 1188, 9.10.1943.

[409] GTDW, Bd 8, S. 219, 10.10.1943.

[410] Levi, Avvenimenti in Egeo, S. 375—383. Nach deutschen Unterlagen erfolgte die Landung nicht
erst am 2., sondern bereits am 1.11.1943 durch eine verstärkte Kompanie der Sturmdivision Rhodos (siehe oben, Anm. 407).

geschah das wegen der beobachteten Verstärkungen bei den gegnerischen Seestreit-kräften[411]. Danach ließen ungünstige Wetterverhältnisse die Invasion nicht zu[412]. Am 12. November war es endlich soweit. Um 05.43 Uhr landeten 500 Mann der Kampf-gruppe Müller von See her. Andere Landungsgruppen wurden abgewiesen und gingen erst am 13. an Land. Gegen 13.30 Uhr sprangen außerdem 600—800 Fallschirmjäger über Léros ab[413]. Sie taten es dort, wo es keiner für möglich gehalten hatte. Die Truppe erlitt zwar empfindliche Einbußen, aber es gelang ihr, die britischen und italienischen Vertei-diger in zwei Gruppen zu trennen. Das bedeutete, wie sich bald zeigte, die Entscheidung für den Erfolg des tollkühnen Unterfangens.

Auf deutscher Seite wurden im Verlaufe der Kampfhandlungen ungefähr 2 700 Mann eingesetzt[414]. Ihnen standen angeblich 7 603 italienische Militärangehörige[415] und zwi-schen 4 000 und 5 000 Briten gegenüber[416]. Es ist hier nicht der Ort, die Gefechte erneut darzustellen[417]. Festzuhalten ist jedoch, daß die Truppen der Wehrmacht an ihrer Lei-stungsgrenze kämpften. Ihr Erfolg hing an einem seidenen Faden. Man hatte zweifellos auch Glück. Das gehört zum Gelingen einer so extrem risikoreichen Operation ganz einfach dazu. Nicht zuletzt aber besaßen die Deutschen ihre Luftwaffe, die tagsüber die britische Flotte in Schach zu halten vermochte.

Doch die Kampfgruppe Müller und die übrigen Truppen bezahlten teuer für ihren Sieg. Die Verluste beliefen sich auf 1 109 oder sogar 1 183 Mann. Das waren mindestens

---

[411] KTB OKW, Bd III, S. 1216, 23.10.1943. Die beabsichtigte Landung schien nun nicht mehr vor dem 6.11. möglich zu sein.

[412] Ebd., S. 1266, 9.11.1943.

[413] Im Detail abgehandelt in: Kampfgruppe Müller, Samos, den 13.10.1943, Gefechtsbericht über die Eroberung der Dodekanes-Insel Lero (Unternehmen »Taifun«), BA-MA, RH 26-22/159 (44 Seiten und Anlagen); GTDW, Bd 8, S. 392 f., 12.11.1943; auch Roskill, War at Sea, S. 202.

[414] Vgl. zu dieser Berechnung KTB OKW, Bd III, S. 1299, 22.11.1943. Zahlen von 4 000 bis 4 500 angreifenden deutschen Soldaten korrespondieren nicht mit der Angabe des Oberkommandos der Wehrmacht und müssen als übertrieben gelten. Vgl. dazu Ehrman, Grand Strategy, S. 102, der 4 000 Mann annimmt. Levi, Avvenimenti in Egeo, S. 276, Anm. 1, akzeptiert eine in der Literatur überlieferte Größenordnung von 4 500. Molony, The Campaign in Sicily, S. 548—557, nennt 2 730 Deutsche.

[415] Levi, Avvenimenti in Egeo, S. 99. Die Zahl erscheint zu hoch. Molony, The Campaign in Sicily, S. 552, meint, es seien nur 4 000 bis 5 000 Italiener auf Léros gewesen, was wiederum eine zu nie-drig angesetzte Schätzung sein dürfte.

[416] Ehrman, Grand Strategy, S. 102, vermutet 5 000 Briten auf Léros. Vgl. auch Torsiello, Le operazioni delle unità italiane, S. 561, Anm. 90, der von rund 4 000 Soldaten ausgeht. Für diese Annahme spricht auch die Tatsache, daß die Briten in der gesamten Ägäis, das heißt im wesentlichen auf Kôs und Léros, rund 4 800 Mann verloren, vgl. Molony, The Campaign in Sicily, S. 557. Zieht man davon die etwa 1 400 Soldaten ab, die auf Kôs in Gefangenschaft gerieten, so ergäben sich für Léros etwa 3 400 Mann. Nach den deutschen Unterlagen käme diese Zahl der Realität ziemlich nahe.

[417] Vgl. dazu GTDW, Bd 8, S. 397, 403 und 409, 13.—15.11.1943; KTB OKW, Bd III, S. 1275, 1277 f., 1281, 1284, 1289, 12.—17.11.1943. Die ausführlichste Darstellung der Entwicklung auf Léros seit dem 8.9. bietet Levi, Avvenimenti in Egeo, S. 94—338 (insgesamt 91—348). Zu den Kampfhand-lungen vgl. ebd., S. 221—261; Roskill, War at Sea, S. 201 ff.; und Torsiello, Le operazioni delle unità italiane, S. 564—568 (insgesamt 557—572), der in enger Anlehnung an Levi (siehe oben) inter-pretiert.

41 Prozent der am Unternehmen »Taifun« beteiligten Soldaten[418]. Der hohe Blutzoll mag vielleicht etwas von dem erklären, was sich auf Léros abspielte, aber er entschuldigt nichts. Dem Triumph folgte noch auf dem Schlachtfeld der Mord. Von den italienischen Offizieren hat man zwölf völkerrechtswidrig erschossen. Nach übereinstimmenden Zeugenaussagen wurden die gefangenen Italiener mit größter Brutalität behandelt. Gemäß ihren Berichten sind sie geschlagen, getreten und bestohlen worden[419].

Hinzuzufügen ist, daß der Befehlshaber der auf Léros eingesetzten vier britischen Elitebataillone sich am 16. November gegen 17.30 Uhr gezwungen sah, den Kampf einzustellen. Daraufhin blieb dem italienischen Oberkommandierenden, Konteradmiral Luigi Mascherpa, keine Wahl. Er mußte sich der Entscheidung der Engländer anschließen. Zwischen 22.00 Uhr und Mitternacht scheinen die Gesamtbestimmungen der Kapitulation zwischen Deutschen, Briten und Italienern festgelegt worden zu sein[420]. Man nahm auf Léros über 200 britische Offiziere und 3 000 Mann sowie circa 350 Offiziere und 5 000 Mann der »Badoglio-Truppen« gefangen[421]. Auf der Seite der Briten gab es angeblich 600 Tote, was extrem hoch gewesen wäre, bei den Italienern waren es 87 Gefallene und 164 Vermißte[422]. Die Wehrmachtführung verbreitete eine Sondermeldung. Hitler

---

[418] KTB OKW, Bd III, S. 1299, 22.11.1943. Jener Angabe des Oberkommandos der Wehrmacht steht die Statistik des Admirals Ägäis gegenüber, die folgende Daten enthält: 104 Tote (davon 7 Offiziere), Verwundete 285 (darunter 8 Offiziere) und 131 Vermißte (davon 1 Offizier). Das sind insgesamt 520 Mann. Verladen wurden 1 724 Soldaten und Offiziere, so daß die Verluste 30,2 % betragen hätten. Allerdings sind in dieser Zusammenstellung ganz offensichtlich nicht die Luftlandetruppen berücksichtigt. Vgl. KTB Adm. Ägäis, S. 137, 18.11.1943, BA-MA, M 720/PG 46203. Im Abschlußbericht der Kampfgruppe Müller (siehe oben, Anm. 413, RH 26-22/159), S. 38 f., verzeichnete man an Gefallenen: 242 Mann (12 Offiziere), an Verwundeten 660 Mann, an Vermißten 155 Mann (Heeres- und Fallschirmjäger-Einheiten); die Verluste der Marine beliefen sich auf 4 Tote, 15 Verwundete und 7 Vermißte.

[419] Levi, Avvenimenti in Egeo, S. 333—339; vgl. dazu auch die ebd., S. 601—604, abgedruckten Dokumente Nr. 184—189. Die Namen der umgebrachten Offiziere finden sich bei Torsiello, Le operazioni delle unità italiane, S. 569.

[420] GTDW, Bd 8, S. 414, 16.11.1943, nennt den Nachmittag als Termin der Kapitulation. Vgl. zu den Details Levi, Avvenimenti in Egeo, S. 261—264; Torsiello, Le operazioni delle unità italiane, S. 567 f.

[421] Im Hinblick auf diese Angaben stimmen die deutschen Quellen überein, vgl. KTB OKW, Bd III, S. 1289, 17.11.1943; GTDW, Bd 8, S. 420, 17.11.1943; KTB F.A. H.Gr. E, S. 44, 17.11.1943, BA-MA, RH 19 VII/11; KTB H.Gr. E, S. 238, 17.11.1943, BA-MA, RH 19 VII/1; Tagesmeldung OKdo. H.Gr. E, 17.11.1943, BA-MA, RH 19 VII/12; KTB M.Gr.Kdo. Süd, S. 14, 17.11.1943, BA-MA, RM 35 III/66. Als Beute werden genannt: 16 schwere Flak, 20 Flak Kaliber 2 cm, 80 Fliegerabwehr-Maschinengewehre und 120 Geschütze bis 15 cm Kaliber.

[422] In den Zahlen sind auch Bombenopfer inbegriffen. Vgl. Torsiello, Le operazioni delle unità italiane, S. 568 f. Höchstens 250 Briten sollen der Gefangenschaft entkommen sein. Da Gefangene, Tote, Vermißte und Entkommene maximal etwa 9 650 Mann ausmachten, stellt sich die Frage, wo die restlichen der angeblich 11 600 und 12 600 italienischen und britischen Militärangehörigen auf der Insel verblieben sind. Es spricht also manches für die oben angedeutete Annahme, daß sich in den Tagen des Ringens um Léros — die Briten erhielten damals noch 1 Bataillon von Sámos als Verstärkung — auf der Insel nicht mehr als circa 5 600 Italiener und maximal 4 000 Briten befanden. Ihre Zahl dürfte — von den Gesamtverlusten in der Ägäis ausgehend — jedoch eher niedriger gelegen haben, nämlich bei rund 3 300 bis 3 400 Mann. Das wiederum hieße, daß die Zahl der Gefallenen falsch sein müßte. Sollte jedoch letztere stimmen, dann kann die Summe der Verluste in der Ägäis

sprach den »Eroberern von Léros«, wobei er die Insel zum britischen Stützpunkt machte, »seine volle Anerkennung aus«[423]. Churchill traf der Verlust »sehr bitter«. Es fehlte
nicht an schweren Vorwürfen an die Adresse von General Eisenhower. Zumindest zeit-
weilig zerrannen für den britischen Premierminister damals auch alle »anderen Hoffnungen in der Ägäis«[424]. Die unmittelbare Konsequenz der Niederlage auf Léros bestand
in dem Befehl, die alliierten Truppen auf Sámos zu evakuieren[425].

Dazu gab es Grund, denn die Wehrmacht arbeitete sich in den nächsten Tagen zügig
an diesen großen Stützpunkt der Nördlichen Sporaden heran. Die Angreifer machten
dabei auf Leipsói 40 und auf Pátmos 30 italienische Gefangene. Am 18. November befanden sich die beiden noch zum Dodekanes zählenden Inseln in deutscher Hand[426]. Gleiches galt für Fûrnoi, das die Deutschen verlassen vorfanden, und für Ikaría, wo sie 240
italienische Soldaten entwaffneten[427]. Damit besaß die Heeresgruppe E eine glänzende
Ausgangsposition. Der Angriff auf Sámos konnte beginnen.

Die Vorbereitungen für die Eroberung von Sámos hatten direkt nach der Kapitulation
von Léros eingesetzt. Allerdings lag Generaloberst Löhr, der für die Operationen in der
Ägäis verantwortlich zeichnete, nicht daran, noch einmal so schwer zu bluten wie auf
Léros. Bereits am 17. November schlug daher der Chef des Stabes im Luftwaffenkommando Südost, Generalmajor Sigismund Frhr. v. Falkenstein, dem Chef des Generalstabs der Heeresgruppe E, Generalmajor August Winter, vor, es auf dem Verhandlungswege zu versuchen. Den italienischen Offizieren auf Sámos, die laut »Befehl erschossen«
werden sollten, könne man doch sagen: »Wenn ihr euch ergebt, werdet ihr nicht erschossen«. Winter meinte, der Gedanke sei gut, er werde aufgegriffen werden[428].

Löhr wandte sich an das Oberkommando der Wehrmacht und fand Gehör. Die Erfahrungen von Léros bewegten die Wehrmachtführung dazu, den Mordbefehl hinsichtlich

---

nicht korrekt sein. Eine weitere Ungereimtheit resultiert aus der Tatache, daß Torsiello (S. 558) die
Gesamtzahl der Offiziere mit 254 angibt, die Deutschen wollen jedoch rund 350 gefangen haben
(siehe oben, Anm. 421).

[423] Wehrmachtberichte, Bd 2, S. 608 f., 18.11.1943; und KTB OKW, Bd III, S. 1289, 17.11.1943.

[424] Churchill, Weltkrieg, Bd V/1, S. 258–261, aber auch S. 237–261, zur Entwicklung in der Ägäis
insgesamt, vor allem zu Rhodos und Léros. Churchill stellt fest, daß die unterschiedliche Haltung
zur Entwicklung in der Ägäis die »schärfste Differenz« (S. 260) dargestellt habe, die jemals zwischen
General Eisenhower und ihm selbst bestand. Der Premier fühlte sich durch die Verweigerung seiner geringen Anforderungen für »strategische Ziele« (S. 261) gekränkt. Er warf den Amerikanern
vor, daß sie mit ihrer als »negativ pedantisch« charakterisierten Einstellung die Chance verspielten,
ohne große Schwierigkeiten, die »Herrschaft über die Ägäis« zu gewinnen, was seiner Meinung nach
den Kriegseintritt der Türkei mit sich gebracht haben würde.

[425] Roskill, War at Sea, S. 203.

[426] KTB Adm. Ägäis, S. 135, 18.11.1943, BA-MA, M 720/PG 46203; GTDW, Bd 8, S. 425, 18.11.1943;
und KTB OKW, Bd III, S. 1292, 19.11.1943. Levi, Avvenimenti in Egeo, S. 403–406. Das Gros der
italienischen Garnisonen hatte die Inseln am 17.11. verlassen.

[427] KTB Adm. Ägäis, S. 138, 18.11.1943, BA-MA, M 720/PG 46203; KTB M.Gr.Kdo. Süd, S. 27, 18.11.;
und S. 37, 19.11.1943, BA-MA, RM 35 III/66; Tagesmeldung OKdo. H.Gr. E, 19.11.1943, BA-MA,
RH 19 VII/12; GTDW, Bd 8, S. 425, 18.11.1943; und KTB OKW, Bd III, S. 1292, 19.11.1943. Vgl.
auch Levi, Avvenimenti in Egeo, S. 426 f.

[428] KTB H.Gr. E, S. 238, 17.11.1943, BA-MA, RH 19 VII/1.

der italienischen Offiziere außer Kraft zu setzen. Noch am 20. November wurde Generalleutnant Müller, »damit jeder Zweifel ausgeschlossen« werde, darüber unterrichtet, daß die Italiener aller Dienstgrade — bei Kapitulation im Rahmen von Verhandlungen — wie Kriegsgefangene zu behandeln und abzutransportieren seien[429].

Auf Sámos befand sich das Hauptquartier der Infanteriedivision »Cuneo«, General Mario Soldarelli, dem auf der Insel ungefähr 9 000 Mann unterstanden. Als Rhodos gefallen war, übernahm der General am Abend des 11. September den Oberbefehl über sämtliche italienischen Streitkräfte in der Ägäis. Im September und Oktober wurde die Garnison durch britische und griechische Einheiten verstärkt. Wie schon erwähnt, beschloß die britische Führung jedoch nach dem 17. November die Räumung von Sámos. General Soldarelli folgte dem Beispiel. Seit dem 19. November evakuierte man Briten, Griechen und Italiener in die Türkei. Letztere gelangten von dort nach Palästina und Ägypten. Sie gingen alles in allem keinem leichten Schicksal entgegen. Die Abtransporte dauerten bis zum 23. November an. Briten und Griechen kamen vollzählig aufs Festland. Von den italienischen Soldaten konnten rund 4 500 die Insel verlassen[430].

Es fügte sich also glücklich für die Angriffstruppen, daß der Gegner bereits nicht mehr beabsichtigte, das isolierte Sámos um jeden Preis zu verteidigen. Als die Deutschen am 22. November landeten, stand ihnen nur noch Oberstleutnant Mario Ungaro — der ranghöchste Offizier unter den auf ihre Einschiffung wartenden Truppen — für die Verhandlungen über die Kapitulationsbedingungen zur Verfügung. An geordneten Widerstand ließ sich nicht mehr denken. Die etwas über 200 Briten und 800 Griechen waren bereits weg, die Hälfte der Division »Cuneo« ebenfalls. Ungaro machte das, was sich als unvermeidbar erwies. Um 10.13 Uhr übergab er die Insel an Generalleutnant Müllers Kampfgruppe.

Nicht wenige Italiener verweigerten freilich die Abgabe der Waffen und flüchteten in die Berge. Vermutlich hegten sie die Hoffnung, doch noch das türkische Festland zu erreichen[431]. Daraus erklärt sich eventuell, warum die Entwaffnung auf Sámos, wo die Deutschen am 22. November noch 6 000 Italiener vermuteten, verhältnismäßig langsam voranging[432]. Bis zum 2. Dezember legten dann insgesamt 4 861 italienische Militärangehörige ihre Waffen nieder oder traten auf die nationalsozialistischer Seite über. Im einzelnen marschierten letztlich 66 Offiziere und 3 872 Unteroffiziere sowie Mann-

---

[429] Ebd., S. 242 f., 20.11.1943.

[430] Levi, Avvenimenti in Egeo, S. 411—425; und Torsiello, Le operazioni delle unità italiane, S. 573—577.

[431] Zu Sámos vgl.: Kampfgruppe Müller, Gef.St., den 13.12.1943, Gefechtsbericht über die Besetzung der Insel Samos und die Bereinigung der zwischen Leros und Samos befindlichen Inseln (6 S.), BA-MA, RH 26-22/159. GTDW, Bd 8, S. 445, 22.11.1943. Von diesen italienischen Soldaten haben die Deutschen noch 1944 einige gefangengenommen: KTB Adm. Ägäis, S. 694, 11.5.1944; damals wurden acht Italiener aufgegriffen, BA-MA, M 717/PG 46170.

[432] Ebd., S. 451, 23.11.1943; und KTB M.Gr.Kdo. Süd, S. 84, 22.11.1943, BA-MA, RM 35 III/66. Es setzten dann Säuberungsaktionen ein, die die Zahl der Gefangenen, die am 24. erst 1 700 betrug, bis zum 26. auf etwa 4 000 ansteigen ließ: KTB H.Gr. E, S. 246, 24.11.1943, BA-MA, RH 19 VII/1; KTB M.Gr.Kdo. Süd, S. 136, 27.11.1943, BA-MA, RM 35 III/66. Vgl. auch GTDW, Bd 8, S. 462, 25.11.1943, wonach 3 100 Italiener entwaffnet wurden.

schaften als Militärinternierte in die Kriegsgefangenenlager der Wehrmacht. 527 Soldaten der Inselbesatzung gaben sich als Faschisten zu erkennen. Es handelte sich um Angehörige der Miliz. 396 Exverbündete, darunter 42 Offiziere, machten freiwillig auf deutscher Seite weiter[433].

Auf Sámos gab es kein Massaker wie auf Kefallēnía, Corfu, Kôs oder auch Léros. Aber im Verlaufe der Suchaktionen nach königstreuen Soldaten, die sich der Entwaffnung entziehen wollten, kam es doch noch zu Erschießungen. So ist zum Beispiel im Kriegstagebuch der Heeresgruppe E festgehalten[434]: »Bei Säuberung NO-Teil Sámos Gefechtsberührung mit bewaffneten Italienern. 11 Offiziere, 53 Mannschaften gefangen, mehrere erschossen. Behandlung Gefangener als Freischärler.«

Als das geschah, hatte Generaloberst Löhr in einem Tagesbefehl an die Truppe bereits verlautbart[435]: »Mit der Besetzung der Insel Sámos sind nunmehr alle Inseln des ägäischen Meeres in deutschem Besitz, die Folgen des ital. Verrats sind bereinigt.«

Bleibt lediglich nachzutragen, daß sich bis dahin auch das circa 50 km ostwärts von Euböa gelegene Skŷros, dessen Besatzung sich freiwillig auf das Festland begab, in der Hand der Wehrmacht befand[436]. Gleiches traf für die zwischen Peloponnes und Kreta liegenden Inseln Kýthēra und Antikýthēra zu. Insgesamt gelangten von ihnen 230 italienische Gefangene nach Griechenland[437]. Auf die ebenfalls zum Entwaffnungsbereich der Heeresgruppe E gehörenden ionischen Inseln Corfu, Levkás, Páxoi, Kefallēnía, Ithákē und Zákynthos muß hier nicht mehr eingegangen werden, sie wurden bereits behandelt[438].

---

[433] KTB Adm. Ägäis, S. 206, 2.12.1943, BA-MA, M 720/PG 46203; und Tagesmeldung OKdo. H.Gr. E, 3.12.1943, BA-MA, RH 19 VII/12. Leicht abweichend fallen die Angaben im KTB M.Gr.Kdo. Süd, S. 1, 29.11.1943, BA-MA, RM 35 III/67, aus. Dort werden als auf Sámos aufgegriffen gemeldet: 93 Offiziere, 4 263 Mann und 527 »Schwarzhemden«, also insgesamt 4 883 Personen. Den »Schwarzhemden« beließ man die Waffen: KTB M.Gr.Kdo. Süd, S. 117, 25.11.1943, BA-MA, RM 35 III/66. Gemäß Abschlußbericht der Kampfgruppe Müller (siehe oben, Anm. 431, RH 26-22/159), wurden 108 italienische Offiziere und 4 400 Soldaten gefangengenommen. Zunächst blieb nur das Faschisten-Bataillon mit circa 550 Mann unter Waffen.

[434] KTB F.A. H.Gr. E, S. 72, 29.11.1943, BA-MA, RH 19 VII/11; und Tagesmeldung OKdo. H.Gr. E, 28.11.1943, BA-MA, RH 19 VII/12. Nach anderen Quellen kam es am 27.11. zu einem Gefecht, bei dem 1 Offizier und 53 Mann gefangen wurden. Die Deutschen hatten einen Toten. Von diesen gefangenen Italienern hat man den Offizier und 26 Mann als »Freischärler erschossen«: KTB Adm. Ägäis, S. 188, 28.11.; und S. 190, 29.11.1943, BA-MA, M 720/PG 46203. Gleichzeitig gerieten 68 Italiener, die keine Gegenwehr leisteten, in Gefangenschaft. Direkt dazu auch GTDW, Bd 8, S. 478, 28.11.1943; und 1. Skl. KTB Teil D, S. 770, 30.11.1943, BA-MA, RM 7/306. Sehr wahrscheinlich handelte es sich um ein und dasselbe Vorkommnis, was bedeuten würde, daß bereits im Gefecht 10 italienische Offiziere fielen.

[435] KTB H.Gr. E, S. 64, 25.11.1943, BA-MA, RH 19 VII/11.

[436] KTB M.Gr.Kdo. Süd, S. 56, 21.9.1943, BA-MA, RM 35 III/62; und GTDW, Bd 8, S. 118, 22.9.1943.

[437] Tätigkeitsbericht der Quartiermeister-Abteilung der Armeegruppe Südgriechenland, 15.9.; und ebd., 27.9.1943, BA-MA, RH 31 X/7; KTB M.Gr.Kdo. Süd, S. 87, 23.10.1943, BA-MA, RM 35 III/64.

[438] Siehe oben, S. 157—162, 164.

cd) Zur Entwaffnung beim Panzerarmeeoberkommando 2

Der Chef des Generalstabs der 2. Panzerarmee, Oberst i.G. Helmuth v. Grolman, hielt am 6. September 1943 — er hatte gerade den Befehl für den Fall »Achse« erhalten — eine Chefbesprechung ab, bei der unter anderem die »Behandlung der Italiener« erörtert wurde. Die Deutschen stellten sich darauf ein, daß die militärische Führung Italiens beim »bevorstehenden Kriegsaustritt« versuchen werde, ihre Truppen wenigstens teilweise abzuschieben und der Wehrmacht das Einrücken in die Stellungen der Küstenverteidigung zu verweigern. Sie gingen ferner davon aus, daß die Italiener deutschen Anordnungen nicht ohne weiteres Folge leisten würden. Um im Eventualfall entschlossen handeln zu können, beabsichtigte man, in den einzelnen Abschnitten alle Details der italienischen militärischen Organisation auszukundschaften. Dies galt insbesondere für die Kommandozentralen und die Nachrichtenverbindungen.

Im Vorgriff sei gesagt, daß es dem Panzerarmeeoberkommando 2 später tatsächlich gelang, die Kommunikationswege zwischen den italienischen Einheiten und ihren Hauptquartieren zu unterbrechen. Das lähmte zwar die Führung der Heeresgruppe Est und ihrer Korps, aber es blieb umstritten, ob sich der damit geschaffene Zustand für die deutsche Seite wirklich vorteilhaft auswirkte. Davon ist noch zu sprechen.

Ansonsten ließ sich im beabsichtigten Vorgehen der 2. Panzerarmee unschwer das Muster erkennen, nach dem damals der Deutsche Generalstab beim italienischen Armeeoberkommando 11 die Gegenmaßnahmen bei der Bekanntgabe des Waffenstillstandes vorbereitete. Ein entscheidendes Mittel im Rahmen der durchzuführenden Erkundungen war auch beim Panzerarmeeoberkommando 2 die Täuschung. Sie solle »durch persönliche herzliche und kameradschaftliche Verbindungsaufnahme erleichtert werden«. Den Italienern sei stets zu versichern, daß niemand an ihrer »Waffentreue« zweifle. Die Wehrmacht wolle lediglich herausfinden, »wo in erster Linie Hilfe geleistet werden« müsse.

Im Fall »Achse« dürfe die Truppe von Anfang an nicht zu brüsk agieren. Vielmehr empfehle es sich, die Verhandlungen mit dem ehemaligen Verbündeten in »äußerst rücksichtsvoller Art zu führen«. Die italienischen Kommandeure sollten im Idealfall selbst befehlen, was deutscherseits verlangt werde. Doch gleichzeitig war jeder Zweifel daran auszuschließen, daß die Wehrmacht entschlossen sei, »bei wider Erwarten geleistetem Widerstand mit schärfster Gewalt von der Waffe Gebrauch« zu machen.

Auch in bezug auf das Vorgehen bei der Entwaffnung brachte die Besprechung keine Überraschung. Wegen der geringen Kräfte, die der Armee zur Verfügung standen, hatte man zuerst die Stäbe und Nachrichtenverbindungen in die eigene Hand zu bekommen. Danach sollte die Truppe entwaffnet werden. Anders als von der Heeresgruppe F vorgeschlagen, beabsichtigte das Panzerarmeeoberkommando 2 nicht, die Italiener vor der Entwaffnung zu fragen, ob sie den Kampf auf deutscher Seite fortsetzen wollten. Erst im Anschluß an die Abgabe der Waffen wäre zu prüfen, ob sich durch ein diesbezügliches Engagement »loyaler Offiziere« Mannschaften für das Weitermachen mit den Deutschen gewinnen ließen.

Viel Zeit verblieb nicht, um die Vorbereitungen zu verwirklichen. Die »vordersten Kräfte« der 2. Panzerarmee schienen jedoch schon damals in der Lage zu sein, binnen sechs

Stunden nach Eintreffen des Stichworts »Achse« zu marschieren[439]. Auf jeden Fall hatte ihre Führung Vorwarnungen erhalten. Sie stellte die Truppe daraufhin praktisch und theoretisch auf den Kriegsaustritt Italiens ein.

Ganz anders sah das bei den Italienern aus. Von Generaloberst Rosi, dem Oberbefehlshaber der Heeresgruppe Est, war das schon behandelte »Promemoria Nr. 2« bekanntermaßen nicht empfangen worden. Als Marschall Badoglio dann den Waffenstillstand verlautbarte, herrschten in Tiranë große Überraschung und Aufregung.

Das Panzerarmeeoberkommando 2 forderte General Rosi umgehend auf, die Waffen zu strecken; und die General Rendulic unterstellten Verbände erhielten noch am 8. September fernmündlich den Befehl, »Achse« durchzuführen. Nur als am nächsten Tag der schriftliche Armeebefehl für die Besetzung der adriatischen Küste und die Entwaffnung der italienischen Streitkräfte erging, bestand keineswegs Klarheit über die Haltung der Heeresgruppe Est, der italienischen 2. und 9. Armee. Rendulic führte damals den Oberbefehl im gesamten kroatischen, serbischen, montenegrinischen und albanischen Raum. Als wichtigste Aufgabe betrachtete er die schnellstmögliche Entwaffnung der Italiener. Sie mußte — ohne Rücksicht auf deren numerische Überlegenheit — »mit größter Tatkraft« durchgeführt werden. Verhandlungen empfahlen sich, durften jedoch nicht zu Verzögerungen bei der Waffenabgabe führen. Wie in Italien und in Griechenland wurde den italienischen Soldaten gesagt, daß sie entweder nach Hause zurückkehren oder als »Helfer in die Deutsche Wehrmacht übertreten« könnten. Allein das zweite Angebot war ernst gemeint. Das erste sollte hingegen der Irreführung dienen und dadurch die Auflösung der italienischen Divisionen erleichtern. All das stand ja seit Ende August fest.

Im einzelnen erhielten die Korps der 2. Panzerarmee folgende Aufträge: Das III. (Germanische) SS-Panzerkorps in Zaprešić entwaffnete in erster Linie die italienischen Truppen im Raum von Karlovac (Karlstadt) und Ogulin in Kroatien. Außerdem hatte es im Raum von Zagreb (Agram) für Ruhe und Ordnung zu sorgen sowie die Besetzung von Senj an der Adria vorzubereiten. Dem im Gebiet Bosnien-Herzegowina operierenden XV. Gebirgs-Armeekorps in Banja Luka oblag es, mit der 114. Jägerdivision, deren Hauptquartier sich in Ostrožac befand, den Küstenabschnitt von Zadar (Zara) bei Šibenik zu übernehmen. Die 7. SS-Freiwilligen-Gebirgsjägerdivision »Prinz Eugen« in Mostar bekam den Sektor von Split (Spalato) über Dubrovnik (Ragusa) bis Gruda zur Küstenverteidigung zugewiesen. Dabei sollte die Division von Senj aus die baldige Inbesitznahme von Split in die Wege leiten. Für das im Kosovo (Kosmet) stationierte XXI. Gebirgs-Armeekorps in Kosovska Mitrovica galt es, mit der in Pljevlja liegenden 118. Jägerdivision bis an die Küste zwischen Kotor (Cattaro) und einem Punkt südlich von Shkodër (Scutari) vorzustoßen. Gleichzeitig hatte die 100. Jägerdivision in Ohrid den albanischen Küstenstreifen von Durrës (Durazzo) bis Vlorë (Valona) stützpunktartig zu besetzen. Die Division wurde dabei vom motorisierten Infanterieregiment 92 unterstützt.

Als Korpsreserve behielt General Bader die 297. Infanteriedivision in Kosovska Mitrovica zurück. Sie sollte später auf Shkodër vorgeführt werden. Das LXIX. Reserve-Armeekorps übernahm, nach Abgabe des Polizeiregiments 14, die Sicherung wichtiger Eisen-

---

[439] Protokoll über die Chefbesprechung beim Pz. A.O.K. 2 am 6.9.1943, BA-MA, RH 21-2/v. 596.

bahnstrecken im jugoslawischen Raum. Sein Hauptquartier hatte der Kommandierende General in Brod in Bosnien aufgeschlagen. Für die Luftunterstützung der Verbände der 2. Panzerarmee war der Fliegerführer Kroatien verantwortlich[440]. Bei den zu entwaffnenden Italienern gingen die Deutschen im kroatisch-serbisch-albanischen Raum von ungefähr 250 000 Mann aus. In Tiranë, dem Hauptquartier der italienischen Heeresgruppe Est, wurden für Albanien 90 000, für Montenegro 60 000 und für das Gebiet von Dubrovnik 30 000 Mann angegeben[441].

Gemäß dem vorherrschenden Grundsatz, daß die Entwaffnung der italienischen Soldaten möglichst von oben — das heißt über Vereinbarungen mit den Führungsstäben oder durch deren Festnahme — zu erfolgen habe, konzentrierte sich die deutsche Seite auf die albanische Hauptstadt. Dort befand sich ja nicht nur das Hauptquartier von General Rosi, sondern auch dasjenige der 9. Armee. Dreißig Generale und General-Beamte sollen sich in der damals 45 000 Einwohner zählenden Stadt aufgehalten haben[442].

Zur Entwicklung bei den italienischen Oberkommandos in Tiranë ist zu sagen, daß der Kommandierende General der Heeresgruppe Est — nach seinen eigenen Angaben — am 8. September um 18.30 Uhr von einem diplomatischen Vertreter Italiens erstmals hörte, daß die Regierung Badoglio einen Waffenstillstand verlautbart habe. Aber die Information beruhte offenbar auf Meldungen der Agentur Reuter. Offiziell bestätigt habe Rom jene Mitteilung um 20.00 Uhr durch die Verlautbarung von Marschall Badoglio[443].

Nicht weniger überraschend trat der Waffenstillstand für die Führung der 9. Armee ein. Bei ihr herrschte ebenfalls Bestürzung, Verblüffung und Orientierungslosigkeit. Um 22.00 Uhr besaß General Dalmazzo ersten Kontakt mit Vertretern der Wehrmacht. Beide Seiten taktierten, loteten die jeweiligen Möglichkeiten des anderen aus. Es ging zunächst um eine Verbesserung der eigenen Position, es galt Zeit zu gewinnen. Aus deutscher Sicht machte das Sinn.

Als dann in der Nacht die eingangs erwähnten fernmündlichen Weisungen des Comando Supremo eingingen, in denen die gegenüber den deutschen Truppen einzunehmende

---

[440] Panzerarmeeoberkommando 2, Abt. Ia, Nr. 100/43 g.Kdos., A.H.Qu., den 9.9.1943, Armeebefehl Nr 1 für die Besetzung der Adria-Küste und die Entwaffnung der ital. Wehrmacht, BA-MA, RH 21-2/v. 614. Offensichtlich gab man sich bei der Truppe kurzfristig der Illusion hin, die gefangenen Italiener im eigenen Bereich behalten zu können. Das Pz. A.O.K. 2 befahl nämlich, daß diese nach der Entwaffnung in »Miliz- und Arbeitsformationen zusammenzufassen« seien. Tatsächlich aber (siehe oben, S. 97 f.) hatte das Oberkommando der Wehrmacht bekanntermaßen nicht nur am 29.8. festgelegt, daß die Italiener Kriegsgefangene werden würden, sondern am 9.9. auch deren Arbeitseinsatz in der Rüstungsindustrie oder im Osten geregelt.

[441] Abwicklungsstelle des ehem. Deutschen Verbindungsstabes bei der früheren ital. H.Gr. Est, E.O., den 15.11.1943, Übersicht über die Ereignisse in Albanien vom 8. bis 15.9.1943, gez. Schlubeck, BA-MA, RH 31 X/8; und Anlage 10.9.1943, Italiener im kroatisch-serbisch-albanischen Raum (Karte); dort Hinweis, daß für den Abtransport 360 Eisenbahnzüge erforderlich seien, BA-MA, RH 21-2/v. 837.

[442] Siehe oben, Anm. 441, Übersicht über die Ereignisse in Albanien vom 8. bis 15.9.1943, BA-MA, RH 31 X/8, S. 2.

[443] Der mit gewissem zeitlichen Abstand verfaßte Bericht von Generaloberst Rosi ist ausgewertet bei Torsiello, Le operazioni delle unità italiane, S. 366—370, hier 367.

Haltung präzisiert wurde, versuchte der Oberbefehlshaber der 9. Armee seine Divisionen in fünf Gebieten zusammenzufassen. Aber nur noch eine, die »Firenze«, war in der Lage, die befohlenen Bewegungen einzuleiten. Der Rest der Armee befand sich bereits unter der Kontrolle der Deutschen. Blockade, Entwaffnung und bewaffnete Zusammenstöße kennzeichneten die Lage. Auf diesen Widerstand einzelner Verbände ist noch zurückzukommen.

Im Vorgriff ist festzuhalten, daß die 9. Armee am 19. September, nach der Verhaftung des nicht unumstrittenen Generals Dalmazzo, als aufgelöst gelten konnte. Zumindest in der Gefangenschaft gab er der faschistischen Regierung — und damit auch den Deutschen — schriftlich, daß die Entwaffnung der italienischen Streitkräfte auf dem Balkan nur durch einen gigantischen Betrug erreicht worden ist[444].

Die Entwicklung beweist, daß es sich für die Italiener nicht empfahl, gegenüber der Wehrmacht auf Zeit zu spielen, obwohl es in der konkreten Situation dafür gute Gründe zu geben schien. Der Wunsch nach Zeitgewinn und eventuell zuviel Vertrauen in die Aufrichtigkeit seiner deutschen Kameraden könnten auch das Verhalten des Oberbefehlshabers der Heeresgruppe Est beeinflußt haben[445]. Im übrigen war es keineswegs so, daß die Italiener nicht versucht hätten, ihre Interessen zu wahren. Es existierte auch Skepsis gegenüber den Absichten der Wehrmacht. Doch im Unterschied zu den Deutschen, daran kann nicht berechtigt gezweifelt werden, beabsichtigten sie nicht, die in bezug auf die Entwaffnungsaktion getroffenen Vereinbarungen zu brechen.

Beim Deutschen Verbindungsstab zur Heeresgruppe Est hatte man um 20.30 Uhr und erneut zwei Stunden später aus dem Radio von der Bekanntgabe des Waffenstillstands gehört[446]. Der Chef des Verbindungsstabes, Generalmajor Hans Bessell, hielt sich am

---

[444] Torsiello, Le operazioni delle unità italiane, S. 373—377. Zum von Dalmazzo inspirierten Schreiben, das General Mattioli verfaßte, vgl.: Stato Maggiore Esercito, Prot. N° 150/CSM/RIS, P.C. 865, li 5 febbr. 1944 XXII, Oggetto = Memoriale dei generali internati in Germania, Al Ministero delle Forze Armate = Gabinetto P.C. 867, Il Capo di S.M. dell'Esercito, f/to Gambara, ACS, S. P.d.D., Busta 16, F 91, SF 2.

[445] Brief von Hauptmann Edgardo Cocconcelli an Frau Vittoria Rosi, die Ehefrau des Generalobersten Ezio Rosi, Padova, 10 dicembre 1943/XXII (4 S.), ACS, S.P.d.D., Busta 36, F 329. Der Verfasser des Briefes wechselte nach seiner Gefangennahme auf die Seite der Repubblica Sociale Italiana über, was seine schweren Vorwürfe gegen die Regierung Badoglio verständlich macht. Vorher besaß er jedoch direkten Kontakt zu General Rosi, den er offensichtlich sehr verehrte. Anzumerken ist allerdings, daß seine Aussagen von den anderen Quellen nur partiell bestätigt werden.

[446] Siehe oben, Anm. 441, Übersicht über die Ereignisse in Albanien vom 8. bis 15.9.1943, BA-MA, RH 31 X/8. Die folgende Schildeung basiert auf diesem Bericht, berücksichtigt aber — bei Widersprüchen oder in bezug auf Ergänzungen — auch die übrigen Darstellungen (siehe oben, Anm. 443—445). Aus der Sicht des Deutschen Verbindungsstabes bemühte sich der 61 Jahre alte General Rosi stets um ein »freundliches Verhältnis« zum Verbindungsstab und zum O.B. Südost. Sein Chef des Stabes, Generalleutnant Emilio Giglioli galt als undurchsichtig, während der Stellvertretende Chef des Stabes, Generalmajor Alessandro Albert, die Deutschen »höflich-ablehnend« behandelte. Cocconcelli (siehe oben, Anm. 445) schreibt, Albert sei wegen seiner »nie verborgenen Deutschfeindlichkeit« (mai nascosta tedescofobia) nach der Gefangennahme — im Unterschied zu Rosi — nicht besonders respektvoll behandelt worden. Beim Oberkommando der 9. Armee schätzte man Generaloberst Renzo Dalmazzo als überzeugten Nationalfaschisten mit deutschfreundlichen Neigungen ein, seinen Chef des Stabes, Generalleutnant Carlo Tucci, sogar als »ausgesprochen deutsch- und achsenfreundlich«.

Abend des 8. September beim Panzerarmeeoberkommando 2 in Kraljevo auf. Deshalb begab sich Major Schlubeck in Begleitung eines Oberleutnants zur Heeresgruppe des Generals Rosi, um die neue Lage zu sondieren. Der Generaloberst war für die beiden Offiziere jedoch erst am 9. September um 00.10 Uhr zu sprechen, wobei er ihnen versicherte, daß ihn die Ereignisse völlig überrascht hätten. Rosi fragte, ob Schlubeck Weisungen von der Heeresgruppe F besitze, was der Major wahrheitsgemäß verneinte[447]. Er wünschte seinerseits zu wissen, was der Generaloberst zu tun gedenke.

Rosi behauptete, daß er auf Befehle vom Comando Supremo warte, die er auszuführen beabsichtige. Aufgrund der bisherigen Kenntnisse der Waffenstillstandsbedingungen[448] wolle er seine Truppen an die Küste zurückziehen, um sich in den Häfen Kotor, Durrës und Vlorë nach Italien einzuschiffen. Nun bedurfte es keiner großen Phantasie, um zu vermuten, daß die Wehrmacht angesichts der neuen Entwicklung anstrebte, die Küste und die Häfen in ihren Besitz zu bringen. Darauf wies Schlubeck auch sofort hin. Worauf Rosi, der inzwischen — was er verschwieg — Weisungen des Comando Supremo besaß, meinte, daß er die »Besetzung der Häfen durch deutsche Truppen nicht dulden könne«. Ihm fehle nämlich das »volle Vertrauen« gegenüber der deutschen Seite. Das heißt, er hegte, wie sich schnell herausstellte, berechtigte Bedenken, daß ihm Hitlers Generäle den freien Abzug seiner Einheiten nach Italien tatsächlich gestatten würden. Zwar versicherte er, »nicht zuerst schießen« zu wollen, aber der General dachte vorerst nicht daran, irgendwelche Waffen abzuliefern.

Ansonsten zeigten sich Generalmajor Hans Bessell und sein Stab überzeugt, daß die Bekanntgabe des Waffenstillstandes für Rosi und Dalmazzo absolut überraschend erfolgte. Wenn überhaupt, so hätte höchstens die vom Königlichen Statthalter in Albanien, Generaloberst Alberto Pariani, aus Rom mitgebrachte Information, das Comando Supremo beabsichtige, alle italienischen Truppen auf dem Balkan in Albanien zusammenziehen zu lassen, als Anzeichen für einen Frontwechsel Italiens gewertet werden können. Rosi, Dalmazzo und Pariani hatten einige Tage vor dem 8.9. darüber gesprochen. Vom Inhalt ihrer Unterredung erfuhr der Verbindungsstab.

[447] Vgl. dazu Torsiello, Le operazioni delle unità italiane, S. 367, der eine völlig abweichende Darstellung gibt. Danach soll General Rosi mit den Deutschen bereits gegen 22.00 Uhr gesprochen haben. Hauptmann Cocconcelli (siehe oben, Anm. 445) behauptet gar, der Oberbefehlshaber habe am Abend des 8.9. ein »erstes sehr langes Gespräch« mit Generalmajor Bessell geführt. Das ist offenbar frei erfunden. Aber auch die Schilderung von Torsiello ist falsch, weil der Deutsche Verbindungsstab bei der ital. H.Gr. Est das Stichwort »Achse« erst am 9.9. um 02.00 Uhr empfing und, was wichtiger ist, damit nichts anzufangen wußte. Major Schlubeck (bei Torsiello irrtümlich »Schukert« genannt) schreibt in seinem mit 37 Anlagen versehenen Bericht: »Die Bedeutung [von »Achse«, d. Verf.] war hier nicht bekannt, die Unterlagen darüber waren nicht angekommen.« Das konnten sie auch nicht, weil der Befehl der Heeresgruppe F für den Fall »Achse« unterhalb der Ebene des Oberkommandos der 2. Panzerarmee und der Heeresgruppe E »schriftlich nicht weitergegeben werden« durfte: zit. nach »Protokoll über die Chefbesprechung bei Pz. A.O.K. 2 am 6.9.1943« (siehe oben, Anm. 439), S. 2. Hinzuzufügen ist, daß zum ital. A.O.K. 9 zunächst der Deutsche Luftwaffen-Einsatzstab in Tiranë, General Gnamm, und nicht der Deutsche Verbindungsstab Kontakt hielt.

[448] Zur Verbindung mit dem Comando Supremo vgl. Torsiello, Le operazioni delle unità italiane, S. 368. Am späten Abend des 8.9. wies das Comando Supremo Rosi unter anderem an, Kotor und Durrës um jeden Preis zu halten. Dennoch sollte er nur auf deutsche Feindseligkeiten reagieren. Später wurde auch die Verteidigung von Vlorë befohlen.

Überraschenderweise ließ der Oberbefehlshaber den Major gegen 03.00 Uhr zu einem weiteren Gespräch zu sich bitten. Da jener bis dahin keine Verbindung nach Belgrad bekommen hatte, war er noch immer ohne Weisungen.

Schlubeck gewann bei der Unterredung den Eindruck, daß Rosi nunmehr eine etwas verbindlichere Haltung einnahm. Jedenfalls warb er um Verständnis für die Notwendigkeit, die Häfen in italienischer Hand zu behalten. Ferner bekundete der Generaloberst seine Entschlossenheit, die schweren Waffen auf keinen Fall dem Gegner zu überlassen. Dennoch beharrte der Major darauf, daß die eigenen Verbände die fraglichen Hafenstädte zu besetzen hätten.

Um 03.45 Uhr gelang es endlich — über Sofia — telefonische Verbindung mit dem Stab des Oberbefehlshabers Südost in Belgrad zu erhalten. Schlubeck schilderte den Stand der Dinge. Einige Stunden später, um 08.40 Uhr, gab der Chef des Stabes der Heeresgruppe F, Generalleutnant Hermann Foertsch, Richtlinien für den Umgang mit Generaloberst Rosi durch. Der Oberbefehlshaber sollte demnach auf die einvernehmliche Entwaffnungsaktion bei der italienischen 11. Armee aufmerksam gemacht werden, wo man selbst die Schiffe und Flugzeuge an die Deutschen übergeben habe. Ihm sei ferner mitzuteilen, daß in Griechenland ebenso wie in Serbien völlige Ruhe herrsche. Falls er entsprechend auf seine Soldaten einwirke, werde Generalfeldmarschall v. Weichs »alles tun, um den glatten Abmarsch der ital. Truppen nach Italien zu fördern«. Ansonsten habe der Major den italienischen Oberbefehlshaber darüber zu informieren, daß sich deutsche Divisionen auf dem Marsch nach Albanien befänden.

Bei solchen Maßnahmen klang es geradezu zynisch, als Foertsch dem General ausrichten ließ, daß die Heeresgruppe allen italienischen Kommandeuren, die nach Italien zu fliegen beabsichtigten, in jeder Weise behilflich sein wolle. Das Spiel der Deutschen glich dem aus Athen bekannten Verfahren, wobei Rosi ihnen, da er in seiner ersten Unterredung mit Schlubeck eine solche Möglichkeit ansprach, sogar den Anlaß für das perfide Angebot lieferte. Doch da inzwischen klare Befehle vom Comando Supremo vorlagen, zeigte er sich an einem Abflug nicht mehr interessiert. Im übrigen ist nicht anzunehmen, daß irgendein italienischer General, der ein deutsches Flugzeug bestiegen hätte, in Italien gelandet wäre.

Bei einer weiteren Zusammenkunft — am 9. September um 10.00 Uhr morgens — unterrichtete der Generaloberst den deutschen Major über seine vom Comando Supremo erhaltenen Weisungen: Er müsse die drei Häfen unbedingt halten, habe jeden Entwaffnungsversuch wie eine feindselige Handlung zu beantworten und sei verpflichtet, beim Rückzug auf Durrës (Durazzo), Kotor (Cattaro) und Vlorë (Valona) alle Waffen einschließlich der Artillerie mitzuführen. Gleichzeitig ersuchte Rosi die deutsche Seite, ihn zu unterstützen, damit seine Verbände Albanien schnellstens räumen könnten. Er werde dem Oberbefehlshaber Südost dann seinerseits in der Frage der Abgabe der schweren Waffen entgegenkommen.

Während Deutsche und Italiener in Tiranë miteinander sprachen, spitzte sich die Lage im Befehlsbereich der Heeresgruppe Est dramatisch zu. Die deutschen Divisionen waren mit eindeutigen Zielen auf dem Marsch und schufen gewaltsam Fakten. Dabei kam es auch zu blutigen Gefechten.

In dieser Phase der Entwicklung traf Generalmajor Bessell um 18.00 Uhr, von Kraljevo kommend, in der albanischen Hauptstadt ein. Ihn begleitete eine Kompanie Fallschirmjäger. Außerdem stand am Abend jenes 9. Septembers ein erster Teil der Vorausabteilung der 100. Jägerdivision in Tiranë. Bereits am Morgen verbot General Gnamm den freien Start von Flugzeugen. Lediglich eine Maschine pro Tag durfte nach Rom fliegen. Das Boden- beziehungsweise Flakpersonal des Luftwaffen-Einsatzstabes kontrollierte die Flugplätze Shkodër, Vlorë, Berat, Devoli und Shijak. Bei einem derartigen Stand der Dinge kamen Bessell und Rosi um 23.00 Uhr zu ihrer ersten Unterredung seit dem Kriegsaustritt Italiens zusammen. Ein verbindliches Ergebnis wurde dabei nicht erzielt. Auch das nächste Treffen, am 10. September mittags, verlief erfolglos.

Allmählich entwickelte sich die offensichtliche Verzögerungstaktik von Generaloberst Rosi zu einer Art Groteske. Das italienische Armeeoberkommando 9 hatte mittlerweile selbst von den in der Umgebung der Hauptstadt operierenden Partisanen die Aufforderung zur Kapitulation erhalten. General Dalmazzo überließ das Original des Schreibens den Deutschen als »historische Erinnerung«. Damals lief bereits im gesamten Armeebereich die Entwaffnung. Probleme gab es nicht, wenigstens war das der Eindruck in Berlin und beim Oberbefehlshaber Südost[449]. Rosi mußte auch bekannt sein, daß Fallschirmjäger am Morgen des 10. September den Hafen von Durrës genommen und die dort liegenden Schiffe in deutsche Hand gebracht hatten[450].

Offensichtlich verlor Generalmajor Bessell nunmehr die Geduld. Es könnte auch sein, daß ihn der für den 11. September angekündigte Besuch von General Rendulic zur Eile trieb. Jedenfalls forderte er von Generaloberst Rosi am 10. September um 22.00 Uhr kategorisch die »restlose Abgabe aller schweren Waffen«. Im Falle einer Ablehnung werde die Luftwaffe »Tirana dem Erdboden gleichmachen«. Über das, was sich anschließend ereignete, sagen deutsche und italienische Quellen nicht dasselbe aus. Folgt man dem Bericht von Major Schlubeck, so war Rosi von der Drohung »sichtbar beeindruckt«. Er habe zunächst um eine Stunde Bedenkzeit gebeten. Nach einer weiteren »bewegten Besprechung« sei dann von ihm am 11. September um 01.30 Uhr der »Entwaffnungsbefehl für die gesamte H.Gr. Est unterschrieben« worden. Darüber in Kenntnis gesetzt,

---

[449] Torsiello, Le operazioni delle unità italiane, S. 368, datiert das Gespräch unzutreffend auf den 9.9. morgens. Zu jenem Zeitpunkt befand sich Bessell noch beim Pz. A.O.K. 2. Vor dem Treffen beim Oberbefehlshaber der H.Gr. Est sprach der Generalmajor um 21.00 Uhr am 9.9. mit Generaloberst Dalmazzo, den er für die deutsche Sache zu gewinnen hoffte.

[450] Zu den Vorgängen in Durrës vgl. die italienische Sicht bei Fioravanzo, La Marina dall'8 settembre, S. 176—180. Die Deutschen nutzten die erbeuteten Schiffe dann u.a. zum Abtransport der italienischen Gefangenen auf dem Seeweg nach Triest. Zu ergänzen ist, daß die Kriegsmarine am 11.9.1943 die Dienststelle »Admiral Adria« einrichtete. Er sollte zunächst nur für die Küste von Albanien und Dalmatien zuständig sein. Aber bereits am 1.10. unterstanden Vizeadmiral Joachim Lietzmann vier »Seekommandanten-Abschnitte«: Istrien, Norddalmatien, Süddalmatien und Albanien. Damit war er sowohl für die nördliche als auch die südliche Adria verantwortlich. Leider sind die Unterlagen »Admiral Adria« für das Jahr 1943 nicht erhalten, so daß über die Seetransporte italienischer Militärinternierter in seinem Bereich wenig bekannt ist. Vgl. Anl. 3 zu 1/Skl. 3681/44 g.Kdos. Chefs. Pr.Nr. 2, Vortrag Admiral Adria am 25.10.1944 in Triest, BA-MA, M 729/ PG 46530.

daß Rendulic am Vormittag in Tiranë sein werde, soll Rosi — vielleicht von einer bösen Ahnung befallen — seine Hoffnung auf dessen Einverständnis mit dem ausgehandelten Entwaffnungsbefehl ausgedrückt haben. Die Repatriierung der italienischen Truppen, um die es ihm ebenso wie Vecchiarelli in Athen vor allem ging, war jetzt nur noch dann gesichert, wenn die Deutschen ihr Wort hielten[451].

Bessell unterrichtete um 04.00 Uhr das Panzerarmeeoberkommando 2 und den Oberbefehlshaber Südost über den Stand der Dinge. Aber als Rendulic am 11. September kurz nach 10.00 Uhr in Tiranë landete, zeigte sich, was das Ehrenwort eines deutschen Generals damals noch wert war: Er erklärte ohne Umschweife, daß er gekommen sei, »um Generaloberst Rosi zu verhaften«. General Gnamm wurde beauftragt, mit »entsprechenden Kräften überfallartig in das Stabsgebäude der H.Gr. Est« einzudringen und den Oberbefehlshaber festzunehmen. Nachdem Bessell auf Befehl von Rendulic noch einmal bei Rosi angerufen hatte, um sicher zu sein, daß er wirklich im Gebäude weilte, lief die Aktion um 11.30 Uhr an. Dabei fiel kein einziger Schuß[452].

Die Führung der Heeresgruppe Est übertrug Rendulic anschließend dem General Dalmazzo, der das Ansinnen zunächst ablehnte. Erst nach der Zusicherung, daß die Entwaffnung der italienischen Offiziere eingestellt werde, lenkte er ein. Der Oberbefehlshaber der 2. Panzerarmee legte daraufhin die Einzelheiten für die Durchführung der Entwaffnungsaktion in Montenegro und Albanien fest. Schon zwei Tage später sah sich Dalmazzo gezwungen, gegen die Behandlung seiner Soldaten als Kriegsgefangene zu protestieren. Es war sein erster, aber nicht sein letzter vergeblicher Widerspruch. Erstaunlicherweise sicherten die italienischen Truppen noch bis zum 14. September nachmittags die Magazine in Tiranë. Sie halfen den schwachen deutschen Kräften sogar bei der Verteidigung der Stadt gegen die Partisanen. Nach dem 14. waren die Deutschen dann stark genug, um die Lage allein zu meistern. Die Einheiten von Dalmazzo erhielten daher — soweit sie zum Armeeoberkommando 9 gehörten — den Befehl, zu den Eisenbahnstationen Peć, Prilep, Skopje und Bitola abzumarschieren.

Am 15. September übernahm das in Tiranë eingetroffene XXI. Gebirgs-Armeekorps die Aufgaben des Deutschen Verbindungsstabes zur italienischen Heeresgruppe Est. Major Schlubeck übte in seinem Abschlußbericht offene Kritik am deutschen Vorgehen im

---

[451] Die bei Torsiello, Le operazioni delle unità italiane, S. 369 f., referierten Erinnerungen von Generaloberst Rosi geben die Entwicklung nach der Zusammenkunft am 10.9. um 22.00 Uhr nicht korrekt wieder. Nach Cocconcelli (siehe oben, Anm. 445) spielte Rosi auf Zeit, um etwas »Ehre zu retten«.

[452] Vgl. dazu den Bericht (siehe oben, S. 190, Anm. 441, Übersicht über die Ereignisse in Albanien vom 8. bis 15.9.1943, BA-MA, RH 31 X/8), S. 9 f. Angeblich bemerkte Rosi zu dem Vorgang (S. 10), »er bedaure nur, daß man mit seiner Verhaftung so viel Aufsehen erregt habe, er dächte ja gar nicht an Widerstand«. Man gestattete ihm, General Albert und einem Oberleutnant, dem Ordonnanzoffizier des O.B. der H.Gr. Est, ihr Gepäck zu holen. Anschließend (13.00 Uhr) wurden sie mit dem Flugzeug nach Belgrad gebracht. Rendulic glaubte, es sei ihm mit der Verhaftung der Generale Rosi und Albert gelungen, die »Hauptquelle des noch bestehenden ital. Widerstandes« zu beseitigen, Tagesmeldung Pz. A.O.K. 2, 11.9.1943, BA-MA, RH 21-2/v. 621. Siehe dazu auch: KTB Pz. A.O.K. 2, S. 39 und 40, 11.9.1943, wo Rosi einer »deutschfeindlichen Einstellung« beschuldigt wird, BA-MA, RH 21-2/v. 590. Rosi traf am 21., Albert am 26.9.1943 im Oflag Schocken ein: Unia, Lager 64/Z, S. 264 und 274.

albanisch-montenegrinischen Raum. Er meinte auch, daß sich die Unterbrechung der Fernmeldeverbindungen letztlich für die deutsche Seite nachteilig ausgewirkt habe, denn sie hinderte das italienische Armeeoberkommando 9 daran, den unterstellten Verbänden den Entwaffnungsbefehl rechtzeitig zu übermitteln. Bei verschiedenen italienischen Divisionen, die es ohne Weisung ihrer Armeeführung ablehnten, die Waffen zu strecken, habe das zu blutigen Gefechten mit Einheiten der Wehrmacht geführt. Daran sei jedoch auch die Tatsache schuld gewesen, daß die eigene Truppe — beim Auftreten von Schwierigkeiten — zu schnell der gewaltsamen Lösung den Vorzug gegeben habe[453].

Ansonsten dokumentierten die Begleiterscheinungen der deutsch-italienischen Unterredungen über die Entwaffnung bei der Heeresgruppe Est, daß es für die Verwirklichung der deutschen Absichten in erster Linie darauf ankam, die italienischen Soldaten führungslos zu machen. Das heißt, es reichte bereits aus, daß deren Oberbefehlshaber keine eindeutigen Weisungen für den Widerstand gegen die Wehrmacht herausgaben, denn dann mußte eintreten, was im Bereich der 9. Armee vor dem 11. September geschah: Orientierungslose oder verunsicherte italienische Truppenkommandeure sahen sich mit deutschen Offizieren konfrontiert, die — wie fast überall im Mittelmeerraum am 8. September 1943 — genauestens wußten, was sie zu tun hatten. Für sie gab es ein einziges Ziel, die Entwaffnung der Italiener. Eine Aufgabe, die man entweder durch Verhandlungen oder durch Waffengewalt löste.

Was nun die Durchführung der deutschen Gegenmaßnahmen beim Kriegsaustritt Italiens im Bereich der italienischen Heeresgruppe Est betrifft, so hinderte die Tatsache, daß Generaloberst Rosi die Abgabe der Waffen zunächst ablehnte, das Panzerarmeeoberkommando 2 keine Minute daran, bei den unterstellten Einheiten die für den Fall »Achse« vorgesehenen Bewegungen anlaufen zu lassen. Seit den frühen Morgenstunden des 9. September marschierten fünf Divisionen und einige Regimenter. Wegen der bis dahin eingehaltenen räumlichen Trennung von deutschen und italienischen Verbänden ging die Führung der 2. Panzerarmee davon aus, daß die Entwaffnung der Italiener im albanischen, montenegrinischen und kroatischen Raum mehr Zeit beanspruchen werde als in den übrigen Gebieten des Balkans. Man rechnete im Stab von General Rendulic auch mit italienischem Widerstand. Bereits die Erfahrungen des ersten Tages nach Auslösung des Stichwortes »Achse« bestätigten diese Annahme[454].

Beim XXI. Gebirgs-Armeekorps, das mit der 297. Infanteriedivision sowie der 100. und 118. Jägerdivision in Albanien und Montenegro operierte, verweigerte die Alpinidivision »Taurinense« am 9. September die Abgabe der Waffen ebenso wie die Übergabe des Ortes Nikšić. Italienische Artillerie nahm die Marschgruppe der 118. Jägerdivision sogar unter Feuer. Immerhin konnten die Deutschen — nach Verhandlungen der Divi-

---

[453] RH 31 X/8 (siehe oben, S. 190, Anm. 441), S. 11—14. Schlubeck stellte im November zugleich fest, der Verbindungsstab sei »heute der Ansicht, daß es ein Vorteil war, daß es nicht gelang, große ital. Einheiten für die gemeinsame Sache zu gewinnen«, denn diese hätten letztlich doch »immer wieder Schwierigkeiten bereitet und den Keim der Zersetzung in sich getragen«. Ursprünglich habe man sich sehr bemüht, »ganze Truppenteile des AOK. 9 auf die deutsche Seite zu ziehen und die Übergabe der schweren Waffen in brauchbarem Zustand zu erreichen«, ebd. S. 12 und 14.

[454] KTB Pz. A.O.K. 2, S. 33, 9.9.1943, BA-MA, RH 21-2/v. 590.

sionskommandeure — ihren Marsch nach Süden fortsetzen und erreichten am nächsten Tag Podgorica, wo das Hauptquartier des italienischen XIV. Armeekorps seinen Sitz hatte[455].

Seit dem 10. September gaben dann zumindest Teile der »Taurinense« ihre Waffen ab[456]. Doch hatten die Deutschen die Division noch längst nicht im Griff. Deshalb sollte deren Kommandeur und der Oberbefehlshaber des XIV. Armeekorps, General Roncaglia, verhaftet werden[457]. Bei weiterer »Widersetzlichkeit« wurde die Erschießung des letzteren »beabsichtigt«[458]. Der General ist dann am 15. September festgenommen worden. Einheiten der »Taurinense« griffen auch danach mehrfach deutsche Trosse an[459]. Ansonsten aber beabsichtigte General Lorenzo Vivalda, der sich der Gefangennahme in Podgorica entzog, die nicht entwaffneten und die isoliert stehenden Teile seines Verbandes am 16. September von Danilovgrad an die Küste zu führen, um sich dort mit der Infanteriedivision »Emilia« zu vereinigen[460].

Das gelang nicht, weil die Masse der »Emilia« Montenegro bis zum 15. September in Richtung Süditalien verlassen konnte[461]. Aber die »Taurinense« schloß sich ebenso wie Teile anderer italienischer Divisionen mit den Partisanen zusammen. Das XXI. Gebirgs-Armeekorps mußte, um der veränderten Lage Herr zu werden, weitere Korpsreserven einsetzen[462].

In dieser Situation schlug General Bader vor, im Rahmen eines großangelegten Unternehmens mit der 118. Jägerdivision zunächst schwerpunktmäßig gegen die zwischen Nikšić und Risan stehenden Einheiten der Alpinidivision »Taurinense« vorzugehen. Parallel dazu beabsichtigte er, mit kampfstarken Verbänden und mit der Luftwaffe gegen

---

[455] KTB Pz. A.O.K. 2, S. 33, 9.9., und S. 36, 10.9.1943, BA-MA, RH 21-2/v. 590; GTDW, Bd 8, S. 51, 9.9.1943; und Torsiello, Le operazioni delle unità italiane, S. 424 ff., zum Schicksal der »Taurinense« insgesamt.

[456] KTB Pz. A.O.K. 2, S. 36, 10.9., und S. 39, 11.9.1943: »Waffenabgabe der ital. Div. ›Taurinense‹ in Podgorica abgeschlossen«, BA-MA, RH 21-2/v. 590; und GTDW, Bd 8, S. 63, 11.9., und S. 68, 12.9.1943.

[457] KTB Pz. A.O.K. 2, S. 42, 12.9.1943, BA-MA, RH 21-2/v. 590.

[458] Tagesmeldung Pz. A.O.K. 2, 13.9.1943, BA-MA, RH 21-2/v. 621; vgl. Lombardi, L'8 settembre, S. 426.

[459] KTB Pz. A.O.K. 2, S. 49, 15.9.1943, BA-MA, RH 21-2/v. 590. Zwei Tage später, am 17.9., nahm die Führung der Heeresgruppe F die Flucht des Befehlshabers der Division »Siena« auf Kreta (siehe oben, S. 155) zum Anlaß für den Befehl, »alle ital. Offiziere vom Rgt.Kdr. (ausschl.) aufwärts zu entwaffnen«. Die 2. Panzerarmee befahl hierbei ergänzend, »falls die betreffenden ital. Offz. unter diesen Umständen nicht mehr die Rückführung der Italiener im deutschen Sinne gewährleisten, dieselben unverzüglich in Kriegsgefangenschaft abzuschieben, sofern nicht durch ihr Verhalten schärfere Maßnahmen erforderlich werden«, ebd., S. 59, 17.9.1943.

[460] Torsiello, Le operazioni delle unità italiane, S. 425. Die Intention von General Vivalda war dem XXI. Gebirgs-Armeekorps bekannt: General-Kdo. XXI. Geb. A.K. Abt. Ia Nr. 7374/43 geh., K.H.Qu., den 19.9.1943, An Panzerarmeeoberkommando 2, Lagebericht, BA-MA, RH 21-2/v. 617. Bei der 118. Jägerdivision ging man davon aus, daß diese »Absicht verhindert« worden sei.

[461] Nach Torsiello, Le operazioni delle unità italiane, S. 421 f., konnten demnach rund 6 200 Mann gerettet werden. Vorher lieferten sich die Italiener harte Gefechte mit der SS-Division »Prinz Eugen«.

[462] KTB Pz. A.O.K. 2, S. 73, 24.9.1943, BA-MA, RH 21-2/v. 590.

die Gebirgs-Infanteriedivision »Venezia« aufzuklären. Erst nach Abschluß der Operation gegen die »Taurinense« wollte der Kommandierende General des XXI. Gebirgs-Armeekorps unter Zusammenfassung aller Kräfte die »Venezia« angreifen[463].

Das Panzerarmeeoberkommando 2 stimmte der Planung zu. Die 118. Jägerdivision trat Ende September bei Risan an, worauf sich die »Taurinense« auf Grahovo zurückzog[464]. Sie wurde in jener Gegend in ihrer Masse zum Kampf gestellt und dabei in Einzelgruppen zersprengt[465]. Am 7. Oktober leisteten im Südwesten und im Nordosten von Grahovo noch ein Bataillon und eine starke Gruppe der Alpinidivision Widerstand[466]. Zwei Tage später teilte die 118. Jägerdivision mit, die »Taurinense« sei vernichtet. Bei den Italienern habe es 400 bis 500 Tote gegeben. Maximal 800 italienische Militärangehörige seien zu den »Banden« geflüchtet[467]. Nachdem auch noch die Bataillone »Aosta« und »Intra« mit 1 237 beziehungsweise 1 300 Mann kapituliert hatten, zählte die 118. Jägerdivision zunächst 6 430 Gefangene[468]. Im Verlaufe von »Säuberungsaktionen« erhöhte sich deren Zahl schließlich auf über 7 000[469].

Es stellt sich angesichts der bekannten verbrecherischen Befehle die Frage, was mit den Offizieren der Alpinidivision geschah. Darüber scheint wenig bekannt zu sein. Es ist letztlich nicht nachvollziehbar, wieviele Offiziere der »Taurinense« umgebracht worden sind, nachdem sie in Gefangenschaft geraten waren. Bei diesbezüglichen Überlegungen hat man jedoch auch das geistige Klima zu berücksichtigen, das bei der 2. Panzerarmee herrschte. General Rendulic machte es seinen Generalkommandos per Befehl zur Pflicht, »darüber zu wachen«, daß gegen Widerstand leistende Italiener als »Freischärler mit rücksichtsloser Härte durchgegriffen« werde[470]. Am 27. September, eine gute Woche nach

---

[463] KTB Pz. A.O.K. 2, S. 85, 29.9.1943, BA-MA, RH 21-2/v. 590.
[464] Ebd., S. 86, 30.9.1943.
[465] Ebd., S. 100, 6.10.1943.
[466] Tagesmeldung XXI. Geb. A.K., 7.10.1943, BA-MA, RH 21-2/v. 593.
[467] Tagesmeldung Pz. A.O.K. 2, 9.10.1943, BA-MA, RH 21-2/v. 621.
[468] Tagesmeldung XXI. Geb. A.K., 10.10.1943, BA-MA, RH 21-2/v. 593.
[469] Vgl. dazu KTB Pz. A.O.K. 2, S. 106, 8.10., S. 107, 9.10., und S. 109, 10.10.1943, BA-MA, RH 21-2/v. 590; Flugblatt der »Panzer Propaganda Kompanie 693« für die »Soldati della Divisione ›Venezia‹«, verfaßt vor dem 12.10.1943, BA-MA, RH 21-2/v. 733; und GTDW, Bd 8, S. 225, 11.10.1943: Demnach meldete die 118. Jägerdivision 7 038 Gefangene der »Taurinense«. Nach Bartoli, L'Italia si arrende, S. 212 f., traten Teile der Alpinidivision zu der am 28.11.1943 gegründeten Division »Garibaldi«, die als einzige italienische Einheit mit den Partisanen in Jugoslawien gegen die Deutschen weiterkämpfte. Zu ihr gehörten auch Soldaten der »Venezia«. Die »Garibaldi« zählte nach dieser Darstellung knapp 4 000 Mann. Insgesamt sollen sich, so Bartoli, 2 300 Soldaten der »Taurinense« und 9 400 der »Venezia« den Partisanen angeschlossen haben. Folgt man hingegen Torsiello, Le operazioni delle unità italiane, S. 429, Anm. 43, dann gingen 9 500 Mann der »Venezia«, 1 100 der »Taurinense« und 2 000 von verschiedenen anderen Einheiten in den Widerstand. Das Oberkommando des jugoslawischen II. Korps reduzierte die »Garibaldi« schließlich mit fadenscheinigen Argumenten auf 6 000 Kämpfer, d.h. 4 Brigaden zu je 1 500 Soldaten. Alle übrigen steckten die Jugoslawen in 11 Arbeitsbataillone von 300—500 Mann. Angeblich haben auf dem Balkan nach dem 8.9. bis zu 200 000 Italiener an der Seite der Widerstandsgruppierungen gekämpft. Direkt dazu auch S. 675, sowie 673—677 insgesamt.
[470] KTB Pz. A.O.K. 2, S. 61, 18.9.1943, BA-MA, RH 21-2/v. 590.

der unzweideutigen Weisung, bat das Panzerarmeeoberkommando 2 den Kommandierenden Admiral Adria, die zur See von »Cattaro nach Triest abtransportierten Offz.,
Uffz. und Mannschaften der ital. Div. ›Taurinense‹ und ›Emilia‹ für Vollstreckung von
Sühnemaßnahmen vorläufig sicherzustellen«[471]. Offensichtlich war Rendulic, der von
Hitler Mitte September 1943 das Eichenlaub zum Ritterkreuz entgegengenommen
hatte[472], mit den bis dahin bei den beiden Divisionen durchgeführten »Sühnemaßnah-
men« nicht zufrieden. Er sah sich jedenfalls »veranlaßt, erneut auf die Einhaltung des
Führerbefehls« aufmerksam zu machen[473]. Das heißt, der Oberbefehlshaber der 2. Pan-
zerarmee mahnte mehr tote italienische Offiziere an. Im Hinblick auf die »Taurinense«
meldete das XXI. Gebirgs-Armeekorps dann am 7. Oktober summarisch, daß es die
Erschießung der Offiziere befohlen habe[474]. Kurz danach konnte General Rendulic den
Oberbefehlshaber Südost darüber unterrichten, daß 18 Offiziere der Alpinidivision gemäß
»Führerweisung« exekutiert worden seien[475].
Das kann nur als Mord bezeichnet werden! Anzumerken ist dabei, daß den Generalkommandos der 2. Panzerarmee damals jener im Kontext der Entwaffnungsaktion bei
der Heeresgruppe E schon erwähnte[476] Befehl des Oberkommandos des Heeres ebenfalls vorlag. Dieser ergänzte die spätestens am 24. September von der Truppe erhaltene
Weisung, nach der alle entwaffneten italienischen Soldaten als Militärinternierte zu
bezeichnen waren. Italiener, hieß es, die gegen deutsche Truppen gekämpft oder mit den
Banden zusammengearbeitet hätten, sollten künftig als »Kriegsgefangene« angesprochen
und behandelt werden[477]. Es zeigte sich somit auch im Bereich des Panzerarmeeoberkommandos 2, daß der offizielle Status des Kriegsgefangenen, selbst wenn er entwaffneten italienischen Militärangehörigen verbal zuerkannt wurde, keinerlei Schutz gegen die
das Kriegsrecht verletzenden Willkürmaßnahmen der Wehrmacht — Mord eingeschlossen — darstellte.
Es waren etliche Italiener, die bei der 2. Panzerarmee aufgrund der verbrecherischen Befehle den Tod fanden, wobei die aktenkundigen Erschießungen vermutlich lediglich die Spitze

---

[471] KTB Pz. A.O.K. 2, S. 86, 30.9.1943, BA-MA, RH 21-2/v. 590.

[472] Ebd., S. 54, 16.9.1943. Im KTB des Pz. A.O.K. 2 steht: »Zur Verleihung des Eichenlaubes zum Ritterkreuz ist der O.B. der 2. Panzerarmee vom 16.9. bis voraussichtlich 19.9. in das Führer-H.Qu.
befohlen worden.« Hingegen schreibt Glaise von Horstenau (General im Zwielicht, S. 250 f.), Rendulic sei bereits im August »mit dem Eichenlaub ausgezeichnet« worden, was mit den Angaben
der Kartei der Ritterkreuzverleihung des BA-MA übereinstimmt. Demnach wurde dem General
die Auszeichnung am 15.8.1943 »verliehen«. Vermutlich war es so, daß dieser im September zu Hitler reiste, um das bereits vorher zuerkannte Ehrenzeichen persönlich zu empfangen.

[473] Ebd., S. 90, 1.10.1943. In seinen Memoiren, die in diesem Kontext nicht zitierwürdig sind, versuchte der Oberbefehlshaber einen anderen Eindruck zu erwecken. Vgl. Rendulic, Gekämpft, S. 175—185,
hier 181.

[474] Tagesmeldung XXI. Geb. A.K., 7.10.1943, BA-MA, RH 21-2/v. 593.

[475] Tagesmeldung Pz. A.O.K. 2, 9.10.1943, BA-MA, RH 21-2/v. 621; und GTDW, Bd 8, S. 123, 9.10.1943.

[476] Siehe oben, S. 170.

[477] KTB Pz. A.O.K. 2, S. 79, 26.9.1943, BA-MA, RH 21-2/v. 590; und insbesondere KTB Pz. A.O.K. 2,
O.Qu., 26.9.1943, BA-MA, RH 21-2/v. 837: »Italiener, welche gegen deutsche Truppen gekämpft
haben, sind auf Befehl O.K.H. als Kriegsgefangene zu behandeln. O.Qu/Qu. 2 erläßt die hierzu
erforderlichen Befehle.«

des Eisberges erkennen lassen. Bei der schon wiederholt erwähnten Division »Emilia«, die den Deutschen bei Kotor (Cattaro)[478] und Gruda[479] heftige Gefechte lieferte (die letzten beiden Bataillone des in seiner Masse ins Mutterland evakuierten Großverbandes scheinen am 23. September etwa 30 km nördlich von Cattaro entwaffnet worden zu sein[480]), handelte es sich um wenigstens drei Subalternoffiziere[481].

Am 28. September 1943 meldete der Wehrmachtbericht[482]: »Der Adriahafen Split, den Badogliotruppen gemeinsam mit kommunistischen Banditen verteidigten, wurde im Sturm genommen.« Das traf so nicht ganz zu. In Wahrheit besetzte die SS-Division »Prinz Eugen« am 27. September um neun Uhr die Hafenstadt »gegen vereinzelten Widerstand«. Dabei hat sie 300 Offiziere und 9 000 Mann der Infanteriedivision »Bergamo« gefangengenommen[483]. Außerordentlich wechselhafte Kampfhandlungen, die etwa 16 Tage gedauert haben, gingen damit zu Ende. Der Widerstand innerhalb der Stadt war im wesentlichen von den Partisanen getragen worden. Ihnen hatten sich rund 1 500 italienische Soldaten angeschlossen. Außerhalb von Split, wo die eigentlichen Kampfeinheiten der Division

---

[478] KTB Pz. A.O.K. 2, S. 45, 13.9. und S. 47, 14.9.1943: Danach wurde im Bereich der Division »Emilia« — ausgenommen Gruda — »durch Verhandlungen die Einstellung der Feindseligkeiten und ungehinderte Bewegungsfreiheit der deutschen Truppen erreicht«. Die übrigen Meldungen gestatten es nicht, zwischen Auseinandersetzungen mit Italienern oder Partisanen zu unterscheiden. Aber am 16.9. war der Widerstand in Kotor »im wesentlichen gebrochen«, ebd., S. 54. Vgl. auch S. 61, 18.9.1943, BA-MA, RH 21-2/v. 590; und General-Kdo. XXI. Geb. A.K. Abt. Ia Nr. 7374/43 geh., K.H.Qu., den 19.9.1943, An Panzerarmeeoberkommando 2, Lagebericht, hier S. 2 f., BA-MA, RH 21-2/v. 617. Vgl. auch KTB OKW, Bd III, S. 1124, 20.9.1943, mit der Eintragung, daß nunmehr der »letzte Widerstand beseitigt« sei.

[479] KTB Pz. A.O.K. 2, S. 47, 14.9.: Teile der »Emilia« griffen den Flugplatz von Gruda an; und S. 49, 15.9.: Andauern der Kämpfe bei Gruda gegen Teile der SS-Division »Prinz Eugen«. Eine Aufforderung zur Einstellung der Feindseligkeiten lehnten die Italiener ab. Am nächsten Tag, ebd., S. 54, 16.9.1943, mußten sie kapitulieren, BA-MA, RH 21-2/v. 590; und Tagesmeldung Pz. A.O.K. 2, 17.9.1943, BA-MA, RH 21-2/v. 621; sowie GTDW, Bd 8, S. 89, 16.9., und S. 96, 17.9.1943.

[480] GTDW, Bd 8, S. 125, 23.9.1943.

[481] Torsiello, Le operazioni delle unità italiane, S. 422 ff., Anm. 27.

[482] Wehrmachtberichte, Bd 2, S. 571.

[483] KTB Pz. A.O.K. 2, S. 80, 27.9.1943, BA-MA, RH 21-2/v. 590; und GTDW, Bd 8, S. 150, 28.9.1943. Man war zunächst mit zu schwachen Kräften angetreten: KTB Pz. A.O.K. 2, S. 45, 13.9., und S. 54, 16.9.1943, BA-MA, RH 21-2/v. 590. Dabei beteiligten sich vorübergehend auch italienische Truppen auf deutscher Seite an den Kämpfen vor Split, ebd., S. 47, 14.9.1943. Diese insgesamt 790 Mann legten am 18.9. die Waffen nieder, vgl. »Vortragsnotiz zur Feindlage um Split (20.9.1943)«, BA-MA, RH 21-2/v. 612. Am 22.9. wurde der Beginn des Unternehmens »Geiserich« auf den 26.9. festgesetzt. Unter Führung des Kommandeurs der SS-Division »Prinz Eugen«, SS-Brigadeführer Karl Reichsritter v. Oberkamp, sollten »komm. Bandenkräfte (Masse der 9. dalmatinischen Div. verst. durch 2 ital. Rgt., zusammen etwa 6 000 Mann), welche den Raum von Split und die vor der Stadt nach Osten vorgeschobene gut ausgebaute Betonbunkerlinie, Flächendrahthindernisse und Minenfelder« verteidigten, geschlagen und die Stadt in eigenen Besitz gebracht werden: KTB Pz. A.O.K. 2, S. 69, 22.9.1943, BA-MA, RH 21-2/v. 590. Seit dem 24.9. kämpfte sich die Angriffsgruppe der »Prinz Eugen« den Bereitstellungsraum frei, ebd., S. 73, 24.9.1943. Bereits am 26.9. beobachtete man, daß sich der Gegner aus Split absetzte. Am 27.9. um 07.00 Uhr begann der entscheidungsuchende Angriff gegen die Stadt: KTB Pz. A.O.K. 2, O.Qu., 26./27.9.1943, BA-MA, RH 21-2/v. 837.

— verteilt auf verschiedene Orte und Inseln — stationiert gewesen sind, bereiteten die Italiener den Deutschen Probleme. 2 940 Angehörige der »Bergamo«, darunter ihr Kommandeur, General Emilio Becuzzi, konnten schließlich noch am 23. September über See nach Italien gebracht werden.

Allerdings sind Verfassung und Haltung der italienischen Truppen in Split offenbar sehr uneinheitlich gewesen. Die Zustände scheinen sich mitunter chaotisch dargestellt zu haben. So einigten sich die Italiener wohl am 10. mit den Partisanen über eine gemeinsame Verteidigung. Aber als am Abend desselben Tages vom XVIII. Armeekorps der Befehl kam, Waffen und Material an die deutschen Truppen zu übergeben, entstand Unsicherheit. Man beriet sich. Hierbei wünschten die in Split befindlichen Generale und Truppenkommandeure — bis auf zwei, die eine energische Reaktion empfahlen — allem Anschein nach die Verwirklichung der »Bestimmungen des Waffenstillstandes«. Daraufhin entwaffneten in den folgenden Tagen die Partisanen italienische Militärangehörige, was angesichts derartiger Gegebenheiten nicht weiter erstaunt[484]. Deutscherseits wurde jedenfalls schon am 14. September angenommen, daß die in Split befindlichen Teile der Division »Bergamo« ihre Waffen an die »Banden« abgeben mußten[485]. Letztere galten als die »Träger des Widerstandes«, während sich die Italiener — soweit sie es überhaupt taten — nach solcher Auffassung nur »gezwungenermaßen« zur Wehr setzten[486]. Es ist freilich einschränkend anzumerken, daß die Vorgänge in Split in den Quellen widersprüchlich dargestellt werden. Die historische Wahrheit bleibt somit in gewisser Weise im dunkeln.

Trotz der oben referierten Erkenntnisse, die man auf deutscher Seite über die Verhältnisse in Split besaß, gewährte die Führung der SS-Division »Prinz Eugen« den Offizieren der »Bergamo« keinen Pardon[487]. Zumindest das steht zweifelsfrei fest. Nach italienischen Unterlagen wurden 49 Offiziere der Infanteriedivision, darunter drei Generale, nach einem recht allgemeinen Verhör durch ein von SS-Brigadeführer v. Oberkamp präsidiertes Kriegsgericht zum Tode verurteilt und hingerichtet[488]. Die Zahl ist nach deutschen Quellen zu niedrig angesetzt. In diesen ist nämlich zu lesen, daß 300 italienische

---

[484] Torsiello, Le operazioni delle unità italiane, S. 353—359, zur »Bergamo« insgesamt.

[485] GTDW, Bd 8, S. 78, 14.9.1943.

[486] Vortragsnotiz zur Feindlage um Split (20.9.1943), BA-MA, RH 21-2/v. 612. Dort auch Flugblätter, die über Kotor und Split abgeworfen wurden.

[487] Im KTB Pz. A.O.K. 2, S. 39, 11.9.1943, steht: »Nach Stukaangriff auf Split haben die in der Stadt befindlichen ital. Truppen kapituliert.« BA-MA, RH 21-2/v. 590. Wenn man deutscherseits tatsächlich von einem derartigen Sachverhalt ausgegangen sein sollte, wäre das Massaker an den italienischen Offizieren noch unverständlicher.

[488] Ambasciata d'Italia, Segreto, Telespresso N. 03667, Indirizzato a Ministero degli Affari Esteri, Berlino addi 26 Apr. 1944-XXII, Oggetto: Ufficiali fucilati a Sinj, f/to Anfuso, ASMAE, Busta 148, Pos. II/1/1. Im Anhang befindet sich eine Liste mit den Namen von 49 erschossenen Offizieren. Sie ist undatiert, doch handelte es sich — wie der Namensvergleich ergibt — um Ende September/Anfang Oktober umgebrachte Offiziere der »Bergamo«. Die Angaben bei Bartoli, L'Italia si arrende, S. 200, und Torsiello, Le operazioni delle unità italiane, S. 357, stimmen mit dieser Quelle überein. Torsiello schreibt, daß die Offiziere, ausgenommen die Generale, in Trilj erschossen wurden. Vgl. auch Giuntella, Gli internati, S. 106, Anm. 5, der 3 Generale und 47 andere Offiziere angibt.

Offiziere standrechtlich erschossen werden sollten[489]. Das Massaker habe am 28. September begonnen; und am 2. Oktober hieß es, daß das »Verfahren gegen die ital. Offiziere der Div. ›Bergamo‹ im wesentlichen abgeschlossen« sei[490]. Das war der Tag, an dem deutsche Soldaten die Generale Alfonso Cigala-Fulgosi, Salvatore Pelligra und Raffaele Policardi ermordeten[491]. Selbst wenn angenommen wird, daß die gemeldeten 300 Offiziere nicht alle getötet worden sind, so brachte man insgesamt auf jeden Fall mehr als die vom Kommandeur der »Prinz Eugen« am 3. Oktober gemeldeten 50 Offiziere um[492]. Teilte doch das XV. Gebirgs-Armeekorps einen Tag später mit, daß es neun weitere Offiziere der »Bergamo« erschossen habe[493]. Am 5. Oktober wurde dann noch Oberst Verdi unter den Opfern genannt[494]. Alles in allem ist also von mindestens 60 massakrierten Offizieren der Division »Bergamo« auszugehen.

Widerstand leisteten den deutschen Truppen ferner die zum VI. Armeekorps gehörenden Infanteriedivisionen »Messina«, Hauptquartier in Metković, und »Marche«, Hauptquartier in Dubrovnik (Ragusa). Die SS-Division »Prinz Eugen« kämpfte sich über Gruda und »Ragusa Vecchia« sowie über Mostar, Metković und Slano aus zwei Richtungen an Dubrovnik, den Sitz des VI. Armeekorps, heran. Bei ihrer Zangenoperation stießen die SS-Männer sowohl im Süden als auch im Nordwesten der Hafenstadt auf zum Teil heftige Gegenwehr der italienischen Einheiten. General Sandro Piazzoni, der Kommandierende General des VI. Korps, hatte den Deutschen noch am 9. September ganz klar gesagt, daß er sich einer »Besetzung von Ragusa mit Waffengewalt widersetzen« werde[495]. Doch schon am Tag darauf, so das Kriegstagebuch des Panzerarmeeoberkommandos 2, habe man die »Kapitulation« der Stadt durch »Stukaangriffe erzwungen und die Kämpfe auf Grund von Verhandlungen eingestellt«[496].

---

[489] Von XV. Geb. A.K. an SS-Div. »Prinz Eugen«, Abgang 28.9., aufgenommen 28.9., 19.10 Uhr: »Masse Div. Bergamo gefangen. 300 ital. Offiziere werden gem. Führer VFG [Verfügung, d. Verf.] standrechtlich erschossen.« Und Tagesmeldung XV. Geb. A.K. vom 28.9.1943, »Gesamtlage: [...] 300 ital. Offz. werden gem. Führerbefehl standrechtlich erschossen.« Außerdem: Panzerarmeeoberkommando 2 Abt. Ia Nr. M 25/43 geh., A.H.Qu., den 28.9.43, Tagesmeldung: »300 Offiziere und 9 000 Mann der Div. Bergamo wurden gefangengenommen. Behandlung lt. Führerbefehl ist eingeleitet.« Zit. nach: BA-MA, RH 21-2/v. 593. Irritationen verursachte in der Literatur die Meldung des XV. Geb. A.K. vom 27.9., daß man 202 Offiziere gefangen habe, vgl. Lombardi, L'8 settembre, S. 419 und 421. Hierbei handelte es sich jedoch nur um ein Teilergebnis, bezogen auf Split. Die Gesamtzahl belief sich auf 300.

[490] Panzerarmeeoberkommando 2 Abt. Ia Nr. M 29/43 geheim II. Ang., A.H.Qu., den 2.10.1943, Nachtrag zur Tagesmeldung, BA-MA, RH 21-2/v. 621.

[491] Ebd., Bewegungsmeldung v. 2.10.1943 (nur an O.B. Südost). Die Namen der Generale sind zwar nicht korrekt geschrieben, aber in Verbindung mit der Dienststellung eindeutig zu identifizieren.

[492] Diese Meldung ist u.a. zitiert bei Giuntella, Gli internati, S. 106, Anm. 5.

[493] Bewegungsmeldung v. 4.10.43 (nur an O.B. Südost), BA-MA, RH 21-2/v. 593; und ebd., »Nachtrag zur Tagesmeldung XV. Geb. A.K. vom 3.10.1943«.

[494] Bewegungsmeldung vom 5.10.1943 (nur an O.B. Südost), BA-MA, RH 212/v. 621. In der oben zitierten namentlichen Liste (siehe oben, Anm. 488, ASMAE) ist Oberst Verdi nicht aufgeführt.

[495] KTB Pz. A.O.K. 2, S. 33 f., 9.9.1943, BA-MA, RH 21-2/v. 590.

[496] Ebd., S. 36, 10.9.1943. Dieser Tenor kennzeichnet auch die Tagesmeldung Panzerarmeeoberkommando 2 Abt. Ia Nr. M 8/43 geheim, A.H.Qu., den 11.9.1943, BA-MA, RH 21-2/v. 621.

Wiederum scheint es nicht ganz so gewesen zu sein. Aus der Aufzeichnung über die Verhandlungen zwischen dem SS-Standartenführer Schmidthuber und General Piazzoni, der um die Unterredung gebeten hatte, geht nämlich hervor, daß von einer Kapitulation nicht die Rede sein konnte. Die Deutschen gaben demnach vor, die italienischen Streitkräfte nicht entwaffnen, sondern lediglich die für die Küstenverteidigung wichtigsten Punkte besetzen zu wollen. Das war gelogen. Schmidthuber gelang es auf solche Weise jedoch, ungehindert in die Stadt zu kommen und sich auf das vorzubereiten, was er tatsächlich beabsichtigte[497].

Am Nachmittag des 11. September rückten jedenfalls als Folge des Täuschungsmanövers Teile der »Prinz Eugen« in Dubrovnik ein[498]. Offensichtlich kam es dabei zu Straßenkämpfen[499]. Nach deren Beendigung sollen die deutschen Truppen dann in der Nacht zum 12. September schlagartig zur Entwaffnung der italienischen Soldaten geschritten sein[500]. Hingegen behaupteten die Deutschen, daß die Straßenkämpfe erst am 12. September beendet wurden. Am selben Tage hätten sie die — demnach bereits begonnene — »Entwaffnung von etwa 30.000 Italienern fortgesetzt«[501]. In jener Darstellung werden also die Akzente deutlich anders gesetzt. In ihr heißt es zudem, daß man General Piazzoni »wegen deutsch-feindlicher Haltung festgenommen« habe[502]. Das besagt wohl, daß er die Kollaboration mit dem »Dritten Reich« ablehnte[503]. Gefangengenommen haben Einheiten der »Prinz Eugen« im Abschnitt der Divisionen »Messina« und »Marche«

---

[497] Torsiello, Le operazioni delle unità italiane, S. 402 f.; in den frühen Morgenstunden des 11.9. erhielt das VI. A.K. dann von der H.Gr. Est in Tiranë die Anweisung zur teilweisen Waffenabgabe. Das Dokument über die Abmachungen mit Schmidthuber ist ebd., S. 410, publiziert.

[498] KTB Pz. A.O.K. 2, S. 39, 11.9.1943, BA-MA, RH 21-2/v. 590.

[499] Ebd., S. 41, 12.9.1943.

[500] Torsiello, Le operazioni delle unità italiane, S. 403 ff.

[501] KTB Pz. A.O.K. 2, S. 41, 12.9.1943, BA-MA, RH 21-2/v. 590. Direkt dazu KTB OKW, Bd III, S. 1101, 13.9.1943, mit der Eintragung, daß in Ragusa 28 000 Italiener entwaffnet worden seien. Diese Zahlen erscheinen sehr hoch, denn nach Torsiello, Le operazioni delle unità italiane, S. 398, umfaßte das gesamte VI. Armeekorps nur 28 000 Mann. Dabei ist zu berücksichtigen, daß 5 500 Angehörige der XXVIII. Küstenbrigade nach Süditalien entweichen konnten, ebd., S. 403, Anm. 12, und 408 ff. Viele flüchteten außerdem nach der Übergabe der Stadt zu den Partisanen, ebd., S. 405. Wahrscheinlicher ist deshalb, daß beim VI. Armeekorps wesentlich weniger Gefangene eingebracht wurden. Im »Nachtrag zur Tagesmeldung vom 19.9.1943« des XV. Gebirgs-Armeekorps ist davon die Rede, daß im Raum der SS-Division »Prinz Eugen« die »Gesamtzahl der Gefangenen 18 164« betragen habe, BA-MA, RH 21-2/v. 621. Allerdings gibt es einen weiteren grundsätzlichen Widerspruch zwischen den deutschen und italienischen Angaben, der darin besteht, daß deutscherseits am 10.9.1943 im Bereich des italienischen VI. A.K. rund 40 000 Mann angenommen worden sind: Aufstellung der im »kroatisch-serbisch-albanischen Raum« befindlichen Italiener, Kartenskizze, BA-MA, RH 21-2/v. 837; und in einem Bericht des Deutschen Konsulats in Dubrovnik vom 22.9. heißt es, daß »am 12. September und den folgenden Tagen ca. 40 000 Italiener« in der Stadt von »wenigen hundert Mann« des 2. SS-Jägerregiments unter Standartenführer Schmidthuber entwaffnet und gefangengenommen wurden: Deutsches Konsulat Pol. 1., u.a. an Auswärtiges Amt Berlin, 22.9.1943, gezeichnet Aeldert, BA-MA, RH 31 III/4.

[502] Pz. A.O.K. 2, Ia Nr. M 10/43 geh., Fernschreiben an O.B. Südost (Obkdo. d. H.Gr. F), Tagesmeldung vom 13.9.1943, BA-MA, RH 21-2/v. 621.

[503] Torsiello, Le operazioni delle unità italiane, S. 405, der den Bericht von Piazzoni zitiert.

mindestens acht Generale. Von diesen wurde einer, nämlich General Giuseppe Amico, der Kommandeur der Division »Marche«, von »Faschisten erschossen«[504].

Zu den italienischen Divisionen, die sich dem Zugriff der Wehrmacht zu entziehen vermochten, gehörte auch die Gebirgs-Infanteriedivision »Venezia« unter General Giovanni Battista Oxilia. Beim Kriegsaustritt Italiens lagen ihre Einheiten im Gebiet um Ivangrad, Andrijevica, Kolašin und Bijelo Polje. Auf ihrem — schon erwähnten — schnellen Vormarsch an die Küste hatte die 118. Jägerdivision die »Venezia« auf dem linken Flügel liegenlassen müssen, da die Zeit für eine Entwaffnungsaktion fehlte. Man versuchte daher auf andere Weise ans Ziel zu kommen: Am 14. September erging »durch Flugabwurf der Befehl, sich sofort in den Versammlungsraum von Mitrovica« zu begeben[505]. Doch zu jenem Zeitpunkt hatte sich General Oxilia bereits entschieden. Seine Division würde sich den Deutschen widersetzen und mit den Partisanen zusammenarbeiten[506].

Das XXI. Gebirgs-Armeekorps machte sich daraufhin daran, im Anschluß an die Vernichtung der Division »Taurinense« gezielt gegen die »Venezia« zu operieren[507]. General Bader ließ möglichst viele bewegliche Kräfte versammeln, denn außer der »Venezia« sollte auch noch die Infanteriedivision »Firenze« entwaffnet werden[508]. Den Truppen von General Oxilia wurde zunächst für den 12. und dann für den 20. Oktober ein Ultimatum gestellt. Danach würde es »keine Gnade mehr« geben. Beziehungsvoll wiesen die Deutschen den ehemaligen Verbündeten darauf hin, daß ihm die Kampfweise der Wehrmacht vertraut sei: Die Italiener hätten »zwischen Abtransport und Versorgung und Tod und Verderben« zu wählen[509]. Die Angehörigen der Division ließen sich jedoch nicht schrecken und blieben im Lager von Hitlers Gegnern[510]. Auf deutscher Seite war man im übrigen durch Gefangenenaussagen und abgehörte Funksprüche bestens über Zustand, Ausrüstung und Gliederung der »Venezia« informiert[511]. Der Oberbefehlshaber Südost wußte sogar, daß die Jugoslawen Teile der Division entwaffnet hatten[512].

---

[504] Bewegungsmeldung am 18.9.1943 (nur an O.B. Südost), BA-MA, RH 212/v. 621. Abweichend davon wird in der offiziellen italienischen Historiographie angegeben, daß General Amico von deutschen Soldaten durch Genickschuß ermordet worden sei: Scala, La riscossa dell'esercito, S. 185. Diese Darstellung wurde übernommen von Torsiello, Le operazioni delle unità italiane, S. 406; und von Bartoli, L'Italia si arrende, S. 202 f. Letzterer spricht jedoch nicht expressis verbis von deutschen Mördern.

[505] KTB Pz. A.O.K. 2, S. 48, 14.9.1943, BA-MA, RH 21-2/v. 590.

[506] Torsiello, Le operazioni delle unità italiane, S. 427, und ebd., S. 426—429, insgesamt.

[507] KTB Pz. A.O.K. 2, S. 85, 29.9.1943, BA-MA, RH 21-2/v. 590.

[508] Ebd., S. 89, 1.10.1943.

[509] Flugblatt der »Panzer Propaganda Kompanie 693« für die »Soldati della Divisione ›Venezia‹«, BA-MA, RH 21-2/v. 733. Am 10.10. hatten sich Teile der 118. Jägerdivision zum Angriff auf »Restteile« der »Venezia« im Raum Podgorica-Danilovgrad bereitgestellt: GTDW, Bd 8, S. 219; und KTB OKW, Bd III, S. 1193, 11.10.1943.

[510] Siehe oben, Anm. 469.

[511] Pz. A.O.K. 2 — Ic. AO., 27.11.1943, Orientierung über die italienischen Verbände (Nur für Pz. A.O.K. 2), BA-MA, RH 21-2/v. 594.

[512] Ebd., Pz. A.O.K. 2 — Ic. AO., 30.11.1943, Orientierung über die italienischen Verbände (Nur für Pz. A.O.K. 2). Gleichzeitig wurde für den 29.11. eine Kolonne von etwa 6 000 Italienern gemeldet, die mit 45 Lastkraftwagen und 50 Motorrädern von Plaški nach Titova Korenica marschierten, um sich den Partisanen anzuschließen, ebd.

Parallel dazu liefen — wie oben angedeutet — die Operationen gegen die in Albanien stationierte Infanteriedivision »Firenze«. Sie bildete seit dem 28. September den Kern des »Kommandos der italienischen Bergtruppen«. Ihr Kommandeur, General Arnaldo Azzi, übernahm zugleich den Oberbefehl über diese königstreuen Truppen, deren Stärke nach und nach auf etwa 25 000 Mann anwuchs[513]. Das Panzerarmeeoberkommando 2 ging frühzeitig davon aus, daß Teile der »Firenze« auf die Seite der Partisanen gewechselt seien[514]. Schon Ende September waren Einheiten der 297. Infanteriedivision »zur Vernichtung von Restteilen« der Division angesetzt worden[515]. Das zeigt, daß keine genauen Informationen über den Zustand des Verbandes vorlagen. Am 10. Oktober stieß die 100. Jägerdivision mit Einheiten der »Firenze« zusammen, wobei die Italiener 72 Tote beklagten[516]. Auch bei einem blutigen Gefecht mit von italienischen Soldaten durchsetzten »Banden« bei Elbasan — Anfang November — dürften Angehörige der »Firenze« oder italienische Truppen beteiligt gewesen sein, die sich der Division unterstellt hatten[517]. Einige Tage danach, am 5. November, trat die 100. Jägerdivision zum Unternehmen »505« an. Die Operation richtete sich gegen »Banden«, die im Raum südlich von Tiranë standen. Man traf sehr bald auf Gegenwehr[518]. Doch seit dem 8. des Monats kamen die Jäger gut voran[519]. Schon drei Tage später konnte die Masse der eingesetzten Einheiten aus der erfolgreich beendeten Aktion herausgezogen werden[520]. Was blieb, das waren die üblichen »Säuberungen«. Am Ende, als die 100. Jägerdivision Bilanz machte, zählte sie über 1 700 italienische Gefangene und 19 Gefallene, darunter 8 Offiziere. Bei den albanischen Widerstandskämpfern wurden 123 Tote und 10 Gefangene gemeldet. Die deutschen Verluste beliefen sich auf 2 Gefallene, 27 Verletzte und einen Vermißten. Den gegnerischen Verband, dessen italienische Teile fast völlig vernichtet oder gefangengenommen worden sein sollen, befehligte Oberst Fernando Raucci, vormals Erster Adjutant im Armeeoberkommando 9. Seit dem 28. September kommandierte er eine der fünf Militärzonen, die General Azzi im Rahmen der Konstituierung seines neuen Befehlsbereichs einrichtete. Oberst Raucci wurde ebenso wie der Chef des Generalstabs von General Azzi, Oberstleutnant Goffredo Zignani, von den deutschen Truppen gefangen und erschossen[521]. Die beiden Offiziere traten am 15. November halbnackt, barfüßig und bei eisiger Kälte vor das deutsche Exekutionskommando. Nach Berichten von Augenzeugen beschämten sie

[513] Torsiello, Le operazioni delle unità italiane, S. 385 ff., zum Schicksal der »Firenze« insgesamt.
[514] GTDW, Bd 8, S. 136, 25.9.1943.
[515] Ebd., S. 154, 29.9.1943.
[516] Ebd., S. 219, 10.10.1943; und KTB OKW, Bd III, S. 1193, 11.10.1943.
[517] GTDW, Bd 8, S. 329, 1.11., und S. 333, 2.11.1943.
[518] Ebd., S. 353, 5.11., und S. 360, 6.11.1943.
[519] Ebd., S. 371, 8.11.1943, bis dahin waren »329 Gefangene (meist Italiener) eingebracht«.
[520] Ebd., S. 375, 9.11.; S. 381, 10.11., und S. 385 f., 11.11.1943.
[521] Abschlußmeldung Unternehmen »505«, 13.11.1943, BA-MA, RH 21-2/v. 594; KTB Pz. A.O.K. 2, S. 174, 12.11.1943, BA-MA, RH 21-2/v. 590; GTDW, Bd 8, S. 397, 13.11., und S. 420, 17.11.1943: »Die Beute beim Unternehmen ›505‹ hat sich um eine größere Anzahl leichter und schwerer Inf.-Waffen und auf über 1 700 Gefangene erhöht.« Gleichzeitig wurden bei einer Operation gegen Berat ebenfalls »285 Gefangene (meist Italiener)« gemacht. Siehe auch KTB OKW, Bd III, S. 1281, 14.11.1943. Zu der Erschießung der beiden italienischen Offiziere vgl. Torsiello, Le operazioni delle unità italiane, S. 387.

ihre Mörder durch eine kaum faßbare Gleichgültigkeit[522]. Leider waren sie keineswegs die letzten italienischen Soldaten, die von Wehrmachtangehörigen ermordet oder mit der Allerweltsbegründung, daß sie fliehen wollten, niedergemacht wurden. Aufgrund des im Südostraum zu verzeichnenden brutalen Vorgehens ist jedenfalls die Meldung der 100. Jägerdivision vom 26. November, daß man 15 Italiener »auf der Flucht erschossen« habe, nur mit großer Skepsis zu lesen. Aber selbst wenn es sich um einen Fluchtversuch gehandelt haben sollte, mußten sie getötet werden? Am selben Tag vollstreckte die 297. Infanteriedivision gegen acht italienische Offiziere im Rahmen des Unternehmens »Edelweiß« die befohlenen »Sühnemaßnahmen«. Das bedeutete, daß die soeben ergriffenen Männer einfach umgebracht wurden[523]. Schon vorher hatte das 2. Regiment »Brandenburg« mitgeteilt, daß es drei gefangene italienische Offiziere exekutiert habe[524]. Doch offensichtlich geschah es sogar, daß königstreue Offiziere noch in den Durchgangslagern umgebracht wurden[525].

Das volle Ausmaß dessen, was die bei der Entwaffnung der italienischen Streitkräfte an den Tag gelegte Unmenschlichkeit bewirkte, ist in allen Einzelheiten nicht mehr nachvollziehbar. Die Quellen legen höchstwahrscheinlich nur einen kleinen Teil des historischen Skandals offen. Unfaßbar aber ist bereits dieser Ausschnitt. Dabei erscheint es im übrigen unangebracht, hier auf eventuell mögliche Vergleiche zu rekurrieren. Es geht ja nicht um die Frage der Einmaligkeit des Geschehenen, sondern ausschließlich um die Tat als solche, das heißt um von Deutschen an Italienern begangene Kriegsverbrechen. In Rede steht durch nichts zu relativierender tausendfacher Mord und Totschlag.

Im Hinblick auf den eigentlichen Entwaffnungsvorgang ist der Rest schnell gesagt. Die bis jetzt nicht berücksichtigten Divisionen der italienischen 2. Armee und der Heeresgruppe Est lösten sich entweder auf, um in einer gigantischen Flüchtlingswelle auf irgendeine Weise doch noch Italien zu erreichen, was selten gelang, oder sie versuchten die Heimat über See zu gewinnen, was einigen auch glückte. Aber die Masse ist von den Partisanen, denen sich sehr viele angeschlossen haben sollen, und von der Wehrmacht entwaffnet worden[526]. Auf deutscher Seite beteiligten sich unter anderem kroatische Einheiten an der Entwaffnung italienischer Verbände. Hierbei galt der Fall der Infanteriedivision »Lombardia« in Karlovac als besonders spektakulär, denn die Kroaten zwangen sie »nach kurzem Feuergefecht« zur Kapitulation. Einheiten des III. (Germ.) SS-Panzerkorps trafen erst am Abend des 10. September, also nach vollbrachter Tat[527], in der Stadt ein.

---

[522] Bartoli, L'Italia si arrende, S. 204.

[523] Panzerarmeeoberkommando 2 Abt. Ia Nr. 84/43 geheim, A.H.Qu., den 26.11.1943, Tagesmeldung, BA-MA, RH 21-2/v. 594. Dabei wurden im Gebiet bei Debar in Jugoslawien 30 Italiener gefangen und 16 Kommunisten — gleich den italienischen Offizieren — erschossen.

[524] Tagesmeldung 2. Rgt. Brandenburg vom 19.11.1943, BA-MA, RH 21-2/v. 594.

[525] Meldung Gruppe Pfeiffer (das ist das 2. Rgt. Brandenburg) vom 16.11.1943: »1 ital. Offz. im Dulag erschossen«, BA-MA, RH 21-2/v. 594.

[526] Vgl. zu diesem Thema, das hier nicht zu vertiefen ist, Torsiello, Le operazioni delle unità italiane, S. 321—430.

[527] KTB Pz. A.O.K. 2, S. 33 f., 9.9., und S. 36, 10.9.1943, BA-MA, RH 21-2/v. 590; sowie Torsiello, Le operazioni delle unità italiane, S. 337 ff. Siehe auch Panzerarmeeoberkommando 2 Abt. Ia Nr. 8/43

Die Deutschen nahmen dann erstaunt zur Kenntnis, daß die »italienischen Soldaten und Offiziere, die aus Karlovac abtransportiert wurden, von der Bevölkerung mit Geschenken überhäuft« worden sind. Letztlich vermochte man sich eine derartige Herzlichkeit, die in gewisser Weise für das Besatzungsregime der Exverbündeten sprach und einen indirekten Affront der Wehrmacht bedeutete, nicht zu erklären[528].

Für den Südostraum ist es erheblich schwieriger als hinsichtlich Italiens ein genaues Datum für den Abschluß der Entwaffnungsaktion zu fixieren. Einige Aufschlüsse über deren Fortgang im Kommandobereich des Panzerarmeeoberkommandos 2 geben die täglichen Meldungen über die Summe der gefangenen Italiener. Bis zum 17. September hatte die Wehrmacht 103 854 italienische Militärangehörige erfaßt[529]. Die Zahl erhöhte sich bis zum 23. des Monats auf 124 627[530], um anschließend bis zum 29. September, als die 2. Panzerarmee 133 927 Gefangene meldete[531], konstant zu bleiben. Einen Tag später zählte sie 137 927 Italiener[532]. Erst am 8. Oktober trat mit 150 332 Militärinternierten oder Kriegsgefangenen eine bemerkenswerte Zunahme ein[533].

Jene Gesamtzahl wuchs in den nächsten fünf Tagen zunächst noch auf 153 728 Mann an[534]. Danach stagnierte sie bis zum 10. November einschließlich[535], und selbst am 25. des Monats verzeichnen die Statistiken lediglich einen leichten Anstieg auf 157 986 Entwaffnete[536]. Zu ihnen kamen im Verlaufe des Dezembers weitere 7 000 ehemalige Verbündete hinzu[537]. Alles in allem kann somit davon ausgegangen werden, daß die Einheiten der 2. Panzerarmee bis zum Jahresende 1943 ungefähr 165 000 Italienern die Waffen abnahmen. Das waren deutlich weniger als die am 10. September im eigenen Bereich vermuteten 250 000 Soldaten[538].

Doch darüber hinaus ergibt sich aus den referierten Daten, daß die Entwaffnungs- und Gefangennahmeaktion im engeren Verständnis um den 8. Oktober als beendet gelten konnte.

---

geheim, A.H.Qu., den 11.9.1943, Tagesmeldung, danach machte man beim III. (Germ.) SS-Pz.K. bis zum 10.9. abends 5 200 italienische Gefangene, BA-MA, RH 212/v. 621.

[528] Generalkommando III. (germ.) SS-Panzer-Korps Ic Tgb.Nr. 215/43 geh. Ma., K.H.Qu., den 17.9.1943, Beurteilung der Lage, BA-MA, RH 21-2/v. 617.

[529] KTB Pz. A.O.K. 2, O.Qu., S. 29, 17.9.1943, BA-MA, RH 21-2/v. 837.

[530] Ebd., S. 37, 23.9.1943.

[531] Ebd., S. 47, 29.9.1943.

[532] Ebd., S. 49, 30.9.1943.

[533] Pz. A.O.K. 2, O.Qu/Qu. 2, an H.Gr. F, O.Qu., 8.10.1943, BA-MA, RH 212/v. 797; ebd., in der Meldung vom 7.10. wurden 138 332 erfaßte Italiener gemeldet.

[534] Ebd., Meldung vom 13.10.1943.

[535] Pz. A.O.K. 2, O.Qu/Qu. 2, an H.Gr. F, O.Qu., 10.11.1943, BA-MA, RH 21-2/v. 799.

[536] Ebd., Meldung vom 25.11.1943.

[537] Vgl. dazu die Meldungen vom 1.—16.12.1943, BA-MA, RH 21-2/v. 595 b; und vom 16.—31.12.1943, BA-MA, RH 21-2/v. 595 a. Zu diesen Ereignissen im Dezember 1943 siehe auch Piasenti, Testimonianze di Orlando Lisi, S. 78—84. Es geht um die Erlebnisse eines ursprünglich zur Division »Venezia« gehörenden Artilleristen, der im Dezember gefangen wurde. Piasenti veröffentlicht einen Auszug aus dem Tagebuch von O. Lisi.

[538] KTB Pz. A.O.K. 2, S. 37, 10.9.1943, BA-MA, RH 21-2/v. 590.

d) Die in der Sowjetunion und in Rumänien befindlichen italienischen Militärangehörigen

Ein gutes Jahr nach dem Kriegseintritt im Juni 1940 marschierten auch italienische Soldaten nach Osten, um sich auf Mussolinis Wunsch hin an Hitlers programmatischem Vernichtungs- und Eroberungskrieg gegen die Sowjetunion zu beteiligen[539].
Zunächst entsandte Italien das *Corpo di Spedizione Italiano in Russia*, das CSIR, dessen Einheiten sich zwischen dem 10. Juli und dem 5. August 1941 auf ungarischem und rumänischem Gebiet für den Einsatz in Rußland versammelten. Das Expeditionskorps bestand im wesentlichen aus drei Divisionen und zählte etwa 62 000 Mann. Sein Kommandeur war General Giovanni Messe, einer der glänzendsten italienischen Heerführer des Zweiten Weltkrieges.
Am 9. Juli 1942 trat das CSIR als Armeekorps zur mittlerweile auf den russischen Kriegsschauplatz verlegten italienischen 8. Armee, der *8ᵃ Armata Italiana in Russia*. Damit umfaßte der im allgemeinen als ARMIR bezeichnete Großverband, der unter dem Oberbefehl von General Italo Gariboldi operierte, im Sommer 1942 drei Armeekorps mit insgesamt 229 005 Mann.
Nach außerordentlich verlustreichen Kämpfen Ende des Jahres 1942 und Anfang 1943 fiel die — im Kontext der gesamtstrategischen Situation der »Achsenmächte« zu sehende — Entscheidung, die italienischen Verbände in die Heimat zurückzuverlegen. Die Aktion galt im Mai als abgeschlossen, lediglich einige logistische Einheiten folgten erst im Juni.
Das italienische Heer hatte in der Sowjetunion schwer geblutet. Es zählte 84 830 Gefallene und Vermißte. Knapp 37 Prozent der Unteroffiziere und Mannschaften sowie über 42 Prozent der Offiziere fehlten beim Appell, als die ARMIR den Rückmarsch antrat. Nach Kriegsende kehrten ganze 10 030 ehemalige Kriegsgefangene aus der UdSSR heim. Das bedeutet, daß circa 74 800 Soldaten Italien niemals wiedersahen. Gemessen am Personalbestand im Juli 1942 beliefen sich die Verluste der 8. Armee und des CSIR somit insgesamt auf 32,6 Prozent[540]. Wird von 223 737 Gefallenen und Vermißten der italienischen Streitkräfte auf allen Kriegsschauplätzen im Zeitraum 10. Juni 1940 bis 8. September 1943 ausgegangen, so machte der Blutzoll, den Italien während und als Folge der Kämpfe im Osten entrichtete, 33,4 Prozent seiner Gesamtverluste bis zum Kriegsaustritt aus[541].

---

[539] Vgl. dazu Gli italiani sul fronte russo, insgesamt. In dem Sammelband findet sich weiterführende Literatur. Unverzichtbar für die Auseinandersetzung mit diesem Thema ist die auf den Unterlagen des ASUSSME beruhende Arbeit von De Franceschi e di Vecchi, I servizi logistici. Die bisher nicht übertroffene historische Einordnung der deutschen Aggression gegen die UdSSR bietet das Standardwerk von Hillgruber, Hitlers Strategie, mit einem präzisen Resümee S. 564—578. Unter der zahlreichen Literatur sei lediglich noch auf den von Ueberschär und Wette herausgegebenen Band »Unternehmen Barbarossa« hingewiesen, der auch einen Literaturbericht enthält: Müller und Ueberschär, Die deutsch-sowjetischen Beziehungen, S. 267—291; unbedingt heranzuziehen sind die Beiträge von Förster, in: Boog u.a., Angriff, S. 3—37 sowie 1079—1088.

[540] Cruccu, Operazioni italiane, S. 211 ff., 215 f. und 222 f. Die Berechnungen wurden gemäß den dort angegebenen Zahlen vorgenommen.

[541] Repubblica Italiana, Tav. 1-1, wobei diese Daten durch vom Ufficio Storico dell'Esercito zugänglich gemachte Angaben ergänzt wurden. Demnach verzeichnete das italienische Heer 198 868, die Marine 17 857 und die Luftwaffe 7 012 Gefallene und Vermißte bis zum 8.9.1943.

Das ist eine enorme Quote, weshalb es nicht verwundert, daß sich das Verhältnis zwischen Deutschen und Italienern zunehmend schwierig gestaltete[542]. Unerheblich war es dabei, daß sehr viele der nicht zurückgekehrten Italiener erst in den russischen Kriegsgefangenenlagern verstorben sein dürften[543]. In der konkreten Situation bedrückten nämlich die Verluste schlechthin, und zu jenen zählten auch die vermißten oder als gefangen angenommenen Soldaten.

Bezeichnend für das damalige Klima zwischen den Verbündeten sind Behauptungen gewesen, die Hitler noch im April 1944 gegenüber Mussolini aufstellte. Bei Erörterungen über eine Verbesserung der Behandlung der Militärinternierten, teilte er dem »Duce« mit, seine Soldaten hätten an der Ostfront die Internationale gesungen sowie Schmährufe gegen »Führer« und »Duce« ausgestoßen. Sie sollen sogar den Generalleutnant Karl Eibl, dem er wegen herausragender Tapferkeit die Schwerter zum Ritterkreuz des Eisernen Kreuzes mit Eichenlaub verliehen hatte, durch eine heimtückisch geworfene Handgranate getötet haben. Insbesondere die Alpini wandelten sich — so Hitler — während des Einsatzes im Osten zu erbitterten »Feinden« Deutschlands[544].

Wie dem auch immer gewesen sein mag, im Hinblick auf die 8. Armee ist jedenfalls festzuhalten, daß sich bei der Bekanntgabe des Waffenstillstandes in der Sowjetunion und in Polen, wo es verschiedene rückwärtige Kommandos der ARMIR gegeben hatte, nicht einmal mehr kleine geschlossene italienische Einheiten aufhielten[545].

Dennoch wurde von deutscher Seite im September 1943 nicht völlig ausgeschlossen, daß sich versprengte Angehörige dieses Großverbandes noch in dem von deutschen Truppen besetzten Gebiet befänden. Die Annahme war nicht weiter ungewöhnlich. Zunächst ging nämlich das italienische Außenministerium ebenfalls davon aus, daß verstreut im russi-

---

[542] Vgl. Förster, Ruolo dell'8ª armata, S. 229—259, insbesondere S. 251—258.

[543] Aus der Sowjetunion 1945 heimgekehrte Kriegsgefangene berichteten über geradezu unvorstellbare Zustände, so daß man zu dem Urteil kam, die dortige Behandlung sei noch härter gewesen als diejenige in deutschen Kriegsgefangenenlagern. Von betrunkenen Wachen, willkürlichen Erschießungen, unzureichender Ernährung, Mißhandlungen und 12 bis 14 Stunden Arbeit pro Tag war die Rede. 40 bis 50 % der Repatriierten litten an Erfrierungen, 20 % an TBC, 65 % an Kräfteverfall: Comando Militare Territoriale di Milano, N°. 52/R.P. di prot., Milano, 29 ottobre 1945, Al Ministero della Guerra — Gabinetto — Roma, Oggetto: Relazione sulle condizioni di salute e di spirito dei reduci dalla prigionia, f/to. Il Generale Comandante Interinale (Manlio Capizzi), ASUSSME, Cartella 2271 A, F I°. Siehe zur Frage der aus Rußland nicht zurückgekehrten italienischen Kriegsgefangenen auch Jung, Schicksal, S. 49—60. Dieser wendet sich u.a. gegen die von den russischen Autoren Mikhailov und Romanovski, Non bisogna perdonare, vertretene — in der Tat unhaltbare — Behauptung, daß eine sehr große Zahl von Italienern noch vor der Rückkehr der ARMIR, das heißt vor dem Mai 1943, von Soldaten der Wehrmacht getötet worden sei. Auf der anderen Seite ist auch die Darstellung von Jung nicht objektiv geschrieben. Vielmehr kennzeichnet sie ein besonders schonender Umgang mit der Wehrmacht, z.B. S. 59 f.

[544] ADAP, E, Bd VII, Dok. 355, Aufzeichnung über die Unterredung zwischen Hitler und Mussolini am 23.4.1944 in Schloß Kleßheim, S. 669—676, hier 671 f.

[545] Vgl. dazu den Abschlußbericht der offiziellen Untersuchungskommission des italienischen Verteidigungsministeriums über die angebliche Ermordung von 2 000 italienischen Soldaten durch die Wehrmacht in Lemberg 1943: Ministero della Difesa, relazione conclusiva, S. 15 f., und Dok. Nr. 4, ebd., S. 87—125, insbesondere 91 f. und 105.

schen Raum noch einzelne verwundete oder erkrankte Landsleute unter der Bevölkerung lebten. Um sie nach Hause zu bringen und um die Gefallenen zumindest provisorisch in Friedhöfen zusammenzufassen, sollte eine Gruppe der italienischen Etappe in Krakau eingesetzt werden[546]. Das war Anfang Juni 1943. Doch wie sich zeigte, hatte die italienische militärische Führung sowohl das eine wie auch das andere schon in die Wege geleitet. Weder in Krakau noch an einem anderen Ort mußte daher die vom Außenministerium vorgeschlagene Einheit verbleiben. Im übrigen befand sich letztere am 8. Juni ohnehin nicht mehr in der polnischen Stadt[547].

Der geschilderte Sachverhalt könnte erklären, warum die Deutschen nach dem 8. September in Rußland kaum noch Italiener antrafen. Die Versprengten waren ja bereits seit Wochen eingesammelt worden, als das Oberkommando des Heeres dem Befehlshaber Heeresgebiet Süd, General der Infanterie Erich Friderici, am 10. September befahl, eventuell dort befindliche italienische Soldaten, falls sie sich weigerten, an deutscher Seite weiterzukämpfen, zu entwaffnen und als Kriegsgefangene zu behandeln. Friderici und die Armeen der Heeresgruppe Süd — 1. und 4. Panzerarmee sowie 6. und 8. Armee — sollten umgehend die Zahlen der im jeweiligen Kommandobereich festgestellten Italiener melden. Die als Kriegsgefangene einzustufenden italienischen Soldaten waren in das Stalag 384 Darniza zu überführen. Dort müßten sie streng getrennt von den russischen Gefangenen untergebracht werden. Befehle hinsichtlich ihrer weiteren Behandlung würden folgen[548]. Offensichtlich herrschten in Berlin absolut unzutreffende Vorstellungen über die Situation in der Ukraine.

Zunächst jedoch teilte der Quartiermeister im Stab von General Friderici der Heeresgruppe Süd, Generalfeldmarschall Erich Fritz Georg Eduard v. Manstein, mit, daß bei Pervomajsk eine rund 70 Italiener zählende Autokolonne festgestellt worden sei[549]. Die italienischen Soldaten hätten am Westufer des Bug für rumänische Einheiten Dienst getan. Als sie von den Vorgängen in Italien erfuhren, baten sie um zusätzliche Verpflegung, die ihnen wegen des loyalen Verhaltens zugestanden wurde, und marschierten in Rich-

---

[546] Diario Storico Comando Supremo Regio Esercito, 6.6.1943, S. 9 f., ASUSSME, Cartella 1444.

[547] Comando Supremo I Reparto Ufficio Operazioni Esercito Scacchiere Orientale, N° 22986/Op., Appunto per il barone Scammacca, Oggetto: Permanenza in Russia di un Nucleo, tratto dal Comando tappa di Cracovia, per il recupero di militari dispersi e la sistemazione delle salme caduti, ASUSSME, Cartella 1497, Allegato 957.

[548] H.Gr. Süd O.Qu Qu 2 F. 460/43 g.Kdos v. 11.9.1943, An Befh.H.Geb. Süd, gez. Finck Oberqu. M. Das FS der H.Gr. Süd bezog sich auf einen Befehl des O.K.H. v. 10.9.1943, BA-MA, RH 22/112. Der Befh.H.Geb. Süd Ia Nr. 6545/43 g., 13.9.1943, gab diese Weisung im wesentlichen unverändert weiter an OFK 398, OFK 242 und nachr. Stalag 384, BA-MA, RH 22/115; und ebd., Befh.H.Geb. Süd, Quartiermeister, Nr. 3038/43 geh., 13.9.1943, An OFK 242, OFK 398, Stalag 384 Darniza. Zu den angekündigten weiteren Befehlen siehe: Befh.H.Geb. Süd, Uman, Quartiermeister, Qu./R.Nr. 3038/43 g. II. Ang., 16.9.1943, An OFK 242, OFK 397, OFK 398, BA-MA, RH 22/115: »Von italienischen Soldaten, welche sich für die Fortführung des Kampfes auf deutscher Seite zur Verfügung stellen, ist eine schriftliche Erklärung abzuverlangen und sind sie [sic] aufmerksam zu machen, daß die Nichteinhaltung dieser Erklärung ihre Bestrafung nach sich ziehen würde.«

[549] Befh.H.Geb. Süd, Quartiermeister, Nr. 255, 11.9.1943, FS an H.Gr. Süd/O.Qu./Qu. 2, BA-MA, RH 22/115.

tung Balta. In der am Kodyma in der Nähe der rumänisch-ukrainischen Grenze gelegenen Stadt sollte sich die vorgesetzte Dienststelle der Italiener befinden. Da man aber beim
Befehlshaber Heeresgebiet Süd über die wirklichen Verhältnisse nicht Bescheid wußte,
wurde darum gebeten, vorsichtshalber die Deutsche Heeresmission in Rumänien auf die
italienische Kolonne aufmerksam zu machen.
In Balta lagen am 8. September in der Tat noch einige italienische Einheiten, die zum
Kommando der rückwärtigen Verbindungen der ARMIR gehörten: insgesamt zwischen
230 und 275 Soldaten. Rund 200 bis 240 von ihnen waren Angehörige des 350. schweren
Autoverbandes. Zu ihm zählten zweifellos auch die vom Befehlshaber Heeresgebiet Süd
gemeldeten Italiener. Bei Balta standen darüber hinaus eine rumänische Division und
ein motorisiertes Bataillon der Wehrmacht. Unmittelbar nach Italiens Kriegsaustritt versuchten die Deutschen, die italienischen Truppen zu entwaffnen und sich in den Besitz
der Kraftfahrzeuge zu setzen. Sie verhandelten jedoch mit den rumänischen Stellen, was
sich für die italienischen Militärangehörigen als Glücksfall erweisen sollte. Am Ende wurden jene nämlich den Rumänen überlassen, die sie unter militärischer Bewachung nach
Bukarest brachten, wo sich einige weitere sehr kleine Teile der italienischen Etappenor-
ganisation aufhielten. Alles in allem handelte es sich bei den Italienern in Balta und Bukarest um wenig mehr als 400 Mann. Sie sind in Curtea-de-Argeş und in »Oesti« interniert
worden. Zu keiner Zeit gerieten diese Soldaten — und das machte ihr Glück aus — in
deutsche Kriegsgefangenschaft[550].
Was jedoch die im Bereich der Heeresgruppe Süd befohlenen Suchaktionen nach versprengten Italienern angeht, so ist festzustellen, daß weder in den eingesehenen Unterlagen
der Panzerarmeeoberkommandos 1 und 4 noch in denjenigen der Armeeoberkommandos 6 und 8 irgendwelche Meldungen über aufgegriffene italienische Militärangehörige
gefunden wurden[551]. Hingegen meldete die Oberfeldkommandantur 397 in Dneprope-
trowsk, in der südlichen Ukraine am Dnepr gelegen, daß in ihrem Zuständigkeitsbereich

---

[550] Vgl. Ministero della Difesa, relazione conclusiva, S. 91—94, aber auch Dok. Nr. 4. Generalleutnant
Renato Fuoco, ebd., S. 94, der zum 350. schweren Autoverband gehörte, gab zu Protokoll, daß die in
Oesti (Coşeşti bei Curtea-de-Argeş?) internierten Italiener im August 1944 in die Hände der vormar-
schierenden Roten Armee fielen und nach Weißrußland verbracht wurden, von wo sie im September
1945 repatriiert worden seien. Andere ehemalige italienische Soldaten scheinen sich allerdings noch
am 17. Mai 1945 in rumänischen Lagern befunden zu haben, ebd., S. 91. Im übrigen bemühte sich die
Regierung des Königlichen Italien, die Führung im Kreml auf die italienischen Kriegsgefangenen
in den von Deutschland besetzten Gebieten aufmerksam zu machen. Moskau reagierte offenbar
positiv und zeigte sich bereit, seinen Truppen diesbezügliche Anweisungen zu geben: L'Alto Commissario per i prigionieri di guerra N. 606/Pol./C-15 di prot., Roma, 29 luglio 1944, Oggetto: Militari italiani in Germania, f/to Generale Pietro Gazzera, ASUSSME, L-10, Raccoglitore N. 6; und:
Telegramma N. 30/31 R., Alla R. Rappresentanza Mosca, Roma, li 31.8.1944, Oggetto: Militari
italiani internati in Germania, f/to Visconti Venosta, A.Pol., ASMAE, Busta 78, Pos. Germania 7.
[551] Eingesehen worden sind: für das Pz. A.O.K. 1: BA-MA, RH 21-1/112, 116, 172 und 360; für das
Pz. A.O.K. 4: BA-MA, RH 21-4/130, 157, 303 und 417; für das A.O.K. 6: BA-MA, RH 20-6/308,
329, 814, 820 und 821; sowie für das A.O.K. 8: BA-MA, RH 20-8/93, 94, 95, 202, 203, 204, 205,
206 und 207. Dabei handelt es sich um die Kriegstagebücher, die Anlagenbände zu denselben, um
Unterlagen des jeweiligen Ic und der Oberquartiermeister oder Quartiermeister. Da der Befund negativ
ausfiel, wurden diese Akten nicht ins Quellenverzeichnis aufgenommen.

»keine Splittergruppen« von Italienern existierten[552]. Das dürfte auch für die im Heeresgebiet Süd liegenden Oberfeldkommandanturen 242 in Nikolajev und 398 in Kiew gelten, von denen keine Meldungen überliefert zu sein scheinen. Gleiches muß für die Stadt-Kommandantur von Kiew gesagt werden, die aufgefordert worden war, mitzuteilen, wieviele Italiener sich noch in der Stadt befänden, welcher Tätigkeit sie nachgingen und wie sie sich insgesamt verhielten[553].

Aus den bisher zitierten Unterlagen ergab sich zum einen, daß deutscherseits mit der Anwesenheit von italienischen Soldaten und Zivilpersonen im Kommandobereich der Heeresgruppe Süd gerechnet worden ist; und zum anderen zeigte sich in ihnen, daß der Wehrmacht zuverlässige Informationen fehlten. Alle befohlenen Maßnahmen beruhten auf Vermutungen. Zugleich dokumentierten die geschilderten Verhältnisse, daß sich operative Verbände des italienischen Heeres oder geschlossene militärische Einheiten der rückwärtigen Dienste nicht mehr im Heeresgebiet aufgehalten haben können, denn von deren Vorhandensein hätten die in der Ukraine dislozierten Dienststellen der Wehrmacht geradezu zwangsläufig wissen müssen.

An versprengten Italienern meldete der Befehlshaber Heeresgebiet Süd am 13. September lediglich 25 Mann[554]. Er ließ sie wie befohlen in das Stalag 384 Darniza überstellen. Doch scheint es im November diesbezüglich gewisse Nachforschungen gegeben zu haben, deren näherer Anlaß nicht geklärt werden konnte. Zu konstatieren ist lediglich, daß die mit der Angelegenheit befaßten deutschen Kommandos, die im übrigen über die Fragen des Umgangs mit den gefangenen italienischen Militärangehörigen auf dem laufenden gehalten wurden[555], knapp zwei Monate nach der Verbringung der Kriegsgefangenen in das Stalag 384 außerstande gewesen sind, deren Verbleib anzugeben[556].

Aus der gezielten Nachfrage nach den 25 Militärinternierten könnte geschlossen werden, daß mehr Italiener im Heeresgebiet Süd nicht aufgespürt worden sind. Für eine solche Annahme spricht unter anderem, daß sich im gesamten relevanten Schriftverkehr — ausgenommen die Erwähnung der bei Balta festgestellten italienischen Soldaten — weitere Hinweise auf kriegsgefangene Italiener nicht finden ließen. Das wäre, falls die Truppen der Wehrmacht tatsächlich mehr italienische Militärangehörige im Osten aufgegriffen hätten, selbst unter Berücksichtigung der Lückenhaftigkeit des Quellenmaterials mehr als ungewöhnlich.

Hinsichtlich der in Rumänien befindlichen italienischen Soldaten ist nachzutragen, daß in Constanţa (Konstanza) am Schwarzen Meer eine Marinebasis existierte, zu der auch

---

[552] O.F.K. 397, Ia, FS Nr. 3538, 11.9.1943, An Befh. Süd Ia, BA-MA, RH 22/115.

[553] Befh.H.Geb. Süd, Quartiermeister, Nr. 256, 11.9.1943, FS an Stadt-Kdtr. Kiew, BA-MA, RH 22/115.

[554] Befh.H.Geb. Süd, Ia, Nr. 162/43, 13.9.1943, An H.Gr. Süd O./Qu./Qu. 2, BA-MA, RH 22/115. Die Meldung ist als Dok. Nr. 12 veröffentlicht in: Ministero della Difesa, relazione conclusiva, S. 189.

[555] Das deutet sich in der Tatsache an, daß man über die Änderung der Bezeichnung der italienischen Kriegsgefangenen in »Militärinternierte« unterrichtet worden ist. Der Bezugsbefehl wurde auch im Osten entsprechend korrigiert: Befh.H.Geb. Süd, Abt. Qu. Br.B.Nr. 3309/43 geh., H.Qu., den 29.9.1943, An OFK 242, OFK 397, OFK 398, BA-MA, RH 22/115.

[556] Kom. Gen. d. Sich.Tr. Süd, Abt. Ia, Nr. 6922/43 g., 10.11 943, An Heeresgruppe Süd O/Qu/Qu 2, BA-MA, RH 22/115.

eine Halbflottille von fünf C.B.-U-Booten unter Fregattenkapitän Alberto Torri gehörte. Einsatzmäßig unterstanden die Italiener dem deutschen Admiral Schwarzes Meer, Admiral Gustav Kieseritzky. Das Personal des Stützpunkts erklärte sich am 8. September für königstreu und erbat den Schutz der rumänischen Regierung. Ihr wurde auch das gesamte Material der Basis übergeben[557]. Torri und seine Besatzungen zeigten sich hingegen bereit[558], auf »deutscher Seite den Kampf fortzusetzen«.

Im November, die italienischen Klein-U-Boote lagen zur Überholung in Constanța, erfuhren die Deutschen »gerüchteweise«, daß der Flottillenchef und seine Leute ihren Entschluß zu korrigieren beabsichtigten. Der Deutsche General beim Oberkommando der rumänischen Wehrmacht reagierte sofort. Aber die Befehle zum »schärfsten Durchprüfen« der Angelegenheit erreichten die Dienststellen der Kriegsmarine nicht mehr rechtzeitig. Denn als man am 30. November handeln wollte, da waren die italienischen Unterkünfte von den Rumänen besetzt und auf den U-Booten wehte die rumänische Flagge. Die italienischen Marineangehörigen befanden sich in der freiwilligen Internierung. Es gab heftige deutsche Proteste. Die Marine wünschte, daß nicht nur die Boote und das Material, sondern auch die »eidbrüchigen Italiener« ausgeliefert würden. Eine zwischen diesen und den Rumänen genauestens abgesprochene Aktion wurde angenommen. Der »Feindpropaganda« sei, so eine der Erklärungen für den »Abfall« der U-Boot-Fahrer, ein Erfolg gelungen. Es meldete sich allerdings auch das schlechte Gewissen. Jedenfalls fragten sich einige Offiziere in der Seekriegsleitung, ob nicht durchgesickerte Nachrichten über die deutschen »Maßnahmen gegen italienische Kriegsgefangene bzw. Militärinternierte von Einfluß« gewesen sein könnten[559].

Hitler selbst beabsichtigte nur dann energisch zu protestieren, wenn die U-Boote für die Kriegsmarine wertvoll wären. Das waren sie nicht. Sie galten vielmehr als »wertlos, da stark abgefahren«. Die Rumänen ihrerseits taten so, als wollten sie die Sache schnellstmöglich im deutschen Sinne regeln. Deshalb verzichtete Berlin darauf, die Auslieferung von Fregattenkapitän Torri zu verlangen. Lediglich auf der »Freigabe der überwältigten faschistischen Besatzungsmitglieder« bestand die Wehrmachtführung. Doch nur ein einziger italienischer Soldat in Constanța bekannte sich als Faschist. Ihn ließen die Rumänen bereitwillig frei[560]. Mitte Februar entschied Dönitz dann, daß die fünf C.B.-U-Boote mit italienischer Besatzung und unter der Flagge der *Repubblica Sociale Italiana* wieder in Dienst gestellt werden sollten[561].

---

[557] Ministero degli Affari Esteri, Salò, 10 febbraio 1945/XXIII: Relazione sull'attività svolta dalla Direzione Generale degli Affari Generali dal giorno del suo trasferimento nell'Italia settentrionale alla fine di gennaio 1945. XXIII., f/to Francesco Campanella, ACS, Busta 76, F 647, SF 3, hier S. 20.

[558] 1. Skl KTB Teil B, H. IX, S. 176, Lagebericht 1.–15.9.1943, BA-MA, RM 7/116.

[559] 1. Skl KTB Teil A, S. 20 ff., 2.12.1943, BA-MA, RM 7/55; und 1. Skl. Im 41561/43 gKdos., Berlin, den 11.12.1943, An Dt. Mar.Kdo. Italien, BA-MA, RM 7/238, S. 133; sowie 1. Skl KTB Teil B, H. VIII, Wochenbericht 5.–11.12.1943, S. 246, BA-MA, RM 7/114; danach behielt sich Großadmiral Dönitz eine »kriegsgerichtliche Verurteilung der Schuldigen« vor.

[560] 1. Skl KTB Teil A, S. 21, 2.12.; S. 42, 3.12.; S. 89, 6.12.; und S. 414, 25.12.1943, BA-MA, RM 7/55.

[561] 1. Skl KTB Teil B, H. VIII, Wochenbericht 6.–12.2.1944, S. 289, BA-MA, RM 7/114.

Dazu kam es freilich nie, denn die Rumänen, immerhin Verbündete der Deutschen und der Regierung Mussolini, verzögerten die Rückgabe der Boote aus allen möglichen Gründen. Erst nach sechs Monaten zähen diplomatischen Ringens und einer geharnischten Intervention der deutschen Seite — am 16. Juli 1944 — gaben sie vier U-Boote an das faschistische Italien zurück. Das fünfte behielt Bukarest als Pfand für entstandene Unkosten. Die Italiener — Spezialisten und neue Besatzungen weilten seit April in Constanța — machten sich an die Reparaturarbeiten. Als Rumänien am 29. August aus dem Krieg austrat, waren die Boote verloren, wobei es den faschistischen Marineangehörigen gelang, in Mussolinis Marionettenstaat zurückzukehren[562].

e) Eine deutsche Bilanz des italienischen Kriegsaustritts — Waffen, Waren und »Sklaven«

Der Erfolg der deutschen Gegenmaßnahmen im Fall »Achse« läßt sich durchaus als letzter »Sieg« der im Sommer 1943 überall in die Defensive gedrängten Wehrmacht verstehen. Eine derartige Sicht der Dinge deutet die Überschrift der vorstehenden Ausführungen zur Entwaffnung der italienischen Streitkräfte an. Es scheint, daß Zeitgenossen sie teilten. So meinte zum Beispiel Goebbels, daß das »italienische Débâcle«, wegen der Übernahme von Waffen, Material und Menschen, für die Deutschen ein »gutes Geschäft« dargestellt habe[563]. Oder in der von ihm mitunter bevorzugten etwas vulgäreren Sprache ausgedrückt: Ein »richtiger Schluck aus der Pulle« sei da genommen worden[564]. Ähnlich sah man das innerhalb der Wehrmachtführung. Für sie, die weitgehend von einer tiefen Abneigung gegenüber der »Heranziehung fremdländischer Völker als Kämpfer« beherrscht wurde und deswegen auch die Maxime vertrat, es sei ein »Verbrechen, einen wehrfähigen Mann in der Heimat zu beschäftigen, wo er durch eine andere Kraft ersetzt« werden könne, zeigte sich der »Verrat Italiens hier von einer guten Seite«. Brachte doch der nach dem 8. September einsetzende Zufluß italienischer Kriegsgefangener und Arbeiter in bezug auf die Personalsituation des »Dritten Reiches« eine »erhebliche Erleichterung«[565].

---

[562] Siehe oben, Anm. 557, hier S. 21—24. Die Reise verlief in der Tat abenteuerlich. Sie dauerte 22 Tage und ging über 2 500 km. Aus der Sicht der Regierenden in der R.S.I. war damit die Ehre der Flottille gerettet. Vgl. zu den schwierigen diplomatischen Verhandlungen auch: Legazione d'Italia Bucarest N. 1138/157 Segreto, Bucarest, 28 Aprile 1944/XXII; und N. 1148/161, Bucarest, 2 Maggio 1944/XXII, ASMAE, Busta 37, Posizione Romania 1/1, beide Schreiben: Al Sig. Ministro degli Affari Esteri, Quartier Generale, f/to Armando Odenigo. Letzterer war Gesandter der Italienischen Faschistischen Nationalregierung in Bukarest, allerdings weigerten sich die Rumänen bis zum August 1944, sein Beglaubigungsschreiben entgegenzunehmen. Siehe direkt dazu ADAP, E, Bd VIII, Dok. 149, S. 278—292, hier 288, Aufzeichnung Unterredung RAM v. Ribbentrop mit dem rumänischen Vizepräsidenten Mihai Antonescu, 5.8.1944. Zum Streit wegen der U-Boote und zu Odenigo vgl. auch den Brief von Anfuso, 8 agosto 1944=XXII, an: Ambasciatore Giovanni Capasso Torre, Venezia, ASMAE, Busta 37, Posizione Romania 1/1.

[563] Goebbels Tagebücher, S. 447, 23.9.1943. Goebbels sprach hier von den italienischen Kriegsgefangenen.

[564] Ebd., S. 421, 18.9.1943. Goebbels bezog sich dabei direkt auf die Meldung des Reichskommissars für die Seeschiffahrt, Karl Kaufmann, daß Deutschland 400 000 BRT italienischen Handelsschiffraums übernommen habe.

[565] Zit. nach dem Vortrag von General Jodl vor den Reichs- und Gauleitern in München am 7.11.1943, in: KTB OKW, Bd IV, S. 1534—1562, hier S. 1558. Lediglich Hohn und Spott hatte der Chef des

Das Material und die Waffen der italienischen Streitkräfte besaßen für die deutsche Kriegführung ebenfalls große Bedeutung. In einem von Generalfeldmarschall v. Weichs erlassenen grundlegenden Befehl hieß es dazu[566]: »Die außerordentlich gespannte Material-
lage in der Heimat und an der schwer kämpfenden Ostfront machen die restlose Erfassung und Ausnützung der ital. Beutebestände jedem einzelnen Offizier, Unteroffizier
und Mann im Bereich der Heeresgruppe zur besonderen Pflicht.« So ungeschminkt hörten die Soldaten die Wahrheit selten. Der Oberbefehlshaber Südost verpflichtete seine
Kommandeure persönlich, für die Beachtung seiner Weisung — wo immer es die taktische Lage gestattete — zu sorgen. Weichs verbot zugleich jedes eigennützige Requirieren.
Damit war das beliebte Organisieren zum Wohle der eigenen Einheit gemeint. Wer das
trotzdem tue, mache sich der »Sabotage an unersetzlichem Wehrmachtsgut schuldig«.
General Lanz schärfte den ihm unterstellten Truppen ein, daß für das Deutsche Reich
die Erfassung jedes einzelnen italienischen Gewehrs »kriegswichtig« sei[567].
Nun folgten die von den Verbänden der Heeresgruppe E und denjenigen des Panzerarmeeoberkommandos 2 übermittelten Meldungen zwar keinem einheitlichen Schema, weshalb der jeweilige Informationsgehalt recht unterschiedlich ausfiel, dennoch ergeben sie
in ihrer Gesamtheit ein eindrucksvolles Bild vom Umfang der gemachten Beute. Dabei
soll zunächst das zu den einzelnen Bereichen erbeutete Material gesondert aufgeführt
werden. Im Anschluß daran wird in einer tabellarischen Gegenüberstellung der Gewinn
an Waffen verglichen, den die Wehrmacht aus der Entwaffnung der italienischen Streitkräfte einerseits und aus den Feldzügen gegen Polen, Norwegen, Holland, Belgien, Frankreich, Griechenland, Jugoslawien sowie die Sowjetunion — bis zum Zeitpunkt Ende
Dezember 1941 — andererseits zog.
Bei der Heeresgruppe B fiel den deutschen Truppen an wichtigem Kriegsmaterial in die
Hände[568]:

236 Panzer und Panzer-Spähwagen, 1 138 Geschütze, 536 Panzerabwehr-Kanonen, 797 Flugabwehr-Kanonen, 2 558 Granatwerfer, 5 926 Maschinengewehre und 386 900 Gewehre. Hinzu kamen 35 Kriegsschiffe[569] und eine fahrbereite Gesamttonnage an Handelsschiffsraum von 385 600 BRT[570].

Wehrmachtführungsstabes für jene übrig, die der »Idee einer riesigen Wlassow-Armee« und der Parole
anhingen, Rußland könne »nur durch die Russen besiegt werden«. Jodl sprach von einer »Art Psychose«. Sein Urteil über den militärischen Wert dieser Bataillone fiel vernichtend aus.

[566] Oberbefehlshaber Südost (Okdo. H.Gr. F), Qu. Nr. 228/43 g.Kdos., H.Qu., den 18.9.1943, grund-
legender Befehl über Erfassung der ital. Beute, BA-MA, RH 21-2/v. 797. Vgl. direkt dazu auch die
detaillierten Richtlinien des Pz. A.O.K. 2, ebd., Panzerarmeeoberkommando 2 O.Qu., A.H.Qu.,
den 14.9.1943. Besondere Anordnungen für die Sicherstellung der ital. Beute und Ausrüstung und
die Versorgung der Italiener.

[567] Anlage 1 zu Gen.Kdo. XXII. Geb. A.K. Br.B.Nr. 235/43 geh. v. 10.9.1943, Richtlinien für die Entwaffnung sowie den Abtransport der ital. Truppen, BA-MA, RH 28-1/119.

[568] Oberkommando der Heeresgruppe B, Ic/AO Nr. 943/43 g.Kdos., H.Qu., den 21.9.1943, Feindnachrichtenblatt Nr. 3, Anlage 1: »Abschlußbericht der Entwaffnungsaktion in Norditalien«, BA-MA,
RH 19 IX/16.

[569] Der Abschlußbericht der H.Gr. B (siehe oben, Anm. 568) ist auszugsweise enthalten im KTB OKW,
Bd III, S. 1126 f., 21.9.1943. Dort werden 53 Kriegsschiffe angegeben. GTDW, Bd 8, S. 112, 21.9.1943,
folgt diesen Angaben.

[570] Siehe oben, Anm. 564.

Detaillierter stellten sich die Beutemeldungen aus dem Bereich des Oberbefehlshabers Süd dar. In seinem Abschlußbericht vom 26. September führte Generalfeldmarschall Kesselring im einzelnen auf[571]:

326 Panzer, 57 Panzer-Spähwagen, 113 Sturmgeschütze, 1 562 Geschütze, 70 Panzerabwehr-Kanonen, 459 Flugabwehr-Kanonen, 501 Granatwerfer, 173 Flammenwerfer, 16 597 Maschinengewehre (darunter befanden sich 10 000 fabrikneue aus Lagerbeständen) und 598 206 Gewehre, Maschinenpistolen sowie Pistolen. Dazukamen 1 769 Lastkraftwagen, 309 Personenwagen, 409 Motorräder und 6 000 Pferde oder Maulesel. Erfaßt wurden ferner 40 000 t Munition, 13 400 t Sprengstoff, 24 500 t Pioniergerät, 50 000 t allgemeines Gerät, 18 150 m³ Betriebsstoff, 2 500 m³ Motorenöl, 12 119 t Chemikalien, 1 600 t Sanitätsmaterial, 3 500 t Bekleidung, 7 000 t Verpflegung, 1 600 t Nichteisenmetalle und 200 t Leder.

Als man diese Bilanz erstellte[572], war das in verschiedenen Magazinen der italienischen Streitkräfte gelagerte Gut noch nicht einmal gesichtet. Die Daten drückten somit keine endgültigen Summen aus. Auch fehlten im Stabe Kesselrings damals die Meldungen über bei den einzelnen deutschen Verbänden direkt beschlagnahmte Waffen und Kraftfahrzeuge. Eine Vorstellung von dem gewaltigen Ausmaß der Beute vermittelt etwa der Hinweis, daß bis zum 10. Oktober allein aus dem Befehlsbereich des Oberbefehlshabers Süd 12 034 Eisenbahnwaggons mit militärischem und rüstungswirtschaftlichem Material nach Norden abgefahren wurden. Bezogen auf den gesamten italienischen Raum verdreifachte sich die Zahl der abgegangenen Wagen bis zum 19. November[573]. Parallel dazu lief der Straßentransport[574].

Das italienische Beutegut im Gebiet des Oberbefehlshabers West erhielten in seiner Masse die Einheiten des Armeeoberkommandos 19. Ende Oktober war die Erfassungsaktion abgeschlossen. Insgesamt sind in Südfrankreich 691 Waggons mit italienischer Beute abgefahren worden[575].

Für den Kommandobereich der Heeresgruppe E ließen sich nur Teilmeldungen feststellen, die es nicht erlauben, einen einigermaßen zuverlässigen Überblick über das er-

---

[571] O.B. Süd, Führungsabteilung, Ic-Nr. 6631/43 g.Kdos., H.Qu., den 1.10.1943, Feindnachrichtenblatt Nr. 35, Anlage 2: »Ergebnis der Entwaffnungs-Aktion im Bereich O.B. Süd«, BA-MA, RH 19 X/12. Daß es sich um den Stand 26.9.1943 handelt, ergibt sich aus dem Vergleich mit den Zahlen im ebd. befindlichen Entwurf des Ic vom 26.9. Es ist anzunehmen, daß diese Zahlen nur einen Teil dessen erfaßten, was den Deutschen bei der Entwaffnung der Zivilbevölkerung in Rom seit dem 13.9. in die Hände gefallen war: 38 leichte Maschinengewehre, 9 160 Gewehre, 207 automatische Gewehre, 15 045 Pistolen, insgesamt 80 250 Schuß Munition und 13 360 Stichwaffen. Zit. nach GTDW, Bd 8, S. 207, 8.10.1943.

[572] Zu verschiedenen Zwischenmeldungen über erfaßte Beute vgl. GTDW, Bd 8, S. 50, 9.9.; S. 67, 12.9.; S. 77, 14.9.; S. 89, 16.9.; S. 97, 17.9.; S. 106, 19.9.; und S. 130, 24.9.1943.

[573] Ebd., S. 262, 19.10.1943. Keitel behauptete, daß »36 310 Waggons mit Räumungsgut und Wirtschaftsgut über die Grenze gefahren« worden seien. Zit. nach: Hitlers Lagebesprechungen, S. 420, Mittagslage vom 19.11.1943.

[574] GTDW, Bd 8, S. 145, 27.9. Demnach wurden vom 21.—24.9. allein aus dem Raum Neapel 50 t Spinnstoff, 40 t Bekleidung und 37 000 Paar Schuhe per Lastkraftwagen abgefahren. Am 25./26.9. transportierten Autos 106 t Leder, 40 t Bekleidung, größere Mengen Stiefel und 21 t Messing nach Norden, ebd., S. 150, 28.9.1943.

[575] Tätigkeitsbericht des Bevollmächtigten Transportoffiziers beim Armeeoberkommando 19, hier: September 1943, S. 20, und Oktober 1943, S. 21, BA-MA, RH 20-19/275.

beutete Material zu geben. Immerhin umfaßte jedoch die Gesamtbeute allein bei der 104. Jägerdivision[576]:

112 Geschütze, 6 Panzer- und 16 Flugabwehr-Kanonen, 56 Granatwerfer, 150 Maschinengewehre und 14 950 Gewehre. Man erfaßte außerdem 72 Lastkraftwagen, 4 Personenwagen, 14 Spezialfahrzeuge, 17 Motorräder, 843 Pferde und Maulesel. An Munition wurden 55 409 Schuß für die einzelnen Geschütze und Kanonen, 64 897 Granaten für die Granatwerfer, 3 659 275 Schuß für die Handfeuerwaffen und Maschinengewehre, 17 735 Handgranaten sowie 5 t Minen gezählt. Die Division erbeutete ferner: 61 m^3 Betriebsstoff, 2,4 m^3 Motorenöl, 100 t Betoneisen, 116 t Verpflegung (nur aus Versorgungslagern) und 1 012 000 Stück Zigaretten.

Bei der 1. Gebirgsdivision meldete man vor dem Angriff auf Korfu 154 Geschütze, 98 Granatwerfer, 750 Maschinengewehre, 29 Maschinenpistolen, 770 Kraftfahrzeuge, 98 900 Schuß Artilleriemunition, 223 m^3 Betriebsstoff und 27,2 m^3 Motorenöl als Beute. Nach der Operation gegen Korfu kamen noch Ausrüstung und Waffen von acht Infanterie-Bataillonen und einem Granatwerfer-Bataillon sowie kleineren Einheiten hinzu. Darunter befanden sich mehrere Tonnen Gerät, Verpflegung und Bekleidung, circa 300 Pferde oder Tragtiere sowie 30 bis 40 Lastkraftwagen[577].

Auf die bei der Besetzung der Ägäischen Inseln gemachte Beute wurde schon hingewiesen[578]. Bemerkenswert war auch der Handelsschiffsraum von rund 170 000 BRT, den die Deutschen in der Ägäis von den Italienern übernahmen[579].

Das beim Panzerarmeeoberkommando 2 eingebrachte Beutegut läßt sich zumindest teilweise recht genau nachweisen. Anfang Dezember 1943 betrachtete die Armee die Erfassung der italienischen Waffen und des Gerätes als abgeschlossen. Im einzelnen meldete sie der Heeresgruppe F[580]:

Geschütze, Kanonen und Feldhaubitzen 363 Stück, Panzerabwehr-Kanonen 63, Flugabwehr-Kanonen 159, Granatwerfer 395, Panzer-Büchsen 25, Maschinengewehre 2 900, Gewehre 116 000, Maschinenpistolen 150 und Pistolen 1 700.

Während diese Zahlen als relativ zuverlässig angesehen werden können, dürften die folgenden Daten, die aus zahlreichen Einzelmeldungen zusammengestellt wurden[581], nur einen ungefähren Eindruck der tatsächlichen Gegebenheiten vermitteln.

---

[576] Anlage zur Tagesmeldung XXII. Geb. A.K., 22. 9. 1943, Gesamtbeute der 104. Jg.Division, BA-MA, RH 24-22/3, Anlage 24.

[577] Anlage zur Tagesmeldung XXII. Geb. A.K., 14.9.1943, Meldung 1. Geb.Div. und 104. Jg.Div. übernommenes italienisches Gerät, BA-MA, RH 24-22/3, Anlage 8. Die Angaben über die erbeutete Artilleriemunition und den Betriebsstoff ergeben sich aus dem Vergleich der Tagesmeldung vom 14.9. mit jener vom 22.9. (siehe oben, Anm. 576), sind also lediglich Annäherungswerte. Die restlichen Daten folgen dem Abschlußbericht über den Angriff auf die Insel Korfu (siehe oben, S. 160, Anm. 286), RH 28-1/117.

[578] Dazu vgl. auch GTDW, Bd 8, S. 187, 5.10.1943, Kôs betreffend; und S. 425, 18.11.1943, zu Léros.

[579] Ebd., S. 206, 8.10.1943. Vgl. direkt dazu die Meldung Kaufmanns vom 18.9. (siehe oben, Anm. 564). Man kann somit wohl von deutlich über 500 000 BRT erbeuteter Handelsschiffstonnage ausgehen.

[580] O.Qu./Gerät., den 9.12.1943, Betr.: Abschluß — Beutemeldung, An O.Qu., BA-MA, RH 21-2/v. 840.

[581] Diese Zahlen ergeben sich aus den täglichen Eintragungen im KTB des O.Qu. Pz. A.O.K. 2, BA-MA, RH 21-2/v. 837; und aus den Tagesmeldungen O.Qu/Qu. 2 Pz. A.O.K. 2 an die H.Gr. F, BA-MA, RH 21-2/v. 797 und RH 212/v. 799.

Demnach hat das Panzerarmeeoberkommando 2 mindestens 109 Panzer, 83 Panzer-Spähwagen, 1 189 Lastkraftwagen, 232 Personenwagen und 369 Motorräder aus italienischen Beständen erfaßt. An übernommenen Pferden und Mauleseln wurden 4 902 Stück angegeben.

Nicht weniger als 26 711 m³ Betriebsstoff, 2 942 m³ Motorenöl, 12 834 t Bekleidung, 20 115 Wolldecken und 7 015 t Verpflegung ergänzten die genannte Beute.

Aus den insgesamt gesehen unvollständigen statistischen Daten erhellt bereits die Bedeutung, die der Durchführung des Falles »Achse« unter materiellen Gesichtspunkten zukam. Das Oberkommando des Heeres ließ dann Ende 1943 eine Gesamtübersicht im Hinblick auf die Beute an Waffen, Gerät, Munition, Pferden und Maultieren, Verpflegung, Futtermitteln, Bekleidung und Ausrüstung, Unterkunftsgerät sowie verschiedenem anderen Gut erstellen[582], die einen solchen Eindruck noch erhärtet.

Aufschlußreich ist in diesem Zusammenhang die Gegenüberstellung der im Polenfeldzug (1.9.—6.10.1939), beim Norwegen-Unternehmen (9.4.—10.6.1940), im Westfeldzug (10.5.—10.7.1940), im Balkanfeldzug (6.4.—1.6.1941) und im ersten Halbjahr des Krieges gegen die Sowjetunion (22.6.—31.12.1941) erbeuteten wichtigsten Waffen und Fahrzeuge[583] mit jenen, die man im Rahmen der Entwaffnung der italienischen Streitkräfte gewann[584]. Folgt man den — allerdings nicht vollständigen — Angaben der nachstehenden Tabelle 1, so scheint in Italien die, nach der Sowjetunion, größte Beute gemacht worden zu sein.

Doch mit Waffen und Fahrzeugen ist lediglich ein Teil der Heeresbeute angesprochen, die zwischen dem September und dem Dezember 1943 gemacht wurde. Gewaltige Mengen anderen kriegswichtigen Materials kamen noch hinzu. Im Verständnis einer Auswahl sei hingewiesen auf[585]:

12 650 t Sanitätsmaterial, 250 633 t Verpflegung, 908 000 Liter Wein und andere Spirituosen, 333 069 000 Zigarren und Zigaretten. An Bekleidung zählte man 923 000 Mäntel, 445 000 Umhänge oder Kapuzen, 672 300 Feldblusen, 783 000 Pullover, 592 100 Hosen, 2 064 100 Hemden, 3 388 200 Paar Schuhe und 5 251 500 Paar Socken.

Dennoch war der Bekleidungszustand der Militärinternierten gänzlich unzureichend. Das bedeutet, daß die riesige Beute für sie nicht oder sehr selten in Anspruch genommen worden ist. Gleiches dürfte hinsichtlich des von der Wehrmacht vereinnahmten Sanitätsmaterials zutreffen. Jedenfalls stellte sich die medizinische Versorgung der Italiener

---

[582] Zusammenfassung der vom Sept. bis Dez. 1943 durch die H.Gr. D, Ob. Südwest und Ob. Südost bei der Entwaffnung der ital. Wehrmacht als erfaßt gemeldeten Beute, BA-MA, RH 2/2621.

[583] Zu den Vergleichszahlen für die verschiedenen Feldzüge bis Ende 1941 vgl. die von R.-D. Müller erarbeitete Tabelle »Beute des Heeres an Waffen und Gerät 1939—1941«, in: Kroener u.a., Organisation, S. 635.

[584] Siehe oben, Anm. 582. Eine bis Anfang November 1943 vorgenommene Zusammenstellung des erbeuteten Materials, allerdings eingeschränkt auf Waffen, Schiffe, Flugzeuge, Pferde oder Maultiere, Betriebsstoff und Bekleidung, enthalten die Unterlagen für den bereits erwähnten Vortrag, den Generaloberst Jodl am 7.11.1943 hielt. Die vom Chef des Wehrmachtführungsstabes genannten Zahlen weichen von denjenigen in der hier herangezogenen Ausarbeitung des Oberkommandos des Heeres ab, weshalb sie zu Vergleichszwecken referiert werden sollen. Jodl gab als Beute an: 1 255 660 Gewehre, 38 383 Maschinengewehre, 9 986 Geschütze, 15 500 Kraftfahrzeuge, 970 Panzer und Sturmgeschütze, 123 114 m³ Betriebsstoff, 67 600 Pferde oder Maultiere und Bekleidung für 500 000 Mann. Zit. nach KTB OKW, Bd IV, S. 1545.

[585] Die Angaben folgen RH 2/2621 (siehe oben, Anm. 582).

Tabelle 1

Vergleich der Beute des deutschen Heeres an Waffen und Fahrzeugen 1939—1943

	1939	1940		1941		1943
	Polenfeldzug 1.9.—6.10.	Norwegen-Unternehmen 9.4.—10.5.	Westfeldzug 10.5.—10.7.	Balkanfeldzug 6.4.—1.6.	Ostfeldzug 22.6.—31.12.	Kriegsaustritt Italiens 8.9.—31.12.
Pistolen	?	6 300	5 339	6 573	?	16 236
Gewehre	208 273	65 400	314 878	472 406	213 644	1 285 871
Maschinenpistolen	?	100	?	89	1 686	13 906
Maschinengewehre	7 681	103	11 091	22 783	29 414	39 007
Panzerbüchsen	?	?	6	61	21	179
Pak	116	?	615	170	4 189	1 173
Flak	?	6	112	206	1 933	1 581
Granatwerfer	506	?	652	2 028	4 538	8 736
Geschütze	1 596	79	4 366	1 321	19 657	5 568
Panzer, Pz.-Spähwagen, Sturmgesch.	?	?	2 119	63	13 958	977
sonst. gepanzerte Fahrzeuge			61	21		?
Zugkraftwagen			936	3	52 238	762
Lastkraftwagen			4 795	180		13 128
Personenwagen			733	246		2 422
sonst. Kfz.	818	1 676	2 371	100		320

Vgl. zu dieser Tabelle die Quellenangaben in Anm. 582 und 583. Das in der Tabelle für die einzelnen Feldzüge angegebene Enddatum entspricht dem Zeitpunkt für die letzte Beutemeldung. Es muß also nicht mit der Beendigung der militärischen Operationen übereinstimmen.

in den Lagern als höchst unbefriedigend dar[586]. Auch das von den deutschen Truppen erfaßte Unterkunftsgerät ist im Kontext der Lebensbedingungen der italienischen Gefangenen erwähnenswert, handelte es sich doch unter anderem um 3 473 000 Wolldecken, 4 257 200 Handtücher, 812 700 Bettlaken und 74 000 Matratzen.

Für die direkten Bedürfnisse der Wehrmacht erwiesen sich als noch wichtiger:

14 000 Stück vollständige Bereifung, 24 450 t Chemikalien, 108 080 m^3 Betriebsstoff, 10 500 m^3 verschiedene Öle, 339 440 t Munition, 2 130 Motorräder und 58 783 Pferde oder Maultiere. Als allgemeines Heeresgerät kamen 2 220 Protzen, 3 164 verschiedene Fahrzeuge, 20 525 Pferdegeschirre, 17 760 Zelte sowie 132 000 Tarnnetze hinzu. Unter dem erbeuteten Pioniergerät soll lediglich auf 63 Flammenwerfer, 1 553 Pontons mit 475 Anhängern für dieselben und auf 140 000 Rollen Stacheldraht aufmerksam gemacht werden.

Aber die Deutschen gewannen darüber hinaus auch italienische Flugzeuge und Kriegsschiffe als Beute. So wurden im Rahmen der Kapitulation von Rom »sämtliche Flugzeuge mit Zubehör im Raum« um die Hauptstadt an die Luftwaffe übergeben[587]. Alles in allem sollen mehr als 200 Maschinen der Regia Aeronautica in deutschen Besitz gelangt sein[588]. Die Angaben des Kriegstagebuchs des Oberkommandos der Wehrmacht, die 2 867 erbeutete Frontflugzeuge und 1 686 sonstige Flugzeuge nennen[589], wären demnach übertrieben, denn der Luftwaffe, dem Heer und der Marine Italiens standen beim Kriegsaustritt ganze 1 488 Flugzeuge — Jäger, Bombenflugzeuge, Aufklärer, Transportmaschinen und Wasserflugzeuge etc. — zur Verfügung, von denen lediglich 803 einsatzbereit waren[590]. Hinsichtlich der erbeuteten Kriegsschiffe nahm sich ein Anfang Dezember erstellter Gesamtüberblick des Deutschen Marinekommandos recht beeindruckend aus[591]. Die Kriegsmarine nannte 217 Kriegsschiffe, darunter 1 Flugzeugträger, 2 Schlachtschiffe, 6 Kreuzer, 6 Hilfskreuzer, 11 Zerstörer, 32 Torpedoboote, 28 Schnellboote, 16 Korvetten, 26 Motortorpedoboote, 11 U-Boote, 1 U-Transporter für Sturmboote, 4 Klein-U-Boote, 3 Minenleger, 2 Minenräumboote, 1 Hafenmonitor und 67 Hilfskriegsschiffe. Doch genauer betrachtet entpuppte sich die Meldung als reine Augenwischerei, denn die meisten Einheiten lagen unter Wasser, befanden sich im Bau oder mußten repariert werden. Als einsatzbereit galten lediglich 61 Schiffe[592]. Bei ihnen handelte es sich im wesentlichen

---

[586] Zur Bekleidung und zum Gesundheitszustand der Militärinternierten siehe unten, S. 444—474.

[587] KTB OKW, Bd III, S. 1088, 10.9.1943.

[588] Schröder, Italiens Kriegsaustritt, S. 313; und GTDW, Bd 8, S. 57, 10.9.1943. Demnach wurden in Mostar 30 italienische Flugzeuge samt Besatzungen sichergestellt.

[589] KTB OKW, Bd IV, S. 1545 (siehe oben, Anm. 584).

[590] Lodi, L'Armistizio e l'Aeronautica, S. 106 ff. Diese Zahlen berücksichtigen nicht die Schulflugzeuge. 250 Flugzeuge — darunter 100 einsatzbereite — waren im Süden stationiert und dem deutschen Zugriff entzogen. Aus den von der Wehrmacht besetzten Gebieten konnten über 200 Flugzeuge in den ersten Tagen nach dem 8.9. nach Süden entkommen, darunter etwa 100 kriegsverwendungsfähige Maschinen. Ebd., S. 131 f.

[591] Zit. bei Schröder, Italiens Kriegsaustritt, S. 309. Salewski, Seekriegsleitung, S. 379 f., zitiert eine Meldung der Marine vom 1.10.1943, daß sie außer zwei nicht fahrbereiten Schlachtschiffen und zwei in Reparatur befindlichen schweren Kreuzern noch 5 leichte Kreuzer, 5 Zerstörer, 13 Torpedoboote, 3 Korvetten und 7 U-Boote übernommen habe.

[592] Im Bau sollen sich 42 Fahrzeuge befunden haben, während 114 außer Kriegsbereitschaft waren. Vgl. Schröder, Italiens Kriegsaustritt, S. 309.

um kleine Boote[593]. Die im Südostraum übernommenen Kriegsschiffe, mehr als 40 Einheiten, wurden bereits erwähnt[594].

Was jedoch den zweiten Aspekt der Bilanz anbelangt, die Waren, so erging am 13. September ein Erlaß Hitlers zur »Sicherung der italienischen Kriegswirtschaft«. Die Weisung ermächtigte den Reichsminister für Rüstung und Kriegsproduktion, Speer, alle dazu erforderlichen Maßnahmen zu treffen. Ihm oblag es unter anderem, Werkzeugmaschinen und andere Einrichtungen der Fertigungsindustrie aus luftgefährdeten Gebieten in andere Betriebe — auch nach Deutschland — überführen zu lassen. Er sollte ferner dafür sorgen, daß die in Oberitalien angesiedelten kriegswirtschaftlich wichtigen Produktionsstätten — insbesondere auch der »Stahlerzeugung, der Zulieferungsindustrie und der Energiewirtschaft« — für die deutsche Rüstung ausnutzbar blieben[595].

Auf die Bedeutung des in Norditalien angesiedelten kriegswirtschaftlichen Potentials wurde schon aufmerksam gemacht[596]. Die Deutschen fanden in Italien so gewaltige Rohstoffmengen, daß sie selbst überrascht zu sein schienen[597]. Sie nahmen diese, ohne zu zögern, in Besitz. Dagegen ließ sich italienischerseits damals wenig machen. Aber im Hinblick auf das Kriegsende wurde vorsorglich angeordnet, das von deutschen Truppen abtransportierte Material und Gerät genau aufzuzeichnen[598].

---

[593] Folgt man der »Zusammenstellung über die Erfolge der Kriegsmarine im italienischen Raum« (siehe oben, S. 113, Anm. 63), dann übernahm die deutsche Marine an fahrbereiten Kriegsfahrzeugen: 2 Torpedoboote, 1 Korvette, 2 U-Boote, 3 U-Jäger, 2 Schnellboote, 2 Minensuchboote, 2 Räumboote, 7 Marinefährprähme, 3 Vorpostenboote, 2 Hafenschutzboote und 1 Lazarettschiff. Als im Bau befindlich oder in unklarem Zustand meldete das Deutsche Marinekommando Italien: 1 Flugzeugträger, 1 Monitor, 2 schwere Kreuzer, 2 leichte Kreuzer, 3 Zerstörer, 9 Torpedoboote, 3 Korvetten, 13 U-Boote, 18 U-Jäger, 9 Minensuch- oder Hilfsminensuchboote, 2 Minenleger, 2 Räumboote, 2 Marinefährprähme, 1 Vorpostenboot, 2 kleine Hilfskriegsschiffe, 1 Kabelleger und 6 Schnelloder Motortorpedoboote. Die bis jetzt zitierten Angaben, die ja erheblich voneinander abweichen, machen einmal mehr deutlich, daß es außerordentlich schwierig ist, zuverlässige statistische Daten anzugeben.

[594] Siehe oben, S. 152, Anm. 239. Vgl. dazu auch GTDW, Bd 8, S. 84, 15.9.1943, wonach im Hafen von Zara 13 Schiffe, darunter 1 Schnellboot, sichergestellt wurden.

[595] Der Reichsminister für Bewaffnung und Munition M 5000/43, Berlin-Charlottenburg, 14.9.1943, An den Chef des Wehrmachtführungsstabes, Herrn General der Artillerie Jodl, gez. Speer. In der Anlage befand sich eine Kopie des Erlasses vom 13.9., dessen Text Jodl mit entsprechenden Weisungen für die seitens der Wehrmacht zu leistende Hilfestellung an die H.Gr. B und den O.B. Süd übermittelte. Es ging dabei insbesondere um den Abtransport der betroffenen Maschinen aus dem Bereich südlich der »Linie Spezia—Ankona« und um die Zerstörung derjenigen Objekte, die wegen Zeitmangels nicht weggeschafft werden konnten. OKW/WFSt/Qu 2 (S) Nr. 005274/43 g.K., F.H.Qu., den 13.9.1943, BA-MA, RW 4/v. 684. Jodl hat dieses Fernschreiben also noch vor Erhalt des Schreibens von Speer abgesandt. Letzterer schrieb auch an Ribbentrop, dem er außer dem Erlaß von Hitler die Ergänzungsbefehle Jodls zuschickte. Das Anschreiben ist publiziert in: ADAP, E, Bd VI, Dok. 321, S. 547, 14.9.1943. Zur Reaktion Ribbentrops, der eifersüchtig darüber wachte, daß Speer keine politischen Belange behandelte, jedenfalls nicht ohne Einschaltung des Auswärtigen Amtes, vgl. ADAP, E, Bd VII, Dok. 14, S. 23, 5.10.1943.

[596] Siehe oben, Anm. 5, dort die relevanten Quellenhinweise.

[597] ADAP, E, Bd VII, Dok. 34, S. 65, 10.10.1943.

[598] Ministero della Produzione bellica, Gabinetto, Prot.N. 015/Gab., Roma, 15 settembre 1943, f/to Il Commissario (Dr. Franco Liguori), ASMAE, Busta 74, Posizione Germania 1.

Die Absurdität des formal andauernden Bündnisses zwischen Hitler und Mussolini erhellt im übrigen auch aus den deutschen Aktionen in Griechenland. Dort hat man alle italienischen wirtschaftlichen Tätigkeiten blockiert und die im Lande arbeitenden Handelsgesellschaften aufgelöst. Neubacher, der ja unter anderem Sonderbeauftragter der Reichsregierung für wirtschaftliche und finanzielle Fragen in Griechenland war, verkündete in einem Interview, das er griechischen Zeitungen gab, daß Italien sich von jeder wirtschaftlichen Einflußnahme im Balkanraum als ausgeschlossen betrachten müsse[599].

Das traf in politischer Hinsicht ebenfalls zu, wie sich zum Beispiel bei der Unterstützung der Autonomiepropaganda und der Unabhängigkeitsbewegung in Albanien zeigte[600]. Für Kroatien stellte General Edmund Glaise von Horstenau, der in Zagreb (Agram) als Deutscher Bevollmächtigter General residierte, bündig fest, daß Berlin in der kroatischen Frage dem »italienischen Spuk ein Ende bereitet« habe — was ihn zweifellos freute. Die Reichsregierung, so der General, sei »glücklicherweise unlogisch genug« gewesen, auf dem Balkan »von sich aus auch die Reste der imperialistischen Aspirationen des Duce wegzuräumen«[601].

In bezug auf die Wichtigkeit der Waren, die Deutschland aus Italien herausholte, empfiehlt sich ein Blick auf das Jahr 1944. Damals mußten sich die deutschen Divisionen unweigerlich nach Norden zurückziehen. Es bestand somit unmittelbarer Anlaß, über die Auswirkungen des Verlustes von Oberitalien nachzudenken. In einer Stellungnahme des Wehrmachtführungsstabes zur Rolle, die dieses Gebiet für die »deutsche Rüstung und Kriegsproduktion (Rohstoffe, Industrie und Landwirtschaft)« spielte, hieß es[602]: »Ohne genaue Kenntnis der anteilmäßigen Bedeutung der italienischen Rüstungsfertigung im Verhältnis zur deutschen Produktion kann schon darauf hingewiesen werden, daß das Wirtschaftsgebiet für die deutsche Kriegsführung von wesentlicher Bedeutung ist. Es muß daher Wert darauf gelegt werden, daß der oberitalienische Raum zur Ausnutzung in unserer Hand verbleibt.« Große Wichtigkeit sprach das Feldwirtschaftsamt im Oberkommando der Wehrmacht der oberitalienischen Landwirtschaft zu. Die Einheiten in Italien profitierten ganz wesentlich von deren Produktion. Wegen der angespannten Transportlage, aber auch der Nachschubsituation schlechthin, fiel das Faktum doppelt ins Gewicht.

Vom Kriegsaustritt bis zum 30. April 1944 erhielten die deutschen Truppen in Italien zum Beispiel 16 000 t Kartoffeln, 6 500 t Zucker, 108 000 Hektoliter Wein, 42 000 t Heu und Stroh sowie 7 000 000 Eier. Und ins Reichsgebiet wurden bis Ende Juli 1944 — außer Fleisch, Konserven und ähnlichem — noch 130 000 t Reis, 135 000 t Gemüse und 4 000 t Zucker geliefert. Im Jahr 1943 war Italien nach den Ländern des Südostraumes (Bulga-

---

[599] Siehe oben, S. 154, Anm. 249, S. 3 des Berichts vom 16.12.1943.

[600] Vgl. ADAP, E, Bd VI, Dok. 316, S. 538 ff., 12. 9. 1943; Dok. 329, S. 559 ff., 19.9.1943; und Dok. 368, S. 612, 30.9.1943. Damit sicherte sich das Deutsche Reich auch die wirtschaftliche Ausbeutung der kriegswichtigen albanischen Rohstoffe, insbesondere die Chromerzförderung. Vgl. auch KTB OKW, Bd III, S. 1184, 8.10.1943, dort Vorschläge zur Aufstellung einer albanischen Freiwilligentruppe von 30 000 Mann, die mit italienischen Waffen ausgerüstet werden sollte.

[601] Glaise von Horstenau, General im Zwielicht, S. 270.

[602] Qu. 3 (Wi) Nr. 0010645/44 g.Kdos., F.H. Qu., den 1.9.1944, Betr.: Oberitalien, BA-MA, RW 4/v. 686.

rien, Griechenland, Ungarn, Rumänien, Türkei und Jugoslawien) in ihrer Gesamtheit, hinter Frankreich und Dänemark der viertwichtigste Nahrungsmittelexporteur von insgesamt zwölf Ländern. 1944 lautete die Reihenfolge dann: Dänemark, Frankreich und an dritter Stelle Italien[603].

Nicht weniger bedeutsam stellte sich die Rolle des Landes im Kontext der deutschen Rüstung und Kriegsproduktion dar. In bezug auf die Rüstungsfertigung führte Italien Produkte nach Deutschland aus, es trug dazu bei, den Waffen- und Munitionsbedarf der in ihm stationierten Truppen der Wehrmacht zu decken, und es erbrachte Reparaturleistungen. Im Rahmen der Kriegsproduktion erwiesen sich die Auftragsverlagerungen für das Reich als wichtig. Das galt in erster Linie für die Elektro- und Werkzeugmaschinenherstellung sowie für die feinmechanische und optische Industrie. Insgesamt wurden vom September 1943 bis Ende Juni 1944 an Deutschland geliefert: 12 000 Lastkraftwagen, 375 Panzer, 2 200 Flugmotoren, 130 Transportflugzeuge, 402 Jäger, 41 Kriegsschiffe mit zusammen 20 000 t Wasserverdrängung und 12 Handelsschiffe mit total 9 000 t. Die Munitionsfertigung betrug — nur auf die Lieferungen bezogen — 5 % der deutschen Erzeugung[604]. Wird zwischen der Gesamtmenge der deutschen Munitionserzeugung im Jahr 1943 von 2 558 000 t und derjenigen von 1944 mit 3 350 000 t gemittelt, so ergäben sich rund 148 000 t Munition aus italienischer Produktion[605]. Zusammen mit den erbeuteten 339 440 t Munition würde das zu einem Anteil von 16,5 % der gemittelten Jahresproduktion führen.

An Lastkraftwagen fertigte die deutsche Industrie 1943 insgesamt 92 959 Einheiten, von denen die Wehrmacht 80 % erhielt, das heißt etwa 74 400 Wagen. 1944 sank die Produktion auf 77 177 Lastkraftwagen. Die Auslieferungsquote an die Streitkräfte betrug 87 %, also 67 164 Fahrzeuge[606]. Das Mittel der beiden Jahresproduktionsanteile der Wehrmacht läge bei 70 782 Lastkraftwagen. Setzt man zu jener Zahl die Summe aus den 13 128 erbeuteten und den 12 000 bis Ende Juni 1944 gelieferten Lastkraftwagen ins Verhältnis, so ergäbe dies einen Anteil von 35,5 % der gemittelten Jahresfertigung. Eine derartige Einordnung der bei der Entwaffnungsaktion direkt übernommenen Waffen oder Geräte und der später nach Deutschland gelieferten industriellen Produkte vermag die Bedeutung sichtbar zu machen, die der Besetzung Italiens für die Kriegswirtschaft des »Dritten Reiches« 1943/44 zukam. Die aus Italien in zehn Monaten bezogenen Flugmotoren reichten 1943 theoretisch für die deutsche Flugzeugproduktion eines Monats, die bei durchschnittlich 2 091 Maschinen lag[607]. Das scheint für den ersten Blick verhältnismäßig wenig gewesen

---

[603] Die Mengenangaben folgen der Anlage zu Qu. 3 (Wi), siehe oben, Anm. 602. Die Reihenfolge der Nahrungsmittelexportländer ist der bei Milward, Der Zweite Weltkrieg, S. 272 f., publizierten Tabelle entnommen.

[604] Zahlen gemäß Anlage zu Qu. 3 (Wi), siehe oben, Anm. 602.

[605] Daten ermittelt nach den Angaben bei Eichholtz, Geschichte der deutschen Kriegswirtschaft, S. 343, Tabelle 64: Munitionserzeugung 1940—1944.

[606] Ebd., S. 338, Tabelle 57: Produktion an Kraftfahrzeugen 1939—1944.

[607] Ebd., S. 340, Tabelle 60: Produktion von Flugzeugen 1941—1944 (Monatsdurchschnitte). Hingegen machten die 402 gelieferten Jäger nur knapp die Hälfte der monatlichen Fertigung von Jagdmaschinen — 891 Stück — im Jahr 1943 aus.

zu sein. Doch es empfiehlt sich, diesen Beitrag — ebenso wie die 532 gelieferten Flugzeuge — im Zusammenhang mit den 1944 bereits nicht mehr zu behebenden Engpässen in der deutschen Luftwaffe zu sehen. Trotz gesteigerter Produktion, der monatliche Ausstoß an Jägern betrug 1944 immerhin 2 152 Stück, sah sich die Führung in Berlin Anfang Oktober 1944 zum Beispiel außerstande, dem Oberbefehlshaber Südwest auch nur eine Handvoll Jäger zur Verfügung zu stellen. Die Abwehrschlacht gegen die alliierten Bomberflotten über dem Reichsgebiet nahm nämlich längst alle Kräfte in Anspruch[608]. Objektiv hinkte die Herstellung an Flugzeugen den Erfordernissen der Kriegslage weit hinterher. Das zeigt, daß selbst die bescheidenen italienischen Lieferungen eine im Rahmen der deutschen Flugzeugproduktion nicht zu vernachlässigende Größe darstellten.

Bei der Fertigung von Panzern lag das Mittel der 1943 und 1944 hergestellten Fahrzeuge bei jährlich 23 582 Stück[609]. Die Beute an italienischen Panzern betrug bis zum 31. Dezember 1943 insgesamt 977 Kampfwagen. Weitere 375 wurden bis Ende Juni 1944 geliefert. Jene 1 352 Fahrzeuge entsprachen somit rund 5,7 % der für 1943/44 angegebenen durchschnittlichen Jahresproduktion. Eine Entlastung bedeutete das allemal, obwohl Panzer selbstverständlich nicht gleich Panzer ist. Insbesondere im Hinblick auf die erbeuteten Panzerfahrzeuge wären jedenfalls qualitative Gesichtspunkte innerhalb einer differenzierten Bewertung zu berücksichtigen.

Darüber hinaus sind allerdings auch Schwerpunktverlagerungen bei der Einbeziehung der italienischen Rüstungsproduktion in die deutsche Kriegswirtschaft zu bedenken. So kam es 1944 offensichtlich zu einer vermehrten Fertigung in italienischen Betrieben. 10 % des Gesamtwaffenaufkommens sollten seit dem 15. Juni in Italien hergestellt werden. Im Juni lieferte Oberitalien 80 Frontflugzeuge, was 3 %, 668 Lastkraftwagen, was 5 %, 275 Personenwagen, was 20 %, 359 Motorräder, was 12 %, und 279 gepanzerte Fahrzeuge, was etwa 12 % der monatlichen Gesamtfertigung Deutschlands entsprach[610].

Während der landwirtschaftlichen und der industriellen Produktion Oberitaliens für die deutsche Kriegswirtschaft große Bedeutung zugemessen wurde, erwartete das Oberkommando der Wehrmacht bei einem Ausfall der von dort bezogenen Rohstoffe keine ernsten Schwierigkeiten. Dabei setzte es jedoch voraus, daß die Bauxitlieferungen aus Ungarn und Kroatien andauerten. Neben Tonerde und Asbest war Bauxit einer von drei wichtigen Rohstoffen, die im oberitalienischen Raum gewonnen wurden. Italien exportierte einen Teil seiner Herstellung ins Deutsche Reich, wobei die monatlich produzierten 220 t Asbestfaser 45 %, die 9 000 t Tonerde 14 % und die 7 231 t Bauxit 5 % des deutschen Verbrauchs im Jahr 1943 ausmachten.

Hingegen fand die italienische monatliche Erzeugung an Rohstahl, 107 000 t, an Walz- und Gußprodukten, 76 000 t, an Aluminium, 600 t, und an Zink, 900 t, weitgehend Ver-

---

[608] Vgl. Schreiber, Linea Gotica, S. 51.

[609] Eichholtz, Geschichte der deutschen Kriegswirtschaft, S. 336, Tabelle 55: Produktion von Panzern 1940—1944. Im Jahr 1943 wurden 19 824 Kampfwagen hergestellt, 1944 waren es 27 340.

[610] Oberkommando der Wehrmacht, Feldwirtschaftsamt, Inland 1, Br.B.Nr.: 1477/44 g.Kdos., Frankfurt/Oder, 27.9.1944, in der Anlage Studie über »Wehrwirtschaftliche Auswirkungen einer Räumung Ober-Italiens bis auf die Voralpenstellungen und Zeitbedarf für die Rückführung der wertvollsten Wirtschaftsgüter«, BA-MA, RW 4/v. 686.

wendung im Rahmen der nach Oberitalien verlagerten Rüstungsaufträge. Belastender, so das Feldwirtschaftsamt, würde sich der Wegfall der italienischen Verbrauchsgüterherstellung auswirken. Die entsprechenden Importe trügen nämlich wesentlich zur Deckung des, wegen der Ausgebombten, erheblichen zivilen Bedarfs bei[611].

Die dritte Komponente der deutschen Bilanz stellte die Arbeitskraft dar. Das diesbezügliche Interesse der Reichsführung wird im Kontext der Verwendung der Militärinternierten noch vertieft zu erörtern sein[612]. Hier sollen deshalb lediglich einige Bemerkungen zum Stellenwert der italienischen Arbeiter innerhalb der nationalsozialistischen Kriegswirtschaft 1943 einerseits und zum Umgang mit den Italienern in den ersten Wochen nach dem Kriegsaustritt andererseits gemacht werden. All das, was sich damals in bezug auf die Behandlung der Zivilbevölkerung als typisch erwies, kennzeichnete auch das Verhalten gegenüber den Militärinternierten, als sie in den Lagern eingetroffen waren.

Am 17. September erhielt Generalfeldmarschall Kesselring den Befehl des Chefs des Oberkommandos der Wehrmacht über die Rückführung der wehrfähigen Italiener nach Oberitalien. Die Weisung betraf in erster Linie die Bevölkerung der größeren Städte. Kesselring besaß bei der Durchführung der erforderlichen Maßnahmen freie Hand. Er konnte versuchen, die Italiener durch geeignete propagandistische Aufrufe für den Einsatz auf deutscher Seite zu gewinnen. Aber wo solche Mittel versagten, sei vor dem »Einsatz aller verfügbaren Machtmittel gegenüber italienischen Behörden nicht zurückzuschrecken«. Das bedeutete, daß ihnen die Gestellung bestimmter Kontingente auferlegt wurde. Die Erfüllung der Forderungen müsse gegebenenfalls durch Geiselnahme erzwungen werden. Vor allem an Facharbeitern zeigte sich die Wehrmachtführung interessiert. Sofern die Transportmittel fehlten, habe der Oberbefehlshaber Süd die Italiener per Fußmarsch nach Norden zu führen. Generalfeldmarschall Rommel oblag es, nördlich des Apennin Auffanglager zu bilden und die Begleitkommandos — mit Panzerspähwagen und bewaffneten Fahrzeugen — zu stellen. Widerstand, auch passiver Art, gelte es »rücksichtslos« zu brechen. Das schließe selbst die italienische Polizei ein, die für die »Durchführung der Gesamtaktion verantwortlich zu machen« sei[613].

Im Bereich der Heeresgruppe B erließ Generalfeldmarschall Rommel daraufhin einen Befehl, der alle arbeitsfähigen Männern der Geburtsjahrgänge 1910—1925 verpflichtete, auf »kriegswichtigen Arbeitsplätzen in Italien oder im Großdeutschen Reich zu arbeiten«. Der Oberbefehlshaber versuchte seine Anordnung mit dem Hinweis auf die angespannte Arbeitslage in Deutschland und auf den totalen Krieg zu begründen oder ver-

---

[611] Ebd., Anlage. Als man im September 1944 dann eine »Aufstellung der abtransportierfähigen Rohstoffe und Güter nach den Beständen der Großlager am 1.9.44« vornahm, ergab sich eine Gesamtmenge von 651 322 t. Davon entfielen auf Material der »vordringlichen Stufe«, — etwa Edelstahl, Feinbleche, Grob- und Mittelbleche, NE-Metalle, Asbest, Flugzeugausrüstung, Wolle, Seide, Baumwolle, Leder, Sprit und Öle — 164 681 t, ebd.: Der Reichsminister für Rüstung und Kriegsproduktion, Rüstungsamt, FS, Nr. 18765/44 g. von Gen. Beauftragten Leyers RuK Mailand, in der Anlage die Zusammenstellung vom 27.9.1944.

[612] Siehe unten, S. 297—302.

[613] ADAP, E, Bd VI, Dok. 325, S. 553 f., 17.9.1943. Das Telegramm Keitels ging an das Auswärtige Amt, an den Oberbefehlshaber Süd, die Heeresgruppe B, den Generalbevollmächtigten für den Arbeitseinsatz und den Wehrmachttransportchef.

ständlich zu machen[614]. Aber den Italienern konnte das gleichgültig sein, denn in der Praxis begann das, was der Botschafter Rahn als »Menschenjagd«[615] und »modernen Sklavenhandel« beschrieb[616]. Nicht zuletzt im Kommandobereich von Kesselring haben Offiziere und Truppe Hitlers Befehl, wehrfähige männliche Personen, vor allem jedoch sämtliche »Festungs-, Fach- und Spezialarbeiter« abzutransportieren, genau in dem von Rahn charakterisierten Verständnis aufgenommen und ausgeführt. Im Gebiet um Neapel und in der Stadt selbst, die bekanntermaßen eine Problemzone für die Wehrmacht bildete, sollte die Aktion »mit schärfsten Mitteln« vom XIV. Panzerkorps verwirklicht werden[617].

Dessen Führung machte sich allem Anschein nach mit einer gewissen Lust an die offiziell als »Sklavenjagd« bezeichnete Aufgabe[618]. Mit schier unvorstellbarer Kälte und voller Zynismus gegenüber den betroffenen Italienern meldete der Erste Generalstabsoffizier des Korps, daß bei der Panzerdivision »Hermann Göring« bis zum 23. September »3.000 Sklaven« gefangen worden seien[619]. Bei der Division selbst bevorzugte man die Formulierung: »Greifaktion gegen wehrfähige Italiener«. Die Zahl der bis dahin erfaßten italienischen Männer wurde auf »7.000 Gefangene« korrigiert[620]. Es wäre verfehlt, solche Bezeichnungen als gedankenlose sprachliche Verirrungen abzutun. Vielmehr artikulierte sich in derartigen Definitionen, die zur Arbeit gezwungene Menschen zu »Sklaven« und »Gefangenen« machten, eine rassistisch motivierte Grundhaltung, die Folgen besaß. Das manifestierte sich unter anderem im Verhalten deutscher Soldaten gegenüber der italienischen Bevölkerung nach dem Kriegsaustritt. Wenn es stimmen sollte, daß Generalfeldmarschall Kesselring nach dem 8. September sagte, er könne die Italiener, die er »zu sehr geliebt« habe, nunmehr »nur noch hassen«[621], dann teilte er seinen Haß augenscheinlich mit zahlreichen Untergebenen.

So kam es in Neapel zu »Plünderungen deutscher Soldaten«, deren Umfang den Stadtkommandanten zu energischem Durchgreifen nötigte. Um die Einwohner zu schützen, mußte das Stadtgebiet für alle Wehrmachtangehörigen, die nicht direkt dort eingesetzt waren, zur Sperrzone erklärt werden[622]. In der Tat scheint es um die Disziplin einiger

---

[614] Verordnung über die Pflicht zur Arbeit. Vom 1. Oktober 1943. Der Oberbefehlshaber, gez. Rommel, Generalfeldmarschall, BA-MA, RH 24-73/4.

[615] Eidesstattliche Erklärung, Uhingen, den 20.4.1948, gez. Dr. Rudolf Rahn, AIfZG, Mc 25.

[616] Rahn, Ruheloses Leben, S. 247 f.

[617] A.O.K. 10 Ia/Id/O.Qu. Nr. 960/43 geheim, 19.9.1943, An XIV. Pz.Korps, BA-MA, RH 20-10/56.

[618] Besprechungspunkte 16. Panzer-Division 24.9.1943, BA-MA, RH 2414/81.

[619] XIV. Pz.Korps Chef Ia Nr. 567/43 g.Kdos., 23.9.1943, An Qu.Abt., ebd.

[620] Panzerdivision Hermann Göring Ia, Div.Gef.Stand, den 23.9.1943, Betr.: Tagesmeldung, Dem Generalkommando XIV. Panzer-Korps, BA-MA, RH 2414/75. Es ist hinzuzufügen, daß es bei dieser »Menschenjagd« auch zu blutigen Zwischenfällen kam, denn einige Italiener wehrten sich. Vgl. KTB XIV. Pz.Korps, S. 51, 26.9.1943, BA-MA, RH 24-14/72. Insgesamt haben die Deutschen beim XIV. Pz.Korps bis Ende September wohl knapp 20 000 italienische Arbeiter gefangengenommen und zu Zwangsarbeitern gemacht. Vgl. XIV. Pz.Korps Qu.Abt. Nr. 1576/43 geh., vom 25.9.1943, BA-MA, RH 2414/81; und Gen.Kdo. XIV. Pz.Korps Ia Nr. 1808/43 geh., An A.O.K. 10, BA-MA, RH 24-14/75.

[621] Rahn, Ruheloses Leben, S. 234.

[622] Gen.Kdo. XIV. Pz.Korps Ia, 14.9.1943, An 15. Pz.Gren.Div., Pz.Div. »Hermann Göring« u.a., BA-MA, RH 24-14/81.

Einheiten beim XIV. Panzerkorps nicht gut bestellt gewesen zu sein, beschwerte sich doch selbst der Kommandierende General über deren Zustand. So haben deutsche Soldaten im Korpsbereich italienischen Frauen »mehrfach« auf offener Straße Uhren, Armbänder und sonstige Wertgegenstände geraubt. Angehörige des XIV. Panzerkorps plünderten außerdem völlig ungeniert Privatwohnungen und Läden[623].

Derartige Ausschreitungen beschränkten sich keineswegs auf ein bestimmtes Gebiet, etwa jene Teile Süditaliens, aus denen sich die Wehrmacht zurückzog. Sie scheinen allgemein verbreitet gewesen zu sein. Deutlich erschüttert faßte ein Offizier der Kriegsmarine, der im Oktober 1943 in Italien weilte, seine durch persönliches Erleben und in Gesprächen mit Offizieren gewonnenen Eindrücke in einem für die Moral deutscher Militärs vernichtenden Resümee zusammen. Das Vorgehen der Wehrmachtangehörigen nach der Bekanntgabe des Waffenstillstandes habe den Deutschen »keine Ehre gemacht«. Wörtlich schrieb der Korvettenkapitän Becker in seinem Bericht, der unter anderen Großadmiral Dönitz vorlag: »Es ist ganz zweifellos, daß in den vergangenen Wochen in Italien seitens deutscher Soldaten in einem Ausmaß geplündert worden ist, wie man es bisher für unvorstellbar gehalten hat.« Da seien Italienern in aller Öffentlichkeit die Wertsachen weggenommen worden. In Florenz habe die Soldateska die »Juwelierläden geleert«. Mit italienischen Militärstiefeln werde ein schwunghafter Handel getrieben. In einem Urlauberzug entdeckte der Korvettenkapitän »12 Doppelzentnersäcke mit Getreide«. Die Soldaten hatten ihre Beute ganz einfach auf irgendeiner Station aus einem Güterwaggon gestohlen. Becker erklärte sich all das auch damit, daß höhere Offiziere ein derartiges Verhalten offenbar als »selbstverständlich« ansahen. Alle beriefen sich auf die »Befehle, die sie bekommen hätten«, und die besagten, daß die Truppe aus Italien herausholen solle, »was man könne«, denn das Land müsse »ausgeschlachtet« werden. Ein solches Vorgehen und die zum großen Teil absolut sinnlosen Zerstörungen in Neapel, wo die »gesamten großen internationalen Hotels niedergelegt« worden seien, habe bewirkt, daß mittlerweile in »weitesten Volkskreisen« die Alliierten als »Befreier sehnlichst herbeigewünscht« würden[624].

Ebenfalls Anfang Oktober schlug der Militärbefehlshaber Oberitalien, General Witthöft, dem Oberkommando der Heeresgruppe B vor, daß das »Offizieren mit der Disziplinargewalt eines Regimentskommandeurs zugestandene Beschlagnahmerecht aufgehoben« werden solle. Das schien erforderlich zu sein, um die wahllosen Requirierungen zu unterbinden sowie Ordnung und Sicherheit einigermaßen wiederherzustellen. Witthöft hielt es gleichzeitig für notwendig, jede Beschlagnahmung oder Plünderung fortan mit schweren Strafen zu bedrohen[625].

---

[623] Generalkommando XIV. Pz.Korps, Der Kommandierende General, Nr. 421/43 geh., K.G.St., den 25.9.1943, Betr.: Disziplin der Truppe, gez. Balck, Generalleutnant, ebd. Von dieser Rüge war die »Kampftruppe« zum Teil ausgenommen.

[624] Bericht von KKpt. Becker über Besuch beim Duce, 15.10.1943, BA-MA, RM 7/237. Den Besuch bei Mussolini machte er in Begleitung der beiden »bündnistreuen« italienischen Marineoffiziere KzS Grossi und FKpt. Borghese.

[625] Der Militärbefehlshaber Oberitalien Qu/Qu 1 Nr. 369/43 geh., H.Qu., 9.10.1943, Betr.: Beschlagnahme durch die Truppe, An Oberkommando H.Gr. B, BA-MA, RH 24-73/14, Anlage 58.

Um sich die Zustände vorzustellen, die zu seinem Vorschlag führten, bedarf es keiner außergewöhnlichen Phantasie. Der General sprach von Rechtsunsicherheit, was wohl eine vornehme Umschreibung für die Willkür war, der sich die Italiener ausgesetzt sahen. Offizielle italienische Aufzeichnungen bestätigten, daß nach dem Kriegsaustritt eine Welle von Willkürmaßnahmen über das Land und seine Menschen hinwegfegte. Wie schon erwähnt, ereigneten sich selbst in Rom, wo es deutsche Kommandos zuhauf gab, rechtswidrige Wegnahmen von Privatwagen, Beraubungen von friedlichen Passanten und Plünderungen von Privateigentum. Die Einwohner der Hauptstadt fühlten sich von den Wehrmachtangehörigen regelrecht terrorisiert. Und Rom blieben auch die widerlichen Szenen der »Sklavenjagd« nicht erspart. Aber die Leidensfähigkeit der Menschen besaß Grenzen. Allmählich sahen sich die Besatzer mit dem passiven Widerstand der Römer konfrontiert, die dazu übergingen, Anordnungen schlicht zu ignorieren. Keine Propaganda der Alliierten hätte die Italiener mit annähernd vergleichbarem Erfolg gegen die Deutschen zu beeinflussen vermocht, wie es deren eigenes Betragen tat. Die Wehrmacht zeigte selbst vor dem Eigentum des Italienischen Roten Kreuzes keinen Respekt. Das beweisen Vorkommnisse in vielen Städten, nicht allein in Rom[626]. Angesichts dieses Enthemmtseins vermag es nicht zu überraschen, daß die deutsche Bilanz des italienischen Kriegsaustritt sogar die Beraubung von Kriegsgefangenen einschloß[627]. Solches Verhalten, das sei wiederholt, läßt sich historisch nur feststellen, zu erklären ist es — aus menschlicher Perspektive — nicht.

Andererseits gab es vereinzelte Bemühungen, den Vandalismus zu verhindern oder ihm vorzubeugen. Als beispielhaft seien noch einmal die Generale Herr und Witthöft erwähnt. Letzterer befahl den ihm unterstellten Einheiten am 10. September, daß die Erlaubnis, die eigene Ausstattung aus Beständen der italienischen Armee aufzufüllen, in »keinem einzigen Fall zu Plünderungen oder die Ehre des deutschen Soldaten befleckende[n] Übergriffe[n] Einzelner führen« dürfe[628]. Ziemlich genau vier Wochen später wußte er — das zeigen seine zitierten Anregungen gegenüber der Heeresgruppe B —, daß sein Versuch, die Truppe in der Hand zu behalten, allzuoft gescheitert war.

Wenn nicht alles trügt, dann hat die Wehrmachtführung in Italien jenes Problem zu keinem Zeitpunkt wirklich lösen können. Kesselring vermochte nach dem Krieg das Hohelied der Disziplin des deutschen Soldaten nur zu singen, weil er wohl vergaß, welchen

---

[626] Ministero degli Affari Esteri N. 1/4515 segreto, Roma, 10 ottobre 1943-XXI, Appunto per il Duce, ASMAE, Busta 31, Posizione Germania 1/9. Das Schreiben ist mit vier Anlagen versehen, darunter zwei Proteste an die Deutsche Botschaft und ein Protest an den Oberbefehlshaber Süd.

[627] Dazu Schminck-Gustavus, Herrenmenschen und Badoglioschweine, S. 60. Der ehemalige Gefangene Attilio Buldini berichtet, daß Deutsche nach der Entwaffnung begonnen hätten, den Italienern die »Uhren abzunehmen, Goldkettchen vom Hals zu reißen« und zu kontrollieren, ob sie Eheringe trugen. Levi, Avvenimenti in Egeo, S. 333, schreibt — hinsichtlich der italienischen Gefangenen auf Léros — von »Beraubungen jeder Art«. Wie noch zu zeigen ist, setzten deutsche Bewachungssoldaten diese kriminelle Tätigkeit in den Kriegsgefangenenlagern fort.

[628] Gen.Kdo. Witthöft, Ia, Brf.B.Nr. 63/43 geheim, 10.9.1943, An Div. Hoch- und Deutschmeister, Brigade Doehla, Flak-Rgt. 39, gez. Witthöft, BA-MA, RH 24-73/4, Anlage 17. Zu den Befehlen von General Herr, die Plünderungen und Racheakte verboten, siehe oben, S. 125.

Befehl er Anfang Juli 1944 herausgeben mußte. Darin hieß es[629], daß trotz wiederholter Weisungen »Soldaten aller Dienstgrade als Plünderer durch das Land ziehen und durch ihr Auftreten das Ansehen der deutschen Wehrmacht in gröbster Weise schädigen«. Er verschwieg auch nicht, daß es teilweise um »persönliche Bereicherung« ging und Vorgesetzte hierbei fahrlässig handelten. Das heißt, sie kamen ihrer Dienstaufsicht nicht nach. Der Generalfeldmarschall befahl, und das zeigt seine enormen Schwierigkeiten, die Truppe zu kontrollieren, alle auf »frischer Tat angetroffenen Plünderer [...] an Ort und Stelle ohne kriegs- oder standgerichtliches Verfahren zu erschießen«. Es war Kesselrings »letztes Mittel, um der immer gefährlicher werdenden Seuche der Plünderung wirksam zu begegnen«.

Allerdings hob der Oberbefehlshaber Südwest seine Anordnung nur wenige Wochen später wieder auf. Plünderer mußten jetzt zumindest durch »fliegende Gerichte oder Standgerichte« abgeurteilt werden. Vieles spricht dafür, daß die Abschwächung aufgrund einer Intervention des Oberkommandos der Wehrmacht erfolgte. Gemäß der offiziellen Erklärung des Generalfeldmarschalls hatte der Befehl hinreichend abschreckend gewirkt. Doch ist hervorzuheben, daß Kesselring, als er seine Weisung mit Wirkung vom 1. August aufhob, lediglich von einer relativen Festigung der »bedenklich abgesunkenen Manneszucht« sprach. Plündernde Wehrmachtangehörige gab es nach wie vor[630].

Die außergewöhnliche Strenge des Befehls vom 8. Juli wird besser verständlich, sobald man Berichte italienischer Provinzverwaltungen über das Betragen durchziehender deutscher Truppen liest. Nicht nur, aber in erster Linie litten Bauern, die abseits der Bevölkerungszentren lebten, unter der Willkür und den unstatthaften Requirierungen von Einheiten der Wehrmacht. Selbst Möbel und Matratzen nahmen die Deutschen mit. Die geraubten Gegenstände, insbesondere Nahrungsmittel, verkauften sie dann an anderer Stelle zu Schwarzmarktpreisen wieder an Italiener, die zudem häufig durch Androhung von Waffengewalt gezwungen wurden, deutsche Truppen zu beherbergen oder zu bewirten. Seitens der militärischen Führung war solches Verhalten ausdrücklich verboten. Doch die italienischen Erfahrungen beweisen, daß sich zahlreiche Einheitsführer um die Anordnungen der vorgesetzten Kommandos nicht kümmerten. Aufgrund derartiger Vorkommnisse drohten die Spannungen zwischen Wehrmacht und Bevölkerung in Oberitalien, wo sich die Heeresgruppe C nach dem Verlust von Rom Anfang Juni 1944 auf Verteidigung einrichtete, unerträglich zu werden. Die Lage stellte sich als explosiv dar[631]. Kesselrings unerbittliche Maßnahme dürfte dadurch ebenfalls beeinflußt gewesen sein.

---

[629] O.B. Südwest (Obkdo. H.Gr. C) Ia Nr. 01198/44 g.Kdos., 8.7.1944, BA-MA, RH 19 X/36. Dieser Befehl ging an alle unterstellten Einheiten bzw. Kommandos von Heer, Luftwaffe und Marine.

[630] Ebd., O.B. Südwest (Obkdo. H.Gr. C) Ia Nr. 6582/44 g.Kdos., 26.7.1944, An O.K.W./W.F.St., gez. Kesselring.

[631] Vgl. dazu: Prefettura Repubblicana di Forlì, Riservatissima, Forlì 24.6.1944. XXII. Gab. n. 2509, Oggetto: Comportamento delle truppe germaniche di passaggio, Al Ministero dell'Interno, Gabinetto, Sede Nord, Il Capo della Provincia; und: Prefettura Repubblicana di Forlì, Riservata, Forlì, 30 giugno 1944. XXII. Gab. n. 2509, Oggetto: Incidenti provocati dai militari germanici — Situazione della Provincia, Al Ministero dell'Interno, Gabinetto, Sede Nord, gez. Il Capo della Provincia P. Bologna, ACS, S.P.d.D., Busta 16, F 91, SF 3.

Wie oben bereits angedeutet erscheint es fraglich, daß die Rücknahme des Befehls wirklich mit einer Verbesserung im Benehmen der Truppe begründet werden konnte. Mussolini teilte jedenfalls dem Botschafter Rahn am 15. September 1944 mit, daß die gutgemeinten Weisungen des Generalfeldmarschalls überhaupt nichts geändert hätten. Und bei seiner Beschwerde ging es nicht etwa um Plünderungen, sondern um die wiederholte Erschießung von Frauen und Kindern, um »blindwütige Rache« deutscher Truppen und Polizei[632]. Der Staats- und Regierungschef der *Repubblica Sociale Italiana* nannte das Schlüsselwort für das deutsche Verhalten gegenüber den Italienern nach dem 8. September 1943. Daran lassen die bis jetzt dargelegten Vorgänge keinen Zweifel zu. Die »deutsche Bilanz« des italienischen Kriegsaustritts war ein Ergebnis der Rache. Ohne jenes Motiv, das heißt, wenn sich die Gegenmaßnahmen im Fall »Achse« und die Praxis der Besatzung ausschließlich an den militärischen Erfordernissen orientiert hätten, wäre diese »Bilanz« nicht so ausgefallen, wie sie schließlich ausfiel. Unter anderem würde es dann nicht bis zu 6 300 umgebrachte italienische Militärangehörige gegeben haben, von denen in den Quellen gesprochen wird. Es ist kein Trost, daß sich die Summe — rigoros positivistisch vorgehend — möglicherweise auf etwa 5 200 Tote verringern läßt, denn sie dürfte effektiv erheblich höher zu veranschlagen sein. Solche Zahlen sprechen für sich, sie sind schrecklich, aber sie sagen noch nichts über die generelle Behandlung der Menschen in dem von Deutschland besetzten Italien. Nach gut fünfzehnmonatiger Existenz des Marionettenstaats unter Mussolini hieß es in dessen Ministerrat im Januar 1945 dazu, daß es für die Deutschen an der Zeit sei, das »Territorium der Republik, deren Bürger und Güter« nicht länger als »Kriegsbeute« zu betrachten[633].

Beute stellten auch die Militärinternierten dar, um deren Verbleib es im nächsten Kapitel gehen wird. Was wurde aus den 415 682 Entwaffneten bei der Heeresgruppe B, den 102 340 beim Oberbefehlshaber Süd, den 58 722 beim Armeeoberkommando 19, den 164 986 beim Panzerarmeeoberkommando 2 und den 265 000 bei der Heeresgruppe E[634], aus somit immerhin 1 006 730 Mann[635]?

---

[632] Ebd., SF 1, Il Duce Capo del Governo, 15 settembre 1944=XXII.

[633] Ebd., SF 3, Protokoll über die Lagebesprechung des Ministerrates der R.S.I., 19 genn. 1945=XXIII.

[634] Diese Zahl beruht auf den Angaben des O.Qu. der H.Gr. E vom 6.12.1943 (siehe oben, S. 171, Anm. 347). Gemäß den im obigen Text referierten Meldungen würde sich eine Summe von knapp 257 000 oder 243 000 entwaffneten Soldaten ergeben. Damit wäre von ungefähr 984 000 Mann auszugehen, die ihre Waffen niederlegen mußten. Grundsätzlich gilt hierbei jedoch wiederum, daß sämtlichen Zahlenangaben nur eine relative Zuverlässigkeit zukommt. Unter quellenkritischen Gesichtspunkten wurde der nachstehend genannten Größe von circa 1 007 000 Entwaffneten der Vorzug gegeben. Aufgrund der hier vorgestellten — auf erweiterter Quellenbasis erarbeiteten — Forschungsergebnisse sind früher genannte Zahlen teilweise überholt: Schreiber, Gli internati, S. 137—141.

[635] Die Ausarbeitung des Generalstabs des Heeres Abt. Fremde Heere West (II) vom 10.12.1943 gibt nicht die Anzahl der entwaffneten, sondern der »deutscherseits interniert oder gefangenen« italienischen Soldaten an. Sie nennt 725 000 Mann. Auf diese Zusammenstellung, die vom vorstehend erarbeiteten Befund in einigen Punkten abweicht, ist noch verschiedentlich zurückzukommen. Vgl. KTB OKW, Bd III, S. 1474 ff: »Verbleib des italienischen Heeres und Bewertung der Wehrkraft des republikanisch-faschistischen Italiens vom 10.12.1943«. Das Originaldokument, das jene Überschrift nicht trägt, befindet sich in: BA-MA, RH 2/v. 637.

III. Zum Verbleib der entwaffneten italienischen Militärangehörigen

Als sich Botschafter Anfuso am 12. und 13. Januar 1945 in Berlin mit den Konsuln des faschistischen Italiens traf, um die Lebensbedingungen ihrer im Reich befindlichen Landsleute zu erörtern, stellte er unter anderem fest, daß ihm weder das Oberkommando der Wehrmacht noch das Auswärtige Amt in der Vergangenheit eine »genaue Statistik der Internierten in Deutschland und derjenigen in den Ländern des Balkans« aushändigte[1]. Marcello Vaccari, der seit Mitte Oktober 1943 bei der faschistischen Botschaft in Berlin für die Militärinternierten arbeitete, ging von einer Gesamtzahl von 600 000 bis 650 000 internierten Soldaten aus[2]. Armando Foppiani, der ihn im August 1944 ablöste, nannte im Juli 1944 für das Reichsgebiet 600 000 und auf den Balkan bezogen 75 000 Militärinternierte[3].

In einem Überblick zum Verbleib des italienischen Heeres rechnete die Abteilung Fremde Heere West im Generalstab des Heeres mit 725 000 internierten oder gefangenen Militärangehörigen[4]. Dabei ist jedoch nicht eindeutig zu sagen, ob in dieser Zahl auch die entwaffneten Soldaten der Marine und Luftwaffe inbegriffen waren. Das Oberkommando der Wehrmacht wiederum schätzte die Gesamtzahl der »Kriegsinternierten« Anfang Oktober 1943 auf circa 900 000 bis 1 000 000 Mann[5]. Hingegen bezifferte der Chef des

---

[1] Verbale della riunione dei consoli italiani in Germania, tenutasi presso l'Ambasciata d'Italia in Berlino nei giorni 12 e 13 gennaio 1945/XXIII. Mit Anschreiben: Direz. Gen. del Personale Uff. I°, Appunto per il Gabinetto, P.C. 305, li 26 Febbraio 1945-XXIII°, Zitat S. 21, ASMAE, Busta 65, Posizione Germania 1/11. Und ebd., Posizione Germania 1/15: Ambasciata d'Italia, addi 8-Mag 1944/XXII, a Ministero Affari Esteri, Oggetto: Collettività italiane in Germania, gez. Anfuso. In diesem Schreiben (S. 7) heißt es, daß sich die Zahl der Militärinternierten wegen der rigorosen Zurückhaltung der deutschen Behörden nicht bestimmen lasse. Die der Botschaft zur Verfügung stehenden Daten erlaubten den Schluß, daß es sich um rund 700 000 Personen handele. Folge man jedoch den von den Konsulaten übermittelten Annäherungswerten, so sei mit wenig mehr als 300 000 zu rechnen.

[2] Diario S.A.I., Proemio, S. 4 und 14 (das Tagebuch ist nicht paginiert, die Seitenangaben folgen der vom Verf. vorgenommenen Zählung), PADF. Darin geht Vaccari von 25 000 Militärinternierten in Polen und 600 000 in Deutschland aus. Ferner ebd., S. 130, 27.7.1944, wo er 600 000 Militärinternierte in Deutschland, auf dem Balkan und auf den Inseln annahm. Vgl. auch: I/SRP/17, Riservato Personale Segreto, Berlino 27/4/44 XXII, Brief von Vaccari an Serafino Mazzolini, seit dem 8.3.1944 Unterstaatssekretär im Außenministerium der Italienischen Faschistischen Nationalregierung, PADF. Dort werden ebenfalls 600 000 Internierte genannt (S. 1). An anderer Stelle spricht Vaccari von 60 000 Militärinternierten, die sich nach deutschen Angaben auf dem Balkan befänden, deren Zahl er selbst jedoch mit 100 000 veranschlage: Appunto di carattere finanziario (ohne Datum, aber zwischen April und Juli 1944 erstellt, S. 2), PADF. Und noch im Dezember 1944 ging Vaccari davon aus, daß es insgesamt 650 000 internierte Italiener gegeben habe: All'Ambasciatore Conte Serafino Mazzolini, Sottosegretario agli Affari Esteri, Salò, 20 Dicembre 1944, gez. Vaccari (20 S.), PADF.

[3] Milano, 25 marzo 1945 XXIII, Brief an Mussolini, gez. dr. Armando Foppiani, PADF.

[4] KTB OKW, Bd III, S. 1475, 10.12.1943.

[5] ADAP, E, Bd VII, Dok. 25, S. 50, 7.10.1943.

Wehrmachtführungsstabes die internierten Italiener im November 1943 auf 547 531, darunter 24 744 Offiziere[6].

Das sind bemerkenswerte Differenzen, so daß sich die Frage stellt: Wieviele italienische Militärinternierte lassen sich tatsächlich nachweisen und wo verblieben sie zwischen 1943 und 1945?

1. Der Abtransport aus dem Kommandobereich des Oberbefehlshabers West, des Oberbefehlshabers der Heeresgruppe B, des Oberbefehlshabers Süd (Südwest) und des Oberbefehlshabers Südost 1943 bis 1944

Die Masse der Militärinternierten gelangte nach der Entwaffnung in die Durchgangslager (Dulag) für Kriegsgefangene[7], die im jeweiligen Operationsgebiet lagen oder speziell nach dem 8. September für die italienischen Soldaten eingerichtet wurden. Sie dienten der Ansammlung und möglichst schnellen Abschiebung der Gefangenen in den Bereich des Oberkommandos der Wehrmacht, wo man die Männer in Kriegsgefangenen-Offizierslagern (Oflag) und in Kriegsgefangenen-Mannschaftsstammlagern (Stalag) unterbrachte. Darauf ist im Rahmen der Ausführungen zum statistischen Befund der Deportation noch ausführlicher einzugehen.

a) Die Entwicklung in Südfrankreich

Das Armeeoberkommando 19 hat die Entwaffneten zunächst zum Kommandanten des Heeresgebiets Südfrankreich abtransportiert[8], da seine Verbände mit den Bewachungsaufgaben überfordert gewesen wären. Von den 58 722 im Bereich der 19. Armee gefangenen Italienern galten am 26. September 1943 24 203 als Militärinternierte[9]. Sie sollten gemäß einer besonderen Anordnung des Oberquartiermeisters vom 30. September als »Kriegsgefangene« angesehen und nach den Bestimmungen der »Haager Konvention« sowie der Heeres-Dienstvorschrift 38/2 behandelt werden. Die Weisung regelte auch Verpflegungsfragen und die ärztliche Versorgung. Außerdem setzte sie die Entlohnung der »bei der Truppe oder sonstigen Dienststellen eingesetzten« Kriegsgefangenen[10] fest, was zu jenem Zeitpunkt mindestens 9 237 interne italienische Soldaten betraf[11].

---

[6] KTB OKW, Bd IV, S. 1545, Unterlagen für Vortrag in München am 7.11.1943.

[7] Vgl. dazu Streim, Die Behandlung, S. 13.

[8] KTB A.O.K. 19, S. 44, 11.9.1943, BA-MA, RH 20-19/7; und ebd., S. 83, 30.9.1943. Nach dieser Eintragung wurden am 27.9. 2 000 und am 29.9. 3 000 Militärinternierte, darunter 3 Offiziere, zum Kdt. des Heeresgebiets Südfrankreich abtransportiert. Am 30.9. folgten 1 Offizier und 707 Mann, am 1.10. 6 Offiziere und 3 013 Mann, ebd., S. 2, 1.10.1943.

[9] KTB A.O.K. 19/O.Qu, Anlage 16: Italiener, Stand vom 26.9.1943, BA-MA, RH 20-19/253. Bis dahin hatte man 10 474 Militärinternierte abgeschoben, 447 waren in Baukompanien des Heeres eingesetzt, und 8 790, darunter 37 Offiziere, wies die Armee der Organisation Todt zu.

[10] Ebd., Anlage 18: Armeeoberkommando 19/O.Qu./Qu. 1 Br.B.Nr. 4321/43 geh., Besondere Anordnung für die Versorgung der ehemaligen italienischen Wehrmacht, A.H.Qu., den 30.9.1943.

[11] Siehe oben, Anm. 9.

Eine so hohe Zahl überrascht, denn der Oberbefehlshaber West hatte zwar am 10. September um Entscheidung darüber gebeten, ob die im Bereich des Armeeoberkommandos 19 entwaffneten Militärangehörigen — beim Ausbau der Küstenbefestigung — von der Wehrmacht und der Organisation Todt als Arbeitskräfte herangezogen werden dürften[12], was das Oberkommando der Wehrmacht wenig später erlaubte[13], aber schon am 19. September erfolgte die Korrektur durch den Wehrmachtführungsstab. Generalfeldmarschall v. Rundstedt wurde mitgeteilt, daß es keine Ausnahmen zum Befehl des Chefs des Oberkommandos der Wehrmacht geben könne, weil die italienischen Gefangenen »ausschließlich im Reich Verwendung finden« müßten[14].

In der Praxis zeigte sich jedoch, daß das nicht den völligen Abzug der arbeitenden Italiener bedeutete. Generalfeldmarschall Keitel befahl nämlich am 6. Oktober 1943, daß, vorbehaltlich einer neuen Weisung, die »1 400 italienischen Kriegsinternierten aus den Bauxitgruben Marseille nicht abzutransportieren« seien[15]. Selbst im Januar 1944 gab es für Internierte in Frankreich noch ein militärisches Betreuungszentrum. Allerdings bildeten die rund 25 000 Mann, um die sich diese Dienststelle kümmerte, mit Sicherheit — zumindest in der Mehrheit — Arbeitswillige und Kampfwillige des ehemaligen italienischen Heeres, das heißt, sie zählten zu den als bündnistreu geltenden Soldaten[16].

Schließlich ist hierbei auch darauf aufmerksam zu machen, daß das Oberkommando der Wehrmacht sogar im Hinblick auf die Aufstellung von Bau- und Arbeitseinheiten aus »Bündnistreuen« außerordentlich zurückhaltend verfuhr. Es genehmigte zwar einen entsprechenden Antrag Rundstedts, aber das nur nach erheblichen Streichungen. Statt der beantragten 13 Bau-Bataillone für das Armeeoberkommando 19 und die Luftflotte 3 bewilligte Berlin lediglich sechs derartige Einheiten. Als Begründung teilte man dem Oberbefehlshaber West mit, daß an dem »Grundsatz, möglichst viele ehemalige ital. Soldaten der deutschen Rüstungsindustrie zuzuführen, unter allen Umständen festgehalten« werden müsse[17].

Aus dem Gesagten geht hervor, daß es schwierig ist, zuverlässige Zahlen in bezug auf die letztendlich ins Reichsgebiet gelangten Militärinternierten zu nennen. Ganz offensichtlich schob ja die Heeresgruppe D zum einen nicht alle italienischen Kriegsgefange-

---

[12] Ob. West Ia/Insp. d.L. West Nr. 5938/43 g, 10.9.43, OKW/W.F.St. Op.(H), BA-MA, RH 11 III/75. Das Fernschreiben trägt den handschriftlichen Zusatz: meines Erachtens: ja! (eventuell vom General der Pioniere und Festungen beim Ob.d.H.). Außerdem findet sich die Anmerkung: Antrag überholt gem. OKH/Gen.St.d.H./Org Abt II/18746/43, z.d.A.

[13] KTB OKW, Bd III, S. 1099, 13.9.1943. Wörtlich hieß es, daß »gegen eine vorläufige Verwendung« keine Bedenken bestünden.

[14] Handschriftliche Notiz: Mit WFSt/Op (H) Oberstlt. i.G. (Justus) Boehncke besprochen am 19.9., BA-MA, RH 11 III/75.

[15] Ebd., Oberst Claus bei Gen.d.Pi. und Fest(ungen), 6.10.1943, Notiz über eine entsprechende Mitteilung an Generalleutnant Günther Blumentritt, Chef des Gen.St.d.H.Gr. D.

[16] Posta da campo 713, gennaio 1944=XXII, Al Direttore dell'Istituto Nazionale Fascista della Previdenza Sociale, f/to Giovanni Dolfin, ACS, S.P.d.D., Busta 16, F 91, SF 2. Der Chef des *Centro Assistenza Militare Italiani internati* in Frankreich war der Hauptmann Giovanni Boschiero.

[17] KTB OKW, Bd III, S. 1136, 24.9.1943. Außerdem hieß es, daß bei der »Auswahl der vorgesehenen Italiener [...] ein strenger Maßstab anzulegen« sei.

nen aus dem Bereich der 19. Armee ab und zum anderen wiederum nicht allein sie, sondern auch sogenannte Bündnistreue. Erschwerend kommt hinzu, daß nur selten die Bestimmung der Transporte völlig eindeutig erscheint. Dennoch darf davon ausgegangen werden, daß es sich bei den hier berücksichtigten Personenbewegungen nicht um die Verbringung von entwaffneten Soldaten zum Kommandanten des Heeresgebiets Südfrankreich handelte. Die Transporte, die das Armeeoberkommando 19 in der Regel über die Heeresgruppe D an das Oberkommando der Wehrmacht meldete, gingen vielmehr in Lager im besetzten Gebiet oder in Deutschland.

Abgefahren hat man die Italiener seit dem 11. September. Es kam dabei zu zahlreichen organisatorischen Problemen, aber kaum zu ernsthaften Zwischenfällen[18]. Allerdings verloren im Oktober beim Zusammenstoß eines Güterzuges mit einem Gefangenenenzug in der Nähe von Chalon-sur-Saône 80 internierte Militärangehörige ihr Leben[19].

Was jedoch die statistischen Daten zu den aus Südfrankreich abtransportierten ehemaligen italienischen Soldaten angeht, so belief sich deren Zahl nach den Meldungen des Bevollmächtigten Transportoffiziers des Armeeoberkommandos 19 im September auf 6 Generale, 843 Offiziere und 11 323 Unteroffiziere oder Mannschaften. Im Oktober kamen noch 479 Offiziere und 4 763 Unteroffiziere sowie Mannschaften hinzu. Insgesamt ergibt das 17 414 abgefahrene Militärinternierte[20]. Das würde bedeuten, daß Ende Oktober, von 24 203 tatsächlich Internierten ausgehend, noch 6 789 von diesen in Südfrankreich gelebt hätten[21].

Das Kriegstagebuch des Oberkommandos der Wehrmacht nannte hingegen schon für den 30. September 17 430 aus dem Bereich des Oberbefehlshabers West abgeschobene Exverbündete[22], wobei nicht auszuschließen ist, daß sich unter ihnen einige Hilfs- oder Kampfwillige befanden, etwa für die SS. Der Transportoffizier der 19. Armee führte für den September ausschließlich Militärinternierte als abgefahren an, während er im Oktober — sehr differenziert — auch 7 962 Hilfs- und 1 099 Kampfwillige als abtransportiert meldete[23]. Bei der Annahme, daß sich die Notiz des Oberkommandos der Wehrmacht auf Militärinternierte bezog, zu denen dann die exakt anmutenden Daten der Statistik des Transportoffiziers für den Monat Oktober zu addieren wären, ergäben sich 22 672 abtransportierte internierte Männer. Werden darüber hinaus die 1 400 in den Bauxitgruben arbeitenden Italiener in das Kalkül einbezogen, so entspräche die Gesamtzahl von 24 072 Personen in etwa der oben genannten Zahl italienischer Kriegsgefangener[24]. Die

---

[18] Tätigkeitsbericht des Bevollmächtigten Transportoffiziers beim A.O.K. 19, September 1943, BA-MA, RH 20-19/275.

[19] Ebd., Bericht Oktober 1943. Die Italiener verbrannten in den Eisenbahnwagen. Unter dem deutschen Begleitpersonal wurden lediglich einige Mannschaften leicht verletzt.

[20] Siehe oben, Anm. 18 und 19, S. 20 f.

[21] Nachweisbar sind außer den 1 400 Militärinternierten in Marseille (siehe oben, Anm. 15) noch 1 300 von der Organisation Todt festgehaltene internierte Soldaten: KTB H.Gr. D, S. 20, 5.10.1943, BA-MA, RH 19 IV/11.

[22] KTB OKW, Bd III, S. 1153, 30.9.1943.

[23] Siehe oben, Anm. 18, S. 21.

[24] Es ist jedoch nachdrücklich auf die diesen Annahmen eigenen Unsicherheiten hinzuweisen. Aus den Quellen ergeben sich lediglich folgende Fakten: Bis Ende September 1943 wurden mindestens

Differenz korrespondiert sogar ziemlich genau mit der Summe der noch 1944 im Bereich des Oberbefehlshabers West nachweisbaren rund 140 Militärinternierten[25]. Alles in allem ist freilich als gesichert einzig festzuhalten, daß man bis Ende Oktober von höchstens 17 414 eindeutig identifizierten gefangenen italienischen Soldaten ausgehen kann, die in Lager im Reich oder im besetzten Gebiet verbracht wurden. Die Zahl 22 672 beruht demgegenüber auf rein hypothetischen Überlegungen. Unbeschadet der dargelegten offenen Fragen ist zusammenfassend zu konstatieren, daß es beim Armeeoberkommando 19 lediglich etwas mehr als 24 000 Militärinternierte gab. Die restlichen — maximal — 34 500 Gefangenen nahmen den Status von Hilfs- oder Kampfwilligen an.

b) Der Ablauf der »Rückführungsaktion« in Nord- und Mittelitalien

In den Aufzeichnungen der Abteilung Fremde Heere West des Generalstabes steht, daß man bei der Auflösung der königlichen Armee in Mittel- und Süditalien ganze 2 000 Soldaten interniert habe. Im norditalienischen Raum und Frankreich sollen es 330 000 gewesen sein[26]. Werden von letzteren die als gesichert nachgewiesen anzusehenden 24 203 internierten Militärangehörigen beim Oberbefehlshaber West abgezogen, so ergeben sich für den Bereich der Heeresgruppe B 308 797 Militärinternierte. Unter Einbeziehung der 2 000 Mann beim Oberbefehlshaber Süd wären somit in Italien 310 797 kriegsgefangene Italiener zu verzeichnen. Da sich von ihnen am 1. Dezember nur noch 3 363 auf italienischem Gebiet aufhielten[27], könnten bis dahin 307 434 bereits abtransportiert worden sein oder müßten sich gerade auf dem Transport befunden haben, als die Abteilung Fremde Heere West ihre Statistik erstellte.

Aus den Meldungen der Generalfeldmarschälle Kesselring und Rommel ergibt sich ein genaueres Bild, das zudem einen etwas abweichenden Befund der Abschubaktion reflektiert. Deren quantitative Entwicklung ist in der nachstehenden Tabelle zusammengefaßt, wobei die zu einem bestimmten Tag genannten Zahlen stets der Summe aller bis zu jenem Zeitpunkt abtransportierten Personen entsprechen[28].

---

12 172 Militärinternierte bzw. 17 430 entwaffnete Italiener insgesamt aus Südfrankreich abgeschoben (siehe oben, Anm. 18 und 22). Im Oktober sahen sich maximal 14 303 Italiener, darunter 5 242 Militärinternierte ins Reich oder ins besetzte Gebiet abtransportiert (siehe oben, Anm. 19). Nach anderen Unterlagen schob das A.O.K. 19 im Oktober alles in allem 8 928 entwaffnete Italiener ab, unter denen es 1 809 eindeutig als bündnistreu benannte, während der Status von 7 119 nicht mit absoluter Sicherheit zu qualifizieren ist. Vgl. dazu: Tagesmeldungen A.O.K. 19 an H.Gr. D, 2., 3., 6., 7., 9., 10. und 22.10.1943, BA-MA, RH 20-19/13; KTB H.Gr. D, S. 3, 1.10. (direkt dazu GTDW, Bd 8, S. 164, 1.10.1943; demnach hätte der Transport aus 2 520 Militärinternierten und 500 Hilfswilligen bestanden) und ebd., S. 23, 6.10.1943, BA-MA, RH 19 IV/11. Es handelt sich wohl um einen Zufall, daß die Gesamtsummen der abgeschobenen italienischen Soldaten — nach den Unterlagen des Transportoffiziers 26 475 Mann, gemäß den übrigen zitierten Quellen 26 358 — nahezu gleich sind.

[25] Vgl. Tabelle 17, S. 310.
[26] KTB OKW, Bd III, S. 1474, 10.12.1943.
[27] Vgl. Tabelle 17, S. 310.
[28] Die Angaben folgen GTDW, Bd 8, S. 55, 77, 112, 154, 169, 194 und 224.

Tabelle 2

Aus Italien 1943 abgeschobene Militärinternierte und Kriegsgefangene

1943	Militärinternierte aus Italien	sonstige Kriegsgefangene
10.09.	10 000	
14.09.	96 500[29]	
20.09.	183 300[30]	
29.09.	282 082[31]	
02.10.	299 667	55 875
06.10.	303 661	58 352
11.10.	316 222	59 494

Innerhalb von 22 Tagen hat die Heeresgruppe B also 375 716 italienische und sonstige Kriegsgefangene abgefahren. Im statistischen Durchschnitt traten pro Tag 17 078 Mann den Weg in deutsche Lager im Norden oder Osten an. Rein theoretisch hätten sich unter diesen jeweils 14 374 Italiener befunden. Anders gewendet: Zwischen dem 10. September und dem 11. Oktober 1943 wurde jeden Tag die gesamte Einwohnerschaft einer größeren Kleinstadt[32] aus Italien in die Kriegsgefangenenlager der Wehrmacht — und mancher Militärinternierte auch in die Konzentrationslager der SS[33] — verbracht.

---

[29] Ebd., S. 77. Bis zum 14.9. waren 26 Generale, 8 790 Offiziere sowie 339 100 Unteroffiziere und Mannschaften bei der Heeresgruppe B eingebracht worden.

[30] KTB OKW, Bd III, S. 1126, 21.9.1943. Bis zum 20.9. wurden gefangen: 82 Generale, 13 000 Offiziere und 402 600 Unteroffiziere sowie Mannschaften. Hinzukamen an alliierten Kriegsgefangenen aus italienischen Lagern: 1 800 Offiziere und 42 400 Mann.

[31] In dieser Angabe sind nicht nur Militärinternierte, sondern auch eine nicht genau zu bestimmende Anzahl sonstiger Kriegsgefangener enthalten.

[32] Die Kleinstadt ist, unabhängig von rechtlichen Gesichtspunkten, durch eine Einwohnerzahl von 5 000 bis 20 000 definiert.

[33] Vgl. dazu als Auswahl: Puntschart, Heimat, S. 132 f. Er schreibt, daß im KZ Überlingen die Italiener die »größte homogene Gruppe« bildeten. Sie beklagten die »meisten Toten« und wurden am schlechtesten ernährt. Die italienischen Gefangenen, unter denen sich auch Offiziere befunden haben sollen, starben im allgemeinen an Entkräftung. Unzutreffend ist die Aussage des Autors, daß nach dem 8. September 1943 alle ergriffenen italienischen Soldaten in Konzentrationslager verbracht worden seien. Siehe in diesem Kontext ferner Giuntella, Gli internati, S. 107 f. (in Anm. 8 finden sich zahlreiche Literaturhinweise); und Pirola, Documentazioni, S. 40—64. Pirola dokumentiert die Anwesenheit von Militärinternierten im Konzentrationslager Dora-Mittelbau Salza und seinen Außenlagern Ellrich, Harzungen und Niedersachswerfen seit dem Oktober 1943. Die Gründe für die Einweisung gefangener italienischer Soldaten in diese Lager der SS sind nicht klar. Jedoch fällt zum einen auf, daß es sich um Männer handelte, die eine Zusammenarbeit verweigerten, und zum anderen waren sie im Zivilberuf Bauarbeiter. Vgl. dazu die Einleitung der Herausgeber, ebd., S. 39. Rochat, Memorialistica, S. 46, weist darauf hin, daß allein im Lager Dora, das wiederum ein Unterlager von

Nicht so eindeutig wie bei der Heeresgruppe B stellt sich die Situation beim Oberbefehlshaber Süd dar. Er meldete in seinem Abschlußbericht über die Entwaffnung der italienischen Truppen Ende September eine Gesamtzahl von 24 292 Militärinternierten[34]. Doch am 15. November teilte Kesselring mit, von alles in allem 18 064 internierten Soldaten seien 17 894 nach Norden abtransportiert worden[35]. Es hätten sich somit noch 170 Mann bei ihm befinden müssen.

Im Widerspruch dazu standen allerdings seine Einzelmeldungen. So berichtete der Generalfeldmarschall am 5. Oktober, er habe »unmittelbar nach dem Waffenstillstand schätzungsweise 6—7 000 Kriegsgefangene oder Militärinternierte« nach Mantua abschieben lassen. Zu ihnen sollen bis zum 4. Oktober weitere 15 442 — von rund 17 600 internierten Italienern — hinzugekommen sein[36]. Schließlich folgten bis zum 11. Oktober 481, am 13. erneut 689 und am 17. des Monats nochmals 183 Offiziere[37]. Das ergibt einen Zwischenstand von 16 795 abtransportierten Militärinternierten für den 18. Oktober.

Nicht ohne weiteres zu erklären ist in der Gegenüberstellung, auf welche Weise die Zunahme der insgesamt erfaßten Militärinternierten zwischen dem 4. Oktober (17 600) und dem 15. November (18 064) um 464 Mann zustande kam. Die Entwaffnungsaktionen waren zu jenem Zeitpunkt — eingeschlossen die Bataillone der Division »Piave« in Rom — längst beendet. Möglicherweise handelte es sich um Soldaten, die sich zunächst als

---

Buchenwald bildete, 1 000 Militärinternierte lebten, die zum größten Teil starben. Ebd., Anm. 83, zahlreiche Literatur. Zu den Italienern im Lager Dora vgl. auch: Brovedani, Campo segreto, S. 143 ff. Er berichtet, daß von 686 eingelieferten Italienern im Juli 1944, nach knapp zehn Monaten Anwesenheit, nur noch 270 lebten. Siehe ferner: Pilesi, Dannati, S. 269—278; und: Testimonianze, S. 36—46.

[34] Anlage 2 zum Feindnachrichtenblatt Nr. 35: Ergebnis der Entwaffnungs-Aktion im Bereich O.B. Süd, BA-MA, RH 19 X/12. Zu diesen Militärinternierten zählten vermutlich auch die Offiziere der in Rom entwaffneten Truppen. Denn während Kesselring die Soldaten gemäß den Kapitulationsverhandlungen vom 10.9. nach Hause entließ, nahm er deren Offiziere in »Ehrenhaft«. Dazu ist anzumerken, daß Ehrenhaft nach den Richtlinien des Oberkommandos der Wehrmacht ausschließlich für bündnistreue Offiziere vorgesehen war. Vgl. unmittelbar dazu: WFSt/Qu 2 (S), Nr. 005601/43 g.Kdos., 23.9.1943, Betr.: Grundsätzliche Richtlinien über die Behandlung der Soldaten der ital. Wehrmacht, Vortragsnotiz; und: Der Führer und Oberste Befehlshaber der Wehrmacht. OKW/WFSt/Org. (I) 006315/43 g.K., F.H.Qu., 19.10.1943, Richtlinien für den Neuaufbau einer italienischen faschistischen Wehrmacht, gez. Keitel, hier: A. 7., BA-MA, RW 4/v. 508a.

[35] GTDW, Bd 8, S. 409, 15.11.1943. Parallel dazu meldete Kesselring, daß von insgesamt 27 316 aus italienischen Lagern übernommenen sonstigen Gefangenen 22 424 abgefahren worden seien. Zu ihnen kamen noch 5 760 Mann hinzu, die man im Verlauf der Kämpfe seit dem 8.9. gefangennahm. An Kriegsgefangenen und Militärinternierten wurden demnach 46 078 Personen abtransportiert.

[36] Ebd., S. 187, 5.10.1943. Zu jenem Zeitpunkt gab der O.B. Süd an, daß er von 25 093 aus italienischen Lagern übernommenen sonstigen Kriegsgefangenen 18 044 bis zum 4.10. einschließlich abtransportiert habe. Die Differenz zwischen übernommenen Gefangenen in den Meldungen vom 5.10. und 15.11. ergibt sich daraus, daß bis zum 15.11. weitere 2 223 zunächst geflohene sonstige Kriegsgefangene ergriffen wurden. Als abgeschoben nannte Kesselring am 5.10. außerdem 12 032 Wehrpflichtige — von 42 000 — aus dem Raum Neapel.

[37] Ebd., S. 224, 11.10.; S. 239, 14.10.; und S. 257, 18.10.1943. Anzumerken ist, daß es am 14. etwas ungenau heißt, es seien »somit bisher insgesamt 1 200 ital. Offiziere nach Norden abtransportiert« worden. Es waren genau 1 170.

Kampf- oder Hilfswillige zur Verfügung gestellt hatten, die jedoch ihre anfängliche Bereit-schaft, auf deutscher Seite weiterzumachen, später wieder aufkündigten. Eventuell hat man es ganz einfach mit Nachmeldungen zu tun.

Was jedoch die erheblich voneinander abweichenden Gesamtzahlen für die Militärinter-nierten im Abschlußbericht vom 26. September (24 292) und in der Bestandsmeldung am 15. November (18 064) anbetrifft, so ist wohl davon auszugehen, daß die direkt nach dem Waffenstillstand abtransportierten 6 000 bis 7 000 Gefangenen — sie sind in der Über-sicht vom November nicht enthalten — internierte Soldaten darstellten. Letztere hießen damals ja bekanntermaßen noch Kriegsgefangene[38]. Bei einer solchen Annahme, die begründet erscheint, könnte von rund 24 000 beim Oberbefehlshaber Süd internierten und letztendlich auch abgeschobenen Militärinternierten gesprochen werden[39].

Zu bemerken ist darüber hinaus, daß von den wenig mehr als 24 000 Internierten im Bereich von Kesselring ungefähr 22 000 in der Meldung der Heeresgruppe B vom 11. Oktober erfaßt waren. Bei den verschiedenen Militärkommandanturen in Oberitalien befanden sich am 15. Oktober an gefangenen Italienern noch 205 Offiziere und 4 019 Unteroffiziere sowie Mannschaften[40]. Am 13. November erging dann der Befehl, daß auf Anordnung von Hitler »sämtliche ital. Militärinternierte ins Reich abzuschieben« seien. Dort sollten sie in der Rüstungsindustrie eingesetzt werden.

Nun hatte man zwar den Arbeitseinsatz italienischer Gefangener im Bereich deutscher Truppen — zum Beispiel erwies er sich zur Sicherung der Obsternte als notwendig — stets mit dem Vorbehalt versehen, daß derartige Genehmigungen jederzeit auf Weisung einer höheren Stelle widerrufen werden könnten, doch jetzt wurde jedwedes Zurückhal-ten von Militärinternierten als Arbeitskräfte uneingeschränkt verboten[41]. Andererseits mußten weiterhin die »neu abgeschobenen« sowie die »neu eingebrachten oder wieder-erfaßten« Militärinternierten getrennt nach »Freischärlern« und »sonstigen« Gefangenen

---

[38] Es könnte also durchaus so sein, daß die Formulierung »Kriegsgefangene oder Militärinternierte« gar keine Differenzierung ausdrücken will, sondern unter dem Gesichtspunkt der Begriffsänderung vom 20. September zu lesen ist.

[39] Siehe oben, S. 237.

[40] Der Militärbefehlshaber Oberitalien Qu/Qu 2, H.Qu., den 19.10.1943, An Oberkommando der Heeresgruppe B O.Qu/Qu 2, Betr.: Kgf.-Meldungen. Am 18.10. wurden 206 Offiziere sowie 3 941 Unteroffiziere und Mannschaften als militärinterniert genannt: O.U., 19.10.1943, Aktenvermerk über die Besprechung mit dem Kgf.Bez.Kdt. K., Oberst Keller am 18.10.1943 in Mantua, BA-MA, RH 24-73/14, Anlagen 81 und 83.

[41] Ebd., Oberkommando der Heeresgruppe B O.Qu./Qu. 2 Nr. 504/43, H.Qu., den 13.11.1943, Betr. Militärinternierte; und ebd., Der Befehlshaber im Sicherungsbereich Alpenvorland O.Qu./Qu. 2, O.U. 15.11.1943, Anlage 117. Siehe außerdem: Kriegstagebuch Nr. 1/Qu. Gen.Kdo. Witthöft, 17.9.1943, BA-MA, RH 24-73/13. Direkt dazu auch: Der Militärbefehlshaber Oberitalien (General-kommando Witthöft) Qu/Qu 1 Nr. 206/43 geh., H.Qu., 25.9.1943, BA-MA, RH 24-73/14, Anlage 31: Besondere Anordnung für die Versorgung Nr. 5, Punkt VII. Darin wurde noch die Einstellung von italienischen Kriegsgefangenen in die deutschen Versorgungstruppen im größtmöglichen Umfang angeordnet. Deutsche Soldaten sollten im Rahmen des Kriegsgefangenenwesens nur Bewachungs-aufgaben erfüllen, alle übrigen Arbeiten wären möglichst von Italienern zu leisten. In diesem Zu-sammenhang befahl Witthöft, den italienischen Kriegsgefangenen »alle vertretbaren Erleichterun-gen zu gewähren«.

täglich gemeldet werden[42]. Deshalb blieben sie auch in den folgenden Wochen in den administrativen Richtlinien berücksichtigt[43], was jedenfalls andeutet, daß selbst nach Hitlers Befehl nicht sofort alle internierten Soldaten Italien verließen, wo in der Tat einige von ihnen noch im Dezember 1943 arbeiteten. Das führte zu dem als unerträglich angesehenen Zustand, daß in Orten, in denen die Deutschen Einheiten der faschistischen italienischen Streitkräfte aufstellten, Militärinternierte unter »Bewachung bewaffneter deutscher Soldaten zur Arbeit« marschierten[44].

Damals war bereits eine am 6. November festgeschriebene Neuregelung der Befehlsverhältnisse in Kraft getreten. Das heißt, Generalfeldmarschall Kesselring hatte am 21. November als Oberbefehlshaber Südwest und Oberbefehlshaber der Heeresgruppe C den Befehl über alle deutschen Truppen im italienischen Raum übernommen. Gleichzeitig gab die Heeresgruppe B den Befehl an das Armeeoberkommando 14 unter Generaloberst Eberhard v. Mackensen ab[45].

Was jedoch den Abtransport aus Italien angeht, so ist zu konstatieren, daß zu den von Generalfeldmarschall Rommels Einheiten abgeschobenen 316 222 Italienern nach dem 11. Oktober noch einige Tausend Mann hinzukamen. Zu den oben genannten 4 224 Militärinternierten, die sich am 15. Oktober in Oberitalien befanden, dürften, wenn man von den Transportmeldungen ausgeht, später weitere 1 300 Mann aus Mittel- und Süditalien gelangt sein. Das ergäbe 5 524 gefangene italienische Soldaten, die sich Mitte Oktober noch in Italien aufhielten. Von ihnen wurden bis Anfang Dezember, als die Statistik des Chefs des Kriegsgefangenenwesens 3 363 Militärinternierte im italienischen Raum auswies, 2 161 abtransportiert. Bis Anfang Februar müssen dann weitere 2 762 abgefahren worden sein, da sich damals nur noch 601 internierte Militärangehörige südlich der Alpen befunden haben sollen[46].

Alles in allem führen diese Überlegungen — bei denen die nicht zu beantwortende Frage nach eventuellen Statusänderungen ausgeklammert blieb — zu dem Ergebnis, daß die Wehrmacht zwischen dem 8. September 1943 und dem 1. Februar 1944 aus Ober-, Mittel- und Süditalien circa 321 000 Militärinternierte ins Reichsgebiet, nach Polen oder ins Operationsgebiet des Heeres im Osten verbrachte[47].

---

[42] Generalkommando Witthöft Qu/Qu 1 Nr. 681/43 geh., H.Qu., 19.11.1943, Besondere Anordnung für die Versorgung Nr. 1. Bei den Freischärlern — als solche galten alle italienischen »Soldaten, die aktiven oder passiven Widerstand geleistet« hatten — war auch der Aufenthaltsort anzugeben, BA-MA, RH 24-73/14, Anlage 119.

[43] Ebd., Anlage 126: Generalkommando Witthöft Qu.Nr. 710/43 geh., H.Qu., 23.11.1943, Besondere Anordnung für die Versorgung Nr. 2.

[44] Generalkommando Witthöft Abt. Ia Nr. 967/43 geh., O.U., den 22.12.1943, hier Meldung Oberkommando der 14. Armee Ia Nr. 906/43 geh., A.H.Qu., 18.12.1943. Die 14. Armee schlug vor, »entweder die Militärinternierten oder die aufzustellenden ital. Truppenteile« zu verlegen, BA-MA, RH 24-73/4.

[45] KTB OKW, Bd III, S. 1256 ff., 6.11.; S. 1290, 18.11.; und S. 1295, 21.11.1943.

[46] Vgl. Tabelle 17, S. 310.

[47] Genau wären es 321 144. Erneut ist freilich daran zu erinnern, daß es sich bei diesem Resultat um einen Näherungswert handelt. Denn wie im Text kenntlich gemacht, haftet den Daten aus dem Bereich des Oberbefehlshabers Süd eine gewisse Unsicherheit an, da sich nicht sagen läßt, wieviele Militär-

Für den Abtransport aus Italien zeichnete die Heeresgruppe B verantwortlich. Die konkrete Durchführung oblag wiederum dem Generalkommando Witthöft. Das empfahl sich schon deshalb, weil die Gefangenenzüge über die Brenner-Strecke nach Norden gingen. Im allgemeinen erfolgten die Transporte innerhalb Italiens mit Leerzügen, doch »daneben auch im Fußmarsch von einer Kaserne zur anderen«[48]. Außer den Militärinternierten galt es — wie in der Tabelle erkennbar — die alliierten und sonstigen Kriegsgefangenen, zum Beispiel Jugoslawen, sowie die zum Arbeitseinsatz in Deutschland gepreßten wehrfähigen Italiener, die »Sklaven«, abzutransportieren[49].

Grundsätzlich war beim Militärbefehlshaber Oberitalien[50] die Quartiermeisterabteilung für das Kriegsgefangenenwesen zuständig. Anfang Oktober beauftragte General Witthöft jedoch den »Kriegsgefangenen Bezirks-Kommandant K« in Mantua, Oberst Keller, mit der »einheitlichen Leitung aller Kriegsgefangenenfragen«. Keller standen für die Bewältigung seiner Aufgaben das Stalag 337 in Mantua mit seinen Zweiglagern in Florenz und

---

internierte zu einem ganz bestimmten Zeitpunkt aus Süd- und Mittelitalien bereits nach Oberitalien gelangt waren. Jedoch ist davon auszugehen, daß die Toleranz kaum mehr als 1 500 Mann betragen dürfte. Anzumerken ist darüber hinaus, daß bei den im Oktober beginnenden Säuberungsaktionen der Heeresgruppe B in Istrien (Raum südlich Triest und nördlich Fiume) zwar 6 877 Gefangene gemacht wurden, doch hat man unter diesen nur 6 Italiener festgestellt. Im Hinblick auf die 4 893 Toten des Gegners fehlt eine Aufschlüsselung nach Nationalitäten. Vgl. dazu: GTDW, Bd 8, S. 180, 4.10.; und S. 224, 11.10.1943; sowie KTB OKW, Bd III, S. 1180, 7.10.1943. Die Angabe, daß das Unternehmen »Istrien« abgeschlossen und dabei 4 700 Gefangene eingebracht worden seien, trifft so nicht zu. Zum einen gab es nämlich eine zweite Phase der Operation und zum anderen lag die Zahl der Gefangenen (siehe oben) bereits am 11.10. deutlich höher.

[48] Besprechung zwischen Generalfeldmarschall Rommel und General der Infanterie Witthöft am 11.9.1943; anwesend war unter anderem auch SS-Obergruppenführer Wolff, BA-MA, RH 24-73/4.

[49] Zu dieser Angelegenheit, die schon angesprochen wurde (siehe oben, S. 226), vgl. die einzelnen vorbereitenden Befehle und Maßnahmen: Militärbefehlshaber Oberitalien/Qu/Qu 1 Nr. 31/43 gKdos., 30.9.1943, An Kriegsgefangenen Bezirks-Kommandant K Mantua. Weisung an den Kgf.Bez.Kdt. K, Oberst Keller, in oder um Pistoia, Florenz und Cesena beschleunigt »drei Auffanglager für vom OB Süd im Fußmarsch abzuschiebende Italiener sowie von Pferden, Mulis und Vieh zu erkunden«. Siehe dazu die Einzelanweisung: Der Militärbefehlshaber Oberitalien (Generalkommando Witthöft) Qu/Qu 1 Nr. 33/43 g.Kdos., H.Qu., 1.10.1943, Betr.: Abschub von wehrfähigen Italienern und von Tieren aus Süd- und Mittelitalien. — Zu den erkundeten Auffanglagern, mit genauer Beschreibung, in Cesena, Forli, Florenz und Pistoia vgl.: Der Militärbefehlshaber Oberitalien (Generalkommando Witthöft) Qu/Qu 1 Nr. 41/43 g.Kdos., H.Qu. 5.10.1943, Betr.: Sicherstellung von Auffanglagern, BA-MA, RH 24-73/14.

[50] General Witthöft zeichnete bis zum 24.9.1943 als Kommandierender General der Sicherungstruppen im Kommandobereich der Heeresgruppe B. Seit dem 25. September firmierte er als Militärbefehlshaber Oberitalien. In dieser Funktion löste ihn am 25. Oktober General der Infanterie Rudolf Toussaint ab. Witthöft war danach Befehlshaber im Sicherungsgebiet Alpenvorland: Tätigkeitsbericht der Abteilung Ic vom 1.10.–31.10.1943, BA-MA, RH 24-73/4, Anlage 135. Zur Vorbereitung der Veränderung siehe: KTB OKW, Bd III, S. 1137, 24.9.1943; und ebd., S. 1190 f., 10.10.1943. Toussaint sollte zunächst die Bezeichung »Militärbefehlshaber in Italien« führen und als oberster territorialer Befehlshaber der Wehrmacht in seinem Befehlsbereich amtieren. Nachdem Mussolini dagegen interveniert hatte, wurde die Dienststelle von Hitler umbenannt in: »Der Bevollmächtigte General der Deutschen Wehrmacht bei der Italienischen Faschistischen Regierung«, ebd., S. 1199, 14.10.1943. Vgl. dazu auch die »Befehlsregelung in Italien vom 6.11.1943«, ebd., S. 1465 f.; dort ist der entsprechende OKW-Befehl wiedergegeben.

Görz, das Stalag 339 in Triest mit weiteren Gefangenensammelstellen in Fiume und Pola sowie das Stalag 365 in Novara zur Verfügung. Außerdem unterstanden ihm mehrere Zweigstellen der genannten Stalag, die man speziell für die Überführung von Militärinternierten eingerichtet hatte, welche sich Anfang Oktober noch bei verschiedenen Dienststellen im Bereich der Heeresgruppe B befanden.

Der Kriegsgefangenen Bezirks-Kommandant K mußte zunächst für die restlose Erfassung aller Militärinternierten sorgen. Das galt auch für die in Lazaretten befindlichen italienischen Soldaten. Außerhalb seiner Kompetenz blieben nur Milizangehörige und Carabinieri, deren Vereinnahmung der Polizei zukam. Ferner zeichnete Keller für die im Befehlsbereich der Heeresgruppe B auftretenden alliierten Kriegsgefangenen verantwortlich. An Bewachungskräften verfügte er zunächst lediglich über das Kriegsgefangenen-Transport-Bataillon »Hamburg«[51].

Das war nicht viel, um das bekannte Problem, das die Bewachung bei der Entwaffnungs- und Abschiebungsaktion für die Heeresgruppe B darstellte, zu lösen. Zwar zeigte sich der SS-Obergruppenführer Wolff, Höherer SS- und Polizeiführer Italien, am 11. September bereit, den Abtransport der Gefangenen durch gerade nach Italien verlegende neue Polizeikräfte zu übernehmen[52], aber es ist fraglich, ob es dazu kam. Denn seit dem 15. September scheint Wolff in erster Linie damit beschäftigt gewesen zu sein, in sämtlichen oberitalienischen Gefangenenlagern für »seine Zwecke geeignete Italiener« auszusortieren und mitzunehmen[53]. Jedenfalls bestand die Personalknappheit nach seinem Angebot fort. Die Heeresgruppe sah sich deshalb gezwungen, Südtiroler Milizverbände aus Volksdeutschen aufzustellen. Dadurch hoffte sie, den Sicherungsaufgaben im Hinterland, der Kriegsgefangenenbewachung und dem Auftrag zum Küstenschutz gerecht werden zu können[54]. Rommel beantragte darüber hinaus, daß ihm sechs weitere Sicherungsbataillone zugeführt würden. Der Chef Heeresrüstung und Befehlshaber des Ersatzheeres stellte daraufhin — auf Anforderung des Wehrmachtführungsstabes — Begleitbataillone für den Abtransport der Militärinternierten auf. Von jenen Einheiten erhielt die Heeresgruppe B sechs, der Oberbefehlshaber Südost fünf und der Oberbefehlshaber West zwei[55].

Für den Abschub der in Italien eingebrachten Kriegsgefangenen gab es seit dem 9. September eine klare Prioritätenfolge. Danach besaßen englische und amerikanische Vorrang

---

51 Der Militärbefehlshaber Oberitalien Qu/Qu 2 Nr. 357/43 geh., H.Qu., 8.10.1943, Betr.: Kriegsgefangenenwesen, BA-MA, RH 24-73/14, Anlage 53; und ebd., O.U. 19.10.1943 (siehe oben, Anm. 40) über die Forderung, in Mailand und Bozen Zweiglager des Stalags 337 Mantua oder 365 Novara einzurichten. Offenbar bekam Oberst Keller später noch das Kriegsgefangenen-Transport-Bataillon »München« unterstellt: Kriegstagebuch Nr. 1/Qu.Gen.Kdo. Witthöft, 25.10.1943, BA-MA, RH 24-73/13.

52 Siehe oben, Anm. 48.

53 Fernschreiben Generalkommando Witthöft Qu/Qu 1 Nr. 145/43 geh., 15.9.1943, BA-MA, RH 24-73/14, Anlage 11. Wolffs Beauftragten war »jede mögliche Hilfe und Unterstützung zu gewähren«.

54 KTB OKW, Bd III, S. 1100, 13.9.1943.

55 Ebd., S. 1103, 14.9.1943. Wenig später erhielt Rommel allerdings die Weisung, Kesselring beim Abtransport der Beute durch Abhol- und Begleitkommandos sowie durch Kolonnenraum zu helfen. Außerdem hatte er für die in Mittel- und Süditalien eingebrachten alliierten Kriegsgefangenen und italienischen Militärinternierten die Begleitkommandos zu stellen, ebd., S. 1127, 21.9.1943.

vor italienischen Gefangenen[56]. Erstere sollten außerdem getrennt von den Italienern abgefahren werden[57]. An zweiter Stelle standen die italienischen Offiziere, an dritter die Unteroffiziere und Mannschaften. Beim Transport der internierten Exverbündeten hatte man auf strikte Trennung von Offizieren und übrigen Dienstgraden zu achten[58].

Trotz der eindeutigen Anweisungen und verschiedener Anmahnungen[59] mußte gegen Ende Oktober erneut darauf hingewiesen werden, daß die »sich noch immer im Bereich des Militärbefehlshabers Oberitalien befindlichen anglo-amerikanischen Kriegsgefangenen beschleunigt ins Reich« abzuschieben seien[60]. Die Gründe für die Verzögerung blieben ungenannt.

Nach dem bis jetzt Gesagten verlief der Gefangenenabschub aus Italien — entgegen aller Befürchtungen — ohne unüberwindbare Probleme. Daß es Schwierigkeiten gab, das versteht sich bei einer solchen Operation fast von selbst. So herrschte eine stark angespannte Eisenbahnlage, vor allem fehlten Lokomotiven[61]. Doch die Auswirkungen dieser Situation beurteilten die Verantwortlichen recht unterschiedlich. Das Oberkommando der Wehrmacht meinte, daß es als Folge der Engpässe bei den Transporten und aufgrund der nicht ausreichenden Bevorratung der italienischen Truppen schon am 13. September zu erheblichen Versorgungsschwierigkeiten gekommen sei[62]. Hingegen hieß es beim Generalkommando Witthöft, die Verpflegung der Militärinternierten habe keine Probleme bereitet, da die Männer »bereits während der ersten Tage nach der Kapitulation in das Reichsgebiet abgeschoben wurden und bis dahin ihre Verpflegung aus Beutebeständen möglich war«[63]. Vermutlich gab es von Fall zu Fall Unterschiede. Verallgemeinerungen sind jedenfalls nicht ohne weiteres möglich. Darauf weist unter anderem die Tatsache hin, daß gerade General Witthöft schon am 12. September an Befehle für die »unter allen Umständen gute Behandlung und ausreichende Verpflegung der ita-

---

[56] ADAP, E, Bd VI, Dok. 300, 9.9.1943, S. 515: Schreiben OKW an Auswärtiges Amt. Ähnlich dessen Information für die Deutsche Botschaft Rom: Sonderzug, den 12.9.1943, Nr. 1341, Geheime Reichssache, gez. Frohwein, PA, Büro Staatssekretär, Akten betr. Italien, Bd 16.

[57] Siehe oben, Anm. 48.

[58] Siehe oben, Anm. 51, 8.10.1943, RH 24-73/14. Vom Abtransport ausgenommen waren: Deutschstämmige Militärinternierte, die man in der Pionier-Kaserne in Bozen sammelte; italienische Militärinternierte, die auf deutscher Seite kämpfen oder arbeiten wollten.

[59] Ebd., S. 2, wo an die »mehrfach ergangenen« Befehle erinnert wird. Vgl. auch KTB OKW, Bd III, S. 1181, 7.10.1943: Hitler ordnete an, daß der zur Verfügung stehende Laderaum »in erster Linie für den Abtransport der Angelsachsen, dann erst für den der Italiener eingesetzt« werden durfte.

[60] Kriegstagebuch Nr. 1/Qu.Gen.Kdo. Witthöft, 21.10.1943, BA-MA, RH 24-73/13.

[61] KTB OKW, Bd III, S. 1100, 13.9.1943; und: Der Kommandierende General der Sicherungstruppen, Generalkommando Witthöft/Qu/Qu 2 Nr. 152/43 geh., FS an H.Gr. B/O.Qu/Qu 2, 17.9.1943, BA-MA, RH 24-73/14.

[62] KTB OKW, Bd III, S. 1100, 13.9.1943. Deutscherseits waren, weil Italiener auch zu Fuß nach Norden marschieren sollten, Verpflegungsstationen geplant. Darüber hinaus schickte man aus dem Reich Brot- und Nahrungsmitteltransporte zum Brenner (siehe oben, Anm. 48).

[63] Militärbefehlshaber Oberitalien (Generalkommando Witthöft) Abt. IV a, Tätigkeitsbericht, 28.7.–30.9.1943, BA-MA, RH 24-73/14. Das Generalkommando Witthöft transportierte aus seinem Bereich bereits bis zum 17.9. von den 21 Generalen, 2 844 Offizieren und 75 609 Mann alle bis auf 2 000 in Meran befindliche Gefangene nach Innsbruck ab (siehe oben, Anm. 61, BA-MA).

lienischen Gefangenen« erinnerte. Ganz offensichtlich gab es eine Diskrepanz zwischen den praktischen Verhältnissen und den theoretischen Richtlinien. Witthöft, der unbestreitbar sehr korrekt mit den Militärinternierten umzugehen beabsichtigte, befahl deshalb, sämtliche unterstellten Einheiten entsprechend zu unterrichten. Insbesondere sollten die Bewachungsmannschaften über ihre Pflichten belehrt werden[64].

Offiziell — also auf dem Papier — erhielten Kriegsgefangene die Verpflegungssätze der deutschen Zivilbevölkerung. Sie bildeten freilich Höchstsätze, die jederzeit gekürzt werden konnten. Das heißt, die Gewährung hing davon ab, ob die jeweilige Verpflegungsdienststelle die Versorgungslage als ausreichend ansah oder nicht[65]. Die internierten Italiener wären gemäß dieser Anweisungen wie nichtsowjetische Gefangene zu verpflegen gewesen. Durch ausreichende und regelmäßige Kost wollte man ihre so dringend benötigte Arbeitskraft erhalten. Sogar auf spezielle Ernährungsgewohnheiten galt es — nach Möglichkeit — Rücksicht zu nehmen. Der Gedanke einer Disziplinierung der Militärinternierten durch Nahrungsentzug, den das Oberkommando der Wehrmacht seit Anfang 1944 in die Tat umsetzen ließ, um die letzten Reserven an Arbeitskraft gewaltsam zu mobilisieren, kam bei der Heeresgruppe B nicht auf. Witthöfts Richtlinien entsprachen formal internationalem Recht. Lediglich bei den Tabakwaren, die im Grunde die einzigen Genußmittel darstellten, sollte die Verteilung so erfolgen, daß eine Bevorzugung der fleißigen Arbeitskräfte sichtbar würde[66].

c) Die Verbringung von Militärinternierten und italienischen Kriegsgefangenen aus dem Südostraum

Im Gebiet der Heeresgruppe F zeichnete in letzter Instanz der General des Transportwesens Südost für den Abschub der Italiener und sonstigen Kriegsgefangenen verantwortlich. Die Heeresgruppe E und das Panzerarmeeoberkommando 2 arbeiteten mit ihm zusammen. Der Abtransport der Gefangenen erfolgte sowohl mit der Bahn als auch per Fluß-[67] oder Seetransport[68].

---

[64] Der Kommandierende General der Sicherungstruppen, Generalkommando Witthöft Qu/Qu 1 Nr. 119/43 geh., O.U., 12.9.1943, Besondere Anordnungen für die Versorgung Nr. 2, BA-MA, RH 24-73/14, Anlage 5.

[65] Ebd., Anlage 21: Der Kommandierende General der Sicherungstruppen, Generalkommando Witthöft Qu/Qu 1 Nr. 175/43 geh., H.Qu., 19.9.1943, Besondere Anordnungen für die Versorgung Nr. 4.

[66] Ebd., Anlage 126: Generalkommando Witthöft Qu Nr. 710/43 geh., H.Qu., 23.11.1943, Besondere Anordnungen für die Versorgung Nr. 2.

[67] Vgl. dazu: General des Transportwesens Südost, Tätigkeitsbericht für die Zeit vom 11.—20.10.1943, BA-MA, RH 19 XI/58.

[68] Dies galt ganz selbstverständlich für die Rückführung der italienischen Kriegsgefangenen von den Inseln im östlichen Mittelmeer und im Adriatischen Meer. Den Seetransport nutzte man aber ebenfalls für die Überführung der beim Panzerarmeeoberkommando 2 in der Küstenregion gemachten Gefangenen: siehe unten, S. 250 f.

ca) Zu den allgemeinen Bedingungen der Gefangenentransporte

Im großen und ganzen war die Situation im Südostraum ähnlich wie in Italien. Die Militärinternierten und Kriegsgefangenen sollten schnellstens ins Reich überführt werden, damit sie dort die für die Rüstungsindustrie unabkömmlich gestellten Soldaten für den Fronteinsatz verfügbar machten[69]. Allerdings ist bereits hier darauf hinzuweisen, daß ein nicht unerheblicher Teil der Entwaffneten letzten Endes bei der Heeresgruppe F verblieb, nämlich zwischen 50 000 und 80 000 Mann. Auf den Sachverhalt ist später einzugehen. Doch davon abgesehen schien die möglichst rasche Räumung des Balkanraumes und der Inseln, insbesondere aus Versorgungs- und Sicherheitsgründen, dringend erforderlich zu sein[70].

Der Abtransport setzte in der Tat schon zwei Tage nach der Auslösung des Stichworts »Achse« ein. Marschstraßen und Einladebahnhöfe wurden verzugslos festgelegt[71]. Nicht so problematisch wie in Italien stellte sich die Frage der knappen Bewachungskräfte für die entwaffneten italienischen Truppen dar. So ging zum Beispiel das Panzerarmeeoberkommando 2 davon aus, daß »Waffenlosigkeit und Bandenlage« im allgemeinen ein »Entweichen von selbst ausschließen« würden[72]. Bei der Heeresgruppe E tat man noch ein

---

[69] Generalkommando XXII. (Geb.) A.K. Qu/Ia Nr. 1073/43 geh., K.H.Qu., den 2.10.1943, an 104. Jäger-Division, BA-MA, RH 24-22/16. Es handelt sich um die Abschrift eines Befehls der H.Gr. E, der die Weisung Hitlers referierte. Zurückbehalten werden durften Faschisten und Hilfswillige, für die Stellen ausgewiesen waren. Hilfswillige konnten auch dann verbleiben, wenn sie in noch aufzustellenden Einheiten, die beim O.K.H. beantragt sein mußten, dienen sollten. Militärinternierte, die gerade vordringliche Arbeiten verrichteten, wurden mit den letzten abzufahrenden Italienern — im jeweiligen Kommandobereich — verladen. Angesichts dieser rigorosen Forderung des Oberkommandos der Wehrmacht kam es den Frontbefehlshabern sehr darauf an, möglichst alle Hilfswilligen zu erfassen.

[70] Gen.Kdo. XV. (Geb.) A.K. Ia Nr. 4984/43 geh., O.U., den 19.9.1943, Lagebeurteilung für die Zeit vom 16.8.—15.9.1943, BA-MA, RH 21-2/v. 617. Darin hieß es für den kroatischen Raum, wo Teile der als »antifaschistisch« bekannten italienischen 2. Armee entwaffnet wurden: »Die im allgemeinen völlig demoralisierten ital. Truppen bilden [...] infolge ihrer großen Anzahl eine Gefahr, solange sie sich in bandengefährdeten Gebieten befinden« (vgl. direkt dazu die Auffassung des Panzerarmeeoberkommandos 2, siehe unten, Anm. 72). Schwierigkeiten hinsichtlich der Versorgung traten klar zutage bei der Verpflegung der »rund 100 000 Italiener« im kroatischen Raum: Panzerarmeeoberkommando 2 O.Qu./Bv. T.O. Nr. 04236/43 geh., A.H.Qu., den 14.9.1943, Transportlage Kroatien, An H.Gr. F, BA-MA, RH 21-2/v. 797. Die Italiener sollten sich deshalb zunächst aus ihren eigenen — als unzureichend betrachteten — Beständen verpflegen. Erst nach deren Erschöpfung wollte die Wehrmacht einspringen.

[71] Panzerarmeeoberkommando 2 O.Qu./Bv. T.O., A.H.Qu., den 11.9.1943, Betr.: Abtransport der italienischen Truppen, An H.Gr. F, BA-MA, RH 21-2/v. 797. Der Abschub zu den Bahnhöfen sollte aus dem serbischen bzw. kroatischen Raum auf drei Transportstraßen erfolgen, wobei Belgrad, Slavonski Brod und Agram (Zagreb) als End- und Verladestationen vorgesehen waren. Für den Abtransport aus dem griechisch-albanischen Gebiet wurden Athen, Levadia, Lamía, Larissa und Flórina als Abgangsorte bestimmt: Bv.T.O. H.Gr. E, Abt. I Nr. 122 geh. v. 9.9.1943, FS An Trsp.Kdtur. Athen, Betr.: Abtransport entwaffneter Italiener, BA-MA, RH 19 VII/14.

[72] Panzerarmeeoberkommando 2 O.Qu./Qu. 2 Nr. 04152/43 g.Kdos., A.H.Qu., den 9.9.1943, Betr.: Abschub der Italiener, BA-MA, RH 21-2/v. 797. Im Hinblick auf den Abtransport der Einheiten der italienischen 9. Armee, des italienischen VI. und XIV. Armeekorps gibt es einen — nach dem Urteil des Kriegsverbrecherprozesses in Nürnberg wohl von General Rendulic festgelegten — Befehl für den

übriges. Generaloberst Löhr befahl, die Soldaten der in die Gefangenschaft marschierenden Einheiten »weitgehend zu vermischen und von ihren Offizieren möglichst zu trennen«, um zu verhindern, daß es auf dem Marsch oder in den Ausladegebieten zum »Aufflammen eines Widerstandes geschlossener Verbände« kommen könne. Den abrückenden Italienern dürfe ferner lediglich das Minimum an Führungspersonal belassen werden. Als Anhaltspunkt galt, daß rund 200 Mann zwei Offiziere zuzugestehen seien[73].

Die restlichen Offiziersdienstgrade waren in gesonderten Lastkraftwagentransporten zum jeweiligen Verladeraum zu bringen. Um sie nicht mißtrauisch zu machen, ordnete Löhr an, die Maßnahme als ein besonderes »Entgegenkommen den Offizieren gegenüber« hinzustellen, denen er die »lange Wartezeit zu verkürzen« wünsche[74]. Ansonsten behielten die Marschgruppen im Bereich der Heeresgruppe E die zum Selbstschutz benötigten Handwaffen und die »notwendigsten Feldküchen« sowie die zum Transport der Marschverpflegung erforderlichen Fahrzeuge. Nach dem Eintreffen in den Einladeräumen trugen lediglich die Offiziere noch Pistolen, alle übrigen Handwaffen hatte die Truppe abzugeben[75]. Wie in Italien, so hieß es auch im Südostraum, daß die italienischen Militärinternierten, sobald sie aus deutschen Beständen zu ernähren wären, die für Kriegsgefangene vorgeschriebenen Verpflegungssätze zu erhalten hätten[76].

Marsch der Truppe nach *Nordosten*. Darin heißt es, daß für die Dauer ihrer Anwesenheit im deutsch besetzten Gebiet auf die Soldaten der ehemaligen königlichen Streitkräfte deutsches Kriegsrecht angewendet werde. Unter anderem bedeutete das, daß bei der Entwendung oder Unterschlagung von Waffen, Munition, Treibstoff oder Lebensmitteln nicht nur die dafür verantwortlichen Personen, sondern darüber hinaus ein Offizier des Divisionskommandos und 50 Mann der jeweiligen Division erschossen werden sollten. Wer Waffen an Zivilisten verkaufte beziehungsweise verschenkte oder zerstörte, ohne dazu autorisiert zu sein, war zu erschießen. Wer auf seinem Bestimmungsbahnhof ohne die ihm belassene Waffe eintraf, mußte gemeinsam mit dem betreffenden Einheitsführer erschossen werden. Für jedes unbrauchbar gemachte Kraftfahrzeug hatte man einen Offizier und zehn Mann zu erschießen. Zu den Verhandlungen zwischen General Rendulic und General Dalmazzo siehe oben, S. 195. Zum zitierten Befehl vgl.: Comando 9ª Armata Ufficio S.M. Sezione Op., n° 9042/Op. di prot., Oggetto: Movimento verso nord-est, P.M. 22, 12 Settembre 1943, ... indirizzi omessi ..., Il Generale designato d'Armata Comandante f)° Renzo Dalmazzo. Der Verfasser dankt Herrn Senator Paolo Desana, der ihm das Dokument im Rahmen seiner freundlichen Unterstützung der Arbeit zur Verfügung stellte. Abgedruckt ist der Befehl auch, mit geringfügigen Änderungen im Kopfteil, bei: Bartolini, Patria, S. 312.

[73] Anlage zu 1. Geb.Div. vom 11.9.1943: Organisation des Abmarsches der Italiener, BA-MA, RH 28-1/119.

[74] Gen.Kdo. XXII. Geb. A.K. Ia Br.B.Nr. 238/43 geh., 11.9.1943, KR-Blitz, An 104. Jäger-Division, BA-MA, RH 24-22/3. In dem Fernschreiben, das auch an die 1. Geb.Div. ging, wurde ebenfalls das Vermischen der italienischen Verbände und die Trennung von den Offizieren befohlen.

[75] Generalkommando XXII. (Geb.) A.K., Ia Br.B.Nr. 363/43 geh., K.H.Qu., den 14.9.1943. Betr.: Abschub der entwaffneten italienischen Soldaten. An 1. Gebirgs-Division, 104. Jäger-Division, Fest. Gren.Rgt. 966, BA-MA, RH 28-1/119. Die Divisionskommandeure konnten selbst entscheiden, ob sie »anstatt allgemeiner Belassung von Handwaffen zuverlässige, besonders verpflichtete, bewaffnete ital. Einheiten mit dem Schutz der Marschkolonnen« beauftragen wollten. Auch den Bewachungskommandos waren sämtliche Waffen, Pferde und Fahrzeuge in den Auffanglagern abzunehmen. Vgl. dazu auch ebd., 1. Gebirgs-Division Ia Nr. 1171/43 geh., Div.Gef. Stand, den 15.9.1943.

[76] Panzerarmeeoberkommando 2 O.Qu., A.H.Qu., den 14.9.1943: Besondere Anordnung für die Sicherstellung der ital. Beute und Ausrüstung und die Versorgung der Italiener, hier 6.a, BA-MA, RH 21-2/v. 797; und: Gen.Kdo. XXII. Geb. A.K. Ia Br.B.Nr. 239/43 geh., 10.9.1943, An 104. Jäger-Division, BA-MA, RH 24-22/3.

Beim Eisenbahntransport wurde der zur Verfügung stehende Transportraum bis zur »äußersten Verladegrenze« ausgenutzt, das heißt, die Beladung der Waggons erfolgte so eng wie nur möglich. Deshalb war unter anderem auch die Mitnahme von Versorgungsgütern, insbesondere von Verpflegung oder Ausrüstungsgegenständen, streng verboten. Die Militärinternierten trugen Uniform und führten zudem nur Stahlhelm, Rucksack oder Tornister, ihr Koppel ohne Seitengewehr, Brotbeutel, Kochgeschirr und Feldflasche mit sich[77].

Sehr detaillierte Richtlinien existierten für den Abschub jener italienischen Soldaten, die entweder Widerstand gegen die Entwaffnung geleistet oder mit den Partisanen zusammengearbeitet hatten. Bekanntermaßen sollten sie als Kriegsgefangene zum Arbeitseinsatz ins Operationsgebiet des Heeres im Osten deportiert werden. Die Zielorte wechselten und wurden von Fall zu Fall bekanntgegeben. Beim Panzerarmeeoberkommando 2 führten das im November aufgestellte V. SS-Gebirgs-Armeekorps, SS-Obergruppenführer und General der Waffen-SS Arthur Phleps, und das XXI. Gebirgs-Armeekorps die zu dieser Gefangenenkategorie zählenden Italiener dem Dulag 413 Nisch (Niš) zu. Als Stützpunkte oder Auffanglager dienten Uroševac und Novi Pazar. Im Bereich des XV. Gebirgs-Armeekorps, des III. SS-Panzerkorps und des LXIX. Reservekorps verbrachte man die betroffenen Personen in das Dulag 404 Slavonski Brod, wobei dessen Leitung eine Bescheinigung empfing, die besagte, daß es sich um nach dem Osten abzutransportierende Kriegsgefangene handelte.

Für den Transport erhielten die Abzuschiebenden vom Dulag 404 oder 413 die benötigte Anzahl von Verpflegungstagessätzen. Außerdem sahen sie sich mit folgenden — möglichst aus italienischen Beutebeständen zu entnehmenden — Bekleidungsstücken ausgestattet: einer kompletten Tuchbekleidung (einschließlich Mantel), einem Paar Lederschuhe, zwei Hemden, zwei Unterhemden, zwei Unterhosen, einem Paar Handschuhe, zwei Paar Socken, zwei Kopfschützern und einer Mütze. Im Hinblick auf Wolldecken, Öfen und Beleuchtung sollten die Gefangenentransporte nach Möglichkeit deutschen Truppentransporten entsprechen. Schließlich war noch vorgesehen, daß für je 1 000 Mann ein italienischer Arzt und fünf Sanitäter mitfuhren[78].

Die Heeresgruppe E schob die für eine Verwendung im östlichen Operationsgebiet des Heeres bestimmten Italiener nach Belgrad und Agram ab, von wo sie dann weitergeleitet worden sind[79].

Gemäß den Erlassen, die deutsche Befehlshaber für die Behandlung der Militärinternierten herausgaben, schien soweit alles in Ordnung zu sein. Doch die Lektüre der nach dem Krieg publizierten Tagebücher, Memoiren und rückblickenden Aufsätze ehemaliger ita-

---

[77] Anlage 1 zu Gen.Kdo. XXII. Geb. A.K. Br.B.Nr. 235/43 geh. vom 10.9.1943: Richtlinien für die Entwaffnung sowie den Abtransport der italienischen Truppen, BA-MA, RH 28-1/119. Siehe auch Bv.T.O. H.Gr. E, 9.9. (siehe oben, Anm. 71).

[78] Panzerarmeeoberkommando 2 O.Qu./IVa/Qu. 2 Nr. 05204/43 geh., A.H.Qu., den 8.11.1943, Betr.: Abschub der Italiener, die gegen uns gekämpft oder mit den Banden paktiert haben, BA-MA, RH 21-2/v. 799.

[79] KTB H.Gr. E, S. 113, 9.9.1943, BA-MA, RH 19 VII/1; und KTB F.A. H.Gr. E, S. 41, 11.9.1943, BA-MA, RH 19 VII/10.

lienischer Soldaten vermittelt einen gegenteiligen Eindruck. In ihren Aufzeichnungen charakterisieren sie die Gefangenentransporte, was die existentiellen Bedingungen während der Reise angeht, als »Vorzimmer« der Kriegsgefangenenlager[80]. Nun haben sich zwar von den rund 620 000 Militärinternierten, die es im Februar 1944 ungefähr gab, nur sehr wenige schriftlich geäußert, vermutlich höchstens 0,08 Prozent[81], aber deren Darstellungen stimmen bemerkenswerterweise hinsichtlich der allgemeinen Aussagen über die Transportbedingungen überein[82].

Ein Merkmal der Reise in überfüllten und abgesperrten Viehwaggons bildete die Angst. Jene, die aus der Heimat abgeschoben wurden, hofften auf Befreiung von außen. Eine Hoffnung, die, so denn derartige Versuche — unternommen selbst von couragierten Frauen — stattfanden, meist im Feuer der Bewachungsmannschaften zerrann. Es kam zu selbstmörderischen Fluchtversuchen, doch häufiger war wohl Apathie[83]. Von einem Offizier heißt es, daß er — eingesperrt in einem Waggon, der fünf Tage nicht geöffnet worden sein soll — den Verstand verlor. Nach der Ankunft in Sandbostel hat man ihn erschossen[84]. Das könnte ein besonders tragischer Fall gewesen sein. Aber eventuell blieb es kein Einzelfall, denn hysterische Anfälle ereigneten sich in großer Zahl[85]. An der extremen Belastung, die solche Fahrten — oft durch halb Europa[86] — mit sich brachten, gibt es keine Zweifel. Die aus Italien abgefahrenen Männer galten von Anfang an als Gefangene; dennoch scheinen ihre Reisebedingungen unterschiedlich ausgefallen zu sein. Normalerweise sahen sich die Menschen in den Viehwaggons zusammengepfercht, besaßen die Wagen verschlossene Türen und befand sich Stacheldraht vor den kleinen Fenstern[87]. Nicht nur in Zügen aus dem Mutterland dürfte es an Nahrung, Wasser und der Möglichkeit gefehlt haben, den primitivsten körperlichen Bedürfnissen genügen zu kön-

---

[80] Rochat, Memorialistica, S. 31.

[81] Diese Berechnung beruht auf der Hypothese, daß sich 500 ehemalige Militärinternierte über ihre Erfahrungen mit den Deutschen schriftlich äußerten. Die Zahl scheint nicht zu hoch angesetzt zu sein, wenn man bedenkt, daß sehr viele Erinnerungen an entlegenem Ort veröffentlicht worden sind, also mitunter gar nicht allgemein zugänglich waren und wahrgenommen wurden. Es kommt hinzu, daß eine systematische — Anthologien, Zeitschriften und Zeitungen erschließende — Bibliographie nach wie vor fehlt. Rochat, Memorialistica, S. 29, wertet im Rahmen seiner Untersuchung über die Memoirenliteratur mehr als 100 Bücher und zehn Artikel in den QdC aus. Für die Analyse selbst werden jedoch wesentlich mehr Zeitzeugen berücksichtigt, da allein in den herangezogenen Anthologien etwa 100 Autoren zu Wort kommen. Man darf daher davon ausgehen, daß seine Abhandlung Schilderungen von ungefähr 0,04 Prozent der ehemaligen Internierten erfaßt.

[82] Rochat, Memorialistica, S. 31 und 43.

[83] Vgl. in diesem Kontext den Bericht über den Abtransport aus Italien von A. Buldini, in: Schminck-Gustavus, Herrenmenschen und Badoglioschweine, S. 62 f. Erschütternd lesen sich die Aufzeichnungen von Monchieri, Diario, S. 20 f., über den Transport von Padua nach Bremen. Die Rede ist von der Erschießung bei Fluchtversuchen, von Quälerei und von Verzweiflung; sowie ders., Lettera, S. 13 ff., dort zur Mißhandlung der Gefangenen durch das Transportpersonal.

[84] De Luca, L'internato, S. 91 f., meint, daß das ihm vom Roten Kreuz in Genf mitgeteilte Datum der Erschießung des Leutnants Umberto Righi, 1.3.1944, nicht stimmt.

[85] Caffiero, Verso il Lager, S. 95.

[86] Raffaelli, Fronte senza eroi, S. 15–21.

[87] Cappuccio, Diario, S. 261 f.

nen[88]. Die genannten Verhältnisse sprachen allen theoretischen Richtlinien Hohn. Andererseits gibt es den Hinweis, daß die Fahrt nach Norden zwar als psychische Tortur erlebt worden ist, aber unter äußerlich relativ erträglichen Umständen verlief[89]. Doch handelt es sich dabei um einen Eindruck, dem die Masse der überlieferten Zeugenaussagen entgegensteht.

Aus den Ländern des Balkans hat die Wehrmacht die italienischen Kriegsgefangenen — meist nach langen Fußmärschen — selbst in offenen Viehwaggons weggeschafft. Das führte, je weiter sie nach Norden kamen, häufig zu Problemen, da sich die Witterungsverhältnisse änderten. Die Militärinternierten berichteten von ungenießbarer Kost. Mahlzeiten erhielten sie mitunter nur alle paar Tage. Zum Teil mußten die Offiziere bereits in Belgrad die Pistolen abgeben, zum Teil erst beim Erreichen des Reichsgebiets. Sobald sie dieses betraten, fühlten sich die Italiener als Gefangene. Verachtung und Feindseligkeit der Bevölkerung, selbst der Kinder, schlug ihnen entgegen. Die Viehwaggons wurden verschlossen. Auch bei unverbesserlichen Optimisten erlosch schließlich der Glaube, doch noch nach Italien gebracht zu werden.

Auf den Bahnhöfen des Balkans, vor allem aber in Ungarn, wo sie noch aussteigen durften, wo es noch die Möglichkeit gab, die völlig unzureichende Wehrmachtsverpflegung dadurch aufzubessern, daß man Zigaretten und persönliche Wertsachen gegen Brot, Trauben, Käse oder Wurst eintauschte, forderte die Bevölkerung die Gefangenen zur Flucht auf. Die Ungarn sagten ihnen ebenso wie vorher schon die Griechen, daß sie nicht in die Heimat, sondern in die Kriegsgefangenschaft oder gar in die »Todeslager« abtransportiert würden[90]. Aber als sie den perfiden Wortbruch der Deutschen endlich erkannten, war es zu spät. Das Oberkommando der Wehrmacht konnte daher, weil die Täuschung so perfekt gelang, schon am 17. September zufrieden feststellen, daß der Abtransport der kriegsgefangenen Italiener wie vorgesehen verlaufe[91].

cb) Der statistische Befund im Bereich des Panzerarmeeoberkommandos 2 und der Heeresgruppe E

Was nun die Gesamtzahl der in »Kroatien, auf dem Balkan, auf Kreta und den Inseln des Ägäischen Meeres« gefangenen Truppen der italienischen Armee angeht, so nahm die bereits verschiedentlich erwähnte Abteilung Fremde Heere West (II) im Generalstab des Heeres an, daß man von rund 500 000 Mann etwa 380 000 interniert habe. Zu den Militärinternierten kämen noch 13 100 Kriegsgefangene hinzu: 2 200 Italiener, die sich in Montenegro und Albanien den Partisanen angeschlossen hatten und danach gefangen wurden; 1 200 bis zum Dezember in Griechenland gemachte Gefangene, die in erster Linie zur Division »Pinerolo« gehört haben sollen; und 9 700 Mann, die bei den Opera-

---

[88] Betta, Viaggi, S. 81.
[89] Toni, Non vinti, S. 35—38.
[90] Vgl. dazu u.a. Caffiero, Verso il Lager, S. 92 f.; Raffaelli, Fronte senza eroi, S. 13 sowie 19 f.; und Santalco, Stalag 307, S. 17 ff.
[91] KTB OKW, Bd III, S. 1117, 17.9.1943.

tionen gegen die Inseln Léros, Sámos und Santorin in deutsche Hände fielen, in der Masse Soldaten der Divisionen »Cuneo« und »Regina«[92].

Das wären im Grunde die ins Operationsgebiet des Heeres im Osten abzuschiebenden Italiener gewesen. Allerdings fallen bei näherem Hinsehen verschiedene Ungereimtheiten in der besagten Zusammenstellung auf. So hätte die Heeresgruppe F zum Beispiel gemäß den Definitionen der grundsätzlichen Richtlinien für die Behandlung der Angehörigen der italienischen Streitkräfte vom 15. September, die im Rahmen der Ausführungen zur Entwaffnungsaktion bereits Erwähnung fanden[93], eine wesentlich größere Zahl gefangener italienischer Soldaten als Kriegsgefangene einstufen müssen. Eine sich anbietende Erklärung könnte darin bestehen, daß der Generalstab des Heeres lediglich die nach der Kriegserklärung des königlichen Italiens an das Deutsche Reich, also nach dem 13. Oktober 1943, eingebrachten Italiener als Kriegsgefangene ansprach. Es fällt darüber hinaus auf, daß die Übersicht der Abteilung Fremde Heere West nichts über die Verwendung der Militärinternierten aussagt, das heißt, es ist nicht ersichtlich, wieviele den Balkanraum verließen oder dort verblieben. Deshalb soll im folgenden gerade dieser Frage unter quantitativen und chronologischen Gesichtspunkten nachgegangen werden, denn es handelt sich um einen Teil der Spurensuche, die ja ein erklärtes Ziel der Untersuchung darstellt. Man könnte versucht sein, sich darauf zu beschränken, die Meldungen des Generals des Transportwesens Südost zu referieren, doch erscheint das hierbei unbefriedigend. Es sind vielmehr auch die Einzelangaben des Panzerarmeeoberkommandos 2 und der Heeresgruppe E statistisch nachzuweisen, da sich der historische Sachverhalt nur über den Vergleich der unterschiedlichen Daten — annähernd — erschließen läßt, wobei die Ober- und Untergrenzen der Gefangenenzahlen aufzuzeigen sind. Nicht zuletzt sind die Rückführungstransporte von den Inseln sorgfältig nachzuvollziehen, weil es dabei zu weiteren Kriegsverbechen kam und eine wissenschaftliche Aufarbeitung des Themas, um das allerdings — vielleicht gerade deshalb — zahlreiche Spekulationen kreisen, noch fehlt.

Für den Befehlsbereich des Panzerarmeeoberkommandos 2 ergeben die erhaltenen eingesehenen Meldungen folgenden statistischen Befund für die bis zum jeweils angegebenen Tag insgesamt erfaßten und abgeschobenen oder abgegebenen kriegsgefangenen italienischen Militärangehörigen[94]:

---

[92] KTB OKW, Bd III, S. 1474 f., 10.12.1943.

[93] Siehe oben, S. 20 und 98.

[94] Die Angaben für die Zeit vom 22.9. bis zum 3.10.1943 folgen den Eintragungen im KTB des O.Qu. beim Pz. A.O.K. 2, BA-MA, RH 21-2/v. 837. Darin sind auch für den 17., 19. und 20.9.1943 Daten enthalten, doch ließen sich diese in der Statistik nicht eindeutig zuordnen, weshalb sie hier lediglich zur Kenntnis gebracht werden sollen. 17.9.: Gesamtzahl der erfaßten Italiener 103 854, davon befanden sich auf dem Landmarsch (ohne Zielangabe) 27 192, verladen (also wohl Bahntransport beabsichtigt) waren 11 921. 19.9.: Die Gesamtzahl der erfaßten Italiener wird wegen der Falschmeldung eines Korps auf 83 854 korrigiert. Als auf dem Landmarsch befindlich werden 2 290 und als auf dem Bahntransport 60 Mann genannt. 20.9.: Demnach hatte man 5 773 italienische Soldaten erfaßt, 8 973 befanden sich auf dem Bahntransport. Für den Zeitraum vom 5. bis zum 30.10.1943 sind die Zahlen den jeweiligen Tagesmeldungen des O.Qu. beim Pz. A.O.K. 2 entnommen, BA-MA, RH 21-2/v. 797. Die statistischen Werte für den Monat November entstammen ebenfalls den Tagesmeldungen des

Tabelle 3

Italienische Kriegsgefangene beim Pz.-AOK 2

1943 jeweilige Summe bis	Gesamt-anfall an Italienern	Abschub nach Belgrad[95]	Abschub nach Agram	Abschub nach Budapest	Abschub über See[96]	Abgabe an Luftwaffe[97]	Gesamtzahl der Abge-schobenen[98]
22.09.	124 627	13 254	13 620				26 874
23.09.	124 627	13 254	17 499		700		31 453
26.09.	124 627	14 659	20 674		700		36 033
27.09.	124 627	16 060	21 773		700		38 533
28.09.	124 627	18 381	25 119		700		44 200
29.09.	133 927	24 013[99]	27 313		700		52 026
30.09.	137 927	27 059	27 313		14 130		68 502
01.10.	137 927	28 669	27 471		14 568		70 708[100]
02.10.	137 927	33 103	27 796		14 568		75 467
03.10.	137 927	39 757	27 796		14 568		82 121
05.10.	137 927	46 197	29 668		14 568		90 433
06.10.	137 927	48 890	30 202		14 568		93 660
07.10.	138 332	48 890	34 784	1 708	14 568		99 950
08.10.	150 332	51 324	35 051	2 669	14 568		103 612
09.10.	152 632	52 775	35 051	2 669	14 941		105 436
10.10.	152 632	54 577	35 051	3 858	14 941		108 427
11.10.	152 632	56 339	35 051	4 757	14 941		111 088[101]
		Abschiebung ins Reich					
12.10.	153 403		91 546		14 941	4 740	111 227
13.10.	153 728		97 676		14 941	4 740	117 357
14.10.	153 728		101 412		14 941	4 740	121 093
15.10.	153 728		102 869		14 941	4 740	122 550
16.10.	153 728		102 869		14 941	4 740	122 550
17.10.	153 728		105 559		14 941	4 740	125 240
18.10.	153 728		106 528		17 041	4 740	128 309
19.10.	153 728		107 824		17 041	4 740	129 605
22.10.	153 728		107 824		17 041	4 740	129 605
24.10.	153 728		108 252		17 041	6 890	132 183
25.10.	153 728		113 084		17 041	6 890	137 015
26.10.	153 728		114 229		17 041	6 890	138 160
27.10.	153 728		114 229		17 041	6 890	138 160
31.10.	153 728		116 261		17 041	6 890	140 192
01.11.	153 728		116 261		18 450	6 890	141 601
03.11.	153 728		116 275		19 111	6 890	142 276
10.11.	153 728		117 812		19 111	6 910	143 833
13.11.	155 207		117 864		19 111	7 114	144 089
14.11.	156 359		117 918		19 111	7 114	144 143
16.11.	157 514		118 145		19 111	7 114	144 370
20.11.	157 878		118 145		19 111	7 114	144 370
25.11.	157 986		118 173		19 111	7 315	144 599

Folgt man der vorstehenden Statistik, dann befanden sich nach dem 25. November noch 13 387 italienische Militärinternierte oder Kriegsgefangene im Befehlsbereich des Panzer-

O.Qu/Qu 2 beim Pz. A.O.K. 2, BA-MA, RH 21-2/v. 799. Lediglich die Angabe für den 14.11.1943 ist in einem anderen Bestand enthalten: BA-MA, RH 21-2/v. 848.

[95] Der Abtransport von Belgrad erfolgte zum Teil auch per Schiff (siehe oben, S. 243, Anm. 67, und Santalco, Stalag 307, S. 18).

[96] Diese in der Adria laufenden Transporte gingen im allgemeinen nach Triest. Es ist nicht eindeutig gesagt, wie von dort der Weitertransport erfolgte. Da das Stalag 339 Triest jedoch dem Kriegsgefangenen-Bezirks-Kommandant K in Mantua unterstand, stellt sich die Frage, ob die aus dem Bereich der Heeresgruppe F in Triest ankommenden Kriegsgefangenen in den Abtransportmeldungen der Heeresgruppe B enthalten sein könnten. Sollte das der Fall gewesen sein, so müßten die für den 25.11.1943 als insgesamt über See abgeschobenen gemeldeten 19 111 Militärinternierten von der Gesamtzahl der bei der H.Gr. F Abtransportierten abgezogen werden. Bei dieser Überlegung wird davon ausgegangen, daß der Seetransport in den noch zu zitierenden Tätigkeitsberichten des Generals des Transportwesens Südost berücksichtigt ist. Ganz allgemein ist hierbei außerdem an die rund 30 000 aus Pola abzutransportierenden entwaffneten Italiener zu erinnern. Der Abtransport sollte ja zunächst auf dem Seeweg geschehen (1. Skl KTB Teil A, S. 295, 14.9.1943, BA-MA, RM 7/52). Wenigstens ein Teil wurde dann jedoch per Bahn abgefahren: GTDW, Bd 8, S. 83, 15.9.1943. Der H.Gr. F lag im September sehr daran, Dalmatien frei von Italienern zu machen, weil sich das Gebiet sonst nicht befrieden ließ. Deshalb verlegten Schiffe von Durrës nach Norden, um Seetransporte durchzuführen. Es handelte sich unter anderem um die Handelsschiffe »Potestas« und »Palermo«. Jene Dampfer besorgten auf dem Rückmarsch Versorgungstransporte. Beim Auslaufen nach Triest waren »möglichst viele Menschen auf jedes Schiff einzuschiffen«. Admiral Fricke opponierte entschieden gegen den Seetransport nach Norden und genehmigte zunächst eine einzige Reise. Anzumerken ist, daß die Abtransporte von Corfu und Kefallë nía nach Süden liefen. Am 25.9. gingen dann die Dampfer »Italia«, »Argentinia« und »Diana« mit 6 500 Mann an Bord von Durrës nach Triest: KTB M.Gr.Kdo. Süd, S. 51 f., 20.9.; S. 62 f., 21.9.; und S. 108, 25.9.1943, BA-MA, RM 35 III/62. Gegen Ende Oktober sollten die Dampfer »Italia« und »Cagliari« im Pendelverkehr zwischen Zadar und Venedig verkehren, um Italiener aus Dalmatien abzutransportieren. Geplant war die Überführung von 1 400 Mann. Als die »Cagliari« am 29.10. auslief, hatte sie 650 italienische Soldaten und 40 deutsche Bewacher an Bord: KTB M.Gr.Kdo. Süd, S. 135, 137 und 153, 28./29.10.1943, BA-MA, RM 35 III/64. Da die ab November verfügbaren regelmäßigen Berichte des Admirals Adria keine Angaben zu Personentransporten machen, stellt die hier erarbeitete Tabelle in dieser Hinsicht eine Ergänzung dar. Auffallend ist die Diskrepanz zwischen den bis zum 29.9. vom Pz. A.O.K. 2 gemeldeten 700 über See abgeschobenen Italienern und den 6 500 Mann, die der Admiral Südost für den 25.9. nannte, denn Durrës wurde ja von der zur 2. Panzerarmee gehörenden 100. Jägerdivision besetzt (vgl. GTDW, Bd 8, S. 62, 11.9., und ebd., S. 78, 14.9.1943).

[97] Diese Abgabe an die Luftwaffe resultiert aus dem O.K.W.-Befehl, der unter anderem bestimmte, daß das gesamte italienische Flakpersonal, das sich unter den Kriegsgefangenen befand, auszusondern sei. Es sollte in besonders gekennzeichneten Eisenbahnwaggons nach Belgrad oder Agram gefahren werden. Dahinter stand die Absicht, zum einen das erbeutete italienische Flak-Gerät sowie die entsprechenden Batterien innerhalb der Wehrmacht einzusetzen und zum anderen Neuaufstellungen durch die Luftwaffe vorzunehmen: Pz. A.O.K. 2, O.Qu/Qu. 2 Nr. 04335/43 g.Kdos., 20.9.1943, An III. (Germ.) SS-Pz.K., XV. Geb.A.K. und XXI. Geb. A.K., BA-MA, RH 21-2/v. 797. Das Pz. A.O.K. 2 teilte hierbei mit, daß ihm für eine restlose Erfassung die geeigneten Leute und die Zeit fehlten, denn wegen der Versorgungslage habe der Abschub der Italiener so schnell wie möglich zu erfolgen. Man bat daher um eine erneute Aussortierung durch die Luftwaffe in Belgrad und Agram. Das bedeutet, daß die in der Tabelle ausgewiesenen Zahlen keine definitiven Größen darstellen. Auch aus den Tätigkeitsberichten des Generals des Transportwesens Südost geht nicht hervor, wieviele Flak-Soldaten sich unter den Abtransportierten befanden (siehe unten, S. 288). Direkt zur Erfassung des Flakpersonals vgl. außerdem ebd., Pz. AOK. 2, O.Qu/Qu. 2, 26.9.1943, An O.Qu. Außenstelle Kosov-

armeeoberkommandos 2. Das ergibt sich jedenfalls, wenn die Summe der Abgeschobenen vom Gesamtanfall abgezogen wird. Allerdings liegt damit nicht mehr als ein Anhaltswert vor, wie die Darlegungen zur Entwaffnung der königlichen Streitkräfte andeuteten[102]. Ansonsten aber ist auf die bei den deutschen Truppen auf dem Balkan verbliebenen Militärinternierten erst im Anschluß an die Erörterungen über die Deportation einzugehen. Hier sei lediglich vorweggenommen, daß die Meldungen des Panzerarmeeoberkommandos 2 den Abschub von Italienern in das Operationsgebiet des Heeres nach Osten nicht ansprachen. Angaben dazu finden sich einzig in den noch zu diskutierenden Tätigkeitsberichten des Generals des Transportwesens Südost.

Der Heeresgruppe E oblagen die Wegführung der entwaffneten Militärangehörigen aus Griechenland und der Transport der auf den Inseln des östlichen Mittelmeeres gefangenen Personen zum Festland, wobei der Gesamtabschub so schnell wie möglich erfolgen sollte, und zwar in Richtung Belgrad[103]. Seit dem 11. September hatte die Armeegruppe Südgriechenland den Abtransport der Soldaten der 11. Armee übernommen[104]. Auf der Peloponnes richtete sie hierzu Auffanglager für Militärinternierte in Trípolis, Megalópolis und Kalamáta ein[105]. In Athen und Piräus befanden sich solche Lager für die aus Attika, von der Peloponnes, Kreta, Rhodos und anderen Inseln abtransportierten Gefangenen. Die Italiener im Raum um Theben und auf Euböa bekamen ein Auffanglager bei Theben zugewiesen, während man die Entwaffneten des VIII. Armeekorps und der bei Lamía stationierten Einheiten in Leianokládion sammel-

---

ska Mitrovica. Obwohl die Luftwaffe somit einen erheblichen Teil der Militärinternierten beanspruchte, lehnte sie es ab, sich an deren Bewachung und Versorgung zu beteiligen, da der Gefangenenabschub grundsätzlich eine Aufgabe des Heeres sei. Dabei ging es um 30 000 Gefangene, die man bei der 114. Jäger-Division in Zadar an die Luftwaffe übergeben hatte, was den Protest des Luftgaustabs XXX provozierte, ebd., XV. Geb.A.K. an Pz.AOK. 2 O.Qu, 14.9.1943.

[98] In der Summe sind auch die an die Luftwaffe abgegebenen Flak-Soldaten enthalten, die erstmals am 3.10.1943 — 2 087 Mann — aufgeführt wurden: siehe oben, Anm. 94, RH 21-2/v. 837.

[99] Berücksichtigt sind hierin 3 888 Militärinternierte, die von den verschiedenen Divisionen als in der Zeit vom 19. bis zum 21.9. nach Belgrad abgeschoben nachgemeldet wurden, vgl. BA-MA, RH 21-2/v. 837.

[100] Nach einer anderen Meldung über den Gesamtabschub an Italienern beim Pz. A.O.K. 2 betrug dieser bis zum 1.10. genau 71 267 Mann, von denen man 14 130 über See abgefahren hatte, vgl. BA-MA, RH 21-2/v. 840.

[101] In der Gesamtzahl sind 4 722 an die Luftwaffe abgegebene Flak-Soldaten berücksichtigt. Deren Zahl hatte am 3.10. 2 087 (siehe oben, Anm. 98), am 5.10. 3 806, am 8.10. 4 090 und am 10.10.1943 insgesamt 4 722 Mann betragen: siehe oben, Anm. 94, RH 21-2/v. 797.

[102] Siehe oben, S. 249.

[103] KTB F.A. H.Gr. E, S. 32, 9.9.1943, BA-MA, RH 19 VII/10.

[104] Tätigkeitsbericht Armeegruppe Südgriechenland Qu., 11.9.1943, BA-MA, RH 31 X/7.

[105] Armeegruppe Südgriechenland Abt. Ia-01 Nr. 1282/43 geh., 22.9.1943, An H.Gr. E Ia/01, BA-MA, RH 31 X/2. Gemäß dieser Meldung trafen von der Peloponnes bis zum 22.9. in Athen ein: 1 398 Offiziere sowie 23 749 Unteroffiziere und Mannschaften. In den Auffanglagern befanden sich damals noch 7 318 entwaffnete Italiener aller Dienstgrade. Auf dem Transport nach Athen waren 2 400 Mann. An Arbeitskräften behielt man etwa 2 000 Mannschaften zurück. Vgl. zum Abschub der Angehörigen der italienischen 11. Armee auch die Ergebnisse der Waldheim-Kommission: Bericht der internationalen Historikerkommission, S. 23—26.

te[106]. Im gesamten Befehlsbereich der Heeresgruppe E lag die Koordinierung des Abschubs in den Händen des Bevollmächtigten Transportoffiziers[107], wobei aus den überkommenen Einzeldaten das nachstehende statistische Bild der Gefangenenbewegungen resultiert.

Tabelle 4

Verlauf des Abtransports der italienischen Militärinternierten im Bereich der Heeresgruppe E[108]

Abtransport 1943	Athen	Leianokládion	Theben	Gravia	Levadia	Gesamtabschub Armeegruppe Südgriechenland	Flórina	Gesamtabschub Heeresgruppe E
11.09.	510		240			750		
12.09.	4 928					5 678		
13.09.	5 150					10 828[109]		
14.09.	5 759					16 587		
15.09.	4 996					21 583		
16.09.	4 444[110]	1 275	1 410		1 470	30 182		
17.09.	4 755	1 405				36 342		
18.09.	6 000[111]		1 500		500	44 342		
20.09.	8 182					52 524		88 300[112]
21.09.	5 518					58 042		
23.09.	3 032					61 074	11 000[113]	
24.09.	3 107			1 567		65 748		
25.09.	3 214	543				69 505		
26.09.	4 835			1 535		75 875		
27.09.	4 264			1 533		81 672		
28.09.	3 055			1 000		85 727		
29.09.	2 971			3 058		91 756		
30.09.	549					92 305[114]		140 500[115]
02.10.	1 298					93 603		
03.10.	690					94 293[116]		
06.10.							31 000[117]	
08.10.							900	
30.11.								171 000[118]
31.12.								184 000[119]

---

[106] Siehe oben, Anm. 104, 12.9.1943. Außer den schon genannten Bahnstationen (siehe oben, S. 244, Anm. 71) wurden auch Gravia und Lianokladi (Leianokládion) als Abgangsorte für Transporte nach Belgrad angegeben, ebd., 24. und 25.9.1943. Von Gravia beförderte man offensichtlich die Soldaten des italienischen VIII. Armeekorps ab, ebd., 22.9.1943. Als Auffanglager wurden ferner Nea-Psychikon, die Gudikaserne (Athen) und Nea-Kokkinia genannt. Die ersten beiden sahen sich am 30.9.1943 aufgelöst, ihre Aufgaben übernahm Dulag 135 in Nea-Kokkinia, ebd., 17. und 30.9.1943. In Nea-Psychikon sollten zunächst die Gefangenen von Rhodos zusammengefaßt werden.

[107] Vgl. dazu die Tätigkeitsberichte des Bevollmächtigten Transportoffiziers H.Gr. E, September 1943 bis Januar 1944, BA-MA, RH 19 VII/14.

[108] Die Zahlenangaben der Tabelle sind folgenden Unterlagen entnommen: Tagesmeldungen der Armeegruppe Südgriechenland an die H.Gr. E, 12.–17.9.1943, BA-MA, RH 31 X/3; Tätigkeitsberichte Armeegruppe Südgriechenland Qu.-Abt., September/Oktober 1943, BA-MA, RH 31 X/7; und Tätig-

Die in der obigen Tabelle angegebene Summe von 184 000 bis Ende 1943 nach Norden abgeschobenen Gefangenen könnte in etwa der Anzahl der Militärinternierten entspre-

keitsberichte des Bevollmächtigten Transportoffiziers der H.Gr. E, September 1943 bis Januar 1944, BA-MA, RH 19 VII/14. Alle übrigen herangezogenen Quellen werden gesondert angegeben.

[109] Gemäß Tagesmeldung der Armeegruppe Südgriechenland vom 14.9.1943 wurden 12 000 Mann abtransportiert, vgl. BA-MA, RH 31 X/3.

[110] Ebd.; somit wären aus Athen aufgrund der Tagesmeldungen insgesamt 25 787 Mann mit 17 Zügen abgefahren worden. Gemäß dem Tätigkeitsbericht der Qu.-Abt. der Armeegruppe, 16.9.1943, sollen jedoch 19 Transporte mit 25 154 Mann Athen verlassen haben, vgl. BA-MA, RH 31 X/7.

[111] Es handelte sich um fünf Züge mit »ca. 6 000 Mann« (siehe oben, Anm. 110, RH 31 X/7).

[112] Diese Angabe folgt dem Tätigkeitsbericht (September) des Bevollmächtigten Transportoffiziers der H.Gr. E vom 15.10.1943, BA-MA, RH 19 VII/14. Hingegen werden im KTB H.Gr. E, S. 170, 21.9.1943, 80 000 Mann als abgefahren genannt, vgl. BA-MA, RH 19 VII/1. Die H.Gr. E rechnete zu jenem Zeitpunkt mit 180 000 vom Festland abzuschiebenden Italienern. Von ihnen befanden sich bereits 25 000 auf dem Marsch nach Flórina und weitere 50—60 000 erwartete man noch aus dem attischen sowie thessalischen Raum. Da der Abtransport aus Attika jedoch am 22.9. bereits so gut wie beendet war (ebenso in Böotien), dürfte es sich in erster Linie um italienische Soldaten in Thessalien gehandelt haben. Im übrigen sollten 4 598 Militärinternierte zur Arbeitsleistung in Athen verbleiben (siehe oben, Anm. 105, RH 31 X/2).

[113] Deutscher Verbindungsstab zum ital. XXVI. A.K., O.U., den 23.9.1943, Betr.: Übersicht über ital. Truppen. Man rechnete damals damit, daß von Flórina insgesamt 31 000 Mann abtransportiert werden müßten. Von diesen waren bis zum 22.9. abends 11 000 abgefahren. In Flórina befanden sich noch 3 000 Mann, 15 000 rückten gerade in drei Marschgruppen an, und 2 000 hielten sich in Krankensammelstellen auf, vgl. BA-MA, RH 28-1/119.

[114] Davon abweichend hieß es in der Meldung der Armeegruppe Südgriechenland Abt. Ia Nr. 1445/43 geheim, H.Qu., den 1.10.1943, An Oberkommando der H.Gr. E, BA-MA, RH 31 X/2, daß man bis zum 30.9. aus dem eigenen Bereich 5 011 Offiziere und 103 100 Unteroffiziere und Mannschaften abtransportiert habe. Damit galt der Abschub der Italiener als nahezu abgeschlossen. Abzufahren waren demnach aus Athen noch 199 Offiziere sowie 480 Unteroffiziere und Mannschaften. Hinzukamen 4 000 aus Gravia abzubefördernde Italiener, die vom XXII. Geb. A.K. anmarschierten. Schließlich rechnete die Armeegruppe darüber hinaus mit circa 50 000 weiteren Militärinternierten auf Kreta, Rhodos und Kefallēnía. An deutsche Truppenteile — zum Beispiel Flak, X. Fliegerkorps oder O.Qu.-Außenstelle — hatte sie rund 20 000 internierte italienische Soldaten abgegeben. Direkt dazu auch: H.Gr. E O.Qu. Nr. 3124/43 g.Kdos., H.Qu., 6.12.1943, BA-MA, RH 19 VII/2.

[115] Unter ihnen befanden sich 5 500 Offiziere (siehe oben, Anm. 112, RH 19 VII/14). Setzt man diese Gesamtzahl ins Verhältnis zu den 5 011 von der Armeegruppe gemeldeten abtransportierten Offizieren (siehe oben, Anm. 114), so ergäben sich für den gesamten Bereich, der nicht zur Armeegruppe Südgriechenland gehörte, lediglich 489 abgeschobene Offiziere. Eine Zusammenstellung aus den erhaltenen Einzelmeldungen (siehe oben, Anm. 108) führt allerdings bis zum 30.9. einschließlich nur zu 3 974 aus dem Gebiet der Armeegruppe Südgriechenland abtransportierten Offizieren. In einem derartigen Unterschied zeigt sich einmal mehr, daß alle Zahlenangaben zurückhaltend zu interpretieren sind.

[116] Darin sind 30 502 Militärinternierte enthalten, die von der Peloponnes nach Norden abgeschoben wurden: Summenbildung auf der Grundlage der Tätigkeitsberichte der Quartiermeister-Abteilung der Armeegruppe Südgriechenland in der Zeit bis zum 1.10.1943, BA-MA, RH 31 X/7. Das waren deutlich weniger als am 22.9.1943 (siehe oben, Anm. 105) angegeben. Danach hätten bis Ende September 34 865 von 36 865 Mann abgefahren sein müssen.

[117] Deutscher Verbindungsstab zum ital. XXVI. A.K., Florina, O.U., den 7.10.1943, Abschlußmeldung über die Marschbewegung der Division »Modena« u. Korpstruppen des italienischen XXVI. A.K., BA-MA, RH 28-1/119. Die in Flórina zu verladenden Truppen setzten sich zusammen aus 22 000

chen, die bis zum Rückzug der deutschen Truppen im Herbst 1944 aus dem Gebiet der Heeresgruppe E abtransportiert wurden. Einschränkend ist allerdings schon hier anzumerken, daß sich die im Februar 1944 genannte Zahl von 82 939 internierten italienischen Soldaten beim Oberbefehlshaber Südost — als Folge von im einzelnen nicht nachvollziehbaren Veränderungen — bis Anfang Oktober auf 53 280 verringerte. Zur Erklärung des Sachverhalts sind alle denkbaren Möglichkeiten zu berücksichtigen: Statusänderungen, Flucht, Tod und auch Abschiebung ins Reich.

Das Schicksal jener auf dem Balkan und den Inseln verbliebenen Männer soll später untersucht werden. Zunächst gilt es, den Blick auf diejenigen Italiener zu lenken, die ihre Waffen auf den Inseln abgeben mußten und als Gefangene den Weg zum griechischen Festland antraten. Ihre Reise endete oft in einem Drama, das von deutscher Seite durch bestimmte Befehle geradezu provoziert worden ist.

cc) Die Überführungen von den Inseln zum griechischen Festland auf dem Luft- und Seeweg

Generell ist zu konstatieren, daß die uneingeschränkte Seeherrschaft der Alliierten die Transportbewegungen der Deutschen bei der Evakuierung der Inseln ständig stark behinderte, denn die durch Überwasser-, Unterwasser- und Luftangriffe herbeigeführten Verluste an Handelsschiffen ließen sich nicht im notwendigen Umfang ersetzen. Daraus ergab sich allmählich eine Gefährdung der Versorgung von deutschen Truppen auf den Ägäischen Inseln. In erster Linie traf das für Rhodos zu, wo sich seit dem 12. September außer den Einheiten der Sturmdivision rund 36 000 entwaffnete Italiener befanden, die ernährt werden mußten[120]. Bei völlig unzulänglichem Nachschub hatte sich deren Zahl im Dezember noch immer nicht entscheidend verringert[121]. Zu jenem Zeitpunkt gab

---

Angehörigen der Division »Modena« und der Korpstruppen des XXVI. A.K., 13 000 Mann der Division »Arezzo« und 3 000 Soldaten des 1. Regiments der Division »Pinerolo« in Kastoría. Von diesen 38 000 Italienern hatte man bis zum Abend des 6.10. 31 000 abtransportiert. Ein weiterer Transport von 900 Militärinternierten war für den 8.10. vorgesehen. Die übrigen italienischen Gefangenen verteilten sich wie folgt: 3 000 für das Freiwilligen-Bataillon und die Artillerie-Abteilung im Raum Korçë und Kastoría; 1 000 wurden für Bau-Bataillone der Heeresgruppe E abgestellt; 500 gingen zu den Eisenbahn-Pionieren; 800 leisteten Arbeitsdienst in der Gegend von Flórina; und 800 dienten als Freiwillige in der 1. Gebirgs-Division.

[118] Nach H.Gr.E O.Qu. Nr. 3124/43 g.Kdos., H.Qu., 6.12.1943, BA-MA, RH 19 VII/2, waren bis dahin 170 000 Militärinternierte abgefahren. Im Bereich der Heeresgruppe E befanden sich damals unter anderen noch 15 000 Kriegsgefangene.

[119] Bv.T.O. H.Gr. E, Abt.I, O.U., den 6.1.1944, Tätigkeitsbericht 1.–31.12.1943, BA-MA, RH 19 VII/14. Unter den als abtransportiert gemeldeten Italienern befanden sich 16 000 Kriegsgefangene. Sie hätten an sich ins Operationsgebiet des Heeres im Osten verbracht werden müssen.

[120] Die Heeresgruppe E konstatierte Ende Dezember 1943 besondere Probleme bei der Versorgung der südlichen Sporaden insgesamt, da sich auf Rhodos, Léros und Kôs noch ungefähr 30 000 Italiener befänden, die Verpflegungsmengen jedoch nur für 7 000 Mann der Wehrmacht berechnet seien. Das bedeutete, daß bis zum »Frühjahr« alles aufgebraucht sein werde: KTB F.A. H.Gr. E, S. 135, 28.12.1943, BA-MA, RH 19 VII/11.

[121] Marinegruppenkommando Süd, Seetransport, 30.12.1943: Monatsrückblick für das KTB, BA-MA, RM 35 III/189. Die Heeresgruppe E meinte, daß die Vorräte auf der Insel nur noch für zehn Wochen

man sich seitens der Marine sehr pessimistisch. »Kahlfraß«, so hieß es, werde das Halten von Rhodos »ab Januar unmöglich« machen[122]. Die Überführung der Militärinternierten auf das Festland galt daher als die vordringlichste Aufgabe im ägäischen Raum. Nur ließ sich die berechtigte Forderung wegen der besagten Schiffsverluste zunehmend schwer erfüllen. Hatten die Deutschen von Januar bis August 1943 ganze 11 Versorgungsschiffe verloren, so büßten sie von September bis Dezember 1943 mehr als die doppelte Anzahl ein: insgesamt 27 Dampfer[123].

Im übrigen aber stellte sich die Wehrmacht im Hinblick auf die Inseln mit starken italienischen Besatzungen von Anfang an auf die zu erwartende Entwicklung ein. Das XXII. Gebirgs-Armeekorps unter General Lanz erließ zum Beispiel bereits am 14. September einen Befehl zur Durchführung des Abschubs der — erst noch zu entwaffnenden — italienischen Garnisonen auf Kefallénía und Corfu. Er sprach auch Fragen des Seetransports an. Bei der »Verladung auf Schiffe« sei der »Transportraum bis zu den äußersten Grenzen unter Zurückstellung aller Bedenken bezüglich Bequemlichkeit und Sicherheit auszunützen«. Sämtliche mit dem Abschub befaßten Kommandos erhielten gleichzeitig die Weisung, durch den »Einsatz energischer Offiziere« diesem allgemeinen »Grundsatz Rechnung zu tragen«[124].

Speziell für die Rückführung der italienischen Gefangenen von Rhodos setzte die Wehrmacht zudem sehr bald Flugzeuge ein[125]. Der Admiral Südost erwartete davon jedoch keine wirkliche Entlastung, denn die Luftwaffe werde »nur einen ganz geringen Teil« des Abtransports leisten können. Zumindest bis Ende Dezember sollte Admiral Fricke mit seiner skeptischen Lagebeurteilung recht behalten[126]. Bis dahin verließen lediglich

---

reichen würden: KTB H.Gr.E, S. 279, 24.12.1943, BA-MA, RH 19 VII/1. Direkt dazu auch: Heeresgruppenintendant E, S I 1, Nr. 2659/43 geh., H.Qu., 31.12.1943, BA-MA, RH 19 VII/23a. Nach der dort gegebenen Statistik über die vorhandene Verpflegung, berechnet nach Tagessätzen, befanden sich auf Rhodos 26 000 und auf Kárpathos 1 000 Italiener (zu deren Status vgl. die Tabelle 10, S. 284). Eine genaue Aufstellung — mit Belegungsstärke der einzelnen Lager auf Rhodos — enthält für den 15.1.1943 die Anlage 2 zu: Comando Colonnello Manna, Nr. 0/80 Geheim, den 23.1.1943, Betr.: Neuorganisierung der ital. Militärinternierten auf der Insel Rodi (ohne Carabinieri, Finanzwache und Hafenmiliz). Demnach befanden sich insgesamt 477 internierte Offiziere und 23 561 Mannschaften und Unteroffiziere auf Rhodos: BA-MA, RH 26-1007/32.

[122] KTB M.Gr.Kdo. Süd, S. 81, 23.12.1943, BA-MA, RM 35 III/68.

[123] Übersicht über die Schiffsverluste in der Ägäis seit 1. Oktober 1942, BA-MA, RM 35 III/189. Vom 1.1.–31.8.1943 verlor man insgesamt 16 316 BRT, vom 1.9.–31.12.1943 jedoch 55 785 BRT. Zu den Verlusten im Dezember vgl. ergänzend ebd., Marinegruppenkommando Süd B.Nr. O.Qu. Seetr. 289 GKds., St.Qu., den 24.1.1944. Zu diesen Einbußen kamen noch mindestens 29 gesunkene Motorsegler hinzu. Direkt dazu auch ebd., Marinegruppenkommando Süd O.Qu. Seetr. B.Nr. (ohne), 8.12.1943.

[124] Generalkommando XXII. (Geb.) A.K. Ia Br.B.Nr. 363/43 geh., K.H.Qu., den 14.9.1943, gez. Der Chef des Generalstabes (Dietl), BA-MA, RH 28-1/119; der Befehl findet sich als Anlage 56 auch in: BA-MA, RH 24-22/3.

[125] Der erste Lufttransport mit italienischen Gefangenen traf am 15.9.1943 in Athen ein: Tätigkeitsbericht Armeegruppe Südgriechenland Qu.-Abt., BA-MA, RH 31 X/7. Vgl. auch KTB Sturmdiv. Rhodos, 16.9.1943, BA-MA, RH 26-1007/2, mit Hinweis auf Anlaufen des Lufttransports.

[126] KTB M.Gr.Kdo. Süd, S. 30, 18.9.1943, BA-MA, RM 35 III/62. Zu den Transportleistungen der Luftwaffe vom 15.9.–31.12.1943 siehe die nachstehende Tabelle 6, S. 277.

1 710 — gemäß anderer Meldungen bis zu 2 579 — Italiener die Insel auf dem Luftweg[127]. Die Sturmdivision Rhodos, die den Abschub der ehemaligen italienischen Besatzung bereits am 12. September als dringend bezeichnete[128] und gegen Ende des Monats — als erst 257 Offiziere und 2 037 Unteroffiziere sowie Mannschaften abtransportiert waren[129] — forderte, daß »mindestens 10 000 Mann unsicherer Elemente« wegzuschaffen seien[130], stellte zum Jahresende 1943 resigniert fest[131]: »Der Abschub der militärinternierten Italiener machte keine wesentlichen Fortschritte.« Damals befanden sich — wie oben angedeutet — auf Rhodos noch immer 26 228 Militärangehörige, von denen 400 Offiziere (bei insgesamt 524) und 22 692 Unteroffiziere sowie Mannschaften als Internierte rangierten. Weder der Versuch, die Gefangenen im Pendelverkehr nach Kreta zu verschiffen[132], noch die im Dezember eingeleitete Überführung der Italiener von Rhodos nach Léros zeitigten überzeugende Ergebnisse[133].

Die Deutschen taten sich in der Tat schwer. Vizeadmiral Lange, der für die Seetransporte im Bereich der Heeresgruppe E verantwortlich zeichnete, meinte schon Mitte September, daß gerade in bezug auf den Abtransport der Kriegsgefangenen von Rhodos wegen des außerordentlich hohen Risikos des »Verlustes an Dampfern und Geleitstreitkräften« der Seeweg nicht mehr gangbar sei. Der Admiral brachte deshalb zwei Ausweichmöglichkeiten ins Gespräch, die theoretisch eine Lösung des Problems herbeizuführen vermochten. Zum einen schlug er vor, die Italiener einfach auf der Insel zu belassen, das aber bei stärkster Drosselung der Lebensmittelzuteilung[134]. Es ist daher nicht ohne weiteres verständlich, daß Lange wenig später ein Angebot der türkischen Regierung ablehnend kommentierte, in dem sich diese erbot, mit eigenen Schiffen die griechischen Inseln zu versorgen[135], was damals bereits durch »Schwedenschiffe« geschah und wenigstens indirekt zu einer Verminderung der Versorgungsschwierigkeiten der Wehrmacht führen konnte. Zum anderen wies der Admiral Ägäis auf die Möglichkeit hin, die italienischen Gefangenen durch neutrale Schiffe oder Lazarettschiffe abfahren zu lassen. Derartiges käme freilich, wenn überhaupt, nur im äußersten Notfall in Frage, denn angesichts der

---

[127] Dabei scheint es nur 7 Tote durch einen Absturz am 7.11. gegeben zu haben: KTB Sturmdiv. Rhodos, 19.11.1943, BA-MA, RH 26-1007/2.

[128] Ebd., 12.9.1943.

[129] Ebd., 28.9.1943.

[130] Funkspruch Sturmdivision Rhodos an H.Gr. E vom 29.9.1943, in: KTB Adm. Ägäis, S. 84, 30.9.1943, BA-MA, M 718/PG 46199.

[131] Sturmdivision Rhodos Abt. Ia Nr. 263/43 g.Kdos., Div.Gef. Stand, den 12.12.1943, Betr.: Lagebeurteilung, An Heeresgruppe E Abt. Ia, BA-MA, RH 26-1007/8. Zum Umfang des italienischen Personals auf Rhodos am 31. Dezember vgl.: Sturmdivision Rhodos Ia/Org., Div.Gef.Std., 11.3.1944, Tätigkeitsbericht der Abt. Ia/Org. und IIa/Org. vom 12.9.–31.12.1943, BA-MA, RH 26-1007/27.

[132] Sturmdivision Rhodos Abt. Ia Nr. 236/43 g.Kdos., Div.Gef.Stand, den 11.11.1943, Betr.: Lagebeurteilung, An Heeresgruppe E Abt. Ia, BA-MA, RH 26-1007/7.

[133] Siehe oben, Anm. 131.

[134] KTB M.Gr.Kdo. Süd, S. 30, 18.9.1943, BA-MA, RM 35 III/62.

[135] KTB Adm. Ägäis, S. 83, 30.9.1943, BA-MA, M 718/PG 46199. Lange begründete seine Ablehnung damit, daß es »militärisch unerwünscht« sei, die »Zahl der neutralen Schiffe im Kriegsgebiet und besonders in eigenen Häfen zu vermehren«. Er befürchtete nämlich, daß diese dem Gegner »wertvolle Nachrichten über Schiffsbewegungen, Beladungen und ähnliches« zukommen lassen würden.

Zwangslage, in der sich die Deutschen befanden, wären die Alliierten, welche um die Probleme der Wehrmacht wußten, ganz sicher nicht auf einen Austausch deutscher Gefangener gegen Militärinternierte eingegangen. Damit aber lief Langes Überlegung auf eine für die Wehrmachtführung noch nicht akzeptable »Freilassung von 40 000 Kriegsgefangenen« hinaus[136]. Dennoch kam die Heeresgruppe F Ende Oktober — als der Schiffsverkehr in der südöstlichen Ägäis erzwungenermaßen so gut wie ruhte, als der Lufttransport fehlgeschlagen erschien und die Sturmdivision auf Rhodos die »Gefahr eines Aufstandes im Rücken der deutschen Truppen« zu erkennen glaubte — auf diesen Gedanken zurück. Generalfeldmarschall v. Weichs bat nun das Oberkommando der Wehrmacht zu prüfen, ob nicht der »Abschub der Italiener auf türkisches Staatsgebiet möglich« sei[137].

Hitler und seine Umgebung dachten freilich zu keinem Zeitpunkt daran, auf die Überführung der wertvollen Arbeitskräfte ins Reich zu verzichten. Der »Führer« reagierte deshalb auf erste Erörterungen, die das in Frage stellten, mit rücksichtsloser Entschlossenheit. Er befahl, daß beim Abtransport auf Schiffen »alle Sicherheitsbestimmungen hinsichtlich zahlenmäßiger Beschränkung Mitfahrender« zu entfallen hätten. Ohne »Rücksicht auf Verluste« sei der »Platz bis zum Äußersten« auszunützen. Die Wehrmachtführung sah ihrerseits zwar ein gewisses Risiko beim Seetransport, beurteilte aber die Lage als nicht so ernst wie die lokalen Befehlshaber in Griechenland. Jedenfalls schloß Berlin irgendeine Lösung des Problems aus, die ungefähr »40 000 anscheinend gegen Deutschland kampfgewillter Italiener [den] Anglo-Amerikanern in die Hände« spiele[138].

Seitens der Kriegsmarine transportierte man daraufhin nach »Führerweisung« ab und hatte prompt schmerzliche Verluste hinzunehmen. Am 23. September gingen das Torpedoboot »TA 10« sowie die Dampfer »Dithmarschen« und »Donizetti« durch Angriffe gegnerischer Überwasserstreitkräfte und U-Boote verloren. Der Admiral Südost bemerkte zu dem Desaster, daß, selbst wenn »auf italienische Gefangene keine Rücksicht genommen werden« müsse, der »Verlust des Dampferraumes an sich nicht zu verantworten« sei[139].

Die in Frickes Kommentar anklingende Gleichgültigkeit gegenüber dem Umgang mit italienischen Menschenleben teilte Vizeadmiral Lange. Als er erfuhr, daß Generalleutnant Kleemann auf der »Donizetti« nicht die höchstmögliche Zahl, sondern nur 1 576 Militärinternierte einschiffen ließ[140], die ebenso wie die deutschen Bewachungssoldaten und die Besatzung ums Leben kamen, beschwerte er sich. Angesichts des Totalverlusts des Schiffes bestand dazu keinerlei Anlaß. An sich wäre durchaus zu erwarten gewesen,

---

[136] KTB M.Gr.Kdo. Süd, S. 30 f., 18.9.1943, BA-MA, RM 35 III/62.

[137] KTB M.Gr.Kdo. Süd, S. 177, 31.10.1943, BA-MA, RM 35 III/64. Admiral Fricke hielt diese Möglichkeit für »ausgeschlossen«. Denn zum einen sei die Türkei nicht bereit, 30 000 Italiener aufzunehmen, da sie damit eine »unneutrale Haltung« zeigen würde, und zum anderen könnten die Alliierten eine Maßnahme, die den Deutschen »Erleichterungen« verschaffe, nicht zulassen. Angesichts der Entwicklung auf Léros und Sámos im November 1943 überzeugt diese Argumentation nicht.

[138] KTB Adm. Ägäis, S. 32 f., 20.9.1943, BA-MA, M 718/PG 46199; dort der Wortlaut der von der H.Gr.E per FS übermittelten — aus Berlin fernmündlich durchgegebenen — Entscheidung Hitlers.

[139] KTB M.Gr.Kdo. Süd, S. 91, 23.9.1943, BA-MA, RM 35 III/62.

[140] Nach KTB Sturmdiv. Rhodos, 22.9.1943, waren 1.584 Italiener an Bord, BA-MA, RH 26-1007/2.

daß sich auch Lange an möglichst wenig Opfern interessiert gezeigt hätte. Dem Admiral ging es jedoch ausschließlich um die Einhaltung des »klaren Führerbefehls«, und der besagte, daß die Heeresgruppe beim Transport gefangener Italiener den Schiffsraum »ohne Rücksicht auf Sicherungsmittel auszunutzen« habe.

Lange forderte den Kommandeur der Sturmdivision Rhodos deshalb — unter Hinweis auf Hitlers Befehl — auf, bei künftigen Seetransporten von irgendwelchen Rücksichtnahmen abzusehen. Kleemann hatte nämlich lediglich soviel Militärinternierte an Bord der »Donizetti« gehen lassen, wie nach seiner Beurteilung Rettungsboote und Schwimmwesten vorhanden waren[141].

Trotz des offensichtlichen Einschüchterungsversuchs seitens des Kommandierenden Admirals Ägäis fiel die Antwort des Generalleutnants eindeutig aus. Per Funkspruch erklärte er Lange[142]: »Schiffsraum für Abtransport italienischer Soldaten [ist] nur soweit ausnutzbar wie auf [den] Schiffen vorhandene Rettungsmittel [es] zulassen, sonst völkerrechtswidrig.« Das bewies Mut, denn da sagte ein General ganz unverhüllt, daß er nicht willens sei, Hitlers verbrecherischen Befehl zu befolgen. Vor allem definierte er jenen als »völkerrechtswidrig«. Ähnlich scheint später Generalleutnant Müller auf Sámos gehandelt zu haben, als er an Bord des Dampfers »Leda«1 525 Militärinternierte weniger einschiffen ließ als von Vizeadmiral Lange gewünscht[143].

Letzterer reagierte auf Kleemanns Funkspruch nicht mit Einsicht, sondern ausgesprochen verärgert. Er wandte sich über den Marineverbindungsoffizier an die Heeresgruppe E, damit Generaloberst Löhr als Vorgesetzter des Kommandeurs der Sturmdivision Rhodos dafür sorge, daß der Generalleutnant »bezüglich seiner Rettungsmittelbedenken gemäß Führerweisung« verfahre. Langes Denunziation war ebenso bösartig wie gefährlich, selbst wenn sie für Kleemann anscheinend keine nachteiligen Folgen zeitigte. Ansonsten ist freilich festzuhalten, daß den Vizeadmiral nicht allein blinder Gehorsam gegenüber — völkerrechtswidrigen — »Führerbefehlen« lenkte. Er versah sein Vorgehen nämlich mit erklärenden Anmerkungen, die zeigen, daß tiefe Verachtung der Italiener, ja Rachsucht sein Verhalten bestimmte. Wegen des Betragens der »italienischen Führung und

---

[141] Zum Untergang der »Donizetti« und zur Aufgabe des schwerbeschädigten Torpedoboots »TA 10« vgl. KTB Adm. Ägäis, S. 45—49, 23.9.1943, BA-MA, M 718/PG 46199; und 1. Skl KTB Teil D, S. 542, 25.9.1943, BA-MA, RM 7/306. Levi, Avvenimenti in Egeo, S. 76 f., 172 und 555 (Dokument), nennt 1 800 an Bord befindliche italienische Gefangene. Angeblich sollten zunächst sogar 2 100 Mann verladen werden, doch konnte dies italienischerseits verhindert werden. Aufschlußreich — im Hinblick auf den Beladungszustand — ist auch die Erklärung, daß die Italiener früher auf der 2 428 BRT großen »Donizetti« maximal 700 Personen beförderten. Die Zahl von 1 800 Kriegsgefangenen ist übernommen bei Kuby, Verrat auf deutsch, S. 297; und bei Lops, Documenti, S. 81 ff.; vgl. ferner die Dokumente I und II, ebd., S. 85 ff. Lops erörtert außerdem Gerüchte, nach denen es 30 Überlebende des Unterganges gab. Siehe ferner Rohwer/Hümmelchen, Chronik, S. 384, die anmerken, daß man einen Teil der Gefangenen gerettet hätte.

[142] KTB Adm. Ägäis, S. 68, 26.9.1943, BA-MA, M 718/PG 46199.

[143] Der Dampfer »Leda« lief am 7.12. mit der 9. Torpedobootsflottille von Léros nach Sámos, an Bord befanden sich circa 3 000 Italiener. Lange wünschte, daß das Schiff dort bis zu 7 000 Mann, also rund weitere 4 000 aufnehmen solle. Müller ließ jedoch lediglich 2 200 Gefangene zuladen und behielt 1 525 auf Sámos: KTB Adm. Ägäis, S. 229, 231 f. und 255, 7., 8. und 13.12.1943, BA-MA, M 720/ PG 46204.

großer Teile der italienischen Wehrmacht« seien seines Erachtens »Fürsorge und Mitempfinden« hinsichtlich der Exverbündeten »nicht mehr am Platze«. Er hielt auch nichts von Männern, die »erst für ein Mitkämpfen geworben werden« müßten, denn sie würden bei einem attraktiveren Angebot von anderer Seite wohl »ohne große Bedenken ihre Verpflichtung vergessen und zum Gegner überlaufen«[144].

Wieviele der auf See gebliebenen Gefangenen ihr Leben als Folge der referierten Transportbefehle verloren, das wird zwar nie genau festzustellen sein, aber vermutlich handelte es sich um eine sehr große Anzahl. Das deutet sich unter anderem in den prozentualen Anteilen der bei den Versenkungen ertrunkenen Deutschen und Italiener an, von denen noch zu reden ist.

Im übrigen wirkten so erschreckende Erfahrungen wie die beim Untergang der »Donizetti« gemachten keineswegs bremsend oder normalisierend. Vielmehr befahl die Seekriegsleitung Mitte Oktober — im Auftrag des Oberkommandos der Wehrmacht — erneut, den Abtransport von Rhodos »unter Ausnutzung aller verfügbaren Mittel auch auf die Gefahr von Verlusten an Schiffen und Militärinternierten hin beschleunigt durchzuführen«. Um die Luftwaffe zu einer wirkungsvolleren Beteiligung zu ermuntern, scheint sich Hitler gegenüber Göring auf eine Art do-ut-des-Geschäft eingelassen zu haben. Alle mit Flugzeugen weggeschafften Gefangenen sollten der Luftwaffe als »Arbeitskräfte« belassen werden[145].

Keine Frage, daß sich die Deutschen, die einen Abschub der Militärinternierten durch neutrale Schiffe ablehnten, Sachzwängen ausgesetzt sahen. Anfang November reichte die — als Problem schon angesprochene — Verpflegung auf Rhodos für die dortigen Angehörigen der Wehrmacht noch bis Ende Januar 1944, für die Italiener bis Mitte des Monats. Sofern es jedoch gelang, die Gefangenen abzuschieben, genügte das Vorhandene, um die deutsche Besatzung bis Ende März zu verpflegen[146]. Als die Insel sodann im November 1943 »ohne nennenswerten Nachschub an Lebensmitteln«[147] blieb, gestaltete sich die Lage allmählich prekär.

Ansonsten aber stellte Rhodos keinen Sonderfall dar. Die allgemeine Zuspitzung der Verhältnisse wird bei einem Blick auf die jeweiligen Umschlagleistungen der Ägäishäfen in den letzten vier Monaten des Jahres 1943 deutlich. Hatte man im September total 136 634 Tonnen umgeschlagen, so sind es im Oktober nur noch 59 404, im November 49 013 und im Dezember 38 747 gewesen. Die letztgenannte Zahl bedeutete gegenüber dem Monat September einen Rückgang in Höhe von 97 887 Tonnen[148]: Die Seeherrschaft des Gegners lähmte den Nachschubverkehr.

---

[144] Siehe oben, Anm. 142.
[145] KTB M.Gr.Kdo. Süd, S. 30 f., 18.10.1943, BA-MA, RM 35 III/64.
[146] Siehe oben, Anm. 132, hier S. 5, RH 26-1007/7.
[147] Siehe oben, Anm. 131, hier S. 3 f., RH 26-1007/8.
[148] Gr. Süd O.Qu. Seetr., 7.10.1943, Seetransporte in der Ägäis im September 1943, BA-MA, RM 35 III/188; und: Gr. Süd B.Nr. Gkds. 2884 Seetr., 6.11.1943, Seetransporte in der Ägäis im Oktober 1943; Gr. Süd O.Qu. Seetr. B.Nr. (ohne), 8.12.1943, Seetransporte in der Ägäis im November 1943; sowie Gr. Süd. O.Qu. Seetr. 289 Gkds., St.Qu., den 24.1.1944, Seetransporte in der Ägäis im Dezember 1943, BA-MA, RM 35 III/189.

An Risikobereitschaft fehlte es auf deutscher Seite nicht, ebensowenig an Schonungslosigkeit, sobald es um die Internierten ging. Eine Weisung des Marinegruppenkommandos Süd bestimmte hierbei, daß auf den Gefangenenschiffen nur soviele eigene Männer einzuschiffen seien, wie zu Bewachungsaufgaben benötigt. Alle übrigen Wehrmachtangehörigen hätten sich auf die erheblich sichereren Geleitfahrzeuge zu verteilen. Admiral Fricke begründete die Regelung mit der »Gefährdung deutscher Truppen im Untergangsfalle durch [die] Benutzung [der] Rettungsmittel durch in Überzahl befindl[iche] Gefangene«[149]. Freilich deutet nichts darauf hin, daß eine derartige Gefahr tatsächlich bestand. Die Fakten bei Schiffsuntergängen stellen sich eindeutig dar. Zwischen den in der Regel im Innern der Schiffe eingepferchten Italienern und ihren an Deck befindlichen bewaffneten Bewachern gab es keine Chancengleichheit. Der eigentliche Grund für Frickes Befehl dürfte deshalb in erster Linie in der ganz allgemein gegebenen Gefährdung der Gefangenentransporter durch den Gegner gelegen haben.

Sie nahm für die Militärinternierten noch zu, als Hitler im Januar 1944 befahl, diese jetzt selbst auf »nicht für Truppenüberführungen geeigneten Transportmitteln« abzufahren. Gleichzeitig erhielt der Oberbefehlshaber Südost vom Oberkommando der Wehrmacht alle Vollmachten, damit er in den Transportangelegenheiten schärfstens durchgreifen konnte[150]. Angestrebt werden sollte, Rhodos bis zum 15. Februar 1944 von italienischen Gefangenen zu räumen. Doch galt jene Forderung auch für die übrigen Inseln. Generaloberst Löhr drängte dabei insbesondere darauf, daß der »gesamte Lufttransport bis zum Äußersten für den Abtransport« der Italiener eingesetzt würde[151].

Von der Heeresgruppe F zur Vorlage einer Überführungsplanung aufgefordert, meldete der Admiral Ägäis, daß die auf Kreta und auf einigen Inseln des Dodekanes befindlichen Internierten bei Einsatz von fünf Transportschiffen, vier Motorseglern, vier Torpedobooten, drei Räum-Booten und drei U-Boot-Jägern bis zum 15. Februar in folgendem Umfang abgefahren werden könnten[152]: 14 000 Mann von Rhodos über Léros, 3 000

---

[149] Marinegruppenkommando Süd B.Br.Op 9215/43 gKdos., 15.12.1943, BA-MA, RM 35 III/189.

[150] Ebd., OKM 1 Skl. Im 1881/44 Gkds., 21.1.1944, An Mar.Gr. Süd, Admiral Ägäis. Es handelte sich um die Weitergabe des von Generaloberst Jodl unterzeichneten Befehls. Vgl. zur Lage außerdem KTB Adm. Ägäis, S. 89 f., 21.1.1944, BA-MA, M 717/PG 46163. Lange hoffte damals, daß insbesondere der vermehrte Einsatz der Luftwaffe zur Entspannung auf den Inseln beitragen würde.

[151] KTB Adm. Ägäis, S. 119 f., 29.1.1944, BA-MA, M 717/PG 46163; und KTB H.Gr. E, 29.1.1944, BA-MA, RH 19 VII/15; und ebd., 1.2.1944, Löhr: »Aus den Meldungen über den Abtransport der Mil. Internierten von Rhodos ist immer noch zu ersehen, daß die Dringlichkeit des Abschubs nicht voll erkannt wird. Es wird daher nochmals festgestellt: Der Führer hat den beschleunigten Abtransport sämtlicher Mil. Internierten von Rhodos befohlen. Lw.Kdo. Südost hat den Einsatz sämtlichen verfügbaren Lufttransportraumes für Rhodos befohlen und als Höchstleistung pro Maschine 20 Mil. Internierte festgesetzt.«

[152] KTB M.Gr.Kdo. Süd, S. 112, 28.1.1944, BA-MA, RM 35 III/71. Vgl. direkt dazu auch: Okdo. H.Gr. E/ MVO Gkdos. 158/44 v. 28.1.1944, FS an Admiral Ägäis Op; und Adm. Ägäis Qu Gkds. 392, 28.1.1944, an MVO Okdo. H.Gr. F, H.Gr. E, Gruppe Süd, BA-MA, RM 35 III/189; darin heißt es abweichend von der Eintragung im KTB M.Gr.Kdo Süd: 14 000 Mann von Rhodos nach Léros, 12 000 von Léros nach Piräus, 3 000 von Rhodos nach Piräus, 1 000 von Kárpathos nach Kreta und 8 500 von Kreta nach Piräus. Aufgrund eines Einspruchs des Seekommandanten Kreta wurde die letzte Zahl korrigiert. Möglich erschien der Abtransport von 3 300 Gefangenen — einschließlich der 1 000 von

direkt von Rhodos nach Piräus, 1 000 von Kárpathos nach Kreta und 1 500 von Kreta nach Piräus. Freilich waren bei seinen Annahmen Beeinträchtigungen der Transportleistungen durch »höhere Gewalt, wie Wetter, Feindeinwirkung, Fahrzeugausfälle nicht in Rechnung gestellt«. Doch gerade der Gegner und das Wetter sollten dann den deutschen Transporten im Februar katastrophalen Schaden zufügen[153].

Die Lagebeurteilung des Admirals Ägäis scheint Generalfeldmarschall v. Weichs und Generaloberst Löhr nicht befriedigt zu haben. Jedenfalls forderten die Heeresgruppen F und E nunmehr, das Lazarettschiff »Gradisca« beim Abtransport der italienischen Gefangenen einzusetzen. Admiral Fricke, der sich davon ebenfalls eine Erleichterung der problematischen Situation auf Rhodos versprach, wandte sich mit einem diesbezüglichen Vorschlag an die Seekriegsleitung. Die »Gradisca« könne als Lazarettschiff gekennzeichnet von Venedig nach Rhodos laufen. Dort sei sie zu übermalen und habe als normaler Truppentransporter voll beladen nach Saloniki zu gehen. Als Alternative empfahl der Admiral Südost, der »Gradisca« den Charakter eines Lazarettschiffes zu belassen, sie aber — »bei weitherziger Auslegung internationaler Bestimmungen« schien das möglich zu sein — mit den als krank erklärten Italienern von Rhodos zu beladen. Deren »Entkräftungszustand«, der wegen ihrer »Unterernährung infolge der Verpflegungslage« auf der Insel gegeben sei, oder der Hinweis auf einen »Seuchenverdacht« vermöchten den »Begriff des Verwundetentransportes« durchaus zu erfüllen. Mit ungeschminkter Offenheit fügte Fricke hinzu: »An sich müßte [der] Gegner [die] Verlegung vom Hungertod bedrohter Gefangener an Orte mit sichergestellter Ernährung begrüßen.«

Doch die Seekriegsleitung wollte die »Gradisca« ausschließlich für den »Abtransport wirklich kranker Italiener« einsetzen. Sie befürchtete, daß das Schiff, selbst wenn es durch »Übermalung« seinem eigentlichen Zweck nur vorübergehend entfremdet werde, den Schutz des internationalen Abkommens über Lazarettschiffe auf Dauer verlieren könne. Im Gegensatz zu Fricke erschien ihr dieser Preis zu hoch[154].

Die bisherigen Ausführungen zeigten, daß sich die Heeresgruppe E noch Anfang 1944 in der Ägäis mit einer sehr schwierigen Situation konfrontiert sah. Deshalb besagte der Hinweis von Generaloberst Jodl, als er Hitler Ende 1943 im Rahmen einer militärstrategischen Tour d'horizon unter anderem über die Lage im Südosten vortrug, daß sich alle Inseln in der Ägäis in deutscher Hand befänden[155], recht wenig. Die Wehrmacht schien nämlich außerstande zu sein, die Nachschubwege zu sichern. Darunter litten primär die Militärinternierten, deren schlechte körperliche Verfassung Admiral Fricke so einprägsam schilderte. Ihnen drohte auf Rhodos der »Hungertod«, so der Admiral Südost, und beim Abtransport von den Inseln mußten sie mit dem Tod auf See rechnen.

Kárpathos nach Kreta verschifften — nach Piräus. Alles in allem wären gemäß dieser Berechnung also 18 300 Militärinternierte zum Festland abgefahren worden. Allerdings meldete Vizeadmiral Lange einen Tag später, daß die genannten Angaben eine rein theoretische Möglichkeit ausdrückten. In der Praxis könne »nur ein gewisser Prozentsatz« der angenommenen Mengen erreicht werden, ebd., Adm. Ägäis 392 II. Ang. Gk. C., 29.1.1944, an Gruppe Süd, H.Gr. E und H.Gr. F.
153 Siehe unten, S. 269—273.
154 KTB M.Gr.Kdo. Süd, S. 112 f., 28.1., und S. 128 f., 30.1.1944, BA-MA, RM 35 III/71.
155 KTB OKW, Bd III, S. 1394, 31.12.1943.

Nach Lage der Dinge meinten die Deutschen jedoch, auf die Seetransporte nicht verzichten zu können. Sie führten jene daher um jeden Preis durch, was bedeutete, daß ein Verhängnis seinen Lauf nahm, das Tausenden von italienischen Gefangenen das Leben kostete. Als unvermeidbar ist das Geschehene nicht zu bezeichnen, denn es gab immerhin die oben dargestellten Alternativen.

Die erste Katastrophe, der Untergang des Frachtschiffes »Donizetti«, wurde schon erwähnt. Zwischen 1 576 und 1 584 Mann, das heißt 100 Prozent der eingeschifften Militärinternierten ertranken ebenso wie die deutsche Besatzung. Daß es keine Überlebenden gab, überrascht einerseits, weil der Dampfer nachgewiesenermaßen sowohl Rettungsboote als auch andere Rettungsmittel in etwa ausreichender Zahl mitführte, und andererseits, weil die an Bord befindlichen Gefangenen in ihrer Masse Angehörige der auf Rhodos stationierten italienischen Marine gewesen sind. Ihnen mußte das richtige Verhalten in einem Seenotfall an sich vertraut sein.

Es ist nicht bekannt, welches Drama sich auf der »Donizetti« abspielte. Sicher ist lediglich, daß zwei britische Zerstörer den Gefangenentransport am 23. September um 00.28 Uhr erfaßten und unter Feuer nahmen. Nach dem Gefechtsbericht des Kommandanten von »TA 10«, das Geleitschutz fuhr, versuchte das Torpedoboot sich zunächst zwischen die »Donizetti« und den Gegner zu schieben, um diesen abzuwehren. Die Zerstörer nahmen allerdings eine Zielaufteilung vor. Einer beschoß das Handelsschiff, während der andere »TA 10« bekämpfte. Das Torpedoboot war um 01.08 Uhr durch schwerste Treffer außer Gefecht gesetzt, es brannte und blieb manövrierunfähig liegen. Später vermochte das Boot zwar doch noch nach Kap Prasonêsion zu verholen, mußte dort aber aufgegeben werden. Seine Besatzung beklagte fünf Tote. Offensichtlich hielten die Kommandanten der Zerstörer »Eclipse« und »Fury« das Torpedoboot für ohnehin verloren und konzentrierten sich vollkommen auf die »Donizetti«. Seit 01.25 Uhr beschossen sie das bereits brennende Schiff, das allerdings noch Fahrt machte, auf kurze Entfernung. Die Gruppe soll sich schnell von der Position des »TA 10« entfernt haben, so daß dessen Kommandant mehr über den Verbleib des Gefangenentransporters nicht zu sagen wußte. Rettungsmaßnahmen oder eine Suchaktion leitete die deutsche Seite nicht ein[156].

Als nächstes Transportschiff sank am 28. September die 1 092 Bruttoregistertonnen große »Ardena« auf der Fahrt von Argostólion auf Kefallēnía zum griechischen Festland. An Bord befanden sich 840 Militärinternierte, 28 Mann Besatzung und 32 Flak-Soldaten. Die »Ardena« lief gegen 16.30 Uhr — nach einer anderen Angabe um 16.00 Uhr — lediglich 2,5 Seemeilen südsüdwestlich des Hafens Argostólion auf eine von gegnerischen Flugzeugen geworfene Luftmine, ein Vorgang, der zwar beobachtet, aber nicht rechtzeitig gemeldet wurde. Es ist nicht überliefert, wie schnell der Dampfer sank. Doch scheint er nicht sofort völlig untergegangen zu sein, denn um 17.15 Uhr sollen die Brückenaufbauten noch aus dem Wasser geragt haben. Später hieß es, der Bug und die Mastspitzen

---

[156] Siehe oben, S. 258 f. Auf die Versenkung von Schiffen, die italienische Gefangene an Bord hatten, ist auch deshalb detaillierter einzugehen, weil zum einen die deutschen Quellen in diesem Zusammenhang bislang nicht systematisch ausgewertet wurden und zum anderen in der Literatur recht unsichere Zahlen unbesehen tradiert werden.

seien zu dieser Zeit noch zu sehen gewesen. Wie immer dem gewesen sein mag, fest steht, daß sowohl die Besatzung als auch die Männer der Flak-Bedienung ausnahmslos überlebten. Hingegen starben 720 der 840 eingeschifften Gefangenen, das heißt ungefähr 86 Prozent[157]. Vermutlich gab es für sie keine Chance, an Oberdeck zu gelangen, ganz abgesehen von jenen, die durch die Explosion der Mine den Tod fanden.

Am 13. Oktober mittags liefen die Dampfer »Calidon« und »Marguerita« mit 600 beziehungsweise 900 Italienern an Bord von Argostólion aus, um über Patras auf der Peloponnes nach Piräus zu gehen. Die »Marguerita« hatte nur 920 Bruttoregistertonnen. Um 21.20 Uhr erhielt das kleine Fahrzeug einen Minentreffer, sank allerdings erst um 22.40 Uhr. Das bedeutete, daß für Rettungsmaßnahmen etwa eine Stunde und zwanzig Minuten zur Verfügung standen. Es ist außerdem zu berücksichtigen, daß die »Marguerita« auf einem Zwangsweg im Minengeleit fuhr, also beim Untergang Hilfe von außen hätte geleistet werden können. Und die »Calidon« suchte an der Unfallstelle selbst dann noch nach Überlebenden, als die Geleitboote schon abgelaufen waren. Die Tatsache, daß dennoch von den 900 Gefangenen 544 auf See blieben, also etwas mehr als 60 Prozent, während von 25 Deutschen 20 gerettet wurden, das heißt fünf Mann oder 20 Prozent das Leben verloren[158], wirft einige Fragen auf. Ganz eindeutig hatte man die »Marguerita« überladen. Zweifellos führte sie auch nicht die erforderlichen Rettungsmittel mit sich. All das gehörte zu den Konsequenzen des Befehls, den verfügbaren Transportraum ohne Rücksicht auf die Sicherheit der Militärinternierten auszunützen[159]. Trotzdem ist damit nicht überzeugend zu erklären, warum in der konkreten — für eine Rettungsaktion an sich vorteilhaften — Situation nicht mehr Menschenleben bewahrt werden konnten.

Fünf Tage nach der Katastrophe verließ das 4 470 Bruttoregistertonnen große Schwergutschiff »Sinfra« am 18. Oktober Súda auf Kreta, es führte 204 Deutsche und 2 389 Italiener, unter letzteren 155 Offiziere, mit sich. Wie nahezu alle deutschen Schiffsbewegungen in den Wochen nach Italiens Kriegsaustritt erfaßte die gegnerische Luftaufklärung das Fahrzeug. Vierzig Minuten später begann ein kombinierter Angriff von zehn Flugzeugen mit Bomben und Lufttorpedos. Um 22.05 Uhr erhielt die »Sinfra« einen Lufttorpedotreffer auf der Höhe der Luke 1 und um 23.00 Uhr einen Bombentreffer

---

[157] KTB Adm. Ägäis, S. 76, 28.9.; und S. 78 f., 29. 9. 1943, BA-MA, M 718/PG 46199; 1. Skl KTB Teil D, S. 558 und S. 561, 28.9.1943, BA-MA, RM 7/306; sowie KTB XXII. Geb. A.K., 28.9.1943, BA-MA, RH 24-22/2. Im KTB Adm. Ägäis war auch von einem toten Griechen die Rede. Unzutreffend sind die Angaben über den Abschub der Gefangenen von Kefallénia bei Torsiello, Le operazioni delle unità italiane, S. 490. Lops, Documenti, S. 83, nennt 800 ertrunkene Italiener. An weiteren Schiffen verloren die Deutschen im September die Dampfer »Versilia«, »Perigord«, »Pluto«, »Paula«, »Dithmarschen«, »El Chorico« und »Elsi«: Gr. Süd. O.Qu. Seetr., 7.10.1943, BA-MA, RM 35 III/188. Nur auf der »Donizetti« und der »Ardena« scheinen sich beim Untergang Militärinternierte befunden zu haben.

[158] KTB Adm. Ägäis, S. 49 f., 14.10.; und S. 53, 15.10.1943, BA-MA, M 718/PG 46200, wo der Verdacht geäußert wird, daß die »Marguerita« nicht wegen eines Minentreffers, sondern durch Sabotage verlorenging; 1. Skl. KTB Teil D, S. 607, 15.10.1943, BA-MA, RM 7/306; KTB M.Gr.Kdo. Süd, S. 162, 14.10.1943, BA-MA, RM 35 III/63; und KTB F.A. H.Gr. E, S. 175, 15.10.1943, BA-MA, RH 19 VII/10.

[159] Siehe oben, S. 256.

im Maschinenraum. Seit 23.18 Uhr funkte das manövrierunfähige Schiff SOS. Bei dem Gefangenentransporter standen die Geleitboote »GK 05« und »GK 06«. Zur Rettungsaktion liefen insgesamt zehn Sicherungs- und Seenotfahrzeuge sowie der U-Boot-Jäger »2110« aus. Am 19. Oktober um 02.31 Uhr explodierte die brennende »Sinfra«, die nicht nur Menschen, sondern auch Bomben geladen hatte. Zu jenem Zeitpunkt war das Schiff, so die Meldung des überlebenden Kapitäns, bereits verlassen[160].

Das Unglück ereignete sich nur rund sieben Seemeilen von der Küste Kretas entfernt. Vom ersten Treffer bis zum Untergang vergingen fast 4,5 Stunden. Die Rettungsaktion wurde um 22.35 Uhr eingeleitet. Dennoch hat man lediglich 539 Italiener lebend geborgen. Zu ihnen kamen noch 197 gerettete Deutsche und 13 Griechen[161]. Das hieß, daß rund 77 Prozent der italienischen Gefangenen, aber lediglich circa 3 Prozent der Deutschen starben[162]. Erneut ist zu fragen, wie es zu einem derartigen Desaster kommen konnte.

In der Tat gibt es, außer den schon genannten Gründen, einige Erklärungen. So steht im Kriegstagebuch des Admirals Ägäis, daß die zum Unfallort laufenden Boote den »ausdrücklichen Befehl« erhalten hatten, in »erster Linie die deutschen Soldaten zu retten«. Die Folgen einer derartigen Anordnung lassen sich leicht ausmalen. Darüber hinaus steht fest, daß gegnerische Flugzeuge die an der Bergungsaktion beteiligten Boote angriffen, was zu weiteren Verlusten führte[163]. Es kam zum Einsatz von »Bordwaffen und Bomben« gegen die Rettungsfahrzeuge. So steht es jedenfalls im Beitrag des Admirals Ägäis zu einer Ende 1943 von der Heeresgruppe F vorgenommenen Zusammenstellung »völkerrechtswidriger Handlungen« der Alliierten[164]. Nicht wenige Schiffbrüchige dürften schließlich als Folge der Treffer auf der »Sinfra« und der Explosion des Schiffes, die sie ohne Rettungsmittel im Wasser schwimmend miterlebten, den Tod gefunden haben. Hinzu kam, daß viele ertranken, weil sie nicht schwimmen konnten. Für sie bedeutete das Fehlen von Schwimmwesten und Rettungsringen das sichere Verderben. In einem solchen Sachverhalt manifestiert sich erneut die menschenverachtende Brutalität der Befehle, die den Abtransport der Militärinternierten unter Vernachlässigung aller Sicherheits-

---

[160] KTB Adm. Ägäis, S. 18 f., 19.10.1943, BA-MA, M 720/PG 46201. Rohwer/Hümmelchen, Chronik, S. 393, nennen 2 664 an Bord befindliche Personen, meist italienische Gefangene, von denen 566 gerettet worden seien. Dies trifft so nicht zu.

[161] Zahlen nach: KTB M.Gr.Kdo. Süd, S. 49, 20.10.1943, BA-MA, RM 35 III/64; 1. Skl KTB Teil D, S. 624, 20.10.1943, BA-MA, RM 7/306; und KTB F.A. H.Gr. E, S. 194, 20.10.1943, BA-MA, RH 19 VII/10. Zwischen den Daten gibt es geringe Abweichungen. Es könnte auch sein, daß 193 Deutsche und 547 Italiener gerettet wurden. Meldungen vor dem 20.10. betrafen lediglich Zwischenstände der Rettungsaktion.

[162] Es ließ sich nicht eindeutig ermitteln, ob die Besatzung in der Anzahl von 204 an Bord gemeldeten Deutschen inbegriffen war. Sollte dies nicht der Fall gewesen sein, so wäre von 182 oder 186 geretteten Deutschen auszugehen. Die Verluste würden dann mit 9—11 Prozent anzugeben sein. Doch spricht in der Zusammenschau der Quellen vieles für die klare Aussage, daß von 204 Deutschen 197 gerettet werden konnten.

[163] KTB Adm. Ägäis, S. 19, 19.10.1943, BA-MA, M 720/PG 46601.

[164] KTB Adm. Ägäis, S. 324, 27.12.1943, BA-MA, M 720/PG 46605. Bei dieser Aktion wurden eine Seenotmaschine und ein Geleitfahrzeug mit Schiffbrüchigen an Bord versenkt. Zur deutschen Sammlung von Völkerrechtsverletzungen der Alliierten vgl. Zayas, Wehrmacht-Untersuchungsstelle.

vorkehrungen anordneten. Die deutsche Führung tat nicht einmal das Minimum, um die Verluste zu begrenzen. Vielmehr erließen Hitler und einige Generale oder Admirale Weisungen, die das Sterben auf See zwangsläufig zunehmen ließen.

Zu fragen ist, ob mit den bis jetzt dargelegten Gegebenheiten das volle Ausmaß des Unglücks, das der Untergang der »Sinfra« darstellte, erklärbar wird. Gemäß den Berichten italienischer Augenzeugen, also von unmittelbar Betroffenen und Opfern, starben ungezählte Gefangene aus ganz anderen Gründen. Als die ersten Bomben in nächster Nähe des Schiffes fielen, entstand unter den in den Laderäumen befindlichen Italienern Panik. Zumindest ein Teil versuchte, das Oberdeck zu erreichen. Das verhinderten die deutschen Bewacher, die jetzt die Laderäume verschlossen, wobei sie vorher ungefähr zehn Handgranaten in diese geworfen haben sollen. Bereits dabei gab es zahlreiche Tote. Nach dem zweiten Treffer, als das Schiff brannte, gelang es den Militärinternierten, die Wachen doch noch zu überwältigen und an Deck zu kommen. Daraufhin, so Augenzeugenberichte, hätten sich die Deutschen auf dem Vor- und Achterschiff bei den Maschinengewehren versammelt. Sie eröffneten das Feuer auf die Gefangenen und richteten unter ihnen ein »Blutbad« an. Da sich der Brand ausbreitete, so daß die »Sinfra« jeden Augenblick zu explodieren drohte, seien die Überlebenden schließlich ins Meer gesprungen. Auch nach den Angaben italienischer Überlebender nahmen Rettungsfahrzeuge rund 500 schiffbrüchige Internierte an Bord. Man habe sie zunächst, so die Informationen aus dem Archiv der italienischen Marine, nach Chaniá gebracht, wo circa 50 Prozent der Geretteten getötet worden sein sollen. Der Grund? Sie hätten durch ihre Undiszipliniertheit das Löschen des Feuers verhindert und dadurch den Verlust des Schiffes verursacht. Darüber hinaus sahen sie sich angeschuldigt, Bewachungssoldaten getötet zu haben. Dazu scheint es — als die Gefangenen verzweifelt versuchten, dem Tod in den Laderäumen zu entrinnen — tatsächlich gekommen zu sein[165].

Als dritten Gefangenentransporter verlor die Wehrmacht im Oktober 1943 das 6 804 Bruttoregistertonnen messende Motorschiff »Mario Roselli«, das am 9. Oktober in Corfu einlief, um 5 500 Militärinternierte nach Patras zu bringen[166]. Am nächsten Morgen

---

[165] Vgl. dazu das bei Lops, Documenti, S. 87, abgedruckte Dokument Nr. III, das die Antwort des Admiralstabs der italienischen Marine auf eine Anfrage über den Untergang der »Sinfra« darstellt. Unzutreffend ist die Angabe, auf dem Schiff hätten sich 5 000 Gefangene befunden. Die von den deutschen Marinedienststellen geführten Statistiken sind nämlich zum einen relativ zuverlässig und zum anderen gab es keinen Grund, weniger Abtransportierte anzugeben, als tatsächlich an Bord waren. Eher wäre schon das Gegenteil zu vermuten. Letztlich ist kaum vorstellbar, daß die Gefangenen italienischerseits gezählt wurden. Schwieriger ist die Bewertung der Aussagen über das Geschehen an Bord, denn dabei handelt es sich um Angaben von Überlebenden. Man mag manchen Vorbehalt anmelden, aber das Geschilderte ist letzten Endes nicht zu widerlegen. Daß sich in den deutschen Quellen keinerlei Hinweis auf derartige Vorgänge findet, ist kein zwingendes Argument gegen die Korrektheit der Darstellung der italienischen Augenzeugen. Vgl. auch ebd., S. 91 ff., Dokument Nr. VII, die Zeugenaussage von Telemaco Fabris, der sich auf der »Sinfra« befand. Er berichtete (S. 92), daß es vor dem Ausbruch an Oberdeck gelang, die deutschen Wachen zu töten, und wies auf eine entsprechende Anschuldigung seitens der Wehrmacht hin (S. 93).

[166] XXII. Geb. A.K. Ia Nr. 1280/43 geh., 9.10.1943, An Heeresgruppe E Ia, Abendmeldung 9.10., BA-MA, RH 24-22/3. In verschiedenen Unterlagen wird die »Roselli« fälschlich als 10 000 BRT großes

— die Italiener hatten noch am Abend des 9. an Bord gehen müssen[167] — erhielt die
»Mario Roselli« bei einem Luftangriff von vier Flugzeugen um 07.15 Uhr durch Treffer
zwei Lecks. Das Schiff nahm schnell starke Schlagseite ein, sollte jedoch unbedingt erhalten
werden. Notfalls wollte man es auf Grund setzen[168].
Was dann, also nach den Treffern, genau passierte, ließ sich im einzelnen nicht rekonstruieren. Nach italienischen Zeugenaussagen sprangen die Gefangenen schon bei der ersten
Attacke befehlsgemäß ins Wasser, um sich zu retten. Zahlreichen Nichtschwimmern sei es
allerdings nicht gelungen, die nur circa 800 m entfernte Küste zu erreichen[169].
In den deutschen Unterlagen heißt es hingegen, daß gegnerische Flugzeuge am 11. Oktober
die Stadt, den Flugplatz und den Hafen Corfu ein zweites Mal angriffen, wobei es im
italienischen Gefangenenlager 35 Tote und 100 Verletzte gegeben habe. Die »Mario Roselli«
bekam während des Bombardements zwei weitere Treffer und sank[170]. Aus der Meldung
geht nicht eindeutig hervor, ob sich beim Untergang noch Militärinternierte auf dem
Motorschiff befanden. Generalmajor August Winter, der Chef des Generalstabs der Heeresgruppe E, befahl zwar dem Marineverbindungsoffizier bei der Heeresgruppe unmittelbar nach dem Bombenangriff am 11. Oktober, das bewegungsunfähige »Schiff mit den
Italienern abzuschleppen«, aber als letzterer dem General einen Tag später die Versenkung der »Mario Roselli« mitteilte, erwähnte er keine an Bord befindlichen Gefangenen[171]. Daraus ist freilich nicht zuverlässig zu schließen, daß alle Internierten das Schiff
— noch bevor es unterging — verlassen hatten.
Da in den Quellen und in der Literatur präzise Angaben über die Toten beim Untergang
der »Mario Roselli« fehlen[172], bleibt nur der Versuch, sich der Wahrheit auf indirektem
Weg anzunähern.
Nach den von der Kriegsmarine zusammengestellten Daten verloren bis zum 22. Oktober 1943 alles in allem rund 6 000 italienische Gefangene beim Verlust von Transportschiffen ihr Leben[173]. Werden von den 6 000 Toten diejenigen abgezogen, die auf der

---

Schiff bezeichnet. Ansonsten verloren die Deutschen im Oktober — außer den genannten — noch
folgende Handelsschiffe: »Olympos«, »Tarquinia«, »Re Alessandro«, »Kari«, »Trapani«, »Ingeborg«
und »Andrea Conterini«. Zit. nach: »Übersicht über Schiffsverluste in der Ägäis seit 1. Oktober
1942«, BA-MA, RM 35 III/189.

[167] KTB H.Gr. E, S. 189, 11.10.1943, BA-MA, RH 19 VII/1; und Lops, Documenti, S. 90, hier Dokument Nr. V.

[168] KTB Adm. Ägäis, S. 39, 10.10.1943, BA-MA, M 718/PG 46200.

[169] Vgl. Lops, Documenti, S. 83 und 90. Vgl. ebd., S. 89 ff., Dokumente Nr. V und VI insgesamt. Lops
(ebd., S. 83), nimmt an, daß durch den Untergang der »Mario Roselli« 500—1 000 Mann das Leben
verloren.

[170] KTB Adm. Ägäis, S. 47 f., 13.10.1943, BA-MA, M 718/PG 46200.

[171] KTB H.Gr. E, S. 189, 11. und 12.10.1943, BA-MA, RH 19 VII/1. Hier werden für den Luftangriff auf Corfu 30 Flugzeuge angegeben. Außerdem heißt es, die »Mario Roselli« sei torpediert
worden.

[172] Die Hinweise bei Torsiello, Le operazioni delle unità italiane, S. 522, sind sehr vage und tragen nicht
zur Klärung des historischen Sachverhalts bei.

[173] KTB M.Gr.Kdo. Süd, S. 87, 23.10.1943, BA-MA, RM 35 III/64. Bei den gemeldeten Toten, das geht
aus der Zusammenstellung der Daten eindeutig hervor, handelte es sich ausschließlich um Italiener.
Vgl. auch 1. Skl KTB Teil D, S. 637, 24.10.1943, BA-MA, RM 7/306.

»Donizetti«, »Ardena«, »Marguerita« und »Sinfra« umkamen, also insgesamt 4 698 Mann, so könnten bei der Versenkung der »Mario Roselli« 1 302 Italiener gestorben sein. Aufgrund der Tatsache, daß in den Unterlagen der verschiedenen Dienststellen der Kriegsmarine keine weiteren Personaleinbußen beim Seetransport verzeichnet sind, dürfte eine Größenordnung von etwa 1 300 ertrunkenen oder durch die Wucht der Explosion getöteten Militärinternierten realistisch sein. Von 5 500 Mann ausgehend, bedeutete das, daß sich die Verluste auf der »Mario Reselli« auf circa 24 Prozent beliefen. Aufgrund der besonderen Umstände, die beim Untergang des Schiffes existierten, wäre das eine außerordentlich hohe Todesrate, die im wesentlichen darauf beruhte, daß Rettungsmittel fehlten.

Im November gingen die Motorsegler »Agios Antonius Kal 89« und »Constantinos SA 38« auf der Überfahrt von Kárpathos nach Kreta zwischen Seteía und Nikoláos durch Feindeinwirkung verloren. 100 italienische Gefangene fanden dabei den Tod[174]. Während des Monats Dezember büßten die Deutschen zwar zwei Dampfer, ein kleines Motorschiff und zwanzig Motorsegler ein, doch ließen sich keine Informationen über Verluste an Militärinternierten finden[175]. Trotzdem ist nicht völlig auszuschließen, daß sich auf

---

[174] KTB Adm. Ägäis, S. 143, 19.11.1943, BA-MA, M 720/ PG 46203. Insgesamt verlor die Wehrmacht im November außer neun Motorseglern die Handelsschiffe »Pier Luigi«, »Bocaccio«, »Palma« (ehemals »Polcevera«) und »Alma«: Gr. Süd O.Qu. Seetr. B.Nr. (ohne) GKdos, 8.12.1943, Seetransporte in der Ägäis im November 1943, BA-MA, RM 35 III/189. Die Meldung, daß die »Alma«, bei der es sich im übrigen lediglich um einen Motorsegler handelte, im November gesunken sei, kann an sich nur zutreffen, wenn es mehrere Schiffe dieses Namens gab. Denn zum einen heißt es an anderer Stelle, daß ein 254 BRT großes Fahrzeug mit dem Namen »Alma« am 6. Dezember durch einen Minentreffer vor Náxos sank (KTB Adm. Ägäis, S. 279, 6.12.1943, BA-MA, M 720/PG 46204), und zum anderen sind die Motorsegler »Alma« und »Elvira« noch am 30. Dezember mit 102 italienischen Gefangenen an Bord von Argostólion auf Kefallenía nach Patras gelaufen, wo sie auch ankamen: KTB M.Gr.Kdo Süd, S. 118, 30.12.1943, BA-MA, RM 35 III/68; sowie KTB Adm. Ägäis, S. 336, 30.12. 1943, BA-MA, M 720/PG 46205. Es existiert ferner die Eintragung im Kriegstagebuch des Admirals Ägäis, daß der Motorsegler »Alma« am 6. Januar 1944 3,5 Seemeilen südlich der Südspitze von Kefallenía auf eine deutsche Mine lief und verlorenging. Nicht gesagt wird, ob das Fahrzeug für Kefallenía bestimmt war oder ablaufenden Kurs steuerte. Zudem fehlt irgendein Hinweis, daß sich Militärinternierte an Bord befunden hätten: KTB Adm. Ägäis, S. 81, 19.1.1944, BA-MA, M 717/PG 46163. Hingegen behauptet Lops, Documenti, S. 83, daß mit der »Alma« 1 000 Gefangene untergingen. Zwar ist er sich nicht sicher, ob es sich um diesen Motorsegler handelte, und er vermag außerdem für die Versenkung keinen exakten Zeitpunkt anzugeben, aber aus der Beschreibung der Havarie — Minentreffer auf der Höhe der Südspitze von Kefallenía — ergibt sich, daß es sich um das Unglück am 6. Januar gehandelt haben muß. Auszuschließen ist, daß ein Motorsegler von 254 BRT 1 000 Militärinternierte transportierte. Es finden sich zwar Belege, daß Motorsegler um die 300 Mann beförderten, aber in der Regel scheinen es kaum mehr als 100 gewesen zu sein. Die Tatsache, daß die »Alma« und die »Elvira« auf ihrer Fahrt am 30.12. (siehe oben) insgesamt lediglich 102 Gefangene beförderten, obwohl der verfügbare Transportraum bis zum Äußersten ausgenützt werden mußte, spricht ebenfalls gegen die Annahme, daß sich 1 000 Italiener an Bord der »Alma« befunden haben könnten. Andererseits ist aufgrund der bei Lops zitierten Tatsache, daß es Überlebende des Untergangs gab, davon auszugehen, daß Militärinternierte transportiert wurden.

[175] Marinegruppenkommando Süd Seetransport, 30.12.1943, Monatsrückblick für das KTB. Das Motorschiff »Seeschlange« (170 BRT) sank am 5.12. auf der Fahrt von Piräus nach Kreta. Die »Sonja«

dem einen oder anderen versenkten Fahrzeug Italiener befanden. Für den Januar 1944 muß beim Untergang des Motorseglers »Alma« von maximal bis zu 300 getöteten Gefangenen ausgegangen werden[176].

Außergewöhnlich hoch fielen die Personenverluste im Februar 1944 aus. Am 8. des Monats wurde der 3 209 Bruttoregistertonnen große Dampfer »Petrella« von dem britischen U-Boot »Sportsman« versenkt[177]. Das Schiff war um 06.30 Uhr zusammen mit dem Dampfer »Susanne« (552 Bruttoregistertonnen) und den Geleitbooten »GK 61« sowie »GK 91« von Súda auf Kreta nach Piräus ausgelaufen. An Bord befanden sich 95 Begleitmannschaften, 36 Flak-Soldaten, 34 Mann Besatzung und 3 173 gefangene Italiener. Da gegnerische Aufklärungsflugzeuge die »Petrella« in den vorangehenden Tagen wiederholt fotografierten, fuhr sie unter starker Luftsicherung.

Der erste Unterwasserangriff erfolgte nur 8,5 Seemeilen ostwärts Kap Trypétē. Dennoch lief der Geleitzug weiter. Gegen 08.00 Uhr griff das U-Boot in einer Position 17 Seemeilen östlich des besagten Kaps erneut an und erzielte einen Treffer. Die »Petrella«, die außer den Gefangenen Feldpost und sieben Fahrzeuge beförderte, bekam sofort starke Schlagseite. Auf die Meldung von der Havarie setzte der Seekommandant Kreta die »Geleitstreitkräfte und 18 weitere Einheiten, meist Motorsegler aus Súda und Canea [Chaniá, d. Verf.] zu Rettungsaktion an«. Gleichzeitig versuchte man, den Dampfer in seinen Auslaufhafen einzuschleppen, was ein aus nächster Nähe geschossener Torpedo des britischen U-Bootes verhinderte. Nach dem zweiten Treffer sank die »Petrella« sehr schnell um 11.32 Uhr auf einer Position rund 10 Seemeilen nördlich von Súda. Dorthin lief der Dampfer »Susanne«, der sich zunächst ebenfalls an den Rettungsbemühungen beteiligte, mit seinem Geleit und 180 Schiffbrüchigen. Insgesamt gelang es, von den auf der »Petrella« befindlichen 3 338 Personen 75 Begleitmannschaften, 35 Flak-Soldaten, 30 Besatzungsmitglieder und 527 Militärinternierte zu bergen. Von letzteren verstarben nach der Rettung 24 Mann[178]. Das heißt, von 3 173 abtransportierten Gefangenen verloren 2 670 das Leben. Die Todesrate der Italiener lag damit bei 84 Prozent. Hingegen belief

---

(2 719 BRT) wurde bei Kap Irene am 9.12. torpediert. Der bulgarische Dampfer »Balkan« (3 838 BRT) befand sich mit einer Ladung Kohle aus dem Schwarzen Meer auf der Fahrt von Mûdros auf Lêmnos nach Piräus. Er sank am 23.12. durch Torpedotreffer, BA-MA, RM 35 III/189. Vgl. auch Birnbaum/Vorsteher, Auf verlorenem Posten, S. 60.

[176] Siehe oben, Anm. 174; und Marinegruppenkommando Süd, B.Nr. O.Qu. Seetr. 633/44 Gkds., St.Qu., 16.2.1944, Seetransporte in der Ägäis im Januar 1944, BA-MA, RM 35 III/d189.

[177] Rohwer/Hümmelchen, Chronik, S. 426.

[178] KTB Adm. Ägäis, S. 178, 8.2., und S. 188, 10.2.1944 (danach zitiert), BA-MA, M 717/PG 46164; und KTB Seetr. Ägäis, 8.2.1944, BA-MA, M 667/PG 45473. Ungenau sind die Angaben in: KTB M.Gr.Kdo. Süd, S. 44 f., 8.2.1944, BA-MA, RM 35 III/72, wo von 2 800 Italienern an Bord der »Petrella« die Rede ist; und in: KTB H.Gr. E, 8.2.1944, BA-MA, RH 19 VII/15, wonach der Dampfer 3 000 Militärinternierte und 75 Mann deutsches Begleitpersonal mitführte. Unhaltbar sind — angesichts der sehr detaillierten Angaben im Kriegstagebuch des Admirals Ägäis — die in der Literatur überlieferten Vermutungen, es hätten sich auf der »Petrella« 6 500 Italiener befunden. Vgl. dazu Kuby, Verrat auf deutsch, S. 297; und Lops, Documenti, S. 84 f. und 88 f., Dokument IV. Ohne Dokumentenanhang sind die Ausführungen von Lops auch abgedruckt in: Piasenti, Il lungo inverno, S. 72—79.

sich die der Soldaten auf 16 Prozent und jene der Besatzungsmitglieder auf knapp 12
Prozent, das heißt, die deutschen Verluste bezifferten sich total auf 15 Prozent.
Im Hinblick auf den operativen Handlungsablauf und die statistischen Daten ist den
Angaben in Dokumenten der Kriegsmarine der Vorzug vor den nach der Repatriierung
gemachten Aussagen von italienischen Überlebenden zu geben. Allerdings schweigen die
deutschen Quellen zu dem, was sich an Bord des sinkenden Schiffes ereignete. Aus methodischen Gründen und zugleich aus Respekt vor denen, die das Desaster durchlitten
und überstanden, erscheint es hierbei als unverzichtbar, die Erinnerungen von Dabeige-
wesenen zu Wort kommen zu lassen.
Nach den Darstellungen verschiedener Augenzeugen spielten sich an Bord der »Petrella«
Szenen ab, die denjenigen sehr ähnlich gewesen zu sein scheinen, über die schon im Zusammenhang mit dem Untergang der »Sinfra« berichtet werden mußte. Als der erste Torpedo traf, entstand Panik unter den eingeschlossenen Männern. Sie versuchten das Oberdeck zu erreichen, um sich irgendwie zu retten. Doch ihre Bewacher haben das angeblich mit unglaublicher Härte verhindert. Sobald sich die Finger von Gefangenen um
den Rand einer Ladeluke klammerten, wurden sie durch brutale Stockschläge zerbrochen. Italiener, die über die Leitern nach oben kletterten, hat man ausnahmslos erschossen. Da jedoch alle diese Maßnahmen den Zustrom der »Schiffbrüchigen« an Deck nicht
zu unterbinden vermochten, sollen auch hier Handgranaten in die Laderäume geworfen
worden sein. Das Massaker endete erst, als die Geleitfahrzeuge die Soldaten und Besatzungsmitglieder von Bord geholt hatten. Nunmehr besaßen zumindest diejenigen unter
den Militärinternierten die Möglichkeit, ins Meer zu springen, die unverwundet geblieben waren oder wenigstens gehen konnten. Aber selbst im Wasser schwimmend, so heißt
es, sahen sie sich noch mit Maschinengewehren beschossen[179].
Da sich an der Versenkung der »Petrella« keine gegnerischen Flugzeuge beteiligten, und
weil getauchte U-Boote nicht mit Maschinengewehrfeuer bekämpft werden, kann sich
das Schießen, von dem in den italienischen Berichten die Rede ist, einzig gegen die schiffbrüchigen Gefangenen gerichtet haben. Allerdings ließe sich ein derartiges Verhalten der
Geleitfahrzeuge nicht mit der Tatsache in Einklang bringen, daß der Seekommandant
Kreta nach der Torpedierung der »Petrella« eine große Rettungsaktion auslöste. Wahrscheinlich diente sie, wie im Fall der »Sinfra«, vorrangig dazu, die deutschen Soldaten
und Besatzungsmitglieder zu bergen. Gewiß, die Retter fischten über 500 Militärinternierte aus dem Wasser, aber dabei ist zu berücksichtigen, daß sich nicht auf allen Booten
und Motorseglern, die an der befohlenen Seenotaktion teilnahmen, deutsche Besatzungen befanden. Viele Italiener verdankten ihr Leben möglicherweise Griechen.
Was nun das Geschehen an Bord anbelangt, so spielten sich die geschilderten Vorfälle
vermutlich zwischen dem ersten und dem zweiten Torpedotreffer ab. In den Zeugenaussagen fallen gewisse Unsicherheiten und Differenzen bei den Zeitangaben auf, aber das

---

[179] Siehe dazu den Bericht von General Francesco Imbriani, der am 8. September Oberst und Inselkommandant auf Kárpathos war, abgedruckt bei Lops, Documenti, S. 84 f.; und ebd., S. 88 f., den
Bericht des Signalmaaten Nicola Dell'Olio. Die Aufzeichnung von Imbriani ist auszugsweise —
in zum Teil freier Übersetzung — wiedergegeben bei Kuby, Verrat auf deutsch, S. 297.

ist in solchem Zusammenhang nicht ungewöhnlich. Selbst die offiziellen deutschen Unterlagen über den Untergang der »Petrella« enthalten voneinander abweichende Daten. Doch nicht darum geht es, sondern um die Tatsache, daß die in den Archiven der Marine und des Heeres in Rom befindlichen Berichte überlebender Militärinternierter[180] übereinstimmend von einem Blutbad an Bord der »Petrella« sprechen. Es handelt sich bei ihnen nicht etwa um Zeugen, die behaupten, daß sie etwas beobachteten. Vielmehr zählten sie zu den unmittelbar Betroffenen. Daher ist davon auszugehen, daß sie sehr genau wußten, wovon sie redeten. Verhältnismäßig belanglos erscheint die Frage, ob sich alles bis in die letzte Einzelheit so zutrug, wie die Überlebenden es mitteilten. Es muß jedenfalls einen Anlaß für jene furchtbare Erinnerung gegeben haben, die Soldaten, Unteroffiziere, Offiziere und Militärgeistliche nach ihren Erlebnissen auf dem Gefangenentransporter mit sich trugen. Vorstellbar wäre eventuell, daß, da nach dem ersten Treffer noch die Hoffnung bestand, das Schiff nach Súda einschleppen zu können, Bewacher und Besatzung die Gefangenen in den Laderäumen eingeschlossen ließen. Als diese dann als Folge der Detonation, der Schlagseite und des Wassereinbruchs in Todesangst auf das Oberdeck zu gelangen versuchten, wurden sie daran offenbar mit brutalster Gewalt und schließlich mit gezieltem Feuer gehindert. Es mag sein, daß sich ein Teil der ungeheuerlichen — durch nichts zu rechtfertigenden — Vorgänge auf solche Weise aus der Sicht der Täter darstellen läßt. Verständlich würde die überlieferte Untat dadurch nicht. Ganz zu schweigen von den Schüssen auf die Schiffbrüchigen.

Von ganz anderer Art war ein weiteres Unglück auf See, das sich ebenfalls im Februar 1944 ereignete. Am 11. des Monats um 17.40 Uhr verließ der 3 000-Tonnen-Dampfer »Oria« — in der Literatur mitunter »Orion« genannt — den Hafen von Rhodos, um mit 4 073 oder sogar 4 190 Militärinternierten und 30 deutschen Bewachungssoldaten nach Piräus zu laufen[181]. Das Geleit wurde von drei Torpedobooten gesichert[182]. Bereits beim Auslaufen herrschte eine ungünstige Wetterlage, die sich allmählich so sehr verschlechterte, daß Schiffahrt am 12. Februar in der Ägäis kaum noch stattfand. Freilich bedeutete das schlechte Wetter auch eine gewisse Sicherheit vor gegnerischen Aktio-

---

[180] Lops, Documenti, S. 80 f. und 84 f.; dort findet man außerdem eine Reihe namentlich genannter Zeugen.

[181] Vgl. dazu KTB Adm. Ägäis, S. 193, 11.2.1944, BA-MA, M 717/PG 46164. Vizeadmiral Lange behauptet, daß die »Oria« 200 Gefangene mehr abfahren sollte, d.h. 4 273 Mann. Die Sturmdivision Rhodos habe diese jedoch nicht zeitgerecht bereitgestellt: ebd., S. 196, 12.2.1944. Im KTB Sturmdiv. Rhodos, 11.2.1944, heißt es hingegen, das Schiff sei mit 4 190 Militärinternierten an Bord ausgelaufen, BA-MA, RH 26-1007/12. In italienischen Quellen werden 4 115 auf der »Oria« eingeschiffte Gefangene genannt. Diese Zahl stützt sich auf eine Ausarbeitung des Leiters der Dienststelle für Vermißte und Heimkehrer der italienischen Marine vom 22.1.1948. Der Bericht ist veröffentlicht bei Levi, Avvenimenti in Egeo, S. 556 f., und in leicht veränderter Form bei Lops, Documenti, S. 80 f.

[182] Es handelte sich um die Boote »TA 16«, »TA 17« und »TA 19«. Im KTB Sturmdiv. Rhodos, 20.2.1944, BA-MA, RH 26-1007/12, steht, daß sich auf der »Oria« auch »91 deutsche Urlauber« befunden hätten. In Wirklichkeit übernahmen von diesen lediglich 29 Mann Bewachungsaufgaben auf dem Gefangenenschiff, während 21 auf »TA 17« und 41 auf »TA 16« eingeschifft wurden. Die Funktion des 30. Deutschen auf der »Oria« war nicht zu bestimmen: KTB Adm. Ägäis, S. 193, 11.2.1944, BA-MA, M 717/PG 46164.

nen[183]. Lediglich vor dem Einsetzen des eigentlichen Sturms kam es zu Luftangriffen, die jedoch keine Beschädigungen hervorriefen. Sozusagen im Schutz der meteorologischen Bedingungen marschierten der Dampfer und die Torpedoboote — trotz orkanartiger Sturmböen — nach Norden.

Nach gut 24 Stunden Fahrt peilte das Geleit gegen 18.00 Uhr am 12. Februar Kap Súnion. Um bei dem auflandigen Wind von der Küste gut freizubleiben, mußten die Fahrzeuge wenig später auf Westkurs gehen. Den diesbezüglichen Befehl des Geleitführers bestätigte die »Oria« zwar, aber das Schiff drehte nicht nach Backbord an. Selbst als seine Führung mit einem vereinbarten Notsignal dazu aufgefordert wurde, erfolgte keine Kursänderung. Gegen 18.45 Uhr mußte daraufhin der Kapitän der »Oria« rote Sterne schießen — das Schiff saß an der Südostecke der Insel Gáïdaros auf Grund.

Der Admiral Ägäis erhielt die Meldung über die Strandung des Dampfers erst gegen 23.20 Uhr, obwohl die drei Torpedoboote zwischen 22.00 und 24.00 Uhr in Piräus einliefen. Wahrscheinlich ging wertvolle, vielleicht entscheidende Zeit wegen schwer zu erklärender Kommunikationsschwierigkeiten verloren. Mit erheblicher Verspätung schickte man sich an, dem Havaristen zu helfen. Dabei wurde zwar alles getan, was machbar erschien, aber im Grunde bestand zu jenem Zeitpunkt kaum noch Hoffnung, viele Überlebende zu bergen. Die »Oria« war nämlich in der schweren See bereits zerbrochen. Das abgerissene Heck kenterte, vom Vorschiff ragten beim Einsetzen der Rettungsversuche lediglich noch der vordere Mast und ein Teil des Bugs aus dem Wasser. Schiffbrüchige wurden in der tosenden Brandung von aufgeschwommenen Fässern und anderen Gegenständen erschlagen. Fünf im Bugraum eingeschlossene Gefangene sowie zwei Deutsche und sechs Italiener, die sich auf den Mast zu retten vermochten, konnten erst am 13. und 14. Februar geborgen werden. Sie zählten zu den glücklichen Ausnahmen, denn ansonsten spülte die See von der »Oria« fast nur Leichen an den Strand — Opfer eines Navigationsfehlers[184].

Wieviele Menschen dem Verderben entrannen, ist mit letzter Gewißheit nicht anzugeben. Nach Aussagen italienischer Augenzeugen überlebten 21 Militärinternierte, sechs Deutsche und ein Grieche[185]. Damit stimmen die statistischen Angaben in den Unterlagen der Seetransporthauptstelle in Piräus jedoch nicht überein. In ihnen werden nämlich sechs Soldaten, sieben Besatzungsmitglieder und 49 Gefangene als gerettet aufgeführt[186]. Das Kriegstagebuch des Admirals Ägäis spricht hingegen von 22 Deutschen, zwei Mann der Besatzung und 11 Militärinternierten, die dem Unglück zu entkommen vermochten[187].

---

[183] KTB Adm. Ägäis, S. 193 und 196 (siehe oben, Anm. 181). Zur Durchführung des Transports vgl. auch Birnbaum/Vorsteher, Auf verlorenem Posten, S. 89 ff.

[184] KTB Adm. Ägäis, S. 197 und 199 ff., 12./13.2.1944 (siehe oben, Anm. 181). Im KTB ist eingetragen, die »Oria« habe gegen 19.15 Uhr, nach Meldung der Marinesignalstation, Kap Súnion passiert. Birnbaum/Vorsteher, Auf verlorenem Posten, S. 90, geben jedoch als Strandungszeit 18.45 Uhr an.

[185] Levi, Avvenimenti in Egeo, S. 557. Die Angabe resultiert aus den Aussagen von acht Überlebenden.

[186] KTB Seetr. Ägäis, 14.2.1944, BA-MA, M 667/PG 45473.

[187] KTB Adm. Ägäis, S. 199 f., 13.2.1944, BA-MA, M 717/PG 46164.

Geht man von 4 190 entwaffneten italienischen Soldaten und 30 Wehrmachtangehörigen auf der »Oria« aus, so bedeutete das, daß bei der Annahme von sechs Deutschen und 21 Italienern, die überlebten, 99,5 Prozent der eingeschifften Internierten und 80 Prozent ihrer Bewacher den Tod fanden. In dieser makabren Bilanz menschlichen Versagens tritt erneut zutage, was sich schon beim Untergang der »Donizetti« zeigte. Sobald sich die Bedingungen für die an Bord von untergehenden Schiffen befindlichen Personen einigermaßen gleich darstellten, wichen die jeweiligen Prozentzahlen für die toten Italiener beziehungsweise Deutschen nur unerheblich voneinander ab.

Als der ganze 316 Bruttoregistertonnen messende Dampfer »Sifnos« am 4. März auf der Reise von Súda nach Milos einen Lufttorpedotreffer erhielt und sank, zeigte die Statistik wieder das gewohnte Bild. An Bord des kleinen Schiffes, das drei Geleitboote eskortierten, befanden sich außer der Besatzung 90 Militärinternierte und 12 deutsche Bewachungssoldaten. Zu den Geretteten gehörten alle Deutschen, 16 Griechen, vermutlich die gesamte Mannschaft, und 31 Gefangene[188]. Das heißt, daß die deutschen Verluste null, die italienischen hingegen 66 Prozent betrugen. Um es noch einmal zu wiederholen: Bei derartigen Tragödien auf See existierte hinsichtlich der Überlebensmöglichkeit keine Chancengleichheit.

Hinweise auf weitere Versenkungen von Gefangenentransporten ließen sich zwar nicht finden, aber die Frage nach den insgesamt auf See gebliebenen Italienern ist mit dem dargelegten statistischen Befund noch nicht vorbehaltlos als beantwortet zu bezeichnen. Um zu einem einigermaßen sicheren Ergebnis zu gelangen, müssen die erarbeiteten Zahlen — auf der Grundlage der Summe aller am 8. September 1943 auf den Inseln der Ägäis, auf Kreta mit seinen Nebeninseln, auf Kefallénía, Corfu, Páxoi, Levkás, Ithákē und Zákynthos anwesenden italienischen Soldaten — erst noch mit anderen Daten in Beziehung gesetzt werden. Dazu zählen etwa die auf einigen Inseln verbliebenen Hilfswilligen, die Gefallenen oder Ermordeten, die via Luft- und Seeweg auf das griechische Festland transportierten Militärinternierten sowie jene Italiener, die sich in die Türkei flüchten konnten oder in den Untergrund gingen. Für keine der genannten Gruppen stehen verläßliche quantitative Angaben zur Verfügung. Insbesondere weichen die relevanten Aussagen in der Literatur stark von denjenigen in den amtlichen Akten ab. Um den diffizilen Sachverhalt anschaulich zu machen, sollen die in den Unterlagen der Wehrmacht überlieferten Seetransportverluste an italienischen Gefangenen mit den Zahlenwerten verglichen werden, die sich dazu in verschiedenen Publikationen finden[189].

Diese Verlustzahlen, die um 7 396 Mann voneinander abweichen, sind nicht zu harmonisieren, wobei anzumerken ist, daß in der Literatur sogar von bis zu 25 000 auf See gestorbenen Italienern ausgegangen wird[190]. Was jedoch die in der folgenden Tabelle zu

---

[188] KTB H.Gr. E, 4./5.3.1944, BA-MA, RH 19 VII/16; und KTB Adm. Ägäis, S. 330, 4.3.1944, BA-MA, M 717/PG 46166. Rohwer/Hümmelchen, Chronik, S. 425, geben für die »Sifnos« 387 BRT an.

[189] Die Herkunft der Daten, die von deutscher Seite genannt werden, ist im Rahmen dieser Untersuchung nachgewiesen, vgl. S. 263—272. Zu den auf die Literatur bezogenen Angaben vgl. Lops, Documenti, S. 80—85.

[190] Lops, Documenti, S. 80.

Tabelle 5

Schiffsuntergänge mit Gefangenenverlusten im östlichen Mittelmeer 1943/1944

Name des Schiffes	Untergang am	Verluste an Gefangenen gemäß Wehrmachtsangaben	Verluste an Gefangenen gemäß der Literatur
Donizetti	23.09.1943	1 584	1 800
Ardena	28.09.1943	720	800
Mario Roselli	11.10.1943	1 302	1 000
Marguerita	13.10.1943	544	
Sinfra	18.10.1943	1 850	5 000
Agios Antonius Kal 89 u. Constantinos SA 38	19.11.1943	100	
Alma	06.01.1944	300	1 000
Petrella	08.02.1944	2 670	6 000
Oria	12.02.1944	4 169	4 094
Sifnos	04.03.1944	59	
unbekannt	unbekannt		1 000
Gesamtverluste 23.9.1943—4.3.1944		13 298	20 694

verzeichnende Differenz anbelangt, so erklärt sie sich in erster Linie durch unzutreffende Schätzungen der auf den untergegangenen Schiffen abgefahrenen Militärinternierten. Die Autoren verzichteten offenbar auch darauf, die Anzahl der Überlebenden sorgfältig zu überprüfen. Sie scheinen vielmehr generell davon ausgegangen zu sein, daß mehr oder weniger alle an Bord befindlichen Gefangenen umkamen[191]. Tatsächlich sind aber von den Italienern, die sich auf den in der Tabelle genannten Fahrzeugen befanden, das heißt von mindestens 19 066 Mann, 5 768 gerettet worden, wobei die Versenkung der »Mario Roselli«, bei der es rund 4 200 Überlebende gegeben haben dürfte, einen Sonderfall darstellte, weil das Motorschiff auf Reede lag. Werden nur diejenigen Transporter berücksichtigt, die tatsächlich in See standen, so konnten von 13 566 beförderten Gefangenen lediglich 1 570 geborgen werden. Das entsprach knapp 12 Prozent. Freilich ist noch einmal darauf hinzuweisen, daß die Daten zwar weitgehend, aber nicht absolut mit dem historischen Sachverhalt übereinstimmen dürften.

---

[191] Lops, Documenti, S. 81—84, der nur im Hinblick auf die »Oria« und die »Mario Roselli« einigermaßen sorgfältig arbeitet. Kuby, Verrat auf deutsch, S. 297, meint, ohne Belegstellen zu nennen, daß auf die »Donizetti« 1 800, auf die »Orion«, so wird die »Oria« in der italienischen Literatur genannt, über 4 000, auf die »Sinfra« 5 000 und auf die »Petrella« 6 500 Gefangene gebracht wurden. Dazu stellt er dann fest: »Von diesen rund 17 000 Soldaten, auf den Schiffen unter Deck zusammengepfercht, haben nur wenige überlebt.« Insgesamt sind nach Kuby (ebd., S. 296) etwa 20 000 Italiener »auf dem Meeresgrund« geblieben. Beide Autoren gehen bei ihren Überlegungen von circa 80 000 italienischen Soldaten auf den Inseln aus, von denen nach Lops 15 000 (S. 80), nach Kuby 20 000 (S. 296) in den Kämpfen getötet oder danach exekutiert worden seien, so daß lediglich ungefähr 40 000 das Festland erreichten, was — wie noch zu zeigen ist — nicht zutrifft. Torsiello, Le operazioni delle unità italiane, S. 643 f., nennt an Gefallenen in der Ägäis 642 Mann, auf Kefallénia 6 445 (eingeschlossen die Ermordeten) und auf Corfu 625, also insgesamt 7 712 Tote (ohne die Transportverluste).

Um sich ihm weiter anzunähern, wird im folgenden eine Zusammenstellung der in den Quellen nachvollziehbaren Transportbewegungen vorgenommen. Das statistische Resümee erhebt wiederum keinen Anspruch auf Vollständigkeit; denn einerseits ist die archivalische Überlieferung nicht lückenlos und andererseits läßt sich nicht ausschließen, daß die eine oder andere Fahrt in den eingesehenen Akten nicht registriert oder nicht erkannt wurde.

Unter methodischen Gesichtspunkten ist ergänzend festzustellen, daß es 1943 und 1944 — wie im Rahmen der Erörterungen zu Kefallēnía schon angedeutet — zu zahlreichen Überführungen von Militärinternierten von einer Insel zur anderen kam, um die Gefangenen für den Abtransport zum Festland an einigen wenigen Stellen zu konzentrieren. Derartige Sammellager richtete die Wehrmacht zum Beispiel auf Léros und Kreta ein. Eine Vorstellung vom Umfang der damit verbundenen Menschenbewegungen vermag die Beobachtung zu vermitteln, daß allein im September 1943 in den Häfen von Kreta 10 543 und in weiteren Inselhäfen 18 605 Militärinternierte ein- und ausgeladen worden sind. Nicht alle Ein- und Ausgeschifften konnten anschließend sofort auf das Festland gebracht werden[192]. In der nachstehenden Übersicht sind daher ausschließlich die unmittelbar nach Griechenland gehenden Transporte festgehalten. Dadurch unterscheidet sie sich von der Statistik über die Menschenverluste, die auf dem gesamten Schiffsverkehr zwischen den verschiedenen Inseln beruht.

In einer speziellen Tabelle werden die Lufttransporte von Rhodos zum Festland dargestellt, die insbesondere 1944 einen beträchtlichen Umfang annahmen[193]. Eine solche Hervorhebung soll allerdings nicht den Eindruck erwecken, daß Militärinternierte andere Inselstützpunkte nicht ebenfalls per Luftweg verließen. Das taten im Oktober 1943 insgesamt 175 Italiener auf Astropaliá. Im März 1944 zählte Kreta 792 von der Luftwaffe abtransportierte Gefangene[194], in Kôs belief sich ihre Zahl auf 232 und bei der Räumung der Ägäis gingen bis in den September hinein nicht nur von Rhodos internierte Italiener mit Flugzeugen nach Griechenland ab[195]. Doch handelte es sich — im Unterschied zu den bis Anfang März 1944 auf Rhodos vorgenommenen Abflügen — meistens um sporadische Aktionen.

Ansonsten existieren für die Lufttransporte gleichfalls unterschiedliche Angaben. In der Tabelle wird bei abweichenden Zahlwerten die jeweils niedrigere Meldung in Klammern gesetzt. Durch Addition der geringsten beziehungsweise der höchsten Beförderungsquoten lassen sich die Grenzwerte ermitteln, zwischen denen die Anzahl der effektiv abge-

---

[192] Gr. Süd O.Qu. Seetr., 7.10.1944, Seetransporte in der Ägäis im September 1943, BA-MA, RM 35 III/188.

[193] Die Aussage bei Levi, Avvenimenti in Egeo, S. 78 f., es habe nach dem September 1943 nur gelegentlich Abtransporte auf dem Luftweg gegeben, ist nicht zutreffend.

[194] 1. Skl. KTB Teil D, S. 637, 24.10.1943, BA-MA, RM 7/306; und GTDW, Bd 8, S. 314, 29.10.1943; sowie KTB Adm. Ägäis, S. 355, 9.3., und S. 359, 10.3.1944, BA-MA, M 717/PG 46166; und ebd., S. 449, 26.3.1944, BA-MA, M 771/PG 46167.

[195] GTDW, Bd 9, S. 317, 9.2., und S. 350, 19.2.1944; sowie O.B. Südost (Okdo. H.Gr. F) Ia Nr. 4387/44 g.Kdos., 5.9.1944, An H.Gr. E (dort findet man einen Tadel wegen des Abfliegens von 143 Italienern), BA-MA, RH 19 XI/33; und KTB H.Gr. E, 24./25.7.1944, BA-MA, RH 19 VII/32: hier der Hinweis, daß 1 Militärinternierter von Leros abgeflogen worden sei.

flogenen Gefangenen gelegen haben dürfte. Tatsächlich stellt sich im Hinblick auf Rhodos lediglich der Monat Februar 1944 problematisch dar. Die Größenordnung der abtransportierten Militärinternierten liegt für ihn zwischen 10 122 und 12 186 Mann. Nicht gänzlich auszuschließen ist, daß es sich bei den Angaben zum 18. und 19. Februar um eine Doppelmeldung handelt, das heißt ein und derselbe Flug angesprochen ist[196].

Im Rahmen des Versuchs, die wirklichen Transportzahlen einzugrenzen, erwiesen sich verschiedene Notizen über Zwischenstände des Abtransports als hilfreich. So war am 9. Februar die Rede von 6 543 abgeflogenen Militärinternierten[197]. Einen Tag später hat man 8 600 genannt[198]. Bis zum 18. Februar sollen es 10 136[199] und am 24. des Monats 10 688 Mann gewesen sein[200]. Der Vergleich mit den Daten der Statistik für den Februar 1944 ergibt, daß somit bis zum 24. des Monats — angenommen, die zweimal gemeldeten 395 Abgeflogenen stellten eine Doppelmeldung dar — maximal 10 688 beziehungsweise 11 660 Militärinternierte Rhodos auf dem Luftweg verließen. Werden zu jenen Zwischensummen, die den historischen Gegebenheiten in etwa entsprechen dürften, die übrigen Meldungen bis zum 29. Februar hinzugezählt, so beliefe sich der Gesamtabschub auf 10 819 oder 11 791 Gefangene. Im Mittel wären das 11 305 Mann. Von dieser Hypothese ausgehend, könnte die Anzahl der vom September 1943 bis zum August 1944 von Rhodos mit der Luftwaffe abbeförderten Internierten mit 14 771 angenommen werden, sofern auch für die Monate September bis Dezember 1943 der jeweilige Mittelwert zugrunde gelegt wird, der aus den in der Tabelle angegebenen Höchst- und Mindestsummen resultiert. Zwar handelt es sich hierbei um einen Näherungswert, aber er dürfte mit der Wirklichkeit in etwa korrespondieren. Von ihm wird deshalb bei allen weiteren Überlegungen ausgegangen.

In bezug auf die nachstehenden Statistiken über den Seetransport der Kriegsgefangenen von den Inseln zum griechischen Festland ist zunächst daran zu erinnern, daß die Truppen der Wehrmacht auf den Inseln Corfu, Páxoi, Levkás, Kefallēnía, Ithákē und Zákynthos, auf Kýthēra, Antikýthēra und Kreta sowie auf den Kykladen, den Sporaden und auf Euböa — Gefallene und Ermordete sind hierin nicht enthalten — rund 98 000 italienische Soldaten entwaffneten. Zur genannten Summe sind die auf dem See- und Luftweg in Griechenland eingetroffenen, die auf See gebliebenen und auf den Inseln zurückbehaltenen ehemaligen italienischen Militärangehörigen ins Verhältnis zu setzen. Diejenigen, die sich der Gefangennahme zu entziehen vermochten, können dagegen ver-

---

[196] Im KTB Adm. Ägäis, S. 261, 19.2.1944, BA-MA, M 717/PG 46165, wurden für den 18. Februar 395 Gefangene als abgeflogen gemeldet. Hingegen trat jene Zahl im Lagebericht der Heeresgruppe E erst am 20. Februar auf. Vgl. GTDW, Bd 9, S. 354, 20.2.1944. Wie sich aus dem Vergleich der Meldungen in GTDW mit anderen Quellen ergibt, beziehen sich diese normalerweise auf Flüge vom Vortag. Im vorliegenden Fall wäre das der 19.2.

[197] GTDW, Bd 9, S. 320, 10.2.1944. Gleichzeitig hieß es, auf den Inseln der Ägäis befänden sich noch 17 982 Gefangene, während es am 29.1.1944 genau 25 525 gewesen sein sollen. Auch diese Werte können nicht als absolut zuverlässig bezeichnet werden, doch dürften sie der Realität in etwa entsprechen.

[198] KTB Adm. Ägäis, S. 193, 11.2.1944, BA-MA, M 717/PG 46164.

[199] KTB Adm. Ägäis, S. 261, 19.2.1944, BA-MA, M 717/PG 46165.

[200] Ebd., S. 287, 25.2.1944.

Tabelle 6

Der Lufttransport der Militärinternierten von Rhodos nach Griechenland
September 1943 — August 1944

	1943				1944				
Tag	September	Oktober	November	Dezember	Januar	Februar	März	Juli	August
01.			25			1 033	346		
02.						1 020 (862)			10
03.						1 230	22	14	16
04.						1 007	135		32
05.		31		30		1 055			
06.		32		48					
07.						781 (201)			
08.						597 (390)			
09.						1 245 (156)			7
10.			22			1 076 (1 046)			
11.			9			76			
12.			16			599			
13.						488			
14.						448			
15.		3		26		197			
16.			7						
17.									
18.		145		26		395			
19.		82		32		395			
20.		145	4					7	
21.			3			177		3	
22.	709	159							
23.		98						12	
24.				17		236		8	
25.		81							
26.		88 (58)							
27.	146	204 (73)							
28.		119 (23)							
29.	153			38		131			
30.		16		30	207				
31.		22			341				
Summe 1.–31.	[937] 1 008	[723] 1 159 (902)	[196] 220	(179) [192]	548	(10 122) 12 186	503	44	65

Der Gesamtabschub 1943/44 von Rhodos auf dem Luftweg umfaßte demnach mindestens 13 317 und maximal 15 925 Italiener, wobei die in eckigen Klammern geschriebenen Summen nicht errechnet, sondern einer der nachstehenden Quellen entnommen sind.

Quellen: KTB Adm. Ägäis, 1.2.–31.3.1944, BA-MA, M 717/PG 46164–46167; KTB M.Gr.Kdo. Süd, 1.–15.2.1944, BA-MA, RM 35 III/72; KTB Sturmdiv. Rhodos, BA-MA, RH 26-1007/2, 12, 27 und 29; KTB H.Gr. E, 1.–19.7.1944, BA-MA, RH 19 VII/30; KTB H.Gr. E, 14.7.–19.8.1944, BA-MA, RH 19 VII/32 und 33; und GTDW, Bde 8 und 9.

nachlässigt werden. Ansonsten erübrigt es sich, zwischen Gefangenen, Hilfs- und Kampfwilligen zu unterscheiden, denn alle drei Kategorien sind in den oben genannten 98 000
Mann inbegriffen.

Aus den bisher zitierten Daten ergibt sich, daß bis zum September 1944 insgesamt etwa
15 970 Italiener auf dem Luftweg das Festland erreichten. Unter ihnen stammten 14 771
von Rhodos und 1 199 von anderen Inseln. Mindestens 13 298 Mann fanden den Tod
auf See. Hingegen scheinen die Verluste beim Lufttransport gering ausgefallen zu sein,
da die Luftwaffe angeblich lediglich drei Flugzeuge einbüßte[201]. Mehr als 100 Italiener
dürften dabei kaum das Leben gelassen haben. Demnach wäre zunächst der Verbleib
von 29 370 Mann bestimmt, so daß sich die Frage stellt, was mit den restlichen 68 630
geschah.

Die Masse der über See abtransportierten Italiener kam, das dokumentieren die nachstehenden Tabellen, in die Durchgangslager Athen (Dulag 136) und Saloniki (Dulag 166)[202].
Wird die Gesamtzahl der in den beiden Häfen eingetroffenen Internierten als Mittelwert
der in den Statistiken referierten Einzel- beziehungsweise Zwischenmeldungen errechnet,
so ergäben sich rund 63 300 Mann[203]. Das bedeutet, daß nur noch das Schicksal von ungefähr 5 330 ehemaligen italienischen Soldaten geklärt werden müßte. Es ist anzunehmen,
daß sie auf den Inseln verblieben. Eindeutige Aussagen sind allerdings unter anderem deshalb unmöglich, weil die Wehrmacht schon Ende 1943 eine unbekannte Anzahl italienischer Hilfswilliger vom Festland wieder auf verschiedene Inseln zurückbrachte[204]. Bei
den dort verbliebenen Italienern handelte es sich im übrigen keineswegs nur um Hilfs- und
Kampfwillige. Vielmehr zählten einige von ihnen zu den Militärinternierten. Sie mußten
vor allem in Baupionier-Kompanien Dienst tun[205]. Als der Oberbefehlshaber Südost im
Zuge der Vorbereitung für die Räumung des Balkanraums den Befehl zur Auflockerung

---

[201] Marine-Gruppenkommando Süd Führungsstab B.Nr. Op 1699 GKdos., St.Qu., den 14.3.1944, An
Heeresgruppe E/MVO, Abschrift in: KTB Adm. Ägäis, S. 476 f., Anlage 6, BA-MA, M 717/PG 46167.

[202] KTB H.Gr.E, 5.1.1944, BA-MA, RH 19 VII/15.

[203] Admiral Fricke nannte an von der Kriegsmarine vom 9.9.1943 bis zum 5.3.1944 »auf das Festland
überführten Gefangenen und Internierten« insgesamt 53 064 Mann (siehe oben, Anm. 201). Darin
waren die Transporte von Euböa nicht berücksichtigt. Zählt man diese und diejenigen nach dem
5. März hinzu, so ergäbe sich eine Gesamtzahl von 63 948 Italienern. Dieses Ergebnis bestätigt,
daß das oben gemittelte Resultat hinreichend genau ist, obwohl — das zeigen die Tabellen — Widersprüche und Unabgeklärtheiten hinsichtlich der Angaben in verschiedenen Meldungen existieren.

[204] Vgl. zum Beispiel Marinegruppenkommando Süd B.Nr. O.Qu. Seetr. 289 GKdos., St.Qu., den
24.1.1944, Seetransporte in der Ägäis im Dezember 1943, BA-MA, RM 35 III/189, wonach »50 Kriegsgefangene« von Piräus nach Kreta gebracht wurden.

[205] Vgl. dazu die Befehlsgliederungen des Oberkommandos der Heeresgruppe E vom 30.5. und vom
15.7.1944, BA-MA, RH 19 VII/45; und: Gliederungen Oberbefehlshaber Südost und Oberkommando der Heeresgruppe F vom 15.8.1944, betr.: H.Gr. E, BA-MA, RH 19 XI/32. Danach befanden sich im Bereich des Dodekanes 13 Kompanien Baupioniere, in denen man Militärinternierte
— gemeinsam mit Hilfswilligen — einsetzte. Drei derartig zusammengesetzte Baupionier-Kompanien lagen auf Kreta. Direkt dazu auch: Lagebesprechung des Oberbefehlshabers H.Gr. E mit den
Kommandierenden Generälen, hier: O.Qu. Nr. 900/44 g.Kdos., H.Qu., den 22.5.1944, Notizen zum
Vortrag bei der Chefbesprechung. Demnach waren damals bei der H.Gr. E, außer 16 000 italienischen Hilfswilligen, »9 000 ital. Militärinternierte [und] 1 000 ital. Kriegsgefangene« in Baupionier-

der Ägäischen Inseln gab, lagen auf Kreta offiziell angeblich 6 500 italienische Hilfswillige, während auf den Inseln der Ägäis 7 350 standen[206]. Doch diese Angaben sind unvollständig, denn allein bei der Sturmdivision Rhodos lebten außer dem genannten Personenkreis am 1. April 1944 nachweislich 1 736 und am 1. Mai 1 804 Militärinternierte[207]. Die Wehrmacht räumte dann bis zum 11. September Lésbos und Chíos, bis zum 12. Zákynthos, bis zum 13. Kefallénía, bis zum 26. Sýmē, bis zum 30. Corfu, bis zum 1. Oktober Sámos, bis zum 2. Astypálaia, bis zum 6. Nísyros und Kárpathos sowie bis zum 18. Lêmnos. Als schließlich Ende Oktober Saloniki aufgegeben werden mußte, erwies sich eine weitere Evakuierung der zu »festen Plätzen« erklärten Inseln Kreta, Rhodos und Léros als unmöglich. Insgesamt verblieben an Deutschen und Italienern auf Kreta 11 828 beziehungsweise 4 737 Mann, auf Rhodos 6 356 respektive 4 097, auf Léros 3 228 und 809, auf Kôs 1 116 und 611 sowie auf Kálymnos 193 Wehrmachtangehörige mit einem Italiener. Auch die Befehlshaber auf den Inseln, die nicht als feste Plätze galten, erhielten die Weisung, »sich bis zur letzten Patrone zu verteidigen«[208]. Aus dem oben Dargelegten ergibt sich, daß 10 255 italienische Staatsbürger auf den Inseln ausharren mußten, wobei nicht genau zu sagen ist, wieviele von ihnen den Status des Militärinternierten oder Kriegsgefangenen besaßen.

Bataillonen oder Arbeitskommandos zusammengefaßt. BA-MA, RH 19 VII/18. Zur Bewertung dieser und anderer italienischer Einheiten: OKdo. H.Gr. E Ia/Id 9648 geheim v. 28.9.1944, An OB. Südost Ia/Id, BA-MA, RH 19 VII/36. Die Urteile fielen unterschiedlich aus, aber einige Kompanien und Bataillone galten als unzuverlässig und erwiesen sich nur bei »schärfster Bewachung« als einsatzfähig.

[206] Oberbefehlshaber Südost (Heeresgruppe F): Die große Absetzbewegung im Südosten. Hauptquartier Januar 1945, BA-MA, RH 19 XI/80 hier Skizze 4. Gemäß Fernschreiben Kommandant Ost-Ägäis, Ia Br.B.Nr. 6430/44 geh., 28.8.44, An Okdo. H.Gr. E, Ia, befanden sich Ende August 7 407 Bündnistreue auf den Ägäischen Inseln, BA-MA, RH 26-1007/15. Am 20.3.1945 waren auf Rhodos, Kôs, Léros und Kálymnos noch 6 355 Italiener: Kommandant Ost-Ägäis Br.B.Nr. 239/45 g.Kdos, An O.B. Südost (H.Gr. E) Ia, den 27.3.1945, BA-MA, RH 26-1007/19.

[207] Anlage 1 zu Sturmdivision Rhodos II b Nr. 3314/44 geh., Monatliche Iststärkemeldung Heer, Stichtag: 1.5.1944, BA-MA, RH 19 VII/24. Außer den Militärinternierten befanden sich noch 3 135 Faschisten und 3 417 vereidigte Hilfswillige auf der Insel. Und ebd., Sturmdivision Rhodos, Anlage 2 zu Sturmdivision Rhodos II b Nr. 2447/44 geh., Monatliche Iststärkemeldung Heer, Stichtag: 1.4.1944. Zu jenem Zeitpunkt waren auf Rhodos 2 494 Faschisten und 1 286 vereidigte Hilfswillige. Festzuhalten ist jedenfalls, daß 1944 außer bündnistreuen Italienern auch Militärinternierte auf die Inseln verbracht wurden. Am Rande ist anzumerken, daß man den Kommandeur der Sturmdivision Rhodos am 10.5.1944 mit sofortiger Wirkung — unter Beibehaltung seiner bisherigen Aufgaben — zum »Kommandant Ost-Ägäis« ernannte: Der Chef des Oberkommandos der Wehrmacht Nr. 2027/44g WFSt/Org (I), gez. Keitel, BA-MA, RH 26-1007/14.

[208] Vgl. Skizze 12 in: RH 19 XI/80 (siehe oben, Anm. 206); und: O.B. Südost (Okdo. H.Gr. F) Ia Nr. 5924/44 g.Kdos. vom 31.10.1944, An OKW/WFSt. Op (H) Südost, BA-MA, RH 19 XI/33; sowie KTB H.Gr. E, S. 1177, 30.10.1944, BA-MA, RH 19 VII/27. Deutsche Truppen befanden sich außerdem auf den Inseln Milos (620 Mann), auf Alimniá (14) und auf Têlos (266). Nach italienischen Unterlagen verblieben auf Kreta 3 800 Kampf- und 757 Hilfswillige, d.h. 4 557 Mann. Diese Stärkemeldung stammt vom 7.1.1945, vgl.: Ministero delle Forze Armate Segreteria Militare N. 1978/10/P/di prot. S.M., P.d.C. 867, li 2.4.1945, Oggetto: Relazione sull'attività svolta dalla Missione Militare Italiana in Germania durante i mesi di gennaio e febbraio 1945-XXIII, ACS, S.P.d.D., Busta 22, F 153, SF 6, hier S. 8.

Hinzuweisen ist ferner darauf, daß von den auf den Inseln befindlichen Bundesgenossen oder Exverbündeten höchstens einige wenige — im Rahmen der Aufgabe des Südostraums — auf das Festland gelangten. Generaloberst Löhr empfing bereits am 6. September von Generalfeldmarschall v. Weichs den Befehl des Oberkommandos der Wehrmacht, daß aufgrund der außerordentlich knappen Betriebsstofflage für die »Luftüberführung« aus dem ägäischen Raum »nur beste Kampftruppen« in Frage kämen. Neben anderen Personen durften italienische Männer ab sofort nicht mehr abgeflogen werden[209]. Das Oberkommando der Heeresgruppe E verschärfte die Weisung sogar noch. Seit dem 7. September war »jeglicher Abtransport von Italienern auf Luft- und Seeweg verboten«. Es sei unstatthaft, einen einzigen von ihnen nach Griechenland zu befördern[210]. Einzelne trafen dort dennoch ein, was Weichs sofort nach den Verantwortlichen fahnden ließ[211]. Und gegen Ende des Monats, als die Generale im Südosten alles versuchten, um möglichst noch Truppen von Kreta und Rhodos abzutransportieren, hieß es erneut, daß »Italiener und Wehrunwürdige« von der Räumung ausgeschlossen seien[212], was wenigstens klarstellte, wo die deutsche Führung ihre Verbündeten einordnete.

Im Hinblick auf die oben geschilderte Überführung der Militärinternierten bietet sich die Evakuierung der deutschen Soldaten von den Inseln als Vergleich an. Hierbei fällt vor allem auf, daß letztere nahezu verlustlos erfolgte. Die Kriegsmarine beförderte 37 138 Mann zum Festland, wobei ganze 380 den Tod auf See fanden. Das heißt, die Personaleinbußen bei den Truppentransporten beliefen sich auf ein Prozent! Sie fielen so niedrig aus, obwohl von 52 eingesetzten Schiffen mit insgesamt 27 230 Bruttoregistertonnen über die Hälfte, nämlich 29 Fahrzeuge mit zusammen 19 434 Bruttoregistertonnen — also rund 71 Prozent der eingesetzten Gesamttonnage — verlorengingen. Hingegen umfaßten die Materialverluste ungefähr 30 Prozent des abgefahrenen Gutes[213]. Der Admiral Ägäis — er gab im übrigen nach dem Abschluß der Rückführungsaktion sein Kommando ab — stellte zum Verhalten und zum Einsatz seiner Besatzungen noch während der laufenden Transporte fest[214]: »Angesichts der zur Verfügung stehenden Seestreitkräfte und der laufenden mit stärkster Überlegenheit geführten Feindangriffe« vollbringe die Marine anerkennenswerte Taten. Lange fügte hinzu, die »unwahrscheinlich geringe Verlustzahl an Soldaten« beweise wiederum die »Opferbereitschaft, Kameradschaft und das vielfache stille Heldentum« der Marineangehörigen auf den Begleitschiffen. Sie zählten mehr Tote als die abtransportierten Einheiten des Heeres, nämlich 641 Offiziere, Unteroffiziere und Mannschaften. Der Vizeadmiral hob besonders hervor, daß beim Untergang der Dampfer

---

[209] O.B. Südost (OKdo. H.Gr. F) Ia Nr. 4429 geh. Kdos. vom 6.9.1943, An Oberbefehlshaber Heeresgruppe E, BA-MA, RH 19 XI/33.

[210] KTB Seetransportchef Ägäis, 7.9.1944, BA-MA, M 686/PG 45847.

[211] O.B. Südost (OKdo. H.Gr. F) Ia Nr. 4601 geh. Kdos. vom 11.9.1944, An H.Gr. E, BA-MA, RH 19 XI/33.

[212] Ebd., O.B. Südost (OKdo. H.Gr. F) Ia Nr. 5135/44 g.Kdos. v. 28.9.1944, An O.Kdo. H.Gr. E, gez. Frhr. v. Weichs.

[213] 1. Skl KTB Teil B, H. IX, Leistungen der Marine bei Räumung Ägäis vom 23.8. bis 23.10.44, Bl. 310, BA-MA, RM 7/116; direkt dazu auch: KTB Adm. Ägäis, S. 1343 ff., 24.10.1944, Seetransportleistungen seit Beginn der Rückführung, BA-MA, M 718/PG 46180.

[214] KTB Adm. Ägäis, S. 1304, 13.10.1944, BA-MA, M 718/PG 46178.

Tabelle 7

September 1943
Der Seetransport der Militärinternierten von den Inseln nach Griechenland

Abfahrt am	Abfahrt von	beförderndes Schiff	Ankunft in	beförderte Italiener	Zwischenmeldungen zum Abtransport, Angaben zu den noch auf den Inseln befindlichen Militärinternierten, Ergänzungen zu den Transportzahlen
12.	Euböa	Aprilia u. Livenea	Saloniki	3 000	Nach anderen Meldungen 2 700 oder 2 750 Mann.
	Kreta	?	Piräus	900	
13.	Kreta	?	Piräus	600	
	Patras	Pluto	Piräus	1 000	Nach anderer Meldung 700 Mann.
14.	Kreta	?	Piräus	900	
15.	Zákynthos	Elsi	Piräus	1 700	
17.					Von Euböa bis dahin 4 000 Mann insgesamt abtransportiert.
18.	Sŷros	Drache u. Hadrian	Piräus	1 100	In der Masse vermutlich »bündnistreue« Soldaten.
19.					Auf den Kykladen befanden sich noch 3 800 entwaffnete Italiener.
21.	Sérifos	?	Piräus	72	
22.	Rhodos	Donizetti			Gesunken mit 1 584 Mann, keine Überlebenden.
23.	Náxos	?	Piräus	612	Der Abfahrtsort kann nicht stimmen, da Náxos erst am 12.10. kapitulierte. Von Kefallénía waren nach Abschluß der Inbesitznahme circa 5 000 Mann abzufahren.
24.	Kárpathos	Elsi	Piräus	1 133	Auf der Insel verblieben danach noch 1 500 Militärinternierte, die nicht alle zur einstigen Garnison gehörten, sondern antransportiert worden waren.
	Kreta	Trapani	Piräus	1 990	Nach anderer Quelle am 23. u. 24.9. insgesamt 8 000 Italiener von
	Kreta	Kari	Piräus	1 395	Kreta abtransportiert.
25.	Kreta	Sonja	Piräus	1 547	
	Kreta	Pier Luigi	Piräus	2 207	
28.	Kefallénia	Ardena			Gesunken mit 840 Mann, davon 120 Überlebende nach Patras gebracht.
29.					Auf Rhodos befanden sich noch 33 872 Militärinternierte, 2 294 wurden als abgeschoben gemeldet. Das entsprach der Summe des Seetransports vom 22.9. und der Lufttransporte bis zum 22.9., die sich auf 2 293 Mann belief.
30.	Corfu		Piräus	1 588	Auf der Insel befanden sich danach noch rund 7 500 Militärinternierte. Der Abtransport erfolgte vor dem 30.9., dies gilt auch für Corfu.
	Sŷros		Piräus	200	
	Gesamtabschub einschließlich Euböa			19 944	Nach anderen Meldungen trafen in Piräus im September insgesamt 16 659 oder 16 644 und in Saloniki 3 500 Gefangene ein. Das waren total: 20 159 beziehungsweise 20 144 Mann.

Quellen: KTB Seetr. M.Gr.Kdo. Süd, 6.4.1941—30.10.1943, BA-MA, RM 35 III/188; KTB M.Gr. Süd, 16.—30.9.1943, BA-MA, RM 35 III/62; 1. Skl KTB Teil D, 1.5.—31.12.1943, BA-MA, RM 7/306; KTB Adm. Ägäis, 1.9.—15.10.1943, M 718/PG 46198—46200; KTB Sturmdiv. Rhodos, 1.7.—31.12.1943, BA-MA, RH 26-1007/2; GTDW, Bd 8; und KTB 22. Infanterie-Div., 1.1.—31.12.1943, BA-MA, RH 26-22/51.

»Berta« und »Zar Ferdinand« circa 1 200 Schiffbrüchige in der See trieben, doch lediglich 80 Mann seien nicht gerettet worden[215].

---

[215] KTB Adm. Ägäis, S. 1343, 24.10.1944, BA-MA, M 718/PG 46180.

Tabelle 8

Oktober 1943
Der Seetransport der Militärinternierten von den Inseln nach Griechenland

Abfahrt am	Abfahrt von	beförderndes Schiff	Ankunft in	beförderte Italiener	Zwischenmeldungen zum Abtransport, Angaben zu den noch auf den Inseln befindlichen Militärinternierten, Ergänzungen zu den Transportzahlen
02.	Mesolóngion	Olympos	Piräus	600	Es ist nicht sicher, daß diese Gefangenen von den Inseln kamen.
05.	Kôs	F 123 u. F 497	Piräus	500	
10.	Kôs	Salvatore	Piräus	47	An Bord befanden sich außerdem 1 101 Briten und 52 Inder.
13.	Kárpathos Kefallēnía Kefallēnía	Marinefahrzeuge Calidon Marguerite	Piräus Piräus	1 280 600	Gesunken mit 900 Mann, davon 356 Gerettete nach Patras.
14.	Corfu	Knudsen	Piräus	2 000	Nach anderer Meldung mit 1 600 Mann in Piräus eingelaufen.
15.	Náxos	GA 01 u. GA 54	Piräus	154	Vermutlich schon am 14. in Náxos ausgelaufen. Auf Kefallēnía und Corfu noch 11 500 Italiener, Abtransport am 14.10. ist dabei nicht berücksichtigt. Auf Rhodos sollten sich noch 35 000 Italiener befinden, was mit der Angabe vom 29.9. nicht übereinstimmt, vgl. Tabelle September. Zwischenstand Abtransport nach Piräus bis zum 15.: von Kreta 8 221 Gefangene, von Patras 537, von Sýros 3 176, von Mesolóngion 2 156, von Kýthēra 126, von Antikýthēra 104, von Ándros 47, von Zákynthos 4 250 und Preveza 16.
17.	Kefallēnía	Gerda Toft	Piräus	2 000	
18.	Kykladen Kreta	? Sinfra	Piräus	190	Gesunken mit 2 389 Mann, davon 539 Gerettete nach Súda und Chaniá. Nach anderer Quelle an Bord Sinfra: 1 932 Militärinternierte.
20.	Kefallēnía	Bocaccio	Piräus	1 150	Auf Corfu noch 1 200, Kefallēnía 4 000, Rhodos 33 000, Kôs 2 500, u. Kreta 7 700 Mann.
22.					Bis zu diesem Tag überführt: 28 599 Militärinternierte. Unter diesen befanden sich 3 448 von Kefallēnía und 4 300 von Euböa. Gesamtverluste bis zum 22.10.: circa 6 000 Militärinternierte.
27.	Náxos Páros	? ?	Piräus Piräus	348 152	
28.	Euböa	Celeno	Saloniki	501	
30.	Euböa	Capo Pino	Piräus	2 500	Nach der Statistik der Abteilung Seetransport M.Gr.Kdo. Süd wurden im Oktober für Piräus geladen: 2 398 Mann von Kreta, 1 152 von Kôs und 4 741 von anderen Inseln. Die Statistik ist offensichtlich völlig ungenügend und unsorgfältig erstellt. Dies zeigt auch der Zwischenstand vom 22.10. (s.o.).
Gesamtabschub einschließlich Euböa				12 022	Zwischenstand 22.10. u. nachfolgende Transporte ergeben 32 100 Mann.

Quellen: 1. Skl KTB Teil D, 1.5.–31.12.1943, BA-MA, RM 7/306; 1. Skl KTB Teil A, 1.–31.10.1943, BA-MA, RM 7/53;
KTB M.Gr.Kdo. Süd, 1.–31.10.1943, BA-MA, RM 35 III/63 und 64; KTB Seetr. M.Gr.Kdo. Süd, 1.11.1943–
17.11.1944, BA-MA, RM 35 III/189; KTB Adm. Ägäis, 1.–31.10.1943, BA-MA, M 718/PG 46200 und M 720/PG
46201; KTB Seetr. Ägäis, 1.–15.10.1943, BA-MA, M 667/PG 45580; und KTB 22. Infanterie-Div., 1.1.–31.12.1943,
BA-MA, RH 26-22/51.

Zweifellos vollbrachten die Seeleute auf den Geleitfahrzeugen nicht allein bei jenem
Unglück, dessen Personenverluste sich auf nur 6,6 Prozent bezifferten, eine beeindrucken-

Tabelle 9

November 1943
Der Seetransport der Militärinternierten von den Inseln nach Griechenland

Abfahrt am	Abfahrt von	beförderndes Schiff	Ankunft in	beförderte Italiener	Zwischenmeldungen zum Abtransport, Angaben zu den noch auf den Inseln befindlichen Militärinternierten, Ergänzungen zu den Transportzahlen
02.	Kefallēnía Patras	Hadrian Città di Savona	Piräus Piräus	724 496	
12.	Kôs Rhodos	? ?	Piräus Piräus	60 570	
14.					Auf Kreta 15 000 Militärinternierte und Hilfswillige anwesend.
15.					Vom 1.–15.11. trafen 2 670 Militärinternierte in Piräus ein.
19.	Léros	Torpedoboote	Piräus	300	An Bord waren außerdem 100 britische Offiziere.
21.	Léros	Schiaffino	Piräus	2 700	
27.	Santorin	?	Piräus	643	
30.	Santorin Léros	Isis Gerda Toft	Piräus Piräus	350 2 800	Nach anderer Meldung befanden sich 2 700 Militärinternierte an Bord. Gemäß der Statistik der Abteilung Seetransport M.Gr.Kdo. Süd wurden im November nach Piräus verladen: in Kreta 368 Militärinternierte, in Patras 496, in sonstigen Inselhäfen 2 139 und im Rahmen des operativen Einsatzes bei der Besetzung der Inseln 2 481 Mann, d.h. 5 484 Mann.
Gesamtabschub nach Einzelmeldungen				8 643	Geht man von der Zwischenmeldung vom 15.11. aus (2 670 Mann) und addiert die Transportzahlen vom 19. bis 30.11., so ergibt sich eine Summe von 9 463 von den Inseln abtransportierten Militärinternierten.

Quellen: KTB M.Gr.Kdo. Süd, 1.11.–15.12.1943, BA-MA, RM 35 III/65–67; KTB Seetr. M.Gr.Kdo. Süd, 1.11.1943–17.11.1944, BA-MA, RM 35 III/189; 1. Skl KTB Teil A, 1.–30.11.1943, BA-MA, RM 7/54; 1. Skl KTB Teil D, 1.5.–31.12.1943, BA-MA, RM 7/306; KTB Seetr. Ägäis, 1.–15.11.1943, BA-MA, M 667/PG 45581; KTB Adm. Ägäis, 16.–30.11.1943, BA-MA, M 720/PG 46203; und GTDW, Bd 8.

de Leistung, was zwangsläufig danach fragen läßt, warum die Menscheneinbußen bei den ungefähr 76 600 auf Schiffen abgefahrenen Italienern so ungleich höher ausfielen. Unter den Militärinternierten ließen nicht — wie bei den Wehrmachtangehörigen — ein Prozent, sondern über siebzehn Prozent der Eingeschifften ihr Leben — und das unter jedenfalls nicht schwierigeren Transportbedingungen. Zur Erklärung ist noch einmal an die unmenschlichen Richtlinien für den Seetransport zu erinnern. Eine Rolle spielte außerdem die Konzentration der Rettungsaktionen auf deutsche Schiffbrüchige. Doch all das genügt nicht, angesichts der so erfolgreichen Überführung deutscher Soldaten im September und Oktober 1944, um die Höhe der italienischen Todesopfer überzeugend zu begründen.

Die vor- und nachstehenden Tabellen ergänzen das bis jetzt zum Seetransport Gesagte im Verständnis eines statistischen Resümees. Da Unsicherheiten und Widersprüchlichkeiten im dokumentarischen Material enthalten sind, empfahl es sich, zwei — auf unterschiedlichen Quellen aufgebaute — Summen zu erarbeiten. Beide berücksichtigen lediglich die auf dem Festland eingetroffenen Italiener. Irritationen und Fehlerquellen, die

Tabelle 10

Dezember 1943
Der Seetransport der Militärinternierten von den Inseln nach Griechenland

Abfahrt am	Abfahrt von	beförderndes Schiff	Ankunft in	beförderte Italiener	Zwischenmeldungen zum Abtransport, Angaben zu den noch auf den Inseln befindlichen Militärinternierten, Ergänzungen zu den Transportzahlen
05.	Rhodos	Gradisca			Das Lazarettschiff verließ Rhodos mit 791 italienischen, 76 britischen und 55 deutschen Kranken in Richtung Triest über Súda. Es wurde zum Einlaufen in Brindisi gezwungen, wo 129 Briten und 824 Italiener von Bord gingen.
07.	Léros/ Sámos	Leda	Piräus	5 400	3 000 Mann stammten von Léros und 2 400 von Sámos.
12.	Rhodos	?	Piräus	85	Auf Rhodos befanden sich noch 26 228 Militärinternierte.
13.	Sámos	Drache	Piräus	1 620	
15.					Vom 1.—15.12. trafen in Piräus insgesamt 10 586 Gefangene ein; unter diesen könnten sich auch einige Briten befunden haben.
19.	Kreta	Oria u. Sifnos	Piräus	257	
20.	Patras	Siglinde	Piräus	96	
22.	Kreta	Lisa	Piräus	655	
23.					Auf Rhodos noch rund 26 000 Italiener.
28.					Auf Rhodos, Léros und Kôs noch etwa 30 000 Kriegsgefangene.
29.	Kreta Rhodos	? ?	Piräus Piräus	230 736	Der Transport lief über Léros. Insgesamt auf dem Seeweg im Dezember 2 831 Mann von Rhodos abgefahren.
30.	Kefallḗnía	Alma u. Elvira	Piräus	102	Bei dem Bestimmungsort Patras handelte es sich vermutlich um eine Zwischenstation.
31.					Bestand auf den Inseln des Dodekanes und auf Sámos am 31.12.: Rhodos 26 500 (vgl. Meldungen vom 12. und 23.12.). Nach anderer Quelle waren am 31.12. auf der Insel: 23 092 Militärinternierte (darunter 400 Offiziere), 1 694 Hilfswillige (8 Offiziere) und 1 325 Kampfwillige (60 Offiziere), d.h. 26 111 Italiener; Stampalia 170; Kôs 1 300, nach anderer Quelle 1 648 Mann, darunter 1 112 »Kriegsgefangene«, 234 Hilfswillige und 302 Kampfwillige; Kárpathos 900, nach anderer Quelle 1 008 Italiener, unter ihnen waren 918 »Militär-Intern.«, 34 Hilfswillige und 56 Kampfwillige; auf Léros standen angeblich ebenfalls 1 008 italienische Militärangehörige, darunter 677 »Kriegsgefangene«, 246 Hilfswillige und 85 Kampfwillige; auf Sámos lebten demnach 1 437 Italiener: 1 072 Kampfwillige und 365 Hilfswillige. Insgesamt waren das 31 315 oder 31 382 Italiener. Gemäß Seetransporthauptstelle Ägäis trafen vom 16.—31.12. in Piräus 1 507 Gefangene ein. Nach der Statistik der Abteilung Seetransport M.Gr.Kdo. Süd wurden im Dezember nach Piräus eingeschifft: von Kreta 912, von Westgriechenland 470, von den Kykladen 359 und vom Dodekanes 9 905 Kriegsgefangene, also insgesamt 11 646 Mann.
Gesamtabschub nach Einzelmeldungen				9 181	Aufgrund der Statistiken der Kriegsmarine 11 646 oder 12 093 Abtransportierte.

Quellen: KTB M.Gr.Kdo. Süd, 1.—31.12.1943, BA-MA, RM 35 III/67 und 68; KTB Seetr. M.Gr.Kdo. Süd, 1.11.1943—17.11.1944, BA-MA, RM 35 III/189; 1. Skl KTB Teil D, 1.5.—31.12.1943, BA-MA, RM 7/306; KTB Seetr. Ägäis, 1.—31.12.1943, BA-MA, M 667/PG 45582; KTB Adm. Ägäis, 1.—31.12.1943, BA-MA, M720/PG 46204 und 46205; KTB Sturmdiv. Rhodos (Anlagen), 1.7.—31.12.1943, BA-MA, RH 26-1007/8 u. /27; und GTDW, Bd 9.

Tabelle 11

Januar und Februar 1944
Der Seetransport der Militärinternierten von den Inseln nach Griechenland

Abfahrt am	Abfahrt von	beförderndes Schiff	Ankunft in	beförderte Italiener	Zwischenmeldungen zum Abtransport, Angaben zu den noch auf den Inseln befindlichen Militärinternierten, Ergänzungen zu den Transportzahlen
01.01.	Léros	Leda	Piräus	2 273	Nach anderen Meldungen lief die Leda mit 2 243 oder 2 500 Militärinternierten ein.
03.01.					Bestandsmeldung: Rhodos 23 500 Militärinternierte und 10 113 Wehrmachtangehörige, kampf- und hilfswillige Italiener, d.h. 33 613 Mann.
06.01.	Kefallenía	Alma			Gesunken, Zahl der Toten und Geretteten nicht bekannt. Zu den Hypothesen vgl. S. 268 f.
?	Kreta	?	Piräus	289	Der Transport wurde auf jeden Fall vor dem 16.1. durchgeführt.
15.01.					Vom 1.–15.1. hat man in Piräus 2 598 »Gefangene« angelandet. Es ist nicht wahrscheinlich, daß darunter Alliierte waren.
23.01.					Für Rhodos wurden 25 000 Gefangene gemeldet (vgl. 3.1.).
26.01.	Léros	TA 14, TA 16	Piräus	350	
29.01.					Bestandsmeldung Inseln der Ägäis: 17 982 Militärinternierte.
31.01.					Vom 16.–31.1. wurden 350 Militärinternierte von den Inseln in Piräus ausgeschifft.
08.02.	Kreta	Petrella			Gesunken mit 3 173 Mann, 527 Gerettete, von denen 24 verstarben, wurden nach Chaniá gebracht.
11.02.	Rhodos	Oria			Gesunken mit 4 190 Mann; 21 Gerettete wurden nach Athen gebracht.
15.02.					Bestandsmeldung Rhodos: 1 500 Militärinternierte, darunter 200 Kranke. Vom 1.–15.2. trafen in Piräus 370 italienische »Gefangene« ein.
17.02.					Sámos und Kreta waren bereits als frei von Gefangenen gemeldet. H.Gr. E forderte dennoch Abtransport von 400 Gefangenen von Sámos und 5 000 Italienern — Hilfswillige — von Kreta.
23.02.	Léros	Tanaïs	Piräus	2 500	
29.02.					Vom 1.–29.2. in Piräus angelandet: 47 Gefangene von Kreta und 2 906 aus dem Dodekanes; außerdem 40 Hilfswillige von Kreta. Bestandsmeldungen für den 29.2.: Kreta 11 000 (siehe oben, 17.2.; es handelte sich also kaum um Militärinternierte), Rhodos 100 (das kann nicht zutreffen, vgl. Tabelle Lufttransport), Kôs 70, Kárpathos 35, Sámos 10 und Léros 3 265 »Gefangene«, das heißt insgesamt 14 480 Italiener.
Gesamtabschub nach Einzelmeldungen				5 412	Nach Summe der Zwischenmeldungen wurden 5 901 Militärinternierte angelandet.

Quellen: KTB Seetr. Ägäis, 1.1.–31.3.1944, BA-MA, M 667/PG 45473; KTB Adm. Ägäis, 1.1.–29.2.1944, BA-MA, M 717/PG 46162–46165; KTB M.Gr.Kdo. Süd, 1.1.–29.2.1944, BA-MA, RM 35 III/70–73; KTB Seetr. M.Gr.Kdo. Süd, 1.11.1943–17.11.1944, BA-MA, RM 35 III/189; KTB Sturmdiv. Rhodos, 1.1.–30.6.1944, BA-MA, RH 26-1007/12; GTDW, Bd 9; Birnbaum/Vorsteher, Auf verlorenem Posten, S. 76.

— wegen der erwähnten Zwischentransporte — bei einer anderen Berechnungsgrundlage eventuell aufgetreten wären, sollten auf solche Weise ausgeschlossen werden. Hierbei sei zugleich nochmals betont, daß es die Meldungen über die von einer Insel abgefahrenen

Tabelle 12

März 1944
Der Seetransport der Militärinternierten von den Inseln nach Griechenland

Abfahrt am	Abfahrt von	beförderndes Schiff	Ankunft in	beförderte Italiener	Zwischenmeldungen zum Abtransport, Angaben zu den noch auf den Inseln befindlichen Militärinternierten, Ergänzungen zu den Transportzahlen
04.	Léros Kreta	Gertrud Sifnos	Piräus	3 200	Es handelte sich um den »Gefangenen-Restbestand des Dodekanes«. Gesunken mit 90 Mann, davon 31 gerettet und — vermutlich — nach Súda gebracht.
05.					Bestandsaufnahme: 1.1.–5.3. von Marine überführt: 10 100 Mann von Rhodos und 2 300 Mann von Léros; von Kôs 1 230, Stampalia 170, Kárpathos 925 und von Kreta 2 627. Das waren 17 352 »Gefangene und Internierte«. Aus den Einzelmeldungen ergeben sich — einschließlich der gesunkenen Schiffe — jedoch nur 16 065 bis 16 854 Mann.
15.					Zwischenmeldung: Vom 1.–15.3. wurden in Piräus 3 069 »Gefangene« angelandet (vgl. Widerspruch mit Meldung vom 4.3.)
20.	Kreta	Sabine u. Anita	Piräus	749	Von Kreta (vgl. auch Meldung 17.2.) sollten 5 000 Italiener abtransportiert werden. Die beiden Schiffe hätten 3 000 an Bord nehmen können, doch konnten mehr als die 749 — wegen Benzinmangels auf der Insel — von anderen Orten nicht nach Súda gebracht werden. Vermutlich handelte es sich um Hilfswillige.
26.	Kreta	Gertrud	Piräus	400	Das Schiff sollte 2 500 Italiener an Bord nehmen. Aber obwohl die Marine für den Transport nach Súda die Küstenschiffahrt nutzte, standen nur 400 zum Abtransport bereit. Damit befanden sich von den 5 000 Abzuschiebenden noch 3 500 auf Kreta.
31.					Zwischenmeldung: Vom 16.–31.3. wurden in Piräus 829 »italienische Gefangene« und 406 Arbeitswillige angelandet. Nach anderer Meldung hat man vom 1.–31.3. in Piräus 3 898 »Gefangene« und 406 »Hilfswillige« ausgeschifft.
Gesamtabschub nach Einzelmeldungen (einschließlich Hilfswilliger, vgl. Zwischenmeldung)				4 349	Als Summe der Zwischenmeldungen ergeben sich — übereinstimmend — somit 3 898 in Piräus eingetroffene »italienische Gefangene«.

Quellen: KTB Adm. Ägäis, 1.–31.3.1944, BA-MA, M 717/PG 46166–46167; KTB Seetr. Ägäis, 1.1.–31.3.1944, BA-MA, M 667/PG 45473; KTB Seetr. M.Gr.Kdo. Süd, 1.11.1943–17.11.1944, BA-MA, RM 35 III/189; Akte Seetr. M.Gr.Kdo. Süd, BA-MA, RM 35 III/226; und KTB H.Gr. E, 1.3.–30.4.1944, BA-MA, RH 19 VII/16.

Internierten nicht gestatten, Rückschlüsse auf die Zahl der dort Entwaffneten zu ziehen. Das erschiene allein dann möglich, wenn die durch den Pendelverkehr erfolgten Gefangenenbewegungen exakt bestimmt werden könnten. Das heißt, man müßte stets die Anzahl, die Herkunft und den Status der von gewissen Inseln abtransportierten beziehungsweise auf anderen angelandeten Personen genau kennen. Gerade das ist jedoch nicht der Fall.

Trotz der bereits wiederholt gemachten Einschränkung, daß die hier errechneten — in den einzelnen Tabellen belegten — Größen objektiv nicht mehr als Annäherungswerte ausdrücken, dürfen sie mit der Realität weitgehend übereinstimmen. Dafür spricht nicht zuletzt der Vergleich der Verluste beim See- und Lufttransport (13 400 Mann), der zur See beförderten und angekommenen Italiener (63 300) sowie der mit Flugzeugen abgeflogenen (15 970) mit der Gesamtzahl der entwaffneten italienischen Soldaten (98 000).

Tabelle 13

April bis August 1944
Der Seetransport der Militärinternierten von den Inseln nach Griechenland

Abfahrt am	Abfahrt von	beförderndes Schiff	Ankunft in	beförderte Italiener	Zwischenmeldungen zum Abtransport, Angaben zu den noch auf den Inseln befindlichen Militärinternierten, Ergänzungen zu den Transportzahlen
15.04.	Kreta	?	Piräus		1 027 Hilfswillige im Zeitraum 1.—15.4. eingetroffen. Nach einer anderen Meldung befanden sich auf Kreta am 1.4. noch rund 1 200 Hilfswillige.
30.04.	?	?	Piräus		An »italienischen Gefangenen« wurden im Zeitraum 16.—30.4. angelandet: 200. Nach einer anderen Meldung wurden in Piräus vom 1.—30.4. insgesamt 212 Gefangene und 1 052 Hilfswillige ausgeschifft.
15.05.	?	?	Piräus		An »italienischen Gefangenen« wurden vom 1.—15.5. angelandet: 187 (außerdem 12 Hilfswillige).
31.05.	?	?	Piräus		Vom 16.—31.5. wurden 2 »italienische Gefangene« angelandet. Nach anderer Meldung waren es vom 1.—31.5. 189 Gefangene, d.h. die Zwischenmeldungen wurden bestätigt.
30.06.	?	?	Piräus		Im Zeitraum 16.—30.6. trafen 67 Militärinternierte und 3 Hilfswillige ein.
31.07.	?	?	Piräus		Im Zeitraum 16.—31.7. trafen 43 Militärinternierte ein.
15.08.	?	?	Piräus		Im Zeitraum 1.—15.8. trafen 13 Militärinternierte ein.
26.08.	Kreta	?	Piräus		Meldung, daß zwei Schiffe mit »Kretagefangenen« eingelaufen waren. Es fehlen jedoch Zahlenangaben.
31.08.	?	?	Piräus		Im Zeitraum 16.—31.8. wurden 10 Militärinternierte angelandet (außerdem 60 Hilfswillige).
Einzelmeldungen fehlen für diesen Zeitraum					Gesamtabschub — nur Militärinternierte — 534 Mann.

Quellen: KTB Seetr. Ägäis, 1.4.—31.8.1944, BA-MA, M 667/PG 45474—45475; KTB Adm. Ägäis, 16.—31.8.1844, BA-MA, M 718/PG 46177; KTB Seetr. M.Gr.Kdo. Süd, 1.11.1943—17.11.1944, BA-MA, RM 35 III/189; und KTB H.Gr. E, 1.3.—30.4.1944, BA-MA, RH 19 VII/16.

Es ist nicht auszuschließen, daß die Wehrmacht etwas mehr oder auch weniger Militärinternierte überführte — so fehlen zum Beispiel die Zahlen für einen Gefangenentransport von Kreta am 26. August 1944 —, doch scheint das im Hinblick auf das Gesamtergebnis kaum ins Gewicht zu fallen.

Gleichzeitig ist in Erinnerung zu rufen, daß der seit Dezember 1943 nachweisbare — hinsichtlich seines Umfangs jedoch nicht exakt einzugrenzende — Rücktransport von ehemaligen Angehörigen der königlichen Armee auf die Inseln einen weiteren Unsicherheitsfaktor darstellt, dessen mögliche Auswirkungen auf die Statistik im dunkeln blieben. Doch lassen es die Einzelmeldungen als gerechtfertigt erscheinen anzunehmen, daß derartige Transporte vor März 1944 — dem Monat, in dem die Überführungen von den Inseln zum Festland im Grunde endeten — die Berechnungsgrundlagen nicht beeinflußt hätten und für die Angaben über die im Balkanraum sowie im Reichsgebiet zur Arbeit gezwungenen Internierten kaum eine Rolle spielten.

cd) Militärinternierte auf dem Balkan bis zum Rückzug der Heeresgruppe F

Nach den bis jetzt ermittelten Daten, die erklärtermaßen keine absolute Zuverlässigkeit beanspruchen, gaben im Kommandobereich des Panzerarmeeoberkommandos 2 und der Heeresgruppe E bis Ende 1943 insgesamt 429 986 Militärinternierte die Waffen ab. Von ihnen sind gemäß den Tätigkeitsberichten des Generals des Transportwesens Südost bis zum 31. Dezember des Jahres 297 217 ins Reichsgebiet abgefahren worden. Außerdem hat man aus dem Befehlsgebiet des Generalfeldmarschalls Frhr. v. Weichs — soweit nachweisbar — mindestens 7 999 Italiener als Kriegsgefangene nach dem Osten und 216 Offiziere ins Lager Meppen in Jütland abtransportiert[216]. Das waren alles in allem 305 432 ehemalige italienische Soldaten. Es existieren auch Meldungen, die am 3. Dezember 1943 von 294 664 aus dem Bereich des Oberbefehlshabers Südost abgeschobenen »italienischen Truppen« sprechen[217]. Doch zeigen der Vergleich mit den daran anschließenden Berichten des Generals des Transportwesens Südost und eine entsprechende Hochrechnung, daß sich diese Größenangabe ausschließlich auf die in Lager in Deutschland und im »Generalgouvernement« verbrachten entwaffneten Militärangehörigen bezieht.

Bei der Annahme von 305 432 Abgeschobenen hätten sich somit Anfang 1944 noch 124 554 Italiener auf dem Balkan und auf den Inseln aufhalten müssen. Unter ihnen befanden sich nach der Statistik des Chefs des Kriegsgefangenenwesens im Oberkommando der Wehrmacht am 1. Februar 82 939 internierte Soldaten[218]. Es bleibt also zu klären, welchen Status die restlichen 41 615 Mann besaßen und welches Schicksal sie teilten. Im Rahmen der Erörterungen über die Zahl der italienischen Freiwilligen auf der Seite Hitlers und Mussolinis wird sich die Frage noch einmal stellen[219]; denn es ist zu vermuten, daß sich viele von ihnen unter jenen wiederfinden werden. Die Ausführungen

---

[216] Diese Zusammenstellung beruht auf: General des Transportwesens Südost, Tätigkeitsbericht für die Zeit vom 21.9.–30.9.1943, BA-MA, RH 19 XI/56; Tätigkeitsbericht für die Zeit vom 1.10.–10.10.1943 (mit Zwischenstand der bis dahin abtransportierten Militärinternierten: 10 309 Offiziere und 239 548 Mann), BA-MA, RH 19 XI/57; Tätigkeitsbericht für die Zeit vom 11.10.–20.10.1943, BA-MA, RH 19 XI/58; Tätigkeitsbericht für die Zeit vom 21.10.–31.10.1943, BA-MA, RH 19 XI/59; Tätigkeitsbericht für die Zeit vom 1.11.–10.11.1943, BA-MA, RH 19 XI/60; Tätigkeitsbericht für die Zeit vom 11.11.–20.11.1943, BA-MA, RH 19 XI/61; Tätigkeitsbericht für die Zeit vom 21.11.–30.11.1943, BA-MA, RH 19 XI/62; Tätigkeitsbericht für die Zeit vom 1.12.–10.12.1943, BA-MA, RH 19 XI/63; Tätigkeitsbericht für die Zeit vom 11.12.–20.12.1943, BA-MA, RH 19 XI/64; Tätigkeitsbericht für die Zeit vom 21.12.–31.12.1943, BA-MA, RH 19 XI/65.

[217] GTDW, Bd 9, S. 18, 3.12.1943. Für Einzelmeldungen, die dieser letzten Angabe vorangehen, vgl. GTDW, Bd 8, S. 77, 84, 90, 102, 106, 110, 114, 130, 136, 140, 145, 150, 154, 160, 165, 170, 175, 181, 187, 195, 201, 208, 214, 219, 225, 230, 245, 253, 263, 273, 278, 283, 308, 329, 353, 381 und 415 für den Zeitraum 14.9. bis 16.11.1943.

[218] Siehe unten, Tabelle 17, S. 310.

[219] Nach der bereits erwähnten Übersicht des Generalstabs des Heeres vom 10.12.1943 wurden in »Italien und auf dem Balkan etwa 36 000 Hilfswillige bei der deutschen Truppe eingestellt«: KTB OKW, Bd III, S. 1475. Im Südostraum versuchte man mit dieser Maßnahme deutsche Soldaten für die Aufstellung von Festungsinfanterie-Bataillonen zu gewinnen: ebd., S. 1150, 28.9.1943. Als direkte Vorgänge vgl. dazu ebd., S. 1116, 17.9., und S. 1127, 21.9.1943.

zu den im Oktober 1944 auf einigen Inseln verbliebenen Italienern wiesen ja bereits auf eine derartige Möglichkeit hin.

Zunächst soll jedoch versucht werden, die Zahl der im Südostraum befindlichen Militärinternierten auf breiterer Quellengrundlage zu bestimmen und darüber hinaus deren Los bei der Absetzbewegung der Heeresgruppe F im Herbst 1944 zu dokumentieren. Aus methodischen Gründen wird dabei ausschließlich die Zeit nach Ende Dezember 1943 berücksichtigt. Vorher befanden sich die Dinge auf dem Balkan noch zu sehr im Fluß. Das heißt, die Fluktuation der Gefangenen erwies sich als zu groß, um verbindliche statistische Aussagen hinsichtlich der im Bereich der Heeresgruppe F zurückgehaltenen Männer zu erlauben.

Grundsätzlich zeigte sich von Anfang an ein starkes Interesse der verschiedenen Befehlshaber, die entwaffneten Exverbündeten wenigstens zum Teil im eigenen Zuständigkeitsgebiet zu behalten. Dadurch hätten sie ihre kritische Personallage etwas zu verbessern vermocht, was nicht nur für den militärischen, sondern ebenso für den wehrwirtschaftlichen Sektor galt[220]. Die Situation stellte sich so drängend dar, daß es im Südostraum sogar frühzeitig zu einer gewissen Aufweichung der von Generalfeldmarschall Keitel herausgegebenen Weisung kam, gemäß der die einstigen Waffengefährten nicht zu Arbeitszwecken bei der Truppe eingesetzt werden durften. Sie waren vielmehr — wie schon dargelegt — im wesentlichen der Rüstungsindustrie zur Verfügung zu stellen[221]. In der Praxis ließen sich Sonderregelungen dann doch nicht vermeiden.

So bildete etwa das Panzerarmeeoberkommando 2 sechs Bau-Bataillone[222], die — »ausnahmsweise« — auf lange Sicht bei dem Großverband bleiben durften[223]. Die Einheiten zählten total 3 776 Militärinternierte. Außerdem hat man der Organisation Todt 1 000 Mann für den Bau von Nachschubstraßen zugeteilt. Das Zugeständnis erwies sich schon deshalb als unumgänglich, weil sich für die geforderte Tätigkeit zivile Arbeitskräfte —

---

[220] Wehrwirtschaftskommando Athen, Az. 66 Gr. I Nr. 2023/43 geh., Athen, den 15.10.1943, Lagebericht, hier S. 4: »Arbeitslage«, BA-MA, RW 29/106.

[221] KTB OKW, Bd III, S. 1127, 21.9.1943. Allerdings schloß der Befehl Ausnahmeregelungen nicht gänzlich aus.

[222] Panzerarmeeoberkommando 2 Ia/Id, 15.10.1943, Vorläufige Übersicht über ital. Bau-Btle., BA-MA, RH 21-2/v. 848. Die exakten Stärkemeldungen enthält: Armeepionierführer (II) Pz. A.O.K. 2 Br.B.Nr. 758/43, A.H.Qu., den 10.11.1943, BA-MA, RH 21-2/v. 604. Demnach befand sich das Bataillon »I 1« mit 659 Italienern bei der 369. (kroatischen) Infanteriedivision, »I 2« mit 682 Italienern bei der 373. (kroatischen) Infanteriedivision, »I 3« mit 164 Italienern beim Heeres-Pionier-Btl. (mot.) 45, »I 4« mit 745 Italienern beim Straßenbau-Pi-Btl. (teilmot.) 501, »I 5« mit 762 Italienern beim BrüKo B 644, »I 6« mit 764 Italienern beim Kdo. Riemann.

[223] KTB OKW, Bd III, S. 1222, 26.10.1943. Als die Frage einer Abgabe dieser Einheiten erneut gestellt wurde, äußerte sich die 2. Panzerarmee. Vgl. Pz. AOK 2 Ia/A.Pi.Fü III, Nr. 805 geh., A.H.Qu., den 27.11.1943, An Obkdo H.Gr. F, Betr.: Ablösung der I-Bau-Btle., BA-MA, RH 21-2/v. 848. Dort hieß es: »Die Italiener Bau-Btle. sind im Befehlsbereich der Armee unter Bewachung von Pi-Einheiten größtenteils weitab von menschlichen Wohnstätten eingesetzt. Ihre Ablösung durch zivile Arbeitskräfte setzt daher voraus«, daß diese »truppenähnlich« verpflegt und untergebracht werden. Unter derartigen Prämissen räumte das Pz. A.O.K. 2 einer »Ablösung« der Italiener »keine Chance« ein.

wegen der schlechten Ernährungslage — nicht anwerben ließen[224]. Dem Luftwaffenkommando Südost billigte das Oberkommando der Wehrmacht, allerdings befristet bis zum 1. Januar 1944, 25 000 Militärinternierte als »Baukräfte« zu[225]. Somit arbeiteten — abgesehen von den auf ihren Abtransport wartenden Gefangenen — mindestens 29 776 Italiener gezwungenermaßen beim Oberbefehlshaber Südost. Die Statistik des Chefs des Kriegsgefangenenwesens im Oberkommando der Wehrmacht nennt auf dem Balkan hingegen für den 1. Dezember 1943 lediglich 7 167 und für den 1. Januar 1944 — beide Angaben betrafen jeweils den Bestand des vorhergehenden Monats — 10 376 internierte Militärangehörige[226]. Aus dem Sachverhalt folgt, daß die Gefangenenzahlen vor dem Februar 1944 als nicht stabilisiert anzusehen sind.

Was nun die konkreten Verhältnisse im Südosten anbetrifft, so lassen sie sich selbst für das Jahr 1944 nicht in Form von präzisen numerischen Momentaufnahmen zur Verteilung der gefangenen Italiener veranschaulichen. Die überkommenen Informationen führen nicht einmal für einen bestimmten Augenblick zu einem kompletten Gesamtbild. Es existieren einzig Fragmente. So gab es zum Beispiel bei der Heeresgruppe E im März 1944 insgesamt 16 Baupionier- und 3 Straßenbau-Bataillone, die sich aus Militärinternierten und italienischen »Kriegsgefangenen« zusammensetzten. Was im übrigen besagte, daß letztere nicht ausnahmslos nach dem Osten gingen. Besagte Gefangenen-Bataillone zählten 11 550 Mann[227]. Im Mai sah sich die Heeresgruppe angewiesen, 2 900 Internierte für den Chromerzbergbau abzugeben[228], 2 000 ehemalige Soldaten der königlichen Streitkräfte arbeiteten bereits auf der Werft in Skaramanga[229]. Weitere 2 000 setzte der Admiral Ägäis bei sich ein. Alles in allem wünschte er 4 000 Italiener für Umschlagarbeiten in den Häfen. Ansonsten aber existierte zu jenem Zeitpunkt bereits ein Konkurrenzkampf zwischen Heer, Luftwaffe und Marine über die Zuteilung von italienischem Personal, der sogar das Oberkommando der Wehrmacht tangierte[230].

---

[224] Panzerarmeeoberkommando 2 O.Qu./Qu.1 Nr. 05267/43 geh., A.H.Qu., den 8.11.1943, Betr.: Beurteilung der Versorgungslage, An H.Gr. F, O.Qu. und OKH/Gen.Qu., BA-MA, RH 21-2/v. 799.

[225] KTB OKW, Bd III, S. 1306, 24.11.1943.

[226] Vgl. dazu die Tabelle 17, S. 310.

[227] Okdo. H.Gr. E O.Qu./Qu. 2 Nr. 1570/44 geh., 1.3.1944, An O.B. Südost (Okdo. H.Gr. F), O.Qu., BA-MA, RH 19 VII/23 b. Diese Gefangenen-Bataillone setzten sich aus jeweils vier Kompanien zu 150 Mann zusammen. Insgesamt verteilten sich die Einheiten aus Militärinternierten und Kriegsgefangenen wie folgt: Bau-Pi-Batl. 41, 54 und 104 beim XXII. Geb.A.K.; Bau-Pi-Batl. Athen/Piräus und Lamia/Theben bei der O.Qu.-Außenstelle Athen; 3 Bau-Pi-Batl., 1 Bau-Pi-Kp. und 3 Straßenbau-Batl. beim Festungs-Pionier-Stab 8 auf Kreta; 2 Bau-Pi-Batl. (Saloniki und Larissa) beim Befehlshaber Saloniki-Ägäis; 2 Bau-Pi-Batl. beim Festungs-Pionierkommandeur II des LXVIII. A.K.; und 4 Bau-Pi-Batl. bei der Sturmdivision Rhodos.

[228] Okdo. H.Gr. E, O.Qu. Nr. 900/44 g.Kdos., H.Qu., den 22.5.1944, BA-MA, RH 19 VII/18. Damals wurden für das Gebiet der H.Gr. E 9 000 Militärinternierte und 1 000 italienische Kriegsgefangene als bei der Truppe eingesetzt gemeldet. Hingegen nannte die Heeresgruppe für den 1. Mai lediglich 4 153 Militärinternierte, was vermutlich nicht korrekt war: H.Gr. E Abt. II b Nr. 72/44 g.Kdos., 2.5.1944, BA-MA, RH 19 VII/24.

[229] Marine-Gruppenkommando Süd Seetransport O.Qu. B. Nr. 4192/44 geh., O.U., den 19.4.1944, BA-MA, RM III/226.

[230] Ebd., Admiral Ägäis B.Nr. Qu. G 13351, O.U., den 13.5.1944, FS an Gruppe Süd.

Gleichzeitig traten bei den Bewachungsmannschaften Engpässe auf. Die Heeresgruppe E zeigte sich vorübergehend außerstande, ganze 100 Mann als Wachen für ein Lager mit rund 950 Militärinternierten zu stellen, aus dem die Seetransportstelle in Piräus ihre Arbeitskräfte erhielt[231]. Das führte dazu, daß sich die Gefangenen, weil das Aufsichtspersonal fehlte, nicht zur Arbeit einsetzen ließen[232]. Die Marine wollte die Bewachung daher selbst übernehmen, wobei sie davon ausging, daß als »Wachmannschaften« Männer genügten, die »weder lesen noch schreiben« könnten[233]. Daraus mußten nicht zwangsläufig, aber daraus konnten negative Folgen hinsichtlich des Umganges mit den Italienern resultieren. In der Tat gibt es in den Quellen Hinweise, die eine solche Annahme rechtfertigen.

Wie auch immer, die Internierten leisteten im Balkanraum jedenfalls wichtigen Arbeitsdienst. Das traf in der Wirtschaft, die zum Beispiel 4 000 von ihnen im Kohle- und Erzbergbau in Serbien, Mazedonien, Griechenland und Albanien einsetzte[234], genauso zu wie im Stellungsbau der Wehrmacht[235].

Hierbei ist zu fragen, in welchem Zustand sich die arbeitenden Gefangenen befanden. Wer den Berichten des Heeresgruppenarztes der Heeresgruppe F und des Leitenden Sanitätsoffiziers beim Militärbefehlshaber Südost Glauben schenkt, wird davon ausgehen, daß der Kräfte- und Ernährungszustand der Internierten als befriedigend galt. Jedoch fällt auf, daß sich die Antworten zu bestimmten Fragen geradezu stereotyp wiederholen[236]. Könnte es sein, daß diese Arztberichte vor allem bürokratischer Routine, weniger jedoch medizinischer Fürsorgeverpflichtung genügten? Zu beweisen ist das selbstverständlich nicht, aber die später zu erörternden Situationsbeschreibungen offizieller italienischer Beobachter lassen einen derartigen Verdacht begründet erscheinen. Beruhigend klangen die deutscherseits abgegebenen Meldungen über den Zustand der Som-

---

[231] KTB Seetr. Ägäis, 15.6.1944, BA-MA, M 667/PG 45474; ebd., 6.7.1944, BA-MA, M 667/PG 45475; KTB H.Gr. E, S. 325, 21.6.1944, BA-MA, RH 19 VII/17; KTB H.Gr. E, Anlage 321, 30.7.1944, BA-MA, RH 19 VII/25.

[232] Marinegruppenkommando Süd B.Nr. Gkdos 1717 Seetr., O.U., den 16.8.1944, An OKM, BA-MA, M 686/PG 45847.

[233] BA-MA, M 667/PG 45474 (siehe oben, Anm. 231).

[234] Militärbefehlshaber Südost, Wehrwirtschaftsstab Südost, Ia, Nr. 2807/44g G/Zi, Belgrad, den 15.8.1944, Geheim! Lagebericht Serbien, BA-MA, RW 29/41. Darin heißt es: »Die nach wie vor sehr angespannte Arbeitseinsatzlage hat nur dadurch eine leichte Besserung erfahren, daß für den vordringlichsten Bedarf« auch Militärinternierte der Wirtschaft zur Verfügung. gestellt werden.

[235] Oberkommando Heeresgruppe E Ia/Fest.Pi.Kdr. II, Geheime Kommandosache, H.Qu., den 28.8.1944, Betr.: König-Kaiser-Kurfürst-Stellung und Struma Stellung, BA-MA, RH 19 VII/34.

[236] Vgl. dazu: Leitender San.-Offizier beim Militärbefehlshaber Südost, Az. 49/44, O.U., den 7.8.1944, Beurteilung der Versorgungslage für den Monat Juli 1944, BA-MA, RH 19 XI/79 (dort der Hinweis, daß es bei einer Fleckfieberepidemie im Dulag 172 bei 380 Erkrankten 34 Todesfälle gab); ebd., Heeresgruppenarzt F Nr. 253/44 geh. Kdos (Ib), H.Qu., den 9.8.1944, Versorgungsbericht für den Monat Juli 1944; ebd., Leitender San.-Offizier beim Militärbefehlshaber Südost, Az. 49/44, O.U., den 5.9.1944, Beurteilung der Versorgungslage für den Monat August 1944; ebd., Heeresgruppenarzt F Nr. 301/44 (Ib) g.Kdos., H.Qu., den 13.9.1944, Versorgungsbericht für den Monat August 1944; und ebd., Heeresgruppenarzt F Nr. 333/44 (Ib) g.Kdos., H.Qu., den 13.10.1944, Versorgungslagebericht für den Monat September 1944.

merbekleidung der Militärinternierten. Doch gleichzeitig hieß es, daß keiner wisse, wie sie — »zur Erhaltung der Arbeitsfähigkeit« — mit den im Winter benötigten Mänteln und Schuhen ausgestattet werden könnten. Längst richteten die Instandsetzungswerkstätten für die Gefangenen selbst das wieder her, was die eigenen Soldaten beim besten Willen nicht mehr zu tragen vermochten[237]. Angesichts der immensen Beute, die nach dem 8. September 1943 anfiel, befremdet der Mangel an Winterbekleidung einigermaßen. Ende Juli trafen dann »50 000 Paar Holzgaloschen« für die Italiener ein, was deren Bedarf an Schuhzeug angeblich zum größten Teil deckte[238]. Nur konnten sie damit kaum besonders gut marschieren.

Im Hinblick auf die Räumung des Südostraumes, die der Heeresgruppe F in absehbarer Zeit bevorstand, beschwor eine dermaßen unzulängliche Ausrüstung jedenfalls Probleme herauf. Es kam hinzu, daß es für eine Abbeförderung der in großer Zahl von den vielen Arbeitskommandos in die Durchgangslager zurückströmenden Militärinternierten an Eisenbahntransportkapazität fehlte. Daher blieb an sich nur der Landmarsch ins Reichsgebiet. Gegen ihn hegte die deutsche Seite einige Vorbehalte. Das allerdings nicht aus Rücksicht auf die Italiener, die einen derartigen Gewaltmarsch wegen ihrer schlechten Ausstattung schwerlich durchstehen konnten. Die Absicht, die Evakuierung zu Fuß durchzuführen, scheint allein aufgrund der fehlenden Bewachungskräfte — vorübergehend — fraglich gewesen zu sein. Eine Alternative gab es, nämlich den Transport mit Schleppkähnen auf den Flüssen. Wegen der Minengefahr schloß die Wehrmachtführung das zunächst ebenfalls aus[239].

Nach Lage der Dinge blieb den deutschen Befehlshabern im Herbst 1944 letztlich aber keine Wahl. Sie ordneten deshalb gegen Ende September an, die Vorbereitungen für die Rückführung der italienischen Militärinternierten auf dem »Land- und Wasserwege« einzuleiten[240]. Welche Folgen das mitunter zeitigte, verdeutlicht ein Vorfall in der Nacht vom 10. auf den 11. Oktober. Er dokumentiert zugleich, daß die Befürchtungen des Oberkommandos der Wehrmacht — hinsichtlich der Flußtransporte — nicht unbegründet waren. In jener Oktobernacht lief der Dampfer »Wojwoda Misic« bei der Donaustadt Komárom auf eine Mine und sank. Von den 790 an Bord befindlichen Internierten und Kriegsgefangenen verloren 300 das Leben[241]. Der Rückmarsch bei der Absetzbewegung der deutschen Truppen im Südosten schloß also für die Italiener auf jeden Fall erhebliche Risiken ein. Wieviele von ihnen letztlich den Tod fanden, nachdem die

---

[237] Der Oberquartiermeister Br.B.Nr. 1745/44 g.Kdos., O.U., 23.7.1944, Betr.: Übersicht über die Woche vom 16.—22.7.1944, An den Chef des Generalstabes, BA-MA, RH 19 XI/79.

[238] Ebd., Der Oberquartiermeister Br.B.Nr. 1792/44 g.Kdos., O.U., 30.7.1944, Betr.: Übersicht über die Woche vom 23.—29.7.1944, An den Chef des Generalstabes.

[239] Ebd., Der Oberquartiermeister Br.B.Nr. 2255/44 g.Kdos., O.U., 17.9.1944, Betr.: Übersicht über die Woche vom 10. bis 16.9.1944, An den Chef des Generalstabes.

[240] Ebd., Oberbefehlshaber Südost (Okdo. H.Gr. F) O.Qu./Qu. 1 Nr. 2325/44 g.Kdos., H.Qu., 24.9.1944, Betr.: Übersicht über die Woche vom 17. bis 23.9.1944, An den Chef des Generalstabes.

[241] Ebd., Oberbefehlshaber Südost (Okdo. H.Gr. F) O.Qu./Qu. 1 Nr. 2544/44 g.Kdos., St.Qu., 15.10.1944, Betr.: Übersicht über die Woche vom 8.10. bis 14.10.1944, An den Chef des Generalstabes.

Heeresgruppe F Ende September den Abmarsch befohlen hatte, muß freilich dahingestellt bleiben[242].

Zu berücksichtigen sind in diesem Kontext auch regional unterschiedliche Voraussetzungen für die Durchführung des Rückzuges. Anfang Oktober galt es beispielsweise als ausgeschlossen, in Saloniki mit Schiffen angelandete internierte Soldaten weiter als bis Athen bringen zu können[243]. Andererseits erreichten rund 3 000 Italiener aus dem Dulag 172 Smederevo in mehrtägigem Fußmarsch die Stadt Esseg (Osijek), von der aus sie ihren Weg nach Deutschland fortsetzen sollten[244]. Festzuhalten ist außerdem, daß das Oberkommando der Heeresgruppe F die Masse der Militärinternierten über das serbische Banat bei Titel auf ungarisches Territorium zu führen beabsichtigte. Das wäre sinnvoll gewesen. Aber Ungarns Generalstab bestand darauf, obwohl die Deutschen das Land damals praktisch besetzt hielten, daß der Grenzübertritt ungefähr 150 km weiter westlich bei dem schon erwähnten Esseg erfolgte, was die Gefangenen zwang, durch »Bandengebiet« in Kroatien zu marschieren. Daß die Heeresgruppe F am 2. Oktober lediglich den Abtransport von circa 30 000 Militärinternierten anzuordnen vermochte, obwohl sie ursprünglich etwa 50 000 Mann zurückführen wollte, läßt die Konsequenzen der ungarischen Forderung erahnen. Die restlichen 20 000 traten den »Durchmarsch durch Ungarn« aus einem einzigen Grund nicht an: Sie befanden sich im sogenannten Bandengebiet, aus dem sie — wenigstens fürs erste — nicht herausgezogen werden konnten[245]. Wenn General Morera im November rückblickend festhielt, daß von den rund 59 000 Internierten beim Oberbefehlshaber Südost circa die Hälfte für die Überführung nach Norden vorgesehen sei, so sagte er zwar — einmal abgesehen von der höheren Gesamtzahl — nichts Falsches, aber bestenfalls die halbe Wahrheit[246]. Daran änderte sich auch dadurch nichts, daß der Stab des Generalfeldmarschalls Frhr. v. Weichs hoffte, die Italiener später befreien zu können, denn danach sah es in der Tat nicht aus.

Schließlich ist noch einmal zu fragen, wieviele Militärinternierte sich 1944 überhaupt im Südosten aufgehalten haben[247]. Die Unterlagen des Chefs des Kriegsgefangenenwe-

---

[242] Oberbefehlshaber Südost (Okdo. H.Gr. F) O.Qu./Qu. 1 Nr. 2389/44 g.Kdos., H.Qu., 1.10.1944, Betr.: Übersicht über die Woche vom 24.9. bis 30.9.1944, BA-MA, RH 19 XI/79. Budapest lehnte einen Durchmarsch durch Ungarn zunächst ab, erteilte aber später die Erlaubnis.

[243] KTB H.Gr. E, S. 1066 f., 5.10.1944, BA-MA, RH 19 VII/27. Es handelte sich um 2 500 Militärinternierte und deutsche Strafgefangene, die aus dem Bereich des LXVIII. A.K. kamen.

[244] Oberbefehlshaber Südost (Okdo. H.Gr. F) O.Qu./Qu. 1 Nr. 2480/44 g.Kdos., H.Qu., 8.10.1944, Betr.: Übersicht über die Woche vom 1. bis 7.10.1944, BA-MA, RH 19 XI/79; und ebd., 15.10.1944 (siehe oben, Anm. 241).

[245] Besprechungspunkte Gen.Qu., Br.B.Nr. 2412/44 g.K., 2.10.1944, BA-MA, RH 19 XI/78.

[246] Ministero delle Forze Armate Segreteria Militare Nr. 10132 SM. di prot. P.C. 867, 28 novembre 1944/XXIII, Oggetto: Relazione sull'attività svolta dalla Missione Militare Italiana in Germania durante i mesi di settembre ed ottobre 1944, Alla Segreteria Particolare del Duce, ACS, S.P.d.D., Busta 22, F 153, SF 6. In der Anlage befindet sich der Bericht von General Morera, hier S. 14.

[247] Außer diesen gab es die hier nicht weiter interessierenden Hilfs- und Kampfwilligen. Letztgenannte zählten im Oktober — einschließlich der auf den Inseln verbliebenen Soldaten — 9 787 Mann: Ambasciata d'Italia Telespresso N. 09625, Al Ministero degli Affari Esteri P.C. 305, Berlino, addi 25 ott.

sens[248] geben am 1. Februar 82 939, am 1. April 68 379, am 1. Mai 67 931, am 1. Juni 60 105, am 1. Juli — eine nicht zu begründende Zunahme — 68 632, am 1. September 58 932 und am 1. Oktober 1944 noch 53 280 internierte Soldaten an. Abgesehen vom Monat Juli nahm deren Zahl also kontinuierlich ab, was sich primär mit der Abgabe von Personal an die Rüstungsindustrie, durch Statusänderungen, Erkrankungen, die mitunter eine Repatriierung oder den Abschub ins Reich notwendig machten, und mit Todesfällen erklären dürfte. Berlin forderte zum Beispiel im Juli den Abtransport von 14 300 Internierten und Kriegsgefangenen aus dem Bereich der Heeresgruppe E[249], eine Summe, die ziemlich genau der tatsächlichen Abnahme des Bestands an Militärinternierten vom 1. Juli bis zum 1. Oktober entsprach, allerdings im gesamten Südostraum.

Mit den für Oktober genannten Zahlen korrespondierte in etwa eine weitere — von seinen bisherigen Angaben abweichende — Meldung des Generals Morera. Darin teilte er seinen Vorgesetzten Mitte November mit, daß von rund 56 000 internierten Italienern im Befehlsbereich des Oberbefehlshabers Südost 43 000 aus dem Kommandogebiet der 2. Panzerarmee und 11 000 aus dem der Heeresgruppe E nach »Norden« marschierten, was eine recht vage Ortsangabe darstellte. Außerdem berichtete er, daß es 2 000 Versprengte gebe. Ansonsten aber besaß der Chef der Militärmission hinsichtlich des Schicksals seiner gefangenen Landsleute bei der Heeresgruppe E keine zuverlässigen Nachrichten. Er wies — seine ungenauen Kenntnisse rechtfertigend — dabei darauf hin, daß sich die Verbände unter Generaloberst Löhr kämpfend zurückziehen müßten. Von denjenigen Italienern, die als Internierte beim Panzerarmeeoberkommando 2 standen, hätten Mitte November 11 220 die Grenze nach Ungarn überschritten. Von dort sollten sie nach Deutschland gebracht werden. Die Zukunft der restlichen Militärinternierten galt als unsicher. Sie verblieben vorerst zu Bergbauarbeiten im früheren Bereich der 2. Panzerarmee[250]. Aus all dem geht im Grunde nur eines klar hervor: Es herrschten chaotische Zustände.

1944, Oggetto: Elenco dei reparti italiani combattenti in Balcania, f.to Anfuso, ASMAE, Busta 152, Posizione II/4/A/8. Bei der H.Gr. E befanden sich 5 493 Kampfwillige, beim Pz. A.O.K. 2 waren es 4 294. Direkt dem Territorialkommando des O.B. Südost unterstanden mindestens 648 Mann eines Bau-Pionier-Bataillons und 3 SS-Freiwilligen-Bataillone, deren Stärke nicht bekannt ist, aber aufgrund der bis jetzt gesammelten Erkenntnisse mit 1 500–2 000 Mann angenommen werden kann. Dem 8. Regiment Eisenbahn-Pioniere unterstanden folgende Italiener: 1 938 Militärinternierte, 942 Kriegsgefangene, 662 Hilfswillige und 399 Kampfwillige. In Arbeits-Bataillonen, in denen sowohl Hilfswillige als auch Militärinternierte (zahlenmäßig nicht besonders angegeben) standen, zählte man bei der H.Gr. E 7 005 und beim Pz. A.O.K. 2 genau 7 737 Italiener.

[248] Vgl. Tabelle 17, S. 310.

[249] Der Abtransport dieser 14 300 Mann begann noch im Juli: Der Oberquartiermeister Br.B.Nr. 1745/44 g.Kdos (siehe oben, Anm. 237). Zum Abtransport erkrankter Militärinternierter (hier 219), vgl. für den Juli 1944: Heeresgruppenarzt E Nr. 298/44 g.Kdos. (I), H.Qu., den 31.7.1944, An Heeresgruppenarzt F, BA-MA, RH 19 XI/79. Ob es sich bei einem weiteren Transport von 383 erkrankten und verwundeten Italienern, die ins Reichsgebiet abgefahren wurden, um Militärinternierte handelte, ist nicht sicher: Oberkommando des Heeres (Chef HRüst u. BdE) Nr. 2861/44 AHA/S In/Org. III, Berlin, den 18.2.1944, An Heeresgruppenarzt F, BA-MA, H 20/111; und ebd., Der Heeresarzt, Az. 1183 (Ib), H.Qu. OKH, den 25.2.1944, An Heeres-Sanitätsinspektion.

[250] Missione Militare Italiana in Germania, Prot.N. 7446/Ris., Berlino, li 16/11/1944/XXIII°, Oggetto: Militari italiani internati, Al Ministero Forze Armate Segreteria Militare P.C. 867, ASMAE, Busta

In einem Rückblick über den Verbleib der bei der Heeresgruppe F befindlichen internierten italienischen Soldaten faßte Morera die Entwicklung im Zeitraum Anfang August bis Ende 1944 detailliert zusammen. Gestützt auf die Angaben seiner Außenstelle in Belgrad benannte er nun für den 1. August — erneut etwas abweichend von den früheren Daten — genau 54 294 Italiener, die teils als »Internierte«, teils als »Kriegsgefangene« eingestuft seien. 20 000 von ihnen arbeiteten für die Organisation Todt. Angesichts der Entwicklung der operativen Lage habe Weichs im September befohlen, die größtmögliche Anzahl an Militärinternierten nach »Norden« zu führen. Das entsprach vorhergehenden Meldungen. Aus unterschiedlichen Gründen — etwa fehlende Transportmittel, andauernder Arbeitseinsatz oder wegen der sich unversehens verschlechternden militärischen Situation — vermochten nicht alle Einheiten der Weisung des Oberbefehlshabers Südost Folge zu leisten. Das war neu, zumindest in solcher Klarheit. Besonders schwierig stellte sich die Lage für die Wehrmacht bei der Räumung Griechenlands dar. Nach Morera nahmen die Deutschen allein diejenigen Italiener mit, die sich — entsprechend befragt — willens zeigten, auf die nationalsozialistische Seite überzutreten. Die übrigen Internierten hätten einige Lebensmittel erhalten und seien dem Internationalen Roten Kreuz oder der Obhut diplomatischer Vertretungen überlassen worden.

Im einzelnen resümierte der Chef der Militärmission, daß die Wehrmacht, wobei die durch die Organisation Todt abgeschobenen Männer ausgenommen blieben, vom 24. September bis zum 31. Dezember 1944 aus dem Befehlsbereich des Oberbefehlshabers Südost 5 335 Militärinternierte — von 54 294 — nach Deutschland brachte. Ungefähr 9 054 befänden sich wahrscheinlich noch bei der Heeresgruppe F und 20 000 bei der Organisation Todt. Einige tausend internierte Italiener stünden wohl weiterhin bei der Heeresgruppe E. Bei ihnen müßte freilich von Seitenwechslern ausgegangen werden, falls die oben zitierte Behauptung Moreras zutraf. Den Rest bezeichnete der General als verloren, was heißen dürfte: im Stich gelassen[251].

Trotz ihrer Einzelangaben trägt Moreras Zusammenfassung nur wenig zu einer schlüssigen Rekonstruktion der historischen Gegebenheiten bei. Werden die von ihm genannten Zahlenwerte akzeptiert, so bleibt jedenfalls — ohne Berücksichtigung der für die Organisation Todt arbeitenden Personen — das Schicksal von 19 905 Militärinternierten ungewiß. Zu fragen ist ferner, in welche Summe die oben zitierten 11 220 Italiener eingingen, die angeblich bis Mitte November Ungarn erreichten. Sie hätten nach dem zitierten Resümee von Ende 1944 zur Organisation Todt gehören müssen, aber sicher ist das nicht. Unklar erscheint darüber hinaus, ob zu ihnen die 3 000 rechneten, die im Oktober in Esseg angelangten. Oder verhielt es sich eventuell so, daß letztere zu den 5 335

145, Pos. I/4/14. Hinzuzufügen ist, daß man italienischerseits im Juli 1944 von 75 000 Militärinternierten auf den Balkan und etwa 600 000 im Reichsgebiet ausging. Doch das dokumentiert nur, daß genaue Informationen fehlten. Vgl. den Brief von Dr. Armando Foppiani an Mussolini, Milano 25 marzo 1945 XXIII, ASMAE, Busta 28, Posizione 62/2/4.

[251] Ministero delle Forze Armate Segreteria Militare Nr. 500/10/A SM. di prot. P.C. 867 — 23.1.1945 — XXIII, Oggetto: Relazione riguardante l'attività della Missione Militare Italiana a Berlino durante i mesi di novembre e dicembre 1944-XXIII, ACS, S.P.d.D., Busta 22, F 153, SF 6. Vgl. hier S. 21 f. des Berichts; dort sind die Meldungen der Dienststelle in Belgrad referiert.

in Deutschland Eingetroffenen zählten? Wie auch immer, jene 11 220 dürften auf ungarischem Boden geblieben sein. Vermutlich kamen sogar noch weitere hinzu. Darauf weisen gewisse Angaben über die Anfang 1945 im besetzten Gebiet arbeitenden Internierten hin. Doch nichts von alldem ist sicher.

Die Entwicklung bei der Heeresgruppe F läßt sich also im Detail nicht erhellen, jedenfalls nicht auf der Basis der bis jetzt herangezogenen Quellen. Und leider enthält der Tätigkeitsbericht Moreras für die Monate Januar und Februar 1945 keine Beobachtungen über das Los der Militärinternierten auf dem Balkan[252]. Aus der Tatsache, daß gegen Ende 1944 etwa 15 000 von ihnen ins Ersatzheer übernommen werden sollten[253], ergeben sich ebenfalls keine zwingenden Schlüsse hinsichtlich der seit September 1944 aus dem Südostraum nach Deutschland abgefahrenen italienischen Gefangenen. Gesichert ist nur, daß Botschafter Anfuso Mitte Januar 1945 von rund 6 000 Internierten sprach, die bis dahin im Reichsgebiet eingetroffen waren. Sie warteten noch auf ihre Übernahme ins Ersatzheer beziehungsweise auf die Aufnahme als »italienische Soldaten« in die Wehrmacht[254]. Wenn nicht alles trügt, so handelte es sich bei ihnen um die 5 335 von Morera als ins Reich überführt gemeldeten Personen.

---

[252] Ministero delle Forze Armate Segreteria Militare N. 1978/10/P di prot. S.M., P.d.C. 867, li 2.4.1945-XXIII, Oggetto: Relazione sull'attività svolta dalla Missione Militare Italiana in Germania durante i mesi di gennaio e febbraio 1945-XXIII, ACS, S.P.d.D., Busta 22, F 153, SF 6.

[253] Ambasciata d'Italia, Telespresso N° 12140/2524, Berlino 27 Dicembre 1944, Al Ministero degli Affari Esteri P.C. 305, Oggetto: Assunzione dei militari italiani internati come soldati italiani nel Ersatz-Heer. F.to Anfuso, ASMAE, Busta 8, Posizione Italia 11/14.

[254] Verbale della riunione dei consoli italiani in Germania, tenutasi presso l'Ambasciata d'Italia in Berlino nei giorni 12 e 13 gennaio 1945/XXIII, ASMAE, Busta 65, Posizione Germania 1/11, hier S. 29 des Berichtes. Vgl. in diesem Kontext auch: Ministero delle Forze Armate, Segreteria Militare, Prot.N° 165/SM, Data 5 Gennaio 1945/XXIII°, Al Generale Morera, BA-MA, RH 19 X/57.

2. Der Bestand an italienischen Militärinternierten im Bereich des Oberkommandos der Wehrmacht und im Operationsgebiet des Heeres im Osten

Mit dem Ausblick auf die Räumung des Südostraums wurde dem Gang der Ereignisse vorgegriffen. Wie schon dargelegt, kam die große Mehrheit der entwaffneten Militärangehörigen nach dem 8. September zunächst in Durchgangslager, aus denen die Männer im allgemeinen in die Oflag und Stalag weiterzogen, die normalerweise nicht im Operationsgebiet des Heeres lagen.

a) Zur Organisation des Kriegsgefangenenwesens der Wehrmacht

Als Stalag bezeichnete die Wehrmacht Kriegsgefangenen-Mannschaftsstammlager, das heißt Lager für Unteroffiziere und Mannschaften. Theoretisch sollte ihre Belegungsstärke 10 000 Gefangene nicht überschreiten. Freilich zeigen die nachstehenden Tabellen, daß diese Obergrenze bereits aufgrund der in ein Lager eingelieferten Italiener häufig nicht eingehalten werden konnte; und zu jenen kamen in zahlreichen Stalag noch Kriegsgefangene anderer Nationalität hinzu. Gerade unmittelbar nach dem Waffenstillstand Italiens traten derartige Überbelegungen in vermehrtem Maße auf, weil die deutsche Seite das hohe Aufkommen an Gefangenen organisatorisch recht mühsam unter Kontrolle brachte. Es hätte neuer Lager bedurft, aber dazu fehlte es vor allem an Personal. Jedenfalls stellte sich das ohnehin harte Los des Lagerlebens als Folge der Überfüllung oftmals unerträglich dar. Allerdings wäre es verfehlt, von solchen Gefangenenkonzentrationen in einem Lager als Dauerzustand auszugehen. Vielmehr bildete das Stalag eine Art Basislager. Da jedoch die deutsche Industrie — eine Konsequenz des Bombenkrieges — stark dezentralisiert arbeitete, mußten die in einem Stalag zusammengefaßten Personen häufig umverteilt werden. Das heißt, ein Mannschaftsstammlager verfügte oft über bis zu 300 Arbeitslager oder Arbeitskommandos, von denen das eine vom anderen häufig weit entfernt lag. Als Arbeitslager für außerhalb der Stammlager zur Arbeit eingesetzte Militärinternierte dienten Gutshöfe, Fabriken oder Bergwerke. Manchmal zählten sie nur wenige, mitunter aber Tausende italienischer Gefangener, die dort gemeinsam — und doch getrennt — mit Franzosen, Polen oder Russen lebten. Für ihre Betreuung durch die entsprechenden Organe der Botschaft der *Repubblica Sociale Italiana* in Berlin schuf jene weiträumige Verteilung erhebliche Schwierigkeiten[1].

Hierbei ist außerdem auf die Existenz von Zweiglagern aufmerksam zu machen. Obwohl geographisch vom jeweiligen Hauptlager abgesondert, bildeten sie verwaltungsmäßig mit ihm eine Einheit. In den Quellen wird deshalb im allgemeinen lediglich der Name des Hauptlagers angegeben. Gerade im Hinblick auf die nachstehenden Tabellen kommt dem eine gewisse Bedeutung zu. Denn bei deren Auswertung, etwa im Rahmen der Belegungs-

---

[1] All'Ambasciatore Conte Serafino Mazzolini, Sottosegretario agli Affari Esteri Salò, 20 Dicembre 1944, f/to Vaccari, hier S. 15, PADF; und Brief von Dr. Armando Foppiani an Mussolini, Milano 25 marzo 1945/XXIII, hier S. 9, ASMAE, Busta 28, Posizione 62/2/4. Allgemeine Hinweise auf die Organisation der Kriegsgefangenenlager findet man bei Cereja, Deportazione, S. 47 f., der sich in erster Linie mit den Konzentrationslagern auseinandersetzt.

verhältnisse, ist es unverzichtbar, sich über eventuell vorhandene Zweiglager zu informieren[2]. Zum Beispiel tritt das in der Memoirenliteratur häufig genannte Offizierslager Schocken in den Statistiken kaum auf, weil seine Gefangenen unter denjenigen des Hauptlagers Oflag 64 Altburgund erfaßt waren. Im übrigen gab es für die Offizierslager ebenso wie für die Mannschaftsstammlager Obergrenzen für die Belegungszahlen. Mehr als 1 000 Offiziere und ihnen gleichgestellte Kriegsgefangene sollten sich theoretisch nicht in einem Lager befinden. In der Praxis des Kriegsgefangenenwesens ließ sich diese Bestimmung ebenfalls nicht einhalten. Dabei kamen zu den Offizieren noch die Ordonnanzen hinzu.

Im Rahmen der Kompetenzenregelung lag die ministerielle Zuständigkeit für Fragen des Kriegsgefangenenwesens einzig und allein beim Oberkommando der Wehrmacht. Hingegen stellten sich die Dinge in bezug auf die territoriale Zuständigkeit, welche die »Unterstellung der Kriegsgefangenen in einem bestimmten Gebiet hinsichtlich Gliederung, Bewachung, Einsatz und Versorgung« ordnete, nicht so klar dar. Man unterschied zwischen dem »OKW-Bereich«, also dem Heimatkriegsgebiet und besetzten Territorium auf der einen Seite, sowie dem Operationsgebiet auf der anderen Seite. Das Operationsgebiet umfaßte jenen Bereich des Kriegsgebiets, in dem die Verbände des Heeres operierten. Es unterteilte sich in Armeegebiete, und seine rückwärtige Grenze bestimmte Hitler als Oberbefehlshaber der Wehrmacht in Abhängigkeit vom Verlauf der Heeresoperationen. Als Heimatkriegsgebiet galt der außerhalb des Operationsgebiets liegende Teil des Kriegsgebiets, soweit er nicht zum Wehrmachtverwaltungsgebiet zählte. Zu letztgenanntem gehörten jene Zonen des besetzten gegnerischen Landes, die nicht mehr zum Operationsgebiet des Heeres zählten und in denen eine eigene Kriegsverwaltung existierte. An ihrer Spitze stand der jeweilige Militärbefehlshaber. Operationsgebiet, Wehrmachtverwaltungsgebiet und Heimatkriegsgebiet konstituierten das Gesamtkriegsgebiet, welches selbstverständlich das eigentliche Territorium des Deutschen Reiches einschloß.

Da in den Tabellen[3] einige Kriegsgefangenenlager der Luftwaffe und der Kriegsmarine auftreten, ist auf das entsprechende Organisationssystem der beiden Wehrmachtteile kurz einzugehen. Für die Marine genügt die Feststellung, daß das Allgemeine Marinehauptamt im Oberkommando der Kriegsmarine für die Angelegenheiten von Kriegsgefangenen verantwortlich zeichnete. Wegen deren relativ geringer Anzahl fehlte eine besondere marineinterne Organisation. Bei der Luftwaffe unterstanden die Gefangenen — territorial betrachtet — den jeweiligen Luftgaukommandos, in deren Bereich sie sich befanden. Für den Einsatz der Kriegsgefangenen besaß hingegen die Luftwaffen-Inspektion für Bautruppen und Kriegsgefangene/Inspizient des Kriegsgefangenenwesens der Luftwaffe Weisungsbefugnis. Im Zusammenhang mit den italienischen Militärinternierten spielten Kriegsmarine und Luftwaffe, obwohl letztere — wie schon gezeigt — zeitweise über erhebliche Kontingente verfügte, keine entscheidende Rolle. Es dominierte ganz offenkundig die Kompetenz des Oberkommandos der Wehrmacht.

---

[2] Vgl. dazu die Zusammenstellung der Haupt- und Zweiglager S. 313—316. Im Hinblick auf die Belegungsverhältnisse ist es bedauerlich, daß die Zahl der in den Zweiglagern untergebrachten Gefangenen normalerweise nicht genannt wird.

[3] Siehe unten, S. 306—316.

Ihm standen für die Durchführung aller anfallenden Aufgaben die bei den einzelnen Wehrkreiskommandos eingerichteten Kommandeure der Kriegsgefangenen — sie gab es außerdem in den besetzten Ost- und Nordgebieten — zur Verfügung. Ihnen nachgeordnet folgten die Kriegsgefangenen-Bezirkskommandanturen, die Kriegsgefangenen-Offizierslager, die Kriegsgefangenen-Mannschaftsstammlager, die Heimkehrerlager (Heilag) und die Internierungslager (Ilag), die allerdings nichts mit dem Auftreten von Militärinternierten zu tun hatten. Repatriierungen schwerkranker Gefangener erfolgten über die Heimkehrerlager. In den Ilag sahen sich Staatsangehörige gegnerischer Staaten untergebracht, die wie Kriegsgefangene behandelt worden sind. Das konnte etwa bei Polizeiangehörigen oder Wehrfähigen, die noch keinen Militärstatus besaßen, der Fall sein. Hervorzuheben ist ferner, daß die den Kriegsgefangenen-Bau- und Arbeitsbataillonen sowie der Flak — das heißt der Luftwaffe — zugestandenen Kriegsgefangenen oder Militärinternierten für die Zeit, in der sie in solchen Einheiten Dienst taten, aus der Zuständigkeit des Oberkommandos der Wehrmacht/Allgemeines Wehrmachtamt, Abteilung beziehungsweise Chef des Kriegsgefangenenwesens, ausschieden. Diese Gefangenen unterstanden dem Chef der Heeresrüstung und Befehlshaber des Ersatzheeres oder dem Reichsminister der Luftfahrt und Oberbefehlshaber der Luftwaffe. Es handelte sich bei den besagten Kriegsgefangeneneinheiten nicht um Arbeitskommandos, wie sie zur Erfüllung von Arbeiten unterschiedlichster Art aus den Gefangenen der Stalag zusammengestellt wurden.

Anders als im Bereich des Oberkommandos der Wehrmacht war im Operationsgebiet nicht der Chef des Kriegsgefangenenwesens, sondern der Generalquartiermeister des Generalstabs des Heeres für die Aufteilung, Bewachung, den Arbeitseinsatz und die Versorgung der Gefangenen zuständig. Das heißt, daß die Kompetenz hier beim Oberkommando des Heeres lag. Zwar sollte es die Kriegsgefangenen oder Internierten möglichst schnell in den Bereich des Oberkommandos der Wehrmacht abschieben, doch zeigte sich im Verlaufe der bisherigen Darstellung, daß eine gewisse Zahl der eingebrachten Gefangenen im Operationsgebiet verblieb, um den Bedarf an Arbeitskräften bei der Truppe zu decken. Wie auf dem Balkan geschehen, konnten Militärinternierte auch Verbänden oder Dienststellen der Kriegsmarine, der Luftwaffe und der Waffen-SS befristet zur Verfügung gestellt werden. Die Gliederung des Kriegsgefangenenwesens im Operationsgebiet glich im wesentlichen derjenigen im Bereich des Oberkommandos der Wehrmacht, wobei sich die Kommandeure der Kriegsgefangenen bei den Heeresgruppen befanden. Bei den Armeen gab es Kriegsgefangenen-Bezirkskommandanten. Als Gefangenenlager im Operationsgebiet sind die schon erwähnten Durchgangslager und die Armee-Gefangenen-Sammelstellen anzusehen. Stalags traten dort verhältnismäßig selten auf.

Die Bewachung der Kriegsgefangenen übernahmen im allgemeinen Landesschützen-Bataillone, Landesschützen-Kompanien, deutsche oder auch fremdländische Hilfswachmannschaften, die sich mitunter aus kriegsgefangenen Soldaten rekrutierten. Taktisch unterstanden die entsprechend eingesetzten Einheiten den verschiedenen Kommandos des Kriegsgefangenenwesens[4].

---

[4] Vgl. zu diesem Überblick die kenntnisreiche Darstellung der Organisation des Kriegsgefangenenwesens der Wehrmacht bei Streim, Die Behandlung, S. 5—24, hier insbesondere S. 10—15. Nützliche

Eine Art Kontrollfunktion außerhalb des Allgemeinen Wehrmachtamtes übte bis zum Oktober 1944 der Generalinspekteur für das Kriegsgefangenenwesen der Wehrmacht, General der Infanterie Otto Roettig, aus. Er war dem Chef des Oberkommandos der Wehrmacht direkt unterstellt. Als Generalinspekteur überprüfte er im »gesamten Kriegsgebiet« sowohl die Einrichtungen für die Kriegsgefangenen als auch deren Arbeitseinsatz. Sein besonderes Augenmerk sollte sich — abgesehen von Verwahrung und Bewachung — auf die zweckvolle »Verwendung der Kriegsgefangenen innerhalb der Wehrmacht im Rahmen des totalen Einsatzes aller Kräfte für die Kriegsführung« richten[5].

Der Generalinspekteur für das Kriegsgefangenenwesen besaß zwar eine bemerkenswerte Machtfülle — so konnte er bei festgestellten Unregelmäßigkeiten sofort eine gerichtliche oder disziplinare Untersuchung einleiten —, aber die Befugnisse des Oberkommandos der Wehrmacht, von dem Roettig abhing, blieben im Rahmen seiner Tätigkeit unberührt. Bei der Wehrmachtführung lag im übrigen auch die Zuständigkeit für die Betreuung der Kriegsgefangenen. Dem Auswärtigen Amt oblag es, Fragen zu behandeln, die außenpolitische Aspekte des Gefangenenwesens betrafen. Dabei offenbarte sich im Hinblick auf die Militärinternierten wiederholt eine deutlich voneinander abweichende Einstellung bei den Vertretern des Oberkommandos der Wehrmacht und des Reichsaußenministeriums. Letztere gaben sich gemeinhin verständnisvoller und kooperationswilliger gegenüber den — mit der Betreuung der internierten Italiener beauftragten — Angehörigen der Botschaft Mussolinis in Berlin[6]. Belange, welche die »Einsatzfreudigkeit bei der Arbeit« oder etwa »gutes Betragen in der Gefangenschaft« und ähnliche Fragen betrafen, regelte die Wehrmachtführung im Einvernehmen mit dem Propagandaministerium[7]. Trotz der hiermit angedeuteten Aufteilung von gewissen Kompetenzen gilt, daß das Kriegsgefangenenwesen bis 1944 im wesentlichen dem Oberkommando der Wehrmacht und den von ihm beauftragten Organen unterstand.

An den organisatorischen Gegebenheiten änderte sich erst nach dem 1. Oktober 1944 Grundsätzliches, als der Reichsführer-SS Himmler aufgrund der Weisung Hitlers vom 25. September als Befehlshaber des Ersatzheeres die »Verwahrung sämtlicher Kriegsgefangenen und Internierten sowie die Kriegsgefangenenlager und Einrichtungen mit Bewachungskräften« übernahm[8]. Als Folge des Befehls hat man das Kriegsgefangenenwesen

---

Hinweise finden sich auch bei Mattiello/Vogt, Deutsche Kriegsgefangenen- und Interierteneinrichtungen, Bd 1, S. 5—8, und Bd 2, S. 5, 42 und 95.

[5] Der Führer und Oberste Befehlshaber der Wehrmacht, Führer-Hauptquartier, den 28.6.1943, Betr.: Schaffung der Dienststelle »Generalinspekteur für das Kriegsgefangenenwesen der Wehrmacht«, (gez.) Adolf Hitler, BA, R 58/397.

[6] Vgl. zum Beispiel Diario S.A.I., Proemio, S. 15, PADF.

[7] Instruktion, Betr.: Kriegsgefangenenbetreuung, »Westfalen«, den 17.1.1944, gez. RAM, PA, Handakten Ritter, Bd 62. Unmittelbarer Anlaß der Klarstellung des Reichsaußenministers waren Kompetenzstreitigkeiten zwischen Wehrmacht, Propagandaministerium und Auswärtigem Amt. Dabei unterstrich Ribbentrop erneut, daß für die außenpolitische Betreuung der Kriegsgefangenen (Militärinternierten), ausgenommen die russischen Gefangenen, ausschließlich das Auswärtige Amt federführend sei.

[8] RKPA Nr. 1244, 6.10.1944, Geheime Reichssache, An die Inspekteure und Befehlshaber der Sipo u.d. SD im Reich und Krakau, BA, R 58/397.

umorganisiert[9]. Himmler, den Hitler nach dem Attentat vom 20. Juli 1944 und der Ablösung von Generaloberst Fritz Fromm zum Befehlshaber des Ersatzheeres machte, wurde
dadurch Chef eines traditionell zur Wehrmacht gehörenden Bereichs. Dessen Leitung
hatte er im übrigen, so jedenfalls gab es Generalfeldmarschall Keitel zu Protokoll, seit
langer Zeit angestrebt[10].

Was nun die Umorganisation betrifft, so übertrug Himmler das Kriegsgefangenenwesen
dem SS-Obergruppenführer und General der Waffen-SS Gottlob Berger, den er zum »Chef
des Kriegsgefangenenwesens« ernannte. Berger beauftragte wiederum Oberst Friedrich
Wilhelm Meurer als seinen Stellvertreter mit der Führung der Dienststelle. In den einzelnen Wehrkreisen übernahmen die am Sitz der Wehrkreiskommandos befindlichen
»Höheren SS- und Polizeiführer« zusätzlich die Bezeichnung »Höherer Kommandeur
der Kriegsgefangenen«. Sie zeichneten für das gesamte Kriegsgefangenenwesen in ihrem
Wehrkreis verantwortlich. Der dort weiterhin vorhandene »Kommandeur der Kriegsgefangenen« unterstand nach dem 1. Oktober nicht mehr dem Oberkommando der Wehrmacht, sondern uneingeschränkt — sogar disziplinar — dem zuständigen »Höheren SS-
und Polizeiführer« als »Höherem Kommandeur der Kriegsgefangenen«. Seine Weisungen empfing er, statt vom Wehrkreisbefehlshaber, jetzt von der SS. Mit deren Dienststellen sah sich der Kommandeur der Kriegsgefangenen auf engste Zusammenarbeit angewiesen. Andererseits befehligte er aufgrund der Neuorganisation nunmehr die Kriegsge-
fangenen-Bau- und Arbeitsbataillone mit gefangenen Militärangehörigen.

Die Kompetenz des Oberkommandos der Wehrmacht innerhalb des Kriegsgefangenenwesens reduzierte sich auf Marginales. Nach dem 1. Oktober oblagen ihm nur noch jene
Aufgaben, die mit der Erfüllung der Verpflichtungen aus dem Genfer Abkommen von
1929, dem Umgang mit den Schutzmächten und Hilfsgesellschaften sowie mit Angelegenheiten zusammenhingen, die deutsche Kriegsgefangene in anderen Ländern betrafen.
Als Sachbearbeiter für die genannten Gebiete fungierte der in Torgau amtierende »Inspekteur für das Kriegsgefangenenwesen im Oberkommando der Wehrmacht«[11]. Alles in
allem ist zu konstatieren, daß die Wehrmachtführung nach der Einführung der neuen
Regelung kaum noch Einfluß auf die Behandlung der Kriegsgefangenen besaß, vielmehr
dominierte die SS. Sogar die Gefangenen der Luftwaffe unterstanden Himmler beziehungsweise Berger. Es verstand sich von selbst, daß der Umorganisation die Dienststelle
des »Generalinspekteurs für das Kriegsgefangenenwesen der Wehrmacht« zum Opfer fiel.
Im SS-System gab es für eine derartige Kontrollinstanz keinen Raum[12].

Ein Beispiel mag verdeutlichen, welcher Geist nach dem 1. Oktober 1944 herrschte. Kaum
befand sich Himmler in Amt und Würden, da erging eine Weisung des Reichskriminal-
amtes, daß sämtliche Lager und Arbeitskommandos im Hinblick auf »Sicherheit und
Unterbindung jedes Aufstandsversuchs zu prüfen und alle geeigneten Maßnahmen zu

---

[9] Vgl. zum folgenden Text: Der Chef der Sicherheitspolizei und des SD, IV B (ausl. Arb.) — 5846/44g
— 48 — Kgf., Berlin, den 28.11.1944, An alle Staatspolizei-Leitstellen, Betrifft: Organisation des Kriegsgefangenenwesens, BA, R 58/397. Vgl. unmittelbar dazu Streim, Die Behandlung, S. 390 f.
[10] Der Prozeß gegen die Hauptkriegsverbrecher, Bd 10, S. 627.
[11] Siehe oben, Anm. 9.
[12] Vgl. Streim, Die Behandlung, S. 17.

treffen« seien, was unter anderem hieß, daß »Konserven, die die Kriegsgefangenen in Paketen« erhielten, aufgeschnitten werden mußten, um die in ihnen angeblich »sehr oft enthaltenen Nachrichten oder Werkzeuge« zu erfassen. Einzig durch Auf- und Durchschneiden zerstörte Konservendosen konnten die Lagerinsassen behalten. Die Wehrmacht scheint auf solche Verfahren im allgemeinen verzichtet zu haben. Verschiedene Kriegsgefangene — überwiegend Amerikaner und Briten — legten sich daher mitunter einen gewissen Vorrat an Nahrungsmitteln an, den die Bewacher jetzt vernichteten. Anders läßt sich das Ergebnis der Aufschneideaktion nicht definieren.

Das Kriegsgefangenenwesen in den Händen der SS reflektierte die Gesinnung des Überwachungsstaats. Es ging vor allem um das Verhindern von Fluchtversuchen oder um die Verstärkung der nachrichtenmäßigen Tätigkeit der SS und Polizei in den Lagern[13]. In ihnen fristeten in jenen Tagen noch immer über 100 000 italienische Militärinternierte ein oft menschenunwürdiges Leben[14]. Von Betreuung sprachen Himmlers und anderer Befehle nicht, wohl aber von der Ausbeutung durch Arbeit.

b) Militärinternierte im Reich, im »Generalgouvernement«, in Frankreich, Italien und im Südostraum

Die nachstehende Dokumentation umfaßt die Militärinternierten in den Kriegsgefangenen-Mannschaftsstammlagern und Kriegsgefangenen-Offizierslagern sowie in den Bau- und Arbeits-Bataillonen im sogenannten Reichsgebiet (das heißt, die damals annektierten Territorien werden nicht besonders aufgeführt). Berücksichtigt ist zudem die numerische Situation in den Lagern mit italienischen Offizieren im »Generalgouvernement«. Weitere Statistiken betreffen den Bestand an Militärinternierten in Frankreich, Italien und im Südostraum, die dienstgradmäßige Zusammensetzung der italienischen Gefangenen im Bereich des Oberkommandos der Wehrmacht, den Arbeitseinsatz, den Gesamtbestand und die Verteilung der Militärinternierten nach Wehrkreisen. Ein Verzeichnis der Kriegsgefangenenlager in Deutschland, im »Generalgouvernement« sowie im »Protektorat Böhmen und Mähren« schließt den statistischen Überblick ab, wobei anzumerken ist, daß sich in der besagten Übersicht über die am 15. Dezember 1943 existenten Lager auch die zu einem Stalag oder Oflag gehörenden Zweiglager finden, die in den übrigen Statistiken nicht gesondert auftreten. Außerdem nennt das Dokument die Nationalität der in einem Lager untergebrachten Gefangenen. Dabei zeigt sich, daß in den Mannschaftsstammlagern mit Italienern stets sowjetische oder andere Kriegsgefangene lebten. In allen Fällen ist ferner — wie schon angedeutet — von Überbelegungen auszugehen.

Der Blick auf die einzelnen Tabellen läßt erkennen, daß es eine ganze Reihe von deutlich voneinander abweichenden Angaben gibt, die offensichtlich inkompatibel sind. Das Oberkommando der Wehrmacht scheint bei der Erstellung von Statistiken für ein und denselben Sachverhalt unterschiedliche Daten herangezogen zu haben. Die Ursache für

---

[13] Siehe oben, Anm. 8.
[14] Vgl. Tabelle 19, S. 312.

solche Widersprüche könnte teilweise aus der Entwicklung beim Oberbefehlshaber Südost resultieren. Bei ihm gab es seit dem 1. Februar 1944 eine regelmäßige Verringerung der Militärinternierten — ausgenommen der Monat Juli. Allerdings entsprach der Abnahme des Bestandes im Südosten keine entsprechende Zunahme der im Reich eingesetzten Militärinternierten. Auf den ersten Blick läge es nahe, eine Vernachlässigung der auf dem Marsch befindlichen Gefangenen zu unterstellen. Doch scheidet eine derartige Annahme angesichts des relativ langen Zeitraums, der betrachtet wird, aus. Gemäß den statistischen Unterlagen verringerte sich die Gesamtzahl der beim Oberbefehlshaber Südost befindlichen Militärinternierten vom Februar bis zum Juli 1944 um 14 307 Mann. Umgekehrt wuchs der Bestand an internierten italienischen Militärangehörigen in den Lagern im Reichsgebiet um insgesamt 19 854 Personen. Da von ihnen jedoch 16 483 aus dem »Generalgouvernement« kamen, bleibt das Schicksal von wenigstens 10 936 Internierten aus dem Balkanraum zu klären. Nur wenn genau bekannt wäre, wohin sie gingen, ließen sich die Unstimmigkeiten in den Statistiken etwas harmonisieren. Nicht unwahrscheinlich erscheinen im übrigen Statusänderungen, doch darauf ist später einzugehen.

Ansonsten fiel auf, daß es sich als unmöglich erwies, die Einreihung von sehr vielen Militärinternierten in die Flak im Sinne einer statistischen Veränderung nachzuvollziehen. Das dürfte bedeuten, daß die betroffenen Männer die Lager frühzeitig wieder verlassen haben oder aus ihrem früheren Einsatzraum direkt zur Flak traten. Einmal überstellt, schieden sie aus der Zuständigkeit des Chefs des Kriegsgefangenenwesens aus. Sie galten als zur Luftwaffe versetzt und erschienen somit nicht mehr in den Monatsübersichten des Oberkommandos der Wehrmacht. Im Unterschied dazu fanden internierte Italiener, die in — dem Befehlshaber des Ersatzheeres unterstellten — Kriegsgefangenen-Bau- und Arbeitsbataillonen dienten, in den Statistiken der Wehrmachtführung als besondere Gefangenengruppe weiterhin Berücksichtigung. Allerdings ist nicht zu entscheiden, ob das hinsichtlich der Gesamtheit aller im Bereich des Oberkommandos der Wehrmacht verzeichneten italienischen Gefangenen ebenfalls gilt. Da die Anzahl der in solchen Bataillonen arbeitenden Internierten vom Februar bis zum Juli 1944 um 4 966 Mann zunahm, sind sie in bezug auf die Ursachen der Gesamtabnahme der Lagerinsassen nicht zu vernachlässigen. Sie müßten unter Umständen von den insgesamt für einen Statuswechsel vor dem September 1944 in Erwägung zu ziehenden Personen subtrahiert werden. Geht man von der geringsten Reduzierung des Interniertenbestands — im hier betrachteten Zeitraum, das heißt vor Ende Juli 1944 — in den Lagern außerhalb des Operationsgebiets des Heeres aus, also von 11 253 Italienern, so wären — freilich bei der unrealistischen Unterstellung, daß es keine Toten gegeben hätte — möglicherweise 6 287 Übertritte oder Versetzungen zur Luftwaffe anzunehmen. Schließlich ist noch auf eine zusätzliche Eventualität aufmerksam zu machen. Es könnte durchaus sein, daß der Schwund des Totalbestands der Militärinternierten im Bereich des Oberkommandos der Wehrmacht um 11 253 Mann mit den 10 936 Gefangenen aus dem Südostraum in Verbindung zu bringen ist, deren Verbleib nicht erhellt zu werden vermochte, das heißt, letztere könnten in der erstgenannten Größe erfaßt sein.

Wie dem auch immer sein mag, unübersehbar ist, daß die Gesamtheit der italienischen Häftlinge — unbeschadet aller Differenzen im Detail — in den nachstehenden Statistiken zwischen Februar und Juli verhältnismäßig konstant blieb. Ihr Bestand stellte sich seit dem 1. Februar 1944 als weitgehend stabil dar. Die letzte statistische Erhebung vor dem Beginn der — meist erzwungenen, weil durch Befehl herbeigeführten — Statusänderung bietet der Monat Juli, wobei schon hier zu sagen ist, daß anscheinend lediglich ein Drittel der dazu aufgeforderten Personen freiwillig in ein ziviles Arbeitsverhältnis eintrat[15].

Die bisherigen Überlegungen gingen von der Mindestabnahme der Militärinternierten vom Februar bis zum Juli aus, nämlich von 11 253 Mann[16]. Doch erlauben es die Statistiken, einen Schwund von bis zu 16 219 oder gar 20 390 Menschen anzunehmen[17]. Diese Zahlenwerte tangieren zwangsläufig die vorstehenden Aussagen zu den personellen Veränderungen und ihren möglichen Ursachen[18]. Nach Abzug der italienischen Kriegsgefangenen in den Bau- und Arbeits-Bataillonen ergäben sich — bei Vernachlässigung der Todesfälle — maximal 15 424 Statusänderungen oder Versetzungen zur Luftwaffe[19]. Selbst für den Fall, daß alle 15 424 Mann die Seite gewechselt hätten, was kaum anzunehmen ist, entspräche das ganzen 2,5 oder 3 Prozent des Gesamtbestands im Bereich des Oberkommandos der Wehrmacht im hier berücksichtigten Zeitraum[20].

Interessant und aufschlußreich ist außerdem die Entwicklung der Umschichtungen innerhalb der einzelnen Dienstgradgruppen. Bei den Offizieren gab es von Februar bis Juli eine Verringerung der Gesamtzahl um 5 871 oder 5 961 Mann, was mit 24 Prozent der für den 1. Februar festgestellten internierten Offiziersdienstgrade übereinstimmte. Die Summe der Anfang Februar in den Lagern befindlichen Mannschaften reduzierte sich um 13 193 Mann oder 2,4 Prozent. Hingegen stieg die Zahl der gefangenen Unteroffiziere um 2 721 an, was eine Zunahme von 12 Prozent bedeutete[21]. Das Phänomen ist letztlich nicht zu erklären. Möglicherweise liegen Rückwandlungen vor. Das heißt, daß zunächst aus den Lagern geholte Internierte, etwa im Rahmen der Aufstellung des republikanischen faschistischen Heeres, aus bestimmten — noch zu erörternden — Gründen wieder in sie zurückkehrten.

Wird der statistische Befund des Oberkommandos der Wehrmacht mit der Summe aller entwaffneten und zumindest für kurze Zeit in ein Dulag, Stalag oder Oflag verbrachten italienischen Soldaten, die bei circa 775 000 gelegen haben dürfte, verglichen, so zeigt sich, daß die meisten freiwilligen Statusänderungen und Einreihungen in die Flak wahrscheinlich bis zum Ende des ersten Quartals 1944 erfolgten, mit gewissen Einschränkungen hinsichtlich der Offiziere. Andererseits erfuhren gerade sie eine Sonderbehandlung, die den Statuswechsel partiell ausschloß. Und ganz generell sei bereits hier darauf hin-

---

[15] Darauf ist noch ausführlich einzugehen, siehe unten, S. 409—443.

[16] Vgl. Tabelle 19, S. 312.

[17] Vgl. Tabelle 18, S. 311.

[18] Siehe unten, S. 324—338.

[19] Diese Resultate ergeben sich nach dem Abzug der 4 966 Militärinternierten, die vom 1.2. bis zum 1.7.44 in Bau- und Arbeits-Bataillone überführt wurden.

[20] Allerdings ist schon hier darauf aufmerksam zu machen, daß die italienische Seite verschiedentlich monierte, die Wehrmacht verhalte sich gegenüber Statuswechselanträgen sehr restriktiv.

[21] Gemäß Tabelle 18, S. 311.

gewiesen, daß von den ursprünglich ungefähr 30 000 entwaffneten Offizieren[22] am 1. Januar 1945 fast 14 000 nach wie vor in den Gefangenenlagern lebten. Das entsprach rund 46 Prozent der nach dem 8. September 1943 internierten und 56 Prozent aller noch am 1. Februar 1944 in den Lagern befindlichen Offiziersdienstgrade.

Eine weitere offene Frage bildet die Entwicklung im Südostraum seit dem Rückzug der Heeresgruppe F. Das Oberkommando der Wehrmacht schlüsselte nach dem 1. Oktober 1944 die beim jeweiligen Oberbefehlshaber der Heeresgruppen C, D und F eingesetzten Militärinternierten quantitativ nicht mehr regional auf[23]. In den Tabellen ist lediglich von italienischen Internierten die Rede, die im »besetzten Gebiet« arbeiteten. Bis zur letzten Meldung im Januar 1945 sollen das stets mehr als 40 000 Mann gewesen sein. Auf der anderen Seite fanden sich in den Unterlagen des Generalstabs des Heeres Aufzeichnungen, die für den 1. Februar 1945 nicht 43 869 Militärinternierte im Gebiet der Heeresgruppen C, D und F auswiesen, sondern nur 6 260. Am 1. Januar hätte ihre Zahl noch 6 542 betragen. In der Masse beruhten die 282 Abgänge von Januar bis Februar 1945 auf der Abgabe von Internierten an die Kriegsgefangenenorganisation des Befehlshabers des Ersatzheeres (53 Mann), auf Statusänderungen (168 Mann) oder Fluchten (57 Mann).

Im einzelnen befanden sich demnach beim Oberbefehlshaber Südwest 54 gefangene »Badoglio-Italiener«; der Oberbefehlshaber Südost setzte 1 666 Militärinternierte zur Versorgung der Truppe, 4 zum Straßen- oder Brückenbau, 1 849 zum Unterkunfts- und Stellungsbau, 1 333 bei der Organisation Todt, 1 088 zum Eisenbahnbau sowie 4 zu sonstigen Arbeiten ein; 78 Mann galten im Südosten zu jenem Zeitpunkt als nicht arbeitsfähig, 74 konnten zwar arbeiten, blieben aber unbeschäftigt. Wäre ferner zu ergänzen, daß bei der Heeresgruppe Süd — in Ungarn — ebenfalls 88 italienische Internierte standen[24].

Der Widerspruch in den Quellen läßt sich nicht völlig ausräumen, doch ist daran zu erinnern, daß die Slowakei und Ungarn damals zu den besetzten Gebieten zählten. Es erscheint denkbar, daß die rund 37 000 Internierten, für die der Generalstab des Heeres keine Zugehörigkeit nannte, obwohl sie in den Unterlagen des Oberkommandos der Wehrmacht auftraten, in diesen Ländern Arbeiten für die Organisation Todt verrichteten. Eine nicht unerhebliche Anzahl unter ihnen könnte — wie sich bei der Darstellung des Rückzugs der Heeresgruppe F andeutete — aus dem Bereich des Oberbefehlshabers Südost gekommen sein. Darüber hinaus ist zu berücksichtigen, daß sich auch in den besetzten Niederlanden Militärinternierte aufhielten, und ganz allgemein traten sie in okkupierten Gebieten außer bei der Organisation Todt im Wehrmachtgefolge sowie partiell beim Transportkorps Speer auf.

Trotz aller Unabgeklärtheiten und ungelösten Probleme ist davon auszugehen, daß die folgenden tabellarischen Übersichten ein historisch in etwa zutreffendes Bild vom Bestand der italienischen Gefangenen vermitteln, die sich von 1943 bis 1945 in den Lagern im Bereich des Oberkommandos der Wehrmacht befanden.

---

[22] Vgl. Anm. c) zur Tabelle 18, S. 311.

[23] Vgl. die Tabellen 17 und 19, S. 310, 312.

[24] Vgl. die Tabellen 17 und 18, S. 310 f. Zu den Einzelangaben: Oberkommando des Heeres, GenStdH/ Gen.Qu. Abt. Kriegsverw. (Qu 4) Nr. II/899/45 geh., H.Qu. OKH., den 7.3.1945, II. Kriegsgefangenenlage auf den Kriegsschauplätzen Südwest, Südost, West, BA-MA, RH 2/v. 2678.

Tabelle 14

Kriegsgefangenen-Mannschaftsstammlager mit italienischen Militärinternierten

Stalag		1.10.43	1.12.43	1.1.44	1.2.44	1.4.44	1.5.44	1.6.44	1.7.44	1.9.44	1.10.44	1.11.44	1.12.44	1.1.45	1.3.45
Stablack	I A	11 323	11 552	8 512	5 326	4 956	4 999	4 303	4 502	4 483	1 147	996	1 056	927	-
Hohenstein	I B	12 697	7 494	6 488	4 128	4 531	4 526	4 052	3 884	4 852	2 617	712	701	652	-
Sudauen	I F	19 957	79	-	-	-	-	-	-	-	-	-	-	-	-
Neubrandenburg	II A	5 490	4 948	4 784	3 608	3 585	3 482	2 838	2 829	2 913	638	571	527	510	-
Hammerstein	II B	12 904	4 053	3 417	4 806	3 238	3 012	2 993	2 830	2 818	1 111	399	327	171	-
Greifswald	II C	-	8 045	6 808	6 000	5 081	5 121	5 179	5 294	5 665	749	541	507	463	-
Stargard	II D	6 409	4 405	3 873	4 095	3 117	2 988	2 651	2 619	2 658	283	297	257	255	-
Schwerin	II E	-	2 099	1 638	1 731	1 697	1 705	1 474	1 455	1 334	111	92	93	86	-
Luckenwalde	III A	15 084	9 445	9 029	8 210	8 173	8 212	7 967	8 401	3 831	2 789	2 050	1 549	1 310	1 367
Fürstenberg	III B	13 563	12 349	11 536	11 128	10 366	10 451	10 033	10 148	3 346	2 200	2 113	1 970	1 464	-
Alt Drewitz	III C	14 578	13 152	12 702	12 515	11 429	11 215	11 459	11 534	1 677	1 449	1 155	1 046	2 040	-
Berlin	III D	5 435	30 519	31 738	29 069	29 943	29 345	29 433	29 195	2 763	1 886	1 284	1 092	8	2 020
Hohnstein	IV A	1 393	4 585	4 456	5 183	5 352	5 383	5 675	5 736	1 715	1 131	1 069	967	949	-
Mühlberg	IV B	12 878	904	914	4 868	5 649	5 881	5 649	4 938	1 610	2 939	2 474	2 321	2 081	946
Wistritz	IV C	200	7 630	7 710	6 624	6 803	6 495	6 581	6 820	247	77	30	22	16	47
Torgau	IV D	2 223	10 266	10 294	10 411	10 568	10 783	10 629	10 791	2 060	456	452	425	357	495
Hartmannsdorf	IV F	2 505	5 938	6 451	7 096	7 798	7 976	8 161	8 100	2 044	440	423	416	711	297
Oschatz	IV G	1 299	6 139	6 230	6 729	7 289	7 163	7 992	7 745	1 309	282	168	139	138	190
Ludwigsburg	V A	2 457	5 091	5 537	6 155	6 493	6 368	6 413	6 475	6 376	4 474	458	473	402	-
Villingen	V B	2 760	5 883	5 684	5 300	5 867	6 254	6 188	6 012	5 931	987	628	578	506	102
Offenburg	V C	3 769	6 301	6 626	8 131	8 679	8 636	8 297	8 329	4 629	2 444	1 079	882	832	-
Hemer	VI A	-	12 369	11 577	12 204	12 358	12 473	14 041	14 786	5 434	1 032	822	510	473	-
Bathorn	VI C	11 268	3 836	4 867	3 817	9 660	6 133	4 866	5 154	3 838	3 621	2 240	1 395	2 238	4 138
Dortmund	VI D	2 100	21 141	21 994	23 017	23 112	22 349	22 103	21 985	21 167	4 473	1 337	795	552	557
Bocholt	VI F	1 530	5 059	5 143	6 393	6 785	6 937	7 078	7 153	6 694	-	-	-	-	-
ab 1.10.44 Münster	VI F	-	-	-	-	-	-	-	-	-	1 083	1 681	1 608	1 450	782
Bonn-Duisdorf	VI G	999	11 010	11 989	13 039	13 461	13 470	13 169	14 223	10 669	-	-	-	-	-
ab 1.10.44 Hemer	VI G	-	-	-	-	-	-	-	-	-	362	314	-	-	-
ab 1.12.44 Berg-neustadt	IV G	-	-	-	-	-	-	-	-	-	-	-	244	195	-
Fichtenhain	VI I	-	24 754	26 774	27 695	28 941	28 912	28 610	28 616	14 131	-	-	-	-	-
ab 1.10.44 Dorsten	VI I	-	-	-	-	-	-	-	-	-	2 832	2 139	551	402	-
Senne	326 (K)	-	1 959	2 109	2 500	2 914	2 909	2 986	3 073	595	409	778	893	336	289
Moosburg	VII A	6 740	10 237	10 422	10 942	11 904	11 181	11 269	11 385	11 665	1 959	1 797	1 635	1 546	1 414
Memmingen	VII B	1 815	2 517	2 766	3 236	3 070	2 951	2 752	2 749	1 128	527	415	351	308	285
Görlitz	VIII A	-	6 135	7 305	7 444	8 216	8 668	9 415	9 024	8 154	2 278	2 241	1 660	1 641	1 501
Lamsdorf	VIII B	-	10 410	-	-	-	-	-	-	-	-	-	-	-	-
ab 1.1.44 Teschen	VIII B	-	-	9 477	10 112	9 706	9 369	9 316	10 219	10 386	2 144	1 930	1 772	1 245	-
ab 1.1.44 Lamsdorf	344	-	-	1 063	1 316	1 217	1 507	1 997	1 795	1 443	537	537	969	1 031	-
Sagan	VIII C	139	5 251	4 825	4 688	4 704	4 482	4 486	4 407	4 201	482	352	319	440	-
Ziegenhain	IX A	4 894	7 364	10 003	10 065	10 792	10 726	-	11 073	11 266	1 282	1 251	1 195	1 195[a]	-
Bad Orb	IX B	5 309	4 733	4 666	5 573	5 316	5 177	4 342	4 151	3 941	545	761	724	724	-
Bad Sulza	IX C	2 285	9 225	15 500	15 503	16 544	16 389	16 459	17 308	17 265	2 644	1 609	1 359	1 359	799
Schleswig	X A	-	21 485	23 971	23 916	24 083	24 353	21 830	21 678	21 586	2 531	2 056	2 009	1 949	1 765
Sandbostel	X B	39 602	8 433	5 538	5 048	9 092	9 669	9 788	9 365	9 897	9 907	9 453	8 139	6 790	2 500
Nienburg	X C	-	5 011	5 702	5 905	4 603	4 572	5 479	5 453	5 739	1 164	1 141	1 122	1 045	765
Altengrabow	XI A	3 045	14 485	14 599	14 587	15 424	15 200	15 236	14 835	15 540	1 953	1 297	748	1 072	2 040
Fallingbostel	XI B	13 651	26 701	27 253	27 998	26 666	26 626	26 339	26 174	25 911	2 827	2 814	2 914	783	1 600
Limburg	XII A	11 104	8 404	9 695	7 959	7 179	6 788	6 662	6 686	7 915	6 560	6 560	2 704	3 083	2 665
Trier	XII D	15 368	5 893	6 506	6 165	5 827	6 005	5 910	5 685	5 172	1 343	1 343	-	-	-
ab 1.12.44 Wald-breitbach	XII D	-	-	-	-	-	-	-	-	-	-	-	1 346	1 348	1 150
Forbach	XII F	4 292	21 180	21 282	20 025	21 037	21 180	22 065	22 121	22 162	-	-	-	-	-
ab 1.10.44 Freinsheim	XII F	-	-	-	-	-	-	-	-	-	16 970	16 970	8 147	4 301	4 280

Fortsetzung Tabelle 14

Stalag		Stichtag													
		1.10.43	1.12.43	1.1.44	1.2.44	1.4.44	1.5.44	1.6.44	1.7.44	1.9.44	1.10.44	1.11.44	1.12.44	1.1.45	1.3.45
Sulzbach	XIII A	550	2 283	2 212	2 309	2 148	2 113	1 972	2 020	728	917	873	821	821 [b]	-
Weiden	XIII B	30	3 914	3 929	4 586	4 782	4 771	4 442	4 441	3 923	176	152	138	138	-
Hammelburg	XIII C	1 142	-	3 430	3 861	3 959	3 916	3 998	3 988	4 057	270	245	222	223	-
Nürnberg	XIII D	3 541	6 439	6 379	6 535	10 139	6 901	7 682	8 307	1 992	1 660	1 513	1 521	1 521	-
Kaisersteinbruch	XVII A	9 162	13 329	14 527	15 252	15 570	15 493	15 001	14 880	15 570	2 585	2 879	4 924	3 470	907
Gneixendorf	XVII B	3 113	6 559	6 244	6 470	6 425	6 446	6 660	6 775	6 930	6 456	786	699	821	1 031
Pupping	398	-	11 145	10 824	10 780	10 732	10 691	10 652	10 643	10 409	936	851	785	743	491
Wolfsberg	XVIII A	3 095	7 224	7 656	9 727	9 779	9 767	9 750	10 426	10 295	1 133	1 081	1 002	923	646
Markt Pongau	317	2 754	2 278	2 309	2 309	2 553	2 582	2 423	2 458	2 417	67	59	52	48	-
Thorn	XX A	14 984	4 428	3 099	2 874	2 117	1 627	1 615	1 716	1 729	484	583	555	558	-
Marienburg	XX B	3 812	7 377	5 031	5 106	5 695	5 893	6 086	6 081	6 518	1 158	1 186	1 036	1 060	-
Posen	XXI D	- [c]	-	31	88	32	32	72	92	823	1 714	1 098	944	1 091	-
Summe IMI		313 248	473 445	485 124	490 157	507 157	498 253	484 338	498 562	373 559	115 231	90 135	71 156	60 801	35 904 [d]
davon Offiziere		6 760	2 247	1 184	4 785	16 595	9 365	9 300	8 960	8 555	9 820	9 623	8 192	6 651 [e]	-

Quellen: Zu den Angaben für 1943 und 1944 vgl. BA-MA, RW 6/v. 451 und RW 6/v. 452. Die Daten für den 1.1.45 folgen dem bei Lops, Dati, S. 88 f., veröffentlichten Dokument. Anzumerken ist, daß die ebd., S. 84—87, genannten Belegungsstärken der Gefangenenlager innerhalb und außerhalb Deutschlands nicht den Stand »Anfang 1944«, sondern am 1.7.1944 wiedergeben. Die oben für den 1.3.45 referierten Zahlen beruhen auf: Ambasciata Italia Berlino, 13.3.45, P.C. 305, Telegramma in arrivo per telefono N. 1306 PR. Assegnazione: GABAILG, Oggetto: Dislocazione e forza campi internamento. ASMAE, Busta 28, Posizione 62/2/4. Die in allen herangezogenen Quellen zu verzeichnenden Rechenfehler wurden in der vorstehenden Statistik korrigiert.

a) Es ist anzunehmen, daß hier die Größen des 1.12.44 einfach übernommen worden sind. Die tatsächliche Anzahl der in den Lagern (1.1.45) befindlichen Militärinternierten ist also fraglich.

b) Siehe Bemerkung in a).

c) Gemäß 1. Skl KTB Teil A, S. 56, BA-MA, RM 7/53, befanden sich am 4.10.1943 in Posen (Poznan) 175 italienische Offiziere.

d) Außer den aufgeführten Zahlen erfaßt diese Summe auch die in ASMAE, Busta 28 (siehe oben) angegebenen 835 Militärinternierten im »Lager Feldpost N.L. 62523«. Die Zahl der Offiziere wird nicht mitgeteilt. Nach einer Information der Betreuungsdienststelle für die italienischen Internierten belief sich die Zahl der Militärinternierten — Offiziere, Unteroffiziere und Mannschaften — am 7.3.1945 auf 41 169 Mann: Relazione sull'attività assistenziale della C.R.I. (da gennaio al 31 marzo 1945), f.to prof. G.A. Chiurco. ACS, S.P.d.D., Busta 2, F 25.

e) Diese Zahlen waren nicht zu überprüfen, da lediglich die Gesamtsumme der Offiziere genannt wird.

Tabelle 15

Kriegsgefangenen-Offizierslager im Reich mit italienischen Offizieren

Oflag		Stichtag (die erste Zeile gibt die Zahl der Offiziere wieder, die zweite Zeile nennt die Zahl der Ordonnanzen des jeweiligen Lagers)												
		1.10.43	1.12.43	1.1.44	1.2.44	1.4.44	1.5.44	1.6.44	1.7.44	1.9.44	1.10.44	1.11.44	1.12.44	1.1.45
Königstein	IV B	-	-	-	-	-	-	-	-	-	-	-	-	-
		-	-	-	8	4	5	6	-	-	-	-	-	-
Oberlangen	VI C	-	-	-	-	-	4 201	4 288	4 585	4 462	11	-	-	-
		-	-	-	-	-	674	672	668	505	30	-	-	-
Mährisch-Trübau	VIII F	-	-	-	5	7	7	-	-	-	-	-	-	-
		-	-	-	-	-	-	-	-	-	-	-	-	-
Spangenberg	IX A	1	11	33	31	34	38	44	45	44	-	-	-	-
		-	-	-	-	-	-	-	-	-	-	-	-	-
Nienburg	X B	-	-	-	1	1	1	1	1	4	4	4	4	4
		-	-	-	-	-	-	-	-	6	6	6	6	6
Wietzendorf	X 83	-	-	-	2 421	2 311	2 264	2 406	2 531	3 052	3 730	3 424	4 118	4 552 [c]
		-	-	-	317	310	279	279	283	275	288	283	279	297
Nürnberg-Langwasser	XIII 73	-	-	-	-	-	2 406	2 133	99 [b]	1 953	1 927	2 547	-	-
		-	-	-	-	-	368	308	291	179	176	165	-	-
Stalag	XIII D	-	-	-	-	-	-	-	-	-	-	-	2 459	2 459
Teillager Oflag Nürnberg		-	-	-	-	-	-	-	-	-	-	-	175	173
Wagna	XVIII A	-	-	-	-	-	2	2	2	3	-	-	-	-
		-	-	-	-	-	-	-	-	-	-	-	-	-
Altburgund	XXI 64	159	194	156	154	168	170	170	160	163	160	180	179	179
		81	107	70	68	71	72	72	71	35	35	45	39	39
Schildberg	XXI C	-	-	-	-	-	-	-	-	1	1	1	1	1
		124	154	154	154	152	152	112	92	92	92	92	92	91
Summe		365	466	413	3 151	3 062 [a]	10 638	10 492	8 834	10 774	6 460	6 747	7 352	7 801
davon Offiziere		160	205	189	2 612	2 521	9 089	9 044	7 423	9 682	5 833	6 156	6 761	7 195
bzw. Ordonnanzen		205	261	224	539	541	1 548	1 448	1 411	1 092	627	591	591	606

Quellen: Für 1943 und 1944 folgen die Angaben BA-MA, RW 6/v. 451 und RW 6/v. 452. Zu den Zahlen für den 1.1.45 vgl. Lops, Dati, S. 89.

a) Vgl. dazu Brief Anfuso an Mazzolini, Berlino, li 3-Mag 1944, ASMAE, Busta 45, Posizione Italia 1/8. Danach befanden sich Ende März rund 3 200 Offiziere und 400 Ordonnanzen im Lager Nürnberg. Angeblich wollten alle für die Repubblica Sociale Italiana Dienst tun, aber lediglich 750 hatten das Oflag am 10.4. verlassen. Das heißt, daß die Gesamtzahl der Italiener in Nürnberg am 1.4. mindestens 3 600 betragen haben müßte.

b) Nach einem von Rochat, Memorialistica, S. 68, Anm. 119, zitierten Dokument waren in Nürnberg im Juli 2 238 Offiziere.

c) Vgl. Missione Militare Italiana in Germania: Relazione sintetica sull'attività svolta dalla Missione durante i mesi di gennaio e febbraio 1945 = XXIII, f/to Morera, ACS, S.P.d.D., Busta 22, F 153, SF 6. Demnach befanden sich im Zeitraum Januar/Februar 1944 in Wietzendorf 4 850 Offiziere und 290 Ordonnanzen (S. 13).

Tabelle 16

Italienische Militärinternierte in Kriegsgefangenen-Bau- und Arbeits-Bataillonen im Reich

Wehrkreis	Bau- u. Arb.-Btl.	Standort	Stichtag									
			1.10.43	1.12.43	1.1.44	1.2.44	1.4.44	1.5.44	1.6.44	1.7.44	1.9.44	1.10.44
II	Nr. 197	Stettin-Pölitz	-	-	-	-	-	-	-	994 [b)]	987	985
III	Nr. 193	Berlin	-	-	-	1 061	1 053	1 042	935	931	926	-
	Nr. 194	Berlin	-	-	-	744	993	987	-	-	-	-
	Nr. 194	Berlin-Grunow	-	-	-	-	-	-	935	932	928	-
	Nr. 195	Berlin	-	-	-	1 327	1 202	1 195	-	-	923	-
	Nr. 195	Berlin-Weißensee	-	-	-	-	-	-	939	933	-	-
	Nr. 198	Berlin	-	-	-	-	-	225	913	-	-	-
	Nr. 198	Berlin-Charlottenburg	-	-	-	-	-	-	-	915	913	-
	Nr. 202	Berlin-Kaulsdorf	-	-	-	-	-	-	-	924	929	-
	(L) 10	Berlin	-	-	-	1 109	1 101	1 100	-	-	-	-
	(L) 10	Berlin-Kaulsdorf	-	-	-	-	-	-	932	-	-	-
IV	Nr. 200	Neumark-Krumpa	-	-	-	-	-	-	-	-	993	993
V	Dachdecker-Btl.	Karlsruhe	30	75	75	75	-	-	-	-	-	-
VIII	Nr. 108 a)	Kanth b. Breslau	1 986	-	-	-	-	-	-	-	-	-
IX	Nr. 199	Neu-Isenburg	-	-	-	-	-	-	699	698	696	696
X	Nr. 196	Bremen	-	-	-	-	904	905	899	-	-	-
	Nr. 196	Wittmundhafen	-	-	-	-	-	-	-	973	-	-
	Nr. 196	Hamburg	-	-	-	-	-	-	-	-	941	932
	Nr. 197	Hamburg	-	-	-	-	999	-	-	-	-	-
	Nr. 197	Veddel	-	-	-	-	-	998	1 004	-	-	-
	Nr. 200	Hamburg	-	-	-	-	-	-	981	1 000	-	-
	Nr. 201	Hamburg	-	-	-	-	-	-	990	982	978	977
Summe der Militärinternierten			30	75	75	4 316	6 252	6 452	9 227	9 282	9 214	4 583
davon Offiziere			-	-	-	8	7	8	11	11	12	5

Quellen: Die Daten sind den Unterlagen in BA-MA, RW 6/v. 451 und RW 6/v. 452 entnommen.
  a) Gemäß BA-MA, RW 6/v. 451 befanden sich am 1.10.43 zwar 1 986 Militärinternierte beim Bau- und Arbeits-Bataillon Nr. 108, doch ergibt sich aus der Berechnung der Summe aller Gefangenen, daß es sich in Wirklichkeit um russische Kriegsgefangene handelte. Die Angabe wurde daher in der Zeile »Summe der Militärinternierten« nicht berücksichtigt.
  b) Lops, Dati, S. 87, nennt für Pölitz nur 924 Militärinternierte. Die bei ihm publizierten Angaben sind diejenigen für den 1.7.44, werden aber irrtümlich mit Anfang 1944 datiert.

Tabelle 17

Italienische Militärinternierte im »Generalgouvernement«, in Frankreich, im Bereich des Oberbefehlshabers Süd (Südwest) und des Oberbefehlshabers Südost

Bereich	Lager	Stichtag												
		1.10.43	1.11.43	1.12.43	1.1.44	1.2.44	1.4.44	1.5.44	1.6.44	1.7.44	1.9.44	1.10.44	1.1.45	1.2.45
»Generalgouvernement«	Stalag													
	307 Deblin	2 507	4 711	keine	7 765	-	-	-	-	-	-	-	-	-
	319 Chelm a)	-	-	Anga-	2 163	-	-	-	-	-	-	-	-	-
	325 Stryj Pz.Kas. b)	-	-	ben	47	-	-	-	-	-	-	-	-	-
	327 Przemyśl	2 176	3 080	für	-	3 555	14	18	16	11	-	-	-	-
	328 Lemberg c)	-	1 795	Dezem-	2 441	-	-	-	-	-	-	-	-	-
	333 Benjaminow d)	-	2 083	ber	2 720	-	-	-	-	-	-	-	-	-
	366 Siedlce	-	-		4 477	4 989	-	-	-	38	-	-	-	-
	367 Tschenstochau	1 538	2 647		1 646	2 209	2 107	2 130	2 131	2 139	-	-	-	-
	Oflag													
	73 Benjaminow	-	-	-	-	2 934	-	-	-	-	-	-	-	-
	76 Lemberg	-	-	-	-	39	18	-	-	-	-	-	-	-
	77 Deblin	-	-	-	-	8 475	1	-	39	-	-	-	-	-
Gesamtsumme		6 221	?	24 835 f)	24 814	18 660	2 144	2 146	2 181 g)	2 177	-	- h)	-	-
davon Offiziere		5 607	18 916 e)	22 097	22 016	16 497	1 939	1 931	1 921	1 919	-	-	-	-
Frankreich i)		12 031	6 789	-	-	-	134	147	133	133	-	-	31 l)	-
davon Offiziere		-	-	-	-	-	101	98	98	98	-	-	?	-
O.B. Südwest j)		2 058	?	3 363	1 514	601	512	160	474	152	62	16	54	52
davon Offiziere		-		70	47	45	26	11	9	15	4	1	?	?
O.B. Südost k)		?	?	7 167	10 376	82 939	68 379	67 931	60 105	68 632	58 932	53 280	6 175	6 096
davon Offiziere		?	?	284	331	491	204	186	78	114	63	58	?	?

Quellen: Angaben nach BA-MA, RW 6/v. 451 und RW 6/v. 452 sowie ACS, S.P.d.D., Busta 71, F 643, SF 6. Die in Busta 71 aufgeführten Daten wurden vom OKW am 20.10.43 mitgeteilt. Für den 1.11.43 stellen sie daher nur Näherungswerte dar. In den deutschen Quellen konnten für diesen Tag keine anderen Meldungen gefunden werden. Angaben für 1945 nach BA-MA, RH 2/v. 2678.
a) Ab 1.5.44 Stalag 319 Skierniewice. Die Auflösung des Lagers erfolgte im August 1944.
b) Ab 1.2.44 Stalag 325 Szebnie.
c) 522 der für den 1.11. gemeldeten Militärinternierten befanden sich im Zweiglager 328 Tarnopol.
d) 255 der für den 1.11. angegebenen Militärinternierten lebten im Zweiglager 366 Biala Podlaska.
e) In dieser Summe sind außer den für die einzelnen Lager gemeldeten Militärinternierten auch 4 600 auf dem Anmarsch befindliche Offiziere enthalten. Hinzu kommen außerdem die Ordonnanzen, deren Zahl fehlt. Vgl. Anhang Nr. 4 zu: Missione Militare Italiana in Germania, Berlino, 21 Ottobre 1943, Al Duce, f/to Canevari, ACS, Busta 71 (siehe oben).
f) Einzelmeldungen der Lager ließen sich nicht auffinden.
g) Nach Diario S.A.I., 7.6.1944, S. 54, PADF, befanden sich damals in Tschenstochau noch 2 130 und im Lazarett von Przemyśl noch 60 erkrankte Militärinternierte.
h) Das »Generalgouvernement« war im Oktober zwar evakuiert von Militärinternierten, aber am 17.10. sollen sich in Rzecyca noch 15 Mann befunden haben: Kdr. Sipo und des SD für den Distrikt Radom, Außendienststelle Tomaschow (Tomaszów), Tgb.Nr. 28/44 g.Rs., BA, R 70 Polen/197.
i) Den Angaben für den 1.10. und den 1.11.43 folgen den Ausführungen zur Abschiebung der Militärinternierten aus Frankreich (siehe oben, S. 232—235). Alle übrigen Daten beruhen auf BA-MA, RW 6/v. 451 und RW 6/v. 452.
j) Generalfeldmarschall Kesselring wurde erst am 21.11.1943 O.B. Südwest und O.B. der H.Gr. C. Das heißt, daß bis dahin die H.Gr. B unter Generalfeldmarschall Rommel ebenfalls zu berücksichtigen ist. Bei dieser befanden sich am 1. Oktober jedoch mindestens noch 16 545 Militärinternierte, während sich beim O.B. Süd damals noch etwa 2 160 aufhielten (siehe oben, S. 237). Das wären somit circa 18 700 Gefangene gewesen, nicht 2 058.
k) Die Angaben für Oktober 1943 bis Januar 1944 einschließlich können nicht zutreffen. Geht man von den bis jetzt ermittelten Daten aus (siehe oben, S. 248—255, 288), so mußten sich am 1.12.1943 etwa 114 000 und am 1.1.1944 noch circa 100 000 italienische Militärinternierte und Kriegsgefangene auf dem Balkan und den Inseln befunden haben. Zu ergänzen sind für den Bereich des O.B. Südost ferner für den 1.8.1944 die Angabe von 54 294 Militärinternierten und die Meldung von 9 054 für den 1.12.1944. Vgl. S. 294 f.
l) Für Frankreich und Italien als »Badoglio-Italiener« bezeichnet.

Tabelle 18

Zusammensetzung nach Dienstgraden, Gesamtbestand und Zahl der im Reich sowie im besetzten Gebiet arbeitenden Militärinternierten

Dienstgrad	Stichtag															
	1.10.43	1.11.43	1.12.43	1.1.44	1.2.44	1.3.44	1.4.44	1.5.44	1.6.44	1.7.44	1.8.44	1.9.44[d]	1.10.44	1.11.44	1.12.44	1.1.45
Truppenoffiziere	12 568	-	23 903	23 801	23 435	-	20 617	19 736	19 484	17 599	-	17 345	14 839	14 935	14 165	13 073*
Sanitätsoffiziere	294	-	1 002	966	965	-	769	944	966	930	-	959	873	844	788	773*
Offiziere insgesamt	12 862	-	24 905[c]	24 767	24 400	-	21 386	20 680	20 450	18 529	18 794	18 304	15 712	15 779	14 953	-
	(12 163)	-	(24 905)	(24 860)	(24 501)	(23 652)	(21 393)	(20 688)	(20 461)	(18 540)	(18 805)	(18 316)	(15 717)	(15 779)	(14 951)	(13 846)
Unteroffiziere	11 416	-	20 874	22 302	23 002	-	24 635	25 219	26 015	25 723	-	19 904	7 194	4 613	3 842	3 325*
Mannschaften	296 451	-	464 507	474 066	546 600	-	534 511	532 552	521 651	533 407	-	410 831	151 788	76 195	59 605	50 905*
Zivilisten	1 213	-	2 677	1 066	707	(628)	863	774	750	831	(749)	392	293	295	108	(66)
Gesamtbestand IMI im OKW-Bereich[a]	321 942	-	512 963	522 201	594 709	-	581 395	579 225	568 866	578 490	571 677	449 431	174 987[e]	96 882	78 508	68 142
	(321 942)	(483 958)	(512 611)	(522 431)	(607 331)	(602 368)	(597 804)	(595 378)	(588 406)	(586 941)	(583 316)	(462 027)	(182 645)	(144 588)	(126 367)	(116 088)
Gesamtzahl der in Arbeit eingesetzten IMI[b]: a) im Reich einschließlich »Generalgouvernement«	63 297	-	428 982	452 058	487 796	-	464 328	454 256	482 246	458 224	-	396 644	123 633	50 145	38 811	-
	(63 297)	-	(426 590)	(447 094)	(454 131)	(457 262)	(455 641)	(454 224)	(454 604)	(458 190)	(460 332)	(354 592)	(71 922)	(50 145)	(38 811)	(32 945)
b) im besetzten Gebiet	-	-	(2 392)	(4 964)	(41 320)	(34 893)	(18 005)	(9 431)	(37 123)	(34)	(53 446)	(54 726)	(54 922)	(43 817)	(43 802)	(43 869)
Summe aus a) und b)	-	-	(428 982)	(452 058)	(495 451)	(492 155)	(473 646)	(463 655)	(491 727)	(458 224)	(513 778)	(409 318)	(126 844)	(93 962)	(82 613)	(76 814)

Quellen: Angaben ohne Klammern folgen BA-MA, RW 6/v. 451, RW 6/v. 452 und RW 48/v 12. In runde Klammern gesetzte Daten sind den Unterlagen in BA-MA, RW 6/v. 534, RW 6/v. 546–548 und RM 7/811 entnommen. Zahlen mit Stern beruhen auf dem bei Lops, Dati, S. 89, abgedruckten Dokument.

a) Vergleicht man die Angaben der Statistik mit den Zahlen in den Meldungen über den Abtransport der Militärinternierten aus Frankreich, Italien und dem Südostraum, so ergeben sich gravierende Unterschiede für die Zeit bis zum Januar 1944.

b) Es ist unerfindlich, weshalb die statistischen Daten in den Zusammenstellungen des OKW zum Teil so auffallend differieren.

c) Aus dem Südosten wurden bis zum 3.12.43 rund 12 650 Offiziere abtransportiert (GTDW, Bd 9, S. 18), bei der Heeresgruppe B waren es 13 082 (KTB OKW, Bd III, S. 1126). Das A.O.K. 19 ließ im September/Oktober nachweislich 1 328 (siehe oben, S. 232–235) abfahren. Beim O.B. Süd sind die Verhältnisse nicht eindeutig, aber man muß wohl von mindestens 2 500 Offizieren ausgehen. Es ergäben sich dann circa 29 560 Offiziere. Für eine solche Größenordnung spricht auch, daß die obige Statistik für den 1.9.44 noch 18 316 Offiziere aufführt. Damals nannte General Morera bereits rund 11 500 ehemalige internierte Offiziere, die sich in den Diensten der R.S.I. befanden: Missione Militare Italiana in Germania, Relazione sulle principali questioni trattate durante i mesi giugno, luglio, agosto, Situazione ... alla data del 29-8-44-XXII, f/to Morera, ACS, S.P.d.D., Busta 39, F 347, SF 21 (S. 4).

d) Die seit September 1944 zu konstatierende schnelle Abnahme der Zahl der Militärinternierten — ohne Offiziere — erklärt sich mit deren Überführung in den Status des Zivilarbeiters.

e) Es scheint so zu sein, daß die Zahlen dieser Zeile für November, Dezember und Januar das besetzte Gebiet nicht mehr berücksichtigen. Addiert man die dort zur Arbeit eingesetzten Italiener, so ergeben sich 140 699, 122 310 und 112 011 Mann. Es handelt sich dabei jedoch nur um eine Annäherung an den tatsächlichen Gesamtbestand, da nicht alle Militärinternierten arbeiteten.

Tabelle 19

Verteilung der italienischen Militärinternierten auf Wehrkreise und sonstige Bereiche

Wehrkreis	Stichtag													
	1.10.43	1.12.43	1.1.44	1.2.44	1.4.44	1.5.44	1.6.44	1.7.44	1.9.44	1.10.44	1.11.44	1.12.44	1.1.45	1.3.45
I	43 977	19 125	15 000	9 454	9 487	9 525	8 355	8 386	9 335	3 764	1 708	1 757	1 579	-
II	24 803	23 550	20 520	20 240	16 718	16 308	15 135	16 021	16 375	3 877	1 900	1 711	1 485	-
III	48 660	65 465	64 965	65 163	64 260	63 772	63 546	63 913	21 236	8 324	6 602	5 657	4 822	3 387
IV	20 498	35 462	36 055	40 111	43 467	43 635	44 512	44 136	11 090	6 318	4 616	4 290	4 252	1 975
V	9 036	17 350	17 922	19 661	21 039	21 258	20 898	20 816	16 936	7 905	2 165	1 933	1 740	102
VI	15 897	80 138	84 453	88 665	97 231	98 058	97 813	100 243	67 495	13 853	9 311	4 601	5 646	5 766
VII	8 555	12 754	13 188	14 178	14 974	14 132	14 021	14 134	12 793	2 486	2 212	1 986	1 854	1 699
VIII	139	21 796	22 670	23 565	23 857	24 033	25 214	25 445	24 184	5 441	5 060	4 720	4 357	1 501
IX	12 489	21 333	30 202	31 172	32 686	32 330	32 687	33 275	33 212	1 167	3 611	3 278	3 278	799
X	39 602	34 929	35 211	37 608	42 303	43 041	43 657	42 266	42 478	19 539	16 367	17 072	9 784	5 030
XI	16 696	41 186	41 852	42 585	42 090	41 826	41 575	41 009	41 451	4 780	4 111	3 662	1 855	3 640
XII	30 764	35 477	37 483	34 149	33 043	33 973	34 637	34 492	35 249	24 873	24 873	12 197	8 732	8 095
XIII	5 263	15 876	15 950	17 291	21 029	20 475	20 535	19 146	12 932	5 126	5 495	5 336	2 703	-
XVII	12 275	31 033	31 595	32 502	32 727	32 630	32 313	32 298	32 909	9 977	4 516	6 408	5 034	2 429
XVIII	5 849	9 502	9 965	12 036	12 332	12 351	12 175	12 886	12 715	1 200	1 140	1 054	971	646
XX	18 796	11 805	8 130	7 980	7 812	7 520	7 701	7 797	8 247	1 642	1 769	1 591	1 618	-
XXI	364	455	411	464	423	426	426	415	1 114	2 002	1 416	1 255	1 091	-
Gesamtbestand Reich	313 663	477 236	485 572	496 824	515 478	515 293	515 200	516 678	399 751	122 274	96 872	78 508	60 801	35 069 g)
Sonstige Bereiche														
»Generalgouvernement«	6 221	24 835	24 814	18 660	2 144	2 146	2 181	2 177	-	-	-	-	-	- h)
Südwesten (Italien)	2 058	3 363	1 514	601	512	160	474	152	62	16	-	-	-	-
Südosten (Balkan)	-	7 167	10 376	82 939	68 379	67 931	60 105	68 632	58 932	53 280	-	-	-	-
Frankreich	-	-	-	-	134	147	133	133	-	-	-	-	-	-
Gesamtbestand »Reich« und sonstige Bereiche	321 942 a)	512 601	522 276 b)	599 025	586 647	585 677	578 093	587 772	458 745	175 570	96 872 c) / 140 689	78 509 e) / 122 311	104 670 d) f)	?

Quellen: Die Daten für die Zeit 1943–1944 folgen BA-MA, RW 6/v. 451 und RW 6/v. 452. Für 1945 wurden die Angaben gemäß den Zahlen der Tabelle 14, S. 306 f. zusammengestellt. Anzumerken ist, daß sich in BA-MA RW 48/v. 14 für den Zeitraum vom 17.10.1943 bis zum 1.12.1944 eine Vielzahl von Wochenmeldungen des Referats VIII der Wehrmachtauskunftstelle für Kriegsverluste und Kriegsgefangene (WASt) findet, in denen »listenmäßig« und »kartenmäßig« von den Lagern gemeldete Kriegsgefangenenbestände an den Leiter der WASt mitgeteilt wurden. Die dortigen Angaben sind mit allen bis jetzt referierten Zahlen inkompatibel. Sie liegen erheblich unter dem vom Chef Kriegsgefangenenwesen genannten — und auch in anderen Unterlagen der WASt dokumentierten — Größenordnungen. Da es sich insgesamt um einen nicht zu definierenden Bestand an Gefangenen handelt, wird auf eine tabellarische Zusammenstellung dieser Meldungen verzichtet. Auf jeden Fall ist auszuschließen, daß sich jene Daten auf die Gesamtzahl der in den Stalag und Oflag lebenden Kriegsgefangenen und Militärinternierten beziehen könnten.

a) Darin eingeschlossen sind 10 Militärinternierte in Marinelagern. Zu den Zahlen für die Zeit vom 1.10.43 bis zum 1.2.44 vgl. die Anmerkungen unter i, j, und k in der Tabelle 17.

b) Davon ein Militärinternierter in einem Lager der Kriegsmarine.

c) Diese Summe ergibt sich, wenn zum Bestand für das Reich die im besetzten Gebiet in Arbeit eingesetzten Militärinternierten addiert werden. Da dies jedoch nicht alle waren, handelt es sich um eine Annäherung an den tatsächlichen Bestand. Vgl. zu den Zahlen Tabelle 18.

d) Es ist nicht zu sagen, woher der eine Militärinternierte kommt.

e) Vgl. die Anmerkung c).

f) Vgl. die Anmerkung c). Eventuell müssen zu dieser Summe noch die 7 195 Offiziere und 606 Ordonnanzen addiert werden, die am 1.1.45 in Oflag im Reich untergebracht waren, vgl. Tabelle 15. Damit ergäbe sich ein Gesamtbestand von mindestens 112 471 Mann.

g) Zu ergänzen sind noch 835 Militärinternierte, so daß die Summe 35 904 beträgt. Vgl. Ausführungen in Anm. d) zu Tabelle 14.

h) Für ergänzende Angaben zu den »sonstigen Bereichen« vgl. Tabelle 17. Die dortigen Zahlen wurden hier nicht aufgenommen, um eine eventuelle Doppelzählung zu vermeiden.

Tabelle 20

Verzeichnis der am 15. Dezember 1943 im Reich, im »Generalgouvernement« und im »Protektorat Böhmen und Mähren« vorhandenen Kriegsgefangenenlager[25]

Wehrkreis I

Sitz des Kommandeurs der Kriegsgefangenen — Königsberg

Stalag A	Stablack	(sowjetische und andere Kriegsgefangene)
Stalag B	Hohenstein	(sowjetische und andere Kriegsgefangene)
Stalag F	Sudauen	(ab 15.12.43 nur sowjetische Kriegsgefangene)
Stalag F	Zweiglager Schützenort und Prostken	(beide nur für sowjetische Kriegsgefangene)
Luftlager 5	(Sonderlager Ost der Luftwaffe)	(sowjetische Kriegsgefangene)
	Sudauen	(sowjetische Kriegsgefangene)
Luftlager 6	Heydekrug	(Briten)

Wehrkreis II

Sitz des Kommandeurs der Kriegsgefangenen — Stettin

Stalag A	Neubrandenburg	(sowjetische und andere Kriegsgefangene)
Oflag A	Prezlau	(Belgier)
Stalag B	Hammerstein	(sowjetische und andere Kriegsgefangene)
Oflag B	Arnswalde	(Franzosen)
Stalag C	Greifswald	(sowjetische und andere Kriegsgefangene)
Oflag C	Woldenberg	(Polen)
Stalag D	Stargard	(sowjetische und andere Kriegsgefangene)
Oflag D	Groß Born	(Polen)
Stalag E	Schwerin	(sowjetische und andere Kriegsgefangene)
Oflag E	Neubrandenburg	(Polen)
Luftlager 1	Barth	(Briten und Amerikaner)

Wehrkreis III

Sitz des Kommandeurs der Kriegsgefangenen — Berlin

Stalag A	Luckenwalde	(sowjetische und andere Kriegsgefangene)
Stalag B	Fürstenberg	(sowjetische und andere Kriegsgefangene)
Stalag B	Zweiglager Kirchhain	(ohne sowjetische Kriegsgefangene)
Stalag C	Alt Drewitz	(sowjetische und andere Kriegsgefangene)
Stalag D	Berlin	(sowjetische und andere Kriegsgefangene)
Oflag 8	Wutzetz	(Polen)
Oflag 8	Zweiglager Damm II	?

Wehrkreis IV

Sitz des Kommandeurs der Kriegsgefangenen — Dresden

Stalag A	Hohnstein	(sowjetische und andere Kriegsgefangene)
Stalag B	Mühlberg	(sowjetische und andere Kriegsgefangene)
Oflag B	Königstein	(Franzosen, Holländer)
Stalag C	Wistritz	(sowjetische und andere Kriegsgefangene)
Oflag C	Colditz	(Briten)
Stalag D	Torgau	(sowjetische und andere Kriegsgefangene)
Stalag D	Zweiglager Annaburg	(sowjetische und andere Kriegsgefangene)
Oflag D	Elsterhorst	(Franzosen)
Stalag F	Hartmannsdorf	(sowjetische und andere Kriegsgefangene)
Stalag F	Zweiglager Altenburg	(sowjetische und andere Kriegsgefangene)
Stalag G	Oschatz	(sowjetische und andere Kriegsgefangene)
Luftlager 5	Wolfen	(sowjetische Kriegsgefangene)

[25] Das Verzeichnis ist erarbeitet auf den Unterlagen in: BA-MA, RW 6/v. 451, RW 6/v. 482 K, RW 6/v. 273 und RH 12-23/v. 5 K-1. Aufstellungen zu den Kriegsgefangenenlagern finden sich auch bei

Wehrkreis V
Sitz des Kommandeurs der Kriegsgefangenen — Stuttgart

Stalag A	Ludwigsburg	(sowjetische und andere Kriegsgefangene)
Oflag A	Weinsberg	(Franzosen, Briten)
Stalag B	Villingen	(sowjetische und andere Kriegsgefangene)
Stalag C	Offenburg	(sowjetische und andere Kriegsgefangene)
Stalag C	Zweiglager Malschbach und Straßburg	(beide für sowjetische und andere Kriegsgefangene)

Wehrkreis VI
Sitz des Kommandeurs der Kriegsgefangenen — Münster

Stalag A	Hemer	(sowjetische und andere Kriegsgefangene)
Oflag A	Soest	(Franzosen, Holländer)
Oflag B	Dössel	(Polen)
Stalag C	Bathorn	(sowjetische und andere Kriegsgefangene)
Stalag C[26]	Zweiglager Groß Hesepe, Neu Versen, Oberlangen, Wesuwe, Alexisdorf, Wietmarschen und Fullen	(alle für sowjetische und andere Kriegsgefangene)
Oflag C	Eversheide	(Südost-Kriegsgefangene)
Oflag D	Münster	(Franzosen)
Stalag D	Dortmund	(sowjetische und andere Kriegsgefangene)
Stalag F	Bocholt	(sowjetische und andere Kriegsgefangene)
Stalag G	Bonn-Duisdorf	(sowjetische und andere Kriegsgefangene)
Stalag G	Zweiglager Köln	(sowjetische Kriegsgefangene)
Stalag I	Fichtenhain	(sowjetische und andere Kriegsgefangene)
Stalag I	Zweiglager Dorsten	(ohne sowjetische Kriegsgefangene)
Stalag 326 (K)	Senne	(sowjetische und andere Kriegsgefangene)

Wehrkreis VII
Sitz des Kommandeurs der Kriegsgefangenen — München

Stalag A	Moosburg	(sowjetische und andere Kriegsgefangene)
Oflag A	Murnau	(Franzosen, Polen)
Stalag B	Memmingen	(sowjetische und andere Kriegsgefangene)
Oflag B	Eichstätt	(Amerikaner, Briten)
Ilag	Laufen	(Ilags waren Internierungslager für Angehörige der gegnerischen Staaten, die wie Kriegsgefangene behandelt wurden)
Ilag	Zweiglager Tittmoning	

Wehrkreis VIII
Sitz des Kommandeurs der Kriegsgefangenen — Breslau

Stalag A	Görlitz	(sowjetische und andere Kriegsgefangene)
Stalag B	Teschen	(sowjetische und andere Kriegsgefangene)
Stalag C	Sagan	(sowjetische und andere Kriegsgefangene)
Stalag C	Zweiglager Neuhammer West	(sowjetische Kriegsgefangene)
Stalag 344	Lamsdorf	(sowjetische und andere Kriegsgefangene)
Oflag F	Mährisch-Trübau	(Franzosen)
Oflag 6	Tost	(Franzosen)
Ilag 6	Zweiglager Kreuzburg	(Hauptlager in Tost)
Luftlager 3	Sagan	(Amerikaner, Briten, Franzosen)
Luftlager 4	Sagan Belaria	?

Lops, Dati, S. 78—83; Piasenti, Il lungo inverno, S. 453—463 (mit Karte); und in: Militari italiani caduti, S. 115—121.

[26] Die Zuordnung der 7 Zweiglager zu den genannten Städten erfolgte nach der Karte in: BA-MA, RH 12-23/v. 5 K-1.

Wehrkreis IX
Sitz des Kommandeurs der Kriegsgefangenen — Kassel

Stalag A	Ziegenhain	(sowjetische und andere Kriegsgefangene)
Oflag A	Spangenberg	(Italiener, Franzosen, Briten, Amerikaner, Südost-Kriegsgefangene)
Oflag A	Zweiglager Rotenburg	?
Stalag B	Bad Orb	(sowjetische und andere Kriegsgefangene)
Stalag C	Bad Sulza	(sowjetische und andere Kriegsgefangene)
Stalag C	Zweiglager Mühlhausen	(sowjetische und andere Kriegsgefangene)
Dulag Luft	Frankfurt	(Briten, Amerikaner)

Wehrkreis X
Sitz des Kommandeurs der Kriegsgefangenen — Hamburg

Stalag A	Schleswig	(sowjetische und andere Kriegsgefangene)
Stalag A	Zweiglager Heidkathen	(sowjetische und andere Kriegsgefangene)
Stalag B	Sandbostel	(sowjetische und andere Kriegsgefangene)
Stalag B	Zweiglager Wietzendorf	(sowjetische und andere Kriegsgefangene)
Oflag B	Nienburg	(Franzosen, Briten, Belgier, Südost-Kriegsgefangene, Amerikaner)
Stalag C	Nienburg	(sowjetische und andere Kriegsgefangene)
Stalag C	Zweiglager Rohrsen	(sowjetische und andere Kriegsgefangene)
Oflag C	Lübeck	(Franzosen, Polen, Südost-Kriegsgefangene)
Oflag D	Hamburg-Fischbeck	(Belgier)
Marine-Dulag Nord	Westertimke	(Briten, Norweger)
Marine-Milag Nord	Westertimke	(Amerikaner, Briten, Norweger; im Gegensatz zu den Marlag, in denen die Angehörigen der gegnerischen Kriegsmarinen gefangen waren, befanden sich in den Milag die gefangenen Besatzungen von Handelsschiffen)
Marine-Ilag	Westertimke	
Oflag 83	Wietzendorf	(Italiener; erst seit dem 12.1.44 eingerichtet)

Wehrkreis XI
Sitz des Kommandeurs der Kriegsgefangenen — Hannover

Stalag A	Altengrabow	(sowjetische und andere Kriegsgefangene)
Stalag B	Fallingbostel	(sowjetische und andere Kriegsgefangene)
Stalag B	Zweiglager Bergen-Belsen	(sowjetische Kriegsgefangene)

Wehrkreis XII
Sitz des Kommandeurs der Kriegsgefangenen — Wiesbaden

Stalag A	Limburg	(sowjetische und andere Kriegsgefangene)
Oflag B	Hadamar	(Franzosen, Briten)
Stalag D	Trier	(sowjetische und andere Kriegsgefangene)
Stalag F	Forbach	(sowjetische und andere Kriegsgefangene)
Stalag F	Zweiglager Johannes	(sowjetische und andere Kriegsgefangene)

Wehrkreis XIII
Sitz des Kommandeurs der Kriegsgefangenen — Nürnberg

Stalag A	Sulzbach	(sowjetische und andere Kriegsgefangene)
Stalag B	Weiden	(sowjetische und andere Kriegsgefangene)
Oflag B	Hammelburg	(Südost-Kriegsgefangene)
Stalag C	Hammelburg	(sowjetische und andere Kriegsgefangene)
Stalag D	Nürnberg	(sowjetische und andere Kriegsgefangene)
Stalag 383[27]	Hohenfels	(ohne sowjetische Kriegsgefangene)
Ilag	Würzburg	(sowjetische Staatsbürger)

Wehrkreis XVII
Sitz des Kommandeurs der Kriegsgefangenen — Wien

Stalag A	Kaisersteinbruch	(sowjetische und andere Kriegsgefangene)
Oflag A	Edelbach	(Franzosen)
Stalag B	Gneixendorf	(sowjetische und andere Kriegsgefangene)
Stalag 398	Pupping	(sowjetische und andere Kriegsgefangene)

Wehrkreis XVIII
Sitz des Kommandeurs der Kriegsgefangenen — Salzburg

Stalag A	Wolfsberg	(sowjetische und andere Kriegsgefangene)
Stalag A	Zweiglager Spittal	(sowjetische und andere Kriegsgefangene)
Oflag A	Wagna	(Franzosen)
Stalag 317 (C)	Markt Pongau	(sowjetische und andere Kriegsgefangene)
Stalag 317 (C)	Zweiglager Landeck	(sowjetische und andere Kriegsgefangene)

Wehrkreis XX
Sitz des Kommandeurs der Kriegsgefangenen — Danzig

Stalag A	Thorn	(sowjetische und andere Kriegsgefangene)
Stalag B	Marienburg	(sowjetische und andere Kriegsgefangene)
Stalag B	Zweiglager Danzig-Oliva und Danzig-Bischofsberg	(beide für sowjetische und andere Kriegsgefangene)
Marine-Dulag	Gotenhafen	(französische und sowjetische Kriegsgefangene)

Wehrkreis XXI
Sitz des Kommandeurs der Kriegsgefangenen — Posen

Stalag D	Posen	(sowjetische und andere Kriegsgefangene)
Oflag C	Schildberg	(Italiener, Holländer, Norweger)
Oflag C	Zweiglager Grune	?
Oflag 10	Montwy	(Franzosen)
Oflag 64	Altburgund	(Amerikaner, Italiener, Südost-Kriegsgefangene)
Oflag 64	Zweiglager Schocken	(Italiener)
Luftlager 2	Litzmannstadt	(sowjetische Kriegsgefangene)

»Generalgouvernement«
Sitz des Kommandeurs der Kriegsgefangenen — Lublin

Stalag 307	Deblin	(mit italienischen Offizieren)
Stalag 307	Zweiglager Zajerzierce	(mit italienischen Offizieren)
Stalag 319	Chelm	(mit italienischen Offizieren)
Stalag 325	Stryj Panzerkaserne	(sowjetische und andere Kriegsgefangene)
Stalag 325	Zweiglager Drogobyč	(sowjetische Kriegsgefangene)
Stalag 327	Przemyśl	(mit italienischen Offizieren)
Stalag 327	Zweiglager Olchowce	(sowjetische Kriegsgefangene)
Stalag 327	Zweiglager Nehrybka und Pikulice	(beide mit italienischen Offizieren)
Stalag 328	Lemberg	(mit italienischen Offizieren)
Stalag 328	Zweiglager Tarnopol	(mit italienischen Offizieren)
Stalag 333	Benjaminow	(mit italienischen Offizieren)
Stalag 366	Siedlce	(mit italienischen Offizieren)
Stalag 366	Zweiglager Biala Podlaska	(mit italienischen Offizieren)
Stalag 367	Tschenstochau	(mit italienischen Offizieren)
Stalag 369	Kobjerzyn	(sowjetische und andere Kriegsgefangene)
Stalag 371	Stanislau	(sowjetische Kriegsgefangene)

---

[27] Dieses Lager tritt in den Statistiken in BA-MA, RW 6/v. 451 und RW 6/v. 452 nicht auf. Man findet es jedoch in den Karten: BA-MA, RH 12-23/v. 5 K-1 und RW 6/v. 482 K.

c) Italienische Kriegsgefangene im östlichen Operationsgebiet

Die im Operationsgebiet des Heeres im Osten eingesetzten italienischen Militärinternierten oder Kriegsgefangenen — wie im Rahmen der Ausführungen zur Entwaffnungsaktion dargestellt, hat man beide Bezeichnungen auf sie angewendet — rekrutierten sich grundsätzlich aus den Angehörigen jener Verbände, die Widerstand geleistet hatten. Ihre Verbringung in den Osten, die zweifellos eine völkerrechtswidrige Strafmaßnahme bedeutete, regelten die schon erörterten Befehle des Oberkommandos der Wehrmacht, des Oberkommandos des Heeres und der Heeresgruppen. Die praktische Durchführung des Abtransports, der spätestens im November 1943 begann, wurde ebenfalls bereits behandelt[28].
Für den 1. Januar 1944 ließen sich die ersten im Operationsgebiet Ost zur Arbeit gezwungenen Militärinternierten feststellen. Sie befanden sich im Bereich der Wirtschaftsinspektion Mitte, die ebenso wie die Wirtschaftsinspektionen Nord, Süd und Kaukasus dem Wirtschaftsstab Ost unterstand, dem die Wirtschaftsverwaltung im Operations- sowie im rückwärtigen Heeresgebiet oblag[29]. Diese erste Meldung über italienische Kriegsgefangene nannte 5 536 Mann, von denen 2 460 arbeiteten, 2 819 zum Arbeitseinsatz bereitgestellt und 257 »nicht arbeitsfähig« waren[30].
Seit Anfang Februar 1944 traten italienische Kriegsgefangene dann sowohl bei der Heeresgruppe Nord[31] als auch bei der Heeresgruppe Mitte[32] regelmäßig auf. Zu jenem Zeitpunkt hatte die Heeresgruppe Nord von letzterer das Dulag 125 und die dazugehörenden Personen übernommen[33]. Insgesamt lebten am 1. Februar im östlichen Operationsgebiet 8 481 Italiener als Gefangene, von denen 846 der Heeresgruppe Nord unterstellt gewesen sind[34]. Bis Mitte des Monats stieg die Anzahl der bei beiden Heeresgruppen eingesetzten Militärinternierten auf 8 851 Mann[35].
Da die Einzelheiten des Einsatzes aus der nachstehenden Tabelle hervorgehen, soll hier lediglich die Entwicklung des Gesamtbestandes bei der Heeresgruppe Nord und der Heeresgruppe Mitte angedeutet werden. Man zählte an italienischen Kriegsgefangenen am:

1. März 1944	= 9 152 Mann[36]	1. Juli 1944	= 1 480 Mann[40]
1. April 1944	= 10 157 Mann[37]	1. August 1944	= 3 163 Mann[41]
1. Mai 1944	= 10 475 Mann[38]	1. September 1944	= 3 774 Mann[42]
1. Juni 1944	= 10 313 Mann[39]	1. Oktober 1944	= 3 368 Mann[43]

[28] Siehe oben, S. 245 ff.
[29] Granier u.a., Bundesarchiv, S. 176.
[30] Wirtschaftsstab Ost — Chefgruppe Arbeit — A.Z. 7420 Br.B.Nr. A 71063/44 g, Berlin, den 4.2.1944, V. Arbeitseinsatz italienischer Militärinternierter im Op. Gebiet, BA-MA, RW 31/38.
[31] KTB H.Gr. Nord, 12.2.1944, BA-MA, RH 19 III/624.
[32] Wehrwirtschaftsstab Ost — Chefgruppe — Arbeit — A.Z. 4044 Br.B. Nr. A 71100/44 g, Berlin, den 25.2.1944, III. Beschäftigungsstand der italienischen Militärinternierten im östlichen Operationsgebiet, Stand: 1.2.1944, BA-MA, RW 31/38.
[33] Vgl. zum Datum Mattiello/Vogt, Deutsche Kriegsgefangenen- und Internierteneinrichtungen, Bd 2, S. 46.
[34] Siehe oben, Anm. 31.
[35] Oberkommando des Heeres Gen StdH/Org. Abt. Nr. II/31984/44 geh., H.Qu., den 8.3.1944, Betr.: Verwendung bündnistreuer italienischer Soldaten und Einsatz ital. Militärinternierter im Rahmen

Nach dem 1. Oktober — bis dahin deportierten die Deutschen mindestens 12 000 Mann nach dem Osten — ließen sich Meldungen über die Verwendung von Italienern im östlichen Operationsgebiet nur für den Bereich der Heeresgruppe Süd in Ungarn auffinden. Bei dem Großverband standen — wie schon dargelegt — am 1. Februar 1945 insgesamt 88 kriegsgefangene Exverbündete, die ausnahmslos Arbeit leisteten. Im Januar verfügte die Heeresgruppe noch über 257 Militärinternierte, von denen sie jedoch 22 Mann bis Ende des Monats an die Kriegsgefangenen-Organisation des Befehlshabers des Ersatzheeres abgab; und 147 hat ihre Führung als »Freiwillige entlassen«[44].

Ansonsten ist über das Schicksal der im Operationsgebiet Ost arbeitenden italienischen Kriegsgefangenen auffallend wenig bekannt. Das könnte damit zusammenhängen, daß es sich fast ausschließlich um Unteroffiziere und Mannschaften handelte, die eventuell nicht dazu neigten, das Erlebte schriftlich niederzulegen[45]. Zu bedenken ist allerdings darüber hinaus, daß ein überdurchschnittlich hoher Prozentsatz dieser »Militärsklaven«, die historiographisch fast völlig der Vergessenheit anheimgefallen zu sein scheinen, nie zurückkehrte. Ein extremes Ausmaß nahmen ihre Verluste an, als sowjetische Truppen die Heeresgruppe Mitte unter Generalfeldmarschall Ernst Busch zwischen dem 22. Juni

des Feldheeres, An OKW/WFSt/Org, Stichtag: 15.2.1944, BA-MA, RH 2/v. 637. Von diesen 8 851 entfielen 8 005 auf die H.Gr. Süd und 864 (also unveränderter Bestand) auf die H.Gr. Nord.

[36] Wirtschaftsstab Ost — Chefgruppe Arbeit — A.Z. 4044 Br.B.Nr. A 71280/44 geh., Berlin, den 14.4.1944, III. d) Einsatz italienischer Militärinternierter, BA-MA, RW 31/38.

[37] Wirtschaftsstab Ost — Chefgruppe Arbeit — A.Z. 4044 Br.B.Nr. A 71319-g, Berlin, den 5.5.1944, IV. Übersicht über den Einsatz italienischer Militärinternierter im östlichen Operationsgebiet, BA-MA, RW 31/40; und KTB H.Gr. Nord, 14.4.1944, BA-MA, RH 19 III/624.

[38] Wirtschaftsstab Ost — Chefgruppe Arbeit — A.Z. 4044 Br.B.Nr. A 71385/44 g, Berlin, den 13.6.1944, III.3. Übersicht über den Einsatz italienischer Militärinternierter, BA-MA, RW 31/40; und KTB H.Gr. Nord, BA-MA, RH 19 III/624, bei der sich insgesamt 1 649 Militärinternierte befanden.

[39] Wirtschaftsstab Ost — Chefgruppe Arbeit — A.Z. 4044 Br.B.Nr. A 71405/44 g, Berlin, den 3.7.1944, III.3. Übersicht über den Einsatz italienischer Militärinternierter im östlichen Operationsgebiet, BA-MA, RW 31/40.

[40] Oberkommando des Heeres, Generalstab des Heeres, Generalquartiermeister Abt. Kriegsverw. (Qu 5) Nr. II/5856/44 geh. H.Qu. OKH, den 23.7.1944, Italienische Militärinternierte im Op.-Gebiet (Osten), BA-MA, RH 2/v. 2678. Das Dokument enthält den Hinweis, daß die Meldung der H.Gr. Mitte unvollständig war.

[41] Ebd.: Oberkommando des Heeres, Gen StdH/Gen Qu Az. Abt. Kriegsverw. (Qu 5) Nr. II/6531/44 geh., H.Qu. OKH, den 20.8.1944, Italienische Militärinternierte im Op.-Gebiet Ost.

[42] Ebd.: Oberkommando des Heeres, Gen StdH/Gen Qu Abt. Kriegsverw. (Qu 4) Nr. II/7128/44 geh., H.Qu. OKH, den 20.9.1944, Italienische Militärinternierte im Op.Gebiet Ost.

[43] Ebd.: Oberkommando des Heeres Gen StdH/Gen Qu Abt. Kriegsverw. (Qu 4) Nr. II/7704/44 geh., H.Qu. OKH, den 22.10.1944, Italienische Militärinternierte im Op.Gebiet Ost.

[44] Ebd.: Oberkommando des Heeres, Gen StdH/Gen Qu Abt. Kriegsverw. (Qu 4) Nr. II/899/45 geh., H.Qu. OKH, den 7.3.1945, Kriegsgefangene im Operationsgebiet Ost, Nichtsowjetische Kgf., Stand 1.2.1945. Dieses Dokument beweist, daß sich im Jahr 1945 italienische Kriegsgefangene ausschließlich bei der H.Gr. Süd befanden. Unklar bleibt, ob sich im November und Dezember 1944 noch Militärinternierte bei der H.Gr. Nord und H.Gr. Mitte befunden haben. Anzumerken ist, daß am 1.2.1945 bei der H.Gr. Süd — außer den Italienern — an nichtsowjetischen Kriegsgefangenen eingesetzt waren: 10 Amerikaner, 72 Slowaken, 490 Rumänen und 50 Kroaten.

[45] Rochat, Memorialistica, S. 42 f.

Tabelle 21

Die italienischen Militärinternierten im östlichen Operationsgebiet des Heeres

Stichtag	1.1.44		1.2.44		1.3.44		1.4.44		1.5.44		1.6.44		1.7.44		1.8.44		1.9.44		1.10.44	
Heeresgruppe	Mitte	Nord	Mitte	Nord	Mitte	Nord	Mitte	Nord	Mitte	Nord	Mitte	Nord	Mitte	Nord	Mitte	Nord	Mitte	Nord	Mitte	Nord
Bestand der IMI[a)]	5 536	-	7 635	846	7 651	1 501	8 580	1 577	8 826	1 649	10 313		708	772	3 064	99	3 628	146	3 223	145
Art des Arbeitseinsatzes und Anzahl der IMI:																				
Versorgung der Truppe	?	-	3 503	?	5 938		4 666	342	4 796	167	5 067	67	-	-	1 441	-	2 017	-	1 939	145
Straßen- und Brückenbau[b)]	?	-	1 149	?	895		1 442	100	1 334	243	1 336	163	-	164	184	-	294	-	10	-
Unterkunfts- und Stellungsbau[c)]	?	-	549	?	174	35	446	822	180	787	200		-	50	477	-	203	-	395	-
Organisation Todt	?	-	-	?	-	-	548	15	-	53	-		-	-	-	-	-	-	-	-
Eisenbahnbau und -betrieb	?	-	2 016	?	1 546	1 256	-	377	947	336	935		-	424	-	-	104	146	104	-
gewerbliche Wirtschaft	?	-	-	?	-	-	-	-	-	-	-		-	-	-	-	2	-	-	-
Landwirtschaft	?	-	-	?	2	2	-	2	-	-	-		-	-	47	-	89	-	96	-
sonstige Arbeiten	?	-	373	?	597	456	25	472	44	520	17		-	21	117	99	819	-	592	-
Gesamtzahl arbeitender IMI	2 460	-	7 590	732	9 152		7 857	1 461	7 818	1 581	8 099	1 382	-	659	2 266	99	3 528	146	3 136	145
IMI für Arbeit bereitgestellt	2 819	-	?	51	-		140	4	258	-	85		708[d)]	94	677	-	-	-	-	-
IMI nicht arbeitsfähig	257	-	?	63	-		583	112	750	68	747		-	19	121	-	100	-	87	-
Abgänge an IMI im Vormonat durch:																				
Tod	-	-	-	-	-	-	-	-	-	-	-	-	?	-	22	1	2	-	2	1
Flucht	-	-	-	-	-	-	-	-	-	-	-	-	?	-	-	12	26	-	7	-
Abgabe an den SD	-	-	-	-	-	-	-	-	-	-	-	-	?	-	-	-	2	-	-	-
Abgabe an Kgf.-Org. d. OKW	-	-	-	-	-	-	-	-	-	-	-	-	?	-	442	660	723	-	323	-
Feindeinwirkung	-	-	-	-	-	-	-	-	-	-	-	-	?	-	5 365	-	-	-	-	-
Abgabe an andere H.Gr. etc.	-	-	-	-	-	-	846	-	-	-	-	-	?	648	-	-	-	-	23	-
im Vormonat doppelt gemeldet	-	-	-	-	-	-	-	-	-	-	-	-	?	-	-	-	-	-	151	-
Gesamtzahl der Abgänge	-	-	-	-	-	-	846	-	-	-	-	-	?	648	5 829	673	753	-	506	1

Quellen: BA-MA, RH 2/v. 2678, RH 19 III/624, RW 31/38 und RW 31/40.
  a) Abkürzung für italienische Militärinternierte.
  b) Ohne Organisation Todt.
  c) Ohne Organisation Todt.
  d) Zum Teil auf dem Transport ins Reich; die Meldungen sind nicht komplett.

und dem 8. Juli 1944 als operativen Verband so gut wie vernichteten. Die Wehrmacht verlor damals 28 Divisionen mit ungefähr 350 000 Soldaten[46]. Gleichzeitig verzeichnete sie, wie es in den Dokumenten heißt, 5 365 »Abgänge« unter den Militärinternierten durch »Feindeinwirkung«[47]. Das entsprach 66 Prozent der bei der Heeresgruppe Mitte befindlichen 8 099 italienischen Gefangenen oder 52 Prozent des Gesamtbestands im östlichen Operationsgebiet am 1. Juni 1944[48]. Sofern deutsche Augenzeugenberichte[49] über das Verhalten der Angehörigen der »Roten Armee« nach den Kämpfen verallgemeinert werden können, ist nicht anzunehmen, daß viele Italiener — für den Fall, daß sie die Gefechte heil überstanden — mit dem Leben davonkamen.

---

[46] Hillgruber/Hümmelchen, Chronik des Zweiten Weltkrieges, S. 217—221.
[47] Siehe oben, Anm. 41.
[48] Siehe oben, Anm. 39.
[49] Diese Augenzeugenberichte, die freilich quellenkritisch gewürdigt werden müßten, werden bei Dahms, Geschichte des Zweiten Weltkrieges, S. 506— 510, im Rahmen der Darstellung des Zusammenbruchs der H.Gr. Mitte herangezogen.

3. Zur Überstellung ehemaliger italienischer Soldaten
in die Konzentrationslager der SS

Die Anwesenheit von Angehörigen der entwaffneten italienischen Streitkräfte in den Konzentrationslagern ist unstrittig. Auf erste Einweisungen im Jahre 1943 wurde bereits hingewiesen[1]. Die Betroffenen entstammten ganz eindeutig, doch keineswegs ausschließlich dem Kreis der Militärinternierten.

Vielmehr ist zunächst zu berücksichtigen, daß sich zahlreiche italienische Soldaten im Mutterland und im Südostraum in den Widerstand begaben. In Gefechten mit den »Banden« machte die Wehrmacht daher nach Abschluß der im Rahmen des Falles »Achse« durchgeführten Operationen weitere Gefangene unter den ehemaligen Angehörigen der königlichen Armee. Allein im Januar 1944, um willkürlich zwei Zahlen herauszugreifen, waren das im Südosten 356[2] und im Juni/Juli 388[3] Mann. Damit ist an einen Sachverhalt erinnert, der möglicherweise hinsichtlich der Konzentrationslager eine Rolle spielte.

Denn es ist, wenn auch nicht speziell für die Italiener im Südosten, ziemlich klar, was mit bei »Bandenaktionen erfaßten Personen« im allgemeinen geschah. Zumindest für Italiener, wo ja ebenfalls eine große Zahl früherer Offiziere, Unteroffiziere und Mannschaften untertauchte, um den bewaffneten Kampf gegen die deutschen Besatzungstruppen sowie deren Verbündete aufzunehmen, läßt sich das sagen. Dort kam es 1944 zu Meinungsverschiedenheiten zwischen dem Beauftragten des Generalbevollmächtigten für den Arbeitseinsatz und Angehörigen von Dienststellen des Höchsten SS- und Polizeiführers Italien, SS-Obergruppenführer Wolff, über die Verwendung der bei »Bandenunternehmungen« aufgegriffenen Menschen. Sauckel wollte sämtliche Arbeitsfähigen für den Arbeitseinsatz nach Deutschland bringen. Wolff hatte hingegen befohlen, daß »alle bandenverdächtigen Personen im Gewahrsam der Sicherheitspolizei bleiben und den KZ des RF SS zugeführt werden« sollten. Das mußte dazu führen, daß Soldaten der aufgelösten Truppenteile in Konzentrationslager gelangten. Der SS-Brigadeführer und Generalmajor der Polizei Dr. Wilhelm Harster, damals Befehlshaber der Sicherheitspolizei und des SD in Verona, empfahl zur Schlichtung der Angelegenheit, die gefangenen Männer und Frauen in »bandenunverdächtige und bandenverdächtige« einzuteilen. Erstere seien, unabhängig vom Alter, dem Generalbevollmächtigten für den Arbeitseinsatz zur Verfügung zu stellen. Letztere habe man dagegen in die Konzentrationslager des Reichsführer-SS weiterzuleiten. Das Schicksal der »Bandenmitglieder«, merkte Harster noch an, bedürfe »keiner Erwähnung«[4].

---

[1] Siehe oben, S. 236.

[2] Vgl. GTDW, Bd 9, S. 183, 204, 262 und 281. Dabei werden auch 30 gefallene Italiener benannt. Anzumerken ist, daß diese Angaben keineswegs alle gefangenen oder getöteten italienischen Soldaten erfassen, die im Widerstand kämpften.

[3] Vgl. KTB O.B. Südost, S. 40, 10.7.1944, BA-MA, RH 19 XI/14; Okdo H.Gr. E Ia/01 6695 geh., 15.7.1944, Tagesmeldung an O.B. Südost (Okdo H.Gr. F), BA-MA, RH 19 VII/30; und KTB Adm. Ägäis, S. 933, 14.7.1944, BA-MA, M 718/PG 46174.

[4] R.F. SS Sicherheits-Dienst, Nachrichten-Übermittlung, FS, Verona, den 27.5.1944, An: Der Höchste SS- und Polizeiführer Italien, gez. Dr. Harster, ACS, Wehrmacht, Busta 5, F 6, SF 9.

Wenige Tage danach definierte die SS dann die einzelnen Kategorien der bei »Banden-Aktionen« aufgegriffenen Männer und Frauen. Himmlers Leute differenzierten zwischen »Banden« (das waren jene Italiener, die »sofort unschädlich gemacht« wurden); »Gefangenen« (als solche galten alle diejenigen, die »bandenverdächtig« erschienen oder aus »bandenverseuchten Gebieten« stammten und Aufenthaltsort sowie Beschäftigung nicht einwandfrei nachweisen konnten); und »ausgekämmten Personen«. Unter den letztgenannten verstanden die deutsche Ordnungspolizei und der Bandenbekämpfungsstab der SS Angehörige der Jahrgänge 1914—27, bei denen es sich »um vollkommen harmlose Leute« handelte. Aufgrund eines besonderen Abkommens zwischen dem Generalbevollmächtigten für den Arbeitseinsatz und dem Befehlshaber der Ordnungspolizei sahen sie sich dennoch zur Arbeit nach Deutschland deportiert. Noch schlechter erging es den »Gefangenen«. Die Polizei übergab sie dem Sicherheitsdienst der SS, der sie ohne Ausnahme in die Konzentrationslager verbrachte[5].

Der Mangel an Arbeitskräften scheint jedoch dazu geführt zu haben, daß »Personen aus Bandenaktionen und sogar Strafgefangene« aus Italien und dem Südosten als »freie Arbeitskräfte« nach Deutschland gingen. Jedenfalls fühlte sich der Chef der Sicherheitspolizei und des SD gezwungen, gegen eine derartige Entwicklung einzuschreiten. Im zweiten Halbjahr 1944, so seine Begründung, vertrug die »Sicherheitslage im Reichsgebiet« eine solche zusätzliche »Belastung« nicht mehr. Personen, denen eine aktive Unterstützung der Widerstandskämpfer nachgewiesen werden konnte, durften daher nur noch als Häftlinge für Konzentrationslager der SS ins Reich überstellt werden. Parallel dazu wurde die Polizei angewiesen, alle schon als freie Arbeiter in Deutschland befindlichen »Straf- und Bandengefangene« festzunehmen, um sie anschließend in ein Konzentrationslager einzuweisen. Gewisse Zugeständnisse machte man hierbei gegenüber bandenverdächtigen Italienern. Sie sollten zwar überwacht werden und erhielten deshalb spezielle Auflagen, verblieben aber im Arbeitseinsatz außerhalb der Konzentrationslager[6].

Die Präsenz italienischer Militärangehöriger in den Lagern der SS findet in jenen Befehlen eine Teilerklärung. Nur, die bereits in den Stalag und Oflag befindlichen Militärin-

---

[5] Ebd., Der Befehlshaber der Sicherheitspolizei und des SD in Italien, Verona, den 30.5.1944, Betr.: Auswertung der Banden-Aktion (General von Kamptz) für den Arbeitseinsatz. An diesen Maßnahmen war die Wehrmacht unmittelbar beteiligt; vgl. ebd., O.B. Südwest (Obkdo. H.Gr. C.) Ia T Nr. 0627/44 g.Kdos., 22.6.1944, gez. Kesselring. Den entsprechenden Befehl ließ der Generalfeldmarschall von der Divisionsebene abwärts »nur mündlich« bekanntgeben.

[6] Der Chef der Sicherheitspolizei und des SD, IV B (ausl. Arb.) — 1761/44 g — 43, Berlin, den 13.10.1944, Schnellbrief! An alle Befehlshaber der Sicherheitspolizei und des SD, Betrifft: Einsatz ausländischer Straf- und Bandengefangener im Reichsgebiet, BA-MA, RH 19 X/60. Anzumerken ist in diesem Zusammenhang, daß jene italienischen Soldaten, die sich bei der Entwaffnung im September 1943 dem deutschen Zugriff entzogen und später der neuerlichen Meldepflicht nicht Folge geleistet hatten, nicht als Fahnenflüchtige, sondern als Wehrdienstverweigerer eingestuft wurden. Wie alle übrigen wehrunwilligen Italiener sind sie seit August 1944 nicht mehr einem deutschen oder italienischen Gericht überantwortet worden. Vielmehr hat man sie dem Generalbevollmächtigten für den Arbeitseinsatz zum Zwecke der Verwendung in der deutschen Kriegswirtschaft zur Verfügung gestellt: 3. Flakbrigade (o) II b Az. 23 i Nr. 3992 (120)/44 geh., 21.8.1944, Betr.: Behandlung wehrunwilliger Italiener, BA-MA, RL 12/48.

ternierten, die ja dem Oberkommando der Wehrmacht unterstanden, betrafen die bis
jetzt zitierten Anordnungen nicht. Sie sprach jedoch der am 4. März 1944 herausgegebene »Kugel-Erlaß« an[7]. Die Weisung stellte einen weiteren verbrecherischen Befehl des
nationalsozialistischen Regimes dar. Formal betrachtet sieht es so aus, als ob das Oberkommando der Wehrmacht für ihn verantwortlich zeichnete. Allerdings ist das umstritten[8]. Außer Frage steht dagegen die Tatsache, daß die Dienststellen der Kriegsgefangenenorganisation der Wehrmacht mit der Verordnung arbeiteten. Sie war ihnen
bekannt, und das zählt! Die Frage der Urheberschaft, die beim Prozeß gegen die Hauptkriegsverbrecher in Nürnberg alle Angeklagten bestritten, ist hingegen von zweitrangi-
ger Bedeutung[9].

Im einzelnen bestimmte der »Kugel-Erlaß«[10], daß »wiederergriffene flüchtige kriegsgefangene Offiziere und nichtarbeitende Unteroffiziere mit Ausnahme der britischen und
amerikanischen« dem Chef der Sicherheitspolizei und des SD »zwecks Überführung in
das Konzentrationslager Mauthausen (Aktion ›Kugel‹) zu übergeben« seien. Derartige
Überstellungen von Kriegsgefangenen an die Sicherheitspolizei oder den Sicherheitsdienst durften »unter keinen Umständen offiziell bekannt« werden. Andere Gefangene
erhielten also von der Wiederergreifung eines geflohenen Mitgefangenen keine Kenntnis. Außerdem brachte es der besagte Grundatz mit sich, daß deutsche Behörden die
internationalen Organisationen von Staats wegen täuschten. Die erneut gefangenen Soldaten waren nämlich nicht nur der deutschen Wehrmachtauskunftsstelle als »geflohen
und nicht wiederergriffen« zu melden, was eine entsprechende Behandlung ihrer Post
erforderlich machte, sondern auch auf »Anfragen von Vertretern der Schutzmacht, des
Internationalen Roten Kreuzes und anderer Hilfsgesellschaften« sollte jene unzutreffende Auskunft erteilt werden.

Alle für die Verbringung in das Konzentrationslager vorgesehenen Kriegsgefangenen übergab die Kommandantur des jeweiligen Mannschaftsstammlagers oder Offizierslagers an
die Leitstellen der Sicherheitspolizei. In Mauthausen wies das Begleitpersonal die Lagerleitung ausdrücklich darauf hin, daß die Einlieferung im Zusammenhang mit der »Aktion

---

[7] Der Prozeß gegen die Hauptkriegsverbrecher, Bd 27, S. 424—428, Dok. 1650-PS.

[8] Vgl. ebd., S. 428: Das Dokument ist unterzeichnet mit der Formulierung »Der Chef der Sipo u.d.
SD. — IV D 5d — B.Nr. 61/44 gRs. — i.V. gez. Müller — SS-Gruf.«, doch heißt es einleitend (S. 425):
»Das OKW hat folgendes angeordnet.« Siehe dazu aber auch die Ausführungen von Dr. Nellte zur
Verteidigung von Generalfeldmarschall Keitel, ebd., Bd 18, S. 43 f. Dieser meinte, vermutlich habe
»Hitler ohne Rücksprache mit dem Angeklagten Keitel und ohne dessen Kenntnis an Himmler einen
mündlichen Befehl gegeben«, wie er im Dokument 1650-PS (siehe oben, Anm. 7) vorliege.

[9] Diese Feststellung gilt selbstverständlich nur im Hinblick auf die hier behandelte Problemstellung.
In Nürnberg, wo es um den Nachweis der Beteiligung an Kriegsverbrechen ging, spielte die Frage
des Urhebers eine zentrale Rolle. Zur Verteidigung von Göring, Kaltenbrunner und Keitel vgl.: Der
Prozeß gegen die Hauptkriegsverbrecher, Bd 9, S. 638 ff. (Göring), Bd 10, S. 630 f. (Keitel), und Bd 11,
S. 302 f. und 378 ff. (Kaltenbrunner). Hinsichtlich der Verantwortlichkeiten von Sicherheitsdienst
der SS und Geheimer Staatspolizei vgl. Bd 20, S. 266, und Bd 22, S. 36 f.

[10] Zit. nach Dok. 1650-PS (siehe oben, Anm. 7). Zur Auseinandersetzung über diesen Befehl beim Prozeß
in Nürnberg vgl. außer den bereits angeführten Stellen ebd., Bd 1, S. 256, 300 und 409; sowie Bd 4,
S. 326 f.

Kugel« erfolgte. Das bedeutete, daß die SS-Leute die Gefangenen entweder mittels einer besonderen Einrichtung beim Messen der Körpergröße durch Genickschuß oder Vergasung ermordeten. Letzteres geschah dann, wenn eine größere Anzahl von Kriegsgefangenen gemäß »Kugel« zu behandeln war.

Es könnte durchaus zutreffen, daß der fragliche verbrecherische Befehl nicht über den Schreibtisch von Generalfeldmarschall Keitel zum Reichsführer-SS gelangte. Hitler mag ihn Himmler vielleicht direkt und mündlich erteilt haben. Doch im Gegensatz zu den Behauptungen Keitels in Nürnberg ist festzuhalten, daß das Oberkommando der Wehrmacht — und bei einer so brisanten Angelegenheit zweifellos nicht zuletzt sein Chef — genaue Kenntnis von dem Erlaß gehabt haben muß. Denn es sah sich aufgefordert, die »Kriegsgefangenenlager anzuweisen, im Interesse der Tarnung die Wiederergriffenen nicht unmittelbar nach Mauthausen, sondern der örtlich zuständigen Staatspolizeistelle zu übergeben«. Sofern Polizeiangehörige die flüchtigen Kriegsgefangenen aufgriffen, brachten sie jene nicht mehr in ihr Lager zurück. Die Lagerverwaltung gab vielmehr auf eine entsprechende Anfrage der Polizei — unter dem Kennwort »Stufe III« — ihr Einverständnis, den oder die Gefangenen nach Mauthausen zu schaffen.

Den Tatbestand, daß Kriegsgefangene auf Weisung des Oberkommandos der Wehrmacht oder eines Wehrkreiskommandos — wobei die entsprechende militärische Dienststelle die betroffenen Soldaten vorher aus der Kriegsgefangenschaft entließ — an die Geheime Staatspolizei ausgeliefert wurden, sprach auch ein Befehl des Wehrkreiskommandos VI vom 27. Juli 1944 an. Die Anklage in Nürnberg zitierte das Dokument im Kontext der Ermordung von Kriegsgefangenen in Mauthausen[11]. Generalfeldmarschall Keitel zweifelte einen Zusammenhang an[12], konnte ihn aber nicht widerlegen. Bemerkenswerter erscheint, daß diese Anordnung des Wehrkreiskommandos VI die italienischen Militärinternierten als potentielle Opfer expressis verbis erwähnte. Völlig eindeutig hieß es hier, daß Kriegsgefangene beziehungsweise Militärinternierte fast aller Nationen bei bestimmten Voraussetzungen an die Geheime Staatspolizei — nach willkürlicher Aberkennung des Status eines Kriegsgefangenen — zu überstellen seien[13]. Das heißt, die Wehrmacht lieferte die Männer einer auf Folter und Mord spezialisierten Organisation aus. Es läßt sich nicht sagen, wieviele und ob überhaupt Italiener aufgrund der zitierten Befehle in Mauthausen den Tod fanden. Aber das ist nicht die entscheidende Frage. Worauf es ankommt, ist die Tatsache, daß jene Weisungen auf sie angewendet werden konnten, denn das bedeutet historisch, daß sich die Tötung von Militärinternierten bei der Durchführung der Aktion »Kugel« grundsätzlich nicht ausschließen läßt.

---

[11] Der Prozeß gegen die Hauptkriegsverbrecher, Bd 4, S. 289—292. Hier auch Beschreibung der im KZ Mauthausen angewendeten Tötungsmethode.
[12] Ebd., Bd 10, S. 631.
[13] Ebd., Bd 4, S. 291.

4. Bündnistreue und Optanten in den Lagern
Numerische Aspekte der Zusammenarbeit mit dem »Dritten Reich«
und der »Repubblica Sociale Italiana«

Abgesehen von den bereits erwähnten entwaffneten Soldaten, die jede Zusammenarbeit mit der nationalsozialistischen und faschistischen Führung ablehnten, sowie denjenigen, die aktiven oder passiven Widerstand leisteten, existierte noch die Gruppe der bündnistreuen italienischen Militärangehörigen. Darunter verstand man Italiener, die mit der Waffe an der Seite der Wehrmacht kämpfen wollten oder sich — ohne direkten Kampfeinsatz — bereit zeigten, im Ordnungs- beziehungsweise Sicherheitsdienst, in der Versorgungsorganisation von Heer und Kriegsmarine sowie in der Bodenorganisation der Luftwaffe zu arbeiten.

Den Kampf- und Hilfswilligen aller Dienstgrade wollten die Deutschen ihre Waffen belassen, falls sie in »geschlossenen Formationen oder neu zusammengestellten Einheiten« dienten. Sie sollten unter voller Wahrung ihrer Ehre behandelt werden[1].

Nach der Befreiung Mussolinis erwartete die deutsche Seite, daß sich, nach einer diesbezüglichen Propaganda, »sehr viele italienische Offiziere, Soldaten und Verbände bereitfinden« würden, gemeinsam mit den eigenen Truppen weiterzukämpfen. Das konnte in Milizverbänden, nach Weisung Himmlers, innerhalb Italiens als Polizei oder außerhalb im Partisanenkampf geschehen. Die Wehrmachtführung dachte dabei insbesondere an Istrien. Möglich erschien ferner die Eingliederung in Bau-Bataillone oder der Einsatz als Hilfskräfte der drei Wehrmachtteile, etwa als Kraftfahrer oder bei der Flak. Doch mußten stets hinreichend starke deutsche Kräfte präsent sein, um jede Gefahr auszuschließen, die aus einer solchen Verwendung entstehen konnte. Die Wehrmachtführung traute den Italienern eben nicht mehr. Im übrigen blieb deren Einsatz in Gebieten mit deutschstämmiger Bevölkerung, in Kroatien und Albanien untersagt. Eindeutig hieß es außerdem, daß italienischen Militärangehörigen, die zunächst gegen die Wehrmacht kämpften, sich aber unter dem Eindruck der Befreiung des »Duce« bereit erklärten, auf deutscher Seite weiterzumachen, kein Pardon gewährt werden dürfe. Sie seien uneingeschränkt in die Gefangenschaft abzutransportieren[2].

Weder in diesem speziellen Befehl über die Verwendungsmöglichkeiten noch in den grundsätzlichen Richtlinien tauchte der Gedanke auf, bündnistreue italienische Soldaten als Einheiten der neuen faschistischen Regierung einzusetzen. Die Anregung dazu erfolgte erst im letzten Drittel des Septembers — und zwar von italienischer Seite. Mussolini äußerte damals die Absicht, aus den personellen Restbeständen des Faschismus eine »Nationalarmee« aufzubauen[3]. In solchem Zusammenhang kam geradezu zwangsläufig die Heranziehung von gefangenen Italienern ebenfalls ins Gespräch, worüber im Rahmen der deutschen und italienischen Interessenlage gegenüber den Militärinternierten noch zu reden sein wird.

---

[1] Oberkommando der Wehrmacht Nr. 005282/43 g.Kdos. WFSt/Qu 2 (S), F.H.Qu., den 15.9.1943, Grundsätzliche Richtlinien über die Behandlung der Soldaten der ital. Wehrmacht und Miliz, BA-MA, RW 4/v. 508 a.
[2] Ebd., OKW/WFSt/Qu 2 (S) Nr. 005257/43 g.Kdos., KR-Fernschreiben, 13.9.1943, gez. Keitel.
[3] Goebbels Tagebücher, S. 437, 23.9.1943.

Was jedoch die Auswirkungen der Befreiung Mussolinis anbelangt, so vermitteln die Berichte der deutschen Befehlshaber über das Verhalten der entwaffneten Soldaten und der italienischen Bevölkerung im von der Wehrmacht besetzten Gebiet nicht den Eindruck, daß sich Euphorie oder Zuversicht ausgebreitet hätten. Mussolinis erste fünf Tagesbefehle gelangten den Italienern zwar schon am 14. September — unter anderem per Flugblatt — zur Kenntnis[4], aber das Ereignis selbst fand offenbar im westlichen Ausland erheblich mehr Beachtung als unter der italienischen Bevölkerung[5]. Generalfeldmarschall Rommel resümierte für den Bereich der Heeresgruppe B, daß die »Befreiung des Duce und die Neugründung der Partei« das Volk so gut wie nicht bewegten[6]. Kaum anders äußerte sich der Oberbefehlshaber Süd hinsichtlich der spontanen Reaktionen[7]. Nun sollen sich wohl die in Gap in Südfrankreich gefangenen Offiziere über die neue Entwicklung in ihrer Mehrheit begeistert gezeigt haben[8], aber das besagte wenig, denn insgesamt gesehen stand die Masse der 4. Armee — unbeschadet der hohen Zahl der Hilfswilligen — dem »Duce« nach seiner Befreiung »ablehnend« gegenüber. Die Truppe machte ihn für die unzureichenden Kriegsvorbereitungen Italiens verantwortlich. Vor allem galt Mussolini als korrupt. Gleichzeitig gewannen die deutschen Beobachter die Überzeugung, daß auch das Verhalten von Marschall Badoglio mißbilligt werde. Lediglich der König bleibe außerhalb jeder Kritik[9]. Auf Rhodos wiederum reagierte nur die Miliz mit Freude auf den 13. September, während sich die auf der Insel befindlichen Angehörigen der ehemaligen königlichen Armee völlig gleichgültig gaben[10]. Bei der Armeegruppe Südgriechenland fiel der Befund ebenfalls negativ aus. Die Truppe fühlte sich von der Befreiung nicht berührt. Unter den Offizieren, insbesondere bei den höheren Rängen, stellten die Deutschen sogar negative Reaktionen fest[11]. Daran änderte sich selbst nach einigen Tagen des Überdenkens nichts[12].

Im Hinblick auf die verschiedenen Meldungen über italienische Soldaten, die sich unmittelbar nach dem 8. September 1943 bündnistreu erklärten oder später für Mussolini und Hitler optierten, ist zunächst darauf hinzuweisen, daß die Abteilung Fremde Heere West (II) im Generalstab des Heeres am 10. Dezember von insgesamt 13 000 italienischen Militärangehörigen in Italien und Südfrankreich sowie von 29 000 auf dem Balkan ausging, die auf deutscher Seite im Einsatz verblieben. Von ihnen standen 6 000 in Italien — in eigenen Einheiten bis zur Stärke einer Kompanie — unter Waffen, während 36 000 in

---

[4] Vgl. Flugblatt vom 14.9.1943, BA-MA, RH 21-2/v. 612.
[5] Goebbels Tagebücher, S. 414 ff., 14./15.9.1943.
[6] KTB OKW, Bd III, S. 1127, 21.9.1943.
[7] O.B. Süd, Ic, FS 558, An OKW/WFSt, den 26.9.1943, Betr.: Bericht über das Ergebnis der Entwaffnungs-Aktion und die Haltung der Italiener im Bereich O.B. Süd, BA-MA, RH 19 X/12.
[8] Tagesmeldung vom 14.9.1943 an Heeresgruppe D, von A.O.K. 19, BA-MA, RH 20-19/13.
[9] Telegramm (Geh. Ch.V.) Monaco, 20.9.1943, Nr. 70, Geheime Reichssache, PA, Büro Staatssekretär, Akten betr. Italien, Bd 16.
[10] Sturmdiv. Rhodos, Ic, Nr. 520/43 geh. An H.Gr.E, Ic/AO, 18.9.1943, BA-MA, RH 26-1007/22.
[11] Armeegruppe Südgriechenland, Ic, Nr. 499/43 geh., Tagesmeldung v. 14.9.1943, BA-MA, RH 31 X/6.
[12] Armeegruppe Südgriechenland, Ic, Nr. 562/43 geh., v. 18.9.1943, FS An Okdo. H.Gr. E, Ic/AO. Betr.: Auswirkung Befreiung Mussolinis, BA-MA, RH 31 X/5.

der Wehrmacht als Hilfswillige dienten[13]. Wie gegenüber mancher anderen Angabe in der häufig und meist unkritisch zitierten Ausarbeitung des Generalstabs entstehen hinsichtlich der referierten Bilanz erhebliche Zweifel, sobald deren Aussagen mit anderen — offiziellen — Daten konfrontiert werden.

Das zeigten bereits die oben dargestellten — tatsächlichen — Verhältnisse im Bereich der 19. Armee. Der Oberquartiermeister des Armeeoberkommandos 19 meldete bekanntermaßen für den 26. September 1943 als Kampfwillige 228 Offiziere und 1 666 Unteroffiziere sowie Mannschaften. Als Arbeitswillige benannte er 1 830 Offiziere sowie 30 795 Unteroffiziere und Mannschaften. Das waren insgesamt 34 519 Mann[14]. Dieser größte nachweisbare Bestand, der im Oktober wegen der Abtransporte ins Reich und ins besetzte Gebiet — leider fehlen präzise Ortsangaben — beträchtlich abnahm[15], umfaßte jedoch nicht die bündnistreuen Angehörigen der italienischen Marine. Im übrigen läßt sich nicht einmal mit Sicherheit feststellen, ob die Meldung des Oberbefehlshabers West vom 1. Oktober über die damals in seinem Bereich befindlichen rund 31 500 Hilfs- und circa 1 400 Kampfwilligen die besagten Marineangehörigen einschloß[16].

Bei ihnen handelte es sich um die Besatzungen und Unterstützungskräfte der in Bordeaux stationierten U-Boote, die Kapitän zur See Enzo Grossi führte, insgesamt 105 Offiziere und 1 900 Unteroffiziere sowie Mannschaften[17]. Am 16. September verpflichteten sie sich geschlossen zur Fortsetzung des Kampfes auf deutscher Seite[18]. Es kamen noch 10 Offiziere und 70 Mann von italienischen Marinedienststellen im Bereich des Marinegruppen-

---

[13] KTB OKW, Bd III, S. 1474 f.

[14] KTB A.O.K. 19/O.Qu, Anlage 16: Italiener, Stand v. 26.9.1943, BA-MA, RH 20-19/253. Vgl. auch ebd., Anlage 27: Kampf- und arbeitswillige Italiener in Lagern, Stand 28.9.1943. Bereits in Anlage 16 ist eine detaillierte Aufschlüsselung der italienischen Soldaten nach verschiedenen Dienststellen und Einheiten vorgenommen. Eingesetzt waren zu diesem Zeitpunkt 338 Kampfwillige (darunter 9 Offiziere) und 15 642 Arbeitswillige (davon 250 Offiziere).

[15] Tätigkeitsbericht des Bevollmächtigten Transportoffiziers beim A.O.K. 19 für Oktober 1943, BA-MA, RH 20-19/275. Danach wurden vom 1.–31.10.1943 genau 210 Hilfswillige und 1 099 Kampfwillige ins Reich sowie 7 752 Hilfswillige (eine andere Bezeichnung für Arbeitswillige) ins »besetzte Gebiet« abgefahren.

[16] KTB H.Gr. D, S. 8, 2.10.1943, BA-MA, RH 19 IV/11. Zunächst hatte die Zahl der Kampfwilligen demnach sogar 3 000 Mann betragen. Die Forderungen des O.B. West für den Einsatz im eigenen Bereich referiert: KTB OKW, Bd III, S. 1136, 24.9.1943. Aufgrund der obengenannten präzisen Daten können die im Auswärtigen Amt, Akten Büro Staatssektär (siehe oben, Anm. 9), überlieferten Angaben — rund 1 200 Kampf- und 26 000 Hilfswillige — als überholt angesehen werden. Dieser Bericht geht auch unzutreffend von nur 40 000 entwaffneten Italienern beim A.O.K. 19 aus.

[17] 1. Skl. KTB Teil A, S. 121, 8.12.1943, BA-MA, RM 7/55.

[18] Vgl. Seekriegsleitung B.Nr. 1. Skl. Ia 25259/43 g.Kdos., 9.9.1943; und B.Nr. 1. Skl. 25260/43 g.Kdos., 9.9.1943, BA-MA, RM 7/237. Großadmiral Dönitz bedauerte gegenüber K.z.S. Grossi die seitens der Kriegsmarine getroffenen Einschränkungen hinsichtlich der Bewegungsfreiheit der italienischen Seeleute. Siehe ferner: ebd., B.Nr. 1./Skl. Im 28032/43 geh., 16.9.1943; und B.Nr. 1./Skl. Im 28034/43 geh., 16.9.1943, dort die Weisung, Grossi und seine Männer als »Mitkämpfer« ehrenvoll zu behandeln. Vgl. dazu auch: ebd., Seekriegsleitung B.Nr. 1./Skl. Im 28034 g/II, 16.9.1943, in der Anlage Original der Verpflichtungserklärung von K.z.S. Grossi mit deutscher Übersetzung, von Grossi mit blauer Tinte unterzeichnet. Zur weiteren Behandlung der Italiener, mit denen die Deutschen letztlich nichts anzufangen wußten, vgl.: 1. Skl. KTB Teil A, S. 323, 16.9.1943, BA-MA, RM 7/52;

kommandos West sowie 70 Offiziere und 450 Mann als Hilfswillige hinzu. 20 Offiziere und 480 Unteroffiziere beziehungsweise Mannschaften lehnten jede Mitwirkung auf deutscher Seite ab[19]. Alles in allem ist somit beim Oberbefehlshaber West von wenigstens 37 124 bündnistreuen Soldaten auszugehen. Sie gehörten — ausgenommen die U-Boot-Fahrer — nicht zu geschlossen übergelaufenen oder übergetretenen Einheiten. Vielmehr optierten die Militärangehörigen in Frankreich zwar vor der Verbringung in die Lager im Reich oder im Osten, aber erst nach dem Akt der Entwaffnung, das heißt in den Durchgangslagern oder Sammelstellen. Sie besaßen somit kurzfristig den Status des Gefangenen. Anfang Dezember 1943 betrug die Zahl der bei der 19. Armee befindlichen Italiener noch 14 478 Mann[20]. In ganz Frankreich sollen es zu Beginn des Jahres 1944 ungefähr 25 000 gewesen sein[21]. Doch ist bekanntlich nicht eindeutig zu sagen, ob überhaupt und, falls es sie denn gab, wieviele Militärinternierte in letztgenannter Zahl enthalten waren.

Noch weniger eindeutig als in Frankreich stellt sich die Situation in Italien dar. Im Abschlußbericht der Heeresgruppe B hieß es lapidar, daß lediglich »stellenweise schwache italienische Einheiten« zur Fortsetzung des Krieges auf deutscher Seite bereit seien. Zunächst als Hilfswillige eingesetzte Männer liefen zumindest teilweise wieder weg[22]. Kesselring meldete, daß der »Erfolg der Freiwilligenwerbung« der allgemeinen Einstellung entspreche. Im Klartext hieß das: Die Italiener wollten nicht mehr kämpfen. Unteroffiziere und Mannschaften sehnten sich nach Hause, bei den Offizieren schien die Lage nicht ganz so hoffnungslos zu sein. Letztlich aber traf wohl zu, daß sich nur eine geringe Anzahl zur »Teilnahme am Kampf« bereit erklärte[23].

Ansonsten ist die Beurteilung der Entwicklung in Italien vor allem deshalb schwierig, weil die Zahl der Hilfswilligen stark fluktuierte. Zu denken ist etwa an die Möglichkeit, aus deutschen Diensten in diejenigen der »Repubblica Sociale Italiana« überzutreten. An verschiedenen Orten nahm nach der Befreiung Mussolinis ganz generell die Bereitschaft ab, sich für Arbeiten innerhalb der Wehrmacht zu verpflichten. All das steht fest. Dennoch läßt sich der konkrete Einfluß, den diese Faktoren auf die Gegebenheiten in Italien ausübten, letzten Endes nicht präzise bestimmen.

---

1. Skl. KTB Teil A, S. 57, 4.10.1943, BA-MA, RM 7/53; 1. Skl KTB Teil A, S. 31, 2.11.1943, BA-MA, RM 7/54; Abwehrnebenstelle Bordeaux B.Nr. 578/43 g.Kdos. III M, 26.11.1943, BA-MA, RM 7/98; und Oberkommando der Kriegsmarine B.Nr. 1. Skl./S 5615/44 g.Kdos., 22.2.1944, BA-MA, RM 7/239, Protokoll über Besuch von Admiral Sparzani am 17.2. bei Dönitz. Grossi und seine Leute wurden für eine Verwendung im Mittelmeer vorgesehen.

[19] 1. Skl. KTB Teil A, S. 20, 2.10.1943, BA-MA, RM 7/53.

[20] Promemoria: La situazione al 1° decembre 1943 nel territorio della 19a Armata, ACS, S.P.d.D., Busta 16, F 91, SF 4.

[21] Al Direttore dell'Istituto Nazionale Fascista della Previdenza Sociale, Posta da campo 713, 9 gennaio 1944=XXII, f/to Giovanni Dolfin, ACS, S.P.d.D., Busta 16, F 91, SF 2. Siehe direkt dazu S. 233.

[22] Oberkommando der Heeresgruppe B Ic/AO Nr. 943/43 g.Kdos., H.Qu., den 21.9.1943, Feindnachrichtenblatt Nr. 3, Anlage 1: Abschlußbericht der Entwaffnungsaktion in Norditalien, BA-MA, RH 19 IX/16. Im KTB OKW, Bd III, S. 1127, 21.9.1943, wird der Wortlaut dieser Passage des Berichts verändert wiedergegeben.

[23] Siehe oben, Anm. 7: RH 19 X/12.

Gesichert erscheint, daß sich am 1. Oktober bei der Brigade Doehla in Norditalien 575 italienische Hilfswillige befanden, darunter zwei Offiziere[24]. Wenig später sank deren Zahl auf 432. Gleichzeitig nannte die Statistik für alle Dienststellen und Kommandos 572 Mann, die für die Deutschen Hilfsdienste leisteten[25]. Anfang Dezember hat man dann nur noch 20 Hilfswillige gemeldet[26]. Das könnte unter Umständen darauf hindeuten, daß die Wehrmacht im Bereich des nunmehrigen Oberbefehlshaber Südwest, bei dem zahlreiche Italiener eingesetzt waren, einen Austausch gegen Wehrpflichtige vornahm[27].

Zu erinnern ist außerdem daran, daß einige wenige Einheiten geschlossen auf die deutsche Seite übertraten. So stellte sich am 9. September ein faschistischer Verband mit 700 Soldaten der Heeresgruppe B bei Ljubljana zur Verfügung[28]. Gleiches tat am 11. des Monats das italienische 25. Grenz-Garde-Regiment im Gebiet ostwärts von Triest. Das Regiment zählte 8 000 Mann, die von der dort operierenden 71. Infanteriedivision im Rahmen von Sicherungsaufgaben verwendet wurden[29].

Es ließ sich nicht herausfinden, was mit jenen Einheiten nach Abschluß des Falles »Achse« geschah. Doch das ist unerheblich. Festzuhalten ist zunächst einmal, daß die zitierten Meldungen zum Befund von maximal 9 275 — eindeutig nachzuweisenden — bündnistreuen italienischen Soldaten führen. Eine Größenordnung, die deutlich von den 13 000 Mann abweicht, die der Generalstab des Heeres als Bündnistreue benannte. Da die Abteilung Fremde Heere West (II) jedoch Frankreich — zumindest den Kommandobereich der 19. Armee — in ihrer Zusammenstellung ebenfalls berücksichtigte, zeigt sich, daß die Angabe von lediglich 13 000 Mann, die sich den Deutschen in der einen oder anderen Form angeschlossen haben sollen, nicht haltbar ist. Vielmehr muß für Italien und Südfrankreich von rund 47 000, unter Einschluß des Gebiets des Militärbefehlshabers Belgien und Nordfrankreich[30], General der Infanterie Alexander v. Falkenhausen, von 48 000 bündnistreuen Italienern ausgegangen werden.

Übersichtlicher als beim Oberbefehlshaber Südwest gestaltete sich die Lage im Bereich des Oberbefehlshabers Südost. Sowohl für die Situation beim Panzerarmeeoberkommando 2 als auch bei der Heeresgruppe E liegen zahlreiche Einzelangaben vor. Beide Großverbände haben außerdem bis zum 24. Oktober täglich unter dem Stichwort »Odysseus« gemeldet beziehungsweise sich melden lassen, wieviele entwaffnete itaienische Soldaten — aufgeschlüsselt nach Dienstgraden und Verwendung bei der meldenden Einheit — auf deutscher Seite weitermachten[31].

---

[24] Der Militärbefehlshaber Oberitalien (Gen.Kdo. Witthöft) Ia Nr. 256/43 geh., 3.10.1943, An Ob.Kdo. Heeresgr. B, BA-MA, RH 24-73/4.

[25] Ebd., Der Militärbefehlshaber Oberitalien Abt. Ia Nr. 353/43 geh., O.U., 11.10.1943, Betr.: Iststärkemeldung.

[26] Anlage zu Generalkommando Witthöft Qu.Nr. 27/43 g.Kdos. v. 4.12.1943, Betr.: Einsatz von Hilfswilligen, BA-MA, RH 24-73/14.

[27] O.B. Südwest, Ic, den 22.12.1943: Besprechungspunkte während der Fahrt mit dem Herrn Feldmarschall am 21.12.1943, BA-MA, RH 19 X/12.

[28] GTDW, Bd 8, S. 50, 9.9.1943.

[29] Ebd., S. 62, 11.9.1943.

[30] KTB OKW, Bd III, S. 1124, 20.9.1943. Danach befanden sich im Bereich des Militärbefehlshabers Belgien-Nordfrankreich 1 000 bündnistreue Italiener.

Es erscheint hier nicht angebracht, die Entwicklung im Detail nachzuvollziehen, denn die Bündnistreuen interessieren ausschließlich unter dem Aspekt des statistischen Gesamtbefunds über den Verbleib der entwaffneten italienischen Militärangehörigen. Dazu genügt es, den jeweiligen höchsten Bestand zu erfassen, und das zu dem Zeitpunkt, zu dem die Entwaffnungsaktion im wesentlichen als abgeschlossen galt. Die 2. Panzerarmee meldete diesbezüglich, daß sie — bei einem ursprünglichen Bedarf von etwa 12 500 italienischen Hilfswilligen[32] — am 18. Dezember über 9 060 Mann verfüge[33]. Ungefähr zur gleichen Zeit teilte die Heeresgruppe E mit, sie zähle in ihrem Einsatzraum 9 000 kampfwillige und 20 000 hilfswillige Italiener[34], wobei anzunehmen ist, daß Löhrs Summenbildung die auf den Inseln befindlichen Bündnistreuen einbezog[35].

Demnach gab es Ende 1943 im Kommandobereich des Oberbefehlshabers Südost 38 060 Kampf- und Hilfswillige. Das bedeutet, daß in den ersten drei Monaten nach Italiens Kriegsaustritt — ohne Berücksichtigung der Anwerbungen unter den Militärinternierten in den Lagern im Reich und im »Generalgouvernement« — von einem Gesamtbestand von mindestens 86 000 bündnistreuen Italienern ausgegangen werden kann[36]. Ihre Zahl könnte sich möglicherweise sogar auf rund 90 000 erhöhen, sofern die Kampfwilligen im Gebiet des Panzerarmeeoberkommandos 2 in der oben genannten Meldung über die dortigen Hilfswilligen nicht enthalten gewesen sein sollten[37].

Allerdings ist derartigen Überlegungen hinzuzufügen, daß die Anzahl der Hilfswilligen weder konstant blieb noch beständig anwuchs. Eine Übersicht über die Verwendung ita-

---

[31] O.B. Südost (Okdo H.Gr. F) Ia Nr. 3269/43 geh., v. 24.10.1943, An Pz. AOK 2, BA-MA, RH 21-2/v. 604. Zu den einzelnen Odysseus-Meldungen bei der H.Gr. E und dem Pz. A.O.K. 2 vgl. folgende Bestände: BA-MA, RH 21-2/v. 593 und 621; BA-MA, RH 24-22/3 und 16; sowie BA-MA, RH 31 X/3.

[32] Pz. A.O.K. 2, Ia/Id, Nr. 1891/43 geh., 18.11.1943, An O.B. Südost H.Gr. F Ia/Id, BA-MA, RH 21-2/v. 604.

[33] Ebd., Pz. A.O.K. 2, Ia/Id, Nr. 2562/43 geh., 18.12.1943, An O.B. Südost (H.Gr. F), Ia/Id.

[34] O.Qu. Nr. 3124/43 g.Kdos., H.Qu., den 6.12.1943, BA-MA, RH 19 VII/2. Nach einer Meldung vom Dezember 1944 befanden sich damals bei der H.Gr. E noch 3 751 italienische Kampfwillige, wobei nur die Truppen auf dem Festland gezählt sind. Da Zahlen für drei Einheiten fehlen, kann man insgesamt wohl von etwa 4 500 Mann ausgehen. Seit dem 30.11.1944 war beantragt, diese Einheiten — zunächst die Bataillone — in die Streitkräfte der R.S.I. zu übernehmen. Zahlen für die italienischen Bau-Pionier-Einheiten fehlen, da sie Ende 1944 den kroatischen Raum noch nicht erreicht hatten: Oberkommando Heeresgruppe E, Ia/Id, Nr. 12601/44 geheim, H.Qu., den 24.12.1944, Betr.: Aufstellung über ital. Verbände und Einheiten im Bereich Okdo. H.Gr. E, BA-MA, RH 19 VII/42. Zu den Freiwilligenwerbungen in Griechenland nach dem 8.9.1943 vgl. auch einen Brief von Attilio Jaculli, P.C. 305, li 30/1/XXIII° (1945), ASMAE, Busta 8, Posizione Italia 11/1.

[35] So zum Beispiel die am 1. November auf Rhodos gemeldeten 291 Kampfwilligen (darunter 27 Offiziere) und 3 397 Hilfswilligen (unter diesen 90 Offiziere): Sturmdivision Rhodos, Meldung vom 1.11.1943, Betr.: Personelle Lage am Stichtag, BA-MA, RH 26-1007/7.

[36] Für die Kontrolle dieser Gesamtangabe durch Einzelmeldungen einerseits und hinsichtlich der weiteren Entwicklung des Bestands an Kampf- und Hilfswilligen andererseits vgl. die Meldungen in: BA-MA, RH 19 VII/1/10/15/23a/24/25/27; RH 19 XI/80; RH 21-2/v. 590/617/848; RH 26-1007/2/6/7/8; RH 31 X/1/6; M 667/PG 45474; M 718/PG 46198/46199; M 720/PG 46204/46205; M 729/PG 46530; RM 35 III/73; RM 7/215/238.

[37] Vgl. dazu GTDW, Bd 8, S. 57, 10.9., und S. 307, 28.10.1943. Nach diesen Meldungen wäre von etwa 3 500 Mann auszugehen.

lienischer Soldaten im Rahmen des deutschen Feldheeres — und auf jenes bezogen sich die bis jetzt referierten Daten ebenfalls — wies zum Beispiel für den Stichtag 15. Februar 1944 folgende Bestände an eingesetzten Hilfswilligen aus[38]: Beim Wehrmacht-Befehlshaber Niederlande, General der Flieger Friedrich Christiansen, befanden sich 648, beim Oberbefehlshaber West 17 749, beim Oberbefehlshaber Südwest 2 324 und beim Oberbefehlshaber Südost 32 415 Mann, also insgesamt 53 136. Darüber hinaus gab es in Frankreich eine kämpfende italienische Einheit, in Italien standen davon 71 und im Südostraum 45 — in Kompanie- bis Bataillonsstärke. Zumindest für das Mutterland ist hierbei nicht anzunehmen, daß deren Personal sich ausschließlich unter den ehemaligen königlichen Soldaten rekrutierte. Leider fehlen für die genannten — überwiegend mit deutschem Rahmenpersonal ausgestatteten — Verbände nicht nur Zahlen, sondern auch Angaben darüber, wo Aushebungen oder eventuelle freiwillige Verpflichtungen erfolgten.

Ergänzend sei angemerkt, daß die Wehrmacht damals im Osten keine Kampf- und Hilfswilligen einsetzte. Dort befanden sich ausschließlich Militärinternierte. Später — darauf ist am gegebenen Ort erneut aufmerksam zu machen — gab es allerdings bei der Heeresgruppe Ost rund 3 000 kämpfende Italiener.

Weshalb aber kam es zu derartigen Schwankungen innerhalb des Bestands an Bündnistreuen? Unter anderem muß in diesem Kontext die Eidfrage thematisiert werden, denn deren Regelung führte ganz zweifelsfrei bei vielen italienischen Soldaten, die sich anfangs bereit zeigten, den Kampf in irgendeiner Weise auf deutscher Seite fortzusetzen, zu einer Korrektur ihrer Entscheidung.

In den schon zitierten grundsätzlichen Richtlinien vom 15. September hieß es, daß die »Frage der Eidesleistung bzw. sonstigen Verpflichtungserklärung der bündnistreuen ital. Soldaten« durch einen besonderen Befehl geregelt werden sollte[39]. Und auf deutscher Seite herrschte frühzeitig Einigkeit darüber, daß die zur Zusammenarbeit bereiten Italiener von ihrem Eid auf den König zu entbinden wären. Auf Bitte des Oberkommandos der Wehrmacht nahm sich das Auswärtige Amt der Sache an[40], was sich als überflüssig erwies, weil sowohl Mussolini als auch Marschall Rodolfo Graziani, der Verteidigungsminister der »Repubblica Sociale Italiana«, den Eid auf Vittorio Emanuele III. mittlerweile als hinfällig erklärt hatten.

Bemerkenswerterweise begann jedoch die Wehrmacht in jenen Wochen von sich aus damit, die bündnistreuen Italiener hier auf Mussolini, dort auf Hitler und anderswo auf den Namen »einzelner Oberbefehlshaber« zu vereidigen. Mussolini ersuchte daher den Gesandten Rahn, das willkürliche Verfahren solange einzustellen, bis sich beide Seiten auf eine einheitliche Eidesformel geeinigt hätten[41]. Etwa gleichzeitig unterbreitete das Auswärtige

---

[38] Oberkommando des Heeres GenStdH/Org. Abt. Nr. II/31984/44 geh., H.Qu., den 8.3.1944, An OKW/WFSt/Org, BA-MA, RH 2/v. 637.

[39] Oberkommando der Wehrmacht Nr. 005282/43 g.Kdos. WFSt/Qu 2 (S), F.H.Qu., den 15.9.1943, BA-MA, RW 4/508a.

[40] Ebd., OKW/WFSt/Qu. 2 (S) Nr. 04263/43 geh., 15.9.1943, SSD-Fernschreiben an Auswärtiges Amt, z.Hd. Botschafter Ritter »Westfalen«.

[41] Ebd., Auswärtiges Amt, »Westfalen«, den 2.10.1943, An OKW/WFSt z.Hd. v. Herrn Oberst Freiherr von Buttlar, gez. Ritter.

Amt Formulierungen für den zu leistenden Eid, die das Oberkommando der Wehrmacht akzeptierte und seit dem 7. Oktober an die Truppe verteilte[42]. Einen Tag später veranlaßte Berlin, den »Duce« über die getroffene Regelung zu unterrichten. Er sollte allein für die Vereidigung der Truppenteile oder Einheiten zuständig sein, die als »Bestandteile der Wehrmacht des national-faschistischen Italiens« aufgestellt würden, was Verbände, die unter deutscher Leitung entstanden, einschloß[43].

Mussolini sah sich erst am 11. Oktober von Anfuso darüber informiert, daß ihm die Deutsche Botschaft drei Eidformeln vorlegen werde[44]. Einen Tag danach befanden sie sich in seinen Händen[45]. Der »Duce« scheint zufrieden gewesen zu sein. In einem Gespräch mit Rahn betonte er jedenfalls gegen Ende Oktober, als Gerüchte aufkamen, nach denen der Eid noch einmal geändert werden sollte, daß er davon dringend abrate. Denn wer »guten Willens sei, werde unter dem bisherigen Eid kämpfen, wer schlechten Willens sei, breche auch jeden neuen«[46].

In der Tat scheint innerhalb des deutschen Heeres eine Diskussion über den vorgesehenen Eid entstanden zu sein. Das Oberkommando der Wehrmacht sah sich nämlich im Zusammenhang damit am 2. November veranlaßt, dem Oberbefehlshaber West mitzuteilen, daß es nur einen Grundsatz gebe[47]: »Ital. Soldaten, die die Eidesleistung verweigern, sind als Militärinternierte zu behandeln und dementsprechend in das Reich abzuschieben.« Doch konnte die Truppe einem derartigen Befehl gar nicht Folge leisten. Die Führung des Panzerarmeeoberkommandos 2 ordnete trotzdem an, daß italienische Hilfswillige, die den Eid nicht ablegten, als interniert anzusehen seien[48]. Bei strikter Befolgung der Weisung hätten sich ihre Einheiten dann allerdings fast aller Hilfswilligen bege-

---

[42] Oberkommando der Wehrmacht Nr. 005953/43 g.Kdos. WFSt/Qu 2 (S), F.H.Qu., den 7.10.1943, Betr.: Neuvereidigung der bündnistreuen ital. Soldaten, die im Rahmen der Deutschen Wehrmacht eingesetzt sind, BA-MA, RH 10/12; ein weiteres Exemplar enthält BA-MA, RH 11 III/15. Vgl. direkt dazu auch: Panzerarmeeoberkommando 2 O.Qu/Qu. 2 Nr. 04910/43 geh., A.H.Qu., den 22.10.1943, Betr.: Neuvereidigung der bündnistreuen ital. Soldaten, BA-MA, RH 21-2/v. 797.

[43] Sonderzug, den 8.10.1943, Nr. 1623 Geheime Reichssache, An Gesandten Rahn (an den das Telegramm am 9.10. weitergeleitet wurde), gez. Frohwein, PA, Büro Staatssekretär, Akten betr. Italien, Bd 17.

[44] Fonogramma N. 27, Berlino, 11 ottobre 1943-XXI, ASMAE, Busta 48, Posizione Italia 11/12.

[45] Ministero degli Affari Esteri N. 1/4540, Roma, li 12 ottobre 1943, Appunto per il Duce, ASMAE, Busta 8, Posizione Italia 11/1-2. Mussolini vermerkte handschriftlich: »ho scelto la formula Numero 2«. Allerdings war er um eine Auswahl nicht gebeten worden, denn die deutsche Führung teilte ihm lediglich mit, für welche Eidesformeln sie sich — es gab jeweils einen speziellen Eidestext für die Hilfswilligen und die Kampfwilligen — entschieden hatte.

[46] ADAP E, Bd VII, Dok. 62, S. 122 ff., 27.10.1942, hier S. 123. Das Auswärtige Amt wußte von diesem Vorgang — Diskussion über einen neuen Eid — nichts. Vgl. Auswärtiges Amt Nr. Pol I M 2456 gRs., Berlin, 29.10.1943, Betr.: Vereidigung italienischer Offiziere und Mannschaften, An das Oberkommando der Wehrmacht, gez. Frohwein, BA-MA, RW 4/v. 508a.

[47] Ebd., OKW/WFSt/Qu. 2 Nr. 006706/43 g.Kdos., 2.11.1943, An Ob. West. Diese Haltung hat man am 26.2.1944 nochmals unterstrichen, vgl. ebd.: OKW/WFSt/Qu 2 (Süd/Südwest) Nr. 002091/44 g.Kdos., An Lfl. Kdo. 2/II, Ob.d.L./Lw.Fü.St. und Ob.d.L./Gen.Qu. Es blieb bei der Vereidigungsformulierung vom 7.10.1943. Und: O.B. Südwest, Ia, Nr. 4752/44 geheim, H.Qu., den 26.7.1944, BA-MA, RH 19 X/14.

[48] Pz. A.O.K. 2, Ia/Id, Nr. 590/43 g.Kdos., 15.11. 1943, An V. SS-Geb.A.K. II b, BA-MA, RH 21-2/v. 604.

ben müssen, da letztere den Eid zum größten Teil ablehnten. Sie wollten nicht auf den »Führer«, sondern auf den »Duce« vereidigt werden. Zudem beabsichtigten sie nicht, wie im Eid gefordert, ihr Leben für das Deutsche Reich einzusetzen.

Die Frontbefehlshaber reagierten zum Teil phantasievoll. Sie erfanden eine »Art Dienstverpflichtung«, um die wertvollen Arbeitskräfte behalten zu können. Zusätzlich baten sie um eine Änderung der Eidesformel[49]. Dramatisch stellte sich die Lage bei den Bau-Bataillonen der 2. Panzerarmee dar. Die italienischen Hilfswilligen hatten hier gute Arbeit geleistet, doch die seit dem 9. Oktober befohlene eidliche Bindung verweigerten sie zu 98 Prozent. Sie gaben drei Gründe an: ihr Nein zu irgendeiner direkten oder indirekten Verpflichtung zum Kampf, die Unzumutbarkeit des Eides auf Hitler und die Sorge vor »Repressalien gegen ihre Angehörigen seitens der Badoglio-Partei«. Da die Wehrmacht jenen, die den Eid verweigerten, die Verpflegung »erheblich« herabsetzte, sank natürlich prompt die Arbeitsleistung. Die Front empfahl daher, auf den ohnehin überflüssigen Eid zu verzichten, sich mit einer »Arbeitsverpflichtungsformel« zu begnügen. Das war ein vernünftiger Vorschlag. Die von deutschen Kräften bewachten italienischen Bau-Soldaten besaßen ja gar keine Waffen, konnten also überhaupt nicht kämpfen. Jedenfalls gestand die Armeeführung offen ein, daß sie die »Arbeitskraft« der Hilfswilligen nicht zu entbehren vermochte, was bedeute, daß deren »Behandlung als Kriegsinternierte« aufgegeben werden müsse. Bei angemessener Ernährung werde die Arbeitsmoral, die vorher gut gewesen sei, zweifellos wieder steigen[50].

Ähnliche Erfahrungen wie die 2. Panzerarmee machte die Heeresgruppe E. In der Hauptsache wegen der Phrase, sie sollten bereit sein, für den abverlangten Eid jederzeit ihr »Leben einzusetzen«, lehnten diesen im Durchschnitt 30 Prozent der Hilfswilligen ab. Sie erkannten instinktiv die Risiken, fürchteten »eine versteckte Verpflichtung zum Kampf mit der Waffe«. Angeblich spielte die Propaganda des Gegners ebenfalls eine Rolle, hieß es doch, daß jeder Italiener, der den Eid leiste, »nach dem Kriege auf Befehl des Königs mit 10 Jahren Gefängnis bestraft« werde. Aber noch etwas kam hinzu, die Hoffnung, in die neuen Streitkräfte Mussolinis aufgenommen zu werden und damit wenigstens nach Italien zu gelangen. Man kann es drehen und wenden, wie man will, aus der Sicht der Italiener ergab sich kein vernünftiger Grund, auf Hitler zu schwören[51]. Das sah wohl

---

[49] Generalkommando XXI. Geb.A.K. IIa Nr. 534/43 geh., H.Qu., den 25.11.1943, Betr.: Vereidigung der ital. Hilfswilligen, BA-MA, RH 21-2/v. 604.

[50] Ebd., Armee-Pionierführer Pz. A.O.K. 2 Nr. 777/43 geh., A.H.Qu., den 26.11.1943, Betr.: Eidesleistung der Italiener. An Abt. Id. Und in einer handschriftlichen Notiz, ebd., 23.11.1943, heißt es: »Bei allen Baubtl. sind zu 90% dortiger Italiener, die den Eid nicht leisten wollen. Sie werden so behalten, müssen nur entsprechend bewacht werden.«

[51] KTB F.A. H.Gr. E, S. 124 f., 22.12.1943, BA-MA, RH 19 VII/11. Vgl. direkt dazu: Q.G., li 16 dicembre 1943-XXII, Grecia, ASMAE, Busta 36, Posizione Grecia 1/1. Dort findet man die Bestätigung, daß der Eid häufig verweigert wurde, und den Hinweis darauf, daß diese Italiener in Gefangenenlager verbracht worden sind. Das war selbst im September 1944 noch der Fall, vgl. dazu: Oberkommando Heeresgruppe E Ia/Id Nr. 9648/44 geheim, H.Qu., den 28.9.1944, Betr.: Verwendung und Rechtsstellung ital. Soldaten, BA-MA, RH 19 VII/36. Hier heißt es: »Italiener, die den Eid verweigern, gelten als Milit. Internierte und sind entsprechend zu behandeln.« Zur Situation in Serbien, welche die Lagebeschreibung der H.Gr. E und die von ihr angeführten Gründe für die Verweigerung

zum Teil selbst die deutsche Seite ein. Gerade deshalb versuchte sie, verschiedentlich, die Eidverweigerer auf dem Weg von Nahrungsentzug, also durch den üblichen brutalen und im konkreten Fall sehr schmerzhaften Zwang, gefügig zu machen[52]. Ebenfalls negativ reagierten die Hilfswilligen beim Oberbefehlshaber West hinsichtlich einer Vereidigung auf Hitler. Generalfeldmarschall v. Rundstedt erteilte am 8. Oktober die Weisung, mit ihr zu beginnen. Aufgrund der sofort auftretenden Schwierigkeiten versuchte die 19. Armee, eine Änderung der Eidesformel durchzusetzen. Insbesondere sollte Hitlers Name wegfallen, doch wies das Oberkommando der Wehrmacht — wie gezeigt — den vom Oberbefehlshaber West vorgebrachten Antrag zurück[53]. Also nahm die eidliche Verpflichtung ihren Lauf, wobei die Resultate entsprechend ausfielen. Bei einer Einheit, die aus 4 italienischen Offizieren, 55 Unteroffizieren und 1 088 Mann bestand, erklärten sich nur 1 Unteroffizier und 13 Mannschaften bereit, den Eid abzulegen. Das heißt, daß 99 Prozent der hilfswilligen Italiener die Eidesleistung ablehnten. Gewiß gab es auch andere, weniger deutliche Ergebnisse, aber eine Tendenz oder Grundeinstellung läßt sich in dem geschilderten Vorgang durchaus erkennen[54]. Das drastische Absinken der Hilfswilligenzahl mußte insbesondere das Oberkommando des Heeres beunruhigen. Letzteres hatte hinsichtlich der entwaffneten italienischen Militärangehörigen im September verlautbart[55]: »Die Personallage des Heeres verlangt die weitgehende Einstellung der bündnistreuen ital. Soldaten« auf der Basis der grundsätzlichen Richtlinien vom 15. September. Es komme darauf an, die Truppen des Heeres in Frankreich, in Italien und auf dem Balkan durch die Einbeziehung von Italienern zu stärken, um so zum einen die bei den eigenen Verbänden vorhandenen Fehlstellen aufzufüllen und zum anderen »deutsche Soldaten zu anderer Verwendung freizumachen«. Bei den Hilfswilligen dachte der Generalstab daran, zehn Prozent der total ausgeworfenen Stellen mit Bündnistreuen zu besetzen. Jedoch verbot er die Verwendung hilfwilliger Italiener in allen Einheiten, in denen russische Arbeitswillige dienten. Hier deutete sich eine Parallele zu gewissen Bestimmungen für den Arbeitseinsatz der Militärinternierten an.

---

alles in allem bestätigt, vgl.: Gerenza degli Affari Consolari d'Italia Belgrado, 8 maggio 1944-XXII, Al Ministero degli Affari Esteri, Quartier Generale, Ambasciata d'Italia Berlino, Oggetto: Giuramento dei militari italiani — (Belgrado), ASMAE, Busta 76, Posizione Serbia 1/3.

[52] Siehe dazu außerdem: Sturmdivision Rhodos, Abt. Ic, Br.B.Nr. 1127/43 geh., Div.Gef.St., den 6.12.43/Di, Betr.: Ic-Beitrag zum monatlichen Ia-Lagebericht, BA-MA, RH 26-1007/22.

[53] Promemoria, La situazione al 1° dicembre 1943 nel territorio della 19ª Armata, hier Punkt 3, ACS, S.P.d.D., Busta 16, F 91, SF 4. Zum Antrag des O.B. West siehe oben, Anm. 47.

[54] Dies bestätigt auch der Bericht des Konsuls E. Arrighi in Nizza: Consolato Generale d'Italia, Nizza, 24 luglio 1944-XXII°, Al Ministero delle Forze Armate, Oggetto: Battaglione autonomo italiano di sicurezza. Proposto di richiamo in Italia, ASMAE, Busta 148, Posizione II/1/13.

[55] OKH/GenStdH/Org. Abt. II/12746/43 g.Kdos., 22.9.1943, Betr.: Verwendung bündnistreuer ital. Soldaten im Rahmen des Heeres, BA-MA, RH 10/12. Ganz in diesem Sinne hieß es in einer Weisung der H.Gr. E, daß, da mit weiteren deutschen Kräften nicht zu rechnen sei, der »Einstellung von ital. Hilfswilligen bis zur höchst zulässigen Zahl« besondere Bedeutung zukomme, »damit möglichst jeder deutsche Soldat zum Kampf mit der Waffe gebracht« werden könne: Der Oberbefehlshaber der Heeresgruppe E, B.Br.Nr. Ia 0240/43 g.Kdos. Chefs., H.Qu., den 28.10.1943, Betr.: Weisung für die Kampfführung im Bereich der Heeresgruppe E vom 1. November 1943, BA-MA, RH 19 XI/2.

Angesichts der personellen Engpässe beim Feldheer vermag es nicht zu überraschen, daß der Generalstab des Heeres die orthodoxe Einstellung des Oberkommandos der Wehrmacht zur Eidfrage nicht teilte. Und das Oberkommando des Heeres erließ Richtlinien, die in auffallendem Widerspruch zu den Weisungen von Generalfeldmarschall Keitel standen. Zwar empfahl die Heeresführung ihren Kommandeuren, grundsätzlich an der eidlichen Verpflichtung der bündnistreuen Italiener festzuhalten. Auch dürften die offiziellen Formulierungen für den Eid nicht verändert werden, aber man habe davon auszugehen, daß bei einer Vielzahl von Hilfswilligen nicht etwa Böswilligkeit, sondern »Unkenntnis oder falsche Vorstellungen über die Folgen der Eidesleistung« die Ursache der Ablehnung darstellten.

So scheint es sich freilich nicht verhalten zu haben. Die Berichte aus dem Bereich der 19. Armee, der 2. Panzerarmee und der Heeresgruppe E wiesen ja darauf hin, daß die hilfswilligen italienischen Militärinternierten den von ihnen geforderten Eid keineswegs aus derartigen Gründen verweigerten.

Es wäre im übrigen verfehlt, die Nachsichtigkeit der Generale mit sentimentalen Empfindungen zu erklären. Vielmehr motivierten die verantwortlichen Offiziere ganz pragmatische Überlegungen. Hätte nämlich das Feldheer alle diejenigen italienischen Hilfswilligen zu Militärinternierten gemacht, die den Eid ablehnten, wären der Truppe — wie die oben genannten Prozentzahlen beweisen — in einem unerträglichen Maß Arbeitskräfte entzogen worden. Einzig deshalb wurde den Kommandeuren ans Herz gelegt, im Hinblick auf die Verbringung von eidverweigernden Hilfswilligen in die Kriegsgefangenenlager in Deutschland zurückhaltend zu agieren: Falls gute Führung zu konstatieren sei, empfehle sich durchaus eine »großzügige Behandlung der Frage der Eidesleistung«[56]. Anders gewendet: Die internierten Italiener sollten behalten werden.

Im Verlaufe der Erörterungen über den statistischen Befund der Militärinternierten im Bereich des Oberkommandos der Wehrmacht trat zutage, daß die Zahl der Unteroffiziere bis zum Juli 1944 beständig anstieg. Es offenbarten sich außerdem nicht ohne weiteres zu begründende Schwankungen in bezug auf den Gesamtbestand der Mannschaften. Der hier geschilderte Sachverhalt könnte eine weitere Teilerklärung für diese Erscheinung anbieten[57]. Eventuell kehrten nicht wenige von denen, die sich zunächst bündnistreu erklärt hatten, nach dem Oktober 1943 — wobei sich das Problem der Eidverweigerer bis zum Sommer 1944 nicht erledigte — in die Kriegsgefangenenlager zurück. Sie gehörten damit wieder zu den Militärinternierten, sei es über Überführung ins Reichsgebiet, sei es bei Zurückbehaltung im besetzten Gebiet.

Das bedeutet, daß der Seitenwechsel nach dem 8. September 1943 keiner Einbahnstraße folgte. Er vollzog sich vielmehr sowohl nach der einen als auch nach der anderen Richtung. All das verweist darauf, daß das Thema »Bündnistreue« aus dem Komplex »italienische Kriegsgefangene« nicht ausgeklammert werden kann und darf.

---

[56] Abschrift von: Armee-Oberkommando 7 Ia Nr. 127/44 geh., A.H.Qu., den 4.4.1944, Betr.: Italienische Hilfswillige. An 266. Infanteriedivision, BA-MA, RH 15/233. Das A.O.K. 7 gehörte damals zur Heeresgruppe D, also zum Oberbefehlshaber West.

[57] Vgl. Tabelle 19, S. 312.

Wer sich ausschließlich auf die Frage der Optanten für Hitler und Mussolini in den Lagern beschränkt, nimmt jedenfalls einen Teil der Betroffen einfach nicht zur Kenntnis (aus welchen Gründen auch immer). Zugleich führt ein solches Vorgehen dazu, daß eine statistische Größe vernachlässigt wird, die bei der Beschreibung des Verbleibs der entwaffneten italienischen Soldaten ins Kalkül einzubeziehen ist. Und das Faktum, daß sich genaue Zahlen für diejenigen »Bündnistreuen«, die im Laufe der Zeit wieder den Status des Militärinternierten annahmen, nicht erarbeiten lassen, ist zwar statistisch betrachtet bedauerlich, berechtigt aber nicht dazu, auf die Berücksichtigung des Phänomens der doppelten Statusänderung im Rahmen der Überlegungen über das Schicksal der Militärinternierten zu verzichten.

Darüber hinaus deutete die Auseinandersetzung mit dem Problem der Hilfswilligen indirekt bereits an, was noch vertieft zu behandeln sein wird. Gemeint ist die Konkurrenz unterschiedlicher Interessenlagen innerhalb der Führungsgruppen des »Dritten Reiches« in bezug auf die Verwendung der entwaffneten Soldaten ganz allgemein.

Im Rahmen der personellen Engpässe und Sachzwänge, die aus deutscher Sicht bestanden, ist außerdem zu bedenken, daß für die Wehrmacht keineswegs nur die aus der Eidverweigerung folgenden Schwierigkeiten existierten, denn schon seit Ende September 1943 liefen ihr Italiener, die an sich auf deutscher Seite weitermachen wollten, scharenweise wieder davon[58]. Die Entwicklung mutete verschiedenen deutschen Militärs so dramatisch an, daß sie zwischen Februar und Juli 1944 wiederholt sowohl die Abgabe der Waffen bei einzelnen italienischen Einheiten als auch eine totale und schlagartige Entwaffnung der faschistischen Truppen — inbegriffen die Verbände der »Repubblica Sociale Italiana« — empfahlen[59].

In Ergänzung der Angaben zu den Freiwilligen, die sich außerhalb der in Deutschland und im »Generalgouvernement« liegenden Lager meldeten, gemäß den bis jetzt angestellten Berechnungen 86 000 bis 90 000 Mann, sind ferner die recht genauen Daten über diejenigen Entwaffneten vorzustellen, die als Hilfswillige in der Luftwaffe — im wesentlichen bei der Flak — standen. Deren Generalstab hatte dem Oberkommando der Wehrmacht schon wenige Tage nach Italiens Kriegsaustritt mitgeteilt, daß er das gesamte Personal der ehemaligen italienischen Luftstreitkräfte beanspruche. Alleine bei der Flak fehlten den Deutschen damals 135 000 Mann und bei den Luftwaffen-Bautruppen 120 000[60]. Zumindest teilweise sollten die Lücken mit entwaffneten Italienern geschlossen werden, und wie schon dargelegt, gestand Hitler der Luftwaffe auf dem Balkan Militärinternierte in größerer Zahl zu[61]. Bei alldem muß jedoch offenbleiben, ob die Betroffenen ihren Status welchselten. Darüber hinaus ist grundsätzlich festzuhalten, daß zwar Zahlenwerte zu den insgesamt in die Flak eingegliederten ehemaligen Militärinternierten vorliegen, aber die genaue Herkunft der Männer und die Einzelheiten ihrer Anwerbung weitgehend im dunkeln bleiben.

---

[58] Siehe dazu die relevanten Schriftstücke in: BA-MA, RH 31 X/3; RH 31 VI/6/7; RH 19 XI/14; und RM 7/239.

[59] Vgl. in diesem Kontext die diesbezüglichen Unterlagen in: BA-MA, RH 19 VII/15/17/25/30; RH 19 XI/14; RH 21-2/v. 590; RH 31 VI/9; und RM 7/239.

[60] KTB OKW, Bd III, S. 1097, 12.9.1943.

[61] Siehe oben, S. 260.

General Morera berichtete, daß seine Mission im Reich 60 000 Landsleute bei Görings Truppe ausfindig machte. Zu ihnen kamen noch jene hinzu, die in Frankreich und auf dem Balkan für die Luftwaffe arbeiteten[62]. Solche Zahlen bestätigte der italienische Luftwaffenattaché in Berlin, der zu Protokoll gab, es sei gelungen, 72 000 Militärinternierte, die sich in den Lagern zur Zusammenarbeit bereit erklärten, zu befreien. Sie sollen anschließend in die Luftwaffe eingegliedert worden sein[63]. Eventuell beinhaltete letztere Summe auch die von Morera für Frankreich und den Balkan erwähnten Italiener. Jedenfalls wäre — sofern die Militärmission korrekt recherchierte — von rund 70 000 Hilfswilligen bei der Luftwaffe auszugehen.

In seinem Bericht[64] nannte Morera zudem 23 000 internierte beziehungsweise entwaffnete italienische Soldaten — nicht alle stammten wohl aus Lagern jenseits der Alpen — die man für die SS anwarb[65]. Da die Deutschen sich insbesondere seit Februar 1944 gegen eine weitere Abwerbung von Internierten sperrten[66], denn letztere erfüllten ja wichtige Aufgaben in der Kriegswirtschaft, ist anzunehmen, daß die hier referierten Übertritte in der Masse vorher erfolgten. Wahrscheinlich erscheint außerdem, daß die meisten der 14 971 Exinternierten (3 654 Offiziere, 1 235 Unteroffiziere und 10 082 Mannschaften), die Ende Mai 1944 in den Ausbildungslagern für die neuen Streitkräfte Mussolinis lebten, ihren Seitenwechsel gleichfalls bis zu dem besagten Zeitpunkt vollzogen[67]. Her-

---

[62] Als Stichtag gab Morera den 1.7.1944 an, wobei davon auszugehen ist, daß die Masse der für die Einstellung als Hilfswillige in der Luftwaffe optierenden Militärinternierten ihre Entscheidung vor der Stabilisierung der Statistik für die Militärinternierten im Bereich des OKW fällte. Anderenfalls müßte diese Statistik einen vergleichbaren Abfluß von Militärinternierten ausweisen. Genau das ist aber für die Zeit nach dem 1.2.1944 nicht der Fall. Zum Bericht Moreras über seine Tätigkeit im Zeitraum Juni bis August 1944 siehe die Anlage zu: Ministero delle Forze Armate Segreteria Militare, n. 8494/SM, Posta da campo 887, 18.9.1944. XXII. Oggetto: relazione attività Missione Militare in Germania nel periodo giugno-agosto c.a. — Alla Segreteria Particolare del Duce P.d.C. 713, ACS, S.P.d.D., Busta 39, F 347, SF 21. Vgl. S. 7 des Berichts und Anlage 2 zu demselben. Die Angaben von Morera sind übernommen in: Ambasciata d'Italia Berlino, 13 sett 1944/XXII, Al Ministero degli Affari Esteri P.C. 305; in der Anlage Brief von Anfuso an Steengracht, ASMAE, Busta 8, Posizione Italia 11/14.

[63] Ministero degli Affari Esteri, 3/7/44/XXII, Appunto per gli atti, ASMAE, Busta 8, Posizione Italia 11/14. Vgl. auch ebd., Ministero degli Affari Esteri, Collegamento G.N.R., Prot.No. 1571/1, Posta Civile 305, 29.11.1944. XXIII, Oggetto: 1a Compagnia Propaganda delle FF.AA. — Divisione »Italia« — Ex-internati — Nuove armi — Spirito della popolazione tedesca. Danach wären von den Militärinternierten 70 000 in die Flak übernommen worden.

[64] Siehe oben, Anm. 62, ACS, S.P.d.D., Busta 39.

[65] Allerdings behauptete Generalmajor Emilio Canevari, der seit November 1943 die italienische Militärmission in Berlin leitete, man habe allein in Münsingen 15 000 Mann plus eine entsprechende Zahl von Offizieren für die SS gewonnen: Schreiben Canevaris an Anfuso, Berlino 5 novembre 1943, ACS, S.P.d.D., Busta 16, F 91, SF 2.

[66] Vgl. ebd., Relazione pervenuta dell'Addetto Aeronautico a Berlino, 2 Aprile 1944/XXII, hier S. 2; und Brief Anfusos an Mussolini: Ambasciata d'Italia 00989, Berlino, 10 febbraio 1944-XXII, ACS, S.P.d.D., Busta 76, F 647, SF 5.

[67] Siehe oben, Anm. 62, ACS, S.P.d.D., Busta 39. Die Berechnungen beruhen auf den Angaben von Morera für Ende August 1944. Von den aufgeführten Zahlenwerten wurden die Zugänge im Juni, Juli und August abgezogen. Um einen Eindruck von der Entwicklung bei der Freiwilligenwerbung

vorzuheben ist des weiteren, daß bis Anfang Juni 5 267 Offiziere, 982 Unteroffiziere und Mannschaften — zur Verwendung in Milizeinheiten — nach Italien sowie 2 040 Mann nach Bordeaux gingen. Sie kamen ausnahmslos aus den Lagern[68]. Über 2 000 Marineangehörige kehrten im November 1943 als Kampfwillige aus der Internierung in Deutschland nach Italien heim[69].

Auf die Entwicklung und Durchführung der Freiwilligenwerbung in den Lagern im Reich und im »Generalgouvernement« ist an anderer Stelle vertieft einzugehen[70]. Dabei soll dann auch noch einmal über das unter den Militärinternierten zurückgewonnene Personal und seine Verwendung gesprochen werden.

Wird nunmehr versucht, auf der Basis der bisherigen Darlegungen eine erste Bilanz der Freiwilligenwerbungen und der Übertritte in der Anfangsphase zu erstellen, so ergeben sich für den Zeitpunkt Februar/März 1944 in etwa folgende Größen: In den Bereichen der Oberbefehlshaber West, Südwest und Südost erklärten sich rund 86 000 italienische Soldaten, die in ihrer Mehrheit vorher entwaffnet wurden, bündnistreu. Ungefähr 60 000 — als Minimum — dürfte bis dahin die Luftwaffe als Hilfswillige im wesentlichen aus den Lagern und zum Teil direkt im früheren Stationierungsgebiet übernommen haben. Für die SS können zunächst 20 000 Mann angenommen werden. Circa 15 000 bereiteten sich auf ihre Verwendung in Mussolinis neuem Heer vor. Möglicherweise kamen noch annähernd 5 000 repatriierte ehemalige Kriegsgefangene hinzu. Das wären — annäherungsweise — 186 000 italienische Soldaten, die sich nach dem 8. September 1943 bis etwa März 1944 in der einen oder anderen Form für die Zusammenarbeit mit Hitler und Mussolini entschieden. Zwar gab es in der Folgezeit weitere Freiwillige, aber aufgrund der großen zeitlichen Verzögerungen bei den Übertrittsmeldungen läßt sich der Zeitpunkt für den jeweiligen Seitenwechsel meistens nicht genau bestimmen. Das gilt insbesondere für die zur Luftwaffe überstellten Personen. Selten ist präzise zu sagen, wann sie die Lager verließen.

Nicht zu vergessen ist bei den hier angestellten Überlegungen und Berechnungen, daß viele »Hilfswillige« nicht freiwillig, sondern gezwungenermaßen — etwa in den Bau-Pionierbataillonen — für die Wehrmacht Dienst taten. Hinweise darauf lieferte die Darstellung über die Entwaffnung und den Verbleib der gefangenen italienischen Soldaten. Aus dem Sachverhalt resultiert eine letzten Endes nicht aufzuhellende Dunkelziffer innerhalb der oben genannten Gesamtzahl, da diese unfreiwilligen »Hilfswilligen« natürlich von den echten »Bündnistreuen« abgezogen werden müßten.

---

für die italienischen Divisionen zu geben, seien einige Zahlen referiert: Am 29.8.1944 waren 15 820 Mann angeworben; am 14.6. sollen es 13 472 gewesen sein (also weniger als im Mai, vgl. ebd., Ministero delle Forze Armate, Segreteria Militare, 15 giugno 1944. XXII. Situazione divisioni italiane a tutto il 14.6.1944); und am 15. Dezember 1943 gab man 10 900 ehemalige Militärinternierte als »ausgewählt« an, was bedeutete, daß sich jedenfalls mehr gemeldet hatten: Protocollo n. 50, Berlino 18 dicembre 1943 XXII. Al Duce Capo del Governo, f/to Generale Emilio Canevari, ACS, S.P.d.D., Busta 71, F 643, SF 6.

[68] Siehe oben, Anm. 62, ACS, S.P.d.D., Busta 39.

[69] Ambasciata Italia, Berlino 9-11-43, N. 25428, Per Ministero Marina, f/to Grossi/Anfuso, ASMAE, Busta 48, Posizione Italia 11/12.

[70] Siehe unten, S. 370—409.

Wagt man — unter Einbeziehung der obigen Zwischenbilanz, die mit Unsicherheiten belastet ist — abschließend ein Resümee auf der Grundlage aller bis jetzt erarbeiteten statistischen Daten, so ergibt sich folgender Befund: Am Stichtag 1. Februar 1944 befanden sich 8 481 Militärinternierte im östlichen Operationsgebiet des Heeres[71]. Zum selben Zeitpunkt lebten maximal 607 331 Mann in den Kriegsgefangenenlagern im Bereich der Oberkommandos der Wehrmacht[72]. Das waren 615 812 noch in Kriegsgefangenschaft befindliche Italiener. Werden zu ihnen die vermutlich 186 000 »Bündnistreuen« addiert, bei denen es sich in etwa um das Endergebnis gehandelt haben dürfte, dann führt das zu insgesamt 801 812 Menschen. Ein derartiges Resultat würde weitgehend der Summe entsprechen, die sich aus den für Frankreich (58 722), Italien (321 000) und den Südostraum (430 000) recherchierten tatsächlich — mitunter freilich nur kurzzeitig — internierten Militärangehörigen ergibt, nämlich 809 722 Mann. Von jenen wären etwa 6 400 bis Ende Januar 1944 auf See gebliebene Italiener abzuziehen, was 803 322 Kriegsgefangene ergäbe, eine Zahl, die durchaus etwas höher oder niedriger ausfallen mag, falls die Annahmen für den 1. Februar verändert werden. Aber wesentlich andere Größenordnungen sind, solange die in den Quellen überlieferten Höchst- und Niederstwerte als Eckdaten akzeptiert bleiben, nicht zu erwarten.

Die Differenz zwischen den als entwaffnet angegebenen rund 1 006 000 italienischen Soldaten und den 810 000 nachgewiesenen Kriegsgefangenen, also ungefähr 196 000 Personen, erklärt sich einerseits mit den Vereinbarungen zwischen dem deutschen und dem italienischen Oberbefehlshaber bei der Kapitulation von Rom und andererseits aus der Tatsache, daß zahlreiche italienische Gefangene bei der Heeresgruppe B fliehen konnten.

Noch einmal ist zu betonen, daß die vorstehend erstellten und hier resümierend verglichenen Daten keine absoluten Zahlenwerte repräsentieren. Aufgrund der aufgezeigten ständigen Veränderungen im Bestand der italienischen Militärinternierten, als Folge der Quellenlage und wegen der Unzulänglichkeiten im Meldewesen der Kriegsgefangenenorganisation der Wehrmacht kann das gar nicht anders sein. Gleichwohl darf angenommen werden, daß es sich um einen statistischen Befund handelt, welcher der historischen Realität ziemlich nahe kommt. Auf jeden Fall beweist er, daß die *Repubblica Sociale Italiana* dem »Dritten Reich« im wirtschaftlichen und militärischen Bereich ein erhebliches Kontingent an Menschen zur Verfügung stellte — stellen mußte[73].

---

[71] Vgl. Tabelle 21, S. 319.

[72] Vgl. Tabelle 18, S. 311.

[73] Abgesehen von den oben genannten Zahlen ist zu bedenken, daß Ende 1944 — außerhalb Italiens — insgesamt an »republikanischen Truppen« (also nicht nur ehemaligen Militärinternierten) mit den Deutschen kämpften: 3 500 Mann in den Nebelwerfer-Abteilungen; 20 000 Mann beim Oberbefehlshaber Südost; 3 000 Mann bei der Heeresgruppe Ost, also an der Ostfront; 100 000 Italiener dienten in der deutschen Luftwaffe und 40 000 waren als italienische Soldaten in die Wehrmacht eingegliedert. Insgesamt bedeutete das ein Kontingent von 166 500 Mann: Ambasciata d'Italia Berlino Addetto Militare e Capo Missione Militare in Germania, Prot.N. 339/Segr./ Prop., Berlino, li 27 Dicembre 1944 XXIII, Oggetto: Propaganda ed assistenza per i militari italiani in Germania, ACS, S.P.d.D., Busta 39, F. 347, SF 26. Allerdings ist auch hierbei hervorzuheben, daß die referierten Zahlen eine Art Momentaufnahme darstellen. Wie im Verlaufe der Untersuchung bereits deutlich wurde, gab es selbst in bezug auf die bündnistreuen Truppen starke Schwankungen bei den Stärkemeldungen.

IV. Die Zeit der Kriegsgefangenschaft

Als die italienischen Militärinternierten in den Lagern der Wehrmacht eintrafen, hatte die von Goebbels — im Gegensatz zur Situation nach dem Sturz Mussolinis — nunmehr entfesselte antiitalienische Propaganda die deutsche Bevölkerung längst auf die »Verräter« eingestimmt[1]. Sie sei, so Goebbels, von einer unbeschreiblich großen »Wut« auf die Italiener beherrscht. Der Reichspropagandaminister verzeichnete tiefen »Haß gegen Italien«, welcher nicht allein der Regierung Badoglio, sondern dem italienischen Menschen ganz generell galt. Angesichts einer derartigen Stimmung — mutmaßte er — gäbe es vermutlich Schwierigkeiten, den König, sofern dieser in deutsche Hände fiele, »nicht erschießen zu lassen. Denn das Volk würde einen solchen Wunsch mit aller Drastik vortragen[2].« Vergeltung wollte da manch einer üben, nicht allein an Italienern, aber insbesondere an ihnen. Die Propaganda scheint im fünften Kriegsjahr alte Ressentiments noch einmal kräftig belebt zu haben[3]. Goebbels, dem die reibungslose Rüstungsfertigung nicht gleichgültig sein konnte, gab daher vorsichtshalber einen Erlaß heraus, mit dem er die Willkürmaßnahmen ein wenig zu begrenzen versuchte. In ihm hieß es, daß die »italienischen Arbeiter, die im Reich tätig sind, keinen Insulten ausgesetzt werden sollen, wozu natürlich in den Fabriken eine große Lust« bestehe[4].

In jene Fabriken gingen seit dem September die Militärinternierten. Es genügt, die Berichte des Sicherheitsdienstes der SS, die »Meldungen aus dem Reich«, zu lesen[5], um einen Eindruck von der vergifteten Atmosphäre zu erhalten, die sie umgab. Den Deutschen — eine Verallgemeinerung, die Ausnahmen nicht bestreitet — fehlte anscheinend jedes Verständnis dafür, daß die internierten Exverbündeten die gleichen Rechte wie andere gefangene Soldaten beanspruchen könnten. Letztere, so wurde argumentiert, hätten sich »wenigstens durch kämpferische Leistung« Achtung erworben. Außerdem regele das Genfer Abkommen die »Behandlung von Kriegsgefangenen, nicht aber die Behandlung von Verrätern«. Platter Zynismus, doch er deutet an, daß zumindest Teile der Öffentlichkeit vom völkerrechtswidrigen Umgehen mit den Militärinternierten wußten. Viele befürworte-

---

[1] Vgl. zur nationalsozialistischen Propaganda nach dem 8. September 1943: Petersen, Deutschland und der Zusammenbruch des Faschismus, S. 57—66.

[2] Goebbels Tagebücher, S. 410, 12.9.1943.

[3] Steinert, Hitlers Krieg, S. 412 ff.; zur Reaktion der deutschen Bevölkerung — für den Zeitpunkt Ende September 1943 — vgl. auch Monchieri, Lettera, S. 18. Der Autor weist darauf hin, daß die Militärinternierten schon in den Lagern auf jede erdenkliche Weise gedemütigt wurden. In Hannover, wo sie zur Arbeit eingesetzt worden sind, schlug ihnen die »Verachtung« der Bürger entgegen. Man beschimpfte sie als »Würmer«, »Zigeuner« und als »erbarmungslos zu vernichtendes Ungeziefer«. Auf dem Weg durch die Stadt verhöhnte die Bevölkerung die Gefangenen durch Gelächter und »obszöne Gesten«. Am schlimmsten benahmen sich die Kinder und die Mädchen. Unmittelbar dazu auch: ders., Diario, S. 33.

[4] Goebbels Tagebücher, S. 396, 10.9.1943.

[5] Meldungen aus dem Reich, Bd 15, hier S. 6125—6130, 9.12.1943.

ten oder forderten das offenbar, wo es nicht gegeben zu sein schien. Ende 1943 faßte der Sicherheitsdienst der SS die Volksmeinung folgendermaßen zusammen[6]: »Eine humane und entgegenkommende weiche Behandlung werde von der deutschen Bevölkerung nicht verstanden und abgelehnt.«

Ungefähr Mitte Dezember sah sich das Gros der italienischen Gefangenen in Industrie und Landwirtschaft zur Arbeit eingesetzt. Zu jenem Zeitpunkt hieß es in einer Sammlung von Berichten aus vierzehn Städten im Reich[7], daß den Italienern deutscherseits »durchweg eisige Ablehnung und Verachtung« zuteil werde. Bei keiner anderen Gelegenheit habe sich die geschlossene Einstellung gegenüber den ehemaligen Waffenbrüdern so eindeutig gezeigt. »Genugtuung« bestehe über deren Elend, was sich unmittelbar auf die Militärinternierten bezog. Sogar Arbeiter, die den »Kriegsgefangenen im allgemeinen ohne Rachegefühl« gegenüberstünden, nähmen hinsichtlich der Exbundesgenossen eine besondere Haltung ein. Letztere würden ganz einfach als »Verräter« eingestuft. Sie verdienten daher »keine Schonung«. Alle Kreise der Bevölkerung brächten ihnen »Haß« entgegen. Daran hatte sich seit September also nichts geändert.

Die gefangenen Soldaten wurden als »Verräter«, »Krüppel« und »Pack« bezeichnet. Auch als »Badoglio-Schweine« sahen sie sich angesprochen. Offenkundig besaßen einzelne Aufklärungsinitiativen, wie sie das Oberkommando der Wehrmacht etwa mit dem »Merkblatt für die Behandlung der italienischen Militär-Internierten« startete, keinen Erfolg. Denn dort hieß es zwar[8]: »Der italienische Soldat, der nunmehr interniert worden ist, ist für den Verrat nicht verantwortlich zu machen.« Doch noch im März 1944 sah sich die Wehrmachtführung gezwungen, da der Leiter der Betreuungsdienststelle für italienische Militär- und Zivilinternierte protestiert hatte, die Bezeichnung »Badoglianer« zu untersagen. Diese Titulierung sei »ehrkränkend.« Die Militärinternierten würden dadurch »unberechtigt eines Verrats beschuldigt, für den sie in ihrer Gesamtheit, da politisch ungenügend geschult«, nicht verantwortlich gemacht werden könnten. Außerdem wirke sich die »innere Belastung«, die eine derart »entehrende« Bezeichnung provoziere, »ungünstig auf die ohnehin vielfach geringe Arbeitsleistung und Disziplin« der Italiener aus[9]. Ganz offensichtlich reagierten jene mit der angedeuteten Protesthaltung gegen ihre Behandlung — oder besser ausgedrückt: Mißhandlung! Sie praktizierten einen Widerstand, der die Deutschen an einer sehr empfindlichen Stelle traf — ihrer Rüstungsproduktion.

Nur konnten und wollten das einige wohl nicht begreifen. Der Sicherheitsdienst[10] zitierte jedenfalls Stimmen, die forderten, den Italienern endlich das Arbeiten beizubringen, was nach deutscher Art zu geschehen habe, selbst »wenn sie dabei verrecken« sollten.

---

[6] Meldungen aus dem Reich, Bd 15, S. 6130.

[7] Ebd., S. 6179—6186, 20.12.1943.

[8] OKW/AWA Kriegsgef. Allg./WFSt/WPr (IV), Berlin, den 5.11.1943, Merkblatt für die Behandlung der italienischen Militär-Internierten, BA-MA, RW 4/v. 508a. Das Merkblatt ist publiziert in: QdC 5 (1968), S. 72—76.

[9] Oberkommando der Wehrmacht Az. 2 f 24.73a Kriegsgef. Allg. (Ia) Nr. 1280/44, Torgau, den 21.3.1944, Betr.: Behandlung der ital. Mil.Int., gez. von Reumont, BA-MA, RH 19 II/202. Weitere Exemplare in: BA, R 3/1820.

[10] Siehe oben, Anm. 7.

Die das aussprachen, gehörten durchaus nicht immer zu den in der Wolle gefärbten Nationalsozialisten. So äußerten sich ganz normale Arbeiter, Männer also, mit denen die italienischen Kriegsgefangenen in den Betrieben zusammenarbeiten mußten. Man beabsichtigte, ihnen die »miserabelste Arbeit« zu geben. Aber das genügte nicht. Angeblich geschah es sogar, daß die Militärinternierten beim Eintreffen auf der neuen Arbeitsstätte mit »Schlagen und Aufhängen bedroht« wurden.

Das italienische Volk, meinte ein »Volksgenosse«, habe sich mit seinem »Verrat« an der deutschen Sache, an der »Sache der Menschheit« also, aus der menschlichen Gemeinschaft selbst ausgestoßen. Es verdiene deshalb, »mit den Juden zusammen genannt zu werden«, die für jeden aufrechten Nationalsozialisten als »Auswurf der Menschheit« galten. Hier entluden sich aggressive Aversionen, die mit dem 8. September 1943 ursächlich kaum zusammenhingen. Vielmehr führte eine rassistische Grundhaltung zu diskriminierenden und gewalttätigen Verhaltensweisen. Die Belegschaft eines Unternehmens habe sich zum Beispiel in so feindseliger Haltung auf den Empfang der zum Arbeitseinsatz befohlenen Militärinternierten vorbereitet, daß die Betriebsleitung von deren Verwendung absah. Um Tätlichkeiten zu vermeiden, mußten die Männer auf kleinere Fabriken umverteilt werden. Ein Meister in Stuttgart hielt es eines Deutschen für »unwürdig«, mit den »Verrätern« zusammenzuarbeiten. Er wollte die Italiener nicht einmal in ihre Arbeitstätigkeit einweisen. Alles in allem dominierte — nach dem Eindruck der Beobachter der SS — der »spontane Wunsch«, die Internierten in einem Maße auszunützen, daß der dem »deutschen Volke angetanen Schmach« Genugtuung geleistet würde.

Die gefangenen italienischen Soldaten erwartete somit kein einfaches Dasein, von den speziellen Existenzbedingungen in den Lagern ganz abgesehen. Denn selbst wenn es problematisch sein sollte, derartige Stimmungsberichte zu verallgemeinern (in der Tat existierten auch Beispiele für humanes Verhalten gegenüber den Exverbündeten), eine überdurchschnittliche und haßerfüllte Abneigung, für die der Kriegsaustritt lediglich als Vorwand diente, ist repräsentativ belegt.

1. Der deutsch-italienische Interessenkonflikt über die Verwendung der Militärinternierten

Die entwaffneten italienischen Soldaten erleichterten — wie bereits wiederholt zutage trat — dem nationalsozialistischen Regime im September 1943 noch einmal das Leben, denn der Zwangseinsatz der gefangenen Italiener entspannte die schwierige Lage im Arbeitskräftesektor. Dazu kam es im übrigen, so wenig sich Hitler und seine Umgebung das Auseinanderbrechen des Bündnisses wünschten, keineswegs überraschend. Berlin rechnete vielmehr frühzeitig mit der Möglichkeit, Hunderttausende Menschen für die Kriegswirtschaft zu erhalten, sobald das königliche Italien aus dem Krieg ausschied.

a) Die Ausgangslage 1943 — Italienische Arbeiter in Deutschland

Als sich im Juli 1943 mit dem Sturz Mussolinis die Wende in den deutsch-italienischen Beziehungen als unausweichlich ankündigte, arbeiteten 84 091 Italiener in der gewerblichen Wirtschaft und 15 083 in der Landwirtschaft des »Dritten Reiches«[11]. Von den insgesamt 99 174 italienischen Staatsbürgern kehrten im Juli 12 652 in ihre Heimat zurück, wo sie verblieben[12]. Somit verrichteten am 25. Juli noch 86 522 Arbeiter aus Italien Tätigkeiten in der deutschen Industrie und in landwirtschaftlichen Betrieben[13]. Zwar kursieren auch höhere Angaben[14], aber sie erscheinen wenig fundiert. Ansonsten verhandelten die beiden Regierungen im Sommer 1943 weiterhin — mit unbefriedigenden Ergebnissen — über die Rückführung der Arbeiter[15]. Die Ursache für die mühsamen Fortschritte in der besagten Angelegenheit bildete die Lage auf dem Arbeitskräftemarkt. Sie zwang die deutsche Seite, sich durchgehend zögerlich zu verhalten.

Besaßen die Deutschen also schon vor dem 25. Juli keine große Lust, die »Gastarbeiter« in den Süden zu entlassen, so wollten sie jene danach unbedingt im Reich behalten. Der Hoffnung, daß diejenigen, die den Hitler-Staat vorübergehend verlassen konnten, wieder zurückkehren würden, gab sich keiner mehr hin. Die Führung in Berlin reagierte daher schnell entschlossen, als sie vom Regierungswechsel in Rom erfuhr. Generaloberst

---

[11] Der Beauftragte für den Vierjahresplan, Der Generalbevollmächtigte für den Arbeitseinsatz Nr. VI e 5760.14/573, Berlin SW 11, den 13.7.1943, An das Korporationsministerium Rom, ASMAE, Busta 201, Posizione Germania 1/1 »Lavoratori ital. in Germania« (ohne besondere Kennung).

[12] Ebd., R. Ambasciata d'Italia, Al R. Ministero Affari Esteri-Gabinetto, D.I.E., D.G.A.C., Berlino, addi 13 ago 1943, Oggetto: Situazione lavoratori italiani — rimpatrio e ferie.

[13] Von einer entsprechenden Größenordnung — etwa 80 000 Mann — ging man auch im Auswärtigen Amt bei der »Ressortbesprechung über die Grundsätze hinsichtlich des Einsatzes italienischer Staatsangehöriger am 8. Dezember 1943« aus, als die vor Italiens Kriegsaustritt in Deutschland befindlichen italienischen Arbeiter angesprochen wurden (S. 4 des Protokolls): Pol IV I.M.A. 5638g., gez. Frohwein, PA, Büro Staatssekretär, Akten betr. Italien, Bd 18.

[14] 150 000 italienische Zivilarbeiter werden angegeben in: Hitlers Lagebesprechungen, S. 226, Anm. 1, und ebd., S. 322, Anm. 1. Eine italienische Ausarbeitung, in der auch ein Überblick über die Entwicklung der Lage der in Deutschland seit 1938 arbeitenden Italiener gegeben wird (Höchststand 1942/43 rund 300 000), nennt für den Juli 1943 — allerdings schätzungsweise — 120 000 Mann: Ministero degli Affari Esteri Dir.Gen.Aff.Pol.Uff. V°, Telespresso N. 16, Roma, addi 12 ago 1944, Oggetto: Problema dei lavoratori stranieri in Germania, ASMAE, Busta 78, Posizione Germania 7 (die Akten gehören zum Bestand des Königreichs Italien).

[15] Die deutsch-italienischen Verhandlungen über die Rückführung der italienischen Zivilarbeiter sind gut dokumentiert in ADAP, E, Bd V, Dok. 120, 11.2.; Dok. 131, 13.2.; und Dok. 139, 17.2.1943. Danach sollten die damals noch im Reich eingesetzten 180 000 Italiener monatlich in Gruppen von 15 000, eventuell auch nur 10 000, abgezogen werden. Allerdings traten sehr bald Schwierigkeiten auf, so daß die deutsche Seite versuchte, die Quoten auf etwa 6 000 zu reduzieren: ADAP, E, Bd VI, Dok. 25, 10.5.; Dok. 104, 19.6.; und Dok. 242, 23.8.1943. Tatsächlich kehrten in den ersten drei Monaten (April bis Juni) statt 36 000 nur 31 000 Italiener heim. Direkt dazu — mit der Skizzierung der weiteren Entwicklung — Pos. 3=E, Berlino addi 11 agosto 1943, Ogg.: Situazione Lavoratori italiani — rimpatrio e ferie — Indirizzato a Ministero degli Affari Esteri, f/to Il Regio Incaricato d'Affari, Rogeri, ASMAE, Busta 201, Posizione Germania 1/1. Bis Ende August wurden dann 43 652 Arbeiter repatriiert: DAC, Segreto, Ecc. Marchiandi Commissario del Lavoro, Bergamo Q./G. 16 febbraio 1944/ XXIII°: Delegazione italiana e impiego nostra mano d'opera in Germania. Hier: Copia dell'Appunto che l'Ambasciatore Giannini rimetteva in Assisi al Ministro Clodius il 28 agosto 1943 sotto il N. 1027, ASMAE, Busta 201, Posizione Germania 1/1-Ac. Vgl. auch Schröder, Italiens Kriegsaustritt, S. 73—79, der abweichende Zahlen nennt, die deutschen Quellen entnommen sind. Insgesamt ist also von einer Zahl auszugehen, die sich zwischen 86 522 und 150 000 bewegt.

Jodl empfahl, die Grenze für italienische Zivilarbeiter, die ausreisen wollten, dichtzumachen. Minister Speer, damals noch verantwortlich für Bewaffnung und Munition, lag gleichfalls viel an der Zurückbehaltung der »fleißigen Arbeitskräfte«[16]. Dementsprechend verhinderte die deutsche Polizei, daß diese ihren Arbeitsplatz verließen, um anschließend über die Grenze zu wechseln. Angeblich wollten sie im Juli und danach in der Mehrheit Deutschland den Rücken kehren. Die Ausreise wurde jedoch nur in sehr dringenden Familienangelegenheiten genehmigt[17]. Selbst den vertraglich zustehenden Urlaub bewilligten die Behörden zwischen dem 25. Juli und dem 8. September recht selten. Das Mißtrauen auf deutscher Seite saß tief und zeigte sich unverhohlen. Nach dem Kriegsaustritt blieben Ferien in Italien ganz unterbunden[18].

Unmittelbar nach der Absetzung und Verhaftung des »Duce« erging außerdem ein Erlaß des Reichsführer-SS, der die Polizeidienststellen anwies, »italienische Arbeiter, denen Arbeitsvergehen vorgeworfen wurden, nicht mehr nach Italien abzuschieben«. Vom 9. September datiert die Weisung, daß Zivilarbeiter aus Italien bei »Widersetzlichkeiten, Arbeitsniederlegungen wie überhaupt Disziplinlosigkeiten« gemäß den für die »übrigen ausländischen Arbeitskräfte geltenden Bestimmungen« zu bestrafen seien. Das bedeutete, daß jetzt »Einweisungen in Arbeitserziehungslager — in schweren Fällen in Konzentrationslager — ohne weiteres möglich« waren[19]. Es gibt Schilderungen über das Leben in den sogenannten Arbeitserziehungs- und Straflagern. Sie zeigen, daß die SS in ihnen Menschen zu zerbrechen versuchte. Wer in ein solches Lager kam, begann endgültig Sklave zu sein. Ein Schicksal, das Militärinternierte häufig teilten[20].

Hinsichtlich des Problems der Arbeitskräftebeschaffung scheint Himmler schon am 26. Juli eine neue Perspektive eröffnet zu haben. Bekanntlich sahen die deutschen Planungen vor, die königlichen Soldaten bei Eintreten des Falles »Achse« aufzufordern, nach Hause zu gehen. Ihnen sollte das Gefühl vermittelt werden, daß der Krieg für sie vorbei sei. Der Reichsführer-SS meinte nun, die ehemaligen Militärangehörigen ließen sich später als Arbeiter nach Deutschland abziehen, ein Gedanke, der Hitler gefiel, da er sich

---

[16] Hitlers Lagebesprechungen, S. 322, Abendlage vom 25.7.1943.

[17] Telespresso N. 16, 12 ago 1944, ACS, Busta 78 (siehe oben, Anm. 14). Allerdings heißt es in einem Bericht der italienischen Botschaft, in dem Polizeimaßnahmen gegen Italiener für die Zeit nach dem 25.7. bestätigt werden, daß sich der Rückreiseverkehr wieder normal entwickle. Diese Feststellung berührt jedoch weder das Problem der Urlaubsverweigerung noch die Tatsache, daß sich Arbeiter in Deutschland zurückgehalten sahen, obwohl ihre Verträge ausgelaufen waren (vgl. dazu die Quellenhinweise in Anm. 15): Il R. Incaricato d'Affari, R. Ambasciata, Berlino 28.7.1943, Al Ministero degli Affari Esteri, Oggetto: Lavoratori rimpatriati dalla Germania, ASMAE, Busta 75, Posizione Germania 1—2.

[18] Ambasciata d'Italia, Il Commissario per i lavoratori italiani in Germania, Prot. 50/2961, Berlino 21 settembre 1944-XXII, Oggetto: Lavoratori italiani in Germania, Al Commissario Nazionale del Lavoro Ernesto Marchiandi, ASMAE, Busta 65, Posizione Germania 1/3.

[19] Zit. nach Graml, Italienische Gastarbeiter, S. 135.

[20] Vgl. Desana, I 360 di Colonia, S. 36—57, der den Aufenthalt (2.8.—15.9.1944) von 360 italienischen Offizieren in einem Straflager beim Arbeitskommando 96 beschreibt. Zu den Schrecken dieser Lager siehe auch Giuntella, Gli internati, S. 107. Zum »Arbeitserziehungslager« Unterlüß vgl. Crescimbeni/Lucini, Seicentomila, S. 199—209, und Desana, Piccoli luoghi, S. 15—20, sowie Cappuccio, Gli ufficiali dello Straflager, S. 75—81. Über das Straflager Krefeld vgl. Venchi, Ricordi, S. 72—75.

von den betroffenen Personen keinen anderen — und das hieß wohl militärischen — Nutzen versprach[21]. In der Tat durfte niemand erwarten, daß die Italiener, nach einer erfolgreichen Besetzung ihres Landes durch die Wehrmacht, auf deutscher Seite weiter-kämpfen wollten. Ansonsten bewies der Dialog zwischen Hitler und Himmler einmal mehr, daß Täuschung und Betrug konstante Faktoren im Umgang mit den Italienern darstellten.

Die am 26. Juli angesprochene Möglichkeit ließ Berlin nach dem 8. September 1943 rigoros realisieren, denn wie dargelegt deportierten Wehrmacht und SS Menschen aus Italien in deutsche Betriebe. Es ist unerheblich, daß die gigantischen Zahlen des Generalbevoll-mächtigten für den Arbeitseinsatz — allein im Jahre 1944 beabsichtigte Sauckel 1 500 000 Italiener über die Alpen zu holen — nie erreicht werden konnten[22]. Bemerkenswert ist hierbei übrigens, daß deutscherseits in einem Punkt stets Einigkeit herrschte: Das Vor-haben würde sich — wenn überhaupt — einzig durch die »zwangsweise Erfassung« der Arbeitskräfte durchführen lassen[23].

Nach dem bis jetzt zur deutschen Einstellung Gesagten befremdet die in sich widersprüch-liche, das Problem tendenziell verharmlosende Darstellung, die Anfuso Ende 1943 über die Lage der in Italien — zum Teil »zwangsweise« — ausgehobenen Arbeiter gab. Musso-linis Botschafter, der Eindruck drängt sich auf, agierte eher als Anwalt der deutschen denn der italienischen Interessen. Zumindest für den zitierten Bericht und für jenen Zeit-punkt gilt das, wobei hinzuzufügen ist, daß Anfusos Urteile extrem schwankend aus-fielen[24]. Davon wird noch zu reden sein.

An dieser Stelle ist zunächst zu resümieren, daß die deutsche Kriegswirtschaft beim Waf-fenstillstand Italiens mit drückenden Engpässen auf dem Arbeitskräftesektor kämpfte.

---

[21] Hitlers Lagebesprechungen, S. 345, Mittagslage vom 26.7.1943.

[22] Siehe oben, S. 230. Wichtiges Material zur Rekrutierung von Arbeitern und Zwangsarbeitern in Ita-lien findet man in folgenden Beständen: ACS, Wehrmacht, Busta 5, F 6, SF 1, 4, 9 und 13; ACS, Busta 33, F 275; ASMAE, Busta 31, Posizione Germania 1/1; ASMAE, Busta 65, Posizione Germa-nia 1—2, 1/11 und 1/15; BA-MA, RH 19 X/60; BA, R 41/30; BA, R 3/1956. Diese wenigen Hinwei-se beanspruchen keine Vollständigkeit, denn das Material ist weit verstreut in den Akten. Wichtig sind für den Einsatz italienischer Arbeitskräfte auch die in ADAP, E, Bd VII abgedruckten Doku-mente Dok. 169, 11.1.; Dok. 228, 22.2.; Dok. 295, 26.3.; Dok. 350, 22.4.; und Bd VIII, Dok. 25, 14.5.1944. Statistische Daten für die italienischen Arbeiter in Deutschland finden sich bei Pfahl-mann, Fremdarbeiter, S. 70—81; und Eichholtz, Deportazione, S. 54. Vgl. ferner zur Beschaffung von Arbeitskräften in Italien nach dem 8.9.1943: Herbert, Fremdarbeiter, S. 261 f.

[23] ADAP, E, Bd VII, Dok. 228, S. 432 f., 22.2.1944: Bericht Rahn an Ribbentrop über ein diesbezügli-ches Gespräch mit Sauckel.

[24] Berlino, li 10 dic. 1943, Al Duce, f/to Filippo Anfuso, ASMAE, Busta 31, Posizione Germania 1/1, und ebd., Ambasciata d'Italia, Berlino, li 17 gennaio 1944-XXII, Al Duce, f/to Filippo Anfuso. Vgl. in diesem Kontext aber auch: Ambasciata d'Italia, Telespresso N. 13773, 19 nov. 1943, Indirizzato al Ministero degli Affari Esteri Roma, f.to Anfuso, ASMAE, Busta 65, Posizione Germania 1/2. Dort berichtet An-fuso, daß sich selbst die deutschen militärischen Kommandos in Italien — so sei ihm von zuverläsiger Stelle berichtet worden — über das Ausmaß der von Sauckel betriebenen Deportation italienischer Arbeiter besorgt zeigten. Anfuso schlug vor, sich insbesondere des Generalfeldmarschalls Rommel zu bedienen, um das Vorgehen des G.B.A. zu bremsen. Der Botschafter erkannte durchaus, daß für die Deutschen nur eines zählte: mit Zwangsarbeitern deutsche »Kämpfer« für die Front freizumachen.

In einer derartigen Situation bedeutete der Zugriff auf die italienische Bevölkerung und auf die Militärinternierten aus der Sicht Berlins eine Selbstverständlichkeit. Es ging um die Nutzbarmachung eines gewaltigen Arbeitskräftepotentials. Anfangs schien dabei höchstens die Verteilung zwischen dem zivilen Sektor und dem militärischen Bereich strittig zu sein. Aber bald meldete sich Mussolini mit eigenen — von den Überlegungen der Reichsführung abweichenden — Vorstellungen zu Wort.

b) Zur Ausnutzung der entwaffneten italienischen Militärangehörigen — Faschistische Soldaten oder deutsche Zwangsarbeiter?

Die zur Arbeit eingesetzten italienischen Militärinternierten werden im folgenden als Zwangsarbeiter bezeichnet, da sie ja de facto nicht freiwillig im deutschen Machtbereich arbeiteten, sondern der jeweiligen Tätigkeit nur gezwungenermaßen nachgingen. Man muß sich also bei alldem nicht auf terminologische Spitzfindigkeiten einlassen[25].

Im Rahmen der Ausführungen über die Entwaffnung der italienischen Streitkräfte fand bereits der Befehl Erwähnung, der die Verteilung der italienischen Kriegsgefangenen im Hinblick auf den Arbeitseinsatz regelte. Nach Aussonderung aller Faschisten und der für die Rüstungsindustrie in Frage kommenden Fachkräfte sollte der Rest dem Heer und der Luftwaffe als Arbeitskräfte für den Bau des Ostwalls zur Verfügung gestellt werden[26]. Dabei erlangte im ersten Abschnitt der Umverteilung die Wehrmacht — hinsichtlich des Einsatzes auf dem Teilgebiet Transportwesen — Vorrang.

So mußten etwa alle Eisenbahner und Eisenbahnpioniere ausgesondert werden, um sie sowohl in Italien und im Südosten als auch im Reichsgebiet innerhalb der Wehrmachttransportorganisation verwenden zu können. Es ging hierbei nicht allein um das Schließen von Lücken. Gerade im deutschen Raum wollte die Reichsführung durch die Italiener ja bekanntermaßen nationale Kräfte im zivilen und staatlichen Bereich freimachen[27].

In besonderen Lagern wurden außerdem die ehemaligen italienischen Pioniere zusammengefaßt, die für die schon erwähnten Kriegsgefangenen-Baubataillone — mit besonderen Brückenbau- und Straßenbaubataillonen — vorgesehen waren[28].

Doch von dergleichen Besonderheiten einmal abgesehen stand für das Oberkommando der Wehrmacht fest, daß der größte Nutzen aus den italienischen Militärinternierten durch deren — soweit als möglich ausnahmslosen — Einsatz in der Rüstungswirtschaft zu ziehen sei. Nur so ließen sich möglichst viele »deutsche Menschen für die Verwendung in der

---

[25] Ausführlich hierzu Pfahlmann, Fremdarbeiter, S. 14—81. Vgl. außerdem das konzise Resümee von Krause-Vilmar, Ausländische Zwangsarbeiter, S. 388—396, und: Das Daimler-Benz-Buch, S. 559—562, hier S. 560.

[26] ADAP, E, Bd VI, Dok. 300, S. 515, 9.9.1943.

[27] Vgl. dazu FS OKW/WFSt/Qu 2 (S) Nr. 005196/43 g.Kdos., 11.9.1943, Betr.: Besondere Erfassung der italienischen Eisenbahnpioniere und sonstigen Eisenbahner aus dem Anfall ital. Kriegsgefangener, PA, Büro Staatssekretär, Akten betr. Italien, Bd 16. Direkt dazu auch KTB OKW, Bd III, S. 1094, 11.9.1943, und: Bevollmächtigter Transportoffizier H.Gr. E, Abt. III, Nr. 201/43 geh., O.U., den 16.9.1943, An Obkdo Heeresgruppe E/Ia und O.Qu., BA-MA, RH 19 VII/14.

[28] KTB F.A. H.Gr. E, S. 81, 18.9.1943, BA-MA, RH 19 VII/10.

Wehrmacht« gewinnen[29]. Für eine solche Anmahnung durch Generalfeldmarschall Keitel gab es Anlaß. Der Chef des Oberkommandos der Wehrmacht sah sich sogar genötigt, seinen Appell wenige Tage danach zu wiederholen, wobei Keitel außerdem daran erinnerte, daß er sich auf Befehl Hitlers mit dem Generalbevollmächtigten für den Arbeitseinsatz und dem Reichsminister für Rüstung und Kriegsproduktion über die Freimachung von unabkömmlich gestellten Soldaten aus der Rüstungsindustrie geeinigt habe. Letztere müßten durch Militärinternierte ersetzt werden. Es liege somit im Interesse der Wehrmacht, die kriegsgefangenen Italiener total für die Kriegswirtschaft zu erfassen, weil einzig dadurch »deutsche Kämpfer für die Front frei werden« würden. Hier sprach der Chef des Oberkommandos der Wehrmacht den für ihn entscheidenden Punkt an, wobei er sich fast schon stereotyp wiederholte. Die Internierten seien folglich so schnell wie möglich in die Stalag und Oflag im Heimatkriegsgebiet zu bringen[30]. Im Hinblick auf das Verhältnis zwischen deutschen Arbeitern und italienischem Ersatz dürfte im allgemeinen eine Relation von 1:3 gegolten haben, denn darauf hatte sich die nationalsozialistische Regierung beim ebenfalls beabsichtigten Austausch von 150 000 Deutschen gegen rund 500 000 wehrfähige Italiener festgelegt[31].

Keitel bezeichnete die Eingliederung der italienischen Gefangenen in die deutsche Rüstungswirtschaft als ein »Gebot der Selbsterhaltung der Front«[32], womit er die Dringlichkeit der Angelegenheit betonte. Der Rivalität zwischen Deutscher Arbeitsfront, Oberkommando der Wehrmacht und Waffen-SS wegen der Verwendung der Internierten, von der Anfuso am 1. Oktober im Sinne einer unmittelbar bevorstehenden Entwicklung sprach, wären somit von Anfang an enge Grenzen gesetzt gewesen[33].

Im übrigen bemühten sich die deutschen Dienststellen beim Eintreffen der Militärinternierten nicht nur darum, Volksdeutsche, Mitglieder der Faschistischen Partei und kampfwillige Italiener auszusortieren, die man bevorzugt behandelte[34]. Sie versuchten auch, in bescheidenem Umfang eine fachliche Aussortierung durchzuführen. Jene verlief — was ständige Klagen von italienischer Seite dokumentieren — offensichtlich nicht zur allgemeinen Zufriedenheit. Aber Speer schickte immerhin einen Generalleutnant in die Lager, um besonders qualifiziertes Personal für die Industrie auszuwählen[35]. Später scheinen die verantwortlichen Ämter vor den administrativen Schwierigkeiten einer berufs-

---

[29] KTB OKW, Bd III, S. 1127, 21.9.1943; und 1. Skl KTB Teil A, S. 468, 23.9.1943, BA-MA, RM 7/52: Dort findet sich der vollständige Wortlaut des im KTB OKW auszugsweise wiedergegebenen Fernschreibens des OKW vom 21. September.

[30] Adjutant des Chefs des Generalstabes des Heeres Nr. 3430/43 g.Kdos., H.Qu. GenStdH, den 26.9.1943, Abschrift von: OKW/WFSt/Org (II) Nr. 2982/43 g.Kdos., gez. Keitel, BA-MA, RH 2/v. 637.

[31] KTB OKW, Bd III, S. 1133, 23.9.1943.

[32] Siehe oben, Anm. 30.

[33] Ministero degli Affari Esteri 1/4475, Appunto per il Duce, Roma, 6 Ottobre 1943/XXI, ASMAE, Busta 31, Posizione Germania 1/1. In der Anlage wurde das »Tagebuch« von Botschafter Anfuso über seine ersten Tage in Berlin — 28.9. bis 1.10.1943 — übersandt.

[34] OKW Kgf. Allg. VI C N.R. 4131/43 geh. vom 25.9.1943, Betr.: Aussonderung kampfwilliger italienischer Militär-Internierter, BA-MA, RH 49/35.

[35] Ebd., Abschrift von OKW/Kgf. Org. (III b) Nr. 4701/43 vom 24.9.1943, Betr.: Fachliche Aussortierung ital. Militär-Internierter.

spezifischen Verwendung der Italiener völlig kapituliert zu haben. Entschieden wurde ferner, daß sämtliche bergbautauglichen italienischen Kriegsgefangenen ohne Ausnahme dem Bergbau zuzuführen waren. Da mit größeren Kontingenten sowjetischer Kriegsgefangener nicht mehr gerechnet werden konnte, stellten sie die »einzige Möglichkeit zur Deckung des bergbaulichen Kräftebedarfs« dar. Die restlichen Internierten sollten in der Schwerindustrie und — soweit sie dort nicht benötigt würden — in der gewerblichen Kriegswirtschaft verwendet werden[36].

Trotz dieser eindeutigen Zeugnisse für das Angewiesensein der deutschen Industrie auf die Militärinternierten mußte der Generalbevollmachtigte für den Arbeitseinsatz am 2. Oktober Klage führen, daß von den »bereits in sehr großem Umfange« in die Stalag eingetroffenen Männern bislang verhältnismäßig wenige zum Einsatz gekommen seien. Angesichts des enormen und dringlichen Bedarfs an Arbeitskräften in der Schwerindustrie hielt Saukkel den Zustand für unerträglich. Er begrüßte daher, daß die Wehrmacht bei der baulichen und sicherheitsmäßigen Abnahme der Arbeitslager großzügig vorgehen wollte[37].

Allerdings mußte bei alldem sichergestellt sein, daß die Belange der Abwehr gewahrt blieben. Insbesondere durften die Italiener nicht mit Russen, Engländern und Amerikanern gemeinsam zum Einsatz gelangen[38]. Hingegen bestanden gegen Einzelunterbringungen bei einem »Unternehmer in weit entfernt liegenden Arbeitsstellen« keine Bedenken. Der Kriegswirtschaft, das heißt den für sie Verantwortlichen, brannte das Personalproblem wahrhaftig auf den Nägeln.

Der »schnellste Arbeitseinsatz« der italienischen Gefangenen sollte deswegen durch beschleunigten Unterkunftsbau, Abstriche in bezug auf die Sicherheit und Einsparung bei den Bewachungskräften ermöglicht werden. Den Aufsichtsdienst konnten unter Umständen — so die Überlegungen — sogar Internierte, insbesondere Unteroffiziere, übernehmen[39]. Derartige Maßnahmen implizierten mitunter indirekte Erleichterungen. Parallel dazu führten die personellen Engpässe jedoch zur Entscheidung des Oberkommandos der Wehrmacht, daß Anträge auf Freilassung von Militärinternierten nur noch bearbeitet werden durften, wenn sie von »hohen deutschen Dienststellen« stammten. Alle übrigen Freilassungsanträge seien »unbeantwortet zu den Akten zu nehmen«[40]. Damit

---

[36] Der Reichswirtschaftsminister Nr. II Bg 7/31974/43, Berlin, den 24.9.1943, Vermerk über Besprechung bei Präsident [Hans] Kehrl [Reichswirtschaftsministerium], BA, R 7/1072.

[37] Oberkommando der Wehrmacht Az. 2 f 24.17t Kriegsgef. Org. (III b) Nr. 5087/43, Berlin, den ...10.1943, An alle Wehrkreiskommandos und sämtliche Stalag, BA-MA, RH 49/35. Wiedergabe des Erlasses des GBA.

[38] Ebd., Oberkommando der Wehrmacht Az. 2 f 24.11a Kriegsgef. Org. (I) Nr. 5058/43, Berlin, den 5.10.1943, Betr.: Einsatz italienischer Militärinternierter; und: Der Reichsminister für Rüstung und Kriegsproduktion Rü A. Nr. 9064/3-43/Arb. I/1a, Berlin, den 5.10.1943, BA, R 3/3285.

[39] Oberkommando der Wehrmacht Az. 2 f 24.76 Chef Kriegsgef./Allg (I d) Org. (III) Nr. 10095/43, Berlin, den 20.10.1943, Betr.: Abwehrmäßige Sicherung beim Arbeitseinsatz ital. Mil.Internierter, BA-MA, RH 49/35. Unmittelbar dazu außerdem: Stammlager IV D Nr. 378/43, Torgau/Elbe, am 11.10.1943, Betr.: Einsatz von britischen und holländischen Kriegsgefangenen, sowie italienischen Mil.Internierten, BA-MA, RH 49/101.

[40] Oberkommando der Wehrmacht Az. 2 f 24.18y Kriegsgef. Allg. (VI c) Tgb.Nr. 10837/43, Berlin, den 20.10.1943, An alle Wehrkreiskommandos, gez. Westhoff, BA-MA, RH 49/35. Hierbei bewilligte

blockierte die Wehrmachtführung, das sei im Vorgriff gesagt, einen wichtigen Weg für die Befreiung aus den Lagern.

Gemäß einem Bericht des Generalbevollmächtigten für den Arbeitseinsatz über die Beschäftigungssituation im Deutschen Reich im dritten Quartal 1943, kamen gegen Ende September die ersten Internierten in die »Betriebe der gewerblichen Kriegswirtschaft«. Italienische Gefangene arbeiteten zu jenem Zeitpunkt in der Landwirtschaft, in der es gerade einen Notstand bei der Hackfruchternte gab, bei der Reichsbahn und Reichspost. Zusammen mit dem Reichsminister für Rüstung und Kriegsproduktion hatte Sauckel für das vierte Quartal einen Verteilungsplan erarbeitet, der von 440 000 verfügbaren Militärinternierten ausging. Von ihnen sollten unter anderem eingesetzt werden:

30 000 Mann in der Schwerindustrie,
150 000 Mann in der sonstigen gewerblichen Kriegswirtschaft,
115 000 Mann im Kohlebergbau,
  5 000 Mann im sonstigen Bergbau,
 60 000 Mann in der Ernährungswirtschaft und bei Erntenotständen,
 11 000 Mann in Belade- und Entladekolonnen,
 15 000 Mann bei der Reichsbahn,
 10 000 Mann bei der Reichspost,
 25 000 Mann auf dem Bausektor.

Diese Vorausplanung sah vor, 421 000 Militärinternierte in den Arbeitsprozeß zu integrieren. Bis Ende September zählten die zuständigen Behörden aber erst 35 000 arbeitende kriegsgefangene Italiener. Zu ihnen hätten — so die Vorstellungen von Sauckel und Speer — während der ersten Tage des Monats Oktober zunächst weitere 170 000 stoßen müssen[41].

---

man im allgemeinen nur noch jene Anträge, für die »dringende deutsche wehrwirtschaftliche Interessen« sprachen. Das galt auch für die Zukunft. So legte der Bevollmächtigte General der Deutschen Wehrmacht in Italien von 108 Gesuchen auf Freistellung von Militärinternierten dem OKW lediglich 16 befürwortend vor: Anlage Nr. 5 zu Seite 31 des KTB, Abt. Ic, Tätigkeit vom 1. bis 15.1.1944, BA-MA, RH 31 VI/6. Der italienischen Seite blieb dieses Vorgehen nicht verborgen. Noch im April 1944 beklagte sie sich über die unzähligen Schwierigkeiten, die bei entsprechenden Personalanforderungen auftraten. Der Leiter der Betreuungsdienststelle für die Internierten gewann deshalb den Eindruck, daß aufgrund eines Befehls von höherer Stelle keine Freilassungen mehr genehmigt werden sollten: Ambasciata d'Italia — Serv. Assistenza Internati — n. 6.213, Berlino, 11 aprile 1944-XXII, Oggetto: Relazione sul lavoro svolto dal S.A.I. nel mese di marzo e sulla situazione generale degli internati italiani in Germania. Al Ministro Serafino Mazzolini. F/to. M. Vaccari, ASMAE, Busta 45, Posizione Italia 1/8.

41 Vgl. Demps, Zwangsarbeiter in Deutschland, S. 833–840. Die Verzögerungen bei der Überstellung der Militärinternierten zwangen dazu, Prioritäten zu setzen. Bevorzugt bedient wurde grundsätzlich — also nicht nur im Hinblick auf die Zuweisung internierter Italiener — die Rüstungsindustrie. Die Reichspost erhielt hingegen im Zeitraum September/Oktober 1943 statt der 10 000 bis 15 000 zugesagten italienischen Internierten lediglich ungefähr 4 900 Mann. Vgl. dazu Ueberschär, Deutsche Reichspost, S. 307. Nach Billig, Prisonniers, S. 58, war die Masse der Militärinternierten im Februar 1944 im Bergbau, der metallverarbeitenden Industrie und in den Chemiewerken eingesetzt. Es folgten die Bauwirtschaft, sodann das Energie-, Transport- und Fernmeldewesen als Gesamtheit, die Nahrungsmittelindustrie und schließlich die Landwirtschaft. Präzise Zahlen lassen sich aus diesen Angaben jedoch nicht ableiten.

Doch die obige Kalkulation ging nicht auf, weshalb sich der Minister für Rüstung und Kriegsproduktion am 9. Oktober bei Himmler beklagte. Von den damals rund 370 000 in Deutschland befindlichen Exverbündeten, monierte Speer, arbeiteten erst ungefähr 70 000 in der Rüstungsindustrie. Den Grund für die verdrießliche Situation bildete die Tatsache, daß die SS alle Internierten vor der Abgabe an die Kriegswirtschaft zum Eintritt in die noch zu gründende faschistische Miliz aufforderte. Ein Verfahren, das für Speer, dem »jede Zeiteinsparung wertvoll« war, nicht schnell genug ablief[42].

Als signifikant für die prekäre Personallage der Deutschen mag auch eine andere Begebenheit gelten. Minister Speer hatte Anfang Oktober dem Ersuchen des Generalstabes des Heeres stattgegeben, in der Heeresversorgung eingesetzte sowjetische gegen italienische Gefangene auszuwechseln. Zwar machte ein derartiger Tausch keine unabkömmlich gestellten deutschen Arbeiter für die Front frei, aber er bot beiden Seiten Vorteile, denn einerseits hätte Speer »bergbaufähige Arbeitskräfte« und andererseits das Heer im Osten Hilfskräfte erhalten, »bei denen ein Überlaufen zu den Banden nicht zu erwarten« zu sein schien. Vorher mußte allerdings noch die politische Zulässigkeit der Aktion geprüft werden[43]. Die Angelegenheit ging daher an das Oberkommando der Wehrmacht und einen Interministeriellen Ausschuß für deutsch-italienische Fragen. In ihm sprach sich Rahn gegen den Tausch aus, bei dem von russischen Hilfswilligen die Rede war, wohingegen der Generalstab Kriegsgefangene benannte. Eine Klärung der Frage unterblieb schon deshalb, weil die Ressortvertreter das Problem nun erst einmal vertagten[44].

Wenig später scheiterte das Geschäft der Heeresführung mit dem Reichsministerium für Rüstung und Kriegsproduktion endgültig, wozu die Zurückhaltung im Auswärtigen Amt und im Oberkommando der Wehrmacht vermutlich — zumindest indirekt — beitrug. Als offizielle Ursache für den Fehlschlag hieß es zwar, Speer habe schon am 11. November »keine ital. Militärinternierte[n] zum Austausch mehr zur Verfügung« gehabt, aber es ist — unbeschadet der Tatsache, daß der Minister in den vorangehenden Tagen wiederholt auf einer beschleunigten Durchführung des Vorhabens insistierte — nicht auszuschließen, daß hinter der überraschenden Mitteilung andere Überlegungen standen.

Damit bewegt man sich zwar im Bereich von Vermutungen[45], aber zwei Gesichtspunkte sprechen für eine Einflußnahme politischer Faktoren: die unbestreitbare Notwendig-

---

[42] SS-Obersturmbannführer R. Brandt, 10.10.1943, FS an SS-Obergruppenführer Berger, AIfZG, MA 460, 2567138.

[43] OKH/GenStdH/Org. Abt. II/22076/43 geh., 28.10.1943, An OKW/WFSt/Org., Betr.: Austausch von Russen gegen ital. Militärinternierte, BA-MA, RH 2/v. 837.

[44] Niederschrift über die 7. Sitzung des Interministeriellen Ausschusses für italienische Angelegenheiten am 5. November 1943, PA, Büro Staatssekretär, Akten betr. Italien, Bd 18.

[45] Organisationsabteilung Nr. II/22510/43 geh., H.Qu., den 11.11.1943, Betr.: Austausch von russischen Kriegsgefangenen gegen ital. Militärinternierte. Notiz, BA-MA, RH 2/v. 839. Vgl. direkt dazu KTB OKW, Bd III, S. 1299, 22.11.1943: An dieser Stelle wird der Gedanke nochmals aufgegriffen. Dabei heißt es, daß das Auswärtige Amt aus politischen Gründen gegen das Vorhaben sei. Generalfeldmarschall Keitel wiederum lehne es ab, weil es keine deutschen Kräfte für die Front freimache. Er beharre darauf, daß »alle Militärinternierten an den RM Speer abzugeben« seien, weil man dadurch »nennenswerte Teile der uk-Gestellten« für die Wehrmacht zu erhalten hoffe. In der Tat mußte Keitel

keit, deutsche Arbeiter für den Kampfeinsatz freizumachen, und die bei der politischen Führung existenten Vorbehalte, Italiener — ausgenommen die von den erörterten Strafmaßnahmen betroffenen Kriegsgefangenen — nach dem Osten zu verbringen. Bezeichnenderweise meldeten die Teilnehmer einer interministeriellen Ressortbesprechung am 8. Dezember 1943 erhebliche Bedenken an, als die Absicht des Generalbevollmächtigten für den Arbeitseinsatz zur Sprache kam, italienische Arbeitskräfte ganz allgemein in den Ostgebieten zu verwenden. Die Entscheidung in der Sache blieb daher offen[46]. Im Hinblick auf den Umgang mit den italienischen Zwangsarbeitern wirkte — wenigstens hierbei ist das festzustellen — die Rücksichtnahme auf Mussolini bremsend. Aus psychologischen Gründen galt der Osten, und das hieß das Gebiet der Sowjetunion, für deren Einsatz vorerst als tabu.

In solchem Zusammenhang erscheint erwähnenswert, daß bei den noch zu berücksichtigenden deutsch-italienischen Gesprächen über die Abfassung der »Verpflichtungserklärung« für diejenigen ehemaligen italienischen Soldaten, die auf der Seite Mussolinis weiterkämpfen wollten, eine ernsthafte Kontroverse entstand. Das Oberkommando der Wehrmacht versuchte damals, die Formulierung durchzusetzen, daß die sich meldenden Männer »an jeder Front und unter Deutschem Oberbefehl« zu kämpfen bereit sein müßten. Dazu kam es zwar nicht, aber die Sorge der für die »Repubblica Sociale Italiana« optierenden Italiener, sie könnten als Folge ihrer Verpflichtung »auch außerhalb Italiens, besonders in Rußland zum Einsatz« gelangen, trat in jener Auseinandersetzung sehr deutlich zutage[47].

Das mit größter Intensität betriebene Ringen um die italienischen Zwangsarbeiter führte nicht nur zur Rivalität zwischen dem zivilen und militärischen Bereich. Es gab zusätzliche Schwierigkeiten, als man allmählich daran ging, die Militärinternierten einigermaßen ausgewogen auf die verschiedenen Wehrkreise umzuverteilen. Denn bei deren Abzug aus Wehrkreisen, die anfangs aus unterbringungstechnischen Gründen mehr Gefangene erhielten als nach dem Verteilungsplan Sauckels vorgesehen, traten diese an die nunmehr zu versorgenden Wehrkreise lediglich »ungelernte Arbeiter« ab. Das heißt, die entspre-

---

daran gelegen sein, denn die Wehrmacht blutete allmählich aus. Zu erinnern ist an Hitlers Weisung vom 27.11.1943, in der er die Mobilisierung aller Kraftreserven verlangte. Insbesondere forderte er von Wehrmacht und Waffen-SS, daß sie »mindestens eine Million Männer« für den Fronteinsatz verfügbar machten, die nicht zuletzt aus den unabkömmlich Gestellten gewonnen werden sollten: Der Führer, OKW/ WFSt/Org. Nr. 007436/43 g.K., Führerhauptquartier, den 27.11.1943, gez. Adolf Hitler, BA-MA, RM 7/98.

[46] Siehe oben, S. 342, Anm. 13, Ressortbesprechung am 8.12.1943.

[47] Zu dem hier nicht zu vertiefenden Problem vgl. AWA (Ital.), 29.10.1943, Betr.: Verpflichtungserklärung für italienische Soldaten, BA-MA, RW 4/v. 508a; ebd., OKW/WFSt/Qu. 2 (Süd/Südost) Nr. 05355/43 geh., F.H.Qu., den 31.10.1943; ebd., WFSt/Qu. 2 (Süd/Südost) Nr. 05355/43 geh. II. Ang., F.H.Qu., den 1.11. 1943, Notiz. Anruf Ausw. Amt, i.A. Botschafter Ritter; ebd., Auswärtiges Amt Nr. 496, Westfalen, den 4.11.1943, An OKW. Zum Protest Canevaris siehe: Eccellenza Ambasciatore Anfuso, Berlino 5 novembre 1943, ACS, S.P.d.D., Busta 16, F 91, SF 2. Vgl. ferner: FS von RBV Italien (Rahn), An Sonderzug Westfalen für Ministerbüro u. Botschafter Ritter, Berlin, 6.11.1943, PA, Büro Staatssekretär, Akten betr. Italien, Bd 18; Pol. I M 2592 gRs/II, Berlin, den 13.11.1943 (Abschrift), An Gesandten Rahn, Sonderweg Nr. 329, gez. Frohwein, BA-MA, RW 4/v. 508a; ebd., Auswärtiges Amt Nr. Pol. I M 2592 gRs Ang. II, Berlin, den 15.11.1943, An OKW, gez. Frohwein.

chenden Befehlshaber ließen die Lager in ihrem Bereich auf vorhandene Facharbeiter hin auskämmen. Besonders qualifizierte Männer behielten sie zur Deckung des eigenen Bedarfs zurück, was natürlich zu einer erheblichen Benachteiligung der anderen Wehrkreise führte. Das Oberkommando der Wehrmacht mußte daher anordnen, daß beim Abfahren von Militärinternierten aus einem Wehrkreis »jedem Transport ein normaler Bestand an Facharbeitern beizufügen« sei[48].

Ein derartiges — von den Eigeninteressen und überall gegebenen Sachzwängen ausgelöstes — egoistisches Verhalten ließ sich auf lokaler Ebene ebenfalls verzeichnen. So gelang es zum Beispiel dem Beauftragten des Munitionsministeriums für den Einsatz der Schrottbetriebe in Hamburg nicht, 300 Mann für die Bergung von Schrott zu erhalten, obwohl »Tausende« italienischer Militärinternierter in unterschiedlichsten Verwendungen — sogar als Gärtner — in der Stadt arbeiteten. Dabei hatten ihm die Behörden die Italiener seit Wochen zugesagt. All das geschah nach dem vernichtenden Bombenangriff auf Hamburg und zu einer Zeit, als über die Bedeutung des Schrottgewerbes für die deutsche Kriegsproduktion nirgendwo Unklarheit herrschte[49].

Es existieren zahllose Beispiele dafür, daß die deutsche Führung große Schwierigkeiten besaß, den Einsatz der Internierten und sonstigen italienischen Zwangsarbeiter sachgerecht zu steuern. Der Definition der Grundsätze für die Verwendung »italienischer Staatsangehöriger« diente schließlich Ende 1943 eine Ressortbesprechung von Vertretern des Auswärtigen Amtes, des Oberkommandos der Wehrmacht, des Reichsministeriums des Innern, des Reichsministeriums für Rüstung und Kriegsproduktion, des Generalbevollmächtigten für den Arbeitseinsatz, des Ergänzungsamtes der Waffen-SS, des SS-Hauptamtes, der Reichsleitung des Reichsarbeitsdienstes, der Organisation Todt, des Reichsfinanzministeriums und des Reichswirtschaftsministeriums. Dabei ist hier lediglich auf die Behandlung der Frage der Militärinternierten einzugehen. Geklärt werden sollte, welche Dienststellen Italiener für den Arbeitseinsatz forderten. Zur Befriedigung des Bedarfs kamen Personen aus dem deutschen und italienischen Raum, aus den besetzten Gebieten sowie aus befreundeten und neutralen Ländern in Betracht.

Die Verhandlungen betrafen 600 000 Militärinternierte, wobei jedoch Einigkeit darüber herrschte, daß die Männer grundsätzlich dem Generalbevollmächtigten für den Arbeitseinsatz — für eine Verwendung in der Kriegswirtschaft — zur Verfügung standen, der sie auch beanspruchte. Die Organisation Todt hatte bis dahin 9 000 Internierte für den Einsatz im Südosten erhalten, führte aber mit Sauckel Gespräche über weitere Zuteilungen. Seitens der SS meldete man keinen Bedarf an, weil Himmlers Leute nach der Anwerbung von einigen tausend Personen in den Lagern die für die Aufstellung der faschistischen Miliz noch fehlenden direkt in Italien gewinnen wollten. Für die Aufnahme in die deutsche Truppe kamen ausschließlich ehemalige königliche Soldaten in Frage, die

---

[48] Oberkommando der Wehrmacht Az. 2 f 24.17t Kriegsgef. Org. (III b) Nr. 5703/43, Berlin, den 1.11.1943, Betr.: Verlegung von ital. Militärinternierten innerhalb des Reichsgebietes, BA-MA, RH 49/35.

[49] Eckhardt & Co. Aktien-Gesellschaft, Dr. Ludwig Trautmann, Hamburg, 1.12.1943, SAH, Gauwirtschaftskammer 9. Brief an den Leiter der Abteilung Industrie der Gauwirtschaftskammer Hamburg.

sich freiwillig meldeten. Dazu gab der Vertreter des Allgemeinen Wehrmachtamtes zu Protokoll, daß die »Wehrmacht im allgemeinen kein Interesse an der Einstellung solcher Freiwilliger aus Kreisen der Militärinternierten habe und in der Regel auf freiwillige Meldungen dieser Art nicht eingehen werde«. Da die deutschen Militärs inzwischen die Aufstellung neuer italienischer Divisionen bewerkstelligen müßten, benötigten sie, so das Oberkommando der Wehrmacht, eine »kleine Anzahl« Internierte als Stammpersonal für Mussolinis Einheiten[50]. Aus der Sicht der militärischen Führung besaßen eben italienische Zwangsarbeiter mehr Wert als faschistische Waffenträger. Genau das sahen Mussolini und seine Umgebung ganz anders.

Die Idee einer neuen faschistischen Armee wurde noch vor der Befreiung des »Duce« geboren[51]. In der Tat konnten jene, die den Faschismus am Leben erhalten wollten, gar nicht umhin, ihre Existenz und formale Eigenständigkeit durch nationale Streitkräfte auszuweisen[52]. Als Hitler und Mussolini zwischen dem 14. und dem 18. September 1943 in langen Unterredungen die Lage besprachen, äußerte letzterer deshalb auch seine Absicht, eine »neue italienische Nationalarmee« aufzustellen[53].

Bereits am 24. September trugen dann die zum Fascio in Deutschland gehörenden Italiener Dr. Scampicchio und Dr. Pietruccio — sie kamen gerade von ihrem Regierungschef — dem SS-Obergruppenführer und General der Waffen-SS Hans Jüttner verschiedene Wünsche des »Duce« vor, die sich auf die Neuaufstellung nationaler Verbände bezogen[54]. Gemäß der Gesprächsaufzeichnung von Jüttner lag Mussolini daran, daß gewisse Einheiten, die sich von Anfang an bündnistreu erklärt hätten und mit der Wehrmacht weiterkämpfen wollten, »geschlossen in die Waffen-SS überführt« und als Verbände derselben eingesetzt würden. Sodann ging es um die Bildung von 20 Bataillonen für die Miliz. Hierzu sollten unter italienischen Arbeitern im Mutterland und in Deutschland 10 000 Mann ausgemustert werden. Außerdem unterbreiteten die beiden das Angebot, den Fascio bei der Anwerbung von Freiwilligen — für italienische Einheiten innerhalb der Waffen-SS — einzusetzen. Die Unterredung, bei der Scampicchio und Pietruccio immer wieder betonten, daß sie keine Forderungen, sondern nur Bitten äußerten, drehte sich einzig und allein um Personal für die von Himmler aufzustellenden Truppenteile.

Ebenfalls im September vereinbarte das Oberkommando der Wehrmacht mit Mussolini die Bildung von vier Miliz-Divisionen. Sie sollten zum Teil in Italien, zum Teil in Deutschland rekrutiert werden. Die Ausbildung war anfangs bei der Heeresgruppe D in Frankreich vorgesehen. Eine Werbung unter den in Deutschland befindlichen Arbeitern wünschte Ribbentrop allerdings nicht. Und hierbei sprach er keinesfalls für sich allein. Ein sol-

---

[50] Siehe oben, S. 342, Anm. 13, Ressortbesprechung am 8.12.1943.

[51] Vgl. dazu das 5-Punkte-Programm der sogenannten provisorischen faschistischen Regierung, das am 10.9.1943 Ribbentrop überreicht werden sollte und auch Himmler zur Kenntnis gebracht wurde, AIfZG, MA 460, 2567090—094.

[52] Scalpelli, Forze armate di Salò, S. 20.

[53] Vgl. dazu: Goebbels Tagebücher, S. 437, 23.9.1943, und Domarus, Hitler, Bd II/2, S. 2041.

[54] Der Chef des SS-Führungshauptamtes Tgb.Nr. 1374/43 g.Kdos. — Ch. Jü/Bi. Berlin, 25.9.1943, An den Reichsführer-SS, gez. Jüttner, BA, NS 19/3891. Vgl. ferner Cajani, Appunti, S. 85 f., und Lazzero, SS italiane, S. 18 ff., dort auch die Reaktion von Himmler.

ches Nein verwundert angesichts der bisher nachgewiesenen Einstellung der Reichsführung nicht. Hingegen lehnte die Wehrmacht die Erfassung von Personal unter den damals gerade eintreffenden Internierten nicht ab, falls die Anwerbung auf freiwilliger Basis geschehe. Auf den ersten Blick überraschte das, aber die Wehrmachtführung ging davon aus, daß der Erfolg einer solchen Aktion »wahrscheinlich gleich Null« sein werde, denn bis dahin hätten sich »unter den Militärinternierten nur 18 Freiwillige gemeldet«. Die Behauptung erklärte eventuell die großzügige Haltung der Militärs, doch muß die genannte Zahl mit einem Fragezeichen versehen werden, weil sie mit dem statistischen Befund nicht annähernd übereinstimmte. Jedenfalls erhielt Rahn die Anweisung, Mussolini zu verdeutlichen, daß Berlin eine Werbeaktion im Reich »als sehr wenig aussichtsreich« betrachte. Gleichzeitig sei jedoch der Eindruck zu vermeiden, daß die deutsche Seite einer entsprechenden Werbung »grundsätzlich Schwierigkeiten« zu machen beabsichtige.

Anfuso ließ sodann seit Anfang Oktober in der Frage der Freiwilligenwerbung nicht mehr locker[55]. Nach wie vor ging es einzig um die Anwerbung von Personal für die Miliz. Am 8. Oktober besaß das Oberkommando der Wehrmacht zwar Vorausinformationen vom Verbindungsstab in Salò, daß Mussolini die Vorstellung von einer Miliz-Armee aufgegeben habe, aber das änderte nichts an der Einstellung Hitlers. Eine Weisung von ihm untersagte noch am 9. Oktober, daß italienische Offiziere die Kriegsgefangenenlager nach »brauchbaren Elementen« durchkämmen dürften[56].

An jenem Tag begab sich Marschall Graziani ins »Führerhauptquartier«, um über den Aufbau einer regulären Armee zu verhandeln. In den vergangenen Wochen hatte er —

---

[55] ADAP, E, Bd VII, Dok. 8, S. 13 f., 2.10.1943: Botschafter Ritter an Rahn, den »Bevollmächtigten des Großdeutschen Reiches bei der Italienischen Faschistischen Nationalregierung.« Im Hinblick auf das Durchkämmen der Lager nach Freiwilligen vgl.: St.-S. Nr. 436, Berlin, den 1.10.1943, Steengracht über ein diesbezügliches Gespräch mit Anfuso (man wollte eine Kommission aus sechs Offizieren bilden) an RAM, PA, Büro Staatssekretär, Akten betr. Italien, Bd 17; und zum selben Thema ebd., Ambasciata d'Italia Berlino Nr. 13157, Berlin, den 6.10.1943, Anfuso an Staatssekretär v. Steengracht; sowie ebd., St.S.-Nr. 453, Berlin, den 6.10.1943, Unterrichtung Ribbentrops — durch Steengracht — über das schriftliche Gesuch von Anfuso. Hinzuweisen ist ferner auf die Unterredung zwischen Mussolini und Rahn am 26.9.1943. Hinsichtlich der Aufstellung seiner Miliz-Armee bat Mussolini, daß die »italienischen Reserveoffiziere, die sich vor allem aus Beamten, Professoren usw. zusammensetzten, aus den Gefangenenlagern herausgezogen und nach Italien zurückgeführt würden«. Hingegen müßten alle Generalstabsoffiziere, da sie »gefährlich« seien, »unter strengster Bewachung bleiben«: ADAP, E, Bd VI, Dok. 352, S. 593 f., 26.9.1943. Zur Vorbereitung der Aufstellung von Miliz-Divisionen im französischen Raum vgl. KTB H.Gr. D, 1.10.1943, BA-MA, RH 19 IV/11. Je eine Division sollte im Umkreis von Sedan, Bar-le-Duc, Clamecy—Nevers und Issoudun—Argenton untergebracht werden. Direkt dazu auch: KTB OKW, Bd III, S. 1153 f., 30.9.1943, dort zur Information des O.B. West über die Aufstellung der vier Divisionen. Zu jener ersten Phase der deutsch-italienischen Erörterungen, in denen es noch um Miliz-Verbände ging, vgl. ferner Deakin, Die brutale Freundschaft, S. 666—669, der insbesondere auf die abweichenden Vorstellungen von Graziani eingeht. Zu dem von der SS betriebenen Aufbau von Miliz-Einheiten — als Endziel wurden zwei Divisionen angestrebt — siehe: Der Reichsführer-SS Tgb.-Nr. 35/143/43 g, Feld-Kommandostelle, den 2.10.1943: Programm für die Aufstellung der italienischen Miliz-Einheiten, AIfZG, MA 460, 2567083—084; und ebd., Der Reichsführer-SS 35/142/43g, Feld-Kommandostelle, den 2.10.1943.

[56] Büro RAM, Notiz über Anruf von Botschafter Hewel, »Westfalen«, den 9.10.1943, gez. v. Sonnleithner, PA, Büro Staatssekretär, Akten betr. Italien, Bd 17; KTB OKW, Bd III, S. 1186 f., 9.10.1943.

mit Unterstützung von Canevari — daran gearbeitet, Mussolini von der Idee abzubringen, daß die neuen Streitkräfte Miliz-Charakter besitzen müßten. Am 3. Oktober gelang ihm hierbei endlich der Durchbruch[57]. Der »Duce« verfaßte einen Brief an den »Führer«, in dem er diesem das Projekt zur Gründung einer republikanischen — das heißt im militärtechnischen Verständnis traditionellen — Armee, über das Graziani ihm im Detail vortragen würde, avisierte[58].

Parallel dazu gab Mussolini dem in Salò eingerichteten »Verbindungstab der Deutschen Wehrmacht« am 8. Oktober die bereits erwähnte »Vororientierung« über seine Planung, die noch vor Graziani in Berlin eintraf. Mit der Verhandlungsgrundlage war das Oberkommando der Wehrmacht somit vertraut.

Die *Repubblica Sociale Italiana* wollte 300 000 Mann kämpfende Truppen, 100 000 Mann Versorgungstruppen und 100 000 Mann Reserven aufstellen. Sie sollten in maximal zehn Infanteriedivisionen, zehn Panzergrenadierdivisionen und fünf Panzerdivisionen zusammengefaßt werden. Die Miliz beabsichtigte Mussolini als eine Art Spezialkorps — etwa wie die Alpini — der neuen Armee einzugliedern. Bis zur Divisionsebene, so hieß es, sei italienische, darüber deutsche Führung vorzusehen. Die Rekrutierung des Personals habe über die Aushebung der Jahrgänge 1923—1925 und durch Meldung von Freiwilligen der übrigen Jahrgänge zu erfolgen. Spätestens im April 1944 müßten die von deutschen Militärs nach den Grundsätzen der Wehrmacht auszubildenden Divisionen einsatzbereit sein. Im Gespräch befand sich außerdem eine eigene Luftwaffe.

Damals lag in der Schublade des Wehrmachtführungsstabs jedoch bereits ein eigener Plan für den Aufbau der faschistischen Armee. Er sah vier italienische Bersaglieri-Divisionen mit einigen Spezialeinheiten in der Gesamtstärke von 85 000 Mann vor. Hinzukommen sollten sofort 25 Bataillone der Miliz, denen weitere folgen würden. Berücksichtigung fand darüber hinaus die Aufstellung einer eigenen Kriegsmarine und Luftwaffe[59].

Graziani traf also am 9. Oktober in Berlin ein. Er berichtete nach dem Kriege, die Wehrmachtführung sei bei den Gesprächen zu der Vereinbarung bereit gewesen, »erst vier, dann acht, dann zwölf« italienische Divisionen aufzustellen. Aber es zeigte sich sehr bald, daß Berlin nicht daran dachte, das zu tun. Mit Mussolini hatte er vorher vereinbart, daß die ersten vier Divisionen ausschließlich aus sich freiwillig meldenden Militärinternierten zu bilden wären. Der Marschall bat daher, sich persönlich in die Kriegsgefangenenlager begeben zu dürfen, um die in Frage kommenden Männer auszuwählen. Hitler habe seinem Wunsch jedoch »mit größter Schärfe« widersprochen. Deutscherseits soll dabei unter anderem gesagt worden sein, die kriegsgefangenen Italiener seien für das Vorhaben untauglich und besäßen eine schlechte Moral. Sämtliche Versuche, die starre Haltung Hitlers aufzuweichen, hätten nichts gefruchtet. Graziani will daraufhin erklärt haben, daß er angesichts einer derartigen Situation nur nach Italien zurückkehren könne,

---

[57] Vgl. Deakin, Die brutale Freundschaft, S. 666; Scalpelli, Forze armate di Salò, S. 22; und Canevari, Graziani mi ha detto, S. 285 ff.

[58] Tamaro, Due anni, S. 205—208; vgl. auch Ilari, Il ruolo, S. 295—311.

[59] KTB OKW, Bd III, S. 1187, 9.10.1943.

um Mussolini zu berichten. Mit ihm müßten die Deutschen alle weiteren Maßnahmen absprechen[60].

Auf den ersten Blick erscheinen die zitierten Behauptungen unverdächtig. Dies gilt insbesondere im Hinblick auf Hitlers Einstellung gegenüber den italienischen Gefangenen. Seine Weisung vom 9. Oktober, in der sich eine derartige Auffassung manifestierte, wurde oben bereits erwähnt; und just an jenem Tag, an dem der Marschall in Deutschland weilte, entwarf der Stellvertretende Chef des Wehrmachtführungsstabes einen für den »Duce« bestimmten Brief des »Führers«, in dem es hieß[61]: »Die Militärinternierten bedeuten nach ihrem bisherigen Verhalten möglicherweise eine Gefahr und müssen deshalb vorläufig für den Neuaufbau des Heeres völlig außer Betracht bleiben. Dasselbe gilt von den Hilfswilligen, die sich gerade erst in ihrer neuen Stellung zurechtgefunden haben.« Es empfehle sich deshalb, vorerst mit der Aufstellung von vier Jägerdivisionen zu beginnen. Der Brief scheint — zumindest in der zitierten Fassung — allerdings nie abgesandt worden zu sein.

Vielmehr deutet alles darauf hin, daß Hitler im Verlaufe der Unterredung mit Graziani in der Frage der Militärinternierten einlenkte. Das könnte sich indirekt bereits in einer Vorausunterrichtung des Oberkommandos der Wehrmacht über die Gespräche am 9. Oktober widerspiegeln, in der stand[62]:

Sämtliche Hilfskräfte Italiens, das im »weiteren Kampf einen möglichst großen Beitrag« zu leisten habe, müßten »mit allen Mitteln sofort zum Einsatz gebracht werden, um die tiefen Flanken und langen Küsten mitzuschützen und die deutschen Kräfte weitgehend für die Kampfaufgaben an den Hauptfronten freizumachen. Hierzu haben die Heeresgruppen, die Kriegsmarine und die Luftwaffe ohne jede zahlenmäßige Beschränkung für folgende Truppengattungen wehrfähige ital. Freiwillige einzustellen:
a) Marine- und Heeres-Küstenartillerie.
b) Flak-Artillerie.
c) Pioniere und Eisenbahn-Pioniere.
d) Bautruppen.
e) Flugmelde- und Bodenpersonal.
f) Nachrichtentruppe.
g) Hafen-Dienststellen und Hafenschutz-Flottillen.
Militärinternierte kommen für die Einstellung in diese Verbände nicht in Frage.«

Die Formulierung schloß an sich nicht aus, daß die Kriegsgefangenen für die ebenfalls erwähnte »Neuaufstellung großer italienischer Verbände« auf deutschen Truppenübungsplätzen außerhalb Italiens herangezogen werden durften. Aber insgesamt gesehen fiel die Unterrichtung unklar aus. Sie kam vor allem unerwartet, und der eine oder andere rea-

---

[60] Deakin, Die brutale Freundschaft, S. 669 f.; Graziani, Ho difeso la patria, S. 430 ff.; Processo Graziani, Vol. I, S. 260 ff.

[61] KTB OKW, Bd III, S. 1188, 9.10.1943. Dieser Brief Hitlers, der die »Gestaltung der kommenden ital. Wehrmacht« behandelte, war seit dem 4.10.1943 in der Bearbeitung. Heer, Luftwaffe und Kriegsmarine sollten dazu Beiträge erstellen. Das Heer empfahl vier Divisionen aufzustellen, die Luftwaffe dachte an die Bildung einiger »Gruppen«, während die Marine jede Festlegung hinsichtlich Art und Zahl der italienischen Einheiten vermied. Die Seekriegsleitung beschränkte sich auf Hinweise zu den Verwendungsmöglichkeiten italienischer Seestreitkräfte: 1. Skl KTB Teil A, S. 57 f., 4.10.1943, BA-MA, RM 7/53.

[62] Zit. nach ADAP, E, Bd VII, Dok. 33, S. 63 f., 10.10.1943: Fernschreiben des OKW; ebenfalls publiziert bei Deakin, Die brutale Freundschaft, S. 670 f.

gierte daher überrascht[63]. Im Hinblick auf die hier interessierenden Militärinternierten blieb offenbar für einige der betroffenen Kommandos im dunkeln, was Berlin tatsächlich entschieden hatte. Die entsprechenden Abmachungen erhellen erst aus einer sehr ausführlichen Aufzeichnung über das »Ergebnis der Besprechung [mit] Marschall Graziani im Führerhauptquartier«, die das Oberkommando der Wehrmacht noch am Tag des Treffens erstellte[64]. Demnach vereinbarten die Gesprächspartner zum einen die Durchführung von »Sofortmaßnahmen« und zum anderen von »Maßnahmen, deren Anlauf erst allmählich erfolgen« könnte.

Zu den sofort zu beginnenden Aktionen hieß es, daß eine gemischte Kommission die Lager der militärinternierten Offiziere besuchen solle. Unter »Anlegen eines strengen Maßstabes« seien diejenigen auszuwählen, die entweder für eine »Verwendung in der ital. Wehrmacht oder als Reserveoffiziere für eine Verwendung in der ital. Rüstungsindustrie und Wirtschaft benötigt« würden. Somit erfolgte schon in der Unterredung am 9. Oktober die Weichenstellung für die Rückkehr jener Offiziere, die später zur besonderen Verwendung nach Italien gingen.

In bezug auf die Schritt für Schritt zu treffenden Vorkehrungen hielt das Protokoll fest, daß eine deutsche Kommission unter den Militärinternierten der jüngsten Jahrgänge diejenigen ermitteln werde, die sich bereit zeigten, nach einer entsprechenden Ausbildung in Deutschland bei italienischen Truppenteilen zu dienen.

Darüber hinaus wollte man aus den mittlerweile innerhalb der Wehrmacht eingesetzten italienischen Truppen Kader für die Aufstellung der vier geplanten republikanischen Divisionen gewinnen. Besagte Stammbestände beabsichtigte die deutsche militärische Führung durch Rekrutierungen in Italien aufzufüllen.

Derartige Planungen ließen sich ohne umfangreiche organisatorische Vorbereitungen nicht verwirklichen. Um die diesbezüglichen Einzelheiten zu klären, sollte daher der »Chef der Organisationsabteilung des Marschalls Graziani« sobald wie möglich ins »Führerhauptquartier« reisen.

Das deutsche Protokoll über die Gesprächsergebnisse vom 9. Oktober beweist, daß Graziani in Berlin alle wesentlichen Vereinbarungen über Mussolinis Streitkräfte — gerade in bezug auf die Militärinternierten — aushandelte. Zwar wollte er sich daran nach dem Krieg nicht mehr erinnern, aber die deutschen Dokumente lassen am referierten Sachverhalt keinen Zweifel aufkommen. Der Besuch von Canevari in Berlin diente deshalb lediglich der Absprache technischer Details und einer Fixierung der zwischen Graziani, Hitler und dem

---

[63] Die Seekriegsleitung vermochte dem Informationsschreiben zum Beispiel nicht zu entnehmen, »inwieweit noch an eine eigene italienische Wehrmacht gedacht« sei: 1. Skl KTB Teil A, S. 204 ff., 10.10.1943, BA-MA, RM 7/53. Dort volle Wiedergabe des Textes mit Kommentar. Ein weiteres Exemplar der Vorausunterrichtung findet sich in: 1. Skl KTB Teil C, H. XIV, S. 492 ff., BA-MA, RM 7/237. Verärgert reagierte Rahn über den unzureichenden Informationsfluß. Der Botschafter erfuhr irgendwann zwischen dem 10. und dem 29.10.1943 von der geplanten Aufstellung der vier Divisionen, weshalb er indigniert darum ersuchte, »ihm solche auch politisch wichtigen Fragen vorher mitzuteilen«. Die Generale antworteten trocken: »Das OKW betrachtet die Angelegenheit als rein militärische.«

[64] Stellv. Chef WFSt. Nr. 006025/43 g.Kdos., F.H.Qu., den 9.10.1943, gez. Frhr. v. Buttlar, BA-MA, RW 5/v. 685. Auszugsweise wiedergegeben in: KTB OKW, Bd III, S. 1187 f., 9.10.1943.

Oberkommando der Wehrmacht ausgehandelten Resultate. In der Substanz führte sein Aufenthalt weder zu Neuerungen noch zu Veränderungen bei den Abmachungen. Bezeichnenderweise erging ja der Befehl Hitlers, daß »sofort mit der Werbung unter den Mil. Internierten zu beginnen« sei, schon am 15. Oktober[65], das heißt vor dem Eintreffen Canevaris. Die an sämtliche Wehrkreiskommandos verteilte Weisung führte aus: »Der Führer hat die Aufstellung von ital. Formationen aus ital. Mil.-Internierten befohlen.« Bei der Werbeaktion könnten die örtlichen faschistischen Organisationen beteiligt werden, falls sich dadurch der Erfolg steigern lasse. Faschisten und Milizangehörige, die sich als Propagandisten eigneten, sollten zunächst aus den Lagern herausgezogen werden. Danach hätten sie unter der Aufsicht eines deutschen Offiziers oder des Beauftragten für die Wehrmachtpropaganda die Werbekampagne zu organisieren. Problematisch stellten sich die Auswahlkriterien dar, denn in ihnen hieß es ganz allgemein: Militärinternierte, die Sicherheitsbedenken hervorriefen, seien zurückzuweisen. Mit einem so vagen Vorbehalt ließen sich Umfang und Tempo der Ausleseaktion bequem im eigenen Sinne steuern. Bevorzugt auszuwählen hatten die Werber diejenigen Italiener, die »deutsche Auszeichnungen« besaßen (das war neu, weil — wie gezeigt — darauf bei der Behandlung der Gefangenen anfangs ganz bewußt keinerlei Rücksicht genommen wurde), ehemalige Angehörige der Miliz und der in der Sowjetunion eingesetzten italienischen 8. Armee (was beweist, daß die schon zitierten Behauptungen Hitlers gegenüber Mussolini, in denen er letztere ausgesprochen negativ bewertete, platte Lügen darstellten) sowie jüngere Jahrgänge. Rigoros gingen die Deutschen mit denjenigen Internierten um, die Gegenpropaganda betrieben, und das waren nicht wenige[66]: Sie seien »abzusondern« oder »sicherzustellen«. Schließlich legte der Befehl noch fest, daß die Kommandeure der Kriegsgefangenen — beginnend am 18. Oktober 1943 — dem »Musterungssonderstab (ital.) bei den Wehrkreiskommandos« und dem Chef Kriegsgefangenenwesen im Oberkommando der Wehrmacht alle fünf Tage die Anzahl der Freiwilligen melden müßten.

Am 16. Oktober begab sich Canevari, damals noch Oberst und Generalsekretär im Verteidigungsministerium, zur Besprechung mit dem Chef des Heeresstabes beim Chef des Oberkommandos der Wehrmacht, Generalleutnant Walter Buhle, in Hitlers Hauptquartier[67]. Auf der Tagesordnung standen Fragen hinsichtlich der — in Anlehnung an entsprechende deutsche Bestimmungen — zu schaffenden gesetzlichen Grundlagen für die neue faschistische Armee und Angelegenheiten, die speziell die Neubildung von Luftwaffe, Kriegsmarine sowie Polizeiverbänden betrafen. Weiten Raum nahm ferner die The-

---

[65] Oberkommando der Wehrmacht 2 f 24. Chef Kriegsgef. Allg. (VIc) Tgb.Nr. 264/43 g.Kdos., Berlin, den 15.10.1943, Betr.: Überprüfung und Ausmusterung von ital. Mil.-Internierten, gez. von Graevenitz, BA-MA, RW 4/v. 508a.

[66] Siehe dazu: Rochat, Memorialistica, S. 37 f., dessen Analyse auf der Literatur beruht. Im folgenden werden noch verschiedene offizielle Quellen zu zitieren sein, die diesen Befund bestätigen.

[67] Missione Militare Italiana in Germania, Prot.N° 3, Berlino, 18 ottobre 1943, Oggetto: Relazione circa gli accordi fondamentali con le autorità tedesche circa la ricostruzione delle Forze Armate Italiane. Prima fase — Quartiere Generale del Führer — Allegati N° 2: Protocollo del 16 ottobre — testo italiano; Protocollo del 16 ottobre — testo tedesco, ACS, S.P.d.D., Busta 71, F 643, SF 6. Der Bericht Canevaris ging sowohl an Mussolini als auch an Verteidigungsminister Graziani.

matik »Organisation des italienischen Heeres« ein. Diesen Besprechungen kam im Rahmen des Aufbaus der *Repubblica Sociale Italiana* eine nicht unerhebliche historische Bedeutung zu[68]. Hier sollen dennoch allein jene Punkte erörtert werden, die einen Bezug zu den Militärinternierten, das heißt zum deutschen und italienischen Interesse an denselben besaßen.

Für Italiens faschistisches Heer blieb es zunächst bei drei Infanteriedivisionen, einer Gebirgsdivision und zehn Artillerie-Abteilungen sowie der Kaderbildung für einen Panzer-Verband. Jede der italienischen Divisionen hatte an Ausbildungspersonal etwa 90 deutsche Offiziere sowie 600 bis 800 Unteroffiziere und Mannschaften zu erhalten. So schnell wie möglich sollten den einzelnen Großverbänden zudem 250 bis 300 italienische Offiziere sowie rund 4 000 Unteroffiziere und Mannschaften — also insgesamt 1 000 bis 1 200 Offiziere und 16 000 Unteroffiziere sowie Mannschaftsdienstgrade — zugeführt werden. Für die Artillerie-Abteilungen sah die Planung 100 Offiziere und 1 200 Unteroffiziere sowie Mannschaften vor.

Das genannte Personal wollte man wie folgt ausheben: Die Offiziere wären von einer gemischten deutsch-italienischen Kommission in den Interniertenlagern anzuwerben. Alle dafür in Frage kommenden Personen hätten sich baldmöglichst beim Chef des Allgemeinen Wehrmachtamtes in Berlin, General der Infanterie Hermann Reinecke, zu melden. Die Selektierung der Unteroffiziere und Mannschaften nahm demnach eine deutsche Kommission vor, der — und das präzisierte die bisherigen Anordnungen — »Italiener beizugeben« seien. Letztere müßten die Werbungsaktion in den »Interniertenlagern in Deutschland« unterstützen.

Das Oberkommando der Wehrmacht scheint freilich nicht wirklich davon ausgegangen zu sein, daß es gelingen würde, aus den Kriegsgefangenenlagern 17 000 Unteroffiziere und Mannschaften — auf freiwilliger Basis — herauszuziehen. Darüber hinaus besteht Grund für die Annahme, daß die Wehrmachtführung eine so große Zahl wertvoller Zwangsarbeiter, die ja deutsche »Kämpfer« für die Front freimachten, auch gar nicht abzugeben beabsichtigte. Jedenfalls forderte sie das Verteidigungsministerium Mussolinis umgehend auf, seinerseits in Italien kriegserfahrene Soldaten für die Stammbestände der geplanten Divisionen zu erfassen. Als Termin für die Rekrutierung der Kader, circa 18 500 Mann, bestimmte die Wehrmachtführung Mitte November. Bis Mitte Januar 1944 wäre deren Ausbildung abzuschließen gewesen. Bis dahin mußten, so die Planung, die von Anfang an in Italien auszuhebenden personellen Ergänzungen auf den Truppenübungsplätzen eingetroffen sein. Beide Seiten gingen von einer Gesamtstärke von 14 000 Mann pro Division aus. Etwa ab Mai 1944, so berichtete Canevari, werde die Aufstellung weiterer italienischer Verbände angestrebt werden.

Anzumerken ist ferner, daß die Gesprächspartner am 16. Oktober 1943 die sofortige Bildung eines rund 25 Offiziere umfassenden italienischen Stabes — mit Sitz in Berlin — beschlossen. Sein Chef sollte ein General sein, der dem Chef des Oberkommandos der Wehrmacht unterstand. Die Tätigkeit des Stabes erstreckte sich in erster Linie auf organisatorische und administrative Aufgaben im Kontext der Aufstellung faschisti-

---

[68] Vgl. dazu Deakin, Die brutale Freundschaft, S. 671—676, und Scalpelli, Forze armate di Salò, S. 24 ff.

scher Truppen. Weitere Verhandlungen mit Vertretern der Wehrmacht führte Canevari am 18. Oktober.

Einen Tag vorher erging ein Befehl von Generalfeldmarschall Keitel, der sich sowohl von der am 15. Oktober erteilten Weisung als auch von den Aussagen im Protokoll der Besprechung zwischen Buhle und Canevari in Nuancen unterschied[69]. Keitel teilte darin mit, es sei entgegen der anfänglichen Regelung in den Unterredungen mit Verteidigungsminister Graziani vereinbart worden[70], daß die Militärinternierten im Rahmen der Neubildung republikanischer italienischer Verbände herangezogen werden dürften. Daran anschließend folgten die Präzisierungen: »Aktive Offiziere verbleiben im allgemeinen in Gefangenschaft bis auf vom Duce namhaft gemachte Offiziere.« Und apodiktisch stellte der Generalfeldmarschall fest: »Generalstabsoffiziere verbleiben in Gefangenschaft.« Somit kamen für die Anwerbung im wesentlichen lediglich Reserveoffiziere in Betracht. Zur Auswahl von Unteroffizieren und Mannschaften bemerkte der Chef des Oberkommandos der Wehrmacht, daß die grundsätzliche Forderung, gemäß der jener Personenkreis der deutschen Rüstungsindustrie zugeführt werden müsse, aufrechterhalten bleibe. Damit erinnerte er verklausuliert an die Richtlinie, daß die Bewerber nach strengsten Auswahlkriterien auszusuchen seien. Es entsprach einer derartigen Grundhaltung, die ein restriktives Vorgehen anempfahl, daß die Wehrmachtführung weiterhin auf der Bereitschaft der Italiener beharrte, »vorbehaltlos an allen Fronten zu kämpfen«[71]. Man kommt deshalb kaum um die Feststellung umhin, daß die deutsche Seite alles tat, um die Freiwilligenmeldungen möglichst niedrig zu halten. Dazu gehörte unter anderem, daß sie den sich zur Verfügung stellenden Militärinternierten sagte, sie würden im Falle der »Nichteignung in die Internierung zurückgeführt« werden[72]. Es fällt nicht schwer, sich auszumalen, welche Folgen das für den Betroffenen haben konnte. Jedenfalls baute eine solche Aussicht die Hemmschwelle, sich zu melden, mit Gewißheit eher auf als ab.

Von alldem wußte Canevari nichts, als er sich ein zweites Mal mit Offizieren der obersten militärischen Führung in Berlin traf[73]. Neue Gesichtspunkte hinsichtlich der die gefangenen italienischen Soldaten berührenden Fragen ergaben sich dabei nicht. Hingegen ist hervorzuheben, daß Canevari damals offiziell die alleinige Kompetenz für alle Verhandlungen über die Militärinternierten übertragen wurde. Relevante Kontakte pflegte

---

[69] Oberkommando der Wehrmacht Nr. 006259/43 gK./WFSt/Org (I), F.H.Qu., 17.10.1943, Betr.: Neuaufstellung ital. Verbände, gez. Keitel, BA-MA, RW 4/v. 508a.

[70] Dies zeigt einmal mehr, daß der entscheidende Durchbruch nicht anläßlich des Besuchs von Canevari, sondern am 9.10.1943 erzielt wurde.

[71] Der Satz ist in Keitels Befehl unterstrichen.

[72] Siehe oben, Anm. 65, Befehl vom 15.10.1943.

[73] Missione Militare Italiana in Germania N° Prot. 15, Berlino, 21 ottobre 1943, Oggetto: Relazione circa gli accordi fondamentali con le autorità tedesche circa la ricostruzione delle Forze Armate Italiane. Seconda fase — a Berlino — Allegati N° 6: 1) Protocollo delle conferenze tenute al Ministero della Guerra il 18 ottobre. 2) Telegramma inviato a S.E. Graziani il 18 ottobre. 3) Lettera al Comando delle S.S. per l'invio in Italia di alcuni gerarchi. 4) Numero degli ufficiali internati. 5) Numero del giornale »La Voce della Patria« diffuso nei campi d'internamento. 6) Schema dello S.M. da costituirsi a Berlino, ACS, S.P.d.D., Busta 71, F 643, SF 6. Canevari traf, von Rastenburg kommend, am 18.10. in Berlin ein.

bis dahin — vor allem mit der SS — ein anderer Personenkreis[74]. Um künftig irgendeine Zweigleisigkeit auszuschließen, schrieb er in dieser Sache noch am 18. Oktober an das Hauptamt der SS[75].

Effektiv wirkte Canevari im Rahmen des harmonischen Verhältnisses, das verschiedene Angehörige der faschistischen Botschaft zu Himmlers Leuten besaßen, als Unruhestifter. Das zeigte etwa ein Vorfall am 19. Oktober besonders deutlich. Anfuso hatte an jenem Tag den SS-Obergruppenführer Berger und andere Offiziere der SS zu sich gebeten. Der Obergruppenführer meinte, man sei so richtig unter sich gewesen, da nur »treue alte Faschisten«, hochdekorierte Frontkämpfer und einige neue faschistische Würdenträger anwesend waren. In einem so intimen Kreis wurde gerade der Aufbau der von der SS auszubildenden italienischen Einheiten erörtert, als Canevari unerwartet den Raum betrat. Nach Berger repräsentierte er den »Typ der Reaktion«. Die Szene scheint für alle Beteiligten peinlich gewesen zu sein, denn plötzlich stimmte die Geschäftsgrundlage nicht mehr. Allem Anschein nach erfuhr die Dienststelle Bergers, das SS-Hauptamt, erstmals davon, daß »eine Reihe von Divisonen« aufgestellt werden sollte und es bereits ein entsprechendes Abkommen mit der Wehrmacht gab. Die Bezeichnung »Miliz«, was ebenfalls überraschte, dürfe für die neuen Truppen nicht mehr gebraucht werden[76]. Anfuso mußte bei der Gelegenheit zugeben, was er zwar selbst betrieben, aber bis dahin verschwiegen hatte, daß nämlich Canevari von Mussolini die Zuständigkeit für die Behandlung der Militärinterniertenfrage übertragen worden war[77].

Dessen erster Bericht über die in Münsingen in der Aufstellung begriffene Division italienischer SS, den er an Graziani und den »Duce« schickte, fiel vernichtend aus. Der Verband werde nach der Komplettierung circa 13 000 Mann zählen. Außerdem seien

---

[74] Vgl. dazu Diario S.A.I., Proemio, S. 1, PADF, wo Vaccari festhält, daß er seine Arbeit für die Militärinternierten am 17.10. begann. Am 18.10. hatte er die erste Unterredung mit der SS, zu der Anfuso ausgezeichnete Beziehungen unterhielt.

[75] Siehe oben, Anm. 73, hier Anhang Nr. 3. Canevari bat, den General Biseo, Oberstleutnant Sommariva und Major Vaccari schnellstmöglich nach Italien zurückzusenden, wo sie andere Aufgaben übernehmen sollten. Direkt dazu: Diario S.A.I., Proemio, S. 1 f., PADF. Dort zur Verstellung Anfusos gegenüber Vaccari, zur Reise des letztgenannten nach Italien und der Meinungsänderung von Mussolini. Vaccari kehrte nach Berlin zurück, worauf später einzugehen ist. Anfuso übertrug Canevari am 18.10. den Vorsitz der italienischen »Militärkommission« (*Commissione Militare Italiana*), der damals etwa 20 Offiziere angehörten. Dieses Gremium ist nicht zu verwechseln mit der italienischen Militärmission (*Missione Militare Italiana*), die erst im November ins Leben gerufen wurde: Ambasciata d'Italia Fonogramma N. 77, Berlino, 19 ottobre 1943-XXI, f.to Anfuso, ASMAE, Busta 12, Posizione P 12.

[76] Der Reichsführer-SS, Chef des SS-Hauptamtes, CdSSHA/Be/We., VS-Tgb.Nr. 6488/43 geh., Berlin, den 19.10.1943, Betrifft: Besprechung bei der Italienischen Botschaft, AIfZG, MA 460, 2567075—076. Ebd., 2567077—079, ohne Datum: Deutsch-italienische Kommission für die Rekrutierung des faschistisch-republikanischen Heeres. Zu dem Vorgang am 19.10. vgl. auch: Diario S.A.I., Proemio, S. 1, PADF. Vaccari betrachtete den Auftritt Canevaris als Rückschlag. Letzterer erklärte demnach, daß er vom »Duce« alle Vollmachten hinsichtlich der Militärinternierten übertragen bekommen habe und die gesamte Angelegenheit nicht mehr in den Bereich der politischen Zuständigkeit der SS, sondern der Wehrmacht falle.

[77] Diario S.A.I., Proemio, S. 1, PADF.

rund 3 000 Italiener für Polizeiaufgaben eingeplant. Zum damaligen Zeitpunkt verfügten die von der SS zu betreuenden Soldaten noch über keine Waffen. Die Ausbildung liege im argen. Kurzum, der »militärische Wert« sei »gleich Null«[78]. Vielleicht hat Canevari hierbei etwas übertrieben, denn er zählte damals weder zu den Freunden der SS noch zu den Befürwortern einer Parteiarmee.

Das Oberkommando der Wehrmacht gab am nämlichen 19. Oktober die neuen Richtlinien für den Aufbau einer italienischen faschistischen Wehrmacht heraus. Demnach beabsichtigte Berlin zunächst nicht, für Salò eine Armee »auf breiter Basis« zu erstellen. Lediglich an einige Elite-Einheiten dachte die Reichsführung, was zeigte, daß es Hitler primär um die — keineswegs uneigennützige — innenpolitische Aufwertung Mussolinis, weniger um italienische Frontsoldaten ging. Ansonsten wiederholten die »Richtlinien« zahlreiche oben erwähnte Bestimmungen. Ausführlicher behandelten sie Luftwaffe und Marine[79]. Was in ihnen vorlag, stellte eine Art Bilanz der Entwicklung des Aufbaus faschistischer Streitkräfte im Zeitraum vom 10. September bis zum 18. Oktober 1943 dar.

Doch all das betraf die theoretischen Planungen. Praktisch bewegte oder veränderte sich bis dahin so gut wie nichts. Es verwundert daher, daß Anfuso am 20. Oktober Optimismus verbreitete. Dabei war ihm nicht entgangen, daß die Fakten im Bereich der Arbeitskräfte allen italienischen Hoffnungen sehr schnell die Grundlagen entziehen konnten[80]. Dessen unbeschadet bedankte er sich schon damals — ein wenig voreilig — bei Steengracht für dessen Hilfe im Kontext der angeblich zufriedenstellend verlaufenden Rekrutierungsarbeit in den Lagern[81]. Voreilig äußerte sich der Botschafter deshalb, weil Keitel am 3. November eine Ergänzung zur Weisung vom 15. Oktober herausgeben ließ[82], in der er zwar zum einen verfügte[83]: »Jedem ehemaligen ital. Soldaten, auch wenn er jetzt bereits in Arbeit eingesetzt« sei, müsse die »Gelegenheit gegeben werden, sich freiwillig in die ital. faschistische Wehrmacht zu melden«. In der aber zum anderen stand: Bei der Auswahl habe man »auf die Belange des Arbeitseinsatzes Rücksicht zu nehmen,

[78] Siehe oben, Anm. 73, hier Bericht von Canevari, S. 2; vgl. auch Deakin, Die brutale Freundschaft, S. 672 f. Zur etwas unübersichtlichen Situation in Münsingen vgl.: Der Reichsführer-SS, Chef des SS-Hauptamtes, CdSSHA/Kö.-Az. 9h, Berlin, den 19.10.1943, Betr.: Italienische Freiwillige, An Reichsführer-SS, gez. Berger, AIfZG, MA 460, 567071; und ebd., Aktenvermerk, Berlin, den 19.10.1943, gez. Jürs, SS-Gruppenführer (567073—074).

[79] Der Führer und Oberste Befehlshaber der Wehrmacht. OKW/WFSt/Org (I) 006315/43 gK., F.H.Qu., 19.10.1943, Betr.: ital. Wehrmacht, BA-MA, RW 4/v. 508a.

[80] Brief Anfusos an Mazzolini, Berlin, den 20.10.1943, ASMAE, Busta 31, Posizione Germania 1/1.

[81] Ambasciata d'Italia a Berlino, Berlin, den 20.10.1943, XXI, PA, Büro Staatssekretär, Akten betr. Italien, Bd 18.

[82] Siehe oben, S. 357, Anm. 65.

[83] Oberkommando der Wehrmacht Nr. 244/43 gKdos AWA (Ital.), Berlin, den 3.11.1943, Betr.: Neuaufbau der ital. faschistischen Wehrmacht, BA-MA, RH 2/v. 2918. Ferner hieß es, daß auf den Einsatz eines besonderen Flugblattes — wie am 15.10. vorgesehen — verzichtet würde, da dessen »Inhalt in dem Leitartikel der neuen Nummer der ital. Lagerzeitung ›La voce della patria‹, die in 50 000 Exemplaren verteilt« werde, wiedergegeben sei. Zur relativ positiven Bewertung dieser Propaganda-Zeitschrift, von der eine vollständige Sammlung in der Bayerischen Staatsbibliothek in München vorhanden ist, vgl. Cajani, Appunti, S. 109 ff., Anm. 35. Das Urteil Vaccaris und anderer zeitgenössischer Beobachter über die Zeitschrift fiel vernichtend aus. In den Interniertenlagern hieß das Blatt

um insbesondere wichtige Schlüsselkräfte für die deutsche Wirtschaft und Kräfte für die Rüstungsindustrie zu behalten«. Darüber hinaus hieß es: An die in der Rüstungsindustrie eingesetzten Militärinternierten dürften die Bedingungen für die Übernahme in Mussolinis Armee »nur im Einvernehmen mit den Betriebsführern« bekanntgegeben werden. Aber nicht allein die Rüstungsindustrie, sondern ebenso die SS und die Organisation Todt versuchten nach den Vereinbarungen vom 16. Oktober weiterhin möglichst viele Militärinternierte für sich anzuwerben. Ein solcher Eindruck entstand jedenfalls in der Umgebung Mussolinis[84]. Im übrigen erleichterte es die Aufstellung des regulären Heeres nicht gerade, daß die Deutschen Anfang November auch noch die Anwerbung von 10 000 Carabinieri in den Kriegsgefangenenlagern zugestanden[85].

Verständlich werden die widersprüchlichen Anordnungen eventuell dann, wenn man bedenkt, daß das Oberkommando der Wehrmacht in jenen Tagen ohnehin nicht damit rechnete, daß es in absehbarer Zeit zur Bildung militärischer Verbände kommen würde. Keitels Hauptinteresse richtete sich Mitte November nicht auf den Aufbau der faschistischen Wehrmacht, sondern auf die Schaffung einer territorialen Verwaltungsorganisation in Italien. Diese hätte »im Falle einer Auflösung der ital. Regierung die Geschäfte« übernehmen sollen[86]. Die *Repubblica Sociale Italiana* Mussolinis — das zeigte sich nicht zuletzt in dem Verwirrspiel, das die Wehrmachtführung in bezug auf die faschistischen Truppen betrieb — war ein geborgter Staat, den nicht einmal Hitler und seine Paladine ernst nahmen.

Fortschritte gab es hingegen im organisatorischen Bereich. Mitte November existierte in Berlin eine italienische Militärmission unter dem nunmehrigen Generalleutnant Canevari. In Personalunion nahm er die Aufgaben des Militärattachés wahr. Außerdem arbeitete

---

»La Voce del Padrone«. Vaccari, der die Zeitschrift eine »Turnhalle des Hasses« (palestra di odio) nannte, berichtete, daß sogar Goebbels ihn gebeten habe, das Elaborat nicht mehr publizieren zu lassen. Der Propagandaminister meinte, das Produkt sei der Mentalität der Internierten nicht angemessen. Dessenungeachtet gewann Vaccari den Eindruck, daß der Chefredakteur Guido Tonella sehr wohl wußte, was in den Lagern passierte, aber offenbar berührte ihn das nicht: All'Ambasciatore Conte Serafino Mazzolini Sottosegretario agli Affari Esteri Salò, 20 Dicembre 1944, S. 18, PADF. Auch im Auswärtigen Amt bestand die Auffassung, daß die Militärinternierten der Darstellung in »La Voce della Patria« nicht glaubten: Diario S.A.I., S. 60, 12.6.; S. 65, 15.6. und S. 97, 6.7.1944, PADF. Tonella galt allgemein als unfähig. Im Juli dachte man daran, ein neues Blatt mit einem anderen Titel herauszugeben. Die Frage erledigte sich dann durch den Anfang August befohlenen Statuswechsel.

[84] Von Canevari unterzeichnete 3-Punkte-Unterrichtung: Eccellenza Ambasciatore Anfuso — Berlino, 5 novembre 1943, ACS, Busta 16, F 91, SF 2. Anfuso wurde gebeten, in den betreffenden Angelegenheiten bei der deutschen Regierung vorstellig zu werden. Aufgrund handschriftlicher Bemerkungen auf dem Dokument ist anzunehmen, daß man das Schreiben in der vorliegenden Form nicht absandte.

[85] Comando Generale dell'Arma dei Carabinieri, Ufficio Segreteria, N. 23/C di prot., Roma, li 2 Novembre 1943-XXII, Oggetto: Situazione Arma Carabinieri, All' Eccellenza Dolfin Avv. Giovanni Segreteria Particolare del Duce, f/to Il Generale di Corpo d'Armata Comandante Generale Archimede Mischi, ACS, S.P.d.D., Busta 4, F 28, SF 5. Es begab sich auch ein Oberstleutnant der Carabinieri nach Deutschland, um die Auswahl vorzunehmen. Allerdings ließ sich eine Erfolgsmeldung nicht auffinden. Siehe ebd., »Appunto per il Duce« mit Anschreiben: Posta da campo 713, 25 novembre 1943-XXII, Ecc. Dr. Serafino Mazzolini, f/to Giovanni Dolfin.

[86] KTB OKW, Bd III, S. 1275, 12.11.1943.

ein italienischer Generalstab beim Oberkommando der Wehrmacht, der gleichzeitig einen Teil der Militärmission bildete und den Oberst Umberto Manfredini leitete[87].

Als Canevari am 13. November in Berlin ankam, mußte er als erstes zur Kenntnis nehmen, daß die Anwerbung von Freiwilligen auf geradezu unüberwindliche Schwierigkeiten stieß. Bei ihrem Eintreffen fänden die Kommissionen die Lager oft so gut wie leer vor, da die Militärinternierten bereits von der SS oder dem Ministerium Speer abgezogen worden seien. Seine Delegierten könnten im wesentlichen nur zu denjenigen sprechen, die sich ohnehin freiwillig gemeldet hätten. Beispielhaft für die Gegebenheiten im Rahmen der Werbung nannte er einen Vorgang in Dresden. Dort lebten an sich 1 050 Offiziere und 42 000 Soldaten. Von ihnen wurden 33 000 zum Arbeitseinsatz abkommandiert, 5 000 übernahm die SS und 4 500 überstellte die Wehrmacht in andere Lager. Somit standen zur Anwerbung für das republikanische faschistische Heer 37 Offiziere und 499 Unteroffiziere sowie Mannschaften zur Verfügung. Zu ähnlichen Vorfällen kam es in Wiesbaden und anderen Interniertenlagern. Die ganze Aktion erwies sich daher im allgemeinen als »überflüssig«. Das heißt, die trotzdem gewonnenen circa 1 300 Offiziere und 3 500 Unteroffiziere sowie Mannschaften stellten bei solchen Voraussetzungen sogar ein gutes Ergebnis dar. Objektiv blieb es jedoch, was die zweite Gruppe anging, sehr deutlich hinter den Erwartungen der faschistischen Führung zurück.

Am 15. November führte Canevari seine erste Unterredung mit General Reinecke. Er überraschte ihn mit der aus Salò mitgebrachten Forderung, daß die neuen italienischen Divisionen ausschließlich mit Militärinternierten aufgestellt werden sollten. Aushebungen in Italien wollte Mussolini für jene Verbände nicht mehr vornehmen lassen. Zur Begründung hieß es, daß sich in den Interniertenlagern 520 000 Italiener befänden, darunter vollständige Bataillone, die mit Waffen und Ausrüstung auf die deutsche Seite wechselten. Letztere dürften deshalb gar nicht als Militärinternierte zurückgehalten werden. Des weiteren rechnete der General seinem deutschen Kollegen vor, daß sich aus dem vorhandenen Bestand an Gefangenen mühelos 150 000 aufs sorgfältigste ausgewählte Männer gewinnen ließen. Das reiche für rund zehn, nicht für lediglich vier Divisionen. Die genannte Zahl gefangener Soldaten, das machte Canevari deutlich, wünschte Mussolini an sich auch zu erhalten. Sofern es jedoch vorerst bei vier Divisionen bleibe, könnten die benötigten 60 000 Mann problemlos in den Oflag und Stalag gefunden werden. Die Deutschen müßten die Internierten nur zum einen über die moralischen und materiellen Gesichtspunkte unterrichten, unter denen der Dienst in der republikanischen Armee

---

[87] Am 9.11.1943 sandte Botschafter Anfuso dem Auswärtigen Amt in Berlin eine Verbalnote, in der die Ernennung von Generalleutnant (Generale di Divisione) Emilio Canevari zum Chef der italienischen Militärmission in Deutschland mitgeteilt wurde: Ambasciata d'Italia, Telespresso N° 14425/126, Berlino, 9 novembre 1943 Anno XXII, Al Ministero Affari Esteri Roma, f.to Anfuso, ASMAE, Busta 12, Posizione P12. In der Anlage befindet sich die Verbalnote, ebenfalls vom 9.11.1943. Zur Einrichtung und zur Organisation der Dienststellen vgl. außerdem: Telegramm Nr. 143 vom 11.11.1943, Gesandter Rahn an Auswärtiges Amt, PA, Büro Staatssekretär, Akten betr. Italien, Bd 18; OKH/Att. Abt. Ia Nr. 3538/43 geh. vom 11.11.1943, An Adj Chef GenStdH (Abschrift), BA-MA, RH 2/v. 637; Missione Militare Italiana, Il Generale Comandante, Prot.Nr. 37, Berlino 24/11/43, Al Colonnello Manfredini, oggetto: Direttive, ACS, S.P.d.D., Busta 71, F 643, SF 6.

erfolgen würde, und zum anderen die sich meldenden Freiwilligen wirklich aus der Gefangenschaft entlassen. Einen weiteren Gedanken entwickelte Canevari: Alle nicht in das republikanische Heer aufgenommenen Militärinternierten sollten Speer zur Verfügung gestellt werden und als freie Arbeiter gelten. Weniger als eine Woche nach der Verwirlichung seiner Vorschläge werde die »Schande« der Internierungslager vorbei sein. Gemäß Canevari teilte Reinecke seine Meinung ohne jede Einschränkung. Eine andere Lösung als die vorgeschlagene sei für den Chef des Allgemeinen Wehrmachtamtes angeblich nicht denkbar gewesen.

Auf dessen Anregung trug Canevari seine Ansichten am 18. November Keitel vor, der sich sofort unzugänglich zeigte. Eine Änderung der Vereinbarungen vom 16. Oktober kam für ihn nicht in Frage. Selbst der Hinweis, daß die faschistische Regierung aus politischen Gründen keine Wehrpflichtigen nach Deutschland schicken könne, überzeugte den Chef des Oberkommandos der Wehrmacht nicht. Der italienische General stellte hinterher verzweifelt fest, er habe den Generalfeldmarschall sogar daran erinnern müssen, daß er im Namen Mussolinis verhandelte, doch das habe ihn ebenfalls nicht interessiert. Canevari überkam daher das Gefühl, gegen eine Wand zu sprechen. Nach Keitels Weggang setzte der Generalleutnant das Gespräch mit Buhle fort. Doch der erwies sich als nicht weniger unnachgiebig.

Am Nachmittag folgte eine weitere Unterredung mit Keitel. Schließlich telefonierte man mit Mussolini, der im großen und ganzen die Ausführungen seines Missionschefs bestätigte. Dabei machte er die Frage von 50 000 oder 60 000 Freiwilligen zu einer Ehrenangelegenheit. Es sei einfach nicht möglich, daß sich diese unter den 520 000 Militärinternierten nicht finden ließen.

Die Einschaltung des »Duce« erleichterte den deutschen Generalen den Rückzug. Denn jetzt war die Entscheidung zu einer Angelegenheit zwischen den beiden Regierungschefs geworden.

Canevari stellte in seinem Bericht völlig zutreffend fest, daß die Deutschen die Zahl von vier Divisionen nicht vermehren wollten. Sie mißtrauten Italien. Aber ausschlaggebend sei die Tatsache, daß sie die Militärinternierten für den Arbeitseinsatz zu behalten beabsichtigten. Alles weitere hing somit von den mittlerweile angestrebten Vereinbarungen zwischen Hitler und Mussolini ab[88].

Zwei Tage nach den referierten Gesprächen schrieb Anfuso an Mussolini und bestätigte seinerseits die von Canevari hinsichtlich der gefangenen Landsleute gemachten Angaben. Dabei hob er hervor, daß die Männer nicht nur moralisch, sondern auch körperlich zuneh-

---

[88] Missione Militare in Germania Prot.N° 27, Berlino, 19 novembre 1943, Al Duce Capo del Governo, Al Maresciallo Graziani Ministro della Difesa Nazionale, Oggetto: Costituzione delle divisioni italiane in Germania. Allegati n. 2. F/to Canevari, ACS, S.P.d.D., Busta 71, F 643, SF 6. Dieser Bericht enthält auch Einzelheiten zum Aufbau der Militärmission. Anzumerken ist außerdem, daß Canevari in einer Gesprächspause ein Promemoria für Keitel erstellte (ebd., Anhang Nr. 2), in dem er nochmals die Vorstellungen der Regierung Mussolini über die Bildung der vier Divisionen darlegte. Nachdrücklich wies er darauf hin, daß es — nachdem man 20 000 Mann für die SS anzuwerben vermochte, die unter deutschen Führern kämpfen wollten — keine Probleme bereiten dürfe, 60 000 Militärinternierte für die republikanischen Divisionen zu gewinnen. Als verfehlt, so der General, habe sich im

mend verfielen. Materielle Hilfe hielt er schon allein deshalb für erforderlich, um sich freiwillige Meldende überhaupt in die Lage zu versetzen, wieder kämpfen zu können[89].
Kurz danach, am 30. November, berichtete der Sekretär der Faschistischen Republikanischen Partei, Alessandro Pavolini, er habe von Rahn erfahren, daß wegen der unerwarteten Forderung, die Internierten für den Aufbau der ersten vier Divisionen heranzuziehen, in Berlin ein sehr schlechter Eindruck von der *Repubblica Sociale Italiana* entstanden sei, wozu auch die Äußerung von Canevari, daß der Faschismus als tot angesehen
werden müsse, erheblich beigetragen habe. Die Deutschen zeigten sich ferner irritiert
von der Feststellung des Generals, daß das neue Heer nicht als spezifisch faschistische
Streitmacht konzipiert werden solle. Insgesamt herrsche derzeit jedenfalls Enttäuschung
über Mussolinis Staat[90].
Zu jenem Zeitpunkt hatte der »Duce« bereits ein Telegramm an Hitler gesandt[91]. Darin führte er — was nicht zutraf — aus, daß das Personal für die ersten vier Divisionen,

---

übrigen die Propaganda erwiesen, die bis Anfang November in den Händen des Fascio lag, da dessen
Mitglieder nur über die Schaffung einer neuen Miliz gesprochen hätten. In diesem Hinweis Canevaris
spiegelt sich das bis Ende Oktober andauernde Ringen zwischen den Anhängern einer Partei-Armee,
also einem Milizheer, und den Befürwortern einer klassischen Streitmacht wider. Außerdem machte Canevari klar, daß es politisch unzumutbar sei, die gezogenen Wehrpflichtigen nach Deutschland zu
senden, weil sie dann in der öffentlichen Meinung allgemein als Militärinternierte gälten. Die harte
Position Keitels ist dokumentiert in ebd., Protocollo di chiusura dei colloqui intercorsi tra il Maresciallo Keitel e il Generale di divisione i.g.s. Canevari, Quartiere Generale del Führer 18/11/43. Der
Generalfeldmarschall hielt eine Ergänzung der italienischen Divisionen durch Militärinternierte ohnehin nicht für empfehlenswert, denn letztere seien den verschiedensten schädlichen Einflüssen ausgesetzt gewesen und bildeten daher keine vertrauenswürdigen Elemente. Im Widerspruch zu Canevari
behaupteten die Deutschen, daß sich in Münsingen lediglich 11 000 Italiener bei der SS befänden.
[89] 20 novembre 1943-XXII, Esteri Italia 316, Per il Duce, f.to Anfuso, ACS, S.P.d.D., Busta 71, F 643,
SF 6. Das Schreiben Anfusos wurde telegrafisch übermittelt: Telegramma in arrivo N. 25584 PR,
Ambasciata ital.-Berlino, Assegn.: GAB., Berlino il 20.11.1943. XXII, Oggetto: Militari internati.
316 — Per il Duce, ASMAE, Busta 28, Posizione 62/2/1.
[90] Partito Fascista Repubblicano, Il Segretario, Duce, 30.11.1943. XXII, ft° Alessandro Pavolini, ACS,
S.P.d.D., Busta 12, F 60, SF 6. Zu den Vorwürfen gegen Canevari vgl. »Copia di una relazione fatta
al comando generale della M.V.S.N. dal I° seniore Taccetti già comandante la legione di Bolzano
ed internato in Germania«, 9.1.1944 (was allerdings nicht der Zeitpunkt der Abfassung dieses — Canevari denunzierenden — Schriftstücks sein dürfte), ACS, S.P.d.D., Busta 22, F 153, SF 1. Der Verfasser des
Dokuments behauptete, daß Canevari keinen Wert auf eine faschistische Gesinnung der anzuwer-
benden Offiziere lege, es gehe ihm allein um die berufliche Qualifikation. Auch habe er von den
für die entsprechenden Werbeaktionen ausgesuchten Offizieren gefordert, über die Miliz nicht einmal mehr zu sprechen. Außerordentlich negativ sei ferner das Bild gewesen, das er von den Zuständen im neuen Staat Mussolinis zeichnete.
[91] Mussolini al Führer, Quartier Generale. Handschriftlicher Vermerk: Spedito attraverso Ecc. Mazzolini 23 novembre 1943-XXII, ACS, S.P.d.D., Busta 22, F 153, SF 7. Übersetzung des Dokuments:
RBV Italien Nr. 308 vom 28.11.1943, Für Herrn Reichsaußenminister, PA, Büro Staatssekretär, Akten
betr. Italien, Bd 18. Ein weiteres — undatiertes — Exemplar befindet sich in: ASMAE, Busta 28,
Posizione 62/2/1. Vgl. im Rahmen dieses deutsch-italienischen Meinungsaustausches auch: KTB OKW,
Bd III, S. 1306, 24.11.1943. Dort hieß es: »Im Widerspruch zu den bisherigen Abmachungen fordert
das ital. Oberkommando nunmehr Ausrüstung für ein Heer von 300 000 Mann. Dabei ist es seine
Absicht, möglichst viele Militärinternierte hierfür zu verwenden und keine italienischen Rekruten

wie mit Canevari vereinbart, aus den in Deutschland befindlichen Militärinternierten zu rekrutieren sei. Allein deshalb habe man schließlich die Militärmission in Berlin eingerichtet. Doch nun höre er zu seinem Erstaunen, daß die deutsche Regierung das Abkommen vom 16. Oktober anders interpretiere.

Mussolini glaubte anscheinend tatsächlich, daß sich die Dinge so wie von ihm dargelegt verhielten. Er bat Hitler sogar, das »Abkommen« zu bestätigen. Im Grunde kann das — sofern er nicht zu bluffen versuchte — nur bedeuten, daß der »Duce« sich bis dahin nie die Mühe machte, die Vereinbarungen zwischen Buhle und Canevari aufmerksam zu studieren[92].

Besagtes Telegramm fand Rahn in seinem Büro vor, als er Ende November aus Berlin nach Italien zurückkehrte. Er ersuchte sofort um eine Unterredung, die auch noch am 28. zustande kam[93]. Dabei redete Hitlers Botschafter in Fasano sehr offen mit dem faschistischen italienischen Regierungschef über die deutsche Sicht der Entwicklung in der *Repubblica Sociale Italiana*.

Rahn meinte, daß er — ebenso wie die deutsche militärische Führung — wegen der inneren Lage in Mussolinis Republik ernste Besorgnis hege. Insbesondere das Verhalten von Marschall Graziani provoziere Mißtrauen. Berlin hielt ihn und seine Mitarbeiter, in der Mehrzahl Offiziere des alten Heeres, für unzuverlässig, für nicht vom faschistischen Gedanken überzeugt, für umstürzlerisch gesinnt! Diese Gruppe schickte sich nach Rahns Auffassung an, die Macht zu übernehmen. Sowohl auf militärischem als auch auf wirtschaftlichem Gebiet hätten Grazianis Männer die meisten Zuständigkeiten an sich gezogen. Ihnen gehe es darum, unter dem Marschall einen Staat ohne jede faschistische Prägung aufzubauen. Bezeichnend erschienen dem Gesandten dafür die angeblichen Äußerungen von Canevari gegenüber Keitel. Danach würde keine faschistische, sondern eine republikanische Armee angestrebt. All das bestätigte — wie oben dargelegt — Pavolini zwei Tage später. Die deutschen Militärs hätten außerdem gute Gründe, beunruhigt zu sein, wenn zum Beispiel die Rede davon sei, daß die Divisionen ausschließlich aus Militärinternierten aufgestellt, auf Graziani vereidigt und nicht in Deutschland, sondern in Italien ausgebildet werden sollten.

Rahn vereinfachte dabei, sagte auch manches, was nicht zutraf. Aber um die Wahrheit ging es nicht. Vielmehr wollte er dem »Duce« deutlich machen, daß die Italiener für die Deutschen da zu sein hätten, nicht umgekehrt. Bei seiner Warnung verzichtete der Gesandte auf jeden diplomatischen Schnörkel: Die Deutschen wünschten weder sich selbst noch Mussolini die »Erfahrung eines zweiten Verrats«. Hitler werde einer eventuell drohenden Wiederholung mit »unerbittlichen Maßnahmen entgegentreten«. Ganz im Ton eines Herrenmenschen fuhr er fort: »Bei allem Verständnis für die schwierige Lage der faschistischen Regierung könne die Reichsregierung der augenblicklich zu beobachten-

---

nach Deutschland zu schicken. Die Entscheidung ist in dem Sinne gefallen, daß es zunächst bei der Aufstellung der 4 Divisionen auf deutschen Truppenübungsplätzen verbleibt.«

[92] Das vermutet — in anderem Zusammenhang — auch Deakin, Die brutale Freundschaft, S. 675.

[93] Siehe oben, Anm. 91, Akten betr. Italien, Bd 18; PA. Der Bericht über das Treffen mit Mussolini ist Teil des dort zitierten Telegramms, das am 29.11. in Berlin einging. Das Dokument wird ausführlich referiert bei Deakin, Die brutale Freundschaft, S. 684 ff.

den Entwicklung in Italien nicht untätig zusehen. Entweder entstehe nunmehr wirklich eine faschistische Staatsgewalt, die entschlossen sei, alle Konsequenzen aus dem Bündnis mit dem nationalsozialistischen Deutschland zu ziehen, oder das von ihm [Mussolini, d. Verf.] in Angriff genommene Werk müsse über kurz oder lang zusammenbrechen.« Unausgesprochen blieb, daß die *Repubblica Sociale Italiana* den Kollaps mit deutscher Hilfe bekommen könnte.

Was Mussolini erwiderte, dokumentierte seine Bedeutungslosigkeit als Regierungschef eines Marionettenstaats. Er besaß keine eigene Macht, deshalb verzichtete der »Duce« offensichtlich auf jeden massiven Protest. Nur Graziani versuchte er etwas aus der Schußlinie zu nehmen. Der Marschall habe sich schon zu sehr kompromittiert, er müsse deshalb zwangsläufig auf faschistischer Seite weitermarschieren. Ein besonders starkes Argument war das nicht.

Im Hinblick auf die vier Divisionen erklärte Mussolini nochmals seine Position, allerdings ohne jede direkte Bezugnahme auf die Absprachen zwischen Hitler und Graziani beziehungsweise Buhle und Canevari. Nicht grundsätzlich, aber im jetzigen Moment lehne er die Verschickung der eingezogenen Wehrpflichtigen nach Deutschland ab. Für seine Haltung gebe es innenpolitische Gründe. Gegenwärtig liefen die jungen Leute zu den Partisanen über, sobald sie hörten, daß ihr »Abtransport nach Deutschland bevorstehe«, denn es bestehe die Furcht, daß sie im Reich das »Schicksal der Kriegsinternierten« teilen müßten. Mussolini wiederholte außerdem fast wörtlich, was er bereits am 18. November sagte, als ihn Canevari aus der Besprechung mit Keitel anrief. Für ihn sei es ein »äußerst demütigender Gedanke, daß unter den rund 60[0] 000 Kriegsinternierten sich nicht 50 000 finden sollen, die bereit wären zu kämpfen und die Schande des Verrats von der italienischen Fahne mit ihrem Blute abzuwaschen.« Im übrigen besitze er Informationen, die ihn in seiner Zuversicht bestätigten. Der »Duce« machte dann fünf Vorschläge, die hier lediglich unter dem Gesichtspunkt der Verwendung der Militärinternierten interessieren. Nach wie vor wünschte und bat er, die ersten vier Divisionen aus den »besten Elementen der in Deutschland internierten Italiener« aufzustellen. Aber er hatte auch erkannt, weshalb sich die Deutschen einem solchen Ansinnen so hartnäckig verweigerten. Deshalb versprach er, während der Ausbildungszeit der Verbände italienische Arbeiter in so großer Zahl ins Reich zu schicken, daß die aus den Lagern zur militärischen Verwendung abgezogenen Männer »zahlenmäßig nach kurzer Zeit übertroffen« sein würden.

Rahn reagierte skeptisch und bezweifelte, daß sich die Wehrmachtführung auf ein derartiges Angebot einlassen könne. Er deutete außerdem an, daß die deutsche Seite auch deshalb so nachdrücklich auf der Entsendung der Wehrpflichtigen insistiere, weil sie aus ihnen nicht nur gute Soldaten, sondern darüber hinaus gute Faschisten zu machen beabsichtige. Er sprach von nicht durch den Verrat »angekrankten« jungen Menschen. Die Offerte, Arbeiter als Ersatz für die Militärinternierten zu senden, wagte Hitlers Botschafter nicht abschließend zu bewerten. In seinem Bericht über das Gespräch wies er ansonsten besonders darauf hin, daß der »Duce« selbst hinter der Weigerung stehe, die eingezogenen Jahrgänge nach Deutschland zu entsenden. Doch das war in politischen und militärischen Kreisen in Berlin längst bekannt.

Nur drei Tage nach dem referierten Meinungsaustausch kam es am 1. Dezember zu einer weiteren Unterredung zwischen Rahn und Mussolini[94]. Der italienische Regierungschef erklärte sich jetzt bereit, die für die Aufstellung der vier Divisionen benötigten Rekruten zwischen dem 15. und dem 31. Januar 1944 zur Ausbildung nach Deutschland zu schicken. Darüber hinaus sollten im Januar »mehrere Jahresklassen Miliz« eingezogen und dem Generalbevollmächtigten für den Arbeitseinsatz zur Verwendung im Reich überlassen werden. Außerdem versicherte er dem Botschafter, daß Graziani den »größten Teil der Offiziere und Beamten des Kriegsministeriums entlassen« habe. Schließlich bot Mussolini sogar an, Canevari durch einen »zuverlässigen Offizier« ablösen zu lassen.

Am 4. Dezember hat der »Duce« diese und andere Punkte in einer fünfstündigen Diskussion im großen Kreis bestätigt[95]. Von den Militärinternierten sprach er dabei so wenig wie am 1. des Monats, wohl aber von dem Ausscheiden Canevaris aus dem, so Rahn, »Armee-Verband«.

Canevari mußte zwar gehen, doch vorher resümierte er noch einmal die Entwicklung vom 12. Oktober bis zum 18. November 1943. In seinem Tätigkeitsbericht ging er auch auf die Behauptung ein, Graziani habe ihn am 16. Oktober in dem Glauben nach Berlin geschickt, daß die vier Divisionen aus Militärinternierten gebildet würden — und der General bestätigte die besagte Angabe.

Da die oben zitierten Dokumente eindeutig sind, erscheinen im Grunde nur zwei Erklärungsmöglichkeiten für die von Graziani gegenüber Canevari gemachten Aussagen vorstellbar. Entweder kannte ersterer aufgrund einer ungenauen Übersetzung die Wahrheit nicht, oder er sagte nach seiner Rückkehr schlicht die Unwahrheit, was zunächst schwer vorstellbar ist. Aber Canevari stellte eben auch fest, daß, im Hinblick auf die oben erörterten Gespräche vom 18. November, seitens Grazianis zwischen dem 10. und 12. des Monats eine »Modifizierung« der Aufzeichnung über die Unterredung vom 16. Oktober verlangt worden sei, und das im Sinne der nunmehr gewünschten Rekrutierung der Divisionen aus Militärinternierten. Völlig unabhängig von dem, was Canevari bei seiner ersten Reise nach Berlin annahm, bedeutet das, daß Graziani — und wohl ebenso Mussolini — genau wußte, was am 16. Okober vereinbart wurde, nämlich die im zitierten deutschen Protokoll festgehaltene Regelung. Beide scheinen sich daher später — gegenüber der nationalsozialistischen Seite — in voller Kenntnis der ursprünglichen Abmachungen ahnungslos gestellt zu haben[96]. Im Verlaufe der daraus resultierenden Kontroverse mit dem Oberkommando der Wehrmacht stellte Canevari somit ein reines Bauern-

---

[94] ADAP, E, Bd VII, Dok. 107, S. 213 f., 1.12.1943, Rahn an das Auswärtige Amt. Von diesem wurde der Inhalt des Telegramms im Wortlaut dem Chef der Reichskanzlei, dem OKW, der Partei-Kanzlei, dem Innenministerium, dem GBA, dem Reichsministerium für Rüstung und Kriegsproduktion sowie dem Reichswirtschaftsministerium als streng vertrauliche Information zugänglich gemacht: Auswärtiges Amt Nr. Pol IV 4706, Berlin, den 6.12.1944, Schnellbrief, BA, R 43 II/682a.

[95] Telegramm Nr. 337 vom 4.12.1943, Rahn an Auswärtiges Amt, PA, Büro Staatssekretär, Akten betr. Italien, Bd 18. Das Telegramm ist publiziert bei Deakin, Die brutale Freundschaft, S. 686 f.

[96] Gargano, 3 dicembre 1943, Questione dei protocolli Canevari-Buhle (16 ottobre), f.to Canevari, ACS, S.P.d.D., Busta 71, F 643, SF 6.

opfer dar[97]. Ihn ersetzte am 19. Dezember der damalige Oberst Umberto Morera als Leiter der Italienischen Militärmission[98], den keine leichte Aufgabe erwartete. Denn Hitler versprach sich Anfang Dezember »so wenig von der Ausleseaktion« unter den Militärinternierten, daß die Wehrmacht sämtliche Bemühungen einstellte, die das Projekt »voranzutreiben« vermocht hätten[99].

All das zeigte, daß in Berlin nur wenig Interesse an einem Aufbau faschistischer Streitkräfte existierte. Die in Richtung militärischer Neuaufbau zielenden Initiativen Mussolinis ließen sich allerdings aus rein pragmatischen Gründen nicht einfach zurückweisen. Um sich in Italien keine zusätzlichen Schwierigkeiten zu schaffen, mußte Hitler die innenpolitische Position des »Duce« in gewissem Umfang festigen. Eine kleine und kontrollierte Armee konnte dem dienlich sein. An mehr dachte die Wehrmachtführung nicht. Wenn daher Großadmiral Dönitz am 9. Dezember behauptete, es werde »keine selbständige italienische Wehrmacht mehr« geben, so formulierte er eine für viele deutsche Spitzenmilitärs repräsentative Auffassung. Der Oberbefehlshaber der Kriegsmarine fügte dem noch hinzu, daß man diesbezügliche Bestrebungen Mussolinis nicht unterstützen dürfe[100]. Anläßlich der Lagebesprechungen mit seinem »Führer« am 19. und 20. Dezember fragte Dönitz, welche Absichten Hitler in bezug auf neue italienische Streitkräfte hege. Er bekam die Antwort, die er sich vermutlich wünschte: Daraus, so der Reichskanzler, werde nichts, denn »Deutschland habe auf lange Sicht kein Interesse« daran. Selbst hinsichtlich der Aufstellung der vier Divisionen und der von deutschen Truppen eingerahmten faschistischen Einheiten in Italien schien ihm »größte Vorsicht und Wachsamkeit« angebracht. Botschafter Rahn solle vorsorglich entsprechend angewiesen werden[101]. Als sich dann just der im Februar 1944 dafür aussprach, die Soldaten Mussolinis bei der Verteidigung von Rom einzusetzen, ließ ihm Hitler mit aller Deutlichkeit mitteilen, er »möge sich um Gottes willen nicht von der italienischen Seele einfangen lassen«. Es stehe »nun einmal fest, daß die italienischen Truppen nicht mehr einsatzfähig seien.« Dem folgte der verächtliche Satz: »Das beste, was man erreichen könne,

---

[97] Zur Ablösung Canevaris vgl. Protocollo n. 50, Berlino 18 dicembre 1943-XXII, Al Duce Capo del Governo, Al Maresciallo Graziani Ministro della D.N., f.to Canevari. Allegati: 10, ACS, S.P.d.D., Busta 71, F 643, SF 6. Siehe außerdem: Gargano, il 5 dicembre 1943, Decreto, f.to Mussolini, ACS, S.P.d.D., Busta 22, F 153, SF 1. Canevari übte demnach die »Funktion eines attachierten Generals bei General Wolff« aus. Das heißt, er war mit den »Divisionen der italienischen SS« befaßt. Vgl. auch ebd., N° 153/R, Posta da campo 713, 13 dicembre 1943-XXII, Al Barone Hans-Joachim Ritter von Reichert Consigliere presso l'Ambasciata di Germania Bellariva, f.to Giovanni Dolfin.

[98] Italienische Militärmission in Deutschland Prot.Nr. 68/Segr., Berlin, den 18.12.1943, An O.K.W./A.W.A. Ital. Berlin, Betrifft: Neue Einteilung der Italienischen Militärmission in Deutschland, gez. General Emilio Canevari, ACS, S.P.d.D., Busta 71, F 643, SF 6.

[99] KTB OKW, Bd III, S. 1338, 5.12.1943. Diese Eintragung bezieht sich direkt auf das Schreiben Mussolinis vom 23.11. (siehe oben, S. 365, Anm. 91).

[100] 1. Skl KTB Teil A, S. 144, 9.12.1943, BA-MA, RM 7/55. Direkt dazu vgl. KTB OKW, Bd III, S. 1152, 29.9.1943, wo sich eine derartige Grundhaltung bereits Ausdruck verschaffte.

[101] Lagevorträge, S. 555 ff., 19./20.12.1943, hier S. 556. So gesehen mußte ein Vorstoß Anfusos, der im Auftrag Mussolinis Ende Dezember erneut bat, Teile der Militärinternierten für ein »brauchbares Truppenkontingent« freizugeben, von Anfang an wenig aussichtsreich erscheinen: ADAP, E, Bd VII, Dok. 149, S. 285 f., 28.12.1943, Aufzeichnung Staatssekretär v. Steengracht.

seien tumultuöse Demonstrationen, bei denen die Leute sich selbst berauschten.« Hingegen vermöge niemand aus Italienern eine »wirklich zuverlässige, kampfbereite Formation« aufzubauen[102].

Im Grunde ist damit alles gesagt, was hierbei in bezug auf die deutsche Position festgehalten zu werden verdient. Die Aufstellung von Mussolinis Armee schritt zwar voran[103], doch die Entscheidung in der Hauptsache wurde von der weiteren Entwicklung nicht mehr berührt. Die Deutschen zogen, wie sich immer wieder zeigte, den italienischen Arbeiter dem faschistischen Soldaten vor. Sie ließen es somit bei einer symbolischen Streitmacht der *Repubblica Sociale Italiana* bewenden.

Zu untersuchen bleibt freilich, weshalb es trotz einer solchen negativen Einstellung zum Statuswechsel im Sommer 1944 kam, der aus militärischen Zwangsarbeitern sogennannte freie Zivilarbeiter machte. Bevor jedoch darauf eingegangen wird, sollen erst noch einige spezifische Gesichtspunkte der bislang nicht systematisch untersuchten Werbeaktion in den Kriegsgefangenenlagern dargestellt werden.

c) Werbung in den Lagern — Die Militärinternierten zwischen Verweigerung und Zusammenarbeit. Mit einem Exkurs über rassistische Aspekte der Diskriminierung

In der einen oder anderen Form dauerte das Werben um Freiwillige für die italienische faschistische Republik bis in das Jahr 1945 an, wobei allerdings hinsichtlich der Intensität der Kampagne erhebliche Schwankungen und in bezug auf ihre Zielsetzung Unterschiede zu verzeichnen sind. Da die Masse der offiziellen Unterlagen fehlt, läßt sich natürlich weder der genaue Verlauf der Werbung nachvollziehen noch können deren Resultate im einzelnen nachgewiesen werden. Immerhin reicht das erhaltene Material aus, um einen Eindruck von den Aktionen oder Angeboten der einen und den Reaktionen oder Antworten der anderen Seite zu vermitteln.

Wer die Entwicklung vom Herbst 1943 bis zum Sommer 1944 in den Blick nimmt, als es wegen der befohlenen Überführung der Militärinternierten in das Verhältnis von Zivilarbeitern zwar zu einer grundsätzlichen Veränderung der gegebenen Lage, nicht aber zur definitiven Lösung des Internierungsproblems kam, dem stellen sich in bezug auf die Anwerbung, welche die deutsche Seite oft als Abwerbung betrachtete, bestimmte Fragen. Sie betreffen beispielsweise den Einfluß, den die unterschiedliche Einstellung zu den Militärinternierten auf deren Existenzbedingungen besaß. Zu erinnern wäre hierbei an die Polarisierung zwischen dem Oberkommando der Wehrmacht und dem Verteidigungsministerium der Republik von Salò. Zu bedenken sind ferner inneritalienische Gegensätze oder Auffassungsunterschiede in Berlin. Exemplarisch traten jene in der Haltung des Auswärtigen Amts einerseits und derjenigen der Wehrmachtführung andererseits zutage. Von Interesse ist zudem das Bild, das faschistische Beobachter von der Situation in den Interniertenlager zeichneten. Stimmt es mit demjenigen der Memoirenliteratur überein? Wie beurteilten sie die physischen und psychischen Bedingungen des Lebens

---

[102] ADAP, E, Bd VII, Dok. 216, S. 414, 14.2.1944, Botschaftsrat Hilger an Rahn.
[103] Vgl. zur weiteren Entwicklung Scalpelli, Forze armate di Salò, S. 25—38.

Heer zu dienen[112]. Im Stalag XXI D Posen (Poznań) sollen es hingegen am 4. Oktober nur 4 von 175 Offizieren gewesen sein, die sich für Mussolini entschieden[113].

Einen relativ ausführlichen Bericht über die Ergebnisse von Einzelbefragungen in einem Lager, über die Bedingungen, unter denen die Militärinternierten ihre Antworten gaben, und über die von den deutschen Lageroffizieren gewonnenen Eindrücke hinsichtlich der Einstellung der Gefangenen zum »Dritten Reich« sowie zur *Repubblica Sociale Italiana* gibt es für das Stalag III A Luckenwalde. Es bekam im Oktober Besuch von einer deutsch-italienischen Kommission[114]. Außer einem Vertreter der Propagandaabteilung des Oberkommandos der Wehrmacht und drei Diplomaten des Auswärtigen Amtes gehörte ihr der italienische Journalist Guido Tonella an. Er fungierte als Schriftleiter der seit Anfang Oktober erscheinenden Interniertenzeitschrift »La Voce della Patria«[115].

In Luckenwalde hielten sich damals ungefähr 16 000 Militärinternierte auf, deren Zahl in den ersten Wochen nach dem 8. September ständig stieg[116]. Daran änderte sich auch dadurch wenig, daß die Italiener zum Teil in Arbeitskommandos »umgewandelt« oder in andere Lager weitergeschleust wurden. Die italienischen Gefangenen lebten — getrennt nach Offizieren und Mannschaften — in »Baracken und sehr primitiv in größeren und kleineren Zelten«. Alte Faschisten, die wegen fehlender Papiere ihre Parteizugehörigkeit nicht nachzuweisen vermochten, trafen sich hier mit erklärten Gegnern der Regierung Mussolini. Selbst Volksdeutsche befanden sich in Luckenwalde.

Nach Auffassung der Besucher fehlte den Offizieren ebenso wie den Unteroffizieren und Mannschaften jedes »Verständnis für die Notwendigkeit kollektiver Verantwortlichkeit, in die sie der Verrat des Badoglio-Regimes« — nach Meinung der deutschen Führung — versetzte. Im Hinblick auf die psychische Verfassung der Militärinternierten hieß es:

---

[112] Il campo di internamento di Versen (es handelt sich um das Zweiglager Neu Versen des Stalag VI C Bathorn). Memoria redatta dal Colonnello Alessandro Fiori di S. Cassiano, Luglio 1945, ASUSSME, Busta 2256.

[113] 1. Skl KTB Teil A, S. 56, 4.10.1943, BA-MA, RM 7/53. Diese Angabe ist in den Statistiken des Oberkommandos der Wehrmacht nicht enthalten, vielmehr fehlen bis 1944 Daten für Posen.

[114] Kult Pol Zw GR Dr. Blahut, Berlin, den 7.10.1943, Aufzeichnung, Betr.: Besuch eines italienischen Kriegsinternierten-Lagers, PA, Büro Staatssekretär, Akten betr. Italien, Bd 17. Das Dokument wird ausführlich referiert bei Cajani, Appunti, S. 88 f.

[115] Siehe oben, Anm. 83. Vgl. in diesem Kontext auch: Oberkommando der Wehrmacht 2 f 24.10 WFSt/WPr (IV B 5), Berlin, den 31.5.1944, An alle Oflag und Stalag, Betr.: Zeitschrift »Signal«, BA-MA, RH 49/35. Das in sechs Sprachen erscheinende Elaborat stellte demnach ein »außerordentlich wirksames Propagandamittel« dar. Es sollte den Kriegsgefangenen »als besondere Kostbarkeit« und nur als Belohnung für »Wohlverhalten, für besondere Arbeitsleistung oder für besondere politische Aufgeschlossenheit« ausgehändigt werden. Nicht verteilt wurde »Signal« an die »Ost-Kriegsgefangenen«.

[116] Referiert gemäß PA (siehe oben, Anm. 114). Rochat, Memorialistica, S. 35, nennt für Luckenwalde im Oktober den Übertritt von 12 Offizieren unter 120. Es ist darauf hinzuweisen, daß bei der SS-Ergänzungsstelle »Spree«, zu deren Bereich acht Stalags gehörten, sich von rund 47 000 Militärinternierten lediglich 2 000 für die faschistische Miliz meldeten: Notizen für Kriegstagebuch des Verbindungsstabes der Deutschen Wehrmacht beim Duce über Dienstreise Oberstleutnant i.G. Jandl vom 26.9.43—4.10.43. Der Verfasser dankt Herrn Udo Tommasi, der ihm das Dokument freundlicherweise zur Verfügung stellte. Zum Verbindungsstab siehe auch BA-MA, RH 19 X/56.

»Während die Mannschaft ihr Schicksal mit der Gelassenheit mehr primitiv eingestellter Menschen trägt und eher von dem Eindruck beherrscht wird, daß für sie der Krieg vorbei ist, fällt bei den Offizieren sofort die tiefgehende Verbitterung über die deutscherseits erfolgte Behandlung auf.« Insbesondere verübelte man es der Wehrmacht, daß sie nicht zwischen denjenigen unterschied, die gegen Deutsche gekämpft hätten, und jenen, die sich nicht nur loyal verhielten, sondern »sogar auf deutscher Seite kämpfen wollten«. Den italienischen Soldaten sei eine ehrenvolle Behandlung zugesagt worden. Doch könne davon nicht die Rede sein, denn sie würden wie »Konzentrationslagerhäftlinge« traktiert und stünden auf einer Stufe mit den Russen.

Ein derartiger Umgang, der schließlich selbst die gutgläubigsten Lagerinsassen davon überzeugen mußte, daß sie Opfer des Wortbruchs deutscher Offiziere waren, führte allmählich zu einem Umkippen der Gefühlslage. Die anfangs angeblich bei vielen noch vorhandene Bereitschaft, in »irgendeiner Form« an der Seite der Deutschen weiterzukämpfen, erlosch. Ein italienischer Oberst erklärte in Luckenwalde unter »allgemeiner Zustimmung«, er bedaure im nachhinein, nicht gegen die Wehrmacht gekämpft zu haben, sähen sich doch die anderen Häftlinge, bei denen es sich um erklärte Gegner des Deutschen Reiches handelte, »in jeder Hinsicht besser« gestellt als die Italiener, die teilweise »deutsche Kriegsauszeichnungen trügen«.

Die deutschen Lageroffiziere bestätigten die verheerenden Auswirkungen des ebenso ungeschickten wie ungerechten Verhaltens gegenüber den Militärinternierten. Ursprünglich hatten sich von ihnen rund 60 Prozent zum Faschismus bekannt. Mittlerweile war diese Zahl, das ergab eine zweite Befragung, »erheblich gesunken«; und italienische Kriegsgefangene betrieben schon damals aktive Gegenpropaganda.

Einen eklatanten Mißerfolg verzeichnete in Luckenwalde die Freiwilligenwerbung für Himmlers SS. Unter den Internierten erklärte sich »knapp 1 Promille der Gesamtzahl, darunter nur 1 Offizier« zur Zusammenarbeit bereit. Das entsprach etwa 16 Mann von rund 16 000. Angesichts der Stimmungslage bei den Gefangenen dürfte sich das niederschmetternde Resultat keineswegs in erster Linie mit dem Versagen des im Stalag III A eingesetzten italienischen Redners erklären. Eine Rolle spielte bei der Verweigerung unter anderem die »Abneigung, in deutscher Uniform zu kämpfen oder womöglich in deutschen Verbänden an die Ostfront gesandt zu werden«. Beide Argumente kommen in anderen Quellen als Verweigerungsmotive ebenfalls zum Ausdruck, wobei die Mitglieder der Besuchskommission bezeichnenderweise die Erwartung hegten, daß bei der »Anwerbung für eine neuaufgestellte faschistische Miliz zum Kampf in Italien« ein ungleich größerer Erfolg zu erzielen sei. Das werde vor allem dann der Fall sein, wenn bekannte Faschisten oder Mitglieder der Regierung Mussolini sich bereit zeigten, in den Interniertenlagern Rede und Antwort zu stehen.

Trotz der insgesamt deprimierenden Eindrücke meinten die Vertreter des Auswärtigen Amtes, daß eine »ernstliche Deutschfeindschaft« nicht zu verzeichnen gewesen sei. Sie hofften sogar, die Italiener durch geschickte politische Aufklärungsarbeit relativ schnell zu einer positiveren Einstellung bewegen zu können. Um das zu erreichen, empfehle sich der »Ausbau eines kontrollierbaren Vertrauensmännersystems«. Mit dessen Hilfe habe man »zunächst die negativen Elemente möglichst umgehend auszusondern«. Darüber hinaus müsse den Männern durch italienisch sprechende Deutsche das »Gefühl einer Betreuung« vermittelt werden. Dazu hätte wohl auch gehört, daß die Gefangenen etwas über ihre Familien erfuhren. Das »Fehlen jeglicher Post- und Nachrichtenverbindung« belastete sie nämlich extrem. Die zuständige Abteilung im Auswärtigen Amt wollte sich jedenfalls der Angelegenheit annehmen und dabei ihre im Rahmen der »erfolgreichen Beeinflussung der französischen Kriegsgefangenen gesammelten Erfahrungen« ausnutzen[117].

Der Bericht über Luckenwalde erschien nicht zuletzt deshalb bemerkenswert, weil er das Vorhandensein eines gesteuerten und politisch motivierten Widerstands nachwies. Offensichtlich agierten seine Protagonisten schon in der Anfangsphase der Internierung recht erfolgreich. Nun lassen sich die in einem bestimmten Lager gegebenen Verhältnisse gewiß nicht ohne weiteres verallgemeinern, aber das Stalag III A stellte durchaus keinen Einzelfall dar.

So lag Mussolini im Oktober daran, daß die im Zweiglager Schocken des Oflag 64 Altburgund untergebrachten Generale nicht zusammenblieben. Sie sollten vielmehr auf verschiedene Internierungslager verteilt werden, da er hoffte, dadurch wenigstens einen Teil von ihnen für sich zu gewinnen. Solange die Offiziere in Schocken lebten, durfte er damit nicht rechnen, denn dort — so die aufschlußreiche Begründung — »sei die gegen Deutschland und das faschistische Italien gerichtete Propaganda« besonders intensiv[118].

Insgesamt betrachtet scheinen die Reaktionen der Militärinternierten auf die Anwerbungsversuche allerdings sehr unterschiedlich ausgefallen zu sein. Es läßt sich auch keine Generalisierung hinsichtlich der Entscheidungsgrundlage des einzelnen Internierten vornehmen. So zeigten sich bei einem Zwischenaufenthalt in Ludwigsburg von circa 500 Offizieren nur 27 nicht bereit, in die SS oder das deutsche Heer einzutreten[119]. Den Erfolg verzeichneten die Deutschen am 22. Oktober. Die sogenannten Freiwilligen hatten damals — seit ihrer Abreise aus Griechenland — bereits eine mehr als vierwöchige Irrfahrt hinter sich. Hingegen erklärten sich am 20. Oktober in Saloniki lediglich sieben von 68 Offizieren willens, auf die Angebote der deutschen Seite einzugehen[120].

Dennoch existieren — unbeschadet der Vielfalt und Unterschiedlichkeit der Antworten, die Militärinternierte auf die Offerten zur Kooperation gaben — Beobachtungen, die gewisse Rückschlüsse auf die Motive für die Verweigerung erlauben.

Der Generalkonsul des faschistischen Italiens in Hamburg berichtete zum Beispiel über hierzu von ihm im Stalag X B Sandbostel und dessen Zweiglager Wietzendorf (ab Anfang 1944 Oflag 83) gesammelte Erfahrungen[121]. Anläßlich seines Besuchs hielt er eine An-

---

[117] Vgl. dazu ADAP, E, Bd VII, Dok. 25, S. 50, 7.10.1943. Der Aufzeichnung des Leiters der Kulturpolitischen Abteilung — Gesandter I. Klasse, SS-Brigadeführer und Professor Alfred Franz Six — lag der oben zitierte Bericht über den Besuch in Luckenwalde zugrunde.

[118] ADAP, E, Bd VII, Dok. 62, S. 122 ff., 27.10.1943, hier S. 123, Bericht von Rahn an das Auswärtige Amt über Unterredung mit Mussolini.

[119] Caffiero, Verso il Lager, S. 93.

[120] KTB H.Gr. E, S. 199, 20.10.1943, BA-MA, RH 19 VII/1. In Korinth sollen im September von rund 1 000 Offizieren 10 übergetreten sein: Rochat, Memorialistica, S. 35.

[121] Consolato Generale d'Italia Amburgo, Telespresso N. 6064/545, Riservato, Ministero degli Affari Esteri — Roma, Ambasciata d'Italia-Berlino, Amburgo, 1 novembre 1943-XXII, Gli internati militari

sprache an die Offiziere und Soldaten. Danach habe sie der Diplomat gefragt, ob sie bereit seien, als Freiwillige in die SS einzutreten und bis zum Ende des Krieges unter deutschem Befehl zu dienen. In Sandbostel antworteten von etwa 8 000 Anwesenden rund 70 mit ja, in Wietzendorf belief sich die Zahl der Jastimmen auf circa 50 — bei annähernd 5 000 Befragten. Daraufhin richtete der Generalkonsul, um herauszufinden, ob und in welchem Umfang die Ablehnung auf der Tatsache beruhte, daß die Gefangenen nach der Befreiung in fremder Uniform kämpfen sollten, an die Internierten in Wietzendorf eine Zusatzfrage. Er fragte, wer von den Lagerinsassen den Krieg in einem vom »Duce« aufgestellten Miliz-Heer fortsetzen würde. Von den über 5 000 Militärinternierten zeigten sich dazu angeblich rund 1 000 bereit. Die übrigen hätten, obwohl sie von Mussolinis Befreiung und seiner Ansprache an die Italiener wußten, keinerlei Interesse an einem Engagement für das faschistische Italien bekundet. In Einzelgesprächen stellte sich heraus, daß der Hauptgrund für die totale Indifferenz in der festen Überzeugung bestand, daß der Krieg bald mit dem Sieg der Angloamerikaner enden werde. Ferner führte der Diplomat die Haltung seiner Landsleute auf die ständige defätistische Einflußnahme zurück, welche die Offiziere auf die Soldaten ausübten. Zudem meinte er, daß andere Faktoren ebenfalls berücksichtigt werden müßten. So trage der Anblick der zerstörten Städte, mit dem sich die bei der Trümmerbeseitigung eingesetzten italienischen Gefangenen konfrontiert sahen, gewiß nicht dazu bei, an einen Sieg Deutschlands zu glauben. Die niederschmetternden Nachrichten von den einzelnen Fronten bauten die vorhandene Skepsis eher noch auf als ab. Angesichts derartiger Umstände zogen es die Häftlinge vor, den Eindruck gewann jedenfalls der Generalkonsul, die vermeintlich bald bevorstehende Heimkehr in der Gefangenschaft abzuwarten. Das aber hieß täglich schwere und oft erniedrigende Zwangsarbeit verrichten, bedeutete fast überall kärgliche Ernährung. Und die Entscheidung implizierte auf unabsehbare Zeit ein Leben in überfüllten und kalten Baracken, das der erholungslose Schlaf auf harten Betten nicht erleichterte. Aber selbst ein so erbärmliches Dasein brachte die Gefangenen nach sechswöchigem Aufenthalt im Lager nicht zum Umdenken. Sie lehnten es nach wie vor ab, für Hitler oder Mussolini die Waffen zu ergreifen. Es scheint bei ihnen nur noch eine Gefühlsäußerung gegeben zu haben — stillen, dumpfen Groll gegen diejenigen, die sie für ihr Elend verantwortlich machten, das heißt den »Faschismus und die Deutschen«.

Immer wieder trat in den Kommentaren faschistischer Vertreter in Deutschland das Argument zutage, die in den Gefangenenlagern »grausam behandelten Offiziere« hegten den Verdacht, daß sie nach einer Erklärung zur Zusammenarbeit »Söldner in deutschen Diensten« werden sollten[122]. Dazu aber zeigten sie sich nicht bereit, zumindest nicht mehrheitlich. Um im Detail zu erkennen, was eine Verweigerung — nicht etwa nur für die Offiziere — bedeutete, genügt es, die Aufzeichnungen derer zu lesen, die sich offiziell um die Militärinternierten kümmerten. Die Memoirenliteratur, die hinsichtlich ihrer

---

in Germania, ASMAE, Busta 48, Posizione Italia 11/12. Direkt dazu auch Monchieri, Diario, 20.9.1943, S. 23 f.

[122] Eccellenza Ambasciatore Anfuso — Berlino, 5 novembre 1943, f.to Canevari, ACS, S.P.d.D., Busta 16, F 91, SF 2.

Zuverlässigkeit — quellenkritisch gesehen — stets mit einem Fragezeichen zu versehen ist, wird hierbei von den zeitgleichen Berichten weitgehend bestätigt. Zur Lage der italienischen Gefangenen schrieb etwa Vaccari Ende November an Mussolini, sie werde von Tag zu Tag schlechter. Es fehle an Nahrung, oder die Kost sei der acht bis zehn Stunden währenden Schichtarbeit in keiner Weise angemessen. Den Gefangenen mangele es bei den äußerst harten klimatischen Bedingungen an Kleidung. Sie lebten in ungesunden Baracken. Viele kämen aus Malariagebieten in Albanien. Infektionskrankheiten wie Diphterie und Tuberkulose grassierten. In vielen Lagern gebe es Grausamkeiten und Mißhandlungen. Diese Erscheinungen prägten das Gesamtbild der Militärinternierung. Das Mißtrauen und die Feindseligkeit der Deutschen gegenüber den Italienern und denjenigen, die sich amtlich um die Internierten kümmerten, kämen hinzu. Vaccari forderte Mussolini daher auf, persönlich zu intervenieren, denn Botschafter Anfuso bemühe sich zwar, könne jedoch so gut wie nichts erreichen. Konkret ging es ihm, der damals für Lagerinsassen zuständig war, die nicht als Freiwillige in die Kompetenz der Militärmission fielen, um zwei Ziele. Er wollte zum einen erreichen, daß eine bestimmte Gruppe von Offizieren — vor allem aus gesundheitlichen und familiären Gründen sowie wegen des Lebensalters — repatriiert würde. Zum anderen versuchte er für alle diejenigen, die nach der Anwerbeaktion interniert blieben, eine Statusänderung durchzusetzen. Sie sollten Fremdarbeiter werden, und zwar mit allen Rechten, die jenen zukamen[123].

In seiner Gesamttendenz entsprach Vaccaris Gedankengang in etwa den Überlegungen, die Canevari am 19. November formulierte[124]. Doch bis zur Verwirklichung solcher Vorstellungen führte noch ein weiter Weg, während das Leben in den Internierungslagern nicht leichter und deshalb die Versuchung drängender wurde, doch noch die Seite zu wechseln.

Aus dem Bericht eines jungen Marineoffiziers, der bis zum 9. November 1943 als Militärinternierter und danach bis zum 17. April 1944 als Freiwilliger des neuen republikanischen Heeres in deutschen Lagern lebte, erhellt der geschilderte Sachverhalt mit großer Klarheit[125]. In seinen Aufzeichnungen geht es ebenfalls um die harte Behandlung durch die Deutschen und unsägliche Demütigungen. Als »Schweine« und »Verräter« sahen

[123] Fasci Italiani all'Estero Il Commissario, Berlino, 25/11/1943-XXII°, Al Duce, f.to M. Vaccari, ACS, S.P.d.D., Busta 16, F 91, SF 2.

[124] Missione Militare in Germania Prot.N° 27, Al Duce Capo del Governo, Oggetto: Costituzione delle divisioni italiane in Germania. Berlino, 19 novembre 1943. F.to Canevari, ACS, S.P.d.D., Busta 71, F 643, SF 6. Bereits am 12. November besprach General Princivalle mit Oberst Linde vom OKW die verschiedenen Behandlungsformen von Militärinternierten, die ihren Übertritt erklärt hatten, aber aus den unterschiedlichsten Gründen nicht in Mussolinis neues Heer aufgenommen werden konnten. Selbst in bezug auf diese Gruppe verhielt sich die deutsche Seite in der Frage der Statusänderung ausweichend. Hingegen hieß es hinsichtlich der italienischen Gefangenen, die den Wechsel auf die faschistische Seite verweigerten, unzweideutig, daß sie Militärinternierte blieben und arbeiten müßten: Promemoria n° 1, 12.11.1943-XXII, Riservato, Al Signor Colonnello Linde O.K.W. Berlin, ACS, S.P.d.D., Busta 22, F 153, SF 3.

[125] Promemoria, Novi Ligure 24/4/1944/XXII, Impressioni di un ufficiale di Marina rientrato in patria dopo una permanenza di sette mesi nei campi di concentramento in Germania, f.to Tenente Armi Navali Pertici Vinicio, ACS, S.P.d.D., Busta 16, F 91, SF 2. Vgl. direkt dazu Benvenuti, Gli internati militari, S. 18—26.

sich die Italiener betrachtet. Nachdem in einem Lager bei Hamburg — vermutlich Sandbostel — am 19. September von 260 Offizieren und rund 10 000 Mannschaften zwei Offiziere und etwa 50 Mann ihren Eintritt in die SS erklärten, seien in Tschenstochau (Częstochowa) am 24. September 1 132 Offiziere bereit gewesen, unter dem Befehl der Regierung Mussolini in Italien zu kämpfen. Allerdings sollen ungefähr 40 Prozent Vorbehalte besessen haben. Einige sprachen von einem erzwungenen Übertritt, weil sie bei einer Verweigerung die eigene Familie Repressalien ausgesetzt wähnten. Ferner ist zu bedenken, daß ihnen versprochen wurde, bald nach Italien gebracht zu werden. Tatsächlich traf das nur für die ehemaligen Mitglieder der Miliz zu. Die übrigen Seitenwechsler blieben zunächst im Lager und erlebten es, daß ehemalige Kameraden — als ein weiterer Transport von circa 1 000 Offizieren eintraf, die fast ausnahmslos jede Zusammenarbeit mit dem Faschismus oder dem Nationalsozialismus ablehnten — sie des Verrats beschuldigten. In Tschenstochau gab es ebenfalls eine sehr aktive — in erster Linie von den Generalstabsoffizieren und höheren Dienstgraden betriebene — Gegenpropaganda. Offensichtlich verzeichnete sie große Erfolge, wobei sich ihre Träger angeblich der Einschüchterung ebenso bedienten wie der gezielten — das heißt ungenauen — Übersetzung deutscher Nachrichten über das Frontgeschehen. Es existierte sogar ein Radio im Lager, mit dem heimlich Sendungen aus London abgehört werden konnten[126].

Anfang November verlegten die Deutschen einen Teil der gefangenen Offiziere von Tschenstochau nach Chelm. Am 11. November kam es dort zu einer total verunglückten Werbeaktion. Lediglich 160 der etwa 2 000 Offiziere erlagen den — ausschließlich materielle Bedürfnisse und Interessen ansprechenden — propandistischen Parolen sowie den brutalen Pressionen. Letztere gipfelten darin, daß der eingesetzte faschistische General seinen gefangenen Landsleuten versprach, sie würden bei einer Verweigerung dem Hunger und dem polnischen Winter überlassen werden. Das wäre eine tödliche Kombination gewesen. Trotzdem meldeten sich in Chelm meist nur schwerkranke, invalide und überdurchschnittlich alte Offiziere. Ihre Chancen, das Lager zu verlassen, standen freilich schlecht, denn die Auslese für das faschistische Heer erfolgte bekanntermaßen unter Anlegung eines sehr strengen Maßstabes. Bei der Repatriierung von Kranken wiederum verhielt sich die Wehrmacht — davon ist noch zu reden — extrem zurückhaltend. Für die jüngeren Offiziere, die in Chelm ins faschistische Lager wechselten, bildete der Hunger das ausschlaggebende Motiv, was deutlich machte, daß der Propagandaredner keine leeren Drohungen aussprach. Noch vor dem »langen Winter« stellte sich die Lage der Internierten wegen der unzureichenden Ernährung — von allem anderen ganz abgesehen — mehr als schwierig dar.

Wie in Luckenwalde, Tschenstochau, Schocken oder anderswo praktizierten die Gefangenen in Chelm den bewußten politischen und organisierten Widerstand, der nicht ungefährlich war. Als entschiedenste Opponenten des Übertritts galten auch hier die Berufsoffiziere und die Militärgeistlichen. Dieses Faktum haben die Verantwortlichen — bezogen auf die allgemeine Situation — in Berlin und Salò gleichermaßen erkannt. Beispiel-

---

[126] Zu dieser Möglichkeit vgl. Olivero, Una radio, S. 228—240, und unmittelbar dazu außerdem Cappuccio, Radio clandestina, S. 45—65 (abgedruckt in: Piasenti, Il lungo inverno, S. 157—172).

haften Ausdruck erhielt die oppositionelle Haltung etwa dadurch, daß noch nicht vereidigte junge Unterleutnante — auf eigenen Wunsch — ihren Eid auf den König ablegten[127]. Das geschah nicht allein in Chelm.

Was jedoch die — zwangsläufig unvollständigen — Zahlenangaben anbelangt, so sollen
im November in Benjaminow von 2 837 Offizieren 40 die Seite gewechselt haben. Für
Przemyśl werden für den Zeitraum November bis Dezember 600 oder 700 genannt[128].
Doch sind die genannten Daten nicht zu überprüfen, da zeitgleiche Statistiken fehlen.
Das erhaltene Tagebuch eines in Przemyśl gefangenen Offiziers erwies sich einzig hinsichtlich des Verhaltens jener relativ kleinen Gruppe von Gefangenen aufschlußreich,
der er selbst angehörte. Nach seiner Beobachtung erklärten von 34 Offizieren — sie
besuchten vor dem 8. September die »Flak- und waffentechnische Schule« in Halle und
gingen von dort in die Gefangenschaft — 15 ihren Übertritt auf die Seite der Republik
von Salò[129].

Im November erfuhren die Beziehungen zwischen den militärinternierten Italienern und
der Regierung Mussolini insofern eine nicht bedeutungslose Veränderung, als Marcello
Vaccari, nach vorhergehenden Besprechungen in Salò, am 4. November seine Tätigkeit
als Kommissar des Fascio in Deutschland aufnahm. In der neuen Stellung legte er nach
eigener Aussage die Basis für ein systematisches Bemühen um seine gefangenen Landsleute, wozu er den *Servizio Assistenza Internati Militari Italiani (S.A.I.M.I.)*, eine Art Betreu-
ungsdienst für die Internierten, gründete. Folgt man dem Proömium in seinem Tagebuch, das erst seit dem 16. Mai 1944 tägliche Eintragungen enthielt, so hießen viele im
Reich lebende Faschisten die Absicht des Kommissars, Italienern einen Weg aus den Lagern
zu öffnen, nicht gut. Sie hätten in jener Phase seine praktische Arbeit stärker behindert als
deutsche Dienststellen. Das Urteil Vaccaris über diese Repräsentanten der *Repubblica
Sociale Italiana* fiel vernichtend aus. Was sich da in Deutschland aufhielt, stellte für ihn
den Abschaum der faschistischen Gesellschaft dar. Als Ergebnis von Meinungsunterschie-
den und zahlreichen Intrigen folgte ihm am 24. November 1943 Vittorio Mussolini als
Kommissar der Fasci in Deutschland nach. Vermutlich verkörperte Vaccari auch ein Opfer
der Rivalität zwischen der Auslandsorganisation der Faschistischen Partei, also dem Fascio, und dem Auswärtigen Amt. Letzteres wehrte sich gegen eine Aushöhlung der Kompetenz von Botschaft und Konsulaten im Rahmen der außenpolitischen Repräsentanz
der »Republik von Salò«[130].

---

[127] Vgl. dazu Piasenti, Il lungo inverno, S. 127 ff., dort zur Eidleistung von 244 Unterleutnanten in
Przemyśl. Zum betont »antifaschistischen« Widerstand, den die Offiziere nicht nur in polnischen
Lagern inspirierten, vgl. Diario S.A.I., S. 106, 15.7.1944, PADF. Dort wird dies für »sehr viele Offi-
ziere« im Stalag III C Alt Drewitz festgestellt.

[128] Im Hinblick auf diese in der Memoirenliteratur genannten Zahlen vgl. Rochat, Memorialistica, S. 35,
und ebd., S. 61, Anm. 43, wo der Autor auf weitere — jedoch außerordentlich fragwürdige — Meldungen über Übertritte eingeht.

[129] Al Comando italiano dell'Oflag 83 Wietzendorf: Diario storico del reparto ufficiali inviati il 28/5/1943
in Germania a frequentare un corso di addestramento su materiale contraereo tedesco. Wietzendorf
25 Giugno 1945, f.to S.Ten. Ferruccio Casales, ASUSSME, Busta 2256.

[130] Vgl. dazu, Diario S.A.I., Proemio, S. 2 ff., 3.11.–3.12.1943, PADF. Einen Überblick zur Entwicklung des Fascio in Deutschland, also der dortigen faschistischen Parteiorganisation, nach dem 9.9.1943

Am 3. Dezember traf sich Vaccari mit V. Mussolini, der zunächst kein Interesse für die Repatriierung bestimmter Kategorien von Gefangenen gezeigt haben soll. Der Sohn des »Duce« meinte, falls Internierte in großer Zahl heimkehrten, müßten sie in Italien vor Hunger sterben, da es dort an allem fehle. Darüber hinaus ließ er jedoch erkennen, daß ihm eine Rückführung politisch gefährlich zu sein schien. Erst nach zweitägigen Gesprächen erhielt Vaccari die Erlaubnis, sich in die Lager zu begeben, um dort Propaganda zu betreiben. Er glaubte damals noch, nahezu sämtliche Militärinternierten für das faschistische Heer oder Mussolinis Italien gewinnen zu können. Beginnen wollte er seine Aktion in Polen, wo sich seiner Meinung nach circa 25 000 Offiziere in Gefangenschaft befanden.

Nachdem er mittels der Militärmission um die erforderliche Genehmigung nachgesucht hatte, begab sich Vaccari, ohne eine Entscheidung abzuwarten (er traute den eigenen Landsleuten in Berlin nicht mehr), direkt nach Torgau zum Chef des Kriegsgefangenenwesens, dem Generalmajor Hans v. Graevenitz. Im Verlaufe der Unterredung gewann der ehemalige Major der Alpini von seinem Gesprächspartner den allerbesten Eindruck. Der General hätte am Ende des Meinungsaustausches die Ansichten seines Besuchers sogar geteilt[131]. Doch sind gegen eine solche Beurteilung Vorbehalte anzumelden. Vaccari schloß — wie im übrigen andere italienische Offiziere in Berlin auch — aus höflichen Umgangsformen, freundlichen Tischreden und zuvorkommender Bewirtung auf ehrliche Zustimmung der deutschen Seite zu den italienischerseits unterbreiteten Vorschlägen oder Absichten. Gerade hierbei irrte er sich jedoch, denn in der Sache blieb die Wehrmacht hart. Ihre Vertreter ließen ihn zwar in die Lager hinein, doch hieß das keinesfalls, daß die von ihm für den Faschismus angeworbenen Militärinternierten jene ohne weiteres oder überhaupt verlassen durften. Erst im Juli 1944 scheint sich Vaccari über die tatsächliche Einstellung der Wehrmachtführung im klaren gewesen zu sein[132].

---

enthält der Brief von V. Mussolini an den Parteisekretär A. Pavolini. Darin wurde als Datum der Ernennung Vaccaris zum Kommissar der Fasci im Reich der 19.10.1943 genannt. Der Brief datiert vom 9.2.1944 und findet sich im Anhang zu: P.C. 305, 13 marzo 1944-XXII, Riservato-Personale, 1/01327/22, Mazzolini an Anfuso, ASMAE, Busta 33, Posizione Germania 6/1. Zur Konkurrenz zwischen Fascio und den Vertretungen des italienischen faschistischen Außenministeriums vgl. für den Zeitraum November 1943 bis Juni 1944 die relevanten Schriftstücke in: ASMAE, Busta 4, Posizione Italia 6/1. Vgl. zu Vaccaris Ernennung zum »Landesgruppenleiter des Fascio für Deutschland« auch: Gesandter von Dörnberg, Prot. A, Notiz, Herrn Gesandten Bielfeld, Berlin, den 17.11.1943, PA, Büro Staatssekretär, Akten betr. Italien, Bd 18. Vaccari wird dort unzutreffend als General bezeichnet. Tatsächlich wurde er als Major der Alpini in Tschenstochau interniert und durch Vermittlung von Anfuso sowie Deutscher, die er von früher kannte, befreit. Er trat als Helfer Anfusos am 17.10.1943 seine Tätigkeit in der Botschaft in Berlin an: Diario S.A.I., Proemio, S. 1, PADF. Bis zum 25.7.1943 bekleidete er das Amt des Präfekten von Neapel, eine Aufgabe, die er vorher in verschiedenen anderen Städten, darunter Verona und Venedig, erfüllte. Nach eigener Aussage optierte er nie für die R.S.I., auch sei er von niemandem jemals darum gebeten worden. Seine Odyssee nach dem 25.7.1943 stellte Vaccari in einem an Prof. Dr. Renzo De Felice gerichteten Brief (ohne Datum) dar, den dieser dem Autor freundlicherweise zur Verfügung stellte.

[131] Diario S.A.I., Proemio, S. 4 f., 3.–18.12.1943, PADF.

[132] Ebd., S. 94, 6.7., und S. 98, 8.7.1944.

Am Anfang seiner Tätigkeit erfüllte ihn jedenfalls Optimismus. Die Deutschen stellten die notwendigen Papiere aus. Am 18. Dezember reiste er mit drei Offizieren und zwei Soldaten über Warschau (Warszawa) nach Lublin, dem Sitz des Kommandeurs der Kriegsgefangenen im »Generalgouvernement«. Generalleutnant Paul Ritter v. Wittas bot Vaccari an, daß sich die italienische Kommission über einen Monat in den Kriegsgefangenenlagern umsehen möge, was andeuten könnte, daß Wittas meinte, nichts verbergen zu müssen. Leider vermochte Vaccari aus persönlichen Gründen höchstens 22 Tage zu bleiben. Die Besuchszeiten und den Ablauf der Reise legte er nach seinen eigenen Vorstellungen fest. Es gab offenbar keine limitativen Auflagen. Überhaupt herrschte in Lublin ein ausgesprochen herzliches Einvernehmen zwischen Deutschen und Italienern[133].
Letztere besuchten zunächst die drei Lager von Deblin-Irena, wo etwa 7 000 Offiziere lebten. Vaccari hielt in jedem eine Ansprache vor den angetretenen Insassen und führte zahlreiche Einzelgespräche. Noch am selben Abend sollen mehr als 1 000 Freiwillige für Mussolinis Staat gezählt worden sein[134]. Daß es freilich — wie er annahm — gelungen wäre, bei einem Aufenthalt von sechs oder sieben Tagen alle Offiziere zu gewinnen, erscheint mehr als fraglich. Wiederum entstand bei ihm ein ausgezeichneter Eindruck von der Einstellung der deutschen Lageroffiziere, denen er für den 1. Januar 1944 seine Rückkehr zusagte. Euphorisch ging Vaccari davon aus, daß sich Verbesserungen hinsichtlich der Lage der Internierten — angesichts der Haltung der Deutschen — nicht nur außerordentlich schnell, sondern sogar mit vom Herzen kommenden Verständnis verwirklichen lassen würden.
Die Lektüre des Tagebuchs eines gefangenen Offiziers zeigt, wie realitätsfern der Exmajor die Verhältnisse beurteilte, denn da schrieb ein Opfer von Hunger und Kälte, von Nöten, die den Alltag ausmachten. Zwölf Tage nach Vaccaris zweitem Besuch zogen die anscheinend so verständnisvollen deutschen Offiziere die Priester aus dem Lager ab. Das bedeutete, daß fortan die Heilige Messe nicht mehr gelesen werden konnte. Es handelte sich vermutlich um eine gezielte, eine für das Gros der Militärinternierten auf jeden Fall ausgesprochen schmerzhafte Maßnahme. Wenig später kürzte die Lagerverwaltung die Brotra-

---

[133] Zur folgenden Darstellung des Besuchs im »Generalgouvernement« vgl. Diario S.A.I., Proemio, S. 5—8, 18.12.1943—10.1.1944, PADF.

[134] Zwar ist auch diese Angabe nicht überprüfbar, aber sie sollte im Vergleich zu den Größenordnungen gelesen werden, die in der Literatur genannt sind. Steffenoni, Note, S. 39, spricht von 2 000 Optanten in Deblin-Irena. Garzetti, Venti mesi, S. 14 f., erwähnt für den Zeitraum des Besuchs von Vaccari 500 übergetretene Offiziere. Zum Widerstand in jenem Lager und zur Denunziation von Offizieren durch Heimkehrer vgl.: Partito Fascista Republicano Servizio Disciplina Prot. Num. 3274/Ris., Quartier Generale, li 23 Maggio 1944 Anno XXII, Oggetto: Invio relazione, Al Console G. Battista Riggio, f.to Il Capo del Servizio Disciplina Giuseppe Battifoglia. In der Anlage ist der denunziatorische Bericht enthalten: Relazione sull'attività antifascista di alcuni ufficiali italiani già internati nel campo di Deblin-Irena (Polonia). F.to Magg. (Alpini) Faccioli Raffaello, ACS, S.P.d.D., Busta 61, F 630, SF 9; und ebd., Quartiere Generale, Posta da Campo 704, Addi, 22 Giugno 1944. XXII, Alla Federazione di Milano. F.to G.B. Riggio. Denunziert sahen sich Offiziere, die in einer ersten Phase der Gefangenschaft antifaschistischen Widerstand zu mobilisieren versuchten, aber unter dem Einfluß der harten Lebensbedingungen im Lager später — häufig ohne innere Überzeugung — doch noch ihren Übertritt erklärten.

tionen. So sah die Realität des Umgangs mit den Häftlingen aus. Da konnte keine Rede sein vom Einfühlungsvermögen in die Lage der Gefangenen. Im Alltag des Lagerlebens ging es nicht um das Verständnis für Menschen, sondern um das Zerbrechen derselben. Die Methode, mit der sie in die Knie gezwungen werden sollten, stellte sich einerseits denkbar einfach und andererseits unglaublich brutal dar. Das heißt, man entkräftete die Militärinternierten physisch und psychisch, um dadurch dem Hunger, der Kälte und dem Gefühl des Ausgeliefertseins zum Sieg über den Willen zu verhelfen[135]. Es ging darum, die Gefangenen gefügig zu machen, sei es für den Arbeitseinsatz, sei es für den Dienst für die Republik von Salò. An der zweiten Zielsetzung lag den Deutschen allerdings wenig.

Am Weihnachtsabend weilte die Besuchergruppe in Tschenstochau, wo Vaccari einige Wochen als Kriegsgefangener verbracht hatte. Es kam zu bewegten Szenen zwischen dem Delegationschef und alten Freunden. Von ihm selbst ist nichts über Erfolg oder Mißerfolg seiner dortigen Gespräche überliefert. Lediglich aus einer Aufzeichnung des Generalmajors der Luftwaffe Armando Ferroni geht Näheres hervor. Er berichtete, daß mindestens 350 Luftwaffenoffiziere das Lager nach dem Besuch der Kommission in der Erwartung verlassen hätten, anschließend repatriiert zu werden. Dabei ist anzumerken, daß die Wehrmacht in Tschenstochau das Gros der Offiziere der italienischen Luftstreitkräfte gefangenhielt.

Von dort führte der Weg über Krakau (Kraków) nach Przemyśl. Vaccari sprach mit »guten Resultaten« vor rund 5 000 Offizieren. Der Adjutant des italienischen Lagerkommandanten resümierte nach dem Kriege, was der »Major der Alpini« in Przemyśl sagte. Demnach richtete er nur wenige Worte an die angetretenen Offiziere und Ordonnanzen, die Vaccari daran erinnerte, daß Italien seine »besten Söhne« brauche. Sie sollten daher dem Oflag, in dem der einzelne lediglich sterben könne, den Rücken kehren. Er habe weder gedroht noch Druck angewandt. Gegen seine Ansprache sei nicht protestiert worden. Im kleinen Kreis wiederholte er sodann im Gespräch mit verschiedenen Offizieren, welchen er offiziell Nachrichten von ihren Angehörigen übermittelte, daß es einzig darauf ankomme, die Gefangenschaft hinter sich zu lassen. Selbst Mussolini halte die Verpflichtungserklärung, die deutscherseits verlangt werde, für dümmlich. Doch ohne sie gebe es keinen Weg in die Freiheit. Auf entsprechende Fragen versicherte Vaccari, daß keiner zum Einsatz an der Ostfront gebracht würde. Gegenüber den Offizieren des italienischen Lagerkommandos fügte er angeblich hinzu, daß seine Landsleute ausschließlich für Italien und im Mutterland zu dienen hätten, um im richtigen Augenblick die Deutschen zu vertreiben[136].

Bereits stark erkältet begab sich Vaccari anschließend nach Lemberg (L'vov). Ein junger Offizier, den er als Träger der höchsten italienischen militärischen Auszeichnung (gol-

---

[135] Vgl. dazu die Aufzeichnungen von Santalco, Stalag 307, S. 32—40, 19.12.1943—26.3.1944. Noch am 14.2. (S. 38) schrieb er: »I tedeschi trovano sempre il modo di torturarci e renderci la vita impossibile« (Die Deutschen finden immer einen Weg, uns zu quälen und uns das Leben unmöglich zu machen). Zur Bedeutung des religiösen Beistands im Lager vgl. Amadio, Valore elimiti, S. 11—29.

[136] Zu Tschenstochau vgl.: Milano, li 2 Maggio 1945, Al Comando Aeronautica Milano, f.to Il Generale di Brigata Aerea Armando Ferroni, hier S. 7, PADF. Die Darstellung zu Przemyśl beruht auf der Erklärung (ohne Datum) von Carmelo Tracuzzi, Roma, PADF. Tracuzzi befand sich vom Oktober 1943 bis zum Januar 1944 in diesem Lager.

dene Tapferkeitsmedaille) unbedingt zum Übertritt bewegen wollte, setzte dort den gut-gemeinten Überredungsversuchen das entschiedene Nein des Widerstands entgegen. Nach zweistündigem Gespräch erteilte er dem emotionalisierten Delegationsleiter mit »eiskal-ter« Stimme eine Absage. Es handelte sich um den Kapitänleutnant Giuseppe Brignole, der später wegen seiner intensiven antifaschistischen Aktivität selbst dem Auswärtigen Amt in Berlin bekannt war. Das läßt sich im Tagebuch des *Servizio Assistenza Internati* nachlesen. In jener Unterredung äußerte Brignole, er habe nur noch einen einzigen Wunsch — zu sterben! Die nächste Station bildete Chelm, wo die Kommission am 31. De-zember eintraf. Vaccari sprach mit 40° Fieber. Seinen Erfolg bezeichnete er als minimal. Nach einer anderen Quelle traten im Anschluß an die Rede rund 300 Offiziere über[137]. Die Mitglieder der Delegation, von denen General Ferroni noch vor Vaccari aus gesund-heitlichen Gründen aufgeben mußte, besuchten danach die Gefangenenlager von Biala Podlaska, Siedlce und Benjaminow. Bemerkungen über das Ergebnis ihres jeweiligen Auf-enthaltes fehlen. Doch heißt es, daß im Januar in Benjaminow 1 200 und in Biala Pod-laska 2 256, eventuell sogar 2 455 Offiziere die Seite wechselten[138]. Im erstgenannten Offizierslager entsprach das 44 und im zweiten 94 Prozent der Internierten.

Die bis jetzt referierten Daten gestatten keine zuverlässigen Rückschlüsse auf das Gesamt-resultat der Tätigkeit Vaccaris im »Generalgouvernement«. Als dieser am 9. Januar sei-nen — auch an das Oberkommando der Wehrmacht gehenden — Abschlußbericht ver-faßte, kannte er die Zahlen selbst noch nicht. Erst bei einem Zusammentreffen mit Gene-ralmajor v. Graevenitz in der faschistischen italienischen Botschaft am 12. Januar erfuhr er, daß seine Werbekampagne einen bemerkenswerten Erfolg erzielte — gemäß der Zäh-lung des Chefs des Kriegsgefangenenwesens erklärten mehr als 7 000 internierte Offizie-re ihren Übertritt[139].

Ein solches Ergebnis ist beeindruckend. Es besagt, daß binnen kürzester Zeit ungefähr 32 Prozent der in den Lagern im »Generalgouvernement« befindlichen Offiziere — am 1. Januar 1944 etwa 22 000 Mann — für die *Repubblica Sociale Italiana* optierten. Hinge-gen mußte Canevari in seinem Mitte Dezember 1943 abgefaßten Bericht noch feststel-len, daß lediglich 1 903 Offiziersdienstgrade für Mussolinis neues Heer zur Verfügung stünden[140]. Insgesamt zeigten sich nach den zitierten Meldungen somit bis Mitte Januar 1944 circa 9 000 Offiziere im Verlaufe von Anwerbungsmaßnahmen Vaccaris und Cane-varis willens, die Lager zu verlassen.

---

[137] Siehe oben, S. 378, Anm. 125: Busta 16. Zu Brignole vgl. Diario S.A.I., Proemio, S. 7, und S. 110, 16.7.1944, PADF.

[138] Vgl. Rochat, Memorialistica, S. 35.

[139] Diario S.A.I., Proemio, S. 8, 12.1., und S. 10, Anfang Februar 1944, PADF.

[140] Protocollo n. 50, Berlino, 18 dicembre 1943-XXII, Al Duce Capo del Governo, Oggetto: Sistema-zione della Missione Militare in Germania, f.to Canevari, ACS, S.P.d.D., Busta 71, F 643, SF 6. Erneut ist zu unterstreichen, daß sich die in dieser Ausarbeitung referierten Zahlen nur auf die für das faschistische Heer akzeptierten Freiwilligen bezogen. Das heißt, daß die Zahl der Übertritte erheb-lich höher gelegen haben könnte. Das gilt ebenfalls hinsichtlich der in den Ausbildungslagern befind-lichen 8 997 Unteroffiziere und Mannschaften. Im Anmarsch befanden sich damals noch 455 ehe-malige Militärinternierte: ebd., allegato nr. 5, Forze presente nei campi di addestramento in data 15/12/43. Alles in allem waren das 11 355 Mann.

Bei der Interpretation von Vaccaris Erfolg ist allerdings ein wichtiges Faktum zu berücksichtigen. Seine Reise fiel in eine Zeit, in der es gerade — wegen der kaum noch erträglichen Lebensumstände in den Internierungslagern — zu einer schweren moralischen Krise unter den Gefangenen kam, was insbesondere für den Januar 1944[141] galt.

Auf der anderen Seite läßt sich nicht übersehen, daß der von persönlichem Erleben und Mitgefühl motivierte Major geschickt vorging. Mancher andere zu Propagandazwecken eingesetzte Offizier hätte von ihm lernen können. Vor allem die faschistischen Generale, die in den Kriegsgefangenenlagern als Redner auftraten, erscheinen in den zeitgleichen Kommentaren als Versager[142]. Die besondere Qualifikation oder Disqualifikation des zur Anwerbung eingesetzten Personals erklärt jedoch nicht alles. Das von Fall zu Fall unterschiedliche Verhalten der deutschen Seite wäre bei einer Analyse ebenfalls ins Kalkül zu ziehen.

Canevari schien zum Beispiel vom Vorgehen der Wehrmacht völlig frustriert zu sein. Er empfahl deshalb sogar, den Gedanken aufzugeben, daß sich Mannschaften und Unteroffiziere in ausreichender Zahl für das faschistische Heer anwerben ließen[143]. Gleichzeitig existierte freilich Anlaß zur — durchaus geübten — Selbstkritik. Sie betraf vor allem die Unfähigkeit und kontraproduktive Parallelarbeit von zur Werbung eingesetzten Gruppen. Andererseits aber betonten selbst Stimmen, die solche Mängel offen ansprachen, daß deutsche Behörden die italienische Propagandatätigkeit oft massiv behinderten[144].

Das zeigte sich in erster Linie in den Mannschaftsstammlagern, denn jeder übertretende Mannschaftsdienstgrad bedeutete den Verlust eines Zwangsarbeiters. Deshalb errichteten die Wehrmachtführung und andere Ressorts hohe Hürden für den Übertritt. Männer, die mehr als 30 Jahre zählten, kamen für die neuen faschistischen Streitkräfte offensichtlich gar nicht in Frage. Sie konnten also vor dem Sommer 1944 möglicherweise selbst dann nicht wählen, wenn sie gewollt hätten. Für die Frage nach den Übertritten ist das selbstverständlich von Belang. Es kommt hinzu, daß die Deutschen in der Regel fast nichts taten, um diese große Gruppe von Internierten durch gezielte Aktionen zu gewinnen. Vielmehr soll ihre alltägliche Behandlung so ausgefallen sein, daß tiefe Abneigung gegen die Bewacher und Aufseher entstand. Die im Sinne einer Besserstellung gebrauchte Bezeichnung »Militärinternierte« provozierte unter den Mannschaften höchstens Gelächter, weil die deutsche Seite mit den Italienern generell nicht besser, sondern häufig schlechter als mit den Kriegsgefangenen anderer Nationalität umging[145].

---

[141] Dazu Rochat, Memorialistica, S. 35.

[142] Notizie per il Duce, 10 dicembre 1943/XXII, f.to Barracu, ACS, S.P.d.D., Busta 22, F 153, SF 2.

[143] Promemoria N. 40: Costituzione delle divisioni italiane in Germania, il 1° dicembre 1943, f.to Canevari, ACS, S.P.d.D., Busta 71, F 643, SF 6.

[144] Q.G., 7 Gen 1944, Eccellenza Filippo Anfuso Ambasciatore d'Italia Berlino, f.to Mazzolini. In der Anlage: Appunti per il Duce, 20 dicembre 1943.XXII, f.to T.Col. Giuseppe d'Aloja, ASMAE, Busta 45, Posizione Italia 1/8. D'Aloja hatte seine Eindrücke in Deutschland gesammelt, wo er vom 15.11.—1.12.1943 weilte. Für ihn betrieben die Militärgeistlichen in den Lagern eine »heimtückische Aktion« (subdola azione). Sie sollten daher ihrer eigentlichen priesterlichen Aufgabe in Italien zugeführt werden.

[145] Siehe oben, S. 378, Anm. 125: Busta 16.

Letzten Endes sind jedoch verbindliche Aussagen hinsichtlich der bei den einfachen Soldaten vorhandenen Bereitschaft zum Seitenwechsel ebensowenig zu machen wie in bezug
auf deren grundsätzliche Einstellung zur Verweigerung. Das erklärt sich unter anderem
aus der oben angesprochenen Tatsache, daß die Wehrmacht den für eine Statusänderung
in Betracht kommenden Personenkreis a priori mittels sehr strenger Auswahlkriterien
eingrenzte und die Auslese selbst kontrollierte sowie Statistiken, die über freiwillige —
aber abgelehnte — Meldungen Auskunft geben könnten, nicht existieren. Erneut ist hierbei
darauf hinzuweisen, daß es problematisch erscheint, von der verhältnismäßig hohen Zahl
der Hilfswilligen direkte Schlüsse im Hinblick auf die Freiwilligenquote zu ziehen, ist es
doch ein Faktum, daß ein nicht bestimmbarer Prozentsatz der sogenannten Hilfswilligen
die Hilfsdienste gezwungenermaßen verrichtete. In den Statistiken treten jene unfreiwilligen Hilfskräfte aber gemeinhin als »freiwillige« Arbeiter oder Helfer der Wehrmacht auf.
Die bedauerlicherweise nicht sehr umfangreichen Memoiren von einfachen Soldaten und
Unteroffizieren geben hierzu ebenfalls keine repräsentativen Daten an die Hand. Es handelt sich bei ihnen um wenige Zeugnisse von sehr unterschiedlicher Qualität[146].
Aber von alldem abgesehen, gaben sich die mit den Internierten befaßten italienischen
Dienststellen in Berlin überzeugt davon, daß mehr Personen als bisher den Status wechseln würden, sofern es die Deutschen gestatteten, die Masse der arbeitenden Gefangenen
dahingehend zu befragen[147]. Bei solchen Annahmen spielte allerdings die Forderung eine
Rolle, daß den zum Seitenwechsel bereiten Männern die Rückkehr nach Italien zugesi-
chert werden müsse, eine schon deshalb utopische Erwartung, weil die deutsche Führung,
die in jener Zeit versuchte, aus Italien zusätzliche Arbeitskräfte ins Reich zu holen, nicht
daran dachte, Militärinternierte zurückzuschicken, wenn sie sich für die Republik Mussolinis aussprachen. Wer keine Aufnahme in das neue faschistische Heer fand, der blieb
in Deutschland und begab sich nach der Musterung wieder in sein Lager. Eine derartige
Rückkehr konnte zum Spießrutenlaufen werden. Allein die Möglichkeit, von der die Gefangenen Kenntnis besaßen, mußte abschreckend wirken. Ansonsten aber praktizierte die
Wehrmacht die angekündigten Zurücksendungen tatsächlich. So etwa in Neu Versen, wo
sich zwischen Ende Januar und Ende Februar 1944 rund 300 Offiziere sowie circa 120
Unteroffiziere und Mannschaften freiwillig meldeten. Ungefähr 20 Mann der zweiten
Gruppe mußten zurück. Erst später ließ sie der Chef des Kriegsgefangenenwesens auf
andere Internierungslager verteilen[148]. Die rigorose Haltung der Wehrmachtführung trat
ferner in einem Befehl vom 5. Januar 1944 zutage. Er bestimmte, daß von den in den
Mannschaftsstammlagern eventuell noch vorhandenen Militärinternierten, die weiterkämpfen wollten und eine entsprechende Verpflichtung unterschrieben, ausschließlich
diejenigen unverzüglich ärztlich zu untersuchen und zur Ausbildung auf die Truppenübungsplätze zu entlassen seien, die nicht in der Rüstungsindustrie arbeiteten[149].

---

[146] Vgl. dazu die Analyse bei Rochat, Memorialistica, S. 46—49.
[147] Ambasciata d'Italia a Berlino, 11 gennaio 44 XXII, Telegramma per Maresciallo Graziani, f.to Morera,
ASMAE, Busta 8, Posizione Italia 11/14.
[148] Siehe oben, S. 373, Anm. 112: Busta 2256.
[149] Oberkommando der Wehrmacht AWA/Ital., O.U., den 5.1.1944, An die Wehrkreise I—XIII, XVII,
XVIII, XX, XXI. Betr.: Italienische Militärinternierte, BA-MA, RH 49/35. Zur Verteilung der Taug-

Die in solchen Weisungen zum Ausdruck gelangende Einstellung der deutschen militärischen Führung charakterisierte Anfuso in seiner erwähnten Beschreibung der Militärinterniertenfrage aus deutscher und italienischer Sicht im Dezember 1943 völlig zutreffend. Er meinte damals, und das dokumentierte seine schwache Position, daß für eine Lösung der anstehenden Probleme die persönliche Intervention Mussolinis notwendig erscheine[150]. Vaccari durfte sich dadurch in der Ende November formulierten Auffassung bestätigt fühlen.

Am 15. Januar teilte das Oberkommando der Wehrmacht der faschistischen Regierung mit, daß Offiziere, die sich bis dahin für die Übernahme in die neuen Streitkräfte gemeldet hätten, in die Truppen integriert würden. Eine Repatriierung von darüber hinaus angeforderten Offiziersdienstgraden sei hingegen nicht möglich, da jene die formalen Voraussetzungen nicht erfüllen wollten. Sowohl die eine als auch die andere Behauptung entsprach — wie noch zu zeigen ist — nicht der Wahrheit. Doch um letztere ging es den deutschen Militärs nicht. Sie beabsichtigten vielmehr, alle Verhandlungen über die Rückkehr von Offizieren nach Italien als beendet hinzustellen. Bis zu einer gegenteiligen Weisung des Oberkommandos werde die Wehrmacht derartige Gesuche — ganz besonders Fälle ausgenommen — nicht mehr bearbeiten. Dabei blieb es bis zur Statusänderung im Sommer 1944[151].

---

lichen: Alle früheren Gebirgsjäger, Gebirgsartilleristen und Grenzfinanzbeamten gingen auf den Truppenübungsplatz Münsingen (Wehrkreis V). Infanteristen und Pioniere waren nach Grafenwöhr (Wehrkreis XIII) zu schicken. Nach Heuberg (Wehrkreis V) marschierten die ehemaligen Bersaglieri, Schützen, Kavalleristen und Carabinieri. Sämtliche früheren Schwarzhemden und Angehörigen der faschistischen Miliz sandte man nach Senne (Wehrkreis VI). Gleichmäßig auf die genannten Truppenübungsplätze verteilt wurden Sanitäter, Verwaltungsbeamte, Ärzte usw.

[150] Ambasciata d'Italia, Berlino, li 10 dic 1943, Al Duce, f.to Anfuso, ASMAE, Busta 31, Posizione Germania 1/1.

[151] Il Capo del Comando di Collegamento delle Forze Armate Germaniche presso il Duce, Ia R. 2144, 15-1-44, Ogg.: Rimpatrio di ufficiali italiani internati in Campi germanici, Appunto per la Segreteria Particolare, ACS, S.P.d.D., Busta 16, F 91, SF 2. Siehe in diesem Zusammenhang: Diario S.A.I., S. 63, 13.6.1944, PADF. Demnach zeigte sich das Auswärtige Amt willens, Anfragen der besagten Art in einzelnen und wirklich außergewöhnlich begründeten Fällen als politische Angelegenheit zu behandeln und zu prüfen. Verständlicherweise hat man auf italienischer Seite der deutschen Auffassung, daß ein von hochgestellten Persönlichkeiten der R.S.I. eingereichtes Gesuch nicht ausreiche, um einen Militärinternierten zu befreien, als Ausdruck diskriminierenden Mißtrauens widersprochen. Daraufhin riet das Auswärtige Amt, eine Bescheinigung der italienischen Sicherheitsorgane vorzulegen, daß gegen die Repatriierung des betreffenden Internierten keine Bedenken seitens der Regierung von Salò bestünden: ebd., S. 108, 16.7.1944. Auf den ersten Blick könnte die Haltung der deutschen Behörden im Rahmen des — von Vertretern der Faschistischen Partei in Berlin genährten und eventuell erst geweckten — Verdachts interpretiert werden, daß die ersuchenden Funktionäre ihre Stellung dazu mißbrauchten, Militärinternierte mittels fingierter Dringlichkeitsanforderungen freizubekommen. Man wußte, daß jene nach ihrer Heimkehr oft unauffindbar blieben. Derartige Anschuldigungen wurden nicht zuletzt gegen Vaccari vorgebracht, dem man ganz generell die Unterstützung von flüchtigen Internierten anlastete. Er selbst hat dies — noch zu Zeiten der Herrschaft Mussolinis — nicht bestritten: All'Ambasciatore Conte Serafino Mazzolini Sottosegretario agli Affari Esteri Salò, 20 Dicembre 1944, PADF, hier S. 19. Befreite Militärinternierte haben sein hilfreiches Verhalten später bestätigt, was erneut zeigt, daß sich Italiens schwierige Jahre nicht in Schwarz und Weiß — ohne Zwischentönen — darstellen lassen. Vgl. dazu etwa Dichiarazione

Es ist jedoch zu betonen, daß es hierbei um Sonderfälle ging. Der eigentliche Streitpunkt, die Rekrutierung von Freiwilligen unter den Militärinternierten, blieb davon im wesentlichen unberührt. Was ihn betraf, so erbot sich Graziani am 16. Januar erneut, persönlich in die Gefangenenlager zu gehen. Offenbar glaubte er allen Ernstes, dort das fehlende Personal für die in der Planung befindlichen vier Divisionen anwerben zu können. Aushebungen in Italien hielt seine Regierung zu jenem Zeitpunkt, trotz der Erklärungen Mussolinis von Anfang Dezember 1943, für noch nicht oder nicht mehr durchsetzbar[152]. Einen Tag später hörte der Marschall von Botschafter Rahn, daß die Hoffnung, der personelle Fehlbestand der italienischen Divisionen werde sich aus dem Reservoir der Internierten decken lassen, keine Berechtigung besitze. Die Italiener seien längst auf zahlreiche Industriebetriebe oder andere Unternehmen verteilt, und es stelle sich extrem schwierig dar, sie aus ihnen wieder herauszuholen[153]. Dessenungeachtet demonstrierten Anfuso und Morera in diesem Moment Zuversicht. Ihrer Meinung nach ging die Befreiung der internierten Soldaten aus den Lagern zügig voran[154]. Aber was die beiden zu erkennen glaubten, entsprach, so es denn überhaupt zutraf, bestenfalls einer kurzzeitigen und geringfügigen Verbesserung bei der Freiwilligenwerbung. Mit erheblicher Verzögerung räumte das Anfuso schließlich selbst ein. Ende Juni 1944 schrieb der Botschafter nämlich an Mussolini, er habe Staatssekretär Baron v. Steengracht darauf hingewiesen, daß man über wesentlich mehr italienische Truppen verfügen würde, wenn das Oberkommando der Wehrmacht den Mut und die Bereitschaft besessen hätte, wenigstens in beschränktem Umfang noch einmal auf die italienische Karte zu setzen[155]. Lange vorher fand Graziani zu einer realistischen Sicht der Dinge zurück. Anfang Februar hatte er wohl definitiv anerkannt, daß sich die ursprünglich anvisierte Totallösung — das

---

di Herve Luigi Baranca, 10 Gennaio 1946, oder Sarman Beretta, Carignano, 16 dicembre 1945, Spett. VI Sottocommissione accertamenti Ufficiali Torino. Die Beschuldigungen gegen Vaccari setzten schon im November 1943 ein und führten zur — grundsätzlich unstatthaften, aber erfolgten — Intervention der Gestapo in seiner Betreuungsdienststelle: Diario S.A.I., Proemio, S. 3, November 1943, S. 75, 22.6., S. 82, 27.6., und S. 88, 1.7.1944, PADF. Was jedoch den Sachverhalt als solchen angeht, so hat sich nach der Ablösung des Gesandten Vaccari an der deutschen Einstellung nichts geändert. Auch im zweiten Halbjahr 1944 hatten — ausgenommen Fälle von absoluter Außergewöhnlichkeit — Rückführungsanträge für Militärinternierte keinen Erfolg: Ministero degli Affari Esteri D.I.E. Uff. I° Prot.n. 51/ 13788, P.C. 305/2. 24.10.44.XXII, Oggetto: Domande di rimpatrio di internati od ex internati. Al Ministero delle Forze Armate, ACS, Presidenza del Consiglio, Busta 77, F 19-8, N. 2028; und ebd., Presidenza del Consiglio dei Ministri Gabinetto N. 05455-2028-19/9. Quartier Generale Posta da Campo 713, 30 Dic 1944, A tutti i Ministeri — Gabinetto — esclusi Ministero degli Affari Esteri, Ministero delle Forze Armate, Oggetto: Militari internati od ex internati: domande di rimpatrio.

152 Ministero delle Forze Armate, Il Ministro, Sunto stenografico del colloquio fra il Maresciallo Graziani ed il Maresciallo Kesselring del 16 gennaio 1944, ACS, S.P.d.D., Busta 68, F 642, SF 6.

153 Ebd., Sunto dei successivi colloqui del 17 gennaio presso l'Ambasciata di Germania in Roma. F.to Graziani.

154 Ambasciata d'Italia, Berlino, li 17 gennaio 44-XXII, Al Duce, f.to Anfuso, ASMAE, Busta 31, Posizione Germania 1/1.

155 Ebd., Ambasciata d'Italia, Berlino, li 28 giugno XXII (1944), Al Segretario di Stato Serafino Mazzolini Ministero degli Affari Esteri.

heißt, die Übernahme aller für Mussolinis Staat optierenden internierten Italiener in das faschistische republikanische Heer — nicht verwirklichen ließ. Oberst Morera erhielt deshalb die Anweisung, im Rahmen seiner Tätigkeit als Chef der Militärmission eine Art kleine Lösung des Problems anzustreben. Das Oberkommando der Wehrmacht und die betroffenen Ministerien sollten für die Idee gewonnen werden, die zum Dienst innerhalb der Streitkräfte der *Repubblica Sociale Italiana* bereiten Militärinternierten, die nicht übernommen werden konnten, in Arbeitsformationen zusammenzufassen. Der Marschall dachte daran, die Männer in republikanische Uniformen zu kleiden und regelrecht zu vereidigen, um sie anschließend zu — ausschließlich militärischen Zwecken dienenden — Arbeiten einzusetzen.

Graziani hoffte, auf solche Weise die von ihm verzeichnete Enttäuschung und Niedergeschlagenheit der Abgelehnten etwas abzubauen. Vor allem aber wollte er vermeiden, so seine Erklärung gegenüber Morera, daß moralische und materielle Werte verlorengingen. Dabei richtete sich sein Augenmerk zugleich auf die Verweigerer. Unter ihnen sei die Überzeugungsarbeit fortzusetzen, und das keineswegs nur wegen der Absicht, die Gefangenen zum Seitenwechsel zu bewegen. Das entscheidende Motiv lieferte vielmehr die Sorge, die viele andere Faschisten nachweisbar teilten, daß die Militärinternierten in den Lagern zu Bolschewisten werden könnten[156].

Die deutschen Militärs meldeten verständlicherweise keinerlei Vorbehalt in bezug auf die antikommunistische Propaganda an, aber sie sperrten sich gegen die Abgabe von Arbeitskräften, etwa auf dem Wege der Repatriierung internierter italienischer Soldaten[157]. Graziani bemühte sich Anfang 1944 dennoch, wenigstens die zahlreichen Carabinieri und Zollwächter, die angeblich eine Übernahme in den Dienst der Republik von Salò wünschten, für die neu aufzubauenden Polizeieinheiten zu erhalten[158].

Es fehlte zudem nicht an anderen Versuchen, Gefangene aus den Lagern zu befreien. So setzte etwa die Dienststelle von Vaccari ganz gezielt nur aus den Lagern kommende Internierte ein. Allerdings stieß das Verfahren im Oberkommando der Wehrmacht, das der Überstellung zustimmen mußte, auf wenig Gegenliebe. Jeden Tag, an dem sich ein ehemaliger Militärinternierter meldete, bezeichnete Vaccari als Festtag. Das bedeutet, daß sich die Wehrmachtführung hierbei normalerweise sehr unzugänglich verhielt[159].

---

[156] Ministero delle Forze Armate Segreteria Militare n. 866/prot. S.M., P.d.C. 867, li 5 febbraio 1944. XXII°, Oggetto: Compiti della Missione militare italiana in Germania. Al Colonnello di S.M. Umberto Morera, f.to Graziani, ACS, S.P.d.D., Busta 22, F 153, SF 4.

[157] Ambasciata d'Italia, Berlino, 10 febbraio 1944-XXII, Al Duce, f.to Anfuso, ACS, S.P.d.D., Busta 76, F 647, SF 5, und Busta 16 (siehe oben, S. 386, Anm. 151).

[158] Ministero delle Forze Armate Segreteria Militare N.prot. 923 S.M., P.d.C. 867, addi 8 febbraio 1944. XXII°, Oggetto: Carabinieri e guardie di finanza internati in Germania, aderenti al governo repubblicano. All'Ecc. il generale Toussaint, ACS, S.P.d.D., Busta 16, F 91, SF 2.

[159] Vgl. dazu Diario S.A.I., S. 25, 20.5., S. 42, 27.5., S. 45, 30.5., und S. 56, 8.6.1944, PADF. Demnach erhielt Vaccari in diesem Zeitraum 20 Mann aus den Lagern. Siehe direkt dazu auch seinen Brief: All'Ambasciatore Conte Serafino Mazzolini Sottosegretario agli Affari Esteri Salò, 20 Dicembre 1944, S. 9 f., PADF. Vaccari bemerkte hierbei, daß er die aus den Lagern herausgeholten Soldaten gar nicht einsetzen konnte, da es sich um »Schatten von Menschen« (larve di uomini) in erbärmlicher Verfassung handelte.

Sämtliche Zweifel über ihre wahre Einstellung zur Freiwilligenfrage erledigten sich Ende Februar 1944. Generalmajor v. Graevenitz stellte damals in einem Gespräch in Torgau gegenüber Vaccari ohne irgendwelche Zurückhaltung fest, daß die Anwerbung von Internierten als unterbrochen anzusehen sei. Jede darauf angelegte propagandistische Tätigkeit in den Lagern habe daher zu unterbleiben. Die Untersagung gelte bis zu einem Zeitpunkt, an dem es die deutsche Seite für angebracht halte, die Erfassung von Militärinternierten für die Zwecke der *Repubblica Sociale Italiana* erneut zu betreiben. Ein solches Verbot löste keine Überraschung aus, denn die Wehrmachtführung praktizierte es — indirekt — schon seit langem. Die Italiener wußten zudem sehr wohl, daß Graevenitz lediglich einen Befehl von höherer Stelle weitergab. Der General vermittelte seinen Besuchern zugleich die Auffassung der deutschen Führung von der Rolle des italienischen Menschen in der Nachkriegszeit. Es werde diejenige des Arbeiters, nicht die des Frontsoldaten sein. Gegenüber propagandistischen Aktionen, die der Vorbereitung auf die genannte Rollenbeschreibung dienten, bestünden keine Einwände[160]. Der Chef des Kriegsgefangenenwesens formulierte damit die rassistisch begründete Deklassierung des italienischen Volkes. Ironisierend ließe sich anmerken, daß es nicht ganz der Wahrheit entsprach, wenn Vaccari gegenüber Vertretern des Auswärtigen Amtes später feststellte, Graevenitz habe jedwede politische Propaganda verboten[161], denn eine ganz bestimmte Art durfte ja durchaus betrieben werden. Uneingeschränkt traf jedoch seine in einem Schreiben an Staatssekretär Baron v. Steengracht enthaltene Mitteilung zu, daß es Ende Februar vom Oberkommando der Wehrmacht verboten worden sei, »neue Bewerbungen entgegenzunehmen«. Dabei signalisierten nach seiner Einschätzung in der Folgezeit noch »viele« Mili-

---

[160] 2 Aprile 1944. XXII: Relazione pervenuta dall'Addetto Aeronautico a Berlino, ACS, S.P.d.D., Busta 16, F 91, SF 2. Vgl. dazu Diario S.A.I., Proemio, S. 11, PADF. Dort schreibt Vaccari lediglich, daß er mit Graevenitz über Grundsatzfragen diskutierte. Sie betrafen die Repatriierung von Trägern der »Goldmedaille«, von Kriegsversehrten, von Invaliden, von Alten und von Angehörigen des Roten Kreuzes. In bezug auf letztgenannte vgl. Promemoria per l'Eccellenza il Prefetto Pagnozzi, Aprica, 15 agosto 1944 XXII°, f.to Cavallini, ACS, Carte Barracu, Busta 2, F 61 (N° 320), S. 2. Nach langen Bemühungen hat man 280 Mann nach Italien zurückgeschickt. Siehe auch: Relazione sull'attività assistenziale della C.R.I. da gennaio al 31 marzo 1945, f.to prof. G.A. Chiurco, ACS, S.P.d.D., Busta 2, F 25, S. 10 f., zur Rückkehr von im Jahre 1944 in Moosburg internierten Mitgliedern des C.R.I.; und direkt dazu: Sitzung beim Auswärtigen Amt Berlin, 28.3.1945: Wichtige Probleme betreffend internierte Italiener, ACS, S.P.d.D., Busta 76, F 647, SF 6, hier S. 8 und 11. Im Stalag V B Villingen internierte die Wehrmacht am 25.9.1943 das zum Malteserorden gehörende Personal eines Zuges, der auf deutschen Wunsch verwundete Wehrmachtangehörige aus Italien ins Reich gebracht hatte. Sozusagen als »Dank« für seine Hilfeleistung befand sich das italienische Sanitätspersonal — in krasser Verletzung des Völkerrechts — noch 1945 in Kriegsgefangenschaft: Deutsches Rotes Kreuz Präsidium, Amt Auslandsdienst, Ettal/Obb., den 6.4.1945, Betr.: Sanitätspersonal des Malteserordens, An das OKW — Abtlg. Kriegsgefangenenwesen, BA-MA, RH 12-23/v. 5. Ansonsten berichtete Vaccari, daß man deutscherseits auf seine Forderungen nur mit den üblichen vagen Versprechen antwortete. Er traf damals auch zum ersten Mal mit Oberst Adolf Westhoff zusammen, der am 1.4.1945 Chef des Kriegsgefangenenwesens und Inspekteur der Kriegsgefangenen wurde. Beim italienischen Gesandten hinterließ er einen uneingeschränkt negativen Eindruck.

[161] Diario S.A.I., S. 61, 12.6., S. 63, 13.6., und S. 65, 15.6.1944, PADF. Die Propaganda dauerte an, und das Auswärtige Amt nahm wegen der Angelegenheit außerdem Verbindung zum OKW auf.

tärinternierte ihre aufrichtige Bereitschaft, sich zur Regierung Mussolini zu »bekennen und für die Verteidigung des besetzten Vaterlandes zu kämpfen«[162].
Zweifellos gab es nicht allein bis zum Februar[163], sondern auch danach freiwillige Meldungen. Das deutete sich bei der Erörterung des numerischen Aspekts des Freiwilligenproblems bereits an[164]. Und darauf wird immer wieder zurückzukommen sein. Doch zunächst geht es — das dazu Gesagte ergänzend — um weitere Fragen in bezug auf die Anwerbung. Angeblich gab es — ganz abgesehen von den unübersichtlichen Verhältnissen auf dem Balkan, wo erst im Juni mit der Organisation italienischer faschistischer Dienststellen begonnen werden konnte[165] — noch Ende Mai im Reichsgebiet Fälle, in denen man Militärinternierte nicht einmal gefragt hatte, ob sie übertreten wollten[166]. Sieben Monate nach dem Befehl Hitlers, die Befragung durchzuführen, überrascht das einigermaßen. Dabei dürfte auszuschließen sein, daß es sich nur um Personen handelte, die aus Altersgründen nicht für Mussolinis Heer in Frage kamen. Ansonsten besaßen ältere Internierte — theoretisch — durchaus die Möglichkeit zu optieren, allerdings mit ungewissem Ausgang. Festzuhalten ist jedenfalls, daß sich die Deutschen zu keiner Zeit bereit zeigten, alle Optanten aus den Lagern zu entlassen.
Offiziere, die sich zum Beispiel bereits im November 1943 freiwillig meldeten, die kämpfen wollten und die geforderte Tauglichkeit besaßen, befanden sich zum Teil noch im Juli in den Internierungslagern[167]. Dabei konnte der Kontakt mit den Verweigerern nicht vermieden werden. Mitunter soll das sogar zu Handgreiflichkeiten geführt haben[168]. Derartige Schwierigkeiten resultierten nicht zuletzt aus der negativen Einstellung des Oberkommandos der Wehrmacht gegenüber der Repatriierung von Militärinternierten. Bezeichnenderweise hielten sich 200 Offiziere der Alpini, trotz ihres Seitenwechsels, im Juni 1944 weiterhin in einem Lager auf. Vaccari machte schließlich das Auswärtige Amt darauf aufmerksam, daß das nicht angehe. Aber mit einzelnen Interventionen ließ sich das eigentliche Problem nicht lösen. Es kam darauf an, das bei der Wehrmachtführung herrschende Mißtrauen auszuräumen. Auf der anderen Seite ist unübersehbar, daß nicht nur sie eine antideutsche Propaganda der Heimkehrer in Italien fürchtete[169].

---

[162] Ambasciata d'Italia, Betreuungsdienststelle für Militär- und Zivilinternierte I/130/G/2, Berlin, den 24. März 1944-XXII, PA, Büro Staatssekretär, Akten betr. Italien, Bd 19. Vaccari bestätigte somit die Angabe des Luftwaffenattachés (siehe oben, Anm. 160).

[163] Nachzutragen ist, daß für das Lager Lemberg bis zum 10.2.1944 als übergetreten gemeldet wurden: 100 Hauptleute, 104 Leutnante, 104 Unterleutnante sowie 36 Unteroffiziere und Soldaten. Für Wietzendorf meldete man bis dahin 117 Offiziere. Vgl. dazu: Al Ten. Col. Testa cav. Pietro Comandante del Campo di Internamento di Ufficiali Italiani n. 329 a Wietzendorf (Soltau), Wietzendorf 10 febbraio 1944. F/to Capitano G.B. Rizzardini, ASUSSME, Busta 2256. Es handelt sich um den nicht publizierten Anhang Nr. 34 zum Originalbericht von Oberstleutnant Pietro Testa: Italiani prigionieri in Germania. Il campo ufficiali 83 di Wietzendorf.

[164] Siehe oben, S. 324—338.

[165] Diario S.A.I., S. 78, 23.6.1944, PADF.

[166] Ebd., S. 30, 23.5.1944.

[167] Ebd., S. 109, 16.7.1944.

[168] Siehe oben, S. 378, Anm. 125: Busta 16.

[169] Diario S.A.I., S. 49, 2.6.1944, PADF.

Besonders spektakulär nahm sich der Fall von 3 200 Offizieren und 400 Soldaten aus, die in polnischen Lagern für die Republik von Salò optierten. Zwischen dem 15. und dem 30. März 1944 wurden sie im Oflag 73 Nürnberg zusammengezogen. Am 10. April durften 750 Offiziere nach Italien zurückkehren. Der Rest wartete im Mai noch immer auf die Abfahrt in die Heimat, die ihnen die Anwerber beim Übertritt so gut wie versprochen haben sollen. Nun lag die Vermutung nahe, daß eine solche Aussicht für manchen bei seiner Entscheidung mehr Gewicht besaß als die Anhänglichkeit an den »Duce«. So sahen das nicht allein die deutschen Militärs, sondern offenbar auch Mussolini und Anfuso. Entsprechend fiel die Reaktion des Botschafters aus, als der Führer der in Nürnberg wartenden Optanten darauf hinwies, daß sich die Übertrittserklärung durchaus wieder zurückziehen lasse. Anfuso schien eine derartige Entwicklung als die eleganteste Lösung der Angelegenheit betrachtet zu haben. Daher beabsichtigte er nichts zu tun, um sie zu verhindern. Denn zum einen traute der Botschafter den Offizieren ohnehin nicht und zum anderen wußte er, daß die Regierung in Salò sich keineswegs nach ihnen sehnte. Mussolini hatte nämlich schon beim Eintreffen des ersten Kontingents von 750 Mann wenig Begeisterung empfunden[170].

Anders fiel der Umgang mit Offizieren aus, die für den »Duce« votierten und in die Ausbildungslager auf den Truppenübungsplätzen gehen wollten. Sie erschienen den Faschisten wohl zuverlässiger. Folglich unternahm Anfuso den Versuch, Offiziersdienstgrade, die sich dort aufhielten, für die aber eine Verwendungsmöglichkeit fehlte, weil die betreffenden Planstellen bei den vier Divisionen schon besetzt waren, der *Repubblica Sociale Italiana* zu erhalten. Da das Oberkommando der Wehrmacht einer Rückkehr der überzähligen Offiziere nach Italien lediglich dann zustimmte, wenn deren dortige Verwen-

---

[170] Ambasciata d'Italia, Berlino 3 maggio 1944 Anno XXII, Al Sottosegretario di Stato Serafino Mazzolini Ministero Affari Esteri, f.to Anfuso, ASMAE, Busta 45, Posizione Italia 1/8. Allerdings wäre es irrig anzunehmen, daß die Repatriierung von Offizieren und Unteroffizieren sowie Mannschaften — vom Umfang her — bedeutungslos war. Das ergibt sich zum einen aus der nachfolgenden Statistik des Chefs der italienischen Militärmission (vgl. Tabelle 21, S. 319) und zum anderen aus verschiedenen Schriftsätzen, die im Sommer 1944 von zahlreichen Angehörigen aller drei Dienstgradgruppen berichten, die nach Italien zurückkehrten. Doch handelte es sich bei ihnen in erster Linie um Militärinternierte, die aus Altersgründen oder wegen ihrer angegriffenen Gesundheit für die italienischen Divisionen in Deutschland nicht zu verwenden gewesen sind. Sie blieben zur besonderen Verfügung (a disposizione), soweit es sich um Offiziere und Unteroffiziere handelte. Jedenfalls gelangten die Betroffenen nach Italien, das heißt, sie hatten etwas erreicht, was — außer den Lebensbedingungen in den Lagern — bei ihrer Entscheidung vermutlich eine große Rolle spielte. Vgl. dazu: Ministero delle Forze Armate Prot.N. 3689/C/5/10, P.d.C. 867, li 17 Lug 1944 Anno XXII, Oggetto: Ufficiali e sottufficiali e militari di truppa che rientrano dalla Germania, Alla Presidenza del Consiglio dei Ministri, f.to Graziani, ACS, Presidenza del Consiglio, Busta 39, F 1-2-1. Das Dokument ist ebenfalls enthalten in: ACS, S.P.d.D., Busta 68, F 642, SF 1. In direkter Anlehnung an die Aufzeichnung von Graziani war das von Barracu unterzeichnete Schreiben verfaßt: Presidenza del Consiglio dei Ministri Gabinetto N. 01378/1/2-1, Quartier Generale Posta da Campo 713, 8 Ago 1944 Anno XXII, A tutti i Ministri (Gabinetto) (eccettuato il Ministro delle Forze Armate) e, per conoscenza, al Partito Fascista Repubblicano, ACS, Presidenza del Consiglio, Busta 39, F 1-2-1 (in der Dokumentation wird die Klassifizierung 1-2-1 etc. als Categoria geführt, entspricht de facto aber dem Fascicolo).

dung eindeutig feststand, empfahl Anfuso folgenden Ausweg. Den Deutschen sei zu sagen, Mussolini beabsichtige die Männer in einem ausschließlich aus Offizieren bestehenden Kampf- oder Ausbildungs-Bataillon einzusetzen[171]. Im übrigen aber trat in einer solchen Forderung der militärischen Führung in Berlin erneut zutage, daß sie selbst denjenigen Italienern nicht mehr traute, die sich auf den Truppenübungsplätzen der Wehrmacht für den Kampfeinsatz in ihrer Heimat vorbereiten wollten.

Exkurs über rassistische Aspekte der Diskriminierung

Unter dem Gesichtspunkt des Umgangs mit dem italienischen Menschen schlechthin ist an dieser Stelle kurz auf das einzugehen, was zahlreiche Aussagen, die sich in den Quellen zum Verhältnis zwischen deutschem und faschistischem Militär finden[172], dokumentieren. Danach sahen sich Mussolinis Soldaten zwar materiell besser versorgt als die Militärinternierten, aber unter moralischen und rassenideologischen Gesichtspunkten blieben sie ihnen im wesentlichen gleichgestellt. General Princivalle insistierte deshalb schon Anfang Januar 1944 darauf, daß der Zustand der »Halbinternierung« beendet werden müsse. In einer Atmosphäre des Mißtrauens und der Verachtung, so der Tenor seiner Ausführungen, könne keine schlagkräftige Armee entstehen. Sofern die deutschen Verbündeten mit den Italienern nicht wie mit Alliierten umgehen wollten, sei es sinnvoller, sich anderen Aufgaben zu widmen[173].

Die Deutschen gaben zum Beispiel wohlmeinende Merkblätter für die Behandlung der »bündnistreuen italienischen Soldaten« heraus[174]. Aber gleichzeitig hieß es, sie dürften keine deutschen Frauen heiraten. Es handelte sich um eine — unbeschadet aller anderen Erklärungsversuche — rassistisch motivierte Verfügung[175]. In derartigen Erlassen — da-

---

[171] Ministero degli Affari Esteri, Telegramma pervenuto da Berlino il 14.3.1944-XXII, ACS, S.P.d.D., Busta 22, F 153, SF 7.

[172] Lediglich auf einige Quellenbestände, in denen sich relevantes Material findet, sei hier hingewiesen: ACS, S.P.d.D., Busta 22, Busta 61 und Busta 68. ASMAE, Busta 8, Posizione Italia 11/14; Busta 34, Germania 5/8; Busta 36, Grecia 1/1; Busta 65, Germania 1/19; Busta 76, Serbia 1/3; Busta 152, Posizione II/4/A. BA-MA, RH 2/v. 637; RH 15/233; RH 19 X/14, 58 und 59; RH 22/115; RH 24-22/27; RL 12/48; RL 19/122. PA, Völkerrecht, Kriegsrecht, Az. 26 Nr. 13b Italien, Bd 1.

[173] 4 gennaio 1944, Promemoria circa situazione nuclei divisionali in Germania, f.to Generale Aldo Princivalle, ACS, S.P.d.D., Busta 71, F 643, SF 6.

[174] Oberkommando der Wehrmacht WFSt/Qu 2 (S) Nr. 841/43, F.H.Qu., den 29.9.1943, Betr.: Merkblatt über die Behandlung der bündnistreuen ital. Soldaten, gez. Jodl, BA-MA, RW 4/v. 508a; ebd., F.H.Qu., den 1.10. 1943, zur endgültigen Fassung des Merkblattes; in der gedruckten Form — Eingangsstempel vom 29.1.1944 — auch enthalten in: BA-MA, RH 15/233. Vgl. ferner: Sonderstab z.b.V., Abschrift, Bad Saarow/Mark, den 6.6.1944, Merkblatt für den Einsatz ausländischer Soldaten in der deutschen Luftwaffe Nr. 3, Betr.: Behandlung italienischer Soldaten, gez. Grosch Generalleutnant, BA-MA, RL 19/122; Mitteilungen für Einheiten der Luftwaffe mit ausländischen Soldaten. Herausgegeben vom OKL/General f. ausl. Pers. d. Lw., Nr. 1, Jüterbog/Waldlager, 1.2.1945, BA-MA, RL 12/48, hier Punkt 1: Behandlung italienischer Soldaten.

[175] Oberkommando der Wehrmacht Az. 13 h NSF W/4 (J) Ia Nr. 16091/44, OU., den 24.10.1944, Betr.: Heiratsgenehmigung von italienischen Soldaten mit deutschen Frauen und Mädchen, gez. Reinecke, BA-MA, RH 19 X/58. Darin heißt es: »Heiratsgesuche von italienischen Soldaten mit deutschen

her sind sie zu zitieren — deutete sich die wahre Einstellung gegenüber dem Italiener als solchem an. Sie zeigte sich meistens dann, wenn es nicht allein um Worte ging. Daß das Heiratsverbot auf dem Rassegedanken beruhte, den italienischen Männern also nicht etwa wegen der besonderen Kriegsumstände die Ehe mit Deutschen untersagt blieb, trat völlig eindeutig zutage, als es zum Statuswechsel kam.

Solange die entwaffneten Exwaffenbrüder als Militärinternierte galten, brachten ihnen ihre Bewacher per »Lautsprecher oder bei Appellen allmonatlich in Erinnerung«, daß es strengstens verboten sei, »unbefugt sich deutschen Frauen oder Mädchen irgendwie zu nähern oder mit ihnen in Verkehr zu treten«. Zuwiderhandlungen konnten sogar mit der Todesstrafe geahndet werden. Nun ließe sich geltend machen, daß der Befehl alle Kriegsgefangenen betraf, also nicht ohne weiteres eine rassische Abwertung der Italiener implizierte[176]. In der Tat begründete der Reichsminister der Justiz, Otto Thierack, das »Verbot des Umgangs mit deutschen Frauen und Mädchen« damit, daß die Militärinternierten »wie Kriegsgefangene behandelt« würden[177].

Am Rande sei angemerkt, daß Thieracks Argumentation einmal mehr dem — auch unter rechtlichen Aspekten — absolut willkürlichen Umgehen mit den Internierten Ausdruck verlieh. Die Anwendung des Begriffs »Kriegsgefangener« oder »Militärinternierter« erfolgte lediglich nach Nützlichkeitserwägungen. Das bestätigte sich wenig später, als Vaccari den Vertreter der Rechtsabteilung des Auswärtigen Amtes darauf ansprach, daß die italienischen Unteroffiziere zur körperlichen Arbeit gezwungen würden. Nach Artikel 27 des Abkommens von Genf, so der Gesandte, sei das für gefangene Soldaten dieser Dienstgradgruppe nicht zulässig. Doch nun führte die deutsche Seite an, daß die Genfer Kon-

Frauen sind bereits von dem Disziplinarvorgesetzten abzulehnen.« Unmittelbar dazu vgl.: Auszug aus »Heeres-Verordnungsblatt« vom 25.11.1944, 26. Jahrgang, Teil C, Blatt 37, Ziffer 394, und Auszug aus »Heeres-Verordnungsblatt« vom 23.12.1944, 26. Jahrgang, Teil C, Blatt 40, Ziffer 431, BA-MA, RH 19 X/59. Demnach befahl das O.K.H. (ChHRüst u. BdE) AHA/Stab/Ia (3) am 11.12.1944, daß Heiratsgesuche zumindest nicht mehr auf unterster disziplinarer Ebene abgelehnt werden dürften, sondern an das O.K.H weiterzuleiten seien. An der Tatsache des Heiratsverbots änderte das allerdings nichts: Allegato al foglio Nr. 62443/44 segr. del 9.12.44 OKH Chef HRüst u BdE/AHA/Stab Ia (3), ASMAE, Busta 8, Posizione Italia 11/14; als Kopie ist das Schreiben vom 9.12. ferner enthalten in: ACS, S.P.d.D., Busta 16, F 91, SF 2, und Busta 22, F 153, SF 4. Das Verbot hat nicht nur Unruhe und Demotivation unter den italienischen Militärangehörigen innerhalb der Wehrmacht erzeugt, sondern wurde von den diplomatischen Vertretern auch als Hinweis auf die Tatsache verstanden, daß die deutsche Führung die Italiener als minderwertige Menschen einstufte: Vice Consolato d'Italia Telespresso n. 254, Pos. 212, Linz/Donau 6 marzo 1945 XXIII, Consolato Generale d'Italia Vienna, e.p.c. Ambasciata d'Italia Berlino, Ogg.: Divieto di contrarre matrimonio con ragazze tedesche ai cittadini italiani in servizio presso la Wehrmacht, ASMAE, Busta 152, Posizione II/4a/14; ebd., das ergänzende Schreiben vom 23.3.1945: Telespresso n. 312, ebenfalls Konsulat Linz; ebd., l'Ambasciatore Rogeri, Berlino, addi 31 marzo 1945, Telespresso n. 02480/635, Indirizzato a Missione Militare Italiana, e.p.c. Ministero degli Affari Esteri, Consolato Generale d'Italia Vienna, Vice Consolato d'Italia Linz.

176 Oberkommando der Wehrmacht Az. 2 f 24.19 m Chef Kriegsgef./Allg. (Id) Nr. 9689/43, Berlin, den 28.9.1943, Betr.: Verkehr italienischer Militärinternierter mit deutschen Frauen, BA-MA, RH 49/35.

177 Der Reichsminister der Justiz 9250/1-IVa4-460, Berlin, den 11.4.1944, An die Herren Oberlandesgerichtspräsidenten und Generalstaatsanwälte bei den Oberlandesgerichten, Betrifft: Umgang mit italienischen Militärinternierten, AIfZG, Fa 195/II.

vention für die Militärinternierten nicht gelte, weil jene keine Kriegsgefangenen darstellten[178]. Wo italienische Unteroffiziere versuchten, ihr Recht durchzusetzen, indem
sie die Leistung körperlicher Arbeit verweigerten, löste das brutalste Reaktionen der Wehrmacht aus[179].

In bezug auf die rassistischen Motive für das Heiratsverbot schuf eine amtliche Bekanntgabe von Martin Bormann, dem Leiter der Partei-Kanzlei, vom Oktober 1944 Klarheit.
Nach den Feststellungen des Reichssicherheitshauptamtes waren vor dem Statuswechsel
in den »Fällen des Geschlechtsverkehrs deutscher Frauen und Mädchen mit Ausländern
italienische Zivilarbeiter prozentual am stärksten beteiligt«. Da ihre Zahl als unmittelbare Folge der Überführung von Militärinternierten in das zivile Arbeitsverhältnis enorm
ansteigen mußte, sah Bormann nunmehr eine »verstärkte Gefahr für die Reinerhaltung
deutschen Blutes«. Anders gewendet: Die Männer zählten nach nationalsozialistischer
Auffassung zu einer minderwertigen Rasse. Aus politischen Gründen erschien es jedoch
»nicht zweckmäßig«, die existierenden Verbote hinsichtlich der Intimkontakte zwischen
bestimmten Ausländern und Deutschen auf die Italiener auszuweiten. Die Partei beschränkte sich deshalb darauf, ihre örtlichen Vertreter zu erhöhter Wachsamkeit anzu-
halten, »um unerwünschte Verbindungen italienischer Zivilarbeiter mit deutschen Frauen
und Mädchen zu verhüten«[180].

Zu fragen ist, ob sich eine solche Einstellung, die italienische Staatsbürger — völlig unabhängig vom politischen Standort — aus rein rassistischen Gründen diskriminierte, in anderen Bereichen der deutsch-italienischen Beziehungen nach dem 8. September ebenfalls
manifestierte. Hinsichtlich der bündnistreuen Militärangehörigen fällt es schwer, allgemein verbindliche Aussagen zu machen, denn da wären zahllose Besonderheiten, regio-
nale Einflüsse und die Modalitäten der jeweiligen Zusammenarbeit zu berücksichtigen.
Vermutlich ließe sich zu jedem Einzelfall ein Gegenbeispiel anführen.

Dennoch scheint die oben formulierte These, daß die kriegsgefangenen oder internierten und die bündnistreuen Italiener deutscherseits moralisch und rassenideologisch eine
einheitliche Bewertung erfuhren, im großen und ganzen unanfechtbar zu sein. Eine von
Fall zu Fall notwendige Nuancierung soll damit nicht in Frage gestellt werden. Im Grunde

---

[178] Diario S.A.I., S. 95 f., 6.7.1944, PADF.

[179] Reviglio, La lunga strada, S. 85 f., betr. den Einsatz von 24 Unteroffizieren im Bergwerk Baesweiler.
Anzumerken ist, daß Anfang Februar ein Befehl erging, gemäß dem arbeitsverweigernde italienische Unteroffiziere nicht mehr — wie bis dahin praktiziert — in Sonderlager überführt werden
sollten: Oberkommando der Wehrmacht Az. 2 f 24.82 u Kriegsgef.Org. (IV c) Nr. 491/44, Torgau,
den 7.2.1944, Betr.: Abtransport wiederergriffener oder die Arbeit verweigernder Kriegsgefangener
in Sonderlager, BA-MA, RH 49/35.

[180] Nationalsozialistische Deutsche Arbeiterpartei, Der Leiter der Partei-Kanzlei, Führerhauptquartier,
den 11.10.1944, Bekanntgabe 320/44g. Betrifft: Reinerhaltung des deutschen Blutes — Überführung
der italienischen Militärinternierten in das zivile Arbeitsverhältnis, gez. M. Bormann, AIfZG, MA
460, 2567114 f. Berechtigt hat man darauf aufmerksam gemacht, daß der privilegierte Status der
Italiener, den sie aufgrund des von Himmler am 7.12.1942 herausgegebenen geheimen Runderlasses
besaßen, sich nach dem 25.7.1943 »schlagartig« änderte. Im übrigen war für Himmler der politische, nicht der rassische Faktor ausschlaggebend gewesen, als er die bevorzugte Stellung der Italiener (Fremdarbeiter) festlegte. Vgl. dazu Krause-Vilmar, Ausländische Zwangsarbeiter, S. 391 und 394.

bedarf es wohl kaum der Erwähnung, daß die Kampfwilligen mit weniger drückenden Auflagen ihrer deutschen Verbündeten leben mußten als andere. Aber selbst Hilfswillige, also Bündnistreue, wurden beim Arbeitseinsatz streng beaufsichtigt und häufig körperlich mißhandelt. Worauf es ankommt, ist das Faktum der Ungleichheit von Deutschen und Italienern, und das ist unbestreitbar. So berichtete der Chef der Belgrader Zweigdienststelle der faschistischen Militärmission in Deutschland, die Soldaten in Arbeitsabteilungen würden wie »Sklaven« traktiert. Die deutschen Offiziere und Unteroffiziere demonstrierten gegenüber allen italienischen Militärs — eingeschlossen diejenigen in kämpfenden Einheiten wie der Legion »San Marco« — ein Benehmen, das keinen Zweifel daran aufkommen lasse, daß sie Italiener ganz allgemein als »minderwertige Menschen« (esseri inferiori) einordneten[181].

Wer all das ausschließlich als spontane Reaktion auf den Kriegsaustritt zu erklären versuchte, müßte zunächst den Geist in Bormanns Anordnung und die von Graevenitz formulierte rassistische Abwertung des italienischen Volks ignorieren. Er hätte darüber hinaus die geheimen Berichte des Sicherheitsdienstes der SS als Makulatur zu bewerten und sähe sich unter anderem gezwungen, die Erinnerungen der Opfer als unwahr oder unzutreffend hinzustellen. Im übrigen sind Aufzeichnungen offizieller faschistischer Dienststellen überkommen, die dokumentieren, daß Gefangenen, die sich als Kampfwillige für die Republik von Salò zu erkennen gaben, mitunter — solange sie sich im deutschen Bereich aufhalten mußten — eine ebenso erbärmliche Behandlung widerfuhr wie den königstreuen Verweigerern. Die Lage der Italiener stellte sich, obwohl die Zustände im Südostraum als besonders skandalös galten, generell als »unerträglich« dar[182].

Unmenschlich nannten Angehörige der diplomatischen Vertretung von Mussolinis Republik in Belgrad die Behandlung entwaffneter Soldaten aller Kategorien, auch bündnistreuer, im Arbeitslager Lapovo. Dessen Insassen habe man wegen nichtiger Anlässe, auf Anordnung eines sadistischen deutschen Unteroffiziers, bis zur Bewußtlosigkeit ausgepeitscht[183].

Mussolinis Außenministerium legte in Berlin gegen die Verhältnisse in Lapovo Protest ein[184]. Es kam zu Nachforschungen, deren Ergebnis dazu zwang, die Lagerleitung abzu-

---

181 Zitiert nach: Relazione N. 5, Belgrado, li 24 settembre 1944 XXII°, Al Sig. Generale Morera Umberto Addetto Militare e Capo M.M.I.G. Berlino, f.to Il Colonnello Capo del Nucleo Biscuola, ACS, S.P.d.D., Busta 22, F 153, SF 4. Vgl. außerdem: Direz. Gen. Aff.Pol., 28.1.1944, D.I.E. Venezia, Situazione morale e materiale dei militari italiani in Serbia, ASMAE, Busta 76, Posizione Serbia 1/3.

182 Rappresentanza Consolare d'Italia Belgrado, Telespresso n. 83/50, Urgente-Riservatissimo, Indirizzato a: Ministero Affari Esteri, Belgrado, li 8 febbraio 1944-XXII, Oggetto: Militari italiani in Serbia. F.to Gozzi, ASMAE, Busta 76, Posizione Serbia 1/3.

183 Ebd., Rappresentanza Consolare d'Italia in Belgrado, Riservato-Urgente, Telespresso n. 98/59, Ministero degli Affari Esteri, Belgrado, addi 14 febbraio 1944/XXII, Oggetto: Trattamento inflitto ai militari lavoratori al campo di Lapovo.

184 Ebd., Ministero degli Affari Esteri, Appunto per la D.I.E., Oggetto: Ufficio Militare Italiano di Collegamento — Trattamento inflitto ai militari lavoratori al campo di Lapovo, f.to Mazzolini. Im Anhang die Verbalnote für Berlin.

lösen[185]. Deshalb klang es nicht überzeugend, wenn der Generalquartiermeister des Oberbefehlshabers Südost gleichzeitig mitteilte, daß die über die Ereignisse in Lapovo im Umlauf befindlichen Nachrichten »übertrieben« seien. Das Auswärtige Amt sprach mit der üblichen Unterkühltheit von Vorfällen, die es »sowohl vom politischen wie auch militärischen Standpunkt zu beanstanden« gelte[186].

Doch Lapovo bildete keinen Einzelfall. Im Außenministerium der *Repubblica Sociale Italiana* trafen noch im Sommer 1944 »täglich« detaillierte Meldungen ein, aus denen die »schlimme moralische und materielle Behandlung« der italienischen Soldaten hervorging, die seit dem September 1943 freiwillig auf der Seite der Wehrmacht dienten. Wiederum ging es um Serbien. Deutsche Militärgerichte sprachen dort auffallend schnell sehr harte Urteile — die Todesstrafe eingeschlossen — gegen Italiener aus. In ihrem Widerspruch machte die Regierung Mussolini geltend, daß sich die Betroffenen zu den ihnen angelasteten Vergehen oft »aus der Not heraus getrieben« sähen. Um nicht zu verhungern, hätten sie sich Nahrung verschaffen müssen. Die einzige Möglichkeit dazu bestand manchmal im Verkauf von — italienischen — Uniformteilen[187]. Doch eine derartige Erklärung beruhte auf einer Gedankenführung, der die großdeutsche Wehrmachtführung, für die italienische Kampf- und Hilfswillige in ihren Reihen nationalsozialistischer Kriegsrechtspraxis unterlagen, nicht zu folgen vermochte[188].

Jedoch manifestierte sich in der Mißachtung und Mißhandlung bündnistreuer Italiener mitnichten eine Sonderentwicklung auf dem Balkan. Den knappen Exkurs abschließend, sei daher der zeitgleiche Bericht eines vorübergehend internierten Unteroffiziers vorgestellt. Darin ist von sich freiwillig meldenden Gefangenen die Rede, die — wie der Autor selbst, der seine Aussagen für repräsentativ hielt — von der SS ausgebildet wurden und in SS-Verbänden dienten. Als sie ihre Bereitschaft zum Übertritt bekundeten, verschwiegen ihnen die Deutschen, daß faschistische republikanische Truppen geplant seien. So meldeten sich die Männer für die Waffen-SS, gelangten nach Münsingen, Buchenwald und Dachau. In den Ausbildungslagern sahen sie sich — insbesondere in Gegenwart von Angehörigen anderer Nationalitäten, welche die SS mit »Hochachtung« behandelte —

---

[185] Ebd., Deutsche Botschaft und Dienststelle des Reichsbevollmächtigten in Italien, Nr. 2998/44, Aufzeichnung, Fasano, den 9.6.1944.

[186] Auswärtiges Amt Nr. R. 7507, Berlin, den 1.6.1944, An die Dienststelle des Auswärtigen Amts, Fasano, gez. v. Druffel, PA, Völkerrecht, Kriegsrecht, Az. 26 Nr. 13b, Italien, Bd 1.

[187] Ebd., Ministerium der Auswärtigen Angelegenheiten 1/3720-62-5-1, Eilt, Aufzeichnung für die Deutsche Botschaft, Zivilpost 305, 28. Juli 1944-XXII; und: Deutsche Botschaft und Dienststelle des Reichsbevollmächtigten in Italien Nr. 624/Pol., Fasano, den 18.8.1944, Betr.: Behandlung ital. Soldaten in Serbien. An das Auswärtige Amt in Berlin, gez. Rahn.

[188] Oberkommando der Wehrmacht 14 n 27a WR (I/3) 792/43g, Führerhauptquartier, den 5.10.43. Geheim! Betr.: Strafrechtliche und disziplinarstrafrechtliche Stellung der bündnistreuen italienischen Soldaten, gez. Keitel, BA-MA, RH 2/v. 637. Zum auf italienische Soldaten ebenfalls angewendeten Standgerichtsverfahren vgl.: Anlage zu Okdo. H.Gr. E Ia/Id/III Nr. 9197 g.Kdos. v. 14.9.44, Oberkommando der Heeresgruppe E Abt. III, Betr.: Standgerichtliches Verfahren, BA-MA, RH 19 VII/35a. Und direkt dazu präzisierend: Anlage zu Okdo. H.Gr. E Ia 7385/44 g.K. v. 10.8.44, BA-MA, RH 19 VII/33. Es ist nochmals darauf hinzuweisen, daß im allgemeinen nicht einmal diese Bestimmungen bei der — vom Sachverhalt her ohnehin nicht statthaften — Anwendung des Standrechts im Zuge der Entwaffnungsaktion eingehalten worden sind.

gedemütigt, erniedrigt sowie physisch und psychisch gequält. Nach Beendigung der sogenannten Ausbildung erhielten sie nicht — wie zugesagt — ihren alten Dienstgrad zurück,
sondern blieben einfache Soldaten. Das galt selbst für diejenigen, die perfekt Deutsch
sprachen. Die offizielle Begründung für die Verweigerung des früheren Dienstgrades, unzureichende Sprachkenntnisse, bedeutete zumindest in derartigen Fällen ein vorgeschobenes Argument. Es blieb ihnen zudem verboten, Kriegsauszeichnungen zu tragen. Warum?
Weil, so erklärten die deutschen Waffenbrüder, sie sich für den von ihnen geführten Krieg
lediglich »schämen« dürften. Dazu paßte es, daß sie in den Einheiten der SS stets die
schwersten und niedrigsten Arbeiten verrichten mußen. Der Berichterstatter sammelte
seine deprimierenden Erfahrungen bei der 16. SS-Panzergrenadier-Division »Reichsführer-SS«. Bei den geringsten Verfehlungen bekamen er und seine Schicksalsgefährten von
ihren SS-Kameraden Beschimpfungen wie »Verräter, Dieb, Feigling« zu hören. Alle Versuche, die Zustände auf dem Weg über den Kommandeur zu ändern, fruchteten nichts.
Ebenso ergebnislos verliefen Anträge auf ein Frontkommando. Italienische Männer taug-
ten eben nur als »Packesel«. Das deutsche Volk und die Wehrmacht, vernahmen sie, unterstützten Mussolini allein deshalb, weil das zur Zeit als vorteilhaft angesehen werde. Tatsächlich wäre es aber besser gewesen, alle Italiener — egal ob Badoglianer oder nicht —
zu vernichten, denn sie gehörten schließlich zur selben »Rasse«[189].
In derartigen Äußerungen spiegelte sich zwar nicht der verlogene Tenor amtlicher Propaganda wider, wohl aber die Stimmung der Menschen, mit denen Militärinternierte
und Bündnistreue gemeinsam lebten oder arbeiteten. Im übrigen war eine solche Haltung nicht auf die SS beschränkte. In den Flak-Einheiten sah es offensichtlich nicht viel
anders aus. Jedenfalls hieß es, daß für das »Ausmaß der Fahnenflucht ital. Soldaten auch
die Behandlung in der Truppe eine gewisse Rolle« spielte[190]. Es wäre gewiß irreführend
zu glauben, daß sich damit alles verständlich machen ließe. Vielmehr müßten — bei einer
vertieften Erörterung der Ursachen für das eigenmächtige Sichentfernen von Einheiten
der Wehrmacht — zahlreiche und sehr unterschiedliche Faktoren berücksichtigt werden.
Aber die Art, in der Deutsche mit Italienern umgingen, weil sie in ihnen »minderwertige Menschen« sahen, stellte wohl den Kern des Problems dar.

---

[189] Partito Fascista Repubblicano, Appunto per il Duce (o.D.), ACS, S.P.d.D., Busta 61, F 630, SF 9.
Direkt dazu vgl. den im Anhang befindlichen Originalbericht eines italienischen Unteroffiziers
vom 17.5.1944, dessen Inhalt in dem »Appunto« weitgehend übernommen wurde.

[190] Zur respektlosen und entwürdigenden Behandlung der Italiener in der Luftwaffe vgl. die Reaktion der
deutschen Seite, mit der jene Übelstände — gemeldet von einem italienischen Betreuungsoffizier
— abgestellt werden sollten: Comando Supremo della Luftwaffe Generale per il personale straniero
della Luftwaffe Az. 13 n 16 Nr. 209/45 g. Gr. II, Jüterbog-Waldlager, li 15.1.1945, Segreto, Oggetto:
Trattamento militari italiani, ACS, S.P.d.D., Busta 22, F 153, SF 7; und: Flakregiment 78 (mot)
II b Az 3i, 27.6.44. Betr.: Behandlung von ital. Soldaten und Bekämpfung der Fahnenflucht, BA-MA,
RL 12/48. In den Rahmen dieses Themas gehört auch ein Befehl des Generalfeldmarschalls v. Richthofen, in dem er »Maßnahmen bei schweren Verstößen italienischer Soldaten oder Hilfswilliger«
festlegte. Darin hieß es u.a.: »Fälle offener Auflehnung jeder Art sind sofort mit der Waffe nieder-
zuschlagen und im Keim zu ersticken. In allen anderen Fällen sind die Täter auf der Stelle festzunehmen und ihrer sofortigen Aburteilung zuzuführen. Todesstrafen sind angesichts des Verbandes
zu vollstrecken. Vom standgerichtlichen Verfahren ist weitgehend Gebrauch zu machen.« Ebd., Luftflottenkommando 2 III/II b/4 Az. 14, Br.B.Nr. 586/44 geh., 19.1. 1944, gez. v. Richthofen.

Wendet man sich nunmehr wieder den Militärinternierten zu, so ist zunächst zur oben zitierten Äußerung von General Princivalle anzumerken, daß er den Handlungsspielraum der faschistischen Führung überschätzte. Die Deutschen taten längst allein das, was sie wollten. Als signifikant kann der Umgang mit einer Anzahl Freiwilliger eingestuft werden. Nach ihrer Meldung für Mussolinis neue Streitkräfte beließ sie die Wehrmacht noch einige Zeit in den Lagern, stellte sie jedoch unversehens vor ein Entweder-Oder: Die Männer konnten deutsche Uniform anziehen, um — überwiegend — in der Flak zu dienen; falls sie ablehnten, blieben sie interniert. Vermutlich kam es nicht allein im besetzten Frankreich, wo der italienische Geschäftsträger in Paris von ungefähr dreihundert ähnlichen Fällen erfuhr, zu derartigen Willkürmaßnahmen[191].

Selbstherrliches Verhalten gegenüber Mussolinis Regime drückte ferner ein Befehl von Generalfeldmarschall Keitel aus, mit dem er Mitte Juli 1944 verfügte, daß nur noch dienstuntaugliche Internierte entlassen werden durften[192]. Außergewöhnlich nahm sich die Weisung — angesichts der Entwicklung im Februar — nicht aus, allenfalls der Zeitpunkt befremdete, da ein Treffen der Regierungschefs bevorstand. Ansonsten aber erging Keitels Weisung in einer Zeit, in der das Oberkommando der Wehrmacht gerade eine Bestandsaufnahme der circa 23 000 an die Waffen-SS abgegebenen Militärinternierten vornehmen ließ[193], wohingegen Marschall Graziani nach wie vor Schwierigkeiten besaß, das Personal für die noch in der Aufstellung befindlichen Divisionen »Italia« und »Littorio« zu rekrutieren[194]. Die Zustände waren — aus italienischer Sicht — desperat. In Absprache mit Botschafter Anfuso unternahm daher der Chef der Militärmission, Oberst Morera, eine Inspektionsreise in die Internierungslager, um weitere Möglichkeiten der Personalgestellung für die beiden Divisionen auszuloten[195].

---

[191] Ambasciata d'Italia Telespresso n. 672/220, Parigi addi 25 Aprile 1944 Anno XXII, Riservato, Ministero degli Affari Esteri, Gabinetto, Quartiere Generale, Oggetto: Militari italiani, provenienti dai campi di concentramento ed attualmente impiegati, in divisa tedesca, presso reparti tedeschi. F.to L'Incaricato d'Affari Manfredo Chiostri, ASMAE, Busta 45, Posizione Italia 1/8.

[192] Diario S.A.I., S. 115, 19.7.1944, PADF. Der Gesandte Vaccari erfuhr von dieser Weisung nur durch eine Indiskretion, oder, wie er es formulierte: »in via riservatissima«.

[193] Oberkommando der Wehrmacht Az. 2 f 24.73 n Kriegsgef. Allg. (Ia) Nr. 2320/44 Torgau, den 13.6.44, Betr.: Einstellung ehem. ital. Mil.Int. in die Waffen-SS, gez. von Reumont, BA-MA, RH 49/35.

[194] Für die Infanteriedivision »Littorio« fehlten im August noch 1 800 Unteroffiziere und Mannschaften, bei der Infanteriedivision »Italia« betrug das Fehl 4 360 Mann: Ministero delle Forze Armate Segreteria Militare n. 8494/SM, Postcampo 887, 18.9.1944.XXII. Oggetto: relazione attività Missione Militare in Germania nel periodo giugno-agosto c.a., Alla Segreteria Particolare del Duce, f.to Il Capo Segreteria Militare gen. R. Sorrentino, ACS, S.P.d.D., Busta 39, F 347, SF 21. In der Anlage befindet sich der Bericht von General Morera, hier S. 5. Vgl. aber auch Anhang 1 und 2 mit abweichenden Zahlen.

[195] Ambasciata d'Italia Berlino, Addetto Militare e Capo Missione Militare in Germania Prot. N° 172/segr., Berlino, li 4 luglio 1944 XXII, Al Duce, f.to Col. S.M. Umberto Morera, ACS, S.P.d.D., Busta 22, F 153, SF 4. Kurz vorher hatte Anfuso beim Generalbevollmächtigten für den Arbeitseinsatz, Sauckel, wegen der Abgabe von 20 000 Militärinternierten vorgefühlt. Diese hatten zwar für die R.S.I. optiert, befanden sich aber nach wie vor in den Betrieben, um zu arbeiten. Der Botschafter wünschte, daß sie im aktiven Militärdienst eingesetzt würden: Ambasciata Italia Berlino, Telespresso 05387/1058 del 17 Giugno 1944. XXII, Ministero Affari Esteri, Capo Missione Militare, S.A.I., Ufficio del Lavoro, Oggetto: Trasformazione internati italiani in lavoratori civili. F/to Anfuso, ASMAE, Busta 165, Posizione IV/2/7.

Sein Bericht entsprach einer Zwischenbilanz des deutsch-italienischen Ringens um die Verwendung der Gefangenen bis zum Vorabend der Begegnung zwischen Hitler und Mussolini am 20. Juli, die das Problem definitiv lösen sollte.

Die Masse der gefangenen Landsleute befand sich nach Morera im Arbeitseinsatz, wobei keineswegs alle Internierten kriegswichtige Tätigkeiten verrichteten. Das äußere Erscheinungsbild beschrieb er als traurig. Kleidung und Schuhwerk ließen sehr zu wünschen übrig. Wie die durch Aufschriften auf der Bekleidung gekennzeichneten Kriegsgefangenen, mit denen sie unter bewaffneter Bewachung durch deutsche Soldaten arbeiteten, trugen die Italiener auf dem Rücken ihrer Jacke die Bezeichnung »Ital« und »IMI«. Alles in allem vermochte der Oberst nach zehn Monaten Gefangenschaft keine Verbesserung der Lebensbedingungen seiner Landsleute festzustellen. Die Widerwärtigkeiten, die sie durchleben mußten, dürften erklären, warum angeblich ziemlich viele von ihnen darauf drangen, in die faschistischen republikanischen Streitkräfte übernommen zu werden. Man hatte es mit verzweifelten Versuchen zu tun, der Hölle zu entkommen. Morera behauptete, er habe in der Vergangenheit einer großen Zahl Internierter den Weg aus den Lagern geöffnet, doch mittlerweile seien alle Anstrengungen vergebens, höchstens einige wenige bekomme er frei. Der Chef der Militärmission bestätigte ferner die Aussagen anderer Quellen. Das heißt, unter dem Eindruck, daß sich die faschistische Regierung nicht um sie kümmere, verführt von den Verlockungen der Propaganda oder auch als Folge des massiven Drucks der Lagerkommandanten, soll die Mehrheit der Gefangenen den Dienst in der Wehrmacht (in erster Linie in der Kriegsmarine und in der Luftwaffe) gewählt haben oder zur Arbeit für das »Dritte Reich« bereit gewesen sein.

Nun gibt es — angesichts der überkommenen Zahlen[196] — nicht den geringsten Zweifel, daß keinesfalls die »Mehrheit« der Militärinternierten mit dem Staat Hitlers zusammenarbeitete. Morera meinte wohl das Gros der kooperationswilligen Männer. Aber nicht die eventuelle sprachliche Ungenauigkeit, sondern der Hinweis auf die Tatsache, daß die Wehrmacht alle Anwerbungsversuche blockierte, ist hervorzuheben. Im übrigen will der Oberst, sobald er seine deutschen Ansprechpartner auf die zahlreichen Internierten aufmerksam machte, die ihren Übertritt erklärten, die stereotype Antwort erhalten haben, sie müßten aufgrund der zwischen Mussolini, Hitler und Sauckel getroffenen Vereinbarungen — von wenigen Ausnahmen abgesehen — weiterhin im Arbeitseinsatz verbleiben. Bei einer solchen Einstellung ließ sich der italienische Bedarf an zum Seitenwechsel bereiten Internierten nicht befriedigen. Morera gab sich daher skeptisch gegenüber der Erwartung, die in jener Zeit in Salò bestand, daß Sauckel die gewünschten und wiederholt angemahnten 20 000 bündnistreuen Gefangenen tatsächlich abgeben würde.

Über die Lagerinsassen, deren Wunsch nach Aufnahme in die faschistischen Truppen unerfüllt blieb, schrieb er, daß ihre Arbeitsleistung gering sei. Die Männer zeigten sich verbittert, arbeiteten ohne Lust und würden vom Ambiente, in dem sie lebten, kaputtgemacht. Bei derartigen Voraussetzungen müsse davon ausgegangen werden, daß sie sich binnen kurzem zu Gegnern der republikanischen Regierung, von der sie sich zurückgewiesen und im Stich gelassen fühlten, und der Deutschen entwickelten, durch die sie

---

[196] Siehe oben, S. 324—338.

sich wie Gefangene behandelt sähen. Der Missionschef forderte deswegen die deutschen Militärs wiederholt auf, ihre Einstellung hinsichtlich der Optanten für das faschistische Heer zu überprüfen. Offensichtlich, darauf wies die Situationsbeschreibung Anfang Juli jedenfalls hin, tat er das ohne Erfolg.

Morera stellte außerdem dar, welche Maßnahmen er aufgrund der deutsch-italienischen Interessenlage in bezug auf die Internierten für erforderlich hielt: Die jüngeren Jahrgänge der Freiwilligen sollten in die noch aufzustellenden Divisionen eingegliedert werden. Ältere könnten zur Flak und zu den Nebelwerfer-Bataillonen gehen. An der »Arbeitsfront« hätten jene bündnistreuen Militärinternierten zu verbleiben, die bereits ausschließlich im Rahmen der Kriegsproduktion eingesetzt seien. Diejenigen Gefangenen, die entweder die Seite noch nicht gewechselt hatten oder einen Seitenwechsel prinzipiell ablehnten, müßten ausnahmslos arbeiten. Er wies die Deutschen hierbei darauf hin, daß sie keine die Freiwilligkeit beeinträchtigende Propaganda betreiben dürften, was natürlich implizit den Vorwurf enthielt, daß sie genau das praktizierten.

Doch die Chancen für die Verwirklichung solcher Vorhaben, insbesondere im Hinblick auf die Gewinnung von Kämpfern für Mussolinis Heer, standen schlecht. Das Oberkommando der Wehrmacht meinte bereits im Juni, daß die republikanischen faschistischen Divisionen ihren Sollbestand erreicht hätten. Es untersagte deshalb jede weitere Überstellung von Kampfwilligen an jene Verbände[197]. Unklar bleibt allerdings, ob es sich dabei um kampfwillige Italiener handelte, die seit dem Kriegsaustritt auf deutscher Seite kämpften, um Militärinternierte und Hilfswillige, die aufgrund von Werbeaktionen wieder mit der Waffe auf faschistischer Seite weitermachen wollten, oder ob beide Gruppen — das erscheint am wahrscheinlichsten — angesprochen gewesen sind.

Im August ging Anfuso davon aus, daß sich die ursprüngliche Absicht der faschistischen Regierung, aus den Internierten, die seit Anfang des Monats ihren Status wechseln konnten, weitere Soldaten für das republikanische Heer herauszuziehen, zunächst nicht in die Tat umsetzen lasse. Dennoch verfolgten er und Morera weiterhin den Plan, die oben erwähnten 18 000 oder 20 000 Mann — angeblich hatten sie mehrmals darum ersucht, wieder Soldat werden zu können — von den Deutschen freizubekommen. Selbst diese begrenzte Zielsetzung stieß — wie sich bald zeigte — auf entschiedenen Widerstand. Mussolinis Botschafter nannte dafür zwei Gründe: Erstens besäßen die Militärs in Berlin keine Lust, die mit der Eingliederung von Exinternierten in die Hilfstruppen der Wehrmacht verbundenen Risiken einzugehen, das heißt, sie bevorzugten in Italien ausgehobene junge Wehrpflichtige; und zweitens wollten die für den Arbeitseinsatz Verantwortlichen nichts von dem ihnen — in beträchtlichem Umfang — zugestandenen Personal verlieren[198]. Deutsche und Italiener rangen sozusagen um jeden einzelnen Mann.

---

[197] KTB H.Gr. E, S. 307, 17.6.1944, BA-MA, RH 19 VII/17. Die Bereitwilligkeit der deutschen militärischen Führung, auf das von Morera vorgeschlagene Verfahren einzugehen, wurde freilich durch die ersten Erfahrungen mit faschistischen Truppen nicht gefördert. So hieß es zum Beispiel bei der H.Gr. E, ebd., S. 362 f., 29.6.1944: »Bei den Kämpfen in Italien hat sich die neuaufgestellte republ. fasch. ital. Wehrmacht erneut unzuverlässig erwiesen. OKH hat daher erneut und endgültig die Auflösung Zug um Zug befohlen. Aus diesem Grunde müssen auch die im Bereich der H.Gr. E eingesetzten republ. fasch. [Kampfwilligen-] Kawi-Verbände erneut überprüft werden.«

Das trat, ebenfalls im August, noch in anderem Zusammenhang zutage. Ein Abgesandter des Generals der Waffen-SS Wolff äußerte gegenüber Mussolini den Gedanken, eine richtige SS-Division aufzustellen (zugleich könnte damit angedeutet gewesen sein, daß die bis dahin gebildeten Formationen dem allgemeinen Standard jener Verbände nicht genügten). Der »Duce« schrieb daraufhin einen Brief an Himmler, in dem er sich einverstanden erklärte. Doch das Personal müsse der Reichsführer unter den Internierten auswählen lassen, die für die Republik von Salò optiert hätten[199].

Was einem derartigen Tauziehen zugrunde lag, stellte sich als eine — hier nur anzudeutende — schwere personelle Krise dar, sei es in Italien, sei es in Deutschland. Die Wehrmacht verlangte damals von Mussolini die Abgabe von weiteren 25 000 Rekruten für die Luftwaffe, obwohl in ihr — wie oben erwähnt — schon mindestens 69 000 Italiener, darunter angeblich rund 60 000 Militärinternierte[200], standen. Seitens der *Repubblica Sociale Italiana*, in der sich die verschiedenen zivilen Stellen der nationalsozialistischen Rüstungsorganisation ebenfalls Personal beschafften, das sie dann nach Deutschland brachten, konnte solchen Forderungen jedoch nicht ohne weiteres entsprochen werden. Dabei ist zu berücksichtigen, daß Mussolinis Verwaltungsbehörden in jener Zeit — aufgrund deutscher Verfügungen — in Südtirol und Venetien gar keine Einberufungen mehr vornehmen durften. Und circa fünfundsiebzig Prozent des italienischen Territoriums kontrollierten bereits die Gegner der Aggressoren.

Aus einem Brief, den Anfuso am 9. September an Baron v. Steengracht richtete, gingen folgende Fehlbestände der faschistischen Streitkräfte hervor: 2 000 Mann bei der Division »Littorio«, 4 000 bei der Division »Italia«, 3 000 bei den zehn Artilleriegruppen, 7 000 im Rahmen der Aufstellung des geplanten Ersatzheeres[201] und 4 000 bei den inner-

---

[198] Ambasciata d'Italia, Berlino, li 15 agosto 1944-XXII, Al Duce, f.to Anfuso, ASMAE, Busta 31, Posizione Germania 1/1. Das Schreiben enthält als Anhang Nr. 1 einen Schriftsatz Anfusos vom 9.8.1944, worin er dem Auswärtigen Amt die besagten Vorstellungen nochmals im Detail mitteilte. Demnach beabsichtigte man die aus den Internierten gewonnenen Freiwilligen wie folgt zu verteilen: 10 000 Mann für die italienische Flak in Deutschland; 4000 Mann für die italienischen Nebelbataillone im Dienst der Wehrmacht; 2 000 Mann für die italienischen Luftwaffen-Abteilungen innerhalb der deutschen Luftwaffe; und 2 000 Mann zur Komplettierung der im Reich in der Ausbildung befindlichen italienischen Divisionen.

[199] Il Duce della Repubblica Sociale Italiana, 14 agosto 1944-XXII, Caro Himmler, f.to Mussolini, ACS, S.P.d.D., Busta 39, F 347, SF 23. Die deutsche Übersetzung ist publiziert in: ADAP, E, Bd VIII, Dok. 159, S. 324 f., Dienststelle Rahn, den 16.8.1944. Es handelt sich um eine Abschrift des Briefs, den Mussolini an Himmler richtete. Das Schreiben sollte diesem von Mazzolini persönlich überreicht werden. Somit war das Auswärtige Amt noch vor dem Reichsführer-SS informiert.

[200] Generale per il personale straniero della Luftwaffe Brb.Nr. 2204/44 g. Az. 12/Gr. I, Döberitz-Elsgrund, 25/8/44, All'Addetto Militare e Capo Missione Sig. Generale Umberto Morera, F.to Grosch (Generale), ACS, S.P.d.D., Busta 39, F 347, SF 21. Lediglich 10 000 der Italiener in der Luftwaffe wurden im Zuge des Göring-Programmes in Italien rekrutiert.

[201] Zur Frage des Aufbaus eines italienischen Ersatzheeres (Planung im Sommer 1944 abgeschlossen) vgl.: Relazione sulle principali questioni trattate durante i mesi di giugno-luglio-agosto. Situazione delle principali questioni alla data del 29-8-44-XXII (siehe oben, Anm. 194: Busta 39), hier S. 10 des Berichts. Damals wünschte man 7 000 Mann als Ersatzheer für die vier Divisionen, was das OKW zunächst ablehnte. Vgl. ferner: OKH, Der Chef der Heeresrüstung und Befehlshaber des Ersatzheeres AHA/

halb der deutschen Kriegsmarine eingesetzten Nebelwerfer-Bataillone. Im Auftrag seiner Regierung versuchte der Botschafter deshalb erneut, Militärinternierte, die Mussolinis

---

Stab/Ia (3) Nr. 50908/44 geh., Berlin, den 24.10.44, Betr.: Aufstellung des Auffang- und Betreuungsstabes (it.), BA-MA, RH 19 X/58. Der Stab wurde im Lager Kaisersteinbruch — Truppenübungsplatz Bruck a.d. Leitha — aufgestellt. Ende Oktober wollten die Italiener das erforderliche Personal aus den Militärinternierten im Südostraum herausziehen, da sich die deutsche Seite weigerte, die Freiwilligen freizugeben, die sich bei der Botschaft in Berlin gemeldet hatten: Ministero delle Forze Armate Segreteria Militare Nr. 10132/SM. di prot. P.C. 867 — 28 novembre 1944.XXIII, Oggetto: Relazione sull'attività svolta dalla Missione Militare Italiana in Germania durante i mesi di settembre ed ottobre 1944, Alla Segreteria Particolare del Duce, ACS, S.P.d.D., Busta 22, F 153, SF 6. Im Dezember sollten rund 15 000 Italiener, die unter der Verfügungsgewalt des OKW auf dem Balkan eingesetzt waren, zwischen dem Dienst im Ersatzheer, dem Arbeitseinsatz oder dem Verbleib in der Internierung wählen dürfen. Doch wollten die Deutschen in einem ersten Schritt nur den Eintritt in die Wehrmacht oder den Arbeitsdienst anbieten. Danach sollte die Möglichkeit offeriert werden, sich für das republikanische faschistische Heer zu melden: Ambasciata d'Italia Berlino, Addetto Militare e Capo Missione Militare in Germania Prot.Nr. 325/Sgr./, Berlin, li 18 Dicembre 1944.XXIII, Oggetto: Assunzione dei militari italiani internati come soldati italiani nel Ersatz-Heer, Al Ministero delle Forze Armate Posta da Campo 867, f.to Morera (das Schreiben ging am 27.12.1944 als Telespresso N° 12140/2524 Anfusos an das Ministero degli Affari Esteri P.C. 305, ASMAE, Busta 8, Posizione Italia 11/14), ACS, S.P.d.D., Busta 16, F 91, SF 2. In der Anlage befindet sich der Vorgang, mit dem die Frage geregelt wurde: OKH/Chef HRüst u BdE, AHA/Stab Ia (3) Nr. 62443/44 segr., Berlino, li 9-12-1944 (auch enthalten in: ASMAE, Busta 8, Posizione Italia 11/14). Gemäß jener Verfügung sollten alle im Bereich des Chefs des Kriegsgefangenenwesens vorhandenen und im Heeressektor beschäftigten Militärinternierten sofort entlassen und als italienische Soldaten in die Wehrmacht übernommen werden. Ausgenommen blieben die »unzuverlässigen Elemente«: ACS, S.P.d.D., Busta 22, F 153, SF 4. Vgl. dazu: Stellv. Generalkommando VII. A.K. (Wehrkreiskommando VII) Az. 23 b 12 II b/M Nr. 19706/44 geh., O.U., den 23.1.1945, Betr.: Übernahme der It. Mil. Internierten als landeseigene Soldaten (ital.) ins Ersatzheer, AIfZG, MA 192, 3249206 ff. Der Text ist nicht völlig identisch mit der Übersetzung in ACS, Busta 16. Gegen Ende 1944 befanden sich bei der in Grafenwöhr aufgestellten Ersatz-Brigade 600 Mann (Planung 6 000), in Kaisersteinbruch etwa 2 500: Ambasciata d'Italia Berlino, Addetto Militare e Capo Missione Militare in Germania Prot. N. 339/ Segr./Prop., Berlino, li 27 Dicembre 1944 XXIII, Oggetto: Propaganda ed assistenza per i militari italiani in Germania, ACS, S.P.d.D., Busta 39, F 347, SF 26 (ebenfalls in: ASMAE, Busta 152, Posizione II/4a/2). Im Sammelpunkt Kaisersteinbruch wählten alle, die aus dem Dienst im deutschen Ersatzheer ausschieden, einen neuen Status, zum Beispiel den des faschistischen Soldaten. Das hätte dann die Überstellung in die Ersatz-Brigade bedeutet. In ihr befanden sich am 31.12. angeblich (abweichend von den oben genannten 600 Mann) 23 Offiziere, 113 Unteroffiziere und 361 Mannschaften: Ministero delle Forze Armate Segreteria Militare Nr. 500/10/A/SM. di prot., P.C. 867, 23.1.1945-XXIII, Oggetto: Relazione riguardante l'attività della Missione Militare Italiana a Berlino durante i mesi di novembre e dicembre 1944—XXIII, ACS, S.Pd.D., Busta 22, F 153, SF 6, hier S. 6 f. und 23 f. des Berichts von Morera. Siehe auch: Ministero degli Affari Esteri D.I.E. Uff. I°—S.A.I., Telespresso N. 51/1848, Indirizzato a C.R.I. — A.I.E., P.C. 305/2, addi 16 Gen 1945 Anno XXIII, Oggetto: Trattamento militari tuttora internati in Germania, ASMAE, Busta 152, Posizione II/4/A/3. Darin war nur von der Überführung aller zuverlässigen Militärinternierten im Reich und derjenigen Italiener die Rede, die vom Balkan in Deutschland eintrafen. Sie waren in das Ersatzheer der Wehrmacht aufzunehmen. 700 Piloten sollten an die Luftwaffe abgegeben werden. Im Februar meldete Morera, daß sich täglich zwischen 15 und 20 Freiwillige für die Ersatz-Brigade einfänden, die damals ungefähr 1 300 Mann zählte, die sich in einem sehr schlechten Zustand befanden: Ambasciata d'Italia Berlino Addetto Militare e Capo Missione Militare in Germania Prot.N. 60 segreto, Berlino, li 15 Febbraio 1945 XXIII, Oggetto: Relazione, Alla Segreteria Particolare del

Staat dienen wollten, für die noch in der Aufstellung in Deutschland befindlichen Einheiten des faschistischen Heeres zu erhalten. Anfuso berührte ein Thema, das bereits wiederholt anklang. Daher soll der Sachverhalt hier etwas umfassender erörtert werden.

Sofern zutraf, was er, Canevari, Graziani, Morera oder Vaccari — bis in das Jahr 1945 hinein[202] — behaupteten, dann müßten alle Überlegungen über die Anzahl derer, die für die Republik von Salò optierten, davon ausgehen, daß es hinsichtlich der zum Übertritt gewillten Internierten eine nicht genau zu bestimmende Dunkelziffer gab: Eine unbekannte Zahl der Gefangenen mußte angeblich in den Lagern bleiben, obwohl sie die Seite wechseln wollten. Leider fehlen exakte Daten, nur vage Hinweise auf eine im einzelnen nicht nachvollziehbare Größenordnung von 20 000 bis 30 000 Personen existieren. Es handelt sich dabei jedoch um eine — im Kontext der oben angestellten statistischen Betrachtungen bewußt vernachlässigte — Hypothese.

Im September 1944 wäre der Botschafter jedenfalls schon zufrieden gewesen, wenn ihm wenigstens 9 000 jener deutscherseits — eventuell — zurückgehaltenen Freiwilligen für den Aufbau der beiden Divisionen und der Artilleriegruppen zugestanden worden wären[203]. Doch hierzu fehlte vor allem im Oberkommando der Wehrmacht jedwede Bereitschaft. Die Deutschen beabsichtigten damals sogar, nicht nur mit allen Mitteln zu verhindern, daß Militärinternierte beziehungsweise Exinternierte von der Rüstungsindustrie oder aus dem Arbeitseinsatz ganz allgemein an die italienischen Streitkräfte abgege-

---

Capo del Governo, f.to Morera, ACS, S.P.d.D., Busta 22, F 153, SF 4. Am 28.2. umfaßte die Ersatz-Brigade 76 Offiziere, 223 Unteroffiziere und 1 270 Mannschaften, ebd., SF 6: Ministero delle Forze Armate Segreteria Militare N. 1978/10/P di prot. S.M., P.d.C. 867, li 2.4.1945-XXIII, Oggetto: Relazione sull'attività svolta della Missione Militare Italiana in Germania durante i mesi die gennaio e febbraio 1945-XXIII, Alla Segreteria Particolare del Duce.

[202] Ministero delle Forze Armate Segreteria Militare Nr. 10132 SM. di prot (siehe oben, Anm. 201: ACS, Busta 22, F 153, SF 6). In diesem Bericht über seine Tätigkeit im September und Oktober 1944 bat Morera (S. 11) um Direktiven für den Umgang mit einigen internierten Offizieren, die übertreten wollten. Vgl. außerdem seinen Bericht für November und Dezember 1944: Ministero delle Forze Armate Segreteria Militare Nr. 500/10/A/SM. di prot. (siehe oben, Anm. 201: ACS, Busta 22, F 153, SF 6), hier S. 10 f., wo von den Schwierigkeiten die Rede ist, die überzähligen Offiziere unterzubringen; und ebd., S. 12, wo Morera von mehreren hundert internierten oder arbeitenden Offizieren spricht, die angeblich überzutreten wünschten. Im Februar 1945 berichtete er, daß das OKW Offiziere auf Ersuchen aus den Lagern entlasse, sofern sie ihren Übertritt erklärten. Im Lager Schocken sei es gelungen, alle optierenden Offiziere zu befreien und mehrere zu repatriieren: Ambasciata d'Italia Berlino Addetto Militare e Capo Missione Militare in Germania Prot.N. 60 segreto, 15 Febbraio 1945 (siehe oben, Anm. 201: ACS, Busta 22, F 153, SF 4), hier S. 4. Der italienische Generalkonsul in Hamburg berichtete Mitte Januar 1945, daß sich in den beiden Offizierslagern in der Umgebung der Stadt 50—60 Prozent der internierten Offiziere bereit zeigten, freie Arbeiter zu werden: Ministero degli Affari Esteri Direz. Gen. del Personale Uff. I°, P.C. 305, li 26 Febbraio 1945-XXIII, Appunto per il Gabinetto. In der Anlage: Verbale della riunione dei Consoli italiani in Germania, tenutasi presso l'Ambasciata d'Italia in Berlino nei giorni 12 e 13 gennaio 1945/XXIII, ASMAE, Busta 65, Posizione Germania 1/11, hier S. 11 des Protokolls.

[203] Ambasciata d'Italia, Telespresso N. 08194/1624, Berlino, addi 13 Set 1944 Anno XXII, Al Ministero degli Affari Esteri, Oggetto: Assegnazione di volontari ex internati alle unità militari italiane. F.to Anfuso, ASMAE, Busta 8, Posizione Italia 11/14. In der Anlage ist der Brief an Staatssekretär v. Steengracht, Berlin, den 9.9.1944, enthalten.

ben würden, sondern — um ihre eigenen Personalforderungen zu erfüllen — notfalls auch die Divisionen »Italia« und »Littorio« aufzulösen. Der Gedanke war mitnichten neu, denn Berlin drohte schon vor dem 20. Juli mit einer solchen Eventualität, die beim Treffen der beiden Diktatoren ebenfalls Erwähnung fand. Auf streng vertraulichem Wege erfuhr Morera von der Aktualisierung jener Pläne und davon, daß Görings Luftwaffe das freiwerdende Personal beanspruchte. Er wandte sich daher an den Wehrmachtführungsstab, der schließlich zugab, daß eine der beiden Divisionen von den deutschen Forderungen betroffen sei. Unverzüglich protestierte der Militärattaché außerdem beim SS-Obergruppenführer Jüttner, dem Stellvertreter Himmlers als Befehlshaber des Ersatzheeres, der sich zumindest verbindlicher zeigte als die Wehrmachtführung.

Dem Chef der italienischen Militärmission blieb im übrigen nicht verborgen, daß das deutsche Verhalten einen konkreten Anlaß besaß. Die Wehrmacht kämpfte damals mit dem Rücken zur Wand. Für ihre Führung ging es in erster Linie um die Aufstellung nationaler Großverbände. Gerade nach der Vernichtung der Heeresgruppe Mitte und angesichts der Invasion im Westen sowie des Rückzugs im Osten und Südosten leuchtete das ein. Der Einsatz italienischer Männer in den deutschen Betrieben erleichterte die eigene Lage ein wenig. Die Frage eines Wiederaufbaus faschistischer Streitkräfte stellte so gesehen für die neuen militärischen Führer, die nach dem Attentat auf Hitler im Oberkommando der Wehrmacht Posten übernahmen, vermutlich eine Cura posterior dar[204].

Ende September schrieb Mussolini persönlich an Hitler, um zu verhindern, daß das gesamte Personal einer Division an die Luftwaffe abgegeben werden müsse. Der »Duce«, einst das Vorbild des »Führers«, protestierte nicht mehr, er verbat sich die deutsche Selbstherrlichkeit nicht, er bat nur noch! Berlin möge doch berücksichtigen, was für einen schweren Schlag die Auflösung der »Italia« für die faschistische Regierung darstellen werde. Seinerseits wolle er alles tun, damit die geforderten Männer in kürzester Zeit zur Verfügung gestellt werden könnten. Mussolini schickte ein wahrhaft würdeloses Telegramm, er erniedrigte sich[205]. Trotzdem blieben die Deutschen hart. Anfuso meldete zwar am 2. Oktober, daß die Entscheidung über die Auflösung auf den 10. des Monats verschoben worden

---

[204] Ambasciata d'Italia Berlino Addetto Militare e Capo Missione Militare in Germania N. 249/Segreto di prot., Berlino, 28 settembre 1944-XXII, Al Duce della Repubblica Sociale Italiana e, per conoscenza: Al Maresciallo d'Italia Rodolfo Graziani, Oggetto: Relazione, f.to Morera, ACS, S.P.d.D., Busta 22, F 153, SF 4. Morera verfaßte den Bericht unter Bezugnahme auf Telefongespräche mit Mussolini am 22., 26. und 27.9.1944. Er benannte in seinem Schreiben das Fehl an Personal bei der »Littorio« auf 1 400 und bei der »Italia« auf 5 000 Mann. Seine Bemühungen, über die Botschaft vom OKW/AWA, der Arbeitsfront, dem Wehrmachtführungsstab usw. Italiener zu bekommen, die für die R.S.I. optierten, hätten keinerlei Erfolg gehabt. Lediglich bei privaten Vorstößen sei es ihm gelungen — mittels nachgeordneter Stellen — einige hundert Mann zu erhalten.

[205] Copia di telegramma autografo, 29 settembre 1944-XXII, Führer, Hauptquartier, f.to Mussolini, ACS, S.P.d.D., Busta 39, F 347, SF 23. Dennoch raffte sich der »Duce« zuweilen zum Widerspruch auf. Dies geschah zum Beispiel, als er erfuhr, daß die von ihm zur militärischen Ausbildung nach Deutschland geschickten Rekruten in der deutschen Kriegswirtschaft eingesetzt würden. Mussolini bestand auf einer militärischen Schulung und Verwendung oder der Repatriierung jener Männer. Denn, so schrieb er an Morera, er habe nicht die Absicht, jemanden zu täuschen: Il Duce, Repubblica Sociale Italiana, 12 gennaio 1945 XXIII, ACS, S.P.d.D., Busta 22, F 153, SF 7.

sei, doch schien nun wieder von beiden Divisionen die Rede zu sein[206]. Der faschistische Regierungschef versuchte es daraufhin mit einem Bittbrief an Göring[207].

Parallel dazu unternahm General Morera einen Vorstoß beim Chef des Oberkommandos der Wehrmacht. Er versprach, daß Salò die rund 24 000 Mann — um dieses für die Luftflotte 2 angeforderte Personal drehte sich ja die ganze Angelegenheit — definitiv zur Verfügung stellen werde. Eine späte Zusage, was ein Anzeichen für ernste Probleme gewesen sein dürfte, mit denen sich die *Repubblica Sociale Italiana* bei den Rekrutierungen konfrontiert sah[208].

Der Vorgang verdiente nicht zuletzt deshalb erwähnt zu werden, weil sich in ihm — von den Bezügen zur Frage der Freiwilligen ganz abgesehen — in überzeugender Weise offenbarte, daß Mussolini selbst innenpolitisch total von Berlin abhing. Für die Militärinternierten bedeutete eine derartige Abhängigkeit, daß Initiativen der Betreuungsdienststelle und der Militärmission — egal wie wohlmeinend oder sinnvoll — einzig dann die Chance besaßen, realisiert zu werden, wenn sie mit den deutschen Absichten übereinstimmten. De facto bildete das von der Wehrmacht okkupierte Italien eine Provinz des »Dritten Reiches«. Damit ist die Verantwortung thematisiert, die Hitlers und Mussolinis Regime jeweils für all das trugen, was mit den entwaffneten italienischen Soldaten geschah. Ohne einer Exkulpation der faschistischen Regierung auch nur im entferntesten das Wort reden zu wollen, ist festzuhalten, daß grundsätzlich Berlin, nicht Salò entschied. Die deutsche Seite trug deshalb zweifellos die Hauptverantwortung.

Im Hinblick auf die Frage nach den konkreten Resultaten der Werbung in den Internentenlagern, die lediglich einen Teilaspekt des Gesamtproblems der bündnistreuen und optierenden italienischen Soldaten berührt[209], ist abschließend auf die bekannte Datensammlung der italienischen Militärmission in Berlin zurückzukommen. Wiederholt sei, daß

---

[206] Mazzolini comunica (ore 20,-), 2 ott 1944-XXII; darin wird die Meldung Anfusos referiert, ACS, S.P.d.D., Busta 39, F 347, SF 23.

[207] Ebd., Ministero degli Affari Esteri Il Capo di Gabinetto, Segreto, P.C. 305, 10 ottobre 1944-XXII. In der Anlage befindet sich der Brief an Göring vom 9.10.1944.

[208] Ebd., SF 21: Ambasciata d'Italia Berlino Addetto Militare e Capo Missione Militare in Germania, Berlino, 8/10/44/XXII, Al Feldmaresciallo Keitel, f.to Morera. In seinem Bericht über die Tätigkeit vom Juni bis August 1944 (siehe oben, S. 398 f., Anm. 194: ACS, Busta 39, F 347, SF 21), S. 1, spricht Morera von 25 000 Mann, die für die Flak gefordert würden. Falls sie nicht einträfen, werde man die Divisionen auflösen. Die Bitten Mussolinis bei Hitler und Göring führten dazu, daß die »Littorio« den Befehl zur Verlegung nach Italien erhielt, während die Gestellung von 12 000 Mann für die Luftwaffe auf den 15.11.1944 verschoben wurde. Lediglich 300 von diesen 12 000 konnte Morera im Reichsgebiet rekrutieren: Bericht Moreras über seine Tätigkeit im September und Oktober 1944 (siehe oben, Anm. 201: ACS, Busta 22, F 153, SF 6), S. 1. Am 15.11. beendete dann die »Littorio« und am 15.12.1944 die »Italia«, die bis zuletzt von der Auflösung bedroht blieb, die Repatriierung. Unter den Militärinternierten hatte Morera bis dahin 109 Mann für die Luftwaffe angeworben: Bericht für November und Dezember (siehe oben, Anm. 201: ACS, Busta 22, F 153, SF 6). Vgl. ferner: Ambasciata d'Italia Berlino Addetto Militare e Capo Missione Militare in Germania N° 300/Segreto, Berlino, 29 Novembre 1944-XXIII, Oggetto: Unità italiane in Germania, Al Ministero delle Forze Armate, f.to Morera, ACS, S.P.d.D., Busta 22, F 153, SF 6. Dort auch Bemerkungen zu den veränderten Planungen für die Ersatz-Brigade, eine italienische Panzerabteilung und die Artilleriegruppen.

[209] Siehe oben, S. 324—338.

Moreras Berichte nichts über die Zahl derer sagen, die zwar übertreten wollten, aber von den Deutschen nicht freigegeben wurden. Zu erinnern ist ferner daran, daß bei den folgenden Überlegungen als Militärinternierter gilt, wer sich im Lager befand. Das heißt, daß in einem positivistischen Verständnis selbst jene italienischen Militärangehörigen, die nach dem 8. September an sich gerne auf deutscher oder faschistischer italienischer Seite weitergekämpft hätten, aber aus bestimmten Gründen dennoch vorübergehend in die Lager gelangten, wegen ihrer effektiv erfolgten Gefangennahme als Internierte klassifiziert werden[210]. Eine solche Definition, die sich streng am tatsächlich Gegebenen orientiert, scheint nicht zuletzt deshalb angemessen zu sein, weil zum Beispiel in keiner Weise nachprüfbar ist, wie sich die Erlebnisse der entwaffneten Soldaten — nach ihrer Verbringung in die Stalag oder Oflag — auf die Einstellung des einzelnen auswirkten. Darüber läßt sich höchstens spekulieren.

Dies vorausgeschickt ist zu konstatieren, daß sich aus den vom Chef der Militärmission überlieferten — nicht alle Bündnistreuen berücksichtigenden — Zahlenwerten der in der folgenden Tabelle dargestellte Verlauf der Rückgewinnung von Personal aus den für einige Zeit in den Kriegsgefangenenlagern der Wehrmacht befindlichen italienischen Soldaten ergibt[211]:

Als Summe für die in den Lagern angeworbenen Militärinternierten ergäben sich auf der Basis von Moreras Datensammlung 121 490 Mann. Dabei ist ins Gedächtnis zu rufen, daß sich als Gesamtzahl der Italiener, die einen Seitenwechsel vollzogen, nach den vorstehenden Berechnungen circa 186 000 Mann ergaben: Selbst nach Abzug sämtlicher festgestellter Bündnistreuen der ersten Stunde wären das mehr Personen, als hier angegeben. Es ist daher davon auszugehen, daß Morera die — zum Beispiel in Frankreich — nur kurzzeitig internierten Militärangehörigen, die sich kooperationsbereit zeigten, nicht als in den Lagern angeworben betrachtete. Ansonsten aber sind in den 121 490 Bündnistreuen, die etwa 7 000 im Südostraum zum Übertritt bewegten Italiener, die in der Tabelle nicht auftreten, ebenfalls berücksichtigt. 106 494 der ehemaligen Internierten dürften ihren Seitenwechsel wohl bis Ende Mai vollzogen haben[212]. Eine gewisse Unsicherheit besteht hinsichtlich der Frage, welchen Status die einzelnen Militärangehörigen besaßen,

---

[210] Vgl. dazu jedoch Cajani, Appunti, S. 92, der die Übertrittswilligen der »ersten Stunde« auch dann nicht als Militärinternierte anerkennt, wenn sie sich vorübergehend in den Lagern aufhielten.

[211] Die Zusammenstellung beruht auf den Angaben Moreras in seinen Tätigkeitsberichten für Juni bis August 1944 (siehe oben, S. 398 f., Anm. 194: ACS, Busta 39, F347, SF 21), S. 4 und 7; September und Oktober (siehe oben, S. 401 f., Anm. 201: ACS, Busta 22, F 153, SF 6), S. 10 f.; November und Dezember (siehe oben, Anm. 201: ACS, Busta 22, F 153, SF 6), S. 8 ff.; und Januar/Februar 1945 (siehe oben, Anm. 201, ACS, Busta 22, F 153, SF 6), S. 9 ff. Dabei ist zu berücksichtigen, daß für die Zeit nach dem Oktober 1944 das angeworbene Personal nicht mehr nur aus den effektiv noch internierten Italienern (siehe oben, Anm. 208, dort 409 Mann für die Flak) gewonnen wurde. Zum Teil stammte es — etwa für die Ersatz-Brigade — aus dem Kontingent der Italiener in der Wehrmacht, doch fanden sich unter jenen auch Militärinternierte. Die Situation Ende 1944 und Anfang 1945 war also einigermaßen verworren, was die Herkunft des Personals anbetraf. Darauf hinzuweisen ist, daß Morera in seiner Übersicht Rechenfehler unterliefen, die in der nachstehenden Tabelle korrigiert sind.

[212] Diese Summe ergibt sich durch Addition der 23 494 Mann, die bis zum Mai in der Tabelle aufgeführt sind, mit den 60 000 Internierten in der Flak und den 23 000 in der SS.

Tabelle 22

Übersicht über das unter den Militärinternierten zurückgewonnene Personal und seine Verwendung

Jahr	1944							1945		Gesamtzahl der vom Sept. 1943—März 1945 Angeworbenen
Monat	bis Ende Mai[a)]	Juni und Juli	August	September	Oktober[d)]	November	Dezember	Januar	Februar	
Personal für die 4 Divisionen:										
Offiziere	3 654	188	7	1	6	-	-	-	-	3 856
Unteroffiziere	1 235	45	62	10	16	-	-	-	-	1 368
Mannschaften	10 082	464	83	19	93	-	-	-	-	10 741
Personal für die Nebel-werfer-Bataillone	234	16	178	101	30	42	30	-	12	643
Repatriiertes Personal:										
Offiziere z.b.V.	4 825	2 185	22	16	9	45	19	25	35	7 181
Unteroffiziere und Mannschaften z.b.V.	-	-	-	-	-	71	17	137	77	302
Offiziere z.Vfg. G.N.R.	442	17	-	-	-	5	-	-	44	508
Unteroffiziere und Mannschaften z.Vfg. G.N.R.	-	-	-	-	-	3	-	1	2	6
Unteroffiziere und Mannschaften z. Vfg. Milizia Speciale	982	45	32	49	21	-	-	-	-	1 129
vom Balkan	-	-	-	-	-	-	1 500	-	-	1 500
Personal für Bordeaux	2 040	160	-	-	-	-	-	-	-	2 200
Personal für die Flak	?	?	60 000[b)]	-	34	99	10	-	-	60 143[e)]
Personal für die SS	?	?	23 000[c)]	-	-	-	-	-	-	23 000
Personal für deutsche Dienststellen:										
Offiziere	-	-	-	2	1	-	-	-	5	8
Unteroffiziere	-	-	-	-	-	-	-	-	15	15
Mannschaften	-	-	-	-	-	-	-	-	118	118
Personal für die Ersatz-Brigade:										
Offiziere	-	-	-	-	-	2	19	27	23	71
Unteroffiziere	-	-	-	-	-	20	14	74	50	158
Mannschaften	-	-	-	-	-	101	179	519	517	1 316
Personal für ital. Einheiten Balkanraum	-	-	-	-	-	-	-	111	116	227

Quelle: ACS, S.P.d.O., Busta 39, F 347, SF 21; Busta 22, F 153, SF 6.

a) Diese Angaben berücksichtigen das insgesamt vom September 1943 bis zum Ende Mai 1944 unter den Militärinternier-ten zurückgewonnene Personal.

b) Gemäß dem Tätigkeitsbericht für den Zeitraum Juni bis August (S. 7) handelte es sich bei den innerhalb der Flak festge-stellten 60 000 Mann (von insgesamt 69 000 Italienern) eindeutig um ehemalige Militärinternierte (»ricuperati tra gli inter-nati«). Zeitpunkt und nähere Umstände der Anwerbung werden nicht genannt. Vgl. auch Anhang Nr. 2 zu diesem Tätig-keitsbericht.

c) Diese Zahl ist im Tätigkeitsbericht für den Zeitraum Juni bis August (S. 5) als Summe der bis Ende August für die SS gewonnenen Militärinternierten ausgewiesen. Vgl. aber die Hinweise in Anm. d).

d) Im Tätigkeitsbericht für die Monate September und Oktober steht (S. 11), daß in den referierten statistischen Daten die auf dem Balkan übergetretenen internierten Soldaten nicht erfaßt sind. Gleichzeitig heißt es, die Gesamtzahl der in die SS eingetretenen und der im Südostraum geworbenen Militärinternierten belaufe sich auf circa 30 000 Mann. Von 23 000 Freiwilligen für die SS ausgehend (siehe oben, Anm. c), ergäbe das etwa 7 000 auf dem Balkan Angeworbene. Allerdings ist im Tätigkeitsbericht für die Monate November und Dezember nur von 22 000 für die italienische SS — seit September 1943 — gewonnenen Internierten die Rede. Die Anzahl der im Balkanraum für die R.S.I. optierenden Italiener könnte also auch 8 000 betragen haben.

e) In seinem Tätigkeitsbericht für die Monate Januar und Februar (S. 11) benennt Morera lediglich 143 für die Flak ange-worbene ehemalige Internierte. Das dürfte darauf hinweisen, daß dieses Personal unmittelbar durch deutsche Stellen für den Dienst innerhalb der Flak-Einheiten gewonnen worden ist.

die in die Ersatz-Brigade eintraten, zu italienischen Einheiten auf dem Balkan gingen oder zu deutschen Dienststellen kamen. Ein Teil jener 3 413 Personen ist wahrscheinlich direkt unter den auch nach dem Statuswechsel im Sommer 1944 noch internierten italienischen Soldaten angeworben worden.

Ferner ist nicht mit absoluter Sicherheit zu sagen, ob es sich bei den genannten rund 121 000 Männern ausschließlich um erst in der Internierung für die faschistische Seite gewonnene Soldaten handelte. Wäre es so, dann hätte man es mit ungefähr sechzehn Prozent derer zu tun, die sich zumindest für kurze Zeit als Militärinternierte oder Kriegsgefangene in den Lagern befanden, also nicht zu den unmittelbar übernommenen Bündnistreuen gehörten. Vorbehalte resultieren hierbei vor allem aus der begründeten Annahme, daß die 23 000 Mann der SS und die 60 000 innerhalb der Flak nicht ausnahmslos in den Internierungslagern übertraten.

Einigermaßen verläßliche Auskunft gibt die Zusammenstellung im Hinblick auf die von der italienischen Militärmission in Deutschland und anderen Vertretungen der Republik von Salò durch Werbung zurückgewonnenen internierten Soldaten. Bei Vernachlässigung der in die SS und die Flak übernommenen Italiener — denn sie warben die Deutschen vermutlich direkt an —, aber unter Einbeziehung von ungefähr 7 000 auf dem Balkan übergetretenen Gefangenen, ergäben sich circa 38 500 Mann. Von ihnen wechselten rund 23 500 bis spätestens Mai 1944, sehr wahrscheinlich jedoch bereits im Winter 1943/44 die Seite. Jedenfalls ergeben sich, sofern zu den bis zum 1. Februar 1944 errechneten 186 000 Bündnistreuen ausschließlich die in der Tabelle aufgeführten Nachmeldungen (Juni 1944 bis Februar 1945) addiert werden, annähernd 194 000 Seitenwechsler.

Über die Motive für die Übertritte zur *Repubblica Sociale Italiana* und zum »Dritten Reich« muß man nicht viel rätseln. In der Anfangsphase der Kriegsgefangenschaft dominierten politische Affinität zum faschistischen Regime und Opportunismus. Als der Winter kam, als angemessene Kleidung und ausreichende Nahrung fehlten, als sich Epidemien verbreiteten, als die Abgeschnittenheit von den Familien immer drückender wurde, brachen die Kälte, der Hunger, die Sorge um die Angehörigen und die nackte existentielle Angst den Widerstandswillen. Das heißt, tiefste menschliche Not gab den Ausschlag für den Seitenwechsel[213].

Um so bemerkenswerter ist das Durchhaltevermögen derer, die in den Lagern blieben, die sich der Werbung mit ihren Versprechungen verweigerten. Die Beweggründe für die Absage an jedwede Art der Kooperation mit dem nationalsozialistischen und dem faschistischen Regime ergaben sich — das zeigten die bis jetzt zitierten Berichte über die Anwerbeaktionen in den Lagern — aus der moralischen Bindung an den König, auf den die Soldaten ihren Eid leisteten, aus der Selbstachtung, die als Folge der von den Deutschen erfahrenen Behandlung besonders herausgefordert gewesen ist, und aus einer dezidierten antifaschistischen Einstellung[214].

---

[213] Hinsichtlich der Aussagen in der Memoirenliteratur, die durch die für diese Untersuchung herangezogenen offiziellen Dokumente bestätigt werden, vgl. Rochat, Memorialistica, S. 33—36.

[214] Zu ähnlichen Ergebnissen gelangt Rochat, Memorialistica, S. 36 ff., der allerdings (S. 38) Zweifel hinsichtlich der bewußten antifaschistischen Motivation hegt, weil die Offiziere an sich unpoli-

Es war nicht möglich, die Motive zu quantifizieren, denn die überlieferten Beobachtungen und Selbstzeugnisse gestatteten hier keine repräsentativen Aussagen. Noch weniger Anhaltspunkte als für die Offiziere fanden sich in bezug auf die Gründe für die Verweigerung und den Widerstand der Mannschaften sowie der Unteroffiziere. Es existierten sporadische Hinweise auf die Vorbildfunktion der Offiziere. Der Einfluß der Militärgeistlichen trat in den Quellen ebenfalls hervor.

Doch ist bei alldem zu bedenken, daß der deutschen Seite, nachdem sie sich grundsätzlich für den bevorzugten Einsatz der Militärinternierten in der Rüstungsindustrie entschieden hatte, gar nicht daran lag, sie mit der Entscheidung über einen Seitenwechsel zu konfrontieren, der zugleich die Rückkehr nach Italien eingeschlossen hätte. Das erwies sich als der entscheidende Punkt[215]. Berlin wollte die Mannschaften und — aufgrund eines speziellen Befehls — die Unteroffiziere als Zwangsarbeiter zur Verfügung haben.

Das aber bedeutet, daß es kaum möglich ist, das Ausmaß der bewußten Verweigerung zu bestimmen. Ein Vorbehalt, der — bei unterschiedlichen Voraussetzungen — auch für die Offiziere gilt. Denn ihnen verwehrten Hitler und die Wehrmachtführung spätestens seit dem Februar 1944 — ohnehin stets von einer Opposition gegen den Faschismus ausgehend — zu einem großen Teil den Seitenwechsel. Darauf ist im Zusammenhang mit der Anbahnung und Durchführung der im folgenden zu behandelnden Statusänderung noch detaillierter einzugehen.

d) Der Statuswechsel im Sommer 1944 — Zielsetzung, Durchführung und Ergebnisse

Das Bemühen um die Überführung der Militärinternierten in den Status von zivilen Arbeitern ist unter dem Aspekt innenpolitischer und bündnispolitischer Sachzwänge zu interpretieren, denn im Hinblick auf die angestrebte Stabilisierung des faschistischen Regimes wirkte sich die Tatsache ungünstig aus, daß Hunderttausende Italiener, deren Angehörige zum Teil in der *Repubblica Sociale Italiana* lebten, in den Gefangenenlagern des deutschen Verbündeten dahinvegetierten. Gleichzeitig erwies es sich für die Regierung Mussolini frühzeitig als schwierig, die Personalanforderungen aus Berlin durch die Rekrutierung von Arbeitskräften in Italien zu befriedigen. Sowohl hinsichtlich des einen als auch des anderen Problems bot die Umwandlung der internierten Militärangehörigen in — nominell — freie Arbeiter eine Lösung an.

Eine derartige Perspektive eröffnete Canevari am 15. November 1943 im Verlaufe seiner schon erwähnten Unterredung mit Reinecke[216]. Ganz offiziell formulierte er den Gedanken in einem drei Tage später für den Chef des Oberkommandos der Wehrmacht verfaßten Promemoria. Darin führte er aus, daß man gegenüber allen in Deutschland befind-

---

tisch gewesen seien. Dennoch verzeichnete er in der Memoirenliteratur Zeugnisse für einen moralisch begründeten Antifaschismus.

[215] Beispiele für das Verhalten in den Mannschaftsstammlagern — im Rahmen der Werbungen — zitiert Rochat, Memorialistica, S. 46—49.

[216] Missione Militare in Germania, Prot. N° 27, Berlino, 19 novembre 1943, Al Duce Capo del Governo, Oggetto: Costituzione delle divisioni italiane in Germania. F.to Canevari, ACS, S.P.d.D., Busta 71, F 643, SF 6, hier S. 4.

lichen italienischen Gefangenen, soweit sie nicht Frontsoldaten werden wollten, ein Verfahren in Aussicht nehmen könne, das dem bei der Umwandlung von französischen Kriegsgefangenen in freie Arbeiter praktizierten vergleichbar sei[217].

Am 25. November schrieb dann Vaccari seinen oben zitierten Brief an Mussolini[218], in dem er dessen unmittelbare Intervention zugunsten der Militärinternierten verlangte. Unter anderem gehe es darum, aus den nicht für das Heer benötigten Männern — ausgenommen die zu repatriierenden Personen — Fremdarbeiter zu machen und sie als solche zu klassifizieren. Die Möglichkeit, sämtliche diesen zukommenden Rechte in Anspruch zu nehmen, sollte bekanntermaßen ebenfalls zugestanden werden.

Im Sinne einer Trennung der internierten Italiener in weiterkämpfende Soldaten und in Arbeiter, die er der deutschen Kriegswirtschaft überlassen wollte, sprach sich auch Anfuso aus. Allerdings sagte der Botschafter nichts zur künftigen rechtlichen Stellung der arbeitenden Landsleute[219].

Schließlich kam noch der Vorschlag in die Diskussion, diejenigen, die den Übertritt zum Staat Mussolinis durch Eidesleistung bekundeten, sofern sie nicht in das neue Heer als Freiwillige einträten, wie »italienische Arbeiter im Ausland« einzustufen, wohingegen alle übrigen, die den Eid verweigerten, als »Gefangene« zu betrachten seien[220]. Eine solche Regelung hätte gegenüber den Forderungen von Canevari und Vaccari einen Rückschritt bedeutet. Der Gedanke entsprang, das geht aus dem zitierten Schreiben eindeutig hervor, in erster Linie pragmatischen politischen — faschistischen — Interessen, nicht aber der Sorge um die Menschen in den Lagern.

Tatsächlich scheint jedoch bei der Weiterverfolgung derartiger Anregungen eine mehrwöchige Pause eingetreten zu sein. In den deutsch-italienischen Verhandlungen über die Militärinternierten dominierten Ende 1943 und Anfang 1944 Fragen der materiellen Hilfeleistung und Probleme, die mit der Aufstellung der republikanischen faschistischen Truppen zusammenhingen. Aber seit Ende Februar, das schrieb Vaccari an Mazzolini, strebte die Betreuungsdienststelle in Berlin auf dem Wege offizieller Noten und Denkschriften als oberstes Ziel die Überführung der Internierten in das Verhältnis freier Arbeiter an[221]. So stand es auch im Tätigkeitsbericht des *Servizio Assistenza Internati* für den Monat März 1944. Trotz größter Schwierigkeiten, auf die Vaccari dabei stieß, hielt er die Verwirklichung seiner Absicht für unverzichtbar, um die Rettung Zehntausender Menschen durchzusetzen. Denn die Versuche, materielle Unterstützung zu leisten, stellten lediglich eine Übergangslösung dar[222], durch sie ließ sich das Problem nicht wirk-

---

[217] Ebd., All. N° 2, Missione Militare Italiana in Germania N° 18, Berlino 18/11/1943, Promemoria per il Maresciallo Keitel, f.to Canevari, hier S. 4.

[218] Siehe oben, Anm. 123: ACS, Busta 16, F 91, SF 2.

[219] Brief Anfusos an Mussolini: Berlino, li 10 Dic 1943 Anno XXII, ASMAE, Busta 31, Posizione Germania 1/1, hier S. 6.

[220] Aufzeichnung über Vorschläge des Generalleutnants De Cia in bezug auf die Militärinternierten in Deutschland, ohne Kopf und Unterschrift, 16.12.1943, in: ACS, S.P.d.D., Busta 16, F 91, SF 2.

[221] All'Ambasciatore Conte Serafino Mazzolini, Sottosegretario agli Affari Esteri Salò, 20 Dicembre 1944. F.to Vaccari, PADF, hier S. 9.

[222] Ambasciata d'Italia — Serv. Assistenza Internati — n. 6.213, Berlino 11 aprile 1944-XXII, Al Ministro Serafino Mazzolini, Oggetto: Relazione sul lavoro svolto dal S.A.I. nel mese di marzo e sulla

lich beheben. Es kam hinzu, daß die effektiv gewährte Hilfe — aus noch zu erörternden Gründen — höchst bescheiden ausfiel.

Zu jenem Zeitpunkt, Ende März, hatte der Leiter der Betreuungsdienststelle für Militär- und Zivilinternierte schon seine zweite — ihn zutiefst erschütternde — Reise nach Polen hinter sich. Vaccari trat sie auf Ersuchen von Marschall Graziani an. Im Verlauf des Aufenthalts lernte er das Lager für Generale und Admirale Oflag 64 Z Schocken (Skoki) und das Stalag XX A Thorn kennen. Das Stalag 367 Tschenstochau sah er zum zweiten Mal[223]. Als sich der Gesandte nach seiner Rückkehr am 30. März in Begleitung von Anfuso zu Baron v. Steengracht begab, erfuhr der Staatssekretär sozusagen aus erster Hand, daß der »Gesundheitszustand der italienischen Militärinternierten außerordentlich schlecht sei; 30—40 % unter ihnen leide an Tuberkulose«. Ansonsten aber nutzten die beiden italienischen Diplomaten die Gelegenheit vor allem dazu, das grundsätzliche Problem anzusprechen. Anfuso warnte die Deutschen davor, mit der Behandlung der internierten Italiener im bisherigen Stile fortzufahren. Falls nicht eine wirkliche Änderung im Umgang mit den Gefangenen eintrete, werde sich deren Gesundheit ebenso wie ihre »geistige Einstellung« ständig verschlechtern, was letztlich zum Verlust wertvoller Arbeitskraft führen müsse. Um das zu vermeiden, bat der Botschafter die Frage zu prüfen, »ob die Behandlung der italienischen Militärinternierten im Interesse der Erhaltung ihrer Arbeitskraft für Deutschland nicht auf ganz andere Grundlagen gestellt werden könnte«[224].

Besonders hervorzuheben sind außerdem zwei Schriftsätze Vaccaris, die er dem Staatssekretär anläßlich des Besuchs überreichte. Es ist unerheblich, daß der Gesandte dabei betonte, es handele sich nur um Aufzeichnungen seiner Ideen, nicht etwa um »offizielle Noten«. Privat oder nicht, Steengracht mußte nunmehr die Erfahrungen und Eindrücke zur Kenntnis nehmen, die Vaccari bei seiner Tätigkeit sammelte. Vor allem aber lagen ihm damit die Schlußfolgerungen vor, die der Leiter der Betreuungsdienststelle aus der Situation seiner gefangenen Landsleute zog.

Die Ausarbeitung vom 21. März begann mit dem Kernsatz[225]: »Es ist dringend notwendig, die schwierige Frage der italienischen Internierten zu lösen.« Insbesondere mit dem Blick auf die Zukunft sei diese Forderung zu stellen. Vaccari beschrieb zunächst die Lage der über 586 000 Militärinternierten. Anfang April habe man bei Lagerbesuchen noch

---

situazione generale degli internati italiani in Germania. F/to M. Vaccari, ASMAE, Busta 45, Posizione Italia 1/8, hier S. 5. Ganz ähnlich: Diario S.A.I., Proemio, S. 14, PADF.

[223] Siehe oben, Anm. 221, hier S. 8: Hinweis auf die Anregung der Reise durch Graziani. Vgl. ferner: Diario S.A.I., Proemio, S. 13, PADF, dort Bestätigung der im Brief an Mazzolini gemachten Angaben; und: Berlino, 1° aprile 1944 XXII°, Al Ministero Esteri Germanico, Alla Missione Militare Italiana in Germania, f.to M. Vaccari, PADF. Auf den Brief Vaccaris an das Auswärtige Amt ist im Rahmen der Ausführungen zum Leben in den Lagern noch einzugehen.

[224] St.S.Nr. 91, Berlin, den 30. März 1944, gez. Mirbach [Dietrich Frhr. v. Mirbach war Legationsrat und Persönlicher Referent des Staatssekretärs], PA, Büro Staatssekretär, Akten betr. Italien, Bd 19. Steengracht betrachtete die Frage unter den geschilderten Umständen offensichtlich als dringlich. Jedenfalls ordnete er für den 6. April Einzelbesprechungen über diese Angelegenheit mit den Vertretern derjenigen Ressorts seines Hauses an, die mit den internierten Italienern zu tun hatten.

[225] Ebd., Ambasciata d'Italia Betreuungsdienststelle für Militär- und Zivilinternierte Nr. I/G-158, Berlin, den 21. März 1944-XXII, gez. M. Vaccari.

immer »sich selbst überlassene, unterernährte, einer strengen Behandlung unterworfene« Menschen vor sich gehabt. In einem für sie ungewohnt rauhen Klima würden die Männer zu Arbeiten gezwungen, die ihre Kräfte überstiegen. Oft kämen überaus harte psychische und körperliche Lebensbedingungen hinzu.

Vaccari erinnerte darüber hinaus daran, daß sich um diese halbe Million Landsleute in Italien zwischen acht und zehn Millionen Familienangehörige und Freunde sorgten. Folglich biete sich hier der antideutschen Beeinflussung des italienischen Volkes eine einzigartige Chance. Die Frage tangiere zudem das Bemühen um den Wiederaufbau des faschistischen Staates. Er meinte sogar, daß die Lage der Militärinternierten — bei geschicktem Vorgehen der gegnerischen Propaganda — Gefahren für die »deutschen Besatzungstruppen« heraufbeschwören könne. Von solchen Überlegungen ausgehend, erschien es ihm schlicht unsinnig, daß die italienischen Gefangenen in Verhältnissen leben müßten, in denen sie, »anstatt zur Erhöhung der Produktion beizutragen, zu einer politischen und materiellen Last« für das Reich würden[226]. Dabei liege es doch gerade im deutschen Interesse, die Effizienz der Militärinternierten beim Einsatz in der Kriegswirtschaft zu steigern. Der gegebene — für die deutsche Seite unproduktive und aus der Sicht vieler Italiener unfaßliche — Zustand lasse sich am schnellsten und besten durch eine »stufenweise Umwandlung der Militärinternierten in Zivilarbeiter« positiv verändern. Dem Gesandten schwebte eine versuchsweise Überführung der Gefangenen von drei oder vier Mannschaftsstammlagern vor. Zwar wären hierbei gewisse Schwierigkeiten einzukalkulieren, doch wenn beide Seiten wollten, könnten sie überwunden werden.

Im einzelnen schlug er folgende Schritte vor: Unter den Internierten seien zunächst die »aufrührerischen oder gefährlichen Elemente« auszusortieren und in Sonderlager zu überstellen. Die befreiten Männer müßten den bereits in Deutschland arbeitenden Italienern gleichgestellt werden. Das hätte für sie die Gültigkeit aller Vereinbarungen eingeschlossen, welche die deutsche und die italienische Regierung — auch vor dem 8. September 1943 — trafen. Unter anderem verband sich damit der Anspruch auf gewerkschaftliche Unterstützung, Arbeitsverträge und ausbildungsbezogene Arbeitsplätze. Vaccari machte zugleich darauf aufmerksam, daß die Militärinternierten vor der Überführung in den Status des Zivilarbeiters erst einmal Kleidung benötigten. Es stellte sich zudem die Frage nach angemessener Unterbringung, denn dort, wo die »Internierten als Gefangene« lebten, könnten sie aus »politischen und moralischen Gründen« nicht bleiben. Ferner sollte bei der Durchführung des Projekts die Mitwirkung der italienischen Gewerkschaften garantiert sein.

In seiner zweiten Situationsbeschreibung legte der Gesandte zum einen besonderes Gewicht auf das unzutreffende Bild, das viele Deutsche von den Militärinternierten besaßen, und zum anderen insistierte er auf den Lebensumständen, mit denen sich letztere auseinandersetzen müßten[227]. Dabei wandte er sich insbesondere dagegen, daß die internierten Soldaten, die seiner Meionung nach vielleicht sogar die Elite des ehemaligen ita-

---

[226] Vgl. dazu: Meldungen aus dem Reich, Bd 15, vom 9.12.1943, S. 6130. Dort heißt es zum Beispiel, daß die Militärinternierten in der Mehrzahl »lediglich eine Belastung der Produktion« bildeten.

[227] Ambasciata d'Italia Betreuungsdienststelle für Militär- und Zivilinternierte I/130/G/2, Berlin, den 24. März 1944-XXII, gez. M. Vaccari, PA, Büro Staatssekretär, Akten betr. Italien, Bd 19.

lienischen Heeres bildeten, in Deutschland als Verräter betrachtet und behandelt würden. Ein durchaus beabsichtigter Seitenhieb dürfte die Feststellung gewesen sein, daß sich
jene vor allem deshalb in Gefangenschaft befänden, weil sie ihrem »Ehr- und Pflichtge-
fühl getreu, vertrauensvoll dem Befehl der deutschen Kameraden Folge geleistet« hätten.
Vermutlich setzte er die im Prinzip zutreffende Behauptung hierbei taktisch ein, aber
sie bedeutete in jedem Fall einen schweren Vorwurf.
Ohne Polemik und unanfechtbar war seine Forderung, es sei »Abhilfe zu schaffen, um
die Internierten wieder menschenwürdig zu machen«. Der Schlüssel zum Erfolg — im
Hinblick auf alle schon am 21. März angesprochenen und in diesem Schreiben erneut
erörterten Probleme — lag für Vaccari in der Statusänderung.
Erfahrungen der deutschen Sicherheitspolizei in Italien schienen eine solche Bewertung
zu bestätigen. Dort stieß nämlich die Beschaffung von Arbeitskräften im April 1944 längst
auf massiven Widerstand. Einen der Gründe stellte die Behandlung der Militärinternierten in den Lagern der Wehrmacht dar. So stand zum Beispiel in einem Bericht der Sicherheitspolizei zu lesen: »Wiederholt wurde von Arbeitern gesagt, sie melden sich sofort
freiwillig zum Arbeitseinsatz, wenn ihre Angehörigen, welche in deutscher Kriegsgefangenschaft sind, freigelassen und mit ihnen gleichzeitig zum Arbeitseinsatz gebracht werden.« Meist handelte es sich hierbei um Fälle, in denen sich Väter für Söhne, Söhne für
Väter oder Brüder füreinander aufopfern wollten, denn darauf wäre der Weg in die alliierten Luftangriffen ausgesetzte deutsche Rüstungsindustrie — ganz zu schweigen von
der speziellen Behandlung und den allgemeinen Arbeitsbedingungen für Italiener — hin-
ausgelaufen. Um ihre Angehörigen aus der Gefangenschaft freizukaufen, zeigten sich
die Menschen willens, Demütigungen und Gefährdungen des eigenen Lebens zu akzeptieren. Selbst der Sicherheitsdienst der SS zog eine derartige Einstellung nicht in Zweifel[228]. In solchem Kontext muß außerdem an das erinnert werden, was der »Duce« dem
deutschen Botschafter in Fasano im November 1943 sagte. Er behauptete damals, daß
junge Italiener, die zur militärischen Ausbildung nach Deutschland geschickt werden
sollten, lieber zu den Partisanen gingen, da sie befürchteten, im Reich das Los der Internierten teilen zu müssen[229].
Als sich Mussolini und Hitler dann am 22. und 23. April 1944 im Schloß Kleßheim
begegneten, kam das Thema »Militärinternierte« ebenfalls zur Sprache[230]. Bei einigen
faschistischen Protagonisten bestand die optimistische Hoffnung, daß sich eine völlige
Lösung des Problems erreichen ließe. Das hätte die Zustimmung der deutschen Seite zu
einem alle internierten Soldaten erfassenden Statuswechsel bedeutet[231]. In der Tat wies

---

[228] Der Befehlshaber der Sicherheitspolizei und des SD in Italien III VeH/Eh. 803/44, Verona, den
18.4.1944, An Abteilung III D und III e, Betrifft: Arbeiterwerbung für Deutschland. ACS, Wehrmacht, Busta 5, F 6, SF 1.

[229] Siehe oben, S. 366.

[230] Am 22. und 23. April 1944 kam es zu vier Unterredungen zwischen Mussolini und Hitler. Die
Protokolle der Gespräche sind publiziert in: Staatsmänner und Diplomaten, S. 406—438, Dok. 52—55.
ADAP, E, Bd VII, S. 662—676, Dok. 354 und 355, veröffentlichen lediglich die Aufzeichnungen
über die beiden Vormittagsgespräche.

[231] All'Ambasciatore Conte Serafino Mazzolini (siehe oben, Anm. 221), S. 10.

Mussolini darauf hin, daß die Gefangenschaft der entwaffneten ehemaligen Militärangehörigen seine Aufbauarbeit in Italien stark beeinträchtige. Er meinte ferner, die Internierung sei zwar direkt nach dem 8. September 1943 eine kluge und unverzichtbare Maßnahme gewesen, doch wirke sie sich inzwischen ausgesprochen nachteilig aus, denn das Schicksal der Lagerinsassen berühre sechs oder sieben Millionen Italiener. Das waren zwar weniger als gemäß den von Vaccari genannten Zahlen, aber es handelte sich um keine zu vernachlässigende Größe. Auf jeden Fall gab der »Duce« zu bedenken, daß die »Stimmung des italienischen Volkes wesentlich gehoben würde, wenn eine Verbesserung in der Lage der Militärinternierten eintreten könnte«[232].

Am zweiten Tag des Treffens, nachdem sich Hitler weitschweifig über den italienischen Menschen im allgemeinen und die Militärinternierten im besonderen geäußert hatte[233], präzisierte Mussolini, der bei seinem Gesprächspartner offenbar ein Mißverständnis vermutete, seinen Wunsch: Es gehe ihm nicht um eine »Besserstellung« der Internierten, sondern um die Verbesserung des innenpolitischen Klimas in der *Repubblica Sociale Italiana*[234].

Immerhin gab Hitler damals zu, daß sich die Situation nicht gerade als befriedigend bezeichnen ließ. Das Vorhandensein zweier Kategorien von Italienern in Deutschland — in der Gefangenschaft und in der militärischen Ausbildung befindliche Soldaten — vermochte nicht überzeugend begründet zu werden. Einer großen Lösung zeigte er sich im April jedoch noch nicht zugänglich, sondern merkte orakelhaft an, es sei ratsam, die »Frage der Militärinternierten individuell zu behandeln«. Was ihm dazu im Detail einfiel, klang nicht unbedingt logisch. Eventuell liegt ein Fehler in der Gesprächsaufzeichnung vor, aber die Überführung italienischer Gefangener in ein ziviles Arbeitsverhältnis erschien danach nicht mehr völlig ausgeschlossen[235]. Zumindest erteilte Hitler jenen Absichten, die Veränderungen hinsichtlich der Existenzbedingungen der internierten Italiener anvisierten, in Kleßheim keine klare Absage. Umgekehrt ist nicht zu leugnen, daß seine Bemerkungen vage anmuteten. Genau betrachtet fielen sie letzten Endes unverbindlich aus. Vaccari kommentierte das Resultat der Zusammenkunft — bei seiner Ausgangsposition verständlich — mit einem einzigen Wort[236]: »Enttäuschung!«

Für die weitere Entwicklung der Angelegenheit sollte es wichtig werden, daß die italienischerseits betriebene Statusänderung — von einem bestimmten Zeitpunkt an — die

---

[232] Staatsmänner und Diplomaten, S. 407.

[233] Ebd., S. 427 ff.

[234] Ebd., S. 435.

[235] Ebd., S. 429. Wörtlich heißt es: »Um die richtige Auswahl zu treffen, bleibe daher nichts übrig als die Frage der Militärinternierten individuell zu behandeln und diejenigen, die sich zum Faschismus bekennten, auszusondern und ebenso die, die sich im Laufe der Zeit im Arbeitsprozeß als unzuverlässig erwiesen, langsam in ein ziviles Arbeitsverhältnis zu überführen.« Statt »unzuverlässig« muß es vermutlich »zuverlässig« heißen, da eine Belohnung von unzuverlässigen Internierten keinen Sinn ergibt. Vgl. dazu auch Hitlers Äußerungen am 25.4. (siehe unten, Anm. 238).

[236] All'Ambasciatore Conte Serafino Mazzolini (siehe oben, Anm. 221), S. 10; und: Diario S.A.I., Proemio, S. 14, PADF: »Incontro tra il DUCE e il Fuehrer: speranza di soluzione totalitaria del problema; delusione! Il Fuehrer ha detto di no.«

Unterstützung des Generalbevollmächtigten für den Arbeitseinsatz fand. Das schon angesprochene Sauckel-Programm, das für das Jahr 1944 die Beschaffung von insgesamt 1 500 000 Arbeitern in dem von Deutschland besetzten italienischen Gebiet einkalkulierte, galt Ende März 1944 ohne Wenn und Aber als gescheitert. Eine tatsächlich ins Gewicht fallende Vermehrung der Arbeitskräfte im Reich schied somit aus, denn die fehlenden Menschen konnten anderweitig ebenfalls nicht mehr gewonnen werden. Es blieb nur der Weg, höhere Arbeitsleistungen durch qualitative Zugeständnisse bei den Existenzbedingungen der Arbeitenden anzustreben. Nicht zufällig bequemte sich das Reichsernährungsministerium Ende Juni 1944, den Militärinternierten — und ebenso den russischen Kriegsgefangenen — Verpflegungszulagen zu bewilligen. Freilich ging es dabei nicht mehr allein um Leistungssteigerung. Derartige Maßnahmen mußten nämlich schon deshalb ergriffen werden, um das Leben oder die Einsatzfähigkeit der betroffenen, Zwangsarbeit verrichtenden Männer zu erhalten. Ihr Gesundheitszustand ließ im Sommer 1944 das Schlimmste befürchten[237].

Am 25. April 1944, also unmittelbar nach dem Treffen der beiden Regierungschefs, fand eine Besprechung auf dem Berghof statt, in der nationalsozialistische Spitzenfunktionäre unter anderem die italienische Frage diskutierten. Gemäß der Niederschrift des Reichsleiters Bormann beklagte sich der Minister Speer, daß die Arbeitskraft der Militärinternierten (»Kriegsgefangenen«) durch die Stalag schlecht ausgenützt werde. Robert Ley, der Reichsorganisationsleiter der NSDAP und Leiter der Deutschen Arbeitsfront, meinte ganz ähnlich, daß die Gefangenen mehr arbeiten müßten und könnten. Sauckel schlug deshalb vor, die Mannschaftsstammlager zwar organisatorisch beizubehalten, aber die Betreuung ihrer Insassen der Arbeitsfront und die Beaufsichtigung beim Arbeitseinsatz den einzelnen Betrieben zu überlassen. Hitler selbst soll hierbei den entscheidenden Zusammenhang zwischen Verpflegung und Mehrleistung der Gefangenen hergestellt haben — das eine sei ohne das andere nicht zu erreichen. Zum Gedanken, die »Gefangenschaft (sic) der Italiener« in eine »Arbeitsverpflichtung« umzuwandeln, bemerkte er: »Wenn ja, zunächst nur ein örtliches Experiment an einer Stelle machen! Erst einmal ein Verfahren ausprobieren! Oder mehrere Verfahren!« Besonders klar wirkte auch das nicht, aber eine große Lösung lehnte er offenbar noch immer ab.

Aus einem anderen Protokoll über die Aussprache am 25. April ergibt sich, daß Sauckel damals ganz eindeutig fragte, »ob eine höhere Arbeitsleistung der Italiener vielleicht dadurch erreicht werden könnte, daß man sie als Gefangene entließe und als freie ausländische Arbeiter beschäftigte«. Er formulierte damit genau die Position, die zum Beispiel Vaccari wiederholt vertreten hatte. Hitler erwiderte darauf: »Ich könnte dies ändern. Der Duce hat mich bei seiner letzten Anwesenheit hierauf angesprochen. Ich habe es aber abgelehnt die italienischen Militärinternierten — sie werden mit Absicht so und nicht als Kriegsgefangene bezeichnet — zu entlassen. Eine erhöhte Arbeitsleistung der Italiener kann nur durch bessere Verpflegung erreicht werden. Man kann von den Italienern, die allenfalls nur zu 50 % ernährt werden, keine 100 %ige Arbeitsleistung verlangen.«

---

237 Herbert, Fremdarbeiter, S. 261 f.; und Streit, Keine Kameraden, S. 250.

Seine Feststellung, die zeigte, daß die oberste Führung über die miserable Behandlung der internierten Soldaten bestens Bescheid wußte, stand in einem bemerkenswerten Widerspruch zu der seit Anfang 1944 auf Weisung des Oberkommandos der Wehrmacht durchgeführten Leistungsernährung der Militärinternierten. Keitel befahl sie mit Hitlers Billigung, eventuell sogar aufgrund einer direkten Anregung von ihm, worauf noch detaillierter einzugehen sein wird. Jedenfalls ist es nicht möglich, aus der richtigen Erkenntnis des Reichskanzlers Rückschlüsse hinsichtlich seiner Einstellung zum praktischen Umgang mit den Gefangenen zu ziehen. Ansonsten meinte Hitler, daß die allgemeine Entlassung der italienischen Militärangehörigen aus ihrer Internierung nicht zur Debatte stehe: »Man sollte aber in einzelnen Fällen bei fleißigen und arbeitswilligen und politisch einigermaßen zuverlässigen Italienern den Versuch machen, sie aus dem Verhältnis der Militärinternierten in das freie Arbeitsverhältnis eines ausländischen Arbeiters umzustellen.« Das verwies auf die — gegenüber Mussolini erwähnte — individuelle Lösung. Sie hätte natürlich nur wenige Personen betroffen. Doch erfuhr das Protokoll in diesem Punkt später eine Ergänzung. Nun hieß es, in bezug auf die Überführung von Militärinternierten in ein »erleichtertes Statut« habe Hitler befohlen: »Man solle nicht im ganzen Reich den Versuch machen, sondern er schlage vor, in einzelnen Fällen Modellversuche mit einzelnen Lagern zu machen[238].«

Dazu kam es jedoch nicht sofort. Das Auswärtige Amt signalisierte der Betreuungsdienststelle für Militär- und Zivilinternierte im Mai zwar einige Zugeständnisse, doch bezogen sie sich ausschließlich auf die von Mussolini herausgestellte Notwendigkeit, der italienischen Öffentlichkeit durch gewisse Maßnahmen entgegenzukommen. Die für den »Duce« besonders attraktive Überführung der Gefangenen in das Verhältnis freier Arbeiter blieb bei alldem ausdrücklich ausgeschlossen[239]. Von Baron v. Steengracht erfuhr Vaccari, daß es im Kreise der deutschen Dienststellen noch keine einheitliche Meinung gab. Einige

238 Auszug aus der Niederschrift des Reichsleiters Bormann über die Besprechung beim Führer im Berghof am 25.4.1944 mit Dr. [Hans Heinrich] Lammers, [Martin] Bormann, [Robert] Ley, [Fritz] Sauckel, [Hans] Fischböck, [Otto] Abetz, [Willy] Liebel, BA, R 43 II/651 (Bl. 48—52); ebd., Protokoll [von H.H. Lammers] über diese Chefbesprechung, Betrifft: Besprechung beim Führer am 25. April 1944 über a/ Löhne für Männer und Frauen. b/ Arbeitseinsatz in Italien und Frankreich (Bl. 55—58). Diese zweite — ausführlichere — Aufzeichnung besaß die ausdrückliche Billigung Bormanns (Bl. 65). Die Blattangaben beziehen sich nur auf die Italien betreffenden Passagen. Vgl. außerdem ebd., Der Beauftragte für den Vierjahresplan, Der Generalbevollmächtigte für den Arbeitseinsatz GBA 1137/44 B/st, Berlin, der 3.5.1944, Herrn Ministerialrat Dr. Laue, Reichskanzlei. In der Anlage wurden die Ergänzungen Sauckels zum Protokoll von Lammers über die Besprechung am 25.4. überreicht (Bl. 75—78). Hinweise auf die Unterredung am 25.4. finden sich bei Pfahlmann, Fremdarbeiter, S. 69 f., und Cajani, Appunti, S. 96, der allerdings nicht ganz korrekt auf den 27.4. datiert und von einer Unterredung im Führerhauptquartier ausgeht, sowie bei Herbert, Fremdarbeiter, S. 261. Letzterer zitiert die Ansicht Hitlers, daß sich aus Italien noch 3 000 000 Arbeitskräfte herausholen lassen würden. Hingegen konnten nach Sauckel (Anlage zum 3.5.44) bis Ende April ganze 23 000 Arbeitskräfte — seit Anlaufen des neuen Programms — in Italien gestellt werden. Von den rund 600 000 Militärinternierten befanden sich nach den Unterlagen des GBA circa 500 000 innerhalb der Kriegswirtschaft im Arbeitseinsatz (Bl. 76).

239 Diario S.A.I., S. 19 f., 16.5.1944, PADF: Aufzeichnung über der Unterredung im Auswärtigen Amt.

Behörden standen dem Statuswechsel positiv gegenüber. Andere, darunter die militärischen Kommandobehörden, lehnten das Projekt entschieden ab[240].

Angesichts der etwas unübersichtlichen Situation brachten die Italiener erneut die — von Vaccari in seinen Schriftsätzen im März ausführlich begründete und von Hitler, was die Italiener damals wohl noch nicht wußten, im April nicht mehr völlig abgelehnte — Umwandlung einer ausgewählten Gruppe von Internierten ins Gespräch. Botschaftsrat Eitel Friedrich Moellhausen, der bei einer dazu angesetzten Unterredung seinen erkrankten Botschafter Rahn vertrat, wollte das Projekt befürworten[241].

Ein entscheidender Schritt vorwärts gelang allem Anschein nach während des Aufenthalts von Sauckel in Italien, wo der Generalbevollmächtigte für den Arbeitseinsatz im Mai 1944 versuchte, die Aushebung weiterer Arbeitskräfte zu organisieren[242]. Italiener und Deutsche vereinbarten in jenen Tagen, die probeweise Überstellung internierter Soldaten in das zivile Arbeitsverhältnis in Angriff zu nehmen. Vaccari unterrichtete daher am 1. Juni seine Mitarbeiter in Berlin über die neue Lage. Er forderte sie auf, so schnell wie möglich Arbeitskommandos festzustellen, die mit der Leistung der bei ihnen eingesetzten Militärinternierten zufrieden seien. Im Anschluß daran sollten die für das Experiment in Frage kommenden Mannschaftsstammlager vorgeschlagen werden[243]. Der Realisierung des Projekts stand an sich nichts mehr im Wege. Zwar mußte noch entschieden werden, ob die betreffenden Internierten seitens der Betreuungsdienststelle oder vom Oberkommando der Wehrmacht auszuwählen waren, aber daran konnte das Vorhaben nicht scheitern[244]. Das Auswärtige Amt versprach zuversichtlich, daß es eine die Gesamtfrage klärende Note überreichen werde[245]. Freilich scheint es beim Versprechen geblieben zu sein.

Jedenfalls hatte Anfuso, als er sich am 17. Juni mit dem Generalbevollmächtigten für den Arbeitseinsatz unterhielt[246], von einer definitiven Klarstellung keine Kenntnis. Vielmehr wirkte er überraschend ahnungslos, wohingegen sich Sauckel über die italienische Sicht der Dinge vorzüglich informiert zeigte. Er erklärte dem Botschafter zugleich, weshalb die Bemühungen der Italiener in der Vergangenheit scheiterten. Verantwortlich dafür seien das Mißtrauen wegen der politischen Einstellung der Militärinternierten und technische Schwierigkeiten gewesen. Aber alle Vorbehalte und Probleme hätten sich mittlerweile erledigt, so daß die Statusänderung eingeleitet werden könne. Mit der Überführung von einigen Hundertschaften internierter Soldaten in den Stand freier Arbeiter habe die Aktion an sich schon begonnen, was freilich so nicht zutraf.

---

[240] Diario S.A.I., S. 21, 17.5.1944, PADF: Aufzeichnung des Gesprächs zwischen Anfuso, Vaccari und Steengracht.

[241] Ebd., S. 42, 27.5.1944. Vaccari hatte sich am 18.5. nach Italien begeben, ebd., S. 23.

[242] Herbert, Fremdarbeiter, S. 261.

[243] Diario S.A.I., S. 47, 1.6.1944, PADF.

[244] Ebd., S. 51, 5.6.1944.

[245] Ebd., S. 61, 12.6.1944.

[246] Ambasciata d'Italia Berlino, Telespresso 05387/1058 del 17 giugno 1944.XXII, Al Ministero Affari Esteri, Oggetto: Trasformazione internati italiani in lavoratori civili. F/to Anfuso, ASMAE, Busta 165 Pos. IV/2/7. Das Fernschreiben ging außerdem an die Betreuungsdienststelle, die Militärmission und das italienische Arbeitsamt in Berlin. Der später erhobene Vorwurf, Anfuso habe einen Alleingang unternommen, ist also nicht korrekt.

Im übrigen bestätigte das Gespräch, daß die entscheidenden Weichenstellungen — in Richtung einer allmählichen Lösung der Interniertenfrage — in der Tat bei Sauckels Meinungsaustausch mit Mussolini erfolgten. Endgültige Vereinbarungen sollten ursprünglich im Juli, beim Besuch von Arbeitskommissar Ernesto Marchiandi, ausgehandelt werden. Die Begegnung von Hitler und Mussolini am 20. Juli brachte hier eine Verfahrensänderung. Unabhängig von alldem ist anzumerken, daß sich in der Zusammenschau der Besprechung vom 25. April auf dem Berghof, den Unterredungen zwischen Sauckel und dem »Duce« im Mai sowie der Unterhaltung des Generalbevollmächtigten für den Arbeitseinsatz mit Anfuso im Juni 1944 ein befremdendes Defizit an sachbezogener Information der an dem Vorhaben interessierten Stellen offenbarte.

Dazu paßte das Verhalten des faschistischen Außenministeriums, das Anfusos Fernschreiben zwar vertraulich an andere Behörden verteilte, sich aber ansonsten bedeckt hielt. Über die vom Botschafter berichtete Entwicklung zeigte sich die Leitung außerordentlich zufrieden. Insbesondere begrüßte sie Mitte Juni die von Sauckel beschriebene Absicht einer schrittweisen Statusänderung, die ihr freilich nicht neu sein konnte. Direkt einmischen wollte sich das Außenministerium jedoch nicht, obwohl es in der zurückliegenden Zeit — eigenen Angaben zufolge — als einer der entschiedensten Befürworter der sich jetzt abzeichnenden Lösung agierte. Verstanden Mussolinis Diplomaten die Äußerungen Sauckels etwa lediglich als Anzeichen für eine veränderte Haltung in Berlin, deren praktische Auswirkungen sie noch abzuwarten beabsichtigten? Jedenfalls begnügten sie sich vorerst damit, Anfuso aufzufordern, den Fortgang der Angelegenheit mit größter Aufmerksamkeit zu verfolgen[247].

Die Anweisung brachte den Botschafter in eine besondere Position, was vor allem hinsichtlich der Kontakte zu Sauckel galt. In Ribbentrops Ministerium fühlten sich einige Diplomaten Mitte Juli in der Tat affrontiert. Man bekundete Überraschung, daß Anfuso die Frage der Statusänderung — ohne das Auswärtige Amt und die Betreuungsdienststelle als die von Anfang an mit der Sache befaßten Stellen zu beteiligen — direkt mit dem Generalbevollmächtigten für den Arbeitseinsatz behandelte[248].

Damit wurde dem Gang der Dinge allerdings etwas vorgegriffen. Zunächst unterrichtete nämlich Generalkonsul v. Druffel den Gesandten Vaccari am 22. Juni 1944 über weitere Einzelheiten der seit drei Wochen ernsthaft im Gespräch befindlichen Statusänderung. Nachdem Hitler ihr zugestimmt hatte (was noch nicht den Befehl zur Durchführung

---

[247] Gabinetto, Telespresso N° 1/3254, Ambasciata d'Italia Berlino, e.p.c.: Ministero Forze Armate, On. le Ettore Marchiandi — Commissario Naz. del Lavoro, D.I.E. (Venezia), S.A.I. (Verona), Oggetto: Trasformazione internati italiani in lavoratori civili. F.to Mellini, ASMAE, Busta 165, Pos. IV/2/7. Es handelt sich um die undatierte direkte Antwort auf Anfusos Fernschreiben vom 17.6. (siehe oben, Anm. 246).

[248] Diario S.A.I., S. 113, 16.7.1944, PADF: Aufzeichnung über das Gespräch zwischen dem Gesandten Vaccari und Generalkonsul v. Druffel. Allerdings ist wiederum anzumerken, daß Anfuso das Auswärtige Amt über seine Schritte unterrichtete. Als er zum Beispiel mit Staatssekretär v. Steengracht über die Vorbereitung und Zielsetzung des für Mitte Juli beabsichtigten erneuten Besuchs von Mussolini bei Hitler sprach, informierte er diesen auch über die Unterredung mit Sauckel über die Statusänderung der Militärinternierten: Ambasciata d'Italia, Berlin, li 28 giugno XXII (1944), Al Segretario di Stato Serafino Mazzolini, ASMAE, Busta 31, Posizione Germania 1/1, hier S. 5.

einschloß), sei beschlossen worden, aus sechs Mannschaftsstammlagern jeweils 500 Internierte zu freien Arbeitern zu machen. Sie sollten künftig ohne Drahtverhau und Bewachung leben. Er hoffe, fügte Druffel beziehungsvoll hinzu, daß sie nicht zu fliehen versuchten. Die für das Experiment in Frage kommenden Männer würden zunächst von den Firmen ausgesucht. Unter den von ihnen genannten Personen wäre dann die endgültige Auswahl zu treffen.

Vaccari bat, über die definitive Verwirklichung des Vorhabens rechtzeitig unterrichtet zu werden, damit er seine Mitarbeiter zu den Internierten schicken könne, um den ausgewählten Italienern in erster Linie die Bedeutung und die Folgen der Aktion zu erklären. Ein negativer Verlauf des Experiments könne schließlich im ungünstigsten Fall die gesamte Statusänderung zum Scheitern bringen. Die benötigte Wäsche und Kleidung wollte der *Servizio Assistenza Internati* — soweit wie möglich — in Italien beschaffen[249].

Am 23. Juni teilte der Leiter der Betreuungsdienststelle den Inhalt des Gesprächs mit Druffel Anfuso mit. Präzisierend schrieb er, daß die 3 000 Militärinternierten aus Mannschaftsstammlagern in sechs verschiedenen Wehrkreisen auszusuchen seien. Eine entsprechende Note habe der Vertreter der Rechtsabteilung des Auswärtigen Amts — sie fungierte als der direkte Ansprechpartner Vaccaris — für die nächste Woche angekündigt[250]. Der Botschafter unterrichtete daraufhin am 5. Juli Mussolinis Auswärtiges Amt, wobei er sich zwar über den Rechtsstatus, die gewerkschaftliche Organisation, Gehaltsfragen, Urlaub und Propaganda — stets hinsichtlich der zu überführenden Internierten — Gedanken machte, aber effektiv noch immer nicht wußte, wann der Versuch beginnen sollte[251].

Szenenwechsel: Bei einer Chefbesprechung in der Reichskanzlei am 11. Juli 1944 über die verstärkte Heranziehung ausländischer Arbeitskräfte wies Sauckel im größeren Kreis auf das ernste Problem hin, das die italienischen Internierten darstellten. Deren »gänzlich unzulängliche Ernährung« habe dazu geführt, daß sie »geradezu am Verhungern seien«. Er schlug vor, der »Führer möge gebeten werden, das Statut für diese Militärinternierten stufenweise ändern zu lassen«. Am Tag danach führte der Generalbevollmächtigte für den Arbeitseinsatz in einem Schreiben an Reichsminister Lammers aus: »Die wirtschaftliche Ausnutzung der italienischen Militärinternierten ist nach den eingehenden Berichten aus dem Reich eine äußerst schlechte. Ihr derzeitiges Statut, die Methoden ihrer Bewachung, gestatten nicht deren vollen Einsatz, wie er im Interesse unserer

---

[249] Diario S.A.I., S. 74 f., 22.6.1944, PADF: Aufzeichnung über die Unterredung zwischen Vaccari und Druffel.

[250] Ambasciata d'Italia Servizio Assistenza Internati N.R.P. 68 Riservato-Personale-Segreto, Berlino, 23 giugno 1944, All'Ambasciatore d'Italia, f.to Vaccari, ASMAE, Busta 165, Posizione IV/2/7. Unmittelbar dazu auch die Unterredung zwischen Vaccaris Stellvertreter, Renato Spaniol, und Dr. Hendler von der Rechtsabteilung des Auswärtigen Amtes: Diario S.A.I., S. 76, 22.6.1944, PADF.

[251] Telespresso N. 5921/1170 Riservato, Berlino, 5 luglio 1944-XXII, Al Ministero degli Affari Esteri — P.C. 305 e p.c. Servizio Assistenza Internati, Commissariato per i Lavoratori Italiani in Germania, Missione Militare Italiana, f.to Anfuso, ASMAE, Busta 165, Posizione IV/2/7. Der Botschafter bezog sich direkt auf das Fernschreiben n. 1/3254 ohne Datum (siehe oben, Anm. 247), das heißt, daß er erstmals seit Mitte Juni in dieser Angelegenheit mit seinem Auswärtigen Amt korrespondierte. Letzteres verteilte das Fernschreiben dann an weitere Behörden, ebd., Ministero degli Affari Esteri Gabinetto Telespresso N. 8472/62-3-9, 11 lug 1944, f.to Mazzolini.

heutigen Produktionslage unbedingt gefordert werden muß. Auch ihre Ernährung, Unterbringung und Bekleidung behindern eine volle Ausnutzung ihrer Arbeitskraft.« Sauckel beantragte daher, die internierten Italiener nach einem »Statut zu behandeln, das die Beseitigung all dieser Erschwernisse und Unzulänglichkeiten« ermögliche. Das las sich wie ein offenes Eingeständnis der Mißhandlung der italienischen Gefangenen. Aus reinem Profitdenken forderte er eine Korrektur, denn dadurch, so sein Hinweis am 11. Juli, werde es gelingen, »nicht unbeträchtliche Arbeitsenergien« freizumachen[252].

Eventuell hätte der Appell gar nicht mehr erfolgen müssen, da mittlerweile Hitler und seine Umgebung von der versuchsweisen Überführung einer begrenzten Zahl von Militärinternierten Abstand zu nehmen schienen. Die nationalsozialistische Führung untersuchte seit Mitte Juli die große Lösung des Problems, das heißt eine Statusänderung für die Masse der Internierten. Es läßt sich selbstverständlich nicht völlig ausschließen, daß der Gesinnungswandel auf Sauckels Interventionen vom 11. und 12. Juli beruhte, aber sicher ist das nicht zu sagen. Fest steht hingegen, daß das Auswärtige Amt am 16. des Monats, also ganze vier Tage vor dem Besuch von Mussolini, annahm, eine Entscheidung in jener Sache stehe möglicherweise unmittelbar bevor. Schon mit der Andeutung einer solchen Eventualität mußten die bei der Durchführung des Statuswechsels zu erwartenden technischen Schwierigkeiten wieder ins Blickfeld rücken. Das galt zum Beispiel im Hinblick auf die Beseitigung des wiederholt erwähnten miserablen Bekleidungszustandes der zu entlassenden Militärinternierten. Um zu vermeiden, daß das gesamte Unternehmen wegen derartiger Probleme fehlschlagen könnte, kam sogar der Gedanke auf, sich hilfesuchend an das Internationale Rote Kreuz zu wenden[253].

Aber noch war nichts entschieden, denn Hitlers Paladine spielten ihr übliches Ränkespiel. Diesmal standen sich Speer und Sauckel gegenüber. Die Angelegenheit ging deshalb zur Prüfung und Entscheidung an den »Führer«[254].

Der ließ sich Zeit, wie er es oft tat, so daß vor Mussolinis Eintreffen in Deutschland offensichtlich eine Art Stagnation eintrat. Das deutete sich selbst in den Unterredungen an, die Marchiandi während seines Aufenthalts im Reich — vom 18. bis zum 24. Juli — führ-

---

[252] Der Prozeß gegen die Hauptkriegsverbrecher, Bd 33, Dok. 3819-PS, zur Chefbesprechung am 11.7.1944: S. 186—195, Zitat S. 189. Herbert, Fremdarbeiter, S. 262, der das Dokument ebenfalls zitiert, nimmt irrtümlich an, daß Sauckel »bei Hitler vorstellig« wurde. Der bisherige Nachvollzug der Entscheidungsfindung zeigte außerdem, daß ein verbindlicher Befehl Hitlers für die Überführung zu jenem Zeitpunkt noch nicht ergangen sein konnte. Aufgrund eines Fernschreibens, das Speer an Sauckel sandte, könnte angenommen werden, daß die entsprechende Weisung am 28.6.1944 erging. Die dort genannte Zahl von 5 000 Militärinternierten kann ebenfalls nicht zutreffen. Das Dokument ist zitiert — und im Verständnis der Existenz eines verbindlichen Befehls gedeutet — bei Cajani, Appunti, S. 96. Vgl. dazu auch die Ausführungen zu Anm. 253: Diario S.A.I. Zur Aufzeichnung Sauckels vom 12. Juli siehe: Der Beauftragte für den Vierjahresplan, Der Generalbevollmächtigte für den Arbeitseinsatz, Berlin, den 12.7.1944, BA, R 43 II/651, hier Bl. 277—304, Zitat Bl. 301 f.

[253] Diario S.A.I., S. 107 und 111, 16.7.1944, PADF: Aufzeichnung über die Unterredung zwischen Spaniol und Hendler in dessen Wohnung.

[254] Ebd., S. 112 f., 16.7.1944: Aufzeichnung einer Unterredung zwischen Vaccari und Druffel. Auch in dieser Unterhaltung wurden die Schwierigkeiten hinsichtlich der Einkleidung der befreiten Internierten erörtert. Sehr kritisch stellte sich die Situation in bezug auf Schuhe dar, die völlig fehlten.

te[255]. Den hier interessierenden Statuswechsel erörterte der italienische Arbeitskommissar mit Sauckel am Vormittag des 20. Juli, das heißt noch vor dem Attentat auf Hitler und vor dessen Zusammenkunft mit dem »Duce« gegen 15.00 Uhr. Marchiandi sagte, was der Generalbevollmächtigte für den Arbeitseinsatz seit einiger Zeit ebenso sah, daß sich die Deutschen selbst schadeten, wenn sie über 500 000 Militärinternierte zwängen, in einem Zustand moralischer, materieller und rechtlicher Minderwertigkeit zu leben. Als Folge solcher Gegebenheiten seien die italienischen Internierten im Reich so gut wie untätig. Gleichzeitig vergifte das Wissen um das Los der Gefangenen die öffentliche Meinung in Italien. Außerdem müsse man sich angesichts der Fakten fragen, ob die deutschen Forderungen nach mehr Arbeitskräften berechtigt seien. Marchiandi unterstellte damit die Verschwendung von Arbeitskraft durch schlechte Behandlung. Zwischen ihm und Sauckel herrschte soweit Einigkeit. Beide strebten eine umfassende, eine letzten Endes totale Lösung des Interniertenproblems an. Aber der Generalbevollmächtigte für den Arbeitseinsatz wagte angeblich lediglich zu hoffen, daß sich das Ziel erreichen lassen werde.

Es ist nach dem bis jetzt Gesagten nicht völlig eindeutig festzustellen, ob sich die deutsche Seite bereits vor der Ankunft des »Duce« auf eine der zwei erörterten Lösungsmöglichkeiten festlegte oder offen in die Verhandlungen ging. Falls Sauckel gegenüber Marchiandi nicht — aus unerfindlichen Gründen — pokerte, so besaß er darüber keine Informationen. Mussolini kam am 20. Juli erwartungsgemäß auf das »Problem der Kriegsinternierten« zu sprechen. Für ihn, so der »Duce«, würde es eine »besondere Freude« sein, falls ihm Hitler in der Angelegenheit ein »Geschenk« machte[256]; und in dem Zusammenhang überreichte er einen »Vorschlag«, worin es unter anderem hieß[257]:

»1. Das Arbeitskräftepotential der italienischen Internierten sollte voll für den deutschen Produktionsprozeß ausgenutzt werden. Um das zu erreichen muß ihre materielle Stellung verbessert werden.

2. Die Internierten bäuerlicher Herkunft sollten in der Landwirtschaft beschäftigt werden.

3. Die Internierten sollten nach ihren beruflichen Fähigkeiten aufgegliedert werden[258].

---

[255] Vgl. dazu: Repubblica Sociale Italiana Commissariato Nazionale del Lavoro, 25 luglio 1944-XXII, Appunto per il Duce, Visita in Germania del Commissario Nazionale del Lavoro Marchiandi. Mit einem Anschreiben des Ministero degli Affari Esteri vom 31.7.1944, ASMAE, Busta 65, Posizione Germania 1/3. (Auch in ASMAE, Busta 201, Posizione Germania 1/1-Aa: Visita in Germania del Commissario Nazionale del lavoro dott. Eugenio Marchiandi — 18—24 luglio 1944. In anderen Dokumenten werden als Vornamen Marchiandis »Ettore« und »Ernesto« angegeben.) Ein ausführliches Resümee des Besuchs enthält: Ambasciata d'Italia Il Commissario per i lavoratori italiani in Germania, Pos. 50/2068 — Pos. 7.V., Berlino, li 31 luglio 1944/XXII, Appunto per l'Ambasciatore, f.to Tosi, ASMAE, Busta 165, Posizione IV/2/7.

[256] ADAP, E, Bd VIII, Dok. 128, S. 230—236: »Aufzeichnung über die Unterredung zwischen dem Führer und dem Duce im Führerhauptquartier am 20. Juli 1944«, Zitat S. 235. Eine sehr bildhafte Beschreibung des letzten Zusammentreffens der beiden Diktatoren findet man bei Schmidt, Statist, S. 580—583.

[257] Abgedruckt ist diese »Note« bei Deakin, Die brutale Freundschaft, S. 808 f.

[258] Vgl. direkt dazu: All'Ambasciatore Conte Serafino Mazzolini, Sottosegretario agli Affari Esteri Salò, 20 Dicembre 1944, PADF. In seinem Brief schreibt Vaccari (S. 10 f.), daß er mit dieser — von ihm nach dem ersten Treffen zwischen Hitler und Mussolini im April 1944 u.a. gegenüber Speer formulierten — Forderung auf die entschiedene Ablehnung des Ministers stieß. Speer meinte, Deutsch-

4. Sie könnten dann in regelrechte militärische Kategorien eingeteilt werden, was auch Marschall Görings Programm, bestimmte Elemente für die Luftwaffe zu verwenden, zugute käme [...].

5. Von italienischer Seite würde nicht die Forderung erhoben werden, die Internierten nach Italien zu repatriieren, da [...] es schädlich wäre, Männer in das Vaterland zurückzuführen, deren Geistesverfassung sie leicht ins feindliche Lager treiben könnte.«

Den zitierten Diskussionspunkten stellte die italienische Seite eine Erklärung voran, die besagte, daß sie die deutscherseits geforderte eine Million Arbeiter nicht aufzubringen vermöge. Italiens Bevölkerung sei — soweit sie in der *Repubblica Sociale Italiana* lebte — wegen des Verlusts von Rom am 4. Juni 1944 und der anschließenden Ausweitung der alliierten Besetzung in Mittelitalien demoralisiert[259]. Ihre psychische Verfassung habe eine Aversion gegen den Einsatz im Reich entstehen lassen. Die Tatsache, daß sich die »kürzlich aus den Internierungslagern in Deutschland zurückgekehrten Kranken und Invaliden in elender Verfassung« befanden, verstärkte die ohnehin antideutsche Einstellung noch zusätzlich.

Hitler stimmte den italienischen Vorstellungen zu, was den »Duce« freute, denn er versprach sich von der Regelung einen Prestigegewinn für die republikanische Regierung[260]. Sein Regime erreichte im Juli ein seit vielen Monaten angestrebtes Ziel. Nicht einmal der beharrliche Widerstand der Wehrmacht konnte das verhindern. Andererseits ließen sich die getroffenen Vereinbarungen nach dem 20. Juli keineswegs problemlos und wie geplant verwirklichen[261]. Und falls das Auswärtige Amt tatsächlich davon ausgegangen sein sollte, daß die uneingeschränkte Überführung der Italiener angestrebt sei[262], so irrte es. Das trat bald zutage.

---

land könne es sich nicht leisten, Veränderungen durchzuführen. Im übrigen hätten auch Deutsche nicht immer den angemessenen Arbeitsplatz. Es genüge zu produzieren. Jeder Wechsel müsse zu einer — nicht einmal für beschränkte Zeit akzeptablen — Verringerung der Fertigung führen.

[259] Vgl. unmittelbar dazu das Protokoll der Chefbesprechung vom 11.7.1944 (siehe oben, Anm. 252), S. 192. Botschafter Rahn bestätigte dort jenes Urteil über die Verfassung der Italiener. Allerdings meinte er, daß »theoretisch« auch nach dem Verlust von zwei Dritteln der italienischen Gebiete aus dem Lande eine Million Arbeiter herauszuholen seien. Der Botschafter warnte jedoch vor Zwangsaushebungen, die nur zu Produktionseinbußen führen würden. Italien bestritt damals angeblich 12,5 Prozent der gesamten deutschen Kriegsproduktion (ebd., S. 190). Sauckel mochte zwar die Tatsache, daß man die von ihm gewünschte »Härte« nicht zur Anwendung bringen könne, den »völligen Bankrott der deutschen Autorität in Italien« nennen (ebd., S. 187), aber seine Verärgerung änderte nichts an den Fakten. Letztere zwangen zum Kompromiß. Kesselring (ebd., S. 192) fürchtete sogar, daß die »Weiterführung der Zwangsverpflichtungen nicht nur den Verlust der Rüstungsproduktion im oberitalienischen Raum, sondern den Verlust des ganzen Kriegsschauplatzes nach sich ziehen würde«. Siehe direkt dazu den — einen solchen Befund bestätigenden — Eindruck des Generals der Infanterie Rudolf Toussaint: Bevollmächtigter General der Deutschen Wehrmacht in Italien, Kommandostab Ia, Nr. 2845/44 g.Kdos., H.Qu., den 29.6.1944, Lagebericht 16.5.–15.6.1944, BA-MA, RH 31 VI/9.

[260] ADAP, E, Bd VIII (siehe oben, Anm. 256), S. 236.

[261] Verbale della riunione dei Consoli italiani in Germania, tenutasi presso l'Ambasciata d'Italia in Berlino nei giorni 12 e 13 gennaio 1945/XXIII, ASMAE, Busta 65, Posizione Germania 1/11, hier S. 21 f.

[262] Diario S.A.I., S. 119, 22.7.1944, PADF.

Die deutsche Bevölkerung erfuhr aus einer Meldung des »Völkischen Beobachters« vom 22. Juli 1944, daß sich hinsichtlich der Stellung der Internierten etwas ändern würde. Das nationalsozialistische Propagandaorgan verlautbarte nämlich zum Treffen der Diktatoren[263]: »Der Führer und der Duce prüften die Lage und besprachen unter anderem die Frage der italienischen Kriegsinternierten [sic]. Es wurden die Richtlinien zur Lösung dieser Frage im Sinne der moralischen und materiellen Interessen beider Länder festgelegt. Die Lösung sieht vor, daß die Kriegsinternierten in den Stand freier Arbeiter übergeführt oder als Hilfskräfte im Rahmen der deutschen Wehrmacht eingesetzt werden.« Bestimmte Militärinternierte grenzten die Deutschen allerdings von Anfang an aus, das heißt, sie blieben in den Gefangenenlagern. Andererseits ist bei einer Würdigung der Ergebnisse jener Übereinkunft vom 20. Juli daran zu erinnern, daß die italienische Seite mehr erhielt, als sie ursprünglich zu fordern wagte, erwähnte Mussolini doch in seinem sogenannten Vorschlag als Nahziel lediglich eine experimentelle Überführung. Das entsprach den in den zurückliegenden Wochen angestellten Überlegungen. Den Ausschlag für die sofortige Einleitung der großen Lösung dürfte vermutlich die Erklärung gegeben haben, daß es ausgeschlossen werden müsse, aus Italien Arbeitskräfte im beabsichtigten Umfang herauspressen zu können, was fast zwangsläufig zur Suche nach Aushilfen führte. Eine der möglichen Alternativen bestand nun darin, die Arbeitsleistung der Militärinternierten durch Verbesserungen ihrer Lebensbedingungen zu steigern. Mittels der Statusänderung schien das erreichbar zu sein. Auf jeden Fall wurde Mussolini zugestanden, was er im Sinne einer Sofortmaßnahme gar nicht verlangt hatte[264].

Parallel zu dem Beschluß, die Militärinternierten zu zivilen Arbeitern zu machen, berief das faschistische Regime den bisherigen Leiter der Betreuungsdienststelle von seinem Posten ab. Ihm folgte Armando Foppiani nach, ein enger Mitarbeiter von Marchiandi. Vaccari reagierte zutiefst verbittert, insbesondere über Anfuso, der sich mit seinen Federn zu schmücken versuche. Auch habe der Botschafter aus Eifersucht dafür gesorgt, daß die Entwicklung nach der Begegnung zwischen Hitler und Mussolini — im April 1944 — der Betreuungsdienststelle nicht im einzelnen bekannt werden konnte. In der Charakterskizze, die Vaccari von Anfuso zeichnete, kam ein intriganter, am Schicksal der Militärinternierten desinteressierter, oberflächlicher, selbstsüchtiger und unaufrichtiger Mensch zum Vorschein[265].

Am 30. Juli hatte der scheidende Gesandte seine letzte Unterredung mit dem Botschafter. Da Anfuso die Durchführung der Statusänderung als unproblematisch anzusehen

---

[263] Diario S.A.I., S. 120, 23.7.1944, PADF.

[264] Ebd., S. 122, 25.7.1944.

[265] Ebd., S. 124–130, 27.7.1944. Zur Ablösung Vaccaris vgl. ferner: Ministero degli Affari Esteri S.A.I., Verona, 27 Luglio 1944 XXII, Al Ministro Marcello Vaccari Berlino, f.to Marzano, PADF; und Ministero degli Affari Esteri Il Sottosegretario di Stato, P.C. 305, 1 Ago 1944 XXII, Al Ministro Marcello Vaccari Berlino, f.to Mazzolini, PADF. Mazzolini würdigte das besondere Verdienst Vaccaris. Ansonsten trat in seinem Schreiben die irrige Auffassung zutage, es würde künftig nur noch Arbeiter geben. Damit wurde auch die Ernennung des Gewerkschaftssachverständigen Foppiani zum neuen Leiter des S.A.I. begründet. Um die ins Heer übernommenen ehemaligen Internierten sollte sich hingegen die Militärmission kümmern.

schien, wies er ihn darauf hin, daß es zu erheblichen Schwierigkeiten kommen könne. Es sei durchaus nicht davon auszugehen, daß die deutsche Seite bei der Überführungsaktion den italienischen Interessen im selben Umfang entsprechen wolle wie ihren eigenen. Nicht zuletzt insistierte Vaccari auf einer Fortsetzung der Betreuung der Militärinternierten. Daß sie weiterhin notwendig sein werde, das deutete sich in der Mitteilung des Botschafters an, eine nicht näher definierte Anzahl internierter Soldaten, darunter viele Offiziere, müsse in den Lagern bleiben. Bei einigen sei das der Fall, weil sie die Seite aus eigenem Antrieb nicht zu wechseln beabsichtigten. Selbst der Einsatz als Arbeiter in der nationalsozialistischen Rüstungsindustrie widerspräche ihren politischen Prinzipien und ihrer Ehrauffassung. Für seine Annahme, die Wehrmachtführung würde jene Männer offiziell zu Kriegsgefangenen erklären, was ihre Betreuung durch das Internationale Rote Kreuz eingeschlossen hätte, gab es freilich keinerlei Berechtigung. Auf solche Weise verdrängte er eine schwierige Frage, die ihm nach Vaccaris Überzeugung lästig war, ihn aber menschlich nicht berührte.

In der Tat banalisierte der überzeugte Faschist Anfuso das Problem mit geradezu unerträglichem Zynismus. Für ihn ging es den Verweigerern nur darum, weiterhin die Rolle der Märtyrer zu spielen. Nach ihrer Rückkehr in die Heimat würden sie versuchen, daraus Kapital zu schlagen. Verärgert zeigte er sich außerdem über die Haltung der wenigen repatriierten Kranken, da sie — wozu reichlich Grund bestand — Haß gegen die Nationalsozialisten und Faschisten verbreiteten. Vaccari will darauf erwidert haben, daß sich die Deutschen darüber nicht zu beklagen bräuchten. Man habe es mit einer ganz natürlichen Reaktion auf die im Reich gemachten Erfahrungen zu tun. Es gehe nicht an, Tausende Menschen wie verwahrloste Hunde krepieren zu lassen, so der Gesandte, und dafür auch noch Dankbarkeit zu erwarten. Er hielt es zugleich für undenkbar, daß die italienische faschistische Regierung derartige Ungeheuerlichkeiten aus politischem Pragmatismus protestlos hinnehme. Zugleich empfahl er, in Italien wenigstens Sanitätslager einzurichten, in denen sich die kaputtgeschundenen Kranken erholen könnten. Anfuso akzeptierte den Vorschlag[266].

Angeblich nahm das Auswärtige Amt in Berlin den Wechsel in der Leitung der Betreuungsdienststelle anfangs ausgesprochen verärgert zur Kenntnis. Die Rechtsabteilung soll sogar verlangt haben, daß Vaccari auf seinen Posten zurückkehre, wobei das Ministerium die Ablösung des als »aalglattes Individuum« bezeichneten Botschafters in Kauf nehmen wollte. Er sei ohnehin bloß ein eingebildeter Mensch, der als Repräsentant Italiens nicht qualifiziert erscheine. Vor allem aber hielten es die Ansprechpartner Vaccaris für erforderlich, daß der *Servizio Assistenza Internati* vorerst für alle Italiener und in einer späteren Phase für die »gewiß nicht unerhebliche Anzahl der Internierten, die aus den unterschiedlichsten Gründen solche bleiben« würden, seine Betreuungstätigkeit fortsetzte[267].

Anfuso blieb seinerseits nicht untätig, sondern agierte und intrigierte. Er wandte sich in kleinlicher und unwürdiger Weise selbst an Vaccaris ehemalige Untergebene, gegen-

---

[266] Diario S.A.I., S. 133 ff., 30.7.1944, PADF.
[267] Colloquio fra il Dr. Rubini e il Dr. Hendler all' Auswärtiges Amt, 2 agosto 1944 XXII°, PADF. Augusto Rubini war damals Stellvertretender Chef der Betreuungsdienststelle.

über denen er den Gesandten herabsetzte. Insbesondere warf er ihm vor, sich zum einen nicht um Verwaltungsangelegenheiten gekümmert zu haben, und zum anderen sei die Betreuungsdienststelle von zuviel menschlichem Verständnis beherrscht worden. Der Botschafter sah darin ein Fehlverhalten, das dazu führte, daß Vaccari und seine Mitarbeiter oft die politische Zielsetzung und den faschistischen Charakter der Institution aus dem Blick verloren. Die Vernachlässigung des politischen Aspekts lastete er dem Dienststellenleiter vor allem bei der Personalauswahl an[268]. Dabei ließ es Anfuso freilich nicht bewenden, vielmehr versuchte er auch im Auswärtigen Amt, die Verdienste des Gesandten zu schmälern und dessen Qualifikation für das monatelang bekleidete Amt in Zweifel zu ziehen. Zum Teil tat er das offenbar recht erfolgreich.

So mußte Augusto Rubini, als er am 3. August als Stellvertreter des Leiters der Betreuungsdienststelle mit Legationsrat Dörtenbach von der Politischen Abteilung sprach, feststellen, daß Anfuso den Diplomaten von seiner Sicht der Dinge überzeugen konnte. Die Arbeit der Betreuungsdienststelle, so hörte er es jetzt, sei dilettantisch gewesen. Ansonsten aber werde sie ohnehin bald überflüssig sein. Der Gesandte habe sich außerdem recht ungeschickt verhalten, womit sich die Abneigung der deutschen Militärs ihm gegenüber erkläre. Im Klartext hieß das, daß jener seine Auffassung über notwendige Verbesserungen im Leben der Militärinternierten durchzusetzen versuchte. Er gab also nicht sofort nach, wenn das Oberkommando der Wehrmacht andere Vorstellungen über den Umgang mit den Gefangenen vertrat.

Der Grund für die veränderte Einstellung zur Ablösung Vaccaris lag auf der Hand. Dörtenbach hatte wenige Stunden vorher mit Anfuso gesprochen. Der Botschafter präparierte den Legationsrat, und der agierte ganz in dessen Sinne. So fehlte selbst der Hinweis nicht, es sei ein entscheidender Fehler des Gesandten gewesen, sich mit befreiten Landsmännern aus den Lagern zu umgeben, statt Berufsdiplomaten heranzuziehen. Kurzum, der Leiter des *Servizio Assistenza Internati* handelte zu sehr mit dem »Herzen« und vernachlässigte die »diplomatischen Kunstgriffe«[269]. Was Dörtenbach als eine Art Tadel vorbrachte, das ließ sich aus anderer Sicht fraglos als Kompliment bewerten. Da mußte einer gehen, weil er zunächst und zuvorderst als Italiener reagierte, erst in zweiter Linie faschistische Aspekte berücksichtigte, obwohl er ganz bestimmt ein Faschist war.

In bezug auf die Verwirklichung der Abmachungen vom 20. Juli teilte das Oberkommando der Wehrmacht am 3. August 1944 mit, daß die italienischen Militärinternierten — Offiziere, Unteroffiziere und Mannschaften sowie Beamte — in das zivile Arbeitsverhältnis zu überführen seien. Im einzelnen ordnete Generalfeldmarschall Keitel in dem an zweiundzwanzig Dienststellen und Behörden verteilten Befehl an, daß die in Deutschland eingesetzten Arbeitskommandos geschlossen den Status wechseln müßten, wobei es aber nicht zu Arbeitsunterbrechungen kommen dürfe. Im Lagereinsatz stehen-

---

[268] Colloquio del Dr. Rubini coll'Ambasciatore a Wannsee, 2 agosto 1944, PADF. Es sprach für Vaccari, daß ihn sein ehemaliger Untergebener ausführlich über Anfusos Verhalten unterrichtete: Promemoria per il Ministro Vaccari (Riservato), f.to Dr. Augusto Rubini, PADF. Vaccari vermerkte handschriftlich, daß die Aufzeichnung vom 2.8.1944 stammte und ihm persönlich von Rubini am 7. oder 8.8.1944 übergeben wurde.

[269] Colloquio del dott. Rubini con il consigliere di legazione Dörtenbach, 3 agosto 1944 XXII°, PADF.

hende Italiener habe die Wehrmacht dem Generalbevollmächtigten für den Arbeitsein-satz zur Verfügung zu stellen. Für kranke Internierte gelte das für den Zeitpunkt ihrer Genesung. Lediglich die auf Dauer Arbeitsuntauglichen beabsichtigten die Deutschen zu repatriieren.

Zunächst sollten alle Militärinternierten vor der Entlassung aus den Lagern ihre Bereit-schaft erklären, daß sie bis zur Beendigung des Krieges zu jenen Bedingungen im Reich arbeiten wollten, die für die in Italien angeworbenen Zivilarbeiter galten. Wer sich dazu bereit zeigte, erhielt einen Entlassungsschein. Alle diejenigen, die diese Erklärung ver-weigerten, blieben »bis auf weiteres« gefangen. Da der Statuswechsel für die mit seiner Durchführung befaßten Dienststellen relativ überraschend kam, ließ sich unter ande-rem die benötigte Bekleidung nicht mehr beschaffen. Somit verließen die Militärinter-nierten die Lager mit dem, was sie auf dem Leib trugen. Zuweilen war das nicht viel. Sämtliche militärische Abzeichen mußten vorher entfernt werden.

Keine Anwendung fand die Anordnung auf alle innerhalb der Wehrmacht oder außer-halb Deutschlands eingesetzten internierten Italiener. Eine besondere Weisung, so hieß es, werde deren Dienstverhältnis zu einem späteren Zeitpunkt regeln. Allerdings schloß der Befehl vom 3. August die Möglichkeit, im Reich Militärinternierte aus ihrer Ver-wendung im Wehrmachtsbereich an Sauckel abzugeben, nicht grundsätzlich aus. Die Rea-lisierung der allgemeinen Überführungsaktion hatte unverzüglich zu beginnen und spä-testens am 31. August abgeschlossen zu sein[270]. Das bedeutete selbst dann eine utopische Forderung, wenn man — wie die deutschen Behörden — davon ausging, daß wenigstens 100 000 Mann beabsichtigten, die geforderte Erklärung nicht zu unterschreiben[271].

Auf dem Erlaß vom 3. August baute die Weisung für die »Entlassung der im Reichsge-biet befindlichen italienischen Militärinternierten« vom 12. des Monats auf[272]. Darin behielt die Wehrmachtführung den Abschlußtermin 31. August ebenso bei wie den Zwang zur besagten schriftlichen Verpflichtung. Unterschriftsverweigerer blieben interniert. Wie

---

[270] Oberkommando der Wehrmacht Nr. 4713/44 geh. WFSt/Org (II), F.H.Qu., den 3.8.1944, Betr.: Über-führung der italienischen Militärinternierten in das zivile Arbeitsverhältnis, gez. Keitel, BA-MA, RW 4/v. 902. Weitere Exemplare (Abschrift) befinden sich in: BA-MA, RH 19 X/60; und BA, R 43 II/682b. Vgl. zu dem Befehl vom 12.8. auch Kuby, Verrat auf deutsch, S. 304, dort auszugsweise wiedergege-ben. Ausführlich referiert wurde der Befehl in einem Schreiben Anfusos an das italienische faschisti-sche Auswärtige Amt. Allerdings teilte er unzutreffend mit, daß Warlimont den Befehl unterzeichnet habe: Per Esteri Posta Civile 305, Berlino, 4 agosto 1944 XXII, Riservato, Telegramma 1349, F.to Anfuso, PADF; und direkt dazu ebd., Per Esteri, Berlino 4.8.1944, Telegramma Nr. 1350, F.to Anfuso.

[271] Appunto sul colloquio telefonico che ha avuto luogo tra il dott. Rubini a Berlino e l'ing. Spaniol a Verona, 3 agosto 1944 XXII, PADF. Aus diesem hohen Bestand weiterhin internierter Italiener leitete man sofort das Erfordernis ab, die Betreuungsdienststelle beizubehalten.

[272] Oberkommando der Wehrmacht Az. 2 f 24.18y Chef Kriegsgef. Allg. (VI)/Org. (III b)/Allg. (IV) Tgb.-Nr. 05777/44, Torgau, den 12.8.1944, Betr.: Entlassung der im Reichsgebiet befindlichen ita-lienischen Militärinternierten, BA-MA, RH 49/35. Jeweils ein weiteres Exemplar dieses Befehls — mit dem Zusatz »Im Auftrag gez. v. Reumont«, aber ohne den Verteiler, den die obige Ausferti-gung enthält — befindet sich in: BA-MA, RH 49/101; sowie in: BA, R 43 II/682a und b. Der Befehl vom 12.8. wird auch bei Cajani, Appunti, S. 113, Anm. 75, zitiert. Die bei ihm angegebene Signa-tur — BA-MA, RH 49/9 — muß auf einer Verwechslung beruhen, denn RH 49/9 enthält lediglich eine Sammlung von Stammtafeln verschiedener Frontstalag und Dulag.

zu erwarten fand Anfusos Annahme, Berlin werde letztere zu regulären Kriegsgefangenen erklären, keine Bestätigung.

Im Detail definierte das Oberkommando der Wehrmacht die Gruppe derer, die nicht überführt werden durften. Demnach sind ursprünglich von der Entlassung aus der Militärinternierung ausgenommen gewesen: sämtliche Offiziere und Beamte im Offiziersrang, egal ob aktiv oder der Reserve zugehörig; alle Militärinternierten, gegen die begründete Bedenken aus sicherheitspolitischer Sicht bestanden; die dauernd Arbeitsuntauglichen; die italienischen Kriegsgefangenen, was sich vermutlich auf die im östlichen Operationsgebiet zur Arbeit gezwungenen Männer und diejenigen Gefangenen bezog, die als königliche Soldaten auf der Seite der Alliierten kämpften[273]; internierte Italiener, die in Arbeitskommandos der Wehrmacht steckten (zu ihnen zählten das in den Kriegsgefangenenlagern beschäftigte italienische Stammpersonal[274] sowie Internierte, die bei Einheiten der Wehrmacht Dienst taten, ohne sich als Hilfswillige zur Verfügung gestellt zu haben); und schließlich alle Personen, die für »Sonderzwecke« aus dem Heer der Entwaffneten ausgesondert wurden. Die letztgenannte Bestimmung betraf insbesondere Angehörige des flugtechnischen Personals und bestimmte Pioniere. Darüber hinaus sprach das Oberkommando der Wehrmacht in der referierten Weisung eine ganze Reihe verfahrenstechnischer und administrativer Fragen[275] sowie die propagandistische Auswertung der Überführungsaktion an. Das galt insbesondere für gewisse Zugeständnisse in bezug auf die Entlassung von Reserveoffizieren und Beamten[276].

---

[273] Vgl. unmittelbar dazu: Telegramma in arrivo N. 2553, Berna 21/10/44, f.to Magistrati, ASMAE, Busta 78, Posizione Germania 7. Darin wurde der italienischen Regierung seitens des Internationalen Roten Kreuzes bestätigt, daß die Angehörigen des königlichen Heeres, die in deutsche Gefangenschaft fielen, nicht zu zivilen Arbeitern gemacht würden. Diese blieben Kriegsgefangene. Das I.K.R.K. wußte auch, daß alle in Deutschland internierten Berufsoffiziere von der Statusänderung ausgeschlossen waren.

[274] Vgl. dazu: Oberkommando der Wehrmacht Az. 2 f 24.17 t Kriegsgef.Org. (III b) Nr. 4088/44, Torgau, den 17.8.1944, Betr.: Entlassung der im Reichsgebiet befindlichen italienischen Militärinternierten, BA-MA, RH 49/35. Man beabsichtigte die Angehörigen des Stammpersonals, die nach der Entlassung der Militärinternierten in den Lagern überflüssig wurden, »geschlossen besonderen Aufgaben innerhalb des Wehrmachtsektors zuzuführen«.

[275] Siehe oben, Anm. 272. Diese Punkte betrafen Unterkünfte, Internierte in Wehrmachtgefängnissen (sie sollten nach Verbüßung der Strafe auf freien Fuß gesetzt werden, wenn abwehrmäßig keine Bedenken bestanden), Erlaß von Disziplinarstrafen, Behandlung von Kranken (sie wollte man nach »Wiederherstellung ihrer Arbeitsfähigkeit« entlassen) und Umgang mit wiederergriffenen Militärinternierten (falls die Abwehr keine Bedenken erhob, stand ihrer Befreiung nichts entgegen). Verwaltungstechnisch war es demnach so, daß der entlassene Internierte zunächst einen Entlassungsschein erhielt, der ihm dann später von der Polizei gegen Aushändigung eines Fremdenpasses wieder abgenommen wurde. Die befreiten Internierten mußten ihre Wertsachen zurückbekommen. Allerdings erhielten sie lediglich die nach dem 8.9.1943 eingezogenen Reichsmark-Beträge zurückerstattet. Ihre Guthaben in Devisen und Drachmen sollten hingegen direkt an die Italienische Botschaft geschickt werden. Aus Sicherheitsgründen einbehaltene Gegenstände, zum Beispiel Fotoapparate oder Radiogeräte, wurden — wie Zivilausweise, Pässe oder Fotos — von den Lagern geschlossen der Polizei übergeben, sofern sich die Gestapo damit einverstanden erklärte. Am 25.8. und abschließend am 10.9.1944 sollte über den Ablauf der Entlassungsaktion Bericht erstattet werden.

[276] Oberkommando der Wehrmacht 2 f 24.18y Chef Kriegsgef. Allg. (VI)/Org. (III b)/Allg. (IV) Tgb.-Nr. 05777/44 2. Ang., Torgau, den 18.8.1944, Betr.: Entlassung der im Reichsgebiet befindlichen

Geregelt hat es außerdem das Einschalten der Geheimen Staatspolizei in die Entlassungsaktion[277].

Den apodiktischen Ausschluß der Offiziere kommentierte Anfuso dahingehend, daß die Entscheidung auf vorhergehenden Ermittlungen in den Lagern beruhe. Es sei festgestellt worden, daß diese die Offerte kaum oder in nur sehr geringem Umfang annehmen wollten. Der Botschafter wies das Auswärtige Amt — nicht völlig erfolglos — dennoch darauf hin, daß es sich als ein schwerer Fehler erweisen könne, wenn den Offizieren die Möglichkeit zum Statuswechsel verwehrt bliebe. Denn durch die Konfrontation mit dem Angebot müßten selbst diejenigen, die eine Überführung ablehnten, zur Kenntnis nehmen, was der »Duce« für die internierten Landsleute erreicht habe. Für Anfuso handelte es sich um eine Frage des Prinzips und der Propaganda. Mit einem Seitenwechsel der Offiziere rechnete er nicht. Insbesondere bei den Berufsoffizieren erwartete der Botschafter entschiedene Verweigerung[278].

Die Kommandeure der Kriegsgefangenen machten sich unverzüglich an die Durchführung der Aktion, die mit »größter Beschleunigung« verwirklicht werden sollte. Auf unterer Ebene zeichneten die für den Arbeitseinsatz der Italiener zuständigen Stalag verantwortlich, die wiederum mit den Arbeitsämtern zusammenarbeiteten. Um die Produktion nicht zu beeinträchtigen, versuchten sie die Angelegenheit »möglichst in der betriebsfreien Zeit« zu erledigen. Dabei hieß es zum Verfahren: »Die italienischen Mil-Internierten sind zu veranlassen, die Erklärung zu unterschreiben.« Klang das nur zufällig nach massiver Einflußnahme[279]?

---

italienischen Militärinternierten, BA-MA, RH 49/35. Darin hieß es, daß — nach Unterzeichnung der Erklärung — »in Arbeit befindliche und zur Arbeit bereite italienische Offiziere und Beamte des Beurlaubtenstandes ebenfalls zu entlassen« seien. Dies sollte propagandistisch für die Anwerbung von weiteren »Reserve-Offizieren und -Beamten« für den Arbeitseinsatz genutzt werden. Ein weiteres Exemplar enthält: BA, R 43 II/682a. Im Befehl vom 12.8. (siehe oben, Anm. 272) war davon die Rede, daß die Entlassung von den Gaupropagandastellen ganz generell propagandistisch ausgenutzt werden könne. Die befreiten Internierten mußten vor der Entlassung darauf hingewiesen werden, daß sie die »Wiedererlangung ihrer Freiheit einzig und allein den Bemühungen des Duce und der Großherzigkeit des Führers zu verdanken« hätten.

[277] Stammlager IV D, Nr. 820/44, Torgau, am 28.8.1944, Betr.: Nachweis über Lager ehemaliger italienischer Militärinternierter an die Gestapo, BA-MA, RH 49/101. Im Originalbefehl (siehe oben, Anm. 272) hieß es, daß der Gestapo Einsicht in die Lagerkartei zu gewähren sei.

[278] Ambasciata d'Italia, Berlino, li 15 agosto 1944-XXII, Al Duce Ministro degli Affari Esteri, f.to Anfuso, ASMAE, Busta 31, Posizione Germania 1/1, hier S. 3 f. Vgl. auch die Weisung vom 18.8. (siehe oben, Anm. 276), die eine gewisse Modifizierung — ausgenommen die Berufsoffiziere — beinhaltete. Der Hinweis Anfusos am 15.8., daß sich in den Lagern circa 30 000 Offiziere befänden (S. 3) war nicht korrekt. Vgl. Tabelle 18, S. 311.

[279] Kommandeur der Kriegsgefangenen im Wehrkreis IV Az. 2 f Ia K/Nr. 5121/44, Dresden, den 14.8.1944, Betr.: Entlassung der im Reichsgebiet befindlichen italienischen Mi. Internierten, gez. v. Block Generalmajor, BA-MA, RH 49/101. Das Interesse an einer möglichst vollständigen Überführung der Internierten hatte auch ganz einfache verwaltungstechnische Gründe. So mußten zum Beispiel in Betrieben, in denen Militärinternierte die Unterschrift verweigerten, getrennte Unterbringungsmöglichkeiten geschaffen werden. Umsetzungen sollten außerdem grundsätzlich auf das Minimum beschränkt bleiben. Insbesondere wollte man die neuen zivilen Arbeiter auf den Arbeitsplätzen belassen, die sie als Internierte einnahmen. Hier drohten Komplikationen, wenn etwa ein

Über den Verlauf der ersten Phase der Überführungsaktion, also für den Monat August, ist verhältnismäßig wenig von dem bekannt, was sich in den Lagern ereignete. Doch gibt es Hinweise in offiziellen Dokumenten und in der Memoirenliteratur, die andeuten, daß die Deutschen nicht zimperlich vorgingen. Beim Arbeitskommando Wittenau, das vom Stalag III D Berlin abhing, sollen die meisten Internierten die Übertrittserklärung abgelehnt haben. Daraufhin wurden sie durch Fausthiebe und Ohrfeigen mißhandelt. Auch andere Zwangsmaßnahmen fanden Anwendung. Schließlich sahen sich die Militärinternierten gezwungen, eine ganze Nacht — ohne Rücksicht auf die von den Luftangriffen ausgehende Gefährdung — stehend im Freien zu verbringen[280]. Ganz ähnliche Vorgänge spielten sich am 20. August im Stalag XI B Fallingbostel ab. Dort erhielten die Internierten eine Stunde Zeit, um sich zu entscheiden, ob sie »Kriegsgefangene« bleiben oder Zivilarbeiter werden wollten. Als die Angehörigen des Arbeitskommandos 6247 das Angebot zum Statuswechsel ohne Ausnahme zurückwiesen, gerieten die mit der Überführungsaktion beauftragten Deutschen in Wut. Sie schlugen die Italiener mit den Fäusten und traten sie mit den Füßen. Nach weiteren Einschüchterungen erklärten schließlich am 21. August neun Mann ihren Übertritt, während zweiundzwanzig die Gefangenschaft vorzogen[281]. Zur Gewaltanwendung kam es ferner im Stalag VI A Hemer, wo von 400 in Iserlohn eingesetzten Internierten nicht ein einziger übertrat.

Verweigerer und ein Italiener, der dem Seiten- oder Statuswechsel zustimmte, miteinander beziehungsweise nebeneinander arbeiteten. Die Entscheidung (siehe unten), letzten Endes auf jedwede Erklärung der Internierten im Rahmen der Überführung zu verzichten, ist auch unter diesem Gesichtspunkt zu sehen.

[280] All'Ambasciatore Mazzolini e p.c. All'Ambasciatore d'Italia in Germania Filippo Anfuso, dott. Foppiani Dirigente gli Uffici assistenziali, 6 agosto 1944, f.to M. Vaccari, PADF. Interessanterweise schrieb Vaccari auch, daß Mitglieder der italienischen Kolonie in Berlin bei den Internierten Gegenpropaganda betrieben. Und er versäumte es nicht, Anfuso erneut auf die Tatsache hinzuweisen, daß es nicht zuletzt dessen Geheimhaltungspolitik zwischen dem April und dem 20.7.1944 war, die es ausschloß, rechtzeitig mit der propagandistischen Vorbereitung der Internierten auf den Statuswechsel zu beginnen. Auch forderte er den Botschafter auf, die Deutschen dazu zu veranlassen, ihre Methoden zu ändern.

[281] Monchieri, Diario, 20./21.8.44, S. 103 ff.; der entsprechende Auszug ist abgedruckt in: Piasenti, Il lungo inverno, S. 246 f. Der Verfasser des Tagebuchs berichtete, daß sich die Militärinternierten als zivile Arbeiter, als Soldaten in deutschen Einheiten, als Mitglieder der Organisation Todt oder als Kriegsgefangene melden konnten. Grundsätzlich ist es schwierig zu entscheiden, welches Verhalten für die einzelnen Lager repräsentativ genannt werden kann. Im Stalag VIII A Görlitz sahen sich die Gefangenen zum Beispiel am 21.8. über die Abmachungen zwischen Hitler und Mussolini unterrichtet. Von einer Gruppe, die etwa 300 Mann zählte, sollen am 30.8. — ohne über irgendwelche Details informiert gewesen zu sein — alle bis auf sieben die Übertrittserklärung unterzeichnet haben. Sie seien auch sofort in den Genuß der Freiheit gekommen, das heißt, sie konnten das Lager verlassen. Ihr außerhalb des Stacheldrahts wertloses »Lagergeld« erhielten sie in Reichsmark umgetauscht: Botta, Diario di prigionia, S. 211—215. Dem ist jedoch hinzuzufügen, daß zum Lager Görlitz am 1.7.1944 insgesamt 9 024 Militärinternierte gehörten. Am 1.9. waren es noch immer 8 154. Es ist somit nicht möglich, die Reaktion der zitierten 300 Männer zu verallgemeinern. Ansonsten aber spricht die Entwicklung des Bestands an Internierten in den Lagern ganz generell für die in dieser Untersuchung vertretene These, daß die große Mehrheit der gefangenen Italiener den freiwilligen Statuswechsel ablehnte. Am 1.9. lebten nämlich noch immer circa 460 000 von ihnen in den Stalag und Oflag.

Solche hartnäckige Verweigerung erwies sich als nicht ungefährlich, konnte sogar zur Überstellung in ein Straflager führen[282].

Die Tatsache, daß das Gros der Militärinternierten den Seitenwechsel selbst in Form des Übergangs in den Arbeiterstand ablehnte, überraschte die deutschen Behörden. Auf der anderen Seite gab es Stimmen, die frühzeitig zu erwartende Komplikationen einkalkulierten. So äußerte Generalkonsul v. Druffel gegenüber Rubini bereits am 8. August die Auffassung, es sei besser, die Militärinternierten en bloc zu befreien und auf eine Arbeitsverpflichtung zu verzichten. Später könnten aus den im Arbeitsprozeß befindlichen Italienern, also der Masse der ehemaligen Internierten, alle unfähigen, gefährlichen oder einfach unerwünschten Elemente ausgesondert werden[283].

Zwei Tage nach dem Gespräch fand im Auswärtigen Amt eine Sitzung statt, in deren Verlauf man die — zunächst verbindlichen — Richtlinien für die Statusänderung festschrieb. Den Internierten sollte demnach lediglich mitgeteilt werden, daß ihnen der »Duce« nach einer entsprechenden Übereinkunft mit Hitler befehle, bis zum Kriegsende als freie Zivilarbeiter im Reich zu arbeiten. Wer die damit einhergehende Verpflichtung nicht akzeptierte, blieb im Lager[284].

Wie gezeigt, scheint das erste deutsche Angebot nicht besonders verlockend gewesen zu sein, wobei in bezug auf die Ablehnung die in den vergangenen Monaten erfahrene Behandlung, die oftmals eher einer Mißhandlung gleichkam, sicherlich eine wichtige Rolle spielte. Da wurden unüberbrückbare Gräben aufgerissen. Außerdem muß natürlich der prinzipielle — politisch motivierte — Widerstand berücksichtigt werden. Jedenfalls erklärten sich angeblich nur dreißig Prozent willens, freiwillig ihren Status zu ändern. Den Rest nötigten die Deutschen, wie im folgenden darzulegen ist, durch Befehl zum Statuswechsel[285].

Die oben referierten Überlegungen im Auswärtigen Amt implizierten ein derartiges Vorgehen, das unter anderem in bezug auf die Verwaltung Vorteile mit sich brachte. Am klarsten gelangte die Tendenz zum zwangsweisen Übergang in einem Zusatz der Kommandantur des Mannschaftsstammlagers IV D Torgau zum Entlassungsbefehl des Kommandeurs der Kriegsgefangenen im Wehrkreis IV vom 14. August zum Ausdruck[286]. Darin stand[287]:

---

[282] Raffaelli, Fronte senza eroi, S. 75—83.

[283] Colloquio del Dr. Rubini con il Console generale von Druffel all'A.A., 8 agosto 1944 XXII°, PADF.

[284] Colloquio del dott. Rubini con il dott. Hendler all' A.A., 10 agosto 1944 XXII°, PADF. Auch bei dieser Gelegenheit hieß es, daß zum damaligen Zeitpunkt nur Unteroffiziere und Mannschaften überführt würden. Die Offiziere blieben zunächst interniert, wobei die deutsche Seite negative Reaktionen durchaus einkalkulierte, in erster Linie bei den Reserveoffizieren und denjenigen Offizieren, die sich schon vorher freiwillig zum Arbeitseinsatz meldeten. Rubini gab zu bedenken, daß die Ausgrenzung der Offiziere zur Verhärtung ihrer oppositionellen Einstellung führen könne, die schädliche Auswirkungen auf die später vorgesehene Überführung wahrscheinlich erscheinen lasse. Jedenfalls herrschte Einigkeit darüber, daß diese Frage weiter diskutiert werden müßte.

[285] Partito Fascista Repubblicano Segreteria Generale Fasci Estero ed Oltremare Prot. 006410/RIS. Posz. 3/CIS/RIS., P.da C. 704, 18.11.1944 XXIII°, Appunto per il Duce, ASMAE, Busta 31, Posizione Germania 1/2.

[286] Siehe oben, Anm. 279.

[287] M.-Stammlager IV D A. 797/44, Torgau, am 18.8.1944, Betr.: Entlassung der im Reichsgebiet befindlichen italienischen Mil.-Internierten, BA-MA, RH 49/101.

»Da größter Wert darauf gelegt wird, daß alle ital. Mil. Internierten ins zivile Arbeitsverhältnis überführt werden, muß die Überführung als Befehl angeordnet werden.« Allerdings hatten die entlassenen Gefangenen noch immer eine Erklärung zu unterschreiben
und die Arbeitskommandos bekamen Weisung, bis zum 23. August die Zahl derjenigen
zu melden, die sich dem »Befehl zur Überführung widersetzt haben sollten«. Aus solchen Erlassen ging klar hervor, daß die Wehrmacht mit keiner besonders großen Bereitschaft bei den Italienern rechnete und vom Prinzip der Freiwilligkeit augenscheinlich
wenig hielt.

Die endgültige Regelung der schwierigen Aktion befahl das Oberkommando am 4. September 1944[288]. Nach den neuen Richtlinien verzichtete die deutsche Seite künftig auf
die bis dahin vorgeschriebene Unterzeichnung einer Bereitwilligkeitserklärung. Das bedeutete, daß alle Militärinternierten formlos in den zivilen Arbeitseinsatz entlassen werden
konnten. Auch jene italienischen Soldaten, die sich vorher geweigert hatten, ihren Status zu ändern, erhielten nunmehr einen Entlassungsschein und galten — ob sie wollten
oder nicht — als befreit! Ihre weitere Behandlung übernahmen die Arbeitsämter und
die Geheime Staatspolizei. Bis zum 23. September sollten die einzelnen Lager die restlose Durchführung der Zwangsmaßnahme melden[289].

Nur am Rande sei angemerkt, daß die Aktion bei den italienischen Kampfwilligen und
Hilfswilligen verschiedentlich Unzufriedenheit hervorrief. Jene empfanden es angeblich
als ungerecht, daß die Militärinternierten freie Arbeiter innerhalb der deutschen Wirtschaft werden durften[290].

Historisch interessanter als derartige Nebenwirkungen erscheint, daß für die in Arbeits-
Bataillonen eingesetzten internierten Italiener offenbar besondere Bestimmungen galten.
Sie mußten zumindest bis Ende September eine Erklärung unterschreiben, daß sie zu
den Bedingungen der zivilen Kräfte, die sich vor dem 1. April 1944 in Italien anwerben
ließen, arbeiten wollten. Gleichzeitig verblieben sie, obwohl offiziell aus der Internierung entlassen, gezwungenermaßen als »dienstverpflichtete Arbeiter bei der Wehrmacht«.

---

[288] Oberkommando der Wehrmacht Az. 2 f 24.18y Chef Kriegsgef. Allg. (VI) Nr. 05895/44, Torgau,
den 4.9.44, Betr.: Entlassung der im Reichsgebiet befindlichen ital. Mil.Int., gez. von Reumont,
BA, R 43 II/682a. Unterstrichen wurde jedoch, daß die im Bezugsbefehl vom 12. und 18.8.44 (siehe
oben, Anm. 272 und 276) genannten Ausnahmen hinsichtlich der Überführung bestehen blieben.
Vgl. direkt dazu auch: Oberkommando der Wehrmacht Az. 2 f 24.73n Chef Kriegsgef. Allg. (Ia)/Allg.
(VI) Nr. 5141/44, Torgau, den 20.9.1944, Betr.: Entlassung der im Reichsgebiet befindlichen ital.
Mil.Int. in den zivilen Arbeitseinsatz, gez. von Reumont, BA-MA, RH 49/35. Die bis zum 4.9.
abgegebenen schriftlichen Bereitwilligkeitserklärungen waren den entlassenen Internierten entweder auf Verlangen auszuhändigen oder nach einiger Zeit zu vernichten.

[289] M.-Stammlager IV D A. 831/44, Torgau, am 8.9.1944, Betr.: Entlassung der im Reichsgebiet befindlichen ital. Mil.Internierten, BA-MA, RH 49/101. In diesem Dokument wird die Weisung vom 4.9.
(hier mit Bezug auf den 5.9. datiert) am ausführlichsten referiert. Der Originalbefehl konnte nicht
gefunden werden. Ausgenommen blieben die im Wehrmachtsektor eingesetzten Militärinternierten und — wenigstens teilweise — Angehörige des Sanitätspersonals.

[290] Kommandant Ost-Ägäis Abt. Ic Br.B.Nr. 6720/44 geh., St.Qu., den 5.9.1944, Betr.: Ic-Beitrag zum
Ia-Lagebericht, BA-MA, RH 26-1007/25. Obwohl weitere Hinweise dieser Art nicht gefunden wurden, ist vermutlich davon auszugehen, daß sich eine solche Einstellung nicht auf die auf Rhodos
stehenden Italiener beschränkte.

Letztere versicherte ihnen dabei, daß sie weder in Deutschland noch in ihrer Heimat in irgendeiner Form zum »Militärdienst« herangezogen werden dürften. Sie garantierte für Unterkunft, Verpflegung, Bekleidung, einen Arbeitsanzug und Wäsche. Medizinische Versorgung und angemessene Unterstützung bei Unfällen sagte die Wehrmachtführung gleichfalls zu. Mit den ab 1. September gezahlten Löhnen könnten die Betroffenen und ihre Familien gut auskommen. Insgesamt gesehen bringe der Statuswechsel für sie, so die Propaganda, ein »geordnetes und sicheres Leben und die Vorteile des freien Arbeiters«. Im übrigen verstand die deutsche Seite die Unterschrift als Bestätigung dafür, daß sich die Italiener von der Truppe gut behandelt fühlten und daher weiter in ihr Dienst tun wollten[291].

Es sollen später Äußerungen gefallen sein, die bezeugten, daß sich einige Gefangene durch die Wehrmacht besser versorgt wähnten als nach der Statusänderung von den zuständigen zivilen Organisationen[292]. Die Folgen der Überführungsaktion sind zwar noch zu erörtern, aber schon hier ist zu sagen, daß sich derartige Behauptungen gewiß nicht verallgemeinern lassen. Vor allem bedeutete die Feststellung, es wäre manchem Militärinternierten als Zivilarbeiter noch elender gegangen, im günstigsten Fall, daß der eine oder andere vorher eventuell tatsächlich relativ besser lebte. Das heißt allerdings nicht ohne weiteres, daß es ihm oder gar dem Gros der Internierten bei der Wehrmacht gutging.

Zur Verwirklichung der Überführungsaktion existieren verschiedene Aussagen ehemaliger Internierter, die den Eindruck vermitteln, daß bis Ende September reichlich ungeordnete Zustände geherrscht haben müssen. Es scheint keineswegs so gewesen zu sein, daß nach dem 4. des Monats einfach oder formlos entlassen wurde. Militärinternierte sollen weiterhin mit verbalen Drohungen, durch Bedrohung mit der Waffe und unter Anwendung von körperlicher Gewalt gezwungen worden sein, einen aus administrativen Gründen benötigten Entlassungsschein zu unterschreiben, ein Vorgehen, das die Offiziere ebenfalls betraf, wenn auch später[293]. Es gab jene, die schließlich akzeptierten, und

---

[291] Arbeits-Bataillon (L) 10., Berlin-Kaulsdorf, den 29.9.1944, BA-MA, RH 49/118. In der Akte findet sich eine handschriftliche — undatierte — Aufzeichnung, aus der u.a. hervorgeht, daß die »Verlesung« der oben zitierten Anordnung vom 29.9. Pflicht war. Das bedeutete, daß die handschriftlichen Notizen ungefähr gleichzeitig vorgenommen worden sein dürften. Durch den Statuswechsel gehe »kein Familienunterhalt verloren«. Nach der Unterschrift könne »sofort deutsches Geld ausgezahlt werden«. Ferner hieß es: »Ausgang jeden Abend bis 22.30 Uhr. Hier muß aber gesagt werden, daß jede Überschreitung bestraft wird. Es muß nach wie vor Ordnung sein.« Keinem Militärinternierten erwachse ein Nachteil, sondern diese hätten »nur Vorteile« von der neuen Regelung. Internierte, die »Bedenken« hegten, könnten »aufgeklärt« werden. Die Rangdienstabzeichen seien abzulegen. Orden dürften getragen werden. Der Geldumtausch beschränkte sich vorerst auf fünf Reichsmark. Anzumerken ist ferner, daß dieses Arbeits-Bataillon, das in der Statistik (vgl. Tabelle 16, S. 309) auch als Arb.Btl. Nr. 202 geführt wurde, am 1.10.1944 offiziell in Arb.Btl. (L) 10 umbenannt worden ist. Vgl. Mattiello/Vogt, Deutsche Kriegsgefangenen- und Internierteneinrichtungen, Bd 2, S. 118.

[292] Siehe oben, Anm. 285: ASMAE, Busta 31.

[293] Eine Sammlung dieser Zeugnisse findet man bei Piasenti, Il lungo inverno, S. 243—280, allerdings zum Teil auch die Zeit danach betreffend. Vgl. ferner: Resistenza senz'armi, S. 210—214; speziell zu dem auf die Offiziere ausgeübten Zwang siehe: Toni, Non vinti, S. 99—119, betreffend das Stalag II B Hammerstein. Darüber hinaus vgl. zum anhaltenden Bemühen, auch die Offiziere für den Arbeitseinsatz zu gewinnen: Cappucio, diario, S. 268; und zu den Motiven der Verweigerung: Cortellese, Perchè siamo rimasti nei campi, S. 27—30.

die anderen, die in der Ablehnung jedweder Zusammenarbeit unnachgiebig blieben. Das schwierige Verhältnis der unterschiedlichen Gruppierungen untereinander ist in der Überlieferung nachzuvollziehen. Allmählich versuchten die Deutschen selbst die italienischen Offiziere — durch gewisse formale Zugeständnisse oder durch massiven psychischen und physischen Druck — zur Arbeit zu bewegen. Am Ende kam es zum zwangsweisen Arbeitseinsatz in großer Zahl. All das ist später nochmals anzusprechen. Hingewiesen sei jedoch darauf, daß die angedeuteten Verhältnisse paradigmatisch am Fall des Oflag 83 Wietzendorf beschrieben worden sind[294].

Auf das Schicksal der durch Befehl zu Zivilarbeitern gemachten Militärinternierten wird im Rahmen der Ausführungen zur Behandlung der internierten italienischen Soldaten und zu den Bedingungen des Arbeitseinsatzes zurückzukommen sein[295].

Vorher ist noch zu fragen, wieviele Militärinternierte nach dem Statuswechsel in den Lagern blieben, weil sie es wollten und oft auch mußten. Die Rede ist von jenen Italienern, die im Wehrmachtsektor eingesetzt blieben, die als gefährliche Elemente galten oder eben solange wie möglich die Arbeit für das nationalsozialistische Deutschland verweigerten. Am 4. November sprach man im interministeriellen Ausschuß in Salò von 80 000 Internierten, von denen der größte Teil in »Arbeits-Bataillonen« lebte[296]. In einer Aufzeichnung für Mussolini hieß es, daß sich unter den nach wie vor Gefangenen über 20 000 Offiziere befänden, an die er einige ermahnende Worte richten solle, damit sie freiwillig Arbeitsdienst leisteten[297].

Den ausführlichsten Bericht zur Lage der im zweiten Halbjahr noch immer internierten Militärangehörigen lieferte der Chef der Militärmission. Zu den Generalen stellte Morera Ende 1944 fest, daß er deren prekäre Lebensbedingungen der Betreuungsdienststelle gemeldet habe. Anfuso habe sich der Frage persönlich angenommen. Aber die hartnäckige

---

[294] Testa, Wietzendorf, S. 199—236, den Zeitraum Juli 1944 bis März 1945 betreffend.

[295] Siehe unten, S. 474—507.

[296] Verbale della riunione del Comitato Interministeriale per l'assistenza agli ex internati avvenuta il giorno 4 novembre 1944 presso il Ministero degli Affari Esteri, ASMAE, Busta 201, Posizione Germania 1/1-F-5. Der Befehl vom 12.8.1944 (siehe oben, S. 427, Anm. 272) hatte für die innerhalb der Wehrmacht in Arbeitskommandos verbleibenden Militärinternierten, die von der Überführung ausgeschlossen wurden, eine »Sonderregelung« in Aussicht gestellt. Am 24.10. hieß es dann, daß diese »vorerst nicht zu erwarten« sei. Damit verblieben jene Männer »bis auf weiteres in der Internierung«: Oberkommando der Wehrmacht Az. 2 f 24.18y Kriegsgef. Allg. (VI) Tgb.Nr. 05777/44, Torgau, den 24.10.1944, Betr.: Entlassung der italienischen Militärinternierten in den zivilen Arbeitseinsatz, BA, R 43 II/682a; ein weiteres Exemplar befindet sich in: BA-MA, RH 49/35. Für die nicht entlassenen Internierten war zugleich die für ihre »Betreuung notwendige Anzahl von italienischen Ärzten sowie sonstigen Sanitätspersonal in den Lagern bzw. Lazaretten zurückzubehalten«. Das überzählige medizinische Personal stellte man — wie die zu zivilen Arbeitern gemachten Militärinternierten — den Gau-Arbeitsämtern zur Verfügung: Oberkommando der Wehrmacht Tgb.Nr. 4733/44 Chef Kriegsgef/Ch W San (H S In/Wi G IV), Berlin, den 20.8.1944, Betr.: Entlassung der im Reichsgebiet befindlichen ital. Militärinternierten, BA, R 43 II/682 d.

[297] Ministero degli Affari Esteri Appunto per il Duce sull'assistenza agli internati, P.C. 305, il 23.12.44/XXIII, ACS, S.P.d.D., Busta 51, F 618. Diese Aufzeichnung referierte in gedrängter Form — mit einigen Präzisierungen — das Gesprächsprotokoll des interministeriellen Ausschusses (siehe oben, Anm. 296).

Weigerung der Generale und Admirale, eine Loyalitätserklärung für die Regierung der *Repubblica Sociale Italiana* abzugeben, schließe Maßnahmen der Militärmission zu ihren Gunsten aus[298].

Hinsichtlich der Subaltern- und der Stabsoffiziere zeigte sich das Oberkommando der Wehrmacht nach der schon erwähnten Intervention von Botschafter Anfuso zu einer Modifizierung seiner Richtlinien bereit. Zumindest den Reserveoffizieren gestand es zu, sofern sie eine entsprechende Erklärung unterschrieben, freie Zivilarbeiter zu werden. 3 000 von ihnen nutzten gemäß Morera das Angebot. 15 000 befanden sich gegen Jahresende weiterhin in den Lagern. Deutscherseits seien große Anstrengungen unternommen worden, um möglichst viele als Arbeiter zu gewinnen. Vor allem an den jüngeren Reserveoffizieren lag den Deutschen. Hingegen blieben die Berufsoffiziere — trotz aller Bemühungen der faschistischen Botschaft, sie in die Vereinbarungen vom 20. Juli einzubeziehen — vom Statuswechsel weiterhin ausgeschlossen. Sie galten als gefährliche Elemente, deren Befreiung — eingedenk ihrer bis dahin mehrheitlich bewiesenen Haltung — sich insgesamt gesehen nachteilig auswirken könnte[299].

In bezug auf die nicht im zivilen Bereich eingesetzten Unteroffiziere und Mannschaften vereinbarte Morera mit dem Oberkommando der Wehrmacht, daß sie als italienische Soldaten in der Wehrmacht eingestuft werden sollten. Der Militärattaché maß dem Ergebnis nicht zuletzt unter moralischem Aspekt Bedeutung zu, denn mehrere Tausend italienische Militärangehörige würden den Interniertenstatus verlieren. Vor allem aber hoffte er dabei, eine beträchtliche Zahl von Soldaten für Mussolinis Streitkräfte werben zu können[300]. De facto änderte sich für den von ihm als Freiwilligenreservoir betrachteten Personenkreis bis Ende Februar 1945 jedoch nichts mehr[301].

Auch für die italienischen Generale und Admirale blieb die Situation bis zum 18. Januar unverändert. An jenem Tag erging der Befehl, das Oflag 64 Z Schocken, ein Zweiglager des Oflag 64 Altburgund im Wehrkreis XXI, zu räumen. In Schocken lebten damals noch 159 Generale und charakterisierte Generale oder Admirale. 27 von ihnen erwiesen sich als so krank oder geschwächt, daß sie den im Zusammenhang mit der Räumung des Lagers beabsichtigten Fußmarsch von rund 450 km ins Stalag III A Luckenwalde, etwa 60 km südlich von Berlin gelegen, gar nicht antreten konnten.

Die italienische Militärmission wußte bezeichnenderweise selbst Ende Februar noch nicht, was mit den Generaloffizieren geschehen war, da die Deutschen keine Auskunft erteilten. Morera nahm an, daß ein Teil von ihnen den vorrückenden Russen in die Hände gefallen sei[302]. Dies traf für die meisten zu und bedeutete für die Männer, deren Begleitkommando sie auf halbem Weg sich selbst überließ und flüchtete, die Rettung.

---

[298] Missione Militare Italiana in Germania: Relazione sintetica sull'attività svolta dalla Missione durante i mesi di novembre e dicembre 1944-XXIII, f.to Morera, ACS, S.P.d.D., Busta 22, F 153, SF 6, hier S. 12.

[299] Ebd., S. 13 f.

[300] Ebd., S. 14 f.

[301] Missione Militare Italiana in Germania: Relazione sintetica sull'attività svolta dalla Missione durante i mesi di gennaio e febbraio 1945-XXIII, f.to Morera, ACS, S.P.d.D., Busta 22, F 153, SF 6, hier S. 14.

[302] Ebd., S. 13; und unmittelbar dazu: Ambasciata d'Italia Berlino Addetto Militare e Capo Missione Militare in Germania Prot.N. 60 segreto, Berlino, li 15 Febbraio 1945 XXIII, Oggetto: Relazione,

Lediglich acht Generale erreichten das Lager Luckenwalde. Sechs der hohen Offiziere erschossen Angehörige der SS und der Wehrmacht während des Marsches. Zum Teil geschah das aus Willkür, zum Teil aufgrund des verbrecherischen Befehls, daß Gefangene nicht lebend in die Hände der Russen fallen durften. Die barbarische Weisung kam einem Todesurteil für alle diejenigen gleich, die nicht mehr gehen konnten, weil sie erkrankten oder ganz einfach nicht mehr die physische Kraft besaßen. Einen italienischen General metzelten sowjetische Soldaten nieder. Den Strapazen des Fußmarsches, den sie in entkräftetem Zustand — vom hohen Lebensalter einmal abgesehen — antreten mußten, erlagen sieben Mann[303]. Somit bezahlten rund elf Prozent der Offiziere, die nach Luckenwalde aufbrachen, das unfreiwillige Beginnen mit dem Leben.

Die Verweigerung der Generale und Admirale — deren Todesmarsch einen dramatischen Höhepunkt innerhalb der Tragödie der italienischen Soldaten nach dem 8. September 1943 bildete — war beispielhaft, aber nicht einzigartig. Das Gros der übrigen Offiziere, die bis zum Winter 1944/45 das entbehrungsreiche Dasein in deutschen Lagern ertrugen, verhielt sich nicht weniger ablehnend. Faschistische Zeitzeugen bestätigten zum Beispiel, daß im Oflag 83 Wietzendorf im Januar 1945 rund 4 850 Offiziere mit 290 Ordonnanzen interniert gewesen sind. Jene Männer lebten unter miserablen Bedingungen. Aber als die Militärmission sich anschickte, 30 Offiziere für den Verwaltungsbereich anzuwerben, erklärte sich nicht einer bereit, die Seite zu wechseln.

Die deutsche Wehrmachtführung stand damals längst mit dem Rücken zur Wand. Der personelle Notstand hatte ihre Arroganz ad absurdum geführt. Angesichts der Dezimierung von Hitlers Truppen konnte sie es sich weniger denn je leisten, auf das Freisetzen deutscher Arbeitskräfte durch Ausländer zu verzichten. Daher reifte unter dem Eindruck des unerschütterlichen Widerstands zahlreicher italienischer Offiziere Anfang 1945 der Entschluß, die Verweigerung der circa 15 000 Mann qua Befehl zu brechen. Alle Berufs- und Reserveoffiziere — ausgenommen blieben Generale und Admirale sowie diejenigen Offiziere, die ein bestimmtes Alter erreicht hatten, als arbeitsunfähig oder nicht vertrauenswürdig galten — sollten gemäß einer Anordnung Himmlers als freie Zivilarbeiter zum Arbeitseinsatz gebracht werden[304]. An sich wäre es den Deutschen am liebsten gewesen, wenn sich die italienischen Offiziere, deren Einsatz in der Kriegswirtschaft — ein Vorgang, der nicht mit der Überführung in einen anderen Status, etwa in den des freien Zivilarbeiters, identisch gewesen ist — seit dem ersten Quartal 1944 möglich war, freiwillig gemeldet hätten. Doch das trat nicht ein, weshalb die Freiwilligkeit befohlen wurde, als ob derartiges ginge. Was da geschah, lief auf die Verbringung der Offiziere zur Zwangsarbeit hinaus — eine Möglichkeit, die das Oberkommando der Wehrmacht bereits im Juli 1944 mittels einer speziellen Weisung grundsätzlich eröffnete.

---

f.to Morera, ACS, S.P.d.D., Busta 22, F 153, SF 4, hier S. 4 f. Unbekannt war demnach auch das Los der Generale im Stalag XX A Thorn (Toruń).

[303] Ausführlich beschrieben ist der Marsch bei Crescimbeni/Lucini, Seicentomila, S. 235—260; vgl. vor allem auch insgesamt, Jacobucci, Neve rossa, der selbst mitmarschierte; und Unia, Lager 64/Z, S. 125—168. Das Gros der Generale geriet am 30.1. in Wugarten (Ogardy) in russische Hände.

[304] Siehe oben, Anm. 301, hier S. 13 f. Direkt dazu der Abdruck des Befehls vom 31.1.45 bei Desana, Ufficiali italiani, S. 30 ff.

Der entsprechende Befehl zur Überführung in das Verhältnis von Zivilarbeitern, von dem außer den oben genannten Personen auch Militärgeistliche und Sanitätsoffiziere ausgenommen blieben, erging Ende Januar 1945. Dennoch haben ungefähr 6 000 der italienischen Offiziere selbst damals noch, als sich häufig Resignation ausbreitete, widerstanden. Das fiel gewiß nicht leicht, denn in der Internierung Ausharren hieß hungern, bedeutete mit den Aggressionen entnervter Kameraden zu leben, brachte die Bedrohung durch Krankheit mit sich — insbesondere schreckte die verbreitete Tuberkulose — und zwang zur täglichen Konfrontation mit dem trostlosen Elend im Gesicht des Gegenübers. Die Memoiren der Überlebenden enthalten erschütternde Szenen des Jammers in den Lagern. Der Befehl, der zur Arbeit verpflichtete, bedeutete bei solchen Verhältnissen eine Versuchung, gestattete er es doch, ohne Gesichtsverlust eine begrenzte Freiheit jenseits des Stacheldrahts zu erlangen, etwas mehr »tägliches Brot« zu erhalten.

Dennoch verweigerten sich die oben genannten rund 6 000 Offiziere weiterhin. Von ihnen zwangen die Deutschen 2 000 mit dem neuen Befehl in die »Sklaverei«. Es ist nicht anzunehmen, daß sie die gewünschte Arbeitsleistung erbrachten. Schließlich war ihre Ablehnung prinzipieller Natur[305]. Viele dieser Männer könnten sogar in jenen Straflagern geendet haben, wo Unmenschen mit sadistischer Grausamkeit Menschen quälten. Mancher überlebte das nicht[306].

Das bis jetzt Gesagte präzisierend, ist noch einmal hervorzuheben, daß die im August 1944 erlassenen — in bezug auf den Übergang von Offizieren in ein ziviles Arbeitsverhältnis — limitativen Bestimmungen nicht zu dem Schluß führen dürfen, es wäre ihnen unmöglich gewesen, sich für den Arbeitseinsatz zu melden. Vielmehr konnten sie aufgrund eines Wehrmachtbefehls vom 12. Januar 1944, sofern sie sich freiwillig dazu bereit erklärten, durchaus arbeiten. Für sie galten dann die für arbeitende belgische und französische Offiziere erlassenen Richtlinien. Materiell brachte die Meldung eine deutliche

---

[305] Ausführlich dazu: Testa, Wietzendorf, S. 226—250. Mit dem Januar 1945 trat somit der von Himmler vorgesehene Befehl (siehe oben, Anm. 301) in Kraft. Testa, ebd., S. 235 f., stellte bereits für den Anfang März fest, daß die Zwangsarbeit für Offiziere de facto wieder beendet war. In der Tat teilten die Deutschen den Italienern im März offiziell mit, daß sich die Überführung der Offiziere wahrscheinlich verlangsamen werde, weil sich der Arbeitskräftebedarf verringert habe, so daß sich Schwierigkeiten auftaten, den Offizieren angemessene Aufgaben zuzuweisen: Da GABAILG al Sottosegretariato per l'Esercito, 31/3/45. Zugestellt wurde diesem ferner das Telegramm: Ambasciata Italia Berlino n° 402/29 del 30 corrente, f.to Anfuso, ASMAE, Busta 145, Posizione I/4/14.

[306] Cappuccio, Gli ufficiali dello Straflager, S. 75—80, zum Leidensweg von 44 italienischen Offizieren im Straflager Unterlüß in der Lüneburger Heide, in das sie wegen ihres Widerstands gegen die erzwungene Überführung in den Zivilstatus und die damit einhergehende Verpflichtung zur Zwangsarbeit eingeliefert worden sind. Die Offiziere wurden geschlagen, ausgepeitscht, erhielten kaum zu essen, mußten mit Schwerverbrechern und unter ansteckenden Krankheiten — wie offener Lungentuberkulose — leidenden Männern in völlig überfüllten Baracken zusammenleben. Die Dienstgradabzeichen hatten ihnen die »Verbrecher der S.S.« abgerissen. Direkt dazu ferner: Desana, Ufficiali italiani, S. 24 f. Straflager (mitunter Strafkommandos genannt) wurden nach Zeugenaussagen auch von der Wehrmacht geführt und von Wehrmachtangehörigen bewacht, die sich nicht weniger bestialisch benahmen als die SS. Vgl. direkt dazu die Darstellung des französischen Offizieranwärters Paul Roser, der im übrigen auch über die Ermordung britischer und französischer Militärangehöriger in deutschen Kriegsgefangenenlagern berichtete: Der Prozeß gegen die Hauptkriegsverbrecher, Bd 6, S. 322—335.

Verbesserung mit sich. Im Gegensatz zu den Franzosen und Belgiern mußten die interessierten Italiener nicht einmal einen schriftlichen Antrag stellen. Es reichte aus, sie durch die Abwehr zu überprüfen und ärztlich als arbeitstauglich zu erklären. Anschließend gaben sie eine »ehrenwörtliche Erklärung« ab. Das genügte. Jedoch durften die italienischen Offiziere — was für sich sprach — nicht gemeinsam mit britischen, amerikanischen und sowjetischen Kriegsgefangenen beschäftigt werden. Von den Franzosen sollten sie nach Möglichkeit getrennt bleiben[307]. Im Hinblick auf die Erörterungen über die Statusänderung der Militärinternierten ist als entscheidend festzuhalten, daß sie nicht als »freie Arbeiter« firmierten.

Andererseits stellte sich jene Regelung günstiger dar als ein Vorgehen, das Hitlers Botschafter in Fasano vorschlug. Rahn fragte Mussolini am 17. November 1943, ob er es bedenklich fände, wenn die im Reich internierten Offiziere, soweit sie nicht weiterkämpfen wollten, degradiert und anschließend zur Arbeit eingesetzt würden. Der »Duce«, so berichtete es der Bevollmächtigte des Großdeutschen Reiches in Italien nach Berlin, stimmte der perfiden und völkerrechtswidrigen Absicht »lebhaft« zu. Weshalb Rahn zugleich um Anweisung bat, ob er den Gedanken weiterverfolgen solle. Falls die Reichsführung seine Idee billige, beabsichtige er, Marschall Graziani »zu einem Dekret über die formelle Degradierung dieser Offiziere« zu veranlassen[308].

Dazu kam es dann doch nicht. Und jenen italienischen Offizieren, denen man im Januar 1945 die Dienstgradabzeichen abriß, weil sie sich weigerten, bei ihrer Deportation zur Zwangsarbeit auch nur den Entlassungsschein aus dem Lager zu unterzeichnen, geschah solches Unrecht aufgrund deutscher Selbstherrlichkeit[309].

Schon Monate vorher ereignete sich ein Willkürakt ganz anderer Art. Im September 1944 gab es mehr Offiziere für die Verwendung in den in der Aufstellung befindlichen vier republikanischen faschistischen Divisionen als benötigt. Daraufhin stellte das Allgemeine Wehrmachtamt die überzähligen Männer — ohne Benachrichtigung der italienischen Militärmission — einem Arbeitsamt für die Verrichtung anstrengender Tätigkeiten zur Verfügung[310]. Ein schier unglaublicher Vorgang. Erneut zeigte sich in ihm,

---

[307] Oberkommando der Wehrmacht Az. 2 f 24.73 n Chef Kriegsgef/Allg. (Ia)/Org (III b) Nr. 15/44, Torgau, den 12.1.1944, Betr.: Arbeitseinsatz ital. Offiziere, BA-MA, RH 49/35. Erwähnt ist dieser Befehl bei Cajani, Appunti, S. 94. Zur oben erwähnten materiellen Besserstellung der arbeitswilligen Offiziere ist allerdings anzumerken, daß hierbei Verallgemeinerungen ebenfalls schwierig sind. Die Betreuungsdienststelle monierte zum Beispiel gegenüber dem Auswärtigen Amt Ereignisse, die es ausschlössen, den Offizieren den Arbeitseinsatz zu empfehlen: Diario S.A.I., S. 30, 23.5.1944, PADF (Appunto sul colloquio avuto dall'ing. Spaniol con il Dr. Hendler). Und in einem Brief an Mazzolini schrieb Vaccari, daß in Breslau die arbeitswilligen italienischen Offiziere in zerschlissenen russischen Uniformen herumliefen. Dabei schilderte er die Lage der arbeitenden Italiener insgesamt als skandalös und katastrophal: I/SRP/17, Riservato Personale Segreto, Berlino 27/4/44 XXII, f.to M. Vaccari, PADF.

[308] Rahn, RBV Italien Telegramm Nr. 195 vom 17.11.43 (geh. Ch.V.) Citissime, Für Herrn Reichsaußenminister, Büro Staatssekretär, Akten betr. Italien, Bd 18, PA. Erwähnt bei Cajani, Appunti, S. 95; und danach in: Desana, I 360 di Colonia, S. 16.

[309] Testa, Wietzendorf, S. 227.

[310] Missione Militare Italiana in Germania, Relazione sintetica attività Missione durante i mesi settembre—ottobre 1944-XXII, f.to Morera, ACS, S.P.d.D., Busta 22, F 153, SF 6, hier S. 10. Der Chef der Militärmission setzte durch, daß die betroffenen Offiziere ins Oflag nach Nürnberg kamen.

daß die Wehrmacht nicht einmal diejenigen Italiener respektierte, die sich bündnistreu erklärten.

Ansonsten aber erzielte der Arbeitseinsatz von sich freiwillig meldenden Offizieren aus deutscher Sicht einen zweifachen positiven Nebeneffekt. Denn abgesehen von der Arbeit, die sie in jedem Fall leisteten, soll sich zum einen bei der Beschäftigung von Offizieren die Arbeitsleistung der Mannschaften um 10 bis 15 Prozent gesteigert haben[311]; zum anderen entspannte die Verwendung der Offiziere die schwierige Situation bei den Bewachungskräften. Gemäß einer Weisung des Oberkommandos der Wehrmacht vom 2. Juni 1944 durften nämlich diejenigen unter ihnen, die »in ihrer Haltung besonders scharfen Ansprüchen« genügten, zur Beaufsichtigung sowjetischer Kriegsgefangener herangezogen werden[312]. Die Italiener blieben jedoch selbst in einer derartigen Funktion Internierte.

Allerdings ist auf der Basis deutscher Unterlagen nicht einmal annähernd zu sagen, wieviele der gefangenen Offiziere sich insgesamt für den Arbeitseinsatz zur Verfügung stellten. Erschwerend kommt hinzu, daß zumindest einige Reserveoffiziere zum Statuswechsel gezwungen worden sind. Das jedoch erst nach dem Abkommen zwischen den beiden Diktatoren. Auf die italienischen Angaben ist weiter unten noch zurückzukommen. Die amtlichen Berichte der Wehrmacht über personelle — quantitative — Bewegungen unter den Militärinternierten gehen auf diese Frage in keiner Weise ein. Betrachtet man die Statistik, so ist zu erkennen, daß zwischen dem 1. Oktober 1944 und dem 1. Januar 1945 die Anzahl der in den Lagern befindlichen Offiziere lediglich um maximal 1 871 Mann abnahm[313]. Aber eine solche Größe sagt eben nichts über freiwillig arbeitende Offiziere aus.

Dabei sei ergänzend und differenzierend angemerkt, daß es — nach ersten Ansätzen im Juli 1944 — zunächst in den Lagern des Rheinlandes[314] und etwa ab Oktober zunehmend auch anderenorts zur Verbringung von Offizieren zur Zwangsarbeit kam. Die Betroffenen dürften freilich im oben konstatierten Schwund nicht enthalten sein. Sie blieben ja offiziell Gefangene. Der entsprechende Befehl erging im Juli 1944 und besaß

Die ältesten, kranken und zuverlässigen Elemente sollten repatriiert werden. Jener Vorfall ereignete sich, obwohl Morera aus ähnlichem Anlaß bereits vorher beim Oberkommando der Wehrmacht interveniert hatte, das ihm zusagte, daß die willkürliche Verwendung von überzähligen freiwilligen Offizieren in der »Arbeitsfront« unterbleibe: Missione Militare Italiana in Germania, Relazione sulle principali questioni trattate durante i mesi di giugno—luglio—agosto, Situazione delle principali questioni alla data del 29-8-44-XXII, f.to Morera, ACS, S.P.d.D., Busta 39, F 347, SF 21, hier S. 2. Im Rahmen dieser Vorgänge wandte sich Anfuso auch an das Auswärtige Amt, das dann mitteilte, daß keinerlei Zwang auf die 120 Offiziere, die schließlich nach Nürnberg überstellt wurden (siehe oben), ausgeübt worden sei: Auswärtiges Amt Nr.R. 17774, Berlin, den 11.12.1944, An die Italienische Botschaft Berlin, ASMAE, Busta 152, Posizione II/4/A/3. Aus dem Schreiben geht hervor, daß sich der Vorfall im September 1944 abspielte.

[311] Diario S.A.I., S. 106, 15.7.1944, PADF (colloquio con il Sonderführer Dr. Wien dello Stalag III C).

[312] M.-Stammlager IV D, A. 123/44, Torgau, am 27.6.1944, Betr.: Arbeitseinsatz internierter ital. Offiziere bei freiwilliger Arbeitsbereitschaft, BA-MA, RH 49/101.

[313] Vgl. Tabelle 18, S. 311.

[314] Vgl. Desana, I 360 di Colonia, S. 17—35.

einen doppelten Aspekt. Er sollte dem »Angebot« vom 12. Januar Nachdruck verschaffen, das heißt, Berlin versuchte, die Offiziere durch die Androhung von Zwangsarbeit einzuschüchtern, um sie zu veranlassen, sich freiwillig als Arbeiter zu melden. Darüber hinaus eröffnete die — seit dem 19. oder 20. Juli in den Lagern bekannte — Anordnung eine Möglichkeit, besagte Kriegsgefangene bei Bedarf der entsprechenden Arbeitgeber für jede Tätigkeit zwangsweise heranzuziehen. Auf den Punkt gebracht durften vor dem Juli italienische Offiziersdienstgrade mit deutschem Einverständnis arbeiten, danach mußten sie dies gegen ihren Willen tun, falls die Deutschen es forderten[315]. Die Weisung vom Juli 1944 bildete somit eine Vorstufe jener Entwicklung, die dann seit Januar 1945 für kurze Zeit ganz massiv einsetzte.

Im übrigen aber bewies der Umgang mit den Offizieren einmal mehr, daß es der deutschen Seite in erster Linie darum ging, vorhandene Arbeitskraft um jeden Preis auszubeuten. Dem widersprach die Tatsache, daß der Chef der italienischen Militärmission in seinem Bericht für den Zeitraum November und Dezember 1944 feststellte, die Berufsoffiziere seien von der Befreiung noch immer ausgeschlossen, nur scheinbar[316], bedeutete der Sachverhalt doch keineswegs, daß sie nicht etwa arbeiteten, und einzig daran lag der nationalsozialistischen Führung.

Wieviele Offiziere meldeten sich nun freiwillig? Der ehemalige Lagerkommandant von Wietzendorf nannte 2 320 Mann, die den Arbeitseinsatz akzeptierten. Er bezog sich hierbei auf alle 10 000 Offiziere, die mit dem Oflag 83 (Wehrkreis X) Bekanntschaft machten. Das heißt, die Summe erfaßte auch diejenigen, die lediglich vorübergehend in Wietzendorf lebten und nicht in die Lagergemeinschaft integriert werden konnten[317]. Im Oflag 6 Oberlangen (VI C), wo sich nach der Statistik des Chefs des Kriegsgefangenenwesens von Mai bis September 1944 zwischen 4 000 und 4 500 italienische Offiziere befanden (in dem aber die ersten aus polnischen Lagern kommenden Offiziere nachweislich schon am 20. März eintrafen), sollen sich bis zum 7. Juni rund 400 und im Stalag II B Hammerstein im Frühjahr 1944 circa 800 Offiziere als Arbeitsfreiwillige gemeldet haben[318]. General Morera führte in seinem bereits verschiedentlich zitierten Bericht 3 000 Zeit- oder Reserveoffiziere auf, die bis Ende 1944 die Lager als freiwillige Arbeitskräfte verließen[319]. Die Bezeichnung ist freilich irreführend, denn wegen der Existenzbedingungen der Militärinternierten konnte an sich von »Freiwilligkeit« nicht ernsthaft gesprochen werden, zumindest nicht verallgemeinernd. Eine Untersuchung von literarischen Zeugnissen aller Art kommt zu dem geschätzten Befund von 6 500 bis 7 000 Offizieren[320]. Folgt man den verfügbaren offiziellen Unterlagen, so ist hingegen von etwa 3 000 bis 4 000 »freiwillig« arbeitenden Offiziersdienstgraden auszugehen.

---

[315] Testa, Wietzendorf, S. 215—225. Der Wortlaut des Befehls ist abgedruckt bei Desana, Ufficiali italiani, S. 29 f. Als Vorlage diente: Wehrkreiskommando VI, Abt. Kg.Gef. III Z.K. 16/21 Nr. 02247/44, Soest, der 20. Juli 1944. Vgl. auch die Darstellung, ebd., S. 18 f., 23 und 28.

[316] Siehe oben, S. 434, Anm. 299, Bericht S. 13.

[317] Testa, Wietzendorf, S. 236 f.

[318] Rochat, Memorialistica, S. 39; und für Oberlangen: Desana, I 360 di Colonia, S. 6 ff. und 17.

[319] Siehe oben, S. 434, Anm. 299, Bericht S. 13.

[320] Sommaruga, Dati, S. 166.

Von Interesse sind natürlich die Beweggründe, die den Widerstand bei den sich unnachgiebig verweigernden Männern nährten. Auch hierbei fällt es — wie schon angedeutet — schwer, generalisierende und dennoch gültige Aussagen zu machen. Ein Offizier, der im November 1944 dem Oflag 83 Wietzendorf den Rücken kehrte und sich anschließend zu den Motiven derer äußerte, die sich anders entschieden als er selbst, benannte in etwa folgendes Motivationsbündel[321]: Nachdem anfangs die Eidfrage ausschlaggebend ins Gewicht fiel, spielte mit der Dauer der Internierung die Selbstachtung eine entscheidende Rolle. Die gefangenen Offiziere lehnten es ab, mit denen — und sei es als Arbeiter — zu kooperieren, die so schändlich mit ihnen umgingen oder erlaubten, daß ihnen eine so unmenschliche Behandlung widerfuhr. Hinzu kam, daß eine große Zahl ganz einfach nicht mehr zur Verlängerung des Krieges beitragen wollte, nicht einmal auf indirekte Weise. Das ist zweifellos ein besonders bemerkenswertes Motiv. Es erwuchs zum einen aus der Sorge um die Familien und zum anderen aus dem Wissen um die enormen Zerstörungen. Verständlich, daß die Internierten primär an Italien dachten. Aber in einer solchen Haltung artikulierte sich darüber hinaus eine aus der unmittelbaren Erfahrung geborene prinzipielle Ablehnung gegenüber dem militärischen und politischen Bereich. Eine derartige Einstellung vermochte eventuell sogar über den Tag und die konkrete Situation hinaus Bedeutung zu erlangen, da viele beabsichtigten, falls sie überleben sollten, sich nach der Rückkehr in die Heimat ganz in die private Sphäre zurückzuziehen — in Familie und Beruf. Nach wie vor gab es die Verweigerung aus Gründen der Loyalität gegenüber dem politischen System. So fühlte sich mancher der Regierung Bonomi[322] als der einzig legalen Nachfolgerin der vorhergehenden verpflichtet, und es existierte angeblich eine gewisse Zurückhaltung, um sich im Hinblick auf eine nach dem Krieg einzu-

---

321 Ambasciata d'Italia Telespresso N. 11717/2407, Berlino, 14 dicembre 1944, XXIII, Al Ministero Esteri P.C. 305, Oggetto: Ufficiali italiani internati, f.to Anfuso, ASMAE, Busta 145, Posizione I/4/14. In diesem Schreiben stellte der Botschafter Überlegungen zur Befreiung der damals noch immer internierten Offiziere an, die zeigten, daß das Problem der Ende 1944 in drei Lagern — mit einigen Ausnahmen — zusammengefaßten Offiziere definitiv noch nicht gelöst war. Anfuso hätte die Überführung in den Arbeiterstatus aufgrund freiwilliger Meldung bevorzugt. Als Anlage ist der Bericht eines unbekannten Offiziers beigegeben, aus dem oben zitiert wurde: Relazione sull'Oflager 83-Wietzendorf. Considerazioni svolte da un internato uscito da questo campo il 16 nov. 1944 dopo oltre 10 mesi di permanenza. Vgl. Rochat, Memorialistica, S. 37 f., der die Loyalität gegenüber dem König, die Erhaltung oder Verteidigung der Menschenwürde und die Opposition gegen den Faschismus als die zentralen Momente — neben eher opportunistisch zu nennenden — für den Widerstand herausarbeitet. Trotz ihrer frühen Entstehungszeit sind zudem vor allem die Beiträge von Betta, Mentalità dell'internato, S. 355—363, und von Benedetti, Psicologia del deportato, S. 327—352, heranzuziehen. Vgl. außerdem Brignole, Ammalati, S. 85 f., der die Gefangenschaft als Fortsetzung des Kampfes — jetzt gegen die Deutschen — verstand und dieses Gefühl durchaus verallgemeinert. Zu der im oben zitierten Bericht (ASMAE, Busta 145) hervorgehobenen Sehnsucht nach einem stillen, unpolitischen Dasein, vgl. auch Conti, Prigionieri, S. 432, der eine derartige Gefühlshaltung für im angelsächsischen Bereich befindliche italienische Kriegsgefangene bestätigt.

322 Ivanoe Bonomi übernahm am 9.6.1944, fünf Tage nach der Einnahme Roms durch alliierte Truppen, eine aus sechs Parteien (Liberale, Demokratie der Arbeit, Aktionspartei, Sozialisten, Kommunisten und Democrazia Cristiana) bestehende Koalitionsregierung. Gleichzeitig mit dem Rücktritt Badoglios gab König Vittorio Emanuele III. die Macht an seinen Sohn Umberto ab, der Generalstatthalter des Königreichs wurde: Nolte, Italien vom Ende des I. Weltkrieges, S. 643; Schieder, Italien, S. 494.

schlagende Karriere nicht zu exponieren. Mag sein, doch vermutlich handelte es sich bei der Behauptung um nicht mehr als eine Unterstellung, die der Selbstrechtfertigung diente.

Unzweideutig fiel die Erklärung zu den Ursachen für das Verlassen der Lager aus. Diejenigen, die sich zur Arbeit meldeten, taten es demnach ausschließlich deshalb, weil sie hungerten oder den herannahenden Winter fürchteten. Irgendeine Sympathie für Mussolini kam in ihrer Entscheidungsfindung nicht zum Ausdruck. Vielmehr sollen alle das republikanische faschistische Regime für eine »Marionette« in deutschen Händen gehalten haben. Außerdem hätte es nicht zur Beliebtheit der Regierung von Salò beigetragen, daß sie sich für die Fortsetzung des Krieges, statt für einen Neuaufbau Italiens engagierte.

Unter numerischen Gesichtspunkten ist hinsichtlich der vom Statuswechsel ausgenommenen Militärinternierten festzuhalten, daß diese Personengruppe im Zeitraum November und Dezember 1944 mit 80 000 bis 100 000 Mann angegeben wurde[323]. Darunter sollen sich ungefähr 15 000 Offiziere befunden haben. Armando Foppiani, Vaccaris Nachfolger und gleichzeitig eine Art Liquidator der Betreuungsdienststelle für Militär- und Zivilinternierte, sprach am 9. Februar 1945 von nur noch 38 000 Militärinternierten[324]. Im Widerspruch zu seiner Angabe ging der Generaldelegierte des Italienischen Roten Kreuzes, Professor G.A. Chiurco, am 7. März von 41 169 weiterhin internierten italienischen Militärangehörigen aus[325].

Ein solcher Unterschied fällt historisch kaum ins Gewicht. Festzustellen ist jedenfalls, daß die im Januar einsetzende zweite befohlene Statusänderung — sie brachte einerseits die Zwangsarbeit für Offiziere im großen Stil und machte andererseits die in der Wehrmacht eingesetzten Militärinternierten zu italienischen Soldaten in derselben — eine bemerkenswerte Reduzierung des Bestands an kriegsgefangenen Italienern bewirkte. Als sich Botschafter Anfuso Mitte Januar 1945 mit den Konsuln der *Repubblica Sociale Italiana* in Berlin traf, gingen die Versammelten davon aus, daß bis dahin rund 500 000 Militärinternierte in das Verhältnis freier Arbeiter überführt werden konnten[326]. Eine derartige Schätzung, also mehr als eine halbe Million, dürfte realistisch sein. Die Statistik des Chefs des Kriegsgefangenenwesens wies nämlich am 1. Juli 1944, dem letzten Meldemonat vor dem Beginn der Statusänderung, etwa 588 000 internierte italienische Soldaten in Lagern im deutschen Machtbereich aus. Italiener im östlichen Operationsgebiet des Heeres blieben dabei unberücksichtigt. Deutlich höhere Zahlen zu den Er-

---

[323] Croce Rossa Italiana Il Commissario, Relazione sulla attività della C.R.I.-A.I.E. nell'anno 1944, f.to Consigliere di Stato Dott. Coriolano Pagnozzi, ACS, S.P.d.D., Busta 2, F 25, hier S. 6. Dabei ist darauf hinzuweisen, daß die Zahl der am 1.12.1944 und 1.1.1945 noch internierten Italiener (siehe oben, Tabelle 18, S. 311) nach deutschen Unterlagen sogar deutlich über 100 000 lag.

[324] Vgl. den Brief von Dr. Armando Foppiani an Mussolini: Milano 25 marzo 1945 XXIII, ASMAE, Busta 28, Posizione Italia 62/2/4, hier S. 3.

[325] Croce Rossa Italiana Delegazione Generale per la Germania Nr. di protocollo 1158/2-B, Berlin 6.4.1945, Al Comitato Centrale della C.R.I. Milano, f.to Prof. G.A. Chiurco. In der Anlage: Relazione sull'attività assistenziale della C.R.I. (da gennaio al 31 marzo 1945), ACS, S.P.d.D., Busta 2, F 25.

[326] Verbale della riunione dei Consoli italiani in Germania, tenutasi presso l'Ambasciata d'Italia in Berlino nei giorni 12 e 13 gennaio 1945/XXIII, ASMAE, Busta 65, Posizione Germania 1/11, hier S. 26.

gebnissen des Statuswechsels, die ebenfalls existieren, gehen vermutlich an der Wirklichkeit vorbei[327].

Rückblickend läßt sich resümieren, daß der deutsch-italienische Interessengegensatz über die Verwendung der Militärinternierten mit gewissen formalen Zugeständnissen der Reichsregierung endete. Diese wurden jedoch nicht aus Sorge um die Menschen in den Lagern oder wegen einer Änderung in der Einstellung der deutschen Führung gegenüber dem Regime Mussolini gemacht. Sie stellten lediglich das Resultat kriegswirtschaftlicher Nützlichkeitserwägungen dar. Aus der personellen Notlage des »Dritten Reiches« ergab sich die Notwendigkeit, die Produktionsleistung aller verfügbaren Arbeitskräfte zu optimieren. Das um so mehr, weil die deutsche Seite gleichzeitig zwei Fakten anerkennen mußte: Die Rekrutierung weiterer Fremdarbeiter befand sich in einer europaweiten Krise, und das gigantische Menschenbeschaffungsprogramm, das 1944 im italienischen Raum durchgeführt werden sollte, ließ sich nicht mehr verwirklichen. Derartige Engpässe boten der faschistischen Führung die Chance, ihre seit langer Zeit erhobenen Forderungen — die, bezogen auf die einzelnen Protagonisten, sehr unterschiedlichen Überlegungen entstammten — auf andere Weise als zunächst beabsichtigt durchzusetzen. Hitler, der den Versuch einiger Repräsentanten der Republik von Salò, die internierten italienischen Soldaten im Zuge der Neuaufstellung faschistischer Streitkräfte zu befreien, im ersten Quartal 1944 noch zurückwies, gestand dem »Duce« — unter dem Zwang der Verhältnisse — den Übergang der Militärsklaven in den Status von zivilen Zwangsarbeitern zu. Da letztere unter der uneingeschränkten Kontrolle deutscher Behörden blieben, erwies sich die Statusänderung aus nationalsozialistischer Sicht als problemlos. Gleichzeitig durfte Berlin sogar hoffen, daß die Produktivität der Italiener, die bei den zur Arbeit gezwungenen Internierten außergewöhnlich niedrig lag, anstiege. Wenn es jedoch zutraf, daß rund zwei Drittel der Militärinternierten den Statuswechsel nur auf Befehl vollzogen, dann dürften solche Erwartungen kaum berechtigt gewesen sein.

Für die Mehrheit der zu sogenannten »freien Arbeitern« gemachten Gefangenen stellte sich die gesamte Aktion ohnehin als Etikettenschwindel dar. Von Befreiung konnte im eigentlichen Sinn des Wortes nicht die Rede sein. Zwar lebten sie nun als Zwangsarbeiter außerhalb der Lager, aber sie blieben gefangen in Deutschland. Gewiß, während sich die Italiener als arbeitende Militärinternierte nur dann — und dies einzig unter versorgungsrechtlichen Gesichtspunkten — mit deutschen Arbeitern gleichgestellt sahen, falls

---

[327] Der Befehlshaber der Sicherheitspolizei und des SD in Italien, III Ve La/-BN. 3619/44, Verona, den 23.11.1944, Sonderbericht, An Ref. III D, III A, III C, ACS, Uffici di Polizia, Busta 6, F 6, SF 20. Dort werden — gemäß Angaben der Deutschen Bank — rund 700 000 italienische Militärinternierte genannt, die in den Status des Zivilarbeiters überführt worden sein sollen. Vorher habe es 160 000 italienische Arbeiter im Reich gegeben. Die genannten Zahlenwerte beruhten auf einer Statistik der Lohnüberweisungen, die im November für angeblich 860 000 Italiener vorgenommen wurden. Hingegen gab das italienische faschistische Arbeitskommissariat für Ende Februar 597 000 männliche und 8 000 weibliche italienische Arbeitskräfte in Deutschland an. Von ihnen seien 495 000 (oder auch nur 450 000) früher interniert gewesen: Croce Rossa Italiana (siehe oben, Anm. 323: ACS, Busta 2), hier S. 5.

sie im Betrieb verunglückten oder gar das Leben verloren[328], besaßen sie nach der Statusänderung wenigstens theoretisch erweiterte Rechte. Nur beim Arbeitseinsatz, im grauen Alltag des Hitler-Staates, spürten sie davon so gut wie nichts.

Darauf ist im folgenden ebenso zurückzukommen wie auf das Schicksal jener Männer, die in den Internierungslagern blieben. Noch in der zweiten Hälfte des Monats Dezember 1944 irrten Tausende von ihnen »barfuß, abgerissen, hungrig und viele Gruppen unter bewaffneter Bewachung« durch deutsche Städte. Weiterhin starben Kranke, die bei ausreichender medizinischer Versorgung überlebt hätten. Nach wie vor waren Verstümmelte, Invalide und Härtefälle, um deren Rückführung nach Italien man seit 1943 rang, nicht repatriiert. Vergeblich warteten die meisten Internierten auf Lebensmittel und Kleider aus der Heimat. Das unter Umständen auch deshalb, weil die Eisenbahnwaggons entweder schon vor der Abfahrt oder unterwegs geplündert wurden[329].

---

[328] Diario S.A.I., S. 61, 12.6.1944, PADF. Vgl. in diesem Zusammenhang auch: Ministero delle Forze Armate Gabinetto N° di prot 4450/R/202, P.C. 867, li 1.4.1944. XXII, Oggetto: Personale militare dislocato in Germania o in servizio presso reparti germanici. Al Segretariato Generale Esercito ecc., ACS, Presidenza del Consiglio, Busta 77, F 19-8, N. 3762. Dort hieß es in bezug auf die in den Lagern befindlichen Militärinternierten, daß sie seitens der R.S.I. als Kriegsgefangene betrachtet würden. Dementsprechend seien ihre Familien zu versorgen:»Militari internati in seguito agli avvenimenti dell'8 settembre: Sono considerati, a tutti gli effetti, prigionieri di guerra e le rispettive familie beneficiano delle anticipazioni previste dall'art. 41 del D.L. 19 maggio 1941, n° 583.« Hierin dokumentierte sich erneut die völlig unterschiedliche Sehweise des Problems seitens der R.S.I. und des »Dritten Reiches«. Der Terminus »Militärinternierte« wurde zwar formal, aber nicht inhaltlich-juristisch akzeptiert: In letzterem Sinne galten die Militärinternierten als Kriegsgefangene. Vgl. direkt dazu ebd., Stato Maggiore Esercito — Ufficio operazioni e servizi — sezione servizi, Prot. N. 09/5748/serv., P.d.C. 865, 20 novembre 1944, Oggetto: miglioramenti al trattamento economico agli ufficiali collocati in congedo e nella riserva per riduzione di organico od altri motivi di servizio, Al Ministero delle Forze Armate — Gabinetto.

[329] All'Ambasciatore Conte Serafino Mazzolini Sottosegretario agli Affari Esteri Salò, 20 Dicembre 1944, f.to Vaccari, PADF, hier S. 20.

2. Zu den Existenzbedingungen der italienischen Militärinternierten

Die Umstände, unter denen die internierten Soldaten leben mußten, bilden das zentrale Thema der Erinnerungsliteratur, in der sich die Sicht der Opfer Ausdruck verschafft. Jene Selbstzeugnisse, die — wie in den einleitenden Bemerkungen zum Forschungsstand dargelegt — teilweise ein hohes Reflexionsniveau kennzeichnet, beschäftigen sich in erster Linie mit dem Alltag der Gefangenschaft. Da es sich notwendigerweise um eine subjektive Sicht der Ereignisse und Verhältnisse handelt, stellt sich bei ihrer Auswertung die Frage nach der Verallgemeinerungsfähigkeit oder der Repräsentativität der Aussagen. Es ist ferner zu berücksichtigen, daß Hunderttausenden von Internierten recht wenige Aufzeichnungen über das Erlebte gegenüberstehen.

Jedenfalls müssen die Memoiren und Tagebücher mit den archivalischen Quellen, die zahlreicher sind als bislang oft angenommen, konfrontiert werden, um die Gefahr der einseitigen Betrachtungsweise zu vermeiden. Aufgrund der Tatsache, daß die erhaltenen offiziellen Dokumente zum großen Teil aus der Feder ehemaliger faschistischer Akteure stammen, entspricht ihre Auswertung zugleich dem Grundsatz des *audiatur et altera pars*. Leider fehlen jedoch — bis auf einige wenige Ausnahmen — die für eine historische Rekonstruktion wichtigen Berichte der deutschen Lagerverwaltungen über die Zustände in den einzelnen Stalag und Oflag.

Ansonsten ist nicht daran gedacht, im folgenden eine detaillierte und zugleich vollständige Beschreibung des Alltags der Militärinternierten auf der Basis der Memoirenliteratur vorzunehmen. Dazu bedürfte es einer speziellen Untersuchung[1]. Vielmehr ist beabsichtigt, unter Beibehaltung des methodischen Ansatzes, der das Hauptgewicht auf die bisher von der Historiographie über die Internierten kaum herangezogenen archivalischen Unterlagen legt, ein Panorama des Lebens im Lager zu entwerfen. Der sich hierbei ergebende Befund ist sodann mit der memoirenhaften Literatur selbst und mit den aus ihr erarbeiteten Ergebnissen zu vergleichen, um ergänzt, bestätigt oder auch korrigiert zu werden[2].

a) Das Leben im Lager

Zutreffend ist darauf hingewiesen worden, daß sich das Leben in den Oflag und Stalag für italienische Militärangehörige nicht mit dem Dasein vergleichen läßt, das einige ihrer Landsleute, die aus Italien deportierten Juden und politischen Gefangenen, in den Ver-

---

[1] Einer solchen Alltagsanalyse soll — unter umfassender Berücksichtigung der Memoirenliteratur — die bei Wolfgang Schieder in Trier entstehende Dissertation von Gabriele Hammermann gewidmet werden.

[2] Im wesentlichen handelt es sich hierbei um die bereits wiederholt zitierte Studie von Rochat, Memorialistica, S. 29—50. Außerdem ist auf Crescimbeni/Lucini, Seicentomila, S. 59—69, hinzuweisen. Dort geben die Autoren eine knappe Einführung in die anschließend referierten Zeugnisse des Lagerlebens, ebd., S. 70—260. Vgl. in diesem Zusammenhang auch Antonelli/Maffeis/Rocca, Lager, insgesamt. Dort finden sich drei tagebuchartige Aufzeichnungen über das Leben in den Arbeitskommandos und über die Zwangsarbeit.

nichtungslagern gewärtigten[3]. Doch darf eine solche Relativierung nicht zu voreiligen Schlußfolgerungen verführen.

Vaccari, der Leiter der Betreuungsdienststelle für Militär- und Zivilinternierte, der vermutlich mehr Lager mit gefangenen Italienern gesehen haben dürfte als jeder andere, sprach zum Beispiel im Juli 1944 von Meuten italienischer Männer, die in den Internierungslagern dahinvegetierten, gezeichnet von Entbehrungen und Hunger. Er berichtete von Lazaretten, in denen sich menschliche Gespenster in großer Zahl aufhielten, die um Hilfe flehten und in ihrem Todeskampf verzweifelt nach der Mutter schrien. In jenen Lagern existierten zum Skelett abgemagerte italienische Bauern, die 14 Stunden pro Tag als Arbeitstiere in den Fabriken der deutschen Rüstungsindustrie verbringen mußten. Dort litten die am Hungerödem Erkrankten, die sich fast nackt und mit monströsen Aufschwellungen dahinschleppten. Auch wenn sie überlebten, blieben sie für alle Zeit geschädigt. Selbst unter den jungen Internierten wütete die Tuberkulose. Internierungslager, das waren häufig Stätten, wo Deutsche ihre ehemaligen Waffengefährten unter so unmenschlichen Bedingungen zu leben zwangen, daß diese zwischen Abfällen nach Kartoffelschalen suchten, um etwas zwischen den Zähnen zu haben. Es handelte sich generell um Orte der Verzweiflung, der Tränen und des Schmerzes[4].

Gewiß glich nicht ein Lager völlig dem anderen. Ganz sicher gab es etwa Unterschiede zwischen der Behandlung der Gefangenen in den Offizierslagern und in den Mannschaftsstammlagern mit ihren zahlreichen Arbeitskommandos. Aber kann die Beschreibung der allgemeinen Lage — wie sie etwa Vaccari vornahm — deshalb schon als übertrieben abgetan werden? Handelte es sich vielleicht nur um die Stimme eines gegen seinen Willen abgelösten Faschisten, der verbittert zurücktrat und dabei versuchte, sich durch haltlose Behauptungen zu profilieren? Falls dem so gewesen sein sollte, dann müßten ihm andere Quellen widersprechen.

Für das Stalag XI B Fallingbostel liegen die Aufzeichnungen des Sonderführers (Z) Fritz Täuber vor, der sich im Auftrag der Wehrmachtpropaganda in den Lagern betätigte. Er schrieb, der Zustand und die Behandlung der Italiener, die eine Fülle von Demütigungen ertragen mußten, seien so schlimm gewesen, daß, als er »ihre Baracke inspizierte, ein kleiner Süditaliener zitternd unterm Bett hervorgezogen wurde, wo er sich aus Angst vor deutschem ›Offizier‹ verkrochen hatte. Der Krankenstand war beängstigend hoch, Durchfall und Grippe grassierten, die Kleidung war lumpig und das Essen suppig ohne Nährwert[5].« Mitte Januar 1944 hieß es, daß sich Bekleidung und Schuhzeug der italienischen Gefangenen in einem »erbärmlichen Zustand« befänden. Die Internierten würden von den Vorarbeitern und vom Werkschutz in der »Kraft-durch-Freude-Stadt«, das heißt im Volkswagen-Werk, geschlagen. Sie erhielten morgens Suppe zu essen und danach nichts mehr bis zum Abend. Die unzureichende Verpflegung führte einerseits zum kör-

---

[3] Giuntella, Il nazismo, S. 116.

[4] Diario S.A.I., S. 126, 27.7.1944, PADF. Zum Hunger vgl. Monchieri, Diario, 26.9.1943, S. 28 f., und ebd., 8.2.1944, S. 74.

[5] Täuber, Aufzeichnungen, S. 17 ff., AIfZG, ED 187/1. An dieser Stelle geht es auch um die im Volkswagen-Werk arbeitenden Militärinternierten.

perlichen Verfall, bis hin zur Arbeitsunfähigkeit, und andererseits provozierte der unerträgliche Hunger Diebstähle. Es kam die falsche Behandlung hinzu, so daß sich viele Lagerinsassen »seelisch am Ende« fühlten.

Das Absinken der Arbeitsleistung auf etwa 20 Prozent der Norm und die Interventionen des Sonderführers brachten es schließlich zuwege, daß mittags Kaltverpflegung und vereinzelt etwas dünne Suppe ausgegeben wurde. Ein Priester sollte den Internierten ebenfalls zugestanden werden. Außerdem wollte man in einer vom Werk gut hergerichteten Baracke jene Militärinternierten zusammenziehen, die sich im Lager oder auf den Arbeitsplätzen auszeichneten. Das schien die Einsicht der Kommandoführung in die Tatsache anzudeuten, daß »mit Strafen allein Besserung nicht zu erreichen« war[6].

Als Täuber Ende Februar erneut die Lage in Fallingbostel charakterisierte, meinte er, daß sich alle Abteilungen und Bataillone bemühten, der besonderen Situation der Militärinternierten gerecht zu werden. Dennoch beklagte der Sonderführer unzweckmäßige Verpflegung und konstatierte, daß die besonderen klimatischen und psychischen Faktoren bei den Italienern »zu einer erschreckenden Krankheits-Anfälligkeit« führten. Es komme zu Reihenerkrankungen mit Todesfällen. 40 Prozent aller Patienten litten an Tuberkulose. Magenleiden würden oft dadurch verursacht, daß die Internierten — vom Hunger getrieben — rohe Feldfrüchte und Tiere verzehrten. Außerdem fehle es an Vitaminen. Täuber empfahl, insbesondere den »Aufpäppelungskompanien«, in denen die Lagerleitung die Kranken und Arbeitsschwachen zusammenfaßte, Vitamin-C-Präparate zur Verfügung zu stellen. Wie nahezu überall mangelte es an Kleidung und Schuhen.

Wenig hatte sich — unbeschadet des schon erwähnten Merkblattes des Oberkommandos der Wehrmacht — im Umgang mit den Italienern gewandelt. Sie sahen sich weiterhin als »Badoglios« angesprochen und als »Verräter behandelt«. Unverändert gingen die Deutschen nach der Methode vor, »Menschen erst völlig moralisch fertigzumachen, und dann Höchstleistungen von ihnen zu erwarten«. Es gab zaghafte Ansätze, etwas zu ändern. So gehörte es zu den — zwischen dem Ministerium Speer und dem Oberkommando der Wehrmacht vereinbarten — Aufgaben der psychologisch und sprachlich besonders vorgebildeten Sonderführer, die geschilderten Verhältnisse zu bessern. Aber augenscheinlich ließen sich gute Absichten in der Praxis recht selten verwirklichen.

Ausgesprochen problematisch stellte sich in Fallingbostel die moralische Verfassung der Militärinternierten dar. Depression und Apathie führten zu Arbeitsunlust, Unsauberkeit, Desinteresse, erhöhter Krankheitsanfälligkeit und Sterblichkeit. Täuber erhoffte Abhilfe vom Einsatz »faschistischer Priester«. Doch gerade sie fehlten, da sich unter den Militärgeistlichen selten Faschisten befanden. Einen weiteren Übelstand bedeutete die unzureichende und unzulängliche Versorgung mit Postformularen. Dadurch blieben die

---

[6] Sonderführer (Z) Täuber z.Zt. Landesschützenbataillon 715, Wolfenbüttel. Braunschweig, den 17.1.1944, Bericht über Außenarbeit 9.–16.1.1944, AIfZG, ED 187/2. Hier findet sich die Angabe, daß damals beim Rüstungskommando 893, Hallendorf, 2 366 internierte Italiener eingesetzt waren. Ungefähr 60 kampfwilligen Berufsoffizieren wurde die Freistellung verweigert, weil sie in der Rüstung arbeiteten. Das bestätigte die Verbindlichkeit des OKW-Befehls vom 5.1.1944 (siehe oben, S. 386: BA-MA, RH 49/35).

Gefangenen von ihren Angehörigen abgeschnitten, was sich wiederum negativ auf die Moral und damit auf die Arbeitsleistung auswirkte.

Ende Februar bezeichnete der Sonderführer die Lage im Stalag XI B als ausgesprochen schlimm, ja als bedrohlich. Es müsse sofort gehandelt werden, um unter den Internierten ein ähnliches Massensterben wie bei den sowjetischen Kriegsgefangenen zu vermeiden. Falls es dazu komme, so würden die »Überlebenden moralisch minderwertig oder völlig gleichgültig« sein. Es sei dann zudem davon auszugehen, daß bei den Italienern Feindschaft gegenüber den Deutschen entstehen werde[7]. Hierbei beschönigte Täuber den tatsächlichen Sachverhalt, denn eine feindselige Einstellung der Gefangenen existierte seit langem. Bei Menschen, die sich — wie der Sonderführer bestätigte — wegen ihres Hungers über Abfälle hermachten[8], durfte das nicht verwundern.

---

[7] Sdf (Z) Täuber M-Stammlager XI B Fallingbostel, Berlin, den 23.2.1944, Betr.: Italienische-Militär-Internierte, An Herrn Major Kalder OKW/WPr (IV B 8); vgl. zum Lagerdasein in Fallingbostel: Lusetti, Stalag XI B, und den Bericht des italienischen Lagerkommandanten Oberstleutnant A. Guzzinati, Fallingbostel, S. 60—73. Guzzinati referiert einleitend die Entwicklung, die mit dem noch im Stalag X B Sandbostel Ende Januar 1945 erhaltenen Befehl zur Zwangsarbeit für Offiziere einsetzte. Etwa 1 000 Offiziere wurden am 1.2. vom Stalag X B ins Stalag XI B Fallingbostel überstellt. Andere gingen ins Oflag 83 Wietzendorf, etwa 500 verbrachte man am 5.2.1945 direkt nach Hamburg zum Arbeitseinsatz. Zu deren Schicksal vgl. Socini Leyendecker, I cinquecento di Amburgo, S. 386—394. Sie galten als »freie Arbeiter«, und de facto lebten sie besser als jene, die im Lager verblieben. Es sei jedoch daran erinnert, daß diese Offiziere nicht freiwillig arbeiteten. Eine kleine Gruppe, darunter die Kranken, die Ärzte, Apotheker und Militärgeistlichen, blieb in Sandbostel. Interessant ist der Hinweis auf die unterschiedliche Handhabung des schon 1944 praktizierten zwangsweisen Einsatzes von Offizieren zur Arbeit. Im Gegensatz zu den aus dem Stalag VI C Bathorn (hier das dazu gehörende Zweiglager Oberlangen betreffend) und aus dem Oflag 83 Wietzendorf bekannten Verfahren (dort hat man Offiziere einfach zur Arbeit abgeordnet) ging der deutsche Kommandant in Sandbostel (er übernahm danach Fallingbostel) einen indirekten Weg: Oberst v. Foris machte das Leben der Offiziere durch zahllose Schikanen so unerträglich, daß sie — zum Teil — von sich aus ihre Arbeitswilligkeit erklärten. Zur psychologischen Situation der Gefangenen, die sich derartigen Methoden ausgesetzt sahen, vgl. den Bericht eines Offiziers, der — am Ende seiner Widerstandskraft — insgeheim betete, daß er die Chance bekäme, das Lager auf Befehl verlassen zu können. Er gehörte dann zu den »500 von Hamburg«: Birardi, Terra Levis, S. 123—127. Im Lager »G« von Fallingbostel sahen sich etwa 1 000 Offiziere auf einem Raum, der maximal für 400 Mann Platz bot, zusammengepfercht. Die Unterbringungsverhältnisse waren skandalös, es fehlten Betten und Strohsäcke, die Fenster, oft ohne Glas, besaßen keine Läden. Von Duschen konnte nicht die Rede sein, die sanitären Einrichtungen galten als absolut unzureichend. Im übrigen dokumentierte das Verhalten der Offiziere in Fallingbostel erneut die antifaschistische Motivation der Verweigerung (S. 63 f.). Zur Behandlung durch die deutschen Lageroffiziere genügt es festzustellen, daß sie sich menschenverachtend darstellte. Der Hunger, berichtet Guzzinati, führte zu einer wahren Psychose, wobei man die Italiener gezielt aushungerte. Die Hauptverantwortung trug demnach v. Foris, dem die Internierten auch »mehrere Gemetzel« (vari eccidi) anlasteten, die das deutsche Personal in Sandbostel veranstaltete (S. 65). Vgl. ferner: Cappuccio, Fallingbostel, S. 89—92. Der Autor behandelt ebenfalls das Schicksal der oben erwähnten 1 000 Offiziere im Lager »G«. Nachdem die Italiener bereits ein Jahr »harter Gefangenschaft« in Sandbostel durchlitten hatten, erlebten sie in Fallingbostel noch eine Steigerung der schlechten Behandlung. Sie fühlten sich als die »Parias aller Völker, ohne Schutz und ohne Hoffnung« (S. 89).

[8] Entwurf o.D.: Bericht über ital. Mil.-Int.-Lager Arb.-Kdo 6024, Rothenfelde-Wolfsburg, AIfZG, ED 187/2. Unmittelbar auf dieses Arbeitskommando bezieht sich der Bericht von Impallomeni, Il nido, S. 264—268.

Für das Leben im Stalag X B Sandbostel und in dessen Zweiglager Wietzendorf, vorübergehend als Stalag 329 und danach als Oflag 83 geführt, sind verhältnismäßig viele Unterlagen vorhanden. Der italienische Generalkonsul in Hamburg beobachtete im September und Oktober 1943, daß Militärinternierte aus diesen Lagern Küchenabfälle durchsuchten, um etwas Eßbares — zum Beispiel Kartoffelschalen — zu finden. Er ging davon aus, daß viele seiner Landsmänner eine lange Gefangenschaft nicht überleben würden, sofern sich nichts änderte. Aufgrund ihrer Unterernährung und wegen der rauhen klimatischen Verhältnisse bildeten sie leichte Opfer der Tuberkulose. Außerdem litten zahlreiche internierte Soldaten, insbesondere diejenigen, die aus dem Balkanraum kamen, an syphilitischen Erkrankungen[9].

Die erhaltenen Berichte über das Dasein im Stalag Sandbostel, in das im Zuge der allmählichen Räumung der Interniertenlager des »Generalgouvernements« auch die Offiziere des Oflag 73 Benjaminow, vorher Stalag 333, verlegt wurden[10], dokumentieren die subtilen Formen einer Überlebensstrategie. Aber sie belegen ebenso die brutale Willkür seitens der Bewachungsmannschaften, die selbst Mord — im besten Falle Totschlag — eingeschlossen zu haben scheint. Aus den Zeugnissen spricht zugleich der mutige Wille zum verbissenen Widerstand. In Sandbostel befand sich unter anderen jener Giuseppe Brignole, einer der Motoren der italienischen Opposition im Lager. Sie lebte, unbeschadet der physischen Not, die sich nicht zuletzt in steigenden Sterbeziffern ausdrückte[11].

Die Männer, die ein derartiges Martyrium erdulden mußten, entwickelten verschiedentlich eine Bewunderung abnötigende psychische Kraft. Sie richtete sich auf die Zukunft, trotzte allen Erschwernissen, die ihre Entfaltung verhindern oder wenigstens behindern sollten. So schufen sich die Offiziere von Sandbostel eine Bildungsabteilung, die Sezione Culturale, deren Ursprung im übrigen in Benjaminow lag. Mit ihrer Initiative wollten die Mitglieder der »Bildungsabteilung« die geistigen Bedürfnisse der Kameraden befriedigen. Spezialisten, die sich unter den Reserveoffizieren ohne Mühe fanden, hielten Vorträge über die unterschiedlichsten Themen, wobei die Planer nicht wahllos vorgingen, sondern das Angebotene in bestimmten Sektionen zusammenfaßten. Das machte es möglich, eine Art intellektuellen Kontakt zu dem durch den Krieg unterbrochenen Universitätsstudium herzustellen. In jedem Fall gestattete es die Flucht vor der Depressivität, die aus der Trostlosigkeit des Lagerlebens zu entstehen drohte. Insgesamt 1 911 Bände umfaßte die Bibliothek, die sich die Offiziere in Sandbostel aufbauten. Meist handelte es sich um Sachbücher oder Romane, aber auch circa 600 wissenschaftlich verwendbare

---

[9] Consolato Generale d'Italia Amburgo Telespresso N. 6064/545 Riservato, Ministero degli Affari Esteri Roma, ASMAE, Busta 48, Posizione Italia 11/12.

[10] Speziell zu jenen Offizieren, denen es gelang, das in Benjaminow gebastelte Radiogerät nach Sandbostel zu retten (trotz Leibesvisitation), und zu ihrer dortigen Tätigkeit sowie zur Bedeutung derselben für das Leben im Lager vgl.: Relazione sui centri di informazione-radio nei campi di Beniaminowo-333-Varsavia e di Sandbostel — X B — Bremerforde (Bremervörde). Wietzendorf 16.6.1945, f.to Cap. Scifo Rosario, ASUSSME, Busta 2256. Zwei Radiogeräte konnten von Sandbostel nach Fallingbostel geschmuggelt werden. Im Rahmen des Widerstands kam ihnen entscheidende Bedeutung zu, da man englische und französische Sender zu empfangen vermochte: Guzzinati, Fallingbostel, S. 67; und ausführlich dazu: Dragoni, Radio clandestina, S. 96—100, für die Zeit in Sandbostel.

[11] Vgl. dazu Crescimbeni/Lucini, Seicentomila, S. 165—179.

Schriften befanden sich unter den Publikationen. Darüber hinaus versuchten sich die Gefangenen im experimentellen Theater oder veranstalteten Malwettbewerbe[12].

All das sollte jedoch nicht zu dem Trugschluß führen, daß die Lager als Folge solcher Eigeninitiativen zur Idylle geworden wären. Sie bedeuteten ein Inferno — und das bis zum Ende. Dies beweist eine Sitzung im Auswärtigen Amt in Berlin, in der es am 28. März 1945 unter anderem um die Zustände in Wietzendorf und Sandbostel ging. Professor Chiurco, der General-Delegierte des Italienischen Roten Kreuzes in Deutschland, der zugleich als Sanitätsberater der faschistischen Botschaft in Berlin fungierte, legte hierbei eine Aufzeichnung vor, in der er die Probleme der Lagerinsassen offen ansprach[13].

Hervorzuheben ist, daß sich seine Darlegungen auf diejenigen Teile der Lager Wietzendorf und Sandbostel bezogen, die man zu sogenannten Lazaretten erklärt hatte[14]. An sich wäre daher von relativ besseren Existenzbedingungen auszugehen gewesen. Hingegen meinte Chiurco, daß in beiden, aber ebenso im Stalag VIII A Görlitz und im Zweiglager Zeithain des Stalag IV B Mühlberg — er bezeichnete sie ebenfalls als Lazarett-Lager — die hygienischen Zustände und die Ernährung der Militärinternierten »katastrophal« genannt werden müßten. Er sah es als »tragisch« an, daß an Tuberkulose und anderen schweren Krankheiten leidende Italiener ohne Unterschied wie »Kriegsgefangene« behandelt würden. Nicht einmal andere Kost erhielten die Erkrankten.

---

[12] Al Comando del Campo italiano 83 Wietzendorf, Oggetto: relazione sull'attività culturale nei Campi di Beniaminowo-Varsavia e Sandbostel-Bremerforde. Novembre 1943 — Gennaio 1945. Wietzendorf 9 giugno 1945, f.to L'Incaricato dell'Attività Culturale Capitano Rosario Scifo, ASUSSME, Busta 2256. Aus den Berichten des Sonderführers Täuber ist zu erkennen, daß bei Bitten um Musikinstrumente oder um Bücher, sofern diesen — etwa wegen guter Führung — entsprochen werden sollte, die lokalen Organisationen der deutsch-italienischen Gesellschaft um Hilfe gebeten wurden: Täuber, Sonderführer (Z)-Bericht über Außenarbeit 25.—30.1.44, hier bezogen auf die Rüstungskommandos 6101 (556 Militärinternierte) und 6075 (116 Militärinternierte) in Hildesheim, AIfZG, ED 187/2. Und ebd., Bericht über Außenarbeit 9.—16.1.1944 (siehe oben, Anm. 6), betr. Musikinstrumente für Rüstungskommando 893 in Hallendorf.

[13] Copia per il Duce (handschriftlicher Vermerk), Sitzung beim Auswärtigen Amt Berlin — 28. März 1945, Am Karlsbad 4—5, Wichtige Probleme betreffend internierte Italiener, ACS, S.P.d.D., Busta 76, F 647, SF 6.

[14] In Sandbostel lag das Lazarett etwa einen Kilometer außerhalb des Stalag X B: Angheben, Liberazione, S. 74. Testa, Wietzendorf, S. 56, berichtet lediglich, daß sich die Situation der Krankenabteilung im Oflag 83 gegen Ende Januar 1945 insofern besserte, als damals dem Sanitätsbereich fünf Baracken des Vorlagers zur Verfügung gestellt wurden. Der Hinweis von Chiurco, daß Wietzendorf in ein Lazarett umgewandelt worden sei, dürfte somit nicht den praktischen Gegebenheiten entsprochen haben. Zum Besuch des General-Delegierten des Italienischen Roten Kreuzes in Wietzendorf am 25.3.1945, vgl. ebd., S. 134 ff. Das Urteil von Testa über Chiurco fiel vernichtend aus. Diesem ging es, so der Oberstleutnant, u.a. darum, Ärzte für die freiwillige Arbeit anzuwerben, was ihm bei 11 von über 100 gelang (S. 136). Chiurco warb bei seiner Rundreise in den Lagern Wietzendorf, Sandbostel, Fallingbostel und Stalag III D Berlin — nach eigener Aussage — insgesamt 30 Sanitätsoffiziere, 7 Apotheker und 17 Feldgeistliche an: Croce Rossa Italiana Delegazione Generale per la Germania, Nr. di protocollo 1158/2-B, Al Comitato Centrale della C.R.I. Milano, Berlin 6.4.1945, in der Anlage: Relazione sull'attività assistenziale della C.R.I. (da gennaio al 31 marzo 1945), f.to Chiurco, ACS, S.P.d.D., Busta 2, F 25, hier S. 8 f.

Für Wietzendorf und Sandbostel, wo er zwischen dem 23. und 25. März 1945 Besuche machte, referierte der Professor folgenden Eindruck: Die Insassen befänden sich in besorgniserregendem Zustand. Bei einer Versammlung der Offiziere und Feldgeistlichen glaubte er, »eine Horde Verhungerter« vor sich zu haben. Die Lagerbewohner erhielten täglich — theoretisch — 1 100 Kalorien, was bereits für einen gesunden Menschen nicht ausreiche. Doch ihre Nahrung sei ohne Fett. Es gebe lediglich 115—126 Gramm Margarine in der Woche, also etwa 17 Gramm pro Tag. An sechs Tagen werde Kohlsuppe, an einem Tag der Woche Gerstensuppe verabreicht. Wöchentlich stünden den Gefangenen rund 1 500 Gramm Brot und etwa die gleiche Menge Kartoffeln sowie 65—210 Gramm Fleisch zu.

Um Vergleichsmöglichkeiten zu bieten, ist zu sagen, daß die Offiziere in Wietzendorf in der letzten Woche des Monats Juni 1944 etwa 70 Gramm Fett und 150 Gramm Margarine, also täglich rund 30 Gramm tierische und pflanzliche Fette erhalten hatten. Dazu wurden für die ganze Woche 2 400 Gramm Brot und 2 800 Gramm Kartoffeln zur Verfügung gestellt. An Frischfleisch bekamen die Internierten damals noch 199 Gramm. In der Woche vom 18. bis zum 24. Dezember beliefen sich die Lebensmittel auf 70 Gramm Fett und 150 Gramm Margarine, 1 760 Gramm Brot und 2 440 Gramm Kartoffeln (ungeschält) sowie 250 Gramm Frischfleisch (mit Knochen). Für die Zeit vom 26. Februar bis zum 4. März 1945 gab es 51 Gramm Fett und 120 Gramm Margarine, 1 260 Gramm Brot, 1 330 Gramm Kartoffeln und 185 Gramm Fleisch[15].

Selbst zu den besten Zeiten, also im Zeitraum Januar bis Juli 1944, erhielten die Offiziere somit erheblich weniger als die 2 500 Kalorien, die ein Normalverbraucher benötigt. Nun herrschte natürlich Krieg. In Deutschland lag die tägliche Kalorienaufnahme der Bevölkerung im November 1943 offiziell bei 2 008, in den Niederlanden bei 1 705 und in Frankreich bei nur 1 300 Kalorien pro Person[16]. Doch besagte die Kalorienzahl nicht alles. Entscheidende Bedeutung besaßen hierbei die Güte und die Zusammensetzung der Nahrung. Diesbezüglich bleibt festzustellen, daß das, was die Militärinternierten zum Beispiel in Wietzendorf empfingen, von schlechtester Qualität war. Im wesentlichen bestand die Kost aus Kohlehydraten. Proteine, Vitamine und Fette fehlten nahezu gänzlich[17]. Hinzu kam, daß die italienischen Gefangenen, die sich auf eine derartig einseitige und minderwertige Kost — mit weniger als 1 000 Kalorien pro Tag — angewiesen sahen, unter sehr ungünstigen äußeren Bedingungen leben mußten.

Die katastrophale Ernährungslage führte zu einem rapiden Kräfteverfall und provozierte den verheerenden Gesundheitszustand der Italiener im Oflag 83 und im Stalag X B — doch selbstverständlich nicht allein hier. Professor Chiurco traf in beiden Lagern auf

---

15 Werte für den März 1945 sind publiziert als Anhang Nr. 8 bei Testa, Wietzendorf, S. 204. Die Angaben für Juni und Dezember folgen den Anhängen Nr. 41 und Nr. 67 zum 1. Teil von Testas Originalbericht: ASUSSME, Busta 2256. Interessant ist auch die Verringerung der übrigen Nahrungsmittel vom Dezember 1944 bis zum März 1945: Rüben von 2 800 auf 2 450 Gramm pro Woche, Roggenmehl von 360 auf 270, Salz von 80 auf 54, Zucker von 175 auf 140, Marmelade von 175 auf 133, Quark von 62 auf 47; und von Juni 1944 bis März 1945 sanken die Mengen an: Trockengemüse von 140 auf 60 und gemahlenem Weizen von 240 auf 120 Gramm.
16 Vgl. Milward, Der Zweite Weltkrieg, S. 302.
17 Vgl. Testa, Wietzendorf, S. 106 ff.

»durch Hunger verblödete Offiziere«, die nicht nur die für das Hungerödem typischen Schwellungen an den Beinen und im Gesicht aufwiesen, sondern zum Teil sogar die Sprache verloren hatten. Bei anderen betrug die Gewichtsabnahme bis zu 30 Kilogramm, so daß die Mehrheit der Militärinternierten den »Eindruck von lebenden Skeletten« vermittelte. In den Lagern gab es zahlreiche Fälle von fortgeschrittener Anämie und Lungentuberkulose. Da die Unterernährung zwangsläufig die Widerstandsfähigkeit verminderte, erwiesen sich die italienischen Gefangenen zum einen als außerordentlich anfällig gegen Infektionskrankheiten, und zum anderen dauerte bei ihnen der Genesungsprozeß, der unter normalen Umständen wenige Tage beansprucht hätte, zwei bis drei Monate oder noch länger. Da zudem Arzneimitteln weitgehend fehlten, stellte sich die Lage so gut wie hoffnungslos dar. Viele Internierte wußten von dem Mangel an Medikamenten, sie verzichteten daher von vornherein auf ärztliche Untersuchungen. Das Bild dieser Hölle, das ein von Hause aus eher zur Beschönigung neigender faschistischer Funktionär entwarf, rundete der Hinweis ab, daß es in vielen Fällen zu Erfrierungen der Gliedmaßen gekommen sei[18]. Es gebrach nämlich nicht nur an physischer Widerstandskraft schlechthin. Die Internierten entbehrten zugleich angemessener Kleidung, Schuhe und ausreichend geheizter Stuben.

Der schon zitierte Bericht jenes ungenannten Offiziers, der das Oflag 83 am 16. November 1944 nach mehr als zehn Monaten Gefangenschaft verließ[19], bestätigte die Darstellung von Chiurco. In seinen Aufzeichnungen stellte sich Wietzendorf als ein Ort dar, an dem zu leben sich niemand wünschen konnte. Die dort im Januar 1944 eingetroffenen Militärinternierten, die in der Masse aus den Lagern im Osten stammten[20], bezogen Quartier in Unterkünften, in denen vor ihnen sowjetische Kriegsgefangene lebten.

---

[18] Chiurco (siehe oben, Anm. 13) schlug als Sofortmaßnahmen vor: Übersendung von Medikamenten in die Lager; Zusendung von Lebensmitteln und Verteilung derselben (so soll es in Sandbostel der Fall gewesen sein, daß der italienische Vertrauensmann »15 000 Stück Zwieback im Speicher« zurückhielt, das wären etwa 18 Stück für jeden Internierten gewesen); Erhöhung der Kartoffelrationen; Repatriierung der Kranken und der Offiziere, die älter als 60 Jahre waren; und Überstellung der nicht rücktransportfähigen Schwerkranken aus den Revieren der Lager in reguläre Kriegsgefangenen-Lazarette.

[19] Ambasciata d'Italia Telespresso N. 11717/2407, Berlino, 14 dicembre 1944, XXIII, Al Ministero Esteri P.C. 305, Oggetto: Ufficiali italiani internati, f.to Anfuso. In der Anlage zu diesem Schreiben wurde der Bericht des ungenannten Offiziers überreicht: Relazione sull'Oflager 83 — Wietzendorf. Considerazioni svolte da un internato uscito da questo campo il 16 nov. 1944 dopo oltre 10 mesi di permanenza, ASMAE, Busta 145, Posizione I/4/14.

[20] Zur Anfangsphase des Lebens italienischer Offiziere in Wietzendorf, das heißt vom 17.1.1944, als die ersten Offiziere aus polnischen Lagern eintrafen, bis zum 9.2.1944, als Pietro Testa (bis zum 29.7.1945) italienischer Lagerkommandant wurde, existiert der Bericht von Hauptmann Giovanni Battista Rizzardini, des damaligen Vertrauensmannes im Lager: Al Ten.Col. Testa cav. Pietro, Comandante del Campo di Internamento di Ufficiali Italiani n. 329 a Wietzendorf (Soltau): Relazione sulla vita del campo dalla sua costituzione ad oggi, Wietzendorf 10 febbraio 1944, ASUSSME, Busta 2256. Die Offiziere, auf dem Transport wie »Tiere« behandelt, sahen sich in jenem Oflag mit menschenunwürdigen Zuständen konfrontiert. Unter diesen Männern, die sich von der Wehrmacht verraten fühlten, verstärkte ihre Behandlung in Wietzendorf die Deutschfeindlichkeit. Zur Übergabe am 9.2. siehe Testa, Wietzendorf, S. 88 f. Vgl. aber auch den Hinweis auf das Lager bei: Monchieri, Diario, 17./18.9.1943, S. 21 ff.

Als die Italiener ankamen, änderten die Deutschen lediglich die Bezeichnung des Lagers. Das Stalag 329 hieß nun Oflag 83. Doch brachte die neue Etikettierung keine qualitativen Verbesserungen. Durch die Risse in den Mauerwänden der Baracken pfiff der Wind. Niemand reparierte die zerbrochenen Fenster. Der Regen drang durch die Dächer ins Innere, in dem sich teilweise sogar Pfützen bildeten. Bis Mitte November 1944 hatte die Lagerleitung noch nicht erlaubt, die Baracken zu beheizen. In den Quartieren herrschte folglich eine hohe Luftfeuchtigkeit bei niedrigen Temperaturen. Wanzen und Flöhe bevölkerten die Strohsäcke. Trotzdem wurde deren Füllung im Verlaufe von zehn Monaten nicht ein einziges Mal ausgetauscht. Die hygienischen Verhältnisse ließen sich einzig als Notstand beschreiben. Rund 4 000 Offiziere lebten in jenem deprimierenden Chaos in einem erbarmungswürdigen Zustand.

In einer Hinsicht hatten die Gefangenen von Wietzendorf allerdings Glück. Sie verfügten mit Oberstleutnant Pietro Testa über einen intelligenten, mit Zivilcourage ausgestatteten und unermüdlichen Lagerkommandanten, der seinem deutschen Pendant Paroli zu bieten wußte. Nach und nach erreichte Testa alles, was sich in einem Internierungslager der Wehrmacht durchsetzen ließ. Unbeschadet zahlloser Widerwärtigkeiten und der Behinderungsversuche besaß insbesondere das geistige Leben im Oflag 83 ein beachtliches Niveau. Hier entstand ferner, was sich für das Duchhaltevermögen der Lagerinsassen als ein entscheidender Faktor erwies: eine echte Gemeinschaft.

Testa erkannte sofort, daß die Offiziere, die physisch und psychisch erschöpft im Oflag Wietzendorf eintrafen, häufig zur Selbstaufgabe neigten. Hinter ihnen lagen vier Monate meist harter Gefangenschaft in polnischen Lagern und ein entbehrungsreicher Transport in Viehwaggons. Die Wehrmacht verlud ja nicht die höchstens zulässigen 40 Mann, sondern pferchte 70 bis 80 Internierte in die Wagen. Auf den zermürbenden Fahrten erhielten die Gefangenen nichts oder kaum etwas zu essen. Bei eisigen Temperaturen reisten sie ohne Heizung von Polen nach Deutschland. Da machte sich zwangsläufig bei vielen Resignation bereit. Es galt deshalb, sie unbedingt aus den Baracken und den verseuchten Betten herauszuholen, um das Absinken in eine tödliche Lethargie aufzufangen. Aktivität und Kreativität mußten geweckt werden. In letzter Konsequenz ging es darum, den Willen zum Überleben zu stimulieren. Das glückte Testa[21].

Allergrößte Bedeutung erlangte bei alldem das religiöse Leben. Dem italienischen Lagerkommandanten gelang es, in einer Baracke eine Kapelle einzurichten. Die Offiziere weihten sie dem »Heiligen Geist«. Der Ort wurde zum Quell der anhaltenden Hoffnung auf ein anderes Leben, auf die Überwindung der barbarischen Gefangenschaft. Das Oberkommando der Wehrmacht sprach in seinem Merkblatt über den Umgang mit den Militärinternierten wertfrei und kühl von »Übungen der katholischen Kirche«, die der italienische Mensch »nicht missen« könne. Es versuchte, den Gottesdienst im Rahmen seiner Disziplinierungsstrategie — die dem Prinzip von Zuckerbrot und Peitsche folgte — zu instrumentalisieren[22]. Dabei scheinen Hitler, Keitel und ihre Helfer jedoch nicht annä-

---

[21] Ausführlich dargestellt bei Testa, Wietzendorf, S. 35—52.
[22] OKW/AWA Kriegsgef. Allg./WFSt/WPr (IV), Berlin, den 5.11.1943, 36/134 Merkblatt für die Behandlung der italienischen Militär-Internierten, BA-MA, RW 4/v. 508a; publiziert in: QdC 5 (1968), S. 72—76, mit italienischer Übersetzung.

hernd begriffen zu haben, welchen Stellenwert der Besuch der Heiligen Messe und der Empfang der Heiligen Kommunion im Dasein eines gläubigen Katholiken besitzen. In Wietzendorf selbst argwöhnte die Lagerkommandantur, daß das geistliche Leben antifaschistischer Propaganda diene. Sämtliche Ansprachetexte, von der Predigt bis zur Leichenrede, unterlagen deshalb der Zensur. Ihr unüberwindbares Mißtrauen trieb die deutschen Bewacher dazu, selbst die Kapelle zu durchsuchen. Dabei zerbrachen sie — natürlich ganz unabsichtlich — die kleine tönerne Madonna, die sich die Offiziere geschaffen hatten. Solche primitiven Aktionen vermittelten den Gefangenen, trotz ihrer Erniedrigung, ein Gefühl der Überlegenheit.

Zur kulturellen Betätigung machte die italienische Lagerleitung zahlreiche Angebote. Sie ließ etwa Kurse in französischer, deutscher und englischer Sprache durchführen. Hierbei wirkte es sich vorteilhaft aus, daß in Wietzendorf fast ausschließlich Zeit- und Reserveoffiziere lebten; die meisten Berufsoffiziere fanden sich — nach der Räumung der Lager im »Generalgouvernement« — in Sandbostel interniert[23]. Entsprechend vorgebildete Gefangene hielten Vorlesungen und Vorträge über Rechtswissenschaft, naturwissenschaftliche Themen und italienische Literatur. Es gab Wettbewerbe unterschiedlichster Art, Ausstellungen und einmal pro Woche eine Art Lagerzeitung. Diese Zeitung, das »Giornale Parlato 83«, erschien seit dem 20. August 1944 und ist am zutreffendsten wohl als eine Art Feuilleton zu bezeichnen. In der Bibliothek des Oflag 83 standen über 2 000 Bände. Das erklärt sich damit, daß es der Lagerkommandant gestattete, in Deutschland verkaufte italienische Bücher zu erwerben, was nicht ausschloß, daß die Bewacher wiederholt verschiedene Werke konfiszierten, weil sie deren Autoren — keineswegs immer korrekt — für Juden hielten. Der Geist des Antisemitismus herrschte selbst in den Büros von Lagerverwaltungen. Wie in anderen Internierungslagern entstand in Wietzendorf ein Theater, das für Zerstreuung sorgte und sich bei den Gefangenen großer Beliebtheit erfreute[24].

Im Bericht von Chiurco deutete sich schon an, daß die positiven Ergebnisse, die das Ringen um gewisse Erleichterungen des Lagerdaseins erbrachte, nicht täuschen dürfen. Oberstleutnant Testa, der nicht zu Übertreibungen neigte, stellte zu Wietzendorf resümierend fest, daß das Leben in seinen Baracken »eine Hölle« bedeutete[25].

Die Existenzbedingungen der Internierten — nicht zuletzt als Folge der prekärer werdenden Ernährungslage und der beginnenden Zwangsarbeit für Offiziere — wurden auch in den Oflag zunehmend schwieriger[26]. Ganz allgemein ist von keiner gleichbleibenden Situation auszugehen. Vielmehr sind bestimmte — spezifische Charakteristika aufweisende — Phasen des Lebens im Lager zu unterscheiden. So stellte sich, um das an einem banalen Beispiel zu veranschaulichen, der Alltag der Gefangenen im Winter zweifelsfrei unvergleichlich härter als im Sommer dar. Kälte und Hunger führten dann zu einer erschwerten Situation, wobei zugleich die Möglichkeiten der ablenkenden Betätigung

---

[23] Siehe oben, Anm. 19, Bericht des unbekannten Offiziers, S. 3 f.
[24] Testa, Wietzendorf, S. 40—49.
[25] Ebd., S. 98: »Naturalmente la vita delle baracche, con 50—80 uomini costretti a stare a contatto di gomito, diventava un inferno.«
[26] Ebd., S. 90—145.

eingeschränkt waren. Die Erlösung, ein Begriff, der für die Befreiung aus sämtlichen Lagern zutraf, kam für Wietzendorf jedenfalls erst am 22. April 1945, als britische Soldaten den Insassen endlich die Tore öffneten[27].

Wendet man sich den Mannschaftsstammlagern zu, so stellt sich das Problem der Repräsentativität von überlieferten Quellen noch drängender als bei den Offizierslagern, denn für mehr Lager ist weniger Material vorhanden. Aber einige Berichte über Stalag sind immerhin erhalten, so für das Lager VI D Dortmund[28], in dem sich im Oktober 1943 zwischen 20 000 und 24 000 Militärinternierte aufhielten. Von ihnen befanden sich 1 000 bis 1 500 im Hauptlager[29]. Die hier berücksichtigten Aufzeichnungen stammen von einem Mann, der auf die faschistische Seite zurückkehrte, falls er sie denn je freiwillig verlassen haben sollte. Das heißt, er dürfte an sich eher deutschfreundlich als antideutsch eingestellt gewesen sein. Gemäß seiner Schilderung lebten die Italiener im Stalag VI D unter extrem harten physischen und psychischen Bedingungen. Ihre tägliche Verpflegung bestand aus 350 Gramm Schwarzbrot, einer nicht einmal erwähnenswerten Portion Margarine und der mittags verabreichten warmen Wirsing-, Rüben- und Gerstensuppe. Die dünne Brühe habe es manchmal auch abends gegeben. Der Arbeitstag umfaßte meist acht bis zehn Stunden Schichtarbeit. Dem Gros der arbeitenden Soldaten fehlte die den klimatischen Verhältnissen angemessene Wäsche und Kleidung. Was sie auf dem Körper trugen, hätte nicht einmal ausgereicht, um sie gegen die winterlichen Temperaturen in Italien zu schützen.

Die Konsequenzen solcher Gegebenheiten lagen auf der Hand. Im Sanitätsbereich sammelten sich sehr viele Italiener, die an schwerer Tuberkulose litten, die an Lungenentzündung, Brustfellentzündung oder Diphtherie erkrankt waren. Die Häufung derartiger Krankheitsfälle stellte ein unzweideutiges Indiz für die fortgeschrittene körperliche Schwächung der Männer dar. Aufgrund ihrer Entkräftung zeigten sie sich in hohem Maße gegen die genannten Infektionskrankheiten anfällig.

Wenig sprach dafür, daß das sogenannte Krankenhaus des Stalag VI D viel zur Heilung der Patienten beitragen konnte. Es bestand nämlich lediglich aus einigen Baracken, die selbst im Winter nur zwei Stunden pro Tag gewärmt wurden und in denen es keinerlei Bequemlichkeit gab. Noch schwerwiegender wirkte sich die Tatsache aus, daß chirurgisches medizinisches Gerät fehlte und Medikamente so gut wie nicht zur Verfügung stan-

---

[27] Testa, Wietzendorf, S. 146–151; sowie über die Zeit bis zur Repatriierung: S. 155–188; vgl. außerdem Zampetti, Liberazione di Wietzendorf, S. 77–93.

[28] Il Capo della Provincia di Aosta, Aosta li 21 Dicembre 1943, Promemoria per il Duce, f.to Dr. Cesare Augusto Carnazzi, ASMAE, Busta 45, Posizione Italia 1/8. Darin wird der Bericht des Nationalrates Arnaldo Sertoli wiedergegeben, der gerade aus deutscher »Gefangenschaft« zurückgekehrt war.

[29] Nach der Aufzeichnung vom 21.12.1943 (siehe oben, Anm. 28) waren es etwa 20 000 Mann. Nach dem bei Barbero, Croce tra i reticolati, publizierten Bericht (hier zitiert nach Piasenti, Il lungo inverno, S. 210 f.) über die Behandlung der italienischen Gefangenen, der für amerikanische Behörden bestimmt war, handelte es sich um 24 000. Barbero ist als Militärgeistlicher u.a. in dem für erkrankte Internierte zuständigen Hauptlager in Dortmund tätig gewesen. Nach der offiziellen Statistik haben sich Ende September erst 2 100 Italiener im Stalag VI D befunden. Das heißt, daß die Masse der dort am 1.12.1943 registrierten 21 141 Militärinternierten seit Oktober eintraf.

den. Bettlägerige erhielten eine einzige Decke. Die Zusammensetzung ihrer Nahrung
entsprach derjenigen der gesunden Internierten, doch bekamen sie weniger. Auch die
Kranken und Schwerkranken ruhten lediglich auf Strohsäcken. Angesichts der genannten Bedingungen verwundert es nicht, daß bereits Ende 1943 außerordentlich viele Todesfälle unter den erkrankten Militärinternierten beklagt werden mußten.

Bemerkenswert erscheint der Hinweis, daß im Stalag VI D nicht nur die medizinischen
Einrichtungen für die Franzosen, sondern sogar diejenigen für die sowjetischen Kriegsgefangenen unvergleichlich besser gewesen seien als das, was die Deutschen den Italienern
zugestanden, wobei Dortmund angeblich keinen Sonderfall gebildet habe. Die gesundheitliche Betreuung der Internierten fiel demnach anderswo nicht besser aus[30].

Darstellungen weiterer Autoren bestätigen die katastrophalen Zustände im sogenannten
Hospital von Dortmund, wo die Kranken starben wie die Fliegen. Mitunter wurden 32
von ihnen pro Woche zu Grabe getragen. Das entsprach fast fünf Prozent der durchschnittlich in stationärer Behandlung befindlichen Militärinternierten. Sie erlagen Krankheiten, die sich medizinisch exakt definieren ließen. Aber die wahren Todesursachen — so
Zeitzeugen — ergaben sich aus dem Hunger und den Mißhandlungen[31]. Vom Oktober
1943 bis zum September 1944 scheinen in Dortmund mehr als 1 000 Italiener im besten
Alter verstorben zu sein[32]. Es existieren für den Bereich des Stalag VI D Zeugnisse, die
von bestialischen Übergriffen des Bewachungspersonals sprechen[33]. Selbst Stimmen, die
dem deutschen Lagerkommandanten zubilligten, daß er sich persönlich um korrektes
Vorgehen bemühte, konstatierten bedrückende praktische Verhältnisse[34].

Eine Beschreibung der Lebensumstände im Stalag Neu Versen[35], wo sich vom 12. September 1943 bis zum 3. April 1945 Italiener befanden, betonte die anfangs gegebene absolute Gleichbehandlung von Mannschaften und Offizieren. Das betraf jenen Zeitraum,
in dem das Lager als ein Zentrum für die Umverteilung der entwaffneten Militärangehörigen diente. Es gab gleiche Nahrung, und alle schliefen ohne Strohsack auf dem Fußboden. Im Widerspruch zu den Propagandaparolen hat das Lagerpersonal die Internierten
vom ersten Tag an mißhandelt. Sie erhielten Fußtritte, Ohrfeigen, Fausthiebe, Stock-

---

[30] Siehe oben, Anm. 28. A. Sertoli forderte eine Intervention der faschistischen Regierung. Diese solle
versuchen, für die arbeitenden Soldaten Bedingungen auszuhandeln, wie sie zwischen Deutschen
und Franzosen vereinbart worden seien. Zu garantieren wären: angemessene Ernährung, Wäsche (es
fehlte nicht der Hinweis darauf, daß die Wehrmacht auf dem Balkan große Bestände in den Lagern
der italienischen Streitkräfte in Besitz genommen hatte), ausreichende gesundheitliche Versorgung
und geregelte Postverbindungen der Internierten mit ihren Angehörigen.
[31] Barbero, Croce tra i reticolati, S. 24 ff.: abgedruckt bei Piasenti, Il lungo inverno, S. 201–205.
[32] Vgl. Piasenti, Il lungo inverno, S. 211.
[33] Ebd., S. 207–210.
[34] Crescimbeni/Lucini, Seicentomila, S. 188; vgl. auch Cimarelli, Comizio, S. 281–292.
[35] Il campo di internamento di Versen. Memoria redatta dal Colonnello Alessandro Fiori di S. Cassiano. Luglio 1945, ASUSSME, Busta 2256. Es handelt sich um das Zweiglager Neu Versen des Stalag
VI C Bathorn. Die in der Memoirenliteratur übliche Angabe »Versen« könnte zu Verwechslungen
mit dem in Niedersachsen gelegenen Ort Versen führen, in dem sich kein Internierungslager befand.
Neu Versen wurde am 29.9.1939 als Stalag VI B aufgestellt, aber am 13.5.1942 als solches aufgelöst
und vom Stalag VI C als Zweiglager übernommen. Vgl. dazu: Mattiello/Vogt, Deutsche Kriegsge-
fangenen- und Interierteneinrichtungen, Bd 1, S. 16 f.

schläge und Stöße mit dem Gewehrkolben. Schwere Vorwürfe erhoben die Gefangenen gegen den Personenkreis, der sie bei ihrer Ankunft im Lager und beim Verlassen desselben durchsuchte. Dabei sei — und das galt ebenso für die von den Bewachungsmannschaften selbstherrlich vorgenommenen Visitationen — jede Willkür möglich gewesen. Sie mußten Taschentücher und Stiefel, Regenmäntel und Wollpullover ohne Quittung abgeben. Selbst Toilettenartikel, Medikamente, Lebensmittel, Zigaretten, Ledertaschen, Feldflaschen, Geld und Wertsachen wie Ringe oder Uhren nahmen die Deutschen an sich. Da letztere hierfür ebenfalls keine Empfangsbestätigungen aushändigten, vermuteten die Internierten, daß ihre Peiniger persönliche »Kriegsbeute« einbrachten. Der Vorwurf, daß die Soldaten der Bewachungsmannschaften die Militärinternierten beraubten, ist für andere Lager ebenfalls vielfach belegt.

Doch dabei blieb es nicht. Vor Antritt der Fahrt in die Arbeitslager im Rheinland und in Westfalen (wovon in erster Linie Mannschaften und Unteroffiziere betroffen waren) oder in Internierungslager in Polen (was vorzugsweise die Offiziere betraf) wurden den Gefangenen in Neu Versen weitere Dinge weggenommen. Das heißt, sobald sie das Lager nach einigen Tagen oder maximal etwas mehr als einem Monat wieder verließen, hatten sie dem deutschen Personal Kochgeschirre, Flaschen und andere zum Essen und Trinken dienende Gefäße zu überlassen. Unteroffiziere und Mannschaften sahen sich normalerweise gezwungen, ihre mitgeführten Decken und Schuhe — ausgenommen diejenigen, die sie trugen — abzugeben. Außerdem soll es häufig vorgekommen sein, daß die Angehörigen der Wehrmacht den Militärinternierten Gegenstände abnahmen, die sich in ausgezeichnetem Zustand befanden. Sie sind, wenn überhaupt, durch verschlissenes Material ersetzt worden.

Mit dem Abschluß der ersten Phase der Umverteilung erhielten die in Neu Versen verbleibenden Italiener Holzliegen mit Strohsäcken. Ihre Verpflegung entsprach nun derjenigen von Kriegsgefangenen anderer Nationalität. Einmal pro Tag bekamen sie Suppe mit ungeschälten Kartoffeln oder Rüben, zuweilen auch mit Gerste, Hirse oder ähnlichem; 250 bis 300 Gramm Schwarzbrot; 20 bis 25 Gramm Margarine, Dosenfisch oder Käse; gelegentlich verteilte die Wehrmacht 30 Gramm Marmelade; und zweimal täglich gab es Kaffee-Ersatz oder Tee. Unter der ungenügenden Ernährung schlechter Qualität litten insbesondere Italiener und Russen, da sie weder vom Internationalen Roten Kreuz noch von sonstigen Wohlfahrtsorganisationen betreut werden durften. Die ersten Pakete aus Italien trafen in Neu Versen erst Mitte März 1945 ein.

Insgesamt bestätigten die dortigen Verhältnisse das in anderen Lagern gewonnene Bild: Der Postverkehr lag im argen. Nach Verbrauch der eigenen Medikamente — die Internierten brachten zuweilen aus ihren früheren Standorten einige Heilmittel mit — fehlten den Krankenstationen Arzneien. Ungenügend muteten die hygienischen Verhältnisse an. Wenn es in Neu Versen dennoch lediglich 18 Tote gab, so erklärte sich das dadurch, daß sich die italienischen Gefangenen bei ihrer Ankunft noch in relativ guter Verfassung befanden und im allgemeinen nur kurze Zeit blieben. Außerdem mußte das Lager am 18. September kurzfristig geräumt werden. Relativ wenige Militärinternierte kehrten später wieder zurück. Seit November verrichteten alle, soweit sie nicht Lagerdienst versahen, in der Umgebung von Neu Versen Zwangsarbeit. Wie an anderen Orten verhängten die

Bewacher Einzel- und Kollektivstrafen, durch die sie die ohnehin angegriffene Gesundheit der Häftlinge zusätzlich schwächten. Großer Beliebtheit erfreute sich eine aus vielen Lagern bekannte Strafmaßnahme. Das heißt, die Italiener mußten stundenlang angetreten in der Kälte oder im Regen stehen. Oft kam es zu strafweisem Nahrungsentzug. Die rohen körperlichen Mißhandlungen[36] fanden bereits Erwähnung.

Als Folge einer derartigen Existenz kam es im Extremfall zu Selbstmord. Mitunter verfielen Gefangene dem Wahnsinn. In der Regel traten schwere Erkrankungen — oft mit Spätfolgen — auf. Verstümmelungen durch Arbeitsunfälle sollen unter den Mannschaften in Neu Versen erschreckend häufig vorgekommen sein. Wegen der allgemeinen Entwicklung sah sich der Chef des Kriegsgefangenenwesens schließlich gezwungen, bestimmte Orte zu Lazarett-Lagern zu erklären. Dort zog die Wehrmacht Schwerkranke und Verletzte zusammen. Für die Italiener von Neu Versen und aus den übrigen Internierungslagern jener Gegend stand Fullen als Hospital zur Verfügung. Nach zeitgenössischer Einschätzung handelte es sich nicht nur um das älteste, sondern darüber hinaus um das dafür am wenigsten geeignete Lager[37]. Ein solches Urteil bestätigte die im Hinblick auf das Stalag Dortmund getroffene Feststellung über die — nicht zufällig — unzureichende medizinische Betreuung der Exverbündeten.

Zum Stalag VI C gehörte 1944 außerdem das Zweiglager Groß Hesepe, in dem sich 2 175 Militärinternierte befanden — darunter 1 060 Stabsoffiziere, 735 Subalternoffiziere und 380 Mannschaftsdienstgrade. Von insgesamt 1 795 Offizieren zählten 758 zu den Berufsoffizieren. Nach der Aussage von Oberst Mario Amodio, dem ehemaligen italienischen Lagerkommandanten, unterlagen alle härtesten Existenzbedingungen, weil sie es ausnahmslos ablehnten, mit den Regimen von Hitler und Mussolini irgendwie zusammenzuarbeiten. Amodio berichtete von Pressionen, die über die Ernährung stattfanden, und vom Zwang, anstrengende und erniedrigende Arbeiten zu verrichten. Er erhob schwerwiegende Beschuldigungen. So soll es zu vielen brutalen Ausschreitungen gegenüber den Italienern gekommen sein. Zahlreiche ältere Offiziere hätten wegen des regelmäßigen und geradezu gewollten Ausbleibens medizinischer Versorgung das Leben verloren. Die Unterernährung, die viele jüngere Lagerinsassen zu Tuberkulosekranken machte, habe man deutscherseits befohlen, um den Widerstandswillen zu brechen. Darüber hinaus sprach Amodio von Vergeltungsmaßnahmen, von Erschießungen, von Schlägen, von Hundebissen und von den bekannten Durchsuchungen, die in Wahrheit Beraubungen bedeute-

---

[36] Bestätigt in: Piasenti, Il lungo inverno, S. 198 f.; dort ist der Bericht des Feldwebels Francesco Colella über die brutale Mißhandlung eines italienischen Soldaten in Neu Versen abgedruckt.

[37] Siehe oben, Anm. 35, hier S. 5—15 und 23 f.; zu den Verhältnissen in Fullen vgl. Piasenti, Il lungo inverno, S. 199 f. Dort ist der Bericht des Oberstabsarztes Ernesto Grella publiziert. Fullen erwies sich demnach als völlig ungeeignet, vor allem wegen der hygienischen Bedingungen. Die Kranken — in erster Linie litten sie an TBC — lebten in überfüllten Baracken (200 Mann), schliefen zum Großteil auf dem Fußboden, ohne Strohsack und viele ohne Decke. Es wurde nie desinfiziert. Die Ernährung war unzureichend und von schlechter Qualität. Der Umgang der Deutschen mit den Kranken stellte einen Skandal dar. Zum Problem der Spätfolgen der Internierung vgl. Volante, Patologia tardiva, S. 76—80. Die Sicht eines in Fullen untergebrachten Patienten reflektiert das Buch von Alpini, Baracca otto. Für den Zeitraum vom Februar bis Mai 1945 siehe die Aufzeichnungen des ehemaligen Lagerpfarrers: Accorsi, Campo della morte.

ten. Den wenigen Paketen, die aus Italien eintrafen, habe die Lagerkommandantur häufig die Medikamente entnehmen lassen. In bezug auf ihre Transporterfahrungen wagte der Oberst sogar den Vergleich mit den Judendeportationen.

Als die Alliierten Groß Hesepe befreiten, lebten in dem Lager — an Italienern — unter anderen 400 Kriegsversehrte und Schwerkranke, 100 an Tuberkulose erkrankte Männer, 100 Soldaten, die bei der Zwangsarbeit Verstümmelungen erlitten, und 40 Offiziere, die mehr als 60 Jahre zählten. Alle italienischen Gefangenen befanden sich im Zustand schwerer Unterernährung und Entkräftung[38].

Man könnte dazu neigen, die zitierten Darstellungen für übertrieben zu halten. Das erschiene als Abwehrreaktion verständlich, denn sie erzählen in der Tat von Verhaltensweisen, die in einem zivilisierten Land an sich unvorstellbar sind. Nur ist darauf aufmerksam zu machen, daß sich die Angaben, die etwa Amodio im April 1945 für die Alliierten niederschrieb, an Ort und Stelle unschwer überprüfen ließen; und wenn sich im Tagebuch eines Gefangenen in Sandbostel Eintragungen wie jene finden, daß der 23. Februar 1944 »ein großer Tag« gewesen sei, weil »keiner die Peitsche gespürt« habe[39], dann vermittelt das einen plastischen Eindruck von der Realität des Lebens italienischer Soldaten in deutschen Internierungslagern.

Aus der Sicht der Wehrmacht ist ein vom 6. Juli 1944 datierter Bericht aus dem Stalag VIII B Teschen[40] verfaßt, der die Situation im Juni 1944 referierte[41]. Obwohl in der unprätentiösen Sprache der Lagerbürokratie aufgezeichnet, also ohne kommentierende Anmerkungen oder menschliche Regungen, besitzt dieses Dokument große Aussagekraft. Das ist nicht zuletzt deshalb der Fall, weil es den Vergleich zwischen den Existenzbedingungen der Militärinternierten und denjenigen von Kriegsgefangenen anderer Nationalität erlaubt.

Teschen zählte Ende Juni 1944 insgesamt 72 009 Lagerinsassen, darunter 10 313 italienische Internierte[42]. Von ihnen waren am Stichtag 9 939 zur Arbeit eingesetzt, 236 galten als arbeitsunfähig und 134 befanden sich zur stationären Behandlung in verschiedenen Lazaretten. Die Gründe der Arbeitsunfähigkeit ergaben sich primär aus der Unterernährung. Italiener litten unter anderem an Hungerödemen, Unterschenkelgeschwü-

---

[38] Vgl. dazu Amodio, Relazione presentata dal Comandante italiano, S. 68—71. Groß Hesepe war bis Ende 1944 ebenfalls ein Zweiglager des Stalag VI C Bathorn und erhielt erst im Januar 1945 die im Bericht genannte Bezeichnung Stalag 308. Zum Kriegsende in Groß Hesepe vgl. Crescimbeni/Lucini, Seicentomila, S. 278—282; ebd., S. 281, der Hinweis, daß kanadische Truppen beim gefangenen Kommandeur eines SS-Bataillons den Befehl Himmlers gefunden hätten, »alle Gefangenen dieser Zone zu erschießen«.

[39] Lusetti, Lager XI-B, S. 85.

[40] Teschen (Cieszyn) war am 17.9.1942 als Zweiglager des Stalag VIII B Lamsdorf (Lambinowice) gegründet worden. Zwischen dem 28.12.1943 und dem 12.1.1944 verlegte man dann das Hauptlager Lamsdorf nach Teschen, das nun Hauptlager wurde und maximal 95 000 Gefangene, darunter auch Italiener, aufnahm. Vgl. Mattiello/Vogt, Deutsche Kriegsgefangenen- und Internierteneinrichtungen, Bd 1, S. 20.

[41] Der Lagerbericht des Mannschaftsstammlagers VIII B Teschen C/S. für den Monat Juni 1944 ist veröffentlicht bei Streim, Die Behandlung, S. 384—389. Das Lager existierte bis zum März 1945.

[42] Die Statistik des Chefs des Kriegsgefangenenwesens, die 10 219 Militärinternierte angibt, weicht hiervon nur geringfügig ab.

ren und Wunden, die schwer heilten. Letztere gingen auf Arbeitsunfälle zurück, von denen im Juni insgesamt 673 vorkamen. 34 Fälle betrafen Militärinternierte, während es bei den Russen 508, bei den Briten 119 und bei den Serben 12 Unglücksfälle gab. Im Berichtszeitraum verstarben von 47 667 sowjetischen Kriegsgefangenen 199, von 12 185 britischen ein einziger und von 10 313 Italienern 12: zwei im Lazarett, einer an einem Anfall von Herzschwäche, der andere an Lungenentzündung; die Todesursachen der zehn im Lager verschiedenen Internierten sind nicht angegeben. Auszuschließen sind Erschießungen, denn bei den im Juni in Teschen exekutierten 18 Gefangenen handelte es sich um einen Briten und 17 Russen.

Entweichen konnten aus dem Stalag VIII B vom 1. bis zum 30. Juni 201 Kriegsgefangene, die sich auf Angehörige von fünf der insgesamt acht im Lager registrierten Nationalitäten verteilten. Unter den Geflüchteten befanden sich fünf Militärinternierte. Die deutschen Sicherheitsorgane haben im Juni 145 aus Teschen geflohene Gefangene wiederergriffen, darunter allerdings bereits vor dem 1. Juni 1944 entkommene Lagerinsassen, zum Beispiel acht Italiener. Disziplinar bestrafte die Lagerverwaltung 75 Militärinternierte: 35 wegen Fluchtversuchs, 13 wegen ungebührlichen Benehmens, 9 wegen Diebstahls, 17 wegen unerlaubter Entfernung vom Arbeitsplatz und einen wegen Arbeitsverweigerung. Bei 424 Disziplinarfällen bedeutete das, daß die Italiener, die 14,3 Prozent der Gefangenen in Teschen ausmachten, 17,7 Prozent aller Disziplinarstrafen hinnehmen mußten. Der Anteil der Russen am Bestand der dortigen Kriegsgefangenen belief sich auf 66,2 Prozent. Bei den disziplinaren Bestrafungen betrug ihre Quote 54,7 Prozent. In etwa wie bei den Italienern stellte sich das prozentuale Verhältnis bei den Briten dar. Jene machten 16,9 Prozent der Gesamtzahl der Lagerinsassen aus, wobei 18,1 Prozent der Disziplinarstrafen auf sie entfielen.

Die Erhaltung der Bekleidung der Gefangenen stellte eine der größten Sorgen der Lagerleitung dar. Das galt in erster Linie in bezug auf die Militärinternierten und die sowjetischen Kriegsgefangenen. Hierbei behauptete die deutsche Seite, der Verlust von Bekleidungsstücken erkläre sich überwiegend dadurch, daß die Gefangenen diese entweder verkauften, gegen Tabak und Lebensmittel eintauschten oder mutwillig zerstörten. Letzteres klang mehr als unwahrscheinlich, denn nur ein Masochist hätte seine ohnehin schweren Existenzbedingungen freiwillig und für nichts zusätzlich verschlechtert.

Im übrigen aber bestätigten derartige Begründungen wenigstens indirekt die ungenügende Ernährung der Gefangenen. Außerdem vermochte sich ein solcher Markt nur zu entwickeln, weil ausreichende Kleidung fehlte. Vermutlich dürfte es so gewesen sein, daß verschiedene Gefangene mit der Not und der Schwäche von Mitgefangenen Geschäfte machten. Um das in einem bestimmten Augenblick als unerträglich empfundene Verlangen zu befriedigen, gaben letztere eventuell im Sommer Kleider für etwas Essen oder Tabak. Doch die vorübergehende Stillung ihrer Begierde brachte sie auf lange Sicht in eine folgenschwere Notlage, falls sie sich nicht auf die eine oder andere Weise Ersatzbekleidung zu verschaffen wußten. Genau hier lag das Problem, denn wer friert oder hungert, überlegt selten, er vergißt allzu leicht selbst die Gesetze der Kameradschaft. Von den Umständen getrieben drohten gerade die Schwächsten zu Egoisten zu werden — zu Dieben.

Im Vergleich mit den übrigen Kriegsgefangenen in Teschen hieß es, daß die Militärinternierten »sehr niedergeschlagen« wirkten. Hingegen stufte die Lagerleitung die Briten und selbst die Russen als optimistisch ein. Wenn von nicht exakt bewertbaren Faktoren wie der Familienbindung, der psychischen Belastbarkeit oder den Auswirkungen des Ambiente auf den einzelnen Menschen in der Gefangenschaft abgesehen wird, so könnte eventuell die Art der Betreuung durch die zuständigen Stellen auf die Ursachen der bei den Italienern verzeichneten depressiven Stimmung verweisen.

Allerdings wies nichts darauf hin, daß deren Lage außergewöhnlich schwer gewesen wäre. Sie erhielten im Monat Juni — gemäß einer Statistik der Postüberwachung — 20 187 Briefe, 14 981 Karten und 9 009 Pakete. Das bedeutete ungefähr zwei Briefe, mehr als eine Karte und weniger als ein Paket für jeden Militärinternierten. Wobei vorausgesetzt wird, daß sie die Posteingänge tatsächlich ausgehändigt bekamen. Die Briten empfingen erheblich mehr Post, nämlich 63 929 Briefe, 31 543 Karten und 33 096 Pakete, also rund fünf Briefe, zwei Karten und fast drei Pakete pro Kriegsgefangenen. Hingegen gingen für die Russen lediglich 204 Briefe und 165 Karten ein, so daß maximal 0,8 Prozent von ihnen Nachrichten von Angehörigen erhalten haben.

Nun erklären quantitative Angaben zu Postsendungen verhältnismäßig wenig. Aufschlußreich könnten in solchem Kontext Informationen über die Zusammensetzung der in Teschen befindlichen Internierten sein. Wieviele stammten aus den Landesteilen im Süden von Rom? Und gab es gravierende Unterschiede hinsichtlich der Posteingänge für Italiener aus den von den Alliierten beziehungsweise den Deutschen besetzten Gebieten? Möglicherweise reflektierte die Stimmung der Gefangenen auch den Tenor der Nachrichten aus der Heimat. Die Lage in Italien, das damals ein geteiltes Land gewesen ist, stellte sich zweifellos besonders bedrückend dar.

Ansonsten existierte Betreuung kaum. Im Juni 1944 bekamen die Militärinternierten eine »erste Liebesgabenzuteilung in Keks«, und »erstmalig« beschaffte ihnen jemand Bücher. Es handelte sich um 63 Bände für über 10 000 Gefangene. Zwar dürfte den gesunden Häftlingen nicht viel Lesezeit zur Verfügung gestanden haben, aber die Briten empfingen alleine im Juni 2 791 Bücher und 712 Unterhaltungsspiele.

Dieser Lagerbericht deutscher Offiziere bestätigte zwar indirekt, was die übrigen referierten Aufzeichnungen über das Leben in den Stalag und Oflag dokumentierten, aber seine Diktion fiel zurückhaltend aus, und einige wichtige Fragen blieben ausgeklammert. Verschiedene Anmerkungen offizieller faschistischer Repräsentanten, die sich zwischen dem Herbst 1943 und dem Frühjahr 1944 zur Situation ihrer gefangenen Landsleute in verallgemeinernder Form äußerten, nannten hingegen den skandalösen Charakter der Internierung beim Namen.

So trat Botschafter Anfuso am 19. November 1943 an die Politische Abteilung des Auswärtigen Amtes heran, um auf die besonders traurige Lage hinzuweisen, in der sich die Militärinternierten in Sachsen befänden. Nach ihm zugegangenen Meldungen herrschten dort die »schlimmsten« Verhältnisse im gesamten Reichsgebiet. Die Internierten müßten unter schwersten Bedingungen und bei schlechter Ernährung arbeiten. Von unmenschlicher Behandlung durch das Bewachungspersonal sprach Anfuso, der insbesondere beklagte, daß der Reichsstatthalter Martin Mutschmann eine sehr antiitalienische Rede gehalten habe. Die Situation im sächsischen Raum sei dadurch noch verschärft worden. Es fehlte auch der Hinweis nicht, daß Polen und Franzosen, mit denen die Italiener gemeinsam hausten, bei letzteren eine »deutschfeindliche und kommunistische Hetzpropaganda« betrieben[43]. Sachsen fiel jedoch nicht aus dem Rahmen. In den Lagern in Schlesien stellten sich die Existenzbedingungen — nach Angaben faschistischer Funktionäre — gleichfalls fürchterlich dar[44].

Im April 1944 schrieb Vaccari einen alarmierenden Brief an Mazzolini, in dem er eine Art Zwischenbilanz zog. Nach seinem Eindruck zeigten sich die Gefangenen von der 12 bis 14 Stunden dauernden täglichen Arbeit wie betäubt. Sie seien vom Hunger ausgezehrt, würden mißhandelt und geschlagen. Tag für Tag steige die Zahl der Kranken[45]. Im Frühjahr 1944 verzeichnete die Betreuungsdienststelle eine erschreckende Zunahme der Todesmeldungen[46]. Da sie im allgemeinen mit erheblicher Verspätung eingingen, könnte hierin der Einfluß des soeben überstandenen Winters zum Ausdruck gelangen, der für die Militärinternierten eine schreckliche Zeit bedeutete. Aber grundsätzlich entsprach der von Vaccari gemeldete Befund in konsequenter Weise den materiellen Umständen, unter denen die Italiener in den Stalag, den Oflag und den Arbeitslagern leben mußten.

Einen Sonderfall unter den Internierungslagern bildete das Oflag 64 Z, jenes schon angesprochene Zweiglager des Offizierslagers Altburgund im Wehrkreis XXI. Spätestens am 5. Dezember 1943 wußte die faschistische Regierung offiziell von dem armseligen Leben, das rund 200 Generale und fünf Admirale in Schocken fristeten. In gewisser Weise ging es ihnen wohl ein wenig besser als der Masse der Offiziere und der Zwangsarbeit verrichtenden anderen Internierten. Aber bei fortgeschrittenem Alter litten sie wie diese unter der Kälte des polnischen Winters, der ungenügenden und schlechten Kost sowie dem Abgeschnittensein von den Familien. Mussolini sah sich jedenfalls Ende 1944 aufge-

---

[43] Dg. Pol. Nr. 105, Berlin, den 19.11.1943, gez. Erdmannsdorff, PA, Büro Staatssekretär, Akten betr. Italien, Bd 18. Der Gesandte I. Klasse Otto v. Erdmannsdorff war stellvertretender Leiter der Politischen Abteilung im Auswärtigen Amt. Er sagte Anfuso eine Nachprüfung der Angelegenheit zu, machte den Botschafter aber darauf aufmerksam, daß »verschiedene der vorgebrachten Behauptungen der Wahrheit nicht entsprechen« könnten, wobei eine Begründung dieser Annahme fehlte, und »zu wenig konkretisiert seien«. Der Vorgang ist jedoch an die Rechtsabteilung abgegeben worden. Ergebnisse der Überprüfung sind nicht bekannt.

[44] Diario S.A.I., S. 46, 31.5.1944, PADF.

[45] I/SRP 17, Berlino 27/4/44 XXII, f.to Vaccari, PADF. Es existierte im übrigen sogar die Auffassung, daß es den arbeitenden internierten Soldaten besser ging als den Offizieren in den Lagern. Vgl. Ambasciata d'Italia Servizio Assistenza Internati Nr.: I/33/R.P., Berlino 19/5/44 XXII, PADF. In diesem Brief von Spaniol an Vaccari wird das Urteil einer Baronesse referiert, die sich um die Betreuung der Internierten kümmerte. Die Lager wurden im übrigen auch von Vertretern des deutschen Auswärtigen Amts besucht. So konnte sich Generalkonsul v. Druffel in den Mannschaftslagern bei Wien von der dringenden Notwendigkeit überzeugen, den Militärinternierten Wäsche zukommen zu lassen: Diario S.A.I., S. 59, 12.6.1944, PADF: Appunto sul colloquio avuto presso l'A.A. tra il Ministro Vaccari, il dott. Spaniol, il Console generale von Druffel e il dott. Hendler.

[46] All'Ambasciatore Conte Serafino Mazzolini Sottosegretario agli Affari Esteri Salò, 20 Dicembre 1944, f.to Vaccari, PADF.

fordert, etwas zu unternehmen[47]. Die Generale selbst sollen bereits in der ersten Hälfte des Oktobers 1943 den Generalmajor der Luftwaffe Armando Ferroni — unter Kontaktaufnahme zur faschistischen italienischen Botschaft in Berlin — aus Schocken mit dem Auftrag entlassen haben, sich als eine Art Vertrauensmann für die Militärinternierten aller Dienstgrade einzusetzen. Ferroni arbeitete dann bis Anfang 1944 mit Vaccari zusammen[48]. Das heißt, daß Salò inoffiziell lange vor dem Dezember darüber Kenntnis besaß, was in Schocken passierte.

Nur schien das Interesse zu fehlen; und ein Brief Anfusos vom Oktober 1943 zeigte, daß zumindest bei ihm keine Neigung bestand, hieran etwas zu ändern. Für ihn waren die Generale Verräter, deutschfeindlich, voreingenommen und feige[49].

Am 17. Februar hielt Marschall Graziani einen Schriftsatz der in Schocken internierten Generale in seinen Händen, in dem sie zum einen ihr Verhalten in den Tagen nach der Verlautbarung des Waffenstillstands verteidigten und zum anderen gegen ihre Behandlung protestierten[50]. Die Deutschen transportierten die Männer demnach in Viehwaggons und Eisenbahnwagen der 3. Klasse — meistens nicht von Offizieren, sondern von groben sowie überheblichen Unteroffizieren und Mannschaften begleitet — ins Reich. Dort sahen sie sich wie gemeine Verbrecher behandelt. Nach verschiedenen Zwischenstationen wurden über 170 von ihnen in Schocken zusammengezogen. Bis zu acht Generale mußten sich eine Kammer teilen. Sie schliefen auf hölzernen Pritschen mit einem Sack voll Holzspäne und ohne Bettzeug. Lediglich die Generalobersten bewohnten Einzelzimmer mit einer geringfügig besseren Ausstattung. Dreimal täglich traten alle zum Appell an, den oft flegelhafte Unteroffiziere abhielten. Die Nächte verbrachten sie in abgeschlossenen Quartieren und ohne Licht.

Innerhalb von zwei Monaten mußten 18 Generale ins Krankenhaus gebracht werden. Dies geschah mit einem offenen Karren, auf dem die Patienten auf ihren Koffern saßen.

---

[47] Presidenza del Consiglio dei Ministri Il Sottosegretario di Stato, Roma, 5 dicembre 1943-XXII, Appunto per il Duce, f.to Barracu, ACS, S.P.d.D., Busta 16, F 91, SF 2.

[48] Vgl. dazu den Bericht Ferronis: Croce Rossa Italiana Comitato Centrale Assistenza Italiani Estero, Milano, li 2 Maggio 1945, Al Comando Aeronautica Milano, f.to Ferroni, PADF. In der Anlage befindet sich die Erklärung von Generaloberst Renzo Dalmazzo vom 30.4.1945, aus der hervorgeht, daß sich Ferroni in Absprache mit ihm und dem damals ebenfalls in Schocken internierten Generaloberst Gariboldi im Oktober aus dem Lager begab.

[49] All'Eccellenza Serafino Mazzolini Segretario Generale al Ministero Affari Esteri Roma, Berlino, li 20 ottobre 1943-XXI, f.to Anfuso, ASMAE, Busta 31, Posizione Germania 1/1, hier S. 3. Am 1. November besaß die Botschaft eine namentliche Liste der über 200 internierten Generale und Admirale: Ambasciata Berlino 1 Novembre 1943, per telefono 25311 P.R., Oggetto: Internati in Germania, f.to Anfuso, ASMAE, Busta 75, Posizione Germania 1-2.

[50] Stato Maggiore Esercito Segreteria particolare del Capo di S.M. Prot.N° 150/CSM/RIS, P.C. 865 li 5 febbr. 1944 XXII, Oggetto: Memoriale dei generali internati in Germania, Al Ministero delle Forze Armate-Gabinetto P.C. 867, F.to Gambara, ACS, S.P.d.D., Busta 16, F 91, SF 2. Grazianis handschriftlicher Kommentar zu diesem Schreiben (S. 1) datiert vom 17.2.44: »Per quanto a me consta la diversa dislocazione ed il diverso trattamento, è conseguenza di discriminazione fra qualità e rifiuto dimostrato dai Generali internati — Graziani.« Das heißt, der Marschall erklärte die schlechtere Unterbringung und Behandlung der in Schocken internierten Generale mit deren — aus deutscher Sicht — geringeren beruflichen Qualifikation und ihrer bewiesenen Ablehnung einer Zusammenarbeit.

Drei Generale — Umberto Di Giorgio, David Dusmet de Smours und Alberto De Agazio — verstarben damals. Die beiden erstgenannten sind auf einem Wagen, der normalerweise dem Transport von Kohle und Abfällen diente, zum vier Kilometer entfernten Friedhof überführt worden. Sie blieben nicht die einzigen Toten. Das schon deshalb nicht, weil eine medizinische Versorgung in Schocken im Grunde nicht existierte. Es gab nämlich kaum Medikamente, und ohne Arzneimittel vermochte selbst die beste Diagnose nicht zu helfen. Außerdem gewährte die Lagerführung den Kranken — aus welchen Gründen auch immer — keine Diätkost. Hinzu kam, daß das Essen, obwohl es etwas mehr als in anderen Lagern gab, qualitativ schlecht war[51]. Alle Generale und Ordonnanzen hatten nach acht Wochen zwischen fünf und zehn Kilo an Gewicht verloren. Sie fühlten sich geistig ermattet und körperlich geschwächt. Man sprach von oft grausamen und groben Quälereien.

Doch scheinen die Generale, die angeblich eine Behandlung forderten, wie sie ihrer Meinung nach die ehemaligen königlichen Soldaten im Bereich des Oberbefehlshabers West erfuhren, ihre Zustimmung zu der in Frankreich praktizierten Form der Zusammenarbeit nicht grundsätzlich ausgeschlossen zu haben. Jedoch lehnten sie es expressis verbis ab, einen neuen Eid zu leisten. Sie wollten sich nicht zu Söldnern machen lassen. Im Hinblick auf die entwaffneten Soldaten im Gebiet der Heeresgruppe D gingen sie dabei wohl davon aus, daß keiner von ihnen schwören mußte.

Graziani beauftragte bekanntermaßen Vaccari, nach Polen zu gehen, um sich über das Schicksal der besagten Offiziere zu unterrichten[52]. Er besuchte hierbei wiederum Tschenstochau und erstmals Thorn sowie Schocken[53]. In seiner an das Auswärtige Amt

---

[51] Nach diesem Bericht gab es in Schocken pro Tag: 300 Gramm Brot und eine Gemüsesuppe, 650 Gramm Kartoffeln, 25 Gramm Fleisch mit Knochen (in der Suppe), 25 Gramm Margarine und einen Kaffeelöffel Zucker sowie etwas Lindenblütentee.

[52] Die Beauftragung durch Graziani geht ganz eindeutig hervor, aus: Diario S.A.I., Proemio, S. 13, PADF; bestätigt wird dies in Vaccaris Brief an Mazzolini vom 20.12.1944 (siehe oben, Anm. 46), S. 8. Allerdings fehlt in beiden Quellen eine präzise Zeitangabe. Das Schreiben Grazianis, mit dem er die Reise anordnete, datierte vom 25.2.1944 und trug die Nr. 1262/SM. Das ergibt sich aus nachträglich gestrichenen Angaben im Kopfteil des Berichts, den Vaccari über seine Reise an das deutsche Auswärtige Amt und die italienische Militärmission sandte. Ursprünglich war die Aufzeichnung — zur Kenntnisnahme — auch an Marschall Graziani adressiert: Berlino, 1° aprile 1944 XXII°, Al Ministero Esteri Germanico e per doverosa conoscenza Al Maresciallo Graziani Ministro delle Forze Armate Italiane, Alla Missione Militare Italiana in Germania, f.to Vaccari, PADF. Handschriftlich ist auf dem Schreiben vermerkt, daß es Botschafter Anfuso zur persönlichen Verwendung und zur Übersetzung zuging. Diese wurde dann am 12.4. dem Auswärtigen Amt als offizielle Note überreicht: Diario S.A.I., S. 60, 12.6.1944 (siehe oben, Anm. 45), PADF. Zu jenem Zeitpunkt wartete man weiterhin auf eine Antwort des Oberkommandos der Wehrmacht, die unmittelbar bevorstehen sollte. Tatsächlich stand sie jedoch am 6.7.1944, ebd., S. 95 (Appunto sul colloquio che ha avuto luogo all'A.A. tra l'ing. Spaniol ed il dott. Hendler), noch immer aus. Am 19.7. wußte die italienische Seite inoffiziell, daß die Entscheidung des OKW »auf jeden Fall« negativ ausfallen würde: Diario S.A.I., S. 114, 19.7.1944, PADF.

[53] Da Vaccari diese zweite Reise nicht vor Ende März 1944 durchführte (es existiert sogar ein Hinweis, daß er erst am 2.4. in Tschenstochau war, was allerdings im Widerspruch zur Datierung seines Abschlußberichts über Schocken steht: Berlin, den 1.4.), können sich zwei von ihm verfaßte Schreiben (5. und 9.3.1944), in denen er den Generalgouverneur Dr. Hans Frank darauf hinwies, daß unbedingt »eine Besserung der Lage der italienischen Kriegsgefangenen« erreicht werden müsse, nur auf

adressierten Berichterstattung bestätigte der Gesandte die Darstellung der Generale in dem oben zitierten Schriftsatz. Er tat es in barscher Form. Darüber hinaus ließ sich Vaccari, der natürlich wußte, daß sein Schreiben an das Oberkommando der Wehrmacht weitergereicht werden würde, die Gelegenheit nicht entgehen, die deutschen Militärs an den Verrat und den Betrug zu erinnern, den sie im September 1943 an der italienischen militärischen Führung verübt hatten.

Jene rund 200 Generale hätten im Vertrauen auf die von der Wehrmachtführung gemachten Zusicherungen ihre Waffen niedergelegt. Sie müßten, wenn die Repräsentanten der Wehrmacht — und ebenso diejenigen der politischen Führung — nicht wortbrüchig geworden wären, längst repatriiert sein (gleiches galt im übrigen für die meisten anderen Soldaten). Hingegen sähen sich die Generale in Schocken und Thorn einer in jeder erdenklichen Hinsicht harten Behandlung unterworfen. Ein großer Teil von ihnen zähle mehr als sechzig Lebensjahre. Dennoch seien sie gezwungen, das eigene Gepäck zu tragen, die Stuben zu reinigen und sogar die Latrinen zu leeren. Die Füllungen der Strohsäcke habe die Lagerverwaltung seit sechs Monaten nicht mehr ausgewechselt. Nach wie vor schliefen die Offiziere ohne Bettwäsche. Ihre Ernährung reiche nicht aus. Briefe würden unbegründet zurückgegeben. Häufig komme es zu Besuchen der Gestapo, die besonders strenge Durchsuchungen vornehme. Der Leiter der Betreuungsdienststelle ging davon aus, daß die Generale den täglichen Quälereien, den unablässigen Erniedrigungen, Mühseligkeiten und Entbehrungen auf lange Sicht nicht standzuhalten vermochten. Daher ersuchte er darum, sie moralisch und materiell einigermaßen angemessen zu behandeln. Außerdem sollten die Kriegsversehrten, die Kranken und diejenigen, die bei ihrer Gefangennahme kein aktives Kommando bekleideten, endlich repatriiert werden[54].

Doch daran dachte die deutsche militärische und politische Führung nicht im entferntesten. Hingegen zeigte sich Hitler gerne bereit, worauf hier exkursorisch einzugehen ist, alle Offiziere nach Italien zurückzuschicken, die Mussolini zur Aburteilung anforderte.

Bekanntlich ließ der »Duce« Anfang Dezember 1943 in Verona ein Sondergericht zusammentreten, das zunächst die Todesurteile aussprach, aufgrund derer Conte Galeazzo Ciano, Marschall Emilio De Bono, der Präsident des Verbandes der Industriearbeiter Luciano Gottardi, der Verwaltungssekretär der Faschistischen Partei Giovanni Marinelli und der Landwirtschaftsminister Carlo Pareschi — ausnahmslos ehemalige Mitglieder des Faschistischen Großrates, die am 25. Juli 1943 gegen Mussolini stimmten — am 11. Januar 1944 auf dem am Stadtrand von Verona gelegenen Schießplatz von Ponte Catena hingerichtet worden sind.

Der »Verbindungsstab der Deutschen Wehrmacht beim Duce« meldete, Mussolinis Befinden habe sich nach dem Prozeß gegen seine einstigen Weggefährten deutlich gebessert.

---

die erste Reise beziehen. In der Tat war von einer »längeren Besichtigungsreise der italienischen Gefangenenlager im Generalgouvernement« die Rede. Vgl.: Der Bevollmächtigte des Generalgouverneurs Tagebuch: Abt.Nr. IV. 1337/44, Berlin, den 20.3.1944, Herrn Generalgouverneur Dr. Frank, gez. Dr. Dresler, BA, R 52 II/21; vgl. ebd. die Schreiben zum Vorgang vom 22./23./25.3. und 4.4.1944; aus ihnen erhellt die vorstehend referierte Datierung der Ausführungen Vaccaris.

[54] Siehe oben, Anm. 52: Berlino 1° aprile 1944, PADF; vgl. zu Schocken auch Crescimbeni/Lucini, Seicentomila, S. 105—120.

Durch die »positive Auswirkung der Todesurteile« ermutigt, wollte er die schon früher geplanten Verfahren gegen einige Admirale und Generale sofort einleiten.

Am Abend des 27. Januar, nach italienischen Angaben erst am 28. Januar, trafen dann aus der Internierung in Deutschland die »zur kriegsgerichtlichen Verurteilung« angeforderten Generale Italo Gariboldi, Ezio Rosi und Carlo Vecchiarelli sowie die Admirale Inigo Campioni, Luigi Mascherpa und Franco Zannoni in Verona ein[55]. Außer ihnen hatte Mussolini am 9. Januar noch vier weitere Offiziere erbeten, von denen der General Mario Robotti am 31. Januar — aus dem Gefängnis in Genua kommend — Verona erreichte. General Renzo Dalmazzo und Admiral Pellegrino Matteucci gelangten am 4. Februar — beide aus Vittel in Frankreich — in die Stadt. General Riccardo Moizo kam am 6. des Monats aus Genua an[56]. Am 26. Februar ersuchte der »Duce« ferner um die Überstellung des in Thorn internierten Generals Bruno Malaguti, ehemals unter anderem Chef des Generalstabs der 8. italienischen Armee. Er befand sich am 10. März am Gerichtsort[57].

In Deutschland, wo, nach vorheriger Entlassung aus der Kriegsgefangenschaft, mindestens vier italienische Generale wegen ihrer gegen die Interessen des Reichs gerichteten Aktionen zum Tode verurteilt und anschließend der Gestapo übergeben wurden[58], zeig-

---

[55] Verbindungsstab der Deutschen Wehrmacht beim Duce, Anlage zu Nr. 119/44 g.Kdos., O.U., den 1.2.1944, Tätigkeitsbericht 15.—31.1.1944, BA-MA, RH 31 VI/6, S. 1 und 4; vgl. ferner: Quartier Generale, Posta da Campo 713, addi 20 marzo 1944-XXII, Al Capitano Giuseppe Ambu Segretario Particolare del Sottosegretario di Stato alla Presidenza del Consiglio dei Ministri, ACS, Presidenza del Consiglio, Busta 39, F 1-2-1, N° 2498. Außer einer Liste der ausgelieferten Generale und Admirale sowie dem genauen Datum der Ankunft in Verona enthält das Schreiben im Anhang eine Zusammenstellung der italienischen Berufsoffiziere im Admiralsrang, die sich auf freiem Fuß befanden. Unter diesen wurden 24 von 65 namentlich als »Feinde« des faschistischen Regimes bezeichnet. Siehe dazu Bocca, La Repubblica, S. 121—124.

[56] Verbindungsstab der Deutschen Wehrmacht beim Duce, Anlage zu Nr. 64/44 g.Kdos., O.U., den 14.1.1944, Tätigkeitsbericht 1.—14.1.1944, S. 3 f. Hier auch die Hinweise, daß der Prozeß gegen Ciano und die übrigen Angeklagten (von denen nur der Korporationsminister Tullio Cianetti nicht zum Tode, sondern zu 30 Jahren Zuchthaus verurteilt wurde) vom 8. bis 10.1.44 dauerte. Die Erschießung erfolgte am 11.1. um 09.00 Uhr. Am 12.1. bestimmte der »Duce« persönlich die Einzelheiten für die Überführung der angeforderten Offiziere, für die nach seiner Aussage die »Gefängnisse in Verona schon bereitstünden«. Zwei Tage später erbat er dann von den Deutschen Material im Hinblick auf die Anklage gegen die Admirale und Generale, BA-MA, RH 31 VI/6; und: Quartier Generale, 20 marzo 1944 (siehe oben, Anm. 55). Die genannten Personen standen dem Sondergericht oder der Präfektur von Verona zur Verfügung. Als Gefangene werden in der italienischen Quelle außerdem aufgeführt: Kapitän zur See Pietro Negri, der am 27.1. aus Rom eintraf, General Antonio Scuero, der am 14.2. aus dem Gefängnis in Turin kam, und General Arturo Fortunato, der am 18.2. aus dem Gefängnis in Rom überstellt wurde.

[57] Verbindungsstab der Deutschen Wehrmacht beim Duce, Anlage zu Ia Nr. 212/44 g.Kdos., O.U., den 15.3.1944, Tätigkeitsbericht 16.2.—15.3.1944, BA-MA, RH 31 VI/8, S. 4 f. Bei dieser Gelegenheit teilte das OKW mit, daß der auf Antrag Mussolinis und Grazianis zu repatriierende Generaloberst Visconti-Prasca sich geweigert habe, die dafür erforderliche Verpflichtungserklärung zu unterschreiben. Man wollte nun wissen, ob der »Duce« dennoch auf der »Inmarschsetzung« bestehe. Mussolini verzichtete darauf. General Malaguti stand im März zur Verfügung des faschistischen Innenministeriums: Quartier Generale, 20 marzo 1944 (siehe oben, Anm. 55).

[58] Vgl. Bartoli, L'Italia si arrende, S. 23; Crescimbeni/Lucini, Seicentomila, S. 114 f.; und Kuby, Verrat auf deutsch, S. 308. Es handelte sich um die Generale Voli, Giangreco, Grimaldi und Spicacci. Getö-

te man sich angesichts der Härte des »Duce« hoch zufrieden. Anfuso, der bereits am 17. Januar über die positive Reaktion der nationalsozialistischen Führung auf den Prozeß von Verona berichtete, bestärkte seinen Regierungschef vermutlich im Hinblick auf dessen unbarmherziges Vorgehen. Denn Mussolini, der sich gerade um Profilierung in den Augen Hitlers bemühte, mußte daran gelegen sein, in Deutschland jenes Gefühl zu stärken, das dort — so sich Anfuso nicht irrte — aufgrund der Erschießungen aufkam. Das heißt, daß das republikanische faschistische Italien alle Brücken hinter sich abgebrochen habe und auf Gedeih oder Verderb für immer an der Seite des »Dritten Reiches« stehen werde[59]. Genau den Eindruck schien der Prozeß gegen die Militärs zu bekräftigen[60], der unter anderem mit der Erschießung der Admirale Campioni und Mascherpa endete. Auch ihr Tod, der am zutreffendsten als Justizmord qualifiziert wird, machte einen Teil der Geschichte der Militärinternierten aus, zu denen sie ebenso wie die anderen angeklagten Offiziere gehörten.

Was jedoch das Dasein in den Lagern[61] anbelangt, so ist — in Ergänzung zu den für die Stalag und Oflag im Reich getroffenen Feststellungen — noch auf die Gegebenheiten in Polen und auf dem Balkan einzugehen.

---

tet hat man nur den letztgenannten. Voli konnte fliehen. Die Urteile gegen Giangreco und Grimaldi wurden in Zuchthausstrafen umgewandelt. Vgl. auch Bocca, La Repubblica, S. 131 f.

[59] Ambasciata d'Italia, Berlino, li 17 gennaio 44-XXII, Al Duce della Repubblica Sociale Italiana Sede del Governo, f.to Anfuso, ASMAE, Busta 31, Posizione Germania 1/1, S. 13 ff.

[60] Zur Erschießung der Admirale Campioni und Mascherpa vgl. Rocca, Fucilate gli ammiragli, S. 6—14; beide wurden am 24.5.1944 umgebracht. In Abwesenheit hat man außerdem die Admirale Leonardi und Pavesi zum Tode verurteilt. Material über den Prozeß gegen die Admirale, für die auch in der R.S.I. dienende Marineoffiziere aussagen wollten, findet sich in: Ministro della Difesa Sottosegretario di Stato per la Marina, Promemoria N. 10 dell'11 febbraio 1944. XXII, ACS, S.P.d.D., Busta 72, F 644, SF 2; und: Giovanni Dolfin, Posta da campo 713, 19 febbraio 1944-XXII, Ecc. Lgt.Gen. Dr. Mario Griffini Presidente Tribunale Speciale per la Difesa dello Stato Alta Italia, ACS, S.P.d.D., Busta 72, F 644, SF 7 (Entlastungsmaterial für die freigesprochenen Admirale Matteucci und Zannoni). Speziell zum Fall Rosi: Bologna, 12 febbraio 1944, Per l'Eccellenza Giovanni Dolfin Segretario Particolare del Duce, f.to Vittoria Rosi, ACS, S.P.d.D., Busta 36, F 329; ebd. auch ein Brief von Frau Rosi an Mussolini (28.1.1944) und weiteres Entlastungsmaterial. Schließlich ist noch anzumerken, daß Hitler Mussolini am 20. Juli 1944 — auf dessen Bitte hin — einige zum Tode verurteilte italienische Marineoffiziere überließ: ADAP, E, Bd VIII, Dok. 128, S. 236. Es ist unklar, um welchen Personenkreis es sich dabei handelte. Eventuell bestand eine Verbindung zu der Feststellung der Seekriegsleitung vom September 1943: »Eine Reihe der am Verrat beteiligten hohen ital. Marineoffiziere wurden festgesetzt und sehen ihrer Aburteilung entgegen«: 1. Skl KTB Teil B, H. IX, S. 173, Lageübersicht vom 1. bis 15.9.1943, BA-MA, RM 7/116. Außer den genannten Flaggoffizieren befanden sich im März 1944 noch folgende Admirale in deutscher Gefangenschaft: Manlio Tarantini (der als Feind der R.S.I. galt), Giuseppe Lombardi, Emilio Brenta, Gustavo Strazzeri, Carlo Daviso di Charvensod, Carlo De Angelis, Arturo Solari und der Generalmajor (Hafenkommandantur) Antonio Bisconti. Zitiert nach ACS, Presidenza del Consiglio, Busta 39 (siehe oben, Anm. 55). Zu den Admiralen vgl. Fioravanzo, La Marina dall'8 settembre, S. 150 f., 163, 179 und 187. Zu erinnern ist ferner daran, daß man auch — wie im Rahmen der Entwaffnungsaktion dargestellt — dem General Mario Caracciolo di Feroleto den Prozeß machte.

[61] Vgl. im Hinblick auf die Existenzbedingungen in den Lagern auch einen Aufsatz, in dem sich über die engere thematische Zielsetzung hinaus zahlreiche Anmerkungen zum Leben im Oflag 73 Langwasser (Nürnberg) sowie entsprechende Literaturhinweise finden: Cajani, Il giornale del campo ita-

Ein recht ausführlicher Bericht liegt für das Stalag 333 Benjaminow vor[62], in dem ein unbekannter Militärinternierter Stimmung und Lebensverhältnisse mit wenigen Worten zusammenfaßte. Italienische Offiziere, schrieb er an die Wand einer Baracke, erlitten hier »gehässige Unterdrückung«. Aber wie die Vorfahren hätten sie durch ihre Standhaftigkeit bewiesen, daß der »deutsche Stock Italien nicht beherrscht«[63]. Was sich hinter solchen Worten verbarg, erhellt eventuell aus der Aufzeichnung des Hauptmanns Rosario Scifo.

Ehe die Italiener — Ende Oktober 1943 zählten sie circa 2 100 Mann — in Benjaminow eintrafen, räumten die dort befindlichen sowjetischen Kriegsgefangenen das Lager. Gerüchteweise hörten die Internierten, daß der vom Hunger, von Kälte und Epidemien verursachte Tod unter den Russen entsetzlich gewütet habe. Zehntausende Leichen sollten in den umliegenden Wäldern verscharrt sein. Für die Neuankömmlinge existierte also Grund zur Sorge, denn die meisten von ihnen trugen nichts außer der Sommeruniform, als sie dem polnischen Winter entgegensahen. Erst gegen dessen Ende verteilte die Lagerkommandantur dringend benötigte Mäntel. Bis dahin standen den Gefangenen lediglich zwei dünne Decken zur Verfügung, um sich gegen die Kälte zu schützen. Doch wenn sie diese bei den langen Appellen im Freien umhängten, wurden sie häufig naß. Das wiederum führte dazu, daß die Internierten nachts keine trockenen Decken besaßen, um sich zu wärmen; und das in Baracken aus Holz, zum großen Teil verfault, ohne Schutz gegen die Unbilden des Klimas, oft ohne Fensterglas, ausgestattet mit zwei an den beiden Schmalseiten aufgestellten Öfen, die sich nur schwierig in Gang halten ließen. Hinzu kam, daß die Lagerverwaltung ständig weniger Heizmaterial zur Verfügung stellte. In derartigen Behausungen mußten jeweils rund 200 Offiziere unter den aus den Lagern in Deutsch-

---

liano dell'Oflag 73, S. 76–114. Unter den zeitgenössischen Darstellungen zu diesem Lager ist das Tagebuch von Zaggia, Filo spinato, S. 190–210, hervorzuheben. Selbst jene Offiziere, die sich für den Dienst in den Streitkräften der R.S.I. meldeten, aber — wie oben dargestellt — im Oflag 73 zurückgehalten wurden, beschrieben die dortigen Zustände in sehr unvorteilhafter Weise: Il Comandante dei volontari repubblicani dell'Oflag 73 in Norimberga, f.to Ten. Colonnello Fappioni Fabio (handschriftliche Aufzeichnung, hier S. 3 ff.), Anhang zu: Ambasciata d'Italia, Berlino, li 3 Mag 1944, Sottosegretario di Stato Serafino Mazzolini Ministero Affari Esteri, ASMAE, Busta 45, Posizione Italia 1/8.

[62] Campo 333 poi Oflag 73 Beniaminowo-Varsavia-Infermeria, f.to Capitano di Artiglieria di Complemento Scifo Rosario, ASUSSME, Busta 2256. Die Aufzeichnung vom 27.5.1945 ist Teil der Berichterstattung, die an das italienische Kommando des Oflag 83 ging (siehe oben, S. 448 f., Anm. 10 und 12). Der Verfasser sprach von bis zu 4 000 Internierten in Benjaminow. Gemäß einer Liste, die das OKW Canevari am 20.10.1943 übergab, befanden sich dort zu diesem Zeitpunkt 1 828 Militärinternierte: Missione Militare Italiana in Germania, Berlino, 21 Ottobre 1943, Al Duce Capo dello Stato e del Governo, f.to Canevari, ACS, S.P.d.D., Busta 71, F 643, SF 6, hier S. 2 f. und Anhang Nr. 4. Irrtümlich wird Benjaminow in dem besagten Dokument als Zweiglager 366 angegeben (tatsächlich handelte es sich bei letzterem um das Stalag Siedlce). Das schon 1941 gegründete Stalag 333 befand sich vom Oktober 1943 bis zum Januar 1944 in Benjaminow. Am 29.1.1944 erfolgte die Umbenennung in Oflag 73 (eventuell auch erst am 1.2.1944). Von April 1944 bis April 1945 befand es sich in Nürnberg-Langwasser. Vgl. dazu auch Mattiello/Vogt, Deutsche Kriegsgefangenen- und Interniierteneinrichtungen, Bd 1, S. 43, und Bd 2, S. 25.

[63] Zitiert nach Giuntella, Mito e realtà, S. 69: »Bastone tedesco Italia non doma«. Der Autor diskutiert dabei die gedankliche Verbindung dieser Phrase zur Garibaldinischen Hymne.

land bekannten Voraussetzungen leben — wenig Raum, keinerlei Bequemlichkeit, skandalöse Schlafbedingungen. Letzteres besagte, daß die Strohsäcke verschmutzt, von Ungeziefer verseucht und nur noch mit wenigen — längst pulverisierten — Holzspänen gefüllt gewesen sind.

Benjaminow, das erscheint historisch als Synonym für einen verzweifelten Überlebenskampf unter härtesten Bedingungen. In den Baracken gab es kein Trinkwasser. Tausende Menschen verfügten nach einiger Zeit nur noch über eine einzige Pumpe, um sich mit Wasser zu versorgen. Die ohnehin unzumutbaren Toiletten standen oft 150 Meter von den Unterkünften entfernt. Das ungesunde und unzureichende Essen sowie katastrophale Voraussetzungen für die bescheidensten Erfordernisse der Körperpflege vervollständigten ein Gesamtbild, zu dem auch Beraubungen, Gewaltanwendungen und Quälereien gehörten. In solcher Umgebung sehnte mancher Gefangene den Tod herbei.

Geradezu unvorstellbar muteten im Stalag 333 — wenigstens bis Anfang 1944, als die Leitung wechselte — die Verhältnisse im Sanitätsbreich an. Die Kranken mußten im Freien warten, selbst bei Regen und Schneesturm. Ihre Behandlung verhöhnte das ärztliche Berufsethos. Stationär aufgenommene Internierte ruhten dicht zusammengedrängt auf einfachen Strohsäcken. Das Sanitätspersonal unterschied die Patienten weder nach der Krankheit selbst noch nach deren Schwere. Der Syphilitiker sah sich mit dem Tuberkulosekranken zusammengelegt, der am Hungerödem Leidende mit einem, der Brustfellentzündung hatte, und so weiter. In jener Krankenstation lag derjenige, der noch um das Überleben kämpfte, auf Tuchfühlung neben demjenigen, der sich schon im Todeskampf befand. Unerträglicher Gestank verpestete die Räume. War die Agonie beendet, so blieb der tote Körper oft noch viele Stunden neben dem Schwerkranken unversorgt liegen. Den nackten Leichnam lagerte man schließlich pietätlos in einer Ecke des Flurs oder an einem »noch unmenschlicheren« Ort — bedeckt mit der schmutzigen Decke des Verstorbenen. Die letzte Ruhe fanden die Toten in einem Winkel des »muselmanischen Friedhofs«. Wie in den übrigen Lagern fehlte es an Medikamenten. Arzneimittel, welche die Internierten mitbrachten oder die mit Paketen von Familienangehörigen nach Benjaminow gelangten, nahmen die Deutschen an sich. Im Grunde, so der Tenor des zitierten Berichts, folgte die medizinische Versorgung einem grausamen Ausleseverfahren. Die Lagerleitung überließ die Erkrankten sich selbst, davon ausgehend, daß die Widerstandsfähigen überleben würden, während die Schwachen eben sterben müßten[64].

Für das Stalag 319 Chelm gibt es die offizielle Meldung eines für die *Repubblica Sociale Italiana* optierenden Offiziers, daß die Militärinternierten dort im November 1943 nicht nur »hart«, sondern oft wie »Schweine« behandelt worden seien, was zu entsprechen-

---

[64] Siehe oben, Anm. 62: ASUSSME. Die Impressionen, die der Bericht von R. Scifo enthält, werden im wesentlichen durch die Aussagen bestätigt, die Cappuccio, Diario, S. 265—268, für die Zeit vom 9.10.1943 bis zum 8.1.1944 machte. Freundlicher ist das Bild, das Crescimbeni/Lucini, Seicentomila, S. 93—104, zeichnen. Allerdings bezieht sich deren Darstellung auf die Lage im Februar 1944, als die Lagerleitung gewechselt hatte. Die Autoren stützen sich vor allem auf die Erinnerungen von Pasa, Tappe di un calvario.

den Reaktionen auf italienischer Seite geführt habe[65]. Damit korrespondierte die Feststellung von Vaccari, daß er in Chelm kaum Erfolge erzielte[66]. Ausführlicher sind die Nachrichten über das Stalag 367 Tschenstochau.

In bezug auf die dortigen medizinischen Verhältnisse liegt die sehr detaillierte Aufzeichnung des ehemaligen leitenden italienischen Sanitätsoffiziers vor. Er unterstand natürlich einem deutschen Arzt, der insbesondere die Ausgabe von Medikamenten in eigener Hand behielt. Von diesen gab es auch im Stalag 367 viel zu wenig. Wie in anderen Lagern wurden die von Familienangehörigen zugesandten Arzneien eine Beute deutscher Durchsuchungen. Die üblichen ärztlichen Behandlungsmaterialien waren knapp und von schlechter Qualität. Innerhalb von acht Monaten erhielt die Krankenstation lediglich zweimal geringfügige Hilfe seitens der Betreuungsdienststelle bei der faschistischen Botschaft in Berlin. Das Laborgerät gestattete keine präzisen Analysen. Alles in allem mußten die italienischen Ärzte unter den gegebenen Bedingungen mehr mit Worten als durch eine echte medizinische Behandlung zu helfen versuchen. Betten in einem wirklichen Krankenhaus standen für gefangene Italiener so gut wie nie zur Verfügung. In acht Monaten konnte zum Beispiel nicht ein einziger Tuberkulosepatient in einem Hospital untergebracht werden. Die Internierten blieben daher im Krankenrevier der Nordkaserne, in dem man vom 19. Dezember 1943 bis zum 8. August 1944 rund 400 Mann stationär behandelte.

Ungefähr 80 Prozent der italienischen Militärangehörigen in Tschenstochau litten im Februar und März 1944 an Hungerödemen. Der Kalorienwert ihrer Ernährung lag erheblich unter den offiziellen 1 200 Kalorien pro Tag, und im genannten Zeitraum starben 19 Offiziere an den *üblichen* Krankheiten.

Ansonsten kam es im Stalag 367 ebenfalls zur Beraubung der Internierten, wobei eine acht Stunden andauernde Durchsuchung der Baracken durch SS und Gestapo am 25. März 1944 in besonders schrecklicher Erinnerung blieb. Die gesamte Zeit mußten die Offiziere — Sanitätspersonal und Kranke eingeschlossen — auf dem Hof im heftigen Schneesturm verbringen.

Über die hygienischen Verhältnisse teilte der Bericht nichts Neues mit. Sie entsprachen den bis jetzt aufgeführten Beispielen: hoffnungslos überfüllte Baracken; Strohsäcke voller Ungeziefer (aber nie fand eine Desinfektion statt); fehlendes Heizmaterial; und zur Körperpflege sowie zum Wäschewaschen erhielt jeder Gefangene alle zwei oder drei Monate circa 30 Gramm Seife[67].

---

[65] Tenente Armi Navali Pertici Vinicio, Novi Ligure 24/4/1944/XXII, Promemoria, Impressioni di un ufficiale di Marina rientrato in patria dopo una permanenza di sette mesi nei campi di concentramento in Germania, ACS, S.P.d.D., Busta 16, F 91, SF 2, hier S. 3.

[66] Diario S.A.I., Proemio, S. 7, Dezember 1943, PADF. Anzumerken ist allerdings, daß der erste Eindruck, den Caffiero, Verso il Lager, S. 95, am 10.11.1943 in Chelm gewann, ausgesprochen positiv ausfiel. Er schrieb von echten Strohsäcken, Wolldecken und einem Teller aus Porzellan.

[67] Fisichella, Czestochowa, S. 96—99. Der Bericht dieses ehemaligen Sanitätsoffiziers wurde unmittelbar nach der Repatriierung 1945 geschrieben. Giovanni Battista Fisichella leitete vom 19.12.1943 bis zum 9.8.1944 die Krankenstation das Stalag 367. Am 13. und 14.9.1943 scheinen die ersten 402 italienischen Offiziere, darunter zwei Generale, von Bozen kommend in Tschenstochau eingetrof-

In der einen oder anderen Form wiederholten sich die geschilderten Fakten in den Darstellungen anderer Militärinternierter über ihre Lebensumstände in den übrigen Lagern. Die Auseinandersetzung mit dem Hunger, der Kälte, den vielfältigen Krankheiten und der Willkür der Bewacher sowie das Ringen um die persönliche Integrität bestimmten den Alltag, erfüllten das Warten auf die Rückkehr in die Heimat. Dies galt alles in allem für das Stalag Przemyśl mit seinen Zweiglagern Pikulice und Nerybka[68] ebenso wie für das Stalag 307 Deblin[69] oder für das Stalag 328 Lemberg (L'vov)[70]. Obwohl im einzelnen recht unterschiedlich aussagekräftige Augenzeugenberichte vorliegen, erscheint ein solches — verallgemeinerndes — Urteil statthaft.

Die vorstehenden Ausführungen zum skandalösen Umgang mit Italienern in Lapovo in Serbien vermittelten bereits einen Eindruck vom Leben in den Lagern des Balkanraums. Mussolinis Regierung wußte Ende 1943, daß dort Tausende Soldaten und Offiziere aller Waffengattungen unter Hunger, Kälte und Verwahrlosung litten. Das Regime konnte daher nicht umhin, mit der Wehrmacht Vereinbarungen über eine Repatriierung der Männer anzustreben[71].

---

fen zu sein. OFK 603 Abt. Ia, Kielce, den 20.9.1943, Monatsbericht für den Zeitraum 16.8.—15.9.1943, S. 5, BA-MA, RH 53-23/42. Am 9. August 1944 verließen die letzten Militärinternierten Tschenstochau, um ins Reich transportiert zu werden. Damit war das »Generalgouvernement« offiziell von Militärinternierten geräumt.

[68] Fiorentino, Nerybka, S. 273—278; Crescimbeni/Lucini, Seicentomila, S. 70—86; und Morandi, Straflager, S. 134 ff. Das Stalag 327 befand sich vom Dezember 1942 bis zum Juli 1944 in Przemyśl. Zu ihm gehörte außer den genannten Zweiglagern auch das Zweiglager Olchowce, in dem sich allerdings keine Militärinternierten befanden. Im Juni 1944 wurden für das Krankenhaus des Stalag 327 noch 60 stationär behandelte italienische Internierte gemeldet: Diario S.A.I., S. 54, 7.6.1944, PADF.

[69] Vgl. dazu Santalco, Stalag 307, S. 23—40; Crescimbeni/Lucini, Seicentomila, S. 87—95. Das Stalag 307 befand sich seit Ende Oktober 1941 in Deblin-Irena. Mitte Januar 1944 wurde es in Oflag 77 umbenannt. Italienische Offiziere sahen sich ferner im Zweiglager Zajerzierce interniert. Letzte italienische Insassen im Oflag 77 konnten im Juni 1944 festgestellt werden.

[70] Battaglia, Leopoli, S. 356 f.; und Ciantelli, A Leopoli, S. 112. Das Stalag 328 Lemberg, Zweiglager Tarnopol, in dem ebenfalls italienische Offiziere lebten, wurde ab 1.2.1944 zum Oflag 76. Das Stalag 328 existierte von Januar bis Oktober 1943 in Drogobyč/Stryj, während sich in Lemberg bis September 1943 (seit November 1942) das Stalag 325 befand. Es kam dann zu einer Umverlegung, die nicht auf den Tag genau zu datieren ist. Aber seit Mitte Oktober 1943 lag das Stalag 328 in Lemberg (bis Januar 1944) und das Stalag 325 in Stryj-Panzerkaserne und Flugplatz (bis Januar 1944). Es ist aufgrund verschiedener Hinweise davon auszugehen, daß das Stalag 328 ab 1.10.1943 offiziell in Lemberg arbeitete. Die letzten Militärinternierten konnten in dem — damals Oflag 76 genannten — Lager im April 1944 nachgewiesen werden. Vgl. dazu: Oberfeldkommandantur 365 Ia Nr. 4909/43 geh., St.Qu., den 18.10.1943, Monatsbericht Zeitraum 16.9.43—15.10.43, BA-MA, RH 53-23/43, hier S. 6; und ebd., Oberkommando der Wehrmacht, Az. 2 f 24.120 Chef Kriegsgef./Org. (Ic) Nr. 6222/43, Berlin, den 18. Nov. 1943, Organisationsbefehl Nr. 51, S. 7.

[71] Ufficiale di collegamento Capitano Lucillo Merci Consolato Generale d'Italia Salonicco, Pro Memoria, Affari Politici, Registrato il 10 Dic 1943, ASMAE, Busta 76, Posizione Serbia 1/3. Merci selbst gehörte ebenfalls zu den auf dem Balkan zurückgehaltenen Italienern, die ihre Repatriierung verlangten. Siehe außerdem die ausführliche Darstellung des italienischen Konsuls in Belgrad, Giorgio Gozzi: Belgrado, 24 dicembre 1943-XXIIᵒ, Al Ministero degli Affari Esteri Venezia, ASMAE, Busta 37, Posizione Serbia 1, hier S. 5f.

Die meisten Informationen bezogen sich auf Lager in Serbien und auf die hier zur Arbeit gezwungenen Militärinternierten. Zum Gesamtbild gehörten häufige Schläge und ausgesprochen harte Arbeitsbedingungen[72]. Die in den Bergwerken von Bor eingesetzten Italiener lebten in ihren Behausungen unter Umständen, die Beobachter »wahrhaft bestialisch« nannten. Als miserabel beschrieben Zeitzeugen die gesundheitliche Situation. Selbst Malariakranke mußten ohne medizinische Versorgung auskommen. Ansonsten scheinen die Deutschen ihre in die Kupferminen geschickten Exverbündeten als unentgeltliche Arbeitskräfte betrachtet zu haben.

Nach der Auffassung italienischer Repräsentanten ging die inhumane Behandlung nicht zuletzt auf den Generalbevollmächtigten für die Wirtschaft in Serbien und Generalbevollmächtigten für den Metallerzbergbau Südost, Generalkonsul Franz Neuhausen, zurück. Er galt als Vertrauter Görings, sah sich keiner Kontrolle unterworfen, und selbst Deutsche bezeichneten ihn als den »Papst von Serbien«. Neuhausen soll ein gefürchteter Mann gewesen sein.

Besorgnis löste insbesondere der Bekleidungszustand der Gefangenen aus, da ihnen die Wehrmacht die benötigten Kleidungsstücke höchst selten zustand. Hingegen spazierten deutsche Soldaten in erbeuteten italienischen Stiefeln umher, und russische Freiwillige trugen die Uniformen der entwaffneten königlichen Armee. Nur diejenigen, die für das neue faschistische Regime votierten und die Seite wechselten, erfuhren eine bessere Behandlung. Allerdings scheinen die Deutschen hinsichtlich einer Übernahme gerade in Serbien sehr zurückhaltend agiert zu haben.

Außer in Bor befanden sich viele der rund 10 000 im serbischen Raum zusammengezogenen Italiener in Nordserbien, wo sie unter der Kontrolle der SS und im Tätigkeitsbereich von Neuhausen Zwangsarbeit verrichteten. Lediglich ausnahmsweise erhielten Vertreter des faschistischen Regimes die Genehmigung, jenes Gebiet zu betreten. Sie erfuhren jedoch durch Vertrauensleute von der unmenschlichen Behandlung der dortigen Militärinternierten. Mehrere italienische Gefangene hätten die Deutschen erschossen, so hieß es, als sie einen Fluchtversuch wagten[73]. Weitere Internierungslager gab es in Ze-

---

[72] Direz. Gen. Aff. Pol. D.I.E. Venezia, Q.G. 28 Gen. 1944, Situazione morale e materiale dei militari italiani in Serbia, ASMAE, Busta 76, Posizione Serbia 1/3. Die Aufzeichnung berücksichtigt die Entwicklung bis zum 31.12.1943. Um die Kupferminen in Bor kümmerte sich demnach vor allem Neuhausen. Seit dem 1.1.1944 war er in Personalunion auch Chef der Militärverwaltung beim Militärbefehlshaber Südost, dem General der Infanterie Hans Felber, der zugleich die Stellung des Militärbefehlshabers Serbien bekleidete. Aus den zitierten Darstellungen geht ferner hervor, daß die Auffassung von Reichsaußenminister v. Ribbentrop in gewissen Kreisen offenbar ignoriert wurde. Denn dieser hatte dem Sonderbeauftragten des Auswärtigen Amtes für den Südosten, Neubacher, Anfang November mitteilen lassen, daß er den »Einsatz italienischer Kriegsgefangener, die sich der Entwaffnung widersetzt haben, zum Arbeitseinsatz in Serbien nicht für zweckmäßig halte«, da es wegen des besonderen deutsch-italienischen Verhältnisses »untragbar sei, wenn italienische Kriegsgefangene mit deutschen Bajonetten vor den Serben zur Arbeit gezwungen würden«. Keine Bedenken bestanden hinsichtlich der Verwendung freiwilliger italienischer Arbeitskräfte in Serbien: Büro RAM, Westfalen, den 1.11.1943, gez. Sonnleithner, PA, Büro Staatssekretär, Akten betr. Italien, Bd 18.

[73] Trotz des im allgemeinen rücksichtslosen Vorgehens in derartigen Fällen ist anzumerken, daß es auch andere Beispiele gab. Vgl. dazu Rabatti, Fuga, S. 215—218. Dieser Unterleutnant flüchtete auf dem Transport von Lemberg nach Wietzendorf im Februar 1944. Er wurde aufgegriffen und erhielt

mun in Kroatien und in Kosovska Mitrovica in Südserbien. Keinem der Männer, die sich an den genannten Orten quälten, vermochten die diplomatischen Vertreter der *Republica Sociale Italiana* bis Ende 1943 zu helfen. Nur für einige hundert Militärangehörige in Belgrad setzten sie eine gewisse Unterstützung durch. Insgesamt aber zeigte sich die deutsche Seite intransigent. Um Abhilfe zu schaffen, wurde italienischerseits schließlich — unter anderem — die Einrichtung einer Betreuungsdienststelle verlangt[74].

Ein weiterer Alarmruf des faschistischen Konsulats in Belgrad erreichte das Außenministerium der Republik von Salò Anfang Februar. Der Konsul meldete, daß er keinen Kontakt zu den gefangenen Landsmännern aufnehmen dürfe. Selbst auf der Straße empfehle es sich, sie allenfalls mit Diskretion anzusprechen. Dennoch wußte er, was um ihn herum geschah. Die Zustände in Jadogina, etwa 100 km von Belgrad entfernt, könnten als typisch für alle übrigen Lager gelten. Entwaffnete italienische Soldaten fristeten dort in einer aufgegebenen Baumwollspinnerei — in Räumen, die weder Fenster noch Heizung besaßen, und beim Schlaf auf der nackten Erde liegend — ein erbärmliches Dasein. Andere, die man nach Paraćin verbannte, würden von der dortigen Bevölkerung versorgt. Doch seien Helfenden, der Konsul sagte nicht von wem, ernsthafte Sanktionen angedroht worden, sofern sie sich weiterhin mit den Italienern solidarisierten[75].

Mussolinis Außenministerium überreichte daraufhin eine Note, machte auf die Gefahr der Bolschewisierung der Gefangenen aufmerksam, bat deren Arbeitsverhältnisse sowie

---

15 Tage Arrest. Dabei hatte er Glück, denn die Wachmannschaften verhielten sich human, was ihm gemäß eigener Aussage — nach der schweren Zeit im Stalag 328 (Oflag 76) — ein wenig den Glauben an das Gute im Menschen zurückgab.

[74] Die Betreuungsdienststelle sollte ferner dazu dienen, unter den Internierten Propaganda für die R.S.I. zu betreiben. Sie hatte Italiener zu »retten« und Freiwillige für Mussolini anzuwerben. Unter den zur Zwangsarbeit eingesetzten entwaffneten Soldaten befanden sich auch solche, die auf der Seite der Partisanen Widerstand geleistet hatten und bei Kampfhandlungen gefangen worden waren. Dazu berichtete Orlando Lisi, er sei mit 122 anderen Gefangenen bereits dabei gewesen, das eigene Grab auszuheben, als am 25.12.1943 der Befehl erging, daß die bei Auseinandersetzungen mit den Partisanen gefangenen Männer nicht mehr umzubringen, sondern zu Arbeiten heranzuziehen seien. Über deren Bedingungen schrieb Lisi wenig, aber um so mehr sagte er über die Behandlung, die er und verschiedene Kameraden, die nach der Flucht aus deutscher Gefangenschaft zunächst von den Russen aufgenommen wurden, durch die Jugoslawen erfuhren. Hier trafen sie sich mit deutschen Gefangenen wieder. Gemeinsam mit jenen erlebten die Italiener schier unvorstellbare Bestialitäten und Morde im großen Stil. Vermutlich läßt sich die von ihm geschilderte Enthemmung, ein derartiger Blutrausch mit dem erklären, was das jugoslawische Volk unter nationalsozialistischer und faschistischer Besetzung erdulden mußte, doch zu rechtfertigen vermag selbst die Tatsache, daß hier eine Reaktion stattfand, das Geschehene nicht. Mord bleibt Mord, daran ändern nachvollziehbare Rachegefühle überhaupt nichts. Vgl. dazu Piasenti, Testimonianze di Orlando Lisi, S. 80—84. In der geschilderten Situation trat zutage, wie schwierig es für die Militärinternierten war, von ihren früheren Gegnern als Gefangene der Deutschen — mit allen Konsequenzen — akzeptiert zu werden. Das galt im übrigen ebenso für ihren Aufenthalt in den Lagern in Deutschland. Zu den Wehrmachtangehörigen und ihrem Schicksal vgl. Boehme, Die deutschen Kriegsgefangenen in Jugoslawien, insgesamt.

[75] Rappresentanza Consolare d'Italia Belgrado, Urgente-Riservatissimo, Telespresso N. 83/50, Belgrado, li 8 febbraio 1944-XXII, Oggetto: Militari italiani in Serbia, F.to Gozzi, ASMAE, Busta 76, Posizione Serbia 1/3. Erneut wurde in diesem Schriftsatz die Einrichtung einer italienischen militärischen Verbindungsdienststelle gefordert.

ihre materielle und moralische Lage zu prüfen. Vor allem solle den Repräsentanten des Regimes endlich erlaubt werden, Kontakt zu den Militärinternierten in Serbien aufzunehmen[76].

Vaccari charakterisierte die Lagebeurteilungen des Konsuls, Marchese Gozzi, als einen immer dringender werdenden »Hilfeschrei«. Daher entschloß er sich, in die jugoslawische Hauptstadt zu reisen. Dies nicht zuletzt deshalb, weil ihm Mazzolini damals gerade die Zuständigkeit für den Balkanraum übertragen hatte[77]. Am 30. April 1944 traf der Gesandte — begleitet von Marcello Minigutti, einem seiner Mitarbeiter — dort ein. Bis zum 5. Mai verhandelte er mit den Deutschen über die Einrichtung einer regionalen Betreuungsdienststelle für internierte Militärangehörige. Mit Erfolg: Schon am 8. Mai kam Giuseppe Annovazzi nach Belgrad, um die Leitung der bei der Konsularischen Vertretung eingerichteten — noch nicht voll entwickelten — Dienststelle zu übernehmen[78].

Im Rückblick Vaccaris ist zu lesen, daß er, trotz des Verhandlungserfolgs, aus Belgrad erschüttert, ja geradezu vernichtet zurückkehrte. Was er im Südosten zu sehen bekam, muß fürchterlich gewesen sein. Der Gesandte besuchte damals auch einige Lager — sein Resümee: eine Tragödie in der Tragödie! Als er im April aus Deutschland abreiste, schien es ihm zunächst unvorstellbar zu sein, daß die Schilderungen von Gozzi zutreffen könnten, da sich in ihnen die Lebensumstände der Gefangenen auf dem Balkan noch schlimmer ausnahmen als diejenigen der Internierten in deutschen Lagern. Nach seinem Aufenthalt in Jugoslawien waren derartige Zweifel ausgeräumt[79].

Was nun das eingangs angesprochene methodische Verfahren angeht, so ist zu konstatieren, daß die Überlieferung der Memoirenliteratur in den Aussagen der offiziellen Berichterstattung über die Militärinternierten weitgehende Bestätigung findet. Bestimmte Merkmale, die das Dasein in den Stalag und Oflag kennzeichneten, traten in allen herangezo-

---

[76] Ministero degli Affari Esteri, Q.G., 28 Feb 1944, Appunto per l'Ambasciata di Germania, ASMAE, Busta 76, Posizione Serbia 1/3. Konsul Gozzi verzeichnete dann Anfang März eine gewisse Verbesserung in den Beziehungen zu den deutschen Diplomaten. Auch durfte er nunmehr mit den Italienern sprechen, die in Krankenhäusern stationär behandelt und von den Deutschen als »Gefangene« angesehen wurden, ebd., Rappresentanza Consolare d'Italia Belgrado, Riservato, Telespresso N. 192/112, Belgrado, addi 5 marzo 1944, Indirizzato a Ministero degli Affari Esteri — Gabinetto — Oggetto: Dr. Junker — Miei rapporti con le Autorità Germaniche, f.to Gozzi. Der Vortragende Legationsrat Werner Junker war seit dem 21.12.1943 der Dienststelle des Sonderbevollmächtigten des Auswärtigen Amtes für den Südosten, Hermann Neubacher, in Belgrad zugeteilt.

[77] Diario S.A.I., Proemio, S. 15, April 1944, PADF.

[78] Gerenza degli Affari Consolari d'Italia Belgrado, Riservato, Telespresso N° 772/487, Belgrado, li 8 maggio 1944-XXII, Al Ministero degli Affari Esteri — Quartier Generale, Ambasciata d'Italia — Berlino, Oggetto: Visita del Ministro Vaccari — Ufficio di Assistenza ai Militari italiani, ASMAE, Busta 76, Posizione Serbia 1/3.

[79] Diario S.A.I., S. 16, Mai 1944, PADF; siehe außerdem: All'Ambasciatore Conte Serafino Mazzolini, 20.12.1944 (siehe oben, S. 461, Anm. 46), hier S. 11 f. Als sich Vaccari auf dem Balkan aufhielt, gab es allein in Griechenland 33 Lager, in denen sich insgesamt 17 312 Mann befanden, die alle zur Kategorie der Militärinternierten zählten. In Jugoslawien existierten damals — meist in Serbien gelegen — 18 Lager: Rochat, Memorialistica, S. 56. Sofern die Angabe bei Rochat zutreffen sollte, müßten über 50 000 der rund 68 000 im Südostraum internierten Italiener, die Anfang Mai in den Statistiken des Chefs des Kriegsgefangenenwesens auftreten, außerhalb Griechenlands eingesetzt worden sein.

genen Quellen zutage: der unerträgliche Hunger; die schreckliche Kälte und die geringen Chancen, sich gegen sie zu schützen; die lebensbedrohlichen Krankheiten und Seuchen, zu deren Abwehr eine extrem defizitäre medizinische Versorgung in keiner einigermaßen wirkungsvollen Weise beizutragen vermochte; jenes Zurückgeworfensein auf
primitivste und menschenunwürdige Existenzbedingungen; das Gefühl, der Willkür und
der Brutalität des Bewachungspersonals schutzlos ausgeliefert zu sein; sowie die Ohn-
macht gegenüber der Beraubung, worauf die Durchsuchungen durch Angehörige der
Wehrmacht, der SS und der Gestapo häufig hinausliefen.

Trotz der zahlreichen gemeinsamen Wesensmerkmale, welche die Gefangenschaft besaß,
ist es nicht möglich, undifferenziert zu verallgemeinern. So stellten sich die Verhältnisse auf dem Balkan zum Beispiel besonders schlimm dar. In einem Lager für Offiziere
lebte es sich anders als in einem für Mannschaften und Unteroffiziere. Das schon deshalb, weil, von den materiellen Komponenten ganz abgesehen, in den Offizierslagern
das leichter zu entfaltende kulturelle Leben und die Lagergemeinschaft eine Dynamik
mit sich brachten, die geistige Abwehrkräfte freisetzten. Nicht ohne Grund bildeten
die Oflag Zentren des Widerstands, was sowohl die deutsche als auch die italienische
faschistische Seite so sah. Aber da gab es zudem den großen Unterschied, der darin
bestand, daß Offiziere — im Gegensatz zu den übrigen Militärinternierten — erst verhältnismäßig spät und in der Regel unter anderen Voraussetzungen als die Soldaten zur
Arbeitsleistung gezwungen wurden. Ungleich fiel außerdem die Einzelbestrafung aus.
Körperliche Züchtigungen erfuhren normalerweise nur Mannschaften und Unteroffiziere, während Offiziersdienstgrade Arrest zudiktiert wurde. Hinsichtlich der ebenfalls
angewendeten Kollektivstrafen glichen sich Offizierslager und Mannschaftsstammlager
allerdings wieder.

Bleibt darauf hinzuweisen, daß eine Analyse des Lebens in den Interniertenlagern den
Faktor Zeit nicht außer acht lassen darf, denn es gab eine Entwicklung zum Schlechteren. Sie betraf insbesondere diejenigen, die bis in die letzten Tage des »Dritten Reiches«
als Gefangene in den Stalag und Oflag darbten[80].

b) Die Behandlung der internierten und »befreiten« italienischen Soldaten beim Arbeitseinsatz

Bis hinab zur Ebene der Arbeitskommandos war das Merkblatt des Oberkommandos
der Wehrmacht für die Behandlung der Militärinternierten vom 5. November 1943 zu
verteilen. Alle Angehörigen der Kommandanturen von Offiziers- und Mannschaftsstammlagern mußten über seinen Inhalt eingehend belehrt werden[81]. Der Leiter der Partei-
Kanzlei bat sogar die Gauleiter, dafür zu sorgen, daß die Richtlinien für den Umgang
mit den Internierten auf jeden Fall denjenigen Deutschen zur Kenntnis gebracht wür-

---

[80] Vgl. zu diesem Resümee — außer den bereits zitierten Titeln — insgesamt: Borrelli, Deportazione dei militari, S. 19–24; Bruna, Martirio dei soldati; De Bernart, Nein; Gli I.M.I.; und Lops,
Albori.

[81] M.-Stammlager IV D, Torgau, den 29.11.1943, Betr.: Merkblatt für die Behandlung ital. Mil.Inter-
nierter. An alle Landes-Schützen-Btl. und Kontroll-Offiziere, BA-MA, RH 49/101.

den, die mit ihnen in Berührung kämen, da sie die Weisung der militärischen Führung ebenfalls zu beachten hätten[82].

Im übrigen aber wies Bormann bereits in einem Rundschreiben vom 28. September 1943 darauf hin, daß die gefangenen Italiener, die damals gerade in den Lagern eintrafen, zwar nicht auf der eigenen Seite weiterzumachen beabsichtigten, aber sich auch nicht gegen die Wehrmacht gestellt hätten. Daher wolle sich die deutsche Führung zunächst noch einmal bemühen, sie nach Aufklärung über die Entwicklung in Italien für ihre Sache zu gewinnen. Wo das nicht gelänge, sollten die Internierten »nach den für westliche Kriegsgefangene geltenden Grundsätzen« im Arbeitsprozeß eingesetzt werden. Sauckel werde sich in dieser Sache mit den Leitern der Gauarbeitsämter in Verbindung setzen. Ansonsten seien die früheren Bundesgenossen wie alle militärischen Gefangenen »streng und gerecht zu behandeln«, wobei man ihnen aber gleichzeitig die »höchste mögliche Leistung« abverlangen müsse[83]. Das klang im großen und ganzen nach korrekten Umgangsformen. Einzelne Frontkommandos erließen ja — wie schon erwähnt — im September 1943 ebenfalls Weisungen, die entweder eine »unter allen Umständen gute Behandlung und ausreichende Verpflegung« der gefangenen Italiener anordneten[84] oder deren Arbeitseinsatz im Rahmen präziser Bestimmungen, die dem Kriegsvölkerrecht zu genügen versuchten, regelten[85].

Ein zum Teil werbender, zum Teil schulmeisterlicher Tenor kennzeichnete das oben zitierte Merkblatt von Anfang November. Dem Umgang mit den internierten Männern maß das Oberkommando der Wehrmacht große politische Bedeutung zu. Strenge und Disziplin galten gerade in den ersten Wochen als unerläßlich, doch davon abgesehen müßten die mit diesen speziellen Gefangenen befaßten Personen eine Reihe von Besonderheiten

---

[82] Vgl. dazu das Rundschreiben Bormanns vom 15.12.1943, mit dem man das Merkblatt vom 5.11.1943 verteilte: publiziert in QdC 5 (1968), S. 72. Auszugsweise wurde das Merkblatt von den Arbeitsämtern verteilt. Dabei waren alle jene Passagen weggelassen, die Verständnis für die Militärinternierten zu wecken versuchten. Auch die Verpflichtung zu gerechter Behandlung blieb unerwähnt: Arbeitsamt Essen II b 5135, Essen, den 7. Februar 1944, An alle Betriebe, die italienische Militär-Internierte beschäftigen, BA, R 41/173a.

[83] Nationalsozialistische Deutsche Arbeiterpartei, Partei-Kanzlei, Der Leiter der Partei-Kanzlei, Führerhauptquartier, den 28.9.1943, Rundschreiben Nr. 55/43 g.Rs., Betrifft: Behandlung und Arbeitseinsatz der italienischen Militärinternierten, AIfZG, PS-657, Zitate S. 3.

[84] Der Kommand. General der Sicherungstruppen Generalkommando Witthöft Qu/Qu 1 Nr. 119/43 geh., O.U., 12.9.1943, Besondere Anordnung für die Versorgung Nr. 2, BA-MA, RH 24-73/14.

[85] Vgl. dazu: Der Befehlshaber der Insel Rhodos, den 25.9.1943, Verordnung über den Arbeitseinsatz ital. Einheiten, BA-MA, RH 26-1007/5; und ebd., Der Befehlshaber der Insel Rhodos, Rhodos, den 26.9.1943, Betr.: Arbeitseinsatz ital. Einheiten. Die Militärinternierten wurden im wesentlichen zum Straßenbau und im Rahmen von Forstarbeiten auf der Insel herangezogen. Dazu hat man in Peveragno und Marizza Lager für je 300 Mann eingerichtet sowie die Kapazität des Lagers Alaerma auf etwa 1 000 Insassen erweitert. Die Italiener arbeiteten in drei Schichten zu je vier Stunden täglich. Zur Organisation des Arbeitseinsatzes vgl. außerdem: Sturmdivision Rhodos Abt. Ia, Div.Gef.Stand, den 10.11.43, Herrn Oberst Manna, gez. Kleemann, BA-MA, RH 26-1007/7. Zu jenem Zeitpunkt erfolgte die Versorgung der Internierten weiterhin durch das italienische Quartiermeisteramt. Zum Einsatz kamen Ende September rund 5 900 Mann, die, außer in den schon genannten Lagern, in Trianda, Campochiaro, Psito, Apollona, Salaco, Asclipio, Vati, Jannadi und Apollachia untergebracht waren.

berücksichtigen. Dazu gehörte etwa die Fortdauer des Bündnisses mit Mussolini. Nicht das italienische Volk, sondern das Königshaus und Badoglio hätten die »Achse« verraten. Es komme darauf an, die Internierten zur Fortsetzung des Krieges auf der Seite der Diktatoren zu bewegen. Wo das nicht möglich erscheine, gelte es ihre Arbeitswilligkeit zu steigern oder wenigstens herbeizuführen. Um sie besser ausnutzen zu können, dürften die entwaffneten Soldaten nicht mit Verachtung behandelt werden. Sie besäßen ohnehin gegenüber den Angehörigen der Wehrmacht einen Minderwertigkeitskomplex. Da jedoch nicht der einfache Mann, sondern seine Führung versagt habe, sollten »unnötige Kritiken und Kränkungen« der Mannschaften unterbleiben.

Die Tendenz, zwei Klassen von Italienern zu unterscheiden, nämlich die des braven »Truppenviehs« und jene der dekadenten sowie unqualifizierten Offiziere, zeigte sich schon unmittelbar nach dem 8. September 1943. So ging das Oberkommando der Wehrmacht von Anfang an davon aus, daß bei den Offizieren die große Mehrheit dem »verräterischen Königshaus« die Treue halten würde. Ihre Einflußnahme auf Unteroffiziere und Mannschaften mußte daher unbedingt unterbunden werden. Gleichzeitig meinte man vom »Kastengeist« in den italienischen Streitkräften profitieren zu können. Jedenfalls war zu versuchen, die italienischen Soldaten von den »Schwächen des früheren Systems« dadurch zu überzeugen, daß es mit dem kameradschaftlichen Verhältnis zwischen Offizieren und Mannschaften in der Wehrmacht kontrastiert wurde.

In verschiedenen Punkten des Merkblatts versuchte sich die Wehrmachtführung in einer Beschreibung italienischer Wesensmerkmale. Eventuell hofften die Verfasser, so Verständnis bei den künftigen Bewachern wecken zu können, deren antiitalienische Haltung oben bereits zutage trat. Da hieß es etwa, der Italiener neige zu Temperamentsausbrüchen und großem Stimmaufwand, um innere Spannungen abzureagieren, doch lasse er sich schnell wieder beruhigen. Ferner sei er »weich und wehleidig«, auch fehle ihm Selbstdisziplin. Letztlich komme es allein auf die richtige Führung an, denn an sich könnten die Südländer viel ertragen, seien zäh und genügsam. Schließlich folgte ein Satz, der in der Praxis der Internierung schnell in Vergessenheit geriet: »Wohlwollende Behandlung wird den Italiener im allgemeinen eher zum Gehorsam bringen und arbeitswillig stimmen als zu scharfes Anpacken. Anerkennung seiner Leistungen wird seine Arbeitsfreudigkeit steigern.« Um die Arbeitsleistung ging es der deutschen Seite vor allem. Deshalb sollte den Militärinternierten möglichst die Gelegenheit gegeben werden, einmal wöchentlich den Gottesdienst zu besuchen. Das aber »nicht in deutschen Kirchen«. In bezug auf die Motivation der Gefangenen hielt es die Wehrmachtführung für wichtig, sie davon zu überzeugen, daß die königliche Regierung einen besonders verwerflichen Verrat begangen habe. Gegebenenfalls müsse das »mit den einfachsten und primitivsten Mitteln jedem einzelnen Militär-Internierten klar gemacht werden«. Die »richtige« Beurteilung der Entwicklung zum und der Ereignisse am 8. September 1943 bilde nämlich die Basis für jede weitere propagandistische Beeinflussung[86].

---

[86] Das »Merkblatt für die Behandlung der italienischen Militär-Internierten« ist veröffentlicht (mit italienischer Übersetzung) in: QdC 5 (1968), S. 72—74. Originale befinden sich in: BA-MA, RW 4/v. 508a; RW 6/v. 8; und RH 49/101. In diesem Merkblatt wurde ebenfalls gesagt, daß diejenigen italie-

Selbst wenn es sich bei dem Merkblatt, das Vorschläge zur deutschfreundlichen Einfluß-nahme auf die gefangenen italienischen Soldaten machte, nicht nur um Makulatur handelte (immerhin existierten Ergänzungen dazu[87]), belegen die bisherigen Ausführungen über ihre Behandlung, daß es für den praktischen Umgang keine Rolle spielte. Der Alltag der Internierung stimmte mit solchen theoretischen Richtlinien einfach nicht überein.

Die reale Welt der Gefangenen war anderer Art. Das deutete ein Befehl an, den der Chef des Kriegsgefangenenwesens im Oberkommando der Wehrmacht bereits am 26. Oktober 1943 herausgab, aber mit gutem Grund nicht vervielfältigen ließ. Generalmajor v. Graevenitz rügte, daß die Absicht, alle nichtsowjetischen Kriegsgefangenen gemäß dem Abkommen von 1929 zu behandeln, zu Verhaltensweisen führte, die den Erfordernissen des totalen Krieges widersprächen. Es stimme zwar, daß das Genfer Abkommen den Schutz der gefangenen Soldaten gegen Gewalttätigkeit, Beleidigung und öffentliche Neugier sowie einen humanen Umgang mit ihnen vorschreibe, aber das bedeute nicht, daß sie in kameradschaftlichen Formen zu betreuen seien. Grundsätzlich bestehe die »vordringlichste Pflicht« des Bewachungspersonals und der Führer von Arbeitskommandos darin, die volle Arbeitsleistung aus den Kriegsgefangenen herauszuholen. Säumige sollten schnellstens bestraft und »widerstrebende Elemente« ausgesondert werden. Graevenitz sprach von der »großen Arbeitsschlacht der Heimat«, in der jene Männer eine bestimmte Leistung zu erbringen hätten. Für völlig abwegig hielt er den Gedanken, daß sie gegen Unternehmer in Schutz zu nehmen seien, denn gerade letzteren liege mehr als jedem anderen an der Erhaltung der Arbeitskraft. Arbeitgeber würden somit zwangsläufig die richtige Behandlungsmethode anwenden. Kurzum, alle müßten ein gemeinsames Ziel verfolgen — die »Erreichung des Sieges«. Ihm seien die Kriegsgefangenen ebenfalls »dienstbar« zu machen. Apodiktisch stellte der Generalmajor fest: »Wer diesem Ziel nicht dient oder seine Erreichung stört, ist ein Volksschädling und vergeht sich an den Kameraden der Front.« Man habe die Arbeitsleistung der Kriegsgefangenen auf das höchstmögliche Maß anzuheben. Bei Nachlässigkeit sei »sofort scharf einzuschreiten«. Das Bewachungspersonal solle die Gefangenen nicht »betreuen«, sondern so »behandeln, daß das geforderte Höchstmaß an Arbeitsleistung erzielt« werde. Gleichwohl schließe das prinzipiell weder eine sogenannte gerechte Behandlung noch die ausreichende Versorgung mit Nahrungsmitteln aus, was keineswegs auf eine besondere Verpflichtung des Generals gegenüber dem Abkommen von 1929 hinwies. Vielmehr sah der die Dinge pragma-

---

nischen Truppen, die »gegen deutsche Maßnahmen aktiven oder passiven Widerstand geleistet oder mit dem Feind oder mit Banden paktiert« hätten, nicht in Lager des Heimatkriegsgebiets kämen, sondern nach Sonderbestimmungen behandelt würden.

[87] Oberkommando der Wehrmacht Az. 13 Chef Kriegsgef. (Gr.St.), Torgau, den 1.5.44, Befehlssammlung Nr. 35, BA-MA, RW 6/v. 270, hier: Benachrichtigung der italienischen Feldgeistlichen in den Lagern und Reservelazaretten (Kriegsgefangene) in schweren Krankheits- oder Todesfällen. Unter direkter Bezugnahme auf das Merkblatt vom 5.11.43 hieß es, daß in »Fällen lebensgefährlicher Erkrankungen oder bei Todesfällen der ital. Militär-Internierten der zuständige italienische Feldgeistliche rechtzeitig zur Leistung des geistlichen Beistandes (z.B. Versehgang, Krankenabendmahl) bzw. sonstigen geistlichen Handlungen heranzuziehen ist.« Sofern ein italienischer Militärgeistlicher nicht erreichbar war, durfte in »besonderen Notfällen« auch ein anderer zur Verfügung stehender Geistlicher »mit Zustimmung des für die Bewachung Verantwortlichen, geistlichen Beistand leisten«.

tisch: Halbverhungerte Arbeitskräfte vermochten selbst bei strengstem Vorgehen die geforderte Leistung nicht zu erbringen. Einer derartig simplen Einsicht verschloß sich, wie schon erwähnt, im April 1944 nicht einmal Hitler.

Das zweite Problem ergab sich aus der Personallage. Obwohl das »Dritte Reich« ständig mehr Gefangene aufnehmen mußte — die Militärinternierten schufen hierbei zusätzliche Schwierigkeiten — ließen sich die Wachmannschaften nicht nennenswert vermehren. Eine solche Entwicklung konnte in Zukunft zu mehr Fluchtversuchen führen. Um den Kriegsgefangenen den Mut dazu zu nehmen, verlangte der Chef des Kriegsgefangenenwesens, daß bei »Aufsässigkeit und Flucht sofort scharf eingeschritten« werde. Aber er versuchte zugleich die eigenen Leute einzuschüchtern. Schon eine Äußerung wie die, daß man sich angesichts der Lageentwicklung »Freunde« unter den Gefangenen schaffen solle, machte den Betreffenden für Graevenitz zum Schwächling und Defätisten. Derartige Personen, so der General, seien »wegen Zersetzung der Wehrkraft gerichtlich zu belangen«. Er forderte mehr Härte, um die möglichen Folgen der Personalprobleme zu begrenzen. Das heißt, bei den Kriegsgefangenen mußte die Überzeugung entstehen, daß die Bewacher gegen alle diejenigen »rücksichtslos mit der Waffe« einschreiten würden, die »passiven Widerstand leisten oder gar meutern sollten«[88].

Es handelte sich nicht um leere Worte, wie zum Beispiel der Fall des Militärinternierten Gallina zeigte. Dieser wurde am 23. März 1944 niedergeschossen, er überlebte rein zufällig. Der Anlaß für den Waffengebrauch? Gallina wollte auf dem Weg zur Zwangsarbeit nicht weitergehen. So einfach war das. Die Vorgesetzten des Täters sprachen von herausforderndem Verhalten, was genügte, um getötet zu werden[89]. Sie fanden sogar einen Mitgefangenen, der seinen Landsmann belastete. Niemanden kümmerte, was die Aussage taugte. Die Memoirenliteratur vermittelt den Eindruck, daß deutsche Bewachungsmannschaften italienische Gefangene, die einen gewissen Protest auch nur andeuteten, ohne Skrupel einfach totschlugen oder mit einem Pistolenschuß töteten[90].

Ebenfalls festgehalten zu werden verdient freilich die Tatsache, daß sich der Chef des Oberkommandos der Wehrmacht am 20. Mai 1944 im Namen Hitlers — mit ähnlichem Tenor wie Graevenitz im Oktober 1943 — über die im »Kriegsgefangenenwachdienst eingesetzten Soldaten« beklagte. Sie hätten nicht aktiv genug daran mitgewirkt, höhere Arbeitsleistungen aus den Gefangenen und Militärinternierten herauszuholen. Genau das hatte die Wehrmachtführung aber am 11. April besonders angeordnet. Bewachungskräfte, so Keitel, stellten sich angeblich »schützend vor die Kriegsgefangenen«, weil ihnen

---

[88] Ursachen und Folgen, Bd 19, S. 146 ff.: Befehl des Chefs des Kriegsgefangenenwesens im Oberkommando der Wehrmacht über die Behandlung der Kriegsgefangenen, 26.10.1943, gez. v. Graevenitz; vgl. ebd., S. 149: Rundschreiben des Chefs der Parteikanzlei, Reichsleiter Martin Bormann, über die Behandlung der Kriegsgefangenen, 25.11.1943. Daraus geht hervor, daß die Maßnahme vom 26.10. auf eine Intervention Bormanns beim OKW zurückging.

[89] Kontrolloffizier Nauendorf (Saalkreis), Mötzlich, den 24.3.1944, Bericht über die Vernehmung des Oberschützen Ewald Roland, BA-MA, RH 49/104. Dieser hatte Gallina niedergeschossen. Und ebd., Kontrolloffizier Nauendorf (Saalkreis), Mötzlich, den 24.3.1944, Vernehmungs-Niederschrift über die Aussage des Militärinternierten Feldwebel Gerolamo Iperti. Dessen Angaben waren für das Opfer unvorteilhaft.

[90] Vgl. dazu Rochat, Memorialistica, S. 45.

die Maßnahmen der Betriebsführer nicht mehr angemessen erschienen, was viel über die Gegebenheiten in den Fabriken aussagte. In Zukunft wollte der Genralfeldmarschall jeden zur Rechenschaft ziehen, der sich nicht »überall voll für die Leistungssteigerung« der Gefangenen einsetze[91].

Als die zitierte Anmahnung von mehr Pflichtbewußtsein erging, die zugleich eine Forderung auf den Verzicht von elementarster Menschlichkeit ausdrückte, war die Verpflegung der Militärinternierten bereits auf das Prinzip der Leistungsernährung umgestellt. Hitler, angeblich durch zahlreiche Beschwerden über ihre Faulheit dazu angeregt, reagierte Ende Februar 1944 mit großer Härte. Er verlangte, daß die Italiener mit »scharfen Maßregeln« und »harten Methoden« zu hoher Arbeitsleistung gebracht werden sollten. Künftig besitze einzig derjenige ein »Anrecht auf volle Verpflegungssätze«, der befriedigend arbeite. Mehr noch, er befahl ausdrücklich die unterschiedslose kollektive Bestrafung: »Verpflegung ist daher grundsätzlich nach Leistung abzustufen, bei unbefriedigender Leistung für gesamte Arbeitseinheit ohne Rücksicht auf einzelne Willige zu kürzen.« Die Entscheidungsbefugnis liege beim jeweiligen Unternehmer. Er dürfe die auf solche Weise eingesparten Lebensmittel emsig arbeitenden Militärinternierten jedoch allein dann als »Leistungszulage« überlassen, wenn sie zu einer anderen Arbeitseinheit als der bestraften gehörten.

Noch schwerwiegender dürften für die Gefangenen die Folgen der abschließenden Hinweise gewesen sein. Darin hieß es, der Chef des Oberkommandos der Wehrmacht beabsichtige jeden Vorgesetzten zur Rechenschaft zu ziehen, der nicht scharf durchgreife, sobald ihm »Klagen über geringe Arbeitsleistung und Zucht« der Internierten zu Ohren kämen. Schon fehlendes Durchsetzungsvermögen stufte Keitel als »Sabotage an der deutschen Kriegsführung« ein. Vor allem aber versprach der Generalfeldmarschall, daß er denjenigen decken werde, der »seiner Autorität Geltung« verschaffe[92]. Eine derartige Zusage stellte für jede Tollheit einen Blankoscheck aus, denn bei normalem Verhalten gab es nichts zu »decken«. In der Tat genügte es, einen Verstoß der Wachmannschaften bei der Behandlung der Lagerinsassen als »geringfügig« zu klassifizieren, um seine Verfolgung zu unterbinden. Im selben Atemzug verlangte Keitel, das Personal »streng zu bestrafen«, sofern es gegenüber Kriegsgefangenen, die nicht ordnungsgemäß arbeiteten, nicht einschreite[93].

Die Ernährung bot ohne Zweifel Möglichkeiten, die Militärinternierten unter Druck zu setzen. Wie jämmerlich es um ihre Nahrung aussah, trat bereits mehrfach zutage. In der Theorie nahmen sich die entsprechenden Bestimmungen hingegen nicht schlecht

---

[91] M.-Stammlager IV D, Torgau, am 26.5.1944, Betr.: Leistungssteigerung der Kriegsgefangenen, An alle Landes-Schützen-Bataillone und Kontroll-Offiziere IV D, BA-MA, RH 49/101. Mitgeteilt wurde der Inhalt des Fernschreibens, das Generalfeldmarschall Keitel am 20.5.1944 herausgab.

[92] Oberkommando der Wehrmacht — Az. 2 f 24.73n — Chef Kriegsgef./Allg. (Ia) Nr. 1006/44, Torgau, den 28.2.1944, Betr.: Italienische Militärinternierte im Arbeitseinsatz, gez. von Graevenitz, BA-MA, RW 6/v. 8. Weitere Exemplare sind enthalten in: BA-MA, RH 49/101, und BA, R 3/1820. Die Ausfertigung in SAH, Behörde für Ernährung und Landwirtschaft I, Ab VIII 4a, trägt das Datum vom 27.2. und die Nr. 1005/44. Im Anschreiben dazu, ebd., 11.5.1944, wurde jedoch auf die richtigen Daten Bezug genommen.

[93] Der Chef des Oberkommandos der Wehrmacht, Aufgaben und Pflichten der Wachmannschaften, gez. Reinecke (ohne Datum, aber nach dem Februar 1944 verfaßt), BA, R 3/1820, Blatt 122 f.

aus. So hieß es auf dem Papier[94]: »Alle italienischen Militärinternierten, die sich im besetzten russischen Gebiet einschl. Wm.Befh. Ostland und Ukraine, in Frankreich, Belgien, Italien, im Südostraum usw. befinden, erhalten auch bei Unterbringung in Internierenlagern ohne Arbeit wie nichtsowjetische Kriegsgefangene die Sätze der auf Selbstverpflegung angewiesenen Wehrmachtangehörigen, d.h. die Sätze der deutschen Zivilbevölkerung (Normalverbraucher) im Heimatkriegsgebiet.« Falls sie Schwerarbeit verrichteten, sollten die Italiener zwei Drittel der Schwerarbeiterzulage erhalten, die Deutschen dabei zustand. Im Hinblick auf kranke Internierte sprachen Verwaltungsrichtlinien von Normalverpflegung oder sogar von Diätkost und zusätzlicher Nahrung. Für Transporte nannten sie präzise Verpflegungsmengen in Abhängigkeit von der Reisedauer. Tabak — allerdings nur ausländischer Fertigung oder wenn er sich deutschen Soldaten nicht mehr zumuten ließ — durfte fleißigen Arbeitern unter den italienischen Gefangenen als Leistungsprämie überlassen werden. Der Höchstsatz betrug monatlich 75 Zigaretten oder 100 Gramm Rauchtabak. In jedem Fall sei sicherzustellen, daß die Militärinternierten »zur Erhaltung ihrer Arbeitskraft im Rahmen der festgesetzten Verpflegungssätze ausreichend und regelmäßig« verköstigt würden.

Zwei Tage nach dem Erlaß datierte jener Brief Anfusos an Mussolini, in welchem der Botschafter am 10. Dezember 1943 den Zustand von zu Aufräumungsarbeiten in Berlin eingesetzten gefangenen Landsleuten beschrieb. Elend sähen sie aus, wie sie in miserabler Verfassung in der zerbombten Stadt umherirrten — und Hunger hätten die rund 100 000 Kreaturen[95].

Die Anordnung des Oberkommandos der Wehrmacht vom 28. Februar 1944 mußte die geschilderte Situation der Militärinternierten noch verschlimmern. Der eine oder andere höhere Offizier scheint das durchaus erkannt zu haben. Generalmajor Lothar v. Block, der Kommandeur der Kriegsgefangenen im Wehrkreis IV, versuchte zum Beispiel vorsichtig gegenzusteuern. Er meinte, der Befehl der Wehrmachtführung müsse auf italienische Gefangene, die sich in einem »guten Ernährungszustand« befänden, angewendet werden, denn bei diesen sei »Faulheit« der Grund für die ausbleibende Arbeitsleistung. Aber der General wußte ebenfalls, daß viele von ihnen unter einem »schlechten Ernährungszustand« litten. In bezug auf sie empfehle es sich, die Arbeitgeber darauf hinzuweisen, daß eine »Herabsetzung der Ernährung, verbunden mit scharfem Anhalten zur erhöhten Arbeitsleistung, wohl vorübergehend zu einer Leistungssteigerung« führen könne, aber langfristig bringe ein derartiges Vorgehen den »Ausfall der Arbeitskraft« mit sich. Um zu vermeiden, daß die Weisung kontraproduktive Auswirkungen zeitigte, regte er an, vor jeder Verpflegungskürzung den Lagerarzt zu befragen. Gewollt oder ungewollt — aber in jedem Fall taktisch geschickt — vermied es Block, sich dem Vorwurf menschlichen Mitgefühls mit den Internierten auszusetzen. Er argumentierte vielmehr ganz pragmatisch mit dem Bezug auf die schwierige Personallage: Ein »Raubbau an menschlicher

---

[94] 2. Anlage zur BAV. 709. I.D. Nr. 76 v. 8.12.43, Betr.: Versorgung italienischer Militärinternierter, BA-MA, RH 49/37. Es handelte sich hierbei um Richtlinien, die sich auch auf in Arbeitskommandos eingesetzte italienische Internierte bezogen.

[95] Berlino, li 10 Dic 1943, Al Duce, f.to Anfuso, ASMAE, Busta 31, Posizione Germania 1/1, hier S. 3—8.

Arbeitskraft« liege nicht im Interesse der deutschen Kriegswirtschaft. Das »Dritte Reich« dürfe sich Einbußen — auch unter den Italienern — schon deshalb nicht leisten, weil es unmöglich sei, sich anderswo Ersatz zu beschaffen[96].

Ausfälle aber drohten bereits wegen der bei letzteren insgesamt zu verzeichnenden prekären gesundheitlichen Verfassung. So stand etwa im Wirtschaftsbericht der Friedrich-Alfred-Hütte der Firma Krupp in Rheinhausen, daß die im November 1943 im Werk eingetroffenen Internierten Anpassungsschwierigkeiten an Klima und Ernährung besäßen. Damit erklärte es der Betrieb, daß die Leistungen der Italiener, von denen sich 5,8 Prozent im »Krankenstand« befanden, weit hinter den Erwartungen zurückblieben[97]. Im Februar fehlten 11 Prozent von ihnen wegen Krankheit an den Arbeitsplätzen. Sie litten an Ödemen, Abmagerung, Durchfall, Magenbeschwerden, Lungen- und Rippenfellentzündungen sowie Geistesstörungen. Angesichts der zahlreichen Unterernährten sowie Magen- und Darmkranken gelangte die Firmenleitung zu der Erkenntnis, daß die praktizierte »Ernährungsweise dem größten Teil der italienischen Militärinternierten nicht zuträglich« sei.

Was erhielten sie zu essen? In der »Hauptsache Kohl«, so die Auskunft von Krupp. Im Interesse der Leistungssteigerung beabsichtigte die Firma, über Berliner Dienststellen »Mais und Teigwaren aus Italien« zu bekommen[98]. Konnten bereits im Februar von den insgesamt 765 russischen und italienischen Gefangenen, die in der Friedrich-Alfred-Hütte Zwangsarbeit verrichteten, nur rund 65 Prozent voll arbeiten, so verschlechterte sich die Situation im März geradezu dramatisch. Rund 25 Prozent der Internierten mußten krank geschrieben werden, ließen sich folglich nicht einmal eingeschränkt in der Produktion verwenden. Unter 300 Mann, die willkürlich ausgewählt wurden, hatten einige im ersten Quartal 1944 bis zu 22 Kilogramm Gewicht verloren. Die durchschnittliche Gewichtsabnahme betrug bei den Militärinternierten in diesem Zeitraum 9,1 Kilo, wobei Krupp grundsätzlich feststellte, daß selbst die absoluten Körpergewichte für »Menschen, von denen zum größten Teil erhebliche körperliche Leistungen verlangt werden, unzulänglich« seien. Sowohl in bezug auf die Verpflegung als auch hinsichtlich der Arbeitsleistung, die ja von der Ernährung unmittelbar abhing, gestand der Betrieb ein, daß ein förmlicher »Notstand« herrsche. Einzig durch die »großzügige Freigabe von geeigneten Lebensmitteln« lasse sich die Lage verbessern[99].

---

[96] Kommandeur der Kriegsgefangenen im Wehrkreis IV Az. 2 f/Ia K/Nr. 1362/44, Dresden, den 7.3.1944, Betr.: Ital. Mil.Internierte im Arbeitseinsatz, gez. von Block Generalmajor, BA-MA, RH 49/101. In der Anlage wurde die Weisung vom 28.2.1944 übersandt, u.a. an die Kommandanturen der Stalag IV A, B, C, D, F und G, sowie die Präsidenten der Gauarbeitsämter.

[97] Fried. Krupp, Friedrich-Alfred-Hütte, 29.1.1944, An das Rüstungskommando Essen des Reichsministers für Rüstung und Kriegsproduktion, Betr.: Wirtschaftsbericht für den Monat Januar 1944 (Doc.No. NIK-15444), AIfZG, NI/d 15351—15520.

[98] Ebd., Doc.No. NIK-15445. Fried. Krupp, Friedrich-Alfred-Hütte, 29.2.1944, An das Rüstungskommando Essen, Betr.: Wirtschaftsbericht für den Monat Februar 1944.

[99] Ebd., Doc.No. NIK-15446. Fried. Krupp, Friedrich-Alfred-Hütte, 29.3.1944, An das Rüstungskommando Essen, Betr.: Wirtschaftsbericht für den Monat März 1944. Dieses Dokument wird auch berücksichtigt bei Cajani, Appunti, S. 112, Anm. 65; Herbert, Fremdarbeiter, S. 261. Cajani publiziert die auf die Militärinternierten bezogene Passage des Berichts im Wortlaut.

Aber im Juni galt der Krankenstand bei den italienischen Gefangenen — ebenso wie bei den Russen — als nach wie vor »anormal« hoch[100]. Im Juli scheint sich die Situation etwas entspannt zu haben, doch bereits im August stieg der Anteil der erkankten Italiener erneut an — auf 13,9 Prozent. Viele von ihnen litten an Malaria, außerdem gab es — eine Auswirkung des schon erwähnten schlechten Schuhwerks — zahlreiche Fußverletzungen[101].

Ansonsten ist festzuhalten, daß die Firma Krupp in Rheinhausen keinen Einzelfall bildete. Internierte in einem Arbeitslager in Mannheim, die für Daimler-Benz arbeiten mußten, befanden sich in einem so unzureichenden Ernährungszustand, daß sie Lungenentzündungen und ähnliche Krankheiten in der Regel nicht überlebten, sondern schon nach kurzer Zeit starben. Deshalb meldete die Lagerleitung gegenüber einer Herabsetzung der Verpflegungssätze Bedenken an, selbst wenn die vom Oberkommando der Wehrmacht befohlene Maßnahme »erzieherisch wirke«. Daimler-Benz wählte ein nicht weniger brutales, aber vermutlich produktiveres Verfahren, um die italienischen Gefangenen zu Höchstleistungen zu zwingen. Das Management gliederte die Männer in »Akkordgemeinschaften« ein. In solchen Gruppen achteten dann die deutschen Arbeiter darauf, daß sie volle Leistung erbrachten, denn eventuelle Bummelei hätte für die Deutschen einen Verdienstausfall bewirkt[102].

In Kassel wiederum beabsichtigte die Arbeitseinsatzverwaltung der durch Unterernährung verursachten mangelhaften Leistung der Italiener auf direkte und naheliegendste Weise abzuhelfen. Das heißt, die Behörde versuchte eine »Aufbesserung der Kost« zu erreichen. Doch das Vorhaben scheiterte, in erster Linie wegen der Strafrichtlinien des Oberkommandos der Wehrmacht vom 28. Februar[103]. Mit jener Weisung für den Nahrungsentzug sammelte das Volkswagenwerk noch Erfahrungen, als in seinen Werkhallen unterernährte Internierte, bei denen der Lagerarzt angeblich keine besonderen Krankheitssymptome zu erkennen vermochte, am Arbeitsplatz »bewußtlos oder tot umfielen«[104].

---

[100] Fried. Krupp, Friedrich-Alfred-Hütte, 3.7.1944, An das Rüstungskommando Essen (siehe oben, Anm. 97), Betr.: Wirtschaftsbericht für den Monat Juni 1944 (Doc.No. NIK-15447), AIfZG, NI/d 15351—15520.

[101] Ebd., Doc.No. NIK-15449. Fried. Krupp, Friedrich-Alfred-Hütte, 30.8.1944, An das Rüstungskommando Essen, Betr.: Wirtschaftsbericht für den Monat August 1944. In dem Bericht finden sich der Hinweis, daß die italienischen Militärinternierten »Ende d.M. in das freie Arbeitsverhältnis übergeführt werden« sollten, und die Bemerkung, daß die »Ausfallstunden durch Bummelei« von 0,6 Prozent im Juni auf 0,5 im Juli zurückgingen. Die Absicht, den Status der Italiener zu ändern, wurde bei Krupp nicht kommentiert. Hingegen beurteilte man dieses Vorhaben bei Mercedes »mit Sorge«, da dort »ein Nachlassen der Arbeitsleistung« nach dem Statuswechsel als sicher galt. Die Werksleitung in Mannheim scheint deshalb im Oktober und November 1944 die Italiener durch KZ-Häftlinge ersetzt zu haben: Das Daimler-Benz-Buch, S. 570 f.

[102] Das Daimler-Benz-Buch, S. 270.

[103] Krause-Vilmar, Ausländische Zwangsarbeiter, S. 398.

[104] Entwurf: Bericht über ital. Mil.-Int.-Lager Arb.-Kdo. 6024, Rothenfelde-Wolfsburg (ohne Datum), AIfZG, ED 187/2. Vom Inhalt her dürfte die Aufzeichnung auf den März 1944 zu datieren sein. Damals waren im Volkswagenwerk etwa 1 000 Militärinternierte beschäftigt. Vgl. auch Siegfried, Rüstungsproduktion und Zwangsarbeit, S. 49.

Ungefähr gleichzeitig stellte Vaccari fest, daß weder Speer noch Sauckel die Situation seiner gefangenen Landsleute unter einem anderen Aspekt als dem der Ausbeutung sähen und sehen wollten. Sie interessiere die menschliche Dimension des Problems so wenig wie die politische. Beiden gehe es primär gar nicht darum, die Effizienz der deutschen Rüstungsproduktion durch den gezielten, an der jeweiligen beruflichen Qualifikation orientierten Einsatz der Gefangenen zu steigern. Sie stellten den Firmen lediglich das angeforderte Personal zur Verfügung und überließen es diesen, mit den oft unqualifizierten Arbeitskräften zurechtzukommen[105].

Im Rahmen der Behandlung der Italiener, insbesondere im Hinblick auf deren subjektives Urteil über den Umgang mit ihnen, sprach der Gesandte einen zentralen Gesichtspunkt an. Andererseits vermochte Vaccaris Sicht den Sachzwängen nicht gerecht zu werden, die der stets gegebene Zeitdruck und die personellen sowie materiellen Engpässe im militärischen und zivilen Bereich auf die Umverteilung des Arbeitskräftepotentials ausübten. Darüber hinaus ist zu konstatieren, daß die Betriebe die sehr oft beklagte ungenügende Leistung der Internierten im allgemeinen nicht mit deren verkehrter fachlicher Verwendung, sondern mit ihrer schlechten körperlichen Verfassung begründeten.

Dessen ungeachtet vertraten bestimmte Behörden die Meinung, daß letztere als Folge des unzulässigen Verhaltens einiger militärischer Dienststellen zu gut verpflegt würden. Die

---

[105] Ambasciata d'Italia — Serv. Assistenza Internati — n. 613, Berlino, 11 aprile 1944-XXII, Oggetto: Relazione sul lavoro svolto dal S.A.I. nel mese di marzo e sulla situazione generale degli internati italiani in Germania, Al Ministro Serafino Mazzolini Sottosegretario Ministero Affari Esteri, f.to Vaccari, ASMAE, Busta 45, Posizione Italia 1/8. Im Hinblick auf die Probleme der deutschen Seite bei der Verteilung der Arbeitskräfte vgl. zum Beispiel: Der Beauftragte für den Vierjahresplan, Der Generalbevollmächtigte für den Arbeitseinsatz VIa 5135/172, Berlin, den 21.2. 1944, Schnellbrief, An die Herren Präsidenten der Gauarbeitsämter und Reichstreuhänder der Arbeit, Betr.: Umsetzungen von italienischen Militärinternierten zum Bergbau und in die Rüstung, AIfZG, MA 192, 3250040 f.; und ebd., 3250038 f.: Der Reichsminister für Rüstung und Kriegsproduktion RüAArb E III/1a 340/3580/44, Berlin, den 7.3.1944, Schnellbrief, An die Rüstungsinspektionen, Betr.: Umsetzungen von Arbeitskräften zum Bergbau. Dabei ging es zum einen um die Anweisung an die Gauarbeitsämter, 40 000 Militärinternierte zu Gunsten des Bergbaus und 10 000 in die Rüstungsfertigung umzuverteilen. Zum anderen trat die Neigung der Gauarbeitsämter zutage, sich im Rahmen des Arbeitseinsatzes der Militärinternierten über von Sauckel erteilte Weisungen hinwegzusetzen. Ganz konkret: Internierte wurden nicht auf Bergbautauglichkeit untersucht, wie vom GBA angeordnet, sondern unbesehen der Rüstungswirtschaft zugeführt, obwohl im Bergbau Engpässe existierten. Außerdem zeigte sich, daß man durchaus versuchte, auf die fachliche Qualifikation bei Umsetzungen Rücksicht zu nehmen. So sollten angelernte Arbeiter in der Rüstungswirtschaft belassen werden. Die Militärinternierten waren bevorzugt aus der »Ernährungswirtschaft und den Kampagnebetrieben« für den Bergbau abzuziehen. Zur Problematik der personellen Steuerung der Militärinternierten im Rahmen von Sondereinberufungsaktionen vgl.: Der Reichsminister für Rüstungs- und Kriegsproduktion Nr. Rü.A.Arb. E I/1, Berlin, den 17.7.1944, Schnellbrief, An das Reichswirtschaftsministerium, Betr.: SE IV-Aktion, BA, R7/1067; ebd., Der Reichswirtschaftsminister Nr. OBH/8-32139/44 g, Berlin, den 25.7.1944, Schnellbrief, An die Oberbergämter; ebd., Der Reichswirtschaftsminister OBH/8-32139/44 g II. Ang., Berlin, den 26.7.1944, An das Oberkommando der Wehrmacht-Wehrersatzamt, Betr.: SE IV-Aktion Bergbau; und ebd., Berlin, den 9.8.1944, Vermerk, Betr.: SE IV-Aktion. Es ging dabei um die Abgabe von Militärinternierten aus dem Bergbau (4 000—6 000 Italiener) an die Wehrmacht. Bei ihr dürften sie entweder zu Hilfsdiensten oder in Rüstungsbetrieben eingesetzt worden sein.

»Güte und Menge« ihrer Kost stand angeblich in keinem Verhältnis zu der in den Betrieben erbrachten Leistung[106]. Das war Anfang 1944 gesagt, also noch vor Keitels Befehl, der die Ernährung nach Leistung anordnete und einer solchen Einstellung voll entsprach. Andererseits ist nicht zu übersehen, daß bei den zivilen Unternehmern und staatlichen Funktionären recht gegensätzliche Auffassungen darüber herrschten, ob sich die Leistung der Italiener eher durch gute Behandlung oder Strafen steigern ließe.

Nicht untypisch dürfte der Fall der Firma Blumenthal in Hamburg gewesen sein, die mit Kohlen, Koks sowie Briketts handelte und ihren Angestellten folglich schwere Arbeit abverlangte. Der Chef des Unternehmens erhielt von seiner »Fachgruppe« den Hinweis, daß die Internierten »bei guter Behandlung und ergänzender Verpflegung« zur vollen Zufriedenheit eingesetzt werden könnten. Er beantragte daher Zusatzverpflegung, arbeiteten doch die bei ihm beschäftigten Männer täglich mindestens 11 Stunden als Lagerarbeiter oder Kohleträger. Dabei erhielten sie seines Wissens »nur knapp 3/4 Ltr. Warmessen und 300 g Brot« pro Tag. Aufgrund der Schwere der zu verrichtenden Tätigkeit war nach Ansicht der Betriebsleitung, falls es nicht zu einer grundsätzlichen Verbesserung des Verpflegungssatzes kam, der Zeitpunkt abzusehen, zu dem die Militärinternierten nicht mehr »arbeitseinsatzfähig« sein würden. Blumenthal forderte deshalb in seinem Antrag, daß die bei ihm tätigen Gefangenen als Schwerarbeiter eingestuft werden sollten, um durch zusätzliche Kost ihre dringend benötigte Arbeitskraft zu erhalten[107].

Die Angelegenheit betraf die Deutsche Arbeitsfront, der die Verpflegung der Italiener oblag. Ihre Vertreter protestierten. Nicht einen dreiviertel Liter, sondern eineinviertel bis eineinhalb Liter Warmessen und mehr als 300 Gramm Brot bekämen die Betroffenen, wobei zu sagen sei, daß die »Sätze der militärinternierten Italiener die gleichen sind wie sie die Franzosen, die Flamen, usw. nun schon seit Jahren beziehen, und daß diese Sätze den Sätzen entsprechen, die normalverpflegte Deutsche (also ohne Zusatzkarte oder Fliegerzulage) erhalten«. Es hieß sogar, daß die Internierten im Februar 1944 pro Woche zwei Pfund Kartoffeln mehr empfangen hätten als deutsche Einwohner von Hamburg[108].

All das erfuhr die Firma Blumenthal und darüber hinaus, daß ihren Arbeitern jede Woche 250 Gramm Fleisch, 218,5 Gramm Fett und 2 425 Gramm Brot verabreicht würden[109].

---

[106] Gewerbeaufsichtsamt Hamburg, Der Leiter, Hamburg, den 4.2.1944, An das Haupternährungsamt, Abt. B, SAH, Behörde für Ernährung und Landwirtschaft I, Ab VIII 4d.

[107] Ebd., H. Blumenthal, Hamburg, den 5.1.1944, An das Haupternährungsamt Hamburg, Betr.: Arbeitseinsatz militärinternierter Italiener; hier: Sicherstellung einer ausreichenden Verpflegung.

[108] Ebd., Die Deutsche Arbeitsfront Gauwaltung Hamburg, Der Gauobmann, Hpt.Abt. Arbeitseinsatz, Hamburg, den 9.2.1944, An das Landes- und Haupternährungsamt Abt. B.

[109] Ebd., Der Reichsstatthalter in Hamburg, Landes- und Haupternährungsamt Abt. B, Hamburg, den 14.2.1944, An die Fa. Blumenthal. Der Kampf um die Verpflegung nahm mitunter bizarre Formen an. So wurde eine Firma angezeigt, weil sie den bei ihr beschäftigten Italienern doppelte Verpflegung — vermutlich nicht ohne Notwendigkeit — zukommen ließ; ebd., Hpt.Abt. Arbeitseinsatz, 25.5.1944, An die Firma Theodor Zeise, Betrifft: Verpflegung Ihrer italienischen Militärinternierten; und direkt dazu: Hpt.Abt. Arbeitseinsatz, 22.5.1944, An die Großküche Hönisch, Betrifft: Verpflegung für 39 Militärinternierte der Firma Theodor Zeise. Beide Unternehmen sahen sich mit einer Strafe belegt. Die »Diago-Werke« in Hamburg gerieten in Schwierigkeiten, weil der Leiter der Betonabteilung gegenüber Militärinternierten dankbare Mitmenschlichkeit zeigte. Von einem Last-

Allerdings ist derartigen Angaben von Repräsentanten der Deutschen Arbeitsfront nicht ohne Vorbehalt zu vertrauen. So wäre zum Beispiel zu fragen, weshalb die Militärinternierten wie menschliche Schatten aussahen, während französische, belgische oder niederländische Kriegsgefangene ordentlich gekleidet und gut ernährt erschienen[110]. Außerdem ist an das negative Urteil zu erinnern, das verschiedene italienische Gefangene — nach dem Statuswechsel — über die Organisation des Dr. Ley abgaben.

Die Deutsche Arbeitsfront erwies sich, was nicht weiter überrascht, als rigorose Anhängerin der Weisung vom 28. Februar. Im Hinblick auf die Leistungssteigerung der internierten Soldaten war für ihre Führung nur ein »Weg gangbar, nämlich der, den schlecht Arbeitenden von der Verpflegung wissentlich etwas zu kürzen und den besser Arbeitenden zu geben«. Wer nicht voll arbeite, verdiene keine volle Kost[111]. Den menschenverachtenden Grundsatz haben Vertreter der Ernährungsämter anläßlich einer Dienstbesprechung nochmals ausdrücklich bestätigt[112].

Die Folgen der Leistungsernährung traten bald zutage. Bei Militärinternierten, deren Verpflegung gekürzt wurde, mußte eine »erhöhte gesundheitliche Überwachung« angeordnet werden. Sie erwiesen sich — und das wußten diejenigen, welche ihnen die ohnehin nur auf dem Papier ausreichende Nahrung reduzierten — nun noch stärker in der physischen Widerstandsfähigkeit geschwächt. Krankheiten und Seuchen — vor allem die Tuberkulose — bedrohten die Männer mehr denn je, was die Gefahr des Totalverlusts ihrer Arbeitskraft implizierte. Daran konnte Berlin nicht gelegen sein, denn es gab ja keinen Ersatz, was gewisse Vorkehrungen unausweichlich machte. Aber in ihnen existierte nicht die Spur einer menschlichen Regung. Vielmehr artikulierte sich Besorgnis, daß hierbei zuviel Humanität beim Umgang mit den Opfern der Zwangsarbeit aufkommen könnte. Um dem vorzubeugen, wies das Oberkommando der Wehrmacht darauf hin[113]: »Bei der Be-

---

kraftwagen waren etwa zehn Gurken und zehn Blumenkohlköpfe gefallen. Die Italiener machten den Fahrer darauf aufmerksam, sammelten das Gemüse auf und wollten beim Beladen helfen. Da es sich um durch den Sturz beschädigte Ware handelte, kaufte der Leiter der Betonabteilung dem Bauern das Gemüse ab und schenkte es den Internierten. Er tat es auch deshalb, weil sich die Italiener in seinem »Werk in ganz hervorragendem Maße bewährt und Leistungen aufzuweisen« hatten, die über denjenigen »aller vergleichbarer Gefangener oder Internierter« lagen. Etwas Dank und Anerkennung sollte so ausgedrückt werden. Doch ein »Volksgenosse« denunzierte den Mann, und das Haupternährungsamt intervenierte. Zwar verließen die Militärinternierten das Werk ohnehin, aber trotzdem ordnete dessen eingeschüchterte Führung an, daß in »Zukunft unter keinen Umständen mehr ohne Kenntnis der Geschäftsleitung Nahrungsmittel irgendwelcher Art den Italienern zur Verfügung gestellt werden« dürften; vgl. dazu ebd., Diago-Werke Möller & Co., Hamburg, den 1.7.1944, Herrn Amtmann Bartels p.A. Haupternährungsamt.

[110] All'Ambasciatore Conte Serafino Mazzolini, 20.12. 1944 (siehe oben, S. 461, Anm. 46).

[111] Die Deutsche Arbeitsfront Gauwaltung Hamburg, Hauptabteilung Arbeitseinsatz, Hamburg, den 4.5.1944, An alle Kriegsgefangenen- und Ital. Mil.Interniertenlager, Betrifft: Leistungssteigerung der Kriegsgefangenen — insbesondere der Ital. Mil.Internierten, SAH, Behörde für Ernährung und Landwirtschaft I, Ab VIII 4a.

[112] Niederschrift Nr. 27 über das Ergebnis der Dienstbesprechung der Ernährungsämter am 19. Mai 1944 in Kiel, SAH, Behörde für Ernährung und Landwirtschaft I, Ab VIII 4d.

[113] Oberkommando der Wehrmacht Tgb.Nr. 1982/44 Chef W San (HSIn/Wi G IV), Berlin, den 1.6.1944, Betr.: Gesundheitliche Überwachung bei italienischen Militärinternierten, BA-MA, RH 49/35. Dieses Schreiben bezog sich direkt auf die Verfügung des OKW vom 28.2.1944.

urteilung der Arbeitsfähigkeit ist durch die Ärzte ein scharfer Maßstab anzulegen. Die erhöhte gesundheitliche Überwachung darf auf keinen Fall dazu führen, daß etwaigen Bestrebungen der italienischen Militärinternierten, sich dem Arbeitseinsatz zu entziehen, Vorschub geleistet wird.«
Ein solcher Entzug fiel in der Regel schwer, denn die deutsche Seite entwickelte Methoden, um selbst die lediglich eingeschränkt arbeitsfähigen Kriegsgefangenen in der gewerblichen Wirtschaft einzusetzen. Das Verfahren durfte auch auf Internierte angewendet werden. Im Zusammenhang damit ordnete der Generalbevollmächtigte für den Arbeitseinsatz Ende März an, daß die Stammlager auf noch dort befindliche nicht ganz einsatzfähige Italiener überprüft werden sollten. Wo immer möglich, seien sie vorübergehend größeren Werkstätten oder handwerklichen Betrieben, denen es an Personal fehle, zu überlassen. Notfalls wollte die Wirtschaft gewisse Arbeiten direkt in die Mannschaftsstammlager geben. Das Oberkommando der Wehrmacht stimmte dem insgesamt zu. Mit Sauckel bestand hierbei Einigkeit darüber, daß eine derartige Verwendung der an sich »nicht einsatzfähigen« Lagerinsassen auf keinen Fall dazu führen dürfe, daß »wieder voll arbeitsfähig werdende Kriegsgefangene oder italienische Militärinternierte einer Verwendung in der Rüstungswirtschaft oder sonstigem Außeneinsatz entzogen« würden. Vielmehr mußten die genesenen und uneingeschränkt arbeitsfähigen Gefangenen an ihren früheren Arbeitsplatz zurückkehren[114].
Diese Auflage betraf zunächst nicht diejenigen Internierten, die sich wegen ihrer schlechten körperlichen Verfassung als »Aufpäppler« in landwirtschaftlichen Betrieben befanden, wo die kaputtgearbeiteten Männer auf Kosten des Besitzers »wieder arbeitsfähig gemacht« wurden. Lange Zeit galt, daß die aufgepäppelten Gefangenen bei dem Unternehmer, der sie gesundpflegen ließ, verblieben. Im Sommer 1944 gerieten die für den Arbeitseinsatz Verantwortlichen allerdings in Schwierigkeiten[115]. Der schon verschiedentlich erwähnte gewaltige Personalbedarf der Front, den die militärischen Katastrophen im Westen und Osten verursachten, gestattete es nicht mehr, den berufsfremden Einsatz von unter den Kriegsgefangenen befindlichen Facharbeitern uneingeschränkt hinzunehmen. Trotz der mit großem technischen Aufwand und einer gewissen Befreiung vom Spezialistentum betriebenen Serien- und Massenproduktion, welcher nicht zuletzt Speer den Weg bereitete[116], traten nämlich Engpässe bei einigen Berufsgruppen auf. Seit dem Juni 1944 durften deshalb »Angehörige technischer Berufe« nicht mehr zu Lasten der Rüstungswirtschaft in der Landwirtschaft zurückbehalten werden. Zwar erhielt der landwirtschaft-

---

[114] Oberkommando der Wehrmacht Az. 2. f 24.17 t Kriegsgef.Org. (III b) Nr. 872/44, Torgau, den 21.4.1944, Betr.: Einsatz von ital. Mil.Int. und Kr.Gef. anderer Nationalität in Handwerksbetrieben, BA-MA, RH 43/35.

[115] Ebd., Oberkommando der Wehrmacht Az. 2 f 24. 17 b Kriegsgef.Org. (III b) Nr. 3195/44, O.U., den 27.6. 1944, Betr.: Abgabe nicht arbeitsfähiger sowj. Kr.Gef. und ital. Mil.Int. an landwirtschaftliche Betriebe und an sonstige Betriebe der Wirtschaft. Diese seit dem 19.2.1942 für sowjetische Kriegsgefangene vorgesehene Möglichkeit galt spätestens Anfang 1944 auch für die italienischen Militärinternierten, vgl. ebd., Bezug: OKW Az. 2 f 24. 17 t Kriegsgef.Org. (III b) Nr. 874/44 vom 16.2.44.

[116] Vgl. Deutschlands Rüstung im Zweiten Weltkrieg, S. 11 ff.; und Kroener u.a., Organisation, S. 677—689 (Beitrag von R.D. Müller, Von Todt zu Speer).

liche oder gewerbliche Betrieb, der den aufgepäppelten Militärinternierten — respektive sowjetischen Kriegsgefangenen — zurückgab, eine für seine Zwecke vollwertige Ersatz-kraft, aber das half dem Gefangenen selbst überhaupt nichts[117]. Für ihn bedeutete die neue Regelung (unter Umständen), daß er nach der Erholungsphase mit einigermaßen menschenwürdiger Behandlung in einem bäuerlichen oder handwerklichen Unterneh-men wieder dem — für ihn lebensgefährlichen — Dasein des Zwangsarbeiters in irgend-einem Rüstungsbetrieb anheimfiel.

Andererseits konnte das Reichsernährungsministerium Mitte 1944 nicht mehr umhin, den Militärinternierten — auf Antrag des Oberkommandos des Heeres, des Generalbe-vollmächtigten für den Arbeitseinsatz und der Deutschen Arbeitsfront — zur »Hebung des Gesundheitszustandes und der Leistungsfähigkeit« einige Zulagen zu ihrer Verpfle-gung zu bewilligen. Vom 26. Juni bis zum 20. August erhielten sie — über die üblichen Verpflegungssätze hinaus — pro Woche 350 Gramm Roggenmehl oder Roggengrütze, 35 Gramm Suppenerzeugnisse, 7/10 Liter entrahmte Frischmilch und 20 Gramm Trocken-hefe. Bemerkenswert ist, daß sie sich damit schlechter gestellt sahen als die sowjetischen Kriegsgefangenen und die Ostarbeiter. Ihnen gestanden die Deutschen — zusätzlich zu den auch für die Internierten geltenden normalen Verpflegungsmengen — die gleichen Ernährungszulagen an Trockenhefe, Frischmilch und Suppenerzeugnissen zu, aber außer-dem noch 400 Gramm Roggenmehl oder Roggengrütze sowie 50 Gramm Freibank- oder Pferdefleisch[118]. Es ist keine Frage, daß das Reichsernährungsministerium dem Ersuchen der genannten Behörden nur stattgab, weil die gesundheitliche Verfassung der Italiener — entsprechend stellte sich die Lage bei den sowjetischen Kriegsgefangenen und Ostar-beitern dar[119] — so war, daß deren Totalausfall drohte.

Im übrigen blieb es der Betreuungsdienststelle bei der faschistischen Botschaft in Berlin nicht verborgen, daß die Militärinternierten — oft mit den Russen im selben Arbeits-kommando eingesetzt — im Juli 1944 nicht nur schlechter ernährt wurden als sowjeti-sche Kriegsgefangene, sondern sogar noch mehr arbeiten mußten als jene. Dagegen prote-stierte der *Servizio Assistenza Internati*. Gleichzeitig machte er auf Mißhandlungen in

---

[117] Siehe oben, Anm. 115. In der Verfügung vom 26.7.44 hieß es ausdrücklich, daß ein Austausch der Aufgepäppelten erst »nach Einarbeitung einer vollwertigen Ersatzkraft« erfolge. Ein entsprechen-der »Vorbehalt« war bei der Abgabe »aufpäppelungsfähiger« Militärinternierter an die in Frage kommenden Betriebe vorzunehmen. Im Hinblick auf Gefangene, die »ohne Vorbehalt« in der Vergangenheit als Aufpäppler an Bauern und Handwerksbetriebe überstellt worden waren, genüg-te es nicht, eine vollwertige Ersatzkraft auf Dauer zur Verfügung zu stellen. Der vom Austausch betroffene Unternehmer mußte dem Wechsel auch zustimmen. Aus Kostengründen stellte der Er-satz der Militärinternierten (sowjetische Kriegsgefangene) durch Zivilarbeiter eine rein theoreti-sche Möglichkeit dar. Das heißt, die Ersatzgestellung erfolgte in aller Regel aus dem Bestand der gefangenen Italiener und Russen. Für dieses Verfahren mußte sich der Statuswechsel somit nachtei-lig auswirken.

[118] Landesernährungsamt Abt. B, HMB 36 Esplanade 6, Der Reichsernährungsminister, Berlin, den 24.6.1944, II/1-6666 FSA Nr. 2057/JI, SAH, Behörde für Ernährung und Landwirtschaft I, Ab VIII 4a; und ebd., Der Reichsminister für Ernährung und Landwirtschaft, Berlin, den 28.6.1944, Schnell-brief, An die Landesregierungen, die Preußischen Oberpräsidenten — Landesernährungsämter.

[119] Siehe Streit, Keine Kameraden, S. 249—253, zur Ernährung der russischen Kriegsgefangenen 1942—1945.

den Lagern und die hohe Sterblichkeit unter den italienischen Gefangenen aufmerksam. Die Antwort des Auswärtigen Amtes bestand in den üblichen Ausflüchten[120].

Noch vor der Gewährung der oben erwähnten Zulagen beschloß das Reichsministerium für Ernährung und Landwirtschaft am 23. Mai 1944, einen »Ernährungsgroßversuch an ausländischen Arbeitskräften« durchzuführen. Betreuung und Auswertung lagen beim Kaiser-Wilhelm-Institut für Arbeitsphysiologie. Den Anstoß zu dem Unterfangen gaben Berichte aus der Industrie »über den schlechten Gesundheitszustand und die ungenügende Leistung« der Kriegsgefangenen und Fremdarbeiter »infolge unzureichender Ernährung«.

In den Gauen Westfalen-Süd und Westfalen-Nord sollte getestet werden, welche Auswirkungen die Erhöhung der Ernährung auf 90 oder maximal 100 Prozent der Rationen, die Deutsche in vergleichbarer Tätigkeit empfingen, auf die Leistung der arbeitenden Ausländer haben würde. An den verschiedenen Phasen des Mitte Juni beginnenden Experiments nahmen 1 515 Militärinternierte, 4 908 sowjetische Kriegsgefangene und 379 Ostarbeiter teil. Die insgesamt 6 802 Personen verteilten sich auf neun Betriebe[121]. Entsprechende Untersuchungen fanden außerdem — mit 500 Internierten — in der schon erwähnten Friedrich-Alfred-Hütte bei Krupp in Rheinhausen statt. Ihre Ergebnisse konnten mit denjenigen des Großversuchs verglichen werden[122].

Im Rahmen des Projekts wurden Leistungsmessungen vorgenommen und Veränderungen des Krankenstandes sowie der Unfallhäufigkeit genau registriert. Die Versuchspersonen erhielten die vorgesehenen Ernährungszulagen zwischen dem 10. Juli und dem 21. August. Dabei bekamen die Italiener 90 Prozent, die Russen dagegen 95 Prozent der Rationen, die deutschen Arbeitern in entsprechender Verwendung zustanden. Dies galt allerdings nur für Lang- oder Schwerarbeiter und Schwerstarbeiter. An alle übrigen am Versuch teilnehmenden Männer teilten die Betriebe Verpflegungsmengen aus, deren Nähr-

---

120 Diario S.A.I., S. 94, 6.7.1944, PADF: Appunto sul colloquio che ha avuto luogo all'A.A. tra l'ing. Spaniol ed il dott. Hendler. Vgl. aber auch: Der Reichsminister für Ernährung und Landwirtschaft II/1-6592, Berlin, den 7.7.1944, An die Landesernährungsämter Abt. A und B. Betr.: Einsatz russischer Kriegsgefangener für Be- und Entladezwecke, SAH, Behörde für Ernährung und Landwirtschaft I, Ab VIII 4a. In diesem Schreiben wurde der Arbeitseinsatz von 11 000 Militärinternierten nach den für sowjetische Kriegsgefangene verbindlichen Grundsätzen befohlen. Vgl. hierzu auch Herbert, Fremdarbeiter, S. 260 f., der meint, daß die italienischen Militärinternierten schon Ende 1943 in der sozialen Hierarchie der Kriegsgefangenen und Fremdarbeiter »unterhalb der sowjetischen Arbeitskräfte« angesiedelt waren. Hingegen geht Krause-Vilmar, Ausländische Zwangsarbeiter, S. 391, davon aus, daß die Italiener in der »Behandlung den sowjetischen Kriegsgefangenen fast gleichgestellt« gewesen sind.

121 Kaiser-Wilhelm-Institut für Arbeitsphysiologie, Dortmund, den 1.9.1944, Prof. Dr. H. Kraut: Erster Bericht über den Ernährungsgroßversuch an ausländischen Arbeitskräften, AIfZG, NG/d 801–900, Doc.No. NG-861. Bei den ausgewählten Werken handelte es sich um die Großbetriebe: Ruhrstahl A.G. — Werk Henrichshütte in Hattingen, Werk Wittener Gußstahl in Witten und Werk Annoner Gußstahl in Witten-Annon; Union Sils van de Loo & Co — Werk Fründenberg und Werk Worl; Gelsenkirchener Bergwerks A.G. — Zeche Fürst Hardenberg in Dortmund; Hösch A.G. — Zeche Radbod in Bochum-Hövel; Steinkohlenbergwerk Friedrich der Große in Herne; und Bergbau A.G. Ewald König Ludwig — Zeche Ewald Fortsetzung in Erkenschwick.

122 Ebd., S. 20 des Berichts.

wert 95 Prozent von demjenigen der deutschen Normalernährung entsprach. Eine derartige Relation ergab sich jedoch erst aufgrund der reichsweit verteilten Zulage von circa 250 Kalorien[123], die der oben behandelte Erlaß des Reichsernährungsministeriums vom Juni 1944 anordnete.

Das Faktum beweist überzeugend, daß alle Verlautbarungen der Deutschen Arbeitsfront über die Gleichstellung der Militärinternierten mit dem deutschen Normalverbraucher, was die Ernährungsmengen oder die Kalorienwerte anbelangte, Propagandalügen darstellten. Die Statistiken des Kaiser-Wilhelm-Instituts besagten, daß die Kost der Italiener mindestens 300 Kalorien weniger besaß als diejenige der Deutschen mit durchschnittlichem Verbrauch an Lebensmitteln. Aber selbst das scheint eine eher optimistische Annahme gewesen zu sein. Hätte es sich nämlich überall so verhalten, würden sie kaum im Küchenabfall nach Eßbarem gesucht haben. Die deutsche Bevölkerung sah sich jedenfalls zu solcher Art von Nahrungssuche erst nach dem Ende des »Dritten Reiches« gezwungen.

In den letzten Septembertagen zog das Kaiser-Wilhelm-Institut eine erste Bilanz des Großversuchs[124]. Bereits nach der verhältnismäßig kurzen Zeit von fünf bis zehn Wochen verbesserter Ernährung — die Betriebe hatten damit unterschiedlich begonnen — lagen die Leistungen der italienischen und russischen Gefangenen, die vorher ungefähr 60 bis 80 Prozent der deutschen Normalleistung entsprachen, bei 80 bis 100 Prozent derselben. An verschiedenen »Stellen wurden sogar 100% der deutschen Leistung überschritten« — und das um bis zu 10 Prozent.

Ein derartiges Ergebnis bedeutete die Bankrotterklärung des primitiven und menschenverachtenden Systems der Leistungsernährung, dem Hitler, das Oberkommando der Wehrmacht und die Deutsche Arbeitsfront anhingen. In den Versuchsbetrieben verzeichneten die Ärzte durchschnittliche Gewichtszunahmen von mehr als einem Kilogramm pro Person. Daraus resultierte eine größere körperliche Belastbarkeit, die wiederum die Leistungswilligkeit förderte. Vor allem aber sammelten die Internierten oder Kriegsgefangenen Kraftreserven. Sie erlaubten es, daß die Männer zusätzliche Nebenaufgaben bewältigten oder in bestimmten Fällen Spitzenleistungen zu erreichen vermochten.

Freilich, sobald Russen und Italiener das normale Gewicht eines Arbeiters besaßen, setzten Pressionen ein. Sie mußten nun höhere Leistungen erbringen, anderenfalls drohte ihnen der Entzug der Zulagen. Das Kaiser-Wilhelm-Institut gab sich überzeugt davon, daß die existentielle Angst der italienischen und sowjetischen Gefangenen, mit der die Wissenschaftler eiskalt kalkulierten, jene zu immer neuer Leistungssteigerung triebe.

---

[123] Weitere Zulagen erhielten die im Bergbau als Hauer unter Tage eingesetzten Personen. Sie bekamen außer der Reichszulage von 250 Kalorien täglich noch: 170 g Brot, 10 g Fett und 30 g Wurst. In allen übrigen Betrieben gab es pro Tag für italienische Militärinternierte (in Klammer werden die Zulagen der russischen Kriegsgefangenen zum Vergleich angegeben) der Kategorie Normalverbraucher keine Zulagen, bei den Lang- und Schwerarbeitern 5 g Fett (10 g Fett und 50 g Brot) sowie bei den Schwerstarbeitern 15 g Fett, 50 g Brot und 30 g Fleisch (20 g Fett, 100 g Brot und 30 g Fleisch).

[124] Kaiser-Wilhelm-Institut für Arbeitsphysiologie, Bad Ems, 4.11.1944, Prof. Dr. H. Kraut: Zweiter Bericht über den Ernährungsgroßversuch an ausländischen Arbeitskräften, AIfZG, NG/d 801—900, Doc.No. NG-861.

Das zynische Spiel mit der menschlichen Not, bei dem zunächst Vergünstigungen gewährt wurden und danach deren Entzug als Druckmittel eingesetzt worden ist, bildete sozusagen die Kehrseite der Medaille. Im Grunde mußte somit die ganze Angelegenheit zu einem bestimmten Zeitpunkt darauf hinauslaufen, daß sich die Militärinternierten und ihre Schicksalsgefährten erneut kaputtgearbeitet hatten. Dies dann allerdings auf einem höheren Leistungsniveau, was die Sache aus deutscher Sicht lohnend machte. Es handelte sich nicht mehr um das borniert Prinzip der Ernährung nach Leistung, das Hitler seit dem 28. Februar 1944 auf die Italiener — ohne Rücksicht auf ihren körperlichen Zustand — anwenden ließ. Aber man befürwortete weiterhin ein rigoros erpresserisches Verfahren, obwohl der Großversuch schon in seiner Anfangsphase zeigte, daß sich hervorragende Leistungen mit Zugeständnissen erreichen ließen. Offensichtlich genügte das nicht, denn es ging um mehr: Profitmaximierung durch uneingeschränkte Ausbeutung war anvisiert.

Wegen der Produktionseinschränkungen, zu denen sich die Rüstungsindustrie als Folge der militärischen Lageentwicklung gezwungen sah, erwiesen sich jene Planungen allmählich als überflüssig[125]. Im übrigen traten Grenzen der Leistungssteigerung, die Ende September bei 15 Prozent lag, jedoch auf mindestens 25 Prozent angehoben werden sollte, bereits während der Versuchsdurchführung zutage. Das heißt, die intensivierten Luftangriffe auf die Industriegebiete führten zu häufigen Arbeitsunterbrechungen, verminderten die Ruhezeiten für die Zwangsarbeiter, riefen Unregelmäßigkeiten bei der Materialzufuhr hervor und vernichteten die Unterkünfte[126].

Positiv wirkten sich die Ernährungszulagen[127] ferner auf diejenigen Krankheiten aus, die mit der Verpflegung zusammenhingen. So sank zum Beispiel die Zahl der an Hungerödemen oder allgemeiner Unterernährung leidenden Personen im Werk Henrichshütte der Ruhrstahl A.G. in Hattingen — wo 332 Militärinternierte, 907 sowjetische Kriegsgefangene und 25 Ostarbeiter am Ernährungsgroßversuch teilnahmen[128] — im Zeitraum Juli bis September um 72 Prozent[129].

Im Hinblick auf die am Projekt beteiligten Italiener wirkte sich deren Überführung in den Status freier Zivilarbeiter psychologisch angeblich nachteilig aus, da für sie seit dem 1. September der »Anreiz der Zulage« entfiel[130]. Internierte erhielten ja, gemäß der im August herausgegebenen Weisung, nach der Entlassung aus ihrer Gefangenschaft theo-

---

[125] Vgl. dazu Speer, Erinnerungen, S. 417.

[126] Siehe oben, Anm. 124, S. 3 des Berichts.

[127] Ebd., S. 2. Die Zulagen führten zu einer Kalorienwertsteigerung der Nahrung für Militärinternierte (in Klammer zum Vergleich die Werte für russische Kriegsgefangene und Ostarbeiter) der Kategorie Normalverbraucher von 1 870 (1 940) auf 2 180 (2 190), Langarbeiter von 2 090 (2 040) auf 2 390 (2 410), Schwerarbeiter von 2 330 (2 420) auf 2 650 (2 690), Schwerstarbeiter 2 650 (2 750) auf 3 350 (3 380) und Schwerstarbeiter unter Tage von 2 800 (2 810) auf 3 380 (3 410).

[128] Siehe oben, Anm. 121, S. 16 des Berichts.

[129] Siehe oben, Anm. 124, S. 7 f. des Berichts. Im Juli zählte man 167, im August 87 und im September 46 relevante Fälle. Der allgemeine Krankenstand, der sich — gemessen an den beunruhigenden Zahlen im Februar und März 1944 — im Monat April verringert hatte, konnte in diesen Monaten nur um 22 Prozent vermindert werden.

[130] Ebd., S. 7 des Berichts.

retisch die Verpflegungssätze für ausländische Arbeiter, sofern sie sich verpflichteten, bis zum Kriegsende in Deutschland zu arbeiten[131]. Die Reichsführung ließ den limitativen Zusatz zwar offiziell schon am 4. September streichen, aber erst im November kam es zu entsprechenden Konsequenzen hinsichtlich der Versorgung aller im Arbeitsprozeß einzusetzenden ehemaligen italienischen Soldaten. Jetzt hieß es, in Abänderung des vom Reichsminister für Ernährung und Landwirtschaft, SS-Obergruppenführer Dr. Herbert Backe, am 14. August 1944 herausgegebenen Erlasses, es hätten »fortan sämtliche italienische Militär-Internierte, mit Ausnahme der Berufsoffiziere, allgemein die Verpflegungssätze, die für ausländische Arbeiter festgesetzt worden sind, zu erhalten, weil nach Mitteilung des Befehlshabers des Ersatzheeres die früher verlangte Bereitwilligkeitserklärung für die Überführung in das zivile Arbeitsverhältnis nicht mehr erforderlich« sei[132]. Das mußte an sich zur Folge haben, daß selbst diejenigen Internierten, die nach wie vor als Gefangene in den Lagern lebten, aber arbeiteten oder als arbeitseinsatzfähig galten, entsprechend der Weisung Himmlers versorgt wurden, was aber nicht der Fall gewesen zu sein scheint.

Zweifellos bildete die Ernährungsfrage ein zentrales Problem beim Umgang mit den Militärinternierten. Es handelte sich jedoch um einen Aspekt unter vielen, weshalb abschließend auch noch einmal ihre Behandlung ganz allgemein und ihr Schicksal nach dem Statuswechsel in den Blick zu nehmen sind.

Prinzipiell ist festzustellen, daß diejenigen gefangenen Italiener, die sich der Zusammenarbeit verweigerten, Anfang 1944 in einem erbarmungswürdigen Zustand lebten[133]. Ein Los, das nach dem Willen des Oberkommandos der Wehrmacht selbst Exbundesgenossen nicht erspart bleiben sollte, die beim Kriegsaustritt Italiens in Lazaretten lagen und sich nicht für die deutsche Seite entschieden. Sie mußten — nach der Wiederherstellung ihrer Gesundheit — als Militärinternierte zum Arbeitseinsatz ins Reich abgeschoben werden[134].

Was sie in Deutschland als Zwangsarbeiter erwartete, das wurde im Verlaufe der Untersuchung wiederholt angedeutet. Bestätigung fanden die bekannten Verhältnisse unter anderem im Lager des Arbeitskommandos 6024 in Rothenfelde-Wolfsburg. Im ersten Quartal 1944 lebten dort zeitweise 1 441 italienische Gefangene, für die das Volkswagenwerk als Arbeitgeber auftrat. Die Männer waren in 14 Wohnbaracken untergebracht, zu denen

[131] Der Reichsminister für Ernährung und Landwirtschaft II/1-6913, Berlin, den 14.8.1944, An die Landesernährungsämter Abt. A und B, SAH, Behörde für Ernährung und Landwirtschaft I, Ab VIII 4a.

[132] Ebd., Der Reichsminister für Ernährung und Landwirtschaft Tgb. II/1-7754, Berlin, den 8.11.1944, An die Landesernährungsämter Abt. A und B.

[133] Ambasciata d'Italia, Berlino, li 17 gennaio 44-XXII, Al Duce della Repubblica Sociale Italiana Sede del Governo Italia, f.to Anfuso, ASMAE, Busta 31, Posizione Germania 1/1.

[134] WFSt/Qu 2 (Süd-Südost) Nr. 00344 g.Kdos., 10.1.1944 (im Original wurde irrtümlich das Jahr 1943 angegeben), Notiz über Anruf Ob Südwest O.Qu/Qu 2, Betr.: Behandlung italienischer Mil.Int., die sich bisher in Lazaretten befanden, nach der Lazarettentlassung, BA-MA, RW 4/v. 508 a; und ebd., WFSt/Qu 2/Süd-Südost Nr. 00344 g.Kdos., 10.1.1944, Fernschreiben an Ob. Südwest und an Bev. General d. Dt. Wehrmacht in Italien, Betr.: Ital. Militär-Internierte, die nach Heilung aus ihren Lazaretten entlassen wurden.

drei Küchenbaracken, Toiletten und sechs Waschräume gehörten, die fließendes kaltes und warmes Wasser besaßen. Deutscherseits galt ihre Behausung als »zweckentsprechend«, was immer das besagte. Unter den Lagerinsassen fanden sich sowohl Nord- als auch Süditaliener. Zum Teil handelte es sich um kaum ausgebildete Rekruten, zum Teil um Soldaten, die mit den Deutschen mehrere Jahre gemeinsam gekämpft hatten[135].

Von diesen Personen — bei denen Beobachter ebenfalls einen direkten Zusammenhang zwischen der schon bei ihrer Überstellung aus dem Stammlager Fallingbostel gegebenen schlechten körperlichen Verfassung und der Arbeitsleistung konstatierten — arbeiteten 450 auf Baustellen und der Rest im Volkswagenwerk selbst. Zumindest für 90 Prozent der rund 1 000 im Werk beschäftigten Italiener beantragte das Management von Volkswagen — nach monatelangem Drängen durch die Kommandoführung des Lagers — beim Gauwirtschaftsamt Langarbeiterzulage. Jene erhielt das Werk, doch scheint es im Rahmen der Verteilung zu Unregelmäßigkeiten gekommen zu sein[136].

Zu Klagen gab 1944 der miserable Bekleidungszustand und das verschlissene Schuhwerk Anlaß. Wie etwa im Bericht des Lagers Teschen[137] hieß es in Rothenfelde-Wolfsburg, daß die Häftlinge »gute Schuhe, Leibwäsche, ja selbst das letzte Hemd verkauften, vertauschten oder einander stahlen«[138]. Daraufhin richtete die Lagerleitung eine zentrale Wäsche-

---

[135] Siehe oben, S. 482, Anm. 104.

[136] Ebd., Anm. 104, hier S. 1. Das Volkswagenwerk behielt es sich auch nach der Gewährung der Langarbeiterzulage vor, »nach eigenem Ermessen Leistungsprämien in Form von zusätzlichen Ernährungsgutscheinen« zu verteilen, die folgende Stufungen vorsahen: Für Spitzenleistungen erhielten italienische Militärinternierte 750 gr. Brot, 200 gr. Fleisch und 50 gr. Margarine pro Woche; sowjetische Kriegsgefangene 800 gr. Brot, 150 gr. Fleisch und 70 gr. Margarine; als »Leistungsprämien« bekamen: italienische Militärinternierte wöchentlich 450 gr. Brot und 150 gr. Fleisch; sowjetische Kriegsgefangene 250 gr. Brot, 125 gr. Fleisch und 15 gr. Margarine; französische Kriegsgefangene 250 gr. Brot, 125 gr. Fleisch und 15 gr. Margarine. Dabei ist anzumerken, daß sich zum Zeitpunkt der Erstellung des Berichts (auf jeden Fall nach dem 27.2.44) beim Arbeitskommando 6024 — außer den 1 441 Italienern — insgesamt 425 Russen und 487 Franzosen befanden. Diese 2 353 Mann wurden — zusammengefaßt in nationalen Gruppen — voneinander getrennt untergebracht und von einem deutschen Feldwebel, fünf Unteroffizieren sowie 52 Wachmannschaften beaufsichtigt und verwaltet. Auf rund 41 Gefangene entfiel somit ein deutscher Bewachungssoldat. Bedeutsamer ist die Tatsache, daß das Volkswagenwerk, das die Langarbeiterzulagen für seine Leistungsprämien verwendete, dabei zu seinen Gunsten wirtschaftete. Das heißt, es gab im Rahmen der Prämiengewährung weniger Nahrungsmittel an die Kriegsgefangenen aus, als es vom Gauwirtschaftsamt in Form der Langarbeiterzulagen erhalten hatte. Dies betraf in erster Linie Franzosen und Russen, die bereits länger im Lager lebten. Von der für ein halbes Jahr erhaltenen Langarbeiterzulage gab Volkswagen an die russischen Gefangenen aus: von 5 935 kg Brot 3 132 kg, das heißt, 2 783 kg behielt das Werk zurück; von 1 010 kg Fleisch 974 kg; damit kamen 36 kg nicht zur Verteilung; von 265 kg Fett 240 kg, also wurden 25 kg zurückbehalten. Noch schlimmer stellten sich die Verhältnisse bei den — als besonders arbeitswillig geltenden — Franzosen dar, denn von ihrer Langarbeiterzulage behielt man von 5 983 kg Brot 4 522 kg zurück, von 1 635 kg Fleisch 905 kg und von 145 kg Fett 120 kg. Diese Zusammenstellung korrigiert die im Originaldokument gegebenen Werte, die zum Teil auf Rechenfehlern beruhen.

[137] Siehe oben, S. 458 f.

[138] Vgl. unmittelbar dazu: An den Hauptabwehrbeauftragten, Panzerbau 1, den 20.11.1943, AIfZG, NI/d 15531–520, Doc.No. NIK-15486, wo es um einen italienischen Arbeiter ging, der unter »kriegsgefangenen Italienern« einen schwunghaften Handel trieb. Der Angeschuldigte wurde schließlich durch die von ihm ausgenutzten Gefangenen denunziert.

rei ein, was bewirkte, daß die Militärinternierten nur noch über diejenige Kleidung verfügten, die sie auf dem Körper trugen. Allerdings sollen sie nunmehr stets sauber und ausreichend bekleidet gewesen sein. Die Grundausstattung stellte das Stammlager Fallingbostel zur Verfügung.

Für die Einstellung gegenüber den Gefangenen erscheinen — gerade wegen ihrer trivialen Beschaffenheit — einige Ausführungen zur Disziplin im Arbeitskommando 6024 bezeichnend. Da hieß es zum Beispiel: »Vor allem die Süditaliener sind arbeitsscheu, wasserscheu, disziplinlos, unkameradschaftlich, Diebe von Natur und aus Leidenschaft. Der Kameradendiebstahl und der Trieb, mit dem Gestohlenen Handel zu treiben, sind die hervorstechendsten Eigenschaften. Sie überbieten auf diesen Gebieten bei weitem alle anderen Völker, ja sind hierin von einzigartiger Virtuosität.«

Einzigartigkeit kam den Deutschen, aus der Sicht der gefangenen Soldaten, auf anderem Gebiete zu — dem der menschenverachtenden Brutalität. Italienische Angehörige des Arbeitskommandos 6024 charakterisierten ihre Aufseher als Folterknechte. Die Bewacher hätten zur Außenarbeit eingesetzte Männer ununterbrochen mit dem Gewehrkolben traktiert, ohne daß sich die Opfer zur Wehr zu setzen vermochten. Wegen geringfügiger Anlässe — so geschah es, als ein Italiener auf dem Weg zur Arbeit von einem Acker, vom Hunger getrieben, ein wenig Gemüse an sich nahm — konnte es zu wahren Prügelorgien kommen. Man peitschte den nackten Gefangenen zunächst halbtot. Danach wurde er gezwungen, die schwere körperliche Tätigkeit im Freien und bei schlechtem Wetter fortzusetzen. Um die in ihrer Bestialität entfesselten Wachsoldaten zu beruhigen, gaben Mißhandelte oder ihre Kameraden letzte Wertgegenstände her, die sie sich noch bewahrt hatten. Mitunter blieb auch das ohne Wirkung. Denn nach Annahme der Sachen setzten die Bewacher die Tortur fort. Ehemalige Militärinternierte berichteten, daß Nichtigkeiten wie die geschilderte genügten, um in Vernichtungslager der SS überstellt zu werden. Exzesse gehörten demnach zum Alltag in den Lagern. Einem Italiener, der im Volkswagenwerk arbeiten mußte, zertrümmerte der Aufseher mit dem Gewehrkolben den Schädel, als er während der Nachtschicht seinen Kopf in einen Topf steckte, um Reste aufzulecken, die deutsche Arbeiter zurückließen. Der Mann — so berichtete ein Augenzeuge der Mordtat — war auf der Stelle tot[139].

Von derartigen Ausschreitungen findet sich in den Quellen der Täter nichts, wohl aber ist von »Härte« beim Arbeitskommando 6024 die Rede. Angesichts der »Unsauberkeit« der Internierten — sie wurden »jeden Sonntag unter Aufsicht warm geduscht«, wobei man die besonders »Schmutzigen zwangsweise im Freien« abschrubbte — habe selbst die längste Geduld ihr Ende gefunden. Ansonsten aber sei die Behandlung im Lager »korrekt und gerecht« gewesen. Hingegen sollen die Gefangenen im »Werk und auf den Bauplätzen besonders im Anfang durch Vorarbeiter, vor allem Tschechen und Polen, viel

---

[139] Impallomeni, Il nido, S. 264—268. Der Autor, Unterfeldwebel Antonino Impallomeni, wurde in Norditalien gefangen und in das Stalag XI B Fallingbostel überstellt. Nach einer weiteren Verwendung in einem Arbeitslager bei Fallersleben brachte man ihn zur »Bestrafung« zunächst nach Magdeburg und schließlich nach Auschwitz.

geschlagen« worden sein. Außerdem sahen sich die Italiener im Volkswagenwerk — wie anderswo — »von vornherein geächtet«[140].

Im Zeitraum, aus dem der obige Bericht stammen dürfte, bezeichnete Botschafter Anfuso die physische, psychische und gesundheitliche Lage der Militärinternierten als sehr schlecht. In einigen Gebieten stelle sie sich sogar katastrophal dar. Die Binsenweisheit, daß im Hinblick auf den Umgang von Lager zu Lager unterschieden werden müsse, treffe zwar zu, aber sie tangiere in keiner Weise das Urteil über den Gesamtbefund. Lediglich einige wenige, die bei kleinen Betrieben arbeiteten und außerhalb der Mannschaftsstammlager wohnten, lebten seiner Meinung nach unter akzeptablen Bedingungen. Alle liefen jedoch in verschlissenen Uniformen und abgetragenem Schuhwerk umher[141]. Darüber hinaus überreichte Anfuso Staatssekretär Baron v. Steengracht am 17. Mai — auf Veranlassung Vaccaris — eine Protestnote wegen der ständig zunehmenden Mißhandlungen der Gefangenen. Dieser versicherte, daß gegen die Verantwortlichen vorgegangen werde, und erbat eine Liste der Lager, die zu Klagen berechtigten[142]. Dem Auswärtigen Amt schien ernsthaft daran zu liegen, derartige Übelstände abzustellen[143], doch de facto änderte sich nichts. Das traf uneingeschränkt für die Lebensbedingungen derjenigen zu, die bis zum Kriegsende die Lager nicht verließen[144].

Ihre Behandlung bildete einen Teilaspekt des Umgangs, den das »Dritte Reich« seit dem September 1943 mit der *Repubblica Sociale Italiana* pflegte. Im Kern lief das Verhalten der nationalsozialistischen Führung auf eine völlige Mißachtung der Eigenstaatlichkeit hinaus, die der »Duce« für seine Republik forderte. Die deutsche Selbstherrlichkeit

---

[140] Siehe oben, S. 482, Anm. 104, hier S. 3 des Entwurfs. Zu den Norditalienern hieß es, daß sie »zum großen Teil recht sauber« seien. Bei den Süditalienern habe sich, »dank des energischen Eingreifens«, ebenfalls eine Besserung der hygienischen Verhältnisse angebahnt. Geschlagen wurde auch beim italienischen Arbeitskommando 6063 Hallendorf, bei dem 1 674 Militärinternierte Zwangsarbeit verrichteten, und beim Arbeitskommando 6126 Salzgitter mit 288 Militärinternierten (siehe ebd., S. 4). An derartigen Mißhandlungen beteiligten sich demnach nicht nur deutsche und fremdländische Bewacher, sondern auch Zivilarbeiter.

[141] Ambasciata d'Italia, Telespresso N. 03935, addi 8 Mag 1944, Al Ministero Affari Esteri, Oggetto: Collettività italiane in Germania, f.to Anfuso, ASMAE, Busta 65, Posizione Germania 1/15.

[142] Diario S.A.I., S. 21, 17.5.1944, PADF: Appunto circa il colloquio che ha avuto luogo il 17 maggio 1944 all'A.A. tra l'Ambasciatore d'Italia Filippo Anfuso, il Ministro Vaccari ed il Segretario di Stato al Ministero degli Affari Esteri Germanico Steengracht (im Original irrtümlich »Stengrad« geschrieben).

[143] Ebd., S. 27, 22.5.1944: Colloquio avvenuto presso l'Ambasciata d'Italia (S.A.I.) tra l'ing. Spaniol ed il dott. Hendler.

[144] Wenig ist über die Behandlung der italienischen Kriegsgefangenen bekannt, die als »Badoglio-Kämpfer« in den Quellen nur selten auftreten. Als im Juli 1944 dem Stalag III A Luckenwalde 5 000 Kriegsgefangene aus dem rückwärtigen Heeresgebiet zugeführt wurden, befanden sich unter ihnen — neben sowjetischen Kriegsgefangenen und italienischen Militärinternierten — auch gefangene »Badoglio-Kämpfer«, die ausdrücklich als italienische Kriegsgefangene behandelt werden sollten. Von den Militärinternierten waren sie »streng zu trennen«. Vgl. direkt dazu: Oberkommando der Wehrmacht Az. 2 f 24.17 s Kriegsgef.Org. (III b), Torgau, den 22.7.44, An WKdo III — Berlin, Betr.: Rückführung von Kr.Gef. aus rückwärtigem Heeresgebiet — Kennwort »Eule«, BA-MA, RH 49/35; und ebd., Kommandeur der Kriegsgefangenen im Wehrkreis III Kdr.Kgf. Nr. 4076/44 (1), Berlin, den 2.8.1944, An M.-Stammlager III D.

manifestierte sich in Willkürmaßnahmen, die einen Punkt erreichten, daß selbst Mussolini bei Hitlers Botschafter Rahn gegen die an Italienern veranstalteten »Massaker« protestierte. Anfuso sprach von »grundlegenden Fehlern der deutschen Politik im ersten Jahr der Sozialen Republik« Italien. Im September 1944 erstellte er eine Art »Weißbuch«, in dem er den wichtigsten Schriftwechsel zwischen dem Auswärtigen Amt und seiner Botschaft in bezug auf die »typischsten Mißhandlungen von Italienern« zusammenzufassen gedachte. Seine Ausarbeitung wollte er über Steengracht an die Reichsführung lancieren[145].

Mitte Oktober 1944 befand sich die Zusammenstellung in den Händen von Reichsaußenminister v. Ribbentrop. Der Botschafter beklagte sich darin ganz allgemein über »Übergriffe deutscher Behörden gegenüber den italienischen Staatsangehörigen und konsularischen Vertretungen in Deutschland«. Ribbentrop wünschte daraufhin bis zum 28. Oktober eine »summarische Prüfung« und Stellungnahme seines Hauses.

Die 69 Punkte umfassende Auflistung enthielt schwere Vorwürfe. Anfuso monierte die »Behandlung freier ital. Zivilarbeiter wie Militärinternierte[r]«. Es ging um die näheren Umstände bei Todesfällen, um die rohe Gewaltanwendung gegen Internierte bei der Firma Bamag-Dessau und Firma Brandenburger Eisenwerke, Kirchmöser sowie bei der Firma A.G.I. Flugzeugwerke Oschersleben. Hinzu kam, daß fünf Gefangene in ihren Lagern brutal gequält wurden. Er wünschte Auskunft über die kollektive »Mißhandlung der im HJ-Lager in Klein-Köris« untergebrachten 65 internierten Soldaten. Gewaltsamer Tod — zum Teil aufgrund eines Urteils nationalsozialistischer Richter — stand in 23 Fällen zur Diskussion. Andere Nachfragen betrafen einen angeschossenen Arbeiter und einen durch Bajonettstich verletzten Militärinternierten. Der Botschafter protestierte dagegen, daß seine gefangenen Landsleute in der Fabrik und Grube Julius Schacht in »Herrnsdorf« überbeansprucht würden. Nach wie vor müsse er beklagen, daß die Oflag und Stalag Todesfälle nur mit erheblicher Verspätung meldeten. Nicht zu akzeptieren sei, daß die Wehrmachtführung dem »Luftfahrtattaché« bei seiner Botschaft den Besuch von Gefangenenlagern verweigere. Vorbehalte wecke die Verurteilung eines Italieners als »Volksschädling«. Schließlich warte seine Regierung auch noch immer auf die seit Wochen in Aussicht gestellte Sonderregelung des Oberkommandos der Wehrmacht, die den Status

---

[145] Siehe dazu den handschriftlichen Brief von Anfuso an Mazzolini: Ambasciata d'Italia l'Ambasciatore, 08600-Segreto, Berlino, 27 settembre XXII (1944), ASMAE, Busta 31, Posizione Germania 1/1, hier S. 1 ff. Auf die Ausschreitungen, die Angehörige der Wehrmacht, der Polizei und der SS zu verantworten hatten, wurde im Verlaufe dieser Darstellung bereits wiederholt aufmerksam gemacht. Gemäß der Anklage in Nürnberg ermordeten deutsche Uniformierte vom März 1944 bis zum April 1945 in Italien 7 500 Menschen »jeden Geschlechts und Alters«, zit. nach: Der Prozeß gegen die Hauptkriegsverbrecher, Bd 1, S. 50. Siehe darüber hinaus die Details in Bd 9, S. 252 ff. und 262 ff., sowie Bd 14, S. 331. 1944 kam es, offensichtlich in der Gegend von Perugia, zu zahlreichen Willküraktakten, die vermutlich Einheiten der SS verübten. Im Zusammenhang mit den gefürchteten Durchkämmungsaktionen hat man dabei völlig unschuldige Menschen schlicht ermordet. Vgl.: Gabinetto Prot. 59/2390-RR, Urgentissima, Roma 10 Maggio 1944/XXII, 1° Al Comando Militare Supremo Germanico Roma, 2°) Alla Ambasciata di Germania Ufficio di Roma, Oggetto: Perugia — Rastrellamenti effettuati da reparti germanici, ASMAE, Busta 34, Posizione Germania 5/8; und ebd., Affari Generali 31/814, 23 maggio 1944/XXII, Appunto per l'Ambasciata di Germania.

der entwaffneten Militärangehörigen definieren solle, die bei deutschen militärischen Einheiten oder Dienststellen verbleiben mußten, also nicht in das Verhältnis freier Zivilarbeiter überführt werden durften.

Wie oben dargelegt, entschied die Wehrmachtführung wenig später, am 24. Oktober, daß die versprochene »Sonderregelung« vorerst nicht ergehen werde, was Anfuso natürlich noch nicht wissen konnte. Ihm ging es in seinem Protestschreiben um das Schicksal von Menschen, die unter den Gegebenheiten ihrer Gefangenschaft den Verstand verloren, um die Existenzbedingungen der auf dem Balkan befindlichen Gefangenen, um italienische Staatsbürger, die in Konzentrationslager verschleppt wurden, um die Verhaftung von Italienern durch Deutsche sowie um das Verhalten der Gestapo[146]. Ein in der Tat »weites Feld« und eines, das sich nicht einfach bestellen ließ, denn die Terrorisierung der Betroffenen fand zum großen Teil in Bereichen statt, wo damals der Einfluß der obersten Führung nur noch schwach zur Geltung kam[147]. Allerdings zeigte sich in ihr ohnehin höchstens eine verschwindende Minderheit daran interessiert, etwas für die mißhandelten Militärinternierten und die übrigen italienischen Zwangsarbeiter zu unternehmen.

Am 28. Oktober legte die Rechtsabteilung im Auswärtigen Amt zu den vom Botschafter »zusammengestellten Noten« ihre Stellungnahme vor. Die Juristen wichen in der Sache aus. Die Bearbeitung, so hieß es, erfordere Zeit, da ein Teil der Fälle »allerneuesten Datums« sei. Andererseits hätten Vorgänge, die zeitlich sehr weit zurücklagen, bereits »mehr oder weniger befriedigend geregelt« werden können. So einfach war der Umgang mit dem »Weißbuch« Anfusos. Vor allem überrascht, daß er selbst von den »befriedigenden« Regelungen nichts wußte.

Generalkonsul v. Druffel formulierte hierbei im übrigen eine interessante grundsätzliche Aussage zum Verhältnis zwischen den zwei Völkern. Er meinte[148]: »Im ganzen genommen ergibt sich, daß die Italiener sich bei der deutschen Bevölkerung und den deutschen inneren Behörden keiner großen Sympathie erfreuen. Besonders gemeldete Einzelfälle können durch Vermittlung des Auswärtigen Amts meist beigelegt und besonders krasse Mißstände abgestellt werden. Eine grundlegende Änderung der Einstellung der inneren

---

146 Pol IV a, Notiz, Berlin, den 18.10.1944, gez. Doertenbach, in der Anlage: Inhaltsangabe der dem Herrn RAM überreichten Aufzeichnungen des Italienischen Botschafters in Berlin, PA, Völkerrecht, Kriegsrecht, Az. 26 Nr. 13 b Italien, Bd 1. Diese Liste Anfusos wird kurz erwähnt bei Kuby, Verrat auf deutsch, S. 305, aber irrtümlich auf den 11.11.1944 datiert.

147 Als signifikant mag der Fall des Carabiniere Vittorio Gaspare gelten, den der Gefreite Alois Weiß im Arbeitskommando 1833 g GW, das dem Stalag XVII A Kaisersteinbruch unterstand, aus reiner Willkür derartig mit dem Gewehrkolben mißhandelte, daß er mit Unterarmbruch am 23.8.1944 ins Krankenhaus eingeliefert werden mußte. Es dürfte eher ein glücklicher Zufall gewesen sein, daß der Vorfall der faschistischen italienischen Botschaft bekannt wurde: Ambasciata d'Italia Servizio Assistenza Internati, Il Capo del Servizio No. I/ucs/887, Berlino, den 6. Oktober 1944, Verbalnote, An das Auswärtige Amt, PA, Völkerrecht, Kriegsrecht Az. 26 Nr. 13 b Italien, Bd 1.

148 Ebd., Ref.: G.K. Dr. v. Druffel, zu R. 19873, Berlin, den 28. Oktober 1944, An Pol. IV a. Der Generalkonsul vermerkte zudem, daß sich die »Auskämmungs-Aktionen« in Italien, also die gewaltsame Verbringung italienischer Arbeitskräfte nach Deutschland, und die Behandlung von Italienern in den »Erziehungslagern« auf die Arbeiter »besonders belastend« auswirkten.

Behörden in dem Sinne einer Behandlung der Italiener als Angehörige einer verbündeten Nation kann jedoch wohl nur durch Weisung des Führers erreicht werden.«
Als sich Anfuso Ende November mit Reichsaußenminister v. Ribbentrop traf, kam er
nur kurz auf den obigen Vorgang zu sprechen. Inzwischen vertrat er die Auffassung,
daß die Verhandlungen mit den zuständigen Stellen des Auswärtigen Amtes »gute Fortschritte« machten. Von einigen »deutschen Landstrichen« abgesehen, etwa dem besonders problematischen Bezirk von Halle (Saale), habe sich die »Behandlung der Italiener
in Deutschland inzwischen erheblich verbessert«. Das sei dem »Duce« bereits mitgeteilt
worden. Dessen Befinden wandte sich das Gespräch im weiteren zu[149].
Auf dem Erfolg seines »Weißbuches« bestand Anfuso auch anläßlich der Aussprache zwischen ihm und den Konsuln der *Repubblica Sociale Italiana* in Deutschland am 12. und
13. Januar 1945. Allerdings konnte er — abgesehen von dem ebenso allgemeinen wie
erstaunlichen Eindruck, daß sich die Lebensbedingungen der Landsmänner im Reichsgebiet besserten — lediglich berichten, daß die Deutschen gerade wieder einmal dabei
seien, ein Rundschreiben zu verteilen. Es werde die nachgeordneten Behörden auffordern, sich beim Umgang mit italienischen Bürgern stets der engen Zusammenarbeit beider Staaten und der gemeinsamen Ziele bewußt zu bleiben[150]. Der Botschafter stellte
freilich, bewußt oder unbewußt, die positiven Auswirkungen der Aktion insofern in
Frage, als er die versammelten Diplomaten auf die bereits zu verzeichnende innere Auflösung des deutschen Staats hinwies. Die lokalen Autoritäten hätten sich der Kontrolle der
Zentralorgane, die sich ihrerseits als Folge der militärischen Entwicklung dezentralisieren
müßten, entzogen. Somit hing die Behandlung der italienischen Staatsbürger im untergehenden »Dritten Reich« — wobei Anfuso so tat, als ob es für die beiden Diktaturen
noch eine Zukunft gäbe — vom Wohlwollen der regionalen nationalsozialistischen Partei-
bonzen ab. Daß gerade bei ihnen italophobe Ressentiments herrschten, wußte der Botschafter, sagte er doch, daß dort Vorstellungen vertreten würden, die mit den Richtlinien
der Reichsführung nicht übereinstimmten. Was bedeutete es da eigentlich noch, wenn er
Ribbentrop Verständnis für die Lage der Faschisten bescheinigte? Anfuso, ein Meister
oberflächlicher und widersprüchlicher Formulierungen, begnügte sich einmal mehr mit
Leerformeln. Am Ende fiel ihm zur Sorge um das Schicksal der Italiener im Reich lediglich eine Plattheit ein. Er ermahnte seine Konsuln, auf die eiserne Disziplin der in ihrem
jeweiligen Bereich befindlichen Frauen und Männer zu achten, denn in dem Punkt zeigten
sich die deutschen Behörden und Menschen selbst nach sechs Kriegsjahren ungemein
empfindlich[151]. Freilich betraf all das eher die Fremdarbeiter und die nach Deutschland zur Zwangsarbeit verschleppten »Sklaven«, um noch einmal die bei Einheiten der
Wehrmacht gebrauchte Terminologie zu verwenden, sowie die Exinternierten.

---

[149] ADAP, E, Bd VIII, Dok. 310, S. 573–578, 3.12.1944: Aufzeichnung über die Unterredung zwischen
dem RAM und dem Italienischen Botschafter Anfuso in Berlin, am 30.11.1944.
[150] Ministero degli Affari Esteri Direz. Gen. del Personale Uff. I°, P.C. 305, li 26 Febbraio 1945-XXIII°,
Appunto per il Gabinetto. In der Anlage: Verbale della riunione dei consoli italiani in Germania,
tenutasi presso l'Ambasciata d'Italia in Berlino nei giorni 12 e 13 gennaio 1945/XXIII, ASMAE,
Busta 65, Posizione Germania 1/11, hier S. 3.
[151] Ebd., S. 6 f.

Zu den Militärinternierten führte Anfuso im Januar 1945 aus[152], daß ihn die Deutschen über sie im Grunde nie richtig und rechtzeitig unterrichteten, was nach dem bis jetzt Gesagten jedoch nicht hieß, daß er und seine Botschaftsangestellten von ihrer Behandlung nichts gewußt hätten. Mussolinis erster Mann in Berlin behauptete zudem, daß er zu keiner Zeit exakte Angaben über die Zahl der Internierten erhielt. Die Verstorbenen seien nicht — wie vorgeschrieben — innerhalb einer Zeitspanne von höchstens zwei Monaten, sondern oft mit großer Verspätung und manchmal überhaupt nicht gemeldet worden. Noch im Januar besaß er keine Informationen über die Zukunft der in die Arbeitsbataillone gepreßten italienischen Gefangenen. Er vermutete, daß sie auf der Grundlage einer besonderen Verordnung dem Befehlshaber des Ersatzheeres und Chef der Heeresrüstung unterstellt würden. Die Botschaft habe eine entsprechende Anfrage an das Auswärtige Amt gerichtet. Bei den Berufsoffizieren müsse aufgrund einer Weisung des Oberkommandos der Wehrmacht davon ausgegangen werden, daß sie in der Internierung verblieben. Gegen seinen Vorschlag, daß zumindest diejenigen unter ihnen, die arbeiten wollten oder bereits vor der Vereinbarung zwischen Hitler und Mussolini am 20. Juli 1944 freiwillig arbeiteten, die Lager hinter sich lassen dürften, sperre sich die Wehrmachtführung noch immer.

Im Hinblick auf die Zeit- oder Reserveoffiziere bestätigte der Botschafter, daß von ihnen — nach seiner Intervention im Sommer 1944 — bis Mitte Januar 3 000 bis 4 000 den Status eines Zivilarbeiters annahmen.

Die deutsche Seite bekundete spätestens seit Ende 1944 ein starkes Interesse, die größtmögliche Anzahl von Angehörigen dieser Gruppe zu freien Arbeitern zu machen, wobei offenblieb, ob die höheren Dienstgrade in der Überführung eingeschlossen sein sollten.

Anfuso beabsichtigte hierbei durchzusetzen, daß die Arbeitseinsatzbehörden die befreiten Offiziere berufsbezogen verwendeten. Entwürdigende Tätigkeiten gelte es unbedingt zu vermeiden[153]. Als eine deutscherseits zu erfüllende Minimalforderung betrachtete er

---

[152] Verbale della riunione (s. Anm. 150), ASMAE, Busta 65, Posizione Germania 1/11, S. 21—24. Ein spezielles Problem stellte in der Tat die rechtzeitige Meldung der Verstorbenen dar, was auch im Hinblick auf die am Ende dieses Abschnitts angestellten Überlegungen zu den Opfern berücksichtigt werden muß. Es gab technische Gründe dafür, daß die Meldungen zu spät bei den Angehörigen in Italien eintrafen, etwa der durch Kriegseinwirkungen verursachte Verlust von Post. Daß sich jedoch die Betreuungsdienststelle bei der Botschaft der R.S.I. in Berlin nur unzureichend unterrichtet sah, das lag in erster Linie am Desinteresse vieler Lagerleitungen. Todesmeldungen wurden der italienischen Seite mit mehrmonatiger Verspätung mitgeteilt und »zahlreiche Sterbefälle« erfuhr sie rein zufällig auf indirektem Wege. Für die schweren Anschuldigungen wurden ganz konkrete Beispiele aufgeführt: Gabinetto, 31 ott. 1944, Appunto per il colonnello von Veltheim Ufficiale di Collegamento della IIª Flotta Aerea presso l'Ambasciata di Germania, ASMAE, Busta 34, Posizione Germania 5/8. Ansonsten beklagte man schon im Juli 1944, daß die nach Italien übersandten Totenlisten zum einen keine vollständigen Personaldaten der verstorbenen Italiener und zum anderen Namen von Serben oder Kroaten enthielten: Diario S.A.I., S. 91, 4.7.1944, PADF: Comunicazione telefonica col S.A.I. di Verona.

[153] Dieser Gesichtspunkt fand auch in anderem Zusammenhang Berücksichtigung. Seit dem November 1944 stellte sich die Übernahme der Militärinternierten als »italienische Soldaten in der Wehrmacht« besonders aktuell dar, und im Dezember sah es so aus, als ob »alle Militärinternierten« überführt werden sollten. Ausgenommen blieben die nicht vertrauenswürdigen Elemente. Im Grunde handelte es sich hierbei um die lange erwartete Sonderregelung für die im Bereich der Wehrmacht

die Zusicherung, daß den Offizieren die Wahl zwischen verschiedenen Arbeitsangeboten freigestellt werde. Angeblich untersuchten die zuständigen Behörden und Ämter ihre Möglichkeiten, einem solchen Wunsch zu entsprechen. In der Vergangenheit hätten sie derartige Gesichtspunkte nicht berücksichtigt.

Auch die Bestrafung von Militärinternierten durch deutsche Gerichte und Dienststellen ist im Rahmen ihrer allgemeinen Behandlung anzusprechen. Das Problem trat nicht zuletzt beim Arbeitseinsatz auf, es herrschte Rechtsunsicherheit. Überstellungen von Italienern in Konzentrations- oder in Arbeitserziehungslager erfolgten zum Beispiel in der Mehrzahl der Fälle ohne Festlegung der Strafdauer. Das bedeutete jedoch, daß man die Eingewiesenen völlig schutzlos und in jeder Hinsicht deutscher Willkür auslieferte. Gänzlich undurchsichtig nahmen sich außerdem die Kriterien der Strafbemessung aus, wobei die Konsulate und die Botschaft der *Repubblica Sociale Italiana* bis zum Januar 1945 keinen Weg fanden, um den Betroffenen mit einem einigermaßen wirkungsvollen Rechtsbeistand zu helfen.

Bemerkenswert erscheint ferner, daß die Verbringung von italienischen Bürgern in sogenannte Arbeitserziehungs- oder Straflager, deren menschenverachtendes und oft mörderisches Ambiente schon thematisiert wurde, nach dem Statuswechsel deutlich öfter erfolgte. Es dürften somit in erster Linie ehemalige Militärinternierte gewesen sein, die dort litten. Als Begründung für eine solche lebensbedrohende Strafe nannten die Deutschen meistens unerlaubtes Verlassen des Arbeitsplatzes. Aber es gab noch einen weiteren, nach Anfuso besonders delikaten Grund für die Anwesenheit vieler Landsmänner in jenen speziellen Lagern — Verhältnisse mit deutschen Frauen. Derartige intime Beziehungen, das mußten selbst Hitlers rassistische Sittenwächter eingestehen, lieferten aus rechtlicher Sicht keine Handhabe für die Bestrafung italienischer Zivilarbeiter. Doch fehlendes Recht hinderte im »Unrechtsstaat« niemanden daran, schuldlose Menschen in Straflager zu verbringen.

Die Nationalsozialisten rechtfertigten ihr skandalöses Verhalten mit vorgeschobenen moralischen Argumenten oder mit dem Hinweis darauf, daß die meisten deutschen Männer an der Front stünden[154]. Das sollte wohl heißen, daß Hitler und seine Exekutivbeamten zum einen deren Frauen — durch Terror — vor Untreue in der Ehe bewahren und zum anderen ihren Soldaten künftige Bräute erhalten wollten. Beides könnte eine Rolle gespielt haben. Nur handelte es sich nicht um das entscheidende Motiv für das Vorgehen gegen die Italiener, denn das teilte Bormann, wie schon dargelegt, einem ausgewähl-

---

eingesetzten internierten Italiener, die im August 1944 vom Statuswechsel ausgeschlossen blieben. Bei der Auswahl für das Ersatzheer galt freilich ein sehr strenger Maßstab. Besonders bemerkenswert erscheint ansonsten, daß die Aufgenommenen in der Wehrmacht eine großzügige »Behandlung« erfahren sollten, was bis dahin also nicht der Fall gewesen war, und von den bislang verrichteten »erniedrigenden Arbeiten« befreit wurden, die künftig sowjetische Kriegsgefangene übernahmen: OKH/Chef HRüst u BdE, AHA/Stab Ia (3) Nr. 62443/44 segr., Berlino, li 9-12-1944, Oggetto: Assunzione dei militari italiani internati come soldati italiani nel Ersatz-Heer, ASMAE, Busta 8, Posizione Italia 11/14.

[154] Siehe oben, S. 463, Anm. 52: Berlino 1° aprile 1944, PADF; vgl. zu Schocken auch Crescimbeni/Lucini, Seicentomila, S. 105—120.

ten Kreis bereits im Oktober — geheim, aber unzweideutig formuliert — mit: Es ging bei alldem um die »Reinerhaltung deutschen Blutes«[155].

Die rassistische Perspektive, die sich bei der Betrachtung des Umgehens mit den italienischen Menschen auftat, läßt noch einmal nach dem allgemeinen Los der Männer fragen, die sich seit August 1944 — überwiegend wider Willen — als Arbeiter in der Kriegswirtschaft des »Dritten Reiches« verwendet sahen. Wie erging es ihnen?

Gewisse Hinweise enthält ein Schreiben des Generalsekretariats der »Fasci« in Deutschland, in dem — für den August 1944 — der Zustand der italienischen Zivilarbeiter geschildert wird. In Stichworten stellte sich ihre Situation demnach etwa wie folgt dar[156]: Sie lebten im Reich unter solchen Voraussetzungen, daß sogar hundertprozentige Faschisten die große Furcht, die vor dem Arbeitseinsatz in deutschen Betrieben existierte, für begründet hielten. Italien gehörte damals — nach einer Zusammenstellung der Deutschen Arbeitsfront — bereits nicht mehr zu den souveränen Staaten. Das hieß, so der Bericht, daß arbeitende Italiener nicht einmal die geringen Rechte beanspruchen könnten, die Angehörigen dieser Länder zustanden. Davon abgesehen, würden sie von den Arbeitsämtern keinesfalls nach einheitlichen Kriterien behandelt. Viele nachgeordnete Stellen kannten offenbar die Vereinbarungen nicht, die ihren Arbeitseinsatz in Deutschland regelten. Ansonsten aber handelten nicht nur die Arbeitsämter, sondern auch die einzelnen Firmen — vor allem die kleinen — nach eigenem Gutdünken. Als Folge davon entstand eine chaotische Szenerie. Eines erkannten die Italiener freilich sehr bald, daß ihnen die Vertreter von Mussolinis Partei und der faschistischen Gewerkschaften, falls sie Hilfe benötigten, nicht beizustehen vermochten, da sie weder auf den Betrieb noch auf das jeweils zuständige Arbeitsamt Einfluß nehmen konnten.

Physisch und psychisch betrachtet, befanden sich die meistens schwere Arbeit verrichtenden Männer in einer besorgniserregenden Verfassung. Sie bekamen nur unangemessenes und ungeeignetes Essen. Zwar traf es zu, daß die verabreichten Portionen im allgemeinen denjenigen entsprachen, die deutsche Arbeiter erhielten, doch letztere besaßen — im Gegensatz zu ihren südländischen Kollegen — die Möglichkeit, sich auf inoffizielle Weise weitere Nahrung zu beschaffen. Vor allem aber vertrug ihr Organismus die ausgegebene Kost. Verhängnisvoll konnte es werden, wenn kranke Italiener, was häufig geschehen sein soll, nicht als solche anerkannt wurden. Angeblich gefiel sich die deutsche Seite darin, einige Simulanten zu enttarnen, während die Tuberkulose zahlreiche Opfer dahinraffte. Kleidung, Wäsche und Schuhe der Exinternierten waren zerschlissen und

---

[155] Nationalsozialistische Deutsche Arbeiterpartei, Partei-Kanzlei, Der Leiter der Partei-Kanzlei, Führerhauptquartier, den 11.10.1944, Bekanntgabe 320/44 g. Betrifft: Reinerhaltung des deutschen Blutes — Überführung der italienischen Militärinternierten in das zivile Arbeitsverhältnis, gez. M. Bormann, AIfZG, MA 460, 2567114 f. Vgl. unmittelbar dazu: Birardi, Terra Levis, S. 145 ff. Er bestätigt die häufigen Verhältnisse zwischen deutschen Frauen und Exinternierten. Den Italienern blieb im übrigen nicht verborgen, warum intime Kontakte verboten waren: Die Nationalsozialisten fürchteten, so der Autor, daß das Blut der »Herrenrasse« verunreinigt würde.

[156] Segreteria Generale dei Fasci Repubblicani in Germania, Il Segretario Generale, Posta da campo 713 Agosto 1944-XXII, Al Dott. Prinzing Ambasciata di Germania Fasano, ACS, S.P.d.D., Busta 16, F 91, SF 6. Professor Albert Prinzing war seit November 1943 Präsident des Deutschen Instituts in Venedig.

abgenutzt. Einige liefen nahezu nackt umher. Die Bezahlung junger Arbeiter und Frauen fiel mitunter beschämend aus. Bei Siemens in Nürnberg hätten Italienerinnen für einen Monat Arbeit zum Teil ganze zehn Mark erhalten. Sofern dieses Bild einigermaßen zutraf, dann brachte der Weg aus den Lagern alles, nur kein normales Leben.

Ein offizielles Resümee, das Ende November 1944 in Mussolinis Außenministerium entstand, stellte fest, daß sich die Behandlung der Militärinternierten, die nun als Arbeiter galten, so gut wie überhaupt nicht von derjenigen unterschied, die ihnen vor der »Befreiung« widerfuhr. Ihr einziger Vorteil bestehe in der relativen Freiheit, über die sie verfügten. Ansonsten aber lebten sie in armseligen Verhältnissen und seien schlecht gekleidet. Als Folge solcher Lebensumstände nehme die Apathie zu, wachse der Haß gegen das Deutsche schlechthin und die Voreingenommenheit gegenüber der *Repubblica Sociale Italiana*. Insbesondere denjenigen, die in den Städten Aufräumungsarbeiten durchführten oder zerstörte Bahngleise reparierten, ging es demnach ausgesprochen schlecht[157].

Eine Lagebeschreibung aus dem Umkreis der Faschistischen Partei konstatierte, daß die Moral der Exinternierten zu wünschen übrig lasse. Der Autor erklärte das unter anderem mit der Behandlung, die jene Männer erlebten. Ihr schwerer Arbeitstag endete um 18.00 oder 19.00 Uhr. Sie müßten oft weite Wege zu den Unterkünften zurücklegen, die nach 20.00 Uhr nicht mehr verlassen werden durften. Hinzu kam, daß sie noch immer zu den am kümmerlichsten gekleideten Menschen gehörten. Klagen über die Verpflegung traten auffallend häufig auf. Der Vergleich mit den ersten Wochen nach der Überführung in das zivile Arbeitsverhältnis ergab, daß sich Ende November 1944 an sich nur eine positive Veränderung verzeichnen ließ: Mißhandlungen kamen seltener vor. Das heißt, die Italiener wurden nicht mehr so häufig wie früher mit Füßen getreten und mit Stöcken geschlagen[158].

Unverändert »prekär« nannte ein anderer offizieller Bericht Anfang Dezember die Lebensverhältnisse der ehemaligen Militärinternierten[159]. Und das bei der faschistischen Botschaft in Berlin untergebrachte »Gesundheitsamt für die italienischen Arbeiter in Deutschland« stellte in einem Überblick zur Entwicklung seit dem September 1944 ebenfalls fest, daß bei den Exinternierten eine ausgeprägt antideutsche Einstellung dominiere. Dazu

---

[157] Ministero degli Affari Esteri Collegamento G.N.R. Prot.N° 1571/1, Posta Civile 305, 29.11.1944. XXIII, Oggetto: 1ª Compagnia Propaganda delle FF.AA. — Divisione »Italia« — Ex-Internati — Nuove armi — Spirito della popolazione. Appunto per il Sottosegretario di Stato agli Affari Esteri, ASMAE, Busta 8, Posizione Italia 11/14, hier S. 4 f.

[158] Partito Fascista Repubblicano Segreteria Generale Fasci Estero ed Oltremare Prot. 006410/RIS. P. da C. 704, 10.11.1944 XXIII, Appunto per il Duce, ASMAE, Busta 31, Posizione Germania 1/2. In diesem Bericht wurde allerdings auch harte Kritik am Verhalten der ehemaligen Internierten geübt, die angeblich bestimmte Sachen, darunter auch Kleidungsstücke, zu Wucherpreisen an die deutsche Bevölkerung verkauften.

[159] Appunto per il Comandante Barracu, li 7 dicembre XXIII° (1944): Per l'assistenza agli ex internati in Germania, ACS, Carte Barracu, Busta 3, F 155. In diesem nicht unterzeichneten Bericht, der von einem in offizieller Funktion in Deutschland tätigen Repräsentanten der faschistischen Regierung verfaßt wurde, stand auch, daß noch Anfang Dezember 1944 nicht klar war, wieviele Italiener sich im Reichsgebiet aufhielten. Daher erachtete man es für dringend erforderlich, eine Statistik der Lebenden und der Verstorbenen zu erstellen.

trug das Unvermögen der meisten Deutschen, sich in die italienische Mentalität einzufühlen, entscheidend bei. Aber es wirkten auch die zahlreichen unangenehmen Erfahrungen nach, die jene Männer als Gefangene der Wehrmacht sammelten. Umgekehrt war es ein Faktum, daß sich die im Rahmen des befohlenen Statuswechsels zu Arbeitern umgewandelten Soldaten noch immer nicht wie Angehörige einer verbündeten Nation behandelt sahen[160].

Aufschlußreich mußten die Situationsbeschreibungen der verschiedenen konsularischen Vertretungen sein, denn ihre Repräsentanten besaßen unmittelbaren Kontakt zu den einstigen Militärinternierten[161].

Das Generalkonsulat München berichtete, daß die Existenzbedingungen für die rund 100 000 italienischen Staatsbürger, von denen 10 000 allein im Münchener Raum lebten, akzeptabel ausfielen, sofern eine befriedigende Arbeitsleistung erbracht würde. Es blieb jedoch leider ungesagt, wieviele »befreite« italienische Soldaten zu den circa 4 000 Landarbeitern zählten, die, überwiegend im Gebiet um Nürnberg, unter ungewöhnlich schwierigen Gegebenheiten ihr Dasein fristeten. Sie erhielten niedrigste Hungerlöhne, für die sie bis zu 90 Stunden pro Woche arbeiteten. Nach Meinung des Generalkonsuls erklärte sich der Umgang mit ihnen nicht zuletzt dadurch, daß Tagelöhner im Bayern von damals noch häufig als »Sklaven« galten. Entsprechend gingen die Bauern mit ihnen um. Es handelte sich somit um keine Besonderheit. Die Italiener sahen sich jedenfalls als Sklaven und empfanden es als diskriminierend, daß ihnen bei Fliegeralarm der Zutritt zu Luftschutzbunkern verwehrt blieb. Eventuell lassen sich derartige Erscheinungen nicht verallgemeinern, obwohl sie sich erwiesenermaßen nicht auf München beschränkten. Doch selbst als Sonderfälle dokumentierten sie Umgangsformen, die Deutsche mit den Italienern in ihrem Land pflegten. Ansonsten weckte beim Generalkonsul von München der Bekleidungszustand der Exinternierten Besorgnis. Als unbefriedigend bezeichnete er ferner die religiöse Betreuung.

Bei dem für insgesamt 70 000 italienische Arbeiter — darunter 50 000 frühere Militärinternierte — zuständigen Generalkonsulat in Hamburg hieß es, daß in den Großstädten Bremen, Hamburg und Kiel nach der Statusänderung eine Verbesserung in bezug auf die Behandlung und die Existenzbedingungen eingetreten sei. Weniger zufrieden zeigte man sich über die Lage in Hannover. Für den gesamten Verantwortungsbereich des Hamburger Generalkonsuls galten folgende Mißstände: Nur etwa zehn Prozent der früheren Internierten zeigten sich angemessen bekleidet (diese jedoch allein deshalb, weil sie sich privat mit Wäsche versorgen konnten). Allgemein provozierte der nicht auf den jeweiligen erlernten Beruf bezogene Arbeitseinsatz Unzufriedenheit. Skandalös erschien die Tatsache, daß das Generalkonsulat über Verhaftungen von Italienern durch die Gestapo rein zufällig und nicht auf offiziellem Wege erfuhr. Wie in anderen Städten durften die ehemaligen Militärinternierten — was für die übrigen italienischen Arbeiter ebenfalls zutraf — ihre Unter-

---

[160] Ambasciata d'Italia Berlino Ispettorato Sanitario per i Lavoratori ex Internati in Germania, 18 dic. 44. XXIII. Appunti per il Duce, f.to G.A. Chiurco, ACS, S.P.d.D., Busta 2, F 25, hier S. 4—7.

[161] Siehe oben, S. 497, Anm. 150, hier S. 8—20. Dabei ist darauf hinzuweisen, daß die Konsulate von Danzig, Saarbrücken und Karlsruhe nicht vertreten waren.

künfte in Schulen oder Lagern nach 20.00 Uhr nicht mehr verlassen. Hinzu kam, daß ihnen eine amtliche Verordnung den Zugang zu bestimmten Luftschutzbunkern verbot; und als ungenügend betrachtete der Generalkonsul die medizinische Versorgung.

Ungefähr 150 000 italienische Staatsangehörige betreute das Generalkonsulat in Köln. Dort verschlechterte sich nicht nur die Lage der Exinternierten, deren Zahl nicht überliefert ist, seit die Front immer näher kam. Hingegen bezog sich der Hinweis auf den katastrophalen Bekleidungszustand der Italiener wohl vor allem auf sie. Denn bis Anfang Januar trafen — so der Bericht — weder im Rheinland noch in Westfalen Kleidersendungen ein. Eventuell hing das auch mit den fehlenden Transportfahrzeugen zusammen. Der allgemeine Mangel an ihnen machte es bereits unmöglich, die italienischen Arbeiter wenigstens mit Tabak zu versorgen. Probleme bei der Zusammenarbeit mit den Deutschen gab es bei der Erfüllung von Rechtsansprüchen aus Arbeitsunfällen. Beklagt wurde außerdem, daß die Organisation des Dr. Ley den konsularischen Repräsentanten der Republik von Salò, den Vertretern des »Fascio« in Deutschland und manchmal sogar denjenigen der faschistischen Gewerkschaften den Zutritt zu den Arbeitslagern verweigerte. Ein solches Verhalten der Deutschen Arbeitsfront fiel um so schwerer ins Gewicht, als es gegen Ende 1944 in einigen der Lager zu Erschießungen von Italienern durch die Lagerführer gekommen sein soll. Für sich selbst sprachen die Ausführungen des Generalkonsuls zu dem sich in Köln ausbreitenden »Banditentum«. Angeblich ging es dabei um die Aktivitäten von Männern, die sich in erster Linie aus russischen und französischen Arbeitern oder Zwangsarbeitern sowie deutschen Deserteuren rekrutierten. Doch gehörten auch italienische Bürger zu ihnen. In der Mehrzahl handelte es sich um vom Arbeitsplatz geflohene frühere Militärinternierte. Wenn die Polizei solche »Banditen«, die Sabotage oder — wie vor allem die Italiener — Schwarzmarktgeschäfte betrieben, aufgriff, stellte sie diese im allgemeinen an die Wand.

Ruhiger scheinen die Verhältnisse beim Konsulat in Stuttgart gewesen zu sein, das für circa 10 000 italienische Arbeiter und ehemalige gefangene Soldaten verantwortlich zeichnete. Der Konsul führte im wesentlichen Klage über den Bekleidungsnotstand und das Faktum, daß seit dem August 1944 in den Lagern kein Tabak mehr ausgegeben werden konnte.

Beim Generalkonsulat in Berlin herrschte die Überzeugung, daß sich diejenigen der ihm unterstehenden 70 000 zivilen Italiener und 60 000 Exinternierten, die in den Fabriken der Hauptstadt arbeiteten, in einer geradezu »privilegierten« Stellung befänden, da sie sich in Berlin leichter als anderswo an diplomatische Vertretungen wenden könnten. Völlig andere Lebensbedingungen bestünden in der Provinz. Nach eigener Aussage bemühte sich das Generalkonsulat, den in seinem Bereich befindlichen Personen eine gewisse Weiterbildung zu ermöglichen. Das Schwergewicht lag bei Kursen in deutscher Sprache. Allerdings ist kaum anzunehmen, daß eine nennenswerte Anzahl der einstigen Internierten, die zehn bis zwölf Stunden arbeiten mußten, derartige Angebote zu nutzen vermochte.

Ausgesprochen unerfreulich stellte sich die Lage der Italiener in Schlesien dar. Der Konsul in Breslau berichtete über eine starke antiitalienische Stimmung innerhalb der deutschen Bevölkerung. Hinzu komme, daß alle 40 000 Arbeiter und Arbeiterinnen, die sich in seinem Zuständigkeitsbereich aufhielten, nahezu ohne postalische Verbindung zu ihrer Heimat lebten. Dennoch meinte er, die allgemeine materielle Sitation habe sich für die

Exinternierten — verglichen mit der Zeit vor dem Statuswechsel — durchaus verbessert, was jedoch nicht für den Bekleidungszustand galt.

Teilweise Zufriedenheit bekundete das Konsulat in Dresden. Nach der Ankunft von sechs Eisenbahnwagen mit Kleidung durften die diesbezüglichen Probleme der zu betreuenden rund 40 000 Italiener fürs erste als gelöst angesehen werden. Doch gab es Unstimmigkeiten innerhalb der Zusammenarbeit mit deutschen Behörden, die italienische Staatsbürger — ohne Benachrichtigung des Konsulats — anklagten und verurteilten. In der Regel erschwerten die zuständigen Dienststellen außerdem — auf dem Wege einer nicht exakt nachzuweisenden Verzögerungstaktik — Heiraten zwischen Deutschen und Italienern oder Italienerinnen. Ganz generell versuchten sie, das Konsulat hierbei zu übergehen.

Aus dem Rahmen der allgemeinen Berichterstattung fiel der insgesamt positive Eindruck, den die Repräsentanten der *Repubblica Sociale Italiana* über die Lage im österreichischen Raum vermittelten.

Der Generalkonsul in Innsbruck, wo unter 10 000 Landsleuten 1 300 frühere Militärinternierte lebten, brachte keine Klagen vor. Alle Landsmänner träten gut gekleidet auf und würden von der deutschen Bevölkerung geachtet. Bei dem für circa 14 000 italienische Staatsangehörige in der Steiermark zuständigen Konsulat in Graz gab es zwar ein Bekleidungsproblem, aber im allgemeinen keine gravierenden Unterschiede zwischen den Lebensbedingungen für deutsche und italienische Arbeiter. Nur Gutes wußte der Konsul in Klagenfurt zu berichten, dem 4 500 Italiener — darunter 1 500 Exinternierte — unterstanden. Mit den Deutschen (Österreichern) besaß er demnach keine Schwierigkeiten. Der Generalkonsul in Wien beschwerte sich sogar über die in seinem Bereich eingesetzten ungefähr 40 000 ehemaligen Militärinternierten. Es verdroß ihn offensichtlich, daß einige von ihnen verschiedentlich behaupteten, die sogenannte Befreiung habe sich als Wechsel von einer Gefangenschaft in die andere entpuppt. Er selbst meinte nämlich, daß die früheren Gefangenen nach der Überführung in das Zivilverhältnis deutlich besser lebten.

Wirklich elend ging es nach seiner Auffassung den in Italien zwangsweise ausgehobenen Arbeitern, das heißt den Opfern der berüchtigten Durchkämmungsaktionen. Sie befänden sich unter anderem in einem noch schlechteren Bekleidungszustand als die »befreiten« Militärinternierten. Und ein spezielles Problem stellten für Wien jene Italiener dar, die zu den Befestigungsarbeiten im Südabschnitt des »Ostwalls« herangezogen wurden. Viele von ihnen vegetierten unter unsäglichen seelischen und körperlichen Existenzbedingungen dahin. Aber bis zum Januar 1945 verhielten sich die deutschen Dienststellen gegenüber allen Versuchen, Erleichterungen durchzusetzen, unzugänglich.

Derartige Äußerungen reflektierten freilich nur eine Sicht der Dinge — diejenige der faschistischen Führung, der die Konsuln angehörten oder dienten. Vom Standpunkt der Exinternierten aus, die sich in den Betrieben und Lagern nach dem Ende des Krieges sehnten, hatte sich hingegen mit dem Statuswechsel häufig recht wenig geändert[162]. Wobei der negative Gesamteindruck, den Internierung und Arbeitseinsatz in der Erinnerung hinterließen, keineswegs zur Unterdrückung positiver Erfahrungen führte, denn die überlebenden Gefangenen berichteten nicht ausschließlich über barbarische Exzes-

---

[162] Vgl. dazu die Beispiele bei Piasenti, Il lungo inverno, S. 243—280.

se, etwa das vorsätzliche Verbrühen mit Säure[163]. Sie sprachen ebenfalls von — leider allzu seltenen — Beweisen menschlichen Mitempfindens oder humaner Verbundenheit zwischen Deutschen und Militärinternierten[164]. Unbeschadet des Bildes, das die Konsuln Mussolinis entwarfen, ist zu fragen, was der Statuswechsel für die Betroffenen historisch bedeutete. Was änderte sich?

Rein formal galten zunächst einmal die »grundsätzlichen Richtlinien« des Oberkommandos der Wehrmacht vom 15. September 1943 nicht mehr. Gegenstandslos, darauf machte die Partei-Kanzlei am 26. August 1944 aufmerksam, wurden zudem die auf sie bezogenen Folgebefehle. Praktisch führte das dazu, daß etwa die penetrante Berieselung mit Propagandaphrasen wegfiel oder zumindest abnahm. Bemerkenswerterweise begründete die nationalsozialistische Führung die Maßnahme damit, daß die Italiener den »politischen Ereignissen wie auch den Staats- und Parteieinrichtungen« in ihrer Heimat indifferent gegenüberstünden. Offensichtlich ging es den Repräsentanten der Partei nur noch um die möglichst umfassende Ausbeutung der italienischen Arbeitskraft. Ein Interesse an der Heranbildung linientreuer Faschisten scheint kaum noch gegeben gewesen zu sein[165]. Eingedenk der deutschen Kriegsziele in Italien nahm sich eine derartige Einstellung konsequent aus, wobei gleichzeitig festzuhalten ist, daß sie genau jene Tendenzen unter den arbeitenden Italienern förderte, die Vaccari, Anfuso und andere Vertreter der *Repubblica Sociale Italiana* — mit zum Teil gänzlich unterschiedlichen Zielsetzungen — zu bekämpfen versuchten.

Sodann muß hinsichtlich der Veränderungen die Überstellung der »befreiten« Gefangenen aus den Interniertenlagern in Arbeiterlager erwähnt werden. Dabei kam es zu gewissen materiellen Verbesserungen, aber es ist sehr schwierig, eine verallgemeinernde und dennoch gültige Aussage zu machen. Wie für die Zeit in den Mannschaftsstammlagern so galt für die Monate der Zwangsarbeit nach der »Befreiung«, daß die Unterschiede von Lager zu Lager und von Region zu Region beträchtlich ausfielen. Gemäß den Buchstaben der Arbeitsordnung für Zivilarbeiter hätte sich die Situation der Internierten im Anschluß an die Überführung in das zivile Arbeitsverhältnis an sich deutlich besser darstellen sollen. Doch das war Theorie. In der Praxis blieben sie bis zum Zusammenbruch des »Dritten Reichs«, was Ernährung, Behandlung, Bekleidung und Bezahlung anbelangt, dort, wo sie seit dem September 1943 standen — am Ende der Rangordnung der Fremdarbeiter, Zwangsarbeiter und arbeitenden Kriegsgefangenen[166].

Wenig änderte sich außerdem an der Haltung des Gros der deutschen Bevölkerung. In einem Bericht des Sicherheitsdienstes der SS hieß es diesbezüglich[167]: »Der Haß gegen

---

[163] Rossi, Battezzato con l'acido, S. 261 ff.

[164] Siehe u.a. Bettini, La sentinella, S. 241 ff.; Potenti, Donne, S. 246—250; oder Del Gigia, Il tedesco antinazista, S. 333 f. Vgl. unmittelbar dazu die Darstellung über das Zusammentreffen eines Militärinternierten mit einem deutschen Kind, das ganz natürlich — also hilfsbereit und menschlich — reagierte: Monchieri, Diario, 9.2.1944, S. 74 f.; und ebd., 7.2.1944, wo der Verfasser von einem Arzt in Walsrode berichtet, der sich weigerte, den bei einem Arbeitsunfall verletzten Gefangenen medizinisch zu versorgen — weil er Italiener war.

[165] Graml, Italienische Gastarbeiter, S. 135.

[166] Vgl. dazu auch Herbert, Fremdarbeiter, S. 262.

[167] Meldungen aus dem Reich, Bd 17, S. 6705, 10.8.1944.

die Italiener« habe sich »weiter gesteigert, insbesondere auch deshalb, weil es nun offenkundig« sei, daß sie als »Terroristen im Rücken« der Wehrmacht aufträten. Es handelte sich hierbei um eine emotionale Reaktion auf die Entwicklung der militärischen Lage in Italien. Die Widerstandskämpfer versetzten dort der Versorgung der deutschen Truppen und der des »Dritten Reiches« außerordentlich schmerzhafte Schläge[168]. Es ist leicht nachzuvollziehen, daß die von ohnmächtiger Wut erfaßten Deutschen in den arbeitenden Italienern ein Objekt zum Abreagieren erkannten.

Schließlich ist noch auf die Opfer einzugehen, welche die Behandlung der italienischen Gefangenen forderte. Wie einleitend dargelegt, gestattet es das vorhandene Material nicht, die Zahl der Toten in den Lagern wissenschaftlich exakt zu bestimmen. Alle bisher genannten Größenordnungen beruhen entweder auf Schätzungen oder auf der Interpolation von Zahlenangaben, die wiederum nicht überprüfbar sind. Diskutiert werden Summen, die sich zwischen den Extremwerten von 20 000 und 100 000 Todesopfern bewegen[169]. Leider fehlen zudem zuverlässige Daten für die aus dem deutschen Machtbereich repatriierten Militärinternierten und Exinternierten. Der 1947 von italienischer Seite erstellte offizielle Bericht ist mit zuviel Mängeln behaftet, um als Anhaltspunkt dienen zu können[170]. Auf der anderen Seite wäre die Frage nach den Toten selbst dann nicht endgültig – das heißt allgemein verbindlich – zu beantworten, wenn genau feststünde, wieviele Internierte heimkehrten. Es ist ja nicht einmal – mit letzter Gewißheit – die Anzahl der tatsächlichen Militärinternierten bekannt.

Gemäß dem kurz vor dem Zusammenbruch des Hitler-Staats verfaßten Tätigkeitsbericht des »Generaldelegierten des Italienischen Roten Kreuzes« in Deutschland gab das Oberkommando der Wehrmacht für den Stichtag 7. März 1945 insgesamt 15 000 in der Gefangenschaft verstorbene Militärinternierte an. Es ist davon auszugehen, daß sich der Zahlenwert auf den gesamten Bereich des Oberkommandos der Wehrmacht und auf den Zeitraum vom September 1943 bis zum März 1945 bezieht. Allerdings ist er, wenn überhaupt, nur mit großen Vorbehalten zu übernehmen. Zum einen ist daran zu erinnern,

---

[168] Vgl. dazu: Der Bevollmächtigte des Reichsministers Backe, Verona, den 28. Mai 1944, Betr.: Bandentätigkeit auf ernährungswirtschaftlichem Gebiet. An den Höchsten SS- und Polizeiführer SS-Obergruppenführer Wolff, BA-MA, RW 31/v. 252.

[169] Siehe oben, S. 18, Anm. 8. Eine 1987 vorgenommene Zusammenstellung kommt zu dem Ergebnis, daß – ohne den Balkanraum zu berücksichtigen – von insgesamt 50 094 bis 55 948 toten oder vermißten Militärinternierten in den Lagern in Deutschland, Österreich, Polen, der Tschechoslowakei, Frankreich, den Niederlanden, Belgien, Dänemark und der Sowjetunion ausgegangen werden müsse. In dieser Zahl sind 286 Internierte enthalten, die im Rahmen der Repatriierung verstarben: Sommaruga, Italiani caduti e dispersi, unveröffentlichte Dokumentation, die der Autor bei der Tagung »Una storia di tutti. Prigionieri, internati, deportati italiani nella seconda guerra mondiale« in Turin, 2.–4.11.1987, zur Verfügung stellte. Insgesamt nennt er 152 000 bis 157 000 italienische Opfer des Nationalsozialismus, darunter 37 000 politische und rassische Deportierte sowie 10 000 Arbeiter. Für die Militärinternierten, für die unter anderem die unzutreffende Angabe von 25 000 Toten beim Transport zum Festland übernommen wurde, müssen Zweifel gegenüber der errechneten Summe angemeldet werden. Ohne die auf Seite der Partisanen Gefallenen zu berücksichtigen (14 000 bis 20 000 nach Sommaruga), werden 90 000 bis 100 000 tote oder vermißte internierte italienische Soldaten angegeben.

[170] Siehe dazu die Kritik von Rochat, Memorialistica, S. 53 f.

daß die nachgeordneten Dienststellen Meldungen über Sterbefälle mit erheblicher Verspätung und mitunter überhaupt nicht abgaben. Und zum anderen kannten im Südostraum zeitweise weder die lokalen Befehlshaber noch der Oberbefehlshaber Südost die genaue Anzahl der dort vorhandenen Militärinternierten. Noch weniger dürften sie über die Toten gewußt haben.

Auf jeden Fall müßten zu den genannten 15 000 Opfern die rund 5 400 toten oder vermißten italienischen Gefangenen im östlichen Operationsgebiet des Heeres hinzugezählt werden[171]. Chiurco sprach in seinem Bericht ferner von 10 000 Toten unter den italienischen Zivilarbeitern. Da sich diese Angabe auf die bis zum März 1945 Verstorbenen bezog, schloß sie ohne jeden Zweifel auch Exinternierte ein. Bei der Annahme, daß die ehemaligen Militärinternierten in etwa die Hälfte der im deutschen Machtbereich — außerhalb Italiens — eingesetzten italienischen Arbeiter ausmachten (allerdings erst im zweiten Halbjahr 1944), ließen sich unter jenen 10 000 Toten möglicherweise etwa 4 000 frühere Gefangene vermuten, doch das ist eine nicht zu beweisende Spekulation[172]. Immerhin resultieren aus den referierten Daten selbst bei sehr zurückhaltender Bewertung deutlich mehr als 20 000 tote Internierte. Werden zu ihnen die auf dem Transport von den Inseln zum griechischen Festland umgekommenen Italiener addiert, so ergäben sich 34 000 bis 38 000 Opfer. Es genügt, die unübersichtlichen Verhältnisse beim Rückzug der Heeresgruppe F anzusprechen[173], um einsichtig zu machen, daß die tatsächliche Gesamtzahl der Toten, die außerdem — wie noch zu zeigen — ungefähr 500 bis 600 Opfer von Massakern der letzten Stunde zu berücksichtigen hätte, erheblich höher gelegen haben muß. Einzubeziehen wären darüber hinaus die bis zu 6 300 Ermordeten, die bei der Entwaffnung der italienischen Streitkräfte das Leben ließen. Alles in allem führen die in den Quellen überkommenen statistischen Werte zu einer Gesamtzahl von circa 40 000 bis 45 000 Ermordeten, Getöteten und Verstorbenen. Die in den Kampfhandlungen Gefallenen stellen einen Sonderfall dar[174]. Dennoch gehören sie ebenso zur Bilanz der Toten des 8. Septembers 1943 wie die massakrierten Zivilpersonen.

---

[171] Siehe oben, S. 319.

[172] Vgl. dazu: Croce Rossa Italiana Delegazione Generale per la Germania Nr. di protocollo 1158/2-B, Berlin, 6.4.1945, Al Comitato Centrale della C.R.I. Milano, f./to Chiurco. In der Anlage befindet sich die Relazione sull'attività assistenziale della C.R.I. (da gennaio al 31 marzo 1945), ACS, S.P.d.D., Busta 2, F 25, hier S. 5. Zum Problem der in den Lagern umgekommenen Militärinternierten vgl. ferner die Dokumentation von Lops, Documenti sui caduti, in: QdC 2 (1965), S. 61—67. Gemäß den dort gemachten Angaben wären in 17 Wehrkreisen 11 166 Tote festzustellen. Diese Zahl läge auch dann noch unter den von Chiurco zitierten Angaben des OKW, wenn die 821 auf dem Balkan und 39 für Frankreich angeführten Verstorbenen hinzugezählt würden. Die dort für Frankreich genannten Stalag werden von Mattiello/Vogt, Deutsche Kriegsgefangenen- und Internierteneinrichtungen, Bd 1, S. 32 und S. 37 lediglich zum Teil bestätigt.

[173] Siehe oben, S. 292—296.

[174] Nach Torsiello, Le operazioni delle unità italiane, S. 643 f., fielen bei der Verteidigung von Rom 414 Mann, auf Sardinien 40, in Norditalien 750, in Mittel- und Süditalien (ohne Latium) 1 850, auf Korsika 637, in der Ägäis 642, auf Kefallēnía 9 445, auf Corfu 1 525, auf dem Balkan 3 500 und an anderen Orten 162. Insgesamt wären dies 18 965 Soldaten gewesen, die Ermordeten inbegriffen. Die Zahlen werden hier referiert, obwohl sie partiell nicht mit den Ergebnissen der Untersuchung übereinstimmen.

c) Aspekte der Betreuung durch nationale und internationale Institutionen

Wenn im Hinblick auf die Entwaffnung der königlichen Streitkräfte gefragt wurde, warum geschehen konnte, was geschah, so stellt sich hinsichtlich der Betreuung der gefangenen Soldaten die Frage, weshalb nicht geschah, was zu geschehen hatte. Wie war es möglich, daß sich die offiziell für die Betreuung jener Männer verantwortlichen Vertreter der *Repubblica Sociale Italiana* Ende 1944 gegenseitig vorhielten, es sei nichts getan worden, um den gequälten Kreaturen in den Lagern zu helfen[175]?

Rein theoretisch betrachtet hätte die Sorge um das Wohl der Internierten dem Internationalen Komitee vom Roten Kreuz, kirchlichen Organisationen oder Dienststellen und Einrichtungen der Republik von Salò zukommen müssen oder können. Erstgenanntes bemühte sich zweifellos, etwas für die Italiener hinter Stacheldraht zu tun[176].

Aber Berlin wahrte sich dadurch, daß es diese nicht als Kriegsgefangene einstufte, sondern als Militärinternierte ausgab, die volle Entscheidungsfreiheit in bezug auf die Annahme oder Ablehnung von Fürsorgetätigkeiten internationaler Organisationen. Die Reichsführung zeigte sich gegenüber einer Unterstützung durch das Internationale Komitee vom Roten Kreuz erst seit dem ersten Halbjahr 1944 aufgeschlossener, als Engpässe bei der Versorgung einen solchen Schritt immer drängender verlangten[177]. Vorher wünschte Hitler die Tätigkeit der Genfer Institution im wesentlichen auf die »Vermittlung der Nachrichten an Angehörige in den süditalienischen Gebieten« zu beschränken[178]. Insgesamt gesehen blieb das Internationale Rote Kreuz daher formal stets im Schatten des Italienischen Roten Kreuzes beziehungsweise der Betreuungsorganisation der Republik von Salò. Propagandagründe, denen man humanitäre Erfordernisse unterordnete, erwiesen sich hierbei als maßgeblich.

Eine Nebenrolle spielte im Kontext der materiellen Hilfeleistung auch die katholische Kirche. Daß ihrer Tätigkeit trotzdem allergrößte Bedeutung zukam, das trat innerhalb der Ausführungen über das Leben in den Lagern überzeugend zutage. Der Heilige Stuhl bemühte sich von Anfang an auf verschiedenen Wegen darum, den Militärinternierten zu helfen und seelischen Beistand zu gewähren[179]. Das geschah zum Teil durch direkte Kontaktaufnahme zu den Reichsbehörden, so am 9. Oktober 1943, als sich der Aposto-

---

[175] All'Ambasciatore Conte Serafino Mazzolini Sottosegretario agli Affari Esteri Salò, 20 Dicembre 1944, f.to Vaccari, PADF, hier S. 20. Vaccari wehrte sich an dieser Stelle gegen den Vorwurf, er habe nichts für die Militärinternierten getan, und gab die Anschuldigung an seinen Nachfolger zurück.

[176] Vgl. dazu Cajani, Appunti, S. 97—103.

[177] Diario S.A.I., S. 30, 23.5.1944, PADF: Appunto sul colloquio avuto dall'ing. Spaniol con il Dr. Hendler. Demnach wollte das Auswärtige Amt dem I.K.R.K. vorschlagen, den Internierten durch Paketsendungen zu helfen. Deren Verteilung sollte jedoch nicht vom I.K.R.K. kontrolliert werden, sondern vom Italienischen Roten Kreuz. Die Sendungen wären außerdem mit der Angabe — »su richiesta della Croce Rossa Italiana« — zu versehen gewesen. Vgl. zur weiteren — enttäuschenden — Entwicklung Cajani, Appunti, S. 102 f.

[178] Berlin, den 21.10.1943, Fernschreiben für Herrn Botschaftsrat Hilger, gez. Bielfeld, PA, Büro Staatssekretär, Akten betr. Italien, Bd 18.

[179] Ministero degli Affari Esteri Dir. Gen. Aff. Pol. Il Direttore Generale, P.C. 305, 17.7.1944, Servizio Assistenza Internati, ASMAE, Busta 45, Posizione Italia 1/8.

lische Nuntius in Berlin, Cesare Orsenigo, an das Auswärtige Amt wandte. Damals ging es zum einen darum, die Feier der Heiligen Messe in den Interniertenlagern durchzusetzen, und zum anderen suchte die Kirche um die Erlaubnis nach, zwischen den gefangenen Soldaten und ihren Angehörigen Nachrichten vermitteln zu können. Die Frage des Gottesdienstes interessierte den Reichsaußenminister nur am Rande. Gegebenenfalls, meinte Ribbentrop, sei wohl das Oberkommando der Wehrmacht zu konsultieren, seinerseits bestünden jedenfalls keine Bedenken. Anders reagierte er in bezug auf die Nachrichtenübermittlung. Sie gehe den Nuntius nichts an[180].

Etwas später, am 15. Oktober, bot Monsignore Orsenigo an, seitens der Nuntiatur Geistliche für die »Betreuung der italienischen Gefangenen« zur Verfügung zu stellen. Staatssekretär Baron v. Steengracht sah hier jedoch keinen Bedarf, da die Wehrmacht über »geeignete« Seelsorger in ausreichender Zahl verfüge[181]. Gleichwohl sollte dem Apostolischen Nuntius selbstverständlich die Möglichkeit geboten werden, persönlich in Interniertenlagern Gottesdienste abzuhalten[182].

Die endgültige Antwort auf seine Anfragen von Anfang Oktober erhielt Orsenigo Ende des Monats. Hitler teilte ihm mit, daß er mit einer allgemeinen Unterstützung der internierten Italiener durch die Nuntiatur, »insbesondere in religiösen Fragen und gelegentlich auch durch Sachhilfeleistungen« einverstanden sei. Eine solche Erklärung schien Aktionen zu erlauben, die über das Lesen der Heiligen Messe hinausgingen. Unzugänglich blieb der Diktator jedoch hinsichtlich der Bitte des Nuntius, die Verwandten der gefangenen Männer über deren Wohlergehen unterrichten zu dürfen. Wie von Ribbentrop vorgeschlagen hieß es, daß eine derartige Genehmigung nicht erteilt werden könne, da die Information der Familien in den von der Wehrmacht »besetzten Gebieten durch deutsche Stellen durchgeführt« werde. Für Angehörige in Süditalien übernehme das Internationale Komitee vom Roten Kreuz die Vermittlung von Mitteilungen[183]. Das klang nicht gerade überzeugend, denn selbst wenn dem so gewesen sein sollte, hätte nichts gegen eine Inanspruchnahme der Dienste der katholischen Kirche gesprochen. Das vor allem dann nicht, wenn der Reichsführung wirklich an menschlichen Erleichterungen gelegen gewesen wäre, wobei die Verantwortlichen sehr genau wußten, daß die Internierten unter dem Fehlen von Nachrich-

---

[180] Abschrift. BR Hilger, Hiermit Herrn Staatssekretär vorgelegt, »Westfalen«, 10.10.1943, gez. Hilger, PA, Büro Staatssekretär, Kriegsgefangenenfragen, Bd 1.

[181] St.S.-Nr. 472, Berlin, den 15.10.1943, An Inland I mit der Bitte um weitere Veranlassung und Bericht, gez. Steengracht, PA, Büro Staatssekretär, Akten betr. Italien, Bd 17. Das Dokument enthält den handschriftlichen Hinweis: »Die Angelegenheit wird bei R. IV bearbeitet.« Das heißt, der Vorgang wurde an die Rechtsabteilung Referat für Familienunterstützungen, Versorgungswesen und Kriegsgräber abgegeben.

[182] St.S.-Nr. 493, Berlin, den 22.10.1943, gez. Steengracht, PA, Büro Staatssekretär, Akten betr. Italien, Bd 18.

[183] Ebd., Büro des Staatssekretärs, Berlin, den 28.10.1943. Herrn Leg.Rat von Grote, Pol. I M, gez. Dr. Bielfeld. In der Anlage wurde die unter dem Datum des 26.10.1943 angefertigte Aufzeichnung über Hitlers Entscheidungen hinsichtlich der von Monsignore Orsenigo am 9.10. vorgetragenen Wünsche (siehe oben, Anm. 180) übersandt. Auf dem Anschreiben findet sich der handschriftliche Vermerk: »Vorgänge siehe i.A. ›Vatikan‹.« Im entsprechenden Aktenbestand ließen sich jedoch weitere Hinweise nicht finden.

ten aus der Heimat enorm litten. Die Deutschen konnten diesen Zustand relativ problemlos beheben — nur waren sie daran offensichtlich nicht interessiert.
Was jedoch den relevanten Einsatz des Internationalen Roten Kreuzes anbelangte, so verfügte es im Juli 1944, als sich die deutschen Truppen auf den Arno zurückziehen mußten, über eine Kartei mit rund 200 000 Namen von Militärinternierten. Seine Delegierten wünschten damals, ihr Personenverzeichnis mit demjenigen des Büros der Betreuungsdienststelle in Verona zu vergleichen[184], aber bis zum 11. Dezember 1944 tat sich in der Sache wohl nicht viel. Erst zu jenem Zeitpunkt fragten die Italiener bei den Deutschen an, ob sie einem Vergleich der Karteien zustimmten. Erstaunlicherweise umfaßte die Liste des Zentralbüros für Kriegsgefangenenfragen des Internationalen Roten Kreuzes in Genf im Dezember nach wie vor lediglich 200 000 Gefangenennamen, was nicht zuletzt deshalb überrascht, weil bereits ganz Mittel- und Süditalien von der Wehrmacht bereits vor dem Statuswechsel geräumt war[185]. Die deutsche Seite tat somit wenig, um die Daten des Internationalen Komitees vom Roten Kreuz zu aktualisieren, obwohl sie sich dazu nach dem September 1943 verpflichtete. Der Sachverhalt läßt vermuten, daß die Benachrichtigung von Angehörigen internierter italienischer Soldaten in den von der Wehrmacht aufgegebenen Gebieten recht unsystematisch stattfand. Hierbei ist gleichzeitig zu bedenken, daß das Problem der Nachrichtenübermittlung die zu Arbeitern gemachten Gefangenen ebenfalls betraf. Davon abgesehen, ist ferner nicht anzunehmen, daß die Kartei des Internationalen Roten Kreuzes gerade die Namen derjenigen 100 000 Mann enthielt, die Anfang Dezember noch in den Lagern darbten. Angesichts derartiger Zustände vermag man sich schwerlich des Eindrucks zu erwehren, daß weder die nationalsozialistische noch die faschistische Führung — im Hinblick auf das befreite Italien — an einer angemessenen Informationspolitik Interesse besaß. Mit diesen Anmerkungen wurde der Entwicklung allerdings vorgegriffen.
Trotz der oben erwähnten Zusage wartete Monsignore Orsenigo Anfang 1944 noch immer darauf, endlich eines der Interniertenlager besuchen zu dürfen. Hitler hatte das immerhin

---

[184] Diario S.A.I., S. 103, 11.7.1944, PADF: Appunto sul colloquio che ha avuto luogo presso la sede del S.A.I. tra il Ministro Vaccari, l'ing. Spaniol ed i delegati della Croce Rossa Internazionale dott. Martin Schirmer.

[185] A.G. 31/2565, Posta Civile 305, 11 dicembre 1944/ XXIII, Appunto per l'Ambasciata di Germania, Oggetto: Schedario internati, ASMAE, Busta 34, Posizione Germania 5/8. Seitens des Auswärtigen Amtes bestanden »gegen eine Einsichtnahme der Delegierten des Internationalen Roten Kreuzes in die beim [italienischen faschistischen] Außenministerium vorhandene Kartei« der Militärinternierten keine Bedenken. Das teilte Rahn etwa dreieinhalb Monate nach Erhalten der Anfrage vom 11.12.1944 mit: Deutsche Botschaft und Dienststelle des Reichsbevollmächtigten in Italien W 818/45, Fasano, den 20.3.1945, Aufzeichnung für das Außenministerium, ASMAE, Busta 145, Posizione I/4/14; und ebd., Ministero degli Affari Esteri GABAILAG, P.C. 305, li 3 Marzo 1945-XXIII° (vermutlich muß es 30. März oder 3. April heißen, denn im Text wird auf das oben zitierte Schreiben Rahns vom 20.3.45 Bezug genommen; außerdem ist das Dokument mit dem Stempel Dir. Gen. Affari Generali 5 Apr 1945 versehen), al Comitato della Croce Rossa Italiana Milano. Das C.R.I. in Mailand wurde nunmehr gebeten, die italienische Delegation beim I.K.R.K. über das deutsche Einverständnis zu unterrichten. Die Kartei des Außenministeriums der R.S.I. sollte zur Einsichtnahme nach Mailand gebracht werden. Für eine Verbesserung der Lebensbedingungen der Militärinternierten war diese Entwicklung belanglos, da sie viel zu spät einsetzte.

schon am 26. Oktober 1943 genehmigt. Und im Februar wünschte der Nuntius dann im Lager Salzhof bei Berlin den Gottesdienst abzuhalten. Dort befanden sich 1 500 Militärinternierte. Es handelte sich um ein »Sonderlager«, wo die Italiener keinerlei Kontakt zu anderen Insassen aufnehmen konnten. Orsenigo bat zugleich um die Erlaubnis, vorher mit dem im Lager lebenden italienischen Geistlichen und dem dort befindlichen Arzt Kontakt aufnehmen zu dürfen. Er wollte sich unterrichten, um den Kranken die geeigneten »Kräftigungsmittel« mitzubringen. Eine grundsätzliche Genehmigung des Reichsaußenministers lag dazu vor. Staatssekretär Baron v. Steengracht drängte nunmehr seinerseits, daß jenem Ersuchen, dem »seit langem« stattgegeben sei, endlich entsprochen werde[186]. So geschah es, wobei über den Eindruck, den die Anwesenheit des Apostolischen Nuntius auf die Gefangenen mehrerer Lager machte, zutiefst ergreifende Berichte existieren[187].

Hinsichtlich der geistlichen Betreuung der Militärinternierten, um die sich — nach einer Intervention von Orsenigo — auch Reichsminister Otto Meißner, der »Chef der Präsidialkanzlei des Führers und Reichskanzlers« kümmerte, herrschte zwischen Berlin und Salò Einigkeit. Sie galt als absolut notwendig[188]. Um so unglaublicher mutet deshalb der als Bestrafungs- und Erpressungsaktion angelegte Abzug der Militärgeistlichen aus dem Stalag 367 Deblin-Irena an, der schon Erwähnung fand[189].

Im übrigen lebten im September 1944 unter den circa 1 000 000 Italienern in Deutschland — nach der Angabe von Antonio Giordani, dem die Organisation der religiösen Fürsorge für die italienischen Arbeiter oblag — 270 Feldgeistliche und 30 Arbeiterpriester[190]. Bemerkenswert erscheint außerdem, daß Anfuso Anfang November 1944 weiterhin darauf hoffte, durch von Militärpfarrern betriebene Propaganda möglichst viele Internierte für die faschistische Sache zu gewinnen. Da er wußte, daß recht wenige der Geistlichen zu den Faschisten zählten, verlangte der Botschafter, die Auswahl der Priester künftig unter opportunen politischen Gesichtspunkten zu treffen[191].

In bezug auf die eigentliche Betreuung der Militärinternierten trat — was sich im Verlaufe der bisherigen Darstellung bereits verschiedentlich zeigte — zunächst die faschistische Botschaft in den Mittelpunkt. Anfuso versammelte dort eine Gruppe von Mitarbeitern um sich, die zum Teil aus den Lagern kamen und im Oktober — aus ihrer Sicht im

---

[186] St.S.Nr. 65, Berlin, den 18.2.1944, gez. Steengracht, PA, Büro Staatssekretär, Akten betr. Italien, Bd 19.

[187] Vgl. dazu für Küstrin, vermutlich zum Stalag III C Alt Drewitz gehörend, Crosara, Il Nunzio Apostolico, S. 211 f. (abgedruckt auch bei Piasenti, Il lungo inverno, S. 387 ff.); und für das Oflag 83, dem Monsignore Orsenigo am 18.6.1944 einen Besuch abstattete — wobei mehr als 2 000 von insgesamt 2 500 Offizieren und Ordonnanzen die Heilige Kommunion empfingen —, siehe Testa, Wietzendorf, S. 38.

[188] Diario S.A.I., S. 108, 16.7.1944, PADF: Appunto sul colloquio che ha avuto luogo tra l'ing. Spaniol e il dott. Hendler nell'abitazione di quest'ultimo.

[189] Santalco, Stalag 307, S. 36, 13.1.1944.

[190] Ordinariato Militare per l'Italia Assistenza Religiosa agli operai italiani in Germania Direzione, Roma, 2 settembre 1944, ASMAE, Busta 79, Posizione Germania A83.

[191] Verbale della riunione del Comitato interministeriale per l'assistenza agli ex internati avvenuta il giorno 4 novembre 1944 presso il Ministero degli Affari Esteri, ASMAE, Busta 201, Posizione Germania 1/1-F-5, hier S. 5.

Interesse der internierten Landsleute — die Arbeit aufnahmen[192]. Am 3. November versuchte Vaccari darüber hinaus, mit der Gründung des *Servizio Assistenza Internati Militari Italiani* (S.A.I.M.I.) die Grundlagen für eine gezielte Unterstützung der Gefangenen zu schaffen. Dies geschah — wie oben dargelegt — unter Zuhilfenahme der Organisation der Faschistischen Partei im deutschen Machtbereich[193].

Wenig später, am 11. November 1943, ließ Mussolini in Berlin seine Absicht vortragen, durch die »Italienische Botschaft und die italienischen Konsulate ein Hilfswerk für die italienischen Militärinternierten in Deutschland einzurichten«. Nach nur vier Tagen entsprach das Auswärtige Amt seinem Wunsch. Mehr noch, Steengracht schlug sogar vor, die Botschaft der *Repubblica Sociale Italiana* solle alle diejenigen Aufgaben übernehmen, die üblicherweise der »Vertretung einer Schutzmacht« zufielen. Um das von faschistischer Seite angestrebte »Hilfswerk bald praktisch werden zu lassen«, empfahl der Staatssekretär, umgehend einen Leiter der Dienststelle zu benennen. Anschließend seien mit dem Auswärtigen Amt und dem Oberkommando der Wehrmacht die Einzelfragen einer solchen Vereinbarung zu besprechen[194]. Zwei Tage nach dem deutschen Angebot machte Vaccari seinen Antrittsbesuch im Auswärtigen Amt, wenn auch in seiner Funktion als »Landesgruppenleiter des Fascio für Deutschland«[195].

Die faschistische Regierung reagierte prompt auf die Offerte des Reichsaußenministeriums. Sie gab sich erfreut und zufrieden darüber, daß die »Betreuung der italienischen Militärinternierten« künftig in den eigenen Händen liege[196]. An sich schien damit Mitte November — parallel zur oben erörterten Einrichtung der Italienischen Militärmission[197] — ein entscheidender Durchbruch gelungen zu sein.

Merkwürdigerweise passierte organisatorisch bis zum Januar 1944 so gut wie nichts, doch läßt sich nicht sagen, wer den Stillstand verursachte. Es steht lediglich fest, daß Anfuso erst am 17. Januar 1944 an Mussolini schrieb, es sei ihm »vorläufig« gelungen, von den deutschen Behörden als »Schutzmacht« anerkannt zu werden. Die Botschaft vermöge nunmehr die Militärinternierten — in Übereinstimmung mit den internationalen Gesetzen — endlich als das behandeln, was sie de facto darstellten, als echte Kriegsgefangene (veri e propri prigionieri di guerra). Damals verfügte die Botschaft immerhin über ein Büro, das sich der neuen Aufgaben annehmen sollte. Freilich meldete Anfuso auch, daß bislang kaum etwas

---

[192] Diario S.A.I., Proemio, S. 1, 16.–18.10.1943, PADF.

[193] Ebd., S. 2, 3.11.1943. Anzumerken ist, daß der Generalgouverneur Dr. Hans Frank am 14.9., als man gerade die Verbringung des Repräsentanten der Italienischen Botschaft im »Generalgouvernement« ins Reichsgebiet erörterte, keine Einwände gegen eine »Wiederaufnahme der Tätigkeit des Italienischen Fascio« in seinem Bereich hatte: Tagebuch Hans Frank 1.9.–19.10.1943, S. 922 f., 14.9.1943, BA, R 52 II/207. Zu Frank vgl. auch die Edition: Das Diensttagebuch des deutschen Generalgouverneurs. Diese Ausgabe gestattet es nicht, auf die Konsultierung der oben zitierten Quelle zu verzichten. Im Verlaufe seiner ersten Reise in die Lager in Polen nahm Vaccari dann auch Kontakt zu den Vertretern des dortigen Fascio auf: Diario S.A.I., Proemio, S. 5, 18.12.1943, PADF.

[194] Berlin, den 15.11.1943, Seiner Exzellenz dem Italienischen Botschafter Herrn Filippo Anfuso, gez. Steengracht, PA, Büro Staatssekretär, Akten betr. Italien, Bd 18.

[195] Ebd., Gesandter von Dörnberg, Prot. A, Notiz, Berlin, den 17.11.1943, Herrn Gesandten Bielfeld.

[196] Ebd., Dg.Pol.Nr. 103, 15.11.1943, gez. v. Erdmannsdorff.

[197] Siehe oben, S. 358–360, 362 f..

geschah. Es werde jedoch angestrebt, die Tätigkeit im Laufe des Monats zu intensivieren. Er regte zugleich an, in Verona eine zweite Betreuungsdienststelle aufzubauen, um den internierten Landsleuten jede mögliche Unterstützung gewähren zu können[198].
Nach den Aufzeichnungen im Tagebuch von Vaccari informierte ihn Anfuso am 13. Januar 1944 darüber, daß Berlin die Einrichtung einer kleinen Betreuungsdienststelle für die Internierten gestattet habe. Er mußte drei Offiziere benennen, die — direkt vom Botschafter abhängig — mit dem Aufbau des Büros zu beginnen hatten. Die Wahl fiel auf Hauptmann Arienti und Dr. Giuseppe Annovazzi — beide arbeiteten vorher mit Vaccari im *Servizio Assistenza Internati Militari Italiani* in Berlin zusammen — sowie auf Dr. Augusto Rubini, den er unter Mithilfe der SS wenige Tage zuvor aus der Internierung zu befreien vermochte. Sie machten sich daran, beraten von Vaccari, die neue Dienststelle zu planen. Letzterer versuchte dabei eine Betreuungsorganisation zu konzipieren, die sich an derjenigen für die französischen Kriegsgefangenen orientierte. Er dachte also nicht daran, sich mit Halbheiten zu begnügen. Nur besaß Vaccari letztlich keinen Einfluß, da er an den Verhandlungen mit dem Auswärtigen Amt nicht teilnahm. In deren Verlauf diktierten die Deutschen — seiner Meinung nach — den drei Italienern ein Statut für die künftige Betreuungsdienststelle. Das Ergebnis befriedigte den Major der Alpini überhaupt nicht. Insbesondere vermißte er die Erklärung, daß die Internierten gemäß dem Paragraphen 27 der Genfer Konvention behandelt werden müßten[199].
Am 27. Januar 1944 teilte sodann das Außenministerium Mussolinis den übrigen Ministerien und der Faschistischen Partei offiziell mit, daß man bei der Botschaft in Deutschland den *Servizio Assistenza Internati* (S.A.I.) eingerichtet habe. Eine entsprechende Dienststelle beabsichtige das Ministerium des Äußeren in Verona aufzubauen. Sie werde in erster Linie dazu dienen, die Verbindung zwischen der Hauptstelle in Berlin und den Familienangehörigen der Militärinternierten — im Rahmen der Zustellung von Briefen, Paketen und ähnlichem — aufrechtzuerhalten. Das Büro in der Reichshauptstadt besitze die alleinige Kompetenz für die materielle und moralische Unterstützung der internierten Landsmänner. Seine Bediensteten könnten künftig die Lager besuchen, um dort »faschistische und nationale Propaganda« zu betreiben. Gleichzeitig seien sämtliche vergleichbaren Aktivitäten, die andere Einrichtungen der Republik von Salò bis dahin im Reich entfalteten, einzustellen[200].

---

[198] Ambasciata d'Italia, Berlino, li 17 gennaio 44-XXII, Al Duce della Repubblica Sociale Italiana Sede del Governo Italia, f.to Anfuso, ASMAE, Busta 31, Posizione Germania 1/1, hier S. 6 f. Anfuso bekannte freimütig, daß es ihm sowohl um eine Linderung der menschlichen Not der Militärinternierten als auch um die Wahrung der Chance ging, diese mittels der Betreuungsarbeit doch noch für den Faschismus zu gewinnen.

[199] Diario S.A.I., Proemio, S. 8 f., 13.1.1944 ff., PADF. Anfuso sprach gegenüber Vaccari ausdrücklich von einem »piccolo Ufficio di Assistenza degli Internati«.

[200] Ministero degli Affari Esteri Gabinetto, Q.G., 27 gennaio 1944-XXII, Presidenza del Consiglio, Ministero dell'Interno, Ministero delle Finanze, Ministero delle Forze Armate, Ministero delle Comunicazioni, Ministero della Cultura Popolare, Partito Repubblicano Fascista, Oggetto: Servizio assistenza internati italiani in Germania, f.to Il Segretario Generale Mazzolini, ACS, Presidenza del Consiglio, Busta 77, F 19-8, N. 2028. Die Zweigdienststelle des *Servizio Assistenza Internati* in Verona erhielt die Bezeichnung: *Servizio Assistenza in Germania presso Ufficio Zona Italiani all'Estero, Sta-*

Mitte Februar steckte der *Servizio Assistenza Internati* noch immer in den Kinderschuhen. Anfuso bat das Auswärtige Amt um Personal. Ein Vorgang, der nicht so sehr deshalb erwähnenswert ist, weil die deutsche Seite dem Ersuchen entsprechen wollte, sondern aufgrund der Tatsache, daß Staatssekretär Baron v. Steengracht die Frage der Militärinternierten offiziell als »einen Teil der Kriegsgefangenen-Betreuung« definierte[201]. Seine Feststellung bestätigte erneut die verschiedentlich nachgewiesene Willkür bei der Statusbestimmung gefangener Italiener. Es ist in der Tat völlig unerheblich, ob historisch von Kriegsgefangenen oder Militärinternierten gesprochen wird. Worauf es ankommt, das ist ihre Behandlung, und sie entsprach eben — wie immer die deutsche Seite ihre Exverbündeten einstufte — nicht dem internationalen Recht. Einzig und allein der eigene Vorteil gab die Norm für den Umgang mit ihnen ab. Jene bittere Erfahrung mußte auch der Gesandte Vaccari bald machen, der zu seiner eigenen Überraschung am 17. Februar doch noch die Leitung des *Servizio Assistenza Internati* in Berlin übernahm[202].

Die Dienststelle erweckte bei ihm keinen guten Eindruck, doch das ließ sich ändern. Zunächst informierte er jedenfalls den Chef des Kriegsgefangenenwesens im Oberkommando der Wehrmacht über seine Ernennung zum Chef der italienischen Betreuungsorganisation[203] und begann am 22. Februar offiziell mit seiner Tätigkeit. Noch vor der Abreise nach Berlin hatte Vaccari in Italien das Verbindungsbüro in Verona installiert[204].

Mit geringfügiger Verzögerung gab die Wehrmachtführung am 1. März 1944 ihrerseits den betroffenen Ämtern und Behörden die Gründung der »Betreuungsdienststelle für die italienischen Militär- und Zivil-Internierten« bekannt[205].

---

zione *P.N. Verona*. Anzumerken ist, daß diese Entwicklung das Ende für den *Servizio Assistenza Internati Militari Italiani* bedeutete.

[201] St.S.Nr. 50, Berlin, den 15.2.1944, Herrn Gesandten Schmidt (Büro RAM), gez. Steengracht, PA, Büro Staatssekretär, Akten betr. Italien, Bd 19.

[202] Diario S.A.I., Proemio, S. 10, 17.2.1944, PADF. Vaccari war von seiner Ernennung deshalb überrascht, weil ihm Anfuso in Berlin versichert hatte, Mussolini wünsche seine Rückkehr nach Italien, wo er andere Aufgaben übernehmen solle. Anfuso behauptete außerdem, daß ihm die Abberufung sehr ungelegen komme (ebd., S. 9). Doch in Italien drängte der »Duce« Vaccari, die Leitung des S.A.I. in Berlin zu akzeptieren. Angeblich sagte er: »Fatelo per l'Italia, Vaccari, non per me, per l'Italia nel nome di quella solidarietà nazionale ed umana che gli Italiani hanno dimenticato in questo tremendo periodo della nostra vita.« Nach Berlin zurückgekehrt, gewann der nunmehrige Gesandte den Eindruck, daß der Botschafter darüber nicht besonders erfreut war.

[203] Ebd., S. 11.

[204] Vgl. All'Ambasciatore, 20.12.1944 (siehe oben, S. 508, Anm. 175), S. 5. Vaccari schrieb rückblickend an Mazzolini: »Ripartii per la Germania quale Ministro Plenipotenziario, incaricato del Servizio Assistenza Internati presso la nostra Ambasciata«.

[205] Oberkommando der Wehrmacht Az. 2 f. 24.73 n Chef Kriegsgef. Allg./(Ia)/(IIa), Nr. 1100/44, Torgau, den 1.3.44, Betr.: Betreuungsdienststelle für die ital. Mil.- u. Zivil-Internierten, BA-MA, RH 49/35. Zur Übermittlung der wörtlichen Übersetzung der Verlautbarung vom 1.3. an Mussolini vgl.: Comando di Collegamento delle Forze armate Germaniche presso il Duce Ia N. 54/44, 16-3-1944, Appunto per il Duce, Ogg.: Comunicazione del Comando Supremo delle FF.AA. germaniche circa l'istituzione di un ufficio di assistenza per gli internati militari e civili italiani presso l'Ambasciata d'Italia a Berlino, ACS, S.P.d.D., Busta 51, F 618; vgl. ferner zur Unterrichtung der italienischen Dienststellen und Behörden (siehe auch Anm. 200): Ministero degli Affari Esteri Gabinetto 1/01532-11-18, P.C. 305, 22 marzo 1944-XXII, Oggetto: Servizio Assistenza Internati. F.to Mazzolini, ACS, Carte

Schon vorher kam es, als am 22. Februar Vertreter des *Servizio Assistenza Internati* das Stalag III B Fürstenberg besuchten, zu einer Interessenkollision. Die Italiener erbaten namentliche Listen der Lagerinsassen, was der zuständige Kommandeur der Kriegsgefangenen akzeptierte. Aber daraufhin intervenierte das Oberkommando der Wehrmacht. Es ordnete an, daß die Aufstellung der Namenslisten zu unterbleiben habe, denn das Verlangen der Mitglieder der Betreuungsdienststelle gehe »weit über die ihnen gewährten Rechte hinaus«[206]. Das heißt, die Wehrmachtführung beabsichtigte nicht, präzise Angaben über die Militärinternierten zu machen — und dabei blieb sie!

Im Statut des *Servizio Assistenza Internati* hieß es[207], daß ihm außer jenen Pflichten, die gemeinhin einer Schutzmacht oblagen, vor allem auch diejenigen zukämen, die sonst das Internationale Rote Kreuz und die *Young Men's Christian Association* erfüllten. Letztgenannte seien daher ebenso wie andere nationale oder internationale Organisationen für die Betreuung der Italiener »nicht zugelassen«. Zu den Hauptaufgaben des S.A.I. gehörte es, Verbindungen zwischen Internierten und ihren Angehörigen zu schaffen sowie erstere geistig und wirtschaftlich zu unterstützen. Dazu durften die Lager, die Lazarette und die Arbeitskommandos mit italienischen Gefangenen besucht werden. Allerdings benötigten die Delegierten vorher eine entsprechende Genehmigung des Oberkommandos der Wehrmacht. Während des Aufenthalts im Oflag oder Stalag begleitete Vaccaris Leute ein deutscher Offizier, sie besaßen jedoch das »Recht, sich mit den Internierten ohne Zeugen zu unterhalten«.

In den Zuständigkeitsbereich der neuen Dienststelle fiel außerdem die Entgegennahme und Weiterleitung aller Informationen, die Militärinternierte betrafen. Hierzu zählten die — wann immer notwendige — Benachrichtigung der Familien, der Empfang von Zugangs- und Veränderungsmeldungen aus den Lagern[208] sowie die Unterrichtung seitens des Auswärtigen Amtes über die von den Lagerkommandanturen gemeldeten Todesfälle. Derartige Todesfallmeldungen erfolgten gemäß dem Muster des entsprechenden Fragebogens des Internationalen Roten Kreuzes. Anscheinend hat das Deutsche Rote Kreuz die Todesfallfragebogen aufgrund der getroffenen Regelung nicht mehr erhalten.

Der *Servizio Assistenza Internati* empfing ferner die Nachlässe verstorbener Internierter und organisierte einen »Liebesgabendienst«. Letzterer betraf die Versorgung der Gefan-

---

Barracu, Busta 3, F 155. Das Anschreiben enthält den Hinweis, daß der S.A.I. in Berlin bereits seit einiger Zeit funktionierte. Außerdem wurde die bevorstehende Eröffnung einer Zweigdienststelle des Berliner Büros in Belgrad angekündigt.

[206] Oberkommando der Wehrmacht Az. 2 f 24 8h Kriegsgef. Allg. (II b), Torgau, den 15.4.1944, An Wehrkreiskommando III Berlin, Betr.: M.Stammlager III B Fürstenberg, BA-MA, RH 49/35. Dieses Verbot galt für alle Lager. Anzufügen ist, daß man italienischerseits auch die Angabe der Anschriften der Angehörigen wünschte, was im Rahmen der Tätigkeit einer Betreuungsdienststelle kein unbilliges Begehren darstellte.

[207] Siehe oben, Anm. 205: BA-MA, RH 49/35.

[208] Wie wenig dieser theoretischen Forderung in der Praxis entsprochen worden ist, das zeigten die schon zitierten Klagen des Botschafters Anfuso, daß er zu keiner Zeit eine vollständige Übersicht über die Zahl der Militärinternierten erhielt. Gleiches traf für Vaccari zu, vgl. Diario S.A.I., S. 51, 5.6.1944, PADF: Colloquio avvenuto presso l'A.A. tra il dott. Hendler e l'ing. Spaniol; und ebd., S. 76, 22.6.1944: Appunto sul colloquio che ha avuto luogo all' A.A. tra l'ing. Spaniol ed il dott. Hendler.

genen mit Kleidung, Wäsche, Schuhen, Lebensmitteln oder Artikeln für die Gestaltung der Freizeit. Sowohl die Mannschaftsstammlager als auch die Offizierslager mußten bis zum ersten Tag eines jeden Monats — oder bei einer erheblichen Veränderung in der Belegung des Lagers — den Bestand der Militärinternierten und zugleich den Bedarf an »Liebesgaben« an die Betreuungsdienststelle melden. Diese besaß das Recht, ihrerseits Vorschläge zur Behandlung der Männer einzureichen und Freilassungen — etwa aus gesundheitlichen Gründen — zu beantragen.

Doch erwiesen sich derartige Abmachungen, das dokumentierten die bisherigen Darlegungen, in der Regel als reine Theorie. Es kam hinzu, daß im Falle einer wegen Krankheit beantragten Repatriierung zunächst der deutsche Lagerarzt einen Befund erstellte. Lehnte er die Rückführung in die Heimat ab, dann konnte Vaccari eine Untersuchung durch eine deutsch-italienische Kommission verlangen. Das setzte voraus, daß der italienische Arzt, der den Militärinternierten behandelte, dem Urteil seines deutschen Kollegen nicht zustimmte. An sich klang das vielversprechend, hätte es da nicht jene Bestimmung gegeben, die besagte: »Den Vorsitz innerhalb der Kommission führt jeweils das älteste deutsche Mitglied. Bei Stimmengleichheit entscheidet der Vorsitzende.« Und der war eben ein Deutscher.

Ein weiterer wichtiger Kompetenzbereich umfaßte das Beschwerdewesen. Die Repräsentanten des *Servizio Assistenza Internati* durften im Rahmen ihrer Besuche Klagen oder Wünsche der Militärinternierten mündlich entgegennehmen, um sie anschließend mit dem Kommandanten des Lagers zu erörtern. Darüber hinaus besaßen die Gefangenen das Recht, sich über den Vertrauensmann schriftlich auf dem Dienstweg zu beschweren. Als Adressat diente das Oberkommando der Wehrmacht. Besondere Bedeutung konnte das bei Mißhandlungen bekommen. Vaccaris Büro insistierte im übrigen darauf, daß sich in solchen Fällen ein Delegierter — in Begleitung eines deutschen Funktionärs — in das betreffende Lager begab, um unmittelbar für die Abstellung des Übelstandes zu sorgen[209].

Schließlich bestand deutscherseits noch die Verpflichtung, die Betreuungsdienststelle zu unterrichten, falls man gegen einen Militärinternierten gerichtlich vorzugehen beabsichtigte. Die Benachrichtigung erfolgte durch das Auswärtige Amt. Der *Servizio Assistenza Internati* durfte, sofern der Angeklagte keinen Anwalt eigener Wahl bestellte, einen Verteidiger benennen. Seine Delegierten konnten aber nur an Verhandlungen teilnehmen, die nicht aus »Gründen der Staatssicherheit geheim« waren. Dann erfuhr die Betreuungsdienststelle lediglich den Ausgang des Verfahrens. Jedenfalls sah es ganz allgemein nicht so aus, als ob die jeweils beschuldigten Militärinternierten ein fairer Prozeß erwartete. Das zeigte sich auch in der Tatsache, daß der jeweilige Verteidiger den Vertreter des S.A.I. ausschließlich in einer genau festgelegten Form informierte. Außerdem durften Vaccaris Leute ihrerseits keineswegs alle die Fragen an den Rechtsanwalt des Angeschuldigten richten, die sie hinsichtlich der Urteilsfindung beantwortet haben wollten[210].

---

[209] Diario S.A.I., S. 28, 22.5.1944, PADF.

[210] Ebd., S. 86, 30.6.1944: Appunto sul colloquio che ha avuto luogo all'A.A. tra l'avv. Rizzoli ed il dott. Hendler. Der Rechtsanwalt Luciano Rizzoli gehörte zum Personal des S.A.I.; vgl. aber auch ebd., S. 35, 24.5.1944. Hier wurde die Forderung erhoben, daß dem S.A.I. wenigstens das Urteil des Gerichts im vollen Wortlaut zugänglich gemacht werden sollte. Zu den italienischerseits ent-

All das bedeutete eine reichlich fragwürdige und gewiß nicht rechtsstaatliche Regelung. Und somit fühlten sich die Militärinternierten im rechtlichen Bereich ebenfalls — wie schon in anderem Zusammenhang erwähnt — willkürlich behandelt.

In bestimmten Angelegenheiten besaßen die Mitarbeiter von Vaccari — allerdings unter den Bedingungen der Postüberwachung — die Berechtigung, sich über Auswärtiges Amt und Lagerkommandantur direkt an den Vertrauensmann der Lagerinsassen zu wenden. Dies galt im wesentlichen für[211]: Anforderung und Empfang von »Liebesgaben«; Personenstands- und Berufsfragen unterschiedlichster Art, die den Gesundheitszustand, die Unterstützung der Familie oder Zivilprozesse betreffen konnten; Nachrichten, die »besonders wichtige Vorkommnisse« im familiären Umfeld der Militärinternierten ansprachen, etwa Todesfälle oder die Folgen von Fliegerangriffen; Anfragen wegen der vom Oberkommando der Wehrmacht zu genehmigenden Rundschreiben der Betreuungsdienststelle[212]; die Verteilung von Büchern und Zeitungen. Nicht unproblematisch — wenigstens aus der Sicht der gefangenen Soldaten — war die Berechtigung des *Servizio Assistenza Internati*, einen Vertrauensmann ablösen zu lassen, falls der Eindruck entstand, daß dessen Tätigkeit mit den Zielen der Interniertenbetreuung nicht übereinstimmte. Das Auswärtige Amt machte Vaccari bei passender Gelegenheit darauf aufmerksam, daß die Vertrauensmänner nicht nur für die Aufrechterhaltung der inneren Disziplin zu sorgen hätten, sondern — als politisch einwandfreie Elemente — »moralische Propaganda« betreiben müßten. Die Delegierten sahen sich zugleich aufgefordert, die Eignung der bis dahin in solcher Position befindlichen Männer entsprechend zu prüfen[213]. Später erhielt die Betreuungsdienststelle noch die Kompetenz für die offiziell als »Kriegsgefan-

---

wickelten Vorstellungen über den Rechtsbeistand für Italiener aller Kategorien in Deutschland und in den besetzten Ländern vgl.: Ambasciata d'Italia Berlino Telegramma 4342 PR., Berlino 4.5.44, Assegnazione: D.I.E., S.A.I., Oggetto: Assistenza legale a connazionali in Germania e territori occupati. F.to Anfuso, ASMAE, Busta 164, Posizione IV/2a/24.

[211] Siehe oben, Anm. 205: BA-MA, RH 49/35. Den Vertrauensmännern der Militärinternierten wurden sowohl eine Unterrichtung über die Einrichtung der Betreuungsdienststelle als auch ein Auszug aus dem Statut derselben in doppelter Ausfertigung und in italienischer Sprache ausgehändigt: Oberkommando der Wehrmacht Az. 2 f 24.73n Kriegsgef. Allg. Ia/IIa Nr. 1391/44, Torgau, den 17.3.44, Betr.: Mitteilungen der Betreuungsdienststelle für die ital. Militär- u. Zivilinternierten an die Vertrauensmänner, BA-MA, RH 49/35. Bei dem Schreiben handelte es sich um eine Übersetzung der wichtigsten Passagen des Dokuments vom 1.3.44 (siehe oben, Anm. 205: BA-MA, RH 49/35).

[212] Das OKW hat sich mit der Genehmigung der Rundschreiben offensichtlich viel Zeit gelassen, trafen sie doch bei den Vertrauensmännern mitunter so spät ein, daß der Inhalt längst überholt war. Dadurch ließ sich die Betreuungsarbeit durchaus beeinflussen. Jedenfalls gab es keinen anderen überzeugenden Grund für derartige Verzögerungen. Zu den italienischen Protesten in dieser Sache vgl.: Diario S.A.I., S. 26, 22.5.1944, PADF: Colloquio avvenuto presso l'Ambasciata d'Italia (S.A.I.) tra l'ing. Spaniol ed il dott. Hendler. Die Betreuungsdienststelle sandte die Rundschreiben daraufhin ohne die vorangehende Genehmigung durch das OKW in die Lager. Das hatte zur Folge, daß jene angewiesen wurden, solche Schreiben mit dem Vermerk »Genehmigung des OKW fehlt« zurückzuschicken: Oberkommando des Heeres GenStdH/GenQu Abt. Kriegsverw. (Qu 4) Nr. II/940/45 geh., H.Qu. OKH, den 11.3.1945, Besondere Anordnungen für das Kgf.-Wesen im Bereich des Feldheeres Nr. 20, BA-MA, RH 2/v. 2678.

[213] Diario S.A.I., S. 60, 12.6.1944, PADF: Appunto sul colloquio avuto presso l'A.A. tra il Ministro Vaccari, l'ing. Spaniol, il console Generale von Druffel e il dott. Hendler.

gene« bezeichneten italienischen Soldaten in deutschen Lagern[214]. An Aufgaben fehlte es also nicht. Gerade deshalb ist zu fragen, was der *Servizio Assistenza Internati* in Berlin, der über Büros oder Zweigdienststellen in Hamburg, München, Leipzig, Wien und Belgrad verfügte[215], für die Militärinternierten tatsächlich leistete. Bereits vor der Einrichtung des S.A.I. unternommene Versuche, auf privater Basis zu helfen, bleiben hingegen unberücksichtigt, da sie vom Ergebnis her nicht zu beurteilen sind.

---

[214] Siehe oben, Anm. 212: BA-MA, RH 2/v. 2678. Dort hieß es unter anderem: »Die ital.-faschist.-republikan. Regierung ist als Schutzmacht auch für die italienischen Kriegsgefangenen zugelassen. Die Aufgaben übt die Betreuungsdienststelle für ital. Mil.- und Zivilinternierte aus.«

[215] Ambasciata d'Italia Servizio Assistenza Internati, Berlino, 14 Aug. 1944, Oggetto: Elenco del personale dipendente, PADF. Danach verfügte das Büro in Berlin über insgesamt 84 Mann Personal, das in Wien über 33. Für Belgrad, Hamburg, München und Leipzig wurde jeweils nur der Leiter des Büros aufgeführt. Zur Betreuungsdienststelle in Wien, die Vaccari in Übereinstimmung mit dem Italienischen Roten Kreuz und nach gewissen Schwierigkeiten mit Vittorio Mussolini installierte, vgl. Diario S.A.I., Proemio, S. 11, Februar/März 1944, PADF. Im Hinblick auf ein vom C.R.I. dort eingerichtetes Betreuungsbüro, das sich speziell um die Italiener auf dem Balkan kümmern sollte, siehe: Ministero degli Affari Esteri, Nota Verbale, Salò, 23 novembre 1944-XXII, ACS, S.P.d.D., Busta 76, F 647, SF 5. Deutscherseits lehnte man es damals ab, den Italienern den Aufbau einer Betreuungsdienststelle auf dem Balkan zu erlauben. Angeblich ließen dies die dortigen Verhältnisse nicht zu. Als Folge der katastrophalen Bedingungen im Balkanraum drängten die Vertreter der R.S.I. jedoch immer nachhaltiger auf den Aufbau eines entsprechenden Büros in Belgrad. Vgl. dazu im einzelnen: Direz. Gen. Aff. Pol. D.I.E. Venezia, Q.G. 28 Gen. 1944, Situazione morale e materiale dei militari italiani in Serbia, ASMAE, Busta 76, Posizione Serbia 1/3, hier S. 4 f. Zunächst wünschten Mussolini und Graziani, die Betreuungsaufgaben einer von der Militärmission in Berlin oder direkt vom Verteidigungsministerium der R.S.I. abhängigen Vertretung zu übertragen. Sie sollte für Kroatien, Serbien, Montenegro, Albanien, Griechenland, Bulgarien und Rumänien zuständig sein, das heißt für »alle« in jenen Ländern befindlichen italienischen Militärpersonen. Erstaunlicherweise meinte man, daß diese Verbindungsdienststelle eine so umfassende Aufgabe mit »wenigen Personen« erfüllen könne: Ministero delle Forze Armate Segreteria Militare N. prot. 1743/SM, P.d.C. 867, addi 14 marzo 1944-XXII, Oggetto: Ufficio di collegamento italiano in Balcania. All'Eccellenza il Generale Toussaint, f.to Graziani, ACS, S.P.d.D., Busta 68, F 642, SF 7 L. Am 8. Mai 1944 übernahm dann der Delegierte Annovazzi die Leitung des S.A.I.-Büros in Belgrad (siehe oben, S. 473, Anm. 78: ASMAE, Busta 76, Posizione Serbia 1/3). Doch bedeutete das nicht, daß damit Klarheit über Aufgabenstellung und Unterstellungsverhältnisse herrschte. Unversehens kam es nämlich hierbei zu einer Interessenkollision zwischen dem S.A.I. und der *Missione Militare Italiana in Germania*. Morera folgte im übrigen mit seinem Antrag beim OKW, einen höheren italienischen Offizier in Belgrad als Chef einer Verbindungsstelle zwischen dem O.B. Südost und der Militärmission in Berlin einzusetzen, einer Anregung von Marschall Graziani vom 14.3.1944. Das OKW wiederum bevorzugte in Belgrad eine einzige italienische Dienststelle und meinte, die Aufgaben des S.A.I. auf dem Balkan sollten in Personalunion von dem von Morera vorgeschlagenen Obristen wahrgenommen werden. Vaccari widersprach dem, weil der Offizier sich seiner Meinung nach überfordert sähe, wenn er neben den militärischen Verpflichtungen auch noch die Aufgaben des S.A.I. zu erfüllen hätte. In Absprache mit dem Auswärtigen Amt und vermutlich nach Rücksprache mit Morera wurde dem OKW dann der Vorschlag überreicht, zwei unabhängige Dienststellen in Belgrad zu akzeptieren. Deren eine, zur Militärmission gehörend, solle sich primär um Bündnistreue in den deutschen Streitkräften und um Versprengte oder Übertrittswillige kümmern. Die moralische und rechtliche Unterstützung müsse hingegen beim S.A.I. liegen. Zum Zeitpunkt, als sich Mussolini und Hitler über den Statuswechsel der Militärinternierten einigten, arbeitete zwar seit Wochen ein Büro des S.A.I. in Belgrad, aber es war noch immer nicht offiziell anerkannt und besaß lediglich eine begrenzte territoriale Zuständigkeit. Nach wie vor erschien außerdem die Abgrenzung zur lokalen Vertretung der Militär-

Antworten erteilt zum einen die Erinnerungsliteratur. Alles in allem erwecken die Memoiren den Eindruck, daß sehr wenig für die Gefangenen getan wurde[216]. Es existieren aber darüber hinaus Situationsbeschreibungen seitens der Verantwortlichen des *Servizio Assistenza Internati* und des *Croce Rossa Italiana*, deren Berichte oftmals wichtiges statistisches Material an die Hand geben. Werden die propagandistischen Aufgaben beiseite gelassen, so hätte es bei der Betreuung in erster Linie Nahrung, Kleidung, Postverbindungen, die Erlösung von Mißhandlungen, die Repatriierung von Kranken, medizinische Versorgung, Rechtsbeistand und um nicht nur politische Nachrichtenvermittlung gehen müssen. Das vorstehend erörterte spezielle Ziel, das Vaccari und einige andere Faschisten verfolgten, die sogenannte Statusänderung, gehörte ebenfalls dazu[217].

Vaccaris Tätigkeitsbericht für den Monat März 1944 bildete ein Dokument der Frustration. Mittlerweile hatte es zahlreiche Gespräche mit vielen Zusagen aller Art gegeben, aber man erzielte insgesamt nur minimale Fortschritte[218]. Anfuso wiederum wußte Anfang Mai lediglich von fleißiger Arbeit, nicht jedoch von nennenswerten Erfolgen zu berich-

---

mission, im Hinblick auf die jeweiligen Kompetenzen, unklar. Mit Schwierigkeiten sahen sich die Vertreter des S.A.I. beim Besuch von Lagern konfrontiert: Diario S.A.I., S. 67, 16.6.1944, PADF; ebd., S. 74, 22.6.1944: Appunto sul colloquio che ha avuto luogo tra il Ministro Vaccari ed il Console Generale von Druffel; ebd., S. 78, 23.6.1944, und S. 117, 21.7.1944: Appunto sul colloquio che ha avuto luogo all'Albergo Adlon tra il Ministro Vaccari, accompagnato dall'ing. Spaniol e il Plenipotenziario Speciale per il Sud Ost Ministro Neubacher. Anzumerken ist, daß Neubacher die Vorstellungen Vaccaris bei Ribbentrop unterstützen wollte. Gegen Ende September 1944 stellte sich die Lage so dar, daß der S.A.I. in Belgrad seine Funktionsunfähigkeit erklärte; die deutschen Behörden hatten in den vorhergehenden Wochen ohnehin alles getan, um die Besuche von Internierungslagern zu behindern: P.C. 306, 20 settembre 1944, Urgente, Appunto per l'Ambasciata di Germania, ASMAE, Busta 34, Posizione Germania 5/8. Zur Einrichtung des Verbindungsbüros der »Italienischen Militärmission in Deutschland« in Belgrad Anfang August vgl.: Missione Militare in Germania, Relazione sulle principali questioni trattate durante i mesi di giugno—luglio—agosto. Situazione delle principali questioni alla data del 29-8-44-XXII, f.to Morera, ACS, S.P.d.D., Busta 39, F 347, SF 21, hier S. 6 f. Der Chef der Dienststelle war bis zum 23.8. noch nicht einmal vom Chef des Generalstabes des O.B. Südost empfangen worden. Letztlich wurde der Stab vom O.B. Südost vollkommen ignoriert. Morera konstatierte daher nach rund siebenwöchiger Tätigkeit seiner Zweigdienststelle, daß deren »Arbeit gleich null« gewesen sei: Ambasciata d'Italia Berlino Addetto Militare e Capo Missione Militare in Germania N° 6558/R, Berlino, 29 Settembre 1944-XXII, Oggetto: Nucleo della Missione Militare Italiana a Belgrado, All'Ammiraglio Bürkner Capo Ausland O.K.W./ W.F.St., f.to Morera, ACS, S.P.d.D., Busta 22, F 153, SF 4. Siehe als direkte Vorgänge zu dem Protest Moreras, ebd., Relazione circa attività del Nucleo di Belgrado, 22.9.44-XXII, Al Sig. Generale Morera, f.to Capitano Aldo Rocco; und ebd., Relazione Nr. 5, Belgrado li 24 settembre 1944 XXII°, Al Sig. Generale Morera Umberto, f.to Il Colonnello Capo del Nucleo Biscuola. Weder die eine noch die andere italienische Dienststelle, die es seit Mai beziehungsweise August 1944 auf dem Balkan gab, vermochte also für die dortigen Italiener etwas zu tun. Und die bereits zitierten Berichte Moreras dokumentieren, daß sich daran bis zum Jahr 1945 im wesentlichen nichts änderte.

[216] Vgl. dazu auch die diesbezüglich affirmativen Urteile bei Cajani, Appunti, S. 97; Crescimbeni/Lucini, Seicentomila, S. 35—48; und Rochat, Memorialistica, S. 31 f.

[217] Siehe oben, S. 409-443.

[218] Ambasciata d'Italia — Serv. Assistenza Internati n. 613, Berlino, 11 aprile 1944-XXII, Oggetto: Relazione sul lavoro svolto dal S.A.I. nel mese di marzo e sulla situazione generale degli internati italiani in Germania, Al Ministro Serafino Mazzolini, f.to Vaccari, ASMAE, Busta 45, Posizione Italia 1/8.

ten[219]. Gewiß, Vaccari habe eine leichte Verbesserung der Gesamtlage erreicht. Doch zeigte sich der Botschafter überzeugt, daß die vielfachen Betreuungsaufgaben, die sich ja auf Polen, den Balkan, Deutschland, die Niederlande und Frankreich ausdehnten, einzig durch die Zusammenarbeit von Botschaft, *Servizio Assistenza Internati*, Konsulaten[220] und Zentralbehörden befriedigend zu erledigen seien. Ansonsten aber beschränkte er sich vorerst auf die Auflistung all dessen, was noch getan oder verstärkt betrieben werden solle. So müsse etwa der Briefverkehr mit Italien besser und regelmäßiger funktionieren. Den soeben begonnenen Paketdienst gelte es zu intensivieren. Man benötige Ärzte aus Italien, um wegen der Sprachschwierigkeiten entstehende Behandlungsprobleme zu vermeiden[221], und als unzureichend schätzte Anfuso die geistige Unterstützung ein.

Gegen Ende Mai vermuteten die Italiener, daß die politische Führung in Berlin auf die Rechtsabteilung im Auswärtigen Amt, über die Vaccari mit dem Oberkommando der Wehrmacht verkehrte, Druck ausübte, denn viele Anliegen stießen nun auf mehr Verständnis[222]. Nur dauerten die Verbesserungen im Umgang miteinander nicht an. Jedenfalls stellte der *Servizio Assistenza Internati* Anfang Juli kurz und bündig fest, daß die Erfolgsbilanz — nach mehr als viermonatiger Arbeit — negativ ausfalle. Die italienische Seite sei es endgültig leid, mit höflichen Versprechen der politischen und militärischen Dienststellen abgespeist zu werden. Damit lasse sich schließlich die Lage der Militärinternierten nicht verbessern. Es schien in der Tat so zu sein, daß zwar ein Hilfswerk existierte, dieses jedoch aufgrund deutscher Obstruktion nicht wirkungsvoll zu arbeiten vermochte. Angesichts der entmutigenden Entwicklung meldeten sich in der italienischen Führung Stimmen, die dazu rieten, die Tätigkeit als »Schutzmacht« einzustellen. Die Reaktion des Auswärtigen Amtes? Sein Vertreter, dem der obige Protest vorgetragen wurde, erkannte nur eine Möglichkeit, um Abhilfe zu schaffen. Vaccari müsse über Mazzolini an Mussolini herantreten, um ihn dazu zu bewegen, in der Sache an Hitler zu schreiben. Im System rivalisierender Behörden und oftmals unklarer Kompetenzverteilungen blieb letzterer selbst in derartig sekundären Fragen die einzige unangefochtene Entscheidungsinstanz. Freilich, das Chaos besaß durchaus Methode[223].

---

[219] Ambasciata d'Italia Telespresso N. 03935, Indirizzato a Ministero Affari Esteri Q.G., 8-5-1944, Oggetto: Collettività italiane in Germania, f.to Anfuso, ASMAE, Busta 65, Posizione Germania 1/15, S. 7 f.

[220] Der Gedanke, die Konsulate einzuschalten, stieß im Auswärtigen Amt in Berlin auf hartnäckige Ablehnung: Diario S.A.I., S. 26 f., 22.5.1944, PADF: Colloquio avvenuto presso l'Ambasciata d'Italia (S.A.I.) tra l'ing. Spaniol ed il dott. Hendler.

[221] Natürlich gab es Dolmetscher. Doch Anfuso hatte erfahren, daß sie mitunter ausgesprochen grob und ungerecht mit den Militärinternierten umgingen. Er machte dabei auch erneut darauf aufmerksam, daß die Internierten aufgrund des rauhen Klimas, der harten Behandlung durch die Deutschen, der unzureichenden Ernährung und der unter diesen Bedingungen zu verrichtenden schweren Arbeit in sehr schlechter Verfassung seien. Die durch Krankheiten verursachten Todesfälle hätten sich nach seiner Meinung bei einer angemessenen medizinischen Versorgung in der Mehrheit vermeiden lassen.

[222] Diario S.A.I., S. 31, 23.5.1944, PADF: Appunto sul colloquio avuto dall'ing. Spaniol con il dott. Hendler.

[223] Ebd., S. 94 ff., 6.7.1944: Appunto sul colloquio che ha avuto luogo all'A.A. tra l'ing. Spaniol ed il dott. Hendler. Noch immer wurden u.a. folgende Fragen kontrovers erörtert: Repatriierung Kranker, Verwundeter oder Väter vieler Kinder; unzureichende Verteilung der Formulare für den Briefverkehr; religiöser Beistand; fehlende Angaben zur Belegungsstärke der Lager (bei dieser Gelegenheit

Zwei Tage später wies Vaccari persönlich nochmals in drastischer Weise auf die Unerträglichkeit seiner Arbeitsvoraussetzungen hin. Es mutete wahrhaft skandalös an, daß sich, obwohl alle Beteiligten die Notlage der italienischen Gefangenen kannten, bei ihrer Betreuung keine positiven Resultate erzielen ließen. In erster Linie, so der Gesandte, sei der negative Befund eine Konsequenz der Haltung, die das Oberkommando der Wehrmacht einnehme. Die internierten Italiener lebten auf einem niedrigeren Niveau als die übrigen Kriegsgefangenen. Das unter anderem deswegen, weil auf sie — was das Auswärtige Amt zu eben jener Zeit zur Begründung seiner Zurückweisung von bestimmten Forderungen des S.A.I. mit ganz anderer Absicht gleichfalls betonte — die Genfer Konvention nicht angewendet werde. Der Leiter der Betreuungsdienststelle sagte hierbei ganz klar, daß sich die Behauptung, die Militärinternierten erführen — unbeschadet der Nichtanwendung des Abkommens von Genf — eine bessere Behandlung als kriegsgefangene Soldaten anderer Nationalität, als unhaltbar herausgestellt habe. Die Wirklichkeit beweise genau das Gegenteil. Es half gar nichts, daß die Rechtsabteilung erwiderte, es müsse grundsätzlich umgekehrt sein. Und Vaccari schloß nicht aus, daß er seiner Regierung empfehlen werde, nicht länger als »Schutzmacht« zu agieren[224]. Damit brachte er einen — wohl als letzte verzweifelte Aktion zu verstehenden — Protestschritt ins Gespräch.

Bei einer weiteren Unterredung Mitte des Monats signalisierte die deutsche Seite gewisse Zugeständnisse. Das Reichsaußenministerium versprach sogar, auf das Oberkommando der Wehrmacht — gezielt und mit Nachdruck — einwirken zu wollen[225]. Aber bei derartigen — effektiv leeren — Worten blieb es bis zur Ablösung des Gesandten[226].

Ehe anschließend auf die materiellen Leistungen eingegangen wird, welche die Republik von Salò für die Militärinternierten erbrachte, ist — um Anspruch und Realität vergleichen zu können — die Zielsetzung aufzuzeigen, mit der sich die faschistische Regierung an die Betreuungsaufgabe machte[227]. Begleitend sind verschiedene organisatorische Fragen sowie die Rolle des Italienischen und des Internationalen Roten Kreuzes zu behandeln.

Das Italienische Rote Kreuz sagte Ende Mai 1944 zu, daß es monatlich 250 Eisenbahnwaggons mit Lebensmitteln nach Deutschland schicken könnte. Mit ihnen wollte es zwei Millionen Kilogramm Nahrung befördern. Bei der Annahme von 400 000 Militärinternierten

---

erfuhr Spaniol, daß aus Polen ins Reichsgebiet überstellte Offiziere in Gruppen von 50 bis 100 Mann auf zahlreiche — im einzelnen nicht bekannte — kleine Lager verteilt worden seien, was die Betreuung schwierig machte); Disziplinarstrafen, die Nahrungsentzug vorsahen; Mißhandlungen. Insgesamt mußten rund 60 Problempunkte diskutiert werden.

[224] Diario S.A.I., S. 98 f., 8.7.1944, PADF: Appunto sul colloquio che ha avuto luogo presso la sede del S.A.I. tra il Ministro Vaccari, l'ing. Spaniol ed il dott. Hendler dell'A.A.

[225] Ebd., S. 107–111, 16.7.1944: Appunto sul colloquio che ha avuto luogo tra l'ing. Spaniol e il dott. Hendler nell'abitazione di quest'ultimo. Disziplinarstrafen, die den Entzug von Nahrung vorsahen, wurden von Hitler angeblich untersagt.

[226] Vgl. zu diesem Befund ebd., S. 112 f., 16.7.1944: Appunto sul colloquio che ha avuto luogo tra il Ministro Vaccari e il Console Generale von Druffel nell'abitazione di quest'ultimo; ebd., S. 115, 20.7.1944 (eine Vorbesprechung zwischen Vertretern des S.A.I., des A.A. und des OKW betreffend); und ebd., S. 124, 27.7.1944 (Bemerkungen Vaccaris zur Beendigung seiner Tätigkeit als Leiter des S.A.I.).

[227] Ebd., S. 36–39, 26.5.1944: Protokoll der Besprechung Mazzolinis mit den Repräsentanten verschiedener Dienststellen und Behörden, die für die Betreuung zuständig waren, darunter Vaccari.

standen somit für jeden von ihnen rund fünf Kilogramm zusätzlicher Verpflegung zur Verfügung. Theoretisch hätte der einzelne Internierte pro Monat erhalten: ein Kilo Feldzwieback, ein Kilo Teigwaren, ein Kilo Reis, 500 Gramm Zucker, 500 Gramm Marmelade, 450 Gramm Kondensmilch, 350 Gramm Schmelzkäse und 200 Gramm Trockengemüse[228]. Darüber hinaus faßte Mussolinis Regime die Lieferung von Wäsche, Schuhen und Medikamenten ins Auge, wobei es die Planenden allerdings von Anfang an für ausgeschlossen hielten, die benötigten 400 000 Paar Schuhe ins Reich zu senden. Zum Programm gehörte auch die Verschickung von Büchern und Zeitschriften. Ende Mai schien selbst das schwierige Finanzierungsproblem gelöst zu sein, da der Finanzminister dem *Servizio Assistenza Internati* einen angeblich unbeschränkten Kredit einräumte[229].

Noch dringlicher als die Versorgung der Gefangenen im Reichsgebiet stellte sich nach allgemeiner Auffassung diejenige der rund 100 000 Mann auf dem Balkan dar. Dabei handelte es sich um eine reine Schätzung, denn über offizielle Daten verfügte Salò nicht. Die Unterstützung der Internierten in Griechenland und Jugoslawien sollte zunächst über die Betreuungsdienststelle und das Italienische Rote Kreuz in Wien erfolgen. Um Unzufriedenheit bei den »Bündnistreuen« zu vermeiden, entschloß sich die Führung der *Republica Sociale Italiana*, ihnen Geschenkpakete — mit der Aufschrift »pacco Mussolini« — zukommen zu lassen[230].

Es lag gewissermaßen in der Logik einer derartigen Entwicklung, daß Vaccari schließlich in Personalunion die Leitung des Italienischen Roten Kreuzes in Deutschland übernahm[231]. Letzteres besaß dort vor dem Kriegsaustritt 1943 ohnehin keine Arbeitsstruk-

---

[228] Diario S.A.I. (siehe oben, Anm. 227), S. 37: Jeder Lebensmittelwaggon sollte Flugblätter enthalten, auf denen den Internierten das Opfer ins Gedächtnis gerufen wurde, das das italienische Volk für sie erbrachte. Eine detaillierte Zusammenstellung dessen, was man zu tun beabsichtigte, enthält: Ministero degli Affari Esteri — Servizio Assistenza Internati — 27 maggio 1944-XXII, ACS, S.P.d.D., Busta 2, F 25; und ebd., Croce Rossa Italiana Comitato Centrale, 27 maggio 1944, Organizzazione del Servizio Assistenza Internati e previsione di massima della spesa, f.to Il Commissario Prefetto Alberto Varano. Bei 400 000 Paketen pro Monat mußten allein für Lebensmittel 20 000 000 Lire veranschlagt werden, zu denen hinzugekommen wären: 1 500 000 Lire für Monopolwaren; 12 000 000 Lire für Kleidung; 12 000 000 Lire für Medikamente; 4 000 000 Lire für Bücher und Spiele; sowie 6 500 00 Lire für Unkosten inner- und außerhalb Italiens. Alles in allem ergab dies 56 000 000 Lire.

[229] Das war reine Augenwischerei. In Wirklichkeit fehlte es stets an Geld. Im Frühjahr 1944 hatte Mussolini dem S.A.I. und dem C.R.I. zwar 700 Millionen Lire zur Verfügung stellen lassen (Diario S.A.I., Proemio, S. 13, PADF), aber offensichtlich kam davon bei Vaccari kaum etwas an. Direkt dazu auch sein Brief an Mazzolini, Berlino 27/4/44 XXII, I/SRP/17, PADF, hier S. 4; und zum selben Thema, d.h. dem Geldmangel: Diario S.A.I., S. 100, 8.7.1944, PADF.

[230] Siehe oben, Anm. 227.

[231] Diario S.A.I., S. 90, 3.7.1944, PADF: Colloquio privato tra il Ministro Vaccari ed il Console Generale von Druffel avvenuto nell'abitazione del Ministro. Bereits am 23. Mai stand zwischen dem Auswärtigen Amt in Berlin und Vaccari fest, daß das C.R.I. in Deutschland keine autonomen Aktionen durchführen dürfe, sondern seine Tätigkeit in Abhängigkeit vom S.A.I. ausüben müsse, ebd., S. 30, 23.5.1944: Appunto sul colloquio avuto dall'ing. Spaniol con il Dr. Hendler. Direkt dazu auch ebd., S. 44, 30.5.1944: Aufzeichnung über eine weitere Unterredung zwischen Spaniol und Hendler, die den Hinweis enthielt, daß das OKW eine größere Selbständigkeit des C.R.I. befürworte. Der Gedanke wurde — auch im Hinblick auf die Vereinbarungen über die Kompetenzen des S.A.I. (siehe oben, S. 514 f., Anm. 205: BA-MA, RH 49/35) — zurückgewiesen. Die alleinige Zustän-

tur, die einer Betreuungsorganisation genügt hätte. Trotz der zahlreichen Italiener im Reich scheint die Anwesenheit seiner Vertreter also eher repräsentativer Natur gewesen zu sein. Eine Ausnahme bildete Wien, wo es eine gewisse Aktivität entfaltete.

Solche Gegebenheiten und noch mehr die Natur der politischen Beziehungen zwischen nationalsozialistischem und faschistischem Staat führten jedenfalls zunächst einmal dazu, daß offiziell nicht das Rote Kreuz, dem die Unterstützung der im Ausland befindlichen Italiener an sich zugekommen wäre, sondern der *Servizio Assistenza Internati* die Militärinternierten betreute.

Um jeden Dualismus der auf Zusammenarbeit angewiesenen Einrichtungen schon im Ansatz zu vermeiden, empfahl es sich, die Leitung beider Institutionen in eine Hand zu legen. Der Schritt mutet konsequent an. Es kam noch ein anderer Gesichtspunkt hinzu. Die Deutsche Arbeitsfront hatte das Italienische Rote Kreuz von der Fürsorge für die bereits im Reich lebenden Zivilarbeiter — nach dem Waffenstillstand — so gut wie ausgeschlossen. Seine Position gegenüber den Reichsbehörden war somit geschwächt. Dadurch, daß der »Duce« die Federführung — für die Betreuung der außerhalb Italiens befindlichen Internierten — einer Person übertrug, konnte die italienische Seite hoffen, mehr Einfluß zu gewinnen.

Rein theoretisch betrachtet hätte der Statuswechsel im Sommer 1944 das Gewicht des Roten Kreuzes wieder vermehren müssen, da der *Servizio Assistenza Internati* für die Exinternierten eigentlich nicht mehr zuständig sein sollte. Doch nicht zuletzt der Umstand, daß die Überführung in das zivile Arbeitsverhältnis keineswegs zum vorgesehenen Zeitpunkt abgeschlossen werden konnte, sich vielmehr bis Ende 1944 hinzog, führte in der Praxis offenbar dazu, daß nach wie vor die vom Auswärtigen Amt und der Wehrmacht autorisierten Angestellten der Betreuungsdienststelle — was für die »befreiten« Gefangenen mitunter ebenfalls galt — die tatsächliche Arbeit leisteten. Dem Italienischen Roten Kreuz kam bei alldem lediglich eine unterstützende Funktion zu[232].

Das Internationale Rote Kreuz befand sich nicht einmal in einer solchen Position, obwohl es stets diplomatische Verbindung mit den zuständigen Vertretern des »Dritten Reiches« und — später — der *Repubblica Sociale Italiana* hielt[233]. An sich wußten die italienische und die deutsche Seite gleichermaßen, daß ihnen die Unterstützung des Internationalen Roten Kreuzes manche Sorge bei der Versorgung der Militärinternierten zu nehmen vermochte. Beide wollten aber keine Pakete mit der Aufschrift »Amerikanisches Rotes Kreuz« akzeptieren. Sendungen der Genfer Behörde trugen diese jedoch[234]. Das Auswärtige Amt

---

digkeit der Dienststelle Vaccaris für die Betreuung in Deutschland kam bereits in einem frühen Dokument vom Februar 1944 klar zum Ausdruck: Croce Rossa Italiana Delegazione per la Balcania, Salò, 7 febbraio 1944 XXII, Sig. Dr. Ferruccio Pacher Vienna, F.to Fagiuoli, PADF.

[232] Croce Rossa Italiana Delegazione Generale per la Germania Nr. di protocollo 261, Berlin, 25 novembre 1944, Oggetto: Situazione passata e presente della C.R.I. — Programma di sviluppo. Al Consigliere di Stato dott. Coriolano Pagnozzi Commissario della C.R.I., Sede di Campagna. F.to Il Delegato Generale della C.R.I. dr. A. Foppiani, ASMAE, Busta 142, Posizione 1/3/7: Germania, hier S. 1—5.

[233] Dazu ausführlich Cajani, Appunti, S. 97—105.

[234] Diario S.A.I., S. 30, 23.5.1944, PADF: Appunto sul colloquio avuto dall'ing. Spaniol con il Dr. Hendler; und ebd., S. 52, 5.6.1944: Colloquio avvenuto presso l'A.A. tra il dott. Hendler e l'ing. Spaniol.

in Berlin zeigte sich dann Ende Juni 1944 in der Frage von Hilfssendungen insofern beweglich, als es Pakete vom Italienischen Roten Kreuz in Süditalien zu akzeptieren beabsichtigte. Mittlerweile schien es zu genügen, daß die Sendungen aus Italien stammten. Von welcher Regierung sie kämen, das interessierte allenfalls am Rande. Hinsichtlich der Pakete des Internationalen Roten Kreuzes wurde überlegt, ob es nicht genügte, den Hinweis auf Amerika einfach zu löschen. Eine Kennzeichnung der Waren als internationale Hilfeleistung wäre anscheinend hinnehmbar gewesen[235].

Im Zusammenhang mit derartigen Vorstellungen wandte sich Vaccari direkt an Anfuso. Er wies den Botschafter darauf hin, daß das Vorrücken der alliierten Truppen in Italien und die Bombenangriffe auf die Verkehrswege zwischen Deutschland und der Republik von Salò die materielle Unterstützung der gefangenen Landsleute zunehmend erschwerten. Zwar wisse er, daß Anfuso — wie er selbst — einer Intervention des Internationalen Roten Kreuzes aus politischen Gründen ablehnend gegenüberstehe, aber es sei zu erwägen, ob es sich nicht empfehle, nunmehr Kontakt aufzunehmen. Das könne im Rahmen der Zusendung von Einzelpaketen aus dem »vom Feind besetzten Gebiet« geschehen. Vaccari bezog sich hier direkt auf die besagten Überlegungen im Auswärtigen Amt. Da sich der Leiter der Rechtsabteilung, Erich Albrecht, demnächst zur Klärung des Verhältnisses zwischen dem »Dritten Reich« und dem Internationalen Komitee vom Roten Kreuz nach Genf begeben werde, solle die italienische Seite die Gelegenheit wahrnehmen und selbst Position beziehen[236].

Anfuso antwortete am 30. Juni. Er stimmte mit Vaccari im Hinblick auf die Einbeziehung des Internationalen Roten Kreuzes in die materielle Hilfeleistung für die Militärinternierten voll überein. Allerdings bestand er darauf, daß die aus der Schweiz kommenden Pakete der italienischen Betreuungsorganisation von deutschen Dienststellen übergeben würden. Die Sendungen dürften außerdem nur die Aufschrift des Roten Kreuzes als Hinweis auf ihre Herkunft tragen. Vor der Aushändigung an die Internierten sollte eine Angabe über die verteilende Stelle, also den *Servizio Assistenza Internati*, hinzugefügt werden. Damit wäre nach Anfuso eindeutig kenntlich gemacht worden, daß die Republik von Salò auf ihre Rolle als Schutzmacht nicht verzichtete. Keiner könne folglich den Verdacht hegen, daß Mussolini die Militärinternierten schutzlos im Stich zu lassen beabsichtige[237]. Aus solcher Perspektive sahen die beiden der Reise von Hendler — statt Albrecht — entgegen[238].

---

[235] Diario S.A.I., S. 84, 29.6.1944, PADF: Appunto in merito el colloquio privato avuto dal Ministro Vaccari e dall'ing. Spaniol con il dott. Hendler.

[236] R.P./66, 23/6/44 XXII, All'Ambasciatore d'Italia Filippo Anfuso, f.to Vaccari, PADF.

[237] Ambasciata d'Italia N. 88/R.P., Berlino, li 30 Giu. 1944, Ministro Marcello Vaccari Capo del S.A.I., F.to Anfuso, PADF. Zur Verfahrensregelung bemerkte Anfuso: »Rapporti del SAI con le autorità germaniche, rapporti di queste ultime con la Croce Rossa Internazionale. Ragione di tale specificazione: La Germania è rappresentata nella Croce Rossa Internazionale e in seno ad essa è in grado di intrattenere, per sua parte, in forma precisa e aperta, anche con le potenze nemiche egualmente rappresentate i rapporti di ogni genere che giuridicamente intercorrono tra nemici. L'Italia, sebbene rappresentata, non è nelle stesse condizioni.«

[238] Diario S.A.I., S. 93, 5.7.1944, PADF: Colloquio tra l'ing. Spaniol ed il Dott. Hendler. Letzterer sollte jetzt statt Albrecht reisen. Vgl. auch ebd., S. 101, 10.7.1944: weitere Unterredung Spaniol-Hendler.

Am 11. Juli 1944 kam es dann zu einer bemerkenswerten Unterredung zwischen Vaccari und zwei Delegierten des Internationalen Roten Kreuzes. Sie vereinbarten, daß Genf Medikamente im Gegenwert von 20 000 Schweizer Franken — mit der Aufschrift »Internationales Rotes Kreuz gemäß Vereinbarungen mit dem S.A.I.« — direkt in verschiedene, vom italienischen Gesandten ausgewählte Interniertenlager schicken werde. Vaccari bat außerdem, dreißig Pneumothorax-Apparate sowie Injektionsspritzen und Arzneimittel zur Bekämpfung von Tuberkulose und Malaria zu besorgen. Probleme dürfte das nicht bereitet haben, meinten seine Gesprächspartner doch, daß in der Schweiz große Mengen an Medikamenten zur Verfügung gestellt werden könnten, die aus den Vereinigten Staaten und Großbritannien stammten. Sie trügen einzig die Aufschrift »Internationales Rotes Kreuz«. Allerdings bestand Genf darauf, daß bei der Übergabe an den empfangenden Lagerarzt oder Vertrauensmann ein Vertreter des Internationalen Roten Kreuzes zugegen sei, denn nur so lasse sich seitens des Internationalen Komitees die Gesamtverteilung überwachen. In der Tat ließ sich angesichts der bis jetzt dargelegten Fakten nicht auszuschließen, daß die Medikamente deutscherseits zweckentfremdet, das heißt den Internierten vorenthalten würden. Andererseits war das auch nach dem Abzug der Beauftragten des Internationalen Roten Kreuzes möglich. Das Lagerpersonal vermochte die Arzneimittel jederzeit zu requirieren.

Im übrigen betonten die Delegierten, daß hinter ihrer Forderung auf keinen Fall die Absicht stehe, inoffizielle Lagerkontrollen durchzuführen. Die beiden wußten natürlich, daß in der gesamten Angelegenheit die Entscheidungsbefugnis beim Auswärtigen Amt in Berlin und beim Oberkommando der Wehrmacht, nicht aber bei Vaccari lag. Dennoch interessierte sie die Haltung des Leiters der Betreuungsdienststelle, und der bekannte mit entwaffnender Offenheit, daß er ihr Angebot dankbar annehme, ja akzeptieren müsse. Wegen der Unmöglichkeit, in Deutschland Medikamente zu besorgen, und eingedenk der Schwierigkeiten ihrer Beschaffung in Italien hatte er keine Wahl. Es kam hinzu, daß die Zahl der Kranken und der Todesfälle laufend stieg. Der Gesandte versicherte abschließend, daß er die erörterten Absichten gegenüber seinen deutschen Ansprechpartnern entschlossen vertreten wolle[239].

Die oben angesprochene Zustellung von Lebensmittelpaketen bereitete im Sommer 1944 nicht zuletzt deshalb anhaltende Probleme, weil außer der Verpackung der Inhalt ebenfalls Hinweise auf das Amerikanische Rote Kreuz lieferte. Ein Ausweg aus dem Dilemma bot sich eventuell dadurch an, daß die Lebensmittelsendungen ungeöffnet und direkt an die Lagerküchen gingen[240], was freilich ein Höchstmaß an Vertrauen in die deutschen

---

[239] Diario S.A.I., S. 102 f., 11.7.1944, PADF: Appunto sul colloquio che ha avuto luogo presso la sede del S.A.I. tra il Ministro Vaccari, l'ing. Spaniol ed i delegati della Croce Rossa Internazionale Dott. Marti e Dr. Schirmer. In Italienisch lautete die vereinbarte Aufschrift: »Croce Rossa Internazionale per accordi presi con il S.A.I.« Vaccari deutete gegenüber den Delegierten im übrigen an, daß er sich möglicherweise an das Internationale Rote Kreuz wegen der Einrichtung von Krankenhäusern in Deutschland wenden müßte, da die deutschen Behörden die Repatriierung der kranken Internierten nicht beschleunigten.

[240] Ebd., S. 107, 16.7.1944: Appunto sul colloquio che ha avuto luogo tra l'ing. Spaniol e il Dott. Hendler nell'abitazione di quest'ultimo.

Lagerverwaltungen voraussetzte. Gerade dazu gab es keinen Grund. Andererseits ist nicht zu vergessen, daß Berlin den Hilfeleistungen letzten Endes stets skeptisch gegenüberstand. Sie dürften, so Generalkonsul v. Druffel zu Vaccari, auf keinen Fall zu einem politischen Instrument des Gegners werden[241]. Das klang halbherzig.

Nach den Vereinbarungen über die Überführung der Militärinternierten in das zivile Arbeitsverhältnis nahmen das Auswärtige Amt und die Betreuungsdienststelle ahnungsvoll an, daß es künftig schwerer sein werde, die Unterstützung des Internationalen Komitees vom Roten Kreuz zu erhalten. Für die Kranken erschien eine gewisse Hilfe nicht völlig ausgeschlossen. Aber es war bekannt, daß Genf streng darauf achtete, die alliierte Blockade von Deutschland und der *Repubblica Sociale Italiana* mit seinen Aktionen nicht zu unterlaufen. Pakete für die im Statuswechsel begriffenen Internierten durften schon deshalb nicht erwartet werden, weil sie einen Blockadebruch bedeutet hätten[242]. Immerhin traf gegen Ende Juli zumindest ein Teil jener Medikamente in den Lagern ein, deren Lieferung Vaccari aushandelte[243].

Bleibt anzufügen, daß das Internationale Rote Kreuz die Bemühungen um die Militärinternierten, von denen ja bis zum Zusammenbruch des »Dritten Reiches« mehrere tausend in den Lagern lebten, nicht aufgab. Anfang 1945 setzte es sich mit seinen Forderungen endgültig durch, das »Tausendjährige Reich« Hitlers lag ja in Agonie. Nur besaß der allzu späte Sieg über eine selbstherrliche Administration für die Opfer der letzten Stunde keine praktischen Auswirkungen. Das Internationale Rote Kreuz mußte nämlich nicht nur die deutschen und die faschistischen Barrieren überwinden, sondern ebenso diejenigen der Alliierten. Letztere sperrten sich aus den unterschiedlichsten Motiven. So bewerteten sie die Paketsendungen, weil damals die meisten Militärinternierten als zivile Arbeiter galten, unter dem Aspekt der materiellen Unterstützung des Kriegsgegners. Deshalb, aber nicht nur aus diesem Grunde, ließen sie die Hilfeleistung nicht zu[244].

Doch stellt sich ganz allgemein die Frage, ob Anfang 1945 überhaupt noch ein effizienter Beistand möglich gewesen wäre. Gemäß dem — im wesentlichen eine Verteidigungsschrift darstellenden — Bericht von Armando Foppiani, der Vaccari am 14. August 1944 als Leiter des *Servizio Assistenza Internati* nachfolgte, konnten im Februar nennenswerte Versorgungsmaßnahmen für die — nach seinen Informationen — circa 38 000 Militärinternierten bereits nicht mehr durchgeführt werden. Lebensmittel-, Kleider- und Postsendungen lagen blockiert an der Grenze. Der Besuch von Lagern erwies sich angeblich als unmöglich. Die Büros waren verwüstet. Er selbst und das Gros seiner Leute taten, was den Internierten verwehrt blieb: Sie begaben sich nach Italien[245].

---

[241] Diario S.A.I., S. 113, 16.7.1944, PADF: Appunto sul colloquio che ha avuto luogo tra il Ministro Vaccari e il Console Generale von Druffel nell'abitazione di quest'ultimo.

[242] Ebd., S. 122, 25.7.1944: Appunto su conversazioni avuto del Ministro Vaccari e dall'ing. Spaniol con l'Ambasciatore Albrecht e con il Dott. Hendler dell' A.A.

[243] Vgl. Cajani, Appunti, S. 103.

[244] Ebd., S. 105.

[245] Brief an Mussolini: Milano 25 marzo 1945 XXIII, f.to dr. Armando Foppiani, ASMAE, Busta 28, Posizione 62/2/4, hier S. 3.

Für die bis dahin von der Betreuungsdienststelle und anderen Ämtern erbrachten Leistungen existieren verschiedene Zahlenwerte, die allerdings nicht völlig übereinstimmen. Nach einer Statistik des italienischen faschistischen Außenministeriums wurden bis zum 23. Dezember 1944 nach Deutschland gesandt[246]:

291 Eisenbahnwaggons mit Lebensmitteln;

 57 Eisenbahnwaggons mit Bekleidung;

148 Eisenbahnwaggons mit Einzelpaketen für mehr als 500 000 Internierte[247].

Anfuso gab vor dem interministeriellen Komitee am 4. November folgende Zusammenstellung der aus Italien abgegangenen und in Deutschland eingetroffenen Waggons[248]:

Abgefahren 250 Eisenbahnwaggons mit Lebensmitteln, davon 172 angekommen;

abgefahren 4 Eisenbahnwaggons mit Zigaretten, davon 3 angekommen;

abgefahren 17 Eisenbahnwaggons mit Bekleidung, davon 2 angekommen.

Eine genaue Übersicht über die Paketsendungen besaß der Botschafter zwar nicht, aber er meinte, es sei von alles in allem 350 000 Paketen auszugehen, die von Italien nach Deutschland gelangten. Bei dieser Gelegenheit machte Ugo Busatti — beim Italienischen Roten Kreuz für die im Ausland lebenden Landsleute zuständig — darauf aufmerksam, daß es sich zunehmend problematisch darstelle, die weiterhin internierten Personen zu versorgen. Jene sähen sich nämlich in kleinen Gruppen von 200 oder 300 Mann auf eine Vielzahl von Orten verteilt. Bei der prekären Transportsituation in Deutschland mußte es fürwahr schwierig sein, zu den zahlreichen Arbeitslagern Hilfsgüter zu senden. Oftmals dürften gar keine Bahnanschlüsse vorhanden gewesen sein, und längst erwies es sich als unmöglich, die erforderlichen Straßentransportkapazitäten zu erhalten.

In seinem umfangreichen Tätigkeitsbericht über die Arbeit, die das Italienische Rote Kreuz im Jahr 1944 bei der Betreuung von Militärinternierten und Exinternierten leistete, unterschied dessen Kommissar, Coriolano Pagnozzi, in bezug auf die Versorgung der internierten Soldaten mit Lebensmitteln zwei Phasen[249]. Deren erste reichte demnach

---

[246] Ministero degli Affari Esteri, P.C. 305, il 23.12.44/ XXIII, Appunto per il Duce sull'assistenza agli internati, ACS, S.P.d.D., Busta 51, F 618.

[247] Aufgrund organisatorischer und technischer Probleme, zum Beispiel fehlender Transportmittel, kam es zu großen Verzögerungen bei der Zustellung der Pakete. So trafen am 20. Mai 1944 in Wien 15 Waggons mit Einzelpaketen, also persönlich adressierten Sendungen von Angehörigen und Freunden der Internierten, ein: Diario S.A.I., S. 25, 20.5.1944, PADF. Am 7.6.1944 (ebd., S. 55) waren ganze 60 000 Pakete an die Empfänger gesandt. 50 000 lagerten weiterhin in Wien. Es fehlte an Geld und Benzin. Erst am 10.7.1944 (ebd., S. 101) wurde gemeldet, daß die Verteilung der Pakete vor dem Abschluß stehe. In einem anderen Fall hatten sich auf dem Schlesischen Bahnhof in Berlin gut 20 000 Pakete angesammelt, zu denen täglich weitere hinzukamen. Die Ursache für den Stau bestand in der Weigerung des Kommandanten des Stalag III D, die Sendungen auf die Arbeitskommandos zu verteilen, obwohl er sich dazu verpflichtet sah: R.P. 12, 21 aprile 1944 XXII, Al Conte di San Marzano Ministero Affari Esteri S.A.I. Verona, f.to Vaccari, PADF. Im Stalag III C Alt Drewitz stieß die Umverteilung der zusätzlichen Lebensmittel aus Italien auf die 600 Arbeitskommandos, die zu dem Stammlager gehörten, auf Schwierigkeiten, weil kein Lastkraftwagen zur Verfügung stand: Diario S.A.I., S. 106, 15.7.1944, PADF: Colloquio con il Sonderführer Dr. Wien dello Stalag III C.

[248] Verbale della riunione del Comitato interministeriale, 4 nov 1944 (siehe oben, S. 511, Anm. 191), S. 2 f.

[249] Croce Rossa Italiana Il Commissario, Relazione sulla attività della C.R.I. — A.I.E. nell'anno 1944, f.to Consigliere di Stato Dott. Coriolano Pagnozzi, ACS, S.P.d.D., Busta 2, F 25. Die Ausarbeitung

vom 31. Mai bis zum 30. September. Im angegebenen Zeitraum sollen 270 Eisenbahn-waggons ins Reichsgebiet abgegangen sein, die folgende Ladung mit sich führten:

Feldzwieback	1 161 917 Kilogramm
Teigwaren	77 200 Kilogramm
Reis	441 760 Kilogramm
Zucker	591 400 Kilogramm
Marmelade	292 100 Kilogramm
Kondensmilch	111 252 Kilogramm
Schmelzkäse	217 811 Kilogramm
Trockengemüse	10 610 Kilogramm
Lebensmittel insgesamt	2 904 050 Kilogramm

Bei einem monatlichen Durchschnitt von rund 487 000 Militärinternierten in den Lagern im Reich und im »Generalgouvernement« ergab das rein theoretisch — pro Gefangenen — knapp sechs Kilogramm an Zusatznahrung. Jeder einzelne hätte also im Idealfall nicht wie geplant fünf, sondern nur eineinhalb Kilogramm im Monat erhalten. Angeblich gingen ferner 3 712 Frachtstücke mit verschiedenen — nicht näher spezifizierten — Waren und 19 807 Kilogramm Tabak aus Italien ab. Das entsprach statistisch einer monatlichen Tabak-menge von zehn Gramm pro Kopf, falls es möglich gewesen wäre, die Sendungen gleich-mäßig zu verteilen. Leider sind jedoch die Bestimmungslager der Transporte aus Italien nur für die Zeitspanne vom 23. Mai bis zum 10. Juli 1944 zu verifizieren.

Am 30. September ließ das interministerielle Komitee die Unterstützung mit Lebensmit-teln stoppen. Die Funktionäre wollten erst einmal abwarten, wieviele Militärinternierte überhaupt in den Lagern verblieben. Einen Monat später, am 1. November, befahlen die Verantwortlichen die Wiederaufnahme der Nahrungsmitteltransporte. Bis zum 31. Dezem-ber, dem Abschluß der zweiten Phase der Versorgungstätigkeit, bewegten sich nach Pag-nozzi insgesamt 15 Eisenbahnwaggons nach Deutschland. Im einzelnen beförderten sie:

Feldzwieback	48 051 Kilogramm
Teigwaren	300 Kilogramm
Reis	37 800 Kilogramm
Zucker	7 400 Kilogramm
Marmelade	800 Kilogramm
Kondensmilch	8 604 Kilogramm
Lebensmittel insgesamt	102 955 Kilogramm

Im Monatsmittel lebten vom 1. November bis zum 31. Dezember 1944 ungefähr 88 000 internierte Italiener in den Lagern im Reichsgebiet. Jeder einzelne italienische Gefange-ne hätte — bei gleichmäßiger Umverteilung — somit im günstigsten Fall 1,2 Kilogramm Zusatznahrung erhalten, das heißt pro Monat 600 Gramm oder pro Tag 20 Gramm. Außerdem behauptete der Kommissar des Roten Kreuzes, im gesamten Versorgungszeit-raum — vom 31. Mai bis zum 31. Dezember — seien zudem 415 Frachtstücke mit Medi-kamenten nach Norden abgegangen.

(19 S.) trägt kein Datum. Sie muß jedoch, da sie den Zeitraum bis zum 31.12.44 erfaßt (S. 6), 1945 erstellt worden sein. Die durchschnittlichen Interniertenzahlen sind nach den Statistiken dieser Unter-suchung ermittelt.

Da im Verlaufe der bisherigen Darstellung wiederholt der katastrophale Bekleidungszustand der Militärinternierten zutage trat, erhebt sich die Frage, was diesbezüglich getan werden konnte. Die Planung besagte, daß das Italienische Rote Kreuz an die Militär- und Zivilinternierten (letztere schätzte Anfuso im Mai 1944 auf circa 6 000 Mann[250]) 400 000 Kleiderpakete verschicken würde. Jedes Paket sollte ein Hemd, ein Paar Unterhosen, zwei Paar Socken und einen Arbeitsanzug enthalten[251]. Aus den eingesehenen Statistiken ist nicht ersichtlich, welche Militärinternierten de facto Kleidung erhielten. Pagnozzi nennt für die Periode vom 7. September bis zum 31. Dezember 1944 zwar verschiedene, aber allein für Exinternierte bestimmte Sendungen. Alles in allem rollten demnach 53 Waggons mit folgender Ladung ins Reichsgebiet[252]: 101 591 Paar Schuhe, 121 024 Paar Socken, 30 204 Unterhosen, 87 797 Unterhemden, 135 393 Hemden, 39 367 Hosen, 9 344 Jacken, 17 699 Pullover, 63 796 Handtücher, 51 000 Taschentücher, 935 Mützen und 30 200 kleine Rucksäcke.

Im Jahr 1945 geschah kaum noch etwas, um die Militärinternierten zu betreuen. Die meisten Angehörigen des *Servizio Assistenza Internati* kehrten — wie oben angedeutet — am 8. und 9. Februar nach Italien zurück. Das führte unter anderem dazu, daß sich das Italienische Rote Kreuz ganz auf die in zivilen oder militärischen Krankenhäusern stationär behandelten Landsleute konzentrierte. Die noch immer gefangenen Soldaten konnten davon eventuell ebenso profitieren wie die früheren Militärinternierten und die Arbeiter. Schon vorher, etwa seit Ende 1944, versuchte die Organisation, sich wieder stärker ihren eigentlichen Aufgaben im sozialen und medizinischen Bereich zuzuwenden[253].

Was jedoch die materielle Hilfe im ersten Quartal 1945 anbelangte, so blieb wenig zu tun, da es längst an fast allem fehlte. Im Februar gab es allerdings zwei kleine Überraschungen. Denn zum einen wurde bekannt, daß sich in den Lagerhallen einer Berliner Firma rund 2 000 Pakete befanden, die dort wegen unvollständiger Adressenangaben seit Monaten unbearbeitet herumlagen, und zum anderen tauchten ungefähr weitere 9 000 Pakete im Bunker der faschistischen Botschaft auf. Die genau 11 891 Paketsendungen

[250] Ambasciata d'Italia Telespresso N. 03935 (siehe oben, S. 520, Anm. 219: ASMAE, Busta 65), hier S. 8. Von den Zivilinternierten befanden sich über 3 000 in Lagern in Sachsen, wo die Existenzbedingungen als besonders hart galten.

[251] Croce Rossa Italiana Comitato Centrale, 27 maggio 1944 (siehe oben, S. 522, Anm. 228: ACS, S.P.d.D., Busta 2), hier: Allegato N° 3.

[252] Siehe oben, Anm. 249: ACS, S.P.d.D., Busta 2, hier S. 14 f.; S. 17 der Hinweis, daß das C.R.I. außerdem für den Transport von 523 868 Paketen sorgte, die aus den verschiedenen Gegenden Italiens in den Sammelstellen in Mailand und Pontebba eingingen und angeblich auch Kleider enthielten. Ferner seien fünf Eisenbahnwaggons mit Bekleidung, die man im Rahmen einer Initiative des Erzbischofs von Mailand sammelte, abgefahren worden. Zur Tätigkeit von Kardinal Ildefonso Schuster, den der Papst beauftragte, sich um die in Deutschland internierten Italiener zu kümmern, vgl.: Verbale della riunione del Comitato Interministeriale, 4 novembre 1944 (siehe oben, S. 511, Anm. 191: ASMAE, Busta 201), hier S. 4. Mussolini soll die Kleideraktion für die »Exinternierten« begrüßt haben.

[253] Ambasciata d'Italia Berlino Ispettorato Sanitario per i Lavoratori ex Internati in Germania, 18 dic. 44 (siehe oben, S. 502, Anm. 160: ACS, S.P.d.D., Busta 2), hier S. 1 f. Am Rande sei angemerkt, daß die Vertreter des C.R.I. den von ihnen scharf kritisierten S.A.I. gerne als eine Teilorganisation des Italienischen Roten Kreuzes darstellten. Chiurco sprach in dem zitierten Bericht von einer »Tochtergesellschaft« (figliazione).

versuchten die noch in Berlin anwesenden Vertretungen der Republik von Salò so gut es ging zu verteilen[254].

Einen besonderen Problemkreis im Rahmen der Betreuungsaktionen bildete die schon wiederholt erwähnte Repatriierung kranker Militärinternierter. Ehe darauf abschließend eingegangen wird, ist noch einmal über die materielle Vesorgung der Internierten zu sprechen.

Es geht hierbei um die zahlreichen verstreuten Eintragungen im Diensttagebuch des *Servizio Assistenza Internati*, denn allein sie dokumentieren — wenn auch für eine verhältnismäßig kurze Zeitspanne — die Anzahl der abgefahrenen Waggons, den Tag der Abfertigung, den Zielort und die Ladung. Besonders interessant erscheint die Konfrontation der Angaben in den Unterlagen der Betreuungsdienststelle mit dem vorstehend referierten Befund. Ansonsten aber gilt es zu berücksichtigen, daß nicht alle Transporte unversehrt in den angegebenen Mannschaftsstammlagern — ausschließlich Stalag sahen sich im betrachteten Zeitraum bedient — ankamen. Das bedeutet notwendigerweise, daß die erarbeiteten Daten strenggenommen lediglich die Bemühungen nachweisen, die Mussolinis Regime zu einem bestimmten Zeitpunkt unternahm, um die Existenzbedingungen der Gefangenen zu verbessern. Verallgemeinernde Rückschlüsse auf die praktischen Auswirkungen, also auf den Einfluß, den die Maßnahmen hinsichtlich der Lebensumstände der Internierten nahmen, sind hingegen nicht möglich.

Seit dem 17. Mai wartete man beim *Servizio Assistenza Internati* darauf, daß die pro Tag in Aussicht gestellten 20 Eisenbahnwaggons mit Versorgungsgütern endlich nach Deutschland abgehen könnten[255]. Die Züge sollten zunächst die Ankunftsbahnhöfe Innsbruck, Singen und Villach anlaufen, um von dort zu der dem jeweiligen Lager am nächsten gelegenen Eisenbahnstation dirigiert zu werden. Da die italienische Betreuungsorganisation — im Unterschied zu derjenigen für die französischen Kriegsgefangenen — nicht über eigene Lastkraftwagen verfügte, oblag die Beförderung des Materials (nach dem Eintreffen im Zielbahnhof) dem Kommandanten des zuständigen Stammlagers[256].

Der erste Transportzug, der im Auftrag der faschistischen Regierung in die Internierungslager abging, rollte schließlich am 1. Juni aus dem Bahnhof von Mailand[257]. Bis zum 17. Juni folgte ihm ein einziger weiterer Zug. Außer einigen Medikamenten und Büchern

---

[254] Vgl. Relazione sull'attività assistenziale della C.R.I. (siehe oben, S. 507, Anm. 172, ACS, S.P.d.D., Busta 2), hier S. 7 f.

[255] Diario S.A.I., S. 22, 17.5.1944, PADF: Comunicazione telefonica del 17 maggio 1944 con il Conte di San Marzano. An dieser Stelle findet sich ferner der Hinweis, daß vom 1. bis zum 7.5. 34 Waggons mit Einzelpaketen abgingen. Davon wurde einer — mit 1 418 Paketen für das Stalag IX A Ziegenhain und das Stalag IX C Bad Sulza — durch einen Luftangriff vernichtet.

[256] Ebd., S. 26, 22.5.1944: Colloquio avvenuto presso l'Ambasciata d'Italia (S.A.I.) tra l'Ing. Spaniol ed il Dott. Hendler.

[257] Ebd., S. 47, 1.6.1944: Comunicazione telefonica dell'1 giugno col S.A.I. di Verona. Von den 20 Waggons dieses Zuges, die auf der Reise durch die Schweiz voneinander abgekoppelt worden zu sein scheinen, passierten zwar alle Basel, aber lediglich 11 erreichten Singen. Nach den restlichen 9 hat man noch Ende Juni — mit unbekanntem Ergebnis — gesucht. Sie wurden offensichtlich fehlgeleitet. Vgl. ebd., S. 57, 9.6.; S. 59, 12.6.; S. 62, 12.6.; S. 64, 15.6.; und S. 76, 22.6.1944.

befand sich in den insgesamt 28 Waggons hauptsächlich Feldzwieback[258]. Wie die nachfolgende Statistik ausweist, kam es nur zwischen dem 24. und dem 29. Juni zu einem regelmäßigen Zugverkehr[259]. Jedoch fuhren selbst damals statt der vorgesehenen 120 lediglich 45 Waggons ab. Der eigentliche Einbruch im Transportprogramm erfolgte bereits Ende Juni. Die Gründe dafür waren zum Teil verkehrstechnischer Natur, zum Teil finanzieller Art[260]. Beim Conte di San Marzano, der die Abtransporte von Verona aus leitete, entstand nach etwa sechs Wochen das Gefühl, daß Desorganisation und Verfall laufend fortschritten[261]. In der Tat verließ vom 8. Juli bis zum 22. Juli nicht ein Lebensmittelwaggon des *Servizio Assistenza Internati* Italien. Abgesehen von technischen Problemen und dem gänzlich fehlenden Geld, sei der Stillstand in erster Linie durch die Untätigkeit des Italienischen Roten Kreuzes hervorgerufen worden. Vaccaris Betreuungsdienststelle protestierte beim Außenministerium gegen das Verhalten der beim Roten Kreuz verantwortlichen Personen, denn Material lagerte zum Beispiel in Verona in großer Zahl. Wenn trotzdem im gesamten Monat Juli nur zehn Waggons mit Feldzwieback nach Deutschland gingen, so stellte das wahrhaftig einen Skandal dar[262].

In der nachstehenden Tabelle fällt sofort die Einseitigkeit der gelieferten Lebensmittel auf. Von den insgesamt 94 Waggons beförderten 49 Feldzwieback, 23 Marmelade, 11 Marmelade und Zucker, vier Zucker, fünf Teigwaren und zwei Reis. Ihre Zielorte bildeten 35 Stalag unter den 69 Mannschaftsstammlagern und Offizierslagern mit italienischen Militärinternierten, die es im Frühsommer 1944 im Reichsgebiet und im »Generalgouvernement« gab. Feldzwieback erhielten — sofern die Sendungen angelangten — 34 der 35 Mannschaftsstammlager, sechs Lager bekamen zusätzlich Marmelade, dreizehn wur-

---

[258] Diario S.A.I., S. 69 PADF: Elenco dei vagoni galletta partiti dall'Italia fino al 17 giugno 1944; und ebd., S. 71, 19.7.1944: Danach meldete der S.A.I. in Verona, daß 45 Waggons mit Zucker, Reis und Marmelade in Padua bereitstünden, um über Tarvisio nach Deutschland zu gehen. Vgl. ferner ebd., S. 80, 24.6.1944: Dort heißt es, daß die Waggons noch beladen würden, aber am 24.6. abfahren sollten.

[259] Ebd. Für die in die Tabelle 23, S. 534, eingegangenen Daten wurden mehrere Eintragungen des Tagebuchs des S.A.I. berücksichtigt. Notwendige Korrekturen, die sich daraus ergaben, daß zunächst gemeldete Bewegungen, Ladezustände, Abgangsbahnhöfe, Abgangszeiten oder Bestimmungslager später berichtigt beziehungsweise geändert worden sind, wurden im Text zwar vorgenommen, aber nicht besonders hervorgehoben. Vgl. im einzelnen: S. 69, 17.6.; S. 80, 24.6.; S. 81, 26.6.; S. 83, 28.6.; S. 85, 30.6.; S. 89, 3.7.; S. 91, 4.7.; S. 92, 5.7.; S. 101, 10.7.; und S. 121, 24.7.1944. Hinweise auf Züge, deren Abfahrt nicht präzise datiert werden konnte, fanden keine Berücksichtigung, vgl. dazu ebd., S. 89, 3.4.1944, wo für den 23.6. die Abfahrt von 13 Waggons aus »Adria und Padua« durch Mazzolini angekündigt wurde. Noch vager ist die Anmerkung zu Sendungen nach Serbien und nach Tschenstochau, ebd., S. 97, 6.7.1944.

[260] Ebd., S. 100, 8.7.1944: Comunicazione telefonica del S.A.I. di Verona.

[261] Ebd., S. 101, 10.7.1944: Comunicazione telefonica del S.A.I. di Verona.

[262] Ebd., S. 118, 22.7.1944: Comunicazione telefonica col S.A.I. di Verona. Der S.A.I. beabsichtigte in dieser Lage, selbst einen Waggon mit gemischter Ladung direkt an die Betreuungsdienststelle in Berlin zu schicken. Der Wagen sollte Medikamente, Bücher, Zeitungen und ähnliches befördern. Im übrigen bedeutete die Stagnation bei den Lebensmittelzügen nicht ohne weiteres auch die Unterbrechung der Sendung von Einzelpaketen. So soll etwa um den 22.7. ein mit 2 000 privaten Paketen beladener Waggon, der für das Stalag 367 Tschenstochau bestimmt war, die Station von Singen passiert haben. In diesem Lager in Polen lebten bis zum 12.8. noch etwas mehr als 2 000 Militärinternierte.

den außer mit Zwieback auch mit Marmelade und Zucker versorgt, vier empfingen theoretisch zu den genannten Nahrungsmitteln noch Teigwaren, zweien teilte man Reis zu. Es handelte sich um die — relativ gesehen — gut bedienten Stalag III A und Stalag VI I. In einem Interniertenlager traf ausschließlich Marmelade ein, dafür gleich zwei Waggons. Festzuhalten ist, daß der Transportplan allein für das Stalag VI I Fichtenhain, zu dem am 1. Juli 1944 genau 28 616 Militärinternierte gehörten, vorsah, daß es mit allen abgefahrenen Nahrungsmitteln beliefert werden sollte. Im einzelnen bedeutete das: drei Waggons Feldzwieback, zwei Waggons Teigwaren, ein Waggon Reis, ein Waggon Marmelade sowie ein Waggon mit Zucker und Marmelade.

Angesichts der nicht zu übersehenden Unausgewogenheit der Lebensmittelverteilung einerseits und der großen zeitlichen Abstände bei der Abfertigung der Züge andererseits, erhebt sich die Frage, weshalb die italienische Seite nicht grundsätzlich Wagen mit gemischter Ladung nach Deutschland schickte.

Es ist ferner daran zu erinnern, daß sich im Juni und Juli 1944 in den in der Tabelle aufgeführten Stammlagern zwar die Masse der italienischen Gefangenen aufhielt, ungefähr 407 000 Mann, aber jene verstreuten sich wiederum auf ungezählte Arbeitskommandos. Das implizierte größte Schwierigkeiten in bezug auf eine einigermaßen gleichmäßige Versorgung. Bei derartigen Voraussetzungen erscheint es jedenfalls nicht verwunderlich, daß die Bemühungen der Regierung Mussolini, den Internierten etwas zusätzliche Nahrung zukommen zu lassen, Stückwerk blieben. Die Adressaten nahmen solche Versuche entweder gar nicht wahr, oder deren Resultate hinterließen bei ihnen keinen bleibenden Eindruck. Außerdem kam zu den Verlusten an Waggons und den Schwierigkeiten der Umverteilung des tatsächlich Angekommenen noch hinzu, daß die Menge der aus Italien abtransportierten Lebensmittel in keinem Verhältnis zum Bedarf der in den Lagern hungernden Menschen stand. Vaccaris bitteres Resümee vom Dezember 1944, wonach für die Militärinternierten »nichts getan« wurde, ist folglich — unter dem Aspekt des effektiv Erreichten — durchaus realistisch zu nennen[263].

Es ist müßig, erneut die Frage der Verantwortlichkeit für das Versagen zu erörtern. Die Repräsentanten des *Servizio Assistenza Internati* und des *Croce Rossa Italiana* haben die Schuld — noch vor der Befreiung Italiens von der Republik von Salò und von deutscher Besetzung — beim jeweils anderen gesucht und sich gegenseitig schwer belastet. Ein Blick auf die Ladung der Transportzüge macht freilich darüber hinaus klar, daß es sich vermutlich nicht bloß um organisatorische Unfähigkeit oder fehlendes Engagement handelte. Vielmehr zeigte sich der faschistische Marionettenstaat, der ja außer an die im Land stehenden Truppen der Wehrmacht auch an das Reich — das heißt die deutsche Bevölkerung — einen gewaltigen Lebensmitteltribut entrichten mußte, offenbar prinzipiell außerstande, aus eigener Kraft eine echte Unterstützung für die gefangenen Soldaten zu leisten.

Werden nun, wie oben angekündigt, die Angaben im Tagebuch der Betreuungsdienststelle mit denjenigen konfrontiert, die sich im Bericht von Coriolano Pagnozzi und in

---

263 All'Ambasciatore Conte Serafino Mazzolini Sottosegretario agli Affari Esteri, Salò, 20 Dicembre 1944, f.to Vaccari, PADF, hier S. 20.

anderen Unterlagen finden, so fallen einige Ungereimtheiten auf[264]. Nach den Aufzeichnungen aus dem Außenministerium der *Repubblica Sociale Italiana* und der Statistik des
Italienischen Roten Kreuzes wurden vom 31. Mai 1944 bis zum Jahresende 285 oder 291
Waggons mit Nahrungsmitteln nach Deutschland abgefahren. Gemäß Pagnozzi rollten
bereits bis zum 30. September 270 Eisenbahnwagen mit Genußmitteln nach Norden.
Sie beförderten angeblich außer Feldzwieback, Zucker und Marmelade rund 111 Tonnen Kondensmilch, 217 Tonnen Schmelzkäse und 10 Tonnen Trockengemüse. Erstaunlich ist, daß die ersten 94 Waggons, die von Anfang Juni bis Ende Juli italienische Bahn-
höfe verließen und ein Drittel der insgesamt abgefahrenen Eisenbahnwagen ausmachten, gemäß *Servizio Assistenza Internati* weder Milch noch Käse oder Gemüse mitführten.
Sofern beide Aufzeichnungen korrekt wären, hätte man die Ware mit den 176 Waggons
transportieren müssen, die gemäß dem Bericht des Italienischen Roten Kreuzes vom
1. August bis zum 30. September nach Deutschland abfuhren.
Das ist nicht völlig auszuschließen, doch bleibt freilich rätselhaft, warum es gerade nach
den am 20. Juli getroffenen Vereinbarungen über den Statuswechsel der Militärinternierten
zu einer so auffallenden Intensivierung der Lebensmitteltransporte gekommen sein sollte. Nicht unerheblich ist bei derartigen Überlegungen die Terminfrage. Ursprünglich war
die Überführung in das zivile Arbeitsverhältnis ja bis zum 31. August abzuschließen.
Zu erinnern ist ferner an den beim Leiter des *Servizio Assistenza Internati* in Verona —
Mitte Juli 1944 — entstehenden Eindruck, daß die Versorgung der Internierten mit Nahrung zusammenzubrechen drohe[265].
Aus alldem resultieren gewisse Vorbehalte hinsichtlich der Glaubwürdigkeit der Statistiken aus dem Außenministerium Mussolinis und dem Bereich des Italienischen Roten
Kreuzes. Aber letztlich bleibt dahingestellt, ob die Daten aus der Umgebung von Vaccari oder diejenigen aus dem Umfeld von Pagnozzi, Anfuso und Mazzolini korrekt sind,
beziehungsweise wie sich die Angaben miteinander in Übereinstimmung bringen lassen. Für die Betroffenen, die Militärinternierten, interessierten ausschließlich die angekommenen Waggons. Nach Mussolinis Botschafter[266] belief sich ihre Zahl bis Ende
Oktober auf 172, was bedeuten würde, daß siebenunddreißig Prozent der Gesamtladung
an Lebensmitteln, die das Rote Kreuz als abtransportiert meldete, die Lager nie erreichen. Wenn das zutraf, reduziert sich die von der *Repubblica Sociale Italiana* geleistete
Hilfe definitiv zur Quantité négligeable.
Ein schwieriges Thema der deutsch-italienischen Verhandlungen bezüglich der Betreuung
der Militärinternierten bildete die Repatriierung bestimmter Gefangener. Sie betraf in
erster Linie erkrankte Personen[267]. Nach, wie Vaccari schrieb, entnervenden bürokrati-

---

[264] Siehe oben, S. 526—529.
[265] Siehe oben, S. 531. Zur Situation Ende Juli/Anfang August, als sich die Demontage des S.A.I. ab-
zeichnete, vgl. die folgenden, die oben angemeldeten Zweifel an einer Intensivierung der Betreuungsarbeit indirekt bestätigenden Dokumente: Ambasciata d'Italia, Al Capo del Servizio Assistenza Sede, Berlino 5 agosto 1944, F.to Anfuso, PADF; und ebd., Aufzeichnung Dr. Rubini, 8 agosto
1944 XXII°: Gespräch mit Anfuso über die Zukunft des S.A.I.
[266] Siehe oben, S. 527.
[267] Diario S.A.I., Proemio, S. 4, 3.12.1943, PADF.

Tabelle 23

Zusammenstellung der zur Versorgung der italienischen Militärinternierten von Italien nach Deutschland abgefahrenen Lebensmittelzüge — 1. Juni bis 7. Juli 1944

Abfahrt	Wagennummer	Bestimmungslager	Ladung	Abgangsort	Waggonzählung
1.6.44	1016813	Stalag III A Luckenwalde	Feldzwieback	Mailand	1
	192797	Stalag III B Fürstenberg			2
	306368	Stalag III C Alt-Drewitz			3
	28690	Stalag III C Alt-Drewitz			4
	100958	Stalag III D Berlin			5
	1005553	Stalag III D Berlin			6
	1003837	Stalag III D Berlin			7
	2845	Stalag IV D Torgau			8
	73118	Stalag VI D Dortmund			9
	80122	Stalag VI D Dortmund			10
	391557	Stalag VI D Dortmund			11
	307768	Stalag VI F Bocholt			12
	165420	Stalag VI A Hemer			13
	1016369	Stalag VI A Hemer			14
	7170240	Stalag XI A Altengrabow			15
	301254	Stalag XI A Altengrabow			16
	5408	Stalag XI B Fallingbostel			17
	32529	Stalag XI B Fallingbostel			18
	188974	Stalag XI B Fallingbostel			19
	301253	Stalag X B Sandbostel			20
vor dem 17.6.44	5170	Stalag V C Offenburg			21
	42615	Stalag VIII A Görlitz			22
	29398	Stalag VIII B Teschen			23
	24728	Stalag XII A Limburg			24
	12348	Stalag XVIII A Wolfsberg			25
	28994	Stalag VI I Fichtenhain			26
	48628	Stalag VI I Fichtenhain			27
	3879	Stalag VI I Fichtenhain			28
	72638	Stalag XVII A Kaiser-steinbruch			29
	19716	Stalag XVII A Kaiser-steinbruch			30
	74066	Stalag IX C Bad Sulza			31
	27355	Stalag IX C Bad Sulza			32
	278670	Stalag XII F Forbach			33
	264171	Stalag XII F Forbach			34
20.6.44	1002521	Stalag VII A Moosburg	Teigwaren	Imperia	35
	1121324	Stalag VIII A Görlitz			36
	1121354	Stalag VIII B Teschen			37
	80807	Stalag VI I Fichtenhain			38
	84220	Stalag VI I Fichtenhain			39
24.6.44	99748	Stalag 398 Pupping	Feldzwieback	Mailand	40
	10104	Stalag VII A Moosburg			41
	13688	Stalag IX A Ziegenhain			42
	14540	Stalag VI C Bathorn			43
	19438	Stalag VI C Bathorn			44
25.6.44	19134	Stalag VI I Fichtenhain	Marmelade	Padua	45
	70171	Stalag VII D Dortmund			46
	10971	Stalag III D Berlin			47
	35624	Stalag XI A Altengrabow			48
	94647	Stalag XI B Fallingbostel			49
	62563	Stalag IX C Bad Sulza			50
	49211	Stalag XII F Forbach			51
25.6.44	54251	Stalag VI A Hemer	Marmelade	Padua	52
	152070	Stalag III C Alt-Drewitz			53
26.6.44	33127	Stalag III A Luckenwalde	Marmelade		54
	97649	Stalag III B Fürstenberg			55
	261193	Stalag IV D Torgau			56
	25919	Stalag VII A Moosburg			57
	11292	Stalag IX A Ziegenhain			58
	169504	Stalag X A Schleswig			59
	28340	Stalag XVII A Kaiser-steinbruch			60
27.6.44	35425	Stalag VI I Fichtenhain	Reis	via Brenner (Herkunft unsicher)	61
	55004	Stalag III D Berlin			62
28.6.44	21613	Stalag XVIII A Wolfsberg	Zucker und Marmelade		63
	59940	Stalag 398 Pupping			64
	191048	Stalag VIII B Teschen			65
	177119	Stalag VIII A Görlitz			66
	176164	Stalag VI A Hemer	Zucker		67
	68996	Stalag XI B Fallingbostel			68
	214149	Stalag XII F Forbach			69
	67879	Stalag III C Alt-Drewitz			70
	263062	Stalag X A Schleswig	Marmelade	Padua	71
	202280	Stalag IX C Bad Sulza			72
	176671	Stalag VI D Dortmund			73
	233594	Stalag XI A Altengrabow			74
	16721	Stalag VII A Moosburg			75
	72373	Stalag IV D Torgau			76
	441136	Stalag III B Fürstenberg			77
29.6.44	95504	Stalag VI I Fichtenhain	Zucker und Marmelade		78
	104629	Stalag III D Berlin			79
	2137	Stalag III A Luckenwalde			80
	186138	Stalag XVII A Kaiser-steinbruch			81
	391472	Stalag XVII A Kaiser-steinbruch			82
	306776	Stalag IX A Ziegenhain			83
	308176	Stalag IX A Ziegenhain			84
7.7.44	29766	Stalag V B Villingen	Feldzwieback	Mailand	85
	1718789	Stalag VIII C Sagan			86
	13178	Stalag IX B Bad Orb			87
	55239	Stalag X C Nienburg			88
	8309	Stalag XII D Trier			89
	62651	Stalag XIII B Weiden			90
	19835	Stalag XIII C Hammelburg			91
	2122942	Stalag XIII D Nürnberg			92
	79206	Stalag XVII B Gneixendorf			93
	361109	Stalag XX B Marienburg			94

Quelle: Diario S.A.I., S. 47—101, 1.6.—10.7.1944, PADF.
Anm.: Das Tagebuch ist nicht paginiert, die Seitenzählung wurde vom Verfasser (G.Sch.) vorgenommen.

schen Prozeduren und endlosen Besprechungen durften wenigstens die Schwerkranken staffelweise heimkehren. Als Termin für das Eintreffen des ersten Zuges in Italien sah man ursprünglich den 31. März 1944 vor. Weitere Transporte mit bis zu 10 000 Kranken sollten im Abstand von je zehn Tagen folgen. Doch die deutsche Seite erklärte plötzlich, daß sie die benötigten Eisenbahntransportkapazitäten nicht zur Verfügung stellen könne. Für die Rückführung der Patienten seien italienische Lazarettzüge heranzuziehen. Davon standen im übrigen zwei — durch die Wehrmacht requirierte — ohnehin im Reich[268].

Die Heimkehr begann schließlich am 15. Mai[269] mit einem Transport nach Verona. Im Gegensatz zum eigentlich vereinbarten — sehr komplizierten — Auswahlverfahren hieß es zu jenem Zeitpunkt lapidar[270]: »In Zukunft sollen auch die schwerverwundeten und schwerkranken italienischen Kriegsgefangenen [sic] heimgesandt werden und zwar ohne eine vorherige Untersuchung durch eine gemischte Ärztekommission.« Das klang nicht nur vielversprechend, denn im Juni verhandelten beide Seiten sogar über eine Beschleunigung der Repatriierungen[271]. Dafür existierten allerdings gewichtige Gründe: Die Verfassung der Erkrankten stellte sich nämlich so schlimm dar, daß bei einer Verzögerung ihrer Überführung der Bau spezieller Krankenhäuser notwendig zu werden drohte[272].

Deshalb überrascht es, daß sich Oberstabsarzt Dr. Dibowski und Konsul Czibulinski im Juli gezwungen sahen, nach Italien zu reisen, um mit dem SS-Obergruppenführer Wolff über die Fortsetzung der Aktion zu sprechen. Aufgrund von Unterbringungsproblemen stockte sie bereits. Die im Auswärtigen Amt zuständige Abteilung, das ergab eine Besprechung mit der Sanitätsinspektion, trat für die Rücksendung ein. Den heimgekehrten Internierten sei in Bergamo ein Krankenhaus mit 5 000 Betten zur Verfügung zu stellen. Wolff blieb aber in den Unterredungen vom 27. bis zum 31. Juli hart und verbot aus »Unterbringungs- und propagandistischen Gründen«, daß weitere Züge mit arbeitsunfähigen und lazarettkranken Militärinternierten nach Italien gingen. Am Veto

---

[268] Ambasciata d'Italia — Serv. Assistenza n. 6213, 11.4.1944 (siehe oben, S. 519, Anm. 218: ASMAE, Busta 45), hier S. 3.

[269] Nota Verbale, P.Civ. 305, 21.9.1944-XXII, ASMAE, Busta 34, Posizione Germania 5/8; und Diario S.A.I., S. 36—39, 26.5.1944, PADF: Verbale di riunione, hier S. 39. Die deutsche Seite hatte demnach die Rücksendung von zwei Staffeln von jeweils 5 000 Kranken zugesagt. Unklar bleibt, wieviele tatsächlich abgefahren worden sind. Auch Anfuso gab nur »einige Teile der Schwerkranken« als repatriiert an: Verbale della riunione dei consoli italiani, 12./13.1.1945 (siehe oben, S. 497, Anm. 150: ASMAE, Busta 65), hier S. 25.

[270] Wi G IV, Berlin, den 15.6.1944, Tätigkeitsbericht für die Zeit vom 1.4.44—31.5.44, BA-MA, H 20/120. Verantwortlich für die Vorbereitung des Rücktransports war der Chef des Kriegsgefangenenwesens im OKW. Die Durchführung selbst lag in den Händen der Heeressanitätsinspektion. Auf der Repatriierung der Kriegsinvaliden insistierte vor allem auch Mussolini, wobei es für ihn — ebenso wie im Hinblick auf die Träger der »Goldmedaille« — keine Rolle spielte, ob diese die Seite gewechselt hatten oder nicht. Anfang Juni war von etwa 300 Invaliden die Rede, die heimkehren sollten (und drei Trägern der »Goldmedaille«): Diario S.A.I., S. 48 ff., 2.6.1944, PADF: Colloquio del Generale Toussaint col Ministro Vaccari a San Pietro in Cariano, hier S. 49.

[271] Diario S.A.I., S. 76, 22.6.1944, PADF: Appunto sul colloquio che ha avuto luogo all'A.A. tra l'Ing. Spaniol ed il Dott. Hendler.

[272] Ebd., S. 102, 11.7.1944 (siehe oben, S. 525, Anm. 239).

des SS-Obergruppenführers änderte die Tatsache nichts, daß Dibowski Generalfeldmarschall Keitel den Vorschlag unterbreiten ließ, die Transporte ohne Rücksicht auf die existenten Vorbehalte einfach zu befehlen[273].

Zu den »propagandistischen Gründen«, die Wolff anführte, ist anzumerken, daß er sich hier wohl auf das Erscheinungsbild der Rückkehrer bezog. Sie machten einen niederschmetternden Eindruck[274]. Der General der Waffen-SS sorgte sich — berechtigt — vor den Auswirkungen auf die Öffentlichkeit. Selbst Mussolini erwähnte bekanntermaßen am 20. Juli, als er sich mit Hitler traf, die negativen Reaktionen, die der Anblick von so beklagenswerten Kreaturen bei den Italienern hervorrief[275].

Jedenfalls ruhte — wegen des obigen Diktums von Wolff, der damals gerade das Amt des »Bevollmächtigten Generals der deutschen Wehrmacht in Italien« übernommen hatte — die Krankenrückführung ganze zwei Monate nach ihrem Beginn. Spätestens im September meldete sich das Außenministerium der Republik von Salò zu Wort, dem offenbar durch inoffizielle Mitteilungen die deutscherseits im Juli getroffene Entscheidung bekannt geworden war. Es wies Berlin auf den politischen Schaden hin, den die Maßnahme verursachen müsse. Bei den Familien der Internierten, die bereits vor Wochen über die grundsätzlich bewilligte Rückkehr unterrichtet worden seien, werde sich Enttäuschung und Unzufriedenheit ausbreiten[276].

Aber das Verbot betraf natürlich auch und vor allem die Internierten selbst. So lagen zum Beispiel im Stalag III B Fürstenberg rund 200 Schwerkranke, die überwiegend an Tuberkulose litten. Seit zwei Monaten hofften sie auf die versprochene Heimkehr. Die ständige Verschiebung ihrer Repatriierung bewirkte am Ende Resignation, die das Befinden noch verschlechterte. Angesichts der in jeder Hinsicht besorgniserregenden Situation, in der sich als Folge der sanitären Verhältnisse zahlreiche Todesfälle ereigneten, forderte die faschistische Seite erneut, und wiederum vergeblich, nach Fürstenberg einen Lazarettzug zu schicken[277]. Das Oberkommando der Wehrmacht lehnte ab. Zwar hatte es Anfusos Botschaft anläßlich des Statuswechsels zugesagt, die Rücktransporte von Kranken wiederaufzunehmen, dies aber erst, wenn die erforderlichen Einrichtungen für deren Aufnahme in Italien existierten[278].

---

[273] Wi G IV, Berlin, 7.9.1944, Tätigkeitsbericht für die Zeit vom 1.7.44—31.8.44 (Kriegsgefangenenwesen), BA-MA, H 20/120. Vgl. direkt dazu: Diario S.A.I., S. 107, 16.7.1944 (siehe oben, S. 521, Anm. 225); und ebd., S. 112, 16.7.1944 (siehe oben, S. 521, Anm. 226). Demnach hatte sich schon damals das Gerücht verbreitet, die Deutschen wollten die Repatriierungen aus politischen Gründen verhindern. Generalkonsul v. Druffel widersprach dem energisch. Der Diplomat behauptete, daß man zur Zeit nur die weniger schwer erkrankten und transportfähigen Internierten zurückschicke. Hierbei bat er Vaccari, das C.R.I. zu drängen, den deutschen Dienststellen bei der Einrichtung von zwei Behelfslazaretten und einem Krankenhaus in Bergamo behilflich zu sein.

[274] Per Esteri Posta Civile 305, Berlino, 4 agosto 1944 XXII, Riservato, f.to Anfuso, PADF.

[275] Deakin, Die brutale Freundschaft, S. 808 f.

[276] Siehe oben, Anm. 269: ASMAE, Busta 34.

[277] P.Civ. 305, 6 settembre 1944-XXII, Nota Verbale, All'Ambasciata di Germania Fasano, ASMAE, Busta 34, Posizione Germania 5/8.

[278] Verbale della riunione dei consoli italiani, 12./13.1.1945 (siehe oben, S. 497, Anm. 150: ASMAE, Busta 65), hier S. 25.

Dabei mutete die medizinische Lage im Reich längst dramatisch an. Der neue Leiter des *Servizio Assistenza Internati* informierte seine Regierung Ende August, daß eine »erhebliche Zahl« der erkrankten Militärinternierten unausweichlich sterben werde, falls es nicht gelinge, sie zu repatriieren. Als Folge des bevorstehenden Wechsels der Jahreszeiten würde ihre Sterblichkeitsziffer einen »enormen Sprung« machen. Die Vertreter des Reichs, so Foppiani, zeigten freilich mit dem »unproduktiven menschlichen Element« keine besondere Eile. Das heißt, ihnen schien es im Grunde gleichgültig zu sein, ob die Kranken starben oder nicht. Er forderte daher von Salò, daß die Regierung Hospitäler und ähnliches für die Aufnahme von Tuberkulosekranken vorbereite. Letztere stellten das Gros der schweren Fälle.

Die Zeit drängte zweifellos, denn die Deutschen übergaben der Botschaft Mussolinis ebenfalls eine Liste mit 1 727 TBC-Patienten, 2 435 sonstigen erkrankten Männern und 2 057 anderen arbeitsunfähigen Militärinternierten (also von insgesamt 6 219 Mann), die im Reichsgebiet nicht geheilt werden konnten[279]. Mazzolini versuchte nach dem Hilferuf von Foppiani, die Vorbereitungen in Italien zu beschleunigen[280]. Zunächst sah es so aus, als ob das Oberkommando der Wehrmacht willens wäre, wenigstens die Notfälle zurückkehren zu lassen. Aber vermutlich entstanden erneut Schwierigkeiten. Jedenfalls berichtete Anfuso am 4. November von circa 7 000 Schwerkranken, für die er die Erlaubnis zum Abtransport erst erhalten werde, wenn die Regierung Mussolini die entsprechenden Voraussetzungen für ihre Aufnahme geschaffen habe[281]. Und dazu brauchte jene viel Zeit. Ende Dezember hieß es jedoch, daß das Problem gelöst sei. Die Rückführung von rund 8 000 kranken »Exinternierten« befinde sich in der Vorbereitung[282].

Im Dezember handelten die betroffenen Ämter zudem die Details des über die Schweiz abzuwickelnden Krankentransports aus. Ferner gelang es, die Richtlinien für die Behandlung der nach Italien Heimgekehrten festzuschreiben[283]. Inzwischen war die Zahl derer, die unbedingt aus gesundheitlichen Gründen repatriiert werden mußten, auf 15 000 angewachsen[284], eine Summe, die sowohl noch immer internierte Soldaten als auch ehemalige

---

[279] Schreiben von Dr. Foppiani, ohne Datum, in der Anlage: Internati Militari Italiani in nota per il rimpatrio (Posizione al 20.8.44), ACS, Carte Barracu, Busta 3, F 155.

[280] Ebd., Ministero degli Affari Esteri Il Sottosegretario di Stato 1/5095, P.C. 305, il 10 Ottobre 1944-XXII, Med. d'Oro Francesco Maria Barracu Sottosegretario alla Presidenza P.d.C. 713, f.to Mazzolini; und ebd., Ministero degli Affari Esteri Il Sottosegretario di Stato, Urgente, P.C. 305, 12 ottobre 1944-XXII, Med. d'Oro Francesco Maria Barracu (siehe oben).

[281] Verbale della riunione del Comitato interministeriale per l'assistenza agli ex internati avvenuta il giorno 4 novembre 1944 presso il Ministero degli Affari Esteri, ASMAE, Busta 201, Posizione Germania 1/1-F-5, hier S. 4 f.

[282] Appunto per il Duce, 23.12.1944 (siehe oben, S. 527, Anm. 246: ACS, S.P.d.D., Busta 51), hier S. 2. In dem Schreiben war nur von der Repatriierung erkrankter Ex-Internierter die Rede.

[283] Ambasciata d'Italia Berlino Ispettorato Sanitario per i Lavoratori ex Internati in Germania, 23 Dicembre 1944-XXIII°, Piano tecnico per lo smistamento e la cura degli ex-internati malati — feriti concordato tra il consulente sanitario e Delegato Generale per la C.R.I. in Germania e la Direzione Generale di Sanità Militare e Pubblica del Ministero degli Interni, ACS, S.P.d.D., Busta 2, F 25.

[284] Croce Rossa Italiana Il Commissario, Relazione (siehe oben, S. 527, Anm. 249: ACS, S.P.d.D., Busta 2), hier S. 18.

Gefangene berücksichtigte[285]. Daß einige Büros des faschistischen Regimes lediglich von Exinternierten sprachen, dürfte wohl mit propagandistischen Absichten zu erklären sein. Als sodann — nach langem Zögern — der SS-Obergruppenführer Wolff der »Überführung schwerkranker italienischer Militärinternierter nach Oberitalien« zustimmte, fand am 10. Januar 1945 die grundlegende deutsch-italienische Besprechung über die technischen Fragen der zweiten Phase der Repatriierung statt[286].

Unter die Rückkehrer fielen: »Arbeitsunfähige, in erster Linie Kriegs- und Arbeitsinvaliden, Kriegsverletzte aus Rußland, Griechenland, aus dem Balkan, Kroatien« sowie diejenigen Patienten, die an unheilbaren Krankheiten litten oder binnen drei bis vier Monaten nicht zu genesen versprachen, so daß sie »von der deutschen Ärztekommission als dienstuntauglich erklärt wurden«. Nicht heimgeführt werden durften die »Nichtbeförderungsfähigen (Sterbenden)«. Bei ihnen handelte es sich um Menschen, bei denen davon auszugehen war, daß sie während der Fahrt oder nach ihrer Ankunft in Italien verschieden[287]. Das bedeutete, daß diejenigen der Internierten, die sich in der elendigsten Verfassung befanden, den Italienern in Mussolinis Staat gar nicht vor die Augen kamen.

Am 4. März 1945 wandte sich Chiurco an den Gesandten Hans Frölicher, um die Genehmigung für das Passieren der Lazarettzüge zu erhalten. Hierbei versicherte er der schweizerischen Gesandtschaft, daß die Rückführung auf freiwilliger Basis und nur für solche Militärinternierte und Exinternierte erfolge, deren Angehörige in Norditalien wohnten. Die erkrankten Süditaliener beabsichtige Salò zu einem späteren Zeitpunkt nach Hause zu holen. Außerdem erinnerte Chiurco daran, daß er schon seit den »ersten Januartagen 1945 schriftlich und mündlich bei dem Internationalen Komitee des Roten Kreuzes Berlin-Wannsee, Präsident Dr. Marti, darauf drängte, die Erlaubnis des Durchganges der Lazarettzüge durch die Schweiz zu erhalten«. Bis dahin augenscheinlich erfolglos, denn der Generaldelegierte beantragte an jenem 4. März erneut, daß Bern die Durchfahrt von vorerst »mindestens« sieben Lazarettzügen gestatten möge. Sie sollten jeweils 300 bis 400 Kranke transportieren und die Aufschrift »Rotes Kreuz« tragen. Hierin und in allen übrigen Belangen wolle das faschistische Italien den Bestimmungen der Genfer Konvention vom Juli 1929 voll und ganz entsprechen[288].

---

[285] Ministero degli Affari esteri, Relazione sull'attività svolta dalla Direzione Generale degli Affari Generali dal giorno del suo trasferimento nell'Italia settentrionale alla fine di gennaio 1945.XXIII, ACS, S.P.d.D., Busta 76, F 647, SF 3, hier S. 53 f. Auch hier wurde die Zahl von 15 000 genannt. Man hoffte, daß bis Ende Februar rund 2 000 Kranke repatriiert sein würden. Diese Erwartung erfüllte sich nicht. Auch gelangte der erste Transport nicht Anfang Februar nach Italien.

[286] Kgf., den 28.2.1945, Beitrag zum Kriegstagebuch für Monat Januar 1945, BA-MA, H 20/120, hier S. 2. Grundlage war der von Prof. Chiurco ausgearbeitete Plan, den die deutsche Seite akzeptierte (siehe oben, Anm. 283).

[287] Croce Rossa Italiana Delegazione Generale per la Germania Nr. di protocollo: 1191/4-B, Berlin 4.3.1945, An die Schweizerische Gesandtschaft in Berlin, Oggetto: Rückführung der kranken IMI und ex-IMI aus Deutschland nach Italien, durch die Schweiz, ACS, S.P.d.D., Busta 76, F 647, SF 6, hier S. 2 f. Die Lazarettzüge sollten die Strecke Lindau-Chiasso-Como nehmen und in folgender Dringlichkeitsfolge abfahren: 1. Görlitz, 2. Zeithain, 3. Wien (Kaisersteinbruch, Pupping, Gneixendorf), 4. Berlin (Magdeburg, Brandenburg), 5. Hamburg (Wietzendorf, Sandbostel, Fallingbostel) und 6. Nürnberg, ebd., S. 5.

[288] Ebd., Croce Rossa Italiana Delegazione Generale per la Germania Nr. 1191/4-B, Berlin 4.3.1945, Herrn Minister Fröhlicher (sic) Schweizerische Gesandtschaft Berlin, f.to Chiurco. Die zu repatri-

Folgt man dem Bericht von Chiurco über die Tätigkeit des Italienischen Roten Kreuzes, so läßt sich das Verhalten der Regierung in Bern nicht verstehen. Das Oberkommando der Wehrmacht, Auswärtiges Amt und *Croce Rossa Italiana* hatten nämlich die Abfahrt des ersten Zuges für den 25. Januar vereinbart, wozu der schweizerische Konsul in Mailand — im Namen seiner Regierung — alle benötigten Zusagen erteilte. Das Durchfahrtsrecht schien somit garantiert zu sein, und schließlich wußten die Beteiligten, daß extremer Zeitdruck herrschte. Deutschland evakuierte mittlerweile Ostpreußen, der größte Teil der Slowakei mußte gerade aufgegeben werden, die Russen stießen am 26. Januar zum Frischen Haff durch, womit sie Ostpreußen isolierten, und brachen in die deutsche Abwehrfront im Oberschlesischen Industriegebiet ein, während die mit großen Erwartungen begonnene Ardennenoffensive im Westen schon seit dem 23. Dezember 1944 in allen Abschnitten als gescheitert galt. Die skizzierte Entwicklung blieb weder in der Schweiz noch anderswo verborgen; dennoch verlegte sich die dortige Regierung völlig überraschend aufs Taktieren. Anfragen des Auswärtigen Amtes in Berlin beantwortete Bern ganz einfach nicht. Die Konsequenz? Erst am 27. März, also mit achtwöchiger Verspätung, rollte der für Ende Januar eingeplante Lazarettzug, von Görlitz kommend, im Bahnhof von Varese ein[289].

Allerdings kehrten schon vor den in ihm beförderten Kranken — ganz abgesehen von der Aktion im Mai und Juni 1944 — Internierte oder Exgefangene zurück. Zumindest letztere und andere Arbeiter wurden — aufgrund eines Übereinkommens zwischen dem Generalbevollmächtigten für den Arbeitseinsatz und dem *Commissariato Nazionale del Lavoro* — im Krankheitsfall mitunter bereits früher repatriiert. Im Zusammenhang damit hatte man in Verona eine »Sammelstelle für die aus Deutschland zurückgekehrten kranken Arbeiter errichtet«. Sie diente unter anderem der Regeneration der Patienten.

Wenn die heimkehrenden Männer und Frauen, die an der Grenze das gesamte deutsche Geld abgaben, mit nicht mehr als 300 Lire (was 30 Reichsmark entsprach) und nach einer Reise voller Hindernisse, die allein vom Brenner bis Verona vier bis fünf Tag beanspruchte, endlich in der Sammelstelle ankamen, stellten sie für Mussolinis Republik kein Aushängeschild dar[290]. Ihr Zustand ließ sich bestenfalls erbarmungswürdig nennen. Das

---

ierenden Militärinternierten unterschrieben folgende Erklärung (ebd., S. 4 f.): »Der Unterzeichnete, (Personalien, Dienstgrad), Soldat des Italienischen Heeres, interniert in Deutschland im Lager [...] seit dem 8. September 1943, erkrankt an [...] stellt den Antrag in einem der Krankenhäuser in Como, Varese, Mailand, Vialba, Busto Arsizio, Garbagnata, Brescia, Bergamo o.a. unter Fürsorge des Roten Kreuz-Komitees in Mailand, untergebracht zu werden.«

289 Relazione sull'attività assistenziale della C.R.I. (da gennaio al 31 marzo 1945), 6.4.1945 (siehe oben, S. 507, Anm. 172: ACS, S.P.d.D., Busta 2), hier S. 12 f. Vgl. direkt dazu auch: Sitzung beim Auswärtigen Amt Berlin — 28. März 1945: Wichtige Probleme betreffend internierte Italiener, ACS, S.P.d.D., Busta 76, F 647, SF 6, hier S. 1 f. In den Ausführungen von Chiurco finden sich einige ergänzende Angaben zur Passage von Lazarettzügen durch die Schweiz. Am 13.3.1945 wurde von Bern die Erlaubnis für die Durchfahrt erteilt. Die Wagen mußten plombiert sein. Waggonzahl und die Anzahl der Begleitpersonen waren umgehend mitzuteilen. Der erste Lazarettzug mit 360 dienstuntauglichen »Militärinternierten« traf am 26.3.1945 gegen 18.00 Uhr in St. Margrethen in der Schweiz ein.

290 Übersetzung, Verona, den 10.1.1945, Sammelstelle für kranke Arbeiter, die aus Deutschland zurückgekehrt sind, ACS, Uffici di Polizia, Busta 6, F 6, SF 45. Anzumerken ist, daß das den Italienern an der Grenzstation abgenommene Geld an die Reichsbank geschickt wurde, die es »nach einigen

Gros trug lediglich Lumpen auf dem Leib, sie verfügten selten über Schuhe und waren auf den ersten Blick als Kranke zu erkennen. Jene erschöpften Kreaturen hungerten, froren und besaßen kein Geld, um sich etwas zu kaufen. Da sie außerdem im Reichsgebiet nicht die benötigten Zuweisungen erhielten, konnten sie selbst dort, wo sie noch zu bezahlen vermochten, nichts erwerben.

Aus derartigen Berichten ergeben sich weitere aufschlußreiche Hinweise auf das schon thematisierte Leben der Militärinternierten nach dem Statuswechsel. Angesichts der Not, die italienische Menschen im Reich erlitten, erscheint erwähnenswert, daß im Januar 1945 mehr als 500 000 Pakete, in denen sich angeblich auch Kleidung für die in Deutschland arbeitenden Angehörigen befand, auf Postämtern der Republik von Salò lagerten. Es fehlten Transportmöglichkeiten, um sie über die Alpen zu befördern. Ebenfalls auf die »freien« italienischen Bürger und deren Erfahrungen im Norden bezogen sich Aufzeichnungen des deutschen Sicherheitsdienstes in Italien. Darin stand zum Beispiel: »Die Arbeiter und ehemaligen Militärinternierten machen aus ihrer Abneigung gegenüber Deutschland keinen Hehl, weil sie nach ihrer Aussage sehr schlecht behandelt wurden und teils ihren Gesundheitszustand der schlechten Pflege und ungenügenden Kost zuschreiben. Ein großer Teil der Heimkehrer haben [sic] Tb [Tuberkulose, d.Verf.] und zwar in einem Stadium in dem eine Heilung kaum noch möglich ist.« In Italien dürfte solchen Opfern der deutschen Kriegswirtschaft vermutlich ebenfalls nicht mehr zu helfen gewesen sein.

Für maximal zehn oder vierzehn Tage fanden die Rückkehrer Aufnahme in einem Krankenhaus oder Erholungsheim. Danach hat man sie mit 500 Lire in der Tasche, ausnahmsweise 800 bis 1 000 Lire, entlassen. Besser hieße es wohl: auf die Straße gesetzt. Der Betrag, den in jedem einzelnen Ausnahmefall der deutsche Generalbevollmächtigte in Lecco überprüfte, ist mit Recht als »lächerlich« bezeichnet worden. Damit ließ sich kranken Menschen nicht auf die Beine helfen. Niemand brauchte sich zu wundern, daß die kaputtgearbeiteten Männer und Frauen als »lebende Litfaßsäulen Gegenpropaganda gegen die sonst so verheißungsvollen Versprechen im Reich« machten.

Die Behandlung, die Italienern in Deutschland allzuoft widerfuhr, sprach sich allerdings schon lange vor der Ankunft der Heimkehrer im Jahre 1945 herum. Nur ein »Narr«, so meinten viele, glaube noch an gute Arbeitsbedingungen im Reich. Sie habe es vor dem Kriege durchaus gegeben, doch jetzt müsse einer »wahnsinnig oder ein Selbstmörder« sein, um in der deutschen Kriegswirtschaft zu arbeiten. Der physische und psychische Zustand derer, die nicht mehr aus den Krankenhäusern entlassen werden konnten, weil sie entweder zu schwer erkrankt waren oder »effektiv keine Kleider« mehr besaßen, so daß sie gar nicht auf die Straße zu gehen vermochten, bestätigte und bekräftigte eine solche Auffassung[291]. Aber die Einstellung gegenüber den Deutschen hing keinesfalls vom körperlichen Wohlbefinden ab, hielten doch selbst diejenigen der ehemaligen Militärinternierten, die im März

---

Überprüfungen« an die Banca Nazionale del Lavoro zu überweisen hatte. Diese mußte dann zunächst die Anschrift des jeweiligen Arbeiters ermitteln, um das Geld auszuzahlen. Das dauerte Monate, so es denn überhaupt zum Erfolg führte.

[291] Ebd., Der Befehlshaber der Sicherheitspolizei und des SD in Italien, Verona, den 15.1.1945, Sonderbericht, An die Ref. III D, III B, III C, Betreff: Stimmung der, wegen Krankheit oder Invalidität, aus Deutschland zurückkehrenden ital. Arbeiter und ehemaligen Militärinternierten.

und April 1945 bei angeblich guter Gesundheit und angemessen gekleidet zurückkehrten, mit harter — aus der Sicht der Repräsentanten des faschistischen Regimes defätistischer — Kritik nicht zurück[292].

Spätestens im März 1945 setzte — im großen Stil — der Exodus der italienischen Arbeitssklaven aus dem Staate Hitlers ein. 50 000 der ausgebeuteten Menschen — so die Schätzung des Chefs des Generalstabes des Oberbefehlshabers Südwest, die er den deutschen Obersten Kommissaren und verschiedenen Kommandobehörden in Norditalien übermittelte — näherten sich gegen Ende des Monats ihrer Heimat. Resignation machte den General der Panzertruppe Hans Röttiger augenscheinlich einsichtig. Er meinte[293]: »Angesichts der Lage und der Gründe für ihre Rückkehr kann dieser mit Aussicht auf Erfolg nicht entgegengetreten werden.« Es lasse sich allenfalls versuchen, den Heimkehrerstrom zu kanalisieren. Der General schloß nicht aus, daß die Menschenflut weiter anstiege. So geschah es auch. Mitte April bewegten sich 100 000 frühere Internierte, Arbeiter und Arbeiterinnen auf die italienische Grenze zu. Sie scheinen im wesentlichen aus dem Stuttgarter Raum gekommen zu sein. Die Behörden in Norditalien hatten sich inzwischen auf die Ankunft der Landsleute, die Unterstützung benötigten, eingestellt[294].

Somit begann die Heimkehr italienischer Fremd- und Zwangsarbeiter noch vor dem offiziellen Ende des nationalsozialistischen Deutschland. Die Rückwanderung entwickelte sich oftmals unter chaotisch zu nennenden Umständen und führte in ein Land, in dem bis zum 2. Mai deutsche Besatzungstruppen standen: Um 14.00 Uhr trat die — bereits am 29. April unterschriebene — Kapitulation der Heeresgruppe C unter Generaloberst Heinrich v. Vietinghoff-Scheel in Kraft.

Eine wahre Menschenwoge brandete vor und nach dem Untergang des »Dritten Reiches« an Italiens Grenze. Sie trug Militärinternierte, Exinternierte und Arbeiter, die als »Sklaven« oder als Opfer der berüchtigten »Menschenjagden« über die Alpen deportiert wurden, ebenso nach Hause zurück wie diejenigen, die anfangs als Freiwillige und später als von der Propaganda Betrogene in die Betriebe der nationalsozialistischen Kriegswirtschaft gelangten. Was da ankam, bildete sehr häufig buchstäblich Strandgut. Es handelte sich um zerbrochene, verschlissene, ausgelaugte und getriebene Existenzen.

Eine besondere Schwierigkeit stellte die zahlenmäßige Erfassung der Menschen dar. Vor allem scheint es nicht gelungen zu sein, die Rückkehrer präzise zu kategorisieren. Wie denn auch? Italien lebte unter Ausnahmeverhältnissen. Das Land erfuhr zum Teil einen Umbruch der Herrschaftsstrukturen. Hinzu kam, daß es vermutlich Probleme bei der Statusbestimmung gab. Wieviele Männer besaßen eindeutige oder vollständige Dokumente? Wie sollten etwa Personen, die sich in den Lagern freiwillig zum Arbeitseinsatz meldeten, von jenen zuverlässig unterschieden werden, die den Statuswechsel im Sommer 1944 gezwungenermaßen vollzogen? Das einzige, was wohl im allgemeinen einwandfrei

[292] Ministero delle Forze Armate Gabinetto Ufficio Generali Ispettori Prot.N. 1187/M. 12, P.d.C. 867, li 8 apr. 1945, Oggetto: Rientro internati. Al Ministero delle FF.AA. — Gabinetto, f.to Il Generale di Divisone Federico Magri, ACS, Ministero Forze Armate, Busta 7, F 12.

[293] OB. Südwest (Obkdo. H.Gr. C) Ia T Nr. 9035/45 geheim, 30.3.45, gez. Röttiger, BA-MA, RH 19 X/60.

[294] Ministero degli Affari Esteri, P.C. 305, li 16 aprile 1945-XXIII°, Appunto, F.to Rogeri, ACS, S.P.d.D., Busta 76, F 647, SF 7.

überprüft werden konnte, war die Zugehörigkeit zu den italienischen Streitkräften vor dem 8. September 1943. Bei derartigen Gegebenheiten überrascht es nicht, daß akzeptable Statistiken zur Repatriierung der Militärinternierten aus dem deutschen Machtbereich fehlen, obwohl sich eine spezielle Dienststelle mit dem Vorgang befaßte[295].

Im Hinblick auf die materielle Betreuung der Internierten läßt sich aus dem bis jetzt Gesagten der Schluß ziehen, daß sie höchsten ansatzweise oder sporadisch existierte. Daran ändert die Tatsache nichts, daß einigen Vertretern des *Servizio Assistenza Internati* aufrichtig daran gelegen zu haben scheint, den Gefangenen zu helfen. Mazzolini, der eigentliche Kopf im Außenministerium der *Repubblica Sociale Italiana*, verkörperte hierbei ebenfalls eine positiv zu bewertende Erscheinung, wobei die Motive nicht vertieft zu erörtern sind. Es versteht sich von selbst, daß Faschisten im faschistischen Interesse agierten. Anderes zu erwarten wäre unrealistisch, doch schloß die ideologische Gebundenheit bei dem einen oder anderen menschliche Beweggründe des Handelns nicht aus. Freilich genügten gute Absichten nicht, um wirklich etwas zu bewegen.

Nicht unbillig erscheint es festzuhalten, daß auf deutscher Seite nicht alle Obstruktion bei der Interniertenbetreuung praktizierten. Doch handelte es sich — auf offizieller Ebene — um Einzelfälle, sofern Menschlichkeit gefordert war. In der Regel beruhten Zugeständnisse an die gefangenen Exverbündeten auf dem jeweiligen Eigeninteresse der Wehrmacht und der Wirtschaft. So Mitte 1944, als sich unter dem Diktat von Sachzwängen bei einigen Dienststellen und Behörden eine pragmatische Einstellung entwickelte, die sich nicht mehr ausschließlich an rigoroser Ausbeutung, sondern ebenso an der Erhaltung der Arbeitskraft orientierte. Für eine angemessene Betreuung der Militärinternierten bekundete am ehesten noch das Auswärtige Amt Verständnis.

Ansonsten aber ist zu resümieren, daß es aufgrund organisatorischer Unzulänglichkeiten, wirtschaftlicher Mangelerscheinungen, gezielt eingesetzter Pressionsstrategien und ideologischer Ressentiments zu keiner nennenswerten materiellen Unterstützung der internierten Soldaten kam. Die in deutsche Kriegsgefangenenlager verschleppten italienischen Militärangehörigen, Opfer des 8. September 1943, spürten im besten Fall vereinzelt etwas von den angedeuteten positiven Bemühungen. Das Gros von ihnen vegetierte frierend und hungernd in den Stalag oder Oflag dahin. Und das private Engagement hilfsbereiter Landsleute scheiterte oftmals bereits an verkehrstechnischen Problemen. Dies dokumentierten nicht allein die oben erwähnten Pakete, die noch 1945 zu Hunderttausenden in den Postämtern Norditaliens auf ihre Weiterbeförderung in die Lager und Betriebe warteten.

---

[295] Gegenüber den Angaben des offiziellen italienischen Berichts über die Repatriierung müssen erhebliche Vorbehalte — im Hinblick auf die zutreffende Klassifizierung der Rückkehrer und die absoluten Zahlen — angemeldet werden. Jedenfalls lassen sich die dortigen Angaben nicht mit den Daten in Einklang bringen, die in deutschen und italienischen Quellen genannt wurden. Vgl. Ministero della Guerra, Ufficio Autonomo Reduci da prigionia di guerra e Rimpatriati, Relazione, Anhang 1. Zitiert u.a. bei Torsiello, Le operazioni delle unità italiane, S. 638; und Rochat, Memorialistica, S. 53 f., der ebenfalls sehr kritisch über die Zuverlässigkeit des Zahlenmaterials in dieser Ausarbeitung urteilt. Als repatriiert werden in dem zitierten Bericht angegeben: Aus Deutschland 14 033 Offiziere, 599 158 Unteroffiziere und Mannschaften; aus Frankreich 1 061 und 29 520; aus den Balkanstaaten, einschließlich der Inseln, 1 640 und 97 979. 1 979 Offiziere und 12 918 Unteroffiziere sowie Mannschaften

d) Unrecht und Unmenschlichkeit des Rechts — Zu den »Tötungsdelikten« am Vorabend der Befreiung

Aus Deutschland zurückkehrende Italiener berichteten, sie hätten die Wegstrecke von Orten in der Umgebung Hannovers bis zur Grenze zu Fuß bewältigen müssen, weil im zusammenbrechenden »Dritten Reich« die verschiedenen Verkehrsverbindungen nicht mehr funktionierten[296]. Das bedeutete zweifellos einen langen, beschwerlichen und entbehrungsreichen Marsch durch ein Land, in dem sie Unterstützung kaum erwarten durften. Trotzdem zählten jene Männer — ehemalige Militärinternierte, Exinternierte oder sogenannte freie Zivilarbeiter — zu den Glücklichen, da ihnen letzten Endes die Rückkehr gelang.

Für eine nicht mehr zu ermittelnde Anzahl von Schicksalsgefährten schloß der Zwangsaufenthalt im nationalsozialistischen Staat hingegen so ab, wie die Entwaffnungsaktion nach dem 8. September 1943 für Tausende italienischer Soldaten zu Ende gegangen war. Uniformierte Deutsche machten sie am Vorabend ihrer Befreiung zu Opfern von Mord oder Totschlag. Ein Unterschied, der lediglich bei der Strafzumessung durch Richter, welche über die Täter Recht sprachen, ins Gewicht fiel; denn das Los der unbarmherzig Erhängten und Erschossenen vermochten derartige juristische Differenzierungen nicht zu relativieren.

In der trockenen Rechtssprache handelte es sich ganz allgemein um Tötungsdelikte. Folgt man der Verteidigungslogik der Angeschuldigten, so provozierte ihr Tun offensichtlich keine Schuldgefühle. Sie brachten Menschen um, aber sie taten es ja auf Befehl, handelten, weil die staatliche Autorität es verlangte, verstanden sich nur als ausführendes Organ. Ein solches Verhaltensmuster ist im Rahmen der Verbrechen an italienischen Kriegsgefangenen nach dem Waffenstillstand 1943 ebenso zu verzeichnen wie bei den monströsen Bestialitäten, die im März und April 1945 geschahen. Um letztere soll es hier im wesentlichen gehen.

Wie aber, so ist zunächst zu fragen, rechtfertigten sich die Täter — rein formaljuristisch gesehen — nach 1945? In erster Linie mit dem — schriftlich nicht nachzuweisenden — »Katastrophenerlaß« des Reichsführers-SS und dem Paragraphen 47 des Militärstrafgesetzbuches.

Ersterer nahm seinen Ursprung im Sommer 1943. Unter dem Eindruck der schweren Bombenangriffe auf Hamburg hatte der dortige Höhere SS- und Polizeiführer selbständig befohlen, einige »plündernde Ausländer, die auf frischer Tat betroffen wurden, ohne Gerichtsurteil« zu erschießen. Himmler billigte das Verhalten nachträglich, was er allen Höheren SS- und Polizeiführern angeblich in einem Rundschreiben mitteilte. Um in bezug auf ähnliche Vorkommnisse in der Zukunft — in der Hansestadt war es als Folge der Luftangriffe zu Plünderungen und schwersten Verbrechen durch ausgebrochene Strafgefangene und Ausländer gekommen — eine »festere Rechtsgrundlage« zu schaffen, ersetz-

---

kehrten aus der Schweiz zurück. Ohne Berücksichtigung der Schweiz wären das 743 391 heimgekehrte italienische Militärinternierte gewesen.
[296] Siehe oben, Anm. 292: ACS, Ministero Forze Armate Busta 7.

te der Reichsführer-SS sein Rundschreiben im Herbst 1943 durch einen speziellen Erlaß. Als Geheime Reichssache sei dieser »sämtlichen in Betracht kommenden Vollzugsstellen bekanntgemacht« worden. Offiziell haben die Reichsbehörden den »Katastrophenerlaß« nie verkündet. Doch meinten Juristen, auch nach 1945, daß das die Rechtsverbindlichkeit der Weisung nicht berühre. Zum Inhalt des Erlasses hieß es in einem Gutachten: »Durch ihn wurden die Höheren SS.-Polizeiführer für Katastrophenfälle bei Fortfall der sonst örtlich zuständigen Behörden ermächtigt, selbständige Maßnahmen zu treffen, in besonders schwer liegenden Fällen sogar die Todesstrafe zu verhängen und zu vollstrecken, wenn zufolge Zerstörung der Nachrichtenstellen die Einholung von Weisungen höhrer [sic] Stellen nicht mehr möglich war[297].« Das eigentliche Problem, die rechtlich zu garantierende Möglichkeit, sich als Beschuldigter angemessen verteidigen zu können, spielte hierbei keine Rolle.

Ein nicht auffindbarer Erlaß, den man inhaltlich gemäß der Erinnerung seiner Vollstrecker, denen es verständlicherweise primär um ihre persönliche Entlastung ging, rekonstruierte, bot für letztere eo ipso die Chance einer — bei Bedarf — vorteilhaften Präzisierung oder Generalisierung. Es ließ sich etwas hinzufügen beziehungsweise weglassen, wie es eben gerade paßte. Und so hieß es zwei Jahre nach dem oben zitierten Gutachten, der Katastrophenerlaß habe bestimmt, daß die »Höheren SS- und Polizeiführer bzw. die Chefs der Polizeileitstellen berechtigt waren, Todesurteile gegen Plünderer, gleichgültig welcher Nationalität und ohne Beschränkung auf Angehörige der Ostvölker, in den sogenannten Katastrophengebieten zu verfügen«.

Darauf berief sich zum Beispiel ein Regierungsrat Dr. B. in Frankfurt am Main, der »ohne besonderes Verfahren und Urteil« acht Italiener hinzurichten befahl, denen er Plünderung anlastete[298]. Der Tatbestand mag sogar so gewesen sein, vielleicht hatten die Männer geplündert. Nur, ohne nachprüfbare ordentliche Untersuchung und eingedenk der Unmöglichkeit für die Betroffenen, einen Rechtsbeistand zu erhalten oder sich wenigstens nach fairen Spielregeln zu verteidigen — wobei in bezug auf Ausländer zusätzlich das Sprachproblem existierte —, beruhte eben jede Entscheidung nach dem Kriegsende in der Regel auf den Behauptungen einer Seite, nämlich der Repräsentanten des nationalsozialistischen Regimes. Die Opfer lebten ja nicht mehr, und schriftliche Dokumente fehlten.

Ohne die Frage der juristischen Begründung und der rechtlichen Verbindlichkeit erörtern zu wollen, ist rückblickend jedenfalls zu konstatieren, daß der »Katastrophenerlaß« im Rahmen der Rechtsfindung nach 1945 die Schergen einer kriminellen Organisation, denen er in der Vergangenheit — seine Existenz vorausgesetzt — manche Willkür gestattete, über den Untergang des »Dritten Reiches« hinaus schützte. So etwa den erwähnten Regierungsrat und SS-Sturmbannführer Dr. B., als er sich wegen Mordes angeklagt sah. Das verhandelnde Schwurgericht erkannte auf Freispruch[299]. Es besaß wohl gar keine andere Wahl.

---

[297] Direkt dazu: Begl. Abschrift! Der sog. Katastrophenerlass, Rechtsgültigkeit und Befolgungspflicht. Rechtsgutachten, Ffm. Falkenstein, den 30.XI.1951, NHAH, Nds. 721 Hildesheim Acc. 106/80, 158, Bl. 182a—c.

[298] Dr. jur. F. B., Hildesheim, den 12. Juni 1953, An den Herrn Vorsitzenden des Schwurgerichts bei dem Landgericht Hildesheim, NHAH, Nds. 721 Hildesheim Acc. 106/80, 159, Bl. 123.

[299] Ebd.

Einen nicht weniger bequemen und zuverlässigen Weg aus ihrer Schuldverstrickung eröffnete den Exekutanten verbrecherischer Befehle im Bereich der Wehrmacht — im Kontext ihrer jeweiligen Einzelverantwortlichkeit — der oben angesprochene Paragraph 47 des Militärstrafgesetzbuches, in dem es hieß: »Wird durch die Ausführung eines Befehls in Dienstsachen ein Strafgesetz verletzt, so ist dafür der befehlende Vorgesetzte allein verantwortlich.« In einem Ambiente, in dem das Prinzip von Befehl und Gehorsam galt, erleichterte eine solche Bestimmung vermutlich das Gewissen, falls sich Zweifel einstellten. Freilich konnte den gehorchenden Untergebenen durchaus die »Strafe des Teilnehmers« treffen, vorausgesetzt, er überschritt die ihm erteilte Weisung oder wußte, daß der »Befehl des Vorgesetzten eine Handlung betraf, welche ein bürgerliches oder militärisches Verbrechen bezweckte«[300].

Der Paragraph besagte also einerseits, daß Angehörige der deutschen Streitkräfte selbst nach 1933 *verbrecherische Befehle* nicht ausführen mußten, ja nicht einmal ausführen durften; aber andererseits entzog er zugleich alle diejenigen einer strafrechtlichen Verfolgung, die sich — berechtigt oder unberechtigt — mit Überzeugungskraft zu ihren Gunsten auf die Bewußtseinsklausel beriefen. Es liegt nahe anzunehmen, daß der Paragraph 47 Ignoranz verstärkte und moralische Hemmungen abschwächte, wenn es in Kriegszeiten um Menschenleben — das heißt um das höchste Gut des Rechtsstaats — ging.

Um zu erklären, was damit angedeutet werden sollte, sei eine Begebenheit referiert, die sich nach dem Kriegsaustritt Italiens zutrug. Überliefert ist die Geschichte von der Schriftstellerin Lydia Stephan. Sie unterhielt sich eines Tages mit einem zu hohem Ansehen gelangten amerikanischen Physiker deutscher Herkunft. Im September 1943 stand er mit seiner Einheit als einfacher Soldat und 19 Jahre jung im Süden Europas. Dabei bekam er den Befehl, einen italienischen Offizier — den Kameraden von gestern — zu töten oder auch zu ermorden. Er selbst nannte es, in der Befehlssprache, »erschießen«. So gingen sie also nebeneinander oder hintereinander zum Exekutionsort — der Henker und sein Opfer. Schließlich begann der Todeskandidat zu sprechen. Nicht italienisch redete er, was der andere eventuell nicht verstand, nein, er sprach fließendes Deutsch. Der Italiener zog Fotos aus der Tasche. Sie zeigten seine Frau, seine Kinder. Dem jugendlichen Bewacher deutete er an, daß dieser ihn ganz einfach laufen lassen könne. Das Terrain sei ihm vertraut, er werde sich verstecken, der Krieg dürfte ohnehin bald zu Ende sein. Es wäre so einfach gewesen, dem Appell an die Menschlichkeit zu folgen, einer Mutter den Sohn, einer Frau den Mann, Kindern den Vater zu erhalten. Ein Schuß in die Luft und eine Falschmeldung hätten ausgereicht, aber der deutsche Soldat ließ seinen früheren Kampfgefährten, der ihm nichts getan hatte und um sein Leben bat, nicht fliehen. Er verschonte ihn nicht, sondern tötete ohne Not, aber sehr wahrscheinlich ebenso ohne Unrechtbewußtsein. Aus persönlicher Sicht der Dinge tat er nicht mehr als seine militärische Pflicht. Er gehorchte einem Befehl, verantwortlich zeichnete ein anderer. An sich ist dem nichts hinzuzufügen, es sei denn eine Beobachtung. Als der angesehene Naturwissenschaftler seine bedrückende Geschichte erzählte, die leider der Wahrheit entsprach, genoß er gerade den zweiten Becher Erdbeeren mit Schlagsahne. Gewiß eine Nebensäch-

---

[300] Der Prozeß gegen die Hauptkriegsverbrecher, Bd 2, S. 178.

lichkeit, doch sie verdiente erwähnt zu werden, weil sich in ihr eine Grundhaltung ausdrückte, die offenbar symptomatisch für die als Gleichgültigkeit oder Unbefangenheit zu beschreibende — verbreitete — Einstellung zum Töten auf Befehl war. Wenn nicht alles trügt, belastete den ehemaligen Angehörigen der Wehrmacht sein Tun weder 1943 noch Jahrzehnte danach. Wie viele andere lebte jener Physiker vermutlich in dem angenehmen, weil exkulpierenden Gefühl oder Bewußtsein, daß er nach den Buchstaben des Militärstrafgesetzbuches kein Unrecht beging. Es gab allerdings auch Menschen, die vergleichbare Erlebnisse nie wieder zur Ruhe kommen ließen, obwohl sie weniger unmittelbar verstrickt waren als jener namentlich nicht genannte Physiker.

Einer von ihnen, Gustav Strübel, der als zwanzigjähriger Obergefreiter im November 1943 Zeuge eines Kriegsverbrechens wurde, schrieb sich die belastende Erinnerung an eine »entsetzliche Blutschuld« förmlich von der Seele. Er tat es mit dem analytischen Intellekt des Akademikers, aber nicht kalt oder distanziert, sondern mit Betroffenheit, nach Erklärung für das Unfaßbare suchend.

In jenem November gehörte der junge Mann zu einer Kompanie der Division »Brandenburg«, damals offiziell noch eine Verfügungstruppe der Abwehr, praktisch jedoch längst als eine Art Feuerwehr im Partisanenkrieg auf dem Balkan eingesetzt. Mitte des Monats eroberte die Kompanie eine kleine Stadt an der albanischen Nordgrenze, in der sich vor dem Kriegsaustritt malariakranke italienische Offiziere erholten. Als die Partisanen den Ort nach dem 8. September genommen hatten, sahen sich jene vertrieben und suchten bei den Bauern der Umgebung Unterschlupf. Sie lebten von deren Mitleid, leisteten auch Handlangerdienste. Davon erfuhren die deutschen Dienststellen in Belgrad. Es erging, wohl seitens der Heeresgruppe F, der Befehl, die Kranken aufzugreifen. Eine problemlose Aktion, denn es »fanden sich genügend Denunzianten, und die Aufgespürten waren von Hunger und Fieber zu geschwächt, um fliehen zu können«. Freilich scheinen die neunundfünfzig Gefangenen gar nicht begriffen zu haben, was ihnen bevorstand. In vollkommener »Ahnungslosigkeit« begrüßte mancher die Wehrmachtangehörigen bei der »Gefangennahme wie Freunde«.

Ursprünglich hatten die »Brandenburger« Weisung, die ehemaligen Verbündeten nach Ohrid zu bringen. Doch dann machten heftige Regenfälle den vorher ausgetrockneten Drin i Zi zum reißenden Strom. Die Fluten zerstörten die einzige Brücke über den Fluß, was bedeutete, daß die Kompanie vom rückwärtigen Gebiet abgeschnitten war. Zur »Entlastung« der eigenen Truppe befahl »Belgrad« nunmehr, die »Italiener zu liquidieren«. Der »Irrsinnseinfall« führte zu recht unterschiedliche Reaktionen: »Während sich die Mehrheit indifferent verhielt, schwelgten einige Südtiroler, die für Deutschland optiert hatten, in Revanchegedanken. Gleichzeitig plädierten andere dafür, die Offiziere vorerst wieder zu den Bauern zurückzuschicken.« Der Kompaniechef, ein dreiundzwanzigjähriger Oberleutnant, blieb unerbittlich. Sein Argument gegen die Humanität: »Das sind doch nur Italiener!« Da trat er in der Tat zutage, jener bereits verschiedentlich thematisierte »gewöhnliche Rassismus«, der sich eben mitnichten, wie Strübel mit Recht feststellt, »allein gegen Juden und Slawen« richtete und keineswegs »bloß das Erbübel fanatischer Nazis« genannt werden kann. Die italienischen Häftlinge hatten sich in einem leeren Schafstall zusammenzudrängen, der sich nahe ihrer — an der Uferböschung gelegenen — Richtstätte befand: »Von hier wurden die Opfer einzeln herausgeholt und zum Fluß geführt. Sie mußten sich am Böschungsrand niederknien, damit ihre Körper nach dem Genickschuß automatisch die Steilwand herabstürzten. Wo das nicht klappte, half ein Fußtritt; Tretwillige waren genügend vorhanden.« Der Oberleutnant exekutierte persönlich. Er handelte augenscheinlich emotionslos.

Und die Todeskandidaten? Ihnen konnte nicht verborgen bleiben, was außerhalb des Schafstalls geschah. Es soll zu erschütternden Szenen gekommen sein. Schließlich begann ein älterer Offizier laut zu beten. Das Weinen und hilflose Schreien verstummte allmählich. Ein »Chor von Betern« sah seiner Ermordung entgegen. In ihrer Mehrheit starben die Italiener mit bewundernswerter Fassung. Ein Offizier habe »verächtlich gelacht«, als er hinknien sollte. Mit einem »gewaltigen Satz« sprang er in den Hochwasser führenden Fluß. In diesem schwammen am 22. November insgesamt 41 tote italienische Männer, am 24. des Monats folgten ihnen weitere 18 Massakrierte. Sie waren krank, geschwächt, völlig unschuldig und ungefährlich. Man metzelte sie nieder, weil sie als lästig empfunden wurden. Niemand notierte ihre Namen, sie galten und gelten vermutlich als vermißt[301].

Ein weiteres Zeugnis solcher Art fand sich in den eingesehenen Büchern und Quellen nicht. Die Täter rekurrierten in der Regel auf die vorstehend erörterte subjektive Entlastung von objektiver Schuld durch den Rückgriff auf die Instrumentalisierung des Menschen im Krieg. Das dürfte auch denjenigen das Weiterleben erleichtert haben, die auf Kefallēnía, Corfu, Kôs und an anderen Orten Massaker unter italienischen Gefangenen veranstalteten. Zu den bereits genannten Stätten des Grausens — allein so sind sie angemessen bezeichnet — kamen, insbesondere 1945, weitere hinzu. Allerdings macht es die Quellenlage nicht leicht, sich hierbei der historischen Wahrheit anzunähern. Damit erklärt sich wohl unter anderem, warum an italienischen Staatsbürgern angeblich verübte Greueltaten immer wieder Spekulationen und sensationelle Meldungen auslösten, die sich nach einiger Zeit als unzutreffend herausstellten.

Zu erinnern ist hierbei an die, seit 1944 wiederholt ins Gespräch gebrachte, angebliche Ermordung von rund 2 000 in der Zitadelle von Lemberg gefangenen königlichen Offizieren[302]. Selbst noch 1988 tauchte das Gerücht auf, in Deblin seien circa 10 000

---

301 Vgl. dazu insgesamt: Stephan, Groschenromane, und Strübel, Italiener.

302 Nach der Veröffentlichung der Ergebnisse, die eine amtliche italienische Untersuchungskommission in monatelangen Recherchen erarbeitete, kann die zitierte Behauptung als widerlegt gelten: Ministero della Difesa, relazione conclusiva (1988), insgesamt; vgl. direkt dazu die kritischen Anmerkungen von Revelli, La Commissione, S. 451—455. Besagte Kommission hatte ausschließlich den »Fall Lemberg« zu untersuchen. Es ist eine ganz andere Frage, wenn man überlegt, ob möglicherweise an irgendwelchen Orten in der Umgebung der Stadt einzelne Erschießungen von Italienern vorgekommen sein könnten. Zwar gibt es dafür keine Beweise, aber niemand wird eine solche Eventualität völlig ausschließen wollen. Nur, ein Massaker an Hunderten oder Tausenden von Militärinternierten hätte sich nicht jahrzehntelang verbergen lassen. Dem stehen die Erfahrungen der internationalen Forschung eindeutig entgegen. Hinzuweisen ist hierbei auch auf die umfassenden — negativ verlaufenen — Untersuchungen der »Zentralen Stelle der Landesjustizverwaltungen zur Aufklärung von NS-Verbrechen« in Ludwigsburg. Von besonderem Interesse für das unterstellte Verbrechen an 2 000 internierten Offizieren sind: Vernehmungsprotokoll, Zeuge

Militärinternierte umgebracht worden[303]. Darüber hinaus war nach dem Ende des Zweiten Weltkrieges die Rede von 1 500 Italienern, die in den Kellern des Danziger Marktes umgekommen sein sollen[304], von 1 000 in Siedlce und von 2 000 in Chelm getöteten Exverbündeten. Entsprechende Nachforschungen bestätigten zwar den bekannten unmenschlichen Umgang mit den Internierten, der mitunter zum Tode führte, erbrachten aber keine Beweise für die unterstellten Massaker[305]. Andererseits ließen sich keineswegs alle Fragen beantworten[306], wobei grundsätzlich festzuhalten ist, daß es an dem hohen Blutzoll der italienischen Gefangenen, am vielfachen Mord, den Bewacher an ihnen verübten, keinen berechtigten Zweifel gibt.

So erschoß die SS am 15. Dezember 1943 in dem wenige Kilometer von Nordhausen in Thüringen entfernten Konzentrationslager Dora sieben zu unterirdischer Zwangsarbeit eingesetzte Alpini. Sie mochten nicht schlechter als ihre polnischen und russischen Mit-

Pawlik Augustin Klementjewitsch, Lwow, 13.9.1944; und Zeugenvernehmungsprotokoll, (desselben Zeugen), Lwow, 15.9.1944; außerdem: Protokoll der Kommission für die Feststellung und Untersuchung der von den deutsch-faschistischen Eindringlingen in der Stadt Lemberg begangenen Gewaltverbrechen. Lemberg, den 1.–6.11.1944, ZSLANS, II 302 AR 507/67; sowie 6.2.1987, Angebliche Erschießung von etwa 2 000 internierten italienischen Offizieren und Soldaten im Herbst und Winter 1943/44, ZSLANS, 302 AR-Z 242/76; ferner: Staatsanwaltschaft bei dem Landgericht Stuttgart, 12.5.1966, Anklageschrift Ks 5/65 Schwurgericht Stuttgart gegen R. und andere, ZSLANS, 12 Js 1464/61. Heranzuziehen wären zudem: Dok. Nr. USSR-6, Mitteilungen der Außerordentlichen Staatlichen Kommission zur Feststellung und Untersuchung der Schandtaten der faschistischen deutschen Eindringlinge, SANü, Bestand KV-Anklage; und ebd., Dok. Nr. USSR-6B, Protokolle der Zeugenvernehmungen vom 13. September 1944. Beide Dokumente wurden in den Bänden des Prozesses gegen die Hauptkriegsverbrecher nicht abgedruckt. Für die indirekte Beweisführung gegen das in Lemberg behauptete Kriegsverbrechen vgl. darüber hinaus: BA, R 52 III/2, R 52 III/3, R 52 III/3a und NS 19/2664. Hinweise auf die Reaktionen, zu denen es 1987 nach neuerlichen Meldungen über Lemberg kam, geben Klinkhammer/Woller, Verwirrende Berichte, S. 696 ff. Siehe ansonsten zu den in polnischen Lagern angenommenen Verbrechen an Italienern Datner, Crimes, S. 240 f.; die schweren Anschuldigungen werden nicht überzeugend belegt. Auf die wenig hilfreiche Arbeit von Wilczur, Le tombe, wurde schon hingewiesen; vgl. auch ders., Niewola. Bleibt anzumerken, daß dem italienischen Militärstaatsanwalt Anfang 1990 von sowjetischer Seite angeblich neue Dokumente zum Fall Lemberg übergeben wurden, die sich bei der Drucklegung des Buches noch in der Auswertung befanden. Da die sowjetische Regierung die in Lemberg unterstellten Tötungsverbrechen bereits beim Kriegsverbrecherprozeß in Nürnberg zur Sprache brachte und in der Zeit danach keine weiteren Beweise in die anhaltende Diskussion einzubringen hatte, ist nicht davon auszugehen, daß besagtes Material die Ermordung von 2 000 Offizieren nachzuweisen vermag.

[303] Die Haltlosigkeit der Meldung hat nicht verhindert, daß sie ein lebhaftes Echo in der Presse auslöste. Der Verfasser dankt Herrn Dr. Claudio Sommaruga, der ihm seinen an das italienische Verteidigungsministerium gerichteten Bericht über die am 13. und 14.6.1983 durchgeführte »Missione in Polonia a Deblin e Chelm« zur Verfügung stellte. Darin wird bestätigt, daß Hinweise auf das Massaker fehlen, ganz zu schweigen von Beweisen.

[304] Aussage von Andrea Magni, in: Ministero degli Affari Esteri D.G.A.P. — IX°, Roma 29 marzo 1946, Presunto eccidio di prigionieri di guerra italiani a Dancica, ASUSSME, Cartella 2256.

[305] Vgl. zu Danzig, Chelm und Siedlce insgesamt: Crimini nazisti, ASUSSME, Pacco 176.

[306] So deutet etwa Sommaruga in seinem Bericht an das italienische Verteidigungsministerium (siehe oben, Anm. 303) an, daß sich bei Chelm eventuell getötete Italiener finden ließen. Allerdings schließt er aus, daß es sich um Offiziere des Stalag 319 handeln könnte.

gefangenen behandelt werden. Deshalb erklärten die Männer ihrem Aufseher, nur dann weiterarbeiten zu wollen, wenn sie die jenen zugestandene zusätzliche Verpflegung ebenfalls erhielten. Bei 12 bis 18 Stunden schwerer Arbeit pro Tag bedeutete das keine unbillige Forderung. Doch in der entsprechenden Meldung hieß es lediglich, daß die Italiener die Arbeit verweigerten. Ihre Gründe blieben ungenannt. Die SS verhaftete sie und brachte die Alpini — ohne Verhör oder wenigstens eine Anhörung — am nächsten Tag um[307]. Ähnliche Vorfälle dürfte es in all den Monaten der Militärinternierung oder Gefangenschaft gegeben haben, aber gegen Ende des Krieges eskalierte die brutale Gewalt.

In Brenna in Oberschlesien, so berichtet ein ehemaliger Militärpfarrer, tötete die SS am 13. Februar 1945 fünfzehn ehemalige italienische Soldaten, die bei einem Luftangriff aus ihrem Lager zu fliehen vermochten und sich den Partisanen angeschlossen hatten. Im Verlaufe eines Gefechts gerieten sie erneut in Gefangenschaft. Zwei von ihnen exekutierten die Deutschen, was sie mit den überlebenden polnischen und russischen Partisanen ebenfalls taten, auf der Stelle. Dreizehn sperrte die SS jedoch in einer kleinen Baracke ein, die sie anschließend anzündete, so daß die Opfer bei lebendigem Leib verbrannten. Offenbar von der Gestapo wurden am 3. März 1945 in Teschen drei Internierte — aus unbekanntem Grund — »niedergemetzelt«[308]. Aufseher erschossen im Konzentrationslager Buchenwald im April 1945 mindestens 26 Italiener, die Opfer sind auf dem Friedhof in Bad Gandersheim begraben[309]. Im übrigen aber starben in Buchenwald nicht weniger als 416 Militärinternierte aufgrund von Erschießungen, Mißhandlungen, Erschöpfung oder Krankheit[310].

Fünf überlebende italienische Militärangehörige, die sich zusammen mit 137 anderen ins »Straflager AZ von Pothoff« verbracht sahen, weil sie jedwede Zusammenarbeit mit den Deutschen ablehnten, überlieferten ein Verbrechen, das sich in der letzten Kriegsphase ereignet haben soll. Beim Herannahen der Alliierten, deren Truppen wenige Kilometer vor Osnabrück standen, räumte man den Ort. Der Transportzug erfuhr einen Bombenangriff, wobei es bereits zahlreiche Verluste unter den Gefangenen gab. Diejenigen, die noch lebten, seien — so die Erzählung — von den bewaffneten Zugbegleitern niedergemacht worden. Abgesehen von den fünf vor der Evakuierung des Lagers geflohenen Italienern hätten nicht mehr als zwei oder drei das »Massaker« überlebt[311]. Was sich in jenen Wochen abspielte, stellte in der Tat eine zusätzliche »Tragödie in der Tragödie« dar.

Das dokumentieren auch die Vorgänge im Arbeitserziehungslager Unterlüß. In der Memoirenliteratur gehört es zu den am häufigsten erwähnten Orten und wird als wahre Hölle beschrieben. Neben Gefangenen anderer Nationalität vegetierten dort rund 70 Militärinternierte dahin, darunter 56 Offiziere. Allerdings hatte ihnen die deutsche Seite

---

[307] Lops, Caduti italiani nei principali Lager, S. 58.
[308] Ebd., S. 60 ff., mit Namensnennung.
[309] Ebd., S. 62 f., mit Namensnennung. Es ist nicht ersichtlich, ob sich darunter Soldaten befanden. Ein Toter gehörte zum Konzentrationslager Dachau.
[310] Ebd., S. 63—67; mit Namensnennung von 211 Toten. In der angegebenen Summe sind diejenigen Italiener ebenfalls enthalten, die in den Nebenlagern von Buchenwald ihr Leben verloren.
[311] Morandi, Straflager, S. 134 ff.

den Militärstatus aberkannt und sie gegen ihren Willen zu Zivilarbeitern — das heißt zu Zwangsarbeitern — gemacht. Der Widerstand, den sie dagegen leisteten, brachte die Männer in das Straflager. Als die SS Unterlüß am 9. April 1945 evakuieren ließ, ermordeten die Bewacher, außer verschiedenen weiteren Kranken, einen italienischen Oberleutnant durch Genickschuß[312].

Etwa 90 der Lagerinsassen begannen schließlich den Fußmarsch nach Osten — circa 110 Kilometer. Unter den Menschen, die sich da mehr oder weniger mühsam fortbewegten und bei Dömitz die Elbe überquerten, befanden sich fünf ehemalige Offiziere der königlichen Armee und sieben Soldaten. Die Gruppe der Gefangenen verkleinerte sich zusehends, denn wer nicht mehr gehen konnte oder bei einem der nicht seltenen Luftangriffe zu fliehen versuchte, was ein so gut wie hoffnungsloses Unterfangen bedeutete, den erschossen die SS-Leute kaltblütig. Beweisen läßt es sich nicht, aber es ist davon auszugehen, daß die sieben italienischen Mannschaftsdienstgrade zu den Umgebrachten gehörten. Dafür spricht, daß sie sich nach Kriegsende nie zu Wort meldeten, was aufgrund der intensiven Nachforschungen in bezug auf Unterlüß und der öffentlichen Diskussion über das dortige »Inferno im Inferno« ungewöhnlich anmutete, sofern sie den »Todesmarsch« überstanden[313].

Von schier unvorstellbarer Grausamkeit zeugt ein anderes Verbrechen. Es ereignete sich im April 1945 in der Umgebung von Treuenbrietzen. In der ungefähr 50 Kilometer südwestlich von Berlin gelegenen Stadt, die damals über 10 000 Einwohner zählte, gab es zwei Unternehmen, die Kriegsgefangene und Fremd- oder Zwangsarbeiter beschäftigten. Es handelte sich um die Firma Kopp & Co., die Infanterie- und Leuchtspurmunition herstellte, sowie um den Betrieb Dr. Kroeber u. Sohn, der Feinmeßgeräte produzierte. Kopp & Co. fertigte die Munition im Werk A, das circa zwei Kilometer außerhalb der Stadt lag, und im Werk S im Selterhof, rund fünf Kilometer von Treuenbrietzen entfernt, mit einer Zweigstelle in Röderhof. Die annähernd 3 000 Zwangsarbeiter und Kriegsgefangenen des Unternehmens — sie stammten aus Italien, Belgien, Frankreich, den Niederlanden, Polen und der Sowjetunion — lebten in Baracken neben den Produktionsanlagen. Das Lager für die bei Dr. Kroeber u. Sohn eingesetzten Männer befand sich ebenfalls nahe dem Firmengelände. Der Werkschutz, den angeblich Offiziere der Wehrmacht befehligten, bewachte die ausländischen Arbeiter.

Nach dem Kriege wegen der in Treuenbrietzen angenommenen Tötungsverbrechen eingeleitete Ermittlungen erstreckten sich auf Litauer, Russen, Franzosen, Angehörige der Hitlerjugend und Italiener. Nur letztere können hier berücksichtigt werden, wobei der offizielle Bericht über die Nachforschungen zu ihrem Schicksal lediglich feststellte, daß

---

312 Desana, Italiani in piccoli luoghi, S. 15—19. Der Autor, ein ehemaliger Militärinternierter und Gefangener in Unterlüß, untersucht auch andere Lager. Dabei legt er die Besonderheiten des Lebens an diesen Orten und die Motive für die Verweigerung der Zusammenarbeit mit dem nationalsozialistischen oder faschistischen Regime dar. Zu Unterlüß, das im Verlaufe der Darstellung bereits verschiedentlich erwähnt wurde, vgl. ferner: Cappuccio, Gli ufficiali dello Straflager, S. 79.

313 Brief von Senator Paolo Desana an den Verfasser (27.10.1989). P. Desana, der zu den Offizieren gehörte, die den Todesmarsch überlebten, sei hier für seine Hilfe und erschöpfende Auskunft bei verschiedenen Einzelfragen aufrichtig gedankt.

»italienische Bürger« im April 1945 vom Werk A in Richtung der Gemeinde Nichel, Kreis Belzig, getrieben worden seien. Dort habe sie die »Wehrmacht bzw. SS« in den »Weinbergen« (vermutlich ein Flurname) erschossen. Zu einer Anklageerhebung kam es nicht, weil sich die Ereignisse, trotz zahlreicher Zeugenvernehmungen, letztlich nicht konkretisieren ließen[314].

Anscheinend verzichteten die Untersuchungsbehörden darauf, jene vier italienischen Militärangehörigen anzuhören, welche das Blutbad von Treuenbrietzen überlebten, weil sie sich rechtzeitig zu Boden warfen und so von den stürzenden Körpern ihrer niedergemachten Kameraden schützend bedeckt wurden. Die Namen der Täter hätten auch sie nicht nennen können, aber die Soldaten Edo Mangialardi, Germano Cappelli, Antonio Ceseri und Vittorio Verdolini berichteten schon 1945, also kurz nach der Tat, was in den sogenannten Weinbergen geschah.

Gemäß ihrer Erzählung nahmen sowjetische Truppen am Abend des 21. April Treuenbrietzen ein. Für die Kriegsgefangenen und Zwangsarbeiter bedeutete das die Freiheit, da ihre Bewacher das Weite suchten. Die Russen blieben jedoch gleichfalls nicht in der Stadt, in der am 23. April überraschend wieder eine deutsche militärische Abteilung eintraf. Sämtliche Ausländer mußten sich in einem der Lager — nach Nationalitäten getrennt — versammeln.

Im Hinblick auf den Status der Italiener existiert ein gewisser Widerspruch. Antonio Ceseri gab an, daß sie seit dem 22. August 1944 als Zivilarbeiter eingestuft gewesen seien. Am 23. April erklärten die deutschen Truppen demnach alle wieder zu Militärinternierten, um sie als »Badoglianer« umzubringen. Hingegen behaupteten Edo Mangialardi und Germano Cappelli, daß die Betriebe von Treuenbrietzen italienische Zivilarbeiter und Militärinternierte beschäftigten. Die Deutschen sonderten letztere aus und brachten sie unter Bewachung weg. Bei einer Unterführung der Bahnlinie Wittenberg-Potsdam traf die Kolonne auf weitere Verbände der Wehrmacht. Der Hauptmann, dessen Leute die Opfer wegführten, meldete dabei einem höheren Offizier, daß er »150 italienische Gefangene« eingebracht habe.

Was die Offiziere im einzelnen besprachen, bleibt im dunkeln. Nach rund einer halben Stunde setzten die Internierten, die jetzt Munitionskisten trugen, ihren Weg fort. Eine düstere Ahnung befiel den einen oder anderen. Nachdem etwa 1 500 Meter zurückgelegt waren, bewahrheitete sich der schreckliche Verdacht. Die Männer stellten besagte Munitionskisten am Rande einer Art Sandgrube ab, in deren Mitte sie sich anschließend zusammengedrängten. Auf Befehl des Hauptmanns eröffneten die Deutschen ein mörderisches Feuer, Entfernung fünf oder sechs Meter. Für die Berichterstatter, die unter den Leibern ihrer niedergemetzelten Landsleute lagen, währte das Geschehen unendlich lange. Sie hörten die Entsetzensschreie, als die ersten Schüsse fielen, vernahmen das verzweifelte Rufen der Verwundeten nach der Mutter, das entfesselte Lachen der Mörder und ihre zynische Frage an die Todgeweihten: »Wo ist mama?« Plötzlich Schweigen, das

---

[314] Der Generalstaatsanwalt der DDR, An den Leitenden Oberstaatsanwalt Köln, Berlin, den 29.4.64; und: Köln, den 12.8.1970, An das Hessische Landeskriminalamt, Abt. V — SK, Wiesbaden, ZSLANS, 117 AR 1579/65.

allerdings bald der Knall einer Pistole unterbrach. Eine Pistole, die immer näher kam, die den Todeskampf der Verletzten durch einen Kopfschuß beendete, die aber zugleich die Verborgenen zu bedrohen schien.

Letztere hatten Glück: Man übersah sie, lebend ruhten sie angsterfüllt in einem Massengrab. Andere Militärangehörige, die vorbeimarschierten, sollen sich daran vergnügt haben, auf die toten Italiener zu schießen. Nach der Erinnerung der Überlebenden dauerte der Schrecken zwei Stunden oder noch länger. Endlich hörten sie Arbeitsgeräusche, fühlten Sand, der die Körper leicht bedeckte. Irgendwann herrschte Todesstille, die Nacht sank hernieder, Regen fiel. Erst jetzt wagten sie es, sich zu bewegen, zu fliehen. Der nahe Wald bot Schutz, ihre Hoffnung bestand darin, auf die Gegner der Deutschen zu treffen.

Zwei von ihnen führten im August 1945 Beauftragte der Regierung in Rom an den Ort des Verbrechens. Sie besaßen keine Schwierigkeiten, diesen zu finden. Die Leichen ruhten noch immer unter der dünnen Decke aus Sand, so daß sich die Umrisse der toten Körper abzeichneten. Hier ein Schädel, dort Gliedmaßen, die aus dem Erdreich herausragten. Verwesungsgeruch lag in der Luft. Alles in allem wurden 125 italienische Opfer exhumiert, von denen 111 identifiziert werden konnten[315]. Die toten Männer hatten kein Unrecht getan, ihnen ließ sich nichts vorwerfen — es sei denn eines: Sie waren Italiener!

Nicht so eindeutig wie die Zeugenaussagen zum Geschehen bei Treuenbrietzen erscheinen Nachrichten über Ereignisse, die mit dem Arbeitserziehungslager Liebenau zusammenhängen, das der Gestapo-Leitstelle in Hildesheim unterstand. Seine Häftlinge verrichteten in der den Montan-Industriewerken gehörenden Pulverfabrik, welche die — von der Walsroder Firma Wolff & Co. geleitete — Eibia GmbH für chemische Produkte gepachtet hatte, Zwangsarbeit[316]. Das heißt, sie standen der Firmenleitung für die Errichtung und den Ausbau des Werkes zur Verfügung. Dabei sahen sich die Männer wie die Insassen von Konzentrationslagern traktiert. Bei theoretisch ausreichender, tatsächlich jedoch völlig ungenügender Ernährung mußten sie 17 Stunden pro Tag (von 5 bis 22 Uhr) hart arbeiten. Fußtritte und Prügel seien an der Tagesordnung gewesen. Außerdem gab es »Sonderbehandlungen« für Widerspenstige, das bedeutete, daß die SS die Betroffenen foltern ließ. Eine vermutlich nicht einmal vollständige Statistik weist für weniger als 18 Monate 250 Todesfälle unter den Gefangenen aus, deren Haft offiziell nur zwischen 21 und 56 Tagen betrug. Sofern es sich nicht um Erschießungen als Folge von »Unbotmäßigkeit« oder »Fluchtverdacht« handelte (sieben Fälle sind registriert),

---

315 Ministero della Guerra Gabinetto Prot. N. 220107/II 232.1.4., P.M. 3800, Roma, 18 Settembre 1945, Oggetto: Atrocità naziste: massacro di prigionieri italiani: Alla Presidenza del Consiglio dei Ministri — Gabinetto — Roma. Allegato 1: Comando Centro Raccolta Ex Prigionieri di Guerra, N. 45 di prot., Luckenwalde, li 29 Agosto 1945, Oggetto: Riconoscimento delle salme di italiani massacrati da soldati tedeschi a Nichel di Treuenbrietzen (Belzig) il 23 aprile 1945, f.to Ettore De Blasio, Il Generale di divisione Comandante del Centro Raccolta Ex Prigionieri, ASUSSME, Pacco 174. Vgl. darüber hinaus die publizierten Dokumente bei Lops, Documenti sui caduti, S. 68—73 (mit Namensnennung der identifizierten Ermordeten und dem Hinweis, daß das Massaker von Einheiten der SS verübt worden sei, was sich freilich nicht beweisen läßt); und ders., Caduti italiani nei principali Lager, S. 50.
316 Bomhoff, Liebenau, S. 170.

bleiben die angegebenen Todesursachen interpretationsfähig. Wie und weshalb kam es zum Beispiel zu 180 Toten wegen »Kreislaufstörungen« oder 28 aufgrund von »Körper- und Herzschwäche«[317]? Die Feststellung, daß hier Arbeit vernichtete, dürfte jedenfalls nicht übertrieben sein.

Nachdem die Fertigungsanlage in Liebenau im April 1943 ganz ausgebaut war, verlegte das im November 1941[318] oder eventuell schon im Januar 1940[319] eingerichtete Arbeits-erziehungslager im folgenden Monat nach Lahde, einen circa sechs Kilometer von Min-den entfernten Ort. Daraus folgt, daß sich in Liebenau — zumindest im Arbeitserzie-hungslager — keine Militärinternierten befunden haben können. Falls italienische Bür-ger dort eingeliefert worden sein sollten, handelte es sich um Fremdarbeiter. In der Tat lebten zwischen 1939 und 1945 insgesamt 1 200 Italiener, jedoch nicht gleichzeitig, in dem kleinen Flecken[320].

Wenn also in der Memoirenliteratur von Internierten die Rede ist, die angeblich An-fang April 1945 aus dem »Straflager« Liebenau in ein Lager der Gestapo bei Hannover verbracht wurden[321], so liegt gewiß eine Verwechslung vor, die allerdings nicht unge-wöhnlich ist. Häftlinge anderer Nationalität berichteten nach ihrer Befreiung ebenfalls, deutsche Behörden hätten sie im November 1944[322] oder sogar noch im Februar 1945[323] in das Arbeitserziehungslager Liebenau verbannt. Vermutlich verhält es sich so, daß die im Anschluß an die Verlegung des Lagers nach Lahde eintreffenden neuen Gefan-genen von den bereits in Liebenau eingesperrten Männern diesen Namen als Bezeich-nung für den Ort ihrer Haft übernahmen[324]. Möglicherweise steckt darin ein Hinweis auf das Fortdauern der schrecklichen Lebensumstände, für die Liebenau ein Symbol bildete.

Das Anfang Mai 1943 von der SS gegründete Arbeitserziehungslager Lahde fiel in die Kom-petenz der Gestapo-Leitstelle Hannover. Zeitweise zählte es bis zu 880 Personen, abgesehen von einigen Deutschen, vorwiegend Staatsbürgern jüdischen Glaubens, meist sogenannte

---

[317] Bomhoff, Liebenau, S. 175.

[318] Ebd.; dort die Angabe, daß das Lager im »November 1941 im ›Moor‹ an der Eickhöfer Allee aufge-baut« worden sei.

[319] Comité International de la Croix-Rouge, Vorläufiges Verzeichnis, S. 494. In den Unterlagen der Staats-anwaltschaft Verden wird davon ausgegangen, daß das Arbeitserziehungslager vom November 1941 bis zum April 1943 in Liebenau existierte, ZSLANS, 414 AR 346/62 (2 Js 226/62).

[320] Bomhoff, Liebenau, S. 172.

[321] Vgl. Lusetti, Lager XI - B, S. 239; der Autor hält am 27.7.1945 fest, daß er gerade in der Zeitung gelesen habe, wie das »Martyrium« der Häftlinge des »berüchtigten Arbeitserziehungslagers« geen-det habe. Er bezieht sich dabei auf den Bericht des Militärinternierten (oder Exinternierten) Guer-rino Facon, den er (ebd., S. 240—243) vollständig publiziert. Ein knapper Hinweis auf das Massa-ker findet sich bei Piasenti, Il lungo inverno, S. 284. Dort werden 560 italienische Opfer angegeben, eine mit Sicherheit unzutreffende Zahl.

[322] Bezirkskommission zur Untersuchung von NS-Verbrechen in Lodz, Az.: OKL/Kpp. 72/75, Zeu-genvernehmungsprotokoll vom 26. Januar 1977 beim Rayongericht in Lodz, ZSLANS, 414 AR 346/62.

[323] Obenaus, Seelhorster Friedhof, S. 255, Aussage des Hauptmanns der Sowjetarmee Peter Palnikow, 1.5.1945.

[324] Dies vermutet auch Obenaus im Fall Palnikow, vgl. ebd., S. 255, Anm. 88.

»arbeitsunwillige Ausländer«. Vom Mai 1943 bis in die ersten Tage des April 1945 durchliefen das Lager ungefähr 7 000 Häftlinge. Man lieferte sie entweder für die übliche Dauer, also bis zu 56 Tagen, oder auf unbestimmte Zeit ein. Häufig fungierte Lahde lediglich als Durchgangsstation für Konzentrationslager, wo in der Regel die als nicht »erziehbar« angesehenen Personen endeten, oder es diente als »Exekutionsstätte« für zum Tode verurteilte Gefangene. Die Masse der Eingesperrten fand beim Bau der Staustufe Windheim und bei der Erstellung eines von der Firma Polensky & Zöllner ausgeführten Kraftwerks für die Preussische Elektrizitäts-AG Verwendung. Darüber hinaus arbeiteten ständig 40 bis 50 Männer im Betrieb der Firma Schaumburger-Steinbrüche in Steinbergen[325]. Zeitzeugen gaben an, daß jene Zweigstelle ein »Straflager« des Arbeitserziehungslagers darstellte. Von der extrem schweren Arbeit in den Steinbrüchen kehrten ausnahmslos total heruntergekommene und nicht mehr arbeitsfähige Menschen zurück[326].
Ohne die unsäglichen Verhältnisse im einzelnen erörtern zu wollen[327], denn auf die Merkmale solcher Einrichtungen wurde im Zusammenhang mit Liebenau soeben noch einmal aufmerksam gemacht, ist festzuhalten, daß die in Lahde und Steinbergen nachgewiesenen zahlreichen Verbrechen — soweit sie die Mißhandlung und Tötung von Häftlingen betrafen, die als Staatsangehörige der »alliierten Nationen« galten[328] — im Mittelpunkt von vier Prozessen vor britischen Militärgerichten standen. Angeklagt sahen sich 27 Personen. Die Richter erkannten viermal auf Todesstrafe und einmal auf lebenslänglich. Außerdem verhängten sie zweimal 20 Jahre, zweimal 15 Jahre, einmal 10 Jahre,

---

[325] Der Oberstaatsanwalt, Bielefeld, den 1.4.1960, An den Untersuchungsrichter beim Landgericht Bielefeld, Betrifft: Strafsache gegen Karl Winkler u.A. wegen Mordes; und: Beglaubigte Abschrift. Vfg. (o.D.), II.) Einrichtung und Zweck des Lagers (Lahde), S. 13 und 71 f., ZSLANS, 414 AR 1488/69. Vgl. auch: Comité International de la Croix-Rouge, Vorläufiges Verzeichnis, S. 493.

[326] Deposition on oath of J.L., July 23th 1946, ZSLANS, JAG 261 AEL Lahde.

[327] Dazu gab ein in der Lagerverwaltung eingesetzter Zeuge zu Protokoll: »Während meines Aufenthaltes im Lager hatten die Gefangenen entschieden nicht genug zu essen. Die Wohnbaracken waren überfüllt, die Gefangenen schliefen auf Holzpritschen, bedeckt mit einer oder einer halben Decke. Waschgelegenheiten und Toiletten waren unzureichend. Die Wohnbaracken waren schmutzig und verlaust. Die Gefangenen erhielten kein Reinigungsmaterial. Die Gefangenen wurden nicht mit Handtüchern oder Bürsten versorgt und erhielten nur selten Seife. Die Kleidung der Gefangenen bestand hauptsächlich aus Lumpen. Die Gefangenen wurden nur mit neuer Kleidung versorgt, wenn sie bereits halbnackt waren. Diese Kleidungsstücke kamen von verstorbenen Gefangenen. 2/3 der Gefangenen hatten keine Unterwäsche. Im Krankenrevier war ich nur einmal und meiner Ansicht nach war es nicht sauber genug. Gefangene, die geschlagen wurden, erhielten keine ärztliche Behandlung.« Zitiert nach Deposition on oath of J.L. (siehe oben, Anm. 326).

[328] 3 Ws 356/60 OLG Hamm, VU 2/60 LG Bielefeld, 5 Js 329/58 StA Bielefeld, Beschluß Strafsache gegen […] Karl Winkler (u.a.) wegen Mordes und Körperverletzung mit Todesfolge, 9.8.1960. Dabei ging es nur um die Frage, ob wegen der Tötung deutscher Staatsbürger weiterhin ermittelt werden sollte, was der 3. Strafsenat des Oberlandesgerichts in Hamm bejahte. Er entschied damit gegen die Auffassung der II. Strafkammer des Landgerichts in Bielefeld, die am 20.5.1960 einen Antrag der Staatsanwaltschaft vom 10.5.1960 abgelehnt hatte, der sich gegen die Verfügung des Untersuchungsrichters in Bielefeld vom 4.5.1960 — die Voruntersuchungen einzustellen — richtete: 5 Js 329/58 StA Bielefeld, VU 2/60, Beschluß in Voruntersuchungssache. Am 26.7.1961 setzte die II. Ferienstrafkammer des Landgerichts in Bielefeld die des Mordes und der Körperverletzung Angeschuldigten außer Verfolgung, S. 21—27 und 87—90, ZSLANS, 414 AR 1488/69.

einmal 5 Jahre, zweimal 4 Jahre, dreimal 1 Jahr und zweimal 3 Monate Freiheitsstrafe. Neun Angeklagte sprachen sie frei. Alle Todesstrafen sind auf dem Gnadenweg in Haftstrafen umgewandelt worden. Keiner der Hauptverbrecher mußte seine Strafe ganz verbüßen. Spätestens 1960 befand sich — als letzter — selbst der ehemalige Lagerleiter auf freiem Fuß. Ein Verurteilter dürfte in der Haft verstorben sein[329].

Die Beziehungen zwischen Liebenau und Lahde waren etwas eingehender zu erörtern, weil wegen der beiden Arbeitserziehungslager viel Verwirrung entstand, zumindest was die Militärinternierten anbelangt. Darüber hinaus existieren, was bislang kaum aufgefallen zu sein scheint, Hinweise darauf, daß zu den bei der Auflösung des Lagers Lahde und später auf dem Seelhorster Friedhof von Hannover Ermordeten Militärinternierte oder Exinternierte gehörten.

Der genaue Sachverhalt läßt sich freilich nicht absolut zuverlässig rekonstruieren. Gemäß dem Bericht von Guerrino Facon, der leider sehr impressionistisch verfaßt ist, also Lücken hinsichtlich der genauen zeitlichen Entwicklung aufweist, so daß manche Frage unbeantwortet bleibt, ergibt sich in etwa folgendes Szenario: Die amerikanischen Truppen operierten Anfang April unweit von Lahde, dessen Lagerverwaltung die Räumung vorbereitete. Dabei beorderten die Bewacher 15 Gefangene, unter ihnen Facon, zum Krankenrevier, wo sich den Männern ein entsetzlicher Anblick bot. SS-Angehörige hatten 55 krank darniederliegende Häftlinge an den Fensterkreuzen erhängt oder durch Genickschuß getötet, Insassen, die angeblich zu schwach gewesen sind, um den Ort aus eigener Kraft zu verlassen. Unter den Niedergemetzelten erkannte der Berichterstatter einen persönlichen Freund, mit dem er seit seinem Abtransport aus dem Balkanraum das Schicksal teilte[330].

Die referierte Darstellung der Ereignisse weicht zwar im Detail von verschiedenen anderen Beschreibungen der letzten Stunden in dem Lager ab, doch insgesamt bestätigen die Schilderungen deutscher Zeugen Facons Erinnerungen. So führte die Staatsanwaltschaft bei ihren Einlassungen zu den in Lahde begangenen strafbaren Handlungen auf, daß der Lagerleiter am Tage vor der Evakuierung die Tötung von circa 70 Personen befahl. Nach Aussagen des Wachmannes E. W. befolgten die SS-Leute die Weisung[331]. In diesem Kontext hieß es ferner, daß sie jene Kranken aussonderten und umbrachten, die nicht mehr zu gehen vermochten[332]. Selbst einer der Angeschuldigten sagte aus, daß ein Teil der erkrankten Gefangenen bei der Räumung fehlte. Dessen zeigte er sich zunächst ganz sicher,

---

[329] Der Hauptprozeß fand vom 22.1.—14.2.1947 in Wuppertal statt. Ihm folgte ein zweiter Prozeß vom 3.—23.3.1948 in Hamburg. Wie der erste und der dritte Prozeß befaßte er sich mit dem Geschehen in Lahde. Im vierten Prozeß ging es um die Vorgänge in Steinbergen, S. 69 f., ZSLANS, 414 AR 1488/69.

[330] Lusetti, Lager XI - B, S. 240 f., wobei wegen der Darstellungsart von Facon nicht ganz eindeutig zu sagen ist, ob nicht doch alle zunächst aufgehängt wurden, das heißt, der »Genickschuß« den Todeskampf verkürzen sollte.

[331] Beglaubigte Abschrift. Vfg. (o.D.), III.) Strafbare Handlungen, S. 72; und: Der Oberstaatsanwalt, Bielefeld, den 1.4.1960, An den Untersuchungsrichter beim Landgericht Bielefeld, Betrifft: Strafsache gegen Karl Winkler u.A. wegen Mordes, S. 13, ZSLANS, 414 AR 1488/69.

[332] Der Untersuchungsrichter beim Landgericht Bielefeld, V.U. 9/60, Erklärung des Angeschuldigten Karl Winkler, Hannover, den 30.9.60, S. 55 f., ZSLANS, 414 AR 1488/69.

denn ihm seien »entsprechende Zettel« übergeben worden. Gleichzeitig behauptete er nicht zu wissen, ob, durch wen und auf wessen Weisung möglicherweise getötet wurde. Später meinte der ehemalige Bewacher sogar, sich nicht mehr gewiß zu sein, daß es sich bei den vermißten Häftlingen um Patienten gehandelt habe[333].

Wie auch immer dem gewesen sein mag, es versteht sich, daß Angeschuldigte nach Entlastung suchen. Jedoch ist eine auffallende Übereinstimmung zwischen den Angaben des Zeugen E. W., der die Tötung von Kranken behauptete, und des früheren Militärinternierten Facon zu konstatieren. Letzterer machte seine Aussage lange vor dem Prozeß des britischen Militärgerichts in Wuppertal, das den Fall Lahde 1947 erstmals verhandelte. Sofern man ihn nicht der Lüge bezichtigen will, ist somit die Feststellung statthaft, daß es im Rahmen der Auflösung des Arbeitserziehungslagers zur Ermordung von kranken Insassen kam, darunter mindestens eines ehemaligen italienischen Militärangehörigen.

Die übrigen Häftlinge marschierten in drei Kolonnen, die jeweils 250 bis 300 Mann umfaßten, in Richtung Hannover, wobei es eine unbekannte Zahl von Erschießungen gegeben haben soll[334]. Die Gefangenen trafen nach zwei[335] oder drei Tagen am 4. April im Gefängnis der Geheimen Staatspolizei in der früheren Israelitischen Gartenbauschule in Ahlem bei Hannover ein[336]. Was anschließend mit den ungefähr 800 Männern geschah, wird hier lediglich unter der Fragestellung der Tötung von italienischen Militärinternierten oder Exinternierten untersucht.

Festzustehen scheint, daß der Chef der Gestapo-Leitstelle Hannover, SS-Obersturmbannführer und Oberregierungsrat Johannes Rentsch (er endete angeblich durch Selbstmord), schon vor der Ankunft der Lagerinsassen beschloß, eine Reihe von ihnen im »Interesse der Zivilbevölkerung« erschießen zu lassen. Ursprünglich hätten nach seiner Planung rund 200 Häftlinge noch in Lahde hingerichtet werden müssen. Die entsprechende Anordnung gab Rentsch in der Nacht vom 30. auf den 31. März, doch das erwies sich für die

---

333 Der Untersuchungsrichter beim Landgericht Bielefeld, V.U. 9/60, Erklärung des Angeschuldigten Wilhelm Brockmeyer, Hannover, den 30.9.60, S. 50 (siehe oben, Anm. 332, und S. 56 zur Relativierung seiner Aussage über die fehlenden Kranken), ZSLANS, 414 AR 1488/69. Der Lagerleiter K. Winkler gab lediglich zu, daß er vor der Räumung 20 Polen und Russen auf Weisung aus Hannover erschießen ließ. Den Getöteten lastete man Eisenbahndiebstahl, Plünderung oder intime Beziehungen zu deutschen Frauen an. Vgl. dazu Obenaus, Seelhorster Friedhof, S. 237, Anm. 5.

334 Deposition on oath of J.L., July 23th 1946, ZSLANS, JAG 261 Arbeitserziehungslager Lahde; und: Der Untersuchungsrichter beim Landgericht Bielefeld, V.U. 9/60, Erklärung des Angeschuldigten Wilhelm Brockmeyer, Hannover, den 30.9.60, ZSLANS, 414 AR 1488/69.

335 Facon sprach von einem zweitägigen Fußmarsch: Lusetti, Lager XI — B, S. 241.

336 Nach K. Winklers Angaben marschierten die Kolonnen drei Tage: Obenaus, Seelhorster Friedhof, S. 236, und ebd., Anm. 2. Allerdings sagten andere Zeugen, die Häftlinge seien schon am 2. oder auch erst nach dem 4.4. (nämlich am 5. beziehungsweise 6.4.) in Ahlem angelangt. Das Comité de la Croix-Rouge, Vorläufiges Verzeichnis, S. 493, gibt an, daß das Arbeitserziehungslager Lahde am 4./5.4.1945 nach Hannover verlegte. Das würde die Behauptungen des freigesprochenen Angeschuldigten J.L. bestätigen, der aussagte, Lahde am 4. oder 5.44. mit dem letzten Gefangenentransport verlassen zu haben. Man könnte daraus auch auf zu verschiedenen Zeiten abgehende Marschgruppen schließen, was wiederum die unterschiedlichen Ankunftstage zu erklären vermöchte: ZSLANS, JAG 261 (siehe oben, Anm. 334).

von langer Hand vorbereitete Aktion, die der Obersturmbannführer beim Herannahen der Alliierten durchführen wollte, als zu spät. Er wünschte daraufhin, die 200 Opfer »unterwegs gelegentlich zu exekutieren«[337]. Im erwarteten Umfang geschah das offenbar nicht. Daher einigte sich Rentsch mit der Verwaltung des Seelhorster Friedhofs dahingehend, daß das Massaker nunmehr dort stattfinden konnte. Unter den Insassen von Ahlem und den Neuankömmlingen des Arbeitserziehungslagers Lahde wählte die Gestapo insgesamt 154 oder 155 Gefangene aus, wobei die Auslese fast drei Stunden dauerte[338]. Facon beschrieb den bedrückenden Vorgang mit wenigen, aber eindringlichen Worten. Nach seiner Erinnerung trennten die Bewacher von den aus Lahde stammenden Männern 126, die sie wiederholt zählten und deren Papiere sie vernichteten[339]. Hingegen meinte ein Büroangestellter in Ahlem, daß sich die Todeskandidaten aus 56 Insassen des Ahlemer Gefängnisses und 98 Häftlingen des Arbeitserziehungslagers rekrutierten. Weder hierbei noch hinsichtlich der Nationalität der Ermordeten gibt es letztlich zuverlässige Erkenntnisse. Im allgemeinen galt bislang, daß es sich bei den Umgebrachten um sowjetische Staatsbürger handelte, obwohl sich nach der Exhumierung der Leichen am 2. Mai 1945 ganze fünf einwandfrei identifizieren ließen. Aus dem Massengrab, in dem eventuell hingerichtete Italiener ruhten, grub die beauftragte Kommission 153 männliche Personen und eine Frau aus, die, so der Bericht der Ärzte, durch »Kopfschüsse von hinten aus nächster Entfernung« den Tod erlitten[340]. Falls nun die Beobachtungen von Facon zutreffen, so ist davon auszugehen, daß zu den Opfern italienische Menschen gehörten.

Ihn selbst entließ die Gestapo nach der Selektion mit den restlichen Exhäftlingen zum Arbeitseinsatz — wie seine Ortsbeschreibung andeutet, arbeitete er am Tage des Blutbads nahe bei oder gar auf dem Seelhorster Friedhof. Von Ahlem begab sich Facon mit anderen Schicksalsgefährten zum Bahnhof. Das könnte am 5. April gewesen sein, doch beweisen läßt sich dies nicht. Auf seinem Weg begegnete ihm eine »kurze Reihe« (breve

---

[337] Obenaus, Seelhorster Friedhof, S. 236 f. Angeblich galten jene Häftlinge als »todeswürdig«, die aufgrund von unterstellten »Roheits- oder schweren Eigentumsdelikten« und »wegen verbotenen Geschlechtsverkehrs« eingesperrt worden waren. In Lahde befanden sich darüber hinaus Gefangene, für die aus unbekannten Gründen die Exekution beziehungsweise die Überführung in ein Konzentrationslager der Stufe III vorgesehen gewesen ist (ebd., S. 240). Ursprünglich sollten alle »schwer belasteten, insbesondere gleichzeitig auch kriminell vorbestraften und asozialen, d.h. kaum noch erziehbaren Schutzhäftlinge« gemäß einem Runderlaß Himmlers vom 2.1.1941 in KZ der Stufe III überstellt werden: Broszat, Nationalsozialistische Konzentrationslager, S. 107. Doch konnten, wie oben am Beispiel des sogenannten Kugelerlasses dargelegt, auch Kriegsgefangene und Militärinternierte — wegen Flucht — als Fälle der Stufe III nach Mauthausen verbracht werden.

[338] Obenaus, Seelhorster Friedhof, S. 240.

[339] Lusetti, Lager XI - B, S. 241. Ganz ähnlich klingt, was der ehemalige Wachmann Edmund Winkler für den Vorgang nach der Ankunft in Ahlem zu Protokoll gab: »Dann wurden 80 Häftlinge (unter den angetretenen Gefangenen, d. Verf.) aufgerufen, die alle Wertsachen, Dokumente und Handgepäck abgeben mußten. Sie wurden ohne Verpflegung in eine verhältnismäßig kleine Zelle gesperrt.« Zit. nach Obenaus, Seelhorster Friedhof, S. 242 f.

[340] Obenaus, Seelhorster Friedhof, S. 241 und 258. Die Ärztekommission stellte fest: »Die Leichen waren zum größten Teil in ziviler Kleidung, zum Teil in Kriegsgefangenenkleidung (umgefärbte deutsche Uniformen) oder in russischer Wehrmachtsuniform.«

colonna) italienischer Gefangener, bewacht von Hunden und Polizisten. Er fragte, wohin sie marschierten, worauf einer antwortete, daß das keiner wisse. Ansonsten aber gab sich der Fragesteller überzeugt davon, jene Landsleute gesehen zu haben, die Rentsch aussortiert hatte[341]. Traf Facon die zwanzig bis dreißig Häftlinge, die am 5. April nachmittags zum Seelhorster Friedhof gingen, um das bereits markierte Massengrab auszuheben? Bei letzteren dürfte gewiß sein, daß sie zu dem für die Tötung vorgesehenen Personenkreis zählten[342].

Am Morgen des 6. April, kurz nach Arbeitsbeginn, bemerkte Facon, daß eine »lange Reihe« gefangener Personen den Eingang des Friedhofs erreichte. Zu seinem Entsetzen erkannte er Italiener[343]. Aus dem Verborgenen gelang es ihm zu beobachten, wie sie Gruben ausschachteten, wobei das Bewachungspersonal die Männer mit Schlägen zu rascher Arbeit antrieb. Er schreibt, die Gefangenen seien aus dem Lager Lahde (irrtümlich »Libenau« genannt) gekommen und hätten nach der Mittagspause noch immer ihre Gräber ausgeschaufelt. Wenig später sei mit der Erschießung begonnen worden.

Die Ermittlungen für den Prozeß vor britischen Militärgerichten ergaben, daß sich am 6. April frühmorgens eine Arbeitskolonne per Autotransport zum Friedhof bewegte, um die am vorhergehenden Tag angefangenen Grabungen zu vollenden. Etwa um neun Uhr traf per Fußmarsch die Hauptgruppe der Todeskandidaten ein. Sie beteiligten sich nicht an den Arbeiten, die gegen zehn Uhr beendet gewesen sein sollen. Kurz danach habe die Exekution eingesetzt[344]. Die abweichenden Zeitangaben sind auffallend und selbst dann nicht miteinander in Einklang zu bringen, wenn berücksichtigt wird, daß die Hinrichtungen bis ungefähr 14 Uhr währten. Andererseits ist anzumerken, daß Widersprüche oder Unvereinbarkeiten auch innerhalb sowie beim Vergleich von Angaben deutscher Zeugen, der Angeschuldigten und eines überlebenden russischen Hauptmanns auftreten.

Nach Facon, der im übrigen zwei Gräber nennt, begann das Morden damit, daß jeweils sechs Selektierte in Dreiergruppen an den Grabesrand traten. Dort mußten sie sich mit auf der Brust verschränkten Armen niedersetzen. Man erschoß sie rücklings auf kürzeste Entfernung, so daß die Toten vornüber ins Grab fielen. Der Exinternierte erinnerte sich an vierundzwanzig Menschen, die er so sterben sah. Als ihm der Anblick den Verstand zu rauben drohte, lief er weg, während in seinem Rücken die Feuerstöße aus Maschinenpistolen andauerten[345].

Das Bild, welches Täter und weitere Augenzeugen zeichneten, widerspricht der Schilderung von Facon nicht grundsätzlich. Sie erwähnen ebenfalls Maschinenpistolen. Zu-

---

[341] Lusetti, Lager XI - B, S. 241.

[342] Obenaus, Seelhorster Friedhof, S. 243.

[343] Lusetti, Lager XI - B, S. 241. Facon berichtete: »Als ich sie erkennen konnte, stockte mir das Herz: Italiener!« Auch wenn man es auf den ersten Blick so verstehen könnte, hieß das auf keinen Fall, daß es sich nur um Italiener handelte, denn dem stehen die historischen Fakten eindeutig entgegen.

[344] Ebd., S. 241 f.; und: Obenaus, Seelhorster Friedhof, S. 243 ff., dort (Anm. 49) auch eine ausführliche Erörterung des Erschießungsdatums. Der Autor spricht sich für den 6.4.1945 aus.

[345] Lusetti, Lager XI - B, S. 242 f.

nächst seien jene gestorben, die als Totengräber mißbraucht worden waren. In Vierer-
gruppen, Gesicht nach vorn, hätten die Bewacher sie am Rand des Grabes von hinten
niedergemacht. Die Masse der Opfer mußte anschließend jeweils in Gruppen zu 25 Mann
in das Massengrab steigen und sich mit dem Gesicht nach unten hinlegen, worauf die
Deutschen sie durch Kopfschüsse exekutierten. Wer noch atmete, erhielt einen Genickschuß mit der Pistole. Von den ihnen nachfolgenden Gefangenen hatten zwei oder drei
die soeben Ermordeten mit etwas Erde zu bedecken. Danach wiederholte sich der schau-
rige Vorgang, und immer wieder, bis keiner mehr lebte[346].

Es ist nicht einmal annähernd zu sagen, wieviele der Getöteten Italiener waren. Aus den
zitierten fragmentarischen Hinweisen ließe sich möglicherweise auf mindestens zwanzig
oder dreißig Personen schließen, aber letzten Endes bleibt die Frage nach der Zahl unbeantwortet. Sicher ist hingegen, daß sich unter den Massakrierten auf dem Seelhorster
Friedhof ehemalige italienische Militärangehörige aus dem Arbeitserziehungslager Lahde befanden.

Zu einer weiteren Massentötung italienischer Exinternierter kam es am Ostersamstag, dem
31. März 1945, in Kassel[347]. Ende des Monats bewegten sich amerikanische Truppen von
Süden und Südwesten auf die schon über achtzig Prozent zerstörte Stadt zu, die in der
Karwoche zur »Festung« erklärt wurde, obwohl es ihr längst an Verteidigern fehlte. Die
verschiedenen Behörden setzten sich noch vorher fürsorglich nach Osten ab. Karfreitag
zog es selbst der »Höhere SS- und Polizeiführer«, Josias Prinz zu Waldeck-Pyrmont, vor,
der sogenannten Festung den Rücken zu kehren[348]. Die Lage stellte sich hoffnungslos
dar. SS und Polizei in Kassel hielt all das nicht davon ab, dort noch im März zweihun-
dert Tötungsverbrechen zu begehen, auch an Italienern[349].

Am Karsamstag um die Mittagsstunde erreichte den Kommandeur der Sicherheitspolizei der Stadt, SS-Sturmbannführer und Regierungsrat Franz Marmon, die Meldung, auf
dem Bahnhof Wilhelmshöhe sei geplündert worden[350]. Gleichzeitig sah er sich aufgefordert, sehr wahrscheinlich durch den Festungskommandanten, einen General der Wehrmacht, gegen den Vorfall einzuschreiten. Marmon bildete aus rund zehn Untergebenen

---

[346] Obenaus, Seelhorster Friedhof, S. 244.

[347] In den Gerichtsakten ist von Zivilarbeitern die Rede. Daß es sich bei ihnen um frühere italienische
Militärangehörige und Kriegsgefangene handelte, bestätigte dem Verfasser Herr Pietro Maset in einer
schriftlichen Erklärung vom 6.6.1988: Circolo dei Veneti nel Mondo, Associazione Emigrati Pado-
vani Assia (A.E.P.A.) 1964, Associazione Trevisani nel Mondo, Delegazione UNAIE per l'Assia,
Kassel, 06.06.1988, La Presidenza Prot. n. 20/88/pm. Der Verfasser dankt Herrn Prof. Dr. Dietfrid
Krause-Vilmar für seine freundlichen Bemühungen in dieser Angelegenheit.

[348] Urteil in der Schwurgerichtssache gegen den kaufmännischen Angestellten und ehemaligen Regierungsrat sowie Leiter der geheimen Staatspolizeistelle in Kassel, Franz Marmon, Kassel, den 5.2.1952,
(36 S.), S. 4 ff., NHAH, Nds. 721 Hildesheim Acc. 106/80, 160.

[349] Dazu Krause-Vilmar, Ausländische Zwangsarbeiter, S. 407—411, einschließlich der Tötung der italienischen Exinternierten, deren Namen, soweit sie bekannt wurden, dort aufgeführt sind.

[350] Die Darstellung folgt den Gerichtsakten (siehe oben, Anm. 348), S. 19 ff. Franz Marmon, ein Volljurist, war im Oktober 1944 Leiter der Staatspolizeistelle in Kassel geworden und in der Karwoche
1945 auch Kommandeur der Sicherheitspolizei, dem zugleich die Kriminalpolizei unterstand. Er
zählte damals 36 Jahre.

ein Kommando, dem er befahl, angetroffene Plünderer zu erschießen. Den Sachverhalt
bestätigten nach dem Krieg mindesten sieben Zeugen. Er selbst behauptete, seinen Männern lediglich zugerufen zu haben: »Meine Herren, bringen Sie mir keine Gefangenen
mit, wir können sie weder verwahren, füttern, noch an die Bäume binden.« Als er sich
vor Gericht verantworten mußte, versuchte der ehemalige Sturmbannführer — ohne Erfolg
— glauben zu machen, daß er mit seiner zynischen Empfehlung nicht dazu auffordern
wollte, aufgegriffene Plünderer zu töten.

Angeführt vom Kriminalsekretär W., einem nach Zeugenaussagen zuverlässigen, ehrlichen
und erfahrenen Polizeibeamten, bei dem das Gericht Eigenmächtigkeiten ausschloß[351],
marschierte die Gruppe zum Bahnhof Wilhelmshöhe. Angehörige der Ordnungs- und
der Luftschutzpolizei hatten das Gelände mittlerweile abgesperrt. Vor dem Stationsge-
bäude standen sehr viele Deutsche, die zumindest zum Teil ebenfalls plünderten. Überhaupt sind es erwiesenermaßen deutsche Zivilisten gewesen, die als erste die Waggons
eines mit Lebensmitteln und anderen Waren beladenen Zuges der Wehrmacht erbrachen.
Die Italiener, die im Bereich des Kasseler Bahnhofs Gleise instand setzten, nahmen sich
dann aus den bereits geöffneten Wagen gleichfalls Fleischkonserven, Margarine, Butter,
Rauchwaren und sonstige Sachen. Einige der Deutschen hätten sie dazu sogar aufgefordert, denn der Krieg sei ohnehin zu Ende, in wenigen Stunden würden die Amerikaner
in die Stadt einrücken[352].

Der Kommandoführer W. wies die Gleisarbeiter zunächst einmal an, in ihren Bauzug
zu steigen, der anschließend sorgfältig durchsucht wurde. Ein Dolmetscher, der die italienische Sprache nur mangelhaft beherrschte, befragte jeden einzelnen nach der Herkunft der bei ihm gefundenen Waren. 78 Mann, bei denen Marmons Leute Plünderungsgut
feststellten, ließ W. in zwei leere Eisenbahnwagen sperren. Er zögerte ebenso wie die übrigen Beteiligten, den vom Kommandeur der Sicherheitspolizei erhaltenen Erschießungsbefehl einfach auszuführen. Der Zeuge Z., der zum Kommando gehörte, empfahl nach
eigener Aussage, den Gefangenen einen Tritt zu versetzen und sie freizulassen. Das wiederum meinte der Kriminalsekretär W. nicht auf sich nehmen zu können. Er beabsichtigte
deshalb, bei Marmon rückzufragen, wozu sich W. vom Bahnhofsgelände entfernte. Als er
nach ungefähr 45 Minuten oder einer Stunde zurückkam, zeigte sich W. sehr erregt und
sagte, daß man die italienischen Arbeiter auf »Anordnung des Kommandeurs« zu erschießen habe. Versuche, ihn zur Nichtbefolgung des Befehls zu überreden, beantwortete er
mit dem Hinweis, daß Marmons Weisung auszuführen sei, schließlich wolle er sich von
diesem nicht wegen Gehorsamsverweigerung »an die Wand stellen lassen«.

Das Ganze endete somit in dem schon angedeuteten Drama. Jeweils sechs oder acht Exinternierte begaben sich auf ein neben dem Bahnbereich liegendes Kleingartengelände, wo
die Mitglieder des Kommandos ihre Opfer, die sich am Rande eines Bombentrichters aufstellen mußten, von hinten niederschossen. War eine Gruppe exekutiert, führten sie die

---

[351] NHAH, Nds. 721 Hildesheim Acc. 106/80, 160 (siehe oben, Anm. 348), S. 23.

[352] Aussage des italienischen Zeugen R.A., zitiert bei Krause-Vilmar, Ausländische Zwangsarbeiter, S. 408.
Der Zeuge hob ferner hervor, daß die italienischen Exinternierten, die in fensterlosen Güterwagen
hausen mußten, während für das deutsche Personal Personenwagen zur Verfügung standen, am
31. März nichts zu essen erhalten hatten. Sie waren daher sehr hungrig.

nächste heran. Die unmenschliche Prozedur wiederholte sich, bis keiner der 78 Italiener mehr atmete. Ihre Kameraden, die überlebten, weil sie der Plünderung nicht überführt werden konnten, sahen sich gezwungen, die wegen etwas Margarine, Butter oder Dosenwurst Erschlagenen auf pietätlose Weise in dem Bombentrichter zu vergraben. Wenige Wochen später, im Mai 1945, ließ die Besatzungsmacht die Leichen exhumieren[353]. Der Hauptverantwortliche ist, nachdem er sich jahrelang unter falschem Namen versteckt hatte, im August 1950 in Waiblingen in Baden-Württemberg festgenommen worden[354]. Das Gericht, vor das er nunmehr trat, gelangte zu der Überzeugung, daß Marmon den Befehl zur Erschießung der 78 Italiener persönlich erteilte[355]. Im Hinblick auf die historische Einordnung derartiger Tötungsverbrechen erscheint es sinnvoll, hier auch die juristische Beurteilung der Ereignisse auf dem Bahnof Wilhelmshöhe in gedrängter Form zu erörtern[356]. Von Interesse ist vor allem die Frage, welche Erlasse, Weisungen, Befehle oder sonstigen Gegebenheiten für die Tötung der italienischen Exinternierten, die ja ohne standgerichtliches Urteil erfolgte, als Rechtsgrundlage dienen konnten.

Da es sich um Plünderung handelte, spielte der oben erwähnte »Katastrophenerlaß« des Reichsführers-SS vom Herbst 1943 eine Rolle. Marmon half die dubiose Verfügung jedoch nicht. Als nämlich der Höhere SS- und Polizeiführer in Kassel die Stadt am Vorabend des Massakers verließ, übernahm dort der Inspekteur der Sicherheitspolizei dessen Stellvertretung. Allein er, nicht der Angeklagte, der bekanntermaßen nur die Stellung des Kommandeurs der Sicherheitspolizei und Leiters der Geheimen Staatspolizei bekleidete, hätte unter Berufung auf den »Katastrophenerlaß« die Erschießung anordnen dürfen, sofern der Plünderungstatbestand die dafür erforderlichen spezifischen Voraussetzungen erfüllte[357].

---

[353] Vgl. Krause-Vilmar, Ausländische Zwangsarbeiter, S. 409 ff. Man exhumierte neben 78 getöteten Italienern, von denen 68 identifiziert werden konnten, auch einen unbekannten russischen Staatsbürger. Ihn hatte ein Mitglied des Kommandos, als er mit einem Butterpaket — an einem Baum lehnend — angetroffen wurde, auf der Stelle erschossen: ebd., S. 408.

[354] NHAH, Nds. 721 Hildesheim Acc. 106/80, 160 (siehe oben, Anm. 348), S. 4. Krause-Vilmar, Ausländische Zwangsarbeiter, S. 409, resümiert die dem Verfahren vorausgehenden Ermittlungen. Ein von der amerikanischen Militärregierung 1945 angestrebter Prozeß wurde 1947 eingestellt, man ermittelte aus unbekannten Gründen nicht weiter. Auf die Anzeige eines Bürgers aus Straßburg nahm sich die Staatsanwaltschaft Kassel 1948 des Falles an. 1949 erhob sie gegen die ihr bekannten Mitglieder des Kommandos, das die italienischen Arbeiter umgebracht hatte, Anklage. Unter Berufung auf den Paragraphen 47 des Militärstrafgesetzbuches sprach das Gericht alle Angeschuldigten frei, da sie anscheinend glaubhaft behaupteten, im letzten Augenblick Angehörige des »Volkssturms« geworden zu sein. Damit aber galt für sie nicht das Strafgesetzbuch, sondern das Militärstrafgesetzbuch. Anders gewendet: Sie vermochten alle Schuld auf den damals noch unauffindbaren Marmon abzuwälzen, denn der hatte befohlen.

[355] NHAH, Nds. 721 Hildesheim Acc. 106/80, 160 (siehe oben, Anm. 348), S. 24. In zwei weiteren Anklagepunkten, die ebenfalls Tötungsverbrechen betrafen, sprach das Gericht F. Marmon unter Bezug auf Paragraph 47 des Militärstrafgesetzbuches frei: ebd., S. 19.

[356] Zu den folgenden Ausführungen vgl. ebd., S. 24—36.

[357] Dem Gericht in Kassel stand noch nicht das oben zitierte Rechtsgutachten zur Verfügung (siehe oben, S. 544, Anm. 297). Es stützte sich bei seiner Auffassung auf die Angaben von Josias Prinz zu Waldeck-Pyrmont, der den Erlaß sinngemäß dahingehend definierte, daß »bei katastrophenähnlichen Zuständen, bei Fliegerangriffen und bei Ausfall der Rechtspflege die örtlichen Höheren SS- und Polizeiführer berechtigt waren, insbesondere gegen Plünderer die erforderlichen Maßnahmen zu treffen«: NHAH, Nds. 721 Hildesheim Acc. 106/80, 160 (siehe oben, Anm. 348), S. 25.

Natürlich hingen in Kassel wie anderswo jene Plakate, die verkündeten: »Wer plündert, wird erschossen!« Darüber hinaus soll der Rundfunk gerade in der Karwoche 1945 den »Katastrophenbefehl« Himmlers ausgestrahlt haben, der bestimmte, daß »jeder Plünderer, der auf frischer Tat ertappt würde, von jedem Waffenträger sofort zu erschießen« sei[358]. Das Gericht begründete indes detailliert, daß der sogenannte Katastrophenbefehl vom März 1945 aufgrund seines »für jeden offensichtlich erkennbaren Unrechtsgehalts als rechtsunwirksam« angesehen werden müsse. Der Befehl vermöge Marmons Tat folglich ihren »Unrechtscharakter nicht zu nehmen«[359]. Aber auf diese grundsätzliche Feststellung kam es nicht so sehr an, da im konkreten Fall, den Plünderungshandlungen auf dem Bahnhof Wilhelmshöhe, die Bedingungen gar nicht existierten, um den »Katastrophenbefehl« anzuwenden. Als die Schar unter Führung des Kriminalsekretärs W. eintraf, hatten die später umgebrachten Italiener ihr Tun längst beendet. Sie wurden jedenfalls nicht »auf frischer Tat« überrascht[360].

Bei der Begründung extrem harter Maßnahmen gegen Plünderer argumentierte die Verteidigung häufig mit dem übergesetzlichen Notstand. Damit ist ein in der deutschen Rechtsprechung entwickelter Unrechtsausschließungsgrund bezeichnet, der besagt, daß keine rechtswidrige Handlung gegeben sei, falls ein »geringwertiges Rechtsgut verletzt wird, um dadurch ein höher wertiges Gut zu retten.« Das heißt, die Tötung der 78 italienischen Staatsbürger in Kassel hätte sich eventuell und ausschließlich dann rechtfertigen lassen, wenn sie unvermeidbar gewesen wäre, »um ein größeres Unheil, nämlich Plünderungen und Morde an der hauptsächlich aus Frauen und Kindern bestehenden deutschen Zivilbevölkerung zu verhindern«. Von einer solchen Gefahrenlage konnte auf dem Bahnhof Wilhelmshöhe nicht die Rede sein. Es ist außerdem festzuhalten, daß die Situation in der Stadt dem Kommandeur der Sicherheitspolizei durchaus noch die Möglichkeit bot, die Italiener in Verwahrung zu nehmen, um sie anschließend einem Standgericht zur verfahrensmäßig vorgesehenen Aburteilung zu übergeben[361].

---

[358] NHAH, Nds. 721 Hildesheim Acc. 106/80, 160, S. 6 und 25 f.

[359] Ebd., S. 25 ff. Die Richter betonten außerdem, daß der Katastrophenbefehl das Leben von Staatsbürgern der Willkür und den Unzulänglichkeiten von Waffenträgern auslieferte. Er habe gegen die »elementarsten Normen zum Schutz des menschlichen Lebens« verstoßen, das in jedem zivilisierten Staat das »höchste Gut« darstelle. Der Staat sei verpflichtet, »Menschenleben« zu schützen. Selbst »Verbrecher« dürfe er, wenn überhaupt, nur aufgrund eines Verfahrens zum Tode verurteilen. Kurzum, der Sachverhalt sei so zu beschreiben, daß »derjenige, der im Namen des Staates einen Menschen tötet, über den noch nicht das Urteil gesprochen worden ist, selbst ein Verbrechen begeht«. Am Grundsatz, daß ein Mensch ausschließlich nach und aufgrund eines Gerichtsurteils getötet werden dürfe, und an der Forderung, daß die Vollstreckung des Urteils in der gesetzlich vorgeschriebenen Form zu geschehen habe, müsse stets festgehalten werden. Das gelte »auch in außergewöhnlichen Zeiten« und »insbesondere auch im Kriege«. Selbst dann dürfe »der nach der Tat ergriffene Täter nicht ohne Verurteilung hingerichtet werden«.

[360] Ebd., S. 32.

[361] Ebd., S. 28 f. Die Richter konstatierten, daß Marmon ein Standgerichtsurteil überhaupt nicht in Erwägung zog. Außerdem habe er die Erschießung von Plünderern befohlen, ohne die wirkliche Lage auf dem Bahnhof zu kennen. Bemerkenswert ist ferner die Klarstellung (ebd., S. 31), daß der »Katastrophenbefehl« kein Befehl im Sinne des Paragraphen 47 des Militärstrafgesetzbuches gewesen sei, da es sich nicht um eine persönliche und auf einen Einzelfall zugeschnittene Anordnung handelte.

Das Gericht verurteilte Marmon als »Totschläger«, der »vorsätzlich« handelte. Gleichwohl billigte es ihm mildernde Umstände zu. So meinten die Richter unter anderem, der Volljurist habe sich »im fahrlässigen Irrtum über die Rechtswidrigkeit seiner Tat befunden«. Die Höhe der Strafe? Zwei Jahre Gefängnis galten als angemessene Sühne. Dagegen standen neunundsiebzig Menschenleben: achtundsiebzig Italiener und ein Russe[362].

Als »Märtyrer« von Hildesheim gingen italienische Gefangene und Exinternierte in die Erinnerung ein, die in der Karwoche 1945 der Gestapo-Justiz zum Opfer fielen. Die alte Bischofsstadt erlebte bereits am 3. und 14. März Luftangriffe, doch das schrecklichste Bombardement folgte am 22. des Monats, einen Donnerstag. Im Hagel der Spreng-, Splitter- und Brandbomben versank das eigentliche Hildesheim. Drei Tage, in denen man »Tausende Schwer- und Leichtverletzte sowie fast 1000 Tote« zählte[363]. Nach einer zeitgenössischen Meldung zerstörten die Bomben über 70 Prozent der Wohnhäuser, es gab ungefähr 50 000 Obdachlose[364].

In der Stadt arbeiteten damals in verschiedenen Fabriken Italiener[365]. Sie scheinen in ihrer Masse aus dem nur wenige Kilometer entfernten Barienrode, eventuell jedoch auch aus anderen Lagern gekommen zu sein[366]. Am 26. März kehrten angeblich circa 500 von ihnen, die zunächst aus Hildesheim herausgebracht worden waren, zu Aufräumungsarbeiten zurück[367]. Über das, was sich danach ereignete, liegen zum Teil widersprüchliche Aussagen vor, aber es gibt keinen berechtigten Zweifel daran, daß zwischen dem 26. und dem 29. März eine große Zahl italienischer Bürger in Hildesheim gewaltsam ums Leben kam. Die Hinrichtungen fanden auf dem Friedhof und auf dem Marktplatz statt.

---

[362] Krause-Vilmar, Ausländische Zwangsarbeiter, S. 409, weist darauf hin, daß die Tötung des russischen Zivilarbeiters bei jenem Prozeß — aus unerfindlichen Gründen — nicht verfolgt wurde.

[363] Vgl. zum Bombardement der Stadt: Teich, Hildesheim, S. 139 ff.; auf S. 143 findet sich ein knapper Hinweis auf die »Massenhinrichtung von 80 italienischen Arbeitern«.

[364] Beglaubigte Abschrift: Bericht an die H.GStA. in Celle, Betr.: Fliegerangriff auf Hildesheim am 22.3.1945, H. 27.3.45, gez. F., NHAH, Nds. 721 Hildesheim Acc. 106/80, 159, Bl. 120.

[365] Vgl. die Berichte von Fossati/Bicchi, Martiri, S. 316 und 319. Bicchi betont, daß er in Hildesheim im März 1945 als »Militärinternierter« arbeitete. Fossati schreibt, daß er zur Arbeit in den Trilke-Werken abkommandiert war.

[366] Dr. B.R., Mestre li 3-2-1953, An den Oberstaatsanwalt-Hildesheim (Übersetzung), NHAH, Nds. 721 Hildesheim Acc. 106/80, 161, Bl. 49. Das italienische Original und eine Kopie der Übersetzung sind enthalten, in: NHAH, Nds. 721 Hildesheim Acc. 106/80, 163, Bl. 114 f.; vgl. ebd., Bl. 117 f., L.T., Poiana Maggiore, 11 febbraio 1953, Al Pubblico Ministero Staatsanwaltschaft Hildesheim (Kopie der Übersetzung, in: NHAH, Nds. 721 Hildesheim Acc. 106/80, 162, Bl. 44 ff.), der sich in der Karwoche in seiner Funktion als Beauftragter für die Betreuung der damaligen »italienischen Militärinternierten in den Gefangenenlagern des Bezirks Hildesheim« in der Stadt aufhielt. Als mögliche Lager für die Herkunft der Italiener nannte er: »Lager 6001, 6007, 6125 (Neuhoff), 6133 (Voß-Werke Sarstedt), K.do 6067 K.G. (Peine), 6075 (Zucker-Fabrik, Baugruppe Steudal Magdeburg), Senking-Werk (Hildesheim), K.do Walter Konneken (Hoenhomen), usw.«. Hingegen schreibt Raffael (siehe oben), daß die Italiener (abgesehen von Barienrode), wie er selbst, von Klein Bülten über Peine gekommen seien und zum Stalag XI B Fallingbostel gehörten.

[367] So in dem bei Lops, Caduti italiani nei principali Lager, S. 51–54, abgedruckten Bericht von Don Romeo Rusconi, dessen Angaben sich auf Augenzeugen stützen. Zum 26.3.1945 vgl. S. 51. Die Aufzeichnung ist ebenfalls publiziert bei Piasenti, Il lungo inverno, S. 301–304.

Das Italienische Rote Kreuz besaß spätestens Ende 1945 eine am 4. November desselben Jahres abgeschlossene namentliche Zusammenstellung von 65 Getöteten, von denen ihre einstigen Kameraden mindestens 18 eindeutig identifizierten, als sie auf dem Marktplatz am Galgen hingen. Der Priester, der für die Liste verantwortlich zeichnete, wies allerdings sofort darauf hin, daß sich die tatsächliche Zahl der vom 26. bis zum 28. März umgebrachten Landsleute auf 132 belaufen dürfte[368]. Nachforschungen der alliierten Dienststellen berechtigten ebenfalls zu der Annahme, daß bis zu 130 italienische »Kriegsgefangene« in Hildesheim eines unnatürlichen Todes gestorben sein könnten, wobei von möglicherweise 32 auf dem Marktplatz Strangulierten die Rede gewesen ist[369]. Da aus Zeugenaussagen hervorging, daß die italienischen Opfer auf dem Hildesheimer Zentralfriedhof in einem Massengrab »verscharrt« wurden, bat nunmehr das Rote Kreuz die Stadtverwaltung, eine Exhumierung vorzunehmen, um die Leichen zu identifizieren[370].

Die Öffnung des Grabes ergab, daß unter etwa 80 cm Erde 208 Tote in vier bis fünf Schichten übereinanderlagen. Von den insgesamt 17 Frauen und 191 Männern erwiesen sich von ersteren 16, von letzteren 135 als gänzlich nackt. Bei einer weiblichen Leiche steckte noch der Knebel im Mund. Die 56 angezogen begrabenen männlichen Personen trugen entweder Zivilkleidung oder die Sträflingsuniform der Konzentrationslager. Vier tote Männer hatten einen Strick um den Hals. Aufgrund der Tatsache, daß Erkennungsmarken oder irgendwelche sonstigen ausweisenden Gegenstände fehlten, vermochten die Friedhofsbeamten bei keinem der Getöteten die Nationalität zu bestimmen. Und selbstverständlich ließen sich auch keine Namen feststellen. Dennoch ging der Oberstadtdirektor von Hildesheim anscheinend davon aus, daß in jenem Massengrab »die 135 ermordeten Italiener beigesetzt worden sind«[371].

Im September 1949 erteilten die Alliierten sodann ihre Zustimmung, daß deutsche ordentliche Gerichte in dem wegen der Vorfälle in Hildesheim gegen den ehemaligen Kriminalkommissar und SS-Hauptsturmführer Heinrich Huck und andere eingeleiteten Verfahren die Gerichtsbarkeit ausübten[372]. Der Angeschuldigte nahm vom September 1944

---

[368] Rusconi, Testimonianze, S. 53–58; Lops (siehe oben, Anm. 367) veröffentlicht eine Liste mit 94 namentlich genannten Opfern, S. 54 ff. Drei von diesen führt der Zeuge L.T. (siehe oben, Anm. 366) in seiner Erklärung als von ihm selbst identifiziert auf.

[369] Hildesheim Intelligence Section, B.A.O.R., Confidential HiS/244, 9 Mar '48, Subject: Alleged hanging of Italian PWs at Hildesheim, To: 3 Area Intelligence Office (2) »B« Section, NHAH, Nds. 721 Hildesheim Acc. 106/80, 156. Ausgewertet wurden Aussagen von fünf Zeugen.

[370] Croce Rossa Italiana Ufficio per la Bassa Sassonia, Hannover, den 24.8.48, Prot. Nr. 16.19/Suchdienst, An den Oberbürgermeister von Hildesheim, NHAH, Nds. 721 Hildesheim Acc. 106/80, 156, Bl. 80. Das Rote Kreuz ging von 135 Toten aus. Die Öffnung des Massengrabes begann am 30.8.1948 (ebd., Zusatz 2.9.48). Teich, Hildesheim, S. 143, schreibt irrtümlich, man habe die Toten erst 1951 gefunden.

[371] Stadt Hildesheim Friedhofsamt IX G., Hildesheim, den 7.9.1948, Betr.: Bericht über die Öffnung des Massengrabes in der Abtl. VI. a. links, Reihe 9. Und: Der Oberstadtdirektor, 6.9.1948, An Croce Rossa Italiana Ufficio per la Bassa Sassonia Hannover, NHAH, Nds. 721 Hildesheim Acc. 106/80, 156, Bl. 80 (Rückseite) und 81. Die Toten hat man wieder in das Massengrab gebettet, das am 4.9.1948 geschlossen wurde.

[372] Land Legal Department, HQ Land Niedersachsen Hannover, 229 HQ CCG (BE) BAOR. 5. 6 September, 1949. To: Generalstaatsanwalt Celle, Subject: Crimes against Humanity involving Allied Victims, NHAH, Nds. 721 Hildesheim Acc. 106/80, 156.

bis zum Mai 1945 die Stellung des Leiters der Gestapo-Außenstelle in Hildesheim ein, die der Gestapo-Leitstelle Hannover unterstand[373]. Die von der Staatsanwaltschaft in Hildesheim betriebenen Ermittlungen zielten nicht auf die Erhellung des Schicksals der 208 gefundenen Toten, sondern betrafen die Beteiligung von Huck und sechs seiner Untergebenen an Tötungsverbrechen[374]. Hierzu gehörte die — vom Angeschuldigten nicht geleugnete[375] — Hinrichtung von circa achtzig italienischen Staatsbürgern im Polizei-Ersatzgefängnis am Zentralfriedhof, um die es vorerst gehen soll. Wie kam es zu dem Massaker? Aus den Erinnerungen von überlebenden Militärinternierten, die sich in der Karwoche in Hildesheim aufhielten, ergibt sich folgender Sachverhalt. Der schwere Luftangriff am 22. März zerstörte — neben vielen anderen Gebäuden — Lagerhäuser beim Bahnhof. Große Mengen an Lebensmitteln verbrannten. Zahlreiche Deutsche und Ausländer fanden sich dort ein, um von dem der Vernichtung geweihten Gut, insbesondere Dosenkäse, etwas für den Eigenbedarf zu retten. Die deutschen Bewacher der zerbombten und ausgebrannten Depots forderten die aus Barienrode stammenden Italiener, die Bergungs- und Aufräumungsarbeiten verrichteten, auf, sich gleichfalls zu bedienen. Ausgehungert wie sie waren, taten sie das. Wenig später, am Abend des 26. März, kontrollierten Polizeistreifen die zu ihrem Lager heimkehrenden Gruppen. Belegt ist, daß das Gros einer Marschkolonne von ungefähr hundert Mann im Gefängnis am Zentralfriedhof endete[376]. Über einen ähnlichen Vorgang, bei dem die Gestapo alle diejenigen verhaftete, darunter 26 Italiener, die in einem völlig vernichteten Lebensmittelmagazin der Wehrmacht nach eßbaren Überre-

---

[373] Huck stellte sich am 27.5.1945 den Amerikanern, wurde bis zum September 1947 interniert und dann unter der Anklage des Mordes, der Deportation und Plünderung an Frankreich ausgeliefert. Das Verfahren hat man 1948 eingestellt. Am 10.11.1949 verurteilte ihn das Schwurgericht Hannover wegen »Verbrechens gegen die Menschlichkeit in Tateinheit mit Aussageerpressung in fünf Fällen und Körperverletzung im Amte« rechtskräftig zu einem Jahr und sechs Monaten Zuchthausstrafe. Das Gericht sprach in seinem Urteil vom »dreisten Leugnen des Angeklagten« während der Verhandlung: 2 Ks 8/49, 28a 18/49, Urteil des Schwurgerichts des Landgerichts Hannover am 10.11.1949, NHAH, Nds. 721 Hildesheim Acc. 106/80, 156 (15 S., Zit. S. 15). Darüber hinaus erkannte das Spruchgericht in Bielefeld am 16.5.1950 — unter Einbeziehung der obigen Strafe vom 10.11.1949, wegen »kenntnisbelasteter Zugehörigkeit zur Gestapo und SS, auf eine Gesamtstrafe von zwei Jahren und sechs Monaten Zuchthaus: Der Untersuchungsrichter VU 3/50, Hildesheim, den 23.1.1951, Vernehmung Huck, NHAH, Nds. 721 Hildesheim Acc. 106/80, 157, Bl. 90—95. Den Fall der getöteten Italiener hat man in diesen beiden Verfahren nicht verhandelt.

[374] Die Namen wurden in der Berichterstattung der Presse — anläßlich des Verfahrens im November 1951 — mitgeteilt. Eine Sammlung von Zeitungsausschnitten bewahrt das Stadtarchiv der Stadt Hildesheim auf. Der Verfasser dankt hierbei Herrn Archivdirektor Dr. Borck für seine freundliche Hilfe.

[375] Vgl. dazu die Aussage von H. Huck bei der Kriminalpolizei in Hildesheim am 23.11.1949; und vor der Staatsanwaltschaft in Celle am 5.4.1950, NHAH, Nds. 721 Hildesheim Acc. 106/80, 156, Bl. 110 ff. und 165 ff.; sowie ebd. Acc. 106/80, 157, Bl. 98—104, Aussage Hucks vor dem Untersuchungsrichter beim Landgericht VU 3/50, Hildesheim, den 25.1.1951; und Bl. 108— 114, Aussage Hucks vor demselben Untersuchungsrichter am 1.2.1951. In seinen Aussagen gibt der Angeschuldigte eine detaillierte Beschreibung des Tatherganges. Gegen Huck erging am 11.12.1950 Haftbefehl: VU 3/50 Haftbefehl! Der Untersuchungsrichter beim Landgericht, ebd. Acc. 106/80, 157, Bl. 25.

[376] Vgl. Lops, Caduti italiani nei principali Lager, S. 51 f.

sten suchten, berichtete ein weiterer Augenzeuge[377]. Die Männer ahnten oder wußten, was ihnen bevorstand. Einer der Verhafteten habe gerufen, man möge seinen Vetter grüßen, er selbst müsse sterben. Ein anderer hob eine Dose Käse hoch und schrie: Seht es euch an, dafür bringen sie mich um[378]. Himmlers Leute töteten ihn tatsächlich.

Nun soll nicht in Frage gestellt werden, daß sich die Situation nach Luftangriffen sehr schwierig und mitunter chaotisch ausnahm. Nur sind brutalste, den Tod von Menschen fordernde Maßnahmen wirklich mit dem pauschalen Hinweis auf das »verbrecherische Treiben des plündernden Gesindels von In- und Ausländern« verständlich zu machen oder gar zu rechtfertigen[379]? Es meldeten sich Zeitzeugen des »Dritten Reiches«, die auf die Ungeheuerlichkeit der Hinrichtungen von Hildesheim und zugleich darauf aufmerksam machten, daß es nach ihren »Beobachtungen« wohl »kein Kriegsgefangener schlechter gehabt« habe als die Militärinternierten[380]. Der Führer des 3. Polizei-Reviers in Hildesheim, der die Planung und Durchführung der Aktionen gegen die, nach Auffassung des örtlichen Gestapo-Leiters, »rücksichtslos« zu henkenden Plünderer ausführlich beschrieb, gab zu Protokoll, daß er sich beim Kommandeur der Schutzpolizei beziehungsweise dessen Stellvertreter dafür einsetzte, dreißig mit »schwarz-verbrannten Fleischkonserven« aufgegriffene Italiener »vor ungerechter Behandlung zu schützen«[381]. Er vermochte es nicht. Selbst einer der Gestapo-Männer behauptete nach 1945, Huck gegenüber geäußert zu haben, daß die bei den Erhängten festgestellten »Lebensmittel, angebrannte Käsebüchsen usw.« keinen Grund bildeten, die Inhaftierten »mit dem Tode zu bestrafen«[382]. Als »wertlos« bezeichnete ein anderer Angehöriger der Hildesheimer Gestapo die bei den italienischen Gefangenen gefundenen Dosen[383], für die Menschen ihr Leben ließen[384].

---

[377] So die Erzählung von E. Bicchi, vgl. Fossati/Bicchi, Martiri, S. 319 f.

[378] Lops, Caduti italiani nei principali Lager, S. 52 f.

[379] Gutachten eines deutschen Professors aus dem Jahre 1951 (siehe oben, S. 544, Anm. 297), Bl. 182c.

[380] F.F., Helfer in Steuersachen, Alfeld/L., den 13.6.1953, An den Oberstaatsanwalt Hildesheim, NHAH, Nds. 721 Hildesheim Acc. 106/80, 159, Bl. 166 f.

[381] Aussage des Polizei-Meisters O.D. vor der Kriminalpolizei, z.Zt. Clausthal-Zellerfeld, 16.10.1953, NHAH, Nds. 721 Hildesheim Acc. 106/80, 156, Bl. 89 ff. Der Bericht von D. deckt sich sehr genau mit der Darstellung Bicchis (siehe oben, Anm. 377), die aufgrund verschiedener Details präzisiert. D. gab zu Protokoll, daß »etwa 30 Italiener« in der Gegend von Hohnsen gesammelt wurden, wo man ihnen die — aus dem Wehrmachtsdepot in der Wachsmuthstraße stammenden — stark verbrannten Büchsen abnahm. Seine Nachforschungen ergaben, daß die Italiener »unter Aufsicht der Wehrmacht bei den Aufräumungsarbeiten im Wehrmachtsdepot, das vollkommen ausgebombt war, eingesetzt worden waren. Beim Verlassen der Arbeit hätten die Wehrmachtsangehörigen, die mit der Bewachung der Italiener beauftragt waren, eine Anzahl Fleischkonserven, die unter dem Schutt hervorgeholt worden waren, an sich genommen. Den Italienern, die sie zu bewachen hatten, hätten sie ebenfalls gestattet von diesen Büchsen mitzunehmen.« D. sprach unter anderem mit zwei Italienern über den Vorfall.

[382] Aussage des Zeugen K.W. vor der Kriminalpolizei Hildesheim am 28.2.1950, NHAH, Nds. 721 Hildesheim Acc. 106/80, 156, Bl. 15 f.

[383] Ebd. (ohne Blattzahl), Aussage des Zeugen W.W. vor der Kriminalpolizei Hildesheim, den 2.10.1949.

[384] Im Hinblick auf die »Spurensuche« ist anzumerken, daß die Gestapo Hildesheim unmittelbar vor dem Einmarsch der amerikanischen Truppen ihre Akten und Karteien verbrannte, darunter vermutlich auch die Liste mit den Namen der Exekutierten: vgl. Kriminalpolizei — S —, Ermittlungsergebnis, Hildesheim, den 25.11.1949, NHAH (siehe oben, Anm. 382), Bl. 116–119.

Das geschah im Polizei-Ersatzgefängnis, wohin die Häftlinge, die sich zunächst in der jüdischen Leichenhalle eingesperrt sahen, gebracht wurden, auf außergewöhnlich grausame Weise. Die Staatsanwaltschaft bewertete die Art, in der die Erhängung stattfand, als eine »Mißachtung der seelischen Gemütsvorgänge der Todesopfer«. Sie sprach von einer an sich vermeidbaren, den Hingerichteten zusätzlich bereiteten Qual. Bei sämtlichen Angeschuldigten sei, das hätten die Ermittlungen erwiesen, von einer »gefühllosen und unbarmherzigen Gesinnung« auszugehen[385]. Ein derartiger Eindruck resultierte in erster Linie aus dem, was sich im März 1945 auf dem Zentralfriedhof abspielte.

Werden die zahlreichen Mosaiksteine, welche die in den Aussagen der Täter und Zeugen enthaltenen Fakten darstellen, zusammengefügt, so entsteht hinsichtlich der Exekution im Polizei-Ersatzgefängnis — einst eine Seuchenbaracke — etwa folgendes Bild[386]: Angeblich, denn die Behauptung war im Prozeß sehr umstritten, gab Huck den Verurteilten, mittels eines unter ihnen ausfindig gemachten deutsch sprechenden Gefangenen, den Erhängungsbefehl bekannt. Die Weisung — auch hierbei blieb manches unklar — soll der bereits erwähnten Chef der Gestapo-Leitstelle Hannover, Oberregierungsrat Rentsch, erlassen haben. Im Anschluß an die behauptete Verkündung des Todesurteils sammelten Gestapo-Beamte die Wertgegenstände der Häftlinge ein und setzten die anfangs in der jüdischen Leichenhalle durchgeführte Personalienerfassung fort. Danach brachten zwei russische Hilfskräfte jeweils fünf der circa achtzig Italiener aus der Wachstube an die Südseite des Ersatzgefängnisses. Eine an dessen Westgiebel eingelassene Eisenstange, die ein Pfosten abstützte, diente als Galgen. Die Ankömmlinge stellten sich mit dem Gesicht zur Hauswand auf, anschließend führten die Henker den ersten Todeskandidaten zur eigentlichen Richtstätte. Der Aufzuhängende mußte einen unter dem Galgen stehenden Tisch besteigen, der Scharfrichter legte ihm sodann von einer Leiter aus die Schlinge um seinen Hals, stieß den Tisch um, der auf solche Weise Strangulierte begann seinen Todeskampf. Während er starb, folgte das nächste Opfer, es sah den erhängten Freund oder Kameraden, erklomm den mittlerweile wieder aufgestellten Tisch, stand neben seinem vorausgegangenen Leidensgefährten, fühlte die Schlinge um den Hals, registrierte das Umstoßen des Tisches, der schaukelnde Körper befand sich in der Agonie. Die unmenschliche Prozedur wiederholte sich, bis fünf Hingerichtete an der Eisenstange hingen. Nach zwanzig Minuten nahm man die Toten ab und legte sie gestapelt auf die Seite. Es folgten die nächsten fünf Italiener — und so weiter, bis alle den Tod erlitten hatten. Als unmittelbare Vollstrecker betätigten sich die beiden Russen in deutschen Diensten, aber einige Gestapo-Leute legten ebenfalls Hand an. Insgesamt dauerte die unbarmherzige Exekution von ungefähr 19.00 Uhr bis zum frühen Morgen des nächsten Tages, 02.30 Uhr oder 03.00 Uhr. Zwischen 22.00 und 24.00 Uhr unterbrachen die Staatspolizisten das Massaker, um ihr Abendessen einzunehmen.

---

[385] Der Oberstaatsanwalt 3/2 Js 1671/49, Hildesheim, den 14.6.1951, An das Landgericht — Strafkammer — Hildesheim, Anklageschrift, NHAH, Nds. 721 Hildesheim Acc. 106/80, 157, Bl. 138—157, Zitat Bl. 156 f.

[386] Ohne auf die Ungereimtheiten in einzelnen Zeugenaussagen einzugehen, folgt die Darstellung im wesentlichen der Anklageschrift des Oberstaatsanwalts (siehe oben, Anm. 385), Bl. 148 ff.

An dies erinnerten sie sich, nicht aber an die totenbleichen, angsterfüllten Gesichter ihrer Opfer, an deren Verzweiflung, ihr Wehklagen, die hilflosen Schreie und die ohnmächtigen Verwünschungen. Davon berichteten andere Insassen der zweckentfremdeten Seuchenbaracke, die von den Amerikanern befreit werden konnten[387]. Derartige Ereignisse lassen sich nicht vergessen und in keiner Weise verstehen. Es ist nicht verwunderlich, wenn einer, der sich damals in der Stadt aufhielt, noch nach Jahren feststellte: Die »Märtyrer« von Hildesheim »wurden nur hingerichtet, weil sie Italiener waren und weil sie Hunger hatten«. Der Mann »betreute« offiziell seine Landsmänner, wußte also, wovon er redete[388]. Da löschten *Menschen* Menschenleben wegen einer verbrannten Dose Käse aus, und derjenige, der sie hätte davor bewahren können, teilte ihnen, die auf den Tod warteten, mit, »sie müßten sich nun in ihr unabwendbares Geschick fügen«, ihm sei es verwehrt, daran etwas zu ändern, er habe einen »Befehl« auszuführen[389].

Gewiß existieren, das kam wiederholt zum Ausdruck, durchaus Erzählungen von Militärinternierten, die jenseits der Alpen andere Menschen kennenlernten. Ein entsprechendes Erlebnis überlieferte ein Gefangener oder Exinternierter, der sich überzeugt zeigte, daß ihm eine alte Frau in Hildesheim im besagten März 1945 das Leben bewahrte. Freilich ist das erst die halbe Geschichte, hat man doch zu ergänzen, daß die unbekannte Frau den zweiundzwanzigjährigen Italiener vor der entfesselten Wut ihrer Mitbürger rettete — Deutschen[390].

Am 30. November 1951 verkündete schließlich das Schwurgericht in Hildesheim sein Urteil. Es gab sechs Freisprüche für die ehemaligen Untergebenen Hucks. Ihn selbst verurteilten die Richter zu fünf Jahren Zuchthaus und erkannten ihm gleichzeitig für zwei Jahre die bürgerlichen Ehrenrechte ab[391]. Die Verteidigung legte erfolgreich Revision ein[392], denn das Schwurgericht beim Landgericht in Hildesheim sprach Huck am 16. Juni 1953 frei, wobei es das Urteil vom November 1951 — soweit es ihn betraf — aufhob[393]. Zwar ging nunmehr die Staatsanwaltschaft in die Revision[394], aber eingestandenermaßen erwartete sie »angesichts des Ergebnisses der Beweisaufnahme kaum einen Erfolg«[395]. Jedenfalls mußte daraufhin der Bundesgerichtshof entscheiden, dessen 5. Strafsenat die Revision am 9. Februar 1954 als »offensichtlich unbegründet« verwarf und das Urteil vom

---

[387] Lops, Caduti italiani nei principali Lager, S. 53.

[388] Nach Angaben des italienischen Zeugen L.T. (siehe oben, S. 563, Anm. 366).

[389] Der Untersuchungsrichter beim Landgericht. VU 3/50, Hildesheim, den 1.2.1951, Vernehmung des Angeschuldigten Huck, NHAH, Nds. 721 Hildesheim Acc. 106/80, 157, Bl. 108—114, Zitat Bl. 112.

[390] So erzählt von G. Fossati, um den es sich handelte, vgl. Fossati/Bicchi, Martiri, S. 318 f.

[391] 3 Ks. 4/51 Haft! Urteil des Schwurgerichts Hildesheim vom 30.11.1951, NHAH, Nds. 721 Hildesheim Acc. 106/80, 158, Bl. 46—69.

[392] Ebd., Bl. 41a, Schreiben der Verteidiger Hucks vom 3.12.1951 an das Landgericht/Schwurgericht Hildesheim.

[393] 3 Ks. 2/52, Urteil des Schwurgerichts beim Landgericht in Hildesheim vom 16.6.1953, NHAH, Nds. 721 Hildesheim Acc. 106/80, 159, Bl. 112—124.

[394] Ebd., Bl. 187—190: Der Oberstaatsanwalt — 3 Ks. 2/52 —, Hildesheim, den 20.8.1953. Es handelt sich dabei um die Revisionsbegründung. Die Revision selbst wurde am 16.6.1953 eingelegt.

[395] Der Oberstaatsanwalt — 3 Ks. 2/52 — Hildesheim, den 17.6.1953, An den Niedersächsischen Minister der Justiz in Hannover, NHAH, Nds. 721 Hildesheim Acc. 106/80, 165, Bl. 115 f.

Juni 1953 bestätigte. Entschuldbarer Irrtum hinsichtlich des für den Verlauf des Prozesses ausschlaggebenden — nie einwandfrei nachgewiesenen und möglicherweise rechtswidrig zustande gekommenen — Standgerichtsurteils des Oberregierungsrats Rentsch, auf das sich der Hauptangeklagte hartnäckig berief, um sein Tun zu rechtfertigen, und der bekannte Paragraph 47 des Militärstrafgesetzbuches gestatteten einen Freispruch, machten ihn juristisch betrachtet unausweichlich[396].

Zu jenem Zeitpunkt liefen bereits 1952 aufgenommene erweiterte Ermittlungen zur Aufklärung der Geschehnisse auf dem Hildesheimer Marktplatz im März 1945. Im oben referierten Verfahren nahm die Anklage an, daß dort drei Ostarbeiter gehängt wurden, deren Tod Huck anzulasten sei. Inzwischen hatten sich Zeugen gemeldet, die über die Tötung von Italienern auf dem Marktplatz berichteten; allerdings vermochten sie die Täter nicht zu identifizieren. Der Oberstaatsanwalt verfügte folglich am 22. Juli 1954 die Einstellung des Verfahrens. Aus seinen bis dahin betriebenen Nachforschungen ergab sich kein Tatverdacht, der eine neue Anklage gegen Huck rechtfertigte. Darüber hinaus fehlten Anhaltspunkte, um eventuelle Schuldige zu finden[397]. Das traf wohl zu, nur, darauf kommt es hier weniger an. Nicht um Personen, die Schuld tragen, geht es primär, sondern um die unter den Toten auf dem Marktplatz von Hildesheim befindlichen italienischen Opfer. In bezug auf sie brachten die Zeugenaussagen interessante Einzelheiten ans Licht, die freilich, was fast immer so ist, keineswegs völlig miteinander übereinstimmen.

In verschiedenen Erinnerungen oder zusammenfassenden Berichten von Militärinternierten ist zu lesen, die Erhängten wären zum Teil mehrere Tage als »Zielscheibe des Spotts« für die Passanten (al ludibrio dei passanti) ausgestellt geblieben. Vorübergehende Italiener mußten angeblich vor den Hingerichteten stehenbleiben. Zahlreiche italienische Augenzeugen sagten zum Tötungsvorgang aus, daß jeweils drei ihrer Landsleute an den Galgen herantraten, wo sie dem vor ihnen Aufgehängten die Schlinge abnahmen und die Leiche beiseite trugen. Anschließend stiegen sie nacheinander selbst auf eine Art Hocker, legten sich den Strick um den Hals, der Henker stieß den Schemel um[398]. Nach dem Kriege bezeugte auch der Landgerichtsdirektor Dr. jur. C. H., ehemals Leutnant und Ordonnanzoffizier beim in Hildesheim stationierten Landesschützenbataillon 11, die Hinrichtungen. Vermutlich handelt es sich bei seiner Darstellung um die detaillierteste Schilderung des Sachverhalts. Der Exoffizier gab zu Protokoll, am 27. oder 28. März 1945 zum Marktplatz gegangen zu sein, auf dem er eine Menschenschar und

---

[396] 5 StR 642/53, Urteil des 5. Strafsenats des Bundesgerichtshofs vom 9.2.1954, NHAH, Nds. 721 Hildesheim Acc. 106/80, 159, Bl. 204—207.

[397] Der Oberstaatsanwalt, 3 Js 1369/53, Hildesheim, den 14.8.1954, An den Niedersächsischen Minister der Justiz in Hannover, NHAH, Nds. 721 Hildesheim Acc. 106/80, 159, Bl. 13. Dort der Hinweis auf die Einstellungsverfügung vom 22.7.1954.

[398] Lops, Caduti italiani nei principali Lager, S. 53; ganz ähnlich berichtete Bicchi, der zudem Genickschüsse erwähnte: Fossati/Bicchi, Martiri, S. 320. Unzutreffend ist die Angabe in dem bei Lops abgedruckten Dokument, daß auf dem Marktplatz am 27. und 28.3.1945 insgesamt 130 Italiener stranguliert wurden. Die Zahl bezieht sich vermutlich auf die Summe der in Hildesheim aufgehängten italienischen Staatsbürger.

einen Galgen sah, an dem fünf männliche Personen hingen. Ein Erhängter habe sich noch besonders heftig hin und her bewegt, was daher rührte, daß er unmittelbar vor seinem Eintreffen »aufgeknüpft« worden sei.

Unter dieser Aufhängevorrichtung, der sich C.H. bis auf vier Meter näherte, lagen zwei Tote, deren einer mit einem Plakat versehen gewesen sein soll, das lautete: »Wer plündert wird erschossen«. Als Henker betätigten sich SS-Leute. Die Gefangenen halfen, ehe sie selbst an die Reihe kamen, noch dabei, die Leiche ihres Vorgängers abzunehmen. Dazu umfaßten sie den Toten, woraufhin der auf einer Leiter stehende SS-Mann das Seil vom Hals des Hingerichteten löste. Dessen Körper wurde einfach auf die Erde geworfen. Nun stieg der Nachfolger auf den etwa 60 cm hohen Kanister. Ihm wurde das Seil umgelegt, das ein SS-Mann danach am Haken des Galgens befestigte. Man band ihm die Hände auf dem Rücken zusammen. Ein auffallend dicker Helfer des Scharfrichters kippte auf ein Zeichen hin den Benzinkanister um. Der Gehängte baumelte in der Schlinge. Um die Strangulation zu beschleunigen, umklammerte der Dicke das im Todeskampf befindliche Opfer in seiner Hüftgegend und zog die Beine an.

Der Zeuge erkundigte sich, worum es bei alldem gehe, und erfuhr, daß Ausländer hingerichtet würden, »großenteils Italiener«. Er bestätigte außerdem, daß es Genickschüsse gab und die Todeskandidaten zu dreien vom Rathaus her zum Galgen schritten. In der Nähe desselben streckten sie sich bäuchlings auf dem Pflaster aus, das Gesicht zu Boden. Damit sie »völlig platt lagen«, trat ihnen der Scherge Himmlers »ziemlich kräftig in's Gesäß«. Dann erhielt der erste der drei einen weiteren Tritt, hatte aufzustehen, den Kanister zu besteigen — zu sterben. Die Prozedur lief relativ schnell ab.

Als der Zeuge des barbarischen Geschehens in die Richtung ging, aus der sich die Gefangenen näherten, entdeckte er an der Seitenfront des zerstörten Rathauses neun oder zwölf Menschen in Marschordnung, das heißt in Dreierreihen, bewacht von Angehörigen der SS. Jene Leute »standen mit dem Blick auf den Galgen, sie jammerten, zitterten, beteten und schlugen Kreuze«. Zum Teil erschienen sie noch recht jung, machten einen heruntergekommenen und zerlumpten Eindruck, sahen mager, erschöpft und hungrig aus. Noch während C. H. bei den Opfern verweilte, von denen eines laut zu Gott flehte und vermutlich den Namen »Maria« rief, holte der fettleibige Henkersknecht die nächsten drei Todgeweihten.

Der Offizier der Wehrmacht wandte sich ab, umrundete die Rathausruine und stieß auf zehn oder zwölf — vielleicht sogar noch mehr — Leichen. Jedenfalls waren es nach seiner Erinnerung »kaum weniger«. Insgesamt bemerkte er etwa dreiundzwanzig Tote. Von ihnen starben elf zweifelsfrei durch den Strang, neun vor seinen Augen. Im übrigen hätten sich die zum Tode Verurteilten — an der Richtstätte angekommen — »völlig lautlos« verhalten. Letztere Beobachtung findet in Aussagen italienischer Augenzeugen Bestätigung. Und die deutschen Zuschauer? Sie verfolgten, »meist Frauen, ziemlich teilnahmslos«, was vor ihren Augen passierte[399].

---

[399] Dr. jur. C.H., Landgerichtsdirektor, Hannover, den 19.8.1952, Äußerung, NHAH, Nds. 721 Hildesheim Acc. 106/80, 158, Bl. 176—180. Andere Zeugenaussagen bestätigten cum grano salis die Darstellung von C.H., vgl. dazu: Abschrift! Vfg. 22.7.1954 (Vermerk des Staatsanwalts), NHAH, Nds. 721 Hildesheim Acc. 106/80, 162, Bl. 133 ff.

Zu Wort meldeten sich ferner Zeugen aus Italien, die im März 1945 besagte Vorgänge beobachten mußten und durch die Berichterstattung der nationalen Presse von dem Prozeß
in Hildesheim hörten[400]. Einer teilte mit, daß er aus einem Ort in der Nähe von Hildesheim am Morgen des 28. März direkt zum Marktplatz gebracht worden sei, wo er zusammen mit Schicksalsgefährten der Hinrichtung gezwungenermaßen beiwohnte. Wer weg-
schaute, wurde mit Gummiknüppeln geschlagen. Seine Darstellung wich in Einzelheiten
von derjenigen des Landgerichtsdirektors ab, stimmte jedoch mit dem Gesamtbild und
der Tatsache überein, daß die SS zahlreiche seiner Landsmänner auf dem Marktplatz er-
hängte[401]. Der schon zitierte »Beauftragte für die Betreuung« von Militärinternierten
schrieb, daß er sich am Vormittag des 29. März, Gründonnerstag, mit der »Todesstrafe« bedroht sah, als er auf dem Marktplatz — wie ihm das rechtlich zustand — die Leichen von
vierzehn unmittelbar vorher hingerichteten Personen zu identifizieren beabsichtigte[402].
Der ebenfalls bereits erwähnte Exinternierte R. vermochte dem historischen Sachverhalt nichts Neues hinzuzufügen[403], doch ist er aus anderem Grund noch einmal anzusprechen. Über ihn sollten — weshalb ist nicht bekannt — durch einen »Gewährsmann
der Deutschen Botschaft« Erkundigungen eingeholt werden, um etwas von seiner politischen Vergangenheit und die Ursachen für seine frühere Internierung zu erfahren. Der
sogenannte Gewährsmann fand zwar nichts heraus, wozu er offenbar ohnehin keine Lust
verspürte, merkte aber an, nicht ausschließen zu können, daß hinter dem Unterstützungs-
angebot von R. »irgendwelche undurchsichtigen Gründe« steckten. Immerhin klinge sein
Name »nicht gerade arisch« und so sei nicht auszuschließen, daß seine »Aussagen vor
Gericht ganz anders lauten würden, als der inkriminierte SS-Offizier wünschen möchte«. Daran schloß sich die signifikante Feststellung an[404]: »Sodann wäre es aber auch für
einen Italiener mehr als verwunderlich, wenn er sich anbieten würde, den der Hinrichtung von 80 seiner Landsleute beschuldigten Angeklagten zu entlasten.«
Nicht allein die ungenannte Gewährsperson dürfte — insbesondere in jenen Jahren —
so empfunden und gedacht haben. Wie sonst konnten sich des Mordes oder Totschlags
Angeschuldigte, die ihre Taten zugaben, unschuldig fühlen? Sie betrachteten die durchgeführten Erschießungen oder Erhängungen weder als unerlaubt noch als rechtswidrig.
Da existierte kein Schuldgefühl, sondern mißverstandenes oder vorgetäuschtes Pflicht-

---

[400] An das Landgericht Hildesheim, Trient (Italien) 26.11.1952, »Anzeige« von G.D.R. gegen Heinrich
Huck, NHAH, Nds. 721 Hildesheim Acc. 106/80, 163, Bl. 66 ff.

[401] Ebd., Al Sig. Presidente della Corte di Assise di Hildesheim, Trento, li 23 gennaio 1953; und ebd.,
Bl. 71 f.: Schreiben der Staatsanwaltschaft an G.D.R.; darin finden sich die ihm vorgelegten Fragen.
Die Übersetzung der Antwort vom 23.1.1953 enthält: NHAH, Nds. 721 Hildesheim Acc. 106/80,
162, Bl. 50 f.

[402] Al Pubblico Ministero Staatsanwaltschaft Hildesheim, Poiana Maggiore, 11 febbraio 1953, L.T.,
NHAH, Nds. 721 Hildesheim Acc. 106/80, 163, Bl. 117 ff. (mit Übersetzung).

[403] Auf R. wurde die Staatsanwaltschaft durch die Deutsche Botschaft in Rom aufmerksam gemacht.
Vgl.: Der Oberstaatsanwalt — 3 Ks. 2/52 —, Hildesheim, den 26.1.1953, Herrn Dr. B.R., NHAH,
Nds. 721 Hildesheim Acc. 106/80, 161, Bl. 48 f.; und: Oberstaatsanwalt Hildesheim, Mestre li
3/2/1953, B.R., NHAH, Nds. 721 Hildesheim Acc. 106/80, 163, Bl. 114 f. (mit Übersetzung).

[404] Der Niedersächsische Minister der Justiz 4107 E — III 3.b/4 501/50, Hannover, den 3.3.1953, An
den Oberstaatsanwalt in Hildesheim, NHAH, Nds. 721 Hildesheim Acc. 106/80, 161, Bl. 66.

gefühl[405]. Zutreffend hieß es, daß selbst nach dem Zusammenbruch 1945 recht wenigen der Täter — die es auf allen Ebenen und in sämtlichen Bereichen des nationalsozialistischen Staats gab — Zweifel an ihrem Tun kamen[406].

Das Geschehene läßt sich rational nicht nachvollziehen. Es scheint so gewesen zu sein, daß der Untergang des »Dritten Reiches« — eines Systems, das wie kaum ein zweites verbrecherische Leidenschaften gegenüber seinen Gegnern und denjenigen Menschen, die es zu solchen erklärte, kultivierte — bei den am meisten fanatisierten Anhängern des Regimes noch einmal besonders starke kriminelle Energien mobilisierte. Sie betrafen häufig Ausländer schlechthin, aber in den geschilderten Fällen ganz gezielt Italiener. Es geschah Unrecht, und zum Teil ließen sich die Untaten ahnden. Nur sind da zugleich viele Fälle aktenkundig, in denen, obwohl rechtswidrige Handlungen bis hin zu Tötungsverbrechen faktisch feststanden, aufgrund der dargelegten juristischen Voraussetzungen eine formelle Verurteilung der *menschlich* Schuldigen ausblieb. Hier zeigte sich die Unmenschlichkeit des Rechts, und das nicht nur aus der Sicht der Opfer.

Noch einmal sei an zwei Fakten erinnert. Greueltaten gegen Menschen ereigneten sich nicht erst in der Endphase des Krieges und mitnichten ausschließlich auf deutscher Seite, worum es hier im wesentlichen ging. All das ist ebenso eine Binsenweisheit wie die Tatsache, daß die Vollstrecker der Verbrechen von Staats wegen keine exklusive Gruppe aus Angehörigen der SS und deren Organisationen bildeten. Zu ihnen gehörten vielmehr ungezählte Wehrmachtangehörige, was nicht zuletzt der Umgang mit den verachteten italienischen Kriegsgefangenen oder Militärinternierten nach dem 8. September 1943 bewies, eine Verachtung, die unermeßliches Leid und ungezählte Tote zur Folge hatte.

---

[405] Paradigmatisch sei hierzu auf den Prozeß in Hildesheim verwiesen, vgl.: Der Oberstaatsanwalt 3/2 Js 1671/49, Hildesheim, den 14.6.1951, Anklageschrift, NHAH, Nds. 721 Hildesheim Acc. 106/80, 157, Bl. 138—157, hier Bl. 153.

[406] Obenaus, Seelhorster Friedhof, S. 247.

V. Schlußbetrachtung

Aus der Absicht, die Geschichte der italienischen Militärinternierten als Bestandteil der Beziehungen zwischen Deutschland und Italien in der zweiten Kriegshälfte zu interpretieren, ergab sich, daß die Darstellung verhältnismäßig ausführlich die Seite der Herrschenden und ihrer Mittäter behandelte.

Allerdings hätte sich das Schicksal der internierten Soldaten grundsätzlich nicht nur aus der Sicht »von unten«, das heißt aus dem Blickwinkel der Mißhandelten, beschreiben lassen — wenigstens nicht in historisch angemessener Weise —, stellten doch jene Männer von Anfang an einerseits Spielbälle in den Händen der Mächtigen und andererseits pragmatisch vermarktete Ware im politischen Geschäft dar.

Das deutete sich in der kühlen Gelassenheit an, mit der Marschall Badoglio beim Kriegsaustritt die Gefangenschaft Hunderttausender seiner Landsleute einkalkulierte. Auf einen derartigen Tatbestand verwies zudem die Art, in der sich die italienischen Streitkräfte nach der Bekanntgabe des Waffenstillstandes von ihrer Führung im Stich gelassen sahen. Dieses Faktum trat ferner im Rahmen der Vorbereitungen beider Seiten auf das Ausscheiden Italiens aus dem Kriege zutage. Er zeigte sich außerdem in dem von Himmler im Juli 1943 ersonnenen Plan, gemäß dem die zu entwaffnenden Italiener zunächst betrogen und anschließend in die deutsche Rüstungswirtschaft verschleppt werden sollten. Schließlich bestätigte nicht zuletzt das Tauziehen, zu dem es in bezug auf die Verwendung der gefangenen Militärangehörigen zwischen dem nationalsozialistischen und dem faschistischen Regime kam, die These von der berechnend merkantilen Betrachtungsweise eines menschlichen Problems. Anders gewendet: Nur sehr wenigen ging es in dem Drama, das mit dem Weg Italiens aus dem Krieg begann, um die Opfer, die der 8. September 1943 implizierte.

Jene konnten, soweit sie überlebten und die Kraft besaßen, nach dem Ende der Internierung und der Zwangsarbeit über die Leiden berichten, die sie ertragen mußten. Ihre Erinnerungen sind Zeugnisse von unschätzbarem historischen Wert und Dokumente einer Inhumanität, deren Ausmaß bestürzt. Aber wie und warum sie zum Objekt von Willkür und Rachsucht wurden, ergibt sich in erster Linie aus den Unterlagen der damaligen Entscheidungsträger. Das bedeutet: Einzig aus der Perspektive der Täter und derjenigen der Betroffenen werden die beiden Seiten der Medaille erkennbar, die eine Arbeit über die Militärinternierten zu betrachten hat. Dem versuchten methodischer Zugriff und Quellenbasis der Untersuchung zu genügen.

Dabei mag es manchen Leser angestrengt haben, daß die Untersuchung in mitunter buchhalterischer Manier statistischen Fragen nachging. Doch es erschien nicht sinnvoll, fragwürdigen und oftmals widersprüchlichen Zahlenangaben, die sich in den offiziellen Quellen ebenso finden wie in der Sekundärliteratur, lediglich einige weitere nicht überprüfbare Daten hinzuzufügen oder gegenüberzustellen. Anzustreben war vielmehr, im Rahmen der statistischen Spurensuche zu Ergebnissen zu gelangen, die es gestatten, den quantitativen Aspekt der Internierung möglichst präzise zu definieren. Wer nämlich über die Militärinternierten reden will und zum Beispiel nicht weiß, wieviele Italiener ihre Waffen niederlegten, wie hoch die Zahl der effektiv internierten Männer war, in welche Kategorien sich die Gefangenen unterteilten, in was für einem Umfang die Deutschen sie zur Arbeit einsetzten oder wo sie im einzelnen verblieben, der besitzt im Grunde keine rechte Vorstellung von dem, was er zu erzählen beabsichtigt.

Das eigentliche Anliegen der Studie waren jedoch die Menschen. Der Erhellung ihres Schicksals dienten alle behandelten thematischen Teilbereiche — eingeschlossen die Zahlenproblematik. Wird abschließend noch einmal zurückgeblickt, so wäre etwa an die nachfolgenden Aussagen, Thesen und Resultate zu erinnern, wobei diese durch einige zusätzliche Überlegungen ergänzt werden.

Als die von Hitler und Mussolini zwischen 1936 und 1939 eingegangene Mesalliance, die Marschall Badoglio und die anderen Erben des »Duce« nach seinem Sturz am 25. Juli 1943 zunächst noch aufrechterhielten, durch den Kriegsaustritt vom 8. September endgültig zerbrach, empfanden sich Deutsche und Italiener emotional in einen Zustand zurückversetzt, der demjenigen von 1915/16 in mancher Hinsicht glich. Erneut unterstellte die deutsche Seite der italienischen »Verrat«, obwohl sie dazu wiederum weder Grund noch Berechtigung besaß. Aber in jenen Zeiten schien Nachdenken so wenig gefragt gewesen zu sein wie Aufrichtigkeit. Pharisäertum, Unehrlichkeit und ein nicht allein mit dem Waffenstillstand zu erklärender Haß auf alles Italienische regierten die Stunde.

Dem Ausscheiden Italiens aus dem Kriege, das ist evident, hafteten zahlreiche politische, militärische und organisatorische Mängel an. Wenig beachtet wird freilich im allgemeinen die Tatsache, daß die Intransigenz der nationalsozialistischen Führung — gegenüber den in Berlin bekannten nationalen Anliegen Roms — die Art des Kriegsaustritts wesentlich beeinflußte. Bei dessen Durchführung ließen die Deutschen den Italienern letztlich keine Wahl.

Ansonsten aber spiegelte sich im Entschluß der italienischen Regierung mehr als ein machtpolitisches Kalkül wider; und in der deutschen Reaktion drückte sich nicht nur situativ motivierte Empörung aus. Hier manifestierten sich gesellschaftliche Strukturunterschiede.

Um zu verdeutlichen, was damit gemeint ist, sei beispielshalber darauf hingewiesen, daß es in Norditalien bereits im März 1943 zu einer Streikbewegung kam, die bis zu 300 000 Arbeiter erfaßte. In der Reichshauptstadt stellte hingegen Goebbels am 18. Februar — also ein paar Wochen vorher — im Sportpalast seine berüchtigte Suggestivfrage. Er erhielt frenetischen Beifall und eine Antwort, die ihn nicht überraschte. Die Anwesenden wollten den totalen Krieg, selbst wenn er alles bis dahin Vorstellbare noch übertreffen sollte. Der Reichspropagandaminister charakterisierte das Verhalten seiner Zuhörer sarkastisch als eine »Stunde der Idiotie«[1] — und darauf lief es wohl hinaus.

Nun lebten zwar auch im Staate Hitlers regimefeindliche Arbeiter, aber ein Streik blieb aus. Mit dem Terror, dem sich die Bevölkerung ausgesetzt sah, ist deren Stillhalten nicht

---

[1] Der Zweite Weltkrieg in Bildern und Dokumenten, S. 360 f.

befriedigend zu erklären. Der Sachverhalt mutet komplizierter an, denn es ging darüber hinaus um Faktoren und Wirkungsmechanismen einer spezifischen politischen Kultur, deren Genesis weit in die deutsche Geschichte zurückreichte[2].

Wie immer dem gewesen sein mag, das Thema läßt sich hier nicht vertiefen. Für das Verhalten in der konkreten Situation des Sommers 1943 erwies sich die Entschlossenheit der meisten Deutschen, bis zum sogenannten bitteren Ende durchzuhalten, als ausschlaggebend. Ihnen fehlte ganz einfach das Verständnis dafür, daß viele Italiener eine Wechselbeziehung zwischen Kampf und Sieg herstellten. Südlich der Alpen betrachtete die Mehrheit der Menschen der Kampf als sinnlos, weil der Sieg längst außerhalb der Möglichkeiten der »Achsenmächte« lag. Um das zu erkennen, bedurfte es weder spezieller militärischer Vorbildung noch vertraulicher Informationen. Jeder einigermaßen nüchtern denkende Zeitgenosse vermochte den Sachverhalt zu begreifen. Nach der Landung der alliierten Truppen auf Sizilien, im Juli 1943, mußte die italienische Regierung den Krieg schnellstens beenden. In der *ewigen Stadt* war Staatsraison gefragt. Die nationale Selbsterhaltung verlangte alternativlos, das widersinnige Aufopfern von Leben und die nutzlose Vernichtung materieller Werte einzustellen. Solange eine Nation noch intakt ist, entwickelt sie keine Lemming-Mentalität.

Gerade weil die Italiener sich vor ihr bewahrten, ist es als ausgesprochen tragisch anzusehen, daß die richtige Konsequenz, die Italiens Staatsführung aus der militärischen Entwicklung zog, unsagbares Leid und verheerende Zerstörungen mit sich brachte. Das Land erlitt einen grausamen Bruderkrieg. Die Wehrmacht und ihre Gegner benutzten es als Schlachtfeld, Wunden, die in jener Zeit geschlagen wurden, machten sich noch lange nach dem Ende des Weltkrieges innerhalb der italienischen Gesellschaft schmerzhaft bemerkbar.

Nach seiner Befreiung durch deutsche Soldaten gründete der »Duce« im Spätsommer 1943 einen Marionettenstaat — die Republik von Salò. Was sie taugte, zeigte sich insbesondere darin, daß man italienische Bürger als Arbeiter in die nationalsozialistische Kriegswirtschaft preßte. Um das Fehl an Freiwilligen auszugleichen, veranstalteten die Deutschen — so der offizielle Sprachgebrauch — regelrechte Menschen- oder Sklavenjagden. Zwanzig Monate fungierte Mussolinis Italien als Provinz des »Dritten Reiches«. Seine Bewohner erduldeten die Willkür der Besatzungsmacht. Seit dem September fühlten sie sich geplündert und ausgebeutet. Unglaubliche Vorfälle ereigneten sich. Die Tatsache, daß Generalfeldmarschall Kesselring, der gemäß eigener Aussage die Italiener nach dem Ausscheiden aus dem Kriege nur noch zu hassen vermochte, im Sommer 1944 — um der eigenen marodierenden Horden Herr zu werden — einen von jedem militärstrafrechtlichen Verfahren losgelösten Erschießungsbefehl gegen seine Untergebenen erließ, spricht für sich. Unter den Opfern der Greueltaten, die Wehrmacht, Polizei und SS gemeinsam verantworteten, befanden sich Frauen, Kinder und Greise.

Die Auswirkungen des damit angedeuteten Verhaltens nach Belieben, das Gesetz und Moral außer acht ließ sowie auf die Rechte und Interessen der italienischen Menschen keinerlei Rücksicht nahm, spürten nicht zuletzt die von der Wehrmacht gefangengenommenen italienischen Truppen.

---

[2] Mann, Gesittete Welt, S. 348—385 und 643—666.

Italiens Streitkräfte zählten am 8. September rund 3 700 000 Mann. Von ihnen gaben im Bereich der Heeresgruppe B, also in Nord- und Mittelitalien, circa 416 000 und beim Oberbefehlshaber Süd (seit dem November 1943 Südwest), das heißt im Gebiet um Rom und in Süditalien, 102 000 ihre Waffen ab. Das Armeeoberkommando 19 in Südfrankreich entwaffnete maximal 59 000 Soldaten. Ungefähr 165 000 meldete das Panzerarmeeoberkommando 2 in Jugoslawien und in Albanien. Bei der Heeresgruppe E, die für Griechenland und die Inseln des östlichen Mittelmeeres verantwortlich zeichnete, sollen bis zu 265 000 Italiener ihre Waffen niedergelegt haben. Das ergäbe 1 007 000 Militärangehörige. Nicht alle gerieten oder verblieben in Gefangenschaft.

Dieser letzte »Sieg« der deutschen Wehrmacht, bei dem die Soldaten der Wehrmacht die zweitgrößte Beute des Krieges einbrachten, besaß verschiedene und recht unterschiedliche Ursachen. Zu nennen sind etwa die Fehler der italienischen politischen und militärischen Führung. Sie stellte ihre Armee zu spät und mit unklaren Befehlen auf die neue Lage ein. Vor allem aber überließ sie die Truppe in den entscheidenden Tagen zwischen dem 8. und dem 11. September sich selbst. Eine wichtige Rolle spielte zweifellos die langfristige und zielgerichtete Vorbereitung der deutschen Seite auf den — spätestens mit dem Verlust von Nordafrika — erwarteten Kriegsaustritt. Die Divisionen in Süd- und Südosteuropa wußten sehr genau, was sie bei der Durchgabe des Stichwortes »Achse«, das die Gegenmaßnahmen auslöste, zu tun hatten. Von nicht zu unterschätzender Relevanz sind außerdem die unzureichende Abstimmung der italienischen und der alliierten Planungen, die strukturellen Defizite des königlichen Heeres und manche weitere Unzulänglichkeit gewesen. Einen entscheidenden Faktor bildete sodann der Wortbruch von Hitlers Generalen, die ihren Exverbündeten wider besseres Wissen versprachen, sie nach der Waffenabgabe in die Heimat abzutransportieren. Außerhalb des Mutterlandes wäre die Entwicklung ohne perfiden Betrug, arglistige Täuschung und schnöden Mißbrauch des Vertrauens, das zu viele italienische Offiziere den alten Waffengefährten noch immer entgegenbrachten, nicht so abgelaufen, wie sie es tat. Andererseits läßt sich historisch für die deutschen Vorkehrungen und Aktionen, soweit sie machtpolitischen Sachzwängen oder Erfordernissen entsprachen, durchaus Verständnis aufbringen. Doch auf das Notwendige beschränkte man sich nicht. Hitler und die Wehrmachtführung erteilten vielmehr eine Reihe verbrecherischer Befehle, die durch absolut nichts gerechtfertigt werden konnten. Es handelte sich nicht um situativ angemessene Reaktionen, sondern um Rache. Einige jener Weisungen sind in der Geschichte des Zweiten Weltkrieges beispiellos. Kriminell war es, italienische Truppenkommandeure als Freischärler standrechtlich zu erschießen, falls es ihnen nicht gelang, ihre Soldaten im Verlaufe eines kurz befristeten Ultimatums zur Waffenabgabe zu veranlassen. Im Prozeß gegen die wegen Kriegsverbrechen angeklagten deutschen »Südostgenerale« wurde dazu eindeutig festgestellt, daß alle königlichen Soldaten, die sich der Entwaffnungsaktion widersetzten, als Kriegführende sämtlichen Bedingungen der Haager Konvention genügten. Sie durften auf keinen Fall als Freischärler eingestuft werden[3].

---

[3] Im Zusammenhang mit der »Hinrichtung der italienischen Offiziere der Bergamo-Division«, die von den Richtern als »ungesetzlich und vollkommen ungerechtfertigt« bezeichnet wurde, ging man auch

Den Tatbestand des Kriegsverbrechens erfüllte ferner die Hinrichtung von Offizieren, deren Untergebene ihre Waffen in die Hände von Aufständischen fallen ließen oder mit Widerstandskämpfern gemeinsam agierten. Unteroffiziere und Mannschaften solcher Truppenteile deportierte die Wehrmacht — ebenfalls gegen internationales Recht — zum Arbeitseinsatz ins Operationsgebiet des Heeres im Osten.

Verbrecherisch ist ein — mit ausdrücklicher Genehmigung der Heeresgruppe E ergangener — Befehl des XXII. Gebirgs-Armeekorps zu nennen, der die völlig formlose Erschießung von in Zivil angetroffenen italienischen Soldaten anordnete. Die verantwortlichen Generale setzten sich mit ihrer Weisung über die primitivsten Grundsätze des Standrechts hinweg. Es steht fest, daß Italiener aufgrund des Befehls ihr Leben verloren.

Die Ermordung von Menschen bezweckte der »Kugelerlaß« vom 4. März 1944, zu dem sich hinterher keiner bekannte. Er sah vor, neben Kriegsgefangenen anderer Nationalität, auf der Flucht wiederergriffene italienische Offiziere und nicht arbeitende Unteroffiziere an die Geheime Staatspolizei zu übergeben. Himmlers Leute brachten die Gefangenen unter strengster Geheimhaltung in das Konzentrationslager Mauthausen, wo sie entweder beim Messen der Körpergröße mit einem Genickschuß oder — bei größerer Anzahl — durch Vergasung sterben sollten.

Hitlers Befehl, auf der griechischen Insel Kefallēnía keine Gefangenen zu machen, war zwar nicht einmalig, aber verbrecherisch. Tausende italienischer Soldaten metzelte die Wehrmacht bei der Ausführung der barbarischen Weisung nieder, obwohl sie die Waffen bereits streckten oder sich gerade zu ergeben wünschten.

Auch eine Anordnung des Oberbefehlshabers der Kriegsmarine, Großadmiral Dönitz, daß die führenden Offiziere von Supermarina und italienischen Marinedienststellen standrechtlich abzuurteilen seien, sofern sie Kampfhandlungen gegen deutsche Seestreitkräfte verantworteten, forderte zu Verbrechen auf.

Einen schweren Verstoß gegen das Kriegsvölkerrecht implizierte die Weisung, die italienischen Gefangenen ohne jede Rücksicht auf die an Bord der Transportschiffe befindlichen Seenotrettungsgeräte von den griechischen Inseln zum Festland zu bringen. Mit Gewißheit wird sich wohl nie sagen lassen, wieviele der über 13 000 Mann, die beim Untergang der hoffnungslos überladenen Dampfer ertranken, einzig und allein wegen dieser völkerrechtswidrigen Anordnung umkamen. Es dürften jedoch nicht wenige gewesen sein. Dafür spricht, daß im Sommer 1944, als die Kriegsmarine beim Rückzug der Heeresgruppe F aus dem Südostraum Wehrmachtangehörige von den Inselstützpunkten nach Griechenland überführte, die Einbußen an Menschen minimal blieben, obwohl schwierigere Trans-

---

auf den Status der italienischen Soldaten nach dem 8.9.1943 ein. Im Urteil des Gerichts hieß es zunächst, daß die »Deutschen in ihrem Bestreben, die italienischen Streitkräfte zu entwaffnen und zur Übergabe zu zwingen, Angreifer waren.« Und weiter: »Die italienischen Truppen, die ihren Widerstand fortsetzten, erfüllten hinsichtlich ihres Status als Kriegsführende alle Bedingungen der Haager Konvention. Sie waren in keinem Sinne des Wortes Freischärler.« Mit dieser Feststellung klärte das Gericht zwar nicht den Terminus »Militärinternierte«, aber es entzog der absurden Behauptung, die, wie gezeigt, selbst nach 1945 vertreten worden ist, daß nämlich die sich der Entwaffnung widersetzenden Italiener »Freischärler« gewesen seien, den Boden: KV-Prozesse, Fall VII: Südost-Generäle, A 118, U-10388, SANü.

portbedingungen als 1943 herrschten und die Schiffsverluste höher ausfielen als damals. Das erklärte sich mit ausreichend vorhandenen Rettungsmitteln, angemessenen Sicherheitsvorkehrungen und einer intensiven Hilfeleistung bei Versenkungen.

Lediglich eine Handvoll deutscher Offiziere verweigerte den in ihrem Wesen klar zu erkennenden und als Mordbefehle verstandenen Erlassen den Gehorsam. Keiner von ihnen mußte schwerwiegende nachteilige Folgen in Kauf nehmen.

Im Verhalten gegenüber den italienischen Streitkräften manifestierten sich ein erschreckender Verfall des militärischen Berufsethos innerhalb der Wehrmacht und die totale Mißachtung des Kriegsvölkerrechts durch die politische sowie militärische Führung. Ziemlich belanglos erscheint es, daß die meisten deutschen Soldaten an vergleichbaren Scheußlichkeiten — rein zufällig — nicht mitwirkten. Da die Hinmordung der italienischen Militärangehörigen auf den ausdrücklichen Befehl der Wehrmachtführung erfolgte, besteht nämlich nicht der mindeste Grund anzunehmen, daß das Gros der Truppe, wäre es mit derartigen Weisungen konfrontiert worden, sie nicht ausgeführt hätte. Die Zahl der Opfer seelenloser Disziplin bewegt sich zwischen mindestens 5 200 und maximal etwa 6 300 ermordeten italienischen Soldaten aller Dienstgrade.

Jene Italiener, die es ablehnten, auf der Seite von Hitler oder Mussolini weiterzumachen, wollte die Reichsführung von Anfang an in der deutschen Kriegswirtschaft als Zwangsarbeiter verwenden. Zunächst betraf das nur die Unteroffiziere und Mannschaften, doch seit dem zweiten Halbjahr 1944 sahen sich immer mehr Offiziere — entgegen dem internationalen Recht — ebenfalls herangezogen.

Ungefähr 600 000 Mann der ehemaligen italienischen Armee arbeiteten im Reich und im besetzten Gebiet — in Betrieben aller Art und innerhalb der Wehrmacht — für die Kriegsziele des nationalsozialistischen Deutschlands. Ihr Einsatz bedeutete eine nicht unerhebliche Entspannung der prekären Lage auf dem Arbeitskräftesektor. Deshalb erstaunt die Art, in der die Deutschen mit ihnen umgingen. Ohne Übertreibung konnten die gezwungenermaßen Arbeit leistenden Militärangehörigen als *Militärsklaven* bezeichnet werden.

Die Behandlung der Militärinternierten im deutschen Machtbereich führt dazu, daß sich die Auseinandersetzung mit ihrem Schicksal unausweichlich zu einer Dokumentation für Inhumanität, Menschenverachtung, Erniedrigungen, die eine sadistische Phantasie zu nicht endenden Exzessen trieb, für seelische und körperliche Qualen sowie erbarmungslose Ausbeutung entwickelt. Über diese besondere Gruppe von Gefangenen des »Dritten Reiches« schreiben, das heißt, von ihrer Mißhandlung seitens der Bewacher und Aufseher sprechen; von Orten erzählen, wo Menschen durch Nahrungsentzug, Isolierung, körperliche Züchtigungen, fehlende medizinische Versorgung und das Versagen des religiösen Beistands zerbrochen werden sollten; vom Haß berichten, mit dem ihnen die Mehrheit der deutschen Bevölkerung — soweit sie Kontakt mit ihr besaßen — entgegentrat; von Auswirkungen reden, die Krankheiten sowie psychische und physische Entkräftung mit sich brachten; und von allzu häufigen natürlichen, obwohl keineswegs normalen, sowie nicht seltenen gewaltsamen Todesfällen Zeugnis geben.

Es gab Ausnahmen beim Umgang mit den Italienern, doch scheinen sie rar gewesen zu sein. Unbestritten ist ferner die Tatsache, daß unterschiedliche Lebensbedingungen existierten. In den Mannschaftsstammlagern stellte sich das Dasein noch härter dar als in den Offizierslagern. Auf dem Balkan nahmen sich die Verhältnisse schlimmer aus als irgendwo sonst — abgesehen von den Straflagern und Konzentrationslagern, in welchen gleichfalls Militärinternierte litten. Aber unbeschadet gewisser Ausnahmen und Verschiedenheiten im einzelnen erlebte die große Mehrheit der Gefangenen die Zeit der Internierung — im wahrsten Sinne des Wortes — als *Hölle*. Am Ende der Leiden stand eine bedrückende Bilanz: etwa 20 000 — nach deutschen Informationen — in den Lagern Verstorbene, was freilich eine unvollständige Größenangabe sein dürfte; rund 5 400 im östlichen Operationsgebiet des Heeres vermißte und getötete Internierte; circa 13 300, die beim Untergang von Gefangenentransportern ihr Leben einbüßten; bis zu 6 300 Ermordete. Das wären — ohne Berücksichtigung der im Verlaufe der Kampfhandlungen Gefallenen — bereits 45 000 Tote.

Eingedenk der Zustände in den Kriegsgefangenenlagern der Wehrmacht überrascht es nicht, daß mancher die Seite wechselte. Vermutlich verließen ungefähr 180 000 Mann als Kampf-, Hilfs- oder Arbeitswillige in deutschen Diensten und als Soldaten für Mussolinis faschistisches Heer die Lager. Im allgemeinen hatten die »Freiwilligen« und »Bündnistreuen« der ersten Stunde dort eine recht kurze Zeit verbracht.

Die Beweggründe für den Übertritt sind einigermaßen zuverlässig nachzuvollziehen. Bei Personen, die sich sehr frühzeitig dazu entschlossen, bestand eine ideologische Affinität zum Faschismus. Nicht wenige faßten ihren Entschluß aufgrund opportunistischer Überlegungen. Der eine oder andere mag einfach menschlicher Schwäche nachgegeben haben.

Als dann der Winter in den Lagern kam und gleichzeitig adäquate Kleidung sowie ausreichende Nahrung fehlten, während Epidemien unter den Militärinternierten wüteten und das Abgeschnittensein von den Angehörigen immer drückender wurde, da brachen oft quälender Hunger, Kälte, Sorge um die Familie und nackte Angst ums Überleben den Widerstandswillen selbst derer, die sich bis jenem Zeitpunkt verweigerten. Um sich ein Bild von der Entwicklung in den Lagern zu machen, genügt es, die Berichte faschistischer Funktionäre zu lesen, auf die nicht der Verdacht der Deutschfeindlichkeit fiel. Sie sprachen von Männern, die sich als menschliche Skelette oder von Hungerödemen gekennzeichnet dahinschleppten, die als Folge der Gefangenschaft verblödeten oder die Sprache verloren. Ende 1944 lebten unter den Militärinternierten annähernd 15 000 Schwerkranke, von denen — kaputtgearbeitet und geschunden — viele der sichere Tod erwartete, falls man sie nicht repatriierte. In Deutschland galten ihre Leiden als unheilbar. Nicht wenige derjenigen, die tatsächlich heimkehrten, mußten wegen ihrer entsetzlichen körperlichen Verfassung vor der Öffentlichkeit in Italien verborgen werden.

Dennoch besaß das Gros der entwaffneten italienischen Soldaten die Kraft, den Angeboten und Pressionen zu widerstehen. Daraus entwickelte sich schon in den ersten Tagen häufig ein bewußter Widerstand, der primär politisch und ethisch sowie — in einem ganz elementaren, das heißt nicht theoretisierten Verständnis — antifaschistisch motiviert gewesen zu sein scheint. Das Widerstehen und der Widerstand speisten sich aus zahlreichen und unterschiedlichen Quellen. Sie sind kaum exakt gegeneinander abzugrenzen. Aber das ist eine eher akademische Frage, denn vom nationalsozialistischen oder faschistischen Standpunkt zeigt sich eindeutig: Berlin und Salò verstanden das Verhalten der sich verweigernden Internierten als Absage an den Krieg und an die Herrschaft der beiden Diktatoren. Sofern eine derartige Betrachtungsweise akzeptiert würde, wäre das Vorhandensein eines massiven passiven Widerstands der Gefangenen anzuerkennen.

Doch davon abgesehen liegen verschiedene Hinweise darauf vor, daß die Verweigerung zugleich auf die menschenunwürdige Behandlung der Militärinternierten durch die Deutschen antwortete.

Diese von Hitler persönlich vorgenommene Bezeichnung der entwaffneten und gefangenen italienischen Soldaten gab zu zahllosen Spekulationen Anlaß. Offenkundig handelte es sich bei dem Terminus um einen Etikettenschwindel, der ein formales Entgegenkommen zur Stabilisierung der innenpolitischen Position Mussolinis bedeutete. In der Praxis der Internierung sahen sich die Italiener jedoch entgegen den Behauptungen der nationalsozialistischen Propaganda nicht besser, sondern in der Regel schlechter gestellt als Kriegsgefangene anderer Nationalität und manchmal sogar als sowjetische Gefangene.

Letzten Endes brachte es die Begriffswahl Hitlers zuwege, daß die Wehrmacht den gefangenen Exverbündeten alle Pflichten von Kriegsgefangenen auferlegen konnte, ohne die damit einhergehenden Verpflichtungen der Genfer Konvention von 1929 zu übernehmen. Folglich hingen die Internierten gänzlich vom deutschen Wohlwollen ab. Darüber hinaus schalteten Hitler und die Wehrmachtführung durch ihr Manöver das Komitee vom Internationalen Roten Kreuz bei der Betreuung der Italiener aus, da letztere offiziell keine Kriegsgefangenen darstellten. Gleichzeitig wahrten sie sich uneingeschränkte Handlungsfreiheit gegenüber dem *Servizio Assistenza Internati*, der zur Unterstützung der italienischen Gefangenen geschaffenen Betreuungsdienststelle der Republik von Salò, da sich deren Bedienstete im Streitfall nur an die eigene Regierung zu wenden vermochten, die ihrerseits eine Marionette Berlins war.

Die Tatsache, daß Hitler im Juli 1944 dem Ersuchen Mussolinis um Überführung der Militärinternierten in sogenannte freie Zivilarbeiter zustimmte, widersprach dem obigen Befund nicht. Das Zugeständnis resultierte ausschließlich aus kriegswirtschaftlichen Nützlichkeitserwägungen. Die personelle Notlage des »Dritten Reiches« verlangte es, die Produktivität der vorhandenen Arbeitskräfte zu optimieren; und es war kein Geheimnis, daß die Arbeitsleistung der Italiener generell ziemlich niedrig ausfiel. Selbst eine mörderische Leistungsernährung änderte daran wenig, wohingegen gewisse Verbesserungen bei den Existenzbedingungen — insbesondere ausreichende Ernährung — zu positiven Reaktionen führten. Daraufhin versuchte das nationalsozialistische Regime sein Ziel — unter anderem — über den Statuswechsel vom August/September 1944 zu erreichen. Für Berlin schloß der Übergang ins Zivilverhältnis keinerlei Risiko ein, da die »freien« Männer nicht heimkehren durften. Die Reichsführung hoffte, daß die Italiener, bei denen sie freilich einige Gruppen von der Aktion ausnahm, auf den erneuten Betrug hereinfielen.

Tatsächlich hat jedoch dem Anschein nach lediglich ein Drittel von ihnen die Statusänderung freiwillig vollzogen. Den Rest machten die Deutschen, als weder Drohungen noch Gewaltmaßnahmen die gewünschten Ergebnisse zeitigten, qua Befehl zu sogenannten freien Arbeitern. Sie lebten danach zwar auf der anderen Seite des Stacheldrahtes, aber sie blieben gefangen in Deutschland. So gut wie nichts wandelte sich im Hinblick auf die Haltung der Bevölkerung zu den italienischen Staatsbürgern, und was Ernährung, Behandlung, Bekleidung sowie Bezahlung anbelangte, sahen sie sich bis zum Mai 1945 an vorletzter Stelle in der Hierarchie der Fremdarbeiter, der Zwangsarbeiter und der arbeitenden Kriegsgefangenen angesiedelt.

Angesichts des Umgangs mit den entwaffneten Soldaten erhob sich die Frage, ob ein außergewöhnlicher Vorgang vorlag, eine spontane und unreflektierte Reaktion, oder ob die Vorkommnisse nicht zuletzt im Rahmen der nationalsozialistischen Ideologie und Indoktrination zu interpretieren sind. Das bedingte die Auseinandersetzung mit der Einstellung zum italienischen Menschen schlechthin, wobei die jeweilige Behandlung der Militärinternierten, der italienischen Zwangsarbeiter, darunter die Opfer von Menschenjagdveranstaltungen in Italien, und selbst der Bündnistreuen hinsichtlich ihrer Gemeinsamkeiten und Verschiedenheiten miteinander verglichen wurden.

Bei einer derartigen Annäherung an das Problem ergab sich zunächst, daß man mit den einzelnen Kategorien von Italienern im deutschen Machtbereich durchaus unterschiedlich verfuhr. Förmliche Auspeitschungen oder Schußwaffengebrauch waren wohl den Militärinternierten vorbehalten. Ihnen und den deportierten Zwangsarbeitern ging es am miserabelsten. Die Bündnistreuen erfreuten sich materieller Vorteile, doch mißhandelt, erniedrigt und verachtet haben die Deutschen sie ebenfalls. Außerdem standen den Toten unter den Kriegsgefangenen, die schießfreudige Bewachungssoldaten verursachten, auf der Seite der Kampf- oder Hilfswilligen diejenigen gegenüber, die eine hinsichtlich italienischer Militärangehöriger »großzügige« deutsche Militärjustiz allzu bereitwillig zum Tode verurteilte.

Trotz vieler Ungleichheiten im Detail manifestierte sich in der Gesamtschau des Umgangs mit den einzelnen Gruppen der Einfluß, den eine rassenideologische Maxime auf die menschenverachtende Behandlung der Italiener ausübte. Gänzlich unverfälscht kam das in der perversen Besorgtheit des Leiters der Parteikanzlei, Bormann, zum Vorschein, der im Sommer 1944 befürchtete, die Überführung der Internierten in das zivile Arbeitsverhältnis könnte die »Reinerhaltung deutschen Blutes« gefährden. Mit seiner Haltung korrespondierte das Faktum, daß die Militärinternierten unterhalb der *rasseverwandten* Kriegsgefangenen rangierten. Auf ihre Einordnung als Angehörige einer Rasse minderer Art verwies ferner die Absicht der deutschen Führung, den Italienern — in einem vom »Dritten Reich« beherrschten Europa — die Rolle eines reinen Arbeitervolks aufzuerlegen. Hier kündigte sich eine spezielle Variante des »Sklavenstaats« an[4], den die SS projektierte. Der italienische Mensch befand sich demnach noch nicht auf der Stufe des Slawen, aber er galt als unwürdig, Waffen zu tragen. All das erwies sich als so evident, daß selbst Repräsentanten der Republik von Salò darüber an ihre Regierung berichteten. Das Umgehen der Deutschen mit ihren Landsmännern, so hieß es, zeige, daß sie diese als »minderwertige Wesen« ansähen.

Zwischen der sich vielfältig artikulierenden negativen Einstellung zu den italienischen Bürgern und der nationalsozialistischen Rassendoktrin existierte offensichtlich eine Kausalbeziehung. Freilich handelt es sich hierbei vorläufig um eine Hypothese, die — in

---

[4] So in Anlehnung an die Formulierung Speers zur Charakterisierung des von der SS in der Nachkriegszeit geplanten Herrschaftssystems samt seiner Wirtschaftsordnung: Speer, Sklavenstaat, insbesondere S. 406—423.

bezug auf ihre Verallgemeinerung — erst noch in einem größeren Zusammenhang zu überprüfen wäre. Dessenungeachtet ist jedoch festzuhalten, daß sich die Ursachen für die »Mißhandlung« der Militärinternierten einzig und allein dann erschöpfend deuten lassen, wenn dabei die rassenideologisch fundierte Wertordnung des Nationalsozialismus berücksichtigt wird.

Hunderttausende internierter oder gefangener Männer, das bedeutete ebensoviele Einzelschicksale. Noch einmal sei daher unterstrichen, daß nicht alle die gleichen Erfahrungen sammelten. Nur unbeschadet der Erleichterungen, die sich in dem einen oder anderen Lager durchsetzen ließen, und der gutgemeinten, letztlich allerdings ineffizienten Betreuungsansätze endete im Frühjahr 1945 für die meisten der noch immer und der ehemals internierten Italiener eine infernalische Phase in ihrem Leben.

Für eine im einzelnen unbekannte Anzahl früherer Soldaten der königlichen Armee schloß jene so, wie sie für Tausende ihrer Kameraden begann — mit Massakern! Namen wie Pothoff, Unterlüß, Brenna, Lahde, Hildesheim, Kassel und Treuenbrietzen stehen für den gewaltsamen Tod von 500 bis 600 ehemaligen Militärangehörigen.

Parallel zu den teilweise als Mordorgien zu bezeichnenden Vorgängen, die fanatisierte Anhänger des Regimes im Angesicht des zusammenbrechenden »Dritten Reiches« inszenierten, begann der Exodus der italienischen Arbeitssklaven aus dem Staate Hitlers. Spätestens seit März 1945 brandete eine wahre Menschenwoge an die Grenzen Italiens. Sie trug Militärinternierte, Zwangsarbeiter, Exinternierte und freiwillige Arbeiter in ihre Heimat zurück.

Das war auch die Zeit, in der die beiden wichtigsten Protagonisten des Dramas, in dem die Militärinternierten die Rolle der Opfer spielen mußten, von der historischen Bühne abtraten. Am 28. April erschossen Partisanen den auf der Flucht befindlichen »Duce« am Rande des Dorfes Giulino di Mezzegra[5]. Hitler wählte zwei Tage danach in seiner in Schutt und Asche gelegten Reichshauptstadt den Freitod. Die zurückkehrenden Internierten berührte der Tod der beiden nicht. Für viele von ihnen gab es noch lange keine Normalität. Sie blieben gezeichnet, litten an den Spätfolgen ihrer Gefangenschaft.

Es mangelt, wie eingangs dargelegt, nicht an Büchern und Aufsätzen über Kriegsgefangene und Zwangsarbeiter in Deutschland von 1939 bis 1945. Die Deutschen vergaßen ihre eigenen Opfer ebenfalls nicht. Allein in einem mehrbändigen Werk[6] zur »Geschichte der deutschen Kriegsgefangenen« haben verschiedene Autoren auf über 10 000 Seiten das Los der gefangenen Landsleute dargestellt und dokumentiert — von der übrigen Literatur ganz zu schweigen. Selbst unter diesem Aspekt erfuhren die italienischen Militärinternierten keine Wiedergutmachung. Man hat ihnen weder in Deutschland noch in Italien — wo zumindest die Erinnerung lebt und eine nationale Vereinigung besteht — in der historischen Bilanz der nationalsozialistischen respektive faschistischen Herrschaft den Platz zugestanden, der ihnen aufgrund ihres Verhaltens und der erduldeten Qualen zukommt. Im großen und ganzen fielen sie — nach Verrat, Verachtung, Mißhandlung und tausendfachem Tod — viel zu lang einer unverdienten Vergessenheit anheim.

---

[5] Ausführlich dazu Kuby, Verrat auf deutsch, S. 536—545.

[6] Zur Geschichte der deutschen Kriegsgefangenen. Da einige Darstellungen in Halbbänden erschienen sind, liegen — einschließlich der beiden volumösen Beihefte — insgesamt 20 Bände vor.

Abkürzungen

AA	Auswärtiges Amt	b.	bei(m)
Abt. (Abtl., Ab)	Abteilung	BA	Bundesarchiv
Abw.	Abwehr	BA-MA	Bundesarchiv-Militärarchiv
Acc.	Accession	BAOR	British Army of the Rhine
ACS	Archivio Centrale dello Stato	Batl.	Bataillon
ADAP	Akten zur deutschen auswärtigen Politik	B.d.E.	Befehlshaber des Ersatzheeres
		BE	British Embassy
Adj.	Adjutant	Befh.	Befehlshaber
Adm.	Admiral	Befh.H.Geb.	Befehlshaber Heeresgebiet
AEL	Arbeitserziehungslager	Begl.	beglaubigt(e)
A.E.P.A.	Associazione Emigrati Padovani Assia	Bfh.	Befehlshaber
		Bl.	Blatt
Ag.	Amtsgruppe	B.Nr.	Buch-Nummer
A.G.	Aktiengesellschaft	BR	Botschaftsrat
AHA	Allgemeines Heeresamt	BRAM	Büro Reichsaußenminister
A.H.Qu.	Armee-Hauptquartier	Br.B.Nr.	Brief-Buch-Nummer
A.I.E.	Assistenza Italiani all'Estero	(Brf.B.Nr.)	
AIfZG	Archiv des Instituts für Zeitgeschichte	BRT	Bruttoregistertonnen
		BrüKo	Brückenbaukommando
A.K.	Armeekorps	Btl.	Bataillon
Allg.	Allgemein(es)	Bv. T.O.	Bevollmächtigter Transportoffizier
A.N.E.I.	Associazione Nazionale Ex Internati		
Ang.	Angelegenheit (betrifft einen Vorgang, auf den sich der neue	c.a.	corrente anno
	Befehl unter Beibehaltung	cav.	cavalleria
	der Brieftagebuchnummer	C.B.	Typbezeichnung für italienische
	bezieht)		Klein-U-Boote von ca. 35 t (aufgetaucht)
Anl.	Anlage		
A.O. (AO)	Abwehroffizier	CCG	Control Commission for Germany
AOK (A.O.K.)	Armeeoberkommando		
A.Pi.Fü	Armee-Pionier-Führer	CdSSHA	Chef des SS-Hauptamtes
Apr	aprile	Chef d.Dt.	Chef der Deutschen Polizei
Arb.-Kdo.	Arbeitskommando	Polizei	
ARMIR	Armata Italiana in Russia	Chef HRüst	Chef der Heeresrüstung
Artl.	Artillerie	Chef Kriegsgef.	Chef des Kriegsgefangenenwesens im Allgemeinen Wehrmachtsamt
A.S.E.	A Sua Eccellenza		
ASSMAE	Archivio Storico del Ministero degli Affari Esteri		
		Chefs.	Chefsache
ASSUSME	Archivio Storico dell'Ufficio	(C., Chfs.)	
	Storico dello Stato Maggiore	Chef WSan	Chef Wehrmachtsanitätswesen
	dell'Esercito		im OKW
Ausl.	Ausland	Ch.	chiffriert, Chiffrier-
ausl. Arb.	ausländische Arbeiter	Co. (Co)	Compagnie
avv.	avvocato	Col.	colonnello
AWA	Allgemeines Wehrmachtamt	C.R.I.	Croce Rossa Italiana
Az. (A.Z.)	Aktenzeichen	C/S	Tschechoslowakei

CSIR	Corpo di Spedizione Italiano in Russia	g. (geh.)	geheim
C.S.M. (CSM)	Capo di Stato Maggiore	GA	Kennung für deutsche Vorpostenboote
DDR	Deutsche Demokratische Republik	Gab.	Gabinetto
		GBA	Generalbevollmächtigter für den Arbeitseinsatz
Dg.	Dirigent	Geb.	Gebirgs-
d.G.	des Generalstabs	Geb.A.K.	Gebirgsarmeekorps
D.G.A.P.	Direzione Generale Affari Politici	Geb.Div.	Gebirgsdivision
Dic (dic.)	dicembre	Gef.Std.	Gefechtsstand
D.I.E.	Direzione Generale degli Italiani all'Estero	geh. Kdos.	Geheime Kommandosache
		Gen.	General; gennaio
Direz. Gen. (D.G.)	Direzione Generale	Gen.Bevollm.	Generalbevollmächtigter
		Gen.d.Artl.	General der Artillerie
Dir. Gen. Pol.	Direzione Generale Affari Politici	Gen.d.Sich.Tr.	General der Sicherungstruppen
		Gen.Kdo.	Generalkommando
Div.	Division, divisione	genn.	gennaio
Div.Gef.Std.	Divisionsgefechtsstand	GenObst.	Generaloberst
D.L.	decreto legge	Gen.Qu.	Generalquartiermeister im Generalstab des Heeres
d.M.	des Monats		
D.N.	Difesa Nazionale	Gen.Stab	Generalstab
Doc.	Documento	Genstb.d.H. (GenStdH)	Generalstab des Heeres
Dok.	Dokument		
dott.	dottore	Germ.	Germanisch(es)
Dt. (dtsch.)	Deutsch(e, es)	gez.	gezeichnet
Dulag	Durchgangslager	GFM	Generalfeldmarschall
		Giu.	giugno
Ecc.	Eccelenza	G.K. (Gk, g.Kdos., Gkds)	Geheime Kommandosache
e.p.c.	e per conoscenza (nachrichtlich)		
		GmbH	Gesellschaft mit beschränkter Haftung
Erl.	Erlaß		
E-Transport	Eisenbahntransport	G.N.R.	Guardia Nazionale Repubblicana
F	Kennung für deutsche Flottillen-Geleitboote oder deutsche Marine-Fährprähme	Gr.	Gruppe
		Gren.	Grenadier-
		g.Rs.	geheime Reichssache
F.	fascicolo	GTDW	Die geheimen Tagesberichte der Deutschen Wehrmacht
F.	Fernschreiben		
F.A.	Führungsabteilung		
FdU	Führer der U-Boote	HaPol	Handelspolitische Abteilung des Auswärtigen Amts
Fest.Gren.Rgt.	Festungs-Grenadierregiment		
Fest.Pi.Kdr.	Festungs-Pionier-Kommandeur	H.G. (H.Gr.)	Heeresgruppe
FF.AA.	Forze Armate	H.Gr.Kdo.	Heeresgruppenkommando
Ffm.	Frankfurt am Main	H.GstA.	Haupt-Generalstaatsanwalt (-schaft)
F.H.Qu.	Führer-Hauptquartier		
Fkpt.	Fregattenkapitän	HJ	Hitlerjugend
Fla- (Flak)	Flugzeugabwehrkanone	HMB	Hamburg
Frhr.	Freiherr	H.M.S.	His Majesty's Ship
FS	Fernschreiben	Hpt.Abt.	Hauptabteilung
f/to (f.to, f)°)	firmato	H.Q.	Head Quarters
Fü Stab	Führungsstab	H.Qu.	Hauptquartier

HSIn	Heeressanitätsinspektion im Allgemeinen Heeresamt	Lgt.Gen.	Luogotenente Generale
		Ltr.	Liter
		lug	luglio
I-Bau-Btle.	Italiener Baubataillone	Lw.	Luftwaffe
I.D.	Infanterie-Division	Lw.Fü.Stab	Luftwaffenführungsstab
i.G.	im Generalstab	Lw.-Feld-Div.	Luftwaffen-Felddivision
I.K.R.K. (IKRK)	Internationales Komitee vom Roten Kreuz	Lw.Kdo.	Luftwaffenkommando
I.M.I.	internati militari italiani	Ma.	Marine
ing.	ingegnere	Markdo. (Mar. Kdo.) Ital.	Marinekommando Italien
Insp. d. L. West	Inspekteur der Luftwaffe West		
i.V.	in Vertretung	MAS (M.A.S.)	motoscafo antisommergibile (40 Knoten laufende Motortorpedoboote, ca. 30 t, zur U-Jagd)
JAG	Judge Advocat General	Med.	medaglia
Jg.Div.	Jäger-Division	MGM	Militärgeschichtliche Mitteilungen
Kdo.	Kommando		
Kdr.	Kommandeur	M.Gr.Kdo. (M.Gr.)	Marinegruppenkommando
Kdr.Gen. (Komm(and). Gen.)	Kommandierender General	Mil.	Militär-
		M.M.I.G.	Missione Militare Italiana in Germania
Kdt.	Kommandant	mot.	motorisiert
Kdtur.	Kommandantur	M.-Stamm-lager	Mannschafts-Stammlager
Kfz	Kraftfahrzeug(e)		
K.Gef.Std. (K.G.St.)	Korpsgefechtsstand	MVO	Marineverbindungsoffizier
Kgf.	Kriegsgefangene(r)	N. (N°)	Numero
Kgf.Bez.Kdt.	Kriegsgefangenenbezirkskommandant	nachr.	nachrichtlich
		N.Btl.	Nachrichten-Bataillon
Kgl.	Königlich	Nds.	Niedersachsen
K.H.Qu.	Korps-Hauptquartier	NHAH	Niedersächsisches Hauptstaatsarchiv Hannover
KK	Korvettenkapitän		
Kl.	Klasse	NIK	Nürnberger Internationaler Kriegsverbrecherprozeß
K.N.A.	Korps-Nachrichten-Abteilung		
Kpfgr.	Kampfgruppe	no.	numero
KR	Vorrang, dringlich, operative Bedeutung (bei Fernschreiben)	nov.	novembre
		Ns.	Niederschrift
Kr.Gef.	Kriegsgefangene(r)	NS	nationalsozialistisch-
Kriegsverw.	Kriegsverwaltung	NSDAP	Nationalsozialistische Deutsche Arbeiterpartei
KTB	Kriegstagebuch		
k.v.	kriegsverwendungsfähig		
KV	Kriegsverbrecherprozesse	O.B. (OB, Ob)	Oberbefehlshaber
KZ	Konzentrationslager	Ob.d.H.	Oberbefehlshaber des Heeres
K.z.S.	Kapitän zur See	Ob.d.L.	Oberbefehlshaber der Luftwaffe
L	in Verbindung mit Panzern: Hinweis auf leichte Kampfwagen	Ob.d.M.	Oberbefehlshaber der Kriegsmarine
		Obkdo. (Oberkdo.)	Oberkommando
LD	Luftwaffenverwaltungsamt		
Leg.Rat	Legationsrat	O.B.S.	Oberbefehlshaber Süd
Lfl.Kdo.	Luftflotten-Kommando	o.D.	ohne Datum
LG	Landgericht	OFK	Oberfeldkommandantur

Oflag	Offizierlager, Offiziers-Kriegsgefangenenlager	Pz.Div. H.G.	Panzerdivision »Hermann Göring«
Offz.	Offizier(e)	Pz.Gren.	Panzergrenadier-
Okdo.	Oberkommando	Pz.K.	Panzerkorps
OKH	Oberkommando des Heeres		
OKM	Oberkommando der Kriegsmarine	QdC	Quaderni del Centro di Studi sulla deportazione e l'internamento
OKW	Oberkommando der Wehrmacht	Q.G.	Quartier Generale
OLG	Oberlandesgericht	Qu.	Quartiermeister(abteilung)
Op.	operativ	Qu/Qu 1	Quartiermeister, Allgemeiner Versorgungsoffizier
Op.Abt.	Operationsabteilung des Generalstabs des Heeres	Qu/Qu 2	Quartiermeister, Sicherungsoffizier
Op. (H)	1. Generalstabsoffizier Heer im Wehrmachtführungsstab	Qu 2 (S)	Qu 2 Süd
O.Qu. (Oberqu.M.)	Oberquartiermeister	Qu. 3	Untergliederung der Quartiermeister(abteilung)
Ord.	ordinamento		
Org.	Organisation(s-)	R.	Regio/Regia; Rechtsabteilung des Auswärtigen Amtes
Org.Abt.	Organisationsabteilung des Generalstabs des Heeres	RAM	Reichsaußenminister
ott.	ottobre	RBV	Reichsbevollmächtigter
O.U.	Ortsunterkunft	Ref.	Referenz; Referat
		Res.	Reserve-
p.A.	per Adresse	R.F.	Reichsführer
PA	Politisches Archiv des Auswärtigen Amts	RFSS	Reichsführer-SS
		Rgt.	Regiment
PADF	Privatarchiv De Felice	Ris. (RIS)	riservato
Pak	Panzerabwehrkanone	RKPA	Reichskriminalpolizeiamt
Panzergren.	Panzergrenadier(e)	RM	Reichsminister
P.C. (P. da C., P.d.C.)	Posta da Campo	R.P.	riservato personale
		RSHA	Reichssicherheitshauptamt
P.Civ.	Posta Civile	R.S.I.	Repubblica Sociale Italiana
Pi.	Pionier-	Rü.A.Arb.	Rüstungsamt Arbeitseinsatzfragen
Pi.Btl.	Pionier-Bataillon		
P.M.	Posta Militare	S.	secreto
Pol.	Politische Abteilung des Auswärtigen Amts	SA	Sturmabteilung der NSDAP
		sac.	sacerdote
pol	politisch(e)	SAH	Staatsarchiv Hamburg
Pos.	Posizione	S.A.I.	Servizio Assistenza Internati
POW	prisoner(s) of war	S.A.I.M.I.	Servizio Assistenza Internati Militari Italiani
P.R. (PR)	Personale Riservato	San.	Sanitäts-
Pr.Nr.	Prüfnummer	SANü	Staatsarchiv Nürnberg
Prot.	Protokollabteilung des Auswärtigen Amts	SD	Sicherheitsdienst der SS
Prot.	Protocollo	Seetr.	Seetransport
Prot.N.	Protokollnummer	serv.	servizio
PW	prisoner(s) of war	sett.	settembre
Pz.	Panzer	SF	sottofascicolo
Pz.AOK	Panzerarmeeoberkommando	Sig.	signor(e)
Pz.Div.	Panzerdivision	S.I.M.	Servizio Informazioni Militari

SIn	Sanitätsinspektion	u.A.	und Andere
Sipo	Sicherheitspolizei	UdSSR	Union der Sozialistischen
SK	Sonderkommission, Sonder-		Sowjetrepubliken
	kommando	Uff.	Ufficio
Skl.	Seekriegsleitung	Uffz.	Unteroffizier(e)
Skl/Qu A	Quartiermeisteramt, am 1.5.	uk	unabkömmlich
	1944 umbenannt in »Amt See-	USA	United States of America
	kriegsleitung, Der Admiralquar-		
	tiermeister« (Skl/AdM Qu.)	v.	vorläufig (in Verbindung mit
S.M.	Stato Maggiore		Signaturen); vom
S.M.E.	Stato Maggiore dell'Esercito	Verb.Stab	Verbindungsstab
Sonderführer	Sonderführer im Range eines	Verw.	Verwaltung
(Z)	Zugführers	VFG (Vfg.)	Verfügung
sonst.	sonstige	VfZG	Vierteljahrshefte für Zeitge-
sowj.	sowjetisch(e)		schichte
S.P.d.D.	Segreteria Particolare del Duce	VS	Verschlußsache
S.P.R. (SPR)	Segreto Personale Riservato	VU	Voruntersuchung
SRP (S.R.P.)	Segreto Riservato Personale		
SS	Schutzstaffel der NSDAP	WASt.	Wehrmachtauskunftstelle
SS-Gruf	SS-Gruppenführer	Wehrm.	Wehrmacht
SS-Pz.K.	SS-Panzerkorps	WFST (WFSt)	Wehrmachtführungsstab des
SS-Pol.Pz.	SS-Polizei-Panzergrenadierre-		OKW
Gren.Rgt.	giment	Wi	Wirtschaft-
StA	Staatsanwalt(schaft)	WKdo	Wehrkreiskommando
Stalag	Mannschaftsstammlager	Wm.Befh.	Wehrmachtbefehlshaber
S.Ten.	sottotenente	WNV	Amtsgruppe Wehrmachtnach-
St.Qu.	Stabsquartier		richtenverbindungen des Wehr-
St.S.	Staatssekretär		machtführungsstabs
		WPr	Abteilung Wehrmachtpropa-
t	Tonnen		ganda des Wehrmachtfüh-
TA	Kennung für deutsche Torpedo-		rungsstabs
	boote ausländischer Herkunft		
	(Beutefahrzeuge)	z.b.V.	zur besonderen Verfügung
Tb.	Tagebuch	z.d.A.	zu den Akten
TBC (Tb)	Tuberkulose	Zit.	zitiert
teilmot.	teilmotorisiert	ZSLANS-V	Zentrale Stelle der Landesjustiz-
ten.	tenente		verwaltungen zur Aufklärung
Tgb.	Tagebuch		von NS-Verbrechen, Ludwigs-
TNr.	Tagebuchnummer		burg
Transp.	Transport-	z.V.	zur Verfügung
Trsp.-Kdtr(en).	Transportkommandantur(en)		

Kurzbezeichnungen für Abteilungen in den Führungsstäben des Heeres:

Ia	Führungs-Abteilung bzw. deren Leiter
Ib	Quartiermeister-Abteilung bzw. deren Leiter
Ic	Abteilung (Offizier) für Feindaufklärung und Abwehr; geistige Betreuung
Ic/AO	Abwehroffizier in der Abteilung Ic
Id	Ausbildungsabteilung bzw. deren Leiter
IIa	1. Adjutant (Offizier-Personalien)
IIb	2. Adjutant (Personalien Unteroffiziere und Mannschaften)

Verzeichnis der Tabellen

Quellen und Literatur

1. Ungedruckte Quellen

1. Bundesarchiv Koblenz (BA)

Reichsministerium für Rüstung und Kriegsproduktion

R 3/1820	Planungsamt, Lage, Entwicklung, Planungen auf dem Gebiet des Arbeitskräftebedarfs und -einsatzes und der Leistungssteigerung im Bereich der gesamten Rüstungswirtschaft, insbesondere Beschäftigung, Bezahlung, Behandlung von Kriegsgefangenen, 1942—1945
R 3/1956	Fremdarbeiter Italien 1944
R 3/3285	Sammlung von Hauserlassen, Rundschreiben und dergleichen des Reichsministers für Rüstung und Kriegsproduktion, 1943—1945

Reichswirtschaftsministerium

R 7/1067	Arbeitseinsatz u.a. italienischer Militärinternierter im Bergbau, 1944
R 7/1072	Arbeitseinsatz u.a. italienischer Militärinternierter im Bergbau, 1943

Reichsarbeitsministerium

R 41/30	Handakten des Regierungsamtmannes Lorenzen (Abt. I c), betr.: Haushalts-, Kassen- und Rechnungswesen des Ministeriums, 1941—1945
R 41/173a	Arbeitseinsatz italienischer Militärinternierter und Zivilarbeiter, 1944

(Neue) Reichskanzlei

R 43 II/651	Arbeitseinsatz im Kriege, Bd 7, Dezember 1943—Oktober 1944
R 43 II/682a	Arbeitseinsatz Organisation Todt, 1943—1945
R 43 II/682b	Kriegsmaßnahmen in Italien, Behandlungen italienischer Militärinternierter, 1943—1945

Kanzlei des Generalgouverneurs

R 52 II/21	Schriftwechsel des Generalgouverneurs Dr. Frank mit führenden Persönlichkeiten Italiens, 1940—1944
R 52 II/207	Tagebuch Hans Frank, 1.9.1943—19.10.1943

Hauptabteilung Innere Verwaltung (Generalgouvernement)

R 52 III/2	Vorbereitung zur Räumung des Generalgouvernements Bd 2, März—April 1944
R 52 III/3	Vorbereitung zur Räumung des Generalgouvernements Bd 3, April—Juli 1944
R 52 III/3a	Die militärische Lage im Generalgouvernement (Kriegstagebuch), 1944

Reichssicherheitshauptamt

R 58/397	Behandlung von Kriegsgefangenen (Sammlung von Runderlassen), Bd 3, 1943—1945

Polizeidienststellen in eingegliederten und besetzten Gebieten

R 70 Polen/197	Polizeidienststellen in Polen, 1944

Persönlicher Stab Reichsführer-SS

NS 19/2664   Verschiedenes, 1943—1944
NS 19/3891   Unterlagen, 1943

2. Bundesarchiv-Militärarchiv Freiburg (BA-MA)

Wehrmacht

Oberkommando der Wehrmacht/Wehrmachtführungsstab

RW 4/v. 508a   Grundsätzliche Richtlinien über die Behandlung der Soldaten der italienischen Wehrmacht und Miliz, Neuvereidigung, 1943—1945
RW 4/v. 684   Führererlaß vom 13.9.1943 über Sicherung der italienischen Kriegswirtschaft
RW 4/v. 686   OKW/WFSt/Qu., Italien, Wirtschaft — Allgemein, September 1943—März 1945
RW 4/v. 902   Völkerrecht — Kriegsgefangene, 1943—1944

OKW/Amt Ausland/Abwehr

RW 5/v. 498   Tagebuch Oberst i.G. Erwin Lahousen, 2. Abteilung Amt Ausland/Abwehr im OKW (Leiter), Bd 2, 13.4.1941—3.8.1943
RW 5/v. 685   Akten Referat II 5, Bd 6, 31.5.1943—6.11.1943

Oberkommando der Wehrmacht/Allgemeines Wehrmachtamt

RW 6/v. 8   Italienische Militärinternierte, 1943—1944
RW 6/v. 26   Amtsgruppe Wehrmachtverwaltung, Januar 1942—Mai 1945
RW 6/v. 270   Abt. Kriegsgefangenenwesen/Chef Kriegsgef., Sammelmitteilungen Nr. 1—10 (16.6.1941—9.2.1942) und Befehlssammlung Nr. 11—50 (11.3.1942—15.1.1945)
RW 6/v. 273   Abt. Kriegsgefangenenwesen/Chef Kriegsgef., Allg. Gr. VI, Kriegsgefangenenlager, November 1943—Dezember 1944
RW 6/v. 451   Bestand an Kriegsgefangenen im OKW-Bereich, Kriegsgef.Org. (Id), 1.1.1943—1.12.1943
RW 6/v. 452   Bestand an Kriegsgefangenen im OKW-Bereich, Kriegsgef.Org (Id), ab 1.10.1944: Reichsführer-SS u. Befehlshaber des Ersatzheeres, Chef des Kriegsgefangenenwesens (Gr. I/2), 1.1.1944—1.12.1944
RW 6/v. 482K   Wehrkreiskarte OKW/Kriegsgefangenenwesen/Org. (Id), 1.2.1944
RW 6/v. 534   Übersichten zum Gesamtbestand an Kriegsgefangenen, 1.1.1942—1.1.1944
RW 6/v. 546   Wehrmacht-Verlust-Wesen, Zusammenstellungen IV, WFStab, August—Dezember 1943
RW 6/v. 547   OKW/WFSt/Org (Vb), Zusammenstellungen Kriegsgefangene und Italienische Militärinternierte, Januar 1944 bis Juni 1944
RW 6/v. 548   Zusammenstellungen Kriegsgefangene und Militärinternierte, WFSt/Org (Vb), Juli—Dezember 1944

Wehrwirtschaftsdienststellen in Südosteuropa

RW 29/41   Kriegstagebuch des Wehrwirtschaftsstabes Südost für die Zeit vom 1. Juli bis 30. September 1944
RW 29/106   Der Deutsche Wehrwirtschaftsoffizier Athen (Wehrwirtschaftsstab Griechenland), Lageberichte, 1.1.1943—31.12.1943

Wirtschaftsstab Ost

RW 31/38   Wirtschaftsstab Ost Stab Abt. I/Ic, Kriegstagebuch, 1.1.1944—31.3.1944
RW 31/40   Wirtschaftsstab Ost Stab Abt. I/Ic, Kriegstagebuch, 1.4.1944—30.6.1944

RW 31/246   Chef Gruppe Landwirtschaft, Ernährungsfragen, 1943
RW 31/252   Chef Gruppe Landwirtschaft, Ernährungsfragen, 1944

Oberkommando der Wehrmacht/AWA

RW 48/v. 12   Wehrmachtauskunftstelle für Kriegsverluste und Kriegsgefangene, Referat VIII, Behandlung der Kriegsgefangenen im allgemeinen, 1939—1945
RW 48/v. 12   Oberkommando der Wehrmacht/AWA Wehrmachtauskunftstelle für Kriegsverluste und Kriegsgefangene, Referat VIII E.V., Gefangenenzählung, 21.10.1939—12.5.1944

Heer

OKH/Generalstab des Heeres

RH 2/v. 636   Westliches Mittelmeer — Chefsachen, 19.5.1943—11.7.1944
RH 2/v. 637   I Ic — Italien, Verschiedenes, Allgemein, 13.5.1943—29.3.1944
RH 2/v. 837   Kriegstagebuch GenStdH/Organisationsabteilung, Anlagen Bd VII 2, 28.10.1943—4.11.1943
RH 2/v. 839   Kriegstagebuch GenStdH/Organisationsabteilung, Anlagen Bd VII 3, 3.11.1943—16.11.1943
RH 2/v. 2621   OKH/Fremde Heere Ost, Beute- und Verlustzahlen der Roten Armee, 22.6.1941—20.6.1944
RH 2/v. 2678   OKH/GenStdH, 73 d, Behandlung russischer Kriegsgefangener in deutscher Kriegsgefangenschaft, 1944—1945
RH 2/v. 2918   Attaché-Abteilung, 1934—1943
RH 2/v. 2943   OKH, Ib, Deutsche Wehrmacht, lfd. Bd 4, 1.8.1943—Juli 1944

OKH/Generalinspekteur der Panzertruppen

RH 10/12   Akte A, Bd 1, Organisation, Allgemeines, 15.3.1943—29.12.1943

General der Pioniere und Festungen im Oberkommando des Heeres

RH 11 III/75   Allgemeines, Organisation, Aufgaben und Erfahrungen in der deutschen Landesbefestigung, 1943—1945

Heeressanitätsinspektion

RH 12-23/v. 5   Handakte Privat ChefWSan/HSIn/Wi 6 IV, Oberstabsarzt Di G IV, Referent für Kriegsgefangenenwesen
RH 12-23/v. 5K-1   Wehrkreiskarte OKW/Kriegsgefangenenwesen/Org. (Id), 15.12.1943

Heeressanitätsinspekteur

H 20/111   Verschiedenes, 1944
H 20/120   Tätigkeitsberichte, 1944—1945

OKH/Allgemeines Heeresamt

RH 15/233   Organisation Todt, 1944

Heeresgruppe Mitte

RH 19 II/202   Anlagen zum Kriegstagebuch H.Gr. Mitte Führungsabteilung, Akte XIX, Allgemein, Heft 10, 1.2.1944—31.3.1944

Heeresgruppenkommando Nord

RH 19 III/12   Chefsachen Rußlandfeldzug, Bd 1, 5.1.—21.9.1943

Oberkommando der Heeresgruppe Nord
RH 19 III/624   Quartiermeister, Kriegstagebuch 1944/I, 1.1.1944—31.5.1944

Oberbefehlshaber West, Oberkommando der Heeresgruppe D
RH 19 IV/11   Kriegstagebuch Ia, 1.10.—31.10.1943

Oberkommando Heeresgruppe E
RH 19 VII/1   H.Gr. E, Abteilung Ia, Kriegstagebuch, 4.1.1943—31.12.1943
RH 19 VII/2   H.Gr. E, Abteilung Ia, Kriegstagebuch, Dezember 1943—August 1944
RH 19 VII/10   H.Gr. E, Kriegstagebuch Führungsabteilung, 1.9.1943—31.10.1943
RH 19 VII/11   H.Gr. E, Kriegstagebuch Führungsabteilung, 1.11.1943—31.12.1943
RH 19 VII/12   Oberkommando H.Gr. E, Tagesmeldungen an O.B. Südost, 1.5.1943—31.12.1943
RH 19 VII/14   Bevollmächtigter Transportoffizier H.Gr. E, Tätigkeitsberichte (mit Anlagen), 25.8.1943—31.12.1943
RH 19 VII/15   H.Gr. E. Kriegstagebuch Nr. 2, Bd 1, 1.1.1944—29.2.1944
RH 19 VII/16   H.Gr. E, Kriegstagebuch Nr. 2, Bd 2, 1.3.1944—30.4.1944

Heeresgruppe E
RH 19 VII/17   H.Gr. E, Kriegstagebuch Nr. 2, Bd 3, 1.5.1944—30.6.1944
RH 19 VII/18   H.Gr. E, Anlagen zum Kriegstagebuch Nr. 2, Mai 1944
RH 19 VII/23a   H.Gr. E, Führungsabteilung, Verschiedenes 1943—1944
RH 19 VII/23b   Anlagen zum Kriegstagebuch Nr. 2 Oberkommando H.Gr. E, Verschiedenes, 1943—1944
RH 19 VII/24   Anlagen zum Kriegstagebuch Nr. 2 Oberkommando H.Gr. E, Verschiedenes, 1943—1944
RH 19 VII/25   H.Gr. E, Kriegstagebuch Nr. 3, Bd 1, 1.7.1944—31.8.1944
RH 19 VII/27   H.Gr. E, Kriegstagebuch Nr. 3, Führungsabteilung, Bd 3, 1.10.1944—31.10.1944
RH 19 VII/30   H.Gr. E, Anlagen zum Kriegstagebuch Nr. 3, Bd 1, 1.7.1944—19.7.1944
RH 19 VII/32   H.Gr. E, Anlagen zum Kriegstagebuch Nr. 3, Bd 2, 14.7.1944—31.7.1944
RH 19 VII/33   H.Gr. E, Anlagen zum Kriegstagebuch Nr. 3, Bd 3, 1.8.1944—19.8.1944
RH 19 VII/34   H.Gr. E, Anlagen zum Kriegstagebuch Nr. 3, Bd 4, 20.8.1944—31.8.1944
RH 19 VII/35a   H.Gr. E, Anlagen zum Kriegstagebuch Nr. 3, Bd 5, 1.9.1944—18.9.1944
RH 19 VII/36   H.Gr. E, Anlagen zum Kriegstagebuch Nr. 3, Bd 6, 19.9.1944—30.9.1944
RH 19 VII/42   H.Gr. E, Anlagen zum Kriegstagebuch Nr. 3, Bd 12, 20.12.1944—31.12.1944
RH 19 VII/45   H.Gr. E, Anlagen zum Kriegstagebuch Nr. 3, Befehlsgliederungen Oberkommando Heeresgruppe E einschließlich der unterstellten Verbände, Militärbefehlshaber Griechenland sowie Kommandierender General der Deutschen Luftwaffe in Griechenland, 30.8.1943—15.7.1944

Heeresgruppe B
RH 19 IX/16   Anlagen zum Tätigkeitsbericht Abt. Ic des Oberkommandos der H.Gr. B, 30.7.1943—14.11.1943

Oberbefehlshaber Süd/Südwest, Stab des Oberbefehlshaber Südwest und Oberkommando der Heeresgruppe C
RH 19 X/6   Abkommen zwischen dem deutschen Oberbefehlshaber Süd und dem Befehlshaber der italienischen Truppen um Rom, 10.9.1943
RH 19 X/7   Heeresgruppe C/O.B. Süd, Propagandamaterial, September 1943
RH 19 X/9   Heeresgruppe C/O.B. Süd Führungsabteilung, Ic-Meldungen, 18.5.1943—30.9.1943
RH 19 X/12   O.B. Süd (Südwest), Abt. Ic, Feindnachrichten, 16.6.1943—23.2.1944
RH 19 X/14   O.B. Südwest/H.Gr. C, Besondere Anordnungen für ital. Verbände und ital. Hilfswillige im Bereich O.B. Südwest, 1944

RH 19 X/36	O.B. Südwest/H.Gr. C, Führungsabteilung, Grundsätzliche Befehle, Januar—Juni 1944
RH 19 X/56	O.B. Süd (Südwest)/H.Gr. C, Aufstellung sowie Tätigkeit des Verbindungsstabes der Deutschen Wehrmacht beim Duce, Oktober 1943—April 1945
RH 19 X/57	O.B. Südwest/H.Gr. C, Inspekteur der italienischen Verbände beim O.B. Südwest, Dezember 1943—April 1945
RH 19 X/58	O.B. Südwest/H.Gr. C, Italienische Wehrmacht, Allgemein, 1.1.1944—31.10.1944
RH 19 X/59	O.B. Südwest/H.Gr. C, Zusammenarbeit mit der italienischen Wehrmacht sowie Beurteilung und Verwendung von italienischen Soldaten in der deutschen Wehrmacht, Dezember 1944—April 1945
RH 19 X/60	O.B. Südwest/H.Gr. C, Erfassung von italienischen Arbeitskräften insbes. für den Einsatz in Rüstungsbetrieben in Deutschland, Dezember 1944—April 1945

Oberbefehlshaber Südost, Oberkommando der Heeresgruppe F

RH 19 XI/2	Anlagenband zu O.B. Südost (OKdo. H.Gr. F), Ia-Chefsachen, 19.9.1943—5.12.1944
RH 19 XI/14	O.B. Südost (O.Kdo. H.Gr. F), Kriegstagebuch Nr. 3, 1.7.1944—31.12.1944
RH 19 XI/32	Gliederungen Oberbefehlshaber Südost und Oberkommando der H.Gr. F, August 1944
RH 19 XI/33	Anlagen zum Kriegstagebuch des O.B. Südost (O.Kdo. H.Gr. F), 29.8.1944—11.11.1944
RH 19 XI/56	General des Transportwesens Südost, Tätigkeitsbericht 21.—30.9.1943
RH 19 XI/57	General des Transportwesens Südost, Tätigkeitsbericht 1.—10.10.1943
RH 19 XI/58	General des Transportwesens Südost, Tätigkeitsbericht 11.—20.10.1943
RH 19 XI/59	General des Transportwesens Südost, Tätigkeitsbericht 21.—31.10.1943
RH 19 XI/60	General des Transportwesens Südost, Tätigkeitsbericht 1.—10.11.1943
RH 19 XI/61	General des Transportwesens Südost, Tätigkeitsbericht 11.—20.11.1943
RH 19 XI/62	General des Transportwesens Südost, Tätigkeitsbericht 21.—30.11.1943
RH 19 XI/63	General des Transportwesens Südost, Tätigkeitsbericht 1.—10.12.1943
RH 19 XI/64	General des Transportwesens Südost, Tätigkeitsbericht 11.—20.12.1943
RH 19 XI/65	General des Transportwesens Südost, Tätigkeitsbericht 21.—31.12.1943
RH 19 XI/78	Anlagen-Mappe 1 zum Kriegstagebuch Nr. 1 des O.B. Südost (OKdo. H.Gr. F) O.Qu., 1.7.1944—31.12.1944
RH 19 XI/79	Anlagen-Mappe 2 zum Kriegstagebuch Nr. 1 des O.B. Südost (OKdo. H.Gr. F) O.Qu., 1.7.1944—31.12.1944
RH 19 XI/80	Oberbefehlshaber Südost (H.Gr. F): Die große Absatzbewegung im Südosten, Hauptquartier, Januar 1945.

Armeeoberkommando 10

RH 20-10/55	A.O.K. 10, Kriegstagebuch-Anlagen Nr. 1-193 b zum Kriegstagebuch Nr. 1, 8.8.1943—12.9.1943, mit Tätigkeitsbericht I c vom 1.9.43—10.9.43
RH 20-10/56	A.O.K. 10, Kriegstagebuch Anlagen Nr. 195 — 455 zu Kriegstagebuch Nr. 1, 12.9.1943—20.9.1943, mit Tätigkeitsbericht Ic vom 12.9.1943—20.9.1943

Armeeoberkommando 19

RH 20-19/7	Kriegstagebuch Armeegruppe Felber (Gen.Kdo. LXXXIII. A.K.), 20.6.—13.8.1943, ObKdo. v. Sodenstern (Gen.Kdo. LXXXIII. A.K.), 14.8.—24.8.1943, Armeeoberkommando 19, 24.8.—31.12.1943
RH 20-19/13	Anlagen zum Kriegstagebuch A.O.K. 19, Tagesmeldungen der Abt. Ia, 20.6.1943—31.12.1943
Rh 20-19/253	A.O.K. 19, O.Qu., Kriegstagebuch, 1.7.1943—31.12.1943, mit Tätigkeitsberichten der Abteilungen IIa, IIb, IVe, IVd; A.O. Kraft; Feldpostamt 591

RH 20-19/275   Tätigkeitsbericht des Bevollmächtigten Transportoffiziers beim Armeeoberkommando 19, Mai 1943 bis Dezember 1943

Panzerarmeeoberkommando 2

RH 21-2/v. 590   Pz. A.O.K. 2, Ia, Kriegstagebuch Nr. 4, 23.8.1943—31.12.1943
RH 21-2/v. 592   Pz. A.O.K. 2, Ia, Anlagenband 2 zum Kriegstagebuch Nr. 4, 23.8.1943—29.11.1943
RH 21-2/v. 593   Pz. A.O.K. 2, Ia, Anlagenband 3 zum Kriegstagebuch Nr. 4, 26.8.1943—20.10.1943
RH 21-2/v. 594   Pz. A.O.K. 2, Ia, Anlagenband 4 zum Kriegstagebuch Nr. 4, 5.9.1943—30.11.1943
RH 21-2/v. 595a, b   Pz. A.O.K. 2, Ia, Anlagenband 5 zum Kriegstagebuch Nr. 4, 1.12.1943—31.12.1943
RH 21-2/v. 596   Pz. A.O.K. 2, Ia, Anlagenband 7 zum Kriegstagebuch Nr. 4, 23.8.1943—31.12.1943
RH 21-2/v. 603   Pz. A.O.K. 2, Ia, Anlagenband 17 zum Kriegstagebuch Nr. 4, 23.8.1943—31.12.1943
RH 21-2/v. 604   Pz. A.O.K. 2, Ia, Anlagenband 18 zum Kriegstagebuch Nr. 4, 2.10.1943—23.12.1943
RH 21-2/v. 612   Pz. A.O.K. 2, Ia, Anlagenband 26 zum Kriegstagebuch Nr. 4, Unternehmen Thule, Geiserich, Ziethen und Wildsau, 23.8.1943—31.12.1943
RH 21-2/v. 614   Pz. A.O.K. 2, Ia, Anlagenband 28 zum Kriegstagebuch Nr. 4, 7.9.1943—4.10.1943
RH 21-2/v. 617   Pz. A.O.K. 2, Ia, Anlagenband 31 zum Kriegstagebuch Nr. 4, Lagebeurteilungen, 15.9.1943—1.11.1943
RH 21-2/v. 621   Pz. A.O.K. 2, Anlagen zum Kriegstagebuch Nr. 4, Ia, Tagesmeldungen, 27.8.1943—9.10.1943
RH 21-2/v. 733   Pz. A.O.K. 2, Ic/AO, mit Anlagen, 15.8.1943—31.12.1943
RH 21-2/v. 797   Pz. A.O.K. 2, O.Qu., Anlagen I zum Kriegstagebuch Nr. 4, 27.8.1943—31.10.1943
RH 21-2/v. 799   Pz. A.O.K. 2, O.Qu, Anlagen II zum Kriegstagebuch Nr. 4, 1.11.1943—31.12.1943
RH 21-2/v. 837   Pz. A.O.K. 2, O.Qu., Kriegstagebuch, 16.8.1943—31.12.1943
RH 21-2/v. 840   Pz. A.O.K. 2, Berichte über die Versorgungslage, Beuteerfassung, 13.9.1943—18.5.1944
RH 21-2/v. 848   Pz. A.O.K. 2, Räumungs- und Evakuierungsmaßnahmen, Februar 1943—Januar 1945

Befehlshaber der rückwärtigen Heeresgebiete

RH 22/112   Kommandierender General der Sicherungstruppen Süd, Anlagen zum Kriegstagebuch, Sondermappe »Geheime Kommandosachen« Bd 3, 1943
RH 22/115   Kommandierender General der Sicherungstruppen Süd, Ia, Kriegstagebuch Anlagen, Bd 8, Az. VI: Verbündete, 19.9.1943—11.11.1943

Generalkommando XIV. Panzerkorps

RH 24-14/72   Ia, Kriegstagebuch Nr. 5, 8.9.1943—31.12.1943
RH 24-14/75   Anlagen zum Kriegstagebuch Nr. 5, Taktische Meldungen, Heft 1, 8.9.1943—30.9.1943
RH 24-14/81   Anlagen zum Kriegstagebuch Nr. 5, Ia, Anlagenheft I, 8.9.1943—30.9.1943

Generalkommando XXII. Gebirgsarmeekorps

RH 24-22/2   Kriegstagebuch Nr. 1, Ia, 24.8.1943—31.12.1943
RH 24-22/3   Anlagen zum Kriegstagebuch Nr. 1, Nr. 1—180, 8.8.1943 bis 11.10.1943
RH 24-22/16   Ic-Unterlagen, September bis Dezember 1943
RH 24-22/17   Ic-Unterlagen, September bis Dezember 1943
RH 24-22/27   Tätigkeitsbericht der Abteilung II a/b zum Kriegstagebuch Nr. 1, 24.8.1943 bis 31.12.1943

Generalkommando Witthöft

RH 24-73/4   Anlagen zum Kriegstagebuch Nr. 1 des Gen.Kdo. Witthöft, 1.9.1943 bis 31.12.1943
RH 24-73/13   Kriegstagebuch Nr. 1, Qu. Gen.Kdo Witthöft, 1.9.1943 bis 31.12.1943
RH 24-73/14   Anlagen zum Kriegstagebuch des Gen.Kdo Witthöft, 1.9.1943 bis 31.12.1943

Generalkommando LXXVI. Panzerkorps

RH 24-76/5   Anlagen zum Kriegstagebuch, 1.9.1943—20.9.1943
RH 24-76/7   Anlagen zum Kriegstagebuch, 1.11.1943—2.2.1944

22. *Infanterie-Division*

RH 26-22/51   Kriegstagebuch Nr. 13 der Abt. Ia des Stabes der 22. Inf. Div., 1.1.1943—31.12.1943
RH 26-22/54   Anlagen zum Kriegstagebuch Nr. 13 der Abt Ia des Stabes 22. Inf.Div., Bd 3, 3.8.1943—18.12.1943
RH 26-22/55   »Kampfgruppe Müller« in der 22. Inf. Division, Kriegstagebuch 21.11.1943—10.3.1944
RH 26-22/159   Gefechtsberichte Kampfgruppe Müller: Einnahme Insel Coo 3.10.—5.10.1943; Eroberung Insel Leros 12.11.—16.11.1943; Besetzung Insel Samos 22.11.—25.11.1943

Sturmdivision Rhodos/Kommandant Ost-Ägäis

RH 26-1007/1   Kriegstagebuch Nr. 1 der Sturmdivision Rhodos, mit Anlagen, 4.6.1943—30.6.1943
RH 26-1007/2   Kriegstagebuch Nr. 2 der Sturmdivision Rhodos, 1.7.1943—31.12.1943
RH 26-1007/5   Anlagen zum Kriegstagebuch der Sturmdivision Rhodos, 1.7.1943—31.12.1943, Anlagen 144 — 304 (September)
RH 26-1007/6   Anlagen zum Kriegstagebuch der Sturmdivision Rhodos, 1.7.1943—31.12.1943, Anlagen 305—380 (Oktober)
RH 26-1007/7   Anlagen zum Kriegstagebuch der Sturmdivision Rhodos, 1.7.1943—31.12.1943, Anlagen 381—427 (November)
RH 26-1007/8   Anlagen zum Kriegstagebuch der Sturmdivision Rhodos, 1.7.1943—31.12.1943, Anlagen 428—478 (Dezember)
RH 26-1007/9   Gefechtsberichte über den Kampf um die Insel Rhodos, 8.9.1943—11.9.1943, Anlage 222a zum Kriegstagebuch der Sturmdivision Rhodos
RH 26-1007/12   Kriegstagebuch Nr. 3 der Sturmdivision Rhodos (Rekonstruktion), 1.1.1944—30.6.1944
RH 26-1007/14   Anlagen vom Kriegstagebuch Nr. 4, Kommandant Ost-Ägäis, 1.7.1944—27.9.1944
RH 26-1007/15   Führungsabteilung, Ia, Anlagen zum Kriegstagebuch Nr. 4, Bd 2, Juli—August 1944 (Nr. 88—169)
RH 26-1007/19   Führungsabteilung, Ia, Kriegstagebuchanlagen für März 1945
RH 26-1007/22   Sturmdivision Rhodos Abt. Ic, Tätigkeitsbericht für die Zeit vom 1.7.—31.12.43, Mappe I Feindlage, Anlagen 1—46
RH 26-1007/23   Sturmdivision Rhodos Abt. Ic, Tätigkeitsbericht für die Zeit vom 1.7.1943—31.12.1943
RH 26-1007/25   Kommandant Ost-Ägäis, Abt. Ic, Tätigkeitsbericht für die Zeit vom 1.7.1944—15.9.1944
RH 26-1007/27 ·   Abt. Ia, Tätigkeitsberichte Abt. IIa/b zum Kriegstagebuch der Sturmdivision Rhodos für die Zeit vom 1.7.1943—31.12.1943
RH 26-1007/29   Kriegstagebuch der Sturmdivision Rhodos Qu. Abteilung, 1.7.1943—31.12.1943
RH 26-1007/32   Anlagen zum Kriegstagebuch der Sturmdivision Rhodos, 1.7.—31.12.1943, Nr. 251—344

1. *Gebirgsdivision*

RH 28-1/110   1. Geb.Div. Ia, Anlagen zum Kriegstagebuch Nr. 7, Bd 3 (»Achse«), Befehle und Meldungen der Divisionen, 2.8.1943—29.9.1943
RH 28-1/117   Kriegstagebuch, Ia, Anlage: Gefechtsbericht d. Div.Kdr. über den Angriff auf die Insel Korfu am 24./25.9.1943
RH 28-1/119   1. Geb.Div./Ia, Abtransport der Italiener (Anlagen zum Kriegstagebuch Nr. 7), 11.9.1943—4.11.1943

Deutscher Bevollmächtigter General in Kroatien

RH 31 III/4   Sammelakte verschiedene Ressorts, 1943—1944

Bevollmächtigter General der Deutschen Wehrmacht in Italien

RH 31 VI/6   Bev.Gen.d.Dt. Wehrmacht in Italien, Anlagen zum Kriegstagebuch, 1.1.1944—
                    9.2.1944

RH 31 VI/7   Bev.Gen.d.Dt. Wehrmacht in Italien, Anlagen zum Kriegstagebuch, 10.2.—15.3.1944

RH 31 VI/8   Bev.Gen.d.Dt. Wehrmacht in Italien, Ia, Anlagen zum Kriegstagebuch, 16.3.1944—
                    1.5.1944

RH 31 VI/9   Bev.Gen.d.Dt. Wehrmacht in Italien, Anlagen zum Kriegstagebuch, 16.5.1944—
                    31.5.1944

Verbindungskommandos und -stäbe

RH 31 X/1   Deutscher Generalstab beim italienischen Armeeoberkommando 11/Armeegruppe
                    Südgriechenland, Kriegstagebuch Nr. 1 des Deutschen Generalstabs beim italie-
                    nischen A.O.K. 11 bzw. Armeegruppe Südgriechenland, 19.7.1943—4.10.1943

RH 31 X/2   Deutscher Generalstab beim italienischen Armeeoberkommando 11/Armeegruppe
                    Südgriechenland, Ia, Anlagen zum Kriegstagebuch Nr. 1, Befehle des italienischen
                    A.O.K. 11 und der Armeegruppe Südgriechenland; Lagebeurteilungen und -Mel-
                    dungen, 27.7.1943—3.10.1943

RH 31 X/3   Deutscher Generalstab beim italienischen Armeeoberkommando 11/Armeegrup-
                    pe Südgriechenland, Ia, Anlagen zum Kriegstagebuch, Bd 2, Tagesmeldungen,
                    27.7.1943—3.10.1943

RH 31 X/5   Deutscher Generalstab beim italienischen Armeeoberkommando 11, Armeegruppe
                    Südgriechenland, Ia, Anlage 2 zum Kriegstagebuch, Ic-Lageberichte, 4.9.1943—
                    28.9.1943

RH 31 X/6   Deutscher Generalstab beim italienischen Armeeoberkommando 11/Armeegruppe
                    Südgriechenland, Ic, Anlage 1 zum Kriegstagebuch, Ic-Meldungen, 28.7.1943—
                    4.10.1943

RH 31 X/7   Deutscher Generalstab beim italienischen Armeeoberkommando 11/Armeegruppe
                    Südgriechenland, Anlagen zum Kriegstagebuch, Tätigkeitsberichte der Quartier-
                    meisterabteilung, 19.7.1943—4.10.1943

RH 31 X/8   Deutscher Verbindungsstab bei der italienischen Heeresgruppe Est/Abwicklungs-
                    stelle, Bericht über die Ereignisse in Albanien vom 8. bis 15. Sept. 1943, 15.11.1943

Kriegsgefangenenlager, Arbeits- und Baueinheiten der Kriegsgefangenen

RH 49/9   Stammtafeln Frontstalags, Dulag 200, 202—205, 213, 220—223, 230—232, 240,
                    241

RH 49/35   Stalag IV D Torgau, Sammlung Verfügungen OKW/Chef Kriegsgef., 1943—1944

RH 49/37   Kriegsgefangene, Allgemeines, 1943—1945

RH 49/101   Mannschaftsstammlager IV D Torgau, Unterlagen, Januar 1942—April 1945

RH 49/104   Unterlagen Kontrolloffizier Nauendorf (Saalkreis), März 1941—April 1945

RH 49/118   Arbeits-Bataillon (L) 10, September 1944—Februar 1945

Wehrkreiskommando Generalgouvernement

RH 53-23/42   Anlagen zum Kriegstagebuch Wehrkreiskommando Generalgouvernement
                    Nr. 1677—1798, 1.7.1943—30.9.1943

RH 53-23/43   Anlagen zum Kriegstagebuch Wehrkreiskommando Generalgouvernement
                    Nr. 1799—1908, 1.10.1943—31.12.1943

Kriegsmarine

Seekriegsleitung

RM 7/52	1. Seekriegsleitung Kriegstagebuch Teil A, Bd 49, 1.9.—30.9.1943
RM 7/53	1. Seekriegsleitung Kriegstagebuch Teil A, Bd 50, 1.10.1943—31.10.1943
RM 7/54	1. Seekriegsleitung Kriegstagebuch Teil A, Bd 51, 1.11.1943—30.11.1943
RM 7/55	1. Seekriegsleitung Kriegstagebuch Teil A, Bd 52, 1.12.1943—31.12.1943
RM 7/98	1. Seekriegsleitung Kriegstagebuch Teil B, Heft V, Anlagen allgemeinen Inhalts zum Teil A, Bd 8, Juni—Dezember 1943
RM 7/114	1. Seekriegsleitung Kriegstagebuch Teil B, Heft VIII, Völkerrecht, Politik, Propaganda (Wochenübersichten), Bd 4, Januar 1943—Januar 1945
RM 7/116	1. Seekriegsleitung Kriegstagebuch Teil B, Heft IX, Lageübersicht Mittelmeer—Ägäis—Schwarzes Meer, Bd 2, Januar 1943—November 1944
RM 7/215	1. Seekriegsleitung Kriegstagebuch Teil C, Heft VIII, Völker- und Seekriegsrecht, Politik und Propaganda, Bd 5, 1.1.1943—31.12.1943
RM 7/216	1. Seekriegsleitung Kriegstagebuch Teil C, Heft VIII, Anlagen zum Kriegstagebuch für Völker- und Seekriegsrecht, Politik und Propaganda, Bd 5, 1943
RM 7/237	1. Seekriegsleitung Kriegstagebuch Teil C, Heft XIV, Deutsche Kriegführung im Mittelmeer, Bd 4, Mai—Oktober 1943
RM 7/238	1. Seekriegsleitung Kriegstagebuch Teil C, Heft XIV, Deutsche Kriegführung im Mittelmeer, Bd 5, Oktober 1943—Dezember 1943
RM 7/239	1. Seekriegsleitung Kriegstagebuch Teil C, Heft XIV, Deutsche Kriegführung im Mittelmeer, Bd 6, Januar 1944—Januar 1945
RM 7/260	1. Seekriegsleitung Kriegstagebuch Teil Ca, Grundlegende Fragen der Kriegführung, Bd 4, Januar—Dezember 1943
RM 7/265	1. Seekriegsleitung Kriegstagebuch Teil Ce, Anlagen persönlicher Art, Juni 1943—Oktober 1943
RM 7/306	1. Seekriegsleitung Kriegstagebuch Teil D1e, Tagesberichte Mittelmeer, Ägäis, Schwarzes Meer, Bd 4, 1.5.1943—31.12.1943
RM 7/811	1. Seekriegsleitung Kriegstagebuch Teil D, OKW/WFSt (Kopie), Beurteilung der personellen und materiellen Rüstungslage der Wehrmacht (Monatsmeldung), Januar 1945
RM 7/950	Seekriegsleitung, Mittelmeer Akte II. 16, »Alarich und Konstantin«, »Achse« Op., Juli 1943—Oktober 1943

Marinegruppenkommando Süd

RM 35 III/61	Kriegstagebuch M.Gr.Kdo. Süd, 1.9.1943—15.9.1943
RM 35 III/62	Kriegstagebuch M.Gr.Kdo. Süd, 16.9.1943—30.9.1943
RM 35 III/63	Kriegstagebuch M.Gr.Kdo. Süd, 1.10.1943—15.10.1943
RM 35 III/64	Kriegstagebuch M.Gr.Kdo. Süd, 16.10.1943—31.10.1943
RM 35 III/65	Kriegstagebuch M.Gr.Kdo. Süd, 1.11.1943—15.11.1943
RM 35 III/66	Kriegstagebuch M.Gr.Kdo. Süd, 16.11.1943—28.11.1943
RM 35 III/67	Kriegstagebuch M.Gr.Kdo. Süd, 29.11.1943—15.12.1943
RM 35 III/68	Kriegstagebuch M.Gr.Kdo. Süd, 16.12.1943—31.12.1943
RM 35 III/70	Kriegstagebuch M.Gr.Kdo. Süd, 1.1.1944—15.1.1944
RM 35 III/71	Kriegstagebuch M.Gr.Kdo. Süd, 16.1.1944—31.1.1944
RM 35 III/72	Kriegstagebuch M.Gr.Kdo. Süd, 1.2.1944—15.2.1944
RM 35 III/73	Kriegstagebuch M.Gr.Kdo. Süd, 16.2.1944—29.2.1944
RM 35 III/188	Kriegstagebuch Seetransportreferent, 6.4.1941—30.10.1943
RM 35 III/189	Kriegstagebuch Seetransportreferent, 1.11.1943—17.11.1944
RM 35 III/226	Seetransportreferent M.Gr.Kdo. Süd, Akte militärische Transportangelegenheiten, Februar 1944—November 1944

Admiral Adria

M 729/PG46530   Kriegstagebuch des Kommandierenden Admirals Adria, 16.10.1944—31.10.1944

Admiral Ägäis

M 717/PG46162   Kriegstagebuch Admiral Ägäis, 1.1.1944—15.1.1944
M 717/PG46163   Kriegstagebuch Admiral Ägäis, 16.1.1944—31.1.1944
M 717/PG46164   Kriegstagebuch Admiral Ägäis, 1.2.1944—15.2.1944
M 717/PG46165   Kriegstagebuch Admiral Ägäis, 16.2.1944—29.2.1944
M 717/PG46166   Kriegstagebuch Admiral Ägäis, 1.3.1944—15.3.1944
M 717/PG46167   Kriegstagebuch Admiral Ägäis, 16.3.1944—31.3.1944
M 717/PG46170   Kriegstagebuch Admiral Ägäis, 1.5.1944—15.5.1944
M 718/PG46174   Kriegstagebuch Admiral Ägäis, 1.7.1944—15.7.1944
M 718/PG46177   Kriegstagebuch Admiral Ägäis, 16.8.1944—31.8.1944
M 718/PG46178   Kriegstagebuch Admiral Ägäis, 1.10.1944—15.10.1944
M 718/PG46180   Kriegstagebuch Admiral Ägäis, 16.10.1944—24.10.1944
M 718/PG46198   Kriegstagebuch Admiral Ägäis, 1.9.1943—15.9.1943
M 718/PG46199   Kriegstagebuch Admiral Ägäis, 16.9.1943—30.9.1943
M 718/PG46200   Kriegstagebuch Admiral Ägäis, 1.10.1943—15.10.1943
M 720/PG46201   Kriegstagebuch Admiral Ägäis, 16.10.1943—31.10.1943
M 720/PG46202   Kriegstagebuch Admiral Ägäis, 1.11.1943—15.11.1943
M 720/PG46203   Kriegstagebuch Admiral Ägäis, 16.11.1943—30.11.1943
M 720/PG46204   Kriegstagebuch Admiral Ägäis, 1.12.1943—15.12.1943
M 720/PG46205   Kriegstagebuch Admiral Ägäis, 16.12.1943—31.12.1943

Seetransportchef Ägäis

M 686/PG45847   Kriegstagebuch des Seetransportchefs Ägäis, Bd 1, 1.7.1944—30.9.1944

Seetransporthauptstelle Ägäis/Piräus

M 667/PG45473   Kriegstagebuch Seetransporthauptstelle Ägäis, 1.1.1944—31.3.1944
M 667/PG45474   Kriegstagebuch Seetransporthauptstelle Ägäis, 1.4.1944—30.6.1944
M 667/PG45475   Kriegstagebuch Seetransporthauptstelle Ägäis, 1.7.1944—31.8.1944
M 667/PG45580   Kriegstagebuch Seetransporthauptstelle Ägäis, 1.10.1943—15.10.1943
M 667/PG45581   Kriegstagebuch Seetransporthauptstelle Ägäis, 1.11.1943—15.11.1943
M 667/PG45582   Kriegstagebuch Seetransporthauptstelle Ägäis, 1.12.1943—31.12.1943

Reichsluftwaffe

Verbände und Einheiten der Flakartillerie

RL 12/48   Personalangelegenheiten, Disziplin und Rechtspflege, September 1944—April 1945

Territoriale Kommandobehörden der Luftwaffe

RL 19/122   Allgemeines, Juni 1944—April 1945

3. Politisches Archiv des Auswärtigen Amtes Bonn (PA)

Büro Staatssekretär

Akten betr. Italien   Bd 16, 1. September 1943 bis 22. September 1943
Akten betr. Italien   Bd 17, 23. September 1943 bis 15. Oktober 1943
Akten betr. Italien   Bd 18, 16. Oktober 1943 bis 31. Dezember 1943
Akten betr. Italien   Bd 19, 1. Januar 1944 bis 30 April 1944
Az. Kriegsgefangenenfragen Bd 1, 8.10.1942—31.10.1943

Dienststelle Ribbentrop
35/1   Akten betr. Italienisches Material SS-Oberführer Likus, 1935—1941

Völkerrecht, Kriegsrecht
Az. 26 Nr. 13b Italien   Bd 1, 1944

Botschafter z.b.V. Ritter
Handakten Ritter   Bd 62, Kriegsgefangene, 7.1.1944—28.8.1944

4. Staatsarchiv Hamburg (SAH)

Behörde für Ernährung und Landwirtschaft I
A 6 VIII 4ª   Verpflegung der Kriegsgefangenen und Ostarbeiter, Gesetzliche Vorschriften und
                          Rundschreiben 1943—1945
A 6 VIII 4ᵈ   Verpflegung der Kriegsgefangenen und Ostarbeiter, Allgemeines 1943—1944

Gauwirtschaftskammer 9
Handakte des Leiters der Abteilung Industrie, 1942—1943

5. Niedersächsisches Hauptstaatsarchiv Hannover (NHAH)

Niedersächsisches Hauptstaatsarchiv Hannover, Nds. 721 Hildesheim
Acc. 106/80, 156   Staatsanwaltschaft bei dem Landgericht in Hildesheim, Strafsache gegen Huck, Bd I
Acc. 106/80, 157   Staatsanwaltschaft bei dem Landgericht in Hildesheim, Strafsache gegen Huck, Bd II
Acc. 106/80, 158   Staatsanwaltschaft bei dem Landgericht in Hildesheim, Strafsache gegen Huck u.a.,
                    Bd III
Acc. 106/80, 159   Staatsanwaltschaft bei dem Landgericht in Hildesheim, Strafsache gegen Huck
                    wegen Totschlags und Mordes, Bd IV
Acc. 106/80, 160   Staatsanwaltschaft Hildesheim, Handakten zur Strafsache gegen Huck u.a., Bd I
Acc. 106/80, 161   Staatsanwaltschaft bei dem Landgericht Hildesheim, Handakten zu der Strafsa-
                    che gegen Huck u.a.
Acc. 106/80, 162   Staatsanwaltschaft bei dem Landgericht Hildesheim, Handakten zu der Strafsa-
                    che gegen Huck
Acc. 106/80, 163   Staatsanwaltschaft bei dem Landgericht (Hildesheim), Vorverfahren gegen Huck
                    (1946—) 1952—1954
Acc. 106/80, 165   Staatsanwaltschaft bei dem Landgericht Hildesheim, Berichtsheft zur Strafsache
                    gegen Huck

6. Staatsarchiv Nürnberg (SANü)

KV-Anklage
Dok. Nr. USSR-6
Dok. Nr. USSR-6B

KV-Prozesse
Fall VII A 118, Südost-Generäle

7. Archiv des Instituts für Zeitgeschichte München (AIfZG)

PS-657	Partei-Kanzlei der NSDAP
Fa 195/II	Reichsminister der Justiz
NG/d 801—900	Kaiser-Wilhelm-Institut für Arbeitsphysiologie, Berichte über Ernährungsgroß-versuch an ausländischen Arbeitskräften, 1944
NI/d 15351—15520	Wirtschaftsberichte Fried. Krupp, Friedrich-Alfred-Hütte, 1944
ED 187/1—2	Täuber, Fritz, Aufzeichnungen über die Tätigkeit in Kriegsgefangenenla-gern der Wehrmacht und Erlebnisse in amerikanischer Gefangenschaft, 1942—1945
Mc 25	Prozeß SS-Obergruppenführer und General der Waffen-SS Karl Wolff

Mikrofilm
MA 192
MA 240
MA 460

8. Zentrale Stelle der Landesjustizverwaltungen zur Aufklärung von NS-Verbrechen Ludwigsburg (ZSLANS-V)

Sammlung UdSSR
Ord. Nr. 418
Ord. Nr. 419

117 AR 1579/65	Vorermittlungsverfahren wegen NS-Verbrechen in Treuenbrietzen
302 AR-Z242/76	Lemberg
414 AR 346/62	Arbeitserziehungslager Liebenau/Kreis Nienburg
414 AR 1488/69	Arbeitserziehungslager Lahde/Weser
12 JS 16461	Anklageschrift Ks 5/65, 12.5.1966
19 JS 285/77	Anzeigensache gegen Unbekannt, 28.4.1977
JAG 261	Arbeitserziehungslager Lahde/Weser

9. Archivio Centrale dello Stato Rom (ACS)

Segreteria Particolare del Duce, Carteggio ordinario, Periodo Badoglio

Busta 25/8	25 luglio—8 settembre 1943
F 3	Varie
F 5	Varie
Busta 25/9	25 luglio—8 settembre 1943
F 29	Statistica

Segreteria Particolare del Duce, Carteggio, R.S.F.

Busta 2	
F 25	Croce Rossa Italiana 1944—1945

Busta 4
    F 28   Guardia Nazionale Repubblicana
        SF 5   Carabinieri
Busta 12
    F 60   Situazione Provincie Ex-Austriache
        SF 6   Venezia Giulia
Busta 16
    F 91   Rapporti italo-tedeschi
        SF 1   Lettere e colloqui di Mussolini
        SF 2   Militari internati in Germania
        SF 4   Costituzione Esercito Repubblicano e rapporti militari
        SF 6   Relazioni sulle condizioni dei lavoratori in Germania
Busta 22
    F 153   Missione Militare Italiana in Germania
        SF 1   Canevari
        SF 2   Chirico
        SF 3   Princivalle
        SF 4   Morera
        SF 6   Relazioni sull'attività svolta dalla Missione Militare Italiana in Germania
Busta 33
    F 275   Contingente di operai richiesto dalla Germania, 1944
Busta 36
    F 329   Generale Ezio Rosi, 1943—1944
Busta 39
    F 347   Grandi unità
        SF 21   Missione Militare in Germania e Ufficio dell' Addetto Militare — Relazioni e rapporti
        SF 22   Promemoria e lettere inviate dal Maresciallo Graziani
        SF 23   Rapporti con i tedeschi
        SF 24   Dati statistici sulla forza delle divisioni italiane
    F 26   Propaganda e assistenza alle Forze Armate
Busta 51
    F 618   Internati italiani in Germania
Busta 61
    F 630   Partito Fascista Repubblicano
        SF 6C   Situazione politico-militare in Toscana
        SF 9   Rapporti e verbali di carattere militare (Commissione Epurazione Militare)
Busta 68
    F 642   Ministero della Difesa Nazionale (poi delle Forze Armate)
        SF 1   Costituzione delle FF.AA. Repubblicane. Problemi organizzativi e disposizioni generali
Busta 71
    F 641   Ministero della Difesa Nazionale Sottosegretario per l'Esercito
        SF 3   Situazione personale
        SF 6   Costituzione delle divisioni in Germania
Busta 72
    F 644   Ministero della Difesa Nazionale, Sottosegretario di Stato per la Marina
        SF 2   Promemoria per il Duce
        SF 7   Verona (processo)

Busta 76
    F 647   Relazioni sull'attività svolta dalle direzioni generali degli affari generali, degli affari politici e degli italiani all'estero
          SF 3   Relazioni sull'attività svolta dalle direzioni generali degli affari politici e degli italiani all'estero
          SF 5   Rapporti italo-tedeschi (1/10/1943—21/4/1945)
          SF 6   Croce Rossa Italiana. Delegazione generale per la Germania
          SF 7   Addetti Militari italiani all'estero (Badogliani)

Presidenza del Consiglio dei Ministri Gabinetto R.S.I. 1943—1945
Busta 77
    F 19-8
          N. 2028   Militari Internati in Germania — Corrispondenza, questioni varie ed altre
          N. 3762   Assistenza familiare agli italiani arruolati nelle Forze Armate Tedesche
          N. 5882   Collocamento in pensione di ufficiali e sottufficiali internati

Segretaria Particolare del Duce, Carteggio riservato, R.S.I. 1943—1945
Busta 80
    F 650   Ministero dell'Interno 1943—1945
          SF 10   Attività politica del clero
          SF 11   Rapporti con i tedeschi (26/11/1943—8/8/1944)

Presidenza del Consiglio dei Ministri Gabinetto R.S.I.
Busta 39
    F 1-2-1
          N. 01378   Ufficiali, sottufficiali e militari di truppa che rientrano dalla Germania — Loro sistemazione
          N. 02498   Ufficiali e Ammiragli — provvedimenti a loro carico

Ministero delle Forze Armate R.S.I. 1943—1945
Busta 7
    F 12   Rientro militari internati

Carte Barracu
Busta 2
    F 61   Croce Rossa Italiana — Comitato Centrale
    F 155   Servizio Assistenza Internati Civili e Militari in Germania

Wehrmacht. Uffici di polizia e comandi militari tedeschi in Italia (1943—1945)
Busta 5
    F 6   Arbeitseinsatz im Reich
          SF 1   Werbung für den freiwilligen Arbeitseinsatz
          SF 4   Effektive Grenzzahlen der abgestellten Arbeitskräfte
          SF 9   Auskämmung bei Bandenaktionen
          SF 13   Verschiedenes
Busta 6
    F 6   Lavoratori italiani in Germania
          SF 20   Lohnüberweisungen der italienischen Zivilarbeiter und ehemaligen Militärinternierten aus dem Reich

10. Archivio Storico del Ministero degli Affari Esteri Rom (ASMAE)

Ministero degli Affari Esteri, Repubblica Sociale Italiana 1943—1945, Gabinetto

Busta 4

Posizione Italia 6	Partito Fascista Repubblicano e Associazioni dipendenti
Posizione 6/1	Passaggio dei Fasci all'Estero

Busta 8

Posizione Italia 11	
Posizione 11/1	Militari Italiani rimpatriati dalla Grecia
Posizione 11/14	Volontari in Germania; volontari italiani nelle S.S. Germaniche e Costituzione reparti italiani
Posizione 11/1-2	Formula di giuramento

Busta 12

Posizione P12	Canevari Emilio

Busta 28

Posizione Italia 62	Questione S.A.I. 1944
Posizione 62/2/1	Assistenza agli Internati Civili e Militari (Costituzione ed organizzazione del Servizio Assistenza)
Posizione 62/2/4	Servizio Assistenza. Ufficio di Berlino — parte generale

Busta 31 Situazione politico-militare e relazioni italo-tedesche, rapporti dell'ambasciatore Anfuso

Posizione Germania 1/1
Posizione Germania 1/2
Posizione Germania 1/9

Busta 33

Posizione Germania 6/1	Miscellanea 1944—1945

Busta 34

Posizione Germania 5/8	Copie di Appunti e Note Verbali della Direzione Generale Affari Commerciali, e Politici e Generali

Busta 36

Posizione Germania 1/1	Situazione politico-militare e rapporti con le Autorità germaniche
Posizione Italia 1/22	Isole Ionie

Busta 37

Posizione Romania 1	Affari politici
Posizione Romania 1/1	Rapporti sulla situazione politico-militare interna. Relazioni italo-romene
Posizione Serbia 1	

Ministero degli Affari Esteri, R.S.I. 1943—1945, Affari politici

Busta 45

Posizione Italia 1/8	Campi di concentramento in Germania

Busta 48

Posizione Italia 11/12	Affari Politici

Busta 65

Posizione Germania 1	1943—1945
Posizione 1/2	Clearing merci e clearing salari dei lavoratori italiani in Germania
Posizione 1/3	Lavoratori italiani in Germania
Posizione 1/11	Consolati in Germania
Posizione 1/15	Collettività italiane in Germania

Ministero degli Affari Esteri, Affari Politici 1931—1945

Busta 74
     Posizione Germania 1   Fascicolo Rapporti Politici, Parte Generale 1943

Busta 75
     Posizione 1-2   Rapporti tedesco-italiani 1943

Busta 76
     Posizione Serbia 1/3   Militari Italiani in Serbia

Busta 78
     Posizione Germania 7   Rapporti politici

Busta 79
     Posizione A83   Lavoratori stranieri in Germania

Ministero degli Affari Esteri R.S.I. 1943-1945, Affari Generali

Busta 142
     Posizione 1/3   Croce Rossa Italiana e Internazionale

Busta 145
     Posizione I/4   Prigionieri di guerra
     Posizione I/4/14   Militari italiani internati in Germania, parte generale

Busta 148
     Posizione II/1/1   Gazzetta ufficiale
     Posizione II/1/13   Notizie e questioni politico-militari (segreto)

Busta 151
     Posizione II/4   Tutela interessi italiani con la Germania
     Posizione II/4/10   Eccidio di Murazzano

Busta 152
     Posizione II/4/A   Forze armate italiane
     Posizione II/41/2   Propaganda per i militari italiani inquadrati nelle Forze armate germaniche

Busta 164
     Posizione IV/2a/24   Connazionali in Germania e territori occupati. Assistenza legale

Busta 165
     Posizione IV/2/7   Incontro Gauleiter Sauckel e Marchiandi in Germania

Ministero degli Affari Esteri, R.S.I. 1943—1945, Affari Commerciali

Busta 201
     Posizione Germania 1/1-A   Lavoratori italiani in Germania
     Posizione 1/1-Aa   Visita in Germania del Commissario Nazionale del lavoro dott. Eugenio Marchiandi, 18—24 luglio 1944
     Posizione 1/1-Ac   Lavoratori italiani in Germania — Trattative per la stipulazione di nuovi accordi
     Posizione 1/1-F-5   Corrispondenza di carattere generale e verbali delle riunioni

Busta 204
     Posizione Germania 1/23   Trattative italo-tedesche per la sistemazione dell'economia italiana (pratica generale)
     Posizione 1/23-A   Trattative italo-tedesche per la sistemazione dell'economia italiana 1944/45

11. Archivio Storico dell'Ufficio Storico dello Stato Maggiore dell'Esercito Rom (ASUSSME)

Diario Storico Comando Supremo Regio Esercito
Cartella 1444   maggio—settembre 1943

Diario Storico Comando Supremo Regio Esercito, Allegati al Diario Storico
Cartella 1497   17—22 giugno 1943
Cartella 1500   1—6 luglio 1943
Cartella 1501   7—12 luglio 1943
Cartella 1502   13—17 luglio 1943
Cartella 1503   18—22 luglio 1943
Cartella 1504   23—26 luglio 1943

Diario Storico Comando Supremo Regio Esercito, Documentazione del Comando Supremo sugli avvenimenti giornalieri
Cartella 1504/A   27—31 luglio 1943
Cartella 1504/B   1—10 agosto 1943
Cartella 1504/C   11—20 agosto 1943
Cartella 1504/D   21—31 agosto 1943

Diario Storico Militare del Comando Supremo
Cartella 3050   1—6 settembre 1943

Stato Maggiore dell'Esercito, Ufficio Storico, Seconda Guerra Mondiale 1940—45, Diario Storico
Busta 2256   Prigionieri di guerra (Notizie varie)

Stato Maggiore dell'Esercito, Ufficio Storico, Seconda guerra mondiale 1940—1945, Diari storici
Cartella 2271A
    F I°   Situazione dei prigionieri di guerra e internati militari

Carteggi degli uffici dello Stato Maggiore Regio Esercito 1926—1946
L-10
    Raccoglitore N. 1 Carteggio N. 1: Varie
    Raccoglitore N. 6 Carteggio N. 6: Internati dal 18 ottobre 1943 al 18 novembre 1944

Commissione Leopoli, Documenti in visione Ministero Affari Esteri
Pacco 174
    DGAP 1/94346   Atrocità tedesche in Germania (Generalità)
Pacco 176
    DGAP 1/94445   Crimini nazisti

12. Privatarchiv Professor Renzo De Felice (PADF)

Ambasciata d'Italia Servizio Assistenza Internati, Gabinetto
Diario, 9.9.1943—30.7.1944 (proemio 9.9.1943—15.5.1944; diario regolare 16.5.—30.7.1944)

Documentazione Vaccari 1943—1945
Da die Dokumente nicht mit Signaturen versehen sind, wurden sie in den Fußnoten *stets* vollständig zitiert.

2. Gedruckte Quellen und Literatur

Abshagen, Karl Heinz, Canaris, Patriot und Weltbürger, Stuttgart 1959

Accorsi, Ettore, Fullen, il campo della morte, Bergamo 1946

Akten zur deutschen auswärtigen Politik 1918—1945. Aus dem Archiv des Auswärtigen Amts, Serie E: 1941—1945,
  Bd V: 1. Januar bis 30. April 1943, Göttingen 1978
  Bd VI: 1. Mai bis 30. September 1943, Göttingen 1979
  Bd VII: 1. Oktober 1943 bis 30. April 1944, Göttingen 1979
  Bd VIII: 1. Mai 1944 bis 8. Mai 1945, Göttingen 1979

Alpini, Adalberto, Baracca otto. I giorni della fame, Cuneo 1985

Amadio, D. Francesco, Valore e limiti dell'esperienza religiosa nei campi d'internamento germanici, in: QdC 2 (1965), S. 11—29

Amodio, Mario, Relazione presentata dal Comandante italiano del campo internati Militari (I.M.I.) di Groß Hesepe bei Meppen alle Autorità Militari alleate (Canadesi) il 9-4-1945, in: QdC 3 (1966), S. 68—71

Anatomie des SS-Staates. Bd 2: Martin Broszat, Nationalsozialistische Konzentrationslager 1933—1945; Hans-Adolf Jacobsen, Kommissarbefehl und Massenexekutionen sowjetischer Kriegsgefangener; Helmut Krausnick, Judenverfolgung, München ²1979

Angheben, Tullio, La liberazione dello Stalag X B (Sandbostel) (Giornale storico del Comandante italiano del Campo), in: QdC 7 (1973—1974), S. 74—76

Antonelli, Francesco, Angelo Maffeis e Carlo Rocca, Tre storie di Lager, Brescia 1990

Badoglio, Pietro, L'Italia nella seconda guerra mondiale (Memorie e documenti), Milano, Verona 1946

Barbero, Giuseppe, La croce tra i reticolati. Vicende di prigionia, Torino 1946

Bartoli, Domenico, L'Italia si arrende. La tragedia dell'8 settembre 1943, Milano 1983

Bartolini, Alfonso, Per la Patria e la libertà! I soldati italiani nella Resistenza all'estero dopo l'8 settembre, Milano 1986 (= Testimonianze fra cronaca e storia, Resistenza e campi di prigionia, 139)

Bastianini, Giuseppe, Uomini, cose, fatti. Memorie di un ambasciatore, Milano 1959

Battaglia, Tullio, Passaggio a Leopoli, in: Piasenti, Il lungo inverno, S. 356—357

Baum, Walter und Eberhard Weichold, Der Krieg der »Achsenmächte« im Mittelmeer-Raum. Die »Strategie« der Diktatoren, Göttingen, Zürich, Frankfurt 1973 (= Studien und Dokumente zur Geschichte des Zweiten Weltkrieges, Bd 14)

Below, Nicolaus v., Als Hitlers Adjutant 1937—45, Mainz 1980

Benedetti, Anacleto, Psicologia del deportato, in: Uomini e tedeschi, S. 327—352

Benvenuti, Nicola (a cura di), Gli internati militari italiani in Germania nella relazione di un ufficiale della repubblica di Salò, in: Il Movimento di liberazione in Italia, n. 21, 1952, S. 18—26

Der Bericht der internationalen Historikerkommission (Hans Rudolf Kurz, James L. Collins Jr., Gerald Fleming, Manfred Messerschmidt, Jean Vanwelkenhuyzen, Jehuda Wallach und Hagen Fleischer), in: profil Dokumente, Nr. 7, 15.2.1988, S. 1—48

Berretti, Alessandro, Internato N. 7361 attenti al filo! Prefazione di Guareschi internato n. 6865, testi di L. Pession internato n. 6103, Firenze 1974

Bertinaria, Pier Luigi, Il Comando Supremo e lo Stato Maggiore dell'Esercito. Dal 25 luglio all'8 settembre 1943, in: Otto settembre 1943, S. 83—102

Ders., L'opera dell'Ufficio Storico dell'Esercito per lo studio e le ricerche sull'internamento, in: I militari italiani internati, S. 120—129

Betta, Bruno, La mentalità dell'internato, in: Uomini e tedeschi, S. 353—363

Ders., Viaggi che non sembravano aver fine, in: Il lungo inverno, S. 80—83

Bettini, Pietro, La sentinella e il prigioniero, in: Resistenza senz'armi, S. 241—243

Bianchi, Gianfranco, L'Armistizio e il Fascismo, in: Otto settembre 1943, S. 189—196

Billig, Joseph, Le role des prisonniers de guerre dans l'économie du IIIe Reich, in: Revue d'histoire de la deuxième guerre mondiale, N° 37, 10 (1960), S. 53—76

Birardi, Giuseppe, Terra Levis. Note di un prigioniero in Germania, Firenze 1989

Birnbaum, Friedrich-Karl und Carlheinz Vorsteher, Auf verlorenem Posten. Die 9. Torpedobootflottille, Stuttgart 1987

Bocca, Giorgio, La repubblica di Mussolini, Roma, Bari ²1977 (= Storia e società)

Ders., Storia d'Italia nella guerra fascista, Vol. 2, Roma, Bari 1973 (= Universale Laterza, 248)

Boehme, Kurt Willi, Die deutschen Kriegsgefangenen in Jugoslawien, siehe: Zur Geschichte der deutschen Kriegsgefangenen, Bd 1,1

Bomhoff, Friedrich, Liebenau — Geschichte eines Weserfleckens. Hrsg. vom Flecken Liebenau, Liebenau 1985

Boog, Horst, Jürgen Förster, Joachim Hoffmann, Ernst Klink, Rolf-Dieter Müller und Gerd R. Ueberschär, Der Angriff auf die Sowjetunion. Mit einem Beiheft, Stuttgart 1983 (= Das Deutsche Reich und der Zweite Weltkrieg, Bd 4)

Born, Hanspeter, Für die Richtigkeit Kurt Waldheim, München 1987

Borrelli, Armando, La deportazione dei militari, quadro storico, in: Uomini e tedeschi, S. 17—24

Botta, Giuseppe, Diario di prigionia nei Lager di Zagan e Görlitz, Cuneo 1988

Bottai, Giuseppe, Diario 1935—1944. A cura di Giordano Bruno Guerri, Milano 1982

Brignole, Giuseppe, Gli ammalati, in: Uomini e tedeschi, S. 83—86

Brissand, André, Canaris 1887—1945, Stuttgart, Hamburg, München (o.J.)

Broszat, Martin, Nationalsozialistische Konzentrationslager 1933—1945, in: Anatomie des SS-Staates, Bd 2, S. 11—133

Brovedani, Osiride, Il campo segreto di Dora, in: Uomini e tedeschi, S. 141—145

Bruna, Angelo, Il martirio dei soldati italiani deportati in Germania, Milano 1949

Buchheit, Gert, Der deutsche Geheimdienst. Geschichte der militärischen Abwehr, München 1966

Burdick, Charles B., Hubert Lanz. General der Gebirgstruppe 1896—1982. Mit zahlreichen Kartenskizzen und Abbildungen, Osnabrück 1988 (= Soldatenschicksale des 20. Jahrhunderts als Geschichtsquelle, Bd 9)

Caffiero, Emanuele, Verso il Lager, in: QdC 9 (1976—1977), S. 87—95

Caforio, Giuseppe, Un approccio sociologico ad alcuni aspetti dell'internamento, in: I militari italiani internati, S. 141—150

Cajani, Luigi, Gli alleati e la mancata assistenza agli internati militari, in: Una storia di tutti, S. 279—309

Ders., Appunti per una storia degli internati militari italiani in mano tedesca (1943—1945) attraverso le fonti d'archivio, in: I militari italiani internati, S. 81—119

Ders., Il giornale del campo italiano dell'Oflag 73 — Langwasser (novembre 1944—gennaio 1945), in: QdC 11 (1983—1986), S. 76—114

Canevari, Emilio, Graziani mi ha detto, Roma 1947

Cappuccio, Carmelo, Dal »diario« di un internato, in: Uomini e tedeschi, S. 259—269

Ders., Gli ufficiali dello Straflager di Unterluss, in: QdC 2 (1965), S. 75—81

Ders., I mille di Fallingbostel, in: Uomini e tedeschi, S. 87—92

Ders., Storia di una radio clandestina, in: Uomini e tedeschi, S. 43—65

Castellano, Giuseppe, Come firmai l'armistizio di Cassibile, Milano, Verona 1945

Cereja, Federico, Deportazione politica e internamento militare nella Germania nazista, in: Notiziario dell'Istituto storico della Resistenza in Cuneo e Provincia, N. 28, 1985, S. 43—58

Cerutti, Mauro, I rifugiati italiani nella Confederazione elvetica durante la seconda guerra mondiale. Bilancio provvisorio e presentazione delle fonti archivistiche, in: Una storia di tutti, S. 205—228

Churchill, Winston S., Der Zweite Weltkrieg. Fünfter Band: Der Ring schließt sich. Erstes Buch: Italien kapituliert, Stuttgart, Hamburg 1953

Ciano, Galeazzo, Diario 1937—1943. A cura di Renzo De Felice, Milano 1980

Ciantelli, Enrico, Da Scutari ... a Leopoli, in: Resistenza senz'armi, S. 109—112 (identisch: »Movimento verso Nord-Est«. L'8 settembre a Scutari, in: QdC 5 (1968), S. 95—96)

Cimarelli, Giacomo, Il comizio del fiduciario, in: Resistenza senz'armi, S. 281—292

La cobelligeranza italiana nella lotta di liberazione dell'Europa. Atti del convegno internazionale (Milano, 17—19 maggio 1984). A cura di Aldo Alessandro Mola, Roma 1986

Collotti, Enzo, L'amministrazione tedesca dell'Italia occupata, 1943—1945. Studio e documenti, Milano 1963

Ders. (a cura di), Lo sfruttamento dell'economia e della manodopera italiana sotto l'occupazione tedesca, in: L'occupazione nazista in Europa. A cura di Enzo Collotti, Roma 1964, S. 399—425

Comité International de la Croix-Rouge, Service international de recherches. Vorläufiges Verzeichnis der Konzentrationslager und deren Außenkommandos sowie anderer Haftstätten unter dem Reichsführer-SS in Deutschland und deutsch besetzten Gebieten (1933—1945), Arolsen 1969

Conte, Carmelo, Prigionieri senza tutela. Lo stato giuridico degli internati militari, Milano 1970

Conti, Flavio Giovanni, I prigionieri di guerra italiani 1940—1945, Bologna 1986 (= Collana di Storia Contemporanea)

Cornevin, Robert, L'8 Settembre 1943 visto da Algeri, in: Otto settembre 1943, S. 315—336

Cortellese, Mario, Perchè siamo rimasti nei campi di concentramento, in: Uomini e tedeschi, S. 25—30

Crescimbeni, Giuseppe e Marcello Lucini, Seicentomila italiani nei Lager, Milano 1965

Crosara, P. Narciso, Il Nunzio Apostolico fra i deportati, in: Uomini e tedeschi, S. 209—212

Cruccu, Rinaldo, Le operazioni italiane in Russia 1941—1943, in: Gli italiani sul fronte russo, S. 209—227

Dahms, Hellmuth Günther, Die Geschichte des Zweiten Weltkriegs, München, Berlin 1983

Das Daimler-Benz-Buch. Ein Rüstungskonzern im »Tausendjährigen Reich«. Hrsg. von der Hamburger Stiftung für Sozialgeschichte des 20. Jahrhunderts, Nördlingen 1987 (= Schriften der Hamburger Stiftung für Sozialgeschichte des 20. Jahrhunderts, Bd 3)

D'Alessio, Roberto, Sbarco aereo nell'Elba, in: Resistenza senz'armi, S. 68—72

Datner, Szyman, Crimes Against POWs. Responsibility of the Wehrmacht, Warszawa 1964

Davis, Melton S., Söhne der Wölfin. Rom 1943, Stuttgart 1975

Deakin, Frederick William, Die brutale Freundschaft. Hitler, Mussolini und der Untergang des italienischen Faschismus, Köln, Berlin 1964

De Bernart, Enzo, Nein [Gli ufficiali italiani nei campi di concentramento tedeschi, 1943—1945], Caltanissetta-Roma 1961

De Franceschi, Costantino e Giorgio di Vecchi di Val Cismon, I servizi logistici delle unità italiane al fronte russo (1941—1943), Roma 1975

Del Gigia, Aldo, Il tedesco antinazista, in: Resistenza senz'armi, S. 333—334

De Luca, Carlo, L'internato che impazzì nel carro piombato, in: Piasenti, Il lungo inverno, S. 91—92 (auch enthalten in: QdC 5 (1968), S. 94)

Demps, Laurenz, Zahlen über den Einsatz ausländischer Zwangsarbeiter in Deutschland im Jahre 1943 (Dokumentation), in: Zeitschrift für Geschichtswissenschaft 21 (1973), S. 830—843

La deportazione nei campi di sterminio nazisti. Studi e testimonianze. A cura di Federico Cereja e Brunello Mantelli. Prefazione di Nicola Tranfaglia, Milano 1986

Desana, Paolo, Italiani in piccoli luoghi e campi penali dell'universo concentrazionario nazista, in: Quaderno di storia contemporanea, n. 5, 1989, S. 9—23

Ders., I 360 di Colonia, Napoli 1987 (= Atti del Terzo Raduno Nazionale, Gruppo Ufficiali internati Straflager di Colonia)

Ders., Ufficiali italiani nei lager nazisti. Resistenza contro ingiunzioni di lavoro in applicazione di disposizioni tedesche e dell'accordo Hitler—Mussolini del 20 luglio 1944, in: Quaderno di storia contemporanea, n. 3, 1988, S. 11—34

Deutschland im zweiten Weltkrieg. Von einem Autorenkollektiv unter der Leitung von Wolfgang Schumann.

Bd 4: Das Scheitern der faschistischen Defensivstrategie an der deutsch-sowjetischen Front (August bis Ende 1943). Leitung Wolfgang Schumann unter Mitarbeit von Wolfgang Bleyer, Berlin (Ost) 1981

Bd 6: Die Zerschlagung des Hitlerfaschismus und die Befreiung des deutschen Volkes (Juni 1944 bis zum 8. Mai 1945). Leitung Wolfgang Schumann und Olaf Groehler unter Mitarbeit von Wolfgang Bleyer, Berlin (Ost) 1985

Deutschlands Rüstung im Zweiten Weltkrieg. Hitlers Konferenzen mit Albert Speer 1942—1945. Hrsg. und eingel. von Willi A. Boelcke, Frankfurt a.M. 1969

Devoto, Andrea, Considerazioni psicologiche sull'atteggiamento degli internati, in: I militari italiani internati, S. 136—140

Dienst für die Geschichte. Gedenkschrift für Walther Hubatsch, *17. Mai 1915 † 29. Dezember 1984. Hrsg. von Michael Salewski und Josef Schröder, Göttingen, Zürich 1985

Das Diensttagebuch des deutschen Generalgouverneurs in Polen 1939—1945. Hrsg. von Werner Präg und Wolfgang Jacobmeyer, Stuttgart 1975 (= Quellen und Darstellungen zur Zeitgeschichte, Bd 20)

Di Nolfo, Ennio, Le paure e le speranze degli italiani (1943—1953), Milano 1986

Dönitz, Karl, Zehn Jahre und zwanzig Tage, Frankfurt a.M., Bonn 1963

Domarus, Max, Hitler. Reden und Proklamationen 1932—1945. Kommentiert von einem deutschen Zeitgenossen. Bd II: Untergang. Erster Halbband 1939—1940; Zweiter Halbband 1941—1945, Wiesbaden 1973

Dragoni, Ugo, Storia di una radio clandestina, in: QdC 7 (1973—1974), S. 94—101

Ehrman, John, Grand Strategy. Vol. V: August 1943—September 1944, London 1956 (= History of the Second World War. United Kingdom Military Series)

Eichholtz, Dietrich, La deportazione di manodopera in Germania, 1939—1945, in: Spostamenti di popolazione, S. 43—68

Ders., Geschichte der deutschen Kriegswirtschaft 1939—1945. Bd II: 1941—1943. Mit einem Kapitel von Joachim Lehmann, Berlin (Ost) 1985 (= Forschungen zur Wirtschaftsgeschichte, Bd 1)

Ellwood, David W., Gli inglesi e l'8 settembre 1943, in: Otto settembre 1943, S. 289—314

Ders., Italy 1943—1945, Leicester 1985 (= The Politics of Liberation Series)

Faldella, Emilio, Lo sbarco e la difesa della Sicilia, Roma 1956

Finzi, Roberto, L'unità operaia contro il fascismo. Gli scioperi del marzo 43, Bologna 1974

Fioravanzo, Giuseppe, La Marina dall'8 settembre 1943 alla fine del conflitto, Roma 1962 (= La Marina italiana nella seconda guerra mondiale, Vol. 15)

Fiorentino, Luigi, Nerybka, in: Uomini e tedeschi, S. 271—278

Fisichella, Giovanni Battista, L'Infermeria del Campo di concentramento di Czestochowa (Polonia), in: QdC 8 (1974—1975), S. 96—99

Förster, Jürgen, Il ruolo dell'8ª armata dal punto di vista tedesco, in: Gli italiani sul fronte russo, S. 229—259

Formato, Romualdo, L'eccidio di Cefalonia. Presentazione di Gabrio Lombardi, Milano 1968

Fossati, Giorgio e Enzo Bicchi, I martiri di Hildesheim, in: Resistenza senz'armi, S. 316—320

Fricke, Gert, Das Unternahmen des XXII. Gebirgsarmeekorps gegen die Inseln Kefalonia und Korfu im Rahmen des Falles »Achse« (September 1943). Ein Dokumentarbericht, in: MGM 1 (1967), S. 31—58

Funke, Manfred, Die deutsch-italienischen Beziehungen — Antibolschewismus und außenpolitische Interessenkonkurrenz als Strukturprinzip der »Achse«, in: Hitler, Deutschland und die Mächte, S. 823—846

Ders., Sanktionen und Kanonen. Hitler, Mussolini und der internationale Abessinienkonflikt 1934—1936, Düsseldorf ²1971 (= Bonner Schriften zur Politik und Zeitgeschichte, 2)

Galuppini, Gino, L'Armistizio e la Marina, in: Otto settembre 1943, S. 147—160

Garland, Albert N. and Howard McGaw Smyth, The Mediterranean Theater of Operations. [Vol. 2]: Sicily and the Surrender of Italy, Washington D.C. 1965 (= United States Army in World War II, [Vol. 6])

Garzetti, Albino, Venti mesi fra i reticolati in Germania, Sondrio 1946

Gasparri, Tamara, La resistenza in Italia, Rimini, Firenze 1977 (= Le guide guaraldi, 8)

Die geheimen Tagesberichte der Deutschen Wehrmachtführung im Zweiten Weltkrieg 1939—1945. Hrsg. mit Unterstützung des Arbeitskreises für Wehrforschung von Kurt Mehner.

Bd 8: 1. September 1943—30. November 1943, Osnabrück 1988

Bd 9: 1. Dezember 1943—29. Februar 1944, Osnabrück 1987

Gentilomo, Dino, I giorni di Cefalonia (9—23 settembre 1943). Prefazione di Amos Pampaloni, Reggio Calabria 1981

Giuntella, Vittorio Emanuele, L'Associazione Nazionale Ex Internati e la memoria storica dell'internamento, in: I militari italiani internati, S. 70—80

Ders., L'attività dell'Anei per la storia degli internati militari, in: Una storia di tutti, S. 51—55

Ders., Gli internati militari italiani in Germania, in: I Prigionieri militari, S. 105—116

Ders., Mito e realtà del Risorgimento nei Lager tedeschi, in: QdC 11 (1983—1986), S. 60—75

Ders., Il nazismo e i Lager, Roma 1980 (= La cultura, 18)

Ders., L'8 Settembre del '43, in: QdC 5 (1968), S. 7—11

Ders., Per una storia degli Italiani nei Lager nazisti, in: QdC 1 (1964), S. 9—21

Ders., La Storiografia sulla Deportazione (Pretesti per una discussione), in: QdC 4 (1967), S. 13—24

Glaise von Horstenau, Edmund, Ein General im Zwielicht. Die Erinnerungen Edmund Glaises von Horstenau. Bd 3: Deutscher Bevollmächtigter General in Kroatien und Zeuge des Untergangs des »Tausendjährigen Reiches« Eingel. und hrsg. von Peter Broucek, Wien, Köln, Graz 1988 (= Veröffentlichungen der Kommission für Neuere Geschichte Österreichs, Bd 76)

Gli I.M.I. La vicenda degli internati militari italiani in Germania. A cura di Bruno Betta, Trento 1955

Gli italiani sul fronte russo. Ed. Istituto storico della Resistenza in Cuneo e provincia. Prefazione di Guido Quazza, Bari 1982

Goebbels Tagebücher aus den Jahren 1942—43. Mit andern Dokumenten hrsg. von Louis P. Lochner, Zürich 1948

Graml, Hermann, Italienische Gastarbeiter in Deutschland, in: Gutachten des Instituts für Zeitgeschichte, Bd. II, Stuttgart 1966, S. 132—136

Grandi, Dino, 25 Luglio. Quarant'anni dopo. A cura di Renzo De Felice, Bologna 1983

Granier, Gerhard, Josef Henke und Klaus Oldenhage, Das Bundesarchiv und seine Bestände. Begründet von Friedrich Facius, Hans Booms und Heinz Boberach, 3. erg. und neu bearb. Aufl., Boppard am Rhein 1977 (= Schriften des Bundesarchivs, Bd 10)

Graziani, Rodolfo, Ho difeso la patria, Milano 1948

Greiselis, Waldis, Das Ringen um den Brückenkopf Tunesien 1942/43. Strategie der »Achse« und Innenpolitik im Protektorat, Frankfurt a.M., Bern 1976 (= Europäische Hochschulschriften, Reihe III: Geschichte und ihre Hilfswissenschaften, Bd 67)

Grossmann, Anton J., Fremd- und Zwangsarbeiter in Bayern 1939—1945, in: Vierteljahrshefte für Zeitgeschichte 34 (1986), S. 481—521

Guzzinati, Alberto, Relazione sull'attività svolta dal Comando italiano del Lager »G« del campo di Fallingbostel dal 10 gennaio al 26 aprile 1945, in: QdC 7 (1973—1974), S. 60—73

Hager, Walter, Unternehmen Bernhard. Ein historischer Tatsachenbericht über die größte Geldfälscheraktion aller Zeiten, Wels/Starnberg 1955

Herbert, Ulrich, Der »Ausländereinsatz«. Fremdarbeiter und Kriegsgefangene in Deutschland 1939—1945 — ein Überblick, in: Herrenmensch, S. 13—54

Ders., Fremdarbeiter. Politik und Praxis des »Ausländer-Einsatzes« in der Kriegswirtschaft des Dritten Reiches, Berlin, Bonn [2]1986

Herrenmensch und Arbeitsvölker. Ausländische Arbeiter und Deutsche 1939—1945. Hrsg. von Götz Aly u.a., Berlin 1986 (= Beiträge zur nationalsozialistischen Gesundheits- und Sozialpolitik, Bd 3)

Hillgruber, Andreas, Hitlers Strategie. Politik und Kriegführung 1940—1941. 2. [mit einem Nachw. vers.] Aufl., München 1982

Ders. und Gerhard Hümmelchen, Chronik des Zweiten Weltkrieges. Kalendarium militärischer und politischer Ereignisse 1939—1945, Düsseldorf, Königstein/Ts. 1978

Hinsley, Francis Henry, British Intelligence in the Second World War. Its Influence on Strategy and Operations, Vol. 3, Part I, London 1984

Hitler, Deutschland und die Mächte. Materialien zur Außenpolitik des Dritten Reiches. Hrsg. von Manfred Funke, Düsseldorf 1976 (= Bonner Schriften zur Politik und Zeitgeschichte, 12)

Hitlers Lagebesprechungen. Die Protokollfragmente seiner militärischen Konferenzen 1942—1945. Hrsg. von Helmut Heiber, Stuttgart 1962 (= Quellen und Darstellungen zur Zeitgeschichte, Bd 10)

Hitlers Weisungen für die Kriegführung. Dokumente des Oberkommandos der Wehrmacht. Hrsg. von Walther Hubatsch, 2. durchges. und erg. Aufl., Koblenz 1983

Höhne, Heinz, Canaris. Patriot im Zwielicht, München 1976

Howard, Michael, Grand Strategy. Vol. IV: August 1942—September 1943, London 1972 (= History of the Second World War, United Kingdom Military Series)

Ilari, Virgilio, Il ruolo istituzionale delle forze armate e il problema della loro »apoliticà«, in: La Repubblica sociale italiana 1943—45 (Atti del convegno, Brescia 4—5 ottobre 1985). A cura di Pier Paolo Poggio, Brescia 1986, S. 295—311

Impallomeni, Antonino, Il nido dei corvi, in: Resistenza senz'armi, S. 264—268

L'insurrezione in Piemonte. A cura di Luciana Benigno Ramella, Milano 1987

L'Italia dei quarantacinque giorni [1943, 25 luglio—8 settembre]. Studio e documenti, Istituto nazionale per la storia del movimento di liberazione, Milano 1969

Jacobucci, Almerico, Neve rossa a Selchow, Torino ²1963

Jung, Hermann, Das Schicksal der aus Rußland nicht zurückgekehrten italienischen Soldaten, in: Ernst K. Wagner und Franco Cortigiano, Im Schatten der Vergangenheit. Deutsche Soldaten in der Propaganda der italienischen Kommunisten. Einleitung von Gino Ragno, Köln 1969, S. 49—60

Kesselring, Albert, Soldat bis zum letzten Tag, Bonn 1953

Klinkhammer, Lutz, Leben im Lager. Die italienischen Kriegsgefangenen und Deportierten im Zweiten Weltkrieg. Ein Literaturbericht, in: Quellen und Forschungen aus italienischen Archiven und Bibliotheken, Bd 67, 1987, S. 489—520

Ders. und Hans Woller, Der »Fall Lemberg«: Verwirrende Berichte über deutsche Verbrechen an italienischen Soldaten 1943/44, in: Geschichte in Wissenschaft und Unterricht 38 (1987), S. 696—698

Konečný, Zdenek e Frantìsēk Mainuš, L'impiego della manodopera italiana in Cecoslovacchia durante la seconda guerra mondiale, in: Il Movimento di liberazione in Italia, n. 82, 1966, S. 36—53

Krause-Vilmar, Dietfrid, Ausländische Zwangsarbeiter in der Kasseler Rüstungsindustrie (1940—1945), in: Wilhelm Frenz, Jörg Kammler und Dietfried Krause-Vilmar (Hrsg.), Volksgemeinschaft, Volksfeinde. Kassel 1933—1945, Bd 2, Fuldabrück 1987, S. 388—414

Kriegstagebuch des Oberkommandos der Wehrmacht (Wehrmachtführungsstab).
    Bd III: 1. Januar 1943—31. Dezember 1943. Zusammengestellt und erläutert von Walther Hubatsch, 2. Halbbd, Frankfurt a.M. 1963
    Bd IV: 1. Januar 1944—22. Mai 1945. Eingeleitet und erläutert von Percy Ernst Schramm, Frankfurt a.M. 1961

Kroener, Bernhard R., Rolf-Dieter Müller und Hans Umbreit, Organisation und Mobilisierung des deutschen Machtbereichs. 1. Halbbd: Kriegsverwaltung, Wirtschaft und personelle Ressourcen 1939—1941, Stuttgart 1988 (= Das Deutsche Reich und der Zweite Weltkrieg, Bd 5,1)

Kuby, Erich, Verrat auf deutsch. Wie das Dritte Reich Italien ruinierte, Hamburg 1982

Lagevorträge des Oberbefehlshabers der Kriegsmarine vor Hitler 1939—1945. Im Auftrag des Arbeitskreises für Wehrforschung hrsg. von Gerhard Wagner, München 1972

Lang, Jochen v., Der Adjutant Karl Wolff: Der Mann zwischen Hitler und Himmler. Unter Mitarbeit von Claus Sibyll, München, Berlin 1985

Lanz, Hubert, Gebirgsjäger. Die 1. Gebirgsdivision 1935—1945. Unter Mitarbeit von Max Pemsel u.a., Bad Nauheim 1954

La Terza, Pierluigi, 13 ottobre 1943. La dichiarazione di guerra alla Germania di Hitler, Milano 1963

Lazzero, Ricciotti, Le SS italiane [Storia dei 20 000 che giurarono fedeltà a Hitler], Milano 1982

Levi, Aldo, Avvenimenti in Egeo dopo l'armistizio (Rodi, Lero e isole minori), Roma [2]1972 (= La Marina italiana nella seconda guerra mondiale, Vol. 16)

Lill, Rudolf, Geschichte Italiens vom 16. Jahrhundert bis zu den Anfängen des Faschismus, Darmstadt 1980 (inzwischen: Geschichte Italiens in der Neuzeit, 4. durchges. Aufl., 1988)

Lodi, Angelo, L'Armistizio e l'Aeronautica, in: Otto settembre 1943, S. 103—146

Lombardi, Gabrio, L'8 settembre fuori d'Italia, Milano [3]1967 (= Testimonianze fra cronaca e storia, 17)

Lops, Carmine, Albori della nuova Europa. Storia documentata della Resistenza italiana in Germania. Vol. I: 8 settembre 1943—8 maggio 1945. Prefazione di Cinzio Violante, Roma 1965

Ders., Dati sulla dislocazione e la composizione numerica dei campi degli internati militari, in: QdC 1 (1964), S. 76—89

Ders., Documenti sui caduti italiani nei principali Lager d'internamento, in: QdC 2 (1965), S. 61—73

Ders., Documenti sui caduti italiani nei principali Lager d'internamento, in: QdC 3 (1966), S. 50—67

Ders., Documenti e testimonianze sugli italiani catturati dai tedeschi in Grecia e nell'Egeo, in: QdC 5 (1968), S. 80—93

Lusetti, Domenico, Lager XI - B. Diario di prigionia, Brescia 1967 (= Collana di documenti EDITEB)

Lussu, Emilio, La difesa di Roma. A cura di Gian Giacomo Ortu e Luisa Maria Plaisant. Introduzione alla lettura di Guido Quazza. Postfazione di Luisa Maria Plaisant, Sassari 1987 (= Istituto sardo per la storia della Resistenza e dell'Autonomia, Studi/3)

Macmillan, Harold, War Diaries. Politics and War in the Mediterranean, January 1943—May 1945, London, Basingstoke 1984

Majer, Diemut, Die Perversion des Völkerrechts unter dem Nationalsozialismus, in: Jahrbuch des Instituts für Deutsche Geschichte. Hrsg. und eingel. von Walter Grab, Bd 14, Tel-Aviv 1985, S. 311—332

Mann, Thomas, An die gesittete Welt. Politische Schriften und Reden im Exil. Nachwort von Hanno Helbling, Frankfurt a.M. 1986

Mattiello, Gianfranco und Wolfgang Vogt, Deutsche Kriegsgefangenen- und Internierteneinrichtungen 1939—1945. Handbuch und Katalog Lagergeschichte und Lagerzensurstempel. Bd 1: Stammlager (Stalag); Bd 2: Oflag, BAB, Dulag etc., Koblenz (Selbstverlag) 1986/1987

Maugeri, Franco, Ricordi di un marinaio. La Marina italiana dai primi del Novecento al secondo dopoguerra nelle memorie di uno dei suoi capi, Milano 1980 (= Diari e memorie, 7)

Mazzetti, Massimo, L'armistizio con l'Italia in base alle relazioni ufficiali anglo-americane, in: Memorie storiche militari. Ed. Stato Maggiore dell'Esercito Ufficio Storico, Roma 1978, S. 61—168

Ders., Gli avvenimenti dell'8 settembre nel quadro della strategia della seconda Guerra Mondiale, in: Otto settembre 1943, S. 161—187

Meier-Welcker, Hans, Aufzeichnungen eines Generalstabsoffiziers 1939—1942, Freiburg 1982 (= Einzelschriften zur militärischen Geschichte des Zweiten Weltkrieges, 26)

Melasuo, Tuomo, L'Armistizio italiano visto dalla Scandinavia, in: Otto settembre 1943, S. 337—342

Meldungen aus dem Reich 1938—1945. Die geheimen Lageberichte des Sicherheitsdienstes der SS. Hrsg. und eingeleitet von Heinz Boberach, 17 Bde, Herrsching 1984; Registerband 1985

Mikhailov, V. e V. Romanovski, Non bisogna perdonare, Milano 1967

Militari italiani caduti nei Lager nazisti di prigionia e di sterminio. A cura del Ministero della Difesa Commissariato Generale Onoranze Caduti in Guerra, Roma 1982

I militari italiani internati dai tedeschi dopo l'8 settembre 1943. Atti del convegno di studi storici promosso a Firenze il 14 e 15 novembre 1985 dall'Associazione Nazionale Ex Internati nel 40° anniversario della liberazione. Relazioni, interventi, tavola rotonda, bibliografia. A cura di Nicola Della Santa, Firenze 1986

1943—1945, La resistenza italiana nei Lager nazisti. A cura della Associazione Nazionale Ex Internati Presidenza Nazionale, Roma [4]1974

Miller, James, L'Armistizio e gli USA, in: Otto settembre 1943, S. 273—288

Milward, Alan S., Der Zweite Weltkrieg. Krieg, Wirtschaft und Gesellschaft 1939—1945, München 1977 (= Geschichte der Weltwirtschaft im 20. Jahrhundert, Bd 5)

Ministero della Difesa, Commissione ministeriale d'indagine sul presunto eccidio di Leopoli avvenuto nell'anno 1943, relazione conclusiva, Roma 1988

Miscoria, Ugo, Gli avvenimenti dell'8 settembre in Grecia, in: QdC 5 (1968), S. 77—79

Mola, Aldo A., Corona, Governo, Classe Politica nella crisi del settembre 1943, in: Otto Settembre 1943, S. 197—237

Molony, Chartres James Chatterton, The Mediterranean and Middle East. Vol. V: The Campaign in Sicily 1943 and the Campaign in Italy 3rd September 1943 to 31st March 1944, London 1973 (= History of the Second World War, United Kingdom Military Series)

Monchieri, Lino, Diario di prigionia 1943—1945. Presentazione di Vittorio Emanuele Giuntella, Brescia ^{6}1985 (= Proposte alla scuola, 9)

Ders., Lettera a Hinrich, Brescia 1989

Montanelli, Indro e Mario Cervi, L'Italia della disfatta (10 giugno 1940—8 settembre 1943), Milano 1983

Morandi, Ivo, Lo Straflager di Pothoff, in: QdC 11 (1983—1986), S. 134—136

Morison, Samuel Eliot, Sicily—Salerno—Anzio. January 1943—June 1944, Boston 1954 (= History of United States Naval Operations in World War II, Vol. 9)

Morris, Eric, Salerno. A military fiasco, London 1983

Müller, Rolf-Dieter und Gerd R. Ueberschär, Die deutsch-sowjetischen Beziehungen und das Unternehmen »Barbarossa« 1941 im Spiegel der Geschichtsschreibung. Eine kommentierte Auswahlbibliographie, in: Ueberschär und Wette, »Unternehmen Barbarossa«, S. 267—291

Müller-Hillebrand, Burkhart, Das Heer 1933—1945. Entwicklung des organisatorischen Aufbaues. Bd III: Der Zweifrontenkrieg. Das Heer vom Beginn des Feldzuges gegen die Sowjetunion bis zum Kriegsende, Frankfurt a.M. 1969

Muhr, Josef, Die deutsch-italienischen Beziehungen in der Ära des Ersten Weltkrieges (1914—1922), Göttingen, Frankfurt, Zürich 1977

Nolfo, Ennio di, L'Armistizio dell'8 settembre 1943 come problema internazionale, in: Otto settembre 1943, S. 65—82

Nolte, Ernst, Italien vom Ende des I. Weltkriegs bis zum ersten Jahrzehnt der Republik 1918—1960, in: Handbuch der europäischen Geschichte. Hrsg. von Theodor Schieder. Bd 7: Europa im Zeitalter der Weltmächte, Stuttgart 1979, S. 619—650

Obenaus, Herbert, Die Erschießungen auf dem Seelhorster Friedhof in Hannover April 1945, in: Hannoversche Geschichtsblätter, Hannover 1981, S. 233—267

Olivero, Oliviero, Una radio chiamata »Caterina«, in: Resistenza senz'armi, S. 228—240

Le operazioni delle unità italiane in Corsica nel settembre—ottobre 1943. Atti del convegno di storia militare (Lucca 15—17 novembre 1985). A cura di Paolo Battistini e Guido Tuccinardi, Lucca 1987

Otto settembre 1943: L'armistizio italiano 40 anni dopo. Atti del convegno internazionale (Milano 7—8 settembre 1983). A cura di Aldo A. Mola e Romain H. Rainero, Roma 1985

8 settembre. Lo sfacelo della quarta armata. Prefazione di Guido Quazza. Ed. Istituto storico della Resistenza in Piemonte, Torino 1979 (= Studi e documenti, 9)

Pampaloni, Amos, Resistenza e morte a Cefalonia, in: Resistenza senz'armi, S. 170—177

Pasa, Luigi, Tappe di un calvario. Storia di 20 mesi di prigionia nei campi di concentramento in Germania e Polonia. Prefazione di Eugenio Tisserant, 2ª edizione ampliata con nuove note, documenti e con l'elenco completo delle salme rimpatriate dei caduti nei Läger, Vincenza 1954

Petersen, Jens, Deutschland und der Zusammenbruch des Faschismus in Italien im Sommer 1943, in: MGM 37 (1985), S. 51—69

Ders., La Germania e il crollo del fascismo italiano nell'estate del 1943, in: La cobelligeranza italiana, S. 313—340

Ders., Hitler — Mussolini. Die Entstehung der Achse Berlin—Rom 1933—1936, Tübingen 1973 (= Bibliothek des Deutschen Historischen Instituts in Rom, Bd 43)

Ders., Sommer 1943, in: Italien und die Großmächte 1943—1949. Hrsg. von Hans Woller, München 1988 (= Schriftenreihe der Vierteljahrshefte für Zeitgeschichte, Bd 57), S. 23—48

Pfahlmann, Hans, Fremdarbeiter und Kriegsgefangene in der deutschen Kriegswirtschaft 1939—1945, Darmstadt 1968 (= Beiträge zur Wehrforschung, Bd 16/17)

Piasenti, Paride, La divisione di fanteria »Pinerolo« dopo l'8 settembre 1943, nel diario di Carlo Ruggeri, in: QdC 8 (1974—1975), S. 77—90

Ders., Inchiesta sugli avvenimenti militari dell'8 settembre, in: QdC 5 (1968), S. 12—60

Ders., Il lungo inverno dei Lager. Dai campi nazisti, trent'anni dopo, Roma 1983

Ders. (a cura di), I militari italiani internati nei Lager nazisti. Elementi per lo studio di un capitolo poco noto della seconda guerra mondiale, Roma 1972

Ders., Testimonianze di Orlando Lisi sugli avvenimenti nel Montenegro, in: QdC 10 (1978—1982), S. 78—84

Pieri, Piero e Giorgio Rochat, Pietro Badoglio, Torino 1974 (= La vita sociale della nuova Italia, vol. 22)

Pilesi, Cesare, I dannati del campo »Dora«, in: Resistenza senz'Armi, S. 269—278

Pirola, Felice, Documentazioni matricolari relative ai militari italiani deportati nel KL Dora-Mittelbau e sue dipendenze esterne, in: QdC 10 (1978—1982), S. 40—64

Playfair, Jan Stanley Ord and Chartres James Chatterton Molony, The Mediterranean and Mittle East. Vol. IV: The Destruction of the Axis Forces in Africa, London 1966 (= History of the Second World War, United Kingdom Military Series)

Plehwe, Friedrich-Karl von, Schicksalsstunden in Rom. Ende eines Bündnisses. Mit einem Nachwort von Gustav René Hocke, Berlin 1967

Potenti, Vito, Donne in fabbrica, in: Resistenza senz'armi, S. 246—250

I prigionieri militari italiani durante la seconda guerra mondiale. Aspetti e problemi storici. A cura di Romain H. Rainero, Milano 1985 (= Biblioteca di studi storici)

Processo Graziani. Vol. I: L'autodifesa dell'ex maresciallo nel resoconto stenografico, Roma ²1949

Der Prozeß gegen die Hauptkriegsverbrecher vor dem Internationalen Militärgerichtshof, Nürnberg 14. November 1945—1. Oktober 1946, 42 Bde, Nürnberg 1947—1949

Puntoni, Paolo, Parla Vittorio Emanuele III, Milano 1958

Puntschart, Adam, Die Heimat ist weit ... Erlebnisse im Spanischen Bürgerkrieg, im KZ, auf der Flucht. Hrsg. von Oswald Burger, Weingarten 1983

Rabatti, Carlo, Fuga dal treno, in: Resistenza senz'armi, S. 215—218

Raffaelli, Adler, Fronte senza eroi, Roma ³1974

Rahn, Rudolf, Ruheloses Leben. Aufzeichnungen und Erinnerungen, Düsseldorf 1949

Rainero, Romain H., L'Armistizio ed i prigionieri di guerra italiani nel mondo, in: Otto settembre 1943, S. 397—416

Ders., Gli Armistizi di Settembre, in: Otto settembre 1943, S. 27—64

Rendulic, Lothar, Gekämpft, gesiegt, geschlagen, Heidelberg 1952

Repubblica Italiana, Istituto Centrale di Statistica (ed.), Morti e dispersi per cause belliche negli anni 1940—45, Roma 1957

La resistenza nei »Lager« vissuta e vista dai pittori. Ed. Associazione nazionale ex internati, Roma 1979

Resistenza senz'armi. Un capitolo di storia italiana (1943—1945) dalle testimonianze di militari toscani internati nei Lager nazisti. Prefazione di Leonetto Amadei, Firenze 1984 (= Quaderni di storia, sezione documenti, LXIV/8)

Revelli, Nuto, La Commissione ministeriale d'inchiesta sul »caso Leopoli«, con due note di Giorgio Rochat, in: Una storia di tutti, S. 451—455

Reviglio, Antonio, La lunga strada del ritorno. L'odissea dei soldati italiani internati nella Germania nazista, Milano 1975

Rintelen, Enno v., Mussolini als Bundesgenosse. Erinnerungen des deutschen Militärattachés in Rom 1936—1943, Tübingen, Stuttgart 1951

Roatta, Mario, Otto milioni di baionette. L'esercito italiano in guerra dal 1940 al 1944, Milano, Verona 1946

Rocca, Gianni, Fucilate gli ammiragli. La tragedia della Marina italiana nella seconda guerra mondiale, Milano [6]1987 (= Le scie)

Rochat, Giorgio (a cura di), Bibliografia sull'internamento dei militari italiani in Germania (1943—1945), in: I militari italiani internati, S. 195—210

Ders., La memoria dell'internamento. Militari italiani in Germania 1943—1945, in: Italia Contemporanea 163, 1986, S. 5—30

Ders., Memorialistica e storiografia sull'internamento, in: I militari italiani internati, S. 23—69 (dt.: Die italienischen Militärinternierten im Zweiten Weltkrieg, in: Quellen und Forschungen aus italienischen Archiven und Bibliotheken, Bd 67, 1987, S. 336—420)

Ders., Prigionia di guerra e internamento nell'esperienza dei soldati italiani, in: Spostamenti di popolazione, S. 314—355

Ders. e Giulio Massobrio, Breve storia dell'esercito italiano dal 1861 al 1943, Torino 1978 (= Piccola Biblioteca Einaudi, Geografia, Storia, 348)

Rohwer, Jürgen und Gerhard Hümmelchen, Chronik des Seekrieges 1939—1945. Hrsg. vom Arbeitskreis für Wehrforschung und der Bibliothek für Zeitgeschichte, Herrsching (o.J.)

The Rommel Papers. Ed. by B.H. Liddell Hart. With the assistence of Lucie-Maria Rommel, Manfred Rommel and General Fritz Bayerlein, London 1953

Roskill, Stephen Wentworth, The War at Sea 1939—1945. Vol. III: The Offensive. Part I: 1st June 1943—31st May 1944, London 1960 (= History of the Second World War, United Kingdom Military Series)

Rossi, Pietro, Battezzato con l'acido, in: Resistenza senz'armi, S. 261—263

Rusconi, Romeo, Testimonianze intorno agli italiani impiccati dalla Gestapo nella notte dal 26—27 marzo 1945 e nei giorni 27—28 marzo 1945, nella piazza municipale della città di Hildesheim e nel cimiterio monumentale della stessa città, in: QdC 7 (1973—1974), S. 53—58

Salewski, Michael, Die deutsche Seekriegsleitung 1935—1945. Bd II: 1942—1945, München 1975

Santalco, Carmelo, Stalag 307. Frammenti di un diario e di altri scritti di prigionia. Prefazione di Guido Gonella, Roma [3]1981

Santoni, Alberto, Le operazioni in Sicilia e in Calabria (luglio—settembre 1943), Roma 1983

Scala, Edoardo, La riscossa dell'esercito. A cura dell'Ufficio Storico dello Stato Maggiore dell'Esercito, Roma 1948

Scalpelli, Adolfo, La formazione delle Forze Armate di Salò attraverso i documenti dello Stato Maggiore della R.S.I., in: Il Movimento di liberazione in Italia, 1963, n. 72, S. 19—70; n. 73, S. 38—78

Schieder, Theodor, Italien vom ersten zum zweiten Weltkrieg, in: Seidlmayer, Geschichte Italiens, S. 447—498

Schmidt, Paul, Statist auf diplomatischer Bühne 1923—45. Erlebnisse des Chefdolmetschers im Auswärtigen Amt mit den Staatsmännern Europas, Wiesbaden [12]1983

Schminck-Gustavus, Christoph U., Herrenmenschen und Badoglioschweine. Italienische Militärinternierte in deutscher Kriegsgefangenschaft 1943—1945. Erinnerungen von Attilio Buldini und Gigina Querzé in Buldini aufgezeichnet von C.U. Schminck-Gustavus, in: Herrenmensch, S. 55—102

Schreiber, Gerhard, Gli internati militari italiani nelle fonti della Wehrmacht e del Ministero degli Affari Esteri, in: Una storia di tutti, S. 125—160

Ders., La Linea Gotica nella strategia tedesca: obiettivi politici e compiti militari, in: Linea Gotica 1944. Eserciti, popolazioni, partigiani. A cura di Giorgio Rochat, Enzo Santarelli, Paolo Sorcinelli, Milano 1986, S. 25—67

Ders., Bernd Stegemann und Detlef Vogel, Der Mittelmeerraum und Südosteuropa. Von der »non belligeranza« Italiens bis zum Kriegseintritt der Vereinigten Staaten, Stuttgart 1984 (= Das Deutsche Reich und der Zweite Weltkrieg, Bd 3)

Ders., Revisionismus und Weltmachtstreben. Marineführung und deutsch-italienische Beziehungen 1919 bis 1944, Stuttgart 1978 (= Beiträge zur Militär- und Kriegsgeschichte, Bd 20)

Ders., Lo sgombero delle truppe tedesche dalla Corsica, in: Le operazioni delle unità italiane in Corsica, S. 121—142

Schröder, Josef, Bestrebungen zur Eliminierung der Ostfront, 1941—1943, in: Dienst für die Geschichte, S. 187—217

Ders., Italien im Zweiten Weltkrieg. Eine Bibliographie. Italia nella seconda guerra mondiale. Una bibliografia. Mit einem Geleitwort von Renzo De Felice, München 1978 (= Schriften der Bibliothek für Zeitgeschichte, Weltkriegsbücherei Stuttgart, Neue Folge der Bibliographien der Weltkriegsbücherei, H. 14)

Ders., Italiens Kriegsaustritt 1943. Die deutschen Gegenmaßnahmen im italienischen Raum: Fall »Alarich« und »Achse«, Göttingen, Zürich, Frankfurt a.M. 1969 (= Studien und Dokumente zur Geschichte des Zweiten Weltkrieges, Bd 10)

Seidlmayer, Michael, Geschichte Italiens. Vom Zusammenbruch des Römischen Reiches bis zum ersten Weltkrieg. Mit Beiträgen von: Theodor Schieder, Italien vom ersten zum zweiten Weltkrieg; Jens Petersen, Italien als Republik: 1946—1987, 2. erw. Aufl., Stuttgart 1989

Senger und Etterlin, Frido von, Krieg in Europa, Köln, Berlin 1960

Ders., Kriegstagebuch des italienischen Feldzuges — Sardinien und Korsika. Mit einem Vorwort von Generaloberst a.D. Franz Halder (= Foreign Military Studies Historical Division H. Qu. US-Army Europe, C-095 a)

Siegfried, Klaus-Jörg, Rüstungsproduktion und Zwangsarbeit im Volkswagenwerk 1939—1945. Eine Dokumentation, Frankfurt, New York 1987

Sinopoli, Guido, Vicende della divisione di fanteria »Cagliari« dal 25 luglio 1943 all'internamento, in: QdC 7 (1973—1974), S. 40—52

Smith, Denis Mack, Mussolini, London 1981

Socini Leyendecker, Roberto, Aspetti giuridici dell'internamento, in: I militari italiani internati, S. 130—135

Ders., I cinquecento di Amburgo, in: Resistenza senz'armi, S. 386—394

Sommaruga, Claudio, Dati numerici sugli ufficiali internati, in: I militari italiani internati, S. 164—166

Speer, Albert, Erinnerungen, Frankfurt a.M., Berlin 1969

Ders., Der Sklavenstaat. Meine Auseinandersetzungen mit der SS, Stuttgart 1981

Spostamenti di popolazione e deportazioni in Europa 1939—1945. Atti del convegno su »Spostamenti di popolazione e deportazione in Europa durante la seconda guerra mondiale« organizzato a Carpi (Mo) il 4—5 ottobre 1985. A cura di Rinaldo Falcioni, Bologna 1987

Staatsmänner und Diplomaten bei Hitler. Zweiter Teil: Vertrauliche Aufzeichnungen über Unterredungen mit Vertretern des Auslandes 1942—1944. Hrsg. und erl. von Andreas Hillgruber, Frankfurt a.M. 1970

Steffenoni, Alberto, Note del mio pentagramma. Ed. fuori commercio, Verona 1981

Steinert, Marlis G., Hitlers Krieg und die Deutschen. Stimmung und Haltung der deutschen Bevölkerung im Zweiten Weltkrieg, Düsseldorf, Wien, 1970

Stephan, Lydia, Warum schreibst du nicht mal Groschenromane? Das bringt doch was, in: Frankfurter Rundschau, S. ZB 5, 10.10.1987

Una storia di tutti. Prigionieri, internati, deportati italiani nella seconda guerra mondiale. Atti del Convergno di studi tenuto a Torino il 2-3-4 novembre 1987. Ed. Istituto storico della Resistenza in Piemonte, Milano 1989

La storiografia sui lager nel trentennio 1945—1976 (Tavola rotonda tenuta l'8 maggio 1976 a Riva del Garda in occasione del Congresso nazionale dell'A.N.E.I.), in: QdC 9 (1976—1977), S. 7—27

Streim, Alfred, Die Behandlung sowjetischer Kriegsgefangener im »Fall Barbarossa«. Eine Dokumentation. Unter Berücksichtigung der Unterlagen deutscher Strafverfolgungsbehörden und der Materialien der Zentralen Stelle der Landesjustizverwaltungen zur Aufklärung von NS-Verbrechen, Heidelberg, Karlsruhe 1981 (= Motive — Texte — Materialien, Bd 13)

Streit, Christian, Keine Kameraden. Die Wehrmacht und die sowjetischen Kriegsgefangenen 1941—1945, Stuttgart 1978 (= Studien zur Zeitgeschichte, Bd 13)

Strübel, Gustav, ... es sind ja nur Italiener. Tagebuchreport einer Massenerschießung, in: Die Zeit, Nr. 10, 2.3.1990, S. 49 f.

Student, Kurt, Generaloberst Kurt Student und seine Fallschirmjäger. Die Erinnerungen des General-oberst Kurt Student bearb. von Hermann Götzel, Friedberg 1980

Tamaro, Attilio, Due anni di storia, Vol. II, Roma 1949

Teich, Hans, Hildesheim und seine Antifaschisten. Widerstandskampf gegen den Hitlerfaschismus und demokratischer Neubeginn 1945 in Hildesheim. Redaktionskollektiv: Dirk Addicks u.a., hrsg. von der Vereinigung der Verfolgten des Naziregimes und dem Bund der Antifaschisten (VVN/Bd A) Kreis-vereinigung Hildesheim, Hildesheim 1979

Tessin, Georg, Verbände und Truppen der deutschen Wehrmacht und Waffen-SS im Zweiten Weltkrieg 1939—1945. Zweiter Band: Die Landstreitkräfte 1—5, 2. Aufl. mit Berichtigungen, Ergänzungen und Neueinträgen im Anhang, Osnabrück 1973

Testa, Pietro, Wietzendorf, Roma [2]1973 (= Documenti e testimonianze)

Testimonianze sul campo di Dora, in: QdC 3 (1966), S. 36—46

Thukydides, Geschichte des Peloponnesischen Krieges. Hrsg. und übersetzt von Georg Peter Land-mann, Bd 1, München 1973

Tompkins, Peter, Verrat auf italienisch. Aus dem Amerikanischen übertragen von Tibor Simány, Wien, München 1967

Toni, Giuseppe de, Non vinti. Hammerstein, Stalag II B, 1° Blocco, Brescia 1980

Torsiello, Mario, Le operazioni delle unità italiane nel settembre—ottobre 1943, Roma 1975

Toscano, Mario, Dal 25 luglio all'8 settembre, Firenze 1966

Ders., The Origins of the Pact of Steel, Baltimore 1967

Trionfera, Renzo, Valzer di marescialli. 8 settembre '43. Prefazione di Indro Montanelli, Milano 1979

Ueberschär, Gerd R., Die Deutsche Reichspost im Zweiten Weltkrieg, in: Deutsche Postgeschichte. Essays und Bilder. Hrsg. von Wolfgang Lotz, Berlin 1989, S. 289—320

Ueberschär, Gerd R. und Wolfram Wette (Hrsg.), »Unternehmen Barbarossa«. Der deutsche Überfall auf die Sowjetunion 1941, Berichte, Analysen, Dokumente, Paderborn 1984 (= Sammlung Schöningh zur Geschichte und Gegenwart)

Unia, Carlo, Lager 64/Z di Schokken (Polonia). Un altro volto della Resistenza, Roma 1977

Uomini e tedeschi. Scritti e disegni di deportati. A cura di Armando Borrelli e Anacleto Benedetti, Milano 1947

Ursachen und Folgen. Vom deutschen Zusammenbruch 1918 und 1945 bis zur staatlichen Neuord-nung Deutschlands in der Gegenwart. Eine Urkunden- und Dokumentensammlung zur Zeitgeschichte. Hrsg. und bearb. von Herbert Michaelis und Ernst Schraepler unter Mitwirkung von Günter Scheel. Bd 19: Das Dritte Reich. Auf dem Weg in die Niederlage, Berlin 1973 Bd 20: Das Dritte Reich. Der Sturm auf die Festung Europa I, Berlin 1974

Varsori, Antonio, L'Armistizio e le forze politiche in esilio, in: Otto settembre 1943, S. 239—261

Venchi, Vittorio, Ricordi dello Straflager di Krefeld, in: QdC 3 (1966), S. 72—75

Vialli, Vittorio, Ho scelto la prigionia. La resistenza dei soldati italiani nei Lager nazisti 1943—1945, Roma 1983

Volante, Francesco, Sulla patologia tardiva da internamento, in: QdC 3 (1966), S. 76—80

Volkmann, Hans-Erich, Wirtschaft im Dritten Reich. Bd 2: 1939—1945. Eine Bibliographie, Koblenz 1984 (= Schriften der Bibliothek für Zeitgeschichte, Weltkriegsbücherei, Stuttgart, Neue Folge der Bibliographien der Weltkriegsbücherei, Bd 23)

Warlimont, Walter, Im Hauptquartier der deutschen Wehrmacht. Grundlagen, Formen, Gestalten, Frank-furt a.M., Bonn 1964

Die Wehrmachtberichte 1939—1945. Band 2: 1. Januar 1942 bis 31. Dezember 1943, München 1985

Weidner, Marcus, Nur Gräber als Spuren. Das Leben und Sterben von Kriegsgefangenen und »Fremd-arbeitern« in Münster während der Kriegszeit 1939—1945. Mit einem Vorwort von H. Wienold und H.G. Thien, Münster 1984

Die Weizsäcker-Papiere 1933—1950. Hrsg. von Leonidas E. Hill, Frankfurt a.M., Berlin, Wien 1974

Westphal, Siegfried, Erinnerungen, Mainz 1975

Wilczur, Jacek, Le tombe dell'ARMIR, Milano 1987

Ders., Niewola i eksterminacja jeńców wojennych — Włochów w niemieckich obozach jenieckich. Wrzesień 1943—maj 1945, Warszawa 1969

Wilt, Alan F., Hitler's Defences in the West, 1941—1944, Ames (Iowa) 1975

Woodward, Sir Llewellyn, British Foreign Policy in the Second World War, Vol. II, London 1971 (= History of the Second World War, United Kingdom Civil Series)

Zaggia, Giuseppe, Filo spinato, Venezia 1945

Zampetti, Enrico, La liberazione di Wietzendorf, in: QdC 7 (1973—1974), S. 77—93

Ders., L'8 settembre a Cefalonia e a Corfù. Rassegna di testimonianze e studi, in: QdC 5 (1968), S. 102—110

Zangrandi, Ruggero, L'Italia tradita. 8 settembre 1943, Milano ²1971

Zayas, Alfred Maurice de, Die Wehrmacht-Untersuchungsstelle. Deutsche Ermittlungen über alliierte Völkerrechtsverletzungen im Zweiten Weltkrieg. Unter Mitarbeit von Walter Rabus, München 1979

Zur Geschichte der deutschen Kriegsgefangenen des Zweiten Weltkrieges. Hrsg. von Erich Maschke.

Bd 1,1: Böhme, Kurt W., Die deutschen Kriegsgefangenen in Jugoslawien 1941—1949, Bielefeld 1962

Bd 1,2: Ders., Die deutschen Kriegsgefangenen in Jugoslawien 1949—1953, Bielefeld 1964

Bd 2: Cartellieri, Diether, Die deutschen Kriegsgefangenen in der Sowjetunion. Die Lagergesellschaft. Eine Untersuchung der zwischenmenschlichen Beziehungen in den Kriegsgefangenenlagern, München 1967

Bd 3: Fleischhacker, Hedwig, Die deutschen Kriegsgefangenen in der Sowjetunion. Der Faktor Hunger, München 1965

Bd 4: Ratza, Werner, Die deutschen Kriegsgefangenen in der Sowjetunion. Der Faktor Arbeit, München 1973

Bd 5,1—3: Bährens, Kurt, Deutsche in den Straflagern und Gefängnissen der Sowjetunion, München 1965

Bd 6: Schwarz, Wolfgang, Die deutschen Kriegsgefangenen in der Sowjetunion. Aus dem kulturellen Leben, München 1969

Bd 7: Böhme, Kurt W., Die deutschen Kriegsgefangenen in sowjetischer Hand. Eine Bilanz, München 1966

Bd 8: Robel, Gert, Die deutschen Kriegsgefangenen in der Sowjetunion. Antifa, München 1974

Bd 9: Böss, Otto, Die deutschen Kriegsgefangenen in Polen und der Tschechoslowakei, München 1974

Bd 10,1: Jung, Hermann, Die deutschen Kriegsgefangenen in amerikanischer Hand. USA, München 1972

Bd 10,2: Böhme, Kurt W., Die deutschen Kriegsgefangenen in amerikanischer Hand. Europa, München 1973

Bd 11,1: Wolff, Helmut, Die deutschen Kriegsgefangenen in britischer Hand. Ein Überblick, München 1974

Bd 11,2: Faulk, Henry, Die deutschen Kriegsgefangenen in Großbritannien. Re-education, München 1970

Bd 12: Jung, Hermann, Die deutschen Kriegsgefangenen im Gewahrsam Belgiens, der Niederlande und Luxemburgs, München 1966

Bd 13: Böhme, Kurt W., Die deutschen Kriegsgefangenen in französischer Hand, München 1971

Bd 14: Ders., Geist und Kultur der deutschen Kriegsgefangenen im Westen, München 1968

Bd 15: Maschke, Erich, Die deutschen Kriegsgefangenen des Zweiten Weltkrieges. Eine Zusammenfassung, München 1974

Beiheft 1: Reck, Michael, Tagebuch aus sowjetischer Kriegsgefangenschaft 1945—1949. Aufzeichnungen, München 1967

Beiheft 2: Böhme, Kurt W. und Helmut Wolff, Aufzeichnungen über die Kriegsgefangenschaft im Westen, München 1973

Der Zweite Weltkrieg in Bildern und Dokumenten. Hrsg. von Hans-Adolf Jacobsen und Hans Dollinger. Bd 2: Der Weltkrieg 1941—1943, Wiesbaden 1963

Ortsregister

Personenregister

Die angegebenen Dienstgrade und -stellungen geben die im behandelten Zeitraum erreichten Positionen wieder. Die Dienstgrade der italienischen Offiziere entsprechen in einigen Fällen, in denen sich Angaben für den Monat September 1943 nicht finden ließen, der offiziellen Rangliste für den 1.4.1943. Treten in den Quellen verschiedene Namensschreibweisen auf, richtet sich das Register nach den Formen der offiziellen Ranglisten.

Beiträge zur Militärgeschichte

Herausgegeben vom Militärgeschichtlichen Forschungsamt

Band 26
Europa im Zeitalter Friedrichs des Großen
Wirtschaft, Gesellschaft, Kriege.
Herausgegeben von Bernhard R. Kroener
1989. 316 Seiten
ISBN 3-486-55161-2

Mit Beiträgen von Rudolf Vierhaus, Adelheid Simsch, Bernhard R. Kroener, Johannes Kunisch, John L. H. Keep, Tony Hayter, Klaus-Richard Böhme, Helmut Neuhaus, Wolfgang Petter, Manfred Messerschmidt und Hans Bleckwenn.

Band 27
Donald Abenheim
Bundeswehr und Tradition
Die Suche nach dem gültigen Erbe des deutschen Soldaten. Mit einem Vorwort von Gordon A. Craig.
1989. XI, 260 Seiten
ISBN 3-486-55371-2

Donald Abenheim schildert die seit der Aufbauphase der Bundeswehr bis heute geführte Traditionsdebatte, die im Schatten des Dritten Reiches stattfand. Es geht dabei um die Legitimierung des neuen deutschen Soldaten sowie um die geistig-politische Grundlegung der Bundeswehr.

Lieferbare Titel:

Band 10:
Klaus-Jürgen Müller
Das Heer und Hitler.
2. Aufl. 1988.
ISBN 3-486-55350-X

Band 14:
Klaus Olshausen
Zwischenspiel auf dem Balkan. 1973.
ISBN 3-486-55351-8

Band 17:
Wilhelm Deist
Flottenpolitik und Flottenpropaganda. 1976.
ISBN 3-486-55352-6

Band 18:
Hans Umbreit
Deutsche Militärverwaltungen 1938/39.
1977.
ISBN 3-486-55353-4

Band 19:
H. Hürten/G. Meyer (Hrsg.)
Adjutant im preußischen Kriegsministerium Juni 1918- Oktober 1919. 1977.
ISBN 3-486-55354-2

Band 20:
Gerhard Schreiber
Revisionismus und Weltmachtstreben.
1978.
ISBN 3-486-55355-0

Band 21:
Horst Boog
Die deutsche Luftwaffenführung 1935-1945.
1982.
ISBN 3-486-55356-9

Band 22:
Dieter Ose
Entscheidung im Westen 1944. 1982.
ISBN 3-486-55357-7

Band 23:
Ernst-Heinrich Schmidt
Heimatheer und Revolution 1918. 1981.
ISBN 3-486-55358-5

Band 24:
Walter Schwengler
Völkerrecht, Versailler Vertrag und Auslieferungsfrage. 1982.
ISBN 3-486-55359-3

Band 25:
Militärgeschichte. 1982.
ISBN 3-486-55361-5

Oldenbourg

Der Zweite Weltkrieg

Hermann Graml
Europas weg in den Krieg
Hitler und die Mächte 1939
1990. 315 Seiten
ISBN 3-486-55151-5
(Quellen und Darstellungen zur Zeitgeschichte, Band 29)

Sommer 1939
Die Großmächte und der Europäische Krieg.
Herausgegeben von Wolfgang Benz und Hermann Graml.
1979. 364 Seiten
ISBN 3-486-53581-1
(Schriftenreihe der Vierteljahrshefte für Zeitgeschichte, Sondernummer)

Ludolf Herbst
Der Totale Krieg und die Ordnung der Wirtschaft
Die Kriegswirtschaft im Spannungsfeld von Politik, Ideologie und Propaganda 1939-1945.
1982. 475 Seiten
ISBN 3-48653341-X
(Studien zur Zeitgeschichte, Band 21)

Peter Longerich
Propagandisten im Krieg
Die Presseabteilung des Auswärtigen Amtes unter Ribbentrop.
1987. 356 Seiten
ISBN 3-486-54111-0
(Studien zur Zeitgeschichte, Band 33)

Klaus Segbers
Die Sowjetunion im Zweiten Weltkrieg
Die Mobilisierung von Verwaltung, Wirtschaft und Gesellschaft im "Großen Vaterländischen Krieg" 1941-1943.
1987. 314 Seiten
ISBN 3-486-53941-8
(Studien zur Zeitgeschichte, Band 32)

Detlef Brandes
Großbritannien und seine osteuropäischen Alliierten 1939-1943
Die Regierungen Polens, der Tschechoslowakei und Jugoslawiens im Londoner Exil vom Kriegsausbruch bis zur Konferenz von Teheran.
1988. 607 Seiten
ISBN 3-486-54531-0
(Veröffentlichungen des Collegium Carolinum, Band 59)

Italien und die Großmächte 1943-1949
Herausgegeben von Hans Woller.
1988. 249 Seiten
ISBN 3-486-64557-9
(Schriftenreihe der Vierteljahrshefte für Zeitgeschichte, Band 57)

Oldenbourg

Kriegsgefangenenlager mit italienischen Militärinternierte

A ■ Schleswig

A/Z ■ Heidkathen
HAMBURG
X
■ B
Sandbostel ○

C ▲ Greifswald

■ E ○ Schwerin
Neubrandenburg ○ A ■
■ A
Stettin ○
II
■ D
S

Oberlangen — C ▲
Wesuwe C/Z ■
Fullen C/Z ■
Neu Versen C/Z ■
Alexisdorf C/Z ■
Bathorn C ■
Wiet-
marschen C/Z ■

NIEDERLDE

○ C/Z ■
Gr. Hesepe

C/Z ■ Rohrsen
■ B
■ B/Z Fallingbostel
Bergen-Belsen
B ▲ ○ C Nienburg

83
Wietzendorf ▲

Hannover ○
XI

A ○ Altengrabow

BERLIN
■ D
III

■ C ○ Alt Dre

■ A ○ Luckenwalde
■ B ○ Fürstenber

■ (F)
Münster ○
VI
F ■
Bocholt ○
326
Senne ○

D/Z ■
Annaburg ○
D ■
Torgau ○
B/Z ■
Kirchhain ○
■ B Mühlberg ○
IV

(I),I/Z ○
Dorsten
D ■ Dortmund ○

C/Z ■ Mühlhausen ○

G ■ Oschatz ○
■ A
A ■ Hohnstein ○

■ I ○ Fichtenhain
Hemer ○
A,(G) ▲

Kassel ○
C/Z ■

F/Z ■ Dresden ○
F ■
Altenburg ○
Königstein ○
▲ ■ B

G/Z ■ Köln ○
■ (G) ○
Bergneústadt

A ▲
Spangenberg
A/Z ▲ Rotenburg
C ■ Bad Sulza
C/Z ■ Schellrode
Hartmannsdorf ○
■ C Wistritz ○

Bonn- ○
Duisdorf ■ G
A ▲ Ziegenhain
IX

BELG.

(D) ■ Waldbreitbach ○

A ■
Limburg ○

Wiesbaden ○

B ■
Bad Orb ○
C ■ ○ Hammelburg

PRAG ○

LUX-
BURG
■ D ○ Trier
XII

(F) ○ Freinsheim

XIII
73 ▲ ■ D
Nürnberg ○
A ○
Sulzbach
B ■ ○ Weiden

Prote
Böhme

F ■ Forbach ○

F/Z ■ ○
Johannes

A ■
Ludwigsburg ○
C/Z ■ Stuttgart ○

C/Z ■ ○
Malschbach

■ A ○ Moosburg
VII
○ München

■ 398 ○ Pupping
X

FRANK-
REICH

Straßburg ○
C ■ Offenburg ○
V

B ■ ○ Villingen

B ■ ○ Memmingen

Salzburg ○

■ 317 ○ Markt Pongau

SCHWEIZ

317/Z ■ ○ Landeck

XVIII

A/Z ■ ○ Spittal
A ■ Wolfsberg ○

ITALIEN